2016

浙江財政年鉴

Finance Yearbook of Zhejiang

（总第 16 卷）

浙 江 省 财 政 厅 主 办

浙江财政年鉴编辑委员会编

中華書局

图书在版编目(CIP)数据

浙江财政年鉴. 2016 / 《浙江财政年鉴》编辑委员会编.
—北京:中华书局 2016.12
ISBN 978-7-101-12341-8

Ⅰ. 浙… Ⅱ. 浙… Ⅲ. 地方财政—浙江省—2016—年鉴
Ⅳ. F812.755-54

中国版本图书馆CIP数据核字(2016)第287495号

责任编辑:朱 慧
盛滢婷

浙江财政年鉴 2016
《浙江财政年鉴》编辑委员会编
*
中 华 书 局 出 版
(北京市丰台区太平桥西里38号 100073)
http://www.zhbc.com.cn
E-mail:zhbc@zhbc.com.cn
杭州日报报业集团盛元印务有限公司印刷

889×1194 1/16 39印张 44插页 1000千字
2016年12月第1版 2016年12月第1次印刷
印数:1—1500册 定价:260.00元

ISBN 978-7-101-12341-8

《浙江财政年鉴》编辑委员会

《浙江财政年鉴》编辑部

《浙江财政年鉴》2016 卷联络员

编辑说明

《浙江财政年鉴》是浙江省财政厅主办的省级财政专业年鉴，以文为主，辅以图表，图文并茂，全面系统真实反映浙江省财政工作各方面的基本情况，是资料性与史实性相结合的工具书，为财政工作者及专家、学者提供可靠信息资料。

《浙江财政年鉴》每年出版一卷，2016卷（总第16卷）以翔实的资料和图表，记载了2015年浙江省财政改革与发展情况，综合反映全省各级财政部门在省委、省政府的领导下，全面贯彻党的十八大和十八届三中、四中、五中全会及省委十三届历次全会精神，深入实施"八八战略"，遵循"促进发展、保障民生、科学理财、加强监管"的理财观，主动适应新常态，扎实做好"生财、聚财、用财"三篇文章，支持"创新、协调、绿色、开放、共享"五大发展理念在浙江的生动实践，加快构建具有浙江特色的现代财政制度，推动经济转型升级和民生持续改善，深化财税体制改革，依法加强财税管理，为统筹推进全省经济社会平稳健康持续发展所付出的努力。

本卷年鉴主体结构继续保持以往年鉴整体架构的稳定性和内容的连续性，全卷分九篇和附录共十部分，约计100万字，依次为：财经文献、全省财政工作、市县（市、区）财政工作、统计资料、财政法规选编、财政文选、大事记、"十二五"时期财政工作、机构人员以及附录。本卷年鉴的有关编辑情况说明如下：

一、2015年为"十二五"收官之年，本卷特别增加"十二五"时期财政工作篇目，回顾"十二五"（2011~2015年）时期全省及各市财政工作。

二、本卷年鉴继续附赠全文检索数据库电子版年鉴光盘（不再另编文字索引），并在光盘内收录2015年浙江省财政重点工作的有关视频信息。

本卷年鉴在年鉴编辑委员会的领导下，由浙江省财政厅各处室局、直属单位和十一市及其所辖县（市、区）财政局提供文稿、图片及数据资料，经编审修改补充后成书。期间得到省国税局、省地税局的大力支持。在此谨向给予《浙江财政年鉴》编纂工作关心、支持和帮助的各级财税部门及所有单位和相关人员表示感谢。为进一步提高《浙江财政年鉴》的编纂水平，欢迎读者对本年鉴的不足之处给予批评指正。

《浙江财政年鉴》编委会

2016年12月

浙江省财政收支规模

单位：亿元

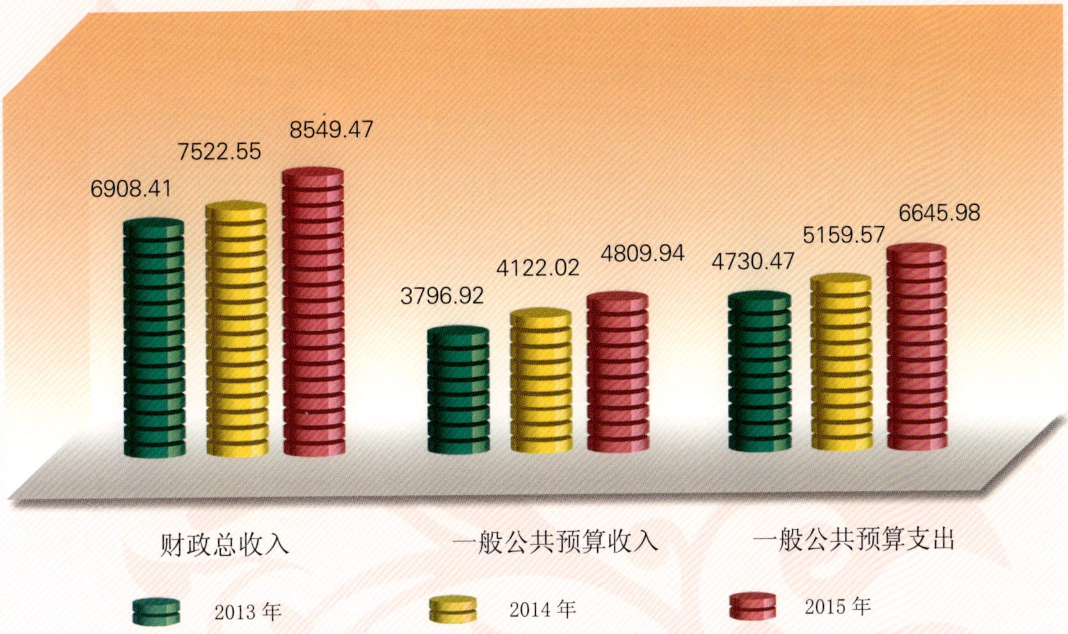

浙江省财政收支增长速度

单位：%

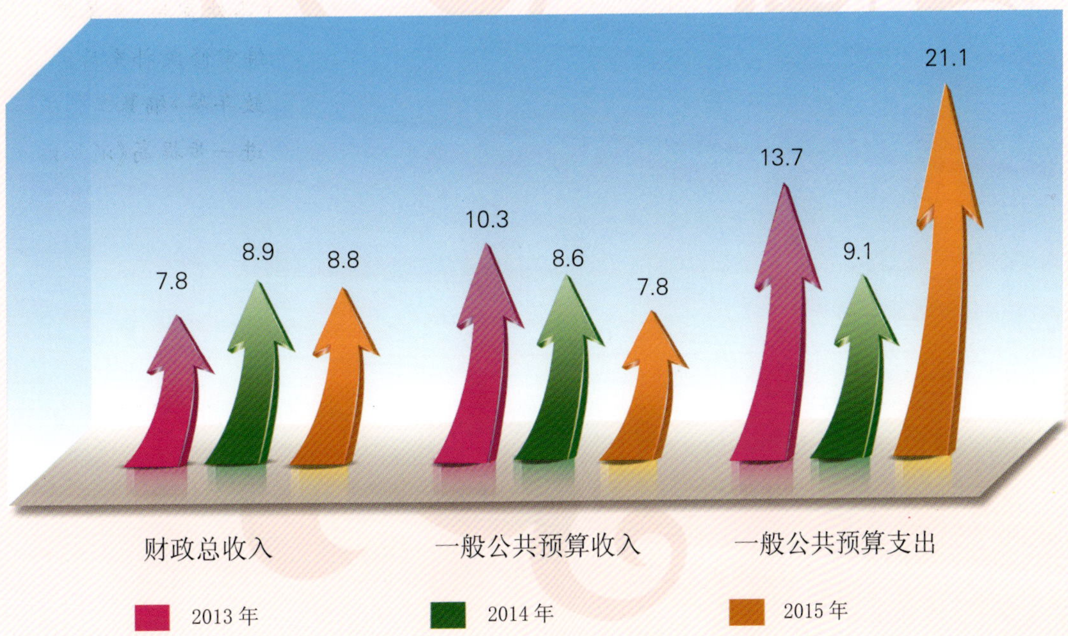

2015年浙江省一般公共预算收入组成

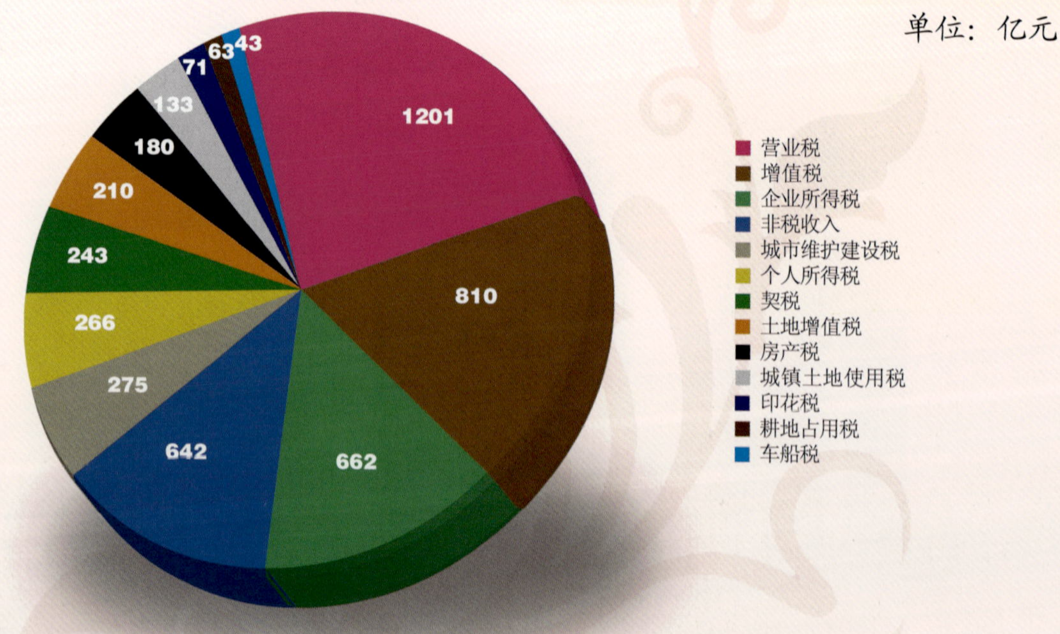

2015年浙江省一般公共预算支出组成

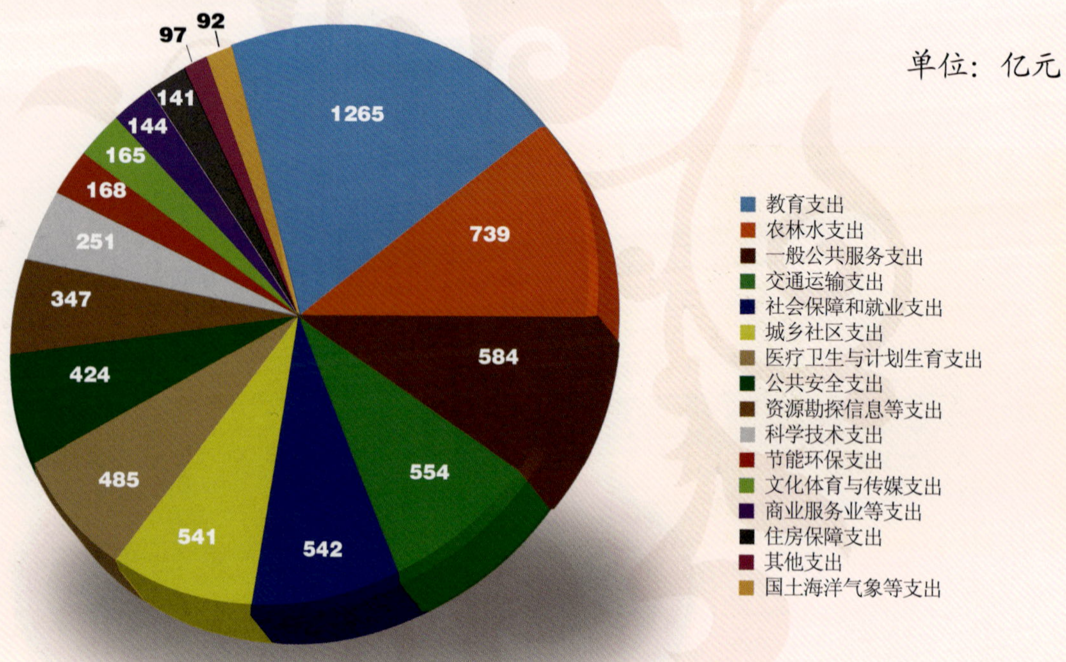

2016 年 1 月 12 ~ 13 日，全省财政地税工作会议在杭州召开。会议总结 2015 年及“十二五”时期财政地税工作，分析当前及今后一个时期财税经济形势，就“十三五”及 2016 年财政地税工作作出具体部署。省长李强出席会议并讲话，省财政厅党组书记、厅长、省地税局局长钱巨炎作工作报告。

省、部领导关心浙江财政

1 2015 年 9 月，省长李强参加由省财政厅主办的省政协第 93 号重点提案办理工作座谈会

2 2015 年 3 月，省委常委、组织部长胡和平来省财政厅调研

3 2015 年 6 月，财政部党组成员、部长助理余蔚平在金华调研

为谋划2016年及以后年度财政工作思路，2015年10月，省财政厅组织由厅领导带队的9个调研组，分赴全省10个市及所属部分县（市、区）开展调研活动。调研组通过走访企业、农村、社区，联系人大代表、政协委员等多种方式，广泛听取各方意见，了解基层真实需求，为制定公共财政政策、改进财政工作提供第一手资料。

1 厅长钱巨炎赴台州调研
2 副厅长罗石林赴温州调研
3 副厅长金慧群赴舟山调研
4 副厅长王广兵赴丽水调研
5 纪检组长李伯来赴衢州调研
6 总会计师赵立妙赴金华调研
7 省金控公司党委书记、董事长杜祖国赴台州调研
8 副厅长沈磊赴绍兴调研
9 副厅长邢自霞赴嘉兴调研

2015 年 3 月，省财政厅联合省卫计委等单位举办第 28 届中国（浙江）国际科研、医疗仪器设备技术交流展览会暨政府采购活动。展会吸引 16 个国家和地区的 300 余家医疗器械生产企业及代理机构参展，参观人数突破 5 万人次。

1 参观者络绎不绝
2 医疗器械采购项目开评标现场
3 医疗企业设展台交流产品

2015 年，浙江省以“公益福彩·与你同行”为主题，广泛开展公益主题系列资助活动。全年发放彩票公益金 1286 万元，为 8000 余名（户）困难群众提供资助，促进社会和谐。

4 “福彩牵手·点亮梦想”
——关爱全省残困少年儿童
5 “福彩有爱·孤老不独”
——帮扶全省半失能老人
6 “福彩牵手·助圆大学梦”
——关爱全省贫困大学新生
7 “福彩牵手·关爱环卫”
——关爱全省困难环卫工人

2015年，全省农业综合开发项目投入资金22.18亿元，支持高标准农田建设，构建新型农业经营体系，扶持现代农业园区和优势特色产业集群建设，助推现代农业发展，促进全省农业增效、农民增收、农业生态环境改善。

1 金华市大岩畈农发项目水稻种植基地
2 绍兴市马山东片高标准农田建设项目闸站及防洪堤
3 嘉善县红菱高标准农田项目连栋大棚
4 安吉高晓农发项目防洪堤及堰坝
5 金华市江东多湖农发项目蔬菜基地
6 绍兴市马山东片高标准农田建设项目长乐桥
7 金华市洋埠万亩粮食高标准农田建设项目
8 浦江县檀溪山区小流域农业生态工程项目

2015 年，省财政厅围绕中心工作，持续推进财政文化建设，组织形式多样的文体活动，活跃机关干部职工文化生活，提升单位凝聚力和向心力。

1 组团参加“和平之歌·我们不会忘记”合唱音乐会
2 财政干部讲坛之学习“吴波精神”交流体会
3 厅机关第二届讲书大赛
4 总会计师赵立妙为讲书大赛一等奖获得者颁奖
5 举办全省财政地税系统运动会
6 厅机关队在跳长绳比赛中
7 省财政厅第五届趣味运动会之广播操比赛

目　录

财经文献

●省十二届人大四次会议重要文件

政府工作报告(摘要)
/李　强 …… (2)
关于2015年全省和省级预算执行情况及2016年全省和省级预算草案的报告
/浙江省财政厅 …… (8)
浙江省第十二届人民代表大会财政经济委员会关于2015年全省和省级预算执行情况及2016年全省和省级预算草案的审查报告 …… (16)

●省委省政府重要财经文件

关于加快建立现代财政制度的意见
/浙江省人民政府 …… (17)
关于创新财政支持经济发展方式加快设立政府产业基金的意见
/浙江省人民政府 …… (19)
关于推广运用政府和社会资本合作模式的指导意见
/浙江省人民政府办公厅 …… (21)
关于印发浙江省省级行政事业单位公款竞争性存放管理暂行办法的通知
/浙江省人民政府办公厅 …… (23)

●全省财政地税工作会议重要文件

落实五大发展理念　提高理财治税能力(摘要)
/李　强 …… (25)
在全省财政地税工作会议上的讲话(摘要)
/钱巨炎 …… (27)

全省财政工作

●全省财税工作

全省财政
概况 …… (34)
增收节支增强财政综合实力 …… (34)
促进全省经济平稳增长 …… (35)
保障和改善民生 …… (35)
推进各项财政改革 …… (36)
提高财政监管水平 …… (37)
着力提升队伍素质 …… (37)

全省国税
完成税收收入 …… (37)
全面落实各项税收政策 …… (38)
构建新的税收法治系统 …… (38)
提升税收征管质效 …… (38)
优化纳税服务 …… (38)
惩治税收违法行为 …… (38)

全省地税
概况 …… (38)
收入分析 …… (38)
服务经济社会发展 …… (39)
推进各项改革 …… (39)
强化税收法治 …… (39)
加强税费管理 …… (39)
转变工作作风 …… (40)
附表:2015年浙江省地税组织收入情况统计 …… (40)

●财政分项工作

财政总预算及地方预算
概况 …… (41)
学习贯彻新《预算法》 …… (41)
研究起草现代财政制度文件 …… (41)
完善省对市县财政体制 …… (41)
加强财政收支管理 …… (41)
编制审核预算 …… (41)
推进预决算信息公开 …… (41)
盘活财政存量资金 …… (42)
推进专项资金管理改革 …… (42)
落实财政体制政策 …… (42)
加强地方性政府债务管理 …… (42)

财政税政
推进“营改增”试点工作 …… (42)
争取财政部对浙江省税收政策的支持 …… (43)
做好涉税政策调研 …… (43)
涉税资格认定 …… (43)

其他涉税工作 …… (43)
预算执行
概况 …… (43)
完成地方债发行兑付工作 …… (43)
规范公款竞争性存放 …… (44)
开展国库现金管理 …… (44)
规范财政专户管理 …… (44)
推进国库集中支付和公务卡改革 …… (44)
逐步建立资金支出监督机制 …… (44)
完善预算执行动态监控制度 …… (44)
推进权责发生制政府综合财务报告试编工作 …… (44)
完善财政决算管理 …… (44)
提高预算执行分析水平 …… (44)
建立资金安全管理长效机制 …… (44)
加快预算执行信息化建设步伐 …… (44)
财政综合
概况 …… (45)
推进政府购买服务改革 …… (45)
推进政府非税收入制度改革 …… (45)
推进非税收入收缴电子化改革 …… (45)
强化非税收入收缴管理 …… (45)
发挥政策调控作用 …… (45)
严格票据监管 …… (45)
会计管理
概况 …… (46)
理顺会计管理职能 …… (46)
推进管理会计应用试点 …… (46)
结合数字财政建设,提升会计服务能力 …… (46)
探索会计信用体系建设 …… (46)
推进行政事业单位内控规范建设 …… (46)
确保会计类考试安全有序运行 …… (46)
加强高端会计人才培养 …… (47)
强化中介机构审批监管 …… (47)
行政政法财政财务管理
概况 …… (47)
完善公务支出管理制度和标准体系 …… (47)
完善政法经费保障机制 …… (47)
强化政法经费绩效管理 …… (47)
实施政法转移支付滚动预算 …… (47)
法检两院省以下人财物统一管理改革 …… (47)
支持“平安浙江”建设 …… (47)
支持“人才强省”建设 …… (47)
支持“质量强省”建设 …… (48)
支持“旅游强省”建设 …… (48)
完善转移支付资金管理办法 …… (48)
开展重点课题调查研究 …… (48)
教科文财政财务管理
概况 …… (48)
支持基础教育快速发展 …… (48)
支持高中段教育改革创新 …… (48)
推进高等教育发展 …… (48)
加快完善学生资助体系 …… (48)
助推创新驱动发展 …… (48)
优化科技资源配置 …… (48)
加强科技专项资金监督管理 …… (49)
促进科学技术普及工作 …… (49)
推动实施基本公共文化服务提升 …… (49)
强化文化财政资金管理 …… (49)
健全国有文化资产管理体制 …… (49)
支持省属文化企业改革发展 …… (49)
促进体育事业发展 …… (49)
加强事业单位绩效工资政策监督检查 …… (49)
完善事业单位收入分配制度改革 …… (49)
行政事业单位资产管理
加强资产日常管理 …… (49)
编制资产统计报表 …… (50)
统一管理省级行政事业单位办公用房和经营性用房 …… (50)
加强事业单位分类改革及混合所有制改革中国有资产监管 …… (50)
促进科技成果使用权处置权收益权管理改革 …… (50)
规范地方法院、检察院人财物统一管理 …… (50)
规范公务用车改革中的资产处置 …… (50)
开展调查研究 …… (50)
农业财政财务管理
概况 …… (50)
深化财政支农体制机制改革 …… (51)
保障“五水共治”资金需求 …… (51)
支持美丽乡村建设 …… (51)
落实惠农补贴政策 …… (51)
支持农业科技进步 …… (51)
支持农业基础设施建设 …… (51)
支持农业可持续发展 …… (51)
支持农业新型经营主体培育 …… (52)
保障农产品质量安全 …… (52)
落实新一轮精准扶贫政策 …… (52)
支持农业防灾减灾 …… (52)

加强支农资金监管 …… (52)
做好各项基础工作 …… (52)
基层财政管理
概况 …… (52)
推进乡镇财政机构全覆盖 …… (52)
全面推进乡镇公共财政服务平台建设 …… (52)
组织开展就地就近资金监管 …… (53)
提升乡镇财政财务管理水平 …… (53)
完善一事一议财政奖补工作 …… (53)
深入开展美丽乡村建设试点工作 …… (53)
深化农村综合改革示范试点工作 …… (53)
开展建制镇(中心镇)示范试点工作 …… (53)
支持村级组织建设和集体经济发展 …… (53)
企业财政财务管理
概况 …… (53)
推进政府产业基金设立运作 …… (54)
支持工业与信息化融合发展 …… (54)
促进内贸流通服务业加快发展 …… (54)
推进节能降耗和新能源汽车产业发展 …… (54)
支持中小微企业创新发展 …… (54)
加大外经贸政策支持力度 …… (54)
做好粮食安全体系建设 …… (54)
推进国资经营预算和国企改革工作 …… (55)
金融财政财务管理
推广运用政府和社会资本合作(PPP)模式 …… (55)
支持省属金融企业改革 …… (55)
加强地方金融企业国有资产和财务监管 …… (55)
健全金融企业激励约束机制 …… (55)
推动政策性农业保险工作和农村住房保险工作 …… (55)
开展农业贷款风险补偿 …… (55)
加大对小微企业融资支持力度 …… (55)
支持融资性担保体系建设 …… (55)
加大对新型金融组织扶持力度 …… (56)
实施银行业金融机构直接债务融资奖励 …… (56)
推动多层次资本市场发展 …… (56)
推动政府外债在建项目实施 …… (56)
择优申报新项目并做好前期准备工作 …… (56)
规范政府外债管理基础性工作 …… (56)
规范政府外债项目全过程管理 …… (56)
加强非贸易非经营性用汇管理 …… (56)
社会保障财政财务管理
概况 …… (56)
保障民生政策落到实处 …… (56)
推进养老保险与工资制度改革 …… (56)
支持深化医药卫生体制改革 …… (57)
深化社保基金保值增值改革 …… (57)
支持创业就业和人才队伍建设 …… (57)
完善社会救助和福利体系 …… (57)
提升财政社保管理工作能力 …… (58)
经济建设财政财务管理
扩大有效投资 …… (58)
推动重点领域改革 …… (58)
推进生态文明建设 …… (58)
支持海洋经济发展 …… (58)
支持新型城镇化建设 …… (58)
保障民生投入 …… (58)
支持对口援建 …… (59)
强化政府投资预算管理 …… (59)
财政监督
概况 …… (59)
实施财政存量资金检查 …… (59)
部门决算报表质量检查 …… (59)
开展节能减排专项检查 …… (59)
实施稳增长督查 …… (59)
实施会计师事务所执业质量检查 …… (59)
组织实施预决算公开检查 …… (59)
组织省级部门绩效评价 …… (59)
开展政策绩效评价试点 …… (59)
开展省级展会支出绩效评价 …… (59)
深化预算绩效目标管理 …… (60)
试行省级部门综合评价 …… (60)
财政项目资金监审 …… (60)
审计联络保障 …… (60)
研究第三方评价机制 …… (60)
农业综合开发
概况 …… (60)
推进高标准农田建设 …… (60)
加强园区试点项目建设 …… (60)
推动产业带建设 …… (60)
完善农发管理机制 …… (60)
政府采购(控购)监督管理
概况 …… (61)
完善制度建设 …… (61)
创新采购管理 …… (61)
发挥政策功能 …… (61)
推进 GPA 工作进程 …… (61)

推动公车改革 …… (61)

财政政策法规

概况 …… (61)
推动地方财政立法 …… (61)
管理行政规范性文件 …… (62)
组织法制教育培训 …… (62)
开展财政法制宣传 …… (62)
推进新《预算法》的贯彻实施 …… (62)
加强行政执法监督 …… (62)
规范合同审查工作 …… (62)
做好国家赔偿费用支付工作 …… (62)

财政纪检监察

夯实党风廉政建设主体责任 …… (62)
持续深化作风建设 …… (62)
开展领导干部配偶子女金融机构从业登记 …… (62)
加强干部教育监督 …… (62)
加强系统工作指导 …… (63)

人事・党建

机构和编制管理 …… (63)
干部选拔调配 …… (63)
干部监督管理 …… (63)
干部人事服务 …… (63)
干部培训教育 …… (63)
开展"三严三实"专题教育 …… (63)
机关党建 …… (63)
服务离退休干部 …… (63)
财税文化建设 …… (64)

办公室工作

综合文稿 …… (64)
信息调研 …… (64)
财政宣传 …… (64)
公文管理 …… (64)
政务督查 …… (64)
电子政务与信息公开 …… (64)
保密、档案与信访工作 …… (64)
财务管理 …… (64)
资产管理 …… (64)
后勤保障 …… (64)

●直属单位概况

浙江省金融控股有限公司

概况 …… (65)
政府基金管理 …… (65)
国有金融股权管理 …… (65)
创新金融服务 …… (65)
强化内部管理 …… (65)

财税政策研究

开展财政科研工作 …… (65)
做好杂志宣传发行 …… (66)
加强史料收集工作 …… (66)

财政信息化建设

概况 …… (66)
数据仓库初具规模 …… (66)
"四单一网"不断拓展 …… (66)
五大平台运维升级 …… (66)
政采云平台有序开展 …… (67)
推进数字财政建设 …… (67)
保障网络安全 …… (67)
综合管理和培训工作 …… (67)

会计人员服务工作

概况 …… (67)
加强会计从业资格管理 …… (67)
组织会计专业技术资格考试 …… (67)
举办高级会计人员继续教育培训 …… (67)
受理高级会计师和教授级高级会计师申报材料 …… (67)

财政干部教育

概况 …… (68)
财政干部培训 …… (68)
财政支农政策培训 …… (68)
学历教育 …… (68)
维护财政教育培训网站 …… (68)

道路交通事故社会救助基金管理

概况 …… (68)
健全组织机构 …… (68)
加强制度建设 …… (68)
工作亮点 …… (68)

●学会协会活动

浙江省财政学会

做好调查研究,服务中心决策 …… (69)
借脑借力助力财税改革 …… (69)
搭建平台载体,强化交流协作 …… (69)
推动成果转化,激发科研活力 …… (69)

浙江省会计学会

召开第九次会员代表大会 …… (69)
开展会计科普活动 …… (69)

组织开展全省会计科研课题申报及论文征集活动 …… (69)
组织申报全国会计科研课题 …… (70)
开展“坚定信念、与党同心”主题教育实践活动 …… (70)
确保学会工作有序高效运行 …… (70)
注册会计师、资产评估行业管理
概况 …… (70)
加强行业执业质量监管 …… (70)
服务小微企业成长推动行业业务拓展 …… (70)
做好考试培训工作 …… (70)
重视行业发展研究 …… (71)
树立行业良好形象 …… (71)
加强日常管理 …… (71)
浙江省珠算心算协会
组织珠算心算师资培训技能鉴定考试 …… (71)
举办浙江国际珠心算大奖赛 …… (71)
举办浙江心算王大奖赛总决赛 …… (71)
举办第35届财经类学生珠算技术比赛 …… (71)
开展全省珠心算有奖征文活动 …… (72)
珠心算技术等级鉴定工作 …… (72)
浙江省总会计师协会
组织开展会计学术研讨 …… (72)
学术成果 …… (72)
服务会员 …… (72)
加强协会建设 …… (72)

市县(市、区)财政工作

●杭州市财政工作

杭州市
概况 …… (74)
组织财政收入 …… (74)
支持经济发展 …… (74)
优化民生支出结构 …… (74)
支持城乡一体化发展 …… (75)
保障服务G20峰会 …… (75)
深化财政改革 …… (75)
加强财政监管 …… (75)
加强队伍建设 …… (75)
上城区
概况 …… (75)
组织财政收入 …… (75)
扶持经济发展 …… (76)
推进特色小镇建设 …… (76)
优化支出结构 …… (76)
推进财政改革 …… (76)
强化财政监管 …… (76)
提升队伍素质 …… (76)
下城区
概况 …… (76)
组织财政收入 …… (76)
支持经济发展 …… (77)
优化支出结构 …… (77)
深化财政改革 …… (77)
加强财政监管 …… (77)
强化队伍建设 …… (77)
江干区
概况 …… (78)
组织财政收入 …… (78)
服务经济发展 …… (78)
优化支出结构 …… (78)
深化改革创新 …… (78)
加强财政监管 …… (78)
推进队伍建设 …… (78)
拱墅区
概况 …… (79)
组织财政收入 …… (79)
支持经济发展 …… (79)
保障民生支出 …… (79)
深化财政改革 …… (79)
加强财政监管 …… (79)
加强队伍建设 …… (79)
西湖区
概况 …… (79)
组织财政收入 …… (80)
支持经济发展 …… (80)
优化支出结构 …… (80)
加强财政管理 …… (80)
优化财政服务 …… (80)
加强队伍建设 …… (80)
高新技术产业开发区(滨江)
概况 …… (80)
组织财政收入 …… (81)
支持经济发展 …… (81)
改善民生事业 …… (81)
加强财政管理 …… (81)

强化国资管理 …………………………………… (81)
加强队伍建设 …………………………………… (81)

萧山区

概况 …………………………………………… (82)
组织财政收入 …………………………………… (82)
促进经济转型升级 ……………………………… (82)
服务 G20 峰会 ………………………………… (82)
保障民生支出 …………………………………… (82)
支持生态文明建设 ……………………………… (82)
推进财政改革 …………………………………… (82)
强化财政监管 …………………………………… (82)
加强队伍建设 …………………………………… (83)

余杭区

概况 …………………………………………… (83)
组织财政收入 …………………………………… (83)
服务经济发展 …………………………………… (83)
设立产业发展引导基金 ………………………… (83)
创新政府投融资机制 …………………………… (83)
保障社会民生 …………………………………… (84)
深化财政管理改革 ……………………………… (84)
加强财政监督管理 ……………………………… (84)
深化干部队伍建设 ……………………………… (84)

富阳区

概况 …………………………………………… (84)
组织财政收入 …………………………………… (84)
支持经济发展 …………………………………… (84)
保障民生事业 …………………………………… (85)
推进财政管理改革 ……………………………… (85)
强化财政监督管理 ……………………………… (85)
加强队伍建设 …………………………………… (85)

临安市

概况 …………………………………………… (85)
组织财政收入 …………………………………… (86)
支持经济发展 …………………………………… (86)
保障民生支出 …………………………………… (86)
推进财政改革 …………………………………… (86)
强化财政监管 …………………………………… (86)
加强国资管理 …………………………………… (86)
加强队伍建设 …………………………………… (86)

建德市

概况 …………………………………………… (86)
组织财政收入 …………………………………… (87)
支持经济发展 …………………………………… (87)
保障民生支出 …………………………………… (87)
推进财政改革 …………………………………… (87)
强化财政监督 …………………………………… (87)
加强队伍建设 …………………………………… (88)

桐庐县

概况 …………………………………………… (88)
组织财政收入 …………………………………… (88)
促进转型升级 …………………………………… (88)
支持“三农”发展 ……………………………… (88)
保障改善民生 …………………………………… (88)
推进财政管理改革 ……………………………… (89)
强化财政监督管理 ……………………………… (89)
加强干部队伍建设 ……………………………… (89)

淳安县

概况 …………………………………………… (89)
组织财政收入 …………………………………… (89)
支持经济转型发展 ……………………………… (89)
促进城乡统筹发展 ……………………………… (89)
保障民生事业支出 ……………………………… (90)
加大生态环保事业投入 ………………………… (90)
推进财政管理改革 ……………………………… (90)
强化财政监督管理 ……………………………… (90)
推进乡镇财政规范化建设 ……………………… (90)
加强干部队伍建设 ……………………………… (90)

●宁波市财政工作

宁波市

概况 …………………………………………… (91)
组织财政收入 …………………………………… (91)
优化支出结构 …………………………………… (91)
推进财政改革 …………………………………… (91)
创新财政扶持经济发展方式 …………………… (91)
加强地方债务管理 ……………………………… (92)
提升财税监管水平 ……………………………… (92)
推进干部队伍建设 ……………………………… (92)

鄞州区

概况 …………………………………………… (92)
组织财政收入 …………………………………… (92)
支持经济发展 …………………………………… (92)
保障民生支出 …………………………………… (92)
支持“三农”发展 ……………………………… (92)
深化财政改革 …………………………………… (92)
加强财政监督 …………………………………… (93)

强化国资监管 ……（93）
提升队伍素质 ……（93）
海曙区
概况 ……（93）
组织财政收入 ……（93）
支持经济发展 ……（93）
保障民生支出 ……（93）
深化财政管理 ……（93）
强化财政监督 ……（93）
加强队伍建设 ……（94）
江东区
概况 ……（94）
组织财政收入 ……（94）
支持经济发展 ……（94）
加大民生保障 ……（94）
深化财政管理改革 ……（94）
强化绩效管理 ……（94）
加强国资管理 ……（94）
规范会计管理 ……（95）
干部队伍建设 ……（95）
江北区
概况 ……（95）
组织财政收入 ……（95）
支持经济发展 ……（95）
支持“三农”建设 ……（95）
支持社会民生事业 ……（95）
深化财政改革 ……（96）
加强财政监督 ……（96）
加强队伍建设 ……（96）
镇海区
概况 ……（96）
组织财政收入 ……（96）
服务经济发展 ……（96）
统筹民生支出 ……（96）
深化财政改革 ……（96）
强化财政监管 ……（97）
加强队伍建设 ……（97）
北仑区
概况 ……（97）
组织财政收入 ……（97）
支持经济发展 ……（97）
保障民生支出 ……（97）
创新财政管理 ……（97）
加强财政监督 ……（97）
强化队伍建设 ……（97）
余姚市
概况 ……（98）
组织财政收入 ……（98）
支持经济发展 ……（98）
支持生态文明建设 ……（98）
支持社会事业发展 ……（98）
推进财政改革 ……（98）
强化财政监管 ……（98）
加强国资管理 ……（98）
加强队伍建设 ……（98）
慈溪市
概况 ……（99）
组织财政收入 ……（99）
服务经济发展 ……（99）
保障民生支出 ……（99）
推进财政改革 ……（99）
深化财政监管 ……（99）
加强队伍建设 ……（99）
奉化市
概况 ……（99）
组织财政收入 ……（100）
服务经济社会发展 ……（100）
保障民生支出 ……（100）
推进财税改革 ……（100）
强化财政监督 ……（100）
加强队伍建设 ……（100）
宁海县
概况 ……（100）
组织财政收入 ……（101）
支持经济发展 ……（101）
保障民生事业 ……（101）
推进财政改革 ……（101）
提升财政监管水平 ……（101）
加强干部队伍建设 ……（101）
象山县
概况 ……（101）
依法组织收入 ……（102）
推动县域经济科学发展 ……（102）
推进社会事业协调发展 ……（102）
改善生态环境推进城乡协调发展 ……（102）
推进财政改革 ……（102）

加强财政监管 …………………………………… (102)
增强队伍素质 …………………………………… (102)

●温州市财政工作

温州市
概况 …………………………………………… (103)
组织财政收入 …………………………………… (103)
支持经济转型升级 ……………………………… (103)
保障重点民生支出 ……………………………… (103)
深化财政改革 …………………………………… (103)
开展 PPP 试点工作 …………………………… (104)
强化财政监管 …………………………………… (104)
加强队伍建设 …………………………………… (104)
鹿城区
概况 …………………………………………… (104)
组织财政收入 …………………………………… (104)
促进经济发展 …………………………………… (104)
保障民生支出 …………………………………… (104)
推进财政改革 …………………………………… (105)
加强财政监管 …………………………………… (105)
加强队伍建设 …………………………………… (105)
瓯海区
概况 …………………………………………… (105)
组织财政收入 …………………………………… (105)
支持经济转型升级 ……………………………… (105)
保障民生重点支出 ……………………………… (105)
深化财政改革 …………………………………… (106)
强化财政监管 …………………………………… (106)
加强国资监管 …………………………………… (106)
加强队伍建设 …………………………………… (106)
龙湾区
概况 …………………………………………… (106)
组织财政收入 …………………………………… (106)
支持经济发展 …………………………………… (106)
保障民生支出 …………………………………… (107)
支持生态治理工作 ……………………………… (107)
推进财政管理改革 ……………………………… (107)
强化财政资金监管 ……………………………… (107)
加强队伍建设 …………………………………… (107)
洞头区
概况 …………………………………………… (108)
组织财政收入 …………………………………… (108)
支持经济发展 …………………………………… (108)
保障重点支出 …………………………………… (108)
深化财政改革 …………………………………… (108)
强化财政监管 …………………………………… (108)
加强队伍建设 …………………………………… (108)
瑞安市
概况 …………………………………………… (109)
组织财政收入 …………………………………… (109)
助推经济转型提质 ……………………………… (109)
促进民生事业发展 ……………………………… (109)
深化财政改革 …………………………………… (109)
盘活存量资金 …………………………………… (109)
强化财政监管 …………………………………… (109)
加强队伍建设 …………………………………… (110)
乐清市
概况 …………………………………………… (110)
组织财政收入 …………………………………… (110)
助力经济发展 …………………………………… (110)
保障民生支出 …………………………………… (110)
推进财政改革 …………………………………… (110)
强化财政监督 …………………………………… (110)
加强队伍建设 …………………………………… (111)
永嘉县
概况 …………………………………………… (111)
组织财税收入 …………………………………… (111)
支持经济转型升级 ……………………………… (111)
保障重点支出 …………………………………… (111)
深化财政改革 …………………………………… (111)
规范财政管理 …………………………………… (111)
加强队伍建设 …………………………………… (111)
平阳县
概况 …………………………………………… (111)
组织财政收入 …………………………………… (112)
支持经济转型升级 ……………………………… (112)
保障重点民生支出 ……………………………… (112)
深化财政改革 …………………………………… (112)
强化财政监督管理 ……………………………… (112)
加强干部队伍建设 ……………………………… (112)
苍南县
概况 …………………………………………… (112)
组织财政收入 …………………………………… (112)
支持经济发展 …………………………………… (113)
保障民生支出 …………………………………… (113)
发挥资金效益 …………………………………… (113)

深化财政改革 …………………………………………（113）
强化财政监管 …………………………………………（113）
加强队伍建设 …………………………………………（113）

文成县

概况 ……………………………………………………（113）
组织财政收入 …………………………………………（113）
服务经济发展 …………………………………………（114）
保障重点支出 …………………………………………（114）
推进财税改革 …………………………………………（114）
规范财税监管 …………………………………………（114）
干部队伍建设 …………………………………………（114）

泰顺县

概况 ……………………………………………………（114）
组织财政收入 …………………………………………（115）
助推经济发展 …………………………………………（115）
保障民生支出 …………………………………………（115）
统筹城乡发展 …………………………………………（115）
深化财政改革 …………………………………………（115）
强化财政监管 …………………………………………（115）
加强队伍建设 …………………………………………（115）

●嘉兴市财政工作

嘉兴市

概况 ……………………………………………………（116）
组织财政收入 …………………………………………（116）
落实财政政策助力经济发展 …………………………（116）
创新财政支持方式 ……………………………………（116）
保障民生事业 …………………………………………（116）
深化财政改革 …………………………………………（117）
支持实施海绵城市建设试点 …………………………（117）
强化财政监督管理 ……………………………………（117）
加强干部队伍建设 ……………………………………（117）

南湖区

概况 ……………………………………………………（117）
组织财政收入 …………………………………………（117）
实施创新驱动发展战略支持产业转型升级 …………（117）
保障民生事业发展 ……………………………………（117）
强化统筹城乡发展 ……………………………………（118）
推进财政改革 …………………………………………（118）
完善财政监督机制 ……………………………………（118）
加强队伍建设 …………………………………………（118）

秀洲区

概况 ……………………………………………………（118）
组织财政收入 …………………………………………（118）
支持经济转型升级 ……………………………………（118）
保障民生事业 …………………………………………（119）
助推生态文明建设 ……………………………………（119）
深化财政改革 …………………………………………（119）
强化财政监督 …………………………………………（119）
加强国资管理 …………………………………………（119）
加强队伍建设 …………………………………………（119）

海宁市

概况 ……………………………………………………（119）
组织财政收入 …………………………………………（119）
落实积极财政政策 ……………………………………（119）
保障民生事业 …………………………………………（120）
推进财政改革 …………………………………………（120）
推广运用 PPP 模式 ……………………………………（120）
加强财政监管 …………………………………………（120）
提升队伍能力 …………………………………………（120）

平湖市

概况 ……………………………………………………（121）
组织财政收入 …………………………………………（121）
支持经济转型升级 ……………………………………（121）
保障民生事业发展 ……………………………………（121）
创新财政投入机制 ……………………………………（121）
深化财政改革 …………………………………………（121）
深化财政监督管理 ……………………………………（122）
加强财税干部作风建设 ………………………………（122）

桐乡市

概况 ……………………………………………………（122）
组织财政收入 …………………………………………（122）
助推互联网经济发展 …………………………………（122）
保障民生支出 …………………………………………（122）
深化财政改革 …………………………………………（122）
强化财政监管 …………………………………………（123）
提升国资管理水平 ……………………………………（123）
加强队伍建设 …………………………………………（123）

嘉善县

概况 ……………………………………………………（123）
加强财政收入征管 ……………………………………（123）
服务经济稳增长 ………………………………………（123）
支持特色小镇建设 ……………………………………（123）
保障改善民生 …………………………………………（123）
推进财政改革 …………………………………………（124）
强化财政资金监管 ……………………………………（124）

加强队伍建设 …… (124)

海盐县

概况 …… (124)
组织财政收入 …… (124)
支持大众创业万众创新 …… (124)
助力生态环境优化 …… (124)
改善社会民生 …… (125)
深化财政改革 …… (125)
强化财政监管 …… (125)
加强队伍建设 …… (125)

●湖州市财政工作

湖州市

概况 …… (126)
依法组织收入 …… (126)
助推经济发展 …… (126)
提升民生保障水平 …… (126)
支持生态文明建设 …… (126)
推进财政管理改革 …… (126)
强化财政监督 …… (126)
科学理财提高财政资金运行效益 …… (127)
开展正风肃纪 …… (127)

吴兴区

概况 …… (127)
组织财政收入 …… (127)
支持经济发展 …… (127)
保障民生支出 …… (127)
推进财政改革 …… (127)
强化财政监督 …… (127)
加强队伍建设 …… (128)

南浔区

概况 …… (128)
财政收入保持稳定增长 …… (128)
发挥职能助推经济发展 …… (128)
统筹兼顾保障民生支出 …… (128)
深化改革重精细化管理 …… (128)
强化财政监管防控风险 …… (129)
提高干部队伍综合素质 …… (129)

德清县

概况 …… (129)
组织财政收入 …… (129)
服务经济发展 …… (129)
统筹城乡发展 …… (129)
保障民生支出 …… (129)
深化财政管理改革 …… (130)
强化财政监管 …… (130)
干部队伍建设 …… (130)

长兴县

概况 …… (130)
组织财政收入 …… (130)
推动经济转型升级 …… (130)
保障民生投入 …… (131)
支持生态文明建设 …… (131)
深化财政改革 …… (131)
强化财政监督 …… (131)
规范政府债务管理 …… (131)
加强队伍建设 …… (131)

安吉县

概况 …… (131)
组织财政收入 …… (131)
支持经济发展 …… (132)
推进区域统筹协调发展 …… (132)
保障民生支出 …… (132)
推进预算管理改革 …… (132)
创新财政支持经济社会发展方式 …… (132)
加强财政监管 …… (132)
干部队伍建设 …… (132)

●绍兴市财政工作

绍兴市

概况 …… (133)
组织财政收入 …… (133)
推进产业升级 …… (133)
创新财政支持方式 …… (133)
保障民生支出 …… (133)
支持“三农”和生态文明建设 …… (133)
深化财税改革 …… (133)
规范财政运行监管 …… (134)
加强会计队伍建设 …… (134)
提升机关工作效能 …… (134)

越城区

概况 …… (134)
组织财政收入 …… (134)
保障政府重点工作 …… (134)
加大民生投入 …… (135)
支农惠农，推进美丽乡村建设 …… (135)

深化财政改革 …………………………………………（135）
强化资金监管 …………………………………………（135）
加强队伍建设 …………………………………………（135）
柯桥区
概况 ………………………………………………………（135）
组织财政收入 …………………………………………（136）
创新财政扶持方式 ……………………………………（136）
服务经济发展 …………………………………………（136）
支持生态文明建设 ……………………………………（136）
完善普惠民生保障机制 ………………………………（136）
深化财政改革 …………………………………………（137）
加强财政监管 …………………………………………（137）
提升团队素养 …………………………………………（137）
上虞区
概况 ………………………………………………………（137）
组织财政收入 …………………………………………（138）
促进转型升级 …………………………………………（138）
拓展融资渠道，保障重点工作 ………………………（138）
保障社会民生 …………………………………………（138）
深化财税管理 …………………………………………（138）
加强财政监管 …………………………………………（138）
提升队伍素质 …………………………………………（138）
诸暨市
概况 ………………………………………………………（138）
组织财政收入 …………………………………………（138）
推进经济转型升级 ……………………………………（139）
保障重点支出 …………………………………………（139）
创新财政提供公共产品方式 …………………………（139）
强化财政监管 …………………………………………（139）
加强队伍建设 …………………………………………（139）
嵊州市
概况 ………………………………………………………（139）
组织财政收入 …………………………………………（140）
支持经济发展 …………………………………………（140）
保障民生支出 …………………………………………（140）
支持现代农业，推进城乡协调发展 …………………（140）
深化财政改革 …………………………………………（140）
加强财政监督 …………………………………………（140）
加强队伍建设 …………………………………………（140）
新昌县
概况 ………………………………………………………（141）
组织财政收入 …………………………………………（141）
推动经济发展 …………………………………………（141）
保障重点项目建设资金需求 …………………………（141）
保障民生支出 …………………………………………（141）
深化财税改革 …………………………………………（141）
强化资金监管 …………………………………………（141）
加强队伍建设 …………………………………………（141）

●金华市财政工作

金华市
概况 ………………………………………………………（142）
组织财政收入 …………………………………………（142）
助推经济发展 …………………………………………（142）
保障民生事业 …………………………………………（142）
推进生态文明建设 ……………………………………（142）
深化财政改革 …………………………………………（142）
加强财政监督管理 ……………………………………（142）
构建“互联网+财税”服务模式 ……………………（142）
提高工作效率，精减编制充实基层 …………………（143）
婺城区
概况 ………………………………………………………（143）
科学组织财政收入 ……………………………………（143）
助推经济转型升级 ……………………………………（143）
保障民生支出 …………………………………………（143）
加大财政生态建设投入 ………………………………（143）
深化财政管理改革 ……………………………………（143）
强化财政监督管理 ……………………………………（143）
加强干部队伍建设 ……………………………………（144）
金东区
概况 ………………………………………………………（144）
组织财政收入 …………………………………………（144）
保障民生事业 …………………………………………（144）
助推经济转型升级 ……………………………………（144）
深化财政改革发展 ……………………………………（144）
强化财政监管 …………………………………………（144）
加强干部队伍建设 ……………………………………（145）
兰溪市
概况 ………………………………………………………（145）
组织财政收入 …………………………………………（145）
支持经济发展 …………………………………………（145）
保障民生事业 …………………………………………（145）
深化财政改革 …………………………………………（145）
加强财政监督 …………………………………………（145）
推进队伍建设 …………………………………………（146）

东阳市
概况 …… (146)
组织财政收入 …… (146)
支持经济发展 …… (146)
支持改善民生 …… (146)
支持城乡协调发展 …… (147)
深化财政管理改革 …… (147)
加强财政监督 …… (147)
加强队伍建设 …… (147)
义乌市
概况 …… (147)
组织财政收入 …… (147)
支持经济发展 …… (147)
支持改善民生 …… (147)
深化财政改革 …… (148)
强化财政监管 …… (148)
加强队伍建设 …… (148)
永康市
概况 …… (148)
组织财政收入 …… (148)
创新支持经济发展方式 …… (148)
加强政策引导,鼓励转型升级 …… (148)
保障民生支出 …… (148)
深化财政改革 …… (148)
强化财政监管 …… (149)
加强队伍建设 …… (149)
浦江县
概况 …… (149)
组织财政收入 …… (149)
支持经济发展 …… (149)
保障民生支出 …… (149)
推进财政改革 …… (150)
加强财政监督 …… (150)
优化干部队伍建设 …… (150)
武义县
概况 …… (150)
组织财政收入 …… (150)
服务经济发展 …… (150)
强化民生保障 …… (150)
深化财政管理改革 …… (151)
加强财政监管 …… (151)
加强队伍建设 …… (151)
磐安县
概况 …… (151)
组织财政收入 …… (152)
服务经济转型升级 …… (152)
优化支出结构 …… (152)
深化财政改革 …… (152)
强化财政监督 …… (152)
深化国有资产监管 …… (152)
加强队伍建设 …… (152)
●衢州市财政工作
衢州市
概况 …… (153)
组织财政收入 …… (153)
服务经济发展 …… (153)
加大民生投入 …… (153)
推进重点财政改革 …… (153)
盘活财政存量资金 …… (154)
完善财政监管体系 …… (154)
加强队伍建设 …… (154)
柯城区
概况 …… (154)
组织财政收入 …… (154)
促进地方经济发展 …… (154)
保障民生和重点支出 …… (154)
推进财政改革 …… (154)
尝试运作政府产业基金 …… (155)
强化财政监管 …… (155)
加强队伍建设 …… (155)
衢江区
概况 …… (155)
组织财政收入 …… (155)
服务经济发展 …… (155)
创新财政推动经济发展新模式 …… (155)
保障民生支出 …… (155)
助力绿色发展 …… (155)
深化财政改革 …… (156)
清理盘活财政资金 …… (156)
强化财政监督 …… (156)
干部队伍建设 …… (156)
江山市
概况 …… (156)
组织财政收入 …… (156)

服务经济发展 …………（156）
设立政府产业发展基金 …………（157）
保障民生事业 …………（157）
支持生态环保建设 …………（157）
推进财税改革 …………（157）
深化国资管理 …………（157）
强化财政监管 …………（157）
加强队伍建设 …………（157）

龙游县

概况 …………（157）
组织财政收入 …………（157）
服务经济发展 …………（158）
保障民生支出 …………（158）
深化财政改革 …………（158）
强化财政监管 …………（158）
加强队伍建设 …………（158）

常山县

概况 …………（158）
组织财政收入 …………（158）
支持经济发展 …………（159）
创新支持企业转型发展新方式 …………（159）
保障民生事业 …………（159）
深化财政改革 …………（159）
加强财政监管 …………（159）
推进队伍建设 …………（159）

开化县

概况 …………（160）
组织财政收入 …………（160）
支持经济发展 …………（160）
保障民生支出 …………（160）
深化财政改革 …………（160）
强化监督管理 …………（160）
加强队伍建设 …………（160）

●舟山市财政工作

舟山市

概况 …………（161）
组织财政收入 …………（161）
筹集资金支持新区建设 …………（161）
助力培植海洋经济发展 …………（161）
优化支出结构 …………（161）
深化财政管理改革 …………（161）
加强财政监督 …………（162）
加强队伍建设 …………（162）

定海区

概况 …………（162）
组织财政收入 …………（162）
服务经济发展 …………（162）
保障民生支出 …………（162）
深化财政改革 …………（162）
强化财政监管 …………（162）
加强队伍建设 …………（163）

普陀区

概况 …………（163）
全力以赴稳增长 …………（163）
强化引导调结构 …………（163）
优化支出保民生 …………（163）
积极稳妥促改革 …………（164）
科学精细严管理 …………（164）
带好队伍固根本 …………（164）

岱山县

概况 …………（164）
组织财政收入 …………（164）
促进民生保障 …………（164）
推动经济发展 …………（165）
深化财政改革 …………（165）
强化监督管理 …………（165）
加强队伍建设 …………（165）

嵊泗县

概况 …………（165）
组织财政收入 …………（165）
服务经济发展 …………（165）
保障民生需求 …………（166）
深化财政改革 …………（166）
强化财政监管 …………（166）
加强队伍建设 …………（166）

●台州市财政工作

台州市

概况 …………（167）
组织财政收入 …………（167）
助推经济发展 …………（167）
支持民生事业发展 …………（167）
深化财政综合改革 …………（167）
加强财政监管 …………（168）
加强干部队伍建设 …………（168）

椒江区
概况 …… (168)
组织财政收入 …… (168)
支持经济增长 …… (168)
保障民生事业发展 …… (168)
深化财政改革 …… (169)
加强财政监管 …… (169)
提升队伍素质 …… (169)
黄岩区
概况 …… (169)
组织财政收入 …… (169)
支持企业转型发展 …… (169)
保障民生支出 …… (169)
推进财税改革 …… (169)
加强财政监管 …… (170)
加强队伍建设 …… (170)
路桥区
概况 …… (170)
组织财政收入 …… (170)
支持经济发展 …… (170)
调整优化财政支出结构 …… (171)
推进财政管理改革 …… (171)
加大监管力度 …… (171)
树立财政新形象 …… (171)
临海市
概况 …… (171)
组织财政收入 …… (171)
服务经济建设 …… (172)
保障民生支出 …… (172)
深化财政改革 …… (172)
强化财政监管 …… (172)
推进队伍建设 …… (172)
温岭市
概况 …… (172)
组织财政收入 …… (172)
助力经济发展 …… (172)
保障民生支出 …… (173)
推进财政改革 …… (173)
加强财政监管 …… (173)
树立财政良好形象 …… (173)
玉环县
概况 …… (173)
组织财政收入 …… (174)
支持经济发展 …… (174)
改善民生事业 …… (174)
推进改革发展 …… (174)
创新财政扶持经济发展方式 …… (174)
提升干部素质 …… (174)
天台县
概况 …… (174)
组织财政收入 …… (174)
服务经济转型升级 …… (175)
改善和发展民生事业 …… (175)
深化财政改革 …… (175)
加强财政资金监管 …… (175)
提升干部素质 …… (175)
仙居县
概况 …… (175)
组织财政收入 …… (175)
助力经济发展 …… (176)
保障民生支出 …… (176)
推进财政改革 …… (176)
转换财政扶持经济发展方式 …… (176)
加强财政监管 …… (176)
树立财政良好形象 …… (177)
三门县
概况 …… (177)
支持经济转型发展 …… (177)
保障重点项目资金需求 …… (177)
支持“三农”发展 …… (177)
保障民生支出 …… (177)
深化财政改革 …… (177)
强化财政监管 …… (177)
干部队伍建设 …… (177)
●丽水市财政工作
丽水市
概况 …… (178)
依法组织收入 …… (178)
首创综合性财源培育模式 …… (178)
服务经济发展 …… (178)
强化民生保障 …… (178)
坚持厉行节约 …… (178)
推进财政改革 …… (178)
推进 PPP 试点工作 …… (179)
加强财政监管 …… (179)

加强队伍建设 …… (179)
莲都区
概况 …… (179)
组织财政收入 …… (179)
支持经济发展 …… (179)
保障民生支出 …… (179)
推进财政改革 …… (179)
创新支持经济发展方式 …… (180)
规范财政监管 …… (180)
提升队伍素质 …… (180)
龙泉市
概况 …… (180)
组织财政收入 …… (180)
支持经济发展 …… (180)
保障民生支出 …… (180)
深化财政改革 …… (180)
创新财政监管 …… (181)
加强队伍建设 …… (181)
缙云县
概况 …… (181)
组织财政收入 …… (181)
服务经济发展 …… (181)
支持民生事业发展 …… (181)
促进农民增收 …… (182)
深化财政改革 …… (182)
加强财政监管 …… (182)
干部队伍建设 …… (182)
青田县
概况 …… (182)
组织财政收入 …… (182)
助推经济发展 …… (182)
保障民生事业发展 …… (183)
推进财政改革 …… (183)
提升财政监管水平 …… (183)
加强干部队伍建设 …… (183)
云和县
概况 …… (183)
组织财政收入 …… (184)
支持经济发展 …… (184)
保障民生支出 …… (184)
深化财政改革 …… (184)
强化财政监管 …… (184)
干部队伍建设 …… (184)
遂昌县
概况 …… (184)
组织财政收入 …… (185)
支持经济发展 …… (185)
保障社会民生事业 …… (185)
规范财政管理 …… (185)
创新投融资机制 …… (186)
干部队伍建设 …… (186)
松阳县
概况 …… (186)
组织财政收入 …… (186)
支持地方经济发展 …… (186)
保障民生支出 …… (186)
推进财政改革 …… (186)
加强财政监管 …… (186)
推进财政法治建设 …… (186)
加强队伍建设 …… (186)
庆元县
概况 …… (187)
依法组织财政收入 …… (187)
服务经济社会发展 …… (187)
优化财政支出结构 …… (187)
保障民生事业发展 …… (187)
推进财政改革 …… (187)
提高绩效管理水平 …… (187)
加强干部队伍建设 …… (187)
景宁畲族自治县
概况 …… (187)
组织财政收入 …… (188)
支持经济发展 …… (188)
推进民生财政建设 …… (188)
调整乡镇财政管理体制 …… (188)
推进预算管理改革 …… (188)
加强预算绩效管理 …… (188)
设立政府产业基金 …… (188)
开展农村产权制度改革示范试点 …… (188)
推广运用政府和社会资本合作(PPP)模式 …… (188)
干部队伍建设 …… (188)

财政统计资料

1978~2015 年浙江省财政收支表 …… (190)
2013~2015 年浙江省一般公共预算收支决算表 …… (191)

2011～2015 年浙江省 11 市及市本级一般公共预算收入排序表 …… (192)
2011～2015 年浙江省县(市、区)一般公共预算收入排序表 …… (193)
2015 年浙江省一般公共预算收支决算分级表 …… (197)
2015 年度浙江省政府性基金收支决算分级表 …… (198)
2015 年度浙江省国有资本经营收支决算总表 …… (199)
2013～2015 年浙江省政府非税收入表 …… (199)
2015 年浙江省市县级一般公共预算收支情况表 …… (200)
2015 年浙江省各市县财政总收入表 …… (216)
2015 年浙江省乡镇(含比照乡镇财政体制管理的街道)一般公共预算收入排序表 …… (217)
2015 年浙江省社会保险基金收支表 …… (235)
2015 年浙江省财政一般公共服务支出 …… (236)
2015 年浙江省教育支出 …… (236)
2015 年浙江省科学技术支出 …… (236)
2015 年浙江省社会保障和就业支出 …… (237)
2015 年浙江省文化体育与传媒支出 …… (237)
2015 年浙江省医疗卫生与计划生育支出 …… (237)
2015 年浙江省节能环保支出 …… (238)
2015 年浙江省城乡社区支出 …… (238)
2015 年浙江省农林水支出 …… (238)
2015 年浙江省交通运输支出 …… (239)
2015 年浙江省资源勘探信息等支出 …… (239)
2015 年浙江省商业服务业等支出 …… (239)
2015 年浙江省金融支出 …… (239)
2015 年浙江省国土海洋气象等支出 …… (240)
2015 年浙江省住房保障支出 …… (240)
2015 年浙江省粮油物资储备支出 …… (240)
2015 年度浙江省乡镇财政基本情况表 …… (241)
2015 年全国各省、市、自治区财政收支占全国财政收支、税收收入占一般公共预算收入比重及排序 …… (242)

财政法规选编

浙江省财政厅关于推广运用政府和社会资本合作模式的实施意见 …… (244)
浙江省教育发展专项资金管理办法 …… (246)
浙江省美丽乡村建设专项资金管理办法(试行) …… (248)
浙江省现代农业发展专项资金管理办法(试行) …… (251)
浙江省金融业发展专项资金管理办法 …… (254)
浙江省财政厅等五部门关于开展收费专项清理规范工作的通知 …… (255)
浙江省转型升级产业基金管理办法 …… (257)
浙江省天使梦想基金操作管理办法 …… (259)
浙江省财政厅关于加强政府非税收入收缴管理工作的通知 …… (261)
浙江省财政厅关于深化财政体制改革的实施意见 …… (261)
浙江省推广政府和社会资本合作模式综合奖补资金管理暂行办法 …… (264)
2015 年财政规章及相关规范性文件目录(选编) …… (265)

财政文选

●省领导论财政

在全省农业补贴政策综合改革试点工作会议上的讲话 /黄旭明 …… (270)

●厅领导谈财政

在全省财政地税系统反腐倡廉建设工作会议上的讲话(摘要) /钱巨炎 …… (272)
在全省财政地税工作视频会议上的讲话(上半年)(摘要) /钱巨炎 …… (274)
在全省财政地税工作视频会议上的讲话(下半年)(摘要) /钱巨炎 …… (276)
在 2016 年省级预算编制布置会上的讲话(摘要) /罗石林 …… (281)
在省政府基本公共文化服务标准化重点市县工作座谈会上的发言(摘要) /金慧群 …… (283)
构建新制度　提高体育场馆设施利用率(摘要) /金慧群 …… (284)
在全省深化医改工作电视电话会议上的发言(摘要) /魏跃华 …… (285)
在一事一议财政奖补助推美丽乡村建设试点工作座谈会上的讲话(摘要) /王广兵 …… (286)
在财政支农改革培训班上的讲话(摘要) /王广兵 …… (287)
在全省财政地税系统反腐倡廉建设工作会议上的工作报告(摘要) /李伯来 …… (289)

在全省政府购买服务工作培训班上的讲话(摘要)
/赵立妙 …… (290)
在全省政府采购工作会议上的讲话(摘要)
/赵立妙 …… (291)
在全省财政系统预算执行业务培训班上的讲话(摘要)
/赵立妙 …… (294)
在浙江政务服务网统一公共支付平台推进会上的讲话(摘要)
/赵立妙 …… (297)
在全省财政系统政府引导基金培训班上的讲话(摘要)
/沈　磊 …… (298)
在全省机关事业单位养老保险改革工作电视电话会议上的讲话(摘要)
/沈　磊 …… (300)
在政府和社会资本合作(PPP)工作推进会上的讲话(摘要)
/邢自霞 …… (301)
在全省道路交通事故社会救助基金管理工作会议上的讲话(摘要)
/邢自霞 …… (303)

财政工作大事记

浙江省 …… (306)
杭州市 …… (308)
宁波市 …… (309)
温州市 …… (310)
嘉兴市 …… (311)
湖州市 …… (312)
绍兴市 …… (313)
金华市 …… (314)
衢州市 …… (315)
舟山市 …… (315)
台州市 …… (316)
丽水市 …… (317)

“十二五”时期财政工作

浙江省 …… (320)
杭州市 …… (321)
宁波市 …… (323)
温州市 …… (324)
嘉兴市 …… (325)
湖州市 …… (327)
绍兴市 …… (328)
金华市 …… (329)
衢州市 …… (330)
舟山市 …… (331)
台州市 …… (332)
丽水市 …… (333)

财政机构人员

浙江省财政厅厅领导名单 …… (336)
浙江省财政厅机构设置及处级干部名单 …… (336)
浙江省各市、县(市、区)财政局领导名单 …… (339)
2015 年浙江省财政系统职工基本情况统计 …… (347)

附　录

●专题经验介绍

发挥财政政策作用　推进特色小镇建设
/浙江省财政厅 …… (352)
守护“绿水青山”　打造“金山银山”
/丽水市财政局 …… (353)
深化专项资金管理改革　提高财政资金使用绩效
/衢州市衢江区财政局 …… (355)

●调研报告精选

浙江省事权与支出责任划分研究(摘要)
/浙江省财政厅总预算局、政研室联合课题组 …… (357)
浙江省建立政府产业基金的实践和探索(摘要)
/浙江省财政厅企业处课题组 …… (361)
关于培育规范中介机构承接政府购买服务工作的研究与思考(摘要)
/嘉兴市财政局课题组 …… (365)

TABLE OF CONTENTS

Fiscal and Economic Documents

Important Documents of the Fouth Session of the 12th Provincial People's Congress ······ (2)

Important Fiscal and Economic Documents of Provincial Committee of the CPC and Provincial Government ······ (17)

Important Documents of the Conference of Provincial Public Finance and Local Taxation ··· (25)

Provincial Work of Public Finance

General Situation of Work for Provincial Public Finance and Taxation ······ (34)

General Situation of Fiscal Work for Each Division ······ (41)

General Situation of Affiliated Enterprises and Government-Sponsored Institution ······ (65)

Activities of Academies and Associations ······ (69)

Fiscal Work of Each City and County (District)

General Situation of the Fiscal Work of Hangzhou ······ (74)

General Situation of the Fiscal Work of Ningbo ······ (91)

General Situation of the Fiscal Work of Wenzhou ······ (103)

General Situation of the Fiscal Work of Jiaxing ······ (116)

General Situation of the Fiscal Work of Huzhou ······ (126)

General Situation of the Fiscal Work of Shaoxing ······ (133)

General Situation of the Fiscal Work of Jinhua ······ (142)

General Situation of the Fiscal Work of Quzhou ······ (153)

General Situation of the Fiscal Work of Zhoushan ······ (161)

General Situation of the Fiscal Work of Taizhou ······ (167)

General Situation of the Fiscal Work of Lishui ······ (178)

Fiscal Statistics ······ (190)

Selected Laws and Regulations of Public Finance ······ (244)

Fiscal Articles

Viewpoints of Provincial Leaders in Public Finance ······ (270)

Viewpoints of Departmental Leaders in Public Finance ······ (272)

Fiscal Work Memorabilia ······ (306)

The 12th Five-Year Public Finance Situation of Zhejiang Province ······ (320)

Fiscal Organizational Structure and Personnel ······ (336)

Appendix

Experience Introduction with Special Topics ······ (352)

Selected Research Papers ······ (357)

财经文献

zhejiang caizheng nianjian

省十二届人大四次会议重要文件

政府工作报告(摘要)

——2016年1月24日在浙江省第十二届人民代表大会第四次会议上

浙江省省长　李　强

一、2015年主要工作和“十二五”发展成就

(一)深化改革开放,增强发展活力

深入推进具有国际战略意义的改革开放举措。积极参与“一带一路”和长江经济带建设。实施宁波舟山港一体化改革,组建省海港集团,规划建设舟山江海联运服务中心和舟山绿色石化基地,设立中国(浙江)大宗商品交易中心,推动海洋经济发展示范区和舟山群岛新区加快建设。深化义乌国际贸易综合改革,实现义新欧班列常态化运行,先后设立义乌、宁波国际邮件互换局、交换站,开展海宁市场采购贸易改革试点,加快杭州跨境电子商务综合试验区建设。规划建设杭州国家自主创新示范区。深化温州金融综合改革,推进台州小微企业金融服务改革创新试验区建设。深化嘉善县域科学发展示范点建设。按照国家外交战略布局,积极开展对外交流与合作。成功举办第二届世界互联网大会,大会成为国家战略平台。

深入推进“四张清单一张网”改革。完善权力清单制度,积极探索政事分开改革、行政复议体制改革和行政执法体制改革,制定省重大行政决策程序规定。完善责任清单制度,探索建立省级部门年度重点工作清单制度。完善企业投资负面清单管理方式,开展企业独立选址投资项目50天高效审批改革试点,推进企业“零地”技改项目不再审批改革。完善财政专项资金管理清单制度,设立总额200亿元的省产业基金。完善政务服务网,实现省市县联网并向乡镇延伸,率先建设全省统一的政务公开平台、公共服务平台和公共数据平台。

深入推进经济体制改革。总结推广海宁、德清、平湖等县(市)改革试点经验,制定实施县域经济体制综合改革方案。改革完善省以下财政体制,深化重点领域投融资体制改革。推行“五证合一、一照一码”登记制度改革,加快农村“三权”改革,实施农村供销、生产、信用合作“三位一体”改革,推进国资国企改革重组。加快国家新型城镇化综合改革试点、全国生态文明先行示范区建设和宁波保险创新综合示范区建设。完善价格决定机制,政府定价项目减少48%。

深入推进社会体制改革。开展海盐县基本公共服务均等化改革试点、桐庐县基层社会治理机制创新试点。加快义务教育均等化,推进职业教育和普通教育互通、中高职教育贯通,实施高考招生制度改革,开展大中小学课程改革。统筹推进医疗、医药和医保改革,完善药品集中采购机制。全面开展户籍制度改革。深化文化体制改革,积极推进基本文化公共文化服务全覆盖。

(二)加快转型升级,提升发展质量

把稳增长与调结构结合起来,大力推进特色小镇规划建设,加快发展七大产业,传承发展历史经典产业,实现经济发展高开稳走向好。加强农业基础,统筹推进粮食生产功能区和现代农业园区建设,加快畜牧业转型升级,加强浙江渔场修复振兴和海上“一打三整治”,农业生产、粮食生产稳定增长。加快工业结构调整和服务业发展,深入推进“四换三名”,研究制定“浙江制造”标准,信息经济、高新技术产业和现代服务业的引领支撑作用进一步显现,文化产业加快发展。统筹推进有效投资、外贸出口和居民消费稳定增长,大力推进浙商回归,全面落实扶持小微企业发展各项政策,积极化解企业资金链、担保链风险,经济保持平稳健康发展。全省生产总值达到42886亿元,增长8%;一般公共预算收入4810亿元,增长7.8%;固定资产投资26665亿元,增长13.2%,其中重大基础设施、重大产业项目、生态环保、技术改造投资均增长20%以上;外贸出口17174亿元,增长2.3%,其中市场采购贸易增长42.6%,跨境电子商务出口增长34.7%;社会消费品零售总额19785亿元,增长10.9%,网络零售额增长49.9%。

把创新驱动与环境倒逼结合起来,大力推进创新创业,坚决淘汰落后产能、整治低小散,推动经济提质增效升级。深化科技体制改革,加大科技投入,加快科技城、梦想小镇等创新空间建设,总结推广新昌科技体制改革试点经验。全年新增授权发明专利2.3万件、高新技术企业1688家,研发经费支出占生产总值比重提高到2.33%。深入推进“五水共治”“三改一拆”,加大节能减排、大气治理、交通治堵等工作力度,完成黑臭河整治446公里、建设城镇污水管网3406公里,完成10010个村生活污水治理设施建设、54个城镇污水处理厂一级A提标改造,省控断面劣V类水比例从10.4%下降到6.8%;新建改造超低排放燃煤机组26台,淘汰改造燃煤锅炉17814台,淘汰黄标车32万辆,设区城市PM2.5平均浓度下降11.3%;改造旧住宅区、旧厂区、城中村2.16亿平方米、拆除违法建筑面积1.58亿平方米;启动实施城镇低效用地再开发7.6万亩,盘活存量建设用地11.3万亩;淘汰2000多家企业落后产能、22000家小作坊;万元生产总值能耗下降至0.48吨标煤,国家下达的主要污染物减排目标全面完成。

把统筹城乡发展与统筹区域发展结合起来,加快城市发展和美丽乡村建设,支持原26个欠发达县加快发展,推动城乡发展一体化、全省发展一盘棋。制定实施杭州、宁波、温州和金华—义乌都市区规划纲要,积极推进中心城区功能建设和都市区综合交通体系建设,都市区龙头作用进一步增强。加快区域中心

城市和县城建设，深化中心镇改革和小城市培育试点，城市经济快速发展。加快农村基础设施和公共服务体系建设，打造"浙派民居"，加强历史文化村落保护，新农村建设水平不断提高。深入实施主体功能区战略，实行重点生态功能区生态环境财政奖惩制度。

（三）加强民生保障，强化发展惠民

切实加强居民增收工作，家庭人均年收入低于4600元的贫困现象全面消除。健全职工工资稳定增长机制，最低工资标准平均提高13%，企业退休人员基本养老金标准提高10%，城乡居民基础养老金最低标准提高20%，城乡最低生活保障标准分别提高11%和17%，城乡居民人均可支配收入达到43714元和21125元，分别增长8.2%和9%。

加快社会事业发展，基本公共服务均等化水平不断提高。统筹推进各类教育改革发展，加强重点高校建设和应用型本科院校建设，建成浙江音乐学院。全面实施"双下沉、两提升"工程，促进医疗卫生资源城乡均衡分布。实施全民参保登记，建立覆盖各类人群的大病保险制度，新增基本养老、基本医疗保险参保人数分别为167万和44万。加强城乡住房保障，建成保障性安居工程住房27万套，完成农村危房改造1.7万户，解决21.2万户农村无房户、危房户建房用地。加强养老服务体系建设，新增机构养老床位3.59万张。加快建设基本公共文化服务体系，新增农村文化礼堂1481个。广泛开展全民健身活动，成功申办2022年亚运会。

切实加强社会治理创新，促进社会和谐稳定。深化平安浙江建设，加快社会管理信息系统平台建设，完善矛盾纠纷调处化解综合机制。健全食品药品安全监管制度，加强农产品质量安全保障和餐桌安全治理。加大安全生产监管和重大隐患排查力度，安全生产事故起数、死亡人数分别下降5.5%和4%。加强社会治安防控体系建设，严密防范和严厉打击各类违法犯罪活动。

各位代表，2015年是"十二五"发展的收官之年，我们全面完成年初确定的各项目标任务，全面完成十方面民生实事，为"十二五"发展划上了圆满句号。

五年来，我们坚持以"八八战略"为总纲，抓改革、强创新，稳增长、调结构，治环境、惠民生，防风险、促和谐，胜利实现了"十二五"规划目标，经济社会发展上了一个新台阶。

我们坚定不移推进改革开放，省级实际执行的行政审批事项从1000多项减少到283项，非行政许可审批事项全面取消；市场主体达到471万家，净增177.6万家，新增境内上市公司107家，上市公司数量居全国第二；累计引进外资716.5亿美元、出口12396亿美元、境外投资326.6亿美元，市场活力进一步增强，国际化水平进一步提升。

我们坚定不移推进科技创新，年度研发经费支出从494亿元增加到1000亿元，累计获得专利授权94.5万项，其中发明专利授权6.9万项；新增5个国家级高新区，高新技术企业从3558家增加到7712家，高新技术产业增加值从2396亿元增加到4910亿元，科技创新能力大幅提高。

我们坚定不移推进经济平稳健康发展和转型升级，地区生产总值从27748亿元增加到42886亿元，年均增长8.2%，人均生产总值从51758元增加到77644元，三次产业结构从4.9：51.1：44调整为4.3：45.9：49.8，综合实力不断增强。

我们坚定不移推进有效投资，累计完成固定资产投资超过10万亿元，其中重大基础设施投资9330亿元，重大产业投资8930亿元，重大统筹城乡投资4478亿元，重大公共服务投资6055亿元；浙商回归到位资金8358亿元，发展后劲不断增强。

我们坚定不移推进城乡一体化发展，加强城市基础设施和公共服务建设并不断向农村延伸，常住人口城市化率从61.6%提高到65.8%；累计转移85.5万农村劳动力就业，建成"美丽乡村"特色村2500个，建成粮食生产功能区676万亩、现代农业园区516.5万亩、高标准基本农田1049万亩，新农村建设、城乡一体化发展取得新进展。

我们坚定不移推进环境整治，消灭垃圾河6496公里、整治黑臭河5106公里，新增污水收集管网11500公里，完成"三改"面积5.8亿平方米，拆除违法建筑面积4.7亿平方米，新植树木5亿多株，新增平原绿化207万亩、省级生态公益林625万亩，化学需氧量等四种主要污染物累计减排49.5万吨，节能4500万吨标煤，地表水III类以上水质断面比例提高11.8个百分点，全省生态环境明显改善。

我们坚定不移推进民生保障和社会和谐，义务教育入学率和巩固率达到100%，高中段教育毛入学率达到95.9%，高等教育毛入学率达到56%，建成农村文化礼堂4928个，基本养老、基本医疗保险参保人数分别达到3684万和5195万，城乡居民人均可支配收入年均增长9.8%和11.4%，安全生产事故起数、死亡人数持续下降，社会治安防控体系进一步完善，社会安定有序。

我们坚定不移推进政府自身建设，认真开展党的群众路线教育实践活动和"三严三实"专题教育，作风建设和反腐败工作进一步加强。大力推进政府自身改革，加快转变政府职能，全面推进依法行政，法治政府和服务型政府建设取得新进展。累计制定和修改省政府规章69件，提请省人大常委会审议地方性法规议案54件，处理行政复议案件2.8万件。

在取得成绩的同时，我们也清醒地看到，浙江省经济社会发展还存在不少问题。主要是自主创新能力不强，传统产业转型升级不够快，新兴产业占比还不高；中心城市的辐射带动作用还不够强；资源约束趋紧，环境承载力下降，人口老龄化压力增大；加强基本公共服务供给、保障和改善民生的任务还比较重；金融、安全生产、社会治安、网络等领域潜在风险隐患较多，维护国家安全和保持社会大局稳定面临新的挑战。在政府自身建设方面，一些工作人员改革意识、责任意识、法治意识、服务意识不强，作风不正、懒政怠政依然存在，消极腐败现象还时有发生。我们一定高度重视这些问题，采取更加有力措施认真加以解决。

二、"十三五"发展主要目标任务

"十三五"是充满机遇、充满挑战的五年，是浙江现代化建设的关键时期。根据中共浙江省委《关于制定浙江省国民经济和社会发展第十三个五年规划的建议》，省政府制定了《浙江省国民经济和社会发展第十三个五年规划纲要（草案）》，提请大会审议。经本次大会批准后，省政府将认真组织实施。

"十三五"发展的指导思想是，高举中国特色社会主义伟大旗帜，以马克思列宁主义、毛泽东思想、邓小平理论、"三个代表"重要思想、科学发展观为指导，深入贯彻习近平总书记系列重要讲话精神，以"四个全面"战略布局为统领，以创新、协调、绿色、开放、共享五大发展理念为引领，以"八八战略"为总纲，以"干在实处永无止境，走在前列要谋新篇"为新使命，以"更进一步、更快一步，继续发挥先行和示范作用"为总要求，坚持发展第一要务，坚持转型升级不动摇，紧扣提高经济发展质量和效益这一中心，加快形成引领经济发展新常态的体制机制和发展方式，统筹推进经济建设、政治建设、文化建设、社会建设、生态文明建设和党的建设，高水平全面建成小康社会，为建设物质富裕精神富有现代化浙江、建设美丽浙江创造美好生活打下更加坚实的基础。

"十三五"发展的主要目标是，确保实现已经确定的"四翻番"目标，高水平全面建成小康社会。全省生产总值年均增长7%以上，城乡居民收入增长与经济增长同步。到2020年，人均生产总值超过10万元，居民人均可支配收入超过5万元，社会保障覆盖率达到100%，研发经费支出占生产总值比重达到2.8%左右，高等教育毛入学率达到60%以上，使浙江综合实力更强、城乡区域更协调、生态环境更优美、人民生活更幸福、治理体系更完善。

推进"十三五"发展、实现"十三五"目标，必须追求高水平、推进均衡化、增创新优势，集中力量抓好既该干又能干成的大事。

（一）突出制度供给

加快政府改革创新。深化"四张清单一张网"改革，依法全面履行政府职能，完善依法行政制度体系，推进行政决策科学化、民主化、法治化，坚持严格规范公正文明执法，强化行政权力制约监督，理顺政府与市场、政府与社会关系。市场能有效调节的交给市场，企业能自主决策的交还企业，社会组织能承担的委托社会组织，购买服务能解决的向社会购买，事业单位能转为企业或社会组织的加快转制，基层管理更方便有效的下放基层，对保留的审批管理事项推行在线服务、网上办理，力争到2020年基本建成职能科学、权责法定、执法严明、公开公正、廉洁高效、守法诚信的法治政府。

加快要素配置机制创新。深化审批制度改革，建立"区域能评、环评+区块能耗、环境标准"取代项目能评、环评的工作机制，逐步实行企业独立选址项目高效审批、非独立选址项目不再审批。完善土地、能源、环境容量、水资源等要素配置机制，全面建立阶梯价格制度，促进资源要素优化配置。强化节能节地节水、环境、技术、质量、安全等市场准入标准，力争到2020年覆盖到所有新建项目和存量企业。

加快重要领域改革发展。联动推进海洋经济发展示范区和舟山群岛新区建设，加快建设海洋经济强省。联动推进温州金融综合改革试验区和台州小微企业金融服务改革创新试验区建设，促进互联网金融、民营银行、基金小镇等健康发展。深化义乌国际贸易和国内贸易流通综合改革，加快杭州、宁波跨境电子商务综合试验区建设，支持各地大力发展跨境电子商务，探索建立国际贸易新体制。加快杭州国家自主创新示范区建设，支持宁波创建国家自主创新示范区，规划建设环杭州湾高新技术产业带，加强科技大市场建设，促进科技成果资本化、产业化。积极推进"多规合一"改革。创新城市基础设施建设机制，推进电力、电信、交通、石油、天然气、市政公用等自然垄断行业放开竞争性业务。深化国有企业改革，突出功能分类，引导国有企业更好服务于全省战略目标。支持民营企业创新发展，大幅度削减企业投资"负面清单"，鼓励民营企业依法进入更多领域和参与国企改革。

（二）强化创新驱动

大力发展高新技术企业和科技型中小微企业。制定实施"双倍增"计划，加大人才创业支持力度，大力支持众创空间建设，在省级以上开发区普遍建立孵化器，在本科高校普遍设立创业学院，鼓励和支持科技人才在职创业，力争到2020年全省高新技术企业和科技型中小微企业数量翻一番。

打造创新创业功能平台。规划建设杭州城西科创大走廊，整合创新资源，引入创新要素，使其成为引领全省创新发展的主引擎。支持中心城市加快建设科技城。规划建设钱塘江金融港湾，做大做强省股权交易中心，积极发展地方资本市场。

加快建立现代产业体系。积极推进农业现代化，大力发展七大产业，重点抓好以互联网为核心的信息经济，逐步形成以现代农业为基础、信息经济为龙头、先进制造业和现代服务业为主体的产业结构。加快建设信息经济强省和制造强省，加强特色小镇建设，实施浙江"互联网+"行动计划和中国制造2025浙江行动纲要，制定实施"浙江制造"标准体系规划，联动推进标准强省、质量强省、品牌强省建设，打响"浙江制造"品牌，力争到2020年全省在役工业机器人超过10万台，"浙江制造"标准达到500个以上，高标准特色小镇100个以上，建成一批高质量的产业云服务和产业大数据平台。

积极扩大有效投资。聚焦重点领域，优化投资结构，提高投资效率，力争"十三五"期间在基础设施、产业转型、统筹城乡、生态环保、公共服务等五大领域完成重大项目投资5万亿元左右，推动全社会有效投资较快增长。

（三）提升开放层次

打造"一带一路"战略桥头堡。结合舟山群岛新区、江海联运服务中心、绿色石化基地建设，加快规划建设以油品储备、加工及投资贸易自由化为特色的舟山自由贸易港区。以舟山自由贸易港区、舟山综保区、宁波保税区、梅山保税港区、金义综保区等平台为基础，以宁波舟山港、义乌陆港、甬金铁路为支撑，规划建设义甬舟开放大通道，成为贯穿浙江沿海山区、连接丝绸之路经济带和海上丝绸之路的战略桥梁。

建设有全球影响力的先进制造基地和经济区。支持宁波规划建设梅山新区，支持温州、台州以产业集聚区为基础打造民外合作产业发展大平台,支持发展空港经济区,支持有条件的市县申报综保区,形成一批具有较强国际竞争力的开放型经济发展平台。

大力培育本土跨国企业。鼓励支持有条件的企业开展跨国并购重组,积极推动大企业到境外建立生产基地、研发设计机构、营销网络,加快产业链价值链全球布局,注重发挥浙商、浙侨的作用,逐步形成以跨国公司为主体、以民营企业“走出去”为基础的国际优势产能和装备制造合作新模式。

(四)提高均衡水平

加快推进新型城市化和城乡一体化。深入实施新型城市化发展纲要,加快省域中心城市发展,支持区域中心城市强化功能建设,加强县城、中心镇建设和小城市改革试点。深化农村“三权”改革,加快推进户籍制度改革,全面实施居住证制度,促进农业人口转移。深入推进社会主义新农村建设,完善农村基础设施和公共服务体系,打造美丽乡村升级版。

加快构建以四大都市区为主体、海洋经济区和生态功能区为两翼的区域发展新格局。大力推进四大都市区建设,力争到2020年都市区经济总量占全省比重提高到70%。加快海洋经济区建设,整合全省港口资源,加强海湾、海岛保护开发,规划建设港口经济圈,大力发展海洋经济,力争到2020年全面建成海洋经济发展示范区。加强生态功能区建设,扩大重点生态功能区范围,支持衢州、丽水全域建设生态功能区,创新山海协作机制,大力发展生态经济、建设生态城市,全面参与浙皖闽赣国家东部生态文明旅游区建设,成为国家东部生态屏障重要组成部分。

加快基础设施现代化。深入推进大港口、大路网、大航空、大水运、大物流建设,实施“万亿综合交通工程”,构建内畅外联的“四大交通走廊”,打造省会到设区市1小时交通圈和全省1小时空中交通圈。加强防洪排涝骨干工程建设,加快完善水运、管道、邮政等基础设施网络。加快建设高速、移动、安全、泛在的新一代信息基础设施,超前布局下一代互联网。

推进军民融合深度发展。完善军民融合发展工作机制,建设一批军民融合产业基地,培育一批重点企业,打造共享平台。全力支持驻浙部队和武警部队建设,做好国防建设、国防教育、国防动员、人民防空和双拥优抚安置等工作。

(五)建设美丽浙江

制定实施“811”美丽浙江建设行动。围绕8大绿色发展目标,深入开展“五水共治”“三改一拆”等11项行动,到2020年形成比较完善的生态文明制度体系,基本建成生态省,成为全国生态文明示范区和美丽中国先行区。

大力发展绿色低碳经济。积极推进节能减排,加大高耗能、重污染企业整治力度,大力发展生态经济和节能环保产业,积极发展新能源汽车,加快建设清洁能源示范省,力争到2020年非化石能源占一次能源消费总量比重达到20%左右,全省公交车、出租车、营运专车、一般公务用车替换为新能源汽车或改造为清洁能源汽车。

大力整治生态环境。统筹推进治水治气、治城治乡、治土治山,切实加强环境保护、生态修复,扩大海洋保护区面积。到2020年,所有污水处理厂达到国家一级A排放标准,所有燃煤电厂、钢铁、水泥、玻璃、热电等行业完成超低排放或清洁排放技术改造,全省境内消灭劣V类地表水,河流III类以上水质断面比例达到80%;PM2.5平均浓度下降到40微克/立方米左右,环境空气质量优良天数比例达到80%;所有县(市、区)实现基本无违建;有效控制农业“两区”土壤污染问题,基本消除重大地质灾害隐患;森林覆盖率保持在61%以上,新植1亿株珍贵树。

加快建设美丽乡村、美丽城市。深入实施“千村示范、万村整治”工程,力争5年打造1000个美丽乡村精品村、100个旅游风情小镇。加快建设美丽城市,促进城市有机更新、环境改善、景观再造,构建集约高效的生产空间、宜居适度的生活空间、山清水秀的生态空间。

健全“绿水青山就是金山银山”体制机制。整合生态环保财政政策,建立绿色发展财力奖补机制,完善主要污染物排放财政收费制度,实行污水排放、工业废气排放总量控制,建立健全以单位生产总值能耗为基础的用能权交易制度、以单位建设用地生产总值为基础的土地配置方式和以水定产、以水定城的水资源配置机制,划定森林、湿地、物种生态保护红线,完善公益林和湿地生态补偿制度,强化“美丽浙江”建设的体制保障。

先进的制造业车间

（六）创造美好生活

促进城乡居民普遍持续增收。坚持就业优先战略，完善收入分配制度和劳动报酬增长机制，千方百计促进农民增收，加强低收入群体增收帮扶。逐步提高最低工资标准，确保到2020年城乡居民人均可支配收入比2010年翻一番。

以标准化推动公共服务均等化。高标准普及学前教育、义务教育和高中段教育，逐步放宽高中段教育普高、职高分流限制。加快高等教育改革发展，完善高等院校学生实习制度，推进高等职业院校产教融合、校企合作，支持有条件的高校建设一流大学、一流学科。大力实施全民参保计划，完善养老保险和医疗保险制度，积极推进城乡居民基本医疗保险整合，健全大病保险制度和医疗救助制度。建立健全全省统一的公立医院机构药品采购平台，完善药品采购定价和监管机制。深化医疗卫生体制改革，完善“双下沉、两提升”制度。统筹做好妇女儿童、老龄、残疾人等工作。加快基本公共文化服务均等化。加强文化遗产保护，大力推进全民健身，积极筹备2022年杭州亚运会。

加强和创新社会治理。深化法治浙江、平安浙江建设，完善基层社会治理网络体系。加强社会主义精神文明建设，用中国梦和社会主义核心价值观凝聚共识、汇聚力量，充分发挥家规家训传播正能量作用。坚持和发展“枫桥经验”，完善社会矛盾纠纷调处化解体制机制。健全社会信用体系。探索建立城乡社区、社会组织、社会工作联动机制。加强安全生产管控和食品药品安全监管，健全社会公共安全体系和社会治安立体防控体系，确保社会和谐稳定。

三、2016年主要工作

2016年是实施“十三五”规划的开局之年，必须确保经济社会平稳健康发展。当前，国际形势错综复杂，不确定因素很多。国内经济形势总体向好，但下行压力依然较大。综合分析各方面因素，建议今年全省经济社会发展的主要预期目标是：生产总值增长7%～7.5%，一般公共预算收入、城乡居民人均可支配收入增长与经济增长同步，“去产能、去库存、去杠杆、降成本、补短板”各项工作取得实质性进展，节能减排降碳指标完成或超额完成国家下达的目标任务。

做好2016年工作，必须认真贯彻落实党的十八大和十八届三中、四中、五中全会精神和中央经济工作会议决策部署，按照“五位一体”总体布局和“四个全面”战略布局的要求，坚持以“五大发展”为引领，以“八八战略”为总纲，适应经济发展新常态，坚定不移深化改革开放、强化创新驱动、打好转型升级组合拳、推动城乡区域协同发展、保障改善民生、提高发展质量效益，着力加强供给侧结构性改革，战略上打持久战，战术上打歼灭战，稳中求进优发展，统筹兼顾促协调，做强实体拓市场，守牢底线保平安，实现“十三五”发展良好开局，为干好“一三五”、实现“四翻番”，高水平全面建成小康社会奠定坚实基础。

在具体工作中，坚持把加强供给侧结构性改革放在突出位置，着力抓好以下重点：

（一）加快推进改革开放。统筹推进国家战略举措相关改革，深化要素配置市场化改革，加大国企、财税、金融、社保等重点领域和关键环节改革力度，积极创建军民融合发展创新示范区，扩大对内对外开放。全力以赴做好G20峰会相关工作。办好第三届世界互联网大会。

加快“去产能、去库存、去杠杆、降成本、补短板”相关改革。建立健全优胜劣汰机制，对“僵尸企业”通过兼并重组、债务重组乃至破产清算实现市场出清。继续关停落后产能、整治“低小散”。制定实施企业减负三年行动计划，切实降低实体经济企业成本。建立健全房地产业健康发展机制，取消过时的限制性措施，发挥市场机制在化解房地产库存中的基础性作用。

开展市域改革试点，增强可复制性可推广性。支持湖州市规划建设内河水运转型发展试验区、嘉兴市加快县域经济向都市经济转型、绍兴市创新高新技术企业培育机制、衢州市深化循环经济试点、台州市规划建设湾区经济发展试验区、丽水市深化农村金融改革。继续推进各级各类改革试点。

扩大对内对外开放。加快规划建设舟山自由贸易港区、义甬舟开放大通道，积极推进开发区、特殊监管区整合提升。改善投资环境，积极利用外资，协同推进浙商回归和中外合作产业园建设。办好浙江投资贸易洽谈会、中国—中东欧国家投资贸易博览会、国际海岛旅游大会。发挥国际友城平台作用，拓展与“一带一路”沿线国家的务实交流合作。制定实施民营跨国公司三年行动计划，支持有条件的企业走出去开展国际并购，掌握核心技术和高端品牌，扩大国际市场份额。积极参与长江经济带建设，加大接轨上海力度，积极推进与周边省市的合作交流，继续做好援藏援疆援青等对口支援工作。

（二）大力推进科技创新。坚持以企业为主体、人才为根本，加快规划建设杭州城西科创大走廊、钱塘江金融港湾、乌镇互联网创新发展试验区，充分发挥科技创新在全面创新中的引领作用。

加快企业创新、人才创业。鼓励支持企业加大创新投入、研发力度，积极向高新技术领域拓展和转型，力争全年新增高新技术企业1200家。制定更具竞争力的人才新政，加大引才工作力度，鼓励和支持省内外人才在浙江创办科技型企业。

加大研究开发力度。加强原始创新、集成创新和引进消化吸收再创新，推进重点高校、科研院所、企业研究院建设，实施一批重大基础研究专项、重大科技攻关专项、重大科技示范应用专项。加强知识产权保护。鼓励企业开展基础性前沿性创新研究，建立健全主导产品“生产一代、研制一代、研发一代、探索一代”的技术创新机制。

加大创新投入。统筹做好增加研发投入、加大人力资本投入、鼓励支持创业风险投资等各项工作，力争全年研发经费支出超过1100亿元、教育培训等人力资本投资超过2100亿元、科技型中小微企业获得的创业风险等投资超过1000亿元。

（三）加快产业优化升级。把发展实体经济放在更加突出的位置，统筹新增长点培育和传统产业改造提升，统筹适度扩大总需求和积极扩大有效供给，努力保持经济平稳健康发展。

大力发展七大产业。聚焦七大产业建设特色小镇，围绕七大产业提升开发区和高新区、打造产业集聚区核心区块，紧扣七大产业培育骨干企业、强化要素保障，力争七大产业增加值平均增长10%以上。加快发展文化创意产业，传承发展历史经典产业。

加快现有产业、企业动力修复。深入推进“四换三名”，加快信息化与工业化深度融合，制定实施工业机器人行动计划、“浙江制造”行动计划、小微企业成长计划，大力推进“个转企”“小升规”“规改股”“股上市”。新增1万台工业机器人，制定实施100个“浙江制造”标准。

推进供给端和需求端协同发力。保持有效投资力度，更加注重结构优化，启动一批大项目，确保交通基础设施、重大产业项目、高新技术产业、生态环保投资较快增长。稳步提高浙江出口的市场份额，确保跨境电子商务出口、市场采购贸易出口、服务外包出口、名优特产品出口较快增长。积极拓展国内市场，做好扩大进口工作。大力培育信息、健康、养老、文化、旅游等新的消费热点，促进电子商务持续健康发展，形成消费和供给良性互动、需求升级和产业升级协同共进的格局。

(四)加强城市工作。围绕提升城市环境质量、人民生活质量、城市竞争力，加快建设和谐宜居、富有活力、各具特色的现代化城市。

优化城市发展空间布局、功能定位。坚持全省一盘棋，完善规划，加快建设，逐步形成横向错位发展、纵向分工协作的发展格局。突出四大都市区的主体地位，重点提高集聚高端要素、发展高端产业的能力。完善区域中心城市和县城的节点功能，着力提高创造就业岗位、承载农民转移的能力。强化中心镇及小城镇的基础作用，积极承接城市基础设施、公共服务并向农村延伸，加快提高服务“三农”的能力。

统筹城市规划建设管理。加强城市规划，全面推行城市设计，提倡城市修补，注重历史传承和文化积淀，增强城市内部布局合理性。实行“适用、经济、绿色、美观”的建筑方针，提高建筑标准和质量，全面推广绿色建筑、节能建筑，积极推进建筑工业化。加强城市基础设施、公共服务建设，加强地下空间规划、开发和利用，加快城镇低效用地再开发，推进海绵城市建设。加强城市管理和服务，打造智慧城市。

加强城市改革创新。围绕促进有能力在城镇稳定就业和生活的农业转移人口举家进城落户，统筹推进土地、财政、教育、就业、医疗、养老、住房保障等配套改革，健全财政转移支付同农业转移人口市民化挂钩机制，建立城镇建设用地增加规模同吸纳农业转移人口数量挂钩机制，维护好进城落户农民土地承包经营权、宅基地使用权、集体收益分配权。

(五)加强农业农村工作。切实加大强农惠农富农力度，深入推进农村各项改革，着力提升农业农村发展水平，促进农民收入持续较快增长。

积极推进农业现代化。开展国家农产品质量安全示范省建设，大力发展现代生态循环农业，积极推进农业机械化、信息化、标准化，加快种植业、畜牧业、渔业转型升级，大力发展旱粮作物，积极推进全产业链建设和品牌建设，发展多种形式适度规模经营，深化粮食生产功能区和现代农业园区建设，规划建设一批重要农产品保护区，划定和保护好永久基本农田，启动实施千万亩耕地质量提升工程，打造一批农业产业集聚区和特色农业强镇，加快建设绿色农业强省。

加强新农村建设。深化“千村示范、万村整治”工作。加强村庄规划设计和农房设计，凸显“浙派民居”特色，加大传统村落民居和历史文化名镇名村、古树名木保护力度。扎实推进农村文化建设。

加快农村改革。深化“三权”改革，依法做好确权登记颁证工作，建立健全县乡村一体的农村产权流转市场体系。加快“三位一体”改革，健全农业服务体系，培育500个电商专业村。积极推进农村土地征收、集体经营性建设用地入市、宅基地制度改革试点。完善农民增收政策体系，优先保障财政对农业农村投入，确保力度不减弱、总量有增加。

(六)加强生态环境建设。以提高环境质量为核心，启动实施新一轮“811”美丽浙江建设行动，实现环境整治从重点突破向综合治理的根本转变。

综合治理水环境。加大“五水共治”力度，统筹推进源头控制、截污纳管、达标排放、河道清淤等各项工作，加强农村生活污水处理设施建设和运营管理，加快污水管网建设和污水处理厂提标改造，加强黑臭河综合治理，全面实施阶梯水价制度，确保省控断面劣V类水质比例下降至5.5%。

综合治理大气环境。继续推进燃煤电厂超低排放技术改造，研究制定重点行业废气排放地方标准，推进重点行业挥发性有机污染物整治，提高新机动车上牌标准，加强港口船舶大气污染防治，加强建筑扬尘防控，加强农作物秸秆资源化利用，力争设区城市PM2.5平均浓度下降到50微克/立方米左右。

综合治理城乡环境。加大“三改一拆”、无违建县创建、“四边三化”等工作推进力度，完善拆改结合、依法治违、环境管护长效机制。加大城市交通拥堵治理，加快地铁等公共交通项目建设，大力发展“智慧交通”。积极推进城乡生活垃圾分类收集和资源化处理，加强农业“两区”土壤污染防治。加强城乡绿化、绿道建设。

(七)切实加强社会建设和民生改善。按照社会政策要托底的要求，守住民生底线，切实解决好人民群众最关心最直接最现实的利益问题。

提高就业服务的精准性。实施高校毕业生就业促进计划和大学生创业引领计划。加大农村劳动力就业技能培训力度，力争更多的农村劳动力转移到城镇稳定就业。加强再就业培训和就业援助，增加公益性就业岗位，促进困难人员就业。

提高增收工作的有效性。完善城乡最低生活保障和社会救助制度，加强低收入群体增收帮扶和精准扶贫，多渠道促进农民增收。完善社会平均工资指导线制度，促进劳动报酬提高与劳动生产率提高同步。

提高公共服务的普惠性。制定实施基本公共服务标准，加快教育、文化、卫生重点县建设，促进基本公共服务均等化。加强学前教育建设，完善普惠性民办幼儿园生均经费补助机制。强化“双下沉、两提升”长效机制建设，加快建立分级诊疗体系。加大社保扩面工作力度，做好渔民养老保险工作；加强城乡养老、医疗保险制度整合，统筹全省范围内各项社会保险待遇标准。落实一对夫妇可生育两个孩子政策，加强妇幼保健服务能力建设。全面实施困难残疾人生活补贴和重度残疾人护理补贴制度。加强体育场地设施建设和利用，实施全民健身工程。

提高平安建设的严密性。强化公共安全监管，完善药品监管体系，全面落实安全生产责任制，有效防范公共安全事件和安全生产事故，坚决遏制重特大事故。全面开展地质灾害隐患排查，进一步落实地质灾害防治责任和防范措施，有效防范地质灾害风险。扎实做好防灾减灾工作。强化社会治理，推进“网格化管理、组团式服务”，完善社会管理信息系统平台，健全矛盾纠纷调处化解综合机制。全面开展“七五”普法。加强国家安全工作。加强涉外安全管理服务。加强互联网综合治理和网络安全维护。健全社会治安立体防控体系，严密防范和严厉打击各类违法犯罪活动。

（八）加强政府自身改革与建设。深入推进“四张清单一张网”改革，加快建设法治政府、服务型政府。

依法全面履行政府职能。深化简政放权、放管结合、优化服务改革，构建科学合理的政府职责体系。健全依法决策机制，加强新型智库建设。深化行政执法体制改革，规范行政执法主体，全面推行综合行政执法。积极推进行政复议体制改革。完善行政程序制度，坚持严格规范公正文明执法。深化政务服务网建设，公开权力运行流程，扩大网上便民服务范围，推进公共数据开放共享。

健全行政权力监督和制约机制。自觉接受人大依法监督、政协民主监督、司法监督，加强政府内部层级监督和专门监督，主动接受社会监督、舆论监督。完善审计制度，推进省以下审计机关人财物管理改革试点。全面推进政务公开，完善公开透明规范的预算管理制度。全面推进公务用车制度改革。

深入推进党风廉政建设和反腐败工作。坚守政治纪律，严守法纪规矩，切实加强作风建设，健全廉政风险防控机制，坚决整肃庸政懒政怠政，坚决整治“四风”，坚决惩处各类腐败行为。

各位代表，2016年我们继续按照民生实事“群众提、大家定”的理念，确定了十个方面实事。省政府将进一步健全工作机制，切实把民生实事办好。

1. 加大雾霾治理力度。完成17台大型燃煤机组超低排放技术改造，淘汰改造8000台燃煤小锅炉，新建100座新能源汽车充换电站、10000个充电桩，全面淘汰黄标车。

2. 加大治污水力度。完成2000公里河道清淤等综合整治，新增2000公里污水管网，新增4000个农村生活污水治理村，钱塘江和太湖流域城镇污水处理厂全面完成提标改造，达到一级A排放标准。

3. 加强食品安全管理。新改造200家城镇农贸市场，城区农贸市场质量追溯体系建成率达到70%以上，快速检测体系建成率达到70%以上。在大型、特大型餐饮企业和学校、养老机构食堂建设2000家“阳光厨房”。

4. 加快养老服务体系建设。新建3000个城乡社区居家养老服务照料中心。

5. 加强农村惠民服务。完成2万户农村困难家庭危房改造，改善70万农村人口饮水条件，新增1000个农村文化礼堂，提升6000公里美丽乡村公路、建成3000个港湾式停靠站。

6. 加快电商服务网络建设。新建3000个农村电商服务站，新建3000个城市社区智能投递终端。

7. 加大城市治堵力度。新增1000辆公交车辆，新（改）建1000个公交站点，新增1000公里公交运营里程。

8. 加快标准化中小学校建设。新建成250所义务教育标准化学校，标准化学校覆盖率达到93%；新建成160条中小学塑胶跑道，校园塑胶跑道覆盖率达到90%。

9. 方便群众看病购药。实行省市医保、市县医保定点医院、定点药店同城互认。

10. 加快推进“互联网+政务服务”。房屋权属证明、纳税证明、港澳通行证再次签注、行驶证补换、驾驶证补换、会计从业资格证书申办、结婚登记预约、交通违法罚没款收缴、个人社保信息查询、公积金账户信息查询等10项便民服务，实现相关证照网上申请、在线服务、快递送达。

关于2015年全省和省级预算执行情况及2016年全省和省级预算草案的报告

——2016年1月24日在浙江省第十二届人民代表大会第四次会议上

浙江省财政厅

一、2015年预算执行情况

2015年，全省各地各部门认真贯彻党的十八届三中、四中、五中全会、省委十三届历次全会和省十二届人大三次会议决议精神，认真落实预算法，秉承“促进发展、保障民生、科学理财、加强监管”的理财观，扎实做好“生财、聚财、用财”三篇文章，全省财政预算执行情况良好，有力地推动了经济社会平稳健康发展。

（一）一般公共预算执行情况

1. 全省

2015年全省一般公共预算收入4809.53亿元，增长7.8%；

加上转移性收入 4072.08 亿元(其中:中央税收返还收入 459.57 亿元、中央转移支付收入 626.98 亿元、地方政府一般债券收入 1758.51 亿元、调入预算稳定调节基金 661.24 亿元、使用结转资金 142.41 亿元、调入资金 399.37 亿元、动用预算周转金 24.00 亿元),收入合计 8881.61 亿元。

全省一般公共预算支出 6648.09 亿元,完成预算的 107.3%,增长 21.1%,剔除使用结转资金、调入预算稳定调节基金以及中央转移支付资金增加等不可比因素后,可比增长 8.5%;加上转移性支出 2233.52 亿元(其中:上解中央支出 150.51 亿元、援助其他地区支出 1.05 亿元、安排预算稳定调节基金 492.94 亿元、调出资金 2.51 亿元、地方政府一般债券还本支出 1586.51 亿元),支出合计 8881.61 亿元。

收支相抵,全省一般公共预算收支平衡。

2. 省级

2015 年省级一般公共预算收入 352.70 亿元,增长 5.0%;加上转移性收入 3897.58 亿元(其中:中央税收返还收入 386.73 亿元、中央转移支付收入 560.24 亿元、省级分成收入 801.81 亿元、市县上解中央收入 112.84 亿元、地方政府一般债券收入 1404.85 亿元、调入预算稳定调节基金 338.00 亿元、使用结转资金 50.37 亿元、调入资金 218.74 亿元、动用预算周转金 24.00 亿元),收入合计 4250.28 亿元。

省级一般公共预算支出 827.51 亿元,完成预算的 99.5%,增长 70.8%,剔除调入预算稳定调节基金等不可比因素后,可比增长 14.4%;加上转移性支出 3422.77 亿元(其中:税收返还支出 253.23 亿元、省对市县转移支付支出 1428.79 亿元、上解中央支出 112.84 亿元、援助其他地区支出 1.05 亿元、补充预算稳定调节基金 227.01 亿元、地方政府一般债务还本支出 23.50 亿元、债务转贷支出 1376.35 亿元),支出合计 4250.28 亿元。

收支相抵,省级一般公共预算收支平衡。

3. 收支具体执行情况

(1)全省主要科目收入情况。增值税 614.02 亿元,增长 7.1%,其中:省级 20.63 亿元;营业税及改征增值税 1397.20 亿元,增长 11.2%,其中:省级 159.02 亿元;企业所得税 661.76 亿元,增长 4.2%,其中:省级 56.28 亿元;个人所得税 265.74 亿元,增长 22.2%,其中:省级 11.39 亿元;非税收入 641.78 亿元,增长 5.7%,其中:省级 93.35 亿元。

2015 年全省一般公共预算主要科目收入执行情况(单位:亿元)

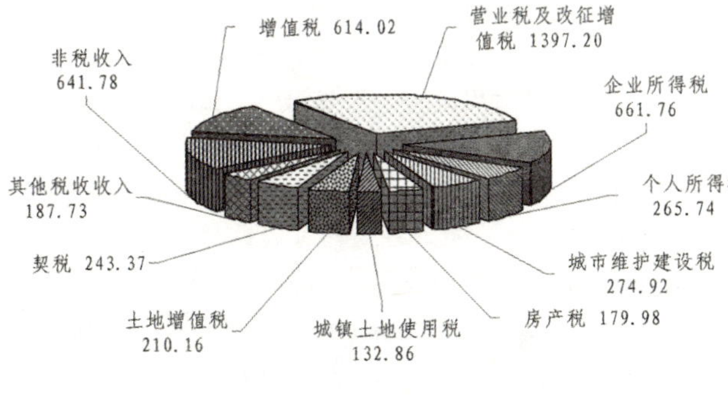

(2)全省重点支出执行情况。

农林水支出 738.14 亿元,增长 6.7%。其中:省级 63.42 亿元。以粮食生产功能区和现代农业园区建设为重点,切实加大对农业基础设施建设的投入,共新建粮食生产功能区 1445 个、104.98 万亩,现代农业综合区 44 个,主导产业示范区 61 个,特色农业精品园 71 个,有效提升了农业综合生产能力。加强"五水共治"资金保障,支持防洪水、保供水等重大项目及农田水利等水利项目建设,加快推进防洪排涝能力提升,进一步提高水资源配置能力;支持深化"千村示范、万村整治"工程,加大农村生活污水治理投入,支持历史文化村落保护利用,努力提高美丽乡村建设水平。支持加强生态公益林建设和管护,进一步完善森林生态效益补偿制度,省级以上生态公益林最低补偿标准提高到 30 元/亩·年,完成生态公益林扩面工作,新增省级生态公益林 516.89 万亩。按照精准扶贫、精准脱贫的要求和省委、省政府新一轮扶贫工作统一部署,支持实施低收入农户收入倍增计划、山区经济发展和新一轮重点欠发达县特别扶持政策,重点支持农村扶贫开发、特色产业、基本公共服务等三类项目建设,助力消除"4600 元以下"贫困现象,推进淳安等困难区域共建、共享更高水平的全面小康社会。加大农业综合开发投入力度,以农业综合开发"31066"项目为载体,推进现代农业发展。积极开展农村综合改革示范试点,深化村级公益事业一事一议财政奖补政策运用,全省财政投入 34.8 亿元,带动社会力量捐助、村集体经济投入和村民筹资筹劳 24.2 亿元,建成村内公益事业项目 7000 多个。

教育支出 1264.92 亿元,增长 9.1%。其中:省级 146.36 亿元。全面实施第二轮学前教育三年行动计划,支持扩大普惠性民办学前教育资源,提升学前教育质量。健全义务教育均衡发展经费保障机制,促进城乡义务教育资源均衡配置,小学、初中生均公用经费标准分别提高至 650 元、850 元。开展基础教育重点县建设,支持全省 11 个县(市、区)基础教育薄弱项目建设。推动市、县加快建立职业教育生均经费制度,继续实施中等教育质量提升计划,加快推进中等职业教育内涵建设和教学改革。加快完善学生资助体系,对中等职业教育免学费第三学年财政补助比例由 50%提高至 100%,高中段国家助学金标准由 1500 元提高至 2000 元。完善高校拨款办法,支持省重点高校建设,提升高等教育办学水平和竞争力。

科学技术支出 250.80 亿元,增长 20.6%。其中:省级 25.47 亿元。推动实施创新驱动发展战略,加快创新型省份和国家技术创新工程试点省建设,推进青山湖科技城、未来科技城和嘉兴科技城等重大创新平台建设。支持重大科技专项和科技成果转化项目实施,重点支持战略性新兴产业关键、共性技术研发及国内科技成果转化项目,促进科技成果在生产实践中的推广、应用。加大对科技型中小企业扶持力度,促进科技与经济深度融合,优化全省科技型中小微企业创新及融资环境。支持实施领军型创新创业团队和"千人计划"等人才计划,积极吸引海外高层次人才特别是留学生团队携带科技成果来浙创办科技型企业。坚持省市县联动,推广应用创新券,引导和鼓励高校、科研院所、区域行业创新平台等的科研基础设施、大型科学仪器设备以非营利方式向科技型小微企业开放。

文化体育与传媒支出165.38亿元,增长34.2%。其中:省级24.03亿元。加强文化遗产保护传承利用,推进农村文化礼堂、农村应急广播体系建设,实施地方戏曲保护振兴计划,扩大对外文化交流。支持农村电影放映体制改革和欠发达地区多厅影院建设。支持浙江自然博物园等省重大文化设施建设,保障浙江音乐学院建成启用。落实大型体育场馆免费、低收费开放补助政策,支持全民健身事业发展。

医疗卫生与计划生育支出485.50亿元,增长11.9%。其中:省级37.89亿元。城乡居民基本医疗保障财政补助标准提高到每人每年400元,省财政转移支付最高标准提高至每人每年255元。基本公共卫生服务经费标准提高到每人每年40元。加快推进公立医院综合改革,落实公立医院财政补助政策,支持"双下沉、两提升"工程和分级诊疗。提高住院医师规范化培训补助标准至每人每年3万元。探索基层医疗卫生机构补偿机制改革,推进全科签约和分级诊疗服务信息系统建设,支持完善医疗卫生服务体系。支持加强食品药品安全监督抽检,推进食品药品检(监)测能力建设和县级检验检测资源整合,支持食品药品智慧监管建设,着力提升基层食品药品监管能力。

社会保障和就业支出541.69亿元,增长17.5%。其中:省级19.86亿元。企业退休人员基本养老金水平月人均增加250元,达到2750元左右。进一步完善城乡居民基本养老保险制度,省定基础养老金水平从每月100元增加到120元,并提高缴费补贴标准。加大最低生活保障、医疗救助等社会救助资金的补助力度,提高优抚对象抚恤和生活补助标准,减免残疾人大学生学费和住宿费,健全残疾人康复和托养服务体系,推进实施困境儿童分类保障制度,加大对养老服务体系建设的支持力度。加大创业政策扶持力度,拓宽创业投融资渠道,强化就业创业服务,全力推动大众创业、万众创新。

2015年全省一般公共预算重点支出执行情况(单位:亿元)

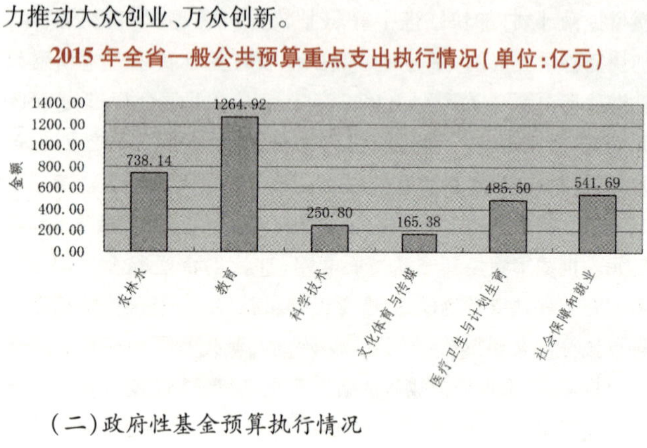

(二)政府性基金预算执行情况

1. 全省

2015年全省政府性基金预算收入2574.92亿元,下降34.5%,收入下降,主要是全省土地市场行情低迷,土地出让业务下降幅度较大;加上转移性收入1381.19亿元(其中:中央转移支付收入34.73亿元、调入资金13.14亿元、使用结转资金295.23亿元、地方政府专项债券收入1038.09亿元),收入合计3956.11亿元。全省政府性基金预算支出2584.90亿元,完成预算的79.5%,下降31.1%,支出下降,主要是国有土地使用权出让收入等土地类收入减少,支出相应减少;加上转移性支出1371.21亿元(其中:调出资金295.22亿元,主要是根据盘活存量资金要求,补充预算稳定调节基金;结转下年支出79.90亿元;地方政府专项债券还本支出996.09亿元),支出合计3956.11亿元。收支相抵,全省政府性基金预算收支平衡。

2. 省级

2015年省级政府性基金预算收入111.89亿元,增长0.7%;加上转移性收入1100.38亿元(其中:中央转移支付收入33.61亿元、调入资金13.14亿元、使用结转资金214.88亿元、地方政府专项债券收入838.75亿元),收入合计1212.27亿元。省级政府性基金预算支出45.46亿元,完成预算的125.8%,增长2.5倍,增加较多,主要是安排用于省信息经济创业投资基金;加上转移性支出1166.81亿元(其中:省对市县转移支付支出104.21亿元;调出资金214.88亿元,主要是根据盘活存量资金要求,补充预算稳定调节基金;结转下年支出8.97亿元;债务转贷支出838.75亿元),支出合计1212.27亿元。收支相抵,省级政府性基金预算收支平衡。

(三)国有资本经营预算执行情况

1. 全省

2015年全省国有资本经营预算收入49.97亿元,增长95.3%,增长较快,主要是全省国有资本经营预算编制范围扩大;加上使用结转资金1.98亿元,收入合计51.95亿元。全省国有资本经营预算支出41.03亿元,完成预算的84.8%,增长90.7%;加上调出资金4.74亿元、结转下年支出6.18亿元,支出合计51.95亿元。收支相抵,全省国有资本经营预算收支平衡。

2. 省级

2015年省级国有资本经营预算收入为28.29亿元,增长89.2%,增长较快,主要是省级国有资本经营预算编制企业从34家扩大到70家以及部分行业利润收入增长较快;加上使用结转资金1.98亿元,收入合计30.27亿元。省级国有资本经营预算支出21.94亿元,完成预算的89.9%,增长82.1%;加上调出资金3.86亿元、结转下年支出4.46亿元,支出合计30.27亿元。收支相抵,省级国有资本经营预算收支平衡。

(四)社会保险基金预算执行情况

1. 全省

2015年全省社会保险基金预算收入3151.34亿元,增长15.5%。全省社会保险基金预算支出2600.81亿元,完成预算的104.4%,增长23.8%。收支相抵,本年收支结余550.53亿元。

2. 省级

2015年省级社会保险基金预算收入165.88亿元,增长17.7%。省级社会保险基金预算支出113.78亿元,完成预算的109.0%,增长30.2%。收支相抵,本年收支结余52.10亿元。

（五）落实省人大预算决议有关情况

1. 认真研究落实省十二届人大三次会议有关决议。

按照省十二届人大三次会议有关决议，以及省人大财经委审查意见，认真研究完善财政体制机制，努力做好财政工作，取得了积极的成效。

一是实施积极的财政政策，推动经济转型升级，促进经济平稳增长。认真实施中央和省出台的一系列稳增长、调结构政策举措，推动积极财政政策加力增效，通过财政杠杆的精准撬动，增强经济发展的动力和活力。加快预算支出进度，积极盘活存量资金逾1000亿元，争取地方政府新增债券249亿元、置换债券2294亿元以及在建项目建设债券253.6亿元，筹措落实省级财政性资金182亿元及中央基建投资资金56亿元，支持交通基础设施等重大项目建设。推动实施以浙商回归、“五水共治”、“三改一拆”、“四换三名”等为主要内容的转型升级组合拳。支持传统产业改造提升和战略性新兴产业、高新技术产业创新发展，促进信息化和工业化深度融合。积极参与“一带一路”国家战略，支持“义新欧”班列常态化运营，推进杭州市跨境电子商务试点城市建设。全省财政安排外贸相关资金28.7亿元，支持企业“走出去”，促进出口增长。完善具有浙江特色的生态环保补偿机制，全面实施与污染物排放总量挂钩的财政收费制度。全省财政安排小城市培育资金52亿元，促进新型城镇化建设。创新财税政策工具，支持特色小镇建设。设立200亿元的省产业基金，带动市县政府设立产业基金528亿元，与社会资本合作设立子基金近140支，投资实体企业（项目）650多个，获得银行跟贷及承诺跟贷2708亿元，支持信息经济等7大产业和农业农村发展，促进大众创业、万众创新。继续落实“营改增”等结构性减税和普遍性降费政策，开展涉企收费专项清理，累计为企业减负逾150亿元。

二是抓好增收节支，优化收支结构，重点保障和改善民生。坚持财税与经济协调互动，大力培育财源，做大做优财政“蛋糕”。全省一般公共预算收入占财政总收入的比重达56.3%，税收收入占一般公共预算收入的比重同口径达92.4%，收入质量继续位居全国前列。按照“保基本、兜底线、建机制”的原则，不断完善民生投入的长效机制，2015年全省新增财力用于民生支出的比重达到72.3%，重点支持实施省政府“十方面实事”和教育、医疗、就业、社保、保障房等民生事业，增强人民群众获得感。认真贯彻落实中央和省委关于厉行节约的各项规定，据初步汇总，2015年省级财政拨款安排的“三公”经费支出预计执行数3.33亿元，比2013年下降53.1%。其中：因公出国（境）费0.86亿元，下降28.3%；公务接待费0.47亿元，下降80.4%；公务用车购置及运行费2.00亿元，下降42.9%。

三是强化法制意识，增强预算约束，规范政府收支行为。落实税收法定原则，依法加强收入征管，严禁采取虚收、空转等方式违规增加收入。落实预算法定原则，规范政府收支行为，硬化预算约束，增强对预算的敬畏心和遵从度。扎实推进财政法治建设，深化财政行政审批制度改革，规范行政执法行为，防范执法风险。加快推进政府非税收入收缴电子化改革，在全国率先建设政务服务网统一公共支付平台。深化国库集中支付与公务卡改革，推进国库集中支付电子化管理，提高资金覆盖面和公务卡使用率。提请省政府出台《省级行政事业单位公款竞争性存放管理暂行办法》，会同有关部门出台《省级预算单位银行账户管理暂行办法》，规范公款竞争性存放。实施财政资金动态监控，推进财政资金政策绩效评价和反不当支付的实践应用。强化对财政收支活动全过程的监督检查，自觉接受省人大的监督，虚心听取省政协的意见和建议，认真落实审计整改意见，维护好、执行好财经纪律。

四是推进财税改革，改进预算管理，建立完善全面规范、公开透明的预算制度。按照中央关于深化财税体制改革的总体要求，加快构建具有浙江特色的现代财政制度，提请省政府下发《关于加快建立现代财政制度的意见》（浙政发〔2015〕41号）。按照“四张清单一张网”建设要求，建立专项资金管理清单动态调整机制，修订完善专项资金管理办法，规范资金分配程序。健全政府预算体系，加大政府性基金预算、国有资本经营预算调入一般公共预算的统筹力度。改进预算控制方式，探索跨年度预算平衡机制，推动中期财政规划管理。积极推进政府预决算信息和“三公”经费公开，进一步细化内容，打造“阳光财政”。研究出台了新一轮省对市县财政体制，落实推进淳安等26县加快发展的财政政策。积极推广运用政府和社会资本合作（PPP）模式，设立规模为100亿元的省基础设施投资（含PPP）基金，支持重大基础设施建设和PPP项目。不断加大政府购买服务力度，启动实施政府购买服务指导目录，全面推进政府购买服务扩面试点工作。省发展和改革委员会、省质量技术监督局2家重点上会审查部门，紧扣部门职责和预算项目绩效目标，深化改革，强化管理，扎实推进各项工作，较好地完成年初设定的重点项目资金绩效目标。

五是控制规模，防范风险，构建政府性债务监管机制。按照疏堵结合、“开前门、堵后门、筑围墙”的改革思路，加快建立规范的地方政府举债融资机制，对地方政府债务实行限额管理和预算管理，控制和化解地方政府债务风险。组织开展全省地方政府存量债务清理甄别工作，为将政府债务分类纳入全口径预算管理奠定基础。向中央争取地方政府债券，有效化解到期偿债的压力和风险，大大降低政府债务成本，优化政府债务期限结构。依法启动地方政府债务限额管理，2015年地方政府债务限额已提交省人大常委会第二十四次会议审议批准，并向社会公开。2015年，我省地方政府债务限额9188.3亿元，预计地方政府债务率为92.9%，低于警戒线，地方政府债务风险总体可控。

2. 认真办理人大代表建议。

在省十二届人大三次会议上，人大代表共提出财政预算相关的建议318件。根据会议决议精神，省财政厅认真落实办理责任，主动及时与代表沟通，并按时办理完毕，满意率达100%。主办件中，所提问题及建议已经解决和已列入计划解决的占

86.2%，还有问题及建议将随着经济社会发展和财政改革的深入，逐步解决。针对代表提出的关于要求建立政府产业基金的建议，省财政积极探索政府产业基金支持方式，加快推进产业转型升级和经济结构优化。设立省级政府产业基金，搭建组织架构，出台制度办法，健全工作机制，开展实质运作并取得明显成效。对代表提出的加大PPP模式运作指导力度、出台支持地方政府推行PPP模式扶持政策等建议，省财政厅完善组织机构，加强业务指导，建立制度体系，并向社会推出85个PPP推荐项目，总投资达2348亿元。同时，省政府设立省级基础设施投资（含PPP）基金，引导市县政府并共同吸引社会资本参与，通过股权投资等方式重点支持PPP项目建设。对工作富有成效的市县，省财政给予综合奖补支持。针对代表提出的加强基层组织建设经费保障的建议，省财政进一步加大支持力度，2015年安排村干部基本报酬转移支付资金5.63亿元，比上年增加1.77亿元；省级预算安排村级运转经费补助资金2.55亿元，比上年增加1.45亿元；新设立财政支持社区党组织服务群众专项经费，对纳入补助范围的41个市县给予一定的转移支付。

同时，我们也清醒地看到，在财政管理过程中，还存在预算支出执行不够规范、支出进度偏慢；部分专项资金整合不够到位、绩效不高；少数地区和部门预决算公开不够细化、不够完整；部分地区政府债务存在风险隐患等问题。对此，我们高度重视，将通过深化改革、完善制度、严格管理等一系列扎实有效的措施切实加以解决。

二、2016年预算草案

（一）2016年财政经济形势

2016年，我省财税改革任务艰巨，财政经济形势依然复杂严峻，财政收支矛盾突出。虽然我省经济有望延续平稳向好态势，但总体仍面临较大下行压力，财政收入可持续增长的基础尚不稳固。同时，结构性减税、普遍性降费等政策的实施将带来新的减收；积极财政政策、重大战略实施、重点项目建设、民生保障、深化改革等支出需求刚性增长，财政收支"紧平衡"将成为新常态。

（二）财政预算编制的指导思想

根据2016年度全省经济社会发展目标、国家宏观调控总体要求和跨年度预算平衡的需要，结合对2016年财政经济形势的分析和预测，并参考上年度执行情况，按照中央和省委对经济工作的总体部署以及财政改革总体要求，我省2016年财政预算安排的指导思想是：全面贯彻落实党的十八大和十八届三中、四中、五中全会以及省委十三届历次全会精神，按照党中央、国务院和省委、省政府的决策部署，以"五大发展理念"为引领，以"八八战略"为总纲，遵循"促进发展、保障民生、科学理财、加强监管"的理财观，做好"生财、聚财、用财"三篇文章。坚持稳中求进、改革创新，继续贯彻积极的财政政策，加快推进财税体制改革，进一步落实减税降费等政策措施，确保实现稳增长、促改革、调结构、惠民生、防风险的宏观调控目标；充分发挥财税政策促进产业结构调整、经济转型升级和培育发展新动力的重要作用，大力支持大众创业、万众创新；加大财政资金统筹使用力度，盘活存量、用好增量，优化财政支出结构，重点保障基本民生支出，从严控制一般性支出；通过财政资金引导和带动社会资本投入，增加基本公共服务供给；加强地方政府债务管理，有效防范财政风险，促进经济持续健康发展，推进"两富""两美"现代化浙江建设。

（三）2016年重点财政收支政策

1. 加强财政收入管理，规范收入分配秩序。对税收和政府非税收入做到依法征收。强化纳税评估和税务稽查，严禁违反法律法规规定和超越权限多征、提前征收或者减征、免征、缓征应征税款，严禁采取"空转"等方式虚增财政收入。严格执行现有行政事业性收费、政府性基金管理制度，不得随意减免。加强政府非税收入管理，加大浙江政务服务网统一公共支付平台建设力度，加快政府非税收入收缴电子化改革。建立和完善涉企收费监管机制，坚决遏制乱收费行为，省级部门一般不再直接向企业收取行政事业性收费。同时，进一步落实国家和省统一制定的结构性减税、普遍性降费政策，多措并举减轻企业负担，支持实体经济发展。

2. 健全财政支农政策，促进农业可持续发展。建立以绿色生态为导向的农业补贴制度，调整完善农业补贴政策，继续支持耕地地力保护和粮食适度规模经营，全面建立耕地保护补偿机制。积极推进现代农业组织制度创新和农业生产社会化服务体系建设，以中央试点为契机，大力培育农民专业合作社联合社等新型农业经营主体，支持推动农业现代化发展。继续支持浙江渔场修复振兴，促进海洋渔业可持续发展。围绕"五水共治"战略部署，积极支持水利改革与发展，加大对防洪水、保供水等重大水利项目及农田水利建设的支持力度，推进区域规模化高效节水灌溉，加强高标准农田建设。大力支持美丽乡村升级版行动计划，继续开展历史文化村落保护利用和农村生活污水治理工作，扩大农村垃圾减量化资源化处理试点，支持美丽乡村示范县建设。贯彻落实全国和全省扶贫工作会议精神，对农村困难家庭实施分类扶持，积极开展低收入农户持股、互助联合社、光伏扶贫等试点工作。继续实施特别扶持计划和山区经济发展工程，促进浙西南等地区农村困难家庭集中连片区域共建共享全面小康社会。

3. 加强生态文明建设，促进城乡统筹发展。加大雾霾治理力度，积极落实《大气污染防治行动计划》和《水污染防治行动计划》，增加大气、水污染防治财政投入。加快建设主体功能区，发挥主体功能区作为国土空间开发保护基础制度的作用。践行"绿水青山就是金山银山"理念，加大生态文明建设转移支付力度，完善生态保护成效和资金分配挂钩的激励约束机制。进一步加大重点区域生态公益林补助力度，完善森林生态效益补偿机制，国家级生态公益林和省级以上自然保护区生态公益林最低补偿标准提高到35元/亩。促进城乡区域协调发展，加大对财力困难地区的转移支付力度，健全城乡发展一体化的体制机制和农村基础设施投入长效机制，推动城镇公共服务向周边农村延伸。加大对小城市培育试点支持力度，推进新型城市化，加快城乡一体化进程。

4. 完善社会保障和工资制度，保障和改善民生。在发展的基础上不断加大民生保障力度，处理好发展经济和保障民生的关系，建立公平可持续的社会保障制度。实施更加积极的就业政策，完善创业扶持政策，加强对灵活就业、新就业形态的支持。完善城乡居民基本医疗保险筹资机制，逐步提高财政补助和个人缴费标准，合理提高个人缴费占筹资的比重。2016年城乡居民基本医疗保障财政补助标准提高到430元/人·年。继续落实城乡居民大病保险制度，减轻群众大病医疗费用负担。提高基本公共卫生服务经费人均财政补助标准到45元/人·年，加大重大公共卫生服务项目整合力度，提高资金使用效益。进一步推进公立医院改革，支持建立“双下沉、两提升”长效机制，规范住院医师规范化培训补助资金使用，开展以购买服务为基本模式的基层医疗卫生机构补偿机制改革试点，逐步破除“养人办事”机制。根据国家和省政府部署要求，统筹考虑职工平均工资增长率和物价涨幅等因素，合理确定机关事业单位和企业退休人员基本养老金水平。健全优抚对象等人员抚恤和生活补助标准体系，继续做好困难群众生活保障，加大城乡低保补助和医疗救助力度，建立并实施困难残疾人生活补贴和重度残疾人护理补贴制度。推进住房制度改革，继续支持保障性安居工程建设，创新投融资机制，通过政府购买服务方式推进棚户区改造，在城市基础设施建设运行中积极推广特许经营等模式。根据国家和省政府部署要求，做好企业离退休人员和机关事业单位离退休人员基本养老金以及机关事业单位在职人员工资正常调整工作。按照人力资源社会保障部会同财政部、中央政法委等部门确定的司法人员薪酬制度指导意见，制定浙江省配套制度并予以落实。

5. 加大教育投入，推动科技创新。提高教育质量，推动义务教育均衡发展，继续将城乡义务教育资源均衡配置作为改革重点，完善城乡义务教育经费保障机制。加快现代职业教育体系建设，实施现代职业教育质量提升计划，建立健全中高职院校生均拨款制度。扩大学前教育资源。加快重点高校和重点学科建设，按国家要求，努力争取早日建成几个国际一流大学和学科。2016—2020年，安排创新强省资金100亿元，其中，2016年安排18亿元。全面推进创新驱动发展战略实施，优化科技支出结构，加强科技创新能力建设，推动科技成果转化应用，提高科技产出绩效。

6. 有保有压，优化财政支出结构。新增财力三分之二以上用于民生，重点加强对基本公共服务特别是对财力困难地区基本公共服务的支持力度，加强对特定人群特殊困难的帮扶，在此基础上做好教育、就业、收入分配、社保、医疗卫生、公共文化等各领域民生工作。支持企业创新、经济结构调整。积极推进“一带一路”、长江经济带、海洋经济等国家重大战略实施。严格执行国务院“约法三章”和我省28条办法、六个严禁的要求，坚持勤俭办事，严格控制“三公”经费预算，强化预算执行动态监控，推动厉行节约反对浪费的制度落地生根。2016年省级财政拨款安排的“三公”经费预算汇总数为3.09亿元，比上年预计执行数下降7.2%。其中：因公出国（境）费1.08亿元，增长25.6%，主要是“一带一路”建设及教育、科研、文化等对外交流任务增加；公务接待费0.47亿元，与上年持平；公务用车购置及运行费1.54亿元，下降23.0%。按照公车改革规定相应核减公务用车经费，抓紧制定公务交通补贴保障与差旅费保障的衔接办法。加强和完善公务卡管理。进一步落实财政供养人员只减不增的要求，继续清理“吃空饷”、超编进人等问题，强化监督机制，加大查处力度。

（四）2016年一般公共预算草案

1. 全省

（1）收入预算

根据财政部规定，从2016年起，水土保持补偿费等5项政府性基金转列一般公共预算，为此相应调增2015年预算执行数。在此基础上，2016年全省一般公共预算收入预期5166.80亿元，比上年调整后执行数增长7.0%。主要科目收入情况：

2016年全省一般公共预算主要科目收入情况（单位：亿元）

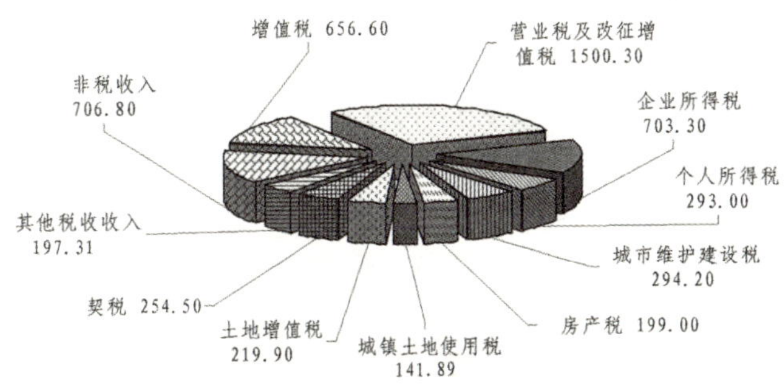

全省一般公共预算收入预期5166.80亿元，加上转移性收入2917.80亿元（其中：预期中央税收返还收入463.94亿元、中央转移支付收入626.75亿元、地方政府一般债券收入1714.20亿元、调入预算稳定调节基金33.10亿元、使用结转资金48.86亿元、调入资金30.95亿元），收入合计8084.60亿元。

（2）支出预算

拟安排2016年全省一般公共预算支出6166.00亿元，比上年调整后执行数（调减地方政府债券和调入预算稳定调节基金安排支出，调增5项政府性基金转列一般公共预算）增长6.5%。主要科目支出情况：

2016年全省一般公共预算重点支出情况（单位：亿元）

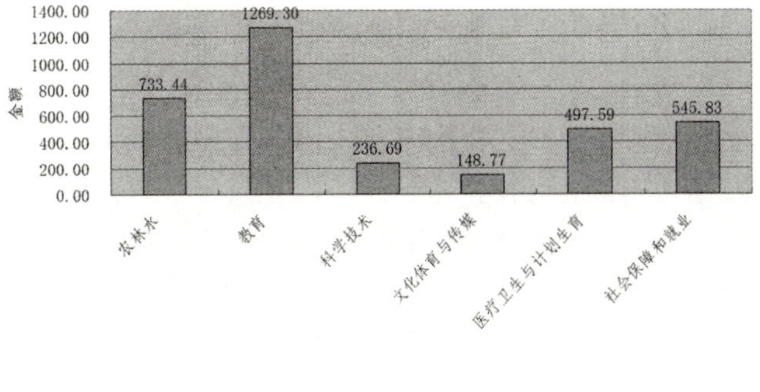

全省一般公共预算支出6166.00亿元，加上转移性支出1918.60亿元（其中：预计上解中央支出150.40亿元、援助其他地区支出1.00亿元、地方政府一般债券还本支出1767.20亿元），支出合计8084.60亿元。

收支相抵，全省一般公共预算收支平衡。

2. 省级

（1）收入预算

考虑5项政府性基金转列一般公共预算因素，相应调增2015年预算执行数。在此基础上，2016年省级一般公共预算收入预期373.90亿元，比上年调整后执行数增长5.0%。主要科目收入情况：

2016年省级一般公共预算主要科目收入情况（单位：亿元）

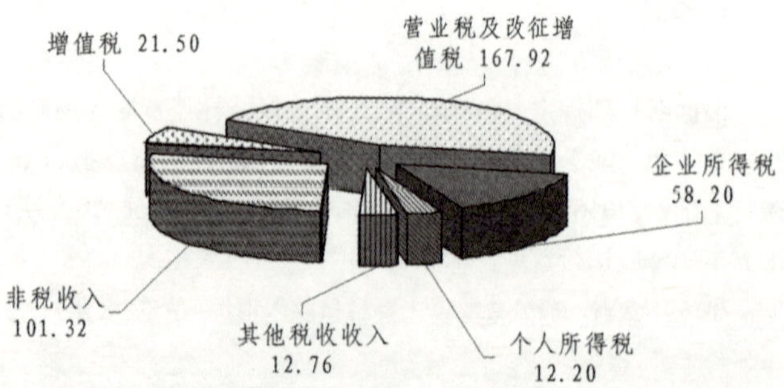

省级一般公共预算收入预期373.90亿元，加上转移性收入3415.21亿元（其中：预期中央税收返还收入390.23亿元、中央转移支付收入560.00亿元、省级分成收入867.06亿元、市县上解中央收入112.74亿元、地方政府一般债券收入1414.20亿元、使用结转资金48.85亿元，调入资金22.13亿元），收入合计3789.11亿元。

（2）支出预算

拟安排2016年省级一般公共预算支出532.00亿元，比上年调整后执行数（调减地方政府债券和调入预算稳定调节基金安排支出，调增5项政府性基金转列一般公共预算）增长5.0%。主要功能科目支出情况：

2016年省级一般公共预算重点支出情况（单位：亿元）

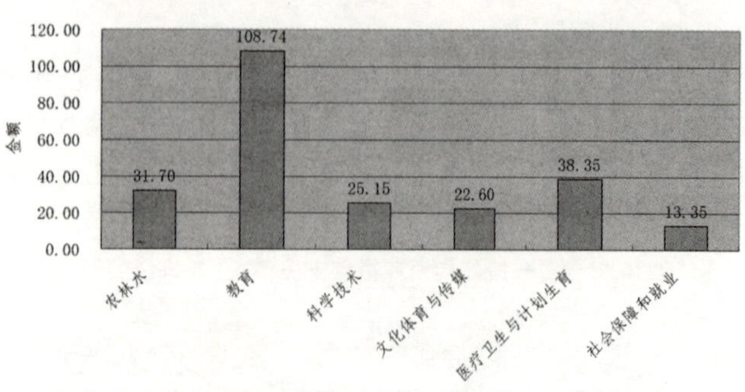

基本支出按照经济分类，工资福利支出131.34亿元，对个人和家庭的补助支出22.61亿元，商品和服务支出27.70亿元。

省级一般公共预算支出532.00亿元，加上转移性支出3257.11亿元（其中：预计税收返还支出259.27亿元、省对市县转移支付支出1469.91亿元、上解中央支出112.73亿元、援助其他地区支出1.00亿元、地方政府一般债券还本支出142.50亿元、债务转贷支出1271.70亿元），支出合计3789.11亿元。省对市县转移支付支出中：一般性转移支付835.51亿元，专项转移支付634.40亿元。一般性转移支付占全部转移支付的比重为56.8%，比上年执行数提高2.6个百分点。

收支相抵，省级一般公共预算收支平衡。

（五）2016年政府性基金预算草案

1. 全省

根据财政部规定，从2016年起，水土保持补偿费等5项政府性基金转列一般公共预算，为此相应调减2015年预算执行数。在此基础上，2016年全省政府性基金预算收入预期2361.57亿元，比上年调整后执行数下降7.6%；加上转移性收入1851.67亿元（其中：中央转移支付收入14.87亿元、地方政府专项债券收入1836.80亿元），收入合计4213.24亿元。全省政府性基金预算支出2376.44亿元，比上年调整后执行数下降6.2%；加上地方政府专项债券还本支出1836.80亿元，支出合计4213.24亿元。收支相抵，全省政府性基金收支预算平衡。

2. 省级

考虑5项政府性基金转列一般公共预算因素，相应调减2015年预算执行数。在此基础上，2016年省级政府性基金预算收入预期107.76亿元，比上年调整后执行数下降0.5%；加上转移性收入1601.27亿元（其中：中央转移支付收入14.47亿元、地方政府专项债券收入1586.80亿元），收入合计1709.03亿元。省级政府性基金预算支出35.08亿元，比上年调整后执行数下降18.8%；加上转移性支出1673.95亿元（其中：省对市县转移支付支出87.15亿元、债务转贷支出1586.80亿元），支出合计1709.03亿元。收支相抵，省级政府性基金收支预算平衡。

（六）2016年国有资本经营预算草案

1. 全省

2016年全省国有资本经营预算收入预期61.65亿元，增长23.4%；加上使用结转资金6.18亿元，收入合计67.83亿元。全省国有资本经营预算支出36.88亿元，下降10.1%；加上调出资金30.95亿元，支出合计67.83亿元。收支相抵，全省国有资本经营预算收支平衡。

2. 省级

2016年省级国有资本经营预算收入预期30.50亿元，增长7.8%；加上使用结转资金4.46亿元，收入合计34.96亿元。省级国有资本经营预算支出12.83亿元，下降41.5%；加上调出资金22.13亿元，支出合计34.96亿元。收支相抵，省级国有资本经营预算收支平衡。

（七）2016年社会保险基金预算草案

1. 全省

2016年全省社会保险基金预算收入预期3947.18亿元，增长25.3%。全省社会保险基金预算支出3762.01亿元，增长44.6%。收支相抵，本年收支结余185.17亿元。

2. 省级

2016年省级社会保险基金预算收入预期245.47亿元，增长48.0%。省级社会保险基金预算支出218.84亿元，增长92.3%。收支相抵，本年收支结余26.63亿元。

（八）2016年地方政府债务预算管理

2016年地方政府债务年初按照财政部下达的2015年政府债务限额9188.3亿元控制，其中省级171.5亿元。积极争取地方政府置换债券3551亿元，按照《预算法》和财政部规定，其中一般债券1714.20亿元，列入一般公共预算；专项债券1836.80亿元，列入政府性基金预算。同时，根据地方政府债务置换和到期情况，在一般公共预算支出中安排债务还本支出1714.20亿元，在政府性基金预算支出中安排债务还本支出1836.80亿元。新增债券待全国人代会通过并经财政部下达后，依法编制调整预算并提交省人大常委会审议批准。

三、认真抓好2016年预算执行工作

2016年是实施"十三五"规划的开局之年，也是财税体制改革的攻坚之年，我们将以贯彻落实十八届五中全会精神为契机，牢固树立创新、协调、绿色、开放、共享的发展理念，认真落实《关于加快建立现代财政制度的意见》，切实做好2016年预算执行工作。

一是贯彻落实新一轮省以下财政体制。合理划分政府间事权与支出责任，逐步建立事权与支出责任相适应的制度。完善转移支付制度，逐步提高省本级财力安排的一般转移支付比重。优化完善转移支付地区分类分档体系，建立换档激励奖补机制。实施与污染物排放总量挂钩财政收费制度，有机整合生态环保财力转移支付制度、省级重点生态功能区示范区建设试点财政政策和重点生态公益林补偿机制，全面分类实施生态功能区财政政策，建立绿色发展财力奖补机制。加大区域统筹发展激励奖补政策力度，适当提高挂钩奖补比例，进一步发挥设区市在区域统筹发展的作用。建立高新技术产业地方税收增量返还奖励政策和第三产业地方税收增长奖补政策，引导市县创新发展和绿色发展。

二是完善预算管理制度。全面推进政府预算体系建设，将政府所有收入和支出全部纳入预算管理，做到预算一个"盘子"、收入一个"笼子"、支出一个"口子"。加快完善预算支出定额和标准体系，强化人员编制、资产状况、预算执行率和绩效评价结果与预算安排相挂钩的机制。强化预算绩效管理，凡是使用财政预算资金的部门和地区，都应当对预算支出绩效情况开展评价；同时，加大绩效评价结果在预算资金分配中的应用力度。按照"可持续、保基本"的原则，严格控制民生支出提标增幅。进一步细化政府预决算公开内容，扩大部门预决算公开范围，除涉密信息外，所有使用财政预算资金的部门和地区都应公开预决算。加大"三公"经费公开力度，细化公开内容。

三是加大财政资金统筹力度。按照《国务院关于印发推进财政资金统筹使用方案的通知》（国发〔2015〕35号）规定，从2016年1月1日起，将水土保持补偿费、政府住房基金、无线电频率占用费、铁路资产变现收入、电力改革预留资产变现收入等5项政府性基金转列一般公共预算。上述基金转列后，支出仍主要用于或专项用于安排相关支出，且收入规模增加的，支出规模原则上相应增加。推进国有资本经营预算与一般公共预算的统筹协调，加大国有资本经营预算调入一般公共预算统筹使用的力度，继续扩大国有资本经营预算实施范围。

四是进一步盘活财政存量资金。清理规范重点支出同财政收支增幅或生产总值挂钩事项。对重点支出，根据推进改革的需要和确需保障的内容统筹安排，优先保障，不再采取先确定支出总额再安排具体项目的办法。建立结转结余资金定期清理机制，对结余资金和连续两年未用完的结转资金，一律收回统筹使用。对不足两年的结转资金，不需按原用途使用的，及时统筹用于经济社会发展急需资金支持的领域。建立健全财政存量资金与预算安排统筹结合的机制，对2015年末财政存量资金规模较大的地区或部门，适当压缩2016年财政预算规模。加大督查问责力度，对存量资金规模大、盘活不力的地区或部门进行通报，对不作为的进行问责。加强对库款运行情况的统计和监测，合理控制库款规模，研究建立国库现金流量预测体系，按照财政部部署稳步推进国库现金管理。全面清理整顿财政专户，各地一律不得新设专项支出财政专户，开设其他财政专户的，必须严格履行核准程序。

五是深化专项资金管理改革。深入推进专项性一般转移支付改革、竞争性分配改革，建立健全财政专项资金管理清单制度，并向社会公开。对上级政府下达的专项转移支付，下级政府可在不改变资金类级科目用途的基础上，结合本地实际，将支出方向相同、扶持领域相关的专项转移支付资金统筹使用。从2016年起，省级财政专项转移支付在向省人民代表大会提交的预算报告中明确到地区和项目。改革先确定专项总额再安排具体项目的办法，加大整合归并、减少财政专项资金的力度。市、县（市）政府从2016年起，逐步取消由本级财力安排的部门财政专项资金，基本支出以外的支出需求都按规定编制项目预算。加强预算项目库管理，做好项目前期准备。实施项目周期滚动管理，完善项目退出机制。

六是加强地方政府债务管理。严格执行预算法和国务院有关文件规定，进一步完善我省地方政府债务管理各项政策措施，对地方政府债务实行限额管理和预算管理，督促各地严格执行法律法规等各项规定，严禁融资平台公司违规举借政府债务，加强政府或有债务管理。地方政府公益性项目建设确需举借政府债务的，严格依法在限额内发行地方政府债券解决，建立规范的地方政府举债融资机制。积极争取中央置换债券和新增债券规模，加快政府债券置换存量债务进度，做好政府债券发行工作，加大对保障改善民生和经济结构调整的力度，降低政府融资成本。实施高风险地区化债计划管理，建立市县政府债务风险控

制与省对市县转移支付、政府债务限额分配挂钩机制，市县债务率超过100%的，不得再新增地方政府债务规模，切实防范债务风险。

七是创新财政投入方式。积极推广政府和社会资本合作（PPP）模式，创新公共服务供给机制，鼓励社会资本进入公共服务领域。发挥省基础设施投资（含PPP）基金作用，助推更多项目落地。根据中央出台以奖代补措施，引导和鼓励地方融资平台存量项目转型为PPP项目，对符合条件的项目按照化解地方政府债务规模的一定比例给予奖励。加强政府产业基金政策的宣传和培训，健全激励约束机制，加快实质性运作步伐，发挥好政府产业基金在经济发展和转型升级中的引导和带动作用。对保留的具有一定外部性的竞争性领域专项，控制资金规模，突出保障重点，逐步改变行政性分配方式，主要采取基金管理等市场化运作模式，逐步与金融资本相结合，发挥财政资金撬动社会资本的杠杆作用。在确保社会保险基金可持续支付和安全运行的前提下，积极稳妥推进社会保险基金保值增值。推进政府购买服务改革，深化重点领域试点工作，建立健全政府购买服务制度体系，促进公共服务更好提供。

浙江省第十二届人民代表大会财政经济委员会关于2015年全省和省级预算执行情况及2016年全省和省级预算草案的审查报告

（2016年1月27日浙江省第十二届人民代表大会第四次会议主席团第四次会议通过）

浙江省第十二届人民代表大会第四次会议审查了省人民政府提出的《关于2015年全省和省级预算执行情况及2016年全省和省级预算草案的报告》、2016年全省和省级预算草案。财政经济委员会在初步审查的基础上，根据各代表团的审查意见，对预算报告和预算草案作了进一步审查。现将审查结果报告如下：

一、2015年，面对错综复杂的宏观环境和艰巨繁重的改革发展稳定任务，全省各级政府和财政部门深入贯彻中央和省委决策部署，认真执行省十二届人大三次会议决议，积极发挥财政职能作用，加大财政资金的统筹力度，加强重点领域财政投入，大力推动经济转型升级，保障和改善民生，严格控制一般性支出，全省财政预算执行情况总体良好，有力促进了全省经济社会平稳健康发展。同时，在预算执行和财政运行管理中还存在一些不足：预算编制还需进一步细化，有的预算执行率偏低，部分专项资金整合还不够到位，财政资金的使用绩效要进一步提高，一些地方的政府债务存在一定风险。对此，必须高度重视，采取切实有效措施，认真加以解决。

二、财政经济委员会认为，省人民政府提出的2016年预算报告和预算草案，遵循创新、协调、绿色、开放、共享发展理念，贯彻中央和省委经济工作会议精神，预算安排统筹兼顾、服务大局、重点突出、结构合理，符合预算法的相关要求，预算草案总体可行。财政经济委员会建议，省十二届人大四次会议批准2016年省级预算，同意《关于2015年全省和省级预算执行情况及2016年全省和省级预算草案的报告》。

三、2016年是实施"十三五"规划的开局之年，是我省高水平全面建成小康社会决胜阶段的第一年，做好今年的全省财政工作意义重大。财政经济委员会建议：

（一）更好发挥财政职能作用，推动经济社会发展全局工作的有效落实。大力实施积极财政政策，加大财政对供给侧结构性改革、创新驱动发展、扩大有效投资、保障改善民生等方面的支持力度。更好地发挥财政在去产能、去库存、去杠杆、降成本、补短板中的引导和支持作用，落实国家和省制定的减税降费政策，清理规范行政事业性收费，大力减轻企业负担，支持实体经济发展。加强政府产业基金的管理和监督，进一步增强引导和带动功能，积极吸纳社会资本的投入，推动产业结构调整，促进经济转型升级。

（二）深化财税体制改革，进一步提高财政统筹能力。加快完善科学规范的预算编制体系，加大政府性基金预算、国有资本经营预算调入一般公共预算统筹使用的力度，加强社会保险基金风险管理。健全事权与支出责任相适应的财政制度，完善省对市县的转移支付制度，进一步提高一般性转移支付比例，增强市县财政统筹能力。深化专项资金分配和管理改革，加大专项资金清理整合力度，加强结余结转资金管理，进一步盘活财政存量资金。

（三）增强预算执行刚性，提高财政资金使用绩效。进一步增强预算法定意识，严格预算执行，强化预算约束。加强对预算执行情况的检查监督，切实提高预算执行的均衡性和到位率。提高预算决算公开透明度，细化公开内容，除涉密信息外，使用财政资金的部门要依法及时公开预算决算。完善财政资金使用绩效评价制度，强化评价结果在预算分配中的运用，使预算执行、使用绩效和预算编制有机结合，切实提高财政资金使用效益。

（四）加强政府债务监管，不断提高财政运行管理水平。依法将政府债务纳入预算管理和监督，严格地方政府债务限额控制，注重化解政府或有债务等风险。严肃财经纪律，依法查处违法违规行为，加大责任追究力度，认真做好审计查出突出问题整改情况向人大常委会报告工作，切实推动查出问题的有效解决。加快推进中期财政规划编制，建立政府综合财务报告制度，不断提高依法科学理财水平。

省委省政府重要财经文件

关于加快建立现代财政制度的意见

浙江省人民政府
（浙政发〔2015〕41号）
于2015年12月9日印发

各市、县（市、区）人民政府，省政府直属各单位：

根据党的十八大关于全面深化改革的战略部署和党的十八届三中全会关于深化财税体制改革的目标任务，为进一步促进我省经济可持续发展、民生可持续改善、生态可持续优化，现就加快建立具有浙江特色的现代财政制度提出如下意见：

一、总体要求

（一）指导思想。

全面贯彻中央有关财税改革的精神，认真落实《中华人民共和国预算法》，遵循“促进发展、保障民生、科学理财、加强监管”的理财观，做好“生财、聚财、用财”三篇文章，大力支持实施以浙商回归、“五水共治”“三改一拆”“四换三名”等为主要内容的转型升级组合拳，促进稳增长、调结构、惠民生、优生态。

（二）总体目标。

坚持市场化、法治化方向，进一步深化财税体制改革，到2020年基本建立具有浙江特色的、有利于“加快发展、优化生态、改善民生、强化统筹、讲求绩效”的现代财政制度，促进政府治理体系和治理能力现代化，为我省经济社会更好更快发展增添新的动力和活力。

（三）基本原则。

1. 处理好政府与市场、政府与社会、省与市县三个关系。发挥市场决定性作用，转变政府职能，激发市场和社会的活力；强化财政职能作用，保持现有财力格局和省管县财政体制总体稳定，强化区域统筹发展。

2. 统筹兼顾效率与公平。优化财政资源配置，助推经济转型升级，提升经济发展的质量和效益；建立事权和支出责任相适应的制度，推进基本公共服务均等化，增强人民群众的获得感。

3. 坚持顶层设计、稳步推进。坚持改革总体目标方向，增强改革的系统性、整体性、协同性，结合我省实际，准确把握改革的时机、节奏和力度，积极稳妥、有序地推进改革。

4. 推进预算公开、透明，提升预算绩效。实施全面规范、公开透明的预算制度，将公开透明、提升绩效贯穿预算改革和管理全过程，强化预算监督和约束作用，促进阳光政府、法治政府、服务型政府建设。

二、创新财政理财机制

（一）积极发挥政府产业基金作用。

深化“四张清单一张网”改革，创新财政支持经济发展方式。省政府设立200亿元的省级政府产业基金，采用市场化运作模式，支持信息经济、环保、健康、旅游、时尚、金融、高端装备制造等七大产业以及农业农村发展。积极引导市县政府加快设立各类产业基金，力争通过三年努力，全省政府产业基金规模达到1000亿元以上，并通过与社会资本、金融资本的充分结合，撬动社会资本投入10000亿元左右，助推产业转型升级。

（二）加大创新驱动发展的财政支持力度。

完善财政投入机制，推进创新驱动发展战略全面实施。优化科技支出和科技资源配置结构，积极引导科技创新能力建设，推动科技成果转化应用，提高科技产出绩效。2016—2020年，省政府安排创新强省资金100亿元，并通过增量调存量、省市县共建、引导社会资本投入等方式，多渠道筹措各类资金200亿元以上，重点支持杭州城西科创大走廊等创新平台建设，促进大众创业万众创新和绿色产业发展，强化高层次人才和高技能人才队伍建设，提升高等院校、职业教育的办学质量。

（三）大力推动公共基础设施多元化投入。

创新公共产品供给机制，大力推广政府和社会资本合作（PPP）模式，吸引社会资本参与公共产品和公共服务项目多元化投资、专业化运营管理。省政府设立100亿元的基础设施建设基金（包括PPP基金），支持重大公共基础设施建设和PPP项目，力争通过三年努力，引入金融等社会资本形成800亿元的基础设施建设基金规模。

（四）积极稳妥推进社会保险基金保值增值。

强化社会保险基金投资管理和监督，依法推进基金市场化、多元化投资运营。在确保社会保险基金可持续支付和安全运行的前提下，利用社会保险基金结余进行保值增值运行，提高基金收益水平。加强社会保险基金预算管理，在精算平衡的基础上实现社会保险基金的可持续运行。

（五）强化多渠道民生保障机制。

树立全社会共推民生发展的理念，强化“政府主导、各方共担”的多渠道民生保障机制，逐步提升我省民生保障和基本公共服务均等化的水平。发挥政府主导作用，坚持公共财政导向，加大对教育、医疗、就业、社保、保障房等民生事业的资金保障工作，确保新增财力的三分之二用于民生。充分发挥市场机制、社会管理和个人能动的积极作用，调动市场、社会和个人各方共推民生改善的积极性。

（六）积极推进政府购买服务。

创新财政供给方式，加快政府职能转移，推进事业单位改革，促进“养人”向“办事”转变。可以由社会力量提供的公共服务和政府履职辅助性服务，通过在减人或不增人的前提下，逐步纳入政府购买服务目录，稳步扩大政府购买服务支出规模。2017年在全省基本建立比较完善的政府购买服务制度，促进公共服务更好提供。

三、深化财政体制改革

（一）合理划分事权和支出责任。

逐步建立事权与支出责任相适应的制度。把受益范围覆盖全省、外部性强、信息复杂程度低的全省性公共产品和服务作为省级事权；把信息复杂程度较高但受益范围跨区域、外部性较强的公共产品和服务作为省与市县共同事权；把地域性强、信息复杂程度高的区域性公共服务作为市县事权。省和市县按照事权划分相应分担支出责任，属于省级事权，其支出责任由省级财政承担；属于省和市县共同事权，其支出责任（或筹资责任）由省级财政和市县财政按比例分担；属于市县事权，其支出责任由市县财政承担。省级财政可通过安排转移支付将部分省级事权的支出责任委托地方承担。

（二）完善转移支付制度。

完善省级一般性转移支付制度，逐步提高省本级财力安排一般性转移支付比重，到2017年达到60%以上。省政府出台重大增支政策形成的地方财力缺口，原则上通过一般性转移支付适当调节。优化完善转移支付地区分类分档体系，以各市、县（市）经济社会发展水平、经济动员能力和财力状况等因素为依据分为二类六档，建立换档激励奖补机制。优化转移支付资金使用方向，重点支持海洋经济等国家战略，以及省委、省政府一系列转型升级组合拳的加快实施。逐步取消竞争性领域财政专项资金，省级部门一般不再直接向企业分配和拨付资金。

（三）健全生态文明建设财政政策。

积极推进主体功能区战略，按照省政府推进国家主体功能区建设试点示范的总体部署，逐步扩大生态环境财政奖惩政策实施范围。落实淳安县等26个县发展实绩考核办法。继续实施生态环保财力转移支付制度、与污染物排放总量挂钩财政收费制度、省级重点生态功能区建设示范财政政策和重点生态公益林补偿机制。践行“绿水青山就是金山银山”理念，不断加大生态文明建设转移支付力度，支持重点生态功能区建设示范、生态补偿、资源节约和循环利用、新能源和可再生能源开发利用、环境基础设施建设、生态修复与建设、先进适用技术研发示范等，努力把我省建设成为全国生态文明示范区。

（四）建立高新技术产业地方税收增量返还财政奖励政策。

引导激励市、县（市）加快发展高新产业，建立高新技术产业地方税收增量返还奖励政策。经国家认定的高新技术企业的企业所得税地方部分增收上交省当年增量部分奖励返还给各市、县（市）。

（五）优化收入激励奖补政策。

建立第三产业地方税收收入增长奖补政策。从2015年起，对丽水市等29个一类市、县（市），在确保实现当年财政收支平衡、确保完成民生改善等政府职责任务的前提下，实行省激励补助与其第三产业地方税收收入增长率挂钩，奖励与其第三产业地方税收收入增收额挂钩的办法。奖励资金主要用于促进第三产业发展。

完善地方财政收入激励奖励政策。从2015年起，对杭州市等30个二类市、县（市），在确保实现当年财政收支平衡、确保完成政府职责任务的前提下，实行省奖励与其地方财政税收收入增收额挂钩的办法，适当提高挂钩比例。奖励资金主要用于支持经济转型升级、七大产业和农业农村加快发展。

（六）加大区域统筹发展激励奖补政策力度。

实施设区市区域统筹发展收入激励政策。从2015年起，省对设区市的收入激励奖补，与设区市所辖县（市）地方财政税收收入当年增收额挂钩，并适当提高挂钩比例。

完善设区市对所辖县（市）年度财政补助奖励政策。从2015年起，除省收入激励奖补资金外，对设区市以自有财力安排的对所辖县（市）年度财政补助资金，省按一定奖补系数兑现区域统筹发展激励奖补资金，并适当提高对杭州市等6个设区市的奖补系数。

省对设区市实施区域统筹发展激励奖补政策后，各设区市需将省收入激励奖补和财政补助奖励资金全额用于所辖县（市）的区域统筹发展，不得将支出责任转嫁给所辖县（市），也不得违反规定从所辖县（市）统筹资金。市、县（市）政府不得擅自调整省出台的基本民生支出政策，确需调整的，设区市政府应统筹考虑所辖县（市），并承担相应的支出责任，同时需报经省政府审批同意后执行。

四、完善财政预算制度

（一）抓好增收节支，健全预算平衡机制。

大力培植财源，依法组织收入，收入预算逐步从约束性转向预期性，不得向征管部门下达收入任务，不收过头税，严格减免税。加强政府非税收入管理，省级部门一般不再直接向企业收取行政事业性收费。逐步提高国有资本经营收益收缴比例，到2020年提高到30%。认真贯彻厉行节约的各项规定，规范公务支出标准，严格控制一般性支出。改进年度预算控制方式，一般公共预算审核的重点由平衡状态、赤字规模向支出预算和政策拓展，建立跨年度预算平衡机制，推动中期财政规划管理。

（二）完善政府预算体系，推进预算公开透明。

全面推进政府预算体系建设，将政府所有收入和支出全部纳入预算管理，做到预算一个“盘子”、收入一个“笼子”、支出一个“口子”。加快完善预算支出定额和标准体系，强化人员编制、资产状况、预算执行率和绩效评价结果与预算安排相挂钩的机制。强化预算绩效管理，凡是使用财政预算资金的部门和地区，都应当对预算支出绩效情况开展绩效评价；同时，加大绩效评价结果在预算资金分配中的应用力度。进一步细化政府预决算公开内容，扩大部门预决算公开范围，除涉密信息外，所有使用财政预算资金的部门和地区都应公开预决算。加大“三公”经费公开力度，细化公开内容。对预决算公开过程中社会关切的问题，要规范整改、完善制度。

(三)加大预算统筹力度,发挥资金使用效益。

清理规范重点支出同财政收支增幅或生产总值挂钩事项。对重点支出,根据推进改革的需要和确需保障的内容统筹安排,优先保障,不再采取先确定支出总额再安排具体项目的办法。统一预算管理权,逐步将所有预算资金纳入财政部门统一分配。从2016年起,国有资本经营预算收入原则上都要由财政统筹安排。加大政府性基金预算、国有资本经营预算与一般公共预算的统筹力度。强化"存量调结构、增量优方向、增量调存量"的统筹机制。推进跨部门资金的统筹使用。建立结转结余资金定期清理机制,对结余资金和连续两年未用完的结转资金,一律收回统筹使用。对不足两年的结转资金,不需按原用途使用的,应及时统筹用于经济社会发展急需资金支持的领域。

(四)深化专项资金管理改革,促进绩效提升。

深入推进专项性一般转移支付改革、竞争性分配改革,建立健全财政专项资金管理清单制度,按规定在浙江政务服务网上向社会公开。对上级政府下达的专项转移支付,下级政府可在不改变资金类级科目用途的基础上,结合本地实际,将支出方向相同、扶持领域相关的专项转移支付资金统筹使用。从2016年起,财政专项转移支付要在向同级人民代表大会提交的预算报告中明确到地区和项目。改革先确定专项总额再安排具体项目的办法,要加大整合归并、减少财政专项资金的力度。市、县(市)政府从2016年起,要逐步取消由本级财力安排的部门财政专项资金,基本支出以外的支出需求都要按规定编制项目预算。加强预算项目库管理,做好项目前期准备,从2017年起,凡是没有入库的项目,一般不得安排项目预算。实施项目周期滚动管理,完善项目退出机制。

(五)加强预算执行管理,强化预算约束。

硬化预算约束,做到"先有预算、后有支出"。年度预算执行中除救灾等应急支出通过动支预备费解决外,一般不出台增加当年支出的财政政策;确需出台的财政政策,通过以后年度预算安排资金。规范预算变更,各单位的预算支出应当按照预算科目执行,确需调整的,须报同级财政部门审批。加快预算下达和预算执行进度。规范国库现金管理,提高国库资金收支运行效率。各级财政库款余额要达到财政部规定的标准以内。清理整顿财政专户,规范权责发生制核算,探索实施权责发生制的政府综合财务报告制度。

(六)规范政府债务管理,切实防范债务风险。

强化财政部门归口管理政府债务制度,严格举借审批和预算管理。加快政府债券置换政府存量债务进度,降低政府债务成本。地方政府举借债务只能采取政府债券方式,在国家下达的限额内报经本级人民代表大会或其常委会批准后,分类纳入预算管理。地方政府债务只能用于公益性资本支出或适度归还存量债务,不得用于经常性支出。建立地方政府信用评级制度。省级政府对市县政府债务实行不救助原则,市县政府要切实担负起主体责任,建立债务风险预警和应急处置机制。剥离融资平台公司政府融资职能,妥善处理在建项目后续融资问题。强化地方政府债务限额管理和动态监控,实施高风险地区化债计划管理,建立市县政府债务风险控制与省对市县转移支付、省对市县政府债务限额分配挂钩机制。完善债务报告和公开制度,建立考核问责机制,将政府债务指标纳入党政领导班子政绩考核体系。

(七)强化预算监督,严肃财经纪律。

加强《中华人民共和国预算法》宣传和培训,增强各地、各部门依法理财治税的意识和能力。落实税收法定原则,加强收入征管。落实预算法定原则,严格预算管理。强化预算编制、执行、监督"三位一体"全过程、全方位财政运行机制。加快推进"数字财政"建设,建立财政财务数据共享机制,提升财政管理和服务水平。建立健全财政运行质量评价考核机制,实施财政收支质量通报问责制度。所有使用财政预算资金的机关和企事业单位都要自觉接受审计监督。主动接受人大的监督,听取政协的意见和建议,认真落实审计整改意见。加快建立内部控制制度,有效防范各类业务风险。强化部门预算主体责任,建立财政资金使用监督问责机制。严肃查处财经违法、违规行为,落实《中华人民共和国预算法》等法律法规规定的法律责任。

五、工作要求

建立现代财政制度事关经济社会发展全局,涉及方方面面的利益调整,情况复杂,而且时间紧、任务重。各地、各部门要高度重视、提高认识,切实把思想和行动统一到党中央、国务院和省委、省政府的决策部署上来;要敢于担当,主动作为,切实履行职责,注重协调配合,形成"上下同欲、共谋发展"的良好氛围;要精心组织、周密部署、狠抓落实,确保各项改革工作顺利推进。

关于创新财政支持经济发展方式加快设立政府产业基金的意见

浙江省人民政府

(浙政发〔2015〕11号)

于2015年5月18日印发

各市、县(市、区)人民政府,省政府直属各单位:

根据《国务院关于深化预算管理制度改革的决定》(国发〔2014〕45号)、《国务院关于改革和完善中央对地方转移支付制度的意见》(国发〔2014〕71号)等文件要求,现就创新财政支持经济发展方式、加快设立政府产业基金提出如下意见:

一、总体要求

(一)指导思想。

按照党中央、国务院决策部署,严格落实两个"一般不"要求,切实加大专项资金改革力度,深化“四张清单一张网”建设,创新财政支持经济发展方式,加快设立各级政府产业基金。通过市场化运作模式,充分发挥市场在资源配置中的决定性作用;通过政府引导、示范,更好地推动大众创业、万众创新;通过发挥财政杠杆作用,增强对产业转型升级的支持力度,促进经济社会持续健康发展。

(二)基本原则。

1. 政府引导。通过政府引导、示范,稳定市场预期,平抑创业风险。发挥财政资金的杠杆作用,引导并撬动金融资本和社会资本投资,放大政府投入效应。

2. 市场运作。正确处理政府与市场的关系,维护公平竞争的市场环境,按照市场化运作方式,更好地发挥市场在资源配置中的决定性作用。

3. 分类管理。针对不同产业、不同运作模式,建立健全管理制度,强化绩效考核和专业化管理。

4. 防范风险。构建风险防范体系,强化风险监控,确保基金在风险可控的前提下有序运行。

(三)主要目标。

各地要深化财政专项资金管理改革,加快设立政府产业基金。力争通过3年努力,全省各级政府设立的产业基金规模达到1000亿元以上,通过与金融资本的结合,撬动社会资本投入10000亿元左右;有效转变财政支持经济发展方式,全面推动我省产业转型升级。

二、进一步深化财政专项资金管理改革

(一)深化竞争性领域财政专项资金管理改革。

1. 应予取消的财政专项资金。竞争性领域财政专项资金中,属于“小、散、乱”,效用不明显以及市场竞争机制能够有效调节的,要坚决取消;对因企业改革等配套出台的财政专项资金,应明确执行期限,到期取消。

2. 需暂予保留的财政专项资金。对具有一定外部性的竞争性领域财政扶持资金,根据需要和财力可能,可暂予保留,但原则上要采取基金管理等市场化运作模式,与金融资本相结合,撬动社会资本,发挥财政资金的杠杆作用。

3. 对少数补助事项的处理。经清理甄别,并按程序经同级政府研究确认,少数不适合实行基金管理模式的,要事前明确补助机制,事中或事后采取贴息、奖励、补贴等补助方式,完善管理办法,确保资金分配的公开性、透明性,加强督查,切实发挥资金的使用绩效。

4. 除法律、行政法规和国务院规定可以设立的外,严格控制新设财政专项资金。

(二)深化存量资金管理改革。

各地、各有关部门要高度重视存量资金管理改革。严格落实《国务院办公厅关于进一步做好盘活财政存量资金工作的通知》(国办发〔2014〕70号)要求,抓好清理、盘活一般公共预算结转结余资金、政府性基金预算结转资金、转移支付结转结余资金、部门预算结转结余资金、财政专户管理资金、预算周转金、预算稳定调节基金和偿债准备金等各类存量资金工作。经清理后的存量资金,按规定纳入预算统筹安排使用,除用于平衡预算外,可作为设立产业基金的资金来源。根据国发〔2014〕45号文件精神,逐步取消专款专用的规定,超出使用期限的财政专项资金,一律按规定收回,统筹使用。

三、积极探索政府产业基金市场化运作模式

(一)规范基金设立。

各级政府产业基金须经本级政府批准后设立,应有章程、目标、期限及指定投资领域。各级财政部门负责资金筹措,代表本级政府履行出资人职责,并授权已有或新设的国有独资企业、事业法人代行出资人职责。

(二)探索基金运作。

各级政府产业基金可以互相参股,逐级放大。产业基金可采取委托市场化运作的专业团队管理和少量直接投资的运行模式。委托专业团队管理的基金,可与金融资本、社会资本结合,以设立子基金方式具体运作。各地可积极探索和试行各种适合本地区产业发展实际的政府产业基金市场化运作模式。

(三)把握产业导向。

政府产业基金应根据国家和省产业发展战略,围绕转型升级“组合拳”,重点投向信息经济、环保、健康、旅游、时尚、金融、高端装备制造等七大产业和农业农村发展,推动“四换三名”和“两化”深度融合,促进大众创业、万众创新。产业基金不得投向高污染、高能耗、落后产能等国家和省限制行业。

(四)健全管理机制。

省财政厅应会同省级有关部门牵头制订全省政府产业基金管理的指导意见,明确设立、运作和监管等管理机制;对初创期或中早期创业投资以及其他具有外部性的投资等,应完善与之相适应的收益让渡、风险承担等考核机制;应建立完善与基金市场化运作模式相适应的退出机制。各地应建立适应本地区实际的政府产业基金监管机制。产业基金应当遵照国家有关预算和财务管理制度的规定,建立完善内部管理制度。各级财政部门应定期对基金目标、效果及其资产情况进行评估,定期报告运作情况。

四、实施要求

(一)加强组织领导。

各地、各有关部门要统一思想、提高认识,切实加强组织领导,确保相关改革工作顺利推进。各地根据需要可以设立由政府主要领导为组长的政府产业基金工作领导小组,负责基金重大事项的决策和协调;设立由政府领导为主任的政府产业基金管理委员会,牵头制订政府产业基金管理办法,负责对基金的管理监督、政策指导和统筹协调。领导小组及管理委员会办公室设在各级财政部门。各地要按照要求,积极筹措资金,加快建立、充实政府产业基金,全面推动产业基金的市场化运作。省级有关部门要根据职责,科学制订产业发展规划,提供投资信息和需求,开展行业监管,参与政府产业

基金管理。

（二）探索完善机制。

各地、各有关部门要按照省政府统一部署，结合实际，制订具体政策措施和工作方案，积极研究解决工作中遇到的问题，确保工作稳步推进。要明确职责分工，健全管理架构，完善管理制度，确保基金的有效运作。要建立政府产业基金项目公示制度，接受社会各界的监督，确保产业基金的公开性。各地、各部门在推进政府产业基金管理过程中，遇到重大问题要及时向省政府报告。

关于推广运用政府和社会资本合作模式的指导意见

浙江省人民政府办公厅

（浙政办发〔2015〕9 号）

于 2015 年 1 月 30 日印发

各市、县（市、区）人民政府，省政府直属各单位：

为贯彻落实十八届三中全会精神，深化投融资体制改革和预算管理制度改革，加强地方政府性债务管理，促进政府职能转变，根据《国务院关于创新重点领域投融资机制鼓励社会投资的指导意见》（国发〔2014〕60 号）等文件要求，经省政府同意，现就推广运用政府和社会资本合作（Public Private Partnership，简称PPP）模式，鼓励和吸引社会资本参与基础设施建设和运营，提高公共产品质量与效率，提出如下意见：

一、总体要求

政府和社会资本合作模式是指政府和社会资本为建设基础设施及提供公共服务而建立的长期合作关系和制度安排。推广运用政府和社会资本合作模式，有利于创新投融资机制，拓宽社会资本投资渠道；有利于发展混合所有制经济，增强经济增长内生动力；有利于加快政府职能转变，提高社会治理能力。

（一）指导思想。

全面贯彻落实党的十八大、十八届三中、四中全会和省委十三届四次、五次和六次全会精神，按照中央和省委、省政府决策部署，使市场在资源配置中起决定性作用和更好发挥政府作用，打破行业垄断和市场壁垒，加快政府职能转变，推进政府与社会资本合作，进一步鼓励社会投资特别是民间投资，盘活存量、用好增量，推进基础设施建设，提高公共产品质量与效率。

（二）基本原则。

1. 政府主导，市场运作。厘清政府与市场边界，政府做好政策制订、发展规划和市场监管，社会资本承担项目的建设、运营和维护，构建协作与监督相结合的政府和社会资本合作机制。

2. 风险分担，互利共赢。建立健全激励与约束相结合的风险分担和利益补偿机制，充分考虑社会资本合理收益，切实维护公共利益。

3. 积极稳妥，有序推进。探索运用规范的政府和社会资本合作模式，不断完善制度体系，规范项目操作流程，有序推进政府和社会资本合作。

二、主要任务

（一）做好项目储备。

适宜采用政府和社会资本合作模式的项目，具有价格调整机制相对灵活、市场化程度相对较高、投资规模相对较大、需求长期稳定等特点。各地要按照本地区基础设施建设和公共服务需要，兼顾资源有效配置及项目合理布局，重点关注交通、水利、市政公用事业、保障性安居工程、资源环境、生态保护和社会事业领域，如供水、供气、污水和垃圾处理、轨道交通、航运、医疗和养老服务设施等，优先选择收费定价机制透明、有稳定现金流的项目，建立本地区项目储备库。在建或已建项目也可纳入项目库管理，利用政府和社会资本合作模式进行升级改造或者运营管理。根据各地项目储备和工作开展情况，建立省级项目储备库，并确定若干个政府和社会资本合作示范市县。

（二）规范项目评估。

各地要根据有关政策法规要求，扎实做好项目前期论证工作。项目评估时，要综合考虑公共服务需要、责任风险分担、产出标准、关键绩效指标、支付方式、服务价格和收费标准、融资方案和所需要的财政补贴等要素，平衡好项目财务效益和社会效益，确保实现激励相容。除传统的项目评估论证外，要积极借鉴物有所值（Value for Money，VFM）评价理念和方法，对拟采用政府和社会资本合作模式的项目进行筛选，并与传统政府采购模式进行比较分析，确保从项目全生命周期看，采用政府和社会资本合作模式后能够提高服务质量和运营效率，或者降低项目成本。各地应明确相应的行业管理部门、事业单位、行业运营公司或其他相关机构，作为政府授权的项目实施机构，在授权范围内具体负责项目评估论证、合同签订、组织实施等工作。项目实施机构应编制项目实施方案，经评估论证后报政府审核实施。

（三）选择合作伙伴。

各地要严格按照《政府采购法》《招标投标法》等相关规定，通过公开招标、邀请招标、竞争性谈判、单一来源采购、竞争性磋商等方式，依法选择社会资本投资人。各地应根据项目实际情况和要求，综合考虑专业资质、技术能力、管理经验和财务实力等因素，择优确定诚实守信、安全可靠的社会资本投资人，并在规定的信息发布渠道及时发布采购公告和结果等信息，保证程序公开、过程透明。

（四）建立合作机制。

社会资本投资人可设立独立法人的项目公司。政府可指定相关机构依法参股项目公司。政府出资机构和社会资本投资人应在平等协商、依法合规的基础上签订股东合同，明确出资比例和方式、利润分配方式、风险责任分担机制、项目的功能和绩效要求、退出安排及项目移交机制、争议解决程序以及公司章程重要条款等事项。政府授权机构应与社会资本投资人或项目公司签订项目合同，明确项目经营内容、范围及期限，责任风险分担，产品和服务标准，价格、收费标准、补贴及调整机制，违约责任和争议解决程序等关键内容。项目合同、股东合同等应报项目同级财政部门和法制机构备案。协议签订后内容发生实质性调整或变更的，凡涉及政府出资或补贴、收费标准等内容的，须经项目同级财政、物价等部门确认。

（五）完善价格机制。

建立健全按照社会平均建造成本、运营费用、投资收益率等因素确定价格和收费机制，并根据成本变化、通货膨胀、社会资本收益率等因素合理调整，激励投资者降低建设和运营成本。对项目收入不能覆盖成本和合理收益的，可通过政府付费等方式给予适当补贴。政府应以项目运营绩效评价结果为依据，综合考虑产品或服务价格、建造成本、运营费用、实际收益率、财政中长期承受能力等因素，建立动态补贴机制。除最低需求风险外，政府补贴不得承诺社会资本回报水平。各级财政部门要将财政补贴等支出分类纳入同级政府预算，在中长期财政规划中予以统筹考虑，并会同行业主管部门、物价部门加强成本和价格监审。

（六）防范债务风险。

各地要根据中长期财政规划和项目全生命周期内的财政支出，对政府付费或提供财政补贴等支持的项目进行财政承受能力论证。在明确项目收益与风险分担机制时，要综合考虑政府风险转移意向、支付方式和市场风险管理能力等要素，量力而行，减少政府不必要的负担。各地要按照国务院和省政府加强地方政府性债务管理的要求，认真甄别筛选融资平台公司存量项目，对适宜开展政府和社会资本合作模式的项目，大力推广政府和社会资本合作模式。要依法严格控制政府各类或有债务，严防债务风险转移，切实防范和控制财政风险。政府对社会资本投资人或项目公司按约定规则依法承担特许经营权、合理定价、财政补贴等相关责任，不承担社会资本投资人或项目公司的偿债责任。除法律另有规定外，各地政府及其所属部门不得以任何方式提供担保。

（七）加强项目监督。

项目公司要严格按合同约定组织工程建设和运营，确保工程质量，提供安全、优质、高效、便利的公共产品。各地要建立健全由政府、服务使用者共同参与的综合评价体系，组织开展对项目的绩效目标实现程度、运营管理、资金使用、公共服务质量、公众满意度等综合绩效评价工作，必要时可委托专业机构参与。绩效评价结果要依法对外公开，接受社会监督，并作为价格和收费标准、财政补贴等调整的参考依据。各级行业主管部门要加强对项目建设质量、运营标准和安全的监督，保障公共产品的质量、效率和延续性。财政、发展改革、国土资源、规划、审计、物价等相关部门，要在各自职责范围内做好项目管理和监督等工作，依法履行监管职责。

（八）健全退出机制。

政府应与社会资本投资人明确项目的退出路径，保障项目持续稳定运行。如遇不可抗力或违约事件导致合作提前终止时，应及时做好接管，保障公共利益不受侵害。政府和社会资本合作期满后，要按照合同约定的移交形式、移交内容和移交标准，及时组织开展项目验收、资产交割等工作，妥善做好项目移交。项目移交完成后，应组织对项目产出、成本效益、监管成效、可持续性、政府和社会资本合作模式应用等进行绩效评价，并按相关规定公开评价结果。评价结果作为政府开展政府和社会资本合作管理工作决策参考依据。

三、保障措施

（一）加强组织领导。

各地、各有关部门要切实加强组织领导，进一步明确责任分工，细化工作举措，抓好工作落实。财政、发改和省级有关部门要加强组织协调，指导并推动各地开展政府和社会资本合作工作，充分发挥市场机制的决定性作用、政府的更好作用和企业的主体作用。各市、县（市、区）政府要根据实际，强化组织保障，形成工作合力，确保政府和社会资本合作工作顺利实施。

（二）完善配套政策。

完善政府和社会资本合作项目审批机制，进一步简化审批程序，减少审批环节，提高审批效率。实行多样化土地供应方式，保障项目建设用地。政府和社会资本合作项目按规定享受各项税收优惠和行政事业性收费减免政策，在安排各类财政专项资金和政府性补贴时，享受与政府投资项目同等的财政扶持政策。支持项目公司利用外国政府、国际金融组织贷款和清洁发展委托贷款。拓宽项目融资渠道，鼓励银行、证券、保险等金融机构以及融资担保机构积极开发适合项目的金融产品，创新金融服务，积极争取社保资金、保险资金、专业投资机构资金参与，支持金融机构及早介入项目前期准备工作，参与项目的策划、融资、建设和运营。鼓励社会中介机构积极参与项目建设，提供法律、财务、咨询等专业服务。

（三）优化发展环境。

各地要完善投资者保护政策，切实维护社会资本投资人的合法权益。加强项目实施能力建设，注重培养专业人才。加强舆论宣传引导，增强政府、社会和市场主体共识，营造推广运用政府和社会资本模式的良好氛围。健全信息公开制度，及时发布项目规划、采购需求以及行业政策、市场需求等信息，增强政策透明度。提升公众参与度，畅通公众获取和反馈有关信息的渠道，保障公众的知情权、建议权和监督权。

关于印发浙江省省级行政事业单位公款竞争性存放管理暂行办法的通知

浙江省人民政府办公厅

(浙政办发〔2015〕91号)

于2015年8月19日印发

各市、县(市、区)人民政府,省政府直属各单位:

《浙江省省级行政事业单位公款竞争性存放管理暂行办法》已经省政府同意,现印发给你们,请结合实际认真贯彻执行。

浙江省人民政府办公厅

2015年8月17日

浙江省省级行政事业单位公款竞争性存放管理暂行办法

第一条 为规范省级行政事业单位公款存放管理,提高资金效益,防止利益冲突和利益输送,根据有关法律法规规章和《关于防止领导干部在公款存放方面发生利益冲突和利益输送的办法》等有关规定,制定本办法。

第二条 本办法适用于本省省级政府机关及其所属行政事业单位、政府授权代行政府职能的其他机构(以下统称省级行政事业单位)公款的竞争性存放管理。

第三条 本办法所指的省级行政事业单位公款是指省级行政事业单位取得的各类财政资金、上级补助资金、自有资金和代管资金等。

公款竞争性存放是指省级行政事业单位通过招投标方式选择确定公款存放银行的管理活动。

省级预算单位采取招投标方式选择开户银行开设账户的,由省财政厅会同省级有关部门另行制定管理办法。

第四条 省级行政事业单位应严格按照规定实行公款竞争性存放。《关于防止领导干部在公款存放方面发生利益冲突和利益输送的办法》发布之前,没有采取招投标方式存放的公款,应在约定期限到期后按本办法规定实行竞争性存放。

第五条 省级行政事业单位公款竞争性存放原则上由各省级主管部门统一组织实施或统一委托具有资质的社会中介机构实施招标,采取省级主管部门统一招标、下属单位依据招标结果办理资金存放的办法。下属单位具备招标能力的,经省级主管部门同意后也可自行组织实施本单位公款竞争性存放招投标。

第六条 省级行政事业单位开展公款竞争性存放应遵循以下原则:

(一)公开、公平、公正原则。公款竞争性存放应公开、公平、公正进行,防范廉政风险。

(二)安全性、流动性、收益性相统一原则。科学测算现金流量,在确保单位资金安全和日常支付流动性需求的前提下,实现资金保值增值。

第七条 省级行政事业单位应根据测算的现金流量制订本单位公款竞争性存放计划,并报送省级主管部门。省级主管部门依据报送的计划,统筹规划,合理安排,拟定招投标计划,编制招标文件,经领导班子集体研究决定后组织实施。

第八条 省级行政事业单位或招标代理机构开展公款存放招投标工作,应在"浙江政府采购网"和省级主管部门门户网站上发布招标公告。招标公告内容包括招标人名称和地址、招标项目、招标数量、投标人资格要求、报名方式及需提供材料、报名截止时间、开标时间及地点、获取招标文件的途径等事项。

第九条 省级行政事业单位公款竞争性存放招标项目仅限于银行定期存款。

定期存款期限由各省级行政事业单位根据资金支付流动性需要自行确定,一般不超过1年。

第十条 参与省级行政事业单位公款竞争性存放投标的银行是指在中华人民共和国境内依法设立的国有商业银行、股份制商业银行、邮政储蓄银行、城市商业银行、农村信用合作联社、农村商业银行、农村合作银行及政策性银行。银行参与投标应符合以下条件:

(一)在省级行政事业单位所在地设有分支机构;

(二)依法开展经营活动,近3年内在经营活动中无重大违法违规记录及重大违约事件;

(三)监管评级达到一定标准,人民银行上年度综合评价B级以上,银监部门上年度监管评级2级以上。

省内农村信用合作联社、农村商业银行、农村合作银行参与省级行政事业单位公款竞争性存放,可统一以省农信联社为投标主体。

第十一条 公款竞争性存放招标单位应按规定建立5人以上单数人员组成的评标委员会,负责评标工作。评标委员会成员应严格执行利益回避的相关规定,成员名单在中标结果确定前应当保密。

第十二条 公款竞争性存放招标以定期存款年利率为标的,按高利率中标原则确定招标结果。竞标银行定期存款投标利率应符合国家利率政策相关规定。竞标银行所投标的相同时,通过对各竞标银行经营状况和服务水平等指标评分确定。

经营状况指标是指反映竞标银行资产质量、偿付能力、运营能力、内部控制水平等的指标。服务水平指标是指反映竞标银行信息系统建设、对账服务、分账核算服务、相关业务收费情况、以往提供服务履约情况等的指标。具体指标及分值权重由招标单位确定。

第十三条 公款竞争性存放招标结果经招标单位法定代表人签字后生效。招标结果生效后,招标单位应向中标银行发出中标通知书,同时将招标结果通知所有竞标银行,并在“浙江政府采购网”和省级主管部门门户网站上对中标银行及中标利率等中标信息进行公告。

第十四条 公款竞争性存放招标结果公告后,省级主管部门应及时将具体中标结果书面通知下属单位,与中标银行签订规范的定期存款协议,全面、清晰界定双方权利义务关系。

协议内容应包括中标银行提供的具体服务事项、违约责任的处理、双方在确保账户资金安全中的职责、协议变更和终止条件等。

第十五条 省级行政事业单位应在协议签订后办理定期存款相关手续。中标银行应及时向省级行政事业单位提供定期存单。

第十六条 省级行政事业单位公款存放有以下情形之一的,可以不采取招投标方式:

(一)闲置资金量小于500万元的;

(二)资金闲置时间少于3个月的;

(三)开户银行经招投标确定,且定期存放的存款利率不低于省级行政事业单位在“浙江政府采购网”上公布的最近同期限中标利率;

(四)法律法规规章和国家有关文件另有明确规定的;

(五)经省政府批准可以不实行招投标的其他情形。

闲置资金是指各省级行政事业单位在确保正常支付前提下暂时闲置、可用于定期存放的资金。

不采取招投标方式存放的资金,应存放于原开户银行,不得跨行转存。

第十七条 省级行政事业单位招标确定的定期存款到期后需续存原中标银行的,可不重新组织招投标,但需经单位领导班子集体研究决定,且续存利率不低于省级行政事业单位在“浙江政府采购网”上公布的最近同期限中标利率。

第十八条 定期存款存放中标银行出现以下情形之一的,省级行政事业单位应及时提前收回定期存款,并有权拒绝其在以后2至5年内参与本单位公款竞争性存放:

(一)出现资金安全事故、重大违法违规情况或财务状况恶化的;

(二)监管评级降低后低于本办法第十条规定标准,监管部门认为存在较大运营风险的;

(三)进行不正当投标的;

(四)没有按照中标协议承诺履行相应的责任和义务的;

(五)不能按规定将到期存款本息足额缴入单位账户的;

(六)存在其他妨害资金安全行为的。

第十九条 省级行政事业单位不得将按有关规定收取的各类行政性收费、罚没收入等非税收入转为定期存款或为其他单位、个人提供信用担保。

第二十条 省级主管部门应切实履行本部门公款竞争性存放管理的主体责任,依据招投标等有关法律法规和本办法规定制定具体的公款竞争性存放实施办法,并组织实施。加强对所属单位公款存放的管理,定期对所属单位公款存放进行监督检查,发现不按规定存放的,应及时督促纠正;纠正无效的,应提请省级有关职能部门按规定进行处理。

第二十一条 省财政厅、省监察厅、省审计厅等监管部门在各自的职责范围内对省级行政事业单位公款存放实施监督管理。

省财政厅应加强对省级行政事业单位公款竞争性存放的业务指导,并对实施情况进行监督检查。省审计厅等其他监管部门应结合部门预算执行情况审计等各类审计和专项检查,对省级行政事业单位公款竞争性存放实施监督检查,对违反本办法规定的行为进行查处;发现银行机构违反本办法的,应按规定及时移交省级相关监督管理部门处理。

第二十二条 各监管部门在对省级行政事业单位实施监督检查时,受检查单位应如实提供公款存放情况,不得以任何理由拖延、拒绝、阻挠、隐瞒;有关银行机构应如实提供受检查省级行政事业单位资金存放及银行账户的资金收付等情况,不得隐瞒。

第二十三条 各监管部门在对省级行政事业单位公款存放实施监督检查中,发现下列情形之一的,除责令违规单位立即纠正违规行为外,应函告省财政厅,由省财政厅根据有关法律法规规章作出暂停或停止对违规单位拨款的决定;对应追究省级行政事业单位有关人员责任和银行机构有关人员责任的,移送省级相关部门处理;涉嫌犯罪的,移送司法机关处理:

(一)不按本办法规定进行公款竞争性存放的;

(二)违反本办法第十九条规定的;

(三)违反《关于防止领导干部在公款存放方面发生利益冲突和利益输送的办法》规定的;

(四)其他违反公款存放管理规定的。

第二十四条 省委、省人大常委会、省政协机关及所属各部门,省法院、省检察院、省人民团体和协会、省工商联和各民主党派省委会的公款竞争性存放管理参照本办法执行。

省级主管部门对下属企业的公款存放管理参照省属国资监管企业公款存放管理的有关规定执行。

第二十五条 各市、县(市、区)可参照本办法制定本级行政事业单位公款竞争性存放管理办法。

第二十六条 本办法自发布之日起施行。已有规定与本办法不一致的,按本办法执行。

全省财政地税工作会议重要文件

落实五大发展理念 提高理财治税能力(摘要)

浙江省省长　李　强

一、全省财税系统积极适应新常态,科学理财治税,有力地保障了经济社会平稳健康运行。

过去一年,在经济下行压力、结构调整压力、民生保障压力较大的背景下,财税系统主动适应新常态,强化大局观念、底线思维、改革精神和可持续意识,扎实做好"生财、聚财、用财"三篇文章,在资金供给上做"加法",在企业负担上做"减法",在结构调整上做"乘法",在沉淀资金上做"除法",财政主要绩效指标继续位居全国前列,财政收入"蛋糕"进一步做大,而且基础更扎实、结构更优化,为稳增长、促改革、调结构、惠民生提供了坚实支撑,有力地推动了全省改革发展。

二、牢固树立创新、协调、绿色、开放、共享发展理念,推动供给侧结构性改革,加快建立有浙江特色的现代财政制度。

中央提出的五大发展理念,对破解当前发展难题、增强发展动能、厚植发展优势具有重大指导意义。全省财税工作要以五大发展理念为引领,以市场化、法治化为导向,进一步强化收支管理,加强财政统筹,优化资源配置,履行公共财政责任,加快建立有利于"加快发展、优化生态、改善民生、强化统筹、讲求绩效"的现代财政制度,在补短板、增优势上更有作为,为经济社会发展提供有力支撑。

(一)树立创新理念,发挥财税对创新驱动的撬动力,破解内生发展动力仍然不足的难题。

浙江未来发展的新动能,关键是创新驱动。发挥财政科技资金"四两拨千斤"撬动作用,对于加快创新驱动至关重要。目前,科技项目计划多头管理、财政科技资源碎片化配置、财政科技投入中行政经费占比过高等影响了财政科技投入使用绩效。要通过"三个转变"解决"三个不够",就是政策导向从"过程导向"向"绩效导向"转变,扶持方式从"直接补贴"向"间接引导"转变,政策组合从"碎片化"向"整合化"转变,破解财政支出主体不够集中、财政投入结构不够合理、投入产出不够匹配三个问题。

要发挥好政府产业基金的撬动力。政府产业基金不是无偿扶持,而是股权投入,有退出机制,可滚动,循环使用,实现了"分配变竞争、事后变事前、直接变间接、无偿变有偿",杠杆撬动和乘数效应明显。要充分发挥产业基金的杠杆作用,更有力地撬动七大产业发展和传统产业升级。按照"专业性、可控性、市场化"原则,探索政府产业基金市场化运作模式,引入专业团队运作。要实行所有权、管理权、运营权相分离,发挥好基金管理委员会、投资决策委员会、基金公司、基金管理公司几个层次的作用。省财政厅要会同省级有关部门,抓紧建立基金绩效评价制度和激励约束机制,制定基金退出和让利实施意见,强化绩效考核和专业管理,防范制度、技术、操作、市场等风险,确保基金用出效益、用得安全。

要发挥好创新强省资金的撬动力。2016 年起,省政府五年安排 100 亿元资金,引导市县共建、存量资金、社会资本等各类资金 200 亿元,支持全省创业创新。各地、各有关部门要突出"精准扶持",既要有符合浙江产业发展要求的战略性、引领性的扶持安排,更要由面、到线、甚至到点,安排一批符合当地实际和产业趋势,支撑性、引领性较强的项目。扶持力量要集中,加强在智能制造、大数据、互联网+等领域的布局,支持杭州城西科创大走廊、新能源汽车推广、高层次人才引进等重大创新平台和项目。

要发挥好高新技术产业财政返还政策的撬动力。高新技术产业的发展,事关我省产业的高度,也是产业结构优化的关键,要加大政策引导力度。要在新材料、新能源、智能制造、3D 打印、新药创制、海洋开发等优势领域,加强财税扶持,实行高新技术产业地方税收增量返还奖励,高新技术企业所得税增收上交省里的当年增量部分,全额奖励返还给各地,激励各地加快发展高新技术产业。同时,继续落实好研发费加计扣除、高新技术企业所得税优惠等政策,更充分地把税收杠杆的撬动作用发挥出来。

(二)树立协调理念,发挥财税对统筹协调发展的支撑力,破解城乡发展、区域发展不够均衡的难题。

从发展的均衡性看,浙江的"短板"反映在城乡差距、区域差距、收入差距。财税部门承担着二次分配的职责,在财力配置、政策导向等方面,要更加注重平衡性、协调性、可持续性。具体讲,要抓好三项工作:

从区域统筹看,要落实好新一轮的省对市县财政体制。2015 年底,省里调整完善了省对市县财政体制,优化转移支付地区分类分档体系,建立了换挡激励奖补机制。今后要逐步提高一般转移支付比重,争取 2017 年达到 60% 以上,以均衡地方可用财力。同时,要加大区域统筹发展激励奖补政策力度,省对设区市的收入激励奖补,与所辖县(市)地方财政税收收入当年增收额挂钩,设区市以自有财力安排的对所辖县(市)年度财政补助资金,省里按一定系数兑现奖补资金。也就是说,设区市对所辖县市投入越多,所辖县市发展越快,设区市获得的奖补资金就越多。另外,还要落实好淳安县等 26 个原欠发达县加快发展的政策举措。

从城乡统筹看,要落实好财政支农惠农政策。与城市相比,农村仍是发展短板。要落实财政支农体制机制改革三年行动计划,用好农业发展投资基金和一事一议财政奖补政策,通过以奖代补、先建后补、财政贴息等方式，引导更多社会资本投向“三农”。要以高标准农田和粮食生产功能区建设为重点，支持粮食生产基础设施建设，加大对种粮农民的补贴力度，促进粮食专业合作社联合社发展。要加大对特色小镇的支持。加快建设一批产业特色鲜明、人文气息浓厚、生态环境优美、兼具旅游与社区功能的特色小镇。认真落实特色小镇规划建设的指导意见，特色小镇新增财政收入上交省财政部分，前3年全额返还、后2年返还一半给当地财政。各地要发挥主观能动性，按照省里的政策导向，加大对特色小镇的支持力度，体现财政资金的激励性和导向性。

区域统筹、城乡统筹，离不开财力统筹。财政支出结构固化僵化，“买醋的钱不能打酱油”“打酱油的钱不能买醋”，就难以集中财力办大事。要进一步清理规范重点支出同财政收支增幅或生产总值挂钩事项。对重点支出，不再采取先确定支出总额再安排具体项目的办法，避免“钱等项目”“敞口花钱”等现象。要加大政府性基金预算、国有资本经营预算与一般公共预算的统筹力度，从2016年起，国有资本经营预算收入原则上都要纳入财政统筹安排。建立结转结余资金定期清理机制，对结余资金和连续两年未用完的结转资金，一律收回统筹使用。各地要结合实际，将支出方向相同、扶持领域相关的专项资金统筹使用，集中资源办一些有利于区域协调、城乡协调发展的大事。

（三）树立绿色理念，发挥财税对生态建设的引导力，进一步打开绿水青山向金山银山转化的通道。

浙江“七山一水两分田”，山水资源十分丰富，把生态资源转化为绿色经济，培育出旅游、休闲、健康、养生等新业态，就会产生新的优质税源，而且这个税源可持续能力很强。拓宽绿水青山向金山银山转化的通道，要下好两步棋：第一步是算好账。算好长远账、大账、民生账，把绿水青山保护好、利用好。第二步是建制度。长远的生态保护必须靠制度供给，用制度的刚性实现“谁保护、谁受益、谁污染、谁交费”。

要完善生态功能区财政政策。按照“有机整合、完善政策、分类实施”的思路，整合现行的省级重点生态功能区示范区建设试点财政政策、生态环保财力转移支付政策和生态公益林补偿政策。今年起，全面分类实施差别化的生态功能区财政政策，科学设置评价指标，进一步调动各地保护生态的积极性。

要实施鼓励结构调整的激励奖补政策。生态环境问题的根源还是产业结构问题。要加快探索从产业结构调整上给予引导的财税政策，对丽水市等29个一类市、县（市），省激励补助与其第三产业地方税收收入增长率挂钩、奖励与其第三产业地方税收收入增收额挂钩。三产的税收增量越多，获得的财政补助也越多，从而通过财政政策引导，推动市县从根本上保护好生态环境。

（四）树立共享理念，发挥财税对改善民生的保障力，破解民生短板的难题。

保障和改善民生是财政的一项基本职能，今后一个时期要重点解决三个问题：

首先是“标准”问题。各级政府要从长远打算，科学论证，既要尽力而为，更要量力而行。不仅是当前可承受，长远也要能承受；不仅要考虑经济好的时候能不能承受，更要考虑经济不好的时候有没有支付风险；不仅要测算直接支出，还要评估间接支出和隐性支出。各地要切实把好民生政策的关口，该压的要压、该减的要减，精算平衡、稳健运行。对目前支出水平已高于省定标准的，暂缓提标；对部分支出标准过高、脱离地方财力实际的承诺，及时压减。

其次是“短板”问题。民生“短板”是老百姓感受最深、最困难、最需要帮助的地方。面上的“短板”，要办好十件民生实事；点上的“短板”，要在消除4600元贫困现象的基础上进一步巩固。特别要高度关注连反映自身困难的能力都没有的困难群体，高度关注新出现的因灾致贫、因病致贫、因残致贫的群体，高度关注困难家庭下一代尤其是教育。紧扣这三类困难群体，创新财政扶贫机制，增强资金和政策的指向性、精准性，切实兜好底线、补齐短板。

最后是“机制”问题。要强化“政府主导、各方共担”多渠道民生保障机制，实现“花钱买机制”。要着力破解PPP项目审批周期长、项目收益难保障、民间资本热情不高等难题，加快探索建立合理的风险分担和利益共享机制，用好基础设施建设基金，吸引社会资本参与公共服务供给。强化市场机制和契约精神，按照“物有所值”和全生命周期管理，拿出有稳定现金流的成熟项目试点，形成可复制推广的经验。要加强PPP项目管理，避免项目“走偏”，成为融资平台的“变种”，对发生的变相违规行为，要依法追责。

（五）树立开放理念，发挥财税对扩大对外开放的推动力，加快促进浙江对外开放。

我省正在按照国家“一带一路”和长江经济带的战略部署，打造具有国家战略意义的开放大平台，包括宁波舟山港一体化乃至全省港口一体化；加快舟山江海联运服务中心、舟山绿色石化基地建设；规划建设义甬舟开放大通道，推动全省大开放。这都是我们推动开放发展的重要举措，也是我省经济发展的新动能。各地、各部门包括财税部门，要加强制度供给、资金供给、服务供给，加快发展开放型经济，使浙江在新一轮开放格局中赢得先机和优势。

三、牢固树立安全理念，增强风险防控意识和化解能力，确保财政安全运行。

财税部门要切实增强风险意识，强化风险防控能力，确保不出现重大风险。

（一）要做好过紧日子的准备。今年经济下行压力仍然不小，不确定性因素很多，财政收支仍然处于紧平衡。一方面，“营改增”全面扩围、减税降费等带来新的政策性减收。今年，财政部将推出中央与地方事权和支出责任划分改革、调整中央和地方收入划分过渡方案等财税体制改革举措，财税部门要密切关注和研究这些重大税制改革对我省可用财力的影响。特别是营改增全面推开后，调整中央和地方增值税收入划分过渡方案对我省的影响，要科学测算，提出建议。另一方面，财政支出刚性增长的趋势没有变，中长期支出压力很大。尤其要关注社保的可持续性问题。随着近几年来连续“扩面”“提标”，基金收支形势日益严峻，支付风险加速显现。对此，各地要充分认识形势的严峻性、复杂性、艰巨性。

（二）要切实防范债务风险。从全省来看，债务风险总体可控，但有些市县债务规模增速过快，有些存量债务通过融资平台取得，融资成本较高，举借方式不尽规范。去年开始，政府债务实施限额管理，各地要在限额内依法举债。市县政府要切实负起主体责任，加快政府债券置换存量债务进度，降低债务成本。加强高风险地区化债工作，明确对债务率超警戒线的市县，不得再新增地方政府债务规模。市县要在3年内消化超标债务，逐步将债务风险控制在警戒线以内。

（三）要从紧从严控制刚性支出。现在，财政保障的范围比较宽泛，如果刚性支出比例越来越高，那么财政的统筹性和引导性就会越来越差。要依法界定财政支出的边界，区分公共性的层次，有保有压。各地要建立合理的支出调整机制，对在高收入增长时期承诺过多等不可持续支出或政策性挂钩支出，要及时压减或取消挂钩；对中央规定的支出形成的增支需求，要切实保障好；如有特殊情况的，必须报省级有关部门统筹平衡后再作调整。

（四）要严控随意新开支出口子。凡是各地、各部门出新政策、开新口子，涉及到财政开支的，在上报有关文件之前，要主动与财政部门沟通商量。各级政府、财政部门要严格按照“量入为出、量力而行、收支平衡”的原则，合理安排财政支出，从严控制新增支出，不得随意新开支出口子，确保财政收支平衡。

四、适应新常态，提高现代财政治理能力，为政府治理体系和治理能力现代化提供有力支撑。

在经济新常态下，财税工作面临着与以往大不相同的环境和挑战，一定要拓宽思路，创新方法，找准问题，深化改革。

各级政府领导要善于“当家”。当前和今后一个时期，经济发展的主要矛盾不在需求侧，而在供给侧，供给侧驱动增长的条件发生了变化，需求侧的政策边际效应递减，结构性矛盾导致全要素生产率增速趋缓。这种形势下，不仅财税体制改革需要消化诸多不利因素，而且要为转变经济发展方式提供新的改革“红利”；不仅要推进供给侧结构性改革，而且亟须探索与新常态相适应的财税调控机制。各级政府领导要当好家，就必须转换思维、创新方式、寻求突破。特别是政府主要领导，要遵循财税工作规律，及时研究财税运行中的新情况、新问题，善于运用财税工具化解重点难点问题，推动经济平稳健康发展。

财税部门要善于“管家”。在新常态下，财税工作又增加了许多新变量，需要对宏观经济运行、产业结构调整、市场预期引导、财税运行规律等有深刻的把握，还要有开阔的视野、善于改革创新的精神和实事求是的作风。要加强对财税工作的调查研究，摸实情、说实话、报实数、做实账，为党委、政府管好家、理好财。要优化财力配置，严肃财经纪律，使有限的财政资金发挥最大的经济效益、社会效益和生态效益。对税务系统来说，要处理好企业减负与依法治税的关系。既要落实好税费优惠政策，帮助企业减负，为实体经济让利，也要依法治税，加强税收风险管理，完善协税护税机制。认真贯彻《深化国税、地税征管体制改革方案》，进一步完善地税征管制度办法，以纳税人为中心，加强征管战略合作，减轻纳税人负担，维护纳税人合法权益。

职能部门要善于“持家”。职能部门是各级政府用财的主体，也是部门预算的主体，一定要好好谋划怎么用财、在哪里用财、如何用好财。要树立“一盘棋”思想，既要算部门的小账，也要算全省和本地的大账。要认真贯彻新预算法，严格执行预算管理规定，加强部门内部财务管理，集中财力、整合资金办大事、办实事。

（2016年1月13日在全省财政地税工作会议上的讲话）

在全省财政地税工作会议上的讲话（摘要）

浙江省财政厅党组书记、厅长、
省地税局局长　钱巨炎

一、2015年财政地税工作和“十二五”成就

2015年，面对复杂严峻的财税经济形势，全省各级财政地税部门在省委、省政府的正确领导下，遵循“促进发展、保障民生、科学理财、加强监管”的理财观，主动适应经济发展新常态，扎实做好“生财、聚财、用财”三篇文章，统筹推进经济社会平稳健康发展。全省一般公共预算收入4809.94亿元，可比增长7.8%；一般公共预算支出6645.98亿元，增长21.1%。全省地税部门组织各项收入6280.2亿元，增长11.3%，其中税收收入3608.8亿元，增长8.4%；社会保险费收入2303.2亿元，增长16.5%。

（一）促进经济平稳增长。认真落实中央和省委、省政府出台的一系列稳增长、调结构、惠民生政策，推动积极财政政策加力增效，提高政策的精准性和实效性，促进全省经济稳中向好、稳中有进。坚持投资拉动，争取并顺利发行地方政府新增债券249亿元、置换债券2294亿元，筹措省级财政性资金182亿元，争取中央基建投资资金56亿元，支持交通基础设施等重大项目建设。全省安排小城市培育资金52亿元，促进新型城镇化。坚持消费带动，优化商务专项资金结构，深入实施“电商换市”工程，加快发展农村电子商务，推进商贸流通领域基础设施建设。

支持推广新能源汽车等节能环保产品。坚持外贸推动，全省安排外贸相关资金28.7亿元，支持企业“走出去”，促进出口增长。积极参与“一带一路”国家战略，支持杭州跨境电子商务综合试验区建设。坚持帮扶企业，落实“营改增”等结构性减税和普遍性降费政策，开展涉企收费专项清理，减轻企业负担超150亿元。大力实施小微企业税收优惠政策，覆盖面达100%。积极发挥再担保、政府采购信用融资等政策功能，加快推进股权交易市场建设，缓解融资难、融资贵问题。

（二）推动经济转型升级。强化资金供给和政策保障，推进实施以“浙商回归”、“五水共治”、“三改一拆”、“四换三名”等为主要内容的转型升级组合拳，全面提升经济发展的质量和效益。坚持创新驱动，加大财政科技投入，安排创新强省资金，优化科技资源配置，实施科技成果使用权处置权收益权管理改革，促进科技成果转化。落实企业研发费加计扣除和高新技术企业所得税优惠政策，引导企业加大研发投入，全省研发费加计扣除金额达281.4亿元，高新技术企业所得税优惠金额达96.4亿元。落实固定资产加速折旧扩围新政策。推进青山湖科技城、未来科技城等重大创新平台建设。创新财税政策工具，支持特色小镇建设。发挥城镇土地使用税政策引导作用，助力优质高效企业发展和土地集约节约利用。支持杭州市成功入选全国小微企业创业创新基地示范城市、台州市成为国家级小微企业金融服务改革创新试验区。创新支持方式，全省设立政府产业基金规模728亿元，已到位435亿元，与社会资本合作设立子基金近140支，一级放大逾4倍。投资实体企业（项目）650多个，二级放大逾8倍。同时，获得银行跟贷及承诺跟贷2708亿元。坚持生态建设，全省安排254亿元，支持农村生活污水治理、历史文化村落保护利用、农村垃圾处理试点，打造“美丽乡村”。健全森林生态效益补偿机制，将省级以上生态公益林最低补偿标准提高到30元/亩。实施与污染物排放总量挂钩的财政收费制度。支持嘉兴开展“海绵城市”建设试点。

（三）切实保障改善民生。突出重点，加大投入，持续改善民生，2015年，全省新增财力用于民生支出的比重达72.3%。农业方面，落实各项强农惠农富农政策，推进农业“两区”建设。积极开展农村综合改革示范试点，深化村级公益事业一事一议财政奖补政策运用，全省财政投入34.8亿元，带动社会力量捐助、村集体经济投入和村民筹资筹劳24.2亿元，建成公益事业项目7000多个。教育方面，加强义务教育均衡发展经费保障，小学、初中生均公用经费标准分别提高至650元、850元；完善高校拨款办法，支持省重点高校建设，提升高等教育办学水平和竞争力；实施第二轮学前教育三年行动计划，鼓励普惠性民办幼儿园发展；加快建立职业教育生均经费制度，支持中等职业教育内涵建设和教学改革。文化方面，强化绩效考核，健全公共文化服务体系运行保障机制，促进全省基本公共文化服务标准化、均等化。支持浙江自然博物园等重点工程建设，保障浙江音乐学院建成启用。就业和收入方面，落实积极的就业政策，加大创业担保贷款及创业补助资金支持力度。实施精准扶贫，助力消除“4600元以下”贫困现象。社保方面，完善社会保险制度，职工基本养老保险月人均养老金增加250元，达2750元；城乡居民基本养老保险省定基础养老金从100元增加到120元。积极稳妥推进机关事业单位养老保险和工资制度改革。医疗卫生方面，支持实施“双下沉、两提升”工程，促进城市优质医疗资源下沉和分级诊疗。城乡居民基本医疗保障财政补助标准提高至年人均400元，省财政转移支付最高标准提高至年人均255元，基本公共卫生服务补助标准提高至年人均40元。社会安全方面，深化“平安浙江”建设，建立动态法律援助办案财政保障机制，推进社会力量参与社区矫正工作。支持食品药品安全监督抽检和智慧监管建设。

（四）扎实推进财税改革。提请省政府下发《关于加快建立现代财政制度的意见》，积极构建具有浙江特色、有利于“加快发展、优化生态、改善民生、强化统筹、讲求绩效”的现代财政制度。出台《关于深化财政体制改革的实施意见》，完善省对市县财政体制，进一步调动省、市、县三方积极性。按照“四张清单一张网”建设要求，建立专项资金管理清单动态调整机制；率先建成统一公共支付平台，推进教育、公安、人社等部门和金华、温州等地区上线运行，加快政府非税收入收缴电子化改革步伐。健全政府预算体系，加大资金统筹力度。改进预算控制方式，探索跨年度预算平衡机制，推动中期财政规划管理。全面试编权责发生制政府综合财务报告。积极推广运用政府和社会资本合作（PPP）模式，向社会发布两批推荐项目85个，总投资额2348亿元。设立规模为100亿元的基础设施投资（含PPP）基金，支持重大公共基础设施和PPP项目建设。推进政府购买服务改革扩面试点，筛选出典型项目23个。深化财税审批制度改革，全省地税系统仅保留一项税务行政许可。开展管理会计应用及会计从业资格证书“网上申请、快递送达”试点，协同工商等部门实施“五证合一、一照一码”登记制度改革。

（五）依法加强财税管理。认真贯彻《预算法》和财税法律法规，严肃财经纪律。规范地方政府举债融资机制，实行债务限额管理和预算管理。盘活存量资金超过1000亿元，用于增加公共服务供给以及亟需资金支持的重大领域和项目。提请省政府出台《省级行政事业单位公款竞争性存放管理暂行办法》，会同省人行出台《省级预算单位银行账户管理暂行办法》，规范公款竞争性存放。实施财政资金动态监控，推进财政政策绩效评价和反不当支付的实践应用。加强政府采购管理，探索建立与互联网、现代信息技术相融合的政府采购市场模式。贯彻加强税收征管保障工作意见，建立法院民事执行与地税税费征缴协作机制，大力推动税收共治。加强风险管理，抓好大企业税收风险监管。优化纳税服务，浙江地税荣获全国地税系统纳税人满意度调查第一名。

（六）着力提升队伍素质。扎实开展“三严三实”专题教育，学习领会“三严三实”的内涵和要求，进一步丰富“实、稳、优”财税核心价值理念，切实做到严以修身、严以律己、严以用权，实实在在谋事创业做人。认真履行党风廉政建设主体责任，支持驻厅纪检组履行监督责任。组织开展党章党规党纪轮训，深入学习贯彻《中国共产党廉洁自律准则》《中国共产党纪律处分条例》，进一步增强党规党纪意识，营造风清气正、敢于担当的政务环境和工作氛围，提升财税干部队伍的凝聚力和战斗力。

2015年是"十二五"收官之年，我们全面完成了年初确定的各项目标任务，为"十二五"划上了圆满的句号。五年来，我们紧紧围绕省委、省政府中心工作，锐意改革、不断创新，财税事业取得显著成就。

一是财政综合实力进一步增强。我们坚持财税与经济协调互动，大力培植财源，加强收入征管，做大做优财政"蛋糕"。2015年全省一般公共预算收入、一般公共预算支出分别为2010年的1.84倍和2.07倍，增加2202亿元、3440亿元，年均增幅为13.0%和15.7%。一般公共预算收入占财政总收入的比重为56.3%，比2010年提高3个百分点，税收收入占一般公共预算收入的比重同口径为92.4%，继续位居全国前列。全省地税系统组织各项收入为2010年的1.88倍，增加2948亿元，年均增幅为13.5%。财政收支规模进一步壮大、结构进一步优化、质量进一步提升，为经济社会发展提供了坚实的物质基础和财力保障。

二是宏观调控作用进一步彰显。我们坚持市场化导向，正确处理政府和市场的关系，明晰公共财政运行边界，将市场配置资源的决定性作用和更好发挥政府作用有机结合起来，主动适应、引领经济发展新常态。一方面，实施积极的财政政策，从供给和需求两端发力，宏观和微观多措并举，"输血"和减负并重，提升经济发展的质量和效益。另一方面，创新财政支持经济发展方式，大力推广政府产业基金等市场化运作模式，吸引带动社会资本增加投入，充分发挥财政资金"四两拨千斤"的杠杆作用，激发市场主体活力，助力稳增长、调结构、促转型。

三是民生保障水平进一步提升。我们坚持公共财政理念，积极参与民生政策的顶层设计，守住底线、突出重点、完善制度、引导预期，推动树立个人努力、各方合理承担责任、勤劳致富的科学民生理念，城乡居民的幸福感和获得感大大增强。各项民生支出持续增长，全省科技支出由2010年的121亿元增长到2015年的251亿元，教育支出由607亿元增长到1265亿元，农业支出由290亿元增长到738亿元，文化支出由77亿元增长到165亿元，医疗卫生支出由248亿元增长到485亿元，社保和就业支出由206亿元增长到542亿元，年均增幅分别为15.6%、15.8%、20.5%、16.5%、14.4%、21.3%。

四是财税体制机制进一步完善。我们坚持改革创新，不断深化财税体制改革，探索建立具有浙江特色的现代财政制度，充分发挥财政作为国家治理的基础和重要支柱的作用。建立健全全口径政府预算体系，实现预算一个"盘子"、收入一个"笼子"、支出一个"口子"。建立专项资金管理清单，以清单的方式管权、管钱、管事。实施专项性一般转移支付和竞争性分配改革，以因素和绩效主导资金分配。创新公共服务供给方式，大力推广政府和社会资本合作(PPP)、政府购买服务等模式，提高公共服务供给质量和效率。推进税收现代化、信息化建设，健全税源管理机制，加强重点税源监控和税收风险管理，打造具有浙江特色的现代化征管体系。推进综合治税，实现了与16个部门的涉税信息共享。

五是财税监管和服务能力进一步加强。我们坚持法治化导向，认真落实财税法律法规，全面提升财税管理水平。深化"三位一体"组织体系改革，建立预算编制、执行、监督相互分离、相互制衡的工作机制。加强地方政府债务管理，有效防范财政金融风险。落实《税收征管规范》《纳税服务规范》《国地税合作工作规范》，促进税收管理和服务公开统一。优化纳税服务，打通服务纳税人的"最后一纳米"。开展纳税信用评价和税收专项检查，落实税收违法"黑名单"制度，加强部门联合惩戒。推进内控机制信息化建设，实施绩效管理。加快数字财政和《浙江地税信息系统龙版》建设，为财税管理信息化、智能化提供技术支撑。

在肯定成绩的同时，我们也清醒地认识到，财税工作还存在一些困难和问题，主要是预算执行不够规范、支出进度有待加快，部分专项资金整合不够到位、绩效有待提高，少数部门预决算公开程度不够细化、完整；征管体制改革后，面临地方主体税种缺乏、征管机制转型、征管对象和征收模式的较大变化，在组织收入工作中面临稳定增长和涵养税源的两难等。对这些问题，我们要高度重视，通过转变理念、深化改革、完善制度、加强管理等一系列行之有效的措施，切实加以解决。

二、以五大发展理念引领"十三五"财政地税工作

十八届五中全会提出了创新、协调、绿色、开放、共享五大发展理念，省委十三届八次全会明确了高水平全面建成小康社会的目标。全国财政工作会议、国家税务总局有关会议详细部署了下一阶段财税工作。我们要认真学习领会，并用以指导实际工作。

第一，要牢牢把握五大发展理念的新内涵。五大发展理念是适应我国国情和时代特点的重大创新，是高水平全面建成小康社会的重要引领和指挥棒。践行五大发展理念，离不开财税的支撑、保障和引导，同时也对更好发挥财税职能作用提出了新的更高的要求。这些年来，全省各级财税部门在党委、政府领导下，围绕五大发展理念作了一些探索和尝试。创新发展方面，我们设立了政府产业基金，大力支持创业创新，优化科技资源配置，推动建设科创大平台，运用财税政策支持培育高新技术产业；协调发展方面，我们建立区域统筹发展激励奖补政策，不断下沉财力，缩小区域发展和城乡发展差距。2015年，发达及较发达市县与财力困难市县人均财政支出比率缩小为1.05：1，城乡居民收入比降到2左右；绿色发展方面，我们首创生态环保财力转移支付制度，建立了具有浙江特色的生态环保补偿机制，并在全国率先开展排污权有偿使用和交易试点，有效践行了"绿水青山就是金山银山"理念；开放发展方面，我们积极参与"一带一路"和长江经济带建设，推动舟山群岛新区和海洋经济发展，支

持“义新欧”班列常态化运行;共享发展方面,我们持续加大民生投入,连续多年将新增财力的三分之二以上安排用于民生,基本公共服务均等化水平位列全国前茅。我们要继续按照“干在实处永无止境、走在前列要谋新篇”的要求,花大力气推动破解重点难点问题,将五大发展理念体现到生财、聚财、用财的各个方面、各个环节。

第二,要牢牢把握财税新常态的大逻辑。新常态下,经济结构调整优化、发展动力转换等趋势性变化会持续一段时间,一些潜在的不确定性风险,如金融风险、地方债务风险、房地产风险等将逐渐显现,对此,我们必须坚持底线思维,保持战略定力,主动破除与新常态不相适应的思维方式和路径依赖,以新思维、新方法、新状态来积极应对。未来几年,财税收支形势不容乐观。从收入看,国家着力推动供给侧结构性改革,进一步实施减税降费政策,并推动营改增全面扩围,政策性减收压力很大。国地税征管体系调整的过程也有可能导致管理性减收。同时,土地出让收入持续下降,经过多轮清理,能够盘活动用的财政存量资金也不断减少。从支出看,财政支出刚性增长的趋势没有改变,稳增长、调结构、惠民生、防风险等增支需求仍然较大,支出结构僵化、财政资金使用效益不高等问题依然突出,中长期支出压力很大。部分市县会出现平衡困难、资金链紧张等情况。对此,各地财税部门要有清醒认识,要给党委、政府当好参谋,按照“一要吃饭、二要建设”的原则,分清轻重缓急,着力调整支出结构,确保经常性预算不留缺口,平衡好预算盘子。

当前,要尤其关注社保的可持续性问题。我省 60 岁以上老年人口占比已达 20%,而且还将以每年一个百分点的速度递增,职工养老保险赡养比已从 2011 年的 5.9 下降到 2015 年的 3.1。随着近几年来连续扩面提标,社保基金收支形势日益严峻,支付风险加速显现。据初步统计,今年全省职工基本养老保险将首次出现当期收支缺口。各地要按照精算平衡的原则,未雨绸缪,建立健全风险防范机制。

第三,要牢牢把握结构性改革的新要求。过去为应对经济下行压力,政府部门习惯于从需求侧发力,通过扩张性的财政政策和货币政策来扩大总需求,此举刺激了经济的增长,但也带来了产能过剩、杠杆过高、有效供给不足等“后遗症”。供给侧结构性改革从改革创新、提质增效、简政放权、放松管制等方面入手,全面实施去产能、去库存、去杠杆、降成本、补短板五大任务,着力夯实基础、练好“内功”,稳定市场预期,优化资源配置,提高全要素生产率和有效供给水平。财税政策是宏观调控的重要工具,也是实施结构性改革的重要手段,必须顺应结构性改革的要求,坚持供需两侧共同发力,切实增强经济持续健康发展的内生动力。

第四,要牢牢把握财税改革的新任务。财政部和国家税务总局明确了下一阶段财税改革重点任务。财政体制方面,中央将推进事权和支出责任划分改革,适度加强中央事权和支出责任,完善并择机出台央地收入划分过渡方案,健全财政转移支付同农业转移人口市民化挂钩机制。税收征管方面,国家出台了国、地税征管体制改革方案,明确理顺国、地税征管职责划分,创新纳税服务机制,转变征收管理方式。同时将稳步推进“营改增”、个人所得税、消费税、环保税等一系列改革。预算管理方面,完善全面规范、公开透明的现代预算制度,加大预算统筹力度,实行中期财政规划管理,全面推进预算绩效管理。社保改革方面,完善养老保险顶层设计总体方案,坚持精算平衡,建立更加简易、透明的制度,进一步健全多缴多得、长缴多得的激励约束机制,建立合理分担、可持续的医保筹资机制。这些改革涉及面广、利益调整幅度大,我们要密切关注,提前谋划,积极稳妥地推进实施。

面对新形势、新问题和新任务,我们要加大改革创新力度,强化制度供给、政策供给、资金供给和服务供给,科学谋划“十三五”时期财政地税工作,为高水平全面建成小康社会打好基础。

一是着力在制度供给上下功夫。科学的财税制度安排有利于引导经济资源和生产要素合理有序流动,优化资源配置,实现公平和效率的统一。2015 年底,省政府下发了《关于加快建立现代财政制度的意见》,要求到 2020 年基本建立具有浙江特色的现代财政制度。这是解决财税制度供给问题的纲领性文件。《意见》明确,着力推动创新发展,建立高新技术产业地方税收增量返还财政奖励政策和第三产业地方税收收入增长奖补政策,鼓励市县大力发展高新技术产业、第三产业等创业创新型经济;着力推动协调发展,优化转移支付地区分类分档体系,建立换档激励奖补机制。完善省级转移支付制度,提高一般性转移支付比重,2017 年达到 60%以上。实施区域统筹发展收入激励政策,完善市对所辖县(市)年度财政补助奖励政策,鼓励其加大对所辖县(市)的投入;着力推动绿色发展,扩大生态环境财政奖惩实施范围,继续实施生态环保财力转移支付制度、与污染物排放总量挂钩财政收费制度、省级重点生态功能区建设示范财政政策,落实淳安等 26 县发展实绩考核办法;着力推动共享发展,树立全社会共推民生发展的理念,强化“政府主导、各方共担”的多渠道民生保障机制,充分发挥市场机制、社会管理和个人能动的积极作用。这些制度的实施主体是各级政府,作为政府的管家,财税部门要深入学习领会,算好账、理好财,真正将财税制度的导向作用体现到党委、政府的施政理念中去。

二是着力在政策供给上下功夫。围绕“宏观政策要稳”的要求,保持财税政策的稳定性、延续性和协同性,稳定市场预期,避免为追求高增长或数字比拼,违背市场规律,出台刺激经济短期增长、损害长远发展基础的政策。围绕“微观政策要活”的要求,大力实施简政放权,多用经济手段和市场手段,慎用计划和行政手段,专项资金逐步从竞争性领域退出,营造公平竞争的市场环境。围绕“产业政策要准”的要求,准确定位经济结构性改革方向,聚焦信息经济等 7 大产业,支持实体经济发展。围绕“改革政策要实”的要求,推动财税改革特别是对经济社会发展有重大牵引作用的改革举措落地生根、开花结果,尽快释放改革红利。围绕“社会政策要托底”的要求,坚持尽力而为、量力而行,正确处理经济发展与民生保障的关系,着力补短板、兜底线、保基本,确保民生事业可持续发展。

三是着力在资金供给上下功夫。新常态下,资金供给考验着财税部门当家理财的本领和智慧。第一,要生好财,涵养财源确保可持续。没有收入,就没有支出,这是“源”和“水”的关系。要着眼长远,培育一批符合转型升级方向、可持续发展的财源,做到细水长流,向经济发展要收入;同时,完善现代征管制度,借助高科技手段,提高将税源转化为税收的能力,向管理要收入。第二,要聚好财,集中财力办大事。权力要分散,分权有利于分散风险、科学决策;而资金要集中,集中的财力,就像握紧的拳头,可精准发力,解决重点问题。要加大预算统筹力度,统一预算管理权,逐步将所有预算资金纳入预算统一分配。要整合归并财政专项资金,清理规范重点支出同财政收支或生产总值挂钩事项,大力盘活存量资金,变“零钱”为“整钱”,变“死钱”为“活钱”。第三,要用好财,创新方式提高效益。财政不仅可以通过提供公共服务和公共产品直接增加资金供给,而且通过其引领示范,可成倍带动金融资本、社会资本增加投入,真正起到融通资金的作用。比如,政府产业基金和PPP,可激活民间资本,将政府、银行和民间的资金结合起来,丰富资金供给。再如,存量债务置换,不仅节约了利息支出,优化了期限结构,以时间换空间,而且可引导银行信贷资金支持实体经济。还有,社保基金保值增值运营,不仅拓宽了理财渠道,增加理财收益,而且置换了存量债务,降低了成本,有效控制了风险。这样的例子还有很多,我们要通过制度设计,实现财政资金、金融资本、社会资本的联姻和共赢,为我省经济社会发展提供资金要素保障。

四是着力在服务供给上下功夫。财税部门提供服务的过程就是制度供给、政策供给和资金供给落地实施的过程。要服务好大局,围绕省委、省政府中心工作,将财税资源向党委政府关心、社会公众关注、有利于促进经济社会持续健康发展的领域集聚,重点支持转型升级组合拳及民生保障等关键领域。要服务好部门,进一步优化流程、简化手续,加强政策制订过程中的沟通和执行过程中的指导帮助。要服务好基层,深入开展调查研究,切实解决基层最突出、最迫切的问题。要服务好企业,甘当“店小二”,把满足企业的合法合理需求作为财税服务的出发点和落脚点。要服务好社会公众,提供优质高效的公共产品和公共服务,让城乡居民更加公平地共享改革发展成果。

三、扎实做好2016年财政地税重点工作

2016年是实施“十三五”规划的开局之年,也是财税体制改革的攻坚之年。全省财政地税工作的总体要求是:认真贯彻党的十八大、十八届三中、四中、五中全会和省委十三届历次全会精神,以“五大发展理念”为引领,以“八八战略”为总纲,全面落实党中央、国务院和省委、省政府的决策部署,遵循“促进发展、保障民生、科学理财、加强监管”的理财观,扎实做好“生财、聚财、用财”三篇文章。落实积极的财政政策,促进经济发展方式转变,提高经济发展的质量和效益;深化财税体制改革,加快构建具有浙江特色的现代财政制度和现代化税收征管体系;依法有为组织收入,为经济发展和民生保障提供可靠财力支撑;积极发挥财税杠杆作用,引导创新驱动和转型升级;加大财政资金统筹力度,优化支出结构,着力改善民生,从严控制一般性支出;加强地方政府债务管理,有效防范财政金融风险。

2016年全省和省级一般公共预算收入预期5166.8亿元、373.9亿元,可比增长7.0%和5.0%;拟安排全省和省级一般公共预算支出6166亿元、532亿元,可比增长6.5%和5.0%。

围绕上述目标,我们将重点做好以下工作:

(一)继续抓好增收节支工作。2016年财税收支形势严峻,预算平衡难度大。各地要保持清醒认识,运用底线思维抓好增收节支各项工作。收入方面,一是严格依法治税。2016年是经济结构性调整的攻坚期,地区间收入分化将更加明显,我们更要增强法治意识,既防止有税不收,又坚决制止收“过头税”。要加强执法督察和过错责任追究,增强对重点岗位和关键环节的监督制约。探索税收争议解决机制。加强事中事后监管,完善随机抽查机制,落实好重点税源企业五年轮查一遍的要求,加大下查一级力度,严厉打击偷逃税,维护税收刚性。二是深化税费风险管理。夯实税源分析监控基础性工作,立足重点行业、税种和地区等,加强对风险点的分析排查,积极堵漏增收。完善大企业风险分析应对机制。加强税种管理,重点抓好营业税、企业所得税征管工作。夯实社保费征管基础,平稳推进机关事业单位工作人员养老保险征收工作。三是推进信息管税。深化部门信息共享,提升第三方信息增值利用水平。推进国地税征管协作和区域税收征管协作。依托“大数据”开展经济税收分析,进一步发挥地税部门决策参谋作用。支出方面,要坚持有保有压,重点保障民生支出,大力推进交通等重大基础设施建设,提高我省基本公共服务水平。各地要按照“可持续、保基本”的原则,建立合理的支出调整机制,严格控制民生支出提标幅度。对于目前支出水平已高于省定标准的,暂缓提标;对擅自提高支出标准的,要追究领导责任,并承担相应的支出责任;对一些不合理的支出或政策环境发生变化的支出,要压减或取消;对过高的承诺,该适度降低的要下决心降到合理水平。2016年,国家层面将继续适当提高企业和机关事业单位退休人员基本养老金、机关事业单位在职人员基本工资、城乡居民基本医疗保险财政补助等标准,对这些增支因素,要预留好资金。同时,要继续严格控制“三公”经费等行政性支出和一般性支出。

(二)进一步深化财税体制改革。认真落实省政府《关于加快建立现代财政制度的意见》,推进各项改革顺利实施。一是落实新一轮省对市县财政体制。合理划分政府间事权与支出责任,逐步建立事权与支出责任相适应的制度。二是完善预算管理制度。推进政府预算体系建设,将政府所有收入和支出全部纳入预算管理。加快完善预算支出定额和标准体系,改进基本支出预算编制。进一步细化政府预决算公开内容,扩大部门预决算公开范围。三是加大财政资金统筹力度。从2016年1月1日起,将水土保持补偿费等5项政府性基金转列一般公共预

算。加大国有资本经营预算调入一般公共预算力度,强化统筹安排。四是深化专项资金管理改革。深入推进专项性一般转移支付和竞争性分配改革,完善专项资金管理清单动态调整机制,并向社会公开。改革先确定专项总额再安排具体项目的办法,加大专项资金整合力度。从2016年起,省级财政专项转移支付明确到地区和项目,并向省人代会报告。市、县(市)政府要逐步取消由本级财力安排的部门财政专项资金,基本支出以外的支出需求都按规定编制项目预算。五是稳步推进政府综合财务报告制度改革,系统分析政府的财务状况、运行成本和财政中长期可持续发展水平。六是进一步盘活财政存量资金。建立健全财政存量资金与预算安排统筹结合的机制,加大督查问责力度。加强财政资金安全管理,合理调度好库款,稳步推进国库现金管理。七是深化政府购买服务改革,聚焦公共服务和民生热点,加大试点扩面力度。八是贯彻落实深化国、地税征管体制改革方案,提振精气神,保持定力、积极作为,健全完善地税征管制度办法,科学谋划国、地税在信息共享、数据应用、加强征管和整合服务等方面的合作。同时,做好"营改增"等重大税制改革实施准备工作。九是加强会计信息大数据管理,健全完善会计信用体系,建立信息失真惩诫制度,确保会计信息真实完整。十是按照省委、省政府有关车改工作会议精神,重点做好车改经费保障、车辆处置、公务交通补贴与差旅费制度衔接等工作。

(三)加快政府产业基金实质性运作。2015年,我省政府产业基金工作实现破题并取得实质性进展,工作机制不断完善,项目对接顺利推进。但同时也存在地区间不够平衡、管理体系不够健全、专业管理机构和管理人才缺乏、政府和社会资本利益诉求出现偏差等问题。对此,要建立健全产业基金的绩效评价制度和激励约束机制,抓紧研究制定产业基金退出办法。同时,加快搭建服务平台,引进和培养基金管理人才,规范基金运作模式和操作规程,确保政府产业基金在市场化运作的基础上更好发挥政策导向作用。

(四)稳步推进社保基金保值增值工作。社保基金运作的主要目的,是在确保基金安全运行的前提下,搭建基金和政府负债之间的融通"桥梁",既普遍提高基金平均收益水平,又降低政府债务成本。我们要按照精算平衡的原则,在保证可持续支付的基础上,推进社保基金置换债务实质性运作。目前,我们已经草拟了《浙江省社会保险基金保值增值运作管理办法(试行)》,待省政府审批后,印发各地执行。市县要加快研究制定本地区社保基金保值增值运作方案,与省社保基金管理中心做好对接,切实把社保基金运营好、管理好。

(五)积极推广运用政府和社会资本合作(PPP)模式。PPP是公共服务供给机制的创新,也是供给侧结构性改革的重要举措。我省PPP工作取得了一定进展,但仍然有部分地方没有建立有效的工作推进机制。财政部门要积极发挥好牵头和综合协调职能,实施PPP综合奖补政策,加快省基础设施投资(含PPP)基金的运作。要认真开展物有所值评估和财政承受能力论证,结合PPP综合信息平台应用,建立完善项目库,并加大项目推介力度,促进项目落地实施。

(六)切实加强地方政府债务管理。2015年,我省地方政府债务限额是9188.3亿元,债务率为92.9%,全省债务风险总体可控,但是部分市县债务风险过大,有21个市县债务率超过警戒线(100%)。各地要进一步增强风险意识,强化政府债务管理。省级政府对地方政府债务实行不救助的原则,已超过债务率警戒线的市县不得再新增债务,并对高风险地区实施化债计划管理,要求3年内限期化解债务风险,使债务率回到警戒线以内。与此同时,省财政将积极争取中央置换债券和新增债务额度,加快市场化发行进度,市县要积极做好政府债务项目管理和存量债务置换工作,切实降低政府融资成本。继续推进平台公司市场化转型,依法处置或有债务。

(七)按时平稳实现"金税三期"上线。我省是全国"金税三期"最后一批上线单位,国家税务总局要求必须在2016年6月15日开始"双轨运行",8月底前正式"单轨运行"。可以说是时间紧、任务重、要求高,是对全省地税系统战斗力、执行力的一次重大考验。各地要进一步增强使命感和责任感,健全组织机构,明确职责分工,抽调精兵强将,扎实细致做好数据清理、系统初始化、双轨运行、单轨运行等各阶段工作,守住"平稳上线"的底线,对准"保持优势"的目标,努力实现"再次提升"。

(八)完善内控机制。财政部出台了关于加强财政内部控制工作的若干意见,要求各级财政部门在2016年全面完成内控制度建设。各地要按照财政部要求,由主要领导亲自抓,加快建立健全内控制度,聚焦预算管理、资金分配等核心业务环节,强化内部流程控制,防止权力滥用。抓好内控制度的执行,建立有效的风险应对机制。配合"金税三期"全面上线,做好内控软件的推广工作。要强化结果运用,健全问责机制,将内控制度执行情况与奖惩任免等挂钩,全面提升管理成效。

(九)提升财税服务。注重用"互联网+"拓宽服务渠道,立足"大数据"分析纳税人需求,定制有针对性的服务产品,探索开发移动办税平台,研究推广电子缴税和个人涉税信息手机查询,进一步优化网上办税办证体验。加大统一公共支付平台应用扩面力度,为社会公众提供便利。改造升级"12366"语音服务系统,整合提升门户网站、微博、微信、手机报等财税服务和宣传平台。

(十)加强干部队伍建设。继续深化财税文化建设,集聚共识,凝聚人心。充分发挥"三库一平台"作用,着力培养领军人才和专家型人才,提升干部业务能力和水平。研究多措并举调动干部积极性的办法,加大地税干部垂直管理力度,搭建干事创业的平台。落实主体责任,深入贯彻执行《准则》《条例》,坚持抓早抓小,运用好监督执纪"四种形态",明底线、守规矩。加快建立完善督查制度,继续推进"四位一体"的绩效管理体系建设,促进工作落实。

(2016年1月12日)

全省财政工作

全省财税工作

全省财政

【概况】 2015年,浙江省实现生产总值42886亿元,比上年增长8.0%。其中:第一产业增加值1833亿元,第二产业增加值19707亿元,第三产业增加值21347亿元,分别增长1.5%、5.4%和11.3%。全省人均生产总值77644元,增长7.6%。三次产业结构比调整为4.3∶45.9∶49.8。全年固定资产投资26665亿元,增长13.2%;社会消费品零售总额19785亿元,增长10.9%,扣除价格因素,实际增长11.0%。全年货物进出口总额3474亿美元,比上年下降1.1%;其中进口707亿美元,下降12.5%;出口2767亿美元,增长2.3%。当年全省城镇常住居民和农村常住居民人均可支配收入分别为43714元和21125元,增长8.2%和9.0%;城乡居民收入差距缩小到2.07∶1。当年全省霾平均日数53天,全省11个设区城市环境空气PM2.5年均浓度平均为47微克/立方米,比上年下降11.3%。

2015年,全省财政总收入8549.47亿元,增长8.8%;一般公共预算收入4809.94亿元,增长7.8%,其中税收收入4168.22亿元,增长8.2%。全省一般公共预算支出6645.98亿元,增长21.1%。省级一般公共预算收入353.08亿元,增长5.1%;省级一般公共预算支出827.51亿元,增长70.8%。财政总收入占全省生产总值的比重为19.9%。按照现行分税制财政体制和国家有关政策规定计算,全年全省和省级一般公共预算收支平衡。

2015年,全省一般公共预算收入总体行稳质优。全年延续上年以来的平稳增长态势,一季度、上半年、前三季度、全年增幅分别为8.6%、7.5%、8.2%、7.8%,波动幅度较小。从收入结构来看,税收占一般公共预算收入比重继续保持较高水平,收入质量保持较好。主体税种支撑有力,全省增值税、营业税及改征增值税、企业所得税、个人所得税等四大主体税种合计完成2939.10亿元,增长9.6%,对税收收入的增收贡献率为81.6%。从全省国税、地税部门征收的税收(剔除国内消费税、车辆购置税)看,二、三产分别增长7.6%、9.8%,三产增速继续快于二产。其中,制造业、建筑业和批发零售业等基础税源行业对税收的增收贡献率为57.3%,发展速度及增收贡献都较为稳定;信息传输、软件和信息技术服务业、租赁和商务服务业等新兴税源行业虽然体量小,但对税收的增收贡献率为20.7%,呈现增长快、贡献突出、成长性好的特点。区域增长大体均衡,11个设区市中,5市全年增幅高于全省平均,高于或低于全省平均增幅1个百分点内的有6个,全省增长均衡性有所提高,主要得益于信息经济蓬勃发展和房产成交量上升,杭州市一般公共预算收入全年增长9.8%,以占全省25.7%的总量贡献了全省31.7%的增量。

全省政府性基金收入2574.92亿元,下降34.5%,主要受全省土地市场行情低迷,土地出让业务下降幅度较大的影响。全省政府性基金支出2583.82亿元,下降31.2%,主要是国有土地使用权出让收入等土地类收入减少,支出相应减少。省级政府性基金收入111.89亿元,增长0.7%;省级政府性基金支出45.46亿元,增长2.5倍,增加较多,主要安排用于省信息经济创业投资基金。

全省国有资本经营收入50.03亿元,增长95.5%,增长较快,主要是全省国有资本经营预算编制范围扩大。全省国有资本经营支出41.12亿元,增长91.2%。省级国有资本经营收入28.29亿元,增长89.2%;增长较快,主要是省级国有资本经营预算编制企业从34家扩大到70家以及部分行业利润收入增长较快。省级国有资本经营支出21.94亿元,增长82.1%。

全省社会保险基金收入3232.08亿元,增长18.5%;全省社会保险基金支出2590.91亿元,增长23.3%。收支相抵,本年收支结余641.17亿元。省级社会保险基金收入170.09亿元,增长20.7%;省级社会保险基金支出113.95亿元,增长30.4%。

【增收节支增强财政综合实力】 加强税收征管。坚持财税与经济协调互动,大力培植财源,做大做优财政收入"蛋糕"。会同相关部门推进"营改增"试点改革,跟踪分析改革对全省经济和财政收入的影响。贯彻加强税收征管保障工作意见,建立法院民事执行与地税税费征缴协作机制,推动税收共治。推进税收现代化、信息化建设,健全税源管理机制,加强重点税源监控和税收风险管理,打造具有浙江特色的现代税收征管体系。

提升财政收入质量。当年全省一般公共预算收入占财政总收入的比重为56.3%,一般公共预算收入中税收收入占比92.4%,收入结构保持良好。同时争取中央财政政策和资金支持,扩大政府可用财力。

健全政府非税收入管理体系。加快推进政府非税收入收缴电子化改革,建设政务服务网推进统一公共支付平台,打造"互联网+政务服务"新模式。加强土地出让收入、彩票公益金等重点非税收入征收监管。当年全省收缴政府非税收入3450.46亿元。

优化财政支出结构。按照"保基本、兜底线、建机制"原则,不断完善民生投入长效机制。全省新增财力用于民生支出的比重为72.3%,重点保障和支持省政府"十方面实事"和教育、医疗、就业、社保、保障房等民生事业,增强百姓幸福感和获得感。贯彻落实中央和省委关于厉行节约的各项规定,省级一般公共预算拨款安排的"三公"经费支出比2013年下降53.1%。其中:因公出国(境)费0.86亿元,下降28.3%;公务接待费0.47亿元，下降80.4%；公务用车购置及运行费2.00亿元，下降42.9%。

【促进全省经济平稳增长】 保障全省重大战略实施资金需要。落实中央和省委、省政府出台的一系列稳增长、调结构、惠民生政策，推动积极的财政政策加力增效，通过财政杠杆的精准撬动，促进全省经济稳中向好、稳中有进。加快预算支出进度，盘活存量资金逾1000亿元。争取并发行地方政府新增债券249亿元、置换债券2294亿元以及在建项目地方政府债券253.6亿元，优化政府债务结构，降低政府融资成本，支持公益性项目建设。筹措省级财政性资金182亿元，争取中央基建投资资金56亿元，支持交通基础设施等重大项目建设。完善新一轮省级海洋经济发展专项资金的补助政策，筹措落实省海洋经济发展专项资金12亿元，争取中央海洋经济创新发展区域示范专项资金1.33亿元，推进海洋经济发展示范区和舟山群岛新区建设。参与"一带一路"国家战略实施，支持"义新欧"班列常态化运营，推进杭州跨境电子商务综合试验区建设。帮扶企业，落实"营改增"等结构性减税和普遍性降费政策，开展涉企收费专项清理，减轻企业负担超150亿元。实施小微企业税收优惠政策，覆盖面100%。发挥再担保、政府采购信用融资等政策功能，加快推进股权交易市场建设，缓解融资难、融资贵问题。

推动经济转型升级。强化资金供给和政策保障，推进实施以浙商回归、"五水共治""三改一拆""四换三名"等为主要内容的转型升级组合拳，全面提升经济发展的质量和效益。通过清理盘活存量资金和新增公共预算安排，设立200亿元的省产业基金，带动市县政府设立产业基金528亿元，与社会资本合作设立子基金近140支，总规模923亿元，投资实体企业(项目)655个，支持信息经济等7大产业和现代农业发展，促进产业转型升级和大众创业、万众创新。统筹安排工业与信息化发展专项资金13.55亿元(其中战略性新兴产业资金5.40亿元)，支持推进工业与信息化重点领域的发展。筹措落实省财政支持服务业发展相关专项资金2.62亿元，集中资金支持部分市县开展生产性服务业集聚平台建设试点，提升当地产业发展水平。支持实施"电商换市"工程，助力发展农村电子商务，推进商贸流通领域基础设施建设。支持企业"走出去"开拓国际市场，全省安排外贸相关资金28.7亿元，促进外贸出口稳定增长和结构调整。安排资金1.31亿元，用于支持节能降耗相关重点领域的技术改造，淘汰落后产能。省财政安排小城市培育资金15亿元，促进新型城镇化。创新财税政策工具，支持特色小镇建设。加大对农业基础设施建设的投入，以粮食生产功能区和现代农业园区建设为重点，推进现代农业发展。截至年底，累计建成粮食生产功能区7886个、676.74万亩，现代农业综合区107个，主导产业示范区200个，特色农业精品园511个，有效提升农业综合生产能力。加强"五水共治"资金保障，支持防洪水、保供水等重大项目及农田水利等水利项目建设，加快推进防洪排涝能力提升，提高水资源配置能力。

支持推进创新驱动发展战略。全省科学技术支出250.79亿元，增长20.6%。加快创新型省份和国家技术创新工程试点省建设，推进青山湖科技城、未来科技城和嘉兴科技城等重大创新平台建设。支持重大科技专项和科技成果转化项目实施，重点支持战略性新兴产业关键、共性技术研发及国内科技成果转化项目，促进科技成果在生产实践中的推广、应用。落实企业研发费加计扣除和高新技术企业所得税优惠政策，引导企业加大研发投入，全省研发费加计扣除金额281.4亿元，高新技术企业所得税优惠金额96.4亿元。支持杭州市入选全国小微企业创业创新基地示范城市、台州市成为国家级小微企业金融服务改革创新试验区。支持实施领军型创新创业团队和"千人计划"等人才计划，吸引海外高层次人才特别是留学生团队携带科技成果来浙创办科技型企业。坚持省市县联动，推广应用科技创新券，引导和鼓励高校、科研院所、区域行业创新平台等的科研基础设施、大型科学仪器设备以非营利方式向科技型小微企业开放。

助推生态文明建设。践行"绿水青山就是金山银山"的生态发展理念，加大生态文明建设转移支付力度，完善具有浙江特色的生态环保补偿机制。安排省级治水资金98.8亿元，有效治理黑河、臭河，全力推进防洪排涝、城乡供水和污水治理等重点工程建设。争取中央"海绵城市"*建设试点城市专项资金12亿元，支持嘉兴市开展试点，加强城市规划建设管理，修复水生态、涵养水资源，增强城市防涝能力。安排省级生态环保专项资金95.59亿元，推进生态环境整治。安排省级资金9000万元，支持和推进全省生活垃圾分类及垃圾焚烧厂基础设施建设，提高各地生活垃圾分类处理能力。安排省级国土地矿专项资金0.94亿元，支持市县统筹用于国土矿山等环境整治。安排13.78亿元，支持农村生活污水治理，农村垃圾减量化、资源化处理及历史文化村落保护利用，提高美丽乡村建设水平。支持生态公益林建设和管护，完善森林生态效益补偿制度，省级以上生态公益林最低补偿标准提高到30元/亩·年，完成生态公益林扩面工作，新增省级生态公益林516.89万亩。支持雾霾治理，筹措落实大气治理资金6.5亿元，淘汰全省燃煤小锅炉、黄标车，对治理工业有机废气、清洁土壤、清洁水源等方面给予补助。安排省级可再生能源发展专项资金1.8亿元，争取中央金太阳示范补助资金14.81亿元，支持可再生能源健康发展，推动全省光伏发电规模化应用。

【保障和改善民生】 推进城乡协调发展。按照精准扶贫、精准脱贫的要求和省委、省政府新一轮扶贫工作统一部署，支持实施低收入农户收入倍增计划、山区经济发展和新一轮重点欠发达县特别扶持政策，重点支持农村扶贫开发、特色产业、基本公共服务等三类项目建设，助力消除"4600元以下"贫困现象，推进淳安等困难区域共建、共享更高水平的全面小康社会。开展农村综合改革示范试点，深化村级公益事业一事一议财政奖补政策运用，全省财政投入34.8亿元，带动社会力量捐助、村集体经济投入和村民筹资筹劳24.2亿元,建成村内公益事业项目7000余个。安排资金4.83亿元支持1.7万户农房改造和172个美丽宜居示范村建设,农村环境面貌持续改善。

支持教育事业发展。全省教育支出1264.93亿元,增长9.1%。全面实施第二轮学前教育三年行动计划,支持扩大普惠性民办学前教育资源,提升学前教育质量。健全义务教育均衡发展经费保障机制,促进城乡义务教育资源均衡配置,小学、初中生均日常公用经费标准分别提高至650元、850元。开展基础教育重点县建设,支持全省11个县(市、区)基础教育薄弱项目建设。推动市、县加快建立职业教育生均经费制度,继续实施中等教育质量提升计划,加快推进中等职业教育内涵建设和教学改革。加快完善学生资助体系,对中等职业教育免学费第三学年财政补助比例由50%提高至100%,高中段国家助学金标准由每生每年1500元提高至2000元。完善高校拨款办法,支持省重点高校建设,提升高等教育办学水平和竞争力。

支持公共文体事业发展。全省文化体育与传媒支出165.38亿元,增长34.2%。加强文化遗产保护传承利用,推进农村文化礼堂、农村应急广播体系建设,实施地方戏曲保护振兴计划,扩大对外文化交流。支持农村电影放映体制改革和欠发达地区多厅影院建设。支持浙江自然博物园等省重大文化设施建设,保障浙江音乐学院建成启用。落实大型体育场馆免费、低收费开放补助政策,支持全民健身事业发展。

支持深化公共医疗卫生改革。全省医疗卫生与计划生育支出485.50亿元,增长11.9%。城乡居民基本医疗保障财政补助标准提高到每人每年400元,省财政转移支付最高标准提高至每人每年255元。基本公共卫生服务经费标准提高到每人每年40元。推进公立医院综合改革,落实公立医院财政补助政策,支持"双下沉、两提升"工程和分级诊疗。提高住院医师规范化培训补助标准至每人每年3万元。探索基层医疗卫生机构补偿机制改革,推进全科签约和分级诊疗服务信息系统建设,支持完善医疗卫生服务体系。支持加强食品药品安全监督抽检,推进食品药品检(监)测能力建设和县级检验检测资源整合,支持食品药品智慧监管建设,着力提升基层食品药品监管能力。

完善社会保障体系。社会保障和就业支出541.69亿元,增长17.5%。企业退休人员基本养老金水平月人均增加250元,达到2750元。完善城乡居民基本养老保险制度,省定基础养老金水平从每月100元增加到120元,并提高缴费补贴标准。建立罕见病医疗保障机制,化解巨额灾难性医疗费用支出风险。加大最低生活保障、医疗救助等社会救助资金的补助力度,提高优抚对象抚恤和生活补助标准,减免残疾人大学生学费和住宿费,健全残疾人康复和托养服务体系,推进实施困境儿童分类保障制度,加大对养老服务体系建设的支持力度。推进机关事业单位养老保险改革。加大创业政策扶持力度,拓宽创业投融资渠道,强化就业创业服务,全力推动大众创业、万众创新。

支持加强社会综合治理。支持"平安浙江"建设。履行经费保障职责,将流动人口服务管理工作经费、平安建设、综治工作、维护稳定、安全生产监督经费等纳入同级财政预算,省财政下达政法奖励性资金24.26亿元,省以下各级财政累计安排平安建设经费39.15亿元,支持"平安浙江"建设工作开展。加大禁毒、反恐和经侦大要案经费投入,完善公安协辅警队伍经费保障机制,重新修订出台《浙江省政法经费保障绩效考核办法》,对省级政法转移支付资金实行滚动预算管理,提前下达政法转移支付资金。

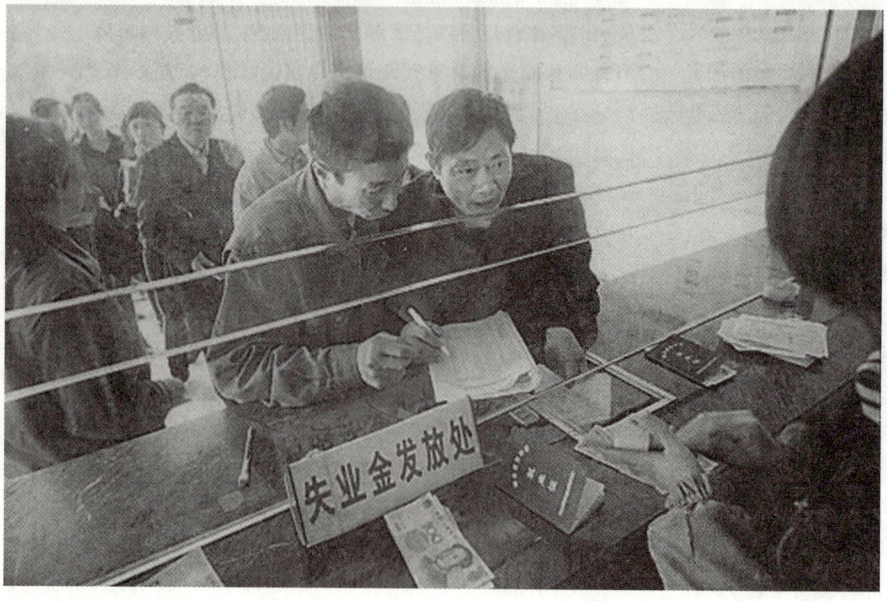

领取失业金

【推进各项财政改革】 完善制度建设。提请省政府下发《关于加快建立现代财政制度的意见》,践行创新、协调、绿色、开放、共享的发展理念,构建具有浙江特色、有利于"加快发展、优化生态、改善民生、强化统筹、讲求绩效"的现代财政制度。

完善财政体制。出台《关于深化财政体制改革的实施意见》,完善新一轮省对市县财政体制,坚持"强化主体责任、促进财力均衡、推动区域发展"的原则,推进省与市县事权和支出责任划分,优化转移支付分档体系,建立高新技术产业地方税收增量返还奖励政策,优化收入激励奖补政策和区域统筹发展激励奖补政策,调动省、市、县三方积极性。2015年,省对市县转移支付(不含宁波)1379.39亿元,发达及较发达县(市)与财政困难县(市)人均财政支出比率为1.05∶1。

强化预算管理。健全政府预算体系,加大政府性基金预算、国有资本经营预算调入一般公共预算的统筹力度。改进预算控制方式,探索跨年度预算平衡机制,推动中期财政规划管理。强化法制意识,增强对预算的遵从度。深化国库集中支付制度与公务卡改革,推进国库集中支付电子化管理,提高资金覆盖面和公务卡使用率。提请省政府出台《省级行政事业单位公款竞争性存放管理暂行办法》,会同有关部门出台《省级预算单位银行账户管理暂行办法》,规范公款竞争性存放。推进法治建设,深化财政行政审批制度改革,规范行政执法行为,防范执法风险。按照"四张清单一张网"*建设要求,建立专项资金管理清单动态调整机制,修订完善专项资金管理办法,遵循"一个部门整合归并为一个转移支付项目,一个专项制定一个管理办法"的原则,规范资金分配程序。全面试编权责发生制政府综合财务报告。推进政府预决算信息和"三公"经费公开,进一步细化内容,打造"阳光财政"。

创新财政提供公共服务方式。推广运用政府和社会资本合作(PPP)模式,向社会发布推荐项目85个,总投资额2347.6亿元,其中杭州市地铁5号线一期等9个项目列入财政部示范项目。加大政府购买服务力度,启动实施政府购买服务指导目录,推进政府购买服务改革扩面试点,筛选出典型项目23个。

【提高财政监管水平】 加强财政监督管理。加强监督检查力度,开展盘活财政存量资金、政府和部门预决算信息公开、省级部门决算报表、会计师事务所执业质量等检查,严肃财经纪律,规范财经行为。组织98个省级部门的183个项目实施绩效自评,选择海洋经济和渔业新兴产业等5项支农政策,以全省上下联动的形式开展政策评价,逐步构建全过程、系统化财政监督运行机制。严把财政项目资金审核关,当年审核各类财政项目321个,审核金额61.62亿元,净核减7.41亿元,核减率为12.0%。完善行政事业单位国有资产管理制度,实现国有资产全过程监管。加强乡镇财政管理,推进乡镇公共财政服务平台建设,实现乡镇财政资金就地就近监管。加快推进数字财政建设,提升财政信息化水平。深化政府采购制度改革,完善政府采购制度建设,加快推进网上超市等政府采购新模式,坚持以信息化促进规范化,提高政府采购效率。开展管理会计应用及会计从业资格证书"网上申请、快递送达"试点,协同工商等部门实施"五证合一、一照一码"登记制度改革。

构建政府性债务监管机制。按照疏堵结合、"开前门、堵后门、筑围墙"的改革思路,建立规范的地方政府举债融资机制,对地方政府债务实行限额管理和预算管理,控制和化解地方政府债务风险。组织开展全省地方政府存量债务清理甄别工作,为将政府债务分类纳入全口径预算管理奠定基础。向中央争取地方政府债券,有效化解到期偿债的压力和风险,大大降低政府债务成本,优化政府债务期限结构。依法启动地方政府债务限额管理,2015年全省地方政府债务限额9188.3亿元,地方政府债务率为92.9%,低于警戒线,地方政府债务风险总体可控。

【着力提升队伍素质】 深化作风建设,提升干部综合能力。开展"三严三实"专题教育,领会"三严三实"的内涵和要求,丰富"实、稳、优"财税核心价值理念,切实增强践行"三严三实"要求的思想自觉和行动自觉。落实好中央八项规定和省委28条办法,紧盯"四风"新形式、新动向。完善干部选拔调配机制,加强干部监督管理。创新培训形式,围绕财政工作热点,举办各类干部培训班和财政干部讲坛,突出教育培训的实用性、针对性。

加强廉政建设。履行党风廉政建设主体责任,支持驻厅纪检组履行监督责任。学习贯彻《中国共产党廉洁自律准则》《中国共产党纪律处分条例》,强化广大干部职工廉洁自律意识,看齐道德"高线",守住纪律"底线",营造风清气正、敢于担当的政务环境和工作氛围。 (省财政厅供稿 盛滢婷执笔)

注:

*"海绵城市":指城市能够像海绵一样,在适应环境变化和应对自然灾害等方面具有良好的"弹性"。

*"四张清单一张网":即政府权力清单、责任清单、企业投资负面清单、财政专项资金管理清单和浙江政务服务网。

全省国税

【完成税收收入】 2015年,浙江省国税总收入完成5283.7亿元,增长0.7%,增收36.2亿元;国税部门组织收入完成4530.4亿元,增长8.9%,增收368.7亿元,完成年度收入预期的100.5%,其中:中央级收入完成3299.5亿元,增长9.2%,完成年度收入预期的100.1%;办理出口退税2100.6亿元,增长13.3%。当年全省国税组织收入额在全国31个省、市、自治区排名第5位,列广东、北京、上海、江苏4省市之后。

从收入速度分析,季增幅稳中向好,年增幅与地方经济增长相匹配。全省国税收入全年呈现季增幅"稳中有进、稳中向好"态势,1~4季度累计增幅分别为7.3%、8.4%、8.5%和8.9%。从年增幅来看,在经济下行压力较大的情况下,全省税收增幅处于近年较低点。从与全国比较来看,浙江国税收入增幅比全国平均增长率(7.5%)高出1.4个百分点,居全国31个省市区第9位。

从收入结构分析,现代服务业发展快,逐步形成"新动力"。2015年,全省信息技术服务业、租赁与商务服务业和金融业等现代服务业国税收入分别增长35.7%、20.4%和11.1%;第三产业国税收入为1582.8亿元,同比增长11.5%,高于全省税收增幅2.6个百分点,占全省税收的34.9%,较上年提高0.8个百分点。

从地域差别分析,各市收入差距大,增速出现"新变化"。税源结构的不同,加剧了地区间税收增长不均衡。宁波市、杭州市、嘉兴市国税收入分别为1252.50亿元、1218.10亿元和391.60亿元;衢州市、丽水市和舟山市国税收入均在100亿元以下。国税收入增速由往年的"大的稳、小的快"变为近年的"大的快、小的缓"。规模最大的甬杭嘉三地国税收入增速位居全省前三位,分别增长13.1%、8.5%和9.8%;规模较小的衢州市、丽水市和舟山市国税收入分别增长4.1%、4.7%和4.9%,均低于全省平均水平。

从增长因素分析,税源增长压力大,税收政策带来"新增长"。2015年经济处于中高速增长区间,结构性减税政策陆续出台,税收稳定增长的压力越来越大。部分现代服务业等新兴产业发展、资本市场保持兴旺等是税收增长的重要因素。成品油和卷烟消费税税率调高、向税务总局申请免抵调库指标等政策因素,也是浙江国税收入增长的重要原因。政策因素合计约增收158亿元,在全省增收额的占比超过四成,拉动全省国税收入增长3.8个百分点。

【全面落实各项税收政策】 2015年,全省国税系统办理各类减免退税669.5亿元,其中办理各类支持高新技术税收优惠221.6亿元,办理支持小微企业发展的各类税收优惠69.8亿元,惠及小微纳税人204.6万户,办理节能环保税收优惠37.3亿元,改善民生税收优惠34.8亿元,支持文化教育体育税收优惠11.6亿元。办理出口退税2100.6亿元,出口退税规模位居全国第三,列广东和江苏之后(剔除免抵调库后直接退税1578.3亿元,位居全国第二,列广东之后);固定资产增值税进项税额抵扣282.9亿元。

【构建新的税收法治系统】 深入推进行政审批制度改革,取消和下放审批事项,除保留7项税务行政许可审批事项外,非行政许可审批事项已全部取消。坚持放管结合,加强后续管理,实现取消审批与日常征管的无缝衔接。全面构建执法风险防控机制,建立税收执法风险库,推行基层单位税收执法风险管理信息系统,健全风险教育、识别、评估、控制机制,实现对执法风险的主动防控。规范税收执法行为,全面实施清单管理,编制税收执法权力清单、责任清单。

【提升税收征管质效】 全省国税系统围绕"两提高、两降低"(即"提高工作效率、提高服务水平、降低公务支出、降低行政成本")的工作目标,税收征管质量和效率不断提高。落实《全国税收征管规范》《全国税务机关出口退(免)税管理工作规范》《国家税务局 地方税务局合作工作规范》,推进税收征管工作标准化、规范化。税源专业化管理日趋深化,有效加强重点税源风险管理有效加强,实行"省局统一分析、分类分级应对"的管理模式,应用重点税源管理信息系统进行风险分析识别和等级排序。提高信息化水平,全面实现各大核心业务系统的省级集中,推行网络发票综合应用,推广增值税发票系统升级版及电子发票。加强信息系统开发应用,提升信息化基础保障水平,确保网络与信息安全。

【优化纳税服务】 构建纳税服务绩效评价体系,开发应用纳税服务绩效管理信息系统,引入纳税人和社会公众等外部评价主体,实现对纳税服务绩效的科学考评。推进纳税服务平台建设,实现全省主要办税服务厅标准化规范化"全覆盖"。推行涉税事项"同城通办",推广办税"免填单"服务,拓展自助办税项目,提升大企业个性化服务水平。加强网站管理,推行网上办税。维护纳税人合法权益,落实纳税服务投诉处理与争议协调制度,畅通纳税人需求征集渠道。推进税收信用体系建设,联合地税部门开展纳税信用等级评定。与多家银行开展"银税互动"活动,2015年共有1916户小微企业通过银税合作项目获得信用贷款59.55亿元。

【惩治税收违法行为】 加大大案要案查处力度,加强税收专项检查和专项整治,打击发票违法犯罪活动和出口骗税行为。全年全省查处涉税款在百万元以上案件120件,查补收入4.66亿元,受理税收违法检举线索1721件,立案查处1045件,查补收入4.18亿元。查处了如杭州钢材市场虚开发票案、义乌"2·26"企业走逃案等一批金额巨大、性质严重的大案要案,为国家挽回税收损失。

实施税收违法黑名单制度。与省发改委、省财政厅、人民银行等21个部门联系会商,推动联合转发《关于对重大税收违法案件当事人实施联合惩戒措施的合作备忘录》,强化合作和联合惩戒。当年全省向社会公布重大税收违法案件信息35件,通过"信用浙江"平台公开发布,由中国人民银行杭州支行、省出入境检验检疫局、省国土资源厅等多部门对违法当事人实施联合惩戒。

(省国税局供稿 王 伟执笔)

全省地税

【概况】 2015年,全省地税部门坚持依法治税,聚力"稳增长""促发展",做到"生财有道""聚财有方",实现了地税收入持续平稳增长。全年全省地税部门共组织各项收入6280.2亿元,同比增收635.2亿元,增长11.3%。其中:税收收入3608.8亿元,同比增收279.3亿元,增长8.4%;非税收入2671.3亿元,同比增收355.9亿元,增长15.4%。

【收入分析】 经济税收协调发展,税收增长稳中向好。2015年全省GDP增长8%,结合物价因素,全年税收收入增幅(8.4%)略高于经济增长,实现经济税收基本同步。税收增长总体平稳,四个季度税收分别增长6.8%、6.5%、10.9%、10.8%,保持了稳中有进的态势。

制造业探底回升,房地产业温和回暖。2015年,全省制造业税收增长9.1%,在2014年同期较高基数(12.8%)的基础上仍实现平缓增长,对全部税收的增长贡献率为20.4%。以季度为单位看,制造业税收前两个季度平稳增长,经三季度探底后在四季度迅速回升,趋势向上。这主要得益于房地产销量上升和土地市场复苏,房地产业税收增幅在3月降至历史低位后,5月重回正增长,11月、12月有所回落。2015年房地产业税收入库976.6亿元,增长3.9%,对全部税收的增长贡献率为13.2%,其中,反映房产市场销售状况的房地产业营业税增长19.0%。

信息技术业税收增势强劲,金融业税收增势良好。得益于全省信息经济的快速发展,2015年全省信息技术业税收增长20.8%,增速远快于总体税收,成为新的增长动力。2015年金融业税收增长10.0%,主要是因为证券期货交易市场较为活跃,实现了两位数的增幅,增长贡献率为16.1%。

主税种分化较为明显,社保费收入快速增长。2015年,营业税、企业所得税、个人所得税分别增长10.6%、-2.6%、22.2%。营业税受房地产市场回暖影响回升较快,企业所得税大幅回落主要是受企业利润增速回落和上年高基数(20.0%)的影响,个人所得税快速增长主要有两方面原因:一是工资薪金收入水平提高及加强对高收入者税收管理;二是重点企业股权转让、行权等较多。全年社保费累计入库2303.2亿元,增长16.5%,其中受失地农民补缴、企业扩面等影响,养老保险费增长20.2%。

【服务经济社会发展】 落实省委省政府重大决策部署。充分发挥税收职能作用,助力"五水共治""四换三名"、浙商回归、市场主体转型升级等全省重要战略部署加快实施,推进七大产业加快发展。全力支持"四个全面"(全面建成小康社会样板区、全面深化改革先行区、全面深化法制建设示范区和全面从严治党标杆区)战略布局试点(浦江)县建设,成立专门协调小组,推出地方水利建设基金减免管理改革等11条具体举措,并全部落实到位。加强对于特色小镇以及工业大市大县大企业大市场的税收调研和政策服务工作,推动转型升级。持续助推"个转企",全年共为1.5万户纳税人办理"个转企"变更税务登记手续,减免相关税费1.6亿元;联合省国税局、省工商局开展"深入推进'个转企'百日专项行动",公平企业和个体户税收负担。对接推动长江经济带发展专题工作部署,加强地区间税收合作。加强"走出去"企业的税收服务,帮助浙商抓住"一带一路"战略契机,实现跨国发展。做好全省农村土地制度改革试点的税收政策服务工作,深入义乌、德清等试点县(市)调研,提供决策建议。

推动经济转型和社会治理。落实省政府要求,指导各地开展调整城镇土地使用税政策促进土地集约节约利用,全省累计盘活存量和收储土地14万亩,较好地起到了扶持优质高效企业和促进企业集约节约利用土地的作用。加强出租房税收征管,完善并推广个人房屋出租税收征管软件,强化和公安等部门协作,构建综合治税工作机制,推进"以房管人"。

落实税费优惠政策减轻市场主体负担。落实好各项税费优惠政策,重点加大对结构调整、科技创新、小微企业、促进消费、保障民生等方面的税收政策支持和落实力度,2015年全省地税系统减免相关税费570.8亿元。重点落实好针对小微企业的税收优惠,减免小微企业所得税、营业税19.4亿元,优惠享受面100%。支持企业主体创业创新,落实好企业研发费加计扣除和高新技术企业所得税优惠政策,引导企业加大研发投入,全省地税系统研发费加计扣除金额97.5亿元,高新技术企业所得税优惠金额37.4亿元;落实固定资产加速折旧扩围新政策,全省2196户企业享受政策金额9910万元。

【推进各项改革】 推进审批制度改革。以自身权力的"减法"实现市场活力的"乘法",充分激发企业活力。全省地税系统仅保留税务行政许可1项,并严格实行清单管理;全面取消非行政许可审批事项。加强事中事后监管,把取消和下放行政审批事项的后续管理工作融入到日常税收征管工作之中,做到有机结合、无缝衔接。

开展商事制度改革。联合工商等部门创新"五证合一、一照一码"登记制度改革,以方便纳税人为原则,简化登记流程。截至2015年12月底,全省地税系统共确认"五证合一、一照一码"新办企业51207户,比上年同期增长19.1%。2015年年底全省税务登记总户数430万户,较上年底增长9.7%。

【强化税收法治】 切实践行依法治税。根据"责任清单"依法履职,依法征税、依法减免,落实税收执法责任制。守住"权力清单"边界,完善内控机制建设。制定专门办法规范进户执法行为,防止"多头执法""重复检查",保护纳税人合法权益。推动地税与政府、社会共同依法治税,推动税收征管保障立法工作。推进税收信用体系建设,开展税收违法"黑名单"联合惩戒工作,提高纳税人依法纳税意识和税法遵从度。全面落实国家税务总局《税收征管规范》《纳税服务规范》《国地税合作工作规范》,促进税收管理和服务公开统一。

发挥税务稽查职能。推进税收专项检查,开展发票违法查处工作,加强对重点税源企业的常规性抽查,做好涉税检举的专案检查工作,稽查规范执法持续推进。2015年,全省各级稽查局共查补各项收入28.3亿元,稽查案件查结率95.7%,稽查选案准确率94.4%,查补收入入库率96.3%,查处大要案284件。

【加强税费管理】 提升税收管理水平。推进税收风险管理,完善工作机制,统筹向各地推送风险应对任务,全省地税系统共推送风险应对纳税人64.3万户次,确认有风险纳税人54.8万户次,通过风险管理增收税费50.7亿元。开展对房地产业、建筑业、金融业、住宿餐饮业、居民服务、其他服务业等"营改增"行业和医药(制造、批发零售)相关行业以及部分重点企业的专项纳税评估,查找征管工作异常点和薄弱点,对已经纳入"营改增"的纳税人,做好后续管理工作。在全省范围内开展营业税专项辅导清理,清欠堵漏,夯实基数。强化高收入者个人所得税征管,全面做好12万元以上自行纳税申报管理以及省级行政事业单位个人所得税全员明细申报,重点做好股权转让所得及境外上市企业个人股票转让税收征管,2015年,全省股权转让个人所得税52.1亿元,同比增收23亿元,增长79%。强化土地增值税管理,规范清算流程。继续做好存量房评估工作,2015年通过评估调增存量房交易税款15.2亿元。加强契税和耕地占用税管理,立足土地市场变化,做好两税收入分析和动态监控。

夯实社保费征管基础。加强社保费年度结算,落实失业、工伤、生育保险费费率调整政策,做好机关事业单位工作人员养老保险费征收准备;开展社保费征管情况年度调查,夯实缴费基数。

全面深化信息管税。依托省政府办公厅印发的《关于加强税收征管保障工作的意见》,推进部门涉税信息共享,在省一级层面实现与法院、工商、公安等17个部门的信息共享;持续优化完善《浙江地税信息系统·龙版》平台功能,加强数据管理,全省通过税收征管协作和第三方信息比对增收逾百亿元,促进纳税公平。

【转变工作作风】 开展"三严三实"专题教育。开设专题党课暨专题教育动员会,将专题教育与实际工作有机结合。省地税局领导带队赴全省各地基层调研,深入一线听取企业和基层单位的意见建议。继续推进内控机制信息化建设,完善廉政风险防控功能,探索建立风险预警核查和问责机制。

持续优化纳税服务。拓展办税渠道,推行网上办税,纳税人"足不出户"便可完成税款缴纳全过程。优化税收政策宣传服务,通过政务微信、微博、地税网站、电视、纸媒、12366热线等平台,以及"纳税人学校""地税服务直通车"等载体打造全天候、全覆盖、立体式的宣传服务网络,让纳税人第一时间了解税收政策、第一时间用好税收政策。依托《浙江地税信息系统·龙版》,分析纳税人个性化需求,做到精准服务、及时响应;科学排查税收风险点,做到主动推送、及时提醒,帮助纳税人减少违法风险。开展"税银互动"守信激励合作,促进纳税信用与银行征信增值利用,着力缓解中小微企业融资难、融资贵问题,2015年,通过"税银互动"发放信用贷款59.3亿元,惠及企业1853户,其中:向小微企业发放信用贷款24.7亿元,惠及相关企业1655户;解决就业人数2.3万人。在国家税务总局委托第三方开展的2015年纳税人满意度专项调查中,浙江地税获全国地税系统第一名。

(省地税局供稿 夏文俊执笔)

附表:

2015年浙江省地税组织收入情况统计

单位:万元

项目	累计入库	上年同期	同比增长%	项目	累计入库	上年同期	同比增长%
税务部门组织的收入	62801608	56449404	11.25	13. 契税	2433703	2670910	-8.88
一、税收收入	36088257	33295195	8.39	二、非税收入	26713351	23154209	15.37
1. 营业税	12013328	10863053	10.59	1. 教育费附加	1311347	1203766	8.94
2. 企业所得税	5066064	5200533	-2.59	2. 文化事业建设费	11899	13521	-12.00
3. 个人所得税	6643365	5438345	22.16	3. 社保基金收入	23031957	19764088	16.53
4. 资源税	115259	93013	23.92	其中:(1)养老保险基金	14745775	12267344	20.20
5. 土地使用税	1328558	1210420	9.76	(2)医疗保险基金	5998970	5228991	14.73
6. 城建税	2825198	2542482	11.12	(3)失业保险基金	840486	992034	-15.28
7. 印花税	707271	617698	14.50	(4)工伤保险基金	533554	455546	17.12
8. 土地增值税	2101604	2057220	2.16	(5)生育保险基金	369821	304165	21.59
9. 房产税	1799810	1584305	13.60	4. 地方水利建设基金	1155463	1065369	8.46
10. 车船税	429551	384576	11.69	5. 地方教育附加	875699	793467	10.36
11. 烟叶税	131	229	-42.79	6. 残疾人就业保障金	310667	289886	7.17
12. 耕地占用税	624415	632412	-1.26				

财政分项工作

财政总预算及地方预算

【概况】 2015年，浙江省财政预算工作遵循“促进发展、保障民生、科学理财、加强监管”的理财观，积极发挥职能作用，做好“生财、聚财、用财”三篇文章，求真务实，开拓创新，深化财政预算改革，完善财政体制政策，加强地方政府性债务管理，预算工作实现平稳健康持续发展。2015年，全省一般公共预算收入4809.53亿元，增长7.8%；全省一般公共预算支出6648.09亿元，增长21.1%。省级一般公共预算收入352.70亿元，增长5.0%；省级一般公共预算支出827.51亿元，增长70.8%。按照现行分税制财政体制和国家有关政策规定计算，全年全省、省级一般公共预算收支平衡。

【学习贯彻新《预算法》】 2015年1月1日起，新《预算法》正式施行，为更好落实执行，加强新《预算法》培训，对财政系统干部、省级部门相关人员、地方政府领导、人大、审计工作人员等开展大范围的新《预算法》培训，提高贯彻实施新《预算法》的自觉性和主动性。同时，在预算编制、预算公开、预算执行等各项工作中按新法要求推进落实。

【研究起草现代财政制度文件】 践行创新、协调、绿色、开放、共享的发展理念，强化统筹、加强引导和优化完善的创新改革思路，起草并提请省政府下发《关于加快建立现代财政制度的意见》，要求各地、各部门根据党的十八大关于全面深化改革的战略部署和党的十八届三中全会关于深化财税体制改革的目标任务，加快建立具有浙江特色的现代财政制度，促进全省经济可持续发展、民生可持续改善、生态可持续优化。

【完善省对市县财政体制】 研究起草新一轮省对市县财政体制，下发《关于深化财政体制改革的实施意见》。新一轮财政体制坚持“强化主体责任、促进财力均衡、推动区域发展”的原则，重点是进一步理顺省与市县事权和支出责任划分，优化转移支付分档体系，建立高新技术产业地方税收增量返还奖励政策，优化收入激励奖补政策，优化区域统筹发展激励奖补政策，促进全省经济社会和生态文明更好更快发展。

【加强财政收支管理】 关注全省各地收入走势，加强宏观经济监测和重点行业税源潜力分析，研判全年收入规模，制定组织收入预案，把握时间进度，促进收入平稳增长。优化财政支出结构，加大民生等重点投入，当年全省新增财力用于民生支出的比重为72.3%。其中，全省财政用于科技、教育、农业、文化、医疗卫生、社会保障和就业支出分别增长20.6%、9.1%、6.8%、34.2%、11.9%、17.5%。严格控制一般性支出，当年省级财政拨款安排的“三公”经费支出比2013年下降53.1%。

【编制审核预算】 编制全省和省级总预算。编制完成《关于浙江省2014年全省和省级财政预算执行情况及2015年全省和省级财政预算草案的报告》，在省十二届人大三次会议上顺利通过。细化全口径预算编报，将省级预算草案细化到项级科目，并在预算草案中增加预算平衡及转移支付相关内容。编制、审核省级部门预算。做好2015年部门预算编制审核工作，编制完成报送人代会的《浙江省2015年省级部门预算（草案）》，97个省级部门的部门预算提交省十二届人大三次会议审查并通过。研究提出省级政府预算及重点项目资金安排建议。起草呈省长、省政府常务会议、省委财经领导小组的《关于2015年省级政府预算及重点项目资金安排的汇报》。编制完成2015年省级预算调整方案。落实稳增长、调结构、促改革、惠民生有关政策要求，盘活财政存量资金用于增加公共服务供给以及需财政资金支持的重大领域和项目，根据《预算法》规定和中央盘活财政存量资金工作要求，编制完成《2015年省级调入预算稳定调节基金预算调整方案》，并于5月27日按预算调整审批程序报经省十二届人大常委会第二十次会议表决批准。

【推进预决算信息公开】 推进政府预决算和“三公”经费公开。2月13日，省财政厅向社会公开经人代会审查批准的《关于2014年全省和省级预算执行情况及2015年全省和省级预算草案的报告》及有关预算表，同日公开2015年省本级“三公”经费预算汇总情况。6月15日，向社会公开经浙江省十二届人大常委会第二十次会议审议通过的《2015年省级调入预算稳定调节基金预算调整方案的报告》。10月12日，向社会公开经浙江省十二届人大常委会第二十三次会议审议通过的《浙江省2014年财政总决算和省级财政决算的报告》及有关表格，同日公开2014年省级“三公”经费决算汇总情况。推进省级部门预算公开。除涉密信息外，省级所有使用财政资金的部门均按时公开本部门预算。3月4日起，除涉密单位、中央单位及部分企业集团外，省级部门陆续开展部门预算公开工作。10月，根据决算批复情况，及时布置省级部门开展2014年度决算公开工作，细化公开方案。推进专项资金信息公开。在浙江政务服务网上公开2015年省级专项资金清单，包括省级政府部门预算专项和转移支付专项。推进并指导市县及时开展财政预决算信息公开。当年全省10个地市（不含宁波）及所辖79个县（市、区）均已公开本级政府总预算、总决算，并不同程度公开了本级“三公”经费预决算汇总情况、本级部门预决算及部门“三公”经费预决算情况。

【盘活财政存量资金】 贯彻落实盘活存量资金的各项措施。结合实际，规范结转结余清理收回程序。配合财政部做好财政存量资金专项检查，建立健全盘活存量资金长效机制，做好同级财政收回存量资金工作。拟定省级盘活存量资金具体方案，根据中央有关规定补充预算稳定调节基金226亿元，补充后省级预算稳定调节基金规模达到306亿元。盘活存量资金安排项目支出329亿元。清理盘活并安排项目支出后，省级预算周转金规模32亿元，为2015年省级调整后财政支出的3.9%，省级预算稳定调节基金余额38亿元，为2015年省级调整后财政支出的4.6%，均达到财政部规定要求。同时，加强财政地税系统存量资金管理，压缩结转结余资金。

【推进专项资金管理改革】 建立专项资金管理清单动态调整机制。根据中央财税体制改革要求，围绕省委、省政府重点工作，按照“有保有压”的原则，调整完善2015年省级专项资金清单，优化专项资金结构，清单内容在浙江政务服务网上公开。修订完善专项资金管理办法。按照“一个部门整合归并为一个转移支付项目，一个专项制定一个管理办法”的原则，修订完善转移支付专项资金管理办法，规范资金分配程序，54个转移支付专项资金均已制定管理办法。加快预算执行进度。按照新《预算法》和专项资金管理办法要求，加快执行进度，指导督促省级部门在规定的时间内尽早下达资金，使财政资金及时、有效地发挥稳增长、调结构、促转型的作用。做好全过程管理信息公开。开发专项资金管理信息发布软件，并做好浙江政务服务网接入以及主管部门信息发布设置等各项准备工作。代拟并提请省政府办公厅发布《关于做好财政专项资金管理清单全过程信息网上公开工作的通知》，明确主管部门和财政部门的职责，要求及时公开相关信息，充分发挥财政专项资金管理清单平台的作用。凡属于专项资金全过程管理的信息，在相关文件正式发文后15个工作日内公开，并建立健全信息动态调整机制。加强指导督促。按照省政府相关要求，对财政专项资金管理信息网上公开工作进行指导和督促检查。

【落实财政体制政策】 完成2014年度省与市县财政年终结算。兑现地方财政税收收入增长奖补、区域统筹发展激励奖补、重点生态功能区示范区建设试点、海洋经济发展、小城市培育试点等专项资金政策，引导和支持各地加快经济发展，促进经济结构调整和产业转型升级。做好县级基本财力保障转移支付、均衡性转移支付、生态环保财力转移支付、财力性专项补助等资金分配，落实重点欠发达县特别扶持政策，保障基层政府实施公共管理、提供基本公共服务以及落实中央和省各项民生政策的基本财力需要，提升基本公共服务均等化水平。2014年度省对市县转移支付1108亿元。研究实施与污染物排放总量挂钩的财政收费制度。为强化各级政府环境保护责任，加大治污减排力度，推进经济转型升级和“两美”浙江建设，研究起草实施方案，报省政府办公厅下发《关于全面推广实施与污染物排放总量挂钩财政收费制度的通知》，在全省各县市实施主要污染物排放财政收费制度。推广生态环境财政奖惩制度。按照省政府推进国家主体功能区建设试点示范的总体部署，2015年将开化、淳安二县实施的生态环境财政奖惩政策推广到庆元、景宁、文成、泰顺县。

【加强地方政府性债务管理】 开展地方政府存量债务债券置换工作。2015年争取地方政府存量债务置换债券额度2294亿元，及时制定分配方案并下达到各市县。分类核实置换债券债务项目，组织各地财政、银行做好财政、债权、债务三方的信息核对工作，为定向承销方式发行地方政府债券做好准备。及时将公开发行的置换债券资金拨付至各市县，减轻地方政府债务到期偿还压力，降低政府债务成本。做好新增地方政府债券各项工作。全年争取新增地方政府债券额度249亿元。及时编制预算调整方案，报经省十二届人大常委会第二十一次会议审查通过，将一般债券收支纳入一般公共预算管理，将专项债券收支纳入政府性基金预算管理。按照因素法制定新增地方政府债券分配方案，统筹考虑各地政府综合财力、债务风险状况、偿债能力等客观因素测算分配地方政府债券额度，对承担国家重点项目工程建设、实施国家战略重点地区及开展重点生态功能示范区建设的地区适当倾斜，并及时下达债券额度，下拨债券资金。督促各地抓紧做好新增地方政府债券资金的项目安排工作，全年新增债券全部依法用于公益性资本支出。做好在建项目后续融资债券有关工作。妥善处理在建项目后续融资需求，向中央争取在建项目后续融资债券额度253.6亿元，全部用于符合国家有关规定的在建公益性项目后续建设。稳妥处理稳增长与防风险之间的关系，拟定在建项目债券分配方案。分配方案经省政府批准后，分配下达市县。债券发行后，及时拨付资金，督促市县抓紧安排支出，切实发挥债券资金使用效益。全面启动地方政府债务限额管理。2015年，依法启动地方政府债务限额管理，地方政府债务限额提交省人大常委会第二十四次会议审议批准，并向社会公开。全年全省地方政府债务限额9188.3亿元，预计地方政府债务率为92.9%，低于警戒线，地方政府债务风险总体可控。对市县地方政府债务实行限额管理和风险预警管理。在批准的全省限额内研究拟定省级和市县债务限额方案，确保市县债务余额不突破债务限额。市县债务限额方案经省政府批准后，及时下达各市县，督促市县做好各地政府债务限额管理各项工作。完善地方政府性债务管理制度。加强政府债务管理制度建设，制定下发地方政府专项债券预算管理办法以及地方政府一般债券预算管理办法，规范政府债券收支预算管理。

（省财政厅总预算局供稿　郭丽丽执笔）

财政税政

【推进“营改增”试点工作】 主动会同省国税局等部门做好“营改增”试点改革跟踪分析工作，牵头分析改革对全省经济和财政的影响。截至12月底,全省共有32.83万户(不含宁波,下同)企业经确认后纳入“营改增”试点范围,其中:一般纳税人6.22万户,小规模纳税人26.61万户。试点企业中一般纳税人90.1%的企业税负减轻,试点小规模纳税人99.9%的企业税负减轻。会同省国税局、省地税局做好“营改增”试点改革的分析预测应对工作,并向财政部反映浙江省的意见建议,确保试点改革的稳步推进。

【争取财政部对浙江省税收政策的支持】 会同金华市向财政部争取设立金义综合保税区,已获国务院批准。会同杭州市向财政部争取跨境电子商务综合试验区税收优惠政策,已正式发文。向财政部争取出台有关减少机动车尾气污染,支持清洁汽油生产的税收政策。财政部表示理解、支持,争取择机研究出台有关政策。

【做好涉税政策调研】 做好资源税费调研工作。联合省地税局对全省资源税的重点企业及水资源费、矿产资源补偿费等征收情况开展调研,详细了解企业资源税费负担情况及企业收费基金情况。

开展农村土地制度改革试点中土地增值税及相关税费情况调研。了解农村土地制度改革试点地区德清县的土地增值税的征收及相关费用情况,集体经营性建设用地取得、流转及相关费用收支情况,国有和集体建设用地涉及的税费等情况。

开展城市公交站场、道路客运站场城镇土地使用税优惠政策调研工作。选取杭州市、衢州市、桐乡市、海宁市、温岭市、开化县为样本,为财政部相关政策实施提供浙江实践依据。

开展耕地占用税立法调研工作。联合省国土厅、省地税局对耕地占用税暂行条例执行情况及征管中存在的问题进行调研,对下一步耕地占用税立法提出建议。

配合财政部做好义乌国际贸易综合试验区税收政策、杭州跨境电子商务综合试验区税收政策及有关消费税政策的调研。

【涉税资格认定】 牵头认定免税资格的非营利组织,当年获得免税资格的非营利组织71户。

配合做好高新技术企业认定工作,2015年省高新技术企业认定管理工作领导小组(由科技厅、省财政厅、省国税局、省地税局组成)认定并通过国家备案的高新技术企业1476户;对之前认定并提交复审申请的高新技术企业进行复审,通过复审并通过国家备案的429户企业继续获得高新技术企业资格至2017年12月31日。

【其他涉税工作】 做好税收优惠政策的统计和规范工作。根据国务院及财政部的要求,发动省级各有关部门及各市做好税收优惠政策的统计规范工作,整理规范税收优惠政策778条。其中,省政府公开发布的涉税条款提出的规范建议102条、省级部门出台的税收优惠政策规范建议133条、各市(除宁波外)税收优惠政策规范建议543条。

做好重点企业税源调查和重点产品国际竞争力调查等工作,完成毛皮服装进出口生产企业的国际竞争力调查,并结合调查做好关税税则税目调整、进出口暂定税率调整建议工作。

推动促成宁波市成为商业健康保险个人所得税试点城市,对宁波市个人购买符合规定的商业健康保险产品的支出,允许在当年(月)计算应纳税所得额时在限额标准内予以扣除。

(省财政厅税政处供稿　项　真执笔)

预算执行

【概况】 2015年,浙江省预算执行管理工作遵循“促进发展、保障民生、科学理财、加强监管”的理财观,主动适应财税工作新常态,初步建立起科学规范、高效透明、运行流畅、安全可控的现代财政国库管理体系。

【完成地方债发行兑付工作】 2015年,浙江省通过招投标和定向承销方式累计发行地方政府债券2796.6亿元,其中浙江省政府债券2243.6亿元,宁波市政府债券553亿元。经过“自发代还”和“自发自还”改革试点,不断完善地方债发行机制,市场化定价机制初步建立,可持续融资机制逐步形成。按时归还地方政府债券本金35亿元(其中浙江省政府债券20亿元、宁波市政府债券15亿元),支付各期地方政府债券利息20.64亿元,维护了“诚信浙江”的优质信誉。

加强业务培训

【规范公款竞争性存放】 提请省政府下发《省级行政事业单位公款竞争性存放管理暂行办法》，要求在确保资金安全和保证支付需要的前提下，省级行政事业单位公款原则上应采取招投标方式，实行竞争性存放，并对公款竞争性存放相关内容作具体规定。会同中国人民银行杭州中心支行修订《省级预算单位银行账户管理暂行办法》，首次明确省级预算单位账户开设应采取招投标方式。

【开展国库现金管理】 联合中国人民银行杭州中心支行开展一期财政资金竞争性存放招投标，招标规模90亿元，其中省级国库资金30亿元，省级专户资金30亿元，杭州市国库资金30亿元。共14家银行中标，中标综合收益率3.987%，净增收益约1.11亿元，其中中标银行承诺向指定公益事业捐款6186.48万元。

【规范财政专户管理】 依托制度建设，做好存量专户核准，严控新增专户，加强专户归口管理。注重督促检查，加大专户撤并力度，有效遏制了财政专户开设过多、过乱问题，财政专户管理规范性显著增强。2015年，县级以上财政部门共撤销财政专户44个，其中省级撤销5个，设区市撤销10个，县（市、区）级撤销29个。

12月，省财政厅分两次组织并委托省采购中心公开招标，通过综合评分法择优确定省本级及龙泉等4个市县共5个世行贷款财政专户、浙江省省级社保基金财政专户，机关事业单位养老保险基金子账户、机关事业单位养老保险基金支出户等7个账户的开户银行。

【推进国库集中支付和公务卡改革】 2015年，全省17836家县级以上预算单位，1138个乡镇的2267家预算单位启动实施国库集中支付改革，覆盖率100%，全省国库集中支付改革资金量4119.63亿元，增长34.8%。全省县级以上预算单位发放公务卡63.56万张，增长14.4%，全省所有市、县（市、区）全部建立公务卡强制结算目录制度，公务卡累计公务消费19.43亿元，乡镇预算单位发放公务卡5.8万张，增长24.5%，公务卡累计公务消费1.5亿元。现金支出规模明显下降，公务支出透明度显著提高，财政监督和监管得到加强，国库集中支付制度成为全省财政财务管理运行的核心基础制度和重要支撑。

【逐步建立资金支出监督机制】 统一审核口径，规范审批流程，完善支付和会计核算办法，定期统计分析，加强对代理银行的业务监管，提高资金使用效率。2015年，省级国库集中支付直接支付业务量13.51万笔，金额403.77亿元；省级集中核算单位授权支付业务量58.75万笔，金额41.17亿元；其他资金业务量9.04万笔，金额57.48亿元。

【完善预算执行动态监控制度】 出台《预算执行局动态监控组监控工作规程》，明确岗位职责，梳理和规范监控业务流程。2015年监控授权支付业务58.75万笔，涉及资金约41.17亿元。确认违规（不规范）支付业务0.31万笔，资金1.99亿元，纠正1.97亿元，纠正率99%。下发通知，建立信息报告制度，督促市县加快推进动态监控运行机制建设。截至当年底，全省63个地区已开展动态监控工作，占比67.0%。9个设区市和53个县（市、区）已实施动态监控，占比分别为90.0%和63.9%，市县监控资金量3142.45亿元，核实违规44.19亿元，违规率1.4%，纠正金额42.39亿元，纠正率95.9%。

【推进权责发生制政府综合财务报告试编工作】 成立权责发生制政府综合财务报告改革领导小组，召开2014年度权责发生制政府综合财务报告试编工作会议，全面部署编制工作。截至年底，全省所有县市区均已开展试编工作。通过试编，加大了对相关难点问题的研究，夯实了报告数据基础，为权责发生制政府综合财务报告制度改革的正式推进探索了道路，积累了经验。

【完善财政决算管理】 做好决算报表编审，完善报表体系，规范工作流程，提升报表质量，推进决算报表批复与编审质量信息反馈，汇编财政统计资料，逐步建立数据反映的长效机制。强化对决算数据的分析利用，及时发现问题和薄弱环节，提高分析水平。制定《2014年度省级部门决算信息公开工作实施方案》，稳妥推进部门决算公开，及时主动回应社会关切，截至年底，省级85个部门公开了2014年度部门决算。

【提高预算执行分析水平】 增强报表的全面性和数据报送的及时性，提升分析质量。加强与统计、税务等相关部门的沟通协作，拓宽信息来源与渠道。创新分析思路和方法，积极开展专题分析，找准问题根源，提出对策建议，获得2014年度全国预算执行分析一等奖，连续9年获此殊荣。

【建立资金安全管理长效机制】 以制度建设为抓手，以规范操作为重点，以完善流程为切入点，筑牢财政资金安全保障线。规范资金拨付规程，完善申拨系统，将财政资金支付流程纳入信息系统管理，建立多角度对账机制，最大程度消除资金安全隐患。健全内控体系，合理设置岗位，明确岗位分工与职责。

【加快预算执行信息化建设步伐】 实现新版国库集中支付系统、预算单位收支执行动态系统和动态监控系统上线运行，实现国库业务全流程的信息化、电子化运行及管理。省级国库实拨业务电子化支付系统上线试运行，启用电子印章和电子凭证。2015年，电子化支付完成拨付1579笔，金额2725.6亿元。

（省财政厅预算执行局供稿　沈　维执笔）

财政综合

【概况】 2015年,浙江财政综合工作围绕中心服务大局,以改革创新为主线,发挥政府非税收入支撑保障引导作用,推进政府购买服务等财政综合三大改革。全年全省收缴政府非税收入3450.46亿元。

【推进政府购买服务改革】 印发《关于明确省级各部门政府购买服务实施办法有关事项的函》,带头并推动各地各部门加快出台政府购买服务实施办法及相关配套政策措施,全省所有设区市均已出台实施办法和指导目录,大部分市县也已出台相关配套制度,全省制度框架体系基本建立。全面启动实施2015年版政府购买服务指导目录,推动修订完善并印发2016年版指导目录,共设置一级目录2类,二级目录22类,三级目录130项,项数比2015年版目录增加一倍。推动建立并运行政府购买服务信息管理系统。制发《关于推进政府购买服务扩面试点工作的通知》,全面部署和推进全省扩面试点工作。开展专题调研,加快推进政府购买服务改革工作,全省筛选出23个政府购买公共服务项目典型经验,分期对此项工作推进情况进行通报督促。2015年全省政府购买服务项目预算资金83.77亿元,其中省本级10.63亿元,截至12月31日,超额完成省政府确定的7亿元目标任务。

【推进政府非税收入制度改革】 自2015年1月1日起,免征民政部门的婚姻登记证书工本费,对小微企业(含个体工商户)免征建设部门的风景名胜区维护管理费、交通部门的货物港务费和引航、移泊费以及新闻出版部门的印刷经营许可证工本费等4项行政事业性收费。自2015年10月15日起,适当降低非住房转让手续费标准,对企业改革、改组、改造过程中办理房产转让手续的予以免收,对免交契税等税费优惠的房产转让项目同时实施免交。由省财政厅牵头的收费改革小组印发《关于开展收费专项清理规范工作的通知》,在全省范围内推进浙江省收费专项清理改革工作。报请省政府出台《省政府办公厅关于深入推进收费清理改革的通知》,取消、免征、降低了一批行政事业性收费和政府性基金,并对强制垄断性的涉企经营服务性收费和行业协会商会涉企收费进行规范。

【推进非税收入收缴电子化改革】 根据省政府"四张清单一张网"总体部署,加大浙江政务服务网统一公共支付平台建设力度。公安部门交警罚款、人社部门公务员报名考试收费、财政部门会计考试收费、教育部门自学考试收费等项目相继接入浙江政务服务网统一公共支付平台,并上线运行。截至2015年底,省公安厅、省财政厅、省教育厅、省人力社保厅和省国土资源厅等5个省级部门试点项目均已投入运行。金华市、温州市等58个市、县(市、区)已接入统一公共支付平台;其余市、县(市、区)已着手启动接入工作。一年来共受理收缴业务约75万笔、收缴资金2亿多元,超额完成省政府年初确定的1亿元工作目标任务。

【强化非税收入收缴管理】 2015年全省实现土地出让收入2084.29亿元,累计从土地出让收入中计提地方农田水利建设资金22.10亿元,教育资金28.12亿元。全省筹集政府住房资金48.06亿元,其中,从土地出让收入(收益)中计提安排用于保障性安居工程建设资金32.86亿元,从住房公积金增值收益中计提廉租住房建设资金10.19亿元,其他政府住房基金收入5.00亿元。省直单位共审批发放职工一性次住房补贴1438人次,审批资金0.49亿元,其中,财政专项补助0.13亿元。2015年全省销售彩票255.79亿元,比上年增长4.4%;筹集彩票公益金69.15亿元,增长3.6%,其中上缴中央34.05亿元,省留用35.10亿元。争取国家支持青少年校外教育事业发展专项彩票公益金7836万元。对各地2014年度用于农业土地开发的土地出让金和农田水利建设资金省级分成收入部分进行清算,共清算两项欠缴资金3437万元。加强海域使用金和无居民海岛使用金的征收管理,贯彻落实国家有关调整海域使用金免缴审批政策,共审批免缴海域使用金1985万元,2015年全省共征收海域使用金9.68亿元(其中上缴中央1.91亿元)。

【发挥政策调控作用】 2015年,浙江省将清理规范后保留的涉企收费,通过建立《浙江省省级设立的行政事业性收费目录清单》和《浙江省省级政府定价的涉企经营服务收费目录清单》两张清单,向社会公布,接受社会各界监督,从源头上规范收费行为。建立收费单位收费情况公示制度,会同省物价局印发《关于取消收费许可证制度加强事中事后监管的通知》和《关于实施行政事业性收费公示报告制度的通知》,自2015年1月1日起,全省统一取消收费许可证制度,建立以收费单位情况和其收支状况年度报告制度为主要内容的事中事后监管制度。建立完善收费政策评估、目录清单及公示制度,强化收费公示工作。各地各部门建立行政事业性收费目录清单制度,通过政府网站对外公布,并动态调整,便于社会监督。制定《浙江省污水处理费征收使用管理办法》,发挥收费政策在经济结构调整、节能减排等方面的政策导向作用。根据《财政部 国家发展改革委关于清理涉及稀土、钨、钼收费基金有关问题的通知》,自2015年5月1日起,将稀土、钨、钼矿产资源补偿费费率降为零。根据《浙江省政府非税收入管理条例》及相关规定,按照成本补偿、统筹调剂以及事权与财力相匹配的原则,调整省广播电视大学开放教育收费、会计考试考务费的资金分成政策。

【严格票据监管】 加强对省级政府非税收入收缴执收单位和代理银行的日常监管,分别对省级各政府非税收入收缴代理银行综合考评等级情况进行通报。2015年省级单位共结报票据3308批次,5102.94万份,结报上缴专户资金168.32亿元,其他资金

245.13亿元。开展政府非税收入和财政票据管理检查工作，组织对部分市县和省级医疗机构2014年度政府非税收入和财政票据使用管理的检查工作。根据《关于浙江省财政票据整合改版工作的通知》要求，编制新版浙江省财政票据目录样本并下发各市县，启动浙江省财政票据整合改版工作。完成2015～2017年度省本级和各市财政票据印刷合同签订工作。组织开展对杭州、金华、衢州三地和省直住房公积金管理中心2014年度有关住房公积金及单位财务管理情况专项检查。督促2013年度被检查地区落实整改情况，规范和加强住房公积金管理。指导和督促全省财政部门开展土地出让收支和耕地保护情况审计发现问题的整改工作，对嘉兴、绍兴两市开展专项督查。对涉及财政部门的审计发现问题整改情况，会同省国土资源厅起草《关于加强土地出让管理工作的通知》，并以省政府名义发布。

（省财政厅综合处[票据中心]供稿　张　静执笔）

会计管理

【概况】 2015年浙江省会计管理工作围绕“转变工作职能，注重会计改革，创新服务方式，提升服务能力”工作目标，逐步从会计事务工作向会计管理改革转变，更好地服务财政中心工作，服务经济社会发展。

【理顺会计管理职能】 根据政府购买服务要求，理顺会计处、会计人员服务中心、注协相关工作职能，建立省财政厅大会计口联席会议制度，构建重大工作协商机制，切实转变服务方式，形成工作合力，提高工作效率。做好会计处、会服中心相关职能的调整工作。推进会计学会、注册会计师协会体制建设。建立学会、协会“大秘书处”，充分发挥学会、协会服务财政中心工作和社会经济发展的合力作用。

【推进管理会计应用试点】 成立浙江省管理会计专家咨询委员会，邀请高等院校、会计中介机构专家，教授级高级会计师、会计领军（后备）人才培训班学员组建浙江省管理会计专家咨询委员会。组织管理会计咨询专家对18家试点企业管理会计应用的实施方案进行评估，对18个管理会计应用试点项目采取书面评审、现场答辩的方式进行中期评估，共同研究和解决试点工作中遇到的困难和问题。评估意见及建议及时反馈相关企业和高等院校项目负责人，调整和完善实施方案，使全省管理会计应用试点工作取得实效。经评估，有8家企业实施方案的执行情况达到优秀标准，优秀率44.4%。浙江省在全国率先开展管理会计应用试点的做法，在《中国会计报》先后作了4次专题报道。

【结合数字财政建设，提升会计服务能力】 根据省政府“四张清单一张网”建设要求，结合会计从业资格证书申领的特点，在与金华市财政局充分协调和沟通的基础上，下发《浙江省财政厅关于开展会计从业资格证书“网上申请、快递送达”试点工作的通知》，决定在金华市本级、婺城区、金东区、金华开发区和义乌市进行试点。优化办证流程和办证软件，提供材料由12项减少至2项，核减率83.3%，网上办证量占全部办证量的63.0%，均远超省政府试点要求。全国首本会计从业资格证书“网上申请、快递送达”于2015年9月6日在金华实现，标志着“互联网+”背景下会计服务工作取得又一阶段性成果。金华市会计从业资格证书“网上申请、快递送达”试点工作，被列为中国财会2015年大事，《中国会计报》和省政府《昨日要情》均进行专题报道。做好会计考试平台与浙江政务服务网对接工作。根据省政务服务网要求，对会计从业资格考试和会计专业技术资格考试报名系统进行升级改造，并于6月将会计考试报名、缴费、办证、继续教育等事项统一并入浙江政务服务网办理，为政务服务网和统一支付平台在大流量环境下的系统运行提供重要的实际数据和检验。全年支付金额达到省政务服务网统一支付平台近一半的资金量，实名认证量占省政务服务网实名认证量的三分之二以上，取得了良好的社会效益。做好与公安部门会计人员基本信息比对，联合各地财政部门对会计人员基本信息不真实、不准确的信息进行检查，调整或注销。对高级会计师以上人员信息，布置各地按市、县（市、区）进行核对，补充调整信息，完善数据库。

【探索会计信用体系建设】 在调研和借鉴省内部分市和兄弟省会计信用体系建设经验的基础上，提出浙江省会计信用体系的建设目标和规划。加强与省级信用体系管理部门的沟通协作，着重从会计人员信用等方面着手，探讨会计人员信用评价指标体系建设，提出从直接的法律惩罚、建立健全会计人员信用数据库和公告制度、全社会多领域应用制度三方面推进会计人员信用评价指标的应用。探索浙江省会计人员信用体系建设的路径与方法，为打造诚信政府服务。

【推进行政事业单位内控规范建设】 及时收集行政事业单位内控规范建设情况、存在问题及改进的措施，会同省审计、人力社保等部门共同研究制订推进行政事业单位内控规范建设的意见，抓住定岗定责、细化风险、控制节点、加强监督、强化问责等关键环节，强化行政事业单位内部流程控制，建立常态化监督机制，防范各类业务风险。下发《加强行政事业单位内控规范工作的通知》，同时下发《行政事业单位内部控制工作基本指引》和《行政事业单位内部控制年度自评报告》，建立与单位之间内控联系机制。

【确保会计类考试安全有序运行】 根据统一领导、分级管理的要求，全面实施会计专业技术初级资格无纸化考试，加强考场选择、技术培训、考试组织等方面的组织协调。继续推进会计从业资格无纸化考试工作，不断改进和完善无纸化考试软件，优化考试流程，加强题库安全保密管理。做好会计专业技术中、高级资格纸质考试组织工作，加强安全保密，打击高科技作弊，确保考试公平、公正。

【加强高端会计人才培养】 加强对全省第三、四期会计人才培训班的管理，加强与承办院校沟通协调，创新培训方式，提高培训绩效。同时要求学员积极参与省会计管理改革工作。做好高级会计师、教授级高级会计师资格评审组织工作。发挥高端会计人才在提升全省会计人员整体素质工作中的引领和促进作用，为全省经济社会发展服务。

【强化中介机构审批监管】 围绕行政审批制度改革，研究会计中介机构由“前置审批”改为“后置审批”后碰到的新问题，出现的新情况，创新工作思路，改进工作方法，依法做好行政审批工作。2015年度审批新设会计师事务所1家、分所8家。截至年末，全省会计师事务所共344家，其中有限责任所181家，普通合伙所161家。特殊普通合伙所2家；分所44家，其中省外事务所在浙设立的分所26家，本省事务所设立的分所18家。做好会计师事务所及其分所的日常监管工作，以年度基本信息报备为抓手，促进注册会计师行业做大做强，实现规范发展。加快全省代理记账机构管理系统建设。

（省财政厅会计处供稿　程少春执笔）

行政政法财政财务管理

【概况】 2015年，浙江省行政政法财政财务管理工作落实行政政法经费保障，确保部门职能履行；优化财政资源配置，推动经济社会和谐发展；完善财政财务制度，提高科学理财水平；深化财政管理改革，探索资金监管新机制。

【完善公务支出管理制度和标准体系】 制定《关于调整浙江省机关工作人员差旅费有关规定的通知》，调整差旅住宿费和公杂费标准，在浙江发布、浙江财政微信平台上及时发布，两个平台浏览量合计超过12万人次。制定《浙江省财政厅关于印发浙江省党政机关会议定点管理实施细则的通知》，对会议定点场所及协议价格的确定、会议定点场所的变动调整、会议定点工作的管理和监督等作了明确规定，编写政策解读，在财政厅门户网站公开。出台《关于规范省直单位走访慰问离退休干部工作的通知》，规范走访慰问老同志的标准和经费来源。

【完善政法经费保障机制】 修订《浙江省公安机关公用经费保障标准的实施意见》，调整公安机关公用经费保障标准，明确2020年完成达标，鼓励有条件的市县提前达标。联合省级部门出台《关于加强和改进公安协辅警队伍建设的意见》，对全省公安部门协辅警实行范围限定、总量控制，明确财政保障政策和个人收入水平。建立动态法律援助办案财政保障机制，降低法律援助门槛，将经济困难认定基准从最低生活保障标准的1.5倍调整为城乡统一适用的最低工资标准；扩大法律援助受案范围，将与民生紧密相关的事项纳入法律援助事项范围，帮助困难群众运用法律手段解决基本生产生活方面的问题。创新社会力量参与社区矫正工作，启动拱墅区、余杭区、桐乡市、德清县、浦江县等5个县级试点；推动社区矫正政府购买服务，全省向社会力量购买社区矫正服务市县数量达59个（11个市、48个县），覆盖率达53.3%，购买服务资金达1500余万元。强化省属监狱系统教育改造绩效考核，鼓励服刑人员参加脱盲、学历及职业技能等各类考试。

【强化政法经费绩效管理】 修订《浙江省政法经费保障绩效考核办法》《浙江省政法经费保障绩效自查与核查评价规范》，组织全省各级财政政法部门600余人进行政法经费绩效考核新办法培训。组织开展全省政法经费保障绩效考核，采取全面自查自评、县级交叉抽查核实和省对市级重点抽查核实的方式进行自查和抽查。加强平安浙江建设考核和政法经费保障绩效考核结果的应用，将平安浙江建设考核结果作为政法经费保障社会效益指标量化计分，政法经费保障绩效考核结果作为政法奖励性资金分配因素权重占到20%，引导基层财政政法工作增强绩效理念。

【实施政法转移支付滚动预算】 2015年全省政法转移支付资金总额按上一年中央补助资金、当年省级转移支付预算加上年滚动预算清算差额安排总数，按“因素法”全部分配下达，比上年提前3个月，政法转移支付资金执行率90%。2015年10月滚动预算扩面，将公安、法院、检察院、司法行政、消防、边防等6部门2016年的转移支付资金按“因素法”全部提前下达，要求全省各地编入同级财政预算和各部门预算，按《预算法》要求实施监管。该做法得到财政部和省政府的高度肯定，《中国财政》杂志专题推广浙江做法，省政府以专报形式报送国务院办公厅。

【法检两院省以下人财物统一管理改革】 根据浙江省司法体制改革总体方案，审查列入试点的22个法院、检察院的试点实施方案，提出修改意见。组织召开全省试点地区财政政法座谈会，及时传达改革精神；邀请财政部和东部地区财政厅来浙介绍司法体制改革经验，推进和完善浙江改革的具体举措。

【支持“平安浙江”建设】 按照省委建设“平安浙江”领导小组工作部署，履行经费保障职责，将流动人口服务管理工作经费、平安建设、综治工作、维护稳定、安全生产监督经费等纳入同级财政预算，全省省以下各级财政部门累计安排“平安浙江”建设经费39.15亿元，较上年增长13.9%。省本级将平安建设和社会管理创新资金从1800万元增加到2100万元。

【支持“人才强省”建设】 实施人才投资优先保证的财政政策，筹措落实海外高层次人才引进专项资金，大力引进海外创业创新人才，对入选国家和省"千人计划""海鸥计划"的海外高层次人才给予奖励，如期发放217名到岗高层次人才奖励资金2.05亿元。安排882万元，资助90位特级专家参加国内外相关学术交流活动和培养接班人才。下达"希望之光"计划专项资金740万元，选派"希望之光"专家团队到泰顺、磐安等8个加快发展县开展试点工作。安排1.29亿元，鼓励大学生村官扎根基层创新创业。继续实施高校毕业生"三支一扶"计划，与大学生村官补助标准并轨。

【支持"质量强省"建设】 联动推进质量强省、标准强省、品牌强省、浙江制造等"三强一制造"战略实施，全年安排经费1.45亿元，推动制订修订国际标准、国家标准和行业标准111项，以先进标准落实技改资金2.19亿元。重点保障质量强省的目标体系及评价指标体系构建、标准化示范项目建设、标准研制评估、国家电商质量管理标准化技术委员会建设落户、标准化战略规划和课题研究以及节能环保、交通运输、智能制造等八大种类"浙江制造"认证试点等，推进质量强省、品牌强省和标准强省建设。

【支持"旅游强省"建设】 贯彻落实省委、省政府关于加快发展现代服务业和培育旅游业成为万亿产业的决策部署，安排省旅游发展专项资金1.17亿元，比上年增加1100万元，增长10.4%，重点用于保障"诗画浙江"品牌宣传推广活动。将红色旅游引导资金整合并入省旅游发展补助及贴息专项资金，实行"因素法"分配，重点支持地方旅游厕所、旅游服务中心、停车场等旅游公共服务基础配套设施建设，编制旅游发展规划，促进旅游综合改革和旅游业转型升级。

【完善转移支付资金管理办法】 按一个部门一项转移支付资金，一项资金一个管理办法的要求，制订《浙江省地税系统税务业务专项经费管理办法》《浙江省少数民族发展专项资金管理办法》《浙江省青少年发展专项资金管理办法》《浙江省农村党员干部教育专项资金管理办法》《浙江省革命遗址保护专项资金等使用管理办法》等五个办法，扩大了"因素法"分配范围。

【开展重点课题调查研究】 参与财政部行政政法司跨部门涉案财物集中管理平台课题研究，组织财政财务、政法业务与信息技术人员多方研究讨论，所提合理建议被中央政法委和财政部采纳。

（省财政厅政法处供稿 何小康执笔）

教科文财政财务管理

【概况】 2015年，浙江省教科文财政工作围绕落实新《预算法》与《浙江省中长期教育改革和发展规划纲要》的要求，安排省级教育支出146.36亿元，同口径比上年增长11.9%，保证教育投入数量、完善教育投入结构、提高教育投入效益。贯彻落实省委十三届三次全会精神，安排科技支出25.47亿元，比上年增长7.1%，支持科技创新与发展。安排文化支出24.03亿元，同口径增长7.9%，促进加快构建现代公共文化服务体系。

【支持基础教育快速发展】 全面实施第二轮学前三年行动计划，支持扩大普惠性民办学前教育资源，推动各地出台认定和扶持普惠性民办幼儿园实施办法，建立生均经费制度，加快政府购买服务机制的建立。建立健全义务教育均衡发展经费保障机制，完善城乡义务教育资源均衡配置。城乡义务教育阶段学校生均日常公用经费基准定额提高40元，即年生均日常公用经费小学650元、初中850元。支持开展基础教育重点县建设，对全省基础教育相对薄弱的11个县（市、区），下达资金6.6亿元，用于基础教育薄弱项目建设，缩小地区间、校际间差距，提高均衡化水平和教育的整体发展水平。

【支持高中段教育改革创新】 推动县（市）加快建立职业教育生均经费制度。继续实施中等教育质量提升计划，加快推进中等职业教育内涵建设和教学改革。适应高考改革需要，推进普通高中课程改革发展建设，研究高中经费保障政策。

【推进高等教育发展】 完善省属高校财政保障制度。健全省属高校拨款制度，构建科学的定额体系，建立健全绩效指标体系，逐步加大绩效拨款比例。启动实施省重点高校建设，提高高等教育办学水平。加快推进高校分类改革和自主权改革。

【加快完善学生资助体系】 加大资助力度，从2015年春季学期起，将义务教育学生营养餐标准提高至每人每天5元（即每生每年1000元），省财政每年补助1.68亿元，比上年增加约4400万元。根据财政部要求，对中等职业教育免学费第三学年财政补助比例由50%提高至100%。

【助推创新驱动发展】 参与科技体制机制改革，健全和完善助推创新驱动发展的财政投入机制。继续安排科技型中小企业扶持发展专项资金，促进科技金融结合，落实对市县政府设立的种子基金、天使投资基金等配套和奖补政策，对市县设立各类基金和争取的国家项目按规定给予配套或绩效补助，引导市县政府（包括高新园区）加大对科技型中小企业发展的扶持力度，通过创业企业孵化、培育小微企业，优化科技型中小企业创新及融资环境。

【优化科技资源配置】 整合优化科技专项资金，减少专项数量，提高单个专项支持额度，重点保障省委全面实施创新驱动发展战略重大举措及省政府已明确政策的重点任务和重点支出。贯彻落实浙江省出台的改进和加强财政科研项目和资金管理的实施意见，调整优化财政资金对基础研究、应用研究、成果转化和产业化等创新链各环节的配置结构。优化资源配置方式，综合运用无偿资助、风险投资等多种投入方式，促进科技成果向现实生产力转化。

【加强科技专项资金监督管理】 2015年出台《浙江省知识产权保护与管理专项资金办法》《浙江省自然科学基金竞争性分配管理办法》《浙江省公益技术与政策科学（软科学）应用研究专项资金竞争性分配管理办法》《关于印发浙江省社会科学规划课题专项资金竞争性分配管理办法的通知》；完善科技项目经费管理，加强项目立项过程监管和项目信息公开，优化管理流程，强调项目实施绩效。做好预算执行前期准备工作，推进科技专项资金的优化整合和项目库建设，促进科技部门项目评审前移，按要求提前编制单位预算，加快项目资金执行进度。

【促进科学技术普及工作】 支持省科技馆、中国杭州低碳科技馆等7家科技馆实施免费开放及流动科技馆巡展活动。支持省级院士工作站建设，补助37家省级院士工作站1850万元，完成“十二五”期间建设100家省级工作站的目标。支持科技协会学会能力提升，服务全省企业科技创新工作。

【推动实施基本公共文化服务提升】 安排基本公共文化服务重点市县扶持专项资金，促进全省基本公共文化服务标准化、均等化和城乡一体化发展。推进浙江音乐学院建设，落实下达2015年度建设资金和开办费；安排浙江小百花艺术中心、浙江自然博物院、中国丝绸博物馆改扩建等省级重大文化设施年度建设经费，并利用地方债解决浙江小百花艺术中心建设工程自筹资金缺口问题。支持农村文化礼堂、农村应急广播体系建设，探索改革农村电影放映模式。安排落实浙江省对外文化交流专项资金，支持传统戏曲、交响乐、博物馆衍生产品、影视等文化产业和文化服务走出去，扩大对外文化交流。

【强化文化财政资金管理】 出台《浙江省文化遗产保护专项资金管理办法》，采用因素法下达浙江省文化遗产保护专项资金，支持省级以上重点文物、可移动文物和省级以上非物质文化遗产保护；贯彻落实《浙江省传统戏剧保护振兴计划》，安排专项资金保护56个濒危剧种。出台《浙江省文化产业发展转移支付资金管理办法》，按因素法将省文化产业资金分配至各设区市，引导各地加大文化产业投入力度，完善省文化产业扶持政策，促进文化产业实现跨越式发展。组织开展基本公共文化服务绩效考核工作，并将考核结果与财政分配资金挂钩，健全激励约束机制。

【健全国有文化资产管理体制】 参与建立管人管事管资产管导向相统一的省级国有文化资产管理议事决策机构——浙江省国有文化资产管理委员会。组织召开浙江省国有文化资产管理委员会第一次会议。配合省委宣传部制定出台《浙江省国有文化资产管理委员会工作规则》。完善省属文化企业财政财务管理，建立省属文化企业国有资本收益统筹机制。

【支持省属文化企业改革发展】 助力浙江时代电影大世界有限公司IPO上市，完成上市前期涉及国有资产管理财政审批工作。指导浙江出版联合集团、东海电影集团完善企业股份制改造方案。支持省属文化企业加大国有资本运作力度，完成浙江日报报业集团下属公司上市前国有股权管理方案的审批。支持省属文化企业“走出去”，完成浙江少儿出版社新加坡设立子公司的境外投资审批。支持省属文化企业传统媒体与新媒体融合发展，完成浙江广播电视集团增加对浙江新蓝网络传媒有限公司资本金投入的审批。

【促进体育事业发展】 支持竞技体育发展。做好第十三届全运会和里约奥运会备战经费保障工作。支持全民健身事业。省财政加大转移支付市县资金整合力度，设立“扶持体育发展专项资金”，重点支持市县发展群众体育。支持公共体育场馆免费低收费开放，制定政策制度，要求全省各级体育部门场馆向社会开放率100%，全省符合开放条件的公办学校体育设施开放率100%。省财政对业绩优秀的市、县（市、区）通过“以奖代补”形式给予支持。支持体育产业发展，促进全省体育消费。

【加强事业单位绩效工资政策监督检查】 针对近几年事业单位绩效工资运行情况，配合制定省直事业单位绩效工资发放情况专项检查制度，会同有关部门对省级27个行业所属27家单位进行专项审计，形成相关整改报告，督促部分单位清退、改正以往年度不恰当的做法，促进绩效工资政策合法合规平稳运行。

【完善事业单位收入分配制度改革】 出台《关于进一步调整规范省直事业单位退休人员补贴标准的通知》，实行省直事业单位退休人员退休补贴统一标准为在职职工绩效水平的80%，财政按照保障比例等因素给予财力支持。研究高层次人才收入分配政策，调动事业单位高层次人才积极性，允许对两院院士、国家万人计划、千人计划，百千万人才工程国家级等国家层面人才和省特级专家、省千人计划等省级层面人才制定收入分配倾斜政策，优绩优酬，且此部分收入可不计入绩效工资总量。

（省财政厅教科文处供稿　徐佳梦执笔）

行政事业单位资产管理

【加强资产日常管理】 资产配置管理。按照新《预算法》的要求，推进资产管理与预算管理相结合，融入部门预算编制改革。在制度上修订《预算定额和财政支出标准》中涉及资产配置标准相关内容，制定2015年资产管理与预算管理衔接方案。在技术上实现资产管理系统与部门预算编制系统的联网，在部门预算编制系统中设置资产超标超编自动警示功能，对资产没有定编或超编的单位，下一年度不能采购资产。在流程上优化财政内部审核联动机制，明确财政部门内部各处室的职责分工、消除管理缝隙。

资产使用管理。加强单位资产出租和对外投资审批，同时配合财政厅监督局做好“小金库”清理检查，就检查中发现的部分省级单位房产出租未经审批事项提出处理意见，对整改情况进行跟踪督查，提高单位资产管理意识，防范违规出租出借行为。2015 年，审批对外投资事项 11 批，涉及资产价值 6135 万元；审批、备案房产土地出租事项 254 批，合同价款 4.92 亿元。

资产处置管理。2015 年，审核办理行政事业单位资产报废、报损事项 614 批，接收、核销账面资产 7.82 亿元；办理调拨、捐赠事项 34 批，核销账面资产 1.34 亿元；审核股权转让、企业改制、资产划转等事项 46 批，涉及资产价值 6.88 亿元。接收报废各类计算机 22438 台，通过整理修复计算机 1148 台，按“春泥护花”行动要求，为 13 个经济欠发达县（市）41 所中小学建立计算机教室。

资产收益管理。在资产管理信息系统中通过程序设置，实行收益缴存与资产出租审批、处置资产核销挂钩，提高资产收益入库率。2015 年，省本级国有资产收益 5.37 亿元，其中出租收入 3.21 亿元，处置收入 0.91 亿元、对外投资收益 1.25 亿元。

【编制资产统计报表】 根据财政部《关于编报 2014 年行政事业单位资产报表的通知》，组织全省各级财政部门完成 2014 年度行政事业单位资产统计报表编制与上报工作，并获财政部通报表扬。截至 2014 年 12 月 31 日，全省纳入报表编制范围的行政事业单位 30718 家，资产总额 8465.64 亿元，其中行政单位 6868 家，资产总额 2354.21 亿元；事业单位 23850 家，资产总额 6111.43 亿元。

【统一管理省级行政事业单位办公用房和经营性用房】 会同省机关事务管理局等相关职能部门针对省直单位存在的非经营性资产管理薄弱环节和经营性资产多头管理问题，共同做好整改工作。

统一管理办公用房。参与制定《省级机关事业单位办公用房统一管理工作实施意见》和《省级机关事业单位办公用房统一管理工作实施方案》，配合省机关事务管理局做好房产专项清查、房屋土地重新测绘、资产划转、权属变更登记及历史遗留问题处理等工作。截至 12 月 31 日，对房产权属清晰、两证齐全单位的办公用房划转审批工作已全部完成，涉及 57 家单位，划转房屋面积 408058m^2，划转土地面积 261107m^2。

统一管理经营用房。参与制定《省级机关事业单位经营用房统一管理工作实施意见》和《省级机关事业单位经营用房统一管理工作实施方案》，配合做好对省直单位所属的培训中心、招待所、宾馆、饭店等经营实体的清查摸底和脱钩方案制定工作，处理脱钩过程中遇到的困难和问题，2015 年 12 月，省政府办公厅下达第一批 36 家脱钩经营实体名单，其中以划转移交方式脱钩的 30 家，以注销关闭方式脱钩的 6 家。

【加强事业单位分类改革及混合所有制改革中国有资产监管】 参与相关改革政策的研究制定。会同相关职能部门分类推进中介机构与行政机关、事业单位脱钩改制工作；参与省级公立医院和省属高校混合所有制改革，推进省级公立医院和省属高校与社会力量合作办医、办学；按职责分工做好改革改制中的清产核资、产权界定、资产评估以及国有资产处置、国有股权管理等审核审批工作，维护国有权益和国有资产安全完整，防止国有资产流失。

【促进科技成果使用权处置权收益权管理改革】 在出台省级事业单位科技成果处置权收益权改革制度的基础上，参与《浙江省“小微企业三年成长计划”（2015～2017 年）的通知》《关于加快发展众创空间　促进创业创新的实施意见》等改革政策的研究制定，使得促进科技成果转化的政策更细化、可操作性更强。逐步将科技成果使用权处置权收益权改革政策推广至全省。

【规范地方法院、检察院人财物统一管理】 制定《浙江省省以下法院、检察院资产纳入省级管理工作方案》，明确省以下法院、检察院资产上划移交等相关工作程序及各方的管理责任，确保省以下法院、检察院资产上划移交工作统一、规范、有序进行。

【规范公务用车改革中的资产处置】 参与《浙江省省级机关公务用车制度改革实施方案》及配套政策的研究制定，重点制定涉改车辆的处置办法。参与车辆评估机构和拍卖机构的公开招标工作，做好车辆处置前期各项工作。

【开展调查研究】 财政部资产管理立法调研。按照财政部行政事业单位资产管理立法研究工作部署，就《行政单位国有资产管理暂行办法》和《事业单位国有资产管理暂行办法》的贯彻落实情况在全省财政系统进行调研，形成情况汇报报送财政部，为研究制定行政事业资产管理条例提供第一手材料。

财政部重点课题调研。开展对港口、码头、机场等资产管理的调研，反映浙江省重大资产现状，对明确政府资产概念、完善管理体制、推进会计核算，加强资产管理提出意见建议。

全省财政系统课题调研。开展对省级党政机关宾馆饭店、招待所、培训中心的调研，针对存在的问题，提出改革意见建议。

（省财政厅资产处供稿　饶亚君执笔）

农业财政财务管理

【概况】 2015 年，浙江省农业财政管理工作主动适应经济发展新常态，加强财政支农政策研究，深化财政支农体制机制改革，加大投入力度，加强财政涉农资金监管。全省一般公共预算安排农林水支出 727.62 亿元，同口径比上年增长 7.5%，其中省本级预算安排农林水支 45.22 亿元，同口径比上年增长 5.2%。同时配合做好造地改田资金、农业土地开发资金、地方水利建设基金、农田水利建设资金、水资源费、海域使用金等基金和行政性收费的征收筹集工作。创新财政支农模式,设立浙江省农业发展投资基金,拓宽资金来源渠道,鼓励社会资本、金融资本投向农业、农村。

【深化财政支农体制机制改革】 贯彻落实《关于推进财政支农体制机制改革的意见》,联合省农办等7家省级农口部门下发《浙江省财政支农体制机制改革三年行动计划》,明确部门职责和改革任务以及推进的时间节点,强化对市县财政支农体制机制改革的具体指导。

探索专项转移支付动态调整,建立财政支农政策定期评估和退出机制。会同省农办、省农业厅、省水利厅、省林业厅和省海洋与渔业局开展财政支农政策评估试点,委托中介机构对农村能源开发利用、森林食品质量安全提升、海洋经济和渔业新兴产业、水资源保障百亿工程、农家乐休闲旅游业提升发展等5项财政支农政策进行第三方评估,研究调整完善政策,优化支农资金结构。

贯彻落实中央农业三项补贴改革的要求,明确将农资综合补贴、国家良种补贴、种粮直接补贴等三项补贴整合为"农业支持保护补贴",支持耕地地力保护和粮食适度规模经营;支持各地建立粮食生产专业合作社联合社,开展组织制度创新;推进种粮补贴信用贷款,组建资金互助会,实行种粮大户贷款贴息等金融服务创新,构建多层次农业金融支撑体系。通过三个方面的改革措施,促进粮食生产的规模化、组织化程度提高,提高财政补贴精准性和有效性,增强粮食生产可持续发展能力。

创新财政支农方式。经省政府同意,筹集50亿元设立浙江省农业发展投资基金,并制定下发《浙江省农业发展投资基金管理暂行办法》,通过市场化运作,发挥政府支农政策导向和财政资金"四两拨千斤"作用,引导和带动社会资本投向"三农"领域。

【保障"五水共治"资金需求】 省财政安排水利专项资金58.73亿元,主要支持防洪水、保供水等重大项目及农田水利等项目建设,增强水资源配置能力,提升防洪排涝能力和农业综合生产能力。从美丽乡村建设专项资金中安排治污资金10.05亿元,整合中央农村环境综合整治、村级公益事业建设一事一议财政奖补、美丽乡村先进县创建奖补等资金9.20亿元,支持农村生活污水治理。优化各类支持现代农业发展的资金投向和扶持环节,重点投向生态循环农业、畜禽水产养殖污染治理、农作物病虫害绿色防控、施用有机肥,促进农业清洁生产,推进"五水共治"。

【支持美丽乡村建设】 安排资金3.73亿元,支持43个历史文化村落保护利用重点村和217个历史文化村落保护利用一般村建设,保护修复历史建筑,弘扬农村古文化。支持100个村开展农村垃圾减量化、资源化处理试点,从源头上减少农村垃圾的产生量。落实奖补资金1亿元,支持美丽乡村先进县创建。支持农村河道综合整治,提高美丽乡村建设水平。支持农家乐休闲旅游业发展,促进农村产业结构调整优化,繁荣农村经济,改善农村环境。

【落实惠农补贴政策】 安排中央耕地地力保护补贴12亿元,要求享受补贴的农民做到耕地不撂荒,地力不降低。安排省级农业补贴资金6亿元,整合粮油种植大户直补、粮油生产机械化作业环节补贴(包括水稻机插、油菜机收和农作物统防统治)、水稻集中育秧补贴等政策,统一归并为规模种粮补贴资金,主要用于全年水稻、大小麦复种面积达到50亩以上的种粮大户、家庭农场等粮食生产适度规模经营主体的直接补贴。实施订单水稻良种奖励、水稻生态补贴、旱粮直接补贴、农机购置补贴、高耗能农机具报废更新试点、粮食生产贷款贴息等政策,加大粮食生产等扶持力度。落实中央和省森林生态效益补偿资金9.64亿元,支持生态公益林建设和管护。省级以上公益林最低补偿标准由2014年的27元/亩提高到2015年的30元/亩。安排7000万元补贴森林抚育和造林。落实重点防护林省级配套资金2218万元。

【支持农业科技进步】 安排1.40亿元资金,支持农业科技推广和成果转化,提升现代种业发展水平。竞争性选择农作物种业育繁推一体化建设试点,支持标准化良种繁育基地和保障性苗圃建设;支持开展农业产业技术创新与推广服务团队建设,促进产学研相结合;支持基层农业公共服务中心建设,推进农业服务创新。

【支持农业基础设施建设】 按照扶持农业产业发展类项目资金的70%存量资金和全部增量资金用于"两区"建设的要求,整合投入农业"两区"建设资金26.90亿元,引导各类产业类支农专项资金加大对农业"两区"(现代农业园区和粮食生产功能区)的投入,支持农业"两区"基础设施建设、先进设备购置、技术推广。安排5000万元资金,推进茶业园区建设,促进茶产业转型升级。安排1.32亿元资金,支持中央木本油料园区建设,促进产业提升发展。安排标准渔港建设与维护专项资金1.48亿元资金,支持标准渔港建设和渔港设施维护。下达省级造地改田资金15.70亿元,支持实施"812"土地整治工程(即2013年—2017年全省完成垦造耕地80万亩,建成高标准基本农田1043万亩,开展农村土地综合整治20万亩),支持加大低丘缓坡、滩涂、农村建设用地等资源的合理开发利用,支持推进基本农田保护补偿试点工作,研究全面建立耕地保护补偿机制。安排省分成新增建设用地土地有偿使用费省留成部分18.05亿元,分配给市县,支持推进高标准基本农田建设。加大农业综合开发投入,安排16.24亿元,其中省财政资金8.68亿元、中央补助资金7.56亿元,支持高标准农田建设、中型灌区节水配套改造和现代农业产业体系建设等。

【支持农业可持续发展】 安排资金7800万元,支持现代生态循环农业,开展生态循环农业节点工程建设、畜禽排泄物资源化利用等,鼓励对新型种养殖模式、绿色防控技术和林下经济发展的应用推广。在龙游县试点示范基础上,争取中央财政试点补助资金2000万元,择优选择萧山、桐庐、泰顺、桐乡、仙居、龙泉等6个县(市、区)开展畜禽粪污资源化利用试点,探索符合不同区域、不同规模牧场的畜禽排泄物资源化利用模式。落实省委省政府振兴修复浙江渔场的决策部署,统筹整合涉海资金3.20亿元,支持渔业增殖放流,远洋渔业、国内海洋捕捞渔业转型升级、"三无"渔船取缔,打击违法违规捕捞,渔民转产转业,种子种苗、放流苗种基地建设,海洋综合管理等,巩固和拓展"一打三整治"成果,促进海洋渔业可持续发展。

【支持农业新型经营主体培育】 安排5000万元资金支持农民专业合作组织发展创新试点,继续支持农民专业合作社、农业产业化龙头企业等新型主体发展壮大。支持"千万农民素质提升"工程,重点加强农村创业创新实用人才、新型职业农民培训。安排6000万元资金开展农业生产全程社会化服务试点,注重公益性服务与经营性服务相结合、专项服务与综合服务相协调。

【保障农产品质量安全】 安排资金5500万元,支持农产品质量安全监管。支持农业全程标准化生产和农业标准制修订。支持农业投入品管理和农产品产地准出规范化建设,实施小品种农作物农药申报登记补贴。支持农产品质量安全监测和农产品质量追溯体系建设。

【落实新一轮精准扶贫政策】 贯彻落实省委省政府扶持淳安等26县加快发展政策和新一轮扶贫政策,在财政体制和专项给予倾斜的基础上,2015年省财政安排主要由淳安等县专享的转移支付资金42.60亿元,支持实施低收入农户收入倍增计划,加大精准扶贫实施力度,促进农民增收、内生功能增强和民生水平提升。其中安排特别扶持资金16.80亿元,重点支持泰顺等12县(市、区)农村扶贫开发、特色产业发展和基本公共服务建设;安排专项扶贫资金5.80亿元,重点支持扶贫重点村符合条件农户异地搬迁、特色产业发展、来料加工、资金互助组织建设、小额扶贫贷款贴息以及少数民族发展等;安排山区经济发展资金10亿元,重点支持产业平台建设、低丘缓坡重点区块开发、特色产业发展、科技研发和人才培养引进、生态环境建设等项目。

【支持农业防灾减灾】 争取中央财政特大防汛和应急度汛补助资金2.10亿元,支持水毁水利工程的应急修复。落实7906万元资金,支持气象灾害监测、预警预报和气象应急管理和山洪灾害防治工程项目建设。落实3.18亿元资金支持重大动植物疫病防治及扑杀、无害化处理,以及欠发达地区畜禽强制免疫工作经费等。落实1200万元资金,支持海洋灾害观测、预警、应急指挥、信息服务等建设。

【加强支农资金监管】 按照国家和省政府的统一部署,牵头做好全省财政涉农资金专项整治行动,协调12个省级部门对2013、2014年度各级财政预算安排用于"三农"的各项资金(包括基建投资)、2010年以来各类涉农资金检查、审计发现问题的处理整改情况以及对专项整治期间群众举报事项进行检查。做好重点欠发达县特别扶持资金、小型农田水利重点县和现代农业生产发展资金等重点项目绩效评价工作及财政专项扶贫资金检查,督促相关问题整改,强化绩效评价和监督检查结果应用。加强财政支农项目库管理系统与农口各部门管理系统的对接,升级完善财政支农项目库管理系统。浙江省获得2014年度中央对省小型农田水利重点县建设绩效评价优秀等次、全国省级现代农业生产发展资金绩效评价第一名、财政专项扶贫资金绩效考评A等次等荣誉。

【做好各项基础工作】 开展市县财政支农工作年度考核。完成2014年度省级农口部门行政事业单位、资产、企业会计决算报表汇审,完成省级农口部门2016年度预算审核工作。做好2014年度全省农业综合开发资金决算工作,并被财政部评为先进。

(省财政厅农业处供稿　邵金泉执笔)

基层财政管理

【概况】 2015年,全省基层财政管理(农村综合改革)工作加强乡镇财政建设和农村综合改革工作,大力推进乡镇财政管理机构全覆盖,推进乡镇公共财政服务平台建设,组织开展乡镇财政就地就近资金监管工作,提升乡镇财政财务管理水平,完善一事一议财政奖补制度,做好一事一议财政奖补助推美丽乡村建设试点工作,不断深化农村综合改革示范试点,加强对村级组织建设和村级保障工作的指导,促进基层财政管理服务工作上新台阶。

【推进乡镇财政机构全覆盖】 在全省乡镇财政机构设置基本覆盖的基础上,督导各地加强乡镇财政队伍的素质提升工作,推进管理规范化,推动"综合型乡财、阳光型乡财、服务型乡财、数字型乡财"等"四型"乡财建设。截至2015年末,全省(不含宁波)10个市、73个县(市、区)财政局全部设立乡镇财政管理处、科(其中单独设置的43个),机构设置率100%;按照乡镇财政管理的969个乡镇中有941个单独建立乡镇财政所(局、办),机构单独设置率97%,28个乡镇财政机构与乡镇其他机构合署。省、市、县、乡四个层面的乡镇财政管理机构已基本实现全覆盖。

【全面推进乡镇公共财政服务平台建设】 截至2015年末,全省(不含宁波)初步建成乡镇公共财政服务平台场所936个,占乡镇总数的96%。有68个县(市、区)已安装运行全省统一的乡镇公共财政服务平台管理信息系统。有46个县(市、区)在推进乡镇公共财政服务平台建设中对各类财政补助性资金实施"一卡通",其中使用社保卡发放补助资金的县(市、区)29个。同时加快接轨浙江政务服务网。截至2015年末，在政务服务网可以查询富阳区、淳安县、东阳市等25个县(市、区)的乡镇公共财政服务平台数据，超额完成省政府下达的工作目标，使乡镇财政机构工作有了新载体，为基层公共财政塑造了新形象。

【组织开展就地就近资金监管】 省财政厅下发《关于开展财政资金监管工作检查的通知》，组织开展全省2014年度乡镇财政资金监管工作检查。根据检查情况下发《浙江省财政厅关于2014年度乡镇财政资金监管工作检查情况的通报》，总结好的做法，促进各地进一步加强乡镇财政就地就近资金监管工作。

【提升乡镇财政财务管理水平】 针对乡镇财政财务管理中存在的问题，出台《关于进一步改进和加强乡镇财政财务管理工作的意见》，提升乡镇财政资金监管工作质量并建立健全乡镇财政财务管理考核制度。同时，在乡镇财政机构基本全覆盖的基础上，下发《关于开展乡镇财政所规范化建设考评工作的通知》，把加强乡镇财政建设和管理工作的各项措施落到实处，推进规范化财政所创建活动，提升乡镇公共财政管理服务水平。

【完善一事一议财政奖补工作】 完善资金管理办法。按照“一个专项，一个办法”的要求，修订完善资金管理办法，改项目审批制为项目备案制，财政奖补工作重心向县级转移，充分发挥县级统筹作用。确保资金投入重点。借力一事一议财政奖补机制，助推农村污水治理，确保奖补资金70%用于农村污水治理项目。出台《浙江省财政厅关于加强农村污水治理项目一事一议财政奖补资金使用管理的通知》，加强资金管理。2015年用于农村污水治理的一事一议财政奖补资金7.12亿元。加大省级财政支持，2015年省以上财政奖补资金安排10.61亿元。加强通报督导，定期对各地一事一议财政奖补资金支出进度和财政奖补资金项目落实情况进行通报，督促各地加大工作力度、加快支出进度，保质保量完成年度工作目标。

【深入开展美丽乡村建设试点工作】 在建立美丽乡村建设标准、多渠道筹措资金、发挥企业和社会组织投入作用、加强建设管理与运行维护、发展美丽经济促村户增收、美好家园长效管理机制等方面探索低成本、可复制、可持续的美丽乡村建设路径。加快遂昌县发展农村电子商务助推美丽乡村建设试点成果的推广复制工作，全面完成在全省14个市、县(市、区)建设电子商务区域营运中心和村服务站工作，其中丽水市所辖9个县(市、区)均已建成区域运营中心，开设运营赶街农村电子商务服务网点1080个，让丽水农村居民享受到电子商务的红利。

【深化农村综合改革示范试点工作】 省财政厅下发《关于做好2015年度农村综合改革示范试点补助资金竞争性分配工作的通知》，对示范试点工作重点作了新的部署，通过竞争立项方式，选择富阳区等15个县(市、区)列入试点范围。省级注重对试点工作成效的总结提升，形成可推广可复制的经验和模式，重点推广深化农村产权制度改革试点海盐县“就地城镇化的海盐样本”，抱团发展联建物业发展村级集体经济的“新昌经验”等一批试点成果。浙江省的试点工作得到国务院农村综合改革工作小组的肯定，做法和经验在2015年召开的全国农村综改工作座谈会上作典型经验介绍。

【开展建制镇(中心镇)示范试点工作】 联合相关部门下发《关于开展中心镇建设示范试点工作的通知》《关于完善中心镇建设示范试点实施方案的通知》，采取竞争性立项方式，围绕建设产业集聚型和生态发展型建设目标，选择天台县平桥镇等6个中心镇开展示范试点工作，着力在城乡一体化体制机制、中心镇建设投融资体制、公共服务供给机制和优化产业发展环境等方面进行改革试验，下达省以上财政奖补资金2.4亿元。

【支持村级组织建设和集体经济发展】 2015年，省财政大幅增加村级组织建设方面的支持力度，推动人、财、物向基层倾斜，村级组织建设支出9.9亿元，比上年增长61%。建立健全村干部报酬正常增长机制，全面落实村党组织书记、村民委员会主任基本报酬，确保不低于上年度所在乡镇农民人均纯收入的两倍。省对市县转移支付由“三年一调整”改为“一年一调整”，2015年省财政转移支付资金由上年的3.8亿元增加到5.6亿元。落实村级组织运转经费保障。明确县级党委、政府作为保障村级组织正常运转的负责主体，将村级组织运转补助经费纳入县级公共财政支出范围。确保所有行政村的村级组织运转经费达到省规定的5万元最低标准。人口规模1500人以上的村，最低保障标准提高至10万元。省级财政加大转移支付力度，2015年转移支付资金由上年的1.1亿元增加到经费2.55亿元。全面落实社区党组织服务群众专项经费。按副省级市所属社区20万元、设区市所属社区10万元、县级所属社区5万元确定保障标准。从2015年起，新增安排城乡社区党组织服务群众补助经费5062万元。做好扶持集体经济薄弱村发展村级物业经济工作。下达2015年度省级财政扶持经济薄弱村发展村级集体经济物业项目和补助资金8000万元。配合做好农村“三资”(资金、资产、资源)管理工作。会同省农业厅开展农村会计电算化、农村财务监管网络、农村集体财务人员培训、农村财务管理规范化县项目建设和农村集体经济标准化审计项目的验收工作，及时下达村级财务规范化管理补助资金1000万元。支持开展农村土地承包确权登记颁证工作，下达补助资金1.81亿元。

(省财政厅基层财政处供稿 戴逢辉执笔)

企业财政财务管理

【概况】 2015年，浙江省企业财政财务管理工作着力创新财政支持经济发展方式，调整完善财政支持企业发展的政策措施，筹措落实省财政支持产业发展和粮食安全相关专项资金32.89亿元，争取中央财政资金40.89亿元，支持企业稳增长调结构。

【推进政府产业基金设立运作】 通过清理盘活存量资金和新增公共预算安排，建立规模150亿元规模的省转型升级产业基金，其中：原省信息经济基金规模由20亿元扩大到50亿元，新设100亿元的省转型升级产业基金规模。及时搭建省转型升级产业基金管委会——投资决策委员会——基金法人机构——基金运营机构四级组织管理构架，先后制定出台《浙江省财政厅关于规范政府产业基金运作与管理的指导意见》《浙江省转型升级产业基金管理办法》《浙江省转型升级产业基金管委会议事规则》和《浙江省转型升级产业基金管委会成员单位职责》，为基金的管理和运作提供机制保障和制度保障。遵循“市场化、专业化、可控性”原则，推进政府产业基金实质性运作。截至2015年底，省转型升级产业基金已批准参股组建子基金23支，直接投资项目2个，其中：区域基金10支，市场化子基金13支，所有子基金总规模421亿元，省转型升级产业基金出资110亿元。市县已批准设立政府产业基金528亿元，实际到位资金255亿元，参股设立子基金110余支，总规模444亿元，其中政府出资90亿元。

【支持工业与信息化融合发展】 统筹安排工业与信息化展专项资金13.55亿元（其中战略性新兴产业资金5.40亿元），按照新《预算法》的规定，资金通过因素法和竞争性原则及时分配到各市、县（市），由地方政府统筹用于推进工业与信息化重点领域的发展，会同省发改委、省经信委、省科技厅等部门推进特色小镇建设，研究加大对工业大县技术改造投资的奖励力度，继续开展战略性新兴产业技术创新、重大装备协同制造、“两化”深度融合、“腾笼换鸟”“机器换人”等示范试点；实施重点企业研究院专项审计和绩效评价，出台推进工业设计发展的实施办法，加快推进企业“两化”深度融合，促进信息经济发展，全面推进企业技术创新和改造提升。推进无线电基础技术设施建设工作，按照浙江省无线电管理“十二五”规划要求，科学合理安排中央财政补助资金，加快相关项目的实施，确保各类项目按规划如期完成。

【促进内贸流通服务业加快发展】 筹措落实省财政支持服务业发展相关专项资金2.62亿元，围绕推进工业转型升级与生产性服务业联动发展，会同省发改委改进省发展与改革专项资金支持方式，集中资金支持15个市县开展生产性服务业集聚平台建设试点，推动萧山、义乌、长兴3个省级示范物流园区提升发展试点，提升当地产业发展水平。会同省商务厅优化省商务促进专项资金支出结构，统筹安排1.30亿元资金推动商贸流通领域重点工程建设，深入实施“电商换市”工程，加快农村电子商务发展。会同省工商局继续推进“放心市场”建设，统筹安排3800万元专项资金支持各市县“放心市场”创建工作，推动各地农贸市场标准化、信息化改造。

【推进节能降耗和新能源汽车产业发展】 从省工业与信息化专项资金中切块安排1.31亿元，会同省经信委根据各地节能指标完成情况等因素及时下达到各市县，由市县统筹用于支持节能降耗相关重点领域的技术改造等方面。开展新能源汽车推广应用工作，按照国家批复要求，督促、指导杭州、金华、绍兴、湖州等4个示范城市做好新能源汽车推广应用，统筹安排2亿元资金对4个示范城市予以综合补助。督促杭州市做好节能减排财政政策综合示范收关及绩效评价工作，及时上报2012~2014年节能减排财政政策综合示范工作总结。做好浙江省节能汽车、高效照明、节能家电、节能工业产品的推广应用财政补贴工作，争取中央财政节能减排补助资金9.69亿元。

【支持中小微企业创新发展】 牵头做好中小企业发展、“小升规”“个转企”等有关财政政策的研究制定，贯彻落实国家有关中小企业发展政策、法规和制度。在省工业与信息化专项资金中安排7000万元支持中小企业服务体系建设、全省中小企业公共服务平台运行维护和省委、省政府确定的“小升规”等重点工作，优化中小微企业发展环境。会同相关主管部门组织国家小微企业创业创新基地城市示范项目的申报、评审与推荐工作，杭州市最终入围首批全国小微企业创业创新基地示范城市，并获中央财政3年示范期9亿元奖励资金。2015年已到位奖励资金6.30亿元。

【加大外经贸政策支持力度】 统筹安排外经贸发展资金5.40亿元，引导市县加大对外贸出口的支持力度，提振出口企业信心，促进外贸出口稳定增长和结构调整。助力义乌市国际贸易综合改革试点，支持“义新欧”班列常态化运营，加快浙江省参与“一带一路”国家战略实施，培育外贸出口新的增长点。会同省商务厅等有关部门推进杭州市国家跨境电子商务试验区建设工作，向国家有关部门争取相关政策支持。继续通过新型外贸发展方式的试点示范，推进培育一批跨境电子商务园区、海外仓，探索跨境电商和传统外贸出口领域新突破。从省级外贸出口发展基金中安排5000万元设立“走出去”融资与担保平台风险准备金，推进“走出去”融资与担保服务平台进入实质性运作，缓解民营企业“走出去”融资难、融资贵问题。

【做好粮食安全体系建设】 筹措安排粮食安全相关财政资金9.35亿元，其中新增省级粮食储备费用补贴1.94亿元，用于落实省级新增储备任务，确保储备费用补贴及时到位。切块分配粮食补贴资金和粮食安全专项资金1.59亿元，由市县统筹用于地方粮食安全体系建设，增强市县财政粮食安全保障能力。完成粮食骨干企业采购东北地区2013年新产粳稻和玉米费用补贴审核上报工作，争取中央补贴资金1.70亿元。根据省政府有关决策部署，出台对省农发集团在黑龙江建立粮源和商品猪基地有关财政扶持政策，预拨资金2.08亿元。会同省粮食局编制上报危仓老库维修改造实施方案，争取2015年“粮安工程”危仓老库维修中央专项补助资金 1.71 亿元。制定《浙江省“粮安工程”危仓老库维修改造项目实施及资金管理办法》，计划用两年时间对全省 30.14 亿斤仓容进行全面维修改造，并新增 6 亿斤高标准粮食储备仓容。对原有的省级储备粮油财政补贴预算管理暂行办法进行修改完善，出台《浙江省省级储备粮油财政补贴管理办法》，加强储备补贴资金管理。

【推进国资经营预算和国企改革工作】 做好国有资本经营预算编制与执行工作，2015 年实际收取省国资委监管企业国有资本收益 20.48 亿元，比上年增长 38.4%；实际支出 19.75 亿元，支出执行率 99.4%，主要用于注资省海港集团、机场降噪与净空处置、铁路现代化建设、长广集团矿井关闭费用与转型升级、巨化集团改革脱困，以及农发集团东北粮、商品猪基地建设等项目。做好全省国有资本经营决算的编制、审核和上报工作，2014 年度全省（不含宁波）国有资本经营收入与支出决算数为 25.32 亿元，完成年初预算的 97.3%。研究落实国有企业改革财政支持政策，牵头研究和落实杭钢转型升级财税支持政策，在国资收益中给予杭钢一次性补助 5 亿元，并同意杭钢缓缴五年国资经营收益；配合省国资委等有关部门做好长广集团职工家属社区化管理服务相关工作，研究出台并落实长广集团社会管理职能移交新增负担资金补助政策。

（省财政厅企业处供稿　沈燕萍执笔）

金融财政财务管理

【推广运用政府和社会资本合作（PPP）模式】 构建制度体系，代拟并以省政府办公厅名义印发《关于推广运用政府和社会资本合作模式的指导意见》；制定《关于推广运用政府和社会资本合作模式的实施意见》。加强项目储备，2015 年分两批推出浙江省 PPP 推荐项目 85 个，总投资额 2347.6 亿元，其中杭州市地铁 5 号线一期等 9 个项目列入财政部示范项目。推进项目实施，举办 PPP 项目推介会，对省级项目库进行重点推介，宣传推广 PPP 模式，促进项目对接。截至 2015 年底，省级项目库中已有 33 个项目完成签约。完善配套措施，开展 PPP 示范市县建设，确定丽水、杭州、温州等 10 个基础较好、工作扎实、实施规范、成效明显的市县作为 PPP 示范点，发挥示范带动作用；实施综合奖补政策，对示范市县和签约项目进行奖补，引导各地加快工作开展。抓好能力建设，在全国较早建立省级 PPP 咨询服务机构库，发挥中介机构专业咨询作用，促进 PPP 项目规范高效实施；组织全省业务培训，提升推广运用 PPP 模式工作能力。

【支持省属金融企业改革】 做好浙商银行增资扩股和 H 股上市相关工作。支持财通证券公司扩充运营资本，提升发展能力，推动上市融资。支持永安期货新三板挂牌融资，加快发展。加强省农信联社资金运作收益管理，提升农村合作金融系统应对系统风险的能力。推动组建省融资担保集团公司，促进全省政策性融资担保体系发展。

【加强地方金融企业国有资产和财务监管】 做好地方金融企业国有资产产权登记、财务快报、年报等基础工作，2015 年浙江省金融企业财务决算报表工作被财政部评为先进。深化省级金融企业绩效评价，绩效评价结果除用于核定省级金融企业负责人薪酬外，还作为加强金融企业经营业绩考核的重要依据。

【健全金融企业激励约束机制】 依据《浙江省省级金融企业负责人薪酬管理办法》，核定浙商银行、财通证券公司、省农信联社和省金融控股公司 4 家省级金融企业主要负责人 2014 年度薪酬。健全收入分配调控，按照中央及省委、省政府关于规范国有企业负责人薪酬管理的要求，做好省管金融企业和省财政厅管理金融企业薪酬制度改革工作。

【推动政策性农业保险工作和农村住房保险工作】 推广生猪保险与无害化处理相结合的模式。鼓励地方创新开展特色农业保险品种，省财政对一般地区给予 20%、26 个加快发展县市 30%的保费补贴。研究农业保险提标扩面提质工作，促使保险公司降低费率、地方财政补贴减轻压力、广大农户得到实惠。2015 年省财政安排保费补贴资金 2.4 亿元，争取中央财政资金 2.6 亿元，为农户提供风险保障超过 400 亿元。实施政策性农房保险工作，2015 年省财政拨付农村住房保险保费补贴资金 3750 万元。

【开展农业贷款风险补偿】 完善相关政策，将农业贷款风险补偿政策覆盖面扩大至全部银行业金融机构，发挥财政资金导向作用，鼓励金融机构加大支农信贷力度。省财政以上年度农业贷款的实际余额为基数，按农业贷款比上年末净增额的不超过 5‰予以风险补偿。2015 年省财政共拨付银行业金融机构农业贷款风险补偿资金 2933 万元，撬动银行增加对农户和农村经济组织农林牧渔业贷款投放 84 亿元。

【加大对小微企业融资支持力度】 推进小微企业贷款风险补偿工作，省财政以银行业金融机构的上年小微企业贷款月均余额为基数，按不超过小微企业贷款比上年净增额的 5‰予以补偿。2015 年省财政安排风险补偿资金 3324 万元，并允许银行业金融机构将风险补偿资金的 50%用于个人奖励，激励信贷人员支持小微企业融资的工作积极性。

【支持融资性担保体系建设】 协助省政府制定出台《关于推进政策性融资担保体系建设的意见》，推动省融资担保集团公司加快组建。实施融资担保机构风险补偿政策，省财政以上一年度融资担保机构的小企业贷款担保总额为依据，按不超过小企业贷款担保总额 1%的比例给予风险补偿，并将单户担保机构最高补偿金额由不超过 50 万元提高到不超过 100 万元，2015 年省财政筹措风险补偿资金 5100 万元。

【加大对新型金融组织扶持力度】 争取中央财政定向费用补贴资金 2.07 亿元，省财政配套 3710 万元，增强新型农村金融机构的持续发展能力和抗风险能力。安排小额贷款公司风险补偿资金 1500 万元，引导小额贷款公司增加涉农涉小贷款，降低贷款利率。

【实施银行业金融机构直接债务融资奖励】 全年省财政安排专项资金 3000 万元，奖励 23 家银行业金融机构，支持其在银行间交易市场为中小企业承销债务提供融资工具。该项政策带动中小微企业直接融资 1249 亿元，拓宽企业融资渠道，降低企业融资成本，增强企业发展实力。

【推动多层次资本市场发展】 全年省财政安排补助资金 1000 万元支持股权交易市场发展，鼓励企业进场挂牌交易，对推荐进入浙江股权交易中心挂牌的前 200 家企业的中介机构，按每家挂牌企业 20 万元的标准奖励，拓宽企业直接融资渠道，构建多层次资本市场体系。

【推动政府外债在建项目实施】 推动世行贷款浙江农村生活污水处理及饮用水建设项目实施，开设二级专用账户，创新资金管理模式。截至 2015 年底，该项目完成了省级、县级专用账户的开设，世行预付款 1800 万美元已拨付到位。加快推进世行贷款钱塘江流域小城镇环境综合治理项目实施，完成项目中期调整工作，截至 2015 年底，该项目累计完成提款报账 6689.54 万美元，占项目贷款总额的 66.9%。各子项目中，诸暨市和金华婺城区水厂已投入运行；磐安尖山镇、兰溪游埠镇和衢江区污水处理厂已经完工，并开始运行或试运行；建德城东污水处理厂扩建已完成厂区土建和设备安装；建德市梅城镇垃圾填埋场已全面投入运营，并扩大了固体垃圾收集和处理的范围。加快推进世行贷款林业综合发展项目的实施，截至 2015 年底，累计完成报账 2100 万美元，占世行贷款总额的 100%。

【择优申报新项目并做好前期准备工作】 会同省发改委、省住建厅等部门组织新项目申报工作，上报了世行贷款千岛湖及新安江上游流域水资源与生态环境保护工程项目、浙江省特色小城镇环境提升项目及法国开发计划署的仙居县国家公园生物多样性保护和发展利用示范工程项目。落实全球环境基金组织（GEF）赠款浙江省绿色物流项目的配套资金，按时出具配套资金承诺函。

【规范政府外债管理基础性工作】 按时还本付息并报送政府外债各类报表，及时做好政府外债统计监测预警管理信息系统维护工作。

【规范政府外债项目全过程管理】 根据财政部要求，委托会计师事务所对世行贷款钱塘江流域小城镇环境综合治理项目及林业综合发展项目进行绩效评价。配合省审计厅做好在建项目审计工作。

【加强非贸易非经营性用汇管理】 贯彻落实《党政机关厉行节约反对浪费条例》等文件精神，加强和规范因公临时出国（境）用汇管理，严格按照文件规定执行相关用汇标准，在保障全省重要外事活动的基础上从严控制因公临时出国（境）用汇。

（省财政厅金融处供稿　刘　涛执笔）

社会保障财政财务管理

【概况】 2015 年，浙江省社会保障财政财务管理工作按照“转变理念、理顺机制、完善制度、守住底线”的工作要求，继续加大社会保障和医疗卫生投入，不断规范和完善财政管理。全年全省就业和社会保障支出、医疗卫生支出分别为 541.69 亿元和 485.5 亿元，比上年增长 24.4% 和 11.9%，两项支出占一般公共预算支出的 15.5%。社会保险基金总收入 3203.2 亿元，支出 2592.8 亿元，滚存结余 4747.4 亿元。

【保障民生政策落到实处】 支持养老和医疗保障事业。继续做好 2015 年企业退休人员基本养老金和精减退职人员等群体待遇调整，职工基本养老金月人均增加 250 元，提标后达到月人均 2750 元。城乡居民基本养老保险省定基础养老金从每人每月 100 元提高到 120 元；城乡居民基本医疗保险财政补助由年人均 330 元提高至 400 元以上。2015 年省财政城乡居民基本养老保险、基本医疗保险转移支付分别为 42.4 亿元和 42.0 亿元。

推进社会救助和社会福利事业。全省城市和农村低保平均标准分别达到每人每月 653 元和 570 元，建立最低生活保障政策兜底机制，消除“4600 元以下”贫困现象。医疗救助人均实际筹资达到 24 元，直接救助困难群众 323 万人次，资助 116 万名困难群众参加城乡居民基本医疗保险。提高劳动年龄段无固定收入残疾人生活补贴到每人每月 125 元。

支持完善卫生计生服务。城乡居民基本公共卫生经费人均财政补助标准提高到 40 元。提高女方年满 49 周岁未满 60 周岁的独生子女伤残死亡家庭中夫妻一方或双方失能、失智等生活不能自理的特别扶助金标准到每人每月 700 元，提高计划生育手术并发症人员扶助金标准，一级为每人每月 600 元、二级为每人每月 400 元、三级为每人每月 200 元。整合优化国家、省孕前优生健康检查项目，统一补助标准。

【推进养老保险与工资制度改革】 推进实施机关事业单位养老保险制度改革。按照机关事业单位养老保险制度改革要求，开展全省筹资测算，参与制定机关事业单位工作人员养老保险制度改革实施办法,研究制定财政补助等配套政策,做好资金安排和政策培训工作。配合做好机关事业单位基本工资标准调整方案,研究制定对“增不抵缴”人员补贴政策。按照托底限高原则,规范市县津贴补贴,夯实养老保险缴费基数。

实施养老保险调剂制度。做好基本养老保险基金中长期运行分析,强化目标考核和激励奖补机制,加大对基金困难市县的调剂补助力度,2015 年调剂补助 40.8 亿元。

完善特殊人群津贴补贴政策。研究制定政法干警待遇倾斜政策,提高法定工作日之外加班补贴标准。参与制定县以下公务员职务与职级并行政策以及乡镇工作人员补贴政策。

【支持深化医药卫生体制改革】 推动基层医疗卫生机构综合改革。启动基层医疗卫生机构补偿机制改革试点,制定印发《关于开展基层医疗卫生机构补偿机制改革试点的指导意见》,2016 年起在海盐县、嵊州市、义乌市和江山市进行试点,探索由“养人办事”转为“购买服务”,推动建立“专项补助与付费购买相结合,资金补偿与服务绩效相挂钩”的补偿新机制,提升基层医疗卫生服务能力。参与研究制定推进责任医生签约服务工作指导意见,建立由医保基金、基本公共卫生服务经费和签约服务对象个人共担的签约服务费筹资机制。

推进“双下沉、两提升”工程。会同省卫生计生委开展优质医疗资源下沉情况考核,落实省财政补助与优质医疗资源下沉工作考核结果挂钩机制要求,安排专项补助资金 2.4 亿元。引导省级医院将“财”“物”全方位下沉,全省 122 家二级医院分别与省市级三甲医院合作办医,其中,15 家省级医院与 46 家二级医院建立紧密型合作办医关系。

深化公立医院综合改革。参与制定进一步深化公立医院综合改革实施意见,研究改革公立医院管理体制,完善医院运行机制。推进公立医疗机构药品采购机制改革,支持创新药品集中采购新机制、医保支付标准制定新机制、药品集中采购监管机制和省级药品集中采购新平台建设。研究制定药品采购机制改革相关财政财务管理办法。

支持提升医疗卫生服务能力。统筹存量增量资金 3.5 亿元,支持欠发达地区县级综合医院、妇幼保健机构和精神卫生机构能力建设。安排基于全科医生签约服务和分级诊疗服务的基层卫生信息新平台建设、血液核算检测能力建设和浙产医用磁共振成像系统配置等重点项目投入。完善省财政卫生计生转移支付因素分配办法,促进医疗资源均衡布局和基本医疗卫生服务均等化。

促进卫生人才培养工作。安排住院医师规范化培训转移支付补助 5.29 亿元。调整高等医学院校毕业生到基层工作学费代偿办法,扩大省财政补助范围。支持高层次人才选拔和培养,基层卫技人员能力培训工作。

推进食品药品监管能力建设。统筹安排食品药品安全监管补助资金 1.22 亿元,支持 4 个设区市食品检测机构能力建设,推动县级食品检验检测资源整合,5 个县级资源整合项目通过省级验收。支持提升省级药品审评能力,争创国家级区域分中心。

完善医疗保险制度。参与制定罕见病医疗保障办法,化解群众巨额灾难性医疗费用支出风险。研究完善省本级基本医保政策和公务员医疗补助办法。配合人力社保部门制定出台《浙江省大病保险招投标管理指引(暂行)》,规范承办大病保险商业保险公司行为。推进医保基金监管平台建设,指导各地加快整合完善系统功能。

规范资金管理。制定《浙江省疾病应急救助基金管理暂行办法》,保证基金合理筹集和有效使用。印发《关于省级大病保险制度建立后有关财务问题的通知》,规范省级大病保险基金核算管理。配合有关部门研究修订《浙江省预防接种异常反应补偿办法(试行)》。

【深化社保基金保值增值改革】 研究提出全省社保基金保值增值运作方案,经省政府常务会议和省委财经领导小组会议审议通过。起草制订《浙江省社会保险基金保值增值运作管理办法(试行)》,规范社保基金保值增值运作程序,搭建社保基金与政府负债之间的融通“桥梁”,提高全省社保基金平均收益水平,降低政府负债总体融资成本。

【支持创业就业和人才队伍建设】 支持创业促进就业。参与研究制定支持创业促进就业实施意见,加大创业补助力度,鼓励农村电子商务创业,完善创业培训和家庭服务从业人员培训政策。支持人力社保部门加快职业培训和职业技能鉴定信息系统建设。配合人力社保部门出台公益性岗位开发管理暂行办法,帮助就业困难人员通过公益性岗位实现就业。强化失业保险防止失业、稳定岗位的功能,出台稳岗补贴政策。

推动人才队伍建设。以政府产业发展重点为导向,制定高技能人才专项资金 2016~2020 年投入规划。参与制定《浙江省省级职业培训项目管理办法》,规范职业培训管理。以培养中、高级技能人才为目标,落实专项补助扶持高技能人才公共实训基地、省级技能大师工作室及品牌专业建设。继续支持实施“151”人才工程、浙江省钱江人才计划及博士后择优资助项目和国家百千万人才工程。

【完善社会救助和福利体系】 促进发展社会养老服务业。加大对养老服务体系建设投入,省级安排养老服务业投入 7.2 亿元,福彩公益金安排用于养老服务的比例为 51%,全省建成城乡居家养老服务照料中心 1.92 万个,基本覆盖城市社区和大部分农村地区。推进政府购买养老服务工作,会同民政等部门印发《关于加快推进政府购买养老服务的意见》,明确政府购买养老服务相关政策。加强养老护理服务队伍建设,研究完善养老服务岗位“入职奖补”政策。

推进社会救助体系建设。支持社会救助信息管理系统建设,将 99%低保对象信息纳入系统,提高社会救助管理水平。规范最低生活保障工作,参与制定社会救助家庭经济状况认定办法和核对管理办法，实现精准施保。推进临时救助制度建设，会同民政部门研究制定《浙江省临时救助办法》，并提请省政府下发，支持开展“救急难”试点工作。

支持残疾人福利事业。落实残疾人康复、托养体系建设投入政策，继续做好残疾人助明、助行、助听及残疾儿童抢救性康复项目补助资金安排工作。会同省残联研究制定加快推进残疾人全面小康进程实施意见，整合困难残疾人生活补贴和重度残疾人护理补贴制度实施办法。研究修订残保金征收使用管理办法，规范资金征收和使用。

规范完善水库移民资金管理。改革移民管理机构项目资金审批方式，加快资金支出进度，做好水库移民避险解困试点工作。

【提升财政社保管理工作能力】 落实专项资金管理改革和竞争性分配改革要求，实现“一个部门一个转移支付专项”。组织开展社保基金预决算审核，完善报送制度、审核机制和汇审方式。做好社保基金预算上会及社保基金预算执行月报工作。开展医药费用智能化监管、药械采购与定价改革、低保信息化核查机制和基层医疗卫生机构补偿机制改革等专题调研。

（省财政厅社保处供稿 黄 青执笔）

经济建设财政财务管理

【扩大有效投资】 2015年，筹措落实省级财政性资金182亿元，争取中央基建投资资金56亿元，带动全省有效投资160亿元。筹措并预拨铁路“八八计划”*项目第二批省级资本金61亿元，安排省级燃油税资金和地方政府债券公路水运建设项目68亿元，争取中央补助交通建设资金59亿元，推进铁路、公路、水运等交通重大基础设施建设。落实省山海协作产业园建设专项资金2亿元，推进山海协作产业园建设。

【推动重点领域改革】 改革油价补贴政策。调整渔业油补资金使用方式，完成《浙江省渔业油价补贴政策调整实施方案》，建立渔业油补与渔业资源保护、产业转型升级相协调的新型产业政策机制；调整城市公交车油补资金使用方式，加快新能源公交车推广应用。

创新基础设施投融资模式。设立省基础设施投资（PPP）基金100亿元，以参股省级子基金和市县子基金的形式，原则上按项目定基金，鼓励和引导社会资本进入基础设施和公共服务领域，拓宽市政、交通等基础设施建设资金来源渠道。

【推进生态文明建设】 支持水环境治理。安排省级治水资金98.8亿元，有效治理黑河、臭河，全力推进防洪排涝、城乡供水和污水治理等重点工程建设。安排污水处理专项资金11.15亿元，推进全省城镇污水配套管网建设、污泥无害化处置和城镇污水厂出水一级A提标改造。争取中央“海绵城市”*建设试点城市专项资金12亿元，加强城市规划建设管理，修复水生态、涵养水资源，增强城市防涝能力。争取中央河湖泊保护和水污染防治资金4.51亿元，支持全省饮用水水源地保护、流域污染源治理、生态修复与保护等水环境治理。

推进城乡环境治理。安排省级生态环保专项资金96.29亿元，其中兑现并下达2014年度全省生态环保财力转移支付资金18亿元，推进生态环境整治。安排省级资金1.4亿元，支持和推进全省生活垃圾分类及垃圾焚烧厂基础设施建设，提高各地生活垃圾分类处理能力。安排农村危房房改造和美丽宜居示范村补助资金7.53亿元，支持1.7万户农房改造，185个美丽宜居示范村建设，78个农村历史文化村落污水、垃圾等环境治理，农村环境面貌持续改善。安排省级国土地矿专项资金0.94亿元，支持市县统筹用于国土矿山等环境整治。

支持雾霾治理。筹措落实大气治理资金6.5亿元，比上年增加3亿元，淘汰全省燃煤小锅炉、黄标车，治理工业有机废气、清洁土壤、清洁水源等方面给予补助。

推动新能源发展。安排省级可再生能源发展专项资金0.9亿元，争取中央金太阳示范补助资金14.81亿元，支持可再生能源健康发展，推动全省光伏发电规模化应用。

【支持海洋经济发展】 完善新一轮省级海洋经济发展专项资金的补助政策，筹措落实省海洋经济发展专项资金12亿元，争取中央海洋经济创新发展区域示范专项资金8000万元，推进海洋经济发展示范区和舟山群岛新区建设。筹措落实省级资金79.25亿元，支持海陆联动集疏运网络等水运基础设施建设。安排省山海协作产业园建设专项资金2亿元，加快构建海陆联动新格局，促进全省区域协调发展。分年度筹措落实1.25亿元，支持浙江海洋地质调查与勘探工作。

【支持新型城镇化建设】 推进都市区和城市群规划建设，推动县城、中心镇建设发展和小城市培育。安排小城市培育试点专项资金15亿元，通过奖补结合和以奖促建的方式，加快推进新型城市化建设。对43个试点镇继续按原补助标准进行支持，主要用于小城镇建设的基础性、关键性领域，带动地方政府和民间资金投入，助推全省新型城镇化建设。

【保障民生投入】 支持农村公路提升改造。安排省级交通资金10.61亿元，推进农村公路升级改造，支持农村物流发展。筹措落实并兑现考核奖励资金4000万元，推进“交通治堵”。

支持保障性住房建设。争取中央资金40.02亿元，筹措省级资金3.5亿元，支持全省新开工各类保障性安居工程住房27.5万套，基本建成27万套，鼓励各地开展棚改货币化安置2.8万户。

落实油价补贴政策。拨付油价补贴资金68.03亿元，确保油价补贴资金限时发放和兑付。

支持安全生产应急救援体系建设。支持化工自动化安全控制系统推广应用和安全生产应急救缓体系建设,提高全省安全生产应急救援能力。

【支持对口援建】 统筹安排浙江省援建资金,余缺调剂市县援建资金。全年安排对口支援新疆、西藏、青海建设资金24.10亿元,落实各省级对口援建指挥部工作经费,有效推进浙江省对口支援新疆、西藏和青海经济社会发展建设工作。

【强化政府投资预算管理】 建立省级政府投资预算编报与计划的衔接机制,实施省本级政府投资项目管理信息系统,将省本级政府投资项目财政性资金纳入系统管理范围,搭建省财政厅、省级主管部门和预算单位对省本级政府投资项目进行联网管理的工作平台,提高政府投资效益。

(省财政厅经建处供稿　彭新宇执笔)

注:

*“八八计划”:在“十二五”期内(2014年、2015年)确保开工8个铁路项目,后两年(2016年、2017年)再开工8个项目,争取2020年前建成16个项目。

*“海绵城市”:指城市能够像海绵一样,在适应环境变化和应对自然灾害等方面具有良好的“弹性”。

财政监督

【概况】 2015年,浙江省财政监督工作围绕做好“生财、聚财、用财”三篇文章,贯彻落实《预算法》以及各项财政管理改革要求,加强绩效监督和检查力度,严肃财经纪律,规范财经行为,逐步构建全过程、系统化财政监督运行机制。

【实施财政存量资金检查】 开展盘活财政存量资金检查工作,核实上年底财政存量资金数和截至当年3月31日财政存量资金盘活数。截至2014年12月31日,全省清理财政存量资金3675.70亿元,盘活财政存量资金934.47亿元;截至2015年3月31日,全省清理上报财政存量资金2311.10亿元,并检查违规、非税收入延迟缴库等问题。同时,督促盘活措施落到实处,分析财政存量资金结构,总结盘活财政存量资金过程中存在的困难和经验,提出盘活财政存量工作建议。

【部门决算报表质量检查】 选择全省28个厅局下属的144家二级预算单位实施2014年度部门决算报表质量检查,在检查财务收支、预算编制执行情况基础上,重点关注“三公经费”“对外投资”“在建工程”“存量资金”“科研课题”等问题,检查发现各类违规资金34.09亿元,系统分析预算管理中存在的问题及原因,提出意见和建议,为预算管理服务。

【开展节能减排专项检查】 选择积极财政政策重点扶持的金太阳、循环园区、高效电机、新能源汽车等节能减排项目作为全国联动的重点行业进行监督检查,共检查单位630户,发现违规问题金额26亿元,项目补交税款173.39万元,追缴财政资金814.5万元,并对节能环保政策提出合理化建议。

【实施稳增长督查】 组成3个督查组,对温州等7个市本级,并各抽取1个县开展稳增长督查工作,重点包括地方财政库款、盘活存量资金、地方债转贷资金、重大政策和重大项目落实等方面。将督查发现的问题反馈被督查单位,分市县提出整改意见和建议并限时整改,有效督促各地落实稳增长财政政策。

【实施会计师事务所执业质量检查】 围绕完善会计监督机制,深化会计师事务所行政监管,联合省注协,通过交叉检查和抽调注册会计师成立检查组等方式,对77家会计师事务所开展执业质量检查。对1家会计师事务所实施暂停执业6个月、没收违法所得及1倍罚款的行政处罚;对3名注册会计师实施暂停执业6个月的行政处罚;联合检查后由注协对3家会计师事务所,5名注册会计师在行业内通报批评,对12名注册会计师限期整改。

【组织实施预决算公开检查】 对8个设区市、8个县(市、区)开展预决算公开情况专项检查。8市本级预算应公开部门数量为781个,决算应公开部门数量为778个;78个县本级应公开的部门数量为5455个,决算应公开部门数量为5447个。根据检查情况,8市78县(市、区)均按照省对地方预决算公开的布置和指导开展,全省8市77县(市、区)均公开了政府预决算信息,大部分部门按要求公开了部门预决算信息。对普遍存在的公开时间滞后、部分市县部门决算公开率较低、公开不够规范、公开内容不够细化等问题,提出意见和建议。

【组织省级部门绩效评价】 组织98个省级部门的183个项目实施绩效自评,选择22个省级部门的27个项目实施绩效监控试点,组织27个省级部门的27个单位开展整体评价试点,组织15个省级部门的50个重点项目开展绩效评价。在评价方式上,规范评价报告格式,制定绩效监控和整体评价报告格式。

【开展政策绩效评价试点】 选择海洋经济和渔业新兴产业等5项支农政策,以全省上下联动的形式开展政策评价,评价结果提出2项政策取消、2项政策调整扶持重点、1项政策改进的评价建议,并作为支农政策取消、调整和存续的重要依据。开展“腾笼换鸟”“有效投资”“浙商回归”等3项财政奖补政策绩效评价,作为完善后续奖补政策的依据。开展全省出口信用保险政策绩效评价。

【开展省级展会支出绩效评价】 对省商务厅、省旅游局、省农业厅、省贸促会等4个省级部门2012~2014年度省级财政安排涉及展会支出的相关项目开展绩效评价，全面掌握省级展会支出使用及绩效情况。

【深化预算绩效目标管理】 完善9类专项公用类项目预算绩效目标填报框架，制定5类发展建设类项目预算绩效目标填报框架，将上述两大类项目预算绩效目标填报框架导入2016年部门预算编制软件。

【试行省级部门综合评价】 按照省政府工作目标责任制考核要求，将预算绩效管理纳入省政府三类目标实施考核。为提高综合评价的科学性和规范性，制定《浙江省省级部门财政管理绩效综合评价办法（试行）》，明确综合评价的具体指标和标准，并从2015年度开始具体实施。

【财政项目资金监审】 审核各类财政项目321个，审核金额61.62亿元，净核减7.41亿元，核减率为12.0%。其中：审核部门项目支出预算项目207个，审核金额34.88亿元，净核减5.09亿元；审核36个项目申请拨付的预付款及进度款，审核资金23.23亿元，核减（不拨或暂不拨付）2.13亿元；审核政府工程采购项目审核76个，审核金额2.21亿元，核减资金1875万元；审核2个项目的竣工财务决算，审核资金1.29亿元。

【审计联络保障】 完成各项审计联络保障工作，包括省审计厅5个审计项目（同级审计等）、审计署上海办等项目以及专员办等项目的联络保障。

【研究第三方评价机制】 办结省政协社科组《关于建立健全第三方动态评估机制 着力提升财政专项资金管理水平的提案》，并以此为契机，在原有会计师事务所、评估机构等第三方评价机构的基础上，重点培育大专院校、科研院所和咨询单位等专业机构参与绩效评价，拓展绩效评价工作的方式和方法。

（省财政厅财政监督局供稿　颜明波执笔）

农业综合开发

【概况】 2015年，浙江省大力开展高标准农田建设，支持构建新型农业经营体系，扶持现代农业园区和优势特色产业集群建设，提升开发绩效，助推现代农业发展；健全内部管理制度，强化廉政风险防范，不断完善农业综合开发管理机制，为浙江省农业增效、农民增收、农业生态环境改善作贡献。2015年，全省农业综合开发（不含部门项目）投入资金22.18亿元，其中争取中央财政资金6.82亿元，省级财政资金7.54亿元，市县财政配套资金3.33亿元，自筹资金（含银行贷款）4.49亿元。全省实施农业综合开发土地治理项目113个，治理面积74.9万亩；实施产业化经营财政补助项目78个，产业化经营中央财政贷款贴息项目51个；实施园区类项目20个。

【推进高标准农田建设】 围绕新形势下国家粮食安全战略总部署，促进农业转型升级，以提高农业综合生产能力，实现农民收入增加、农业可持续发展。同时，项目建设注重与“五水共治”“建设美丽浙江、创造美好生活”等工程有机结合，因地制宜确定项目建设内容。2015年，全省批复建设高标准农田45万亩，投入各级财政资金7.40亿元。支持山区小流域生态治理，重点开展水土流失治理和丘陵山区开发，保护农村生态环境，促进美丽浙江建设。

【加强园区试点项目建设】 转变开发观念，做好农业综合开发现代园、特色园试点项目建设。通过创新经营体制机制、改善基础设施、强化物质装备、培养新型农民、推广良种良法、加快农机农艺融合，打造现代农业发展的典范。全省在建农业综合开发现代农业园区项目5个（其中省级立项项目2个），在建特色园项目26个，累计投入各级财政资金7.47亿元。

【推动产业带建设】 通过探索土地治理项目和产业化经营项目有机结合的方式，培育和延长产业链条，最大限度发挥农业综合开发资金的集聚效应。围绕各地优势特色产业发展，重点支持农业龙头企业、规模化农民专业合作社，引导龙头企业带动农业全产业链发展，发挥新型农业经营主体助推农业现代化的作用。通过整体布局、组合实施、一体化推进，使高标准农田建设和当地产业发展环境配套衔接，真正成为产业发展基地和“生产车间”。

【完善农发管理机制】 理顺管理职责。鉴于农业综合开发土地治理项目财政资金规模逐年加大，县级农业综合开发办公室的机构力量与项目建设任务不匹配及廉政建设的需要，推行土地治理项目申报单位（乡镇、新型农业经营主体等）为单一业主；推进农业综合开发阳光管理，强化项目单位与中介机构责任，项目申报单位与中介机构需对项目及项目申报材料真实性负责。各开发县农业综合开发办公室（以下简称开发县农发办）强化项目管理职能，编制农业综合开发规划，组织项目申报，严格审核项目，加强项目监管，规范资金报账，做好项目竣工验收和绩效评价。

改革项目安排。浙江省农业综合开发办公室（以下简称省农发办）综合考虑各开发县的农业综合开发项目申报情况和工作质量，按项目分配省以上财政资金。为简化审批程序，缩短审批链条，省农发办通过预告省以上财政资金投资指标，督促开发县足额编制年度预算和及时开展选项准备，并根据有关农业综合开发制度规定落实到具体项目。

加强绩效管理。对绩效目标落实情况进行跟踪问效和绩效监控，建立健全绩效运行监控机制，及时了解掌握绩效运行情况，发现问题督促开发县农发办及时进行整改。根据确定的评价对象、管理工作实际和项目特点，选择适当评价指标，采取定性分析与定量分析相结合、实证分析与现场勘察相结合、事中积累与事后总结相结合、项目评价和资金评价相结合等方式方法,科学开展绩效评价工作。强化绩效评价结果应用,建立健全绩效评价结果反馈和应用机制,及时反馈绩效评价信息,切实整改存在的问题,不断完善各项管理制度,将绩效评价结果作为财政资金分配的重要依据。

*加大宣传力度。*上下联动,加大重点媒体的宣传力度,突出宣传重点,建立起新媒体和传统媒体相结合的全方位的宣传体系。利用财政厅门户网站、微博、微信等新型传播平台,以及《中国农业综合开发》《浙江财税与会计》《浙江财政信息》等传统媒体,提高浙江省高标准农田建设以及园区试点项目建设影响力,取得各界对农业综合开发的支持。

(浙江省农业综合开发办公室供稿　田　易执笔)

政府采购(控购)监督管理

【概况】 2015年,浙江省政府采购(控购)监督管理工作坚持“依法采购、廉洁采购、科学采购、和谐采购”四大理念,深化政府采购制度改革,创新政府采购市场化模式,着力构建政府采购制度体系、监管体系、诚信体系、标准体系、队伍体系,各项工作取得新的进展。全年全省政府采购金额1107.04亿元,比上年增长1.3%,资金节约率16.1%。采购规模占全省一般公共预算支出和GDP的比重分别为16.7%和2.6%。

【完善制度建设】 修改完善《浙江省实施〈政府采购法〉办法》(建议稿),推动立法进程。制定出台《浙江省政府采购活动现场组织管理办法》和《浙江省财政厅关于对部分政府采购审核审批事项实行备案管理的通知》,优化政府采购管理。研究拟定并提请省政府办公厅转发《杭州国际峰会项目政府采购实施办法》,为G20峰会政府采购高效规范开展提供制度保障。研究拟定并提请省政府办公厅公布《浙江省2016年度政府集中采购目录及标准》,调整和完善集中采购目录、分散采购限额标准和公开招标数额标准,强化政府采购目录和标准的引导功能。

【创新采购管理】 坚持以信息化促进规范化,提高政府采购效率。引入现代大数据、云计算等前沿先进技术,加快推进浙江省网上超市采购模式、在线询价采购模式、协议与批量相结合采购模式以及以电子招标、投标、评标为主要特点的传统与现代相融合的采购模式的创新。转变政府职能,对省级预算单位的部分政府采购审核审批事项实行备案管理,减少事前审核审批环节。根据财政部的统一部署,组织开展全省公共资源交易中心政府采购活动合法性情况自查;组织开展全省社会中介代理机构执业情况监督检查,对违法执业行为进行处理处罚,责令限期整改。依法开展社会中介采购代理机构执业资格行政审批废止之后的网上登记,至2015年底在省内注册的社会中介采购代理机构为317家。继续对政府采购供应商实行注册登记制度,强化资格审查和诚信管理。加强评审专家管理,扩大评审专家库规模,优化专业结构,提高使用效率。以浙江政府采购网为平台,推进信息公开。加强协议供货采购、定点采购履约监管,委托第三方对全省协议供货采购价格进行监控。依法处理各类投诉、举报,保护双方合法权利。

【发挥政策功能】 加快拓展绿色采购政策适用范围和环节,强制采购节能产品和优先采购环保产品制度有效运行。探索实行自主创新政策,促进“浙江制造精品”推广和应用,支持国产品牌汽车产业和本省汽车企业发展。完善以中小微企业为参与主体的科研和医疗设备展会采购平台,继续试行不提供担保的政府采购支持中小企业信用融资政策。2015年向中小微企业采购突破483亿元,“十二五”期间中小微企业获取政府采购合同份额每年超七成五,中小微企业的供应商主体地位已经形成。强化政府采购进口产品管理,确立本国产品占据绝对优势格局。探索拓展政策范围,在全国率先出台政府优先采购残疾人庇护产品政策,采用单一来源采购方式采购残疾人庇护产品,扶持弱势群体。

【推进GPA工作进程】 按照财政部统一部署,深化政府采购协议(GPA)出价研究,完善出价建议,组织省级GPA成员单位研究拟定《浙江省加入GPA例外情形》,经省政府同意后上报财政部。同时组织东部地区各省市协同研究,协调各省市研究结果,形成《东部地区加入GPA例外情形方案》报财政部,作为国家进行谈判决策的参考。

【推动公车改革】 配合牵头单位做好全省公务用车制度改革研究和准备工作,拟定配套政策。参与省车改办工作,配合完成省公务用车制度改革总体方案和省级机关改革方案,提请省委省政府批准后上报中央。2015年底省车改方案得到中央批准,并进入实施阶段。同时,继续做好公务用车日常管理,加强执法执勤用车更新管理,严格按照6%比例控制更新车辆,推动选用符合标准的国产自主品牌车辆。研究国有企业车辆审批问题,严控一般工作用车审批。　(省财政厅采监处供稿　冯　华执笔)

财政政策法规

【概况】 2015年,浙江省财政政策法规工作按照全省财政工作总体部署,推动地方财政立法,管理行政规范性文件,开展财政普法,加强行政执法监督,规范财政行政执法,提高财政管理法治化水平。

【推动地方财政立法】 开展财政立法项目申报、起草和调研论证工作,《浙江省实施〈政府采购法〉办法》和《浙江省国家赔偿费用管理办法》列入2015年省政府规章二类立法项目。组织《浙江省国家赔偿费用管理办法》立法前评估工作,开展实地立法调研,对立法的必要性与可行性进行专家评估论证。

【管理行政规范性文件】 按照《浙江省财政厅行政规范性文件管理办法》要求,组织对厅机关55件行政规范性文件公开征求意见、合法性审查,并按规定报省法制办统一登记、备案,组织开展省财政厅行政规范性文件清理工作。

【组织法制教育培训】 组织学法考试3次,运用数字财政干部网络学校考试系统,开展全省财政系统新《预算法》考试,全省财政系统共6200人(次)参加。举办全省财政法制骨干培训班,系统学习新《预算法》《行政诉讼法》等新法新规。编发《浙江省财政厅学法手册》,全年编印4期计12000册,发放给财政厅机关各处室局和市县财政部门,反映财政法制动态,学习宣传新法新规。

【开展财政法制宣传】 组织开展以学习宣传新《预算法》为主题的财政普法动漫剧本征集活动,征集到新《预算法》剧本105部。组织全省财政系统开展浙江"法治宣传月"和"12·4"全国法制宣传日活动,开展"法治财政"动画微电影网络展播评选活动,将优秀的财政普法动画微电影作品通过财政厅门户网站、厅官方微信公开展播,点播次数36000人(次)。开展全省财政"六五"普法总结集中验收工作,交流总结全省财政"六五"普法工作。组织征订8000多册财政"六五"普法验收题库,做好财政普法数据资料收集整理工作。

【推进新《预算法》的贯彻实施】 推进新《预算法》贯彻实施,要求各级财政部门、各部门、各单位完善预算编制工作、做好预算公开工作、加强预算执行管理,推进预算绩效管理工作,加强地方政府债务管理,做好预算监督工作。

【加强行政执法监督】 2015年办理财政行政处罚、处理类案件43件,对所有案件进行事前法律审核,按照法定程序和法定期限作出处理。依法办理行政复议案件7起,行政复议答复2起,行政应诉案件2起,省财政厅均胜诉。组织开展全省财政系统行政许可案卷和行政处罚案卷评查工作。

【规范合同审查工作】 完善合同合法性审查工作机制,依法履行合同合法性审查职责,2015年审核各类经济合同18件,提出审核意见建议160多条。

【做好国家赔偿费用支付工作】 依法受理省高院国家赔偿费用支付申请2起,及时启动国家赔偿费用支付程序,认真核对并加强协调,确保国家赔偿费用及时支付,共计支付国家赔偿金217.0704万元。 (省财政厅法规处供稿 王新江执笔)

财政纪检监察

【夯实党风廉政建设主体责任】 2015年,省财政厅党组贯彻落实党中央、国务院、省委省政府和省纪委关于党风廉政建设和反腐败工作的一系列重大决策部署,定期分析研究党风廉政建设工作,召开全省财税系统党风廉政建设工作会议,制定下发《2015年全省财税机关党风廉政建设工作要点》,确保反腐倡廉建设与财税业务工作同部署、同检查、同考核。按照"谁主管、谁负责"和"双岗双责"的要求,制定《厅党组2015年度党风廉政建设和反腐败工作组织领导和责任分工》,明确每位党组成员在分管范围内党风廉政建设方面的主要任务,一级抓一级,层层传导压力,主动接受驻厅纪检组监督,确保主体责任落地生根。

【持续深化作风建设】 落实好中央八项规定和省委28条办法,紧盯"四风"新形式新动向,在巩固前期整治成果的基础上,结合"三严三实"专题教育,深入排查作风建设中存在的"不实、不严"问题,防止"四风"问题反弹。严格执行教育实践活动中制订的文风会风、公务用车、公务接待、因公出国、调查研究、廉政建设、业务管理等制度规定,防止"破窗效应"的发生。完善基层调研长效机制,把满足企业的合法合理需求作为财税服务的出发点和落脚点,解决基层最突出、最迫切的问题。坚持抓早抓小,抓住元旦、春节等重要节点,通过自查、抽查、督查等方式,推动作风的根本好转,在省正风肃纪小组组织的历次明查暗访中未发现违规违纪现象。及时下发全省财政地税系统干部违纪违法案件情况的通报,对违反党纪法规的单位进行点名曝光,通过对责任事件的通报,释放警示信号。

【开展领导干部配偶子女金融机构从业登记】 按照省委办公厅有关要求,在财政厅机关和下属单位中开展领导干部配偶、子女等在金融机构从业、任职等情况的登记摸底,明确登记对象、登记内容和填报方式,对有无违反省委文件要求的事项进行承诺。对可能存在利益冲突的领导干部进行约谈和岗位交流。同时,核销厅内5个银行账户,制定下发《切实做好防止领导干部在公款存放方面发生利益冲突和利益输送的通知》,对厅属单位公款存放进行招标。

【加强干部教育监督】 严格执行党内监督十项制度"实施办法",认真落实述职述廉述德述法、诫勉谈话、个人重大事项报告等制度。2015年,根据省委组织部要求,有重点地开展个人重大事项报告抽查核实,对抽查发现有漏报、瞒报的分别进行函询、批评教育和诫勉谈话。加强反腐倡廉宣传教育,组织干部职工学习新修订的《廉洁自律准则》《党纪处分条例》等法规,编印系统典型案件警示录,强化广大财税干部职工廉洁自律意识。深入开展廉政文化进机关、进窗口、进家庭活动，营造崇廉尚廉、干净干事良好氛围。

【加强系统工作指导】 加强对市县财政反腐倡廉工作的指导和交流，围绕纪检监察体制改革、涉农涉企专项资金管理、财税重点领域和关键环节风险防控等专题开展基层调研，共同探讨交流财税惩防大计，使纪检监察工作更“接地气”。建立健全财政地税系统重大信访案件报告制度，及时掌握案件进展，实地督查指导，挖掘案件背后的深层次原因，特别是一些制度性、程序性的缺陷，向党组或有关职能处室提出改进的意见、建议，做好“后半篇”文章。召开部分市县纪检监察纪检组长座谈会，交流各地贯彻落实年初全省财政地税系统党风廉政建设工作会议的情况，围绕防止利益冲突、加强风险防控及监督执纪问责等重点工作，探讨新形势下纪检监察监督的有效途径和方式，推动系统党风廉政建设再上新台阶。

（驻省财政厅纪检组供稿　杨一斐执笔）

人事·党建

【机构和编制管理】 大力争取机构编制，经省编办批准同意，财政厅机关设立债务管理处，核增机关处级领导职数2名；成立省社保基金管理中心，核定人员编制5名，处级领导职数1名。根据机关事业单位控编减编情况和国家对事业单位“双肩挑”人员管理的新要求，以及单位人员结构、业务发展的变化，开展厅属事业单位岗位设置方案调整工作。

【干部选拔调配】 开展处级干部选拔调配工作，9名正处级领导干部进行了岗位交流，根据党政领导干部选拔任用条例规定的程序，提任正处长级领导6名、调研员4名、副处级领导13名（其中11名通过竞争性选拔提任）、副调研员2名、管理五级1名。

【干部监督管理】 全面开展干部人事档案专项审核工作，以干部“三龄两历一身份”为核查重点，组织专人集中1个月时间对财政厅机关、参公单位和事业单位处级干部的档案逐页进行检查摘录，并进行比对核查。对存在档案缺失、记录前后不一致等情况的，通知干部本人协助提供材料并作出相关说明后进行处理。做好领导干部个人有关事项报告的汇总综合、抽查核实和查核验证等工作，2015年随机抽查19人，重点抽查三个批次41人，对申报不实、存在漏报情况的，开展函询、提醒和诫勉。开展因私出国（境）证件专项清理与检查，定期与出入境管理机构比对信息，加强出国（境）管理。

【干部人事服务】 根据省政府统一部署，贯彻国家基本工资调标政策，实施机关事业养老制度改革，按期完成工资系统升级、调整工资标准、养老金基数计算、基础信息采集、养老金扣缴等工作，并向机关干部发放《调标告知单》，提供清晰的调标数据。落实党和国家对离退休人员的政策关怀，按国家规定政策调整提高2014年9月30日前已办理手续的离退休人员的离退休费，调整规范事业单位离退休人员的补贴标准。

【干部培训教育】 突出培训教育的实用性、针对性，围绕新《预算法》、政府与社会资本合作（PPP）、政府产业基金、政府购买服务、政府债务管理、机关事业单位养老保险改革等主题，举办好各类干部培训班和4期财政干部讲坛。以预算编制人才库研讨班为示范，创新岗位培训的组织形式，让学员成为培训的主角，改善学员体验。推进在岗培训、在线学习，开发“在线题库”，满足干部职工多样化学习需求。

【开展“三严三实”专题教育】 按照“突出教育主题、强化问题导向、贯彻从严要求、坚持以上率下”的原则，扎实开展“三严三实”专题教育。将专题教育与学习研讨结合起来，学习习近平总书记关于“三严三实”的重要论述，开展严以修身、严以律己、严以用权三个专题的学习研讨，深刻领会“三严三实”的丰富内涵，在思想深处将“严和实”的标准立起来。将专题教育与讲党课结合起来，厅党组书记给处级以上干部上党课，班子成员给分管处室干部、轮训班学员上党课，既谈体会和认识，又提目标和要求，增强干部职工践行“三严三实”的自觉性。将专题教育与财税文化建设结合起来，大力弘扬“实、稳、优”财税核心价值理念，以更实的作风、更严的标准推进财税工作。将专题教育与整改落实结合起来，对照党章党规党纪和先进典型，深入查找“不严不实”问题，剖析原因，提出整改措施，并在民主生活会上开展批评和自我批评。

【机关党建】 深化理论学习教育，建设学习型党组织，厅党组理论学习中心组全年组织9次共15天专题学习。分三期举办处级党员干部党章党规党纪集中轮训，唤醒党员干部党章党规党纪意识。组织民主评议，评选出“五星级党支部”3个，“优秀共产党员”25名。推进党风廉政建设，出台《中共浙江省财政厅党组关于印发2015年度党风廉政建设和反腐败工作组织领导与责任分工的通知》和《中共浙江省财政厅党组关于切实做好防止领导干部在公款存放方面发生利益冲突和利益输送工作的通知》。厅党组书记与厅机关各处室局、厅属各单位“一把手”签订《党风廉政建设责任书》，形成一级抓一级、层层抓落实的工作局面。

【服务离退休干部】 落实好离退休干部的政治、生活“两项待遇”。组织离退休干部参加省委省政府举办的各类情况通报会以及机关事业养老保险改革专题讲座。开展“走、看、促”主题实践活动，组织离退休干部参观体验“五水共治”“美丽乡村”以及新农村建设的成果。开展抗日战争胜利70周年纪念活动，召开离退休干部抗战胜利座谈会，组织老干部撰写文章、书画，向3位抗日战争时期参加革命工作的离休干部颁发纪念章。发挥老干部活动室的作用，完善老干部活动室的设施，为离退休干部营造一个谈心聊天、休闲娱乐的场所，丰富老干部晚年生活。

【财税文化建设】 在全省财政系统开展向吴波同志学习活动，教育和引导全省财政干部以吴波同志为榜样，践行"实、稳、优"财税核心价值，积极深化财政改革。组织收看中央电视台"新闻联播"、中央人民广播电台"新闻与报纸摘要"对吴波同志先进事迹的宣传报道，组织收看财政部发行的专题片。将吴波同志先进事迹作为中心组学习资料并扩大发至各支部学习。通过座谈会和财政干部讲坛的形式，组织干部交流学习吴波同志先进事迹的心得体会。

开展全国和全省财政系统先进集体先进工作者的推荐和评选活动。经评选，海宁市财政局、庆元县财政局被授予"全国财政系统先进集体"称号，杭州市拱墅区财政局局长孟三山、湖州市财政局行政政法处处长王承洁被授予"全国财政系统先进工作者"称号；杭州市财政项目预算审核中心等21个单位被授予"全省财政系统先进集体"称号；杭州市财政局社会保障处刘炎等22名同志被授予"全省财政系统先进工作者"称号。

按照"团结、进取、文明、节俭"的宗旨举办全省财政系统运动会，充分展示浙江财税人"团结协作、奋勇拼搏"的精神风貌，诠释"实稳优"财税文化核心价值观。开展职工疗休养服务，做好职工大病医疗互助保障参保工作。扩充职工书屋，建立网上借书系统。组织开展厅第五届趣味运动会、低碳出行春季健步走活动、"浙山·浙水·浙乡村"摄影展等活动。

（省财政厅人事处[离退休干部处]、机关党委供稿　章荣忠执笔）

办公室工作

【综合文稿】 创新写作思路，提高综合文稿质量。完成全省财政地税工作报告、年中会议讲话、预决算报告等综合材料近70篇。

【信息调研】 做好《每日财经要情》《财税改革专刊》《浙江财政信息》《财政动态参阅》的编报工作，向省委、省政府、财政部专报信息396期，获得国务院批示2条，省领导批示10余条。组织开展全省财政系统调研，完成调研课题83篇，评选出优秀课题40篇。

【财政宣传】 加强重点宣传，在《浙江日报》《中国财经报》等主流媒体发表新闻稿件80余篇。加强专题宣传，组织召开政府产业基金等新闻发布会4场。加强网络宣传，发挥政务微信、政务微博、手机微报"三微"平台作用，截至2015年底，订阅用户3.5万人，全年阅读量超70万人次。密切与省人大代表、政协委员的联系，寄送《浙江财政信息白皮书》、预算报告草案（征求意见稿），编制《财政预算读本》。加强网军建设，发展网评员125人。

【公文管理】 做好综合办公平台改版升级工作，于6月上线运行。完善公文智能交换跟踪系统，提高公文交换效率。全年发文2164件，比上年减少56件，在上年压缩基础上继续下降2.7%。

【政务督查】 做好省政府部门目标责任制考核工作，连续13年获得优秀单位称号。全年督办省领导批示件804件，办理交办件877件，完成各类专项督查20多个。完善厅内重点工作督查制度，确定5项厅内重点督查事项。制定省财政厅督查清单，对督查事项实行统筹管理。做好建议提案办理工作，全年承办建议提案570件（其中主办39件），答复满意率为100%。

【电子政务与信息公开】 做好政务信息资源共享工作，配合推进便民服务事项向浙江政务服务网迁移，全面推进行政权力事项在线运行。会同做好涉财权力事项和"三公"经费、行政处罚信息等重点事项在门户网站和浙江政务服务网上主动公开。做好依申请公开工作，全年受理申请61件，均依法按时答复。

【保密、档案与信访工作】 制定《省财政厅定密管理办法》和《省财政厅定密事项一览表》，开展网络与信息安全系统等专项保密检查。修订省财政厅归档范围与档案保管期限表并报省档案局核准。制订按法定途径分类处理信访投诉请求实施方案并报省信访局审批。全年处理各类信访件106件，接待群众来访28批次52人次。

【财务管理】 做好部门预决算编制和公开工作。出台《浙江省财政厅关于印发厅机关及厅属单位公款竞争性存放实施细则的通知》，牵头做好省财政厅部门公款竞争性存放工作。对厅属事业单位支出实行财务统一审核制度，探索阶段性项目按年度实际资金量细化安排资金的模式。做好厅属事业单位会计核算软件二次开发工作。做好厅属有关单位的经营责任制考核工作。

【资产管理】 做好固定资产的采购和报废处置工作。对厅机关办公用房及厅属经营用房开展全面清查，稳步推进房产移交。修订《厅机关临时周转房租住管理办法》《厅机关集体宿舍租住管理办法》，加强厅机关周转房及集体宿舍的管理。

【后勤保障】 整合机关食堂和曙光餐厅，成立膳食部，全年接待就餐约30万人次。完善公务用车网上审批流程，提高公务用车运转效率。做好公车制度改革相应对策研究。加强会议室使用管理，提升会议服务质量。做好安保、停车、保洁等物业管理，落实节能措施。

（省财政厅办公室供稿　王　琛执笔）

直属单位概况

浙江省金融控股有限公司

【概况】 2015年,浙江省金融控股有限公司全力推进政府基金管理、国有金融股权管理、金融服务创新等工作,全年实现净利润26亿元。

【政府基金管理】 组建运作省产业基金。根据省委省政府决策部署,于5月底正式组建规模200亿元的省产业基金,按照"政府引导、市场运作、分类管理、防范风险"原则,重点支持省"七大产业"和农业农村发展。建立省产业基金工作协同推进机制,推动区域基金、市场化子基金、直接投资项目投资运作,完成出资136.12亿元,落地项目154个。做好各类基金管理工作。省引导基金完成4个项目退出,收回本金和收益1.79亿元。省创新强省基金新增落地项目20个,撬动投资7.44亿元。天使梦想基金采用"资助+期权+激励"模式,支持梦想小镇创业团队,筛选39个项目,投入资金780万元。提高基金管理运作水平。帮助浙江省各地政府组建区域基金和地方产业基金,打造全省产业基金投资管理体系。依托互联网技术,打造项目对接平台。创新组建混合所有制的金控资本管理公司,为省产业基金运作提供全方位专业支持。

【国有金融股权管理】 推动国有资产证券化运作。投资17.26亿元参与浙商银行增资扩股,打好浙商银行H股上市基础。做好财通证券增资扩股,推动财通证券正式启动A股上市工作。通过省产业基金投资13.62亿元定向认购26.7%股份,推动永安期货率先在"新三板"完成挂牌上市。完善金融业务布局。在已有银行、证券、期货、基金、信托等金融业务的基础上,加快金融租赁、保险业务布局。与浙商银行合作发起设立浙银金融租赁公司,联合太平财务保险公司共同发起组建太平科技保险公司,新设立公司均在审批中。参与国家级改革试点。以原省海投集团资产参股组建省海港集团,对接"一带一路"和长江经济带建设。参与物产中大股本定向增发,助推中国(杭州)跨境电子商务综合试验区。

【创新金融服务】 提升"一所两中心"业务规模。截至年底,股权交易中心挂牌企业2539家,累计实现总融资287亿元,当年实现148亿元,打造企业挂牌全服务链。金融资产交易中心全年实现交易额492亿元,净利润9000万元,同比增幅超4倍。产权交易所全年完成产权交易项目169宗,单向成交金额96.5亿元,促进省内产权资源流转。运行担保增信业务。再担保业务全年提供融资担保18.53亿元,支持服务中小微企业1154户次。其中再担保业务新增承保额9.57亿元,体系内担保机构担保发生额121.09亿元;完成直接融资增信8.97亿元。推进战略业务协同。利用资金存放银行竞争性招标,获得银行跟贷及承诺跟贷2708亿元。推动参控股金融机构参与政府基金运作,发挥省、市(县)两级政府基金联动作用,为特色小镇建设等重大任务提供资金和要素保障。

【强化内部管理】 规范公款资金存放。率先在省属国企中开展资金开户与存放银行竞争性招标。全年开展招标6次,累计存放资金近250亿元,招标程序规范到位,竞标过程公开透明,得到主管部门肯定及竞标银行好评。加强员工队伍建设。做好人才"外引内培"工作,创新人才培养机制,公开招聘择优录取多名专业人员,公开选拔聘用金控管理公司副总经理1名。

(省金控公司供稿　尤敏强执笔)

财税政策研究

【开展财政科研工作】 做好财税热点问题研究。完成税收优惠政策清理系列调研。围绕国务院清理规范税收等优惠政策要求,赴杭州、余杭等地调研,完成《清理规范税收等优惠政策对财税的影响分析》《清理规范税收等优惠政策的几点思考》两篇调研报告。根据政策调整,继续跟踪调研,形成《提升财税政策的严肃性和可操作性》,刊发于财政部科研所内参,供领导决策参考。联合省财政厅社保处组织有关财经专家学者,专题研究《劳动法》实施对浙江省经济的影响,并形成研究报告送厅领导参阅。完成《六大城市比较分析》课题,对杭州、宁波、南京、广州等六个城市进行财政收支情况的对比分析,为浙江下一步发展思路提供参考。

做好省委省政府重点课题。完成省政府重点调研课题《未来促进人才创业的研究》,从财税角度出发,梳理了财税促进人才创业的对策,为省政府出台《浙江省人民政府关于支持大众创业促进就业的意见》提供财税政策建议。完成省政府重点调研课题《发挥财政宏观调控作用的对策研究》,为深化宏观调控体制机制建设提供财政方面建议。

开展立项课题研究。联合省财政厅总预算局完成厅机关行政课题。调研组围绕教育、农业和公路的事权与支出责任划分进行调研,完成《浙江省部分市县教育事权与支出责任调研报告》《关于浙江省公路事权与支出责任相适应的调研报告》《关于财政支农事权与支出责任的调研与思考》三篇调研报告;并在此基础上完成《浙江省事权与支出责任划分研究》课题,获全省财政行政课题评选一等奖。参与完成《PPP模式在财政工作中的推广应用》全国协作课题研究。完成社科联立项课题《浙江省城镇职工基本医疗保险制度可持续性研究》，并按时结题。

做好财政重点工作专题研究。开展政府产业基金系列研究。配合财政厅总预算局完成省政府关于政府产业基金指导意见的代拟稿；参与财政厅企业处组织的政府产业基金市县调研，完成《浙江省政府产业基金的实践与探索》，相关研究报告均以《浙江财税参阅》形式呈厅领导参阅。做好财政部政研室课题研究。先后完成《中央财政支出占比分析》《“财政空转”问题分析》《财政政策对投资经济影响分析》《经济发展中长期分析》《财税改革情况汇报》等5篇研究课题。联合有关业务处室科研骨干，组织翻译《美国财政部2014~2017财年战略规划》，以期对浙江省未来财政中长期规划提供参考。

推进科研成果应用工作。向省委省政府报送优秀调研报告，其中《浙江省五水共治的财政保障机制研究》获得2013~2014年度党政系统优秀调研成果三等奖。

【做好杂志宣传发行】 办好《浙江财税与会计》。全年完成12期杂志的编审、出版工作。重点围绕贯彻实施新《预算法》、大力发展产业基金、推进PPP模式持续健康发展、绿水青山就是金山银山、特色小镇建设、“四张清单一张网”等改革热点，组织专题深入宣传。及时报道财税改革工作的成果，宣传财税文化建设的亮点。设置专栏，精心组织稿件，为财税干部、会计工作者提供良好的学习交流平台。通过杂志赠阅、宣传，搭建财税部门与两会代表委员及广大群众沟通的桥梁，争取各界对财政工作的理解和支持。

办好《浙江财税参阅》。为领导提供经济、财税理论方面的新信息；围绕热点难点问题，刊发相关科研成果，力促科研成果转化，提升科研溢出价值，全年共编辑刊发34期，其中《青年论坛专刊》4期。

【加强史料收集工作】 完成《浙江财政年鉴》(2015卷)编纂工作。11月底出版《浙江财政年鉴》(2015卷)。2015卷年鉴较上年取得明显改进：年鉴体量压缩，通过精心编辑、压缩条目篇幅、调整版芯等形式，比2014卷缩减55页；出版时间前移，克服困难，提高效率，加快总体工作进度；赠阅覆盖面加大，增加了向省属综合类、财经类院校图书馆及省人大、省政协的赠阅数量；推进年鉴数字化进程，调减年鉴印刷册数，适量增加具有二级检索功能的数据库光盘刻制数量，节减费用，便于使用。

《浙江财政年鉴》(2014卷)在由中国出版协会年鉴工委组织的全国第五届年鉴编纂出版质量评比(每五年一次)中，获地方专业年鉴类综合二等奖，同时获得装帧设计特等奖、条目编写二等奖和框架设计三等奖3个单项奖。

做好《浙江通志·财政卷》工作。2015年，《财政卷》编纂工作进入资料长编和志稿撰写的全面攻坚阶段，通过各相关责任处室共同努力，全部完成资料长编的编辑工作，在完成两轮试写稿工作基础上，已有部分责任单位完成本部门所承担的财政志初稿撰写工作以及初稿的内审工作，其余单位也都基本完成初稿的编纂工作，进入内审阶段。

做好陈列室的管理工作。2015年接待省委、省政府，财政部以及兄弟省市参观者数十人次。待年中决算数据公布后，更新相关展板内容，保证数据时效性。

(省财税政策研究室供稿　周丽珠执笔)

财政信息化建设

【概况】 2015年，浙江省财政信息化建设以创新财政信息化工作为重点，稳步推进数字财政建设，参与省政府“四单一网”(指政府权力清单、责任清单、企业投资负面清单、部门专项资金管理清单和电子政务服务网)建设，实施政务服务网统一公共支付平台、“证照网上申请、快递送达”、政采云平台等财政特色应用，着力加强信息安全和数据仓库建设，全省财政信息系统安全平稳运行。

【数据仓库初具规模】 构建财政数据仓库，以数据仓库为基础开发财政综合信息分析系统，充分利用财政数据资源，提升财政信息价值。按照省政府促进大数据发展的要求，通过与公安、社保、民政、地税等部门的数据共享，初步构建我省以财政资金受益人、企业、地区为主题的财政数据仓库。至年底，已基本完成全省清单项目专项资金数据采集和乡镇公共平台居民财政补助数据采集工作。

【“四单一网”不断拓展】 作为省政府“四单一网”首批试点单位之一，继续配合推进省政务服务网建设。升级完善省级政府部门专项资金管理清单信息系统，配合做好2015年度省级政府部门专项资金管理清单发布工作。开发财政专项资金监管系统，完成省本级、杭州市、富阳区、淳安县财政专项资金数据汇总试点工作。完善省政务服务网统一公共支付平台，已实现全省高速违章罚款、公务员考试、会计从业资格考试、教育考试院自学考试、交通违章罚没等非税收入项目网上缴款业务接入。截至12月，通过平台缴纳非税收入超过75万笔，金额2亿多元。

【五大平台运维升级】 财政综合办公平台、预算单位应用平台、社会公众服务平台、乡镇公共财政服务平台、财政移动工作平台均已上线运行，陆续进入升级、运维、推广过程。启动移动工作平台二期建设，包括新版公文管理系统代办、已办、档案、电子公告子系统，财政库银横联库报数据子系统，市县财政数据库子系统升级模块，全省学籍数据查询模块等。开发新版财政综合办公平台，完成省本级FOA的上线运行，启动全省版本FOA的开发和试点工作。开发财税文化管理系统，搭建数字陈列馆、活动之窗、网络学校、廉政文化等四个平台，其中活动之窗涵盖党、工、团、妇等相关内容。完成预算单位应用平台扩面工作，梳理形成基于基础资料统一用户管理项目的开发和上线工作。继续升级推广乡镇公共财政服务平台,2015 年完成全省所有乡镇实现全覆盖。

【政采云平台有序开展】 为适应政府采购业务的需要和云计算发展趋势,在全国率先提出在阿里云上构建全省政府采购云平台的建设方案。2015 年,引入大数据、云计算等前沿先进技术,加快推进网上超市采购模式、在线询价采购模式、协议与批量相结合采购模式以及创新以电子招标、投标、评标为主要特点的传统与现代相融合的采购模式;在省级单位中全面推进政府采购"网上超市""在线询价"等系统的应用;加快政府采购外网系统与教育和卫生部门集中采购系统、医展会政府采购系统的整合,强化省、市、县三级联动,推进全省政府采购管理交易系统一体化建设,为浙江省政府采购机制、模式的改革创新提供技术支撑。

【推进数字财政建设】 *政府购买服务信息管理平台系统。*在上年发布平台的基础上,2015 年完成面向预算单位的政府购买服务信息管理平台建设。该平台由预算单位根据本单位购买服务项目进度填报或更新信息,并与信息发布平台打通,形成政府购买服务信息填报、发布的闭环管理,强化信息的公开度与透明度,方便社会公众查询监督。*道路交通救助基金管理系统。*对道路交通事故中受害者依法进行救助,提高业务办理效率,节约经济成本,2015 年启动开发道路交通事故社会救助基本系统,系统包括救助基金业务管理、救助基金财务管理、救助基金监督检查、业务档案管理等子系统以及相关接口开发,实现对道路交通事故中受害人所发生相关费用的依法垫付、追偿及核销等业务的信息化管理。*会计考试报名管理系统。*会计考试报名系统包括会计从业资格考试报名管理系统和会计专业技术资格考试报名管理系统。按照省政府办公厅要求,2015 年对会计从业资格考试网上报名、付费和办证系统进行了云平台改造,实现与政务服务网统一支付平台和行政许可审批系统的对接。省财政厅作为"证照网上申请、快递送达"8 个省级试点部门之一,实现会计人员无须到现场就能领取会计从业资格证书,极大地方便全省会计人员。截至年底,金华市和下属部分市县的试点工作已经完成,正在逐步向全省推广。

【保障网络安全】 根据公安部、财政部的统一部署,完成"国家级重要信息系统和重点网站安全执法检查"的自查和集中检查工作。配合庆祝抗日战争胜利七十周年纪念活动、国庆六十六周年活动、第二届世界互联网大会等重大活动,切实做好财政厅门户网站的安全防范工作。与省信息安全协调办,省信息安全协会和信息安全通报中心进行日常沟通,完成各种信息安全检查的信息收集整理和通报。强化督促检查和责任追究,结合省网信办、公安厅、保密局等省级有关部门开展各类保密安全检查,不定期地加强重点领域和关键环节检查,对发现的问题和隐患及时整改,确保网络与信息安全。

【综合管理和培训工作】 联合省公安厅下发《关于做好全省财政系统重要信息系统信息安全等级保护工作的通知》,要求全省各市县财政局对重要财政业务系统、信息发布系统、办公系统和网络系统完成定级备案、建设整改、等级保护测评和风险评估工作,指导全省各市县财政局建立等级保护工作机制。组织全省信息化人才库、综合办公平台和国库集中支付软件培训 3 期,963 人次参加。 (省数字财政管理中心供稿 汪佳丽执笔)

会计人员服务工作

【概况】 浙江省会计人员服务工作坚持以服务为宗旨,秉承"实、稳、优"财税核心价值理念,依法做好会计从业资格的考试组织和证书申领、调转、换证等日常管理工作,做好会计专业技术资格考试组织工作,高级会计人员继续教育培训、高级会计师及教授级高级会计师评审材料受理等工作。

【加强会计从业资格管理】 按照《会计从业资格管理办法》具体要求,制订并落实有关规章制度,依法做好省级及中央在杭单位会计人员的从业资格证书申领、调转、换发新证等日常性工作。全年累计办理新证 547 人,办理外省调入会计人员 349 人,办理省内调入会计人员 2261 人,办理省外调出 86 人,省内调出 789 人,换发会计从业资格证书 9508 本。开展普通会计人员网络继续教育培训,累计培训 5058 人。根据省财政厅《关于 2015 年度会计从业资格无纸化考试工作有关事项的通知》要求,完成 2015 年会计从业资格无纸化考试考务工作,全年省本级考点累计报名参加考试人数 27213 人,比上年增加 11963 人。

【组织会计专业技术资格考试】 根据省财政厅《关于 2015 年度会计专业技术资格考试工作有关事项的通知》要求,5 月 16 日至 20 日,按照初级会计专业技术资格报名考试人数 696 人的实际,安排无纸化考试 5 个批次;9 月 12 日至 13 日,按照中级会计专业技术资格报名考试人数 3036 人的情况,安排考场 91 个;9 月 13 日上午,按照全省高级会计专业技术资格报名考试人数 2322 人,在浙江大学紫金港校区,安排笔试考场 78 个,考试合格人数 605 人。

【举办高级会计人员继续教育培训】 全年举办高级会计人员继续教育培训班 16 期,其中高级会计人员培训班 12 期,总会计师素质提升班 4 期,参加培训人员计 5616 人,比上年增加 144 人。课程涵盖行政事业单位内控建设、财务管理创新,部门预算绩效管理与信息公开,现金流管理及风险防范,企业会计准则重大变革及对企业影响,管理会计,财税政策调控与财税体制改革等热点内容。

【受理高级会计师和教授级高级会计师申报材料】 2015 年度受理省级单位和驻浙机构 183 人的高级会计师申报材料,受理全省 21 人的教授级高级会计师申报材料。

(省会计人员服务中心供稿 沈幼华执笔)

财政干部教育

【概况】 2015年,省财政干部教育中心、省中华会计函授学校围绕财政中心工作,全面开展全省财政系统干部教育培训和财政支农政策培训工作,继续抓好学历教育工作,管好用好财政教育培训网,为全面深化财税体制改革提供智力支持和人才保障。

【财政干部培训】 按照《省财政厅培训办班管理办法》开展"办班单位提需求,干教中心提供全程办班服务"的一体化办班管理模式,围绕财税改革重要内容,落实《浙江省财政厅2015年干部教育培训计划》,更新培训师资库,建立培训场地信息资料库,做好培训资料整理归档和每期培训班质量评估分析。全年举办厅机关培训班27期、事业单位培训班15期,培训6625人次,培训规模超历年。

【财政支农政策培训】 围绕财政支农政策培训工作常态化目标,继续依托"一本教材、一份手册、一张光盘、一支队伍"的培训体系,充实调整师资库,举办师资培训班,开展《浙江省财政基层培训课程体系建设》课题研究,提出理论与实际相结合、集中培训与分散培训相结合、线上培训与线下培训相结合、专题培训与综合培训相结合、培训形式与培训效果相结合、无偿培训与经费节约相结合、财政部门与其他部门协作相结合、知识更新与政策宣传相结合、政策的普及与问题的反馈相结合的培训方法,加强培训指导,提高培训效果。全省农村财政支农政策培训完成31185人次,培训计划完成率117.0%,是财政部总校考核任务数的118.1%。

【学历教育】 按照"从严治学、质量第一"的办学方针,做好学历教育工作。加强与联办高校的协调沟通,做好教务管理,严格把关教学质量和考风考纪。截至2015年底,新招收录取大专生524人,现有校大专生714人;大专毕业886人,累计大专毕业20840人。

【维护财政教育培训网站】 加强财政教育培训网站监管,为财税干部、财会人员和财政支农政策培训对象构建学习交流平台,及时登载全省财政教育培训信息,全年累计登载综合信息59篇,学习交流等专栏信息52篇。

(省财政干教中心供稿 潘敏华执笔)

道路交通事故社会救助基金管理

【概况】 2015年,浙江省道路交通事故社会救助基金共筹集资金1.3亿元,其中按交强险固定比例提取的救助基金8264.83万元。省中心按照相关办法分配并及时足额拨付各符合条件的市、县(市、区)5399万元。全省垫付救助基金857.80万元,其他支出873.98万元,共计1731.78万元。

【健全组织机构】 截至当年底,全省59个市、县(市、区)建立了救助基金管理机构,56个市、县(市、区)开设了救助基金特设专户,救助基金管理工作的组织保障进一步加强。

【加强制度建设】 推动浙江省财政厅等七部门出台《关于进一步推进道路交通事故社会救助基金管理工作的指导意见》,明确各相关部门的职责分工,强化部门协同配合;研究浙江省道路交通事故社会救助基金核销办法;配合省财政厅与省高级人民法院沟通协调,由省高级人民法院明确救助基金的诉讼主体,推进救助基金追偿工作的开展。

此外,省中心制定《关于印发省道交救助基金中心财务管理办法的通知》《关于印发省道交救助基金中心公文处理办法的通知》以及《关于省道路交通事故社会救助基金资金拨付内部工作流程》等制度,规范内部管理。

财政支农政策培训常态化

【工作亮点】 加强部门协作,明确部门职责分工,强化配合协作,推进工作开展;组织开发救助基金管理系统软件,并就开展专项培训进行试运行;同时加强业务培训,对救助基金相关文件进行深度解读。加强政策宣传,发挥救助基金的社会效应,将全省各级救助基金管理机构的相关信息公示于省财政厅网站,接受社会监督。

(省道交中心供稿 陆昉宇执笔)

学会协会活动

浙江省财政学会

【做好调查研究，服务中心决策】 与国家开发银行合作，完成研究报告《政府性项目PPP融资创新研究》，为下一阶段全省深入推进PPP工作提供理论指导和经验借鉴；牵头全国协作课题《政府建设性支出的基金化研究》，该课题由财政部科研所教科文研究中心、内蒙古、陕西、辽宁、焦作等省市参与。参与中国财政学会组织的课题招标工作，中标课题《事权与支出责任相适应的财政体制研究》并已结题。

【借脑借力助力财税改革】 组织部分市县开展《政府与社会资本合作（PPP）》上下协作课题研究，围绕各地在推进PPP模式过程中面临的困难、存在的问题及下一步推进的思路进行探索。为提高课题研究质量，提升课题研究的积极性，学会改变以往委托课题研究的方式，首次采用竞争性公开招投标的方式面向全省高校以及各市县财税（会计）学会公开课题招投标，借助专家力量为财税改革出谋划策。组织全省各级财政部门开展调查研究，2015年全省各级财政部门完成课题112个。

【搭建平台载体，强化交流协作】 举办“事权与支出责任相适应的财政体制研究”学术沙龙。2015年10月，学会邀请来自浙江大学、浙江财经大学等省内外高校专家教授和省财政厅有关业务处室、地方有关市县业务骨干共60余人参加学术沙龙。组织召开全省财政科研工作会议。会议改变以往务虚的会议模式，以问题为导向，有针对性地探讨如何做好研究工作，并与高校专家互动交流，相互激发启迪扩展思路。举办全省财政科研骨干培训班。来自全省各市、县（市、区）财税（会）学会的秘书长、政研室（科研所）负责人和科研骨干、政研人才库成员150余人参加培训。会议增设现场教学环节，组织学员至梦想小镇学习创业创新精神。

【推动成果转化，激发科研活力】 做好课题研究成果出版发行。对各市、县（市、区）财税（会）学会上报的研究课题组织专家进行评审，并将优秀课题汇编成《财政改革热点问题探讨——浙江省财政课题研究成果汇编》一书，公开出版发行。此外，还将部分精品课题选编到《浙江财政研究》相关栏目，定期刊载。办好《浙江财政研究》。突出理论性与实践性的有机结合，当年新开辟“改革实践”“探索与思考”等栏目，提升理论层次，增强刊物的可读性和研究的引领性。

（省财政学会供稿　王海军执笔）

浙江省会计学会

【召开第九次会员代表大会】 4月28日，在杭州召开第九次会员代表大会，浙江省财政厅党组成员、副厅长沈磊出席会议并讲话。会议充分肯定省会计学会第八届理事会以来，在组织学术交流、繁荣会计理论研究、推动会计改革与发展等方面所做的工作；审议通过了《浙江省会计学会第八届理事会工作报告》《浙江省会计学会章程（修改草案）》；选举产生浙江省会计学会第九届理事会及其领导机构。

【开展会计科普活动】 11月27日，浙江省会计学会联合杭州市财政会计学会、高顿财务培训，举办“浙江省2015社会科学普及周——转型时期的业财融合与价值创造”科普讲座，邀请财务专家作专题报告。来自全省成长型企业财务会计从业人员100多人参加讲座。通过讲座搭建业界专家与企业财务会计从业人员深入互动的平台，分享业财融合理念和实践经验，传播先进财务管理知识，帮助企业适应日趋复杂的商业环境。

【组织开展全省会计科研课题申报及论文征集活动】 组织开展

气氛热烈的学术沙龙

2015年度全省会计科研课题成果评审工作及论文评审活动，收到会计科研课题成果申报26项，参选论文122篇。按照会计学科相关性审核、相似性检测、通讯评审、会议评审、报送备案等程序，10项课题获准结题，45篇论文获奖，其中：一等奖9篇、二等奖15篇、三等奖21篇。

【组织申报全国会计科研课题】 经中国会计学会资格审查、评审、审批等程序，省会计学会选送的《基于"准则+制度模式"的政府会计体系研究》和《中国管理会计案例研究——来自浙江省管理会计应用的实践》等2项课题立项为全国会计科研课题。

【开展"坚定信念、与党同心"主题教育实践活动】 12月26日，在浙江财经大学开展"坚定信念、与党同心"主题教育实践活动。浙江省财政厅会计处、省内高校教授、实务界教授级高级会计师以及浙江财经大学会计学院师生代表共25人参加。活动围绕主题，结合2015年度全省会计科研成果展示，旨在坚持正确的政治方向和学术评价导向，繁荣会计学术研究，推进会计科研成果转化应用。

【确保学会工作有序高效运行】 加强学会自身建设，健全完善工作机制和各项管理制度，规范财会核算，依法纳税，保证学会工作的有序高效运行。做好省级会计人员继续教育培训工作，完成实体班培训人员3281人，网络继续教育人员5034人。坚持"围绕中心，紧贴实际，探索改革，宣传政策"的工作思路，挖掘素材、组织稿源，做好《浙江财税与会计》编辑部会计组的稿件编审工作，使《浙江财税与会计》杂志成为全省会计人员经验交流、理论探讨和成果展示的平台。

（省会计学会供稿　蒋振成执笔）

注册会计师、资产评估行业管理

【概况】 2015年，浙江省注册会计师协会在浙江省财政厅党组的领导下，紧紧围绕行业发展主线，以支持会计师事务所、资产评估机构（以下统称为"执业机构"）做大做强、推动中小执业机构做精做专为着力点，以提升服务能力为目标，围绕国际化建设年的工作部署，建立健全行业管理体制，推动行业持续健康发展。截至12月31日，全省共有注册会计师5846名，注册资产评估师1626名。

【加强行业执业质量监管】 2015年共抽调67名检查人员，组成15个检查小组对60家会计师事务所进行执业质量检查。由21名资产评估师组成的5个检查小组，对20家评估机构进行实地检查。同时抽调5名检查人员对1家会计师事务所进行专项检查。

【服务小微企业成长推动行业业务拓展】 签订全省小微企业三年成长计划合作协议，制定行业服务小微企业成长指导意见，出台行业服务小微企业奖励基金管理办法，助推全省小微企业成长发展。成立专门的小微企业服务机构；组织业务骨干为小微企业提供免费授课396次，为"个转企"企业优惠提供代理记账、代理年度报告申报等"托管"服务5868次，为315家拟在浙江股交中心挂牌的小微企业提供专业审计、鉴证、评估服务；利用执业机构的专业优势，为小微企业提供财务会计、税务筹划、企业管理等服务11316次，为543家小微企业提供清算、破产保护服务；评估机构为小微企业提供资产评估服务5356次。

建立行业内注册会计师和律师双重资格人才信息库，与省高院联合举办培训班，支持行业拓展破产管理人新业务，推动行业更深程度地介入破产管理人业务领域。

浙江省注册会计师行业"诚信杯"乒乓球赛

【做好考试培训工作】 完成注册会计师、资产评估师考试的组织工作。2015年全省共计40461人报考注册会计师专业阶段考试，合计参考104745科次；1229人报考注册会计师综合阶段考试；19人报考注册会计师英语测试；1014人参加资产评估师考试。

全年组织注册会计师继续教育面授培训班6类19期，远程培训班2期，确认执业机构内部培训班4期，培训注册会计师4824人次；组织资产评估师继续教育面授培训班9期，远程培训班1期，确认评估机构内部培训班2期，培训资产评估师 1619 人次。组织会计师事务所主任会计师培训班和资产评估机构负责人培训班各 1 期，境外高端培训班 1 期。

【重视行业发展研究】 拓宽行业国际化视野。出台行业“国际化建设年”主题活动实施方案，明确加强内部治理机制建设、提高国际化发展能力、提高执业水平、加强人才建设、提升协会服务和管理水平等五个目标，以国际先进理论、国际执业标准和国际发展经验来引导行业全面发展。

制定《浙江省注册会计师、资产评估行业研究课题管理暂行办法》，2015 年根据行业发展的最新动向和热点问题积极组织研究课题，确定 20 个课题研究方向，55 个中标课题围绕新业务拓展等热点、难点问题，为行业筹划业务拓展、加强内部治理建设提供借鉴和参考。

省注协与省工商行政管理局签署小微企业专业化服务协议

【树立行业良好形象】 组织评选 2013~2014 年度优秀注册会计师 44 名、优秀资产评估师 6 名，受表彰人员个人事迹在《浙江日报》专版宣传。

结合行业创先争优综合评价体系，向全省行业和社会发布 2015 年全省会计师事务所综合评价前 50 家信息和会计师事务所 2014 年业务收入前 50 强的排名情况。

参与指导市注协举办的审计、评估案例评选，推出行业内优秀执业案例评选的试点工作，深化行业诚信文化建设。组织两期新注册会计师、资产评估师诚信宣誓活动暨专题教育培训活动，近 600 名新注册人员参加了执业理念、职业道德、风险警示、注册管理规定等专题教育培训。

利用协会网站发布行业动态信息，结合移动互联网和社交媒体，创建浙江省注册会计师行业微信公众订阅号，以微信消息形式将最新资讯推送给会员。

组织执业机构青年集体开展“青年文明号”创建集体评选活动。2015 年，浙江省 2 家青年集体被评为全国“青年文明号”，3 家青年集体被评为全国注册会计师行业“青年文明号”，8 家青年集体被评为省注册会计师行业“青年文明号”。

【加强日常管理】 全年批准注册会计师注册 553 名，注册初审及转报资产评估师 7 名；为 290 名注册会计师和 36 名资产评估师办理注册关系转移手续；依法注销 200 名注册会计师，批准非执业会员 371 名，注册会计师转为非执业会员 96 名，上报中评协撤销资产评估师 19 名、吊销资产评估师 1 名；为 124 名注册会计师、10 名资产评估师出具了股东证明；出具执业机构近三年无不良执业证明 179 份。

为全省会计师事务所的 5603 名注册会计师和资产评估机构的 1683 名注册资产评估师进行 2015 年度任职资格检查，其中 5419 名注册会计师和 1658 名注册资产评估师通过年检。

（浙江省注协供稿　蓝红伟执笔）

浙江省珠算心算协会

【组织珠算心算师资培训技能鉴定考试】 为加强珠心算师资队伍建设，提升珠心算老师的综合素质，促进珠心算教育的发展，省珠算心算协会与浙江省人力社保厅于 2 月 9~13 日举办首届全省珠心算教练员、珠心算教练师培训班和职业技能鉴定考试。特邀全国珠心算专家教授授课，经浙江省人力社保厅职业技能鉴定中心统一考试，全省 8 名教师取得珠心算教练师职业资格证书；24 名教师取得珠心算教练员职业资格证书。

【举办浙江国际珠心算大奖赛】 大赛于 3 月 28 日启动，分设杭州、湖州、舟山、衢州、慈溪、诸暨、义乌、温州苍南、海外组等九个赛区，历时三个月，全省共有 103 支参赛队参赛，参赛人员 2471 人。来自北京、安徽、江苏、江西、福建等兄弟省市和韩国、台湾地区珠心算协会、社团和珠心算教育机构组队观摩和参赛。驻浙主流新闻媒体对大赛进行了报道。

【举办浙江心算王大奖赛总决赛】 8 月 8 日“世界珠心算日”，浙江省财政厅、浙江省珠算心算协会举办 2015 年浙江“心算王”大奖赛总决赛。本届“心算王”大奖赛于 5 月开始在全省 8 个赛区进行，3000 多名选手参加选拔赛。最终来自全省各地 4 支幼儿组代表队和 5 支小学组代表队共计 36 名小选手参加总决赛。

【举办第 35 届财经类学生珠算技术比赛】 比赛于 11 月 15 日在杭州举行，来自全省 4 所大专院校、7 所中专、职业高中，16 支代表队的 48 名选手参加了比赛。最终大专组和中专组特等奖分别被宁波职业技术学院甲队和宁波行知中等职业学校获得。

【开展全省珠心算有奖征文活动】 为推动珠算文化的传承和发展,促进珠心算成果的推广和应用,致力于提高全省广大珠算心算的教学老师、珠算心算专家学者和广大珠算心算爱好者的理论和实务水平,协会组织开展全省2015年珠心算有奖征文活动,收到论文34篇。

【珠心算技术等级鉴定工作】 按照《全国珠算等级鉴定规程》的要求,执行《全国珠算式心算鉴定标准》,做好珠算和珠心算技术等级鉴定工作。2015年,全省参加珠算等级鉴定人数1992人;参加珠心算等级鉴定人数2470人。

(省珠算心算协会供稿　蒋振成执笔)

浙江省总会计师协会

【组织开展会计学术研讨】 举办房地产企业、建筑施工企业"营改增"专题沙龙。1月30日,省总会计师协会税务咨询委员会、建工工委及公用事业工委在杭州举办"房地产企业、建筑施工企业营改增"专题沙龙。会议代表就营业税改征增值税的有关问题进行研讨。来自省内房地产、建筑施工企业的财务负责人,以及浙江财经大学、省财政厅、浙江省国家税务局等单位共60余人参加沙龙。

组织会员参加中国总会计师协会在浙江调研时召开的民营企业税收问题座谈会。2月11日,中国总会计师协会会调研组就民营企业税收问题在浙调研。协会组织部分行业协会人员及企业会员单位的财务总监或财务负责人参加座谈会。与会人员围绕当前困扰民营企业的税收问题,畅所欲言,结合企业市场环境、经营现状及纳税情况,从税收体制层面、具体政策制定和政策执行层面等方面反映情况并提出建议。

举办加拿大商会与浙江部分行业协会见面会。3月19日,为推动浙江行业协会的国际交流,协会牵头召开加拿大商会与浙江部分行业协会见面会。上海加拿大商会副总监、省总会计师协会以及在浙相关行业协会和企业代表参加了见面会。

召开省总会计师协会七届三次会员代表大会暨学术报告会。浙江省总会计师协会理事和常务理事、各工委负责人、会员代表共200余人出席会议。与会代表还听取了《中国产权市场和近期A股市场漫谈》的专题学术报告。

举办"金融创新与资本运营"高峰论坛。论坛围绕中国股市行情和政经大势、新经济常态下多层次资本市场创新变革、CFO和CEO如何应对挑战和机遇进行全方位交流,近200位会员代表和企业家参会。

举办"互联网+"环境下管理会计论坛。论坛邀请浙江省及全国理论界和实务界知名专家作主题演讲。全省各企事业单位总会计师、财务负责人200余人参加论坛。论坛就管理会计中较为热点的"互联网+"推动企业创新与变革、成本管理实践与创新、财务共享中心三个专题作了专题研讨。

举办浙江省第二届集团企业CFO和CIO"8+8"对话沙龙暨财务管理信息化研讨会。中国宏一集团、浙江吉利控股集团、民生医药控股集团以及浙江工商大学教授等16家全省知名企事业单位代表参加研讨。

举办2015第三届中国财资管理与创新论坛。论坛以"浙商论道·流动致胜"为主题,围绕"互联网+下的经营战略、核心企业如何布局产业链金融、基于战略的流动性管理2.0、创新流动性管理解决方案、新型池化金融的创新实践"等分项进行深入探讨。

举办制造业企业管理会计信息化现场研讨会。上海国家会计学院、首都经贸大学、浙江财经大学、重庆工业大学等院校专家教授应邀参加;《财务与会计》《中国会计报》《中国总会计师》杂志等业界杂志作专题报导。浙江正泰电器股份有限公司和巨化集团公司财务负责人就管理会计信息化在制造业企业实践应用作专题报告。

【学术成果】 协会申报的《迎接大数据时代挑战的成本管理创新——基于e价值链的成本决策研究》《完善税收立法体制　全面推进依法治税——如何完善我国税收立法体制的研究》两项课题获得2015年中国总会计师协会课题研究二等奖。协会会员撰写的《运用战略成本管理提升医院核心竞争力》和《技术进步和创新思维是构建管理会计体系的客观基础》在中国会计报与特许公认会计师公会(ACCA)北京代表处联合举办的"管理会计的价值创造"有奖征文评选活动中分别获二等奖和三等奖。协会组稿的传化、巨化、正泰等13篇经验总结文章在《财务与会计》上发表。协会派员参加全国会计信息化第十四届年会并在年会上作专题报告。

【服务会员】 根据会员单位的需求,多次组织专家团队赴企业实地调研,收集典型素材,进行专家点评,提出建设性意见建议。与相关会计师事务所在上海国家会计学院联合举办"新三板企CFO(财务总监)特训班"。举办会计从业人员继续教育培训13期,参加培训人员1400余人。

【加强协会建设】 提升交流平台。发挥协会网站和《浙江总会计师》杂志的对外宣传的窗口作用。《浙江总会计师》杂志全年出版发行4期;注重网站维护与信息发布,实时动态反映财会制度、经济法规、最新专业资讯和协会活动动态信息等。利用现代媒介加强与会员的沟通,了解会员需求。

表彰先进,弘扬正能量。2015年,8位同志被授予第六届浙江省优秀总会计师荣誉称号。

发展会员。全年吸收浙江省大中型企业总会计师、财务总监30余位入会。

(省总会计师协会供稿　蒋振成执笔)

市县（市、区）财政工作

Zhejiang caizheng nianjian

杭州市财政工作

杭州市

【概况】 2015年，杭州市实现地区生产总值10053.58亿元，按可比价计算，比上年增长10.2%。其中：第一产业增加值287.69亿元，增长4.9%；第二产业增加值3910.60亿元，增长5.6%；第三产业增加值5855.29亿元，增长14.6%。三次产业结构比为2.9∶38.9∶58.2。按常住人口计算，全市人均生产总值112268元，增长9.1%。全社会固定资产投资5556.32亿元，增长12.2%。社会消费品零售总额4697.23亿元，增长11.8%。外贸进出口总额665.66亿美元，下降2.1%。全市居民人均可支配收入42642元，增长8.7%，其中城镇常住居民人均可支配收入48316元，增长8.3%；农村常住居民人均可支配收入25719元，增长9.2%。全市完成财政总收入2238.75亿元，增长11.0%。其中一般公共预算收入1233.88亿元，增长9.8%，占财政总收入的55.1%。税收收入1125.95亿元，占一般公共预算收入的91.3%。全市一般公共预算支出1205.48亿元，增长15.6%。市区财政总收入2073.87亿元，增长11.2%；其中市区一般公共预算收入1081.69亿元，增长10.3%。市区一般公共预算支出1023.51亿元，增长16.1%。完成市本级财政总收入396.07亿元，增长8.1%；其中市本级一般公共预算收入157.79亿元，增长1.5%。市本级一般公共预算支出291.57亿元（含地方债券支出18.00亿元），增长24.9%。全市各级预算执行情况良好，财政收支平衡。

【组织财政收入】 创新税源管理机制。建立税源绩效管理平台，实行“机器代人、流程找人、绩效考人”三位一体税源绩效管理模式。全年31个管理指标中27个指标得到了提升，其中，申报率从95.7%提高到98.6%，入库率从96.4%提高到98.9%。设立数据分析室和数据分析中心，全面实施大数据税收管理，全年开展数据分析与风险识别12次，识别风险纳税人2122户，补缴税款3.24亿元。加强税费专项管理。实施股权转让税收前置，对拟上市公司股改、上市公司并购重组跟踪监管，全年股权转让个人所得税入库30.94亿元，增长142.5%。开展营业税专项清理，辅导清理企业8527户（次），查补营业税9.82亿元。加强土地增值税清算管理，创新引进第三方机构参与协审，补征税款9.50亿元。首次实施社会保险费自动催报催缴，催缴入库金额2.71亿元。健全非税征管机制。强化政府非税收入征管，加快推进非税征管信息化。试行浙江政务服务网统一公共支付平台，杭州市车辆违章罚款等三项非税收入纳入网上缴款平台。全年市本级完成非税收入及其他资金504.84亿元，其中国有土地使用权出让金收入406.38亿元。

【支持经济发展】 贯彻落实结构性减税及普遍性降费政策。推进“营改增”试点，全市近14万户纳税人纳入试点范围。落实中小微企业、高新技术企业等税收和社保基金优惠政策，清理规范行政事业性收费，全市减免税费（不含出口退税）地方部分215.56亿元。加大财政资金扶持力度。市本级投入产业发展专项资金27.46亿元，加快推进“四换三名”，促进“两化融合”发展。通过产业基金、财政补助、贷款贴息、政策性担保等方式，鼓励企业加大研发投入，优化企业融资环境。入选全国首批小微企业创业创新基地城市示范，获中央财政9亿元专项资金支持，并出台《杭州市小微企业创业创新基地城市示范专项资金管理办法》。支持跨境电子商务发展。推进中国（杭州）跨境电子商务综合试验区建设，出台财税扶持政策，鼓励跨境电子商务企业主体培育、电商平台搭建、人才培养、园区建设、物流发展及融资体系建设等，支持做大做强B2B规模，促进“跨境消费”回流。保障城市基础建设。发挥政府投资带动作用，市本级投入建设资金80.86亿元，加大对城市快速路网、主次干路、停车场库、保障住房、园林文物、农田水利和高速公路、铁路等基础设施投入，秋石路三期四期、环城北路地下通道、吉鸿快速路等一批重大交通基础设施建成启用。筹建规模400亿元的城市发展基金，通过财政资金引导社会资本投入，促进有效投资持续增长。

【优化民生支出结构】 全年市本级用于民生及社会事业支出213.22亿元，增长22.7%，占一般公共预算支出的73.1%。市本级筹措资金40.59亿元落实市政府当年为民办十件实事，解决就业创业、治水治堵治气、食品安全、养老为老服务、人居环境、文化生活以及法律援助、电商服务网络等领域一批事关群众利益的热点难点问题。市本级教育支出38.31亿元，助推教育改革，逐步缩小教育资源配置的城乡、区域、校际差距，促进学前教育、普通教育、职业教育、高等教育均衡发展。市本级医疗卫生与计划生育支出20.19亿元，支持推进市属公立医院综合改革、医养护一体化，保障应急救治机构建设、重大疾病防治、食品药品安全监管等工作，提升医疗卫生保障水平。城乡居民基本公共卫生服务财政补助标准由每人每年35元提高到40元。市本级社会保障和就业支出35.24亿元，用于完善城乡居民社会保障体系，落实企业退休人员统筹外待遇、医疗困难救助等政策，建立特殊药品大病保险制度。主城区城乡居民社会养老保险基础养老金标准从每人每月150元提高到170元。加快建设“美丽杭州”。市本级投入生态环保和城管专项资金22.81亿元，全面推进治水、治气、治废、垃圾治理和城市的长效管理。2013~2015年三年试点期间市本级累计投入6.75亿元推广新能源汽车，至2015年年底新能源汽车推广应用超过2

万辆。

【支持城乡一体化发展】 市本级投入城乡统筹和支农专项资金18.96亿元，加快推进中心镇、中心村和美丽乡村建设，夯实农业和农村发展基础，促进农民增收致富，缩小城乡差距。逐步理顺大江东产业集聚区、钱江开发区财政管理体制，加快萧山、余杭、富阳与主城区在教育、社保、民政等民生领域融合发展。

【保障服务G20峰会】 建立峰会资金筹措和投入机制，通过年度预算安排、政府债券、预算稳定调节基金调入等方式，加快建设与峰会配套的各类基础设施、环境整治和服务保障项目，重点确保峰会主会场按期建成。规范资金管理，出台峰会项目专项资金、政府采购以及峰会捐赠等系列资金管理办法。

【深化财政改革】 深化预算管理制度改革。建立四本预算之间有机衔接和统筹联动安排的管理机制，政府性基金和国有资本经营预算按规定转列或调入一般公共预算。扩大国有资本经营预算范围，提高国有资本收益收取比例。清理规范重点支出同财政收支增幅或生产总值挂钩事项，对重点支出根据推进改革的需要和确需保障的内容统筹安排，优先保障。增加安排预算稳定调节基金，建立跨年度预算平衡机制。探索编制权责发生制的政府综合财务报告制度，反映政府整体财务状况、运行情况和财政中长期可持续性。强化财政资金管理。开展财政存量资金清理，加强结转结余资金管理，推进财政资金统筹使用。建立预算执行动态监控机制，强化预算执行刚性。出台并落实关于清理整合和加强市级财政专项资金管理的实施意见，制定专项资金管理清单并向社会公开。制定《市级行政事业单位公款竞争性存放管理暂行办法》，推动财政资金和市级单位公款竞争性存放，规范财政资金和单位公款的存放管理。规范政府债务管理。开展政府债券置换存量债务，降低政府融资成本。将经批准的政府一般债券和专项债券分别纳入一般公共预算和政府性基金预算管理，规范政府债务管理。2015年，争取到省政府代发的市本级新增债券29.80亿元（一般债券18亿元、专项债券11.80亿元），用于市重点政府投资公益性项目支出；推进存量债务置换进度，争取到市本级置换债券及在建项目融资债券131.94亿元（一般债券90.95亿元、专项债券40.99亿元），确保在建项目后续建设。完善财政信息公开机制。细化财政预决算、部门预决算、“三公”经费预决算以及重点支出、政府债务、转移支付、财政政策、政府采购等重要事项信息向社会公开。扩大公开范围，市本级91家预算部门向社会公开预决算信息，主动接受社会监督。

【加强财政监管】 健全财政监督体系。前移监督关口，加强对预算编制环节的审查和质量考核。深化财政监督，加强对财政资金尤其是重大民生资金的监管。探索重大财政政策评价和结果应用机制，逐步改变预算单位“重分配轻管理、重投入轻绩效”的传统观念，推进全过程财政监督和绩效评价。贯彻厉行节约各项规定，严格执行各类公务开支标准，持续压缩行政运行经费，全市一般公共预算“三公”经费6.43亿元，比上年下降19.5%。加强行政事业单位资产管理。修订市本级行政事业单位国有资产处置管理办法，对管理权限、使用年限、损失赔偿认定等进行重大调整。启动市本级行政事业单位资产管理信息一体化项目，推进行政事业单位资产管理精细化。会同机关事务管理局、建委、房管局等部门开展联合调查，对市级各单位，包括建设指挥部占有使用的房产、土地进行全面清理。制订《杭州市党政机关办公用房统一管理办法》《市级机关周转房管理办法》，并开发行政事业单位房产管理信息化平台，推进杭州市党政机关各类房产使用信息化动态管理。加强政府采购监管。网上商城和网上卖场实行“承诺入围”制，通过进口产品采购、甄别单一来源项目等方式，引导采购单位优先采购本地产品。智慧政府采购连续四年获中国政府采购“年度创新奖”。

【加强队伍建设】 落实党风廉政建设责任制，召开局属各单位党风廉政建设主体责任和第一责任专题述职会。落实纪委书记谈话制度，对全体中层干部进行党章党规党纪专题集中轮训。开展“三严三实”专题教育，查摆问题，剖析根源，明确整改措施方向。开展岗位业务培训，组织各类业务培训班。开展岗位技能比武，推行“以师带徒”的传帮带制度，加强干部能力建设。

（杭州市财政局供稿 刘 淮执笔）

上城区

【概况】 2015年，杭州市上城区实现地区生产总值861.02亿元，增长9.2%。其中：第二产业增加值365.56亿元，增长5.4%；第三产业增加值495.46亿元，增长12.2%。三次产业结构比为0：42.5：57.5。全区实现财政总收入107.15亿元，增长14.5%。其中一般公共预算收入66.46亿元，增长14.5%，占财政总收入的62.0%；税收收入62.93亿元，占一般公共预算收入的94.7%。全年一般公共预算支出26.00亿元，增长37.0%。全年财政收支平衡。

【组织财政收入】 强化财政收入分析，加强与国税、地税部门的协调，及时编制财政收支分析月刊，跟踪区属重点企业收入增减情况，准确把握收入趋势。推进楼宇经济发展，加快楼宇财源建设，全区楼宇经济实现税收48.40亿元，新增亿元楼宇6幢。规范非税收入征管，贯彻取消、暂停行政事业性收费和降低收费标准的各项规定，实行行政事业性收费项目目录管理，减轻小微企业负担。全年组织非税收入3.53亿元。

【扶持经济发展】 落实各类财政扶持政策，帮助企业做好项目申报和审核，争取上级部门资助资金，加大区级财力投入力度。当年全区申报财政扶持项目65个，兑现扶持资金3.85亿元，其中争取上级扶持资金2.45亿元。落实"营改增""个转企"补贴政策，完成"营改增"试点期间税负增加企业申报和补助资金确认，全年确认"营改增"试点企业30家，兑付补贴资金491万元；推动"个转企"工作全面开展，审核通过"个转企"企业532家，兑付补贴资金438万元。设立上城区产业投资基金，首期规模3亿元，到位资金1.2亿元，发挥财政资金的杠杆作用，引导金融资本和社会资本支持金融、文创等高端产业发展，实现政府主导与市场化运作有效结合，推进全区创业创新和产业转型升级。

【推进特色小镇建设】 上城区基金小镇把握全省特色小镇建设战略机遇，举办"2015全球对冲基金西湖峰会"，快速推进国际化医疗、教育等一站式配套服务。当年底资金管理规模1900亿元，为年初的2.7倍，全年贡献税收4.97亿元，自身发展也驶入快车道，受到产业界的极大关注。

【优化支出结构】 持续保障改善民生。全年用于民生和社会事业支出21.07亿元，占一般公共预算支出的81.0%。保障教育经费投入，全年教育支出6.08亿元；提高生均公用经费标准，小学和初中生均公用经费标准分别达到800元/年和1000元/年。支持补贴居家养老、居家就业、居家医疗等居家系列惠民工程，全年投入居家就业政策补助2400万元。保障落实社会救济、居民最低生活保障等制度，全年投入最低生活保障资金1529万元，投入高龄补助等其他城镇救济支出1483万元。落实全区养老保障资金，全年投入养老经费2500万元。保障落实城市管理经费，全年投入道路、公厕保洁经费8476万元。支持城市改造建设。推进"五水共治"、棚户区改造和公共停车场建设，初步实施G20峰会、馒头山、思鑫坊、劝业里等一批重点项目，筹措资金做好湖滨、山南、望江等重点区块建设基本工作。促进文化产业和文化事业齐头并进。投入财政资金支持推广小营"红巷"红色文化，支持修缮郁达夫杭州故居，谋划"美丽上城"文化展示中心和非遗展示中心建设，建成全省第一家城市文化公园——吴山文化公园。支持2015杭州国际设计周、杭州美术节、第六届中国民间艺人节、"百团百场"等经典品牌文化活动，实施文体惠民工程。严控行政运行支出。落实中央八项规定，厉行节约，"三公"经费支出只减不增。当年全区"三公"经费同比下降8.5%。其中，公务招待费下降30.6%，公务车购置及运行费下降1.8%，因公出国(境)费下降9.1%。

【推进财政改革】 完善预决算公开制度。根据新《预算法》要求，除涉密部门外，公开全区部门预决算和"三公"经费预决算信息，细化公开内容。推进财政专项资金管理改革。出台《清理和完善区级财政专项资金管理的实施意见》，建立财政专项资金清单，并推行专项资金动态管理制度，解决部分专项资金"重分配轻管理、重投入轻绩效"等问题。探索政府购买服务改革。制定《上城区政府向社会力量购买服务管理办法》，公布政府购买服务管理目录，从购买内容、承接主体、预算管理、政府采购、资金支付、绩效评价、信息公开、监督管理等方面规范政府购买服务行为。规范国有资产管理。开展全区行政事业单位、区属国有企业房产清查工作，摸清房产存量底子，夯实长效管理基础。稳步推进国企改革，制定深化国有企业改革的意见和相关管理办法，激发国有企业活力。

【强化财政监管】 加强财政监督。通过定期检查和专项督查，组织实施行政事业单位财务决算监督检查、全区社会团体专项检查、执行"八项规定"情况等财政监督，规范财政资金使用，严肃财经纪律。推进绩效管理改革。依托参与式预算监督模式，选取若干专项资金作为试点，进行绩效评价，实时跟踪项目资金支付情况。规范公款存放。制定区级行政事业单位公款竞争性存放管理暂行办法，修订区级预算单位银行账户管理暂行办法。通过行政事业单位银行账户年检，撤销未通过年检账户42个，并实施首期公款存放公开招标，降低廉政风险。规范地方政府债务管理。清理自查全区存量债务，规范各建设单位举债行为，防范和化解地方政府债务风险。当年置换债券19.58亿元。

【提升队伍素质】 加强党风廉政建设，执行中央"八项规定"以及各项作风建设规定，落实民主评议、述职述廉、公述民评等廉政制度，按照"一岗双责"要求，将党风廉政建设与业务工作同部署、同落实、同检查。开展"三严三实"专题教育活动，开好专题民主生活会和专题组织生活会，落实各项整改措施。推进财政干部法治教育，以助推改革、依法理财为主线，注重青年干部培养，推进财政改革。 （杭州市上城区财政局供稿　沈梦旦执笔）

下城区

【概况】 2015年，杭州市下城区实现地区生产总值764.00亿元，比上年增长11.2%。其中：第二产业增加值43.90亿元，增长12.0%；第三产业增加值720.10亿元，增长13.2%。三次产业结构比为0∶5.7∶94.3。全年实现财政总收入137.45亿元，增长3.5%；全区一般公共预算收入85.64亿元，增长3.3%，占财政总收入的62.3%；其中税收收入80.81亿元，占一般公共预算收入的94.4%。全区一般公共预算支出29.43亿元，增长30.4%。当年财政收支平衡。

【组织财政收入】 实施"营改增"行业扩围，消费税、房地产税等重大税制和财政体制改革，分析其对全区经济社会发展和财力盘子影响。建立税源分析规划长效机制，发挥财税联席会议平台功能,调研重点行业、企业发展及经营状况,科学评估企业纳税能力,提高组织收入的有效性和预见性。培植税源,建立“找新挖潜”税收动态日报制度,挖掘一次性税收 8.35 亿元。开展重点税源企业“集中走访月”活动,全年累计走访企业 1617 家,帮助企业解决实际问题;涉及税收 2.59 亿元。加强和规范政府非税收入监管,组织部门依法足额征收。全年累计实现非税收入 5.49 亿元。

【支持经济发展】 制定新一轮财政扶持政策,推动商贸、金融、文创、健康、信息等优势产业创新发展。全年兑现区级产业和科技类经济发展资金 2.19 亿元,争取上级各类政策扶持资金 1.41 亿元,引导企业申报国家、省、市扶持项目 647 个。整合全区南北资源,找准企业需求点,落实定员定岗网格化跟踪机制,提供精准服务。发挥会计学会、会计辅导网和重点企业高管研修班等平台优势,为企业提供综合服务。

【优化支出结构】 压缩“三公”经费。推行财务内控制度,严格控制行政成本。全年“三公”经费支出 1493 万元,下降 27.7%。其中,公务接待费和公务用车购置及运行费分别支出 164 万元和 1159 万元,分别下降 55.0% 和 27.0%。保障重点支出。落实为民办实事资金 1.41 亿元,重点用于“五水共治”、交通治理、就业创业、教育文化、养老服务、公共卫生、食品安全等领域,解决事关群众利益的热点难点问题,提升人民群众获得感。建立国际峰会资金筹措保障机制,全力确保 G20 峰会建设项目和服务保障工作推进。加大民生投入。坚持集中财力办大事,加大民生领域政策支持,实现一般公共预算新增财力的 79.6% 用于民生保障。全区民生事业投入 24.44 亿元,增长 28.7%,占一般公共预算支出的 83.0%。投入教育发展资金 6.25 亿元,用于均衡布局优质教育资源。投入卫计发展资金 1.06 亿元,加快基层医疗卫生信息化建设,深化公立医院综合改革,提高计生特殊困难家庭扶助标准。投入公共文化资金 6064 万元,推进基本公共文化服务体系建设。投入社会保障和就业资金 5.07 亿元,提升社区治理服务水平,增强社会救助兜底功能。投入公共安全资金 2.92 亿元,推进社会治安防控体系建设,保障世界互联网大会秩序及 G20 峰会安保预备工作资金需要。

【深化财政改革】 实行“零基预算”,规范二级单位预算收支管理,减少部门间资金往来,提高预算资金到位率。创新公共服务供给模式,推进政府向社会力量购买服务,制定政府购买服务预算管理办法,并出台指导目录(2015 年度)。加强政府购买服务项目预算管理和绩效评估,逐步提高环卫保洁、居家养老服务等项目的市场化比重。强化预算执行约束,试编权责发生制政府综合财务报告。细化部门预决算信息内容,部门预决算功能科目从“款”级细化到“项”级,经济科目从“类”级细化到“款”级。试行部门预算人大听证制度,提高财政预算透明度。建立财政专项资金管理清单制度,通过政府门户网站及时公开《下城区行政事业性收费目录清单》,主动接受社会监督。开展财政存量资金专项检查,清理盘活沉淀资金,将部门结余资金及长期挂账往来资金纳入预算管理,统筹收回 2.52 亿元。试行街道级别城建项目竞争性分配,探索创新财政专项资金分配管理方式。

【加强财政监管】 实行 100 万元以上新增政府投资项目绩效申报审批制和 5000 万元以上重大政府投资项目人大监督审查制。完成一级预算单位预算绩效自评工作。开展对朝晖街道等部门预算执行情况、天水街道等部门政府采购情况,以及招商引资等重点专项资金使用情况的监督检查,发现问题并及时督促整改。健全财政部门归口管理政府债务制度,加强举借审批管理。争取地方政府债券 20.03 亿元用于置换存量政府债务。推进棚户区改造等政策性贷款申报及企业债券发行统筹协调,区城建发展有限公司企业债券获批,拟发行筹资 14 亿元。建立房产统一管理登记制度,完成全区国有房产清查工作,推动国有房产精细化管理。深化区属国有企业市场化改革,规范企业董事会、经理层运作。

【强化队伍建设】 加强党风廉政建设,落实主体责任和监督责任,织密廉政防控网络体系。结合学习研讨、专题讨论和专题民主生活会,查摆问题并落实整改。坚持开展财政服务进社区活动,及时更新下城财政组工微博、微信公众号内容,加强网络信息平台宣传力度。

(杭州市下城区财政局供稿　裘文彬执笔)

下城区城北体育公园

江干区

【概况】 2015年,杭州市江干区实现生产总值496.13亿元,按可比价计算,比上年增长10.8%。其中:第一产业增加值0.49亿元,下降13.9%;第二产业增加值129.23亿元,增长3.0%;第三产业增加值366.41亿元,增长14.2%。三次产业结构比为0.1∶26.0∶73.9。按常住人口计算,人均生产总值70169元,增长7.3%。全区财政总收入115.06亿元,增长8.2%,一般公共预算收入74.04亿元,增长13.9%。全区一般公共预算支出37.02亿元,增长5.0%。全年财政收支平衡,略有结余。

【组织财政收入】 关注中央税制改革动向和经济运行态势,发挥财税联席会议作用,建立基层网格化税收管理和服务机制,解决税源管理和企业服务的"最后一公里"问题,加强税源跟踪管理与分析,夯实税收征管基础,确保税收应收尽收,及时入库。加大条块合作力度,引进成熟税源,壮大区级财力。当年一般公共预算收入占财政总收入的64.3%,比上年提高3.2%;一般公共预算收入中税收收入69.15亿元,增长13.4%,税收收入占一般公共预算收入的93.4%,收入质量和规模双提升。规范行政事业性收费,加强业务指导,完善非税征管信息系统。全年组织非税收入6.34亿元,增长14.8%,其中政府性基金收入7959万元,增长43.2%。

【服务经济发展】 发挥政策导向作用。推进产业智慧化、智慧产业化,制定《省市产业发展专项竞争性分配的资金使用管理暂行办法》,全年落实区级政策及配套资助资金3.57亿元,国家、省市转移支付资助资金1.12亿元。创新财政扶持经济发展方式。从直接扶持向间接引导转变,与多家知名创投机构合作设立产业发展基金,财政累计投入1.61亿元,吸引社会资本投向移动互联网、智慧健康产业等领域。支持特色小镇建设。参与制定扶持政策,安排产业发展专项资金,全年投入2000万元用于丁兰智慧小镇建设、基础配套设施等领域;加强区域税源管理,建立健全丁兰智慧小镇企业台账,做好企业信息动态管理。提高为企服务水平。出台《企业应急周转金管理办法(暂行)》,设立企业应急周转金,防范和化解企业资金链风险;多形式为企业提供政策宣讲和业务指导,引导企业申报各类财政扶持项目35个。

【优化支出结构】 严格各类公务开支标准,压缩行政运行经费,全年"三公"经费及会议费、培训费支出比上年下降8.5%。保障民生事业协调发展,全年区级民生事业支出21.16亿元,确保新增财力的86.5%用于民生。全年教育事业支出7.45亿元,重点支持教育布局调整,推进优质教育资源全覆盖。医疗卫生支出1.93亿元,保障医养护一体化改革、分级诊疗服务、失独家庭扶助政策落实。社会保障事业支出3.36亿元,保障"智慧养老""残疾人幸福温暖计划"、就业公共服务体系创建等民生项目。投入3.10亿元重点保障江干区人民医院及公共卫生服务中心、九堡东城文体中心、学校布局调整等项目。保障"美丽江干"建设,加大生态投入,多渠道筹资资金14.04亿元,重点保障环境整治提升、"五水共治"及新塘路道路整治工程。保障G20峰会项目,建立峰会资金管理制度,通过年度预算安排、整合专项资金等方式,全年投入9.18亿元,重点保障社会治安综合治理、立体治安防控体系和环境建设。

【深化改革创新】 完善预算管理,加强一般公共预算、政府性基金预算、国有资本经营预算之间有机衔接和统筹安排,加大政府性基金预算和国有资本经营预算调入一般公共预算的力度。扩大全口径预算编制范围,将全资、控股企业纳入国有资本经营预算管理范围。细化预算编制,将教育、科技等重点支出预算细化至项级科目。强化支出全过程监管,财政国库集中支付改革实现全覆盖。强化存量资金管理,清理盘活专项资金和部门结余结转资金4.43亿元,统筹用于"五水共治"等民生项目。建立预算执行动态监控机制,强化预算执行刚性。推进公款竞争性存放,规范国库资金的保值增值管理,全年增加利息收入1.06亿元。探索政府购买服务制度,规范政府购买服务的采购流程和评审程序。科学规范债务管理,争取到地方政府债券26.02亿元,合理置换高息债务,降低财务成本4.80亿元,化解到期偿债压力和风险。争取到国开行放款13.50亿元,置换项目前期投入资金6.75亿元。统筹调度财政间隙资金28.05亿元,保障项目建设和G20峰会资金需求,确保到期债务按时偿还。

【加强财政监管】 加强预算绩效运用,拓展财政监督领域,加强对预算编制环节的审查和质量考核,探索绩效评价结果应用机制和财政政策评价,实现全过程预算绩效管理。强化国有资产监管,建立健全对国有企业的监管机制,推进国有建设单位实体化运作。加大预决算信息公开力度,除涉密部门外,全区47家一级预算单位及四个街道和科技园区预算全部上人代会审查,并向社会公开部门预决算和"三公"经费预决算,主动接受社会监督。督促项目规范化管理,对区级建设单位工作实行"全面+过程"考核,提升建设项目管理水平,加强对建设单位财务监管。

【推进队伍建设】 加强党风廉政建设,落实主体责任,签订目标责任书;开展岗位廉政风险点自查,多层面开展谈心谈话活动。规范干部管理制度,建立健全合理有序的干部交流机制,制定干部轮岗实施办法。以"道德讲堂""业务讲堂"为平台,以"三严三实"专题教育、"党员固定活动日"为载体,多渠道、多形式开展教育培训,营造"比学赶帮"的浓厚氛围。

(杭州市江干区财政局供稿　许彦阁执笔)

拱墅区

【概况】 2015年,杭州市拱墅区实现地区生产总值430.86亿元,增长8.5%。其中:第二产业增加值95.30亿元,下降1.7%;第三产业增加值335.56亿元,增长12.1%。三次产业结构比从上年的0∶25.1∶74.9调整为0∶22.1∶77.9。全区财政总收入111.00亿元,增长8.1%;一般公共预算收入69.38亿元,增长10.1%,占财政总收入的62.5%;税收收入64.49亿元,占一般公共预算收入的93.0%。全区一般公共预算支出32.19亿元,增长23.5%。全区财政预算执行情况良好,财政收支平衡。

【组织财政收入】 强化与相关部门及街道(园区)的沟通协调,合力落实收入管理、税源监控、企业服务等增收管理举措。强化收入分析和调研,做好宏观经济监测和重点行业财源分析,开展城市综合体、房地产、楼宇经济等专题调研,摸清财源底数,把握组织收入主动权。增强服务企业意识,融合线上线下服务平台,走访"重点骨干"和"特色潜力"企业,推进"拱财通"APP线上服务扩面,帮助企业梳理汇编最新财税扶持政策。加强非税收入征缴情况分析,开展收费专项清理,结合清理结果编制收费目录清单,并向社会公布。完善财政票据管理,制定财政票据管理制度,开展票据年检工作,集中清查全区执收单位财政票据。全年组织政府非税收入6.07亿元,增长8.8%。

【支持经济发展】 落实中央、省、市、区出台的一系列稳增长、调结构的政策举措,全年落实财政扶持资金1.67亿元,用于智慧信息产业发展、企业技改创新、企业对接资本市场等项目。设立政府产业基金。出台《拱墅区转型升级产业基金管理办法》,引导金融资本和社会资本投入实体经济,推进全区创业创新和产业转型升级。基金初期规模5.00亿元,当年底到位资金4.10亿元。支持组建拱墅区中小企业贷款风险池基金,牵头推进银行与街道合作建立"助保贷"信贷支持基金,为区内企业提供信贷支持。强化区中小企业担保公司政策性金融担保职能,加大融资担保服务力度,全年完成担保业务30笔,受保企业15家。

【保障民生支出】 全区一般公共预算支出中民生支出27.75亿元,占比86.2%。支持教育现代化区建设。投入财政资金8.39亿元,落实北部教育提振工程、教育综合改革发展等经费,推进名优教育队伍建设。支持医疗卫生事业发展。落实财政资金1.63亿元,完善基层医疗卫生服务体系和医疗保障制度,落实计划生育各项保障政策。健全社会保障体系。投入财政资金4.73亿元,推进养老保险制度改革,助力残疾人保障和服务体系建设,支持社会救助领域扩面提标,扩大帮扶救助覆盖面。推进公共文化服务均等化。落实财政资金3433万元,支持公共文化场馆建设和文化活动站点设施更新,扶持特色品牌文体活动。支持城市管理和建设。投入财政资金6.80亿元,保障城市基础设施和环境建设,推进水环境治理,改善城区生态质量。

【深化财政改革】 强化财政资金统筹,将地方教育附加等基金调入一般公共预算,其他政府性基金超比例部分转入预算稳定调节基金。动用预算稳定调节基金4.55亿元,用于建立产业基金和推动工资、养老保险制度改革。规范街道财政管理,将街道预算编制纳入区级编制系统,街道预算均上人代会接受审议,实现街道财政资金国库集中支付全覆盖。推进街道预决算公开,全区街道、园区预决算与部门预决算同步公开。推进政府购买服务工作,制定政府向社会力量购买服务的实施意见、服务目录(2015~2016年度)和预算管理办法,构建政府购买服务的制度框架,规范操作流程。探索PPP模式,开展政府与社会资本合作(PPP)项目试点。规范政府债务管理,争取国家开发银行棚户区改造专项贷款授信额度32.76亿元,实际申请支付到位14.20亿元。

【加强财政监管】 加强项目资金管理,出台老居住小区交通综合治理、住宅小区积水治理等资金管理办法,规范资金分配和使用。搭建政府投资项目信息管理系统平台,实现政府投资项目资金全方位、全过程监管。推行绩效目标基础审、集中审、综合审、复核审、专家审"五审"机制,加强对绩效目标审核力度。当年全区224个项目纳入绩效目标申报管理,涉及资金12.00亿元,实现绩效目标申报管理全覆盖。开展国有资产清查,对区本级行政事业单位、各街道及指挥部共计174家单位开展清产核资工作。出台《拱墅区行政事业单位房产出租管理操作细则》,规范国有房产出租管理。完善街道资产信息系统,将街道资产管理纳入国有资产管理信息系统,实现对街道资产的动态监控。

【加强队伍建设】 落实党风廉政建设责任制,开展"读书思廉"、《准则》《条例》学习宣传等活动,建立常态化作风效能督查机制,开展岗位廉政风险点排查,推行岗位廉政风险分类管理和过程监察。开展"三严三实"专题教育。建立干部日常实绩考核系统,全面开展日常实绩考核工作。实施"人才培养阶梯工程",民主选拔后备人才。 (杭州市拱墅区财政局供稿 龙扬洋执笔)

西湖区

【概况】 2015年,杭州市西湖区实现地区生产总值888.19亿元,比上年增长11.6%。其中:第一产业增加值4.28亿元,与上年持平;第二产业增加值103.69亿元,增长0.7%;第三产业增加值780.22亿元,增长13.5%。三次产业结构比为0.5∶11.7∶87.8。按户籍人口计算,全区人均生产总值为136393元,增长9.9%。全区财政总收入185.24亿元,增长17.6%,其中一般公共预算收入111.65亿元,增长16.8%,占财政总收入的60.3%;

税收收入105.57亿元,占一般公共预算收入的94.6%。一般公共预算支出63.00亿元,增长26.2%。全区预算执行情况良好,财政收支平衡。

【组织财政收入】 规范税收征管。落实财税联席会议制度,建立沟通联系机制,及时解决收入征管中存在的问题。抓好重点财源跟踪和管理,加大信息收集和分析力度,确保应收尽收。加大协税护税力度。开展走楼访企,充分利用部门、镇街协税护税网络机制,及时掌握区内税源型企业发展状况,当年重点招商引税项目入库税收8.72亿元。发展特色楼宇经济。建立楼宇信息数据库,有效整合楼宇资源,培育高端特色楼宇。全年实现千万元楼宇64幢,其中亿元楼宇17幢。加强非税收入管理。落实清费减负政策,梳理各项行政事业性收费规定,减轻企业负担。全年组织非税收入6.08亿元,增长9.0%。

【支持经济发展】 推进特色小镇及产业园区建设。全年累计投入近3亿元推进特色小镇建设,打造云计算产业生态链、文创产业集群以及传统与新型并存的金融业态。其中"云栖小镇""龙坞茶镇"入选省级特色小镇。引领服务业加速发展。支持构建"1+6"现代产业体系*,强化重大项目示范带头作用。影视制作产业、新型旅游产业、信息技术及其衍生产业与传统服务业企业及新引进企业齐头并进。激发中小企业发展活力。支持中小企业产业转型和结构优化升级,促进产业集聚和规模扩张。全年兑现各类企业扶持专项资金7.61亿元,2479家次企业受惠。合力助推中小企业新三板上市。一批企业通过审核挂牌上市,全年累计上市企业17家。拓展创业创新渠道。设立西湖区创业投资引导基金*,引导社会优质资源投向区内初创期中小企业。当年"联合天使担保"风险池基金*放贷8520万元,受益企业24家。

【优化支出结构】 全区民生支出47.09亿元,占一般公共预算支出的74.7%,确保新增财力三分之二以上用于民生。落实为民办实事项目。全区累计筹措资金31.04亿元,确保区政府为民办实事十大惠民工程实施。推进拆迁安置房建设,完善医养护服务一体化体系和食品药品监管体系,缓解"停车难""行路难"等问题。支持社会事业发展。全年教育支出10.25亿元,加大生均公用经费投入,确保义务教育阶段生均公用经费逐年稳步增长。医疗卫生支出3.80亿元,强化社区医疗卫生软硬件配套,增强基础设施建设。文化体育与传媒支出5410万元,加强开放性场馆基础设施建设,打造全民健身良好氛围。提高社会保障水平。全年区本级安排社会保障和就业支出6.41亿元,增长34.1%。建立社会救助类资金增长机制,保障救助对象基本生活需求。加大城乡一体化居家养老服务力度,促进公办、民办养老机构建设。推进"五水共治"等重点建设项目。全年投入"五水共治"经费近7亿元,提升城区防汛排涝能力。支持城西污水处理厂(一期)投入运营,提前完成农村生活污水治理任务。

【加强财政管理】 强化预算执行管理。加大预算执行管理力度,规范和从严控制预算追加。深化国库集中支付改革,加强对预算执行过程的监督与控制。当年"三公"经费下降18.5%。加强国有资产管理。完善国有资产管理体系,整合资产资源,统筹安排使用,促进国有资产保值增值。向杭州西湖投资有限公司注资2亿元,推进"云栖小镇""西溪谷"等项目区块的开发。完善政府债务管理。科学管控政府存量债务,落实偿债主体责任。推进"企业债"发行,探索并运用政府和社会资本合作模式(PPP)。推进地下停车场、保亭村安置房等PPP项目进程,吸引民间资本参与公共事业和基础设施建设。强化财政监督管理。规范政府采购方式,完善监督机制。完善预算绩效管理机制,强化绩效评价结果应用,促进财政科学化、精细化管理。全年开展预算绩效目标跟踪管理项目15个,涉及预算资金4975万元。

【优化财政服务】 利用现代信息化技术,建设数字财政信息一体化平台,实现"数据集聚化、业务规范化、共享智能化、管理科学化、服务便民化"的数字财政管理和服务新模式,提高财政管理和服务水平。组织实施基层财政公共服务平台,实行财政直付到个人的精准化发放。当年物价补贴和临时救助等15个民政帮扶项目逐月分批纳入平台实行财政统一发放,通过平台直接发放到个人的补助金额累计1014万元,惠及群众15981人次,实现基层财政服务平台镇街全覆盖。

【加强队伍建设】 加强党风廉政建设,落实主体责任和监督责任,健全完善"一把手负总责,分管领导各负其责,班子成员齐抓共管"的领导体制和工作机制。组织党员干部开展系列主题教育活动,提高机关干部勤政廉政意识。开展"三严三实"主题教育活动,学习贯彻习总书记系列重要讲话精神。加强干部队伍建设,实行中层干部竞争上岗,激发青年干部工作活动。

(杭州市西湖区财政局供稿 任 昕执笔)

注:

*"1+6"现代产业体系:"1"是指信息经济,"6"是指文化创意、旅游休闲、楼宇经济、高新技术、金融股权、都市农业六大特色优势产业。

*西湖区创业投资引导基金:引导社会资金投资西湖区内初创期中小企业的政策性基金。

*"联合天使担保"风险池基金:由政府、银行和担保公司合作,共同组建的专门用于缓解科技型中小企业融资难的专项基金。

高新技术产业开发区(滨江)

【概况】 2015年,杭州高新技术产业开发区(滨江)实现生产总值790.41亿元,按可比价计算,增长13.2%。其中:第一产业增加值1.36亿元,下降14.5%;第二产业增加值421.06亿元,增长

14.1%;第三产业增加值367.99亿元,增长12.4%。三次产业结构比为0.2∶53.3∶46.5。全区财政总收入200.03亿元,增长16.1%,一般公共预算收入108.45亿元,增长21.0%,占财政总收入的54.2%,一般公共预算收入中税收收入101.50亿元,占一般公共预算收入的93.6%;一般公共预算支出70.97亿元,增长12.9%。全区财政收支平衡,并有结余。

【组织财政收入】 强化税源管理,注重分析预测。落实税收征管保障制度,加强涉税信息沟通,掌握企业税务关系变更情况,主动上门对接相关企业,宣传区域产业政策。协调国地税部门,有序办理退税等事项,确保财政收入持续均衡增长。关注股权转让涉税事宜,跟踪区内企业资本市场运作情况,落实股权转让相关税收属地征收工作。及时掌握企业搬迁情况,做好财政收入基数结算工作。定期采集税源信息数据,全面掌握税源基本情况,分析重点行业走势及其影响,了解掌握税收增减变动原因,提出建议和应对措施。组织非税收入。加强与相关部门协调沟通,通过科学分析、量化研判,确保土地出让金应收尽收;严格财政票据管理,落实票据领核销等制度,以票管收、以票促收。全年组织非税收入40.72亿元,其中政府性基金收入33.49亿元。

【支持经济发展】 支持国家知识产权示范园区和国家专利导航产业发展实验区建设,助推大众创业、万众创新,全年投入财政资金19.83亿元。支持新兴产业发展,投入资金12.35亿元重点培育信息软件、电子商务、物联网、数字安防等优势产业,四大产业营业收入分别增长29.9%、73.6%、16.2%、19.5%。支持企业做大做强,投入3.27亿元支持领军企业、总部企业跨越集聚发展,投入4629万元支持“瞪羚企业”*快速发展。鼓励企业创新发展,投入6.05亿元用于补助企业研发与技术改造,投入4598万元用于企业知识产权奖励,投入2759万元用于企业产业联盟、众创空间、孵化器建设。吸引创新人才集聚。投入1.5亿元对企业人才实施薪酬贡献奖励,投入1.29亿元支持218名海外高层次人才创新创业,投入1443万元用于扶持大学生自主创业。创新财政扶持经济发展方式,发挥国有投资公司作用,首期投入7650万元合作设立9支产业引导基金,带动社会资本20亿元。加快科技金融服务中心和路演中心建设,集聚创业投资机构136家,注册资本55亿元,投资基金规模超200亿元,入驻银行累计为区内科技型企业贷款约33.7亿元,担保公司累计为127家科技型企业提供贷款担保,缓解企业融资难。

【改善民生事业】 全年一般公共预算民生支出52.80亿元,比上年增长13.9%,占一般公共预算支出的84.6%。加大教育、卫生、文体等事业投入。全年投入教育资金9.39亿元,保障闻涛中学、白马湖学校等11所学校(幼儿园)新建扩建和开办,推进优质资源均衡发展;投入医疗卫生资金2.01亿元,深化医疗卫生体制改革,提升智慧医疗服务;投入6.84亿元用于奥体中心、中国动漫博物馆、区体育馆等建设。加大社会保障力度。投入14亿元用于保障性住房及农转居拆迁安置房建设;投入社保专项资金1.48亿元,用于医疗、养老、慰问、困难等补助支出;投入区级就业专项资金989万元,落实拆迁户、高校毕业生等特殊群体就业培训和就业援助政策;投入“阳光家园”建设与养老服务专项资金9557万元,加快城市养老事业发展。加强社区与“平安滨江”建设。全年核拨经费1.07亿元,保障社区正常运行,新建社区居家养老服务中心15家,实现区域内全覆盖;投入公共安全资金1.79亿元,推进安全体系建设,维护社会稳定。保障全区重点项目建设。开展可用财力调查,筹集资金,保障“五大平台”建设,区内基础设施建设以及“五水共治”“三改一拆”项目的实施。

【加强财政管理】 推进预算管理改革。编制一般公共预算、政府性基金预算、国有资本经营预算、社会保险基金预算的全口径预算;规范街道财政预算工作,推进街道国库集中支付改革;试编权责发生制政府综合财务报告,反映政府整体财务状况和运行情况。加强财政资金管理。出台国库集中支付动态监控管理办法,强化预算执行刚性。盘活存量资金,建立往来款清理机制,加大历年结转结余资金清理力度,清理资金1.60亿元;推进行政事业单位公款竞争性存放,防范利益输送,提高资金效益;制定征迁资金管理办法和街道社区工作人员考核奖励办法,加大街道专项资金监管力度;贯彻厉行节约各项规定,持续压缩行政运行经费,全区“三公”经费比上年下降11.2%。健全监督管理体系。政府预决算、部门预决算和“三公”经费预决算向社会公开,接受社会监督;开展涉农资金专项整治行动,规范涉农资金使用管理;强化预算绩效管理,实施居家养老和小区垃圾分类专项资金绩效评价,将评价结果与下年度预算挂钩。加快政府投资项目管理信息化建设,提高建设资金审批效率。创新机制,提高建设项目概预算审核效率,全年完成概预算审核项目326个,审核金额104.36亿元,净核减2.69亿元。提升财政服务水平。制定政府购买服务采购管理办法,推进政府购买服务管理,梳理出46类116个项目纳入政府购买服务目录。

【强化国资管理】 加强街道资产信息化管理,指导街道对本级及所属卫生服务中心、便民服务中心等做好清产核资、建立信息档案,实施街道资产配置、使用、处置等动态监管,实现全区国有资产信息系统管理全覆盖。开展国有房产专项清查活动,规范国有房产管理,盘活空置国有房产,提高国有房产运行效率。开展2014年度国有企业公务支出公款消费专项检查,规范公务支出和控制运营成本。

【加强队伍建设】 开展“三严三实”专题教育活动,组织专题研讨,结合重温入党誓词、学习模范先进事迹等活动,增强党员干部责任意识。落实党风廉政建设责任制,推进廉洁从政制度建设,通过定期“微型廉政党课”,筑牢党员干部廉政防线。落实效能建设各项规定,人人签订作风效能承诺书。注重培养有为财政干部,树立"重德、重学、重干、重廉"的用人导向,优化队伍结构、凝聚团队合力、激发个人活力。

(杭州高新技术产业开发区[滨江]财政局供稿　裘　骏执笔)

注:

*"瞪羚企业":指成长性好、具有跳跃式发展态势的中小高新技术企业。

萧山区

【概况】 2015年,杭州市萧山区实现地区生产总值1802.02亿元,按可比价计算,比上年增长8.3%,其中:第一产业增加值63.80亿元,增长1.3%;第二产业增加值899.67亿元,增长5.4%;第三产业增加值838.55亿元,增长13.7%。三次产业结构比为3.5∶49.9∶46.6。按户籍人口计算,人均生产总值142644元,增长3.1%。全区完成财政总收入(不含大江东,下同)238.86亿元,增长8.8%,其中一般公共预算收入140.50亿元,增长7.1%;全区一般公共预算支出145.18亿元,增长20.0%。全区财政收支平衡,略有结余。

【组织财政收入】 优化收入结构,一般公共预算收入占财政总收入的58.8%;税收收入107.21亿元,占一般公共预算收入的76.3%。加强分解预测,调研可征税源和房地产专项税源。强化综合治税,报请萧山区政府出台加强税收征管保障工作的实施意见和强化税收征管、稳定财政收入的实施办法,促进齐抓共管、综合治税。加强制造、建筑、金融等重点行业征管,强化房地产行业征管,房地产业贡献财政总收入39.1亿元,增长20.5%。加强非税收入征管,组织非税收入131.03亿元,下降31.9%。其中:政府性基金收入118.03亿元,下降36.8%。

【促进经济转型升级】 打好转型升级组合拳,实施千企转型升级三年行动计划,设立规模10亿元的政府产业投资基金,全面开展3184个转型升级项目并完成2560个。制定和完善财政扶持政策,全年兑现各类扶持资金19.93亿元,重点用于加快转型升级,强化创新驱动,加大科技投入,淘汰落后产能,保障粮食、公交等民生政策落实,促进经济社会发展。落实降税清费政策,全面落实各项税费优惠减免,全年落实水利基金、房土两税等地方税收减免4.67亿元,高新技术、小微企业、资源综合利用等其他各类税收减免5.05亿元,支持企业发展。

【服务G20峰会】 统筹资金重点保障G20峰会项目,包括峰会在内的区本级建设支出62.25亿元。加快钱江世纪城有关场馆建设,包括配套道路建设,推进机场公路改建工程萧山段建设,区财政累计完成资本金出资13.81亿元,高架桥主体结构提前全线贯通。城区市政基础设施提升工程投资3.05亿元,包括主要宾馆周边环境整治,城区主要道路路面及立面整治。实施钱江世纪城17条市政道路沟通工程。支持开展"迎峰会、强基础、保平安"专项行动,推进峰会安保工作。

【保障民生支出】 全年用于民生方面支出115.36亿元,占一般公共预算支出的79.5%。支持教育事业发展。全年教育支出32.35亿元,增长6.8%。重点用于全面启动义务教育段课程改革,新创4所省级特色示范高中,创办民办萧山实验高中,5所中小学(幼儿园)成为浙师大附属学校。萧山技师学院(筹)挂牌。支持启动"5253"教育高层次人才工程*,全面落实农村特岗教师津贴制度。支持医疗卫生事业发展。全年医疗卫生支出8.63亿元。支持区级医院全面实现"智慧医疗"诊间结算和就诊全流程自助服务。支持文化体育事业发展。全年文化体育支出2.52亿元,增长22.6%。实施镇街文化服务绩效评估,通过省级公共文化服务体系综合示范区验收。支持萧山剧院修缮项目支持举办各类文化活动,包括第六届跨湖桥文化节等1000余场活动。建成农村文化礼堂20个。支持社会保障事业发展。全年社会保障和就业支出14.41亿元,增长33.9%。完善社会保险"五险合征"政策,调整医疗、生育、失业保险缴费比例。实现公立医保医疗机构与主城区定点互认。

【支持生态文明建设】 实施"五水共治",浦阳江治理工程正式启动建设。区本级农村生活污水治理支出3.62亿元、河道截污纳管及黑臭河整治支出2.52亿元,"生猪禁限养"支出2.58亿元。完成黑河、臭河、垃圾河整治89条(段),完成河道综合整治60条(段)191公里。区级污水管网实现全覆盖,累计完成191个行政村生活污水治理。

【推进财政改革】 试行政府购买服务改革,出台政府购买服务实施意见和指导性目录,对城乡社区基本公共卫生服务等82个项目试行政府购买服务,创新公共服务提供方式。支持PPP模式落地,推进火车南站东西广场、钱江世纪城沿江公园等重点项目建设,申报省级示范项目和示范县(市、区),争取省级财政支持。推进财政资金竞争性存放,制定全区及行政事业单位财政性资金竞争性存放相关文件,完成30亿元国库及专项资金竞争性招标,提高资金存放效益。盘活存量资金,清理存量资金17亿元,全部收回财政统筹使用。压缩专项资金,通过取消不合理项目,调减上年执行率低的项目,清理整合专项项目,压缩专项资金5.7亿元。控制行政成本,加强对"三公"经费、会议费、培训费等行政运行成本的控制,全年"三公"经费下降28.8%,其中接待费下降71%。

【强化财政监管】 加强债务管理,争取省政府债券额度,及时做好政府债务置换,全区转贷存量债券133.5亿元,其中置换债务124.5亿元,缓解各级还贷和支付压力,降低财务成本。通过推广应用预算执行动态监控软件,初步实现对预算执行的动态监控,规范预算单位财务行为。加强国有资产管理,开展全区行政事业单位经营用房清查工作,制定经营用房分类管理实施意见,提高资产使用效益。加强政府工程项目财务决算清理,完成区级财务决算审批项目 62 个,收回和盘活财政基建指标 3 亿元。强化政府投资工程审价制度,全年核减 52.5 亿元,核减率 11.8%,开展预决算及“三公”经费公开情况检查、区本级财政监督检查、全区涉农资金专项整治行动,规范财经秩序。

【加强队伍建设】 通过召开专题学习研讨会和民主生活会,进行“三严三实”专题教育,上好专题党课。加强廉政建设,落实廉政主题责任和监督责任。组织开展党章党纪轮训,学习贯彻《中国共产党廉洁自律准则》《中国共产党纪律处分条例》,营造风清气正、积极向上的工作环境。

(杭州市萧山区财政局供稿　廖　强执笔)

注:

“5253”教育高层次人才工程:2015 年到 2020 年,为萧山区引进和培养一批区级及以上教育高层次人才,主要分四个层次,即第一层次国家级领军人才 5 名,第二层次省级领军人才 20 名,第三层次市级领军人才 50 名,第四层次区级领军人才 300 名。

余杭区

【概况】 2015 年,杭州市余杭区实现地区生产总值 1235.65 亿元,按可比价计算,增长 11.0%,其中:第一产业增加值 47.07 亿元,增长 1.4%;第二产业增加值 455.11 亿元,增长 4.7%;第三产业增加值 733.47 亿元,增长 17.1%。三次产业结构比例由上年的 4.1∶40.1∶55.8 调整为 3.8∶36.8∶59.4。按户籍人口计算,全区人均生产总值 131712 元,增长 8.1%。全区财政总收入 305.31 亿元,增长 20.5%;一般公共预算收入 187.65 亿元,增长 16.2%,其中税收收入 173.53 亿元,占一般公共预算收入的 92.5%。全区一般公共预算支出 167.80 亿元,增长 8.7%,其中区本级财政支出 142.97 亿元,增长 8.1%。全年预算执行情况良好,财政收支平衡。

【组织财政收入】 加强对重点行业、重点企业、新引进投产项目及一次性税源的调查分析。开展营业税辅导清理,对房地产业、建筑业、金融保险业等行业和营业税重点纳税人进行专项辅导清理,确保应收尽收。加强企业政策性搬迁情况调查统计,完善搬迁企业涉税信息,堵塞征管漏洞。制订税收网格化管理和服务实施办法,在全区范围内全面推广税收网格化管理与服务,新增税收 3.80 亿元。加强部门间协作,与区法院建立联席会议协调机制,明确税务部门债券申报参与司法拍卖处置分配。组织非税收入 122.44 亿元,下降 40.6%,政府性基金收入完成 108.32 亿元,下降 42.7%,其中土地出让金收入完成 102.54 亿元,下降 44.8%。

【服务经济发展】 服务特色小镇建设,助推“梦想小镇”引进孵化平台 15 家,金融机构 116 家,落户创业项目 500 余个,促进智慧经济、信息经济发展。全力支持“个转企、小升规、规改股、股上市”,出台《关于推进企业利用资本市场加快发展若干政策意见》等扶持政策,支持“四换三名”、招商引资等工作,加大人才、科技和金融支持力度,助推企业转型升级。落实“个转企”优惠政策,全年办理“个转企”674 户。缓解企业资金压力,累计为工业企业提供周转资金 50 亿元;与建行开展“税银互动”,全年放贷累计 2242 万元;制订出台《余杭区政府采购支持中小企业信用融资暂行办法》,推进实施“政采贷”业务,发挥政府采购政策导向作用,有效缓解中小企业融资难问题。

【设立产业发展引导基金】 出台产业专项资金管理与改革实施意见和产业发展引导基金实施意见,以及“让利性股权投资引导基金”“股权投资基金(子基金)”和“产业投资引导基金直投投资”三个管理办法,其中“让利性股权投资引导基金”与产业政策整合同步进行,明确产业发展引导基金的组织架构、功能定位、运作模式、风险防控和考核评价体系。按照企业发展的不同阶段,依次设立天使引导基金、梦想基金、创投基金、产投基金、并购基金等多个引导基金。截至当年末,产业引导基金池规模 78.50 亿元。

【创新政府投融资机制】 引导社会资本参与政府性项目建设,出台《鼓励和引导社会资本投资基础设施等领域的实施意见》,对政府投融资体制改革进行梳理明确。出台《余杭区创新政府

余杭大径山生态区

投融资机制实施意见》,依法放开经营性项目建设市场,推行投资运营主体招商,采用政府与社会资本合作(PPP)、建设-经营-移交(BOT)、移交-经营-移交(TOT)等方式推进市场化运作。推出"余杭区2015年首批创新政府投融资试点项目名单",共有10个试点项目在列,其中三个项目已启动实施。

【保障社会民生】 保障民生事业,2015年一般公共预算用于改善民生支出115.90亿元,占全区一般公共预算支出的69.1%,增长22.5%。在支出结构中,教育科技、城乡社区、保障就业、医疗卫生、农林水利、节能环保分别占总支出的24.2%、12.4%、8.8%、6.5%、6.4%、3.9%。投入5.36亿元用于教育信息化及设施设备、教师培训、学生资助、教育教学质量管理及考核、义务教育免课本作业本费等,促进教育资源合理分配。投入2.15亿元用于粮食政策性补贴、农村部分计生家庭奖扶特扶等工作。投入939万元用于农村社区公共服务工作站运行、社会工作人员补助等。安排7.82亿元用于城居社会养老保险、事业单位退休人员补充生活补贴,完善社会保障和救助体系。投入4.11亿元用于公立医院改革、社区卫生服务中心建设,优化医疗资源布局。投入4亿元用于西部乡镇生态保护,完善瓶窑组团生态保护补偿机制,加强农业综合开发项目管理,推进生态建设。

【深化财政管理改革】 树立"大财政"工作理念,制订大财政工作机制的实施意见,建立全口径政府预算体系,实现财力统筹。细化预算编制,推进部门预算科学化、精细化运行。推进镇街财政体制改革,修订出台新一轮财政体制方案,完善镇街财政体制,并对镇长(主任)、财政所长、总会计进行相关财政知识培训,提升财政管理水平。

【加强财政监督管理】 组织力量对全区25个部门的34家单位开展以预算编制和执行情况为重点的财务检查。强化资金绩效考核,对"农家乐休闲旅游发展财政政策"和"农村能源开发利用政策"项目进行绩效评价,为财政政策延续、完善提供有效建议。组织涉农资金专项整治行动,对执行三年及以上的涉农政策进行梳理完善。调整全区负债考核办法,落实政府债务限额管理,在政府存量债务清理甄别的基础上,有效降低负债成本。推进预算执行规范化、标准化建设,制订《余杭区预算执行标准化管理文本》,强化内控管理机制,确保财政资金规范、安全和有效运行。及时公开全区财政、56个部门单位和19个镇街的预决算信息,接受社会监督。建立国库支付动态监控软件系统,实现由全人工监控转变为软件自动梳理、人工确认监控的新模式。出台区级行政事业单位公款竞争性存放管理暂行办法,加强对区内行政事业单位公款存放的管理力度。强化对国有公司监管,发挥财务审计在国资监管中的作用,维护国家所有者权益,提高企业经营管理水平。

【深化干部队伍建设】 开展"三严三实"专题教育,查找问题,落实整改举措,增强干部思想自觉和行动自觉。贯彻落实党风廉政建设责任制,印发区财政(地税)局纪检监察工作要点,明确全区财政系统纪检监察工作的指导思想、具体任务。加强教育培训,组织全系统业务骨干前往上海财经大学进行封闭式培训,学习财税体制改革、金融等知识,拓宽干部职工视野,提升工作能力。

(杭州市余杭区财政局供稿　赵　勇执笔)

富阳区

【概况】 2015年,杭州市富阳区实现地区生产总值643.50亿元,比上年增长9.3%。其中:第一产业增加值42.20亿元,增长1.9%;第二产业增加值315.40亿元,增长5.7%;第三产业增加值285.90亿元,增长16.2%。三次产业结构比由上年的6.6∶52.7∶40.7调整为6.6∶49.0∶44.4。按户籍人口计算,人均生产总值96475元,增长8.6%。全区财政总收入91.57亿元,增长0.5%,其中一般公共预算收入54.32亿元,增长3.8%;一般公共预算支出68.96亿元,增长12.4%。全年财政实现收支平衡,略有结余。

【组织财政收入】 收入结构保持优化,一般公共预算收入占财政总收入的59.3%,其中税收收入46.86亿元,占一般公共预算收入的86.3%。注重预测分析,完成税源调研分析报告、房地产业税收分析及税收预测报告,确认重点税源监控企业763户,监控面扩大22.0%。按照财政预算安排,及时分解和落实全年收入计划。强化征管措施,通过应用风险管理模块,有效堵塞征管漏洞,补缴地方税费及滞纳金1363万元,压缩高危陈欠和滞纳金122万元。开展营业税专项清理,推送风险409条,确认风险企业89户,补缴地方税费及滞纳金1581万元。挖掘税源潜能,深化房产税、土地使用税信息联动,促进数据有效集中和高效应用。利用房产办证信息、国土办证信息,增加房产税、土地使用税税收3223万元,入库房土两税5.07亿元,增长13.5%。完善非税征管,深入调查研究、强化票据和绩效管理,提升非税收入科学化、精细化管理水平,全年组织政府非税收入66.80亿元。

【支持经济发展】 支持"硅谷特色小镇"建设。主动对接硅谷小镇,开展财政税收问题调研,与企业财务人员探讨项目建设过程中存在的税收问题,商量解决方案。出台扶持政策。参与制定《关于进一步加快电子商务发展的若干意见》等扶持政策,安排各类涉企财政专项扶持资金16.58亿元,其中区本级支出13.46亿元,上级专款支出3.12亿元。落实税费减免。办理各类税费优惠3.90亿元,其中1183户小微企业减免企业所得税597万元;70户企业享受研发费及残疾人工资加计扣除1.48亿元;区内高新技术企业减免企业所得税3144万元。当年新组织实施农业综合开发土地治理项目3个,产业化经营项目4个,得到上级财政补助资金2901万元。改善企业融资环境。鼓励和引导企业加快推进直接融资,区中小企业风险基金和科技中小企业风险池资金在保企业 90 户,融资担保余额 4.50 亿元。设立 15 亿元规模的产业发展引导基金,帮助企业引进流动资金 1.35 亿元。

【保障民生事业】 全年财政用于民生项目支出 50.35 亿元,占一般公共预算支出的 73.0%,其中教育、医疗卫生、农林水、社会保障和就业支出占财政总支出的 61.2%。融入杭州改善民生。以“一年启动、两年实施、三年融合”为目标,实施与杭州主城区接轨的民生项目 40 个,增资 1.24 亿元,其中本级财政增资 1.19 亿元,主要受益对象涉及孤、老、幼、残、优抚军人、下岗工人、农民工等群体。加大教育医卫投入。新建教育项目 15 个,总投入 7.78 亿元,富春八小等学校相继投入使用。对义务教育农教津贴单列不再纳入绩效工资范围,年增资 930 万元。新增投入 1600 万元用于发放“农村特岗教师津贴”。医疗卫生投入 5.26 亿元,区医疗卫生中心、区妇保院住院大楼建成使用。推进“五水共治”工程。整合和筹措本级、省、杭州市专项补助、社会各界捐赠款及农村公益金结余等各类资金 31.47 亿元,实施治水项目 78 个,其中治污水 21.90 亿元,排涝水和防洪水 7.29 亿元,保供水和抓节水 2.25 亿元。

【推进财政管理改革】 推进预算管理改革。主动提前对接发改部门,防止政府投资项目预算缺项、漏项;全面对接建设单位,确保预算编制与预算执行一致。在执行中推进项目全过程管理,厘清平台、部门、乡镇之间的模糊概念,推进乡镇公共服务平台工作,乡镇公共服务平台作为省财政厅的试点项目,从涉农项目扩展到民生项目,上线总项目 55 项。推进财政支农体制机制改革。开展政府专项性一般转移支付“2+4”改革试点工作,其中 2 个乡镇(街道)实行综合性改革,4 个乡镇(街道)实行单项性改革。改革试点工作安排本级预算 1.62 亿元,占涉农项目预算资金的 18.0%。推进国资监管改革。开展国有房产清查处置工作,对 4 家平台公司* 11 处房产办理拆除、转让报批手续;对 4 宗地块的处置利用提出办文意见;办理拆迁收购资产处置评估,审核结果确认批复 66 件,办理行政事业单位资产转移 12 件次。推行政府购买服务。出台《富阳区政府购买服务采购管理暂行办法的通知》,以政府购买居家养老服务作为试点项目,由社会组织为全区 6000 余名补贴对象提供生活照料、健康保健、文体娱乐、精神慰藉、法律维权等多方面的养老服务,养老服务补贴支出 618 万元。

【强化财政监督管理】 完善预算决算公开制度。公开预决算报告,将一般公共预算细化至功能分类科目项级、经济分类科目款级,政府性基金细化至功能分类科目项级。公开“三公”经费和政府债务计划,督促各预算单位按规定公开新的预决算内容。整合政府专项清单。根据省政府“四张清单一张网”改革要求,做好专项资金管理清单信息公开试点,对原有 159 个专项资金清理整合成大专项 13 个,子专项 152 个,安排预算 38.30 亿元,初步构建起财政专项资金综合监管体系。盘活财政存量资金。开展存量资金清理与统筹工作,提高财政保障能力,盘活资金 8.29 亿元,其中收缴部门结余结转资金 3.95 亿元,统筹 4.34 亿元。通过分类梳理逐项提出处理意见,集中清理 2014 年度以前乡镇政府专项执行情况,专项存量资金从 1.22 亿元压缩到 4499 万元,盘活资金 7671 万元。规范资金拨付流程,按《富阳区行政事业单位综合性开支标准的通知》等文件规定,严把支付审核关,纠正退付预算单位各类不合规不合法资金 313 万元。实施公款竞争存放。出台区级单位公款竞争性存放管理暂行办法,首期社保资金 3.00 亿元,通过竞争性存放,利率比中国人民银行一年期基准利率上浮 30%~40%。严格控制行政经费。贯彻落实中央八项规定,其中区机关本级“三公”经费支出 7215 万元,下降 15.3%;会议费支出 1189 万元,下降 21.6%;培训费支出 4067 万元,下降 5.1%。提高会计监管质量。完善会计工作管理制度,发挥会计管理在财政、税收工作中的基础性作用。监督检查 5 家节能环保企业会计工作,查补税费 9 万元,调增企业所得税应纳税所得额 1507 万元。专项检查 7 家融资性担保公司 2013 年、2014 年的账务,追缴财政资金 2 万元,补缴税款 7 万元。完成单位会计信息质量检查 11 户,会计人员扣分 89 人次,会计人员吊证 1 人。深化投资项目管理。分行业确定项目预算标准化参考指标,审核项目 1489 个,金额 85.49 亿元,审定金额 81.82 亿元,净核减 3.67 亿元,核减率 4.3%。

【加强队伍建设】 加强党风廉政建设,确定班子成员党风廉政建设责任分工,落实党风廉政建设责任制工作方案。组织开展作风效能检查,做好廉政效能风险应对,抽查风险预警记录,分析原因、落实整改。举办“三严三实”党课宣讲活动,约 500 余人次党员干部参加。开展新《预算法》、财政资金绩效评价等业务知识教育培训,提升干部综合业务能力。

(杭州市富阳区财政局供稿　刘学文执笔)

注:

*“平台公司”:在不增加项目用地的前提下,鼓励引导富阳区外投资者(含富商)在富投资,并办理工商注册登记和纳税登记的手续。

临安市

【概况】 2015 年,临安市实现地区生产总值 466.28 亿元,按可比价格计算,比上年增长 8.9%。其中:第一产业增加值 39.72 亿元,增长 1.9%;第二产业增加值 243.48 亿元,增长 7.1%;第三产业增加值 183.08 亿元,增长 13.5%。三次产业结构比为 8.5∶52.2∶39.3。按户籍人口计算,人均生产总值为 88070 元。全年财政总收入 60.28 亿元,增长 10.5%,其中一般公共预算收入 32.56 亿元,占财政总收入的 54.0%,增长 8.0%。一般公共预算收入中税收收入 28.51 亿元,占比 87.6%。全市一般公共预算支出 50.16 亿元,增长 9.9%。全年财政收支平衡,略有结余。

【组织财政收入】 立足税源调研,强化税源管控,重点监控企业 680 家,截至年末监控企业入库税收 17.18 亿元,占企业税收收入的 70.9%。加强税收征管,推行绩效管理,"五证合一,一照一码",开展"营改增"重点行业专项辅导,补缴营业税 3009 万元。实施专项纳税评估,收缴税费 1203 万元。推进税收保障机制,受理股权变更 261 笔,税务注销 716 笔,补缴税费 1.09 亿元。规范非税收入管理,加强票据和结算专户管理,全年累计征收非税收入 29.12 亿元,下降 20.9%,其中土地出让收入 17.54 亿元,下降 25.8%。强化社保基金预算管理,完善社保补贴实施办法,增强欠费企业执行力,全年征收社会保险费收入 15.41 亿元,增长 62.5%。

【支持经济发展】 全年向上争取各类补助资金 12.84 亿元,向上争取 7 年期地方政府债券额度 3.80 亿元,兑现各类政策扶持资金 17.80 亿元,办理工业企业财政应急周转金累计 8.29 亿元。依法审核减免各项税费 2.93 亿元、减征社会保险费 3468 万元、减免地方水利建设基金 3293 万元。支持科技发展,全年科学技术支出 2.63 亿元,增长 16.4%,用于扶持和培育高新技术企业发展及研发中心建设。支持农业转型升级,农林水事务支出 5.31 亿元,增长 8.0%。新建和提升蔬菜基地 9100 亩,完成中低产田改造面积 5520 亩,新增补贴农机具 2924 台(套),建成设施农业 2679 亩,建成主导产业示范区 2 个、特色农业精品园 3 个。

【保障民生支出】 全年民生支出 38.83 亿元,增长 12.2%,占一般公共预算支出的 77.4%,提高 1.6 个百分点。*支持教育事业发展*。支持推进临安中学、博世凯小学迁建项目建设。全年教育支出 11.39 亿元,增长 10.8%。*支持文化事业发展*。支持承办第九届亚洲技巧锦标赛,完成吴越文化公园迁建等项目。支持实施农村历史建筑保护、修缮项目 35 个,新增杭州市非遗代表性项目名录 4 项,全年送书下乡 2 万余册,建立村级公共电子阅览室 7 个,新增馆外流动书屋服务点 12 处。全年文化体育与传媒支出 9273 万元,增长 7.0%。*加大社会保障投入*。制定养老服务体系建设专项资金使用管理办法、基本公共卫生服务项目补助资金管理办法、公益性墓地建设标准和资金补助管理办法,规范资金支出管理。实施城乡低保动态增长机制,城乡低保标准分别提高到每人每月 585 元和 440 元。全年社会保障和就业支出 4.99 亿元,增长 9.1%。*支持医疗卫生事业发展*。支持创建省级慢性疾病防治示范市,全省首个生命安全体验馆启动建设。全年医疗卫生支出 4.23 亿元,增长 8.9%。*支持新农村建设*。建成美丽乡村精品村 10 个、"绿富家园"村 19 个,杭州市级中心村 29 个通过验收。

【推进财政改革】 贯彻学习新《预算法》,清理结余结转资金,制定上级专项资金管理办法和本级专项资金管理意见,盘活财政存量资金,清理财政专户结余结转资金 2.80 亿元。完成 2014 年度权责发生制政府综合财务报告试编工作。深化镇街国库集中支付改革,启用预算编制模块,实现预算管理、支付管理、会计核算一体化运行。推进镇街公共服务平台建设。全面推行公务卡结算,现金使用量同比减少 32.6%。开展行政事业单位公务接待费、会议费、培训费专项督查 3 次,推广应用国库集中支付动态监控系统。全年一般公共服务支出 4.45 亿元,其中"三公"经费 5533 万元,下降 29.8%。

【强化财政监管】 推进预算项目支出绩效评价工程,对 27 个项目开展绩效评价,涉及资金 6098 万元。制定行政事业单位公款竞争性存放管理暂行办法,规范公款存放管理。公开政府采购招标项目信息,完成采购预算 2.21 亿元,节约资金 2027 万元。探索概预算审核精准控制模式,委托中介机构审核预结算项目 341 个,核减金额 3515 万元。加强财会人员管理,全年组织各类培训 4373 人,检查考核企业 166 家,考核会计人员 232 人,查处无证上岗 66 人。

【加强国资管理】 出台市属国有企业收益收缴管理暂行办法、市属国有及国有控股企业负责人绩效考核指导意见,审核编制行政事业单位资产配置计划,推广应用资产管理信息系统和资产条码管理系统。成立临安市国有股权控股有限公司,由市财政局代为管理。机构成立以来,办理信贷资金 3 亿元,并为市基础设施建设提供贷款担保 26.80 亿元。成立临安市金融控股有限公司,从事金融类股权投资、政府性股权投资基金管理等业务,由市财政局代为管理,发挥财政资金引领作用,助力基础产业、工业、农业、服务业转型升级。

【加强队伍建设】 组织全体党员干部参加党章党纪党规轮训班,举办党史知识讲座,每月 25 日开展党员固定活动日,增强党性意识。加强廉洁从政教育,梳理权力清单,厘清责任,排查风险点,提高公共服务的效率和效果。建立健全内控管理体系,推动全局内部管理规范化。加强干部队伍建设,组织岗位大练兵,提高业务能力。开展中层干部竞争上岗及岗位交流工作,激发干部工作活力。 (临安市财政局供稿 陈 炯执笔)

建德市

【概况】 2015 年,建德市实现生产总值 320.35 亿元,按可比价计算,增长 8.9%。其中:第一产业增加值 30.48 亿元,增长 2.4%;第二产业增加值 167.73 亿元,增长 7.9%;第三产业增加值 122.14 亿元,增长 12.0%。三次产业结构比为 9.5∶52.4∶38.1。按户籍人口计算,人均生产总值 62831 元。全社会固定资产投资额 175.90 亿元,增长 22.7%;消费品零售总额 104.48 亿元,增长 11.9%。全市财政总收入 36.50 亿元,增长 6.0%,其中一般公共预算收入21.20亿元,增长7.2%;一般公共预算支出41.09亿元,增长27.0%。全年财政收支平衡。

【组织财政收入】 优化收入结构,一般公共预算收入占财政总收入的58.1%,税收收入20.27亿元,占一般公共预算收入的95.6%。加强重点税源企业监管,建立机制、凝聚合力,实现收入26.67亿元,占全市一般公共预算收入的57.2%,其中新增税收1.38亿元。以注册地经济为导向,扩展渠道,开展招商引税,新引进企业79户,入库税收1.01亿元。开展营业税专项辅导清理,加强房地产业、建筑业税收管理,加强杭黄工程、千岛湖配水工程项目税收管理,注重企业重组、资产转让、股权转让的税收审核,推进建筑业企业所得税预警管理,实现新增税收逾1000万元。争取国家、省、杭州市转移支付补助政策,全年向上级部门争取各类补助资金17.5亿元,其中地方政府新增债券3亿元。强化非税收入管理,确定排污费收入、土地出让金、采矿权拍卖所得、河道采砂权出让收入、经济适用房上市交易收入五项为非税收入增收项目,制定专项考核办法。推进政府非税收入管理信息系统建设相关工作,对新纳入系统的21家执收单位进行业务培训。开展收费专项清理规范工作。全年组织非税收入20.35亿元,增长2.5%,其中政府性基金收入17.42亿元。

【支持经济发展】 助推企业转型升级,设立规模为3亿元的政府产业基金,首期到位资金1.2亿元,成立建德市金融投资有限公司,发挥产业基金的引导和放大作用,推进产业转型升级和新兴产业发展。出台支持建德市江湾财富小镇建设的若干意见,引进平台公司和基金公司,推进全市各类基金聚集发展和基金业态创新发展,加快形成产业集聚。建立碳酸钙行业税收常态化管理机制,引导企业集约利用资源,倒逼高能耗行业实施节能减排。开展服务企业大竞赛活动,支持大众创业万众创新,走访企业530家,帮助企业解决实际问题,对拟上市企业建立点对点服务机制。配合相关部门推进"个转企""四换三名"工作,支持推进"电商换市"工程。落实清费减税优惠政策,加大小微企业扶持力度,政策资金双管齐下,对上新三板企业给予每户80万元的资金补助。设立规模1亿元专项资金,为全市中小企业解决融资难、担保难问题,全年为176家中小企业办理临时周转362笔,财政出借资金累计12.41亿元。用足用好各项强农惠农政策,支持农村电子商务、生态农业、现代农业等新型农业和新农村建设,做好草莓、柑橘等农业特色产业培育。

【保障民生支出】 全年财政用于民生方面的支出33.50亿元,增长26.5%,占一般公共财政预算支出的81.5%。支持教育事业发展。全年教育支出8.30亿元,增长13.3%。推进教育资源均衡化,落实农村特岗教师津贴、全市中小学爱心营养餐工程,农村学校食宿改善和幼儿园提标工程资金,完善学校体育设施建设。加大医疗卫生支出。全年医疗卫生支出3.42亿元,增长28.6%。重点加大基层医疗卫生机构补助、村卫生室补助、医院财政补助、城乡困难群众医疗救助、城乡居民医疗财政补助等支出;扩大大病保险支付范围,将15种特殊药品纳入大病保险支付范围。加强社会保障体系建设。全年社会保障和就业支出5.89亿元,增长49.8%。做好困难残疾人无障碍设施进家庭服务工作,落实资金134万元;推进城乡养老服务体系建设,补助标准由每人每年300元提高到600元,落实资金600余万元,支持对失能家庭护理员的业务培训;实施老年人意外伤害保险补贴制度,将本市户籍60周岁以上老年人纳入意外伤害保险范围并予以每人20元补贴,落实保险补贴资金221万元。支持生态文明建设,促进城乡协调发展。争取一事一议财政奖补助推美丽乡村建设资金4500万元,以莲花镇和下涯镇为试点,整合资源、集中资金打造美丽乡村建设新样板。争取地方政府新增债券3亿元,主要用于"三改一拆""五水共治"、行业整治提升等项目,其中重点区块棚户区改造工程项目投入2亿元,农村生活污水整治项目投入8000万元,推进资源综合利用和可再生能源建设。

【推进财政改革】 完善预算编制、执行、监督"相互循环、互为前提、一体运行"的"三位一体"财政管理框架,优化业务流程。加强支出执行,硬化预算约束,建立结余结转资金定期清理机制,强化结转结余统筹。实施全口径预算,将一般公共预算、政府性基金预算、国有资本经营预算和社会保险基金预算纳入政府预算体系。调整预算支出结构,实现预算安排有保有压。试编中期财政规划。推进专项资金清理,按照财政资金支持方向进行分类整合管理,规范专项资金准入和推出机制。打破专项资金由一个或几个业务部门统管的格局,实行分类管理。财政专项资金由原来的336个清理归并为107个项目,建立市本级财政专项资金目录清单。出台《关于推广运用政府和社会资本合作模式的实施意见(试行)》,梳理筛选全市适用PPP模式建设的项目,公布项目库,第一批推荐项目共30个。开展财政资金竞争性存放。出台财政专户资金竞争性存放管理暂行办法、市级行政事业单位公款竞争性存放管理暂行办法,组织4亿元财政资金竞争性存放招投标试点。

【强化财政监督】 公开"三公"经费信息。除涉密部门外,其余63个部门全部向社会公开2015年"三公"经费预算并向市财政局备案。强化政府投资项目全过程监管。完善项目前期、资金来源审查工作,实行资金拨付审批制、实施过程跟踪评审管理、加强支付票据审核。全年完成前期审计项目203个,工程预算审核65项,审核拨付项目资金10.10亿元,完成10个投资项目的竣工财务决算审批。加强国资监管。核实国有资产数据,夯实国有资产整合基础,完成全市17个部门、9个乡镇、2家市级国有公司以及177个下属单位的核查,新增国有资产7.72亿元,归类整合资产26.55亿元,用于项目融资和国有公司增资注资。规范债务融资管理。规范地方政府债务管理,全年新增金融机构融资61.7亿元,争取政府债务置换21.7亿元,新增地方政府债券3亿元。调整债务结构,丰富融资工具,全年节约财务成本2.1亿元。

【加强队伍建设】 制定党风廉政建设，机关效能建设考核办法，督促落实"一岗双责"责任制。制定作风效能问责办法，严格责任追究，明确连带责任。制定下发落实党风廉政建设主体责任实施办法，全面开展"三严三实"专题教育活动，巩固党的群众路线教育实践活动成果。加强干部教育培训，推进干部轮岗交流，规范中层岗位竞聘，提升财税干部履职能力。

（建德市财政局供稿　江泽潭执笔）

桐庐县

【概况】 2015年，桐庐县实现生产总值335.84亿元，按可比价格计算，比上年增长9.5%。其中：第一产业增加值22.98亿元，增长1.8%；第二产业增加值182.87亿元，增长7.1%；第三产业增加值129.99亿元，增长15.0%。三次产业结构比为6.8：54.5：38.7。按户籍人口计算，人均生产总值82091元，增长9.0%。全县财政总收入43.03亿元，增长10.1%，其中一般公共预算收入26.97亿元，增长8.1%。全县一般公共预算支出40.31亿元，增长16.0%。全年财政收支平衡。

【组织财政收入】 优化收入结构。全年一般公共预算收入占财政总收入的62.7%；税收收入23.82亿元，占一般公共预算收入的88.3%。培育优质税源。制定财政支持政策，鼓励发展税源经济。开发区实现财政总收入7.25亿元，商务区实现财政总收入9361万元。强化税收征管。深化大企业风险管理，跟踪重点税源企业486户。开展营业税专项清理，补缴入库1067万元。入库个人所得税4.39亿元，增长88.3%。加强国地税协作。落实联席会议制度，提高收入分析和预测水平。推进个体税收网格化管理。组织非税收入。强化非税收入征缴，14个乡镇（街道）全部纳入非税收缴管理系统。全年组织非税收入13.69亿元，其中政府性基金收入10.70亿元。

【促进转型升级】 落实工业、现代服务业、电子商务发展专项资金3.90亿元，"四换三名"财政扶持资金1476万元。助力实施小微企业三年成长计划，落实高新技术、小微企业等税费优惠措施，清理规范行政事业性收费，减轻企业负担3.02亿元。完善电子商务产业发展扶持政策，全年全县实现电商销售25.5亿元，增长104.0%。支持科技创新，安排科技专项资金5777万元，实行科技项目竞争性分配。设立科技创新券，主要用于技术服务、检验检测、文献检索查新等活动。设立政府产业基金，支持经济发展方式转变。成立总规模3亿元的政府产业引导基金、4亿元的区域合作基金和2亿元的创投基金，以市场方式运行，吸引社会资本投资智慧经济、医疗器械等领域。改善企业投融资环境，支持众创空间"春江渡口"和"双创"服务中心*建设，鼓励创业创新。通过中小企业转贷基金、电商企业助贷基金和"银税互动"，累计转贷资金8.57亿元、2450万元和1110万元。支持特色小镇建设，保障特色健康小镇内的基础设施建设。优先将健康小镇相关项目纳入全县服务业发展年度专项资金支持范围，土地出让金收益全部用于区域内基础设施建设。强化人才支撑，制定技能人才和教育卫生人才政策，落实人才专项资金1000万元，引进紧缺专业高层次人才，培养高技能人才。

【支持"三农"发展】 全年农林水事务支出22.63亿元，增长13.4%。加快城乡统筹发展，推进美丽乡村建设，落实城乡统筹资金3.14亿元，阳山畈村创成全国"一村一品"示范村。安排现代农业专项资金3500万元，支持"两区"建设，新建粮食生产功能区8100亩，开展农业生产全程社会化服务试点。深化财政支农体制机制改革，完成农村产权制度改革促进土地节约集约利用示范试点县项目。实施农业综合开发，其中土地治理面积1.68万亩，总投资3098万元；产业化经营项目7个，总投资1122万元，其中涉及财政资金697万元。

【保障改善民生】 全年民生保障和社会事业支出33.78亿元，新增财力用于民生支出比重81.2%。推进教育事业发展。安排教育支出9.59亿元，增长16.5%。设立农村特岗教师津贴，调整中等职业教育学生资助政策，提高义务教育营养餐标准和普通高中国家助学金标准。保障文体事业发展。文化体育和传媒事业支出8982万元，增长16.1%。投入500万元新建农村文化礼堂25家，安排5600万元保障城北老年体育中心投入使用。支持医疗卫生事业发展。安排医疗卫生事业支出4.10亿元，增长13.0%。支持完善院前医疗急救智慧中心建设，创建省慢性病防控示范区。健全社会保障体系。完善城乡居民基本养老保险制度，建立低保边缘户救助机制，城乡居民医疗保险筹资标准提高到每人每年900元，城乡居民最低生活保障标准分别提高到每人每月612元和490

桐庐电子商务产业园

元。助力改善生态环境。推进生态文明建设,安排生态文明资金3.50亿元,落实农村环境连片整治长效运维机制,巩固提升集镇污水管网全覆盖。安排500万元淘汰黄标车。落实为民办实事工程。免费为残疾人、60岁以上老年人购买意外伤害保险,老年人春节慰问金标准提高至700元。安排3000万元推进美丽公路建设,落实4000万元实施城乡公交一体化改造,开通桐庐至萧山机场巴士,运行县城公共自行车项目。加强社会治理创新。安排5752万元深化"平安桐庐"建设,启动智慧治理信息中心建设。

【推进财政管理改革】 推进财政预算改革。贯彻落实新《预算法》,健全政府预算体系,加大政府性基金预算、国有资本经营预算与一般公共预算的统筹力度。提高预算透明度,各部门、乡镇实现预算信息公开。深化预算执行改革。规范和梳理全县行政事业单位银行账户管理,撤销账户42个。试编权责发生制政府综合财务报告,全县行政事业单位全部实现国库集中支付。强化乡镇财政规范化建设。加强乡镇(街道)预算精细化管理,完成开发区、商务区、乡镇(街道)财政体制调整。乡镇公共财政服务平台涉农补助性资金项目增至31个,发放金额9204万元。加强政府性债务管理。开展存量债务清理甄别和分类管理,严格举债程序和资金用途,争取政府存量债务置换债券15.89亿元。创新财政提供公共服务方式,推进政府购买服务扩面,建立联席会议制度,全年实施项目金额6811万元,增长43.9%。

【强化财政监督管理】 开展政府性投资项目投资评审,审减投资额9104万元,核减率9.7%。对24个200万元以上项目开展重点绩效评价,强化财政资金绩效运行跟踪与监督。出台交通、商务、生态文明等专项资金管理办法,建立28个财政专项资金管理清单。加强财政性资金管理,制定县级行政事业单位公款存放、县本级财政资金存放、科技项目资金分配和涉农资金分配等财政性资金竞争性存放管理办法,探索财政资金保值增值机制。从严控制行政经费和一般性项目支出,建立财政支出动态监控机制,全县"三公"经费支出下降26.7%。

【加强干部队伍建设】 开展"三严三实"专题教育活动,履行党风廉政建设主体责任制度,落实"一岗双责"。学习贯彻《中国共产党廉洁自律准则》和《中国共产党纪律处分条例》,严明政治纪律和政治规矩。强化考核培训,坚持每周四夜学、中层干部论坛,组织学习培训,受训干部3500余人次。推进财税文化建设,营造积极向上的工作氛围。加大"桐庐财税"微博微信推广力度,打造财税亲民便民服务品牌。县局机关被评为省级文明单位,连续第10年获县级部门综合考评优秀,连续第4年获县最佳服务型机关。 (桐庐县财政局供稿 李 瑛执笔)

注:

＊众创空间"春江渡口"和"双创"服务中心:为小微创客提供财务、金融、创投、培训、法律、知识产权等"一站式"服务的新型创业服务平台。

淳安县

【概况】 2015年,淳安县实现生产总值208.00亿元,按可比价格计算,比上年增长8.2%。其中:第一产业增加值32.03亿元,增长2.6%;第二产业增加值76.96亿元,增长3.2%;第三产业增加值99.01亿元,增长15.0%。三次产业结构比为15.4∶37.0∶47.6。按户籍人口计算,人均生产总值45294元,增长8.0%。全县财政总收入25.09亿元,增长9.1%,其中一般公共预算收入17.14亿元,增长8.7%;全县一般公共预算支出50.60亿元,增长9.5%。按现有财政体制计算,全年财政收支平衡。

【组织财政收入】 优化收入结构。一般公共预算收入占财政总收入的68.3%;税收收入14.60亿元,占一般公共预算收入的85.2%。强化税收分析预测。建立税源企业税收收入预测报表制度,实施按月常规分析、按季重点分析和按年全面分析,提高收入预测准确度,把握收入主动性。加强税源管理。成立税源管理服务工作小组,实施税源专业化和企业精细化管理,重点税源监控企业从200户增加到260户,重点税源企业入库税收8.25亿元,占税收收入比重63.4%。提高征管效率。开展税收"大征管"改革,整合机关和基层人力资源,构建征(纳税服务)、管(税源管理)、控(风险控制)、查(税务检查)"四位一体"征管体系。全年查补入库税费2290万元。规范非税收入监管。全年组织非税收入14.99亿元,其中政府性基金收入12.08亿元。强化社保缴费基础数据比对和风险推送,组织社保基金收入7.21亿元,增长11.5%。

【支持经济转型发展】 加大科技扶持力度,推进"四换三名"产业转型,全年财政科技事业支出9871万元,增长2.5%。梳理整合涉企财政奖励扶持政策,制定出台生态工业、现代服务业、生态农业、新兴旅游业、来料加工等财税扶持政策,鼓励企业利用资本市场加快发展、强化科技创新发展。规范政策审核兑现流程,全年拨付涉企财政扶持资金2.63亿元。落实"营改增"、小微企业营业税减征政策,加快减免税审批,全年减免困难企业房产税、水利建设专项资金、工业企业社保费等税费2923万元。出资5000万元建立中小企业转贷基金,全年提供中小企业转贷服务107户次,累计转贷资金4.51亿元,缓解企业融资困难,促进金融市场有序稳定。成立政府产业基金管理委员会,签订农业基金和旅游基金投资框架协议,并开展实质性运作,农业产业基金完成对三家农业龙头企业的投资,计1500万元。推进办税服务规范化建设,设立行政服务中心财税窗口,服务纳税人,宣传财政政策。

【促进城乡统筹发展】 全年财政投入"三农"资金27.73亿元,增长2.0%。完善城乡基础配套。支持和鼓励社会资本加大对城乡基础设施的投入,支持杭黄高铁、淳开公路梓桐接线工程、汽车客运北站等城乡配套设施建设;保障千岛湖镇撤村建居等城市建设资金，推进国家园林县城创建。推进富丽乡村建设。拨付城乡统筹建设资金14.71亿元，推进中心镇、中心村、精品特色村和省美丽宜居示范村等城乡统筹项目建设。落实区县帮扶协作资金，农村家庭人均年收入4600元以下贫困人口全部实现脱贫。支持“三改一拆”工作。完善“无违建县”创建财政以奖代补政策，全县拆除违法建筑26万平方米，淳安县获全省“无违建县”创建先进集体。完善涉农政策扶持。梳理评估涉农产业扶持奖励政策，制定新一轮农业产业政策。健全支农资金管理体系，提请县政府出台推进财政支农体制机制改革实施意见。

【保障民生事业支出】 全年民生保障和社会事业支出38.45亿元，占当年新增财力的77.8%。支持教育事业发展。全年教育支出8.67亿元。支持教育现代化县、国家义务教育基本均衡县创建，落实农村特岗教师津贴、农村学校食宿改善和幼儿园提标工程资金。支持文化体育事业发展。全年文化体育与传媒支出6941万元，增长10.8%。完成50处农村文化设施和15处农村历史建筑修缮。保障国际露营大会、中国自行车联赛、千岛湖马拉松等体育赛事活动开展，创建国家体育产业基地。促进医疗卫生事业发展。全年医疗卫生投入4.61亿元，增长4.6%。完善基本养老和医疗保障办法，基层医疗机构门诊和住院报销比例分别提高到40%和80%，低保户住院自付救助比例提高到70%。建立特殊药品大病保险，支持公立医院改革、医疗资源下沉、公共卫生服务等医疗卫生基本需求。加快社会保障体系建设。全年社会保障和就业支出4.56亿元，增长16.4%。完成1067套保障性住房建设，率先实施残疾人意外伤害和重大疾病医疗商业保险。最低工资标准提高到1530元，城乡低保标准分别提高到600元和480元。建成居家养老照料中心104个，新增养老床位500张。

【加大生态环保事业投入】 全年生态环保建设投入12.87亿元，推进全国良好湖泊保护试点。保障农业面源污染治理、排污权初始交易登记、湖面垃圾洁化等环境整治活动资金。深入实施“五水共治”，全年投入财政资金12.73亿元。开展截污纳管工程、污水处理厂建设，城区污水收集系统实现全覆盖，农村治污项目覆盖面95%。实施湖区垂钓整治，推行湖面垃圾市场化打捞。千岛湖被列入首批国家级生态保护与建设示范区和五个“中国好水”水源地之一。

【推进财政管理改革】 深化预算管理改革。落实新《预算法》，一般公共预算、政府性基金预算、社会保险基金预算、国有资本经营预算等四本预算实行全口径预算管理，并首次提交县人代会审议。落实部门预决算信息公开制度，64个预算单位全部完成信息公开。清理财政资金。出台财政拨款结转结余资金管理制度，清查核实预算单位135家，结余资金1.76亿元纳入财政国库集中支付系统。加强财政专项资金管理，对原有77项财政专项资金整合成20项，并向社会公开。规范公款竞争性存放管理，出台行政事业单位公款竞争性存放暂行办法，7家预算单位通过招投标方式实施公款竞争性存放1.05亿元。强化预算指标、用款计划管理，严格预算执行过程监督审核，规范财政支出行为。全年国库集中支付资金32.1亿元，预算单位公务卡结算支出1215万元。推进数字财政建设。围绕“一个数据仓库、二个服务平台（公共机构服务平台、非公共机构服务平台）、三项应用创新（民生财政地图、预算执行监控系统、财政支出项目库）”，制定出台《关于大力推进数字财政建设的实施意见》，推进数字财政建设。强化政府性债务管理。开展地方政府债务数据统计和清理甄别，把握政府债务管理政策，优化债务结构，争取2015年地方政府性债券22.07亿元，政府债务规模控制在规定限额内。

【强化财政监督管理】 加强政府投资项目监管。公开招标确定新一轮10家预算审核协审单位，开展委托审核项目质量抽查管理，实施预算审核项目设计阶段追溯制，提高预算审核实效。全年完成政府投资项目预算审核1125个，涉及资金38.15亿元，核减不合理资金1.53亿元。强化预算绩效管理。建立预算绩效运行跟踪监控机制，完成48个预算单位183项预算绩效目标申报，涉及财政资金13.75亿元。组织实施绩效评价项目20个，涉及财政资金2.67亿元。加强政府采购监管。完成新一轮会议培训定点饭店和公务用车定点维修项目招标。探索建立政府向社会力量购买服务体系。全年政府采购2.8亿元，节约采购资金2900万元。依法处理政府采购投诉案件2件。加强国有资产监管。完善国有资产管理信息系统数据，提高系统使用效率。建立行政事业单位闲置资产统一调配机制，提升资产利用率。加强改制企业剥离资产审核，严防国有资产流失。严控“三公”经费支出。落实厉行节约政策，完善“三公”经费长效管理机制。严格执行经费支出标准，全部63家县级预算单位向社会公开“三公”经费预决算信息。全年“三公”经费支出下降24.2%。加强会计人员培训及管理。组织农村财会人员支农政策培训707人，实施会计从业资格换证工作，完成换证2654人，完成会计人员继续教育3966人。

【推进乡镇财政规范化建设】 全县乡镇财政总收入2.27亿元，占全县财政总收入的9.0%；乡镇一般公共预算收入1.34亿元，占全县一般公共预算收入的7.8%；乡镇一般公共预算支出15.77亿元，增长41.2%，乡镇财政滚存结余0.38亿元。推进乡镇财政规范化建设，制定乡镇财政管理业务考核办法。推进乡镇财政公共服务平台信息化建设，29项涉农民生补助资金纳入乡镇公共财政信息系统软件管理。开展平台发放资金“一卡通”整合归并，方便受益人。加强乡镇财政所会计队伍建设，招录乡镇财政人员充实基层财政会计队伍。

【加强干部队伍建设】 健全党风廉政建设层级负责工作机制，落实科室单位党风廉政建设责任制。注重青年干部培养，竞争选拔中层干部。组织青年干部主题沙龙，丰富财政文化建设，激发青年干部工作创造力。县财政局当年获县级机关部门综合考评第二名。

（淳安县财政局供稿　唐　华执笔）

宁波市财政工作

宁波市

【概况】 2015年,宁波市实现地区生产总值8011.5亿元,按可比价格计算,比上年增长8.0%。其中,第一产业增加值285.2亿元,增长1.8%;第二产业增加值3924.5亿元,增长4.8%;第三产业增加值3801.8亿元,增长12.5%。三次产业结构比为3.6 : 49.0 : 47.4。按常住人口计算,全市人均地区生产总值102475元。全社会固定资产投资4506.6亿元,增长13.0%。外贸自营进出口总额1004.7亿美元,下降4.0%,其中出口714.3亿美元,下降2.3%;进口290.4亿美元,下降8.0%。宁波舟山港货物吞吐量完成8.9亿吨,居全球港口首位,其中宁波港货物吞吐量5.1亿吨。宁波舟山港集装箱吞吐量2063万标箱,跃居全球第四,其中宁波港集装箱吞吐量1982.4万标箱,增长6.0%。全市居民人均可支配收入41373元,增长8.7%,其中城镇居民人均可支配收入47852元,增长8.4%;农村居民人均可支配收入26469元,增长9.0%。全市实现财政总收入2072.7亿元,增长11.4%,其中一般公共预算收入1006.4亿元,增长8.2%。一般公共预算支出1252.6亿元,增长17.3%。全市一般公共预算收入占财政总收入的比重为48.6%,一般公共预算收入中税收收入占比84.3%。市本级一般公共预算收入和分享收入212.6亿元,增长11%。市本级一般公共预算支出281亿元,增长32.5%。全市及市本级财政收支平衡,预算执行情况良好。

【组织财政收入】 通过建立扁平化、科学化的组织构架,对所有纳税人进行全面、全程的风险监控和系统、专业的风险排查。发挥风险管理体系"统一监控分析、分类分级应对"的作用,运用风险提醒、纳税评估等柔性手段促进2.7万户次纳税人自觉补税14.2亿元,而同期受稽查的纳税人仅2508户,查补税款2.7亿元。以纳税人视角重建个性化网办页面,纳税人可在网上自助办理的事项已达201项,占所有涉税事项的84%。加强数据的共享、整合、分析及增值应用,打造全方位、全联通应用广场和决策支撑系统。2015年,全市各级地税部门组织收入1195.2亿元,增长8.4%,其中税收收入711.7亿元,增长6.7%。充分发挥财税政策和财政资金的杠杆作用和引导功能,引进和培育一批稳定而优质的税源,提高财政的可持续发展能力。上年新引进外来企业,实现增量税收27.27亿元,拉高全市税收增长2个百分点。健全非税收入收缴情况分析报告制度,拓宽政府非税收入征收渠道。全市组织社保基金收入396.1亿元,增长10.9%;其他非税收入完成87.3亿元,增长12.2%。

【优化支出结构】 坚持有保有压,整合筹措资金,加大"经济社会转型发展三年行动计划"、五水共治等重点项目的资金保障力度,仅市本级三年行动计划投资219亿元。加大对支农惠农、"美丽宁波、品质之城"、新兴产业、外经金融、教育科技、民生保障等领域的资金投入,民生支出835.7亿元,占一般公共预算支出的比重提升至66.7%,新增财力的三分之二用于保障和改善民生。全市农林水支出109.6亿元、文化体育与传媒支出25.5亿元、教育支出190.7亿元、医疗卫生支出84.3亿元、社会保障和就业支出122.0亿元。严格控制一般性支出,启动市级支出标准化体系建设,细化预算编制,做到"无预算不支出"。改善发展环境,增强经济内生动力,落实减税轻费政策,取消和免征50项行政事业性收费,对小微企业免征45项行政事业性收费,降低3项收费标准,减免税费148.5亿元,增长56.8%,实现小微企业优惠政策100%全覆盖。推进纳税信用体系建设,联合相关部门为纳税信用良好的小微企业提供免抵押贷款,全年为154家小微企业发放信用贷款2.9亿元。

【推进财政改革】 推进预算管理改革,提高财政平衡能力,设置预算稳定调节基金,实现跨年度预算平衡。编制中期财政规划,强化预算编制的前瞻性和预见性。选择六个市级部门,在编制2016年预算时试点同步编制2016~2018年三年滚动规划。提高预算透明度,扩大财政预决算公开范围,细化公开内容,市级预算部门从上年的65个增加到86个,11个县(市)区和5个市属相关开发园区各项预决算全部向社会公开,主动接受社会监督。根据"四张清单一张网"改革要求,制定并公开了2015年市级财政专项资金管理清单。提高财政统筹能力,清理结余结转资金,全年收回一般公共预算结余结转资金14.5亿元。将政府性基金预算各类结余结转资金35.85亿元,调入一般公共预算补充预算稳定调节基金。开展存量资金清理,盘活财政存量资金262亿元,统筹用于产业基金和PPP基金建设。

【创新财政扶持经济发展方式】 推进产业发展基金,坚持市场化的改革导向、专业化的管理原则,将用于竞争性领域的财政专项扶持资金转化为产业发展基金,并设定财政出资规模100亿元,2015年实际到位资金40亿元。至年底,市级首批工信、电商、海洋、旅游产业等4个子基金完成组建并试运行,全市13个县(市)区也根据各自情况组建产业基金。在提高财政资金使用效率的同时,为财政运行建立资金蓄水池和偿债风险池。组建PPP项目投资基金,发挥财政资金"四两拨千斤"的效用,市财政出资50亿元建立投资资金池,引导、撬动4倍以上的社会资本参与,组建规模为250亿元的PPP投资基金,可带动1000亿元的PPP项目投资。世行贷款厨余垃圾处理厂等3个项目入选全国第二批PPP示范项目名单。推进政府购买服务,提请市政府印发政府向社会力量购买服务的实施意见,建立指导性目录等7

个配套办法，明确政府购买服务预算管理流程，2个案例被列为全省第一批示范项目。全年全市政府购买服务资金同比增长27%，其中市本级同比增长29%。

【加强地方债务管理】 严格执行债务管理制度，从紧控制债务规模，防范和化解债务风险。健全管理制度，完善政府债务管理办法，开展政府性债务清理甄别结果自查和债务风险评估预警，强化政府性债务统计分析，实时掌握债务动态变化，对政府债务实行限额管理和预算管理，控制债务规模增长。通过向财政部争取，发行地方政府债券553亿元，每年可节约利息支出约20亿元。优化债务期限结构，降低政府融资成本，缓解支出压力。围绕全市债务风险指标不超过预警线的总体目标，通过运用PPP模式、采取政府购买服务方式、多渠道筹措资金偿还债务等途径消化存量债务500亿元，防范和化解债务风险，为政府部门腾出更多资金用于支持稳增长、调结构创造有利条件。

【提升财税监管水平】 加强财政管理基础工作，针对财政管理块块分割、政出多门、标准不一的问题，推进财政业务流程优化，在处室职能保持基本不变的前提下，实行财政业务的归口复核管理，建立“前台受理办结、后台复核裁定”的工作机制，推动“以块为主”向“条块结合”管理模式的转变。开展内部控制体系建设，构建支出标准体系。规范政府性资金存放，加强预算单位账户管理，推进国库支付制度改革。加强会计管理、资产管理、财政监督、政府采购等各项工作。

【推进干部队伍建设】 开展“三严三实”专题教育，加强学习研讨、整改落实和立规执纪。加强党风廉政建设，履行党建工作主体责任。强化权力制衡，构建“制度+科技”的廉政风险防控信息化动态管理模式，健全财税惩防体系建设。全面贯彻从严治党要求，履行党委主体责任，持之以恒落实中央八项规定精神，严肃财经纪律，保持作风建设良好态势。开展技能比武、岗位练兵，打造“智慧财税”讲坛，组织干部学习培训，提升干部能力素质，提振干事创业激情。 （宁波市财政局供稿 翁公羽执笔）

鄞州区

【概况】 2015年，宁波市鄞州区实现生产总值1350.10亿元，按可比价格计算，增长8.1%。其中：第一产业增加值39.50亿元，增长1.0%；第二产业增加值724.50亿元，增长3.0%；第三产业增加值586.20亿元，增长18.3%；三次产业结构比为2.9∶53.7∶43.4。按户籍人口计算，人均生产总值155930元。社会消费品零售总额498.08亿元，增长12.1%。全年固定资产投资693.10亿元，增长16.8%。城镇居民人均可支配收入50215元，增长8.4%。全年财政总收入312.73亿元，增长6.9%，其中一般公共预算收入189.55亿元，增长5.7%。一般公共预算支出164.50亿元，增长13.2%。全年财政收支平衡。

【组织财政收入】 关注经济形势及宏观政策变化对财政收入的影响，做好收入定期分析和前瞻性预测工作，地方财政可用资金134.20亿元。收入结构保持良好，全区一般公共预算收入占财政总收入的60.6%；税收收入158.67亿元，占一般公共预算收入的83.7%。全年第二产业税收120.16亿元，占全区财政总收入（不含东钱湖、高新区，下同）的48.8%；第三产业税收89.60亿元，增长10.9%，占全区财政总收入的36.4%。全区23个乡镇（街道）完成财政总收入130.41亿元。其中12个乡镇（街道）财政总收入超5亿元。加强非税收入管理，全年完成非税收入30.9亿元。

【支持经济发展】 整合和调整财政支持经济发展的政策，安排财政扶持资金8.38亿元，重点支持实体经济发展。加大财政科技投入，科学技术支出6.26亿元，重点支持企业研发投入，小微企业孵化项目，专利、科技金融服务等项目。出台促进中小微企业发展的30条意见，重点实施企业融资、创业创新等帮扶，做好小企业贷款风险补偿。落实财政购房补贴政策，2015年7月1日至12月31日受理购房补贴6279笔，其中住宅4664套，非住宅1615套，发放补助资金6832万元。

【保障民生支出】 全年民生支出120.92亿元，占一般公共预算支出的73.5%。加大财政教育投入，全年安排教育支出28.89亿元，重点巩固城乡统筹义务教育，促进教育均衡发展。扶持社会保障和就业，安排社会保障和就业支出15.68亿元，重点扶持高校毕业生、失业人员、退役士兵等群体就业创业。拓宽医疗保障覆盖面，全年安排医疗卫生支出12.30亿元，提高医疗保障水平，调整病种治疗范围。

【支持“三农”发展】 建立财政支农稳定增长机制，全年“三农”支出77.49亿元，增长35.4%。加大财政转移支付力度，安排9060万元专项转移支付资金，用于7个乡镇的10个民生项目建设，促进乡镇基本公共服务均等化和区域协调发展。全年农林水支出18.24亿元，重点用于优化农村环境、改善河网水质、完善基础设施、保障农民安居乐业。完善一事一议财政奖补机制，全年实施项目28个，涉及15个乡镇（街道）28个行政村，总投资6201万元，其中：财政奖补3000万元，村镇自筹2850万元，社会捐赠318万元，村民筹资33万元，筹资人数8813人，受益人数41125人。

【深化财政改革】 全面完成国库集中支付改革，提高国库集中支付工作科学化、精细化水平，全年完成国库集中支付93.40亿元。加强“三公”经费预算管理，做好“三公”经费按月支出统计。因公出国经费管理坚持指标、预算双控制制度，对照财政部出国经费标准，逐项审批出国经费预算明细。全年“三公”经费全口径支出 8615 万元，下降 16.5%。

【加强财政监督】 向社会公开 2014 年度区级决算及 2015 年度预算情况，指导 57 个部门公开 2014 年度区级决算，指导 66 个部门公开 2015 年度预算。拓展绩效管理广度，制定新一轮绩效目标管理计划，将入围项目的预算安排金额由原来的 1000 万元以上调整为 500 万元以上，有 89 个项目纳入绩效目标管理，同比增长 107%，涉及资金 33.77 亿元。加强对财政政策落实情况及重大专项资金使用的监督检查，做好 4 个重点项目的绩效评价。首次引入抽选复评机制，在开展绩效自评的 26 个项目中，抽选复评项目 2 个。加强政府采购预算管理，严控采购预算调整。2015 年政府采购金额 65.12 亿元，节约资金 5.23 亿元，资金节约率 7.4%。做好全区政府性债务管理指导、协调、监管和服务工作，统筹全区的融资管理和债务管理。鼓励、支持政府性投融资主体运用多种融资方式，拓宽融资渠道，降低融资成本，减少闲置资金，确保全区重点项目的资金需求。

【强化国资监管】 全面清查区本级各行政事业单位的房产。本年度对各单位上交且房产权证齐全的住宅进行公开拍卖，成交金额 238.4 万元，房屋拆迁 1 套、赔偿金额 103 万元。建立"国资部门——主管部门——行政事业单位"三级资产管理平台。基本完成区本级行政事业单位国有资产管理信息系统建设；镇（乡）街道及下属行政事业单位资产管理信息系统建设已基本完成，进度 95%。做好企业国有产权登记工作以及国有资产日常核销和转让工作。

【提升队伍素质】 以"三严三实"专题教育为载体，从严从实抓队伍、提素质、优作风，提振精神风貌。推进"学习型机关"创建，组织全局和乡镇（街道）财审办干部职工进行综合素质培训。强化以人为本的财政文化价值取向，以丰富的文化生活陶冶情操。

（宁波市鄞州区财政局供稿 杨宏云执笔）

海曙区

【概况】 2015 年，宁波市海曙区实现地区生产总值 568.72 亿元，按可比价计算，增长 8.2%。其中：第二产业 87.66 亿元，增长 3.0%；第三产业 481.06 亿元，增长 9.4%。三次产业结构比为 0∶15.4∶84.6。按户籍人口计算，人均生产总值 19.08 万元，增长 8.4%。社会消费品零售总额 601.47 亿元，增长 10.5%。固定资产投资额 174.43 亿元，增长 23.3%。市区居民人均可支配收入 51201 元，增长 8.5%，扣除物价因素，实际增长 6.6%。全年财政总收入 90.99 亿元，增长 9.8%。其中一般公共预算收入 65.02 亿元，增长 10.4%；一般公共预算支出 36.84 亿元，增长 14.2%。全年财政收支平衡。

【组织财政收入】 健全财政收入分析、监控良性互动机制，提高与税务部门、街道协作力度，动态监控税源增长情况。加强收入测算分析，全面客观掌握全区经济发展情况。收入结构保持良好，全区一般公共预算收入占地方财政总收入比重的 71.5%，税收收入占一般公共预算收入的 94.9%。加强非税收入管理，全年收缴非税收入 5.21 亿元。

【支持经济发展】 贯彻落实区级产业扶持政策，推动总部经济、金融服务业、商贸服务业加快发展，培育壮大电子商务等新兴产业。全年审核兑现产业扶持资金 2.59 亿元，惠及企业 1398 家；兑现财政补助资金 1.10 亿元，惠及企业 80 家；审核拨付"营改增"过渡性财政扶持资金 8597 万元，减轻企业税负压力。加大技术创新支持力度，发明专利授权数增长 67.0%。人才集聚效应明显，支持 21 个国内外领先项目入驻留学生创业园，引进国家"千人计划"专家 1 名。

【保障民生支出】 全年民生支出 27.23 亿元，占一般公共预算支出的 73.9%。支持教育事业发展。安排教育支出 5.79 亿元，支持义务教育均衡化、学前教育普惠化等各项政策。推进基本公共卫生服务均等化。安排医疗卫生支出 2.16 亿元，支持启动契约式家庭医生制服务，新设立社区卫生服务站 3 家，完善流动人口生育全过程管理。加大就业及社会保障投入。全年安排社会保障和就业支出 4.03 亿元，全民参保登记计划全面完成，户籍参保覆盖率 98.2%，城镇新增就业人员 11961 人。推进住房保障工作。全年安排住房保障支出 4.16 亿元，完成首批 1008 户公共租赁住房配租工作。推进城市管理创新。全年安排城乡社区事务及环境保护支出 5.04 亿元，智慧城管平台效能充分发挥，街面有序、道路整洁、"三改一拆""五水共治"等工作有序推进。

【深化财政管理】 推进预算管理改革。加强预算编制信息系统建设，推进部门预决算和"三公"经费预决算信息公开。出台专项资金和结余资金管理办法，全年累计结转结余资金 1.01 亿元。优化政府采购管理。试点运行政府采购信息系统，初步实现政府采购审批和支付一体化。全年完成政府采购资金 1.96 亿元，资金节约率 12.6%。推进基本公共服务领域向社会力量购买公共服务试点。加强国资管理。加大国资审查力度、建立国有房屋租金收缴监管机制、理顺区属国有企业监管机制，完善国资全流程监管模式。加强会计事务管理。全年组织会计从业资格无纸化考试 96 场次，18464 人次报名参加考试。全面实行会计从业资格证审批事项免填单服务模式，实现会计管理档案电子存档。

【强化财政监督】 强化财政资金监督管理。扩大预算绩效管理试点范围，实现政府部门全覆盖。出台公款竞争性存放管理、财政专户管理等多项新规，开展公务用车、街道津补贴、"小金库"专项检查，规范财政资金使用。全年"三公"经费支出 1367 万元,节约资金全部用于民生领域。推进融资管理改革。统筹做好资金平衡计划,保障重点项目资金安全,加强存量债务清理,通过直接融资、发行公司债、短期融资等途径拓展融资渠道,保障全区重大项目建设推进。

【加强队伍建设】 启动"三严三实"专题教育活动,促进党员领导干部改进作风、优化服务、坚定政治信念。落实党风廉政建设"两个责任",多形式开展党风党纪教育,提高党员干部廉政意识。推进志愿服务团、文明单位、青年文明号建设,加强干部队伍凝聚力。 (宁波市海曙区财政局供稿 王丽洁执笔)

江东区

【概况】 2015年,宁波市江东区实现地区生产总值505.80亿元,按可比价格计算,比上年增长9.5%。其中:第二产业增加值174.30亿元,增长4.2%;第三产业增加值331.50亿元,增长13.0%,三次产业结构比为0∶11.4∶88.6。按户籍人口计算,人均生产总值190867.9元。全社会固定资产投资189.65亿元,增长19.7%。社会消费品零售总额286.20亿元,增长12.3%。全区财政总收入80.72亿元,增长9.1%,其中,一般公共预算收入60.02亿元,增长11.3%。一般公共预算支出36.74亿元,增长25.6%。全年财政收支平衡,略有结余。

【组织财政收入】 关注财政收入走势和涉财涉税政策变动,紧盯月底、季度等关键时间节点,精细分解落实财政收入均衡入库要求,强化财税征管协调配合,全区重点税源培育实现新突破,国际金融中心楼宇税收突破10亿元,纳税上亿元企业11家,比上年增加4家。财政收入结构保持优化,全区一般公共预算收入占财政总收入的74.4%,一般公共预算收入中税收收入53.80亿元,占比89.6%。加强非税收入征管,全年非税收入6.22亿元,增长45.0%。

【支持经济发展】 持续加大产业转型升级扶持力度,加快构建符合政策要求、区情实际和江东禀赋优势的现代产业扶持政策体系。加大重点区块、重点行业、重点企业扶持和企业转型升级推动力度,全年累计兑现经济扶持资金4.9亿元,增长11.3%。实施"营改增"财政扶持政策,委托中介机构开展扶持资金专项审计,累计拨付补助资金1.17亿元,确保全区"营改增"工作推进,促进全区相关行业、企业持续健康发展。加大外贸支持力度,在原有外贸扶持政策基础上,出台促进外贸平稳增长政策措施,促使外贸稳定发展。支持"世贸通""盛世方舟众创空间"等特色平台、特色园区建设,促进互联网、电子商务等新兴业态加快发展,支持开展创业创新项目征集,加大政府扶持,加快形成全区"大众创业、万众创新"良好局面。

【加大民生保障】 全区民生支出26.9亿元,新增财力的73.9%用于保障和改善民生。保障政府实事工程建设,全年累计投入资金1.46亿元,保障内河疏浚、放心餐饮工程等民生实事工程建设。加大教育资金投入,全力保障新七中校区、改扩建曙光中学等教育基础设施建设,全年教育支出6.34亿元,增长37.6%。支持卫生事业持续发展,全年医疗卫生与计划生育支出2.06亿元,同口径增长16.3%,全区基本公共卫生服务经费标准提高至每人60元。加大就业社保投入,全年社会保障和就业支出3.29亿元,增长7.8%。加大城市管理建设投入,全年城乡社区支出5.59亿元,增长11.8%。做好市区重大项目资金保障工作,当年投入资金1.08亿元支持保障"印洪碶闸强排泵"配套设施等五水共治项目建设,投入2.02亿元用于老小区改造维修。支持东部新城打造成为全市城市建设管理样板,重点加大街巷整治、内河整治、绿化建设以及节能减排投入,改善居民居住、出行和生活环境。支持提升江东文化"软实力",全年文化体育与传媒支出6572万元,增长79.9%。保障社会管理创新,全年公共安全与国防支出3.73亿元,增长53.9%,筑牢城区安全"新防线"。

【深化财政管理改革】 完善政府预算体系,细化一般公共预算和政府性基金预算,加大政府性基金预算与一般公共预算统筹力度,集中将地方教育附加等4项结余较大的政府性基金调入一般公共预算。健全预算标准体系,开展预算编制标准化建设,科学制订日常公用经费定额。结合新《预算法》以及深化财政管理新要求,修订完善现行预算管理规章制度,加快制定"财政专项资金管理清单",逐步推动财政管理与《预算法》、预算管理改革新要求"契合衔接"。加大财政存量资金管理,开展结余资金专项清理整合,集中清理2014年及以往年度财政存量资金。消化财政专户资金,加大行政事业单位账户管理。严格"三公"经费管理,联合区纪委、审计等部门开展公务支出专项检查,实行总量规模和支出进度"双控制度",压缩"三公"经费支出规模。推进预算信息公开,除涉密单位外,全区所有一级预算单位预算信息全部对外公开,包括35家预算单位"三公"经费决算信息。

【强化绩效管理】 深化预算绩效管理,集中对41个项目7.12亿元财政资金实行项目预算绩效目标管理。深化重点项目资金绩效评价,先后对科技三项经费、人才专项资金等项目开展重点绩效评价。启动公务支出专项检查,重点检查卫生系统6家单位公务支出、津补贴发放等情况,财政资金使用"监管面"和"绩效度"实现双提升。

【加强国资管理】 加规范行政事业资产处置,推进资产处置"网上申报与纸质申报"并行运作新模式,组织报废资产公开竞价,规范资产处置,涉及账面原值4200万元。规范房产管理,完善出租备案制,涉及金额650余万元。规范国有企业资产管理,制定出台区属国有企业担保管理办法等管理制度,明晰出资企业与国资部门管理职责。

【规范会计管理】 加快会计人员管理信息化建设,试行会计从业资格电子档案库管理,提高效率、节约资源。严格审查代理记账机构年度登记,采用"网上申报和书面审核"相结合方式,重点审查全区代理记账机构从业人员变动情况、客户财务信息和年度财务会计报表等情况。加强会计继续教育管理工作,扩大网络继续教育"考培分离"面。

【干部队伍建设】 深化党的群众路线教育实践活动,分阶段推进"三严三实"专题教育,谋划部署专题教育讨论。落实党风廉政建设主体责任,规范政府性资金存放管理等业务流程,防范廉政风险。深化机关党建工作,每月定期组织"集体党日"活动,强化党员意识。强化机关效能建设,制定出台《干部效能问责管理办法》等效能管理新制度。坚持服务基层、服务预算单位,开展全区行政事业单位财务人员业务培训,帮助解决实际难题。

(宁波市江东区财政局供稿　刘建春执笔)

江北区

【概况】 2015年,宁波市江北区实现生产总值328.74亿元,增长9.0%。全年第一、二、三产业增加值分别为7.03亿元、111.42亿元、210.29亿元,分别增长13.3%、6.7%和10.4%。三次产业结构比重为2.1∶33.9∶64.0。按户籍人口计算,人均生产总值13万元,与上年持平。全区财政总收入84.66亿元,增长12.0%。其中一般公共预算收入54.23亿元,增长9.0%。一般公共预算支出50.52亿元,增长25.1%。全年财政收支平衡。

【组织财政收入】 优化财政收入结构,一般公共预算收入占财政总收入比重64.1%,一般公共预算收入中税收收入45.78亿元,占比84.4%。全区各街道、镇实现财政总收入54.96亿元,增长2.6%。推进"金财511工程"* 培养优质财源梯队,2015年纳税千万元以上独立法人企业实现税收21.50亿元,增长5.3%。开展税源型招商工作,利用慈城卫星城体制和电商经济创新园区培育新税源。加强非税收入管理,全年组织非税收入8.45亿元。

【支持经济发展】 建立健全商贸经济以及都市工业、金融服务业等各项财税扶持政策,支持实施"三改一拆""四换三名"等政策,鼓励发展总部经济、楼宇经济和旅游经济。落实企业扶持政策,兑现财政资金2.40亿元,涉及企业314家,其中审核发放2014年度"营改增"过渡性财政扶持政策补贴5914万元,涉及企业51家。创新扶持方式,设立区级产业发展基金。支持实施人才强区,推进"北岸智谷"建设,谋划人才发展基金方案。实施创新驱动战略,一般公共预算内科技支出1.81亿元,增长13.3%,出台科学技术奖励办法。根据棚户区改造三年计划,加强与政策性银行合作,促进城市功能完善与形象提升。探索PPP融资模式,实施第九医院二期一阶段PPP项目。

【支持"三农"建设】 全区一般公共预算内"三农"支出3.41亿元。推进"五水共治",建设姚江干流堤防工程、江北大河农村段整治、中横河工程二期等。实施农村生活污水治理,46个村污水治理项目开工。推进水环境治理,整治"黑臭河"14.8公里,完成河道疏浚48公里,关停拆除规模畜禽场116家。深化"森林江北"建设,完成平原绿化彩化524亩。完善村级公益事业一事一议财政奖补制度,及时拨付项目资金,完善农村基础设施,改善农村居民生活环境。

【支持社会民生事业】 全区投入教育、医疗卫生和计划生育、社会保障和就业、文化体育与传媒、交通运输、农林水事务、科学技术、节能环保、城乡社区事务等民生领域资金29.84亿元,增长28.0%,占一般公共预算支出的59.1%。坚持教育优先战略,全年教育支出6.57亿元,通过浙江省首批教育基本现代化区评估。支持庄桥中心小学扩建工程,保障滨江实验学校项目开工。支持医疗卫生体制改革和计划生育事业,全年医疗卫生和计划生育支出3.41亿元,增长47.4%,支持创建省级慢性病综合防控示范区,姚江社区卫生服务中心扩建工程完工。深化医疗联合体建设,推行契约式家庭医生制服务。支持社会保障与就业,全年社会保障和就业支出4.29亿元,增长108.0%,落实促进就业再就业各项财政政策,实现城镇新增就业1.35万人,帮扶失业人员再就业7700人。支持文体事业发展,全年文化体育与传媒支

小学生合唱团演出

出6458万元，增长40.6%，支持举办第七届“中华慈孝节”等主题活动，完善公共文化服务体系建设。

【深化财政改革】 深化“三公”经费管理改革，全年“三公”经费支出1770万元，下降9.6%。贯彻落实新《预算法》，盘活财政存量资金，用于“五水共治”等重点项目建设。开展政府购买服务改革，出台制度规定，鼓励社会组织发展。推进区对街道、镇转移支付改革，形成改革方案。推进基层国库集中支付改革，实现庄桥、甬江、洪塘等三家涉农街道改革全覆盖。加强政府性债务统筹管理，调整管理体制，将全区债务限额提交人大常委会批准通过。完善政府采购制度建设，加强政府采购预算管理。按“四张清单一张网”要求，公开财政专项资金管理清单。

【加强财政监督】 推进财政预决算信息公开，全区53家区级单位2015年度部门预算和2014年度部门财政决算(含“三公”经费预决算)向社会公开。开展行政事业单位及国有企业账户清理，出台规范银行账户管理及公款存放制度规定。加强国有资产全口径管理，制定加强国有房产管理工作规定。落实区人大常委会关于财政决算审议意见及同级审计反馈意见，健全财政运行机制。完善预算绩效评价机制，提高绩效报告应用性。强化会计管理工作，加强行政事业单位会计监督检查。

【加强队伍建设】 开展“三严三实”教育实践活动，学习党章党规党纪，整改存在问题。落实党风廉政建设“两个责任”，支持派驻纪检组履行监督职责，开展分层分节点廉政教育。强化权力制约，构建廉政风险防控信息化动态管理模式，防范岗位风险，保障资金安全。优化队伍结构，公开选拔中层干部，激发队伍活力。 (宁波市江北区财政局供稿 包 鑫执笔)

注：

*金财511工程：指区政府为实现区国民经济和社会发展的第十二个五年规划，促进经济转型升级，拓展财政收入规模，于2011年出台的培育重点税源企业的措施。

镇海区

【概况】 2015年，宁波市镇海区实现生产总值663.28亿元，按可比价格计算，增长8.1%。其中：第一产业增加值6.64亿元，第二产业增加值473.55亿元，第三产业增加值183.09亿元，分别增长1.4%、7.5%和10.2%。三次产业结构比调整为1.0∶71.4∶27.6。城镇及农村居民人均可支配收入分别为51201元和28087元，分别增长8.5%和8.8%。全年固定资产投资329.74亿元，增长15.7%。全区财政总收入102.00亿元，增长8.2%，其中一般公共预算收入58.20亿元，增长9.8%，占财政总收入的57.1%。全年一般公共预算支出60.30亿元，增长27.3%。全年财政收支平衡。

【组织财政收入】 强化税收分析预测，关注“营改增”扩面、重大税收政策出台和征管办法调整、土地及房地产市场形势等变化对财政收入的影响。注重信息管税，以税源信息管理系统为平台，建立财税收入分析预测一体化框架体系，加强对重点财源、重点行业、重点企业的信息跟踪，提高收入预测质量。全年税收收入86.17亿元，增长6.4%。规范非税收入征管，推进罚没收入并轨制度，做好排污权有偿使用费、海域使用金的征收管理。全年组织非税收入3.93亿元，增长4.3%。

【服务经济发展】 贯彻稳增长政策，做好全区各项行政事业性收费、政府性基金等专项收费的清理工作，落实各项小微企业减负政策。根据中央全面清理税收等优惠政策的要求，修改完善政策体系，财政资金主要向科技创新、人才引进、转型升级等方面倾斜，推进区内企业转型发展。全年累计向企业兑现奖励资金8.44亿元，涉及企业8553家(次)。设立政府产业发展基金出台规范产业发展基金运作与管理的实施意见，启动产业基金市场化运作。推进现代都市农业发展，支持农业产业化项目和万亩优质高产粮食基地核心区土地流转工作，投入资金850万元，带动投资5200多万元。

【统筹民生支出】 全年民生支出43.67亿元，增长18.4%，占一般公共预算支出的72.4%。加大教育投入力度。建立学前教育普惠制，保障义务教育均衡发展以及推进中等职业教育和外来务工人员子女义务段教育改革，全年投入教育资金9.77亿元，增长35.9%。强化社会保障。将“新农合”人均筹资标准提高至1500元，筹资标准和综合保障力度继续在全市领先；支持健全“救急难”试点体系框架，完善城乡困难居民补助、医疗救助、居家养老和残疾人保障等政策；支持在各镇(街道)推广残疾康复工疗站。全年投入社保和就业资金4.75亿元，增长3.4%。支持节能环保工作。推进“清洁空气行动”，包括保障有机废气整治及污染企业关停等重点工程，实行“刷卡排污”，煤尘降尘量、有机废气分别较整治前下降89.7%、18%。全年投入节能环保资金4.75亿元。推进新农村建设。安排1亿元专项资金推进以“三村一线”*为主要内容的新农村建设。发挥一事一议和美丽乡村财政奖补平台作用，筛选一事一议项目12个，奖补财政资金530万元。保障区重点和实事工程。围绕政府工作重心，全力保障“三改一拆”“五水共治”“棚户区改造”等工作推进。

【深化财政改革】 推进国库集中支付改革，将政策扶持资金、基建资金和部分社保资金纳入国库集中支付系统。部门预算改革覆盖面100%，单位公务卡改革覆盖面100%。规范公款存放，出台规范公款存放管理的意见，拟订预算单位账户管理和公款存放办法，开展公款竞争性存放试点。推进政府采购改革，全年完成政府采购预算2.61亿元，实际采购金额2.32亿元，资金节约率11.4%；全面推行公务机票管理改革。引导预算单位从协议采购向网上电子竞价采购方式转变，试行委托代理协议签订制。

【强化财政监管】 推进预算绩效管理改革，对预算安排在50万元及以上的新增项目以及500万元以上的经常性项目，全部实施预算绩效评价。全年对18个区级重大民生支出和政府实事工程项目开展绩效调查，涉及财政资金7.56亿元。压缩“三公”经费支出，2015年各部门经常性项目开支削减15%，推出公务支出管理系统，对全区各预算单位“三公”经费支出进行在线监控与预警。当年一般公共预算资金安排的“三公”经费支出比上年下降8.1%。开展财政专户清理，清理财政专户16个。

【加强队伍建设】 深化“三严三实”教育活动，强化廉政建设主体责任和监督责任，加大教育引导和监督检查工作力度。通过组织廉政座谈、廉政讲座、廉政文化基地参观等活动，强化廉政意识。提升服务效能，组织干部职工联系企业、部门，结对群众，开展全方位走访活动，全年走访部门230多家次，走访企业160多家次，征集服务对象意见建议，解决服务对象实际困难。

（宁波市镇海区财政局供稿　张　慧执笔）

注：

*“三村一线”：以建设宜居宜业宜游幸福美丽新家园为目标的全面小康村、中心村、特色村和旅游精品线创建专项行动。

北仑区

【概况】 2015年，宁波市北仑区（包括宁波保税区和大榭开发区）地区生产总值1134.64亿元，按可比价计算，增长7.0%。其中：第一产业增加值8.01亿元，与上年基本持平；第二产业增加值619.59亿元，增长3.1%，其中工业增加值577.40亿元，增长2.7%；第三产业增加值507.04亿元，增长13.8%。三次产业结构比为0.7∶54.6∶44.7。第三产业增加值占地区生产总值比重比上年提高4.1个百分点。按户籍人口计算，人均生产总值288831元。区本级财政总收入216.28亿元，增长5.0%，其中一般公共预算收入114.01亿元，增长5.2%。区本级一般公共预算支出115.46亿元，增长11.8%。全年财政收支平衡，预算执行情况良好。（以下数据均为北仑区本级）

【组织财政收入】 加强税源监控管理，制订出台全区税源管理考核细则，理清企业归属关系，同步调整维护企业清册名单和考核基数。收入结构持续良好，区本级一般公共预算收入占财政总收入的52.7%；一般公共预算收入中税收收入100.42亿元，占比88.1%。规范非税收入管理，全面监控非税收入收缴情况，推广非税收入管理软件，提升非税收入监管水平，全年完成非税收入13.59亿元。

【支持经济发展】 支持城乡基础设施建设。2015年安排122个政府投资建设项目，年度计划投资额24.50亿元，全年实际支出31.30亿元，加大对城市轨道、公路、农田水利、环境保护等基础设施的投入，带动全区社会固定资产投资平稳增长。促进产业转型升级。制定促进产业结构调整专项资金扶持政策，扶持重点转向“转型升级”“四换三名”等项目，推进企业改革发展和产业转型升级，加大企业扶持力度，兑现企业扶持资金16.17亿元。

【保障民生支出】 全年民生支出78.40亿元，占一般公共预算支出的67.9%，提高基本公共服务均等化水平。全年教育支出14.75亿元，持续提高教育经费保障力度，推进区域教育资源均衡配置。社会保障和就业支出10.98亿元，增长19.5%，落实企业退休人员和城乡居民基本养老保险基础养老金提标政策，构建有特色多层次的社会养老服务体系。医疗卫生与计划生育支出6.26亿元，增长13.8%，合理提升城乡居民医疗保障财政补助标准，优化基本医疗保障体系。城乡社区支出15.66亿元，保障城市管理及日常维护，支持轨道交通、生态环境建设等基础设施投入。文化体育与传媒支出1.75亿元，增长36.1%，优化创新资金投入方式，引导文化产业发展。

【创新财政管理】 基本形成全口径预算编报体系，编制完成一般公共预算、政府性基金预算、社会保险基金预算和国有资本经营预算四本预算，并实现有效衔接。强化财政资金管理。出台《区级行政事业单位公款竞争性存放管理暂行办法》，合理调度和分配各项财政资金，在确保安全高效的前提下，促进财政资金保值增值，清理合并银行账户，合理配置财政专户资金存储结构，实现存放收益最大化。加强专项资金管理，出台《区级财政专项资金管理暂行办法》，规范财政专项资金和转移支付资金的设立、分配、使用和监督。试点街道国库集中支付。以点带面推进乡镇街道国库集中支付改革，霞浦街道9月启动集中支付试点，截至到12月底共支付117笔，金额3.04亿元。出台《北仑区区级财政国库集中支付预算执行动态监控暂行办法》，实现对财政资金运行的电子化监控。出台《政府向社会力量购买服务的实施意见》及指导性目录，推进政府购买服务的标准化和规范化。强化政府性债务管理。严格把控政府融资成本，拓展政府融资渠道，研究产业基金、PPP合作投资、资产证券化等融资模式，基本保证了财政性建设等各项开支的需要。

【加强财政监督】 加强财政绩效管理。出台《预算绩效目标管理暂行办法》，全年完成文化传播工程等9个项目的绩效评价，为部门预算编制提供决策依据。创新政府采购模式，实施公务机票政府采购改革。扩大政府采购信息公开的内容和范围，探索将网购纳入政府采购。2015年政府采购预算金额5.51亿元，实际采购4.76亿元，累计节约政府采购资金0.75亿元，资金节约率13.6%，其中采取公开招标方式采购1100次，公开招标比率97.9%。

【强化队伍建设】 把“三严三实”专题研讨作为学习主线，履行党风廉政建设党组主体责任，加强廉政教育，严格执行中央八项规定、省委六项禁令，对违反政治纪律和财政纪律的严肃处理。加强顶层设计，探索建立源头治腐制度体系，健全财政资金风险控制机制。完成新一轮中层干部竞聘工作，加大干部统筹使用力度，做好以老带新梯队建设，增强干部创先争优活力。

（宁波市北仑区财政局

［宁波经济技术开发区财政局］供稿　林　舒执笔）

余姚市

【概况】 2015年，余姚市实现地区生产总值839.70亿元，按可比价格计算，增长7.6%。其中：第一产业增加值42.46亿元，增长2.7%；第二产业增加值466.05亿元，增长6.0%；第三产业增加值331.19亿元，增长10.9%。三次产业结构比为5.1∶55.5∶39.4。按户籍人口计算，人均生产总值100367元。社会消费品零售总额351.61亿元，增长10.0%。固定资产投资额563.72亿元，增长9.3%。全市财政总收入133.79亿元，增长8.2%，其中一般公共预算收入75.10亿元，增长8.8%；全市一般公共预算支出92.52亿元，增长8.6%。全市财政收支平衡。

【组织财政收入】 收入结构持续良好，全市一般公共预算收入占财政总收入的比重为56.1%；一般公共预算收入中税收收入的占比为89.6%。加强税收信息化建设，推进征管流程再造，做好数据迁移清理、培训测试和宣传辅导。强化应征数考核，开展专项压欠工作。深入实施税源专业化管理改革，开展税收风险项目应对和纳税评估，查补税款9853万元。全年地税部门征收各项税费116.86亿元，增长7.0%。加强非税收入管理，开展收费专项清理规范和罚没收入罚缴分离试点工作。加强土地出让金管理，完善土地出让金规费计提和成本结算办法。全市非税收入完成7.80亿元，增长23.6%。

【支持经济发展】 落实财政扶持政策，拨付市级及以上政策资金3.74亿元。全面落实小微企业所得税、小微工业企业临时性下浮社保费缴费基数、调减个体工商户生产经营个人所得税带征率等税费优惠减免政策，全年地税部门减免税费4.51亿元。通过服务企业专项活动，强化政策宣传解读，引导企业用足用好政策。

【支持生态文明建设】 市财政安排2930万元资金用于生态公益林建设。根据水环境综合整治要求，安排2217万元资金用于畜禽养殖场综合治理。安排1896万元支持打通“断头河”、水库除险加固、山塘治理、小流域治理等工程建设。支持“五水共治”，采用PPP模式对全市265个行政村实施农村生活污水治理。市财政安排1341万元资金用于农民饮用水提升工程。加强饮用水源地保护，市财政每年安排1000万元资金用于市级四大饮用水源水库保护，对水库库面和水源地上游做好保洁工作。

【支持社会事业发展】 全年一般公共预算用于民生支出75.36亿元，占全市一般公共预算支出的81.5%。全市教育支出17.68亿元，增长4.5%，主要用于教师绩效工资、校舍新建改造、免课本费、免职高和义务段学校学费、困难学生助学金、爱心营养餐等支出。全市医疗卫生与计划生育支出9.90亿元，增长0.3%，主要用于城镇居民医疗保险、新型农村合作医疗、实施基本药物制度、市级公立医院改革、公共卫生、市第二人民医院建设等支出。全市文化体育与传媒支出1.72亿元，增长23.1%，主要用于文化产业发展。全市社会保障和就业支出16.51亿元，增长61.3%，主要用于退休人员福利补贴、精减退职人员生活困难补助等。住房保障支出3.35亿元，增长257.6%，主要用于棚户区改造工程。节能环保支出2.01亿元，增长79.8%，主要用于污染防治及减排支出。

【推进财政改革】 贯彻落实新《预算法》，把政府性基金中的11项专项转列为一般公共预算。加强预算精细化管理，严格预算执行，强化预算约束。深化国库集中支付改革，已有210家市级预算单位、企业资金专项、财政性基建项目、预算资金专项及17个乡镇街道实施国库集中支付，将全市所有乡镇街道行政事业人员工资纳入市级统发工资平台。改革政府提供公共服务方式，制定政府向社会力量购买服务的实施意见和指导目录，推进试点工作。增强预算透明度，做好市级财政预（决）算和部门预算、“三公”经费预算公开以及10万元以上涉农涉企财政补贴资金事前公示工作。

【强化财政监管】 盘活存量财政资金，建立存量资金报告制度，开展结余结转资金清理。组织开展2014年预算执行情况“回头看”、涉农资金专项整治、津贴补贴检查、“小金库”专项治理等专项检查。加强公务支出管理，2015年全市“三公”经费支出同比下降14.7%。推进财政资金竞争性存放试点，完成第一批财政性存款的竞争性存放。加强会计管理，完善会计领军（后备）人才培养机制。加强债务管理，做好政府债务清理甄别和存量债务置换。

【加强国资管理】 开展市级行政事业单位固定资产调查清理，做好房屋、土地等资产盘活工作。加强对政府性投资公司的考核，完善投资公司业绩考核激励制度。开展全市国有企业财务会计报告、国有资产管理办法执行情况年度审计。规范国有企业资金存放管理，出台国有企业银行账户管理办法和国有企业资金存放管理暂行办法。

【加强队伍建设】 加强廉政文化教育，组织学习廉洁自律准则和纪律处分条例，开展警示教育、党风廉政建设知识在线测试和廉政征文等活动。建立内部审计制度，组织开展作风效能自查自纠活动，推进作风效能监督检查常态化。加强教育培训，开展岗位练兵活动。推进内设机构改革，调整中层干部岗位，一般干部实施轮岗交流。　（余姚市财政局供稿　陈立军执笔）

慈溪市

【概况】 2015年,慈溪市实现地区生产总值1154.57亿元,按可比价格计算,比上年增长7.5%。其中第一、二、三产业增加值分别为49.70亿元、639.02亿元、465.85亿元,增幅分别为1.2%、6.5%、9.9%。三次产业结构比为4.3∶55.4∶40.3。按户籍人口计算,人均生产总值110327元。社会消费品零售总额447.46亿元,增长12.2%。固定资产投资额718.96亿元,增长13.0%。城镇居民人均可支配收入47182元,增长8.4%。全市财政总收入220.70亿元,增长7.5%,其中一般公共预算收入112.26亿元,增长3.9%;全市一般公共预算支出93.25亿元,增长5.5%。全市财政收支平衡。(因体制调整,相关分析数据均不包括杭州湾新区)

【组织财政收入】 收入结构保持良好,全市一般公共预算收入占财政总收入的50.9%;一般公共预算收入中税收收入96.06亿元,占比85.6%。推进税收征管改革,完善以风控为龙头的管评查征管体系,加强信息管税,利用第三方信息化解纳税人涉税风险。深化税收执法管理,拓展执法督查覆盖面,形成以分局内审、专项督查、集中检查"三位一体"的税收执法督查工作体系。梳理确定财政地税权力清单198项,厘清部门职责,确保依法履职。规范欠税管理,组织清缴欠税专项整治,入库税款6094万元。加强非税收入、政府性基金、社会保障基金等收入征管,规范收入征缴制度,全年组织非税收入25.24亿元。

【服务经济发展】 落实结构性减税和清费减负政策,全年累计减免税费11.54亿元;办理出口退(免)税74.50亿元;取消和暂停征收10项行政事业性收费项目,对小微企业免征8项行政事业性收费,为企业和群众减负近千万元。引导传统产业转型发展,对"四换三名"、淘汰落后产能、改造提升"低小散"产业予以支持。推进现代农业发展,全年累计兑现扶持资金1.47亿元。引导新兴产业加快发展,制定实施促进产业转型升级若干政策的补充意见,全年累计兑现扶持资金4.84亿元;设立规模亿元政府产业基金,重点投向本市战略性新兴产业以及科技、"互联网+"等重点产业。健全科技投入稳定增长机制,投入人才发展资金4868万元,鼓励"大众创业、万众创新",支持小微企业健康成长三年计划。

【保障民生支出】 全年民生支出77.11亿元,占一般公共预算支出的82.7%。支持社会保障事业,投入社保政策性资金13.37亿元,推进社保扩面提标;投入就业创业资金1639万元,深化就业创业扶持体系建设;投入保障性住房资金5.81亿元,实现公共租赁住房和廉租住房并轨运行。投入教育资金22.21亿元,保障学校办学条件和设施的改善提高,扩大优质教育覆盖面。投入文体事业资金1.96亿元,繁荣群众文化体育生活,保障文体惠民提升工程实施。投入医疗卫生资金10.50亿元,推进公立医院改革,鼓励和引导社会资本创办医疗机构。投入生态治理资金11.75亿元,保障"五水共治""三改一拆""两路两侧""四边三化"等重大项目实施。投入平安法治资金5.72亿元,保障社会治安、安全生产、消防、食品安全等重点安全领域。

【推进财政改革】 深化预算体制改革,贯彻新《预算法》,健全全口径政府预算体系,财政预决算、部门预决算、"三公"经费预决算信息实现全公开。推进镇级财政改革,实施新一轮镇级财政体制,建立超收激励的体制结算机制。创新公共服务供给方式,推进政府向社会力量购买服务。探索推进政府与社会资本合作(PPP)模式。加强财政资金管理,规范清理财政专户,撤销财政专户14个,强化公款存放管理,开展财政资金竞争性存放。盘活财政存量资金,全年盘活资金22.11亿元。加强政府性债务管理,开展政府存量债务清理甄别自查,做好28亿元地方政府债券置换存量债务工作。

【深化财政监管】 推进预算绩效管理。扩大财政支出项目预算绩效目标申报面,推进财政支出绩效评价工作,打造以信息技术平台为支撑的预算绩效管理新模式。加强行政事业单位房产土地管理,推进行政事业单位房产、土地权证补办工作。加强政府性投资项目管理,保障市重点工程建设和重点前期项目准备,规范内控制度,全年核减项目投资概算1.6亿余元;强化项目竣工财务决算,全年完成决算审核项目111个。完善财政监督检查,开展"阳光民生"财政财务检查,深化财政财务检查"五年全覆盖"行动,探索推进镇级财政监督平台建设。落实各项节支措施,完善公务活动支出配套制度,实行公务住宿、会议培训定点采购制度,参与做好全市减员节支增效专项整治工作,全年全市"三公"经费累计支出5845万元,下降26.7%。加强会计管理。组织各类会计考试及继续教育,开通"慈溪会计"微信公众平台,加大珠心算特色文化教育品牌培育宣传力度。

【加强队伍建设】 开展各类主题教育活动,落实党风廉政建设责任制,签订责任书。巩固党的群众路线教育实践活动成果,建立健全反对"四风"长效机制。启动新一轮干部轮训,制定加强中青年干部促考促学工作方案,开展分岗位分种类业务练兵。依托党工团妇组织,以开展各类文体活动,丰富干部业余文化生活。

(慈溪市财政局供稿　宋开拓执笔)

奉化市

【概况】 2015年,奉化市实现生产总值322.15亿元,比上年增长6.6%,其中:第一、二、三产业增加值分别为29.08亿元、

138.67亿元、154.40亿元，增幅分别为1.5%、4.8%、9.5%，三产增加值的结构比重为9.0：43.1：47.9。按户籍人口计算，全市人均生产总值7万元，增长6.7%。社会消费品零售总额132.43亿元，增长12.2%。固定资产投资额182.32亿元，增长0.1%。全市实现财政总收入62.40亿元，增长8.5%；其中一般公共预算收入33.82亿元，增长8.2%；一般公共预算支出60.71亿元，增长19.1%。全市财政收支平衡。

【组织财政收入】 优化财政收入结构，一般公共预算收入占财政总收入的54.2%；一般公共预算收入中税收收入占比76.8%。完善税收业务流程操作制度体系，通过及时启动税收保全措施、搭建税费司法征缴协作机制、强化土地增值税清算、健全建筑用石资源税代征模式等举措，增加税收近3500万元。严密实施数据质量监控，规范各类申报行为，数据差错率逐月下降。加大第三方信息数据采集力度，强化对税收风险预警控制能力，合理配置税收管理资源，提升征管质效。当年推送各类风险纳税人1166户，补缴入库税款及滞纳金逾2600万元。规范和完善非税收入管理，加大征缴力度，全年实现非税收入7.86亿元。

【服务经济社会发展】 支持企业转型升级，助推“农村淘宝”“月光经济”、电子商务等新兴产业发展，全年审核各类减免税费近1.25亿元。落实各项财政扶持政策，兑现财政资金逾2.03亿元。帮扶企业应对担保风险，转贷资金规模从1亿元扩大至4亿元，累计为中小企业转贷31.57亿元，惠及企业447户次。

【保障民生支出】 2015年，全市民生支出49.78亿元，占一般公共预算支出的82.0%。支持社会保障体系建设，城乡最低生活保障标准由480元/月提高到540元/月，全年发放城乡低保资金3848万元；落实老龄事业社会保障工作，累计为15662名80周岁以上老年人发放高龄津贴1142万余元。支持医疗卫生体制改革，加大医疗卫生与计划生育投入，人均基本公共卫生服务经费从50元提高到60元；健全困难群众医疗救助制度，实施新医疗救助政策，安排1489万元资金专项用于贫困对象医疗救助，资助人次116463人。支持教育事业发展，全年安排教育支出10.66亿元，增长8.4%。落实义务教育经费保障机制，完善寄宿学生生活费、困难学生生活补助体系和家庭困难学生资助体系；落实教育惠民政策，全年发放各项学生补助资金7800万元，惠及学生10.5万人次。支持大众创业就业，开展职业介绍、职业培训和职业技能鉴定，落实就业补助资金3911万元，帮助近7000人实现创业就业。

【推进财税改革】 推进预算编制改革，按照新《预算法》要求，完善四本预算编制，推进“两库系统”（基础信息库和财政项目库）上线；规范专项设置，提高公用经费标准。深化信息公开工作，预决算及“三公”经费公开范围覆盖全市11个镇（街道）与54个部门单位。推进国库集中支付改革，完成5个镇（街道）国库集中支付系统上线工作。全年市级国库集中支付资金64.79亿元，增长11.3%。加强镇（街道）财政管理，出台加强镇（街道）财政管理的实施意见，规范镇（街道）预决算管理及债务风险防范；推进信息化建设，建立镇（街道）财政信息专网。加强债务管理，清理甄别政府现有债务，做好35亿元政府债券置换工作。运用PPP模式推进重点项目建设，沿海供水工程二期、中山东路延伸段和长汀路道路工程、宁南物流园区等PPP项目开工建设。

【强化财政监督】 加强政府采购监管，推动政府采购管理系统上线，将采购各个流程纳入系统管理，在门户网站同步公开政府采购相关信息，实现无纸化办公。严格项目评审管理，建立项目资料登记、移交制度。全年完成标底、决（结）算审核项目452个，核减资金1.45亿元。开展财政专项资金管理改革，出台财政专项资金管理办法，形成系统完整的制度体系和分工明确的管理模式；实行“三公开”（管理办法、分配过程、分配结果）机制。全面梳理专项数量，缩减至349个，缩减率逾70%，核减资金1.24亿元。开展执法权力和规范性文件清理，依法公开权力清单和运行流程168项，清理地方性政策文件79个。压减一般性行政支出，全年“三公”经费支出下降9%；压减部门公用经费和专项业务费，减少经费类项目79个，统筹资金近3000万元。

【加强队伍建设】 加强党风廉政建设，按照“一岗双责”要求，层层签订廉政责任状，做到党风廉政责任落实到人；建立局班子成员廉政台账管理制度，制定个人廉政责任清单，建立“明责、履责、问责”一体化责任体系。开展“三严三实”专题教育活动，组织开展精准服务企业活动，征集意见建议，帮助企业解决实际困难。完善内控管理机制，健全干部选拔考核管理机制，贯彻落实“岗位对责、绩效对账”要求。强化干部业务素质，完善“传帮带”机制，营造良好的人才成长氛围。加强干部在职学历教育，推送7名优秀青年干部攻读厦门大学硕士学位。

（奉化市财政局供稿　王　晶执笔）

宁海县

【概况】 2015年，宁海县实现生产总值434.07亿元，比上年增长8.4%。其中：第一产业增加值41.15亿元，增长1.9%；第二产业增加值213.27亿元，增长6.3%；第三产业增加值179.65亿元，增长12.9%。三次产业结构比为9.5：49.1：41.4，第三产业增加值比重比上年提高3.0个百分点。全县人均生产总值69218元，增长7.7%。固定资产投资额267.51亿元，增长18.8%；社会消费品零售总额169.62亿元，增长12.3%。城镇居民人均可支配收入44324元，增长9.0%；农村居民人均可支配收入24319元，增长9.5%。全县财政总收入73.14亿元，增长

8.1%，其中一般公共预算收入41.57亿元，增长8.9%，占财政总收入的56.8%；一般公共预算收入中税收收入30.01亿元，占比72.2%。全县一般公共预算支出60.25亿元，增长8.4%。全年财政收支平衡。

【组织财政收入】 完善月度税收预测分析制度，提高分析针对性及应征入库数的准确率。建立数据质量监控指标纠错机制，健全基础数据清理、呆欠税费管理，完成规上企业财务指标采集入库，夯实税收征管基础。推进"五证合一、一证一码"工作。完成模具行业税收模型构建，深度分析行业涉税风险环节和特征。强化税收联席合作机制，联合机关单位共建委托代征、纳税人权益保护组织、大企业税收风险管理等机制。规范非税收入管理，深化政府非税收入收缴管理改革，全面监控非税收入收缴情况，提升非税收入监管水平，全年政府非税收入22.11亿元。

【支持经济发展】 落实支持二、三产业发展的各项优惠政策，全年兑现扶持资金7.35亿元，争取上级资金7.46亿元；贯彻落实"轻税减费"以及固定资产加速折旧政策，实施小微企业减半征收所得税扩围、高新技术企业享受减免企业所得税政策等，全年为企业减负2.36亿元。联合银行等金融机构，推出"税贷通""税易贷"等纳税信用贷款项目，支持小微企业创业创新；设置创业创新税收优惠政策专题培训课程，并汇编成册免费发放给中小企业和创业者，支持"众创"空间建设。

【保障民生事业】 全县民生支出43.98亿元，增长6.2%，优先保障政府民生实事工程和文化教育、医疗卫生、社会保障等社会事业。其中，教育、文化、社会保障支出分别为12.72亿元、13.14亿元、8.14亿元，分别同比增长5.9%、68.3%、23%。

【推进财政改革】 推动涉农资金整合改革，搭建"3+2+T"产业平台*，建立"1+2+X"制度体系*，创新资金规范运作管理模式，整合农办、农林、水利、国土等24个部门64项专项，涉及财政资金7.81亿元。创新财政支持产业发展方式，设立产业资金并出台实施意见及管理办法，试点运行产业基金，增强经济发展动力和活力。探索财政资金"竞争性存放"，制定县级财政资金竞争性存放管理办法，以"银行询价对照、存款利率排名、综合分析比对"的方式评择优存放，当年完成财政间歇性资金5亿元竞争性存放，确保库款现金保值增值。推进政府购买服务改革，出台《关于政府向社会力量购买服务的实施意见》，试点中小微企业安全隐患排查、企业用工风险评估等领域的政府购买服务，推进政府职能转变。

【提升财政监管水平】 深化绩效预算改革，完善预算编制、执行、监督"三位一体"的财政管理机制，强化预算执行，扩大绩效预算应用范围，选取22个项目实施全过程预算绩效目标管理试点，涉及预算资金2.93亿元。严格控制行政经费支出，规范党政机关"三公"经费开支和津补贴发放，全县"三公"经费支出同比下降16.9%。盘活存量资金，对全县财政存量资金情况进行统计、自查及清理，收回预算结余结转指标及部门存量资金1.3亿元。建立健全部门结余资金管理、部门结余资金使用与预算安排衔接制度及部门预算结余结转指标清理收回制度，清理收回以前年度财政部门预算结余结转资金5334万元。加强政府性债务管理，健全地方政府性债务管理系统数据库，掌握债务违约风险点，做好地方政府债务清理甄别和存量债务置换。强化政策采购管理，加快政府采购与电商平台对接，推广集团采购，全县行政事业单位办公用品实行电商采购。

【加强干部队伍建设】 落实党风廉政建设主体责任，研究制定实施方案，针对重要工作和关键环节，明确责任。开展多形式的党风党纪学习教育，提高干部廉政意识。加强作风效能检查，持续保持高压态势，强化干部职工正风肃纪意识，规范日常行为。优化干部队伍建设，开展"以考促学"、岗位练兵活动，组织各类培训，鼓励干部取得高层次学历或职称。

（宁海县财政局供稿　葛晨晓执笔）

注：

*"3+2+T"产业平台：指涉农资金整合平台，"3"是指"农田水利建设类""新农村建设类""农业产业化类"三大整合平台，"2"即三门湾现代农业园区和渔业园区两个重点区域，"T"即打造乡镇区域优势特色产业带。

*"1+2+X"制度体系：涉农资金整合改革建立的框架体系。"1"指《深化财政涉农资金整合改革的实施意见》；"2"指《涉农资金整合项目管理办法》和《涉农资金整合项目申报指南》；"X"指整合项目规范操作的细化管理专项制度，为三大平台操作运行提供标准流程。

象山县

【概况】 2015年，象山县实现生产总值410.03亿元，按可比价格计算，比上年增长7.5%。其中：第一产业增加值61.71亿元，增长1.7%；第二产业增加值177.52亿元，增长4.4%；第三产业增加值170.8亿元，增长13.6%。三次产业结构比调整为15.0∶43.3∶41.7。按户籍人口计算，人均生产总值74668元，增长4.9%。全县完成固定资产投资160.09亿元；社会消费品零售总额154.72亿元，增长12.5%；自营进出口总额24.75亿美元。城镇居民人均可支配收入43565元，农村居民人均可支配收入24228元，分别增长8.4%和9.4%。全县财政总收入61.39亿元，比上年增长8.4%，其中一般公共预算收入37.95亿元，增长8.3%。全县一般公共预算支出61.31亿元，下降10.8%。全县财政收支基本平衡。

【依法组织收入】 关注“营改增”、房产税和消费税等税制改革和《税收征管法》修订对组织收入的影响,加强金融、房地产等行业税收工作调研,做好分析测算和应对方案,提高组织收入的预见性和前瞻性,把握组织收入的主动权。完善重点税源管理,健全重点税源监控体系,实施分级管理,对重点行业重点企业进行实时监控。全县重点监控税源企业419家,覆盖面6.0%。优化收入结构,一般公共预算收入占财政总收入的61.8%;税收收入29.52亿元,占一般公共预算收入的77.8%。深化非税收入管理改革,加强政府非税收入票据管理,全年组织非税收入8.42亿元,增长42.8%。建立社会保险费征管长效机制,全年征收社会保险费收入1.62亿元。

【推动县域经济科学发展】 完善政策体系建设。参与研究制定工业强县政策体系,助推企业转型升级。实施创新驱动战略,深化“四换三名”工程,推动“两化融合”,实施“机器换人”项目11个,信息化项目36个,累计总投资1.69亿元。及时兑现技改、节能减排贴息等企业奖励扶持资金1.51亿元,惠及企业579家,引导企业加大研发投入,推动企业转型发展。落实结构性减税政策,减免各项税费6.31亿元,1983家企业从中受益;全面开展政府收费项目清理,落实清费减负政策,取消和免征105项行政事业性收费项目,减征额303万元;下浮小微企业社会保险费缴费比例,减征额2498万元,惠及企业2202家。设立政府产业基金,牵头制定《象山县产业发展基金实施意见》,首期出资5000万元,建立工业与信息化产业基金,并吸引社会资本参与投资,促进“互联网+”与文化产业有机融合,发挥财政资金“四两拨千斤”的效应。

【推进社会事业协调发展】 全年一般公共预算资金用于民生支出47.40亿元,增长12%,占一般公共预算支出的77.3%。支持教育事业发展。统筹2407万元资金重点支持学前教育,累计新建扩建幼儿园12所,提升学前教育发展水平。下拨资金2980万元,落实免收义务段学生课本费、学杂费政策,保障义务教育发展。投入校园安保经费858万元和接送车承运经费500万元,推进“平安校园”创建。推进卫生事业健康发展。全年为164万人次农村居民结报医药费4.60亿元,落实资金8028万元推动基层医疗机构实施基本药物制度改革,缓解群众看病难问题。支持社会保障事业发展。加大就业和社会保障投入力度,补助2.61亿元用于城乡居民养老保险和被征地人员养老保障以及复员退伍军人的参保,新增五险参保人员35201人,本地户籍人员养老参保率88.4%;发放低保资金、物价补贴等6797万元,缓解困难群体生活压力。落实1000万元专项经费用于促进再就业工作,拨付787万元专项资金保障惠民殡葬工作开展。

【改善生态环境推进城乡协调发展】 全县生态建设与环境保护投入8640万元,用于改善生态环境。落实本级财政资金8.26亿元,争取上级补助和融资资金10.32亿元,支持贤庠镇污水处理厂、石浦红十字台胞医院、中心城区污水处理工程二期、县人民医院感染科大楼、现代物流园区等民生工程建设。改善农村人居环境,落实专项资金3200万元,支持开展农村河道疏浚、畜禽养殖污染源治理等工作。落实小康村、特色村等建设资金1062万元、安排村庄整治建设资金1700万元和经济薄弱村发展资金2000万元,补助1000万元,用于农村住房改造和村庄梳理式改造。

【推进财政改革】 完善预算支出标准体系建设,按照“四张清单一张网”改革要求,完善财政专项资金管理清单,推进预算公开内容,细化预算编制,加强预算约束力,提高预算编制的规范性和透明度。制定出台县级预算单位银行账户和公款存放管理暂行办法,规范财政资金银行账户开立和公款存放等行为,提高资金的安全性,确保资金保值增值。首期1亿元社会保险基金(基本医疗)定期存款实施竞争性存放。加大乡镇财政转移支付补助力度,逐步取消事务性配套,推行乡镇国库集中支付制度改革,实现县级预算单位国库集中支付改革全履盖,完成石浦卫星城镇和西周、贤庠两个中心镇的国库集中支付改革。落实分类管理、盘活存量、债务转换、利率调控等一系列乡镇债务管理措施,确保到2017年全县乡镇(街道)政府性债务零增长。

【加强财政监管】 开展财务检查。对全县民政专项资金及大目湾管委会等8家单位的财政财务收支开展检查,查处违纪违规资金1426万元。发挥委派会计(财务总监)作用,加大项目资金监管,纠正违规违纪资金约1.91亿元。加强政府投资项目审核,全年审结工程项目235个,核减投资8675万元,核减率6.9%。修订完善《政府投资项目资金管理办法》,推行新项目资金网上申拨,按预算管理要求,逐步取消建设单位政府投资项目资金专户,实行国库集中支付制度。创新政府采购管理机制,建立采购效果评价体系,加快供应商诚信体系建设,引入公开评议和社会监督机制,推进《政府采购验收管理规范》和《政府采购工程项目变更管理办法》等文件的落实,规范采购行为。加强对国有企业执行重大事项报告等方面重点检查,完善国有企业银行账户及公款存放、内部审计等方面的管理制度,健全国资监管体系,促进国有资产监管规范化、制度化。

【增强队伍素质】 以“三严三实”教育实践活动为契机,推进干部队伍素质建设。开展廉政主题演讲、党风廉政建设典型案例巡展等活动,增强干部廉政意识。健全内部管理制度,制订和完善执法过错责任追究制。开展权力清单比对修改工作,减少权力事项113项,编制并公开权力清单和运行流程图,完善权力运行监控机制。组织开展岗位练兵及集中学习,使干部学习教育常态化。推进财税文化建设,组织开展一系列活动,激发干部学习动力和工作热情。 (象山县财政局供稿 顾 健执笔)

温州市财政工作

温州市

【概况】 2015年,温州市实现生产总值4619.84亿元,比上年增长8.3%。其中:第一产业增加值123.24亿元,增长3.1%;第二产业增加值2101.53亿元,增长7.1%;第三产业增加值2395.07亿元,增长9.9%。三次产业结构比由上年的2.7∶47.6∶49.7调整为2.7∶45.5∶51.8。按户籍人口计算,人均生产总值50809元,增长8.8%。城镇居民人均可支配收入44026元,农村居民人均可支配收入21235元,分别增长8.7%和9.5%。全年社会固定资产投资3456.39亿元,增长13.2%。社会消费品零售总额2674.38亿元,增长11.0%。全年实现外贸进出口总额194.78亿美元,比上年下降6.3%,其中进口总额23.63亿美元,比上年增长6.0%;出口总额171.15亿美元,比上年下降7.7%。全市财政总收入677.92亿元,可比增长6.5%,其中一般公共预算收入403.07亿元,可比增长7.0%,占财政总收入的59.0%;市本级财政总收入149.82亿元,可比增长4.9%,其中一般公共预算收入94.96亿元,增长7.0%。全市一般公共预算支出569.43亿元,可比增长9.7%;市本级一般公共预算支出86.67亿元,可比增长5.5%。全年财政运行状况良好,全市及市本级财政收支平衡。

【组织财政收入】 全市一般公共预算收入中税收收入349.56亿元,增长7.0%,占一般公共预算收入的86.7%,下降6.0个百分点。加强财政收入分析,加强工贸业重点税源、新办企业发展及市区三年土地出让的税收分析,做好温商回归税收统计。开展"规范政府非税收入管理年"活动;实行"清单化"管理,即"非税收入清单""涉企收费清单""减免缓清单""征收标准清单""财政票据清单";完善政府非税收入数字化建设,推进非税收入收缴电子化改革,建立市级财政票据票号数据库。全年组织非税收入53.51亿元,增长7.1%;政府性基金收入388.10亿元,下降14.1%。

【支持经济转型升级】 创新财政支持经济发展方式,设立温州转型升级政府产业基金,首期到位财政资金8.00亿元,带动县(市、区)政府产业基金超50.00亿元。助力企业转型升级,对企业在技术改造中采购工业机器人、智能化制造系统和工厂物联网等设备,给予购置款5%~20%的奖励;安排财政资金8000万元,鼓励"机器换人",累计受益企业单位200家。支持民航和港口物流等城市大公共平台发展,安排市现代港口物流发展资金3520万元,对在温州港进行集装箱运输的船舶公司、代理公司、集装箱运输卡车、大宗散货企业等进行财政补贴。对市区797家小微企业发放服务补贴券1100万元,支持成长型企业发展。安排产品质量发展专项资金701万元,推进质量强市工作。落实税收优惠政策,落实小微企业税收优惠扩围、企事业单位改制重组契税优惠、差别化城镇土地使用税以及失业保险费率下调等优惠政策,全年落实各项税费优惠54.10亿元。保障重点项目建设,市本级安排资金59.82亿元,重点保障市域铁路、高速公路、国际机场等重大项目及"浙南美丽水乡""交通治堵""六城联创"等工程建设。

【保障重点民生支出】 投入资金1085万元,整合现有医保系统监管功能;拨付公立医院改革市级专项资金2200万元,用于市级5家综合医院实施药品零差价后奖补;拨付资金4872万元,推进城乡医疗水平提升、补助贫困残疾人、妇女"两癌"免费筛查、优化养老服务等项目。支持教育事业发展,探索发展混合所有制办学(PPP模式和BOT模式)和现代学徒制试点,建立以就业为导向的现代职业教育体系;安排教育费附加支出2.67亿元,促进中小学、职业教育发展;制定温州肯恩大学经费保障机制,鼓励温州肯恩大学特色办学。全年全市安排教育支出147.88亿元,可比增长6.8%。支持举办首届亚洲微电影节;投入680万元打造15分钟都市文化圈,开办城市书房10个,投入863万元举办国际时尚文化创意产业博览会;下达体育产业市级专项资金350万元,扶持重大体育产业提升和重大体育产业项目建设;安排专项资金921万元,举办国际马拉松赛;安排专项资金400万元,举办中华龙舟大赛(温州站)。安排财政补贴资金2.10亿元,支持城市公共交通发展,加快城市快速公交BRT建设;安排市本级城市建设维护费支出计划1.95亿元,确保市政设施建设运行维护资金需求。安排专项资金5.84亿元,保障"五水共治"建设,带动全市"五水共治"水利建设投入306.3亿元。

【深化财政改革】 完善财政预算管理体系。编制全口径市级收支预算,四本预算都按支出功能分类编列到项,一般公共预算基本支出分经济分类科目编制;及时调整预算管理方式,将地方教育附加等11项原基金收支列入一般公共预算。完善部门预算支出标准定额体系和公用经费定额。探索财政资金存放银行择优机制。出台《温州市级预算单位公款竞争性存放管理暂行办法》《温州市级财政资金竞争性存放实施细则》,建立财政资金存放银行择优竞争机制;举办两期财政资金竞争性存放招标会,招标额40.00亿元,中标资金平均年综合收益率3.2%。建立财政信息公开机制。推进部门预决算公开工作,扩大公开范围,除涉密部门外,市级所有部门均已公开本部门预决算。深化国库集中支付改革。试行分类分级差异化管理,完善动态监控机制,引入资金支付CA认证制度,市本级各预算单位共开设个人公务卡

20494 张，累计刷卡消费 1.04 亿元，同比增长 24.3%。

【开展 PPP 试点工作】 出台《关于推广运用政府和社会资本合作模式的实施意见》，推进 PPP 工作制度建设。建立 PPP 项目库、PPP 专家库、PPP 咨询机构库。与市发改委联合编制《温州市 PPP 项目推介本（第一批）》，选择收益较稳定、投资规模较大、长期合同关系清晰、技术发展成熟的十大项目，涉及总投资额约 462.00 亿元。向省财政厅推荐 PPP 模式示范项目，其中温州机场项目被列入全国第二批 PPP 示范项目。

【强化财政监管】 开展“小金库”专项治理。联合相关部门对 10 家单位开展“小金库”专项治理重点检查，涉及金额 118 万元。开展会计监督检查。对 36 家国有企业、民营企业和外资企业等节能减排单位开展会计监督检查，涉及金额 805 万元。加强政府采购监管。协助卫生系统全年组织 6 次集中招标采购医疗设备，涉及预算金额 1.35 亿元，节约 1398 万元，节约率 10.7%；审核教育系统集中采购预算 2840 万元，节约 150 万元，节约率 5.3%。加强行政事业单位国有资产管理。开展闲置资产调查，处置闲置资产 300 项，账面价值 1100 万元；加强报废资产集中处置，完成三个批次账面价值 5057 万元报废资产集中处置，收缴处置收入 67 万元。

【加强队伍建设】 开展“三严三实”、党风廉政建设专题集中学习，增强干部党性和理想信念；开展系统党风廉政建设巡查，发现问题及时整改落实。加强财税文化建设，实施干部分层分类培训，全年举办培训 36 期；开展主题演讲比赛、干部业务知识技能竞赛等活动。市局获全省财政系统先进集体称号。

（温州市财政局供稿　李　侠执笔）

鹿城区

【概况】 2015 年，温州市鹿城区实现地区生产总值 807.79 亿元，按可比价格计算，增长 7.5%。其中：第一产业增加值 1.76 亿元，增长 3.1%；第二产业增加值 246.64 亿元，增长 9.9%；第三产业增加值 559.39 亿元，增长 6.3%。三次产业结构比调整为 0.2 : 30.5 : 69.3。按户籍人口计算，人均生产总值 108416 元，增长 6.6%。全年实现外贸进出口总额 36.71 亿美元，下降 2.7%，其中进口总额 3.03 亿美元，增长 19.7%；出口总额 33.68 亿美元，下降 4.3%。全区完成固定资产投资 328.17 亿元，增长 7.0%。全年全区财政总收入 42.31 亿元，增长 5.0%；一般公共预算收入 27.58 亿元，增长 8.2%，占财政总收入比重为 34.8%。区级一般公共预算收入 26.94 亿元，增长 10.0%。全区一般公共预算支出 31.81 亿元，增长 6.6%。区级一般公共预算支出 31.41 亿元，增长 6.7%。全年财政运行情况良好，财政收支平衡。

【组织财政收入】 全年税收收入 24.42 亿元，增长 8.0%，占一般公共预算收入的 88.5%。主动适应经济形势变化，建立税源信息平台，加强与国税、地税、统计等部门的沟通与配合，提高税源信息利用效率。强化非税收入征管，开展收费专项清理，推进政府非税收入收缴电子化改革。全年实现非税收入 3.15 亿元，增长 9.7%。

【促进经济发展】 安排企业扶持专项资金 3040 万元，完善财政产业政策措施，加大对开放型企业的支持力度，鼓励企业开拓国际市场。加快“电商换市”步伐，鼓励引进一批网络经济示范企业。优化总部经济规划布局，支持吸引各类总部企业入驻鹿城区。安排科学技术支出 8197 万元，实施创新驱动发展战略。安排专利补助资金 800 万元，推进科技与文化融合示范基地建设。安排 120 万元创新券专项经费，支持企业和创业者开展研发活动和科技创新。深入实施“四换三名”和“三转一市”工作，全年争取上级资金 5002 万元，调整优化产业结构，推进经济转型升级。改革投融资机制，安排全区各类重点工程建设项目资金 56.21 亿元，保证各类工程实施。扶持旅游产业发展，安排旅游促销宣传专项资金 500 万元，推广美丽乡村等精品旅游线路，促进旅游公共服务体系建设。

【保障民生支出】 全区九大类民生支出 25.89 亿元，占一般公共预算支出的 78.0%。支持“三农”建设。安排“三农”资金 1.35 亿元，重点支持农田水利基础设施建设、农村环境治理、农村生态保护、一事一议财政奖补等项目。出台《鹿城区农业主导产业综合开发专项资金使用与拨付试行办法》，规范涉农资金使用管理。支持教育发展。安排教育资金 7.95 亿元，完善基础教育均衡发展，小学、初中生均公用经费标准分别提高至 650 元、850 元。安排教育基建和维修经费 4648 万元，支持教育基础设施建设。落实 881 万元专项资金支持民办教育综合试点改革。安排 434 万元推进学前教育三年行动计划。完善中等职业学校学生资助政策。支持医疗卫生与计生工作。安排医疗卫生与计划生育支出 3.33 亿元，居民基本医疗保障财政补助标准提高至每人每年 850 元。安排新农合医疗保险专项 5477 万元，实现基本公共卫生服务均等化。完善城乡公共卫生服务机构建设，支持社会资本办医。健全社会保障体系。安排社会保障和就业支出 2.12 亿元，完善城乡大病医疗救助体系，落实殡葬基本服务免费政策，安排 500 万元完善居家养老服务体系建设，支持机关事业单位养老和工资制度改革。支持城乡社区建设。争取中央及省级保障房资金 9808 万元，完成鹿城区首个 PPP 项目采购程序并正式开工。安排村级组织建设专项补助经费 1520 万元，比上年增长 25.0%，夯实基层组织基础。促进其他社会事务发展。建立文体投入稳定增长机制，安排文化体育与传媒支出 4531 万元。落实专项资金促进平安鹿城、人才强区、创园创模等事业发展。

【推进财政改革】 深化财政预算管理改革，编制全口径预算，扩大预决算公开范围，70个区级部门预决算及"三公"经费预决算全部公开。早编2016年部门预算，细化预算定额编制标准，提高预算编制的准确性。推进国库集中支付改革，全区所有行政事业单位均已纳入国库集中支付管理，涉及预算单位179家。出台《区级财政性资金竞争性存放实施细则》，实施区级财政性资金竞争性存放。盘活财政资金，在盘活上级转移支付资金的同时收回部门结余结转资金2.62亿元。清理财政专项资金，将区级财政专项资金整合为13项，总金额3.26亿元，并在鹿城网正式公布，接受监督。创新财政提供公共服务方式，拟定政府向社会力量购买服务实施意见，提高公共服务供给水平。

【加强财政监管】 加强财政资金绩效评价。建立绩效评价结果反馈整改和内部公开机制，加强绩效评价结果应用，初步尝试将评价结果与预算编制相结合。完成绩效目标申报项目327个，涉及财政资金7.92亿元。完成财政支出绩效评价项目68个，涉及财政资金2.42亿元。建立鹿城区2015~2017年度绩效评价及审计服务资格库。强化政府性债务监管。探索地方政府性债务动态管理，编制年度地方性政府债务计划，防范债务风险。规范国有资产管理。开展行政事业单位资产信息化管理，做好信息系统维护及街镇区划调整后资产划分工作，全年处置固定资产2236万元。完成区属国有企业决算报表的审核、汇总和分析工作，防范国有资产流失。加强政府采购监管。全年实现政府采购支出22.55亿元，节约资金5.86亿元，节约率20.6%。强化财政资金安全管理。开展单位银行账户及公款存放情况专项检查，对全区236个单位的银行账户进行核定，保障账户安全。加强工程结算审价管理。审结项目371个，评审金额3.24亿元，审定金额3.10亿元，资金核减率4.4%。加强"三公"经费管理，压缩会议费、招待费、出国费、培训费等一般性支出，出台鹿城区机关工作人员培训教育、差旅费等相关规定，全年"三公"经费支出1921万元，下降11.4%。开展会计事务管理。试行会计人员继续教育面授工作市场化，由温州市财税会计学校等七家机构承办会计人员继续教育面授培训班，全年受训4500人次。

【加强队伍建设】 开展"三严三实"专题教育活动，召开党组专题会议、专题民主生活会。加强党风廉政建设，落实党组主体责任、纪委监督职能、领导干部"一岗双责"要求，党组负责人自觉履行党风廉政建设"第一责任人"职责，落实中央八项规定，开展办公用房清理，加强惩防体系建设。加强区财政系统工作人员对财政法规、会计知识以及新的财政改革内容学习，提高业务能力。 （温州市鹿城区财政局供稿　潘　旻执笔）

注：

＊三转一市：工业企业"规下转规上""个转企""有限转股份"和"企业上市"。

瓯海区

【概况】 2015年，温州市瓯海区实现生产总值450.32亿元，按可比价格计算，比上年增长8.5%。其中：第一产业增加值6.02亿元，增长3.1%；第二产业增加值248.54亿元，增长6.9%；第三产业增加值195.76亿元，增长11.0%。三次产业结构比由上年的1.4：56.1：42.5调整为1.3：55.2：43.5。人均生产总值104684元。城镇常住居民人均可支配收入45707元，农村常住居民人均可支配收入25929元，分别增长8.7%和9.4%。全年实现财政总收入49.79亿元，增长10.2%，其中一般公共预算收入28.40亿元，增长16.1%，占财政总收入的57.0%；一般公共预算支出30.41亿元，增长4.6%。全年财政运行状况良好，财政收支平衡。

【组织财政收入】 强化收入分析，构建收入有计划、执行有监督、结果有分析的收入监控体系，实时跟踪收入进度。密切关注重点行业、企业对税收收入的影响，强化欠税监控和税收数据比对，实现堵漏增收。全年税收收入26.04亿元，增长17.0%，占一般公共预算收入的91.7%。强化征管协作配合，加大涉税信息交换平台技术开发，发挥区税管办协税护税成效。强化非税收入管理，16家单位使用非税征管Mispos系统，减少现金收缴。试点浙江政务服务网统一支付平台，制订试点工作方案，推进政府非税收入收缴电子化改革。全年累计实现非税收入4.18亿元，增长17.0%。

【支持经济转型升级】 扶持实体经济发展，开展涉企优惠政策清理，整合涉企专项资金，加大政策扶持力度，拨付外贸发展基金、企业做大做强奖励资金、企业转型升级资金、服务业发展引导基金、战略性新兴产业资金等各类扶持资金9169万元。发行区城投公司企业债券16.00亿元，全部用于潘桥街道和牛山片区城中村改造安置房工程建设。申报17.00亿元的城市停车场建设专项债券获国家发改委批复并发行。

【保障民生重点支出】 推进民生统筹发展。全年民生支出22.22亿元，占一般公共预算支出的73.1%。支持教育优先，全年教育支出9.18亿元，增长6.6%。支持实施农村特岗教师津贴政策，分别给予A、B类教师每月400元和300元补助。投入2277万元专项经费用于现代教育装备和教育信息化建设。保障医疗、卫生、社保等民生项目支出，落实资金4.09亿元。新农合财政补助资金人均850元。基本公共卫生服务财政补助标准提高至人均40元，促进医疗资源向基层倾斜。提高低保补助标准，下达最低生活保障费基数2222万元。推进机关事业单位养老保险和工资制度改革，做好各项改革支出测算。落实支农强农惠农政策，促进城乡协调发展。推动支农政策和管理模式创新，推进一事一议财政奖补和农村综合改革。打造瓯海美丽水乡，改善区域居住环境，全年安排“五水共治”专项资金 1.50 亿元。

【深化财政改革】 推进预算管理改革和部门预算全面公开。把预算改革作为加强公共财政管理的首要工作，加快建立规范、透明的现代预算制度。完成 2014 年度区本级、全区汇总决算及包含生态园在内的大瓯海决算，编制 2014 年瓯海区权责发生制政府综合财务报告。推进乡镇公共财政服务平台建设，在全区所有镇街道上线运行。全区所有区级部门单位（除涉密单位外）实现部门预决算信息公开，内容细化到项级科目。深化国库集中支付制度和公务卡改革。109 家区本级预算单位纳入国库集中支付，开设单位零余额账户 80 家，国库集中支付预算改革资金量 20.80 亿元。将预算单位用款计划审批流程由原来的 4 审更改为 6 审，强化经费支出管控。激活公务卡 4546 张，公务刷卡消费量 1689 万元，比上年同期增长 12.0%。盘活财政存量资金。开展往来款清理，对 12.21 亿元财政借款归类细分，核销财政暂付款 4.85 亿元。清理收回部门结余资金 8662 万元统筹使用。实行财政资金竞争性存放，建立公款存放银行竞争择优机制。

【强化财政监管】 实施专项资金绩效评价。重点选择部分专项资金实施绩效评价，扩大项目单位的预期绩效目标申报，推进电算化申报，初步建成中介机构绩效评价（评审）服务资格库。加强项目资金监管。加强项目资金全过程动态监管和分类精细监管，实施项目绩效评价。全年审核工程结算项目 568 个，送审造价 2.77 亿元，净核减 2346 万元，净核减率 8.5%。严控公务经费支出。全区“三公”经费支出 1954 万元，下降 10.8%，其中一般公共预算“三公”经费支出 1750 万元，下降 9.2%。加强政府债务管理。开展地方政府债务清理甄别，对部分债务采取以新换旧延长贷款期限，降低债务成本。实施存量债务政府债券资金置换工作，用低利率的政府债券置换高利率的金融机构融资等债务，置换三批债务总计 10.70 亿元。

【加强国资监管】 开展资产配置阶段审批把关试点工作，推进资产管理与预算管理相结合。全区 222 个单位纳入资产管理信息系统，覆盖率 89.2%。全年审批报废资产 3579 项，合计 5322 万元；审批调拨资产 524 项，合计 808 万元；资产追加 468 笔。出台《区管企业负责人薪酬制度改革实施意见》，激发国企改革动力。开展区属国有企业公务支出公款消费专项审计和福利性支出检查，清理区属国有企业银行账户。组织 2016 年国有资本经营预算调查、试编工作。

【加强队伍建设】 开展“三严三实”专题教育，召开专题党课暨专题教育部署会，举办“三严三实”主题演讲比赛。加强党风廉政建设，制定党风廉政建设工作要点及反腐败工作的组织领导和责任分工，强化财政廉政风险防控管理。贯彻落实新《预算法》，印发《瓯海区财政局学法手册》，内容涵盖预算法修改前后对照、新法解读、最新政策汇编等，做到传达学习到位、执行到位。开展财政基础学科、财政投资绩效评审、工程造价与监理、综合管理等各类培训，构建多样化人才培养格局。

（温州市瓯海区财政局供稿　郑晓容执笔）

龙湾区

【概况】 2015 年，温州市龙湾区（不含温州市经济技术开发区）实现地区生产总值 370.90 亿元，增长 10.2%。其中：第一产业增加值 2.29 亿元，增长 3.1%；第二产业增加值 215.44 亿元，增长 8.1%；第三产业增加值 153.17 亿元，增长 13.6%。三次产业结构比从上年 0.8∶60.2∶39.0 调整为 0.6∶58.1∶41.3。按户籍人口计算，人均生产总值 162390 元，比上年增长 10.1%。城镇常住居民人均可支配收入 44359 元，增长 8.6%；农村常住居民人均可支配收入 26800 元，增长 9.3%。全年财政总收入 38.05 亿元，增长 3.4%；一般公共预算收入 22.63 亿元，增长 8.0%，一般公共预算支出 24.45 亿元，增长 8.2%。全年财政收支平衡。

【组织财政收入】 持续优化收入结构。全年一般公共预算收入占财政总收入的 59.5%，其中税收收入 19.00 亿元，增长 4.1%，占一般公共预算收入的 84.0%。做好收入分析预测。关注财税体制改革动向，加强地方经济运行分析和收入预测，及时掌握收入变化趋势。规范非税收入管理。加强票据管理和检查，单位非税征管在线开票率 100.0%。非税统一公共支付平台上线，全年非税收入 5.38 亿元。政府性基金收入 21.50 亿元，完成调整预算的 98.9%。

【支持经济发展】 加大对实体经济扶持力度。全面落实企业优惠政策，助力培育税源，壮大财政基础，全年办理各类减免退税 6.37 亿元。拨付各级财政补助资金 1.50 亿元，增长 6.7%，其中区本级财政 8694 万元，增长 19.9%。加大企业融资解困力度。通过中小企业专项信用贷款、应急转贷资金分别解决企业融资贷款规模 3.70 亿元和 18.00 亿元。深入重点企业，帮助解决总部企业引进等实际难题。支持优化产业结构。全年科学技术支出 6741 万元，增长 5.2%。加大对孵化器、小微创业园的投入；扶持网络经济、时尚经济等新型经济形态，推进“四换三名”“两化融合”*工作，支持制笔、泵阀等传统优势行业“机器换人”科技创新项目 73 项，拨付技术研究与开发 4456 万元，拨付科技奖励资金 1241 万元，增长 11.4%。推进竞争性都市现代农业发展，市级以上财政扶持重点农业项目 5 个，涉及中央财政补助资金 224 万元，省级财政补助资金 165 万元，市级安排 75 万元，区级财政补助资金 168 万元。多方筹措建设资金。全年拨付财政统筹建设资金 19.55 亿元，筹集还贷资金 19.56 亿元。落实基础设施项目建设资金，向上级申请补助资金 5.99 亿元，置换债务 21.10 亿元。

【保障民生支出】 全年民生支出19.77亿元,增长12.7%,占一般公共预算支出的80.9%,坚持增量资金投入民生领域和支出存量结构调整并举。加大教科文卫投入。义务教育阶段学生生均公用经费财政拨款定额提高90元;当年财政性教育支出6.23亿元,一般公共预算支出5.86亿元;支持国家级卫生城市创建,完成13个农贸市场、33个小菜场(含取缔拆除3个)整治工作,建成垃圾中转站19座、公厕258座。新型农村合作医疗保险标准提高至每人1200元。加大财政支农惠农力度。全年实际发放规模种粮补贴192万元,安排农业、农房保险保费补贴128万元。

【支持生态治理工作】 推进"五个龙湾"*建设,实施"五水共治",完成黑臭河整治39条,河道清淤55.3公里,建成污水管网39公里,疏通715公里,新增纳管企业818家。加快实施农业面源治理,拆除养殖场31个,新增农牧结合配套消纳地2.1万亩。投入2.00亿元完成东片污水处理厂扩容提标改造。投入1500万元,新增绿化面积98.4公顷,建成滨水公园12个,完成高速东进城口综合整治。

【推进财政管理改革】 深化部门预算改革。全年25个单位部门预算纳入审查,5个单位的部门预算草案上人大常委会审议并通过,其中2个单位首次举行部门预算草案听证会。推进预决算信息公开工作。首次将所有区本级部门(除涉密部门外)2015年部门预算、2014年部门决算和"三公"经费预算向社会公开,接受群众监督。完成全区权责发生制政府综合财务报告试编工作。全面掌握政府资产、负债、费用等情况,夯实政府财务管理信息基础。开发涉农涉企专项资金网上申报系统,实现资金申报全过程监控。推进国库集中支付和公务卡改革。全区152家部门单位,6家街道已全部纳入国库集中支付,并实行公务卡报销制度。完善区街财政体制,建立共同发展的收入增长和财力分配机制。出台《龙湾区街道税收收入考核奖励办法》,开展新一轮的区对街道财政体制测算工作。

【强化财政资金监管】 加强预算绩效管理,提升财政资金使用绩效。开展对区本级部门预算30万元以上项目绩效自评,并实现全覆盖。开展2014年预算项目绩效自评246个,涉及金额5.00亿元,对2015年预算资金安排的项目全面进行预期绩效目标申报,重点评价项目9个,涉及金额3766万元。加强绩效评价结果的应用,提高政府财政支出管理水平和财政资金使用效益。加强政府投资项目评审,建立健全专家评审制度等相关制度,全年审定工程结算项目584个,送审金额11.72亿元,审定金额11.00亿元,核减金额7200万元,核减率6.1%。提高政府采购信息透明度,全年政府采购预算总额14.68亿元,实际中标金额13.34亿元,节约资金1.34亿元,节资率9.1%。加强财政监督检查,试运行区财政专项资金网上申报系统,对科技专项补助资金实行网上申报。加强行政事业单位资产管理和国企资本运营管理。加强预算单位银行账户动态监管,将预算单位银行账户开立、变更、年检等全面纳入信息化管理。强化预算刚性约束,严控"三公"经费等一般性支出,压缩政府行政成本,全年"三公"经费支出1423万元,较年初预算下降24.0%,节省342万元,全部用于民生事业支出。

【加强队伍建设】 注重廉政制度建设,修订完善党风廉政建设工作量化考评办法,增强考核"刚性"约束。完善2013~2017年惩防体系工作计划,健全廉政风险信息库、案例信息库、法纪条规信息库,全面实施廉政风险干预。推进权力运行流程优化。出台区财政性投资建设项目预算、结算评审委托中介机构审批管理规定。做好权力清单及部门责任清单梳理,监督财政预决算及其公开制度落实。加强法制建设,完善业务工作流程和规范性文件管理办法,接受社会监督。发挥工青妇组织作用,推进财政文化建设,激发干部干事创业积极性。

(温州市龙湾区财政局供稿　姜赛芬执笔)

注:

*两化融合:是信息化和工业化的高层次的深度结合,是指以信息化带动工业化、以工业化促进信息化,走新型工业化道路;两化融合的核心就是信息化支撑,追求可持续发展模式。

*五个龙湾:指创新龙湾、品质龙湾、国际龙湾、绿色龙湾和幸福龙湾。

龙湾区财政支持生态治理工作

洞头区

【概况】 2015年,温州市洞头区实现地区生产总值61.48亿元,增长8.6%,其中:第一产业增加值4.36亿元,增长4.7%;第二产业增加值21.65亿元,增长4.3%;第三产业增加值35.47亿元,增长11.8%。三次产业结构比从上年7.8∶36.3∶55.9调整为7.1∶35.2∶57.7。全社会固定资产投资92.50亿元,增长12.3%。人均生产总值46777元,增长9.1%。城镇居民人均可支配收入34674元,增长9.3%;农村居民人均可支配收入18365元,增长10.5%。全区财政总收入9.57亿元,增长8.0%,其中一般公共预算收入5.42亿元,增长11.1%;一般公共预算支出18.79亿元,增长10.7%。全年财政运行状况良好,财政收支平衡。

【组织财政收入】 收入结构持续优化。全年一般公共预算收入占财政总收入的56.6%;税收收入4.34亿元,增长4.1%,占一般公共预算收入的80.1%。加强收入分析预测。完善财政、国税、地税部门联席会议制度,及时预测分析经济形势及"营改增"后对财政收入的影响。加强重点税源监管。全年重点纳税企业实现税收收入5.54亿元,增长10.9%,占财政总收入的57.9%。夯实征管基础。做好企业所得税汇算清缴、土地增值税清算、个人所得税全员申报和年收入12万元以上个人所得税自行申报工作。加强企业股权变更登记税收征管,规范"契耕两税"征管。强化非税收入征管。开展社保费结算工作,规范企业社保"五费合征"制度。加大对国有资产资源性非税收入的征管力度,做好瓯江口等建设项目采矿权出让金的征收催缴工作。全年组织非税收入3.24亿元,下降74.7%。

【支持经济发展】 助推产业转型升级。制定《洞头区五大产业培育提升扶持政策》,加大对重点行业和新兴产业的扶持力度,促进地方产业发展。全年拨付各项财政扶持资金3536万元。落实清费减税优惠政策。贯彻落实"清费减负"和结构性减税等税收优惠政策,减轻企业税费负担,全年为企业减免税费1.78亿元。加强企业金融帮扶。完善应急转贷资金运作机制,全年发放应急转贷资金4950万元。出台《洞头区政府产业基金管理办法》,重点投向信息经济、环保、旅游等重点产业,助推大众创业、万众创新。

【保障重点支出】 全区用于民生事业各项支出13.28亿元,占一般公共预算支出的70.7%,增长7.9%。支持"三农"发展。全年"三农"支出8.66亿元。整合支农资金1600万元支持"美丽乡村"建设,投入1207万元用于村级公益事业一事一议财政奖补项目。完成农村污水治理全覆盖,开展农村垃圾减量化资源化处理试点工作。支持教育事业发展。全年教育支出3.13亿元,加快教育基础设施建设,落实农村特岗津贴、教师基本工资制度改革,支持普惠性民办幼儿园发展,推进教育资源均衡化发展。完善社保体系建设。全年社会保障和就业支出1.05亿元,增长13.9%。探索建立全民社保体系,实施城乡低保、医疗救助、临时救助、城乡医保等16项社会保障同城同待遇。支持政府重点工作开展。安排资金3360万元支持"三改一拆"和"一打三整治",投入6.00亿元支持"五水共治"等专项行动。

【深化财政改革】 理顺市区财政体制。做好撤县设区财政体制调整对洞头财政影响的测算,争取省市财政支持,明确洞头撤县设区后财政体制"保基础、调增量"政策。深化预算管理改革。全区所有部门预算上人代会审查,实现部门预算编制全覆盖。制定区级财政资金竞争性存放实施方案和实施细则,首期1.00亿元社保资金实行竞争性存放。规范财政结余资金管理,盘活财政存量资金9144万元。全面实施区级财政预决算、部门预决算和"三公"经费预决算信息公开,全年"三公"经费下降16.9%。加快会计集中核算转轨,完成80家部门单位退账。将民政、残联、社保、计生等21个项目全部纳入乡镇公共财政服务平台发放,涉及资金1.46亿元。创新投融资体制。出台《洞头区关于推广运用政府和社会资本合作模式的实施意见》,完成PPP项目库和专业团队组建,向社会公布第一批PPP项目名单17项,完成首个PPP项目——状元南片市政基础设施工程,政府采购额16.00亿元。全年完成筹融资29.00亿元。

【强化财政监管】 强化财政资金绩效评价,将部门30万元以上项目全部纳入绩效评价,覆盖面100%。建立和完善政府购买服务机制,出台政府购买服务财政资金使用管理暂行办法和政府购买服务采购管理暂行办法。加强政府采购监管,全年节约采购资金1161万元。强化财政建设项目审价,全年完成政府性建设投资审核项目454个,核减资金1536万元。加强国有资产管理,启动行政事业单位国有资产管理登记,首次实行年度资产配置管理。出台《行政事业单位国有资产配置、处置、出租等管理办法》和《行政事业单位办公用房装修、通用办公设备和机动车辆配置限额标准制度》,规范国有资产配置行为。公开拍卖国有闲置房产16处,回笼资金780万元。

【加强队伍建设】 开展"三严三实"专题教育活动,走访调研企业800余户。加强党风廉政建设,建立廉政风险防控清单,全面排查重要岗位和关键环节。落实党风廉政建设主体责任和监督责任。加强干部教育培训,制订年度培训计划,举办理论中心组扩大学习会、一把手上党课、读书班等活动。规范干部提拔任用、奖励惩处等制度,公开招录公务员6人,提拔任用中层干部10人、副科级干部2人。

(温州市洞头区财政局供稿　蔡文静执笔)

瑞安市

【概况】 2015年,瑞安市实现地区生产总值720.50亿元,增长8.3%。其中:第一、二、三产业增加值分别为19.54亿元、329.00亿元、371.96亿元,增幅分别为1.6%、6.3%、10.7%。三次产业结构比调整为2.7∶45.7∶51.6。按户籍人口计算,人均生产总值58580元。全市固定资产投资496.61亿元,增长14.2%。城镇居民人均可支配收入46949元,农村居民人均可支配收入23671元,分别增长8.7%和9.2%。全年完成财政总收入94.63亿元,增长6.6%,其中一般公共预算收入54.72亿元,增长7.8%。全市一般公共预算支出73.37亿元,增长24.1%。财政运行基本平稳,全年财政收支平衡。

【组织财政收入】 制定《瑞安市涉税信息交互实施办法》,建立财政、国税、地税等25个部门信息共享机制,其中地税与法院建立的司法处置不动产涉税协作机制,在全省范围推广应用,全年入库税款1.04亿元。加强税源管理,开展建筑、金融、房地产等行业营业税专项辅导,加强土地增值税清算,补缴税款1.25亿元。出台城中村改造和安置留地建设项目多余房源处置税收政策,明确征收标准。财政收入结构持续优化。全市一般公共预算收入占财政总收入的57.8%,一般公共预算收入中税收收入49.79亿元,占比91.0%,增长8.1%。制定非税收入考评办法,开展排污权交易试点,组织政府非税收入85.92亿元,其中政府性基金收入80.84亿元,增长19.1%(其中土地出让金收入71.33亿元,增长23.4%)。加强社保资金征管,组织社会保险基金收入72.25亿元,增长30.7%。

【助推经济转型提质】 创新财政扶持方式。设立政府产业基金,并制定实施方案和管理办法,初期规模设定为3.00亿元,当年到位资金1.20亿元,以市场方式运作政府产业基金,筛选出"3D打印"等27个项目与基金运营公司对接,2个项目达成落地意向。完善财税扶持政策。推进资源要素市场化配置改革,出台城镇土地使用税差别化政策,加大对综合效益评价较高企业的减免力度,促进资源要素向优质企业流动。完善"机器换人"财政扶持政策,将技改最高补助标准从17.0%提至22.0%,瑞安汽摩配行业列入省分行业"机器换人"试点。落实减税降费政策。兑现小微企业税收减免、社保费临时性减征、行政事业性收费清理等各项税费优惠,为全市企业和社会减轻负担5.80亿元。加大政府投资力度。筹集资金27.60亿元,保障温州绕城高速西南线、甬台温高速复线、飞云江五桥等重点项目建设资金需要。

【促进民生事业发展】 全年一般公共预算用于民生方面的支出54.56亿元,占比74.5%。其中,医疗卫生、社保、农林水、节能环保、城乡社区、公共安全等支出增幅均超过20.0%。推动城乡统筹发展。投入农林水资金11.00亿元,重点支持农业"两区""美丽乡村"、农村生活污水治理等项目建设。农业三项补贴政策综合改革列入省试点,2015年获得省补资金2936万元。支持社会事业发展。投入教育经费19.51亿元,重点保障校网调整及校舍改造维修,兑现义务教育"两免一补"政策,创成"国家义务教育发展基本均衡市";投入医疗卫生经费5.71亿元,重点支持深化医药卫生体制改革,推进基层医疗卫生机构建设;投入文化经费1.17亿元,重点支持"文化礼堂"等文化设施建设,创成"省文化礼堂建设先进市";投入政法经费6.30亿元,支持"天网工程"、远程审判、远程提审等平台建设,深化"平安瑞安"建设。健全社会保障体系。提高社会保障水平,基础养老金提高至月人均120元,企业退休人员基本养老金平均提高10.0%,城镇、农村低保标准分别升至每月630元、473元。

【深化财政改革】 深化预算管理制度改革,健全全口径政府预算体系,试编部门三年滚动预算,加大财力统筹力度。完善专项资金管理清单,将73项专项资金清理整合为30项。推广运用政府和社会资本合作(PPP)模式,梳理储备PPP项目55个,确定第一批项目13个、总投资230.00亿元,进入实施阶段项目4个,其中"江南污水处理厂网一体工程"入选省推荐项目库,瑞安市被确定为省PPP项目示范市。推行政府购买服务,出台《关于政府向社会力量购买服务的实施意见》及指导目录,全年道路保洁等121个项目的购买服务金额为1.90亿元。推进政府投资项目预算审核改革,出台《瑞安市政府投资项目预算管理暂行办法》,强化预算到决算全过程管理,提高政府投资效益。加强镇街财政建设。实现5个镇5个街道国库集中支付、公共服务平台建设的全覆盖,规范基层财政管理。试点浙江政务服务网统一公共支付平台应用,于8月完成上线,实现网上缴费2626笔,涉及金额445万元。

【盘活存量资金】 加大财政结余结转资金清理力度,盘活政府性基金结余19.96亿元、部门预算结余12.70亿元。加大国有资产盘活力度,盘活国有存量资产1.58亿元。开展财政资金竞争性存放工作,组织招投标8期,涉及资金51.04亿元,增加收益4790万元。

【强化财政监管】 加强政府债务管理。向上争取地方政府债券28.57亿元,平均年利率从8.0%降至3.5%,节约利息成本近亿元。全市综合债务率为24.7%(警戒值为100%),在全省处于较低水平。强化财政绩效监督。组织"美丽乡村"等4类涉农专项资金检查,开展扶贫等4个专项资金重点绩效评价,首次将绩效评价报告报市人大常委会审议。加强政府采购监管,全年政府采购预算金额15.34亿元,节约资金1.07亿元;开展截污纳管PPP项目等"五算"审核,审核项目489个,核减金额1.19亿元,节资率10.0%。控压行政运行成本。从严控制行政经费和一般性支出,全市"三公"经费支出下降13.9%,其中公务接待费降幅

37.3%。推进财政信息公开。扩大信息公开范围,实现94个市级预算部门及镇街、功能区预算信息公开全覆盖。

【加强队伍建设】 加强作风建设,开展“三严三实”专题教育,规范公车管理和公务接待,全局“三公”经费支出下降44.7%。加强廉政建设,落实党风廉政建设主体责任,支持驻局纪检组履行监督责任。建立廉政巡查制度,开展专项巡查,排查廉政风险点。举办廉政教育宣传月活动,组织学习《廉洁自律准则》和《纪律处分条例》,增强干部党规党纪意识。瑞安市财政局获“全省财政系统先进集体”称号。(瑞安市财政局供稿 俞 震执笔)

乐清市

【概况】 2015年,乐清市实现生产总值766.83亿元,增长8.6%。其中:第一产业增加值20.40亿元,增长3.6%;第二产业增加值390.97亿元,增长6.4%;第三产业增加值355.46亿元,增长11.7%。三次产业结构比由上年的2.8∶53.6∶43.6调整为2.7∶51.0∶46.3。人均生产总值59728元,增长8.5%。城镇常住居民人均可支配收入46352元,农村常住居民人均可支配收入24891元,分别增长8.8%和9.8%。全市财政总收入124.08亿元,增长7.7%,其中一般公共预算收入64.15亿元,增长7.5%,占财政总收入的51.7%;一般公共预算支出70.22亿元,增长7.4%。预算执行情况良好,财政收支平衡。

【组织财政收入】 做好税源监控。加强重点行业和重点税种征收管理,动态监控全市868户重点税源企业,及时掌握税源变化情况,全年实现重点税源企业入库27.90亿元,占地方税收收入的63.8%。全年一般公共预算收入中税收收入为56.16亿元,占比87.5%。规范股权转让所得以及高收入者的个人所得税征收管理,优化房产交易税收征管,加强村集体房产出租税收管理,通过数据比对加强漏征漏管户管理。重视非税收入征管。深化规费征缴机制,比对社保缴费基数,夯实征管基础。加强非税收入制度建设,创建三方对账平台,解决非税收入管理存在的票款核对难问题。全年非税收入25.67亿元,下降51.0%。社会保险基金预算收入53.42亿元,增长141.8%。

【助力经济发展】 落实扶持企业发展资金1.50亿元,争取上级补助资金7500万元,重点支持创新驱动、技改贴息、开放型经济和企业上市等。安排农业发展产业扶持资金1.28亿元,落实一事一议财政奖补资金6000万元,投入农业综合开发资金3107万元,推动财政支农政策和管理模式创新,出台财政支农体制机制改革三年行动计划。落实财政性建设资金23.77亿元,重点支持河道整治、治水治污、交通路网、城市基础设施等重点工程建设。加快政府投融资平台建设,国投公司全年签署融资项目31.50亿元,保障重点项目建设资金需要。

【保障民生支出】 全年民生项目支出占一般公共预算支出的77.8%。加大精准扶贫力度。整合扶贫项目专项补助经费3186万元,支持欠发达地区、山区、革命老区发展和经济薄弱村扶贫开发。会同扶贫办筹集欠发达地区扶贫资金1.10亿元,改善低收入农户生产条件。保障教育经费。教育支出22.02亿元,增长11.8%。安排义务教育学生公用经费9657万元,小学、初中生均公用经费标准分别提高至650元、850元。安排学前教育奖补资金2000万元,重点支持普惠性民办幼儿园发展。推进职业教育发展,职高免学费补助调整至三年全免,中职学校国家助学金标准从每生每年1500元提高到2000元。支持医疗卫生事业发展。统筹医疗保障资金5.02亿元、公共卫生服务经费5120万元,分别将城乡居民医保筹资标准和公共卫生服务人均补助标准提高到750元和40元。推进公立医院综合改革,支持城市优质医疗资源下沉。支持社会保障事业发展。安排促进就业资金2102万元;统筹城乡居民养老保险基金2.80亿元,将城乡居民基础养老金由每人每月100元提高到120元;发放低保金和抚恤补助金8187万元。支持文化大市建设。安排文化大市建设专项资金800万元,落实文化产业扶持资金440万元,拨付文化礼堂建设奖补经费430万元。

【推进财政改革】 完善预算管理。推行全口径预算管理,做好四本预算编制工作,全面落实镇(街)国库集中支付改革。市本级“三公”经费预决算和81个部门预算向社会公开。创新投资模式。探索推进政府与社会资本合作(PPP)模式,制定出台《乐清市推广运用政府和社会资本合作模式的实施意见》,翁垟污水处理厂及管网建设运营一体化项目被列为试点项目。出台《乐清市政府产业基金管理暂行办法》,支持传统产业改造提升及信息经济等新兴产业加快发展。推进财政资金存放制度改革。修订《财政存款竞争性存放管理暂行办法》,出台《乐清市市本级财政存款招投标存放实施细则》和《乐清市级预算单位公款竞争性存放管理暂行办法》,杜绝利益输送,实现市本级财政存款公平、公正、公开。盘活存量资金。开展市级部门结算资金清理工作,完善《乐清市市级部门预算结余资金管理暂行办法》,对超过一年以上的结余资金进行统筹,收回结余资金4500万元。

【强化财政监督】 健全制度建设。规范财政监督检查工作,制定财政监督检查工作规程;完善内部监督制约机制,出台内部监督检查办法。构建预算绩效管理体系。出台《乐清市预算绩效目标管理办法》,对30万元以上的预算支出项目进行绩效目标申报,实现部门绩效评价全覆盖,涉及财政资金26.53亿元。严格政府采购程序。全年组织采购224次,采购预算12.09亿元,实际执行政府采购金额10.40亿元,资金节约率14.0%。落实“四单一网”改革。深入开展财政专项资金清理整合工作,修订《乐清市清理整合和规范财政专项资金管理工作实施办法》,督促各单位出台专项资金管理办法,制定财政专项资金目录清单。

【加强队伍建设】 锻造廉洁财税形象,贯彻执行中央八项规定、省委28条办法、市委关于厉行节约的各项规定,落实一岗双责,重视干部思想教育与管理。开展新录用公务员上岗前谈话、中层干部任前廉政谈话、其他提醒教育谈话。开展正风肃纪检查,邀请人大代表、政协委员进行专项检查。加强办公用房清理和"三公"经费监管,全局全年"三公"经费支出15.18万元,下降18.9%。分类别、分层次开展各项业务培训,举办全系统会计知识竞赛。推进财税文化建设,发挥机关党委、工青妇等组织作用,提高团队凝聚力。 (乐清市财政局供稿 邱聪伟执笔)

永嘉县

【概况】 2015年,永嘉县实现地区生产总值330.92亿元,按可比价格计算,增长8.5%。其中:第一产业增加值10.67亿元,增长3.1%;第二产业增加值171.15亿元,增长7.6%;第三产业增加值149.10亿元,增长10.6%。三次产业结构比由上年的3.2∶60.4∶36.4调整为3.2∶51.7∶45.1。全县人均生产总值为34087元,增长8.8%。城镇居民人均可支配收入35161元,增长8.8%;农村居民人均可支配收入16938元,增长10.0%;限额以上固定资产投资完成额273.88亿元,增长13.6%;全社会消费品零售总额134.99亿元,增长12.7%;外贸出口总额6.26亿美元,下降8.7%。全县财政总收入45.88亿元,增长7.8%,其中一般公共预算收入26.36亿元,增长8.2%,占财政总收入的57.5%;全县一般公共预算支出53.67亿元,增长11.5%。全县财政收支平衡,预算执行情况良好。

【组织财税收入】 及时关注、跟踪宏观经济形势和企业经营变化,开展经济税源、政策效应、管理风险和预测预警分析。制定组织收入预案,落实收入调控措施,加强税收征管力度,优化税收收入质量,扩大重点税源监控面,全年地税部门组织税收收入19.81亿元,增长4.8%。1036户重点税源监控户税收收入13.49亿元,占地税税收收入的68.1%。强化政府规费收入收缴管理,完善社保费征缴信息实时联网平台,全面启用社保费个人缴费明细申报系统,建立重点费源监控管理体系,全年组织社保费收入16.88亿元,增长8.3%。加强非税收入征管,全年组织非税收入18.96亿元,增长8.1%。

【支持经济转型升级】 落实清费减负政策,对小型微利企业免征部分行政事业性收费,取消、降低和免收各类收费5358万元。支持和服务经济结构调整和产业转型升级,完善财政扶持政策,支持大平台、大产业发展,推进循环经济、开放型经济、民营经济转型升级等政策出台。全年落实企业转型升级资金3016万元。

【保障重点支出】 全年全县一般公共预算用于民生类支出39.53亿元,占比73.7%。落实教育优先发展政策,教育支出14.7亿元,健全教育经费保障机制,推进全县教育现代化建设进程。落实农村教师特岗津贴制度,支持农村薄弱学校改造,加大民办教育综合改革资金投入,保障教育经费支出稳定增长。保障基层文化建设投入,支持农村特色文化、电影公益性放映、农家书屋、舞台艺术送农民等文化类公益活动。保障社保资金投入,提高新农合筹资标准,新农合人均财政补助提高到540元。保障重点工程投入,累计拨付县内重点工程建设资金9.9亿元,支持41省道九丈至福佑段工程等重点项目建设。

【深化财政改革】 规范县财政资金存放行为,出台财政资金竞争性存放管理暂行办法及相关实施细则,安排2亿元财政资金实行招投标,增加利息130万元,有效提高财政资金收益率。探索政府和社会资本合作模式,黄田、江东污水处理厂及管网项目以及上塘至瓯北公路工程3个项目完成PPP招标,进入开工建设阶段。推进乡镇国库集中支付制度改革扩面工作,全县20个乡镇(街道、功能区)全部进入乡镇国库集中支付系统。全县国库集中支付改革单位292个,支付金额48.65亿元。全面推行公务卡结算制度,全年发卡数13217张。

【规范财政管理】 *盘活存量资金。*盘活各类上级转移支付资金,收回沉淀在部门的结转结余资金,全年收回存量资金3.2亿元,重点用于社保、民生类支出。*加强政府采购审批管理。*严格按照《2015年政府采购目录及标准》对政府采购项目进行审批管理,改进管理方式,提高采购效率,实施协议定点采购项目,全县政府采购总审批量金额13.33亿元。*加强国资国企监管。*清查公务人员在企业不合规兼职问题,纠正企业多头开户,撤销账户12个。*做好"三公"经费控管。*全县"三公"经费合计4170万元,下降15.8%。*做好项目审核工作。*健全基本建设项目事前、事中、事后全过程监督机制,审核基本建设项目830个,审核拨款资金20.47亿元,审定拨款资金19.10亿元,核减1.37亿元,核减率6.7%,保证财政性基本建设资金高效使用。*加强绩效管理。*制定绩效管理考核办法,成立以局长为组长的领导小组,配备绩效联络员负责绩效管理各项事宜。

【加强队伍建设】 开展"三严三实"专题教育活动,举办专题党课。深化财政业务流程再造,从规范日常行为、严格依法办事、提高工作效能三个层面加快机关规范化建设步伐,提高财政干部队伍综合素质。推行全员绩效考核,实行层级绩效考核,增强绩效考核工作的透明度,确保绩效考核结果的准确性。

(永嘉县财政局供稿 叶 帆执笔)

平阳县

【概况】 2015年,平阳县实现生产总值342.49亿元,增长8.6%。其中:第一产业增加值14.07亿元,增长2.6%;第二产业增加值148.79亿元，增长7.4%；第三产业增加值179.63亿元，增长10.1%。三次产业结构比由上年的4.2：44.8：51.0调整为4.1：43.4：52.5。按户籍人口计算，人均生产总值38776元，增长7.0%。城镇常住居民人均可支配收入36386元，农村常住居民人均可支配收入17372元，分别增长8.2%和9.0%。全县财政总收入40.76亿元，增长7.7%。一般公共预算收入25.67亿元，增长8.0%，占财政总收入的63.0%；税收收入21.87亿元，增长5.6%，占一般公共预算收入的85.2%。一般公共预算支出45.72亿元，增长7.1%。全年预算执行情况良好，财政收支平衡。

【组织财政收入】 加强税源管理，关注宏观经济和税制改革运行情况，及时跟踪企业经营变化，综合考虑经济、征管、政策等因素对税收收入的影响，全县重点税源监控企业151户，入库税收占税收总额的74.5%。完善税收保障机制，召开部门联席会议，就国、地税代征门征地方税费以及共同委托第三方代征事项达成一致。规范土地增值税清算管理工作，健全土地增值税清算台账，成立土地增值税清算集体审议委员会，制定重大清算项目标准。规范非税收入征管，完善非税收入征管新系统运行，开展政务服务网统一公共支付平台试点应用。全年组织非税收入3.80亿元，增长24.4%。全年政府性基金收入29.63亿元，完成年初预算的59.2%，下降47.3%，其中：国有土地出让金收入完成23.68亿元，完成年初预算的52.6%，下降49.5%。

【支持经济转型升级】 创新财政支持经济发展方式，设立3亿元规模的转型升级产业引导基金，谋划建设南麂基金岛，引进基金公司16家。完善财政扶持政策，参与制定工业强县配套政策，拨付财政扶持资金8300万元，减免税费1.37亿元，支持“四换三名”、科技创新、农村电商、开放型经济、商贸流通、平商回归等工作，加快推进小微创业园建设。深入企业走访调研，宣传财税扶持政策，搭建融资平台，助力企业发展。

【保障重点民生支出】 全年一般公共预算支出中教育、科技等民生类10项支出34.60亿元，增长20.1%，占一般公共预算支出的75.7%。教育支出11.55亿元，增长10.1%，中、小学生均公用经费分别提高至850元、650元。社会保障和就业支出4.61亿元，增长46.9%，实现全县城乡最低生活保障标准一体化，全县城镇居民和农村居民的最低生活保障标准均调整到每人每月575元。医疗卫生支出4.79亿元，增长59.3%，重点推进城乡医疗统筹，新农合筹资标准提高到每人每年690元。文化体育与传媒支出8243万元，增长12.5%，推进农村文化礼堂建设，完善公共文化体系建设。拨付4402万元，支持美丽乡村建设、农村公益事业一事一议和村级物业经济等项目建设。保障重点项目建设，拨付各类工程建设资金16.70亿元，推动一批政府主导性重大项目建设。做好油价补贴发放，拨付中央财政油价补贴7189万元，其中渔业油价补贴4751万元，交通油价补贴2433万元，林业油价补贴5万元。

【深化财政改革】 深化部门预算改革，完善政府全口径预算，加大政府性基金预算统筹力度，将地方教育附加等11项基金转列一般公共预算。深化融资体制改革，探索PPP融资模式，出台PPP模式实施意见，推动7个PPP项目与社会资本对接。推动直接融资，县国发公司发行企业债15.00亿元。探索产业基金合作模式，与中国银行成立12.00亿元规模的交通产业基金。推进政府购买服务工作，召开县政府购买服务工作联席会议，出台政府购买服务实施意见、预算管理办法、采购管理办法和指导目录，选择慈爱托养康复中心经营管理服务等项目作为政府购买服务项目试点。加强政府债务管理，做好存量债务置换，向上争取地方政府债券资金12.50亿元，节约财务成本近5000万元。

【强化财政监督管理】 开展绩效评价部门自评和财政部门重点评价工作，涉及各类项目164个。推进财政资金竞争性存放，出台县级财政资金竞争性存放管理暂行办法及相关实施细则，安排8.00亿元财政资金实行招投标。加强政府投资项目“五算”审核，全年工程结算审核项目98个，送审金额4.49亿元，审定金额4.13亿元，核减3600万元。强化政府采购监管，全年采购预算10.11亿元，实际采购金额9.01亿元，节约资金1.10亿元。推进财政信息公开，除涉密信息外，所有部门预算单位2014年决算和2015年预算以及“三公”经费预决算全部向社会公开。加快“数字财政”建设，平阳县财政专项资金管理系统正式投入使用。

【加强干部队伍建设】 开展“三严三实”专题教育活动，召开专题学习研讨会，组织党员干部瞻仰革命烈士纪念碑，重温入党誓词。加强党风廉政建设，开展作风效能整治专项活动，组织明察暗访。组织年轻干部演讲比赛，丰富财税文化内涵。

（平阳县财政局供稿　方绪新执笔）

苍南县

【概况】 2015年，苍南县实现生产总值423.55亿元，按可比价格计算，增长8.2%。其中：第一产业增加值28.29亿元，增长3.5%；第二产业增加值175.48亿元，增长6.6%；第三产业增加值219.78亿元，增长10.3%。三次产业结构比为6.7：41.4：51.9。全年城镇居民人均可支配收入36525元，增长8.6%；农村居民人均可支配收入17023元，增长10.0%。全县财政总收入46.2亿元，增长7.8%；一般公共预算收入30.02亿元，增长9.4%，占财政总收入的64.9%；全县一般公共预算支出54.40亿元，增长9.9%。全县财政收支平衡。

【组织财政收入】 重视收入预测和分析工作，建立地税干部与企业挂钩联系机制，掌握重点税源企业税收变化，把握收入主动权。规范社保费征收方式，推进社保费结算后续管理，完善规费征管。加强部门协作，落实国地税联席会议制，推进与法院拍卖房产土地涉税联系，强化部门间的信息传递和共享。开展村集体经济经营性收入和国有投资类企业税收征管，补缴税款1881万元。全年税收收入26.24亿元，增长10.0%，占一般公共预算收入的87.4%。加强非税收入管理，开展浙江政务服务网统一公共支付平台应用试点，完善政府非税收入收缴电子化，实现非税收入持续增长，全年征缴非税收入3.79亿元，增长5.9%。

【支持经济发展】 制定和完善商贸流通业、技术创新等财税扶持政策，兑现企业扶持资金1.03亿元。扶持小微企业转型升级，拨付财政奖补资金420万元，减免各项规费1560万元。贯彻落实清费减负政策，取消和免征行政事业性收费17项，落实税收优惠和结构性减税4.21亿元，临时性下浮部分中小微企业社会保险费缴费比例，减征1360万元。高效利用企业应急转贷金1.00亿元，累计发放应急转贷资金34.01亿元，为102家企业转贷326次。推动现代农业发展，通过财政贴息、税收优惠和项目扶持等形式扶持涉农企业发展，拨付资金3.10亿元。保障重点建设项目资金需求，支持水利、交通、渔港等重点工程建设，拨付资金5.83亿元。

【保障民生支出】 全年新增财力全部用于民生支出。加大教育事业投入，拨付资金16.15亿元，高于地方财政经常性收入增幅3个百分点。推进城乡社保体系建设，调高城乡居民养老保险、被征地农民养老保险、最低生活保障、民政优抚对象等政策标准，拨付资金4.82亿元。提高基本医疗保障水平，拨付资金8.20亿元，落实城乡居民合作医疗保险、基本公共卫生服务、医疗救助、公立医院改革、村级基本药物零差率制度、慢性病防治等项目。推进村级公益事业发展，做好一事一议财政奖补，拨付资金3200万元。开展点对点精准扶贫，拨付资金1660万元，帮扶低收入农户1.9万人脱贫。落实各类粮食补助政策，拨付粮食直补资金4000万元。统筹"五水共治"资金，推进农村生活污水治理、生态河道、小流域治理等工作，拨付资金4.61亿元。

【发挥资金效益】 调度财政资金，帮助急需资金的周转项目，累计调度资金10.50亿元，节约利息6000万元。探索财政资金竞争性存放管理机制，出台预算单位公款和县级财政资金竞争性存放办法，完成3亿元财政资金招标。强化债务管理，做好政府债务计划编制，加强债务月动态监管。争取省财政厅下达债券资金12.87亿元，主要用于到期债务的置换，减轻还贷和融资压力。

【深化财政改革】 贯彻新《预算法》，推进预算管理改革，完善全口径预算管理，试编权责发生制政府综合财务报告。出台《苍南县县级财政专项资金管理改革实施方案》，健全财政资金专项设立和退出机制，严控新增专项资金。推进国库集中支付制度改革全覆盖，310家县级预算单位和12个乡镇全部实行国库集中支付及公务卡改革，全年国库集中支付金额31.70亿元；办理公务卡6124张，激活5317张，公务卡消费支出440万元。构建乡镇公共财政服务平台，8个补助项目资金通过平台发放，拨付资金670万元。出台《政府向社会力量购买服务实施意见》，政府购买服务项目涉及居家养老、道路保洁、绿地养护、服务外包等领域，引导社会资本参与投入。实行会计从业资格证书网上申请、快递送达服务，材料审批简化80%。

【强化财政监管】 开展预算绩效评价，完成30万元以上专项绩效自评422项，涉及资金33.00亿元。清理统筹财政结余结转资金，盘活财政存量资金1.50亿元。开展土地出让金分成、乡镇体制结算和企业扶持资金等事前监督，核减支出436万元。扩大政府采购范围和规模，全年政府采购预算4.10亿元，实际合同金额3.53亿元，节约率13.8%。加强政府投资项目监督审核，成立项目审核社会中介机构备选库，送审金额10.33亿元，核减支出4805万元，核减率4.6%。实施行政事业性收费公示报告制度，建立涉企收费目录和非税收入减免缓清单，接受社会监督。

【加强队伍建设】 加强党风廉政建设，学习贯彻《中国共产党廉洁自律准则》《中国共产党纪律处分条例》，组织党员进行党章党规党纪专题轮训。加强廉政文化宣传，举行违法违纪案例巡展。开展业务知识竞赛，提高专业技能。出台《财政地税系统专业人才库管理暂行办法》，选拔55位同志入选专业人才库。加强财税文化宣传，利用传统媒体及新媒体宣传财政政策。

（苍南县财政局供稿　陈　强执笔）

文成县

【概况】 2015年，文成县实现地区生产总值64.53亿元，增长7.5%。其中：第一产业增加值7.03亿元，增长1.7%；第二产业增加值22.10亿元，增长10.3%；第三产业增加值35.40亿元，增长7.3%。三次产业结构比为10.9∶34.2∶54.9。全县完成固定资产投资56.5亿元，增长11.8%；社会消费品零售总额30.7亿元，增长8.9%。全县城镇常住居民人均可支配收入27200元，农村常住居民人均可支配收入11300元，分别增长8.0%和10.0%。全县财政总收入8.99亿元，增长5.0%；其中一般公共预算收入7.26亿元，增长8.1%，占财政总收入的80.8%；一般公共预算支出33.90亿元，增长22.8%。全县财政收支平衡，预算执行情况良好。

【组织财政收入】 突出重点税源监控，对10万元以上的重点税源和重点工程项目进行摸排调查，建立台账实行动态跟踪。围绕房地产、水电、能源公司等高收入行业，开展税收检查，全年检查37户，查补税款总额334万元。全年一般公共预算收入中税收收入3.49亿元，占比48.1%，增长7.6%。规范非税收入征管，加强票据管理，促进以票控收。规范土地出让金管理，催缴清收土地出让金，全年入库土地出让金2.40亿元。全年一般公共预算收入中非税收入3.80亿元，增长8.6%。

【服务经济发展】 推进重点项目建设，统筹8000万元支持黄坦低丘缓坡生态产业基地、兴福堂商业集聚区、旅游度假区等发展平台建设以及政府性投资项目等重点工程建设，促进地方经济发展。支持实体经济发展，兑现财政资金3000万元，用于工业企业奖励资金、再生资源回收企业补助、扶持电子创业园项目补助等，支持企业创业创新发展。宣传和落实总部经济财税扶持政策，累计引进总部企业35家，全年为县财政增收3000万元。扶持健康服务业、文体产业、生态高效农业、建筑业、物流业、电子商务、总部经济、乡村民宿等八大新型业态的健康发展。重点推进一事一议助推美丽乡村农村电子商务建设，完成123个电子商务服务站建设，“特农汇未来商城”实现线上线下销售，“侨品汇”欧陆风情街正式运营。

【保障重点支出】 保障建设资金到位。争取上级转移支付资金23.00亿元，其中省财政厅重大基础设施投资专项资金2.00亿元，地方债券4.10亿元，解决了建设项目的历史欠债问题和重大项目的资金保障。提升干部工资待遇。统筹资金1.50亿元，兑现干部人均增资、养老保险并轨以及省财政厅托低工资等重大增资政策。支持农村基本公共服务建设。提高村干部人均报酬标准，按照上年度农民人均纯收入两倍的额度进行发放，全年下发村干部基本报酬补助资金832万元，人均发放标准21004元。对村级组织运作经费实行“兜底保障”，村集体收入在5万元以下的按照每村5万元标准予以差额补助。扶持农村公益性事业建设，实施农村基础设施项目22个，一事一议项目50个，小型公益项目7个，拨付资金3757万元。保障民生支出。全年民生支出为26.40亿元，占一般公共预算支出的77.9%，比上年增长22.0%。安排教育事业支出6.73亿元，用于创建“省级教育现代化达标县”，扶持职业教育、民办教育和学前教育发展；安排文化体育支出7562万元，支持“体育强县”创建，推进文化体制改革，支持文化事业和群众体育、竞技体育和体育产业发展；安排医疗卫生支出3.40亿元，保障基层医疗卫生机构经费；安排社会保障和就业资金3.57亿元，支持城乡居民养老保险，保障特殊人群和公务员医疗补助、民政优抚及农村救济补助、基本丧葬费减免、住房改革和农村政策性住房保险等；安排农林水事务支出6.85亿元，重点支持农业农村建设发展。

【推进财税改革】 推进行政经费标准化管理。完善行政事业单位培训费、会议费、差旅费和其他经费开支控制标准体系，出台经费开支控制补充标准，严控“三公”经费等一般性支出。全年县级预算单位“三公”经费支出1552万元，下降19.5%。开展预算管理改革。落实新《预算法》，编制一般公共预算、政府性基金预算、国有资本经营预算、社会保险基金预算的全口径预算。推进部门预决算公开和“三公”经费公开，在县政府政务网上设立预决算公开专栏，公开县级财政预决算报告、“三公”经费预决算报告以及部门预算单位的预决算情况和“三公”经费预决算情况。全年73个县级部门预算和决算已全部公开。完善乡镇财政管理。做好乡镇公共财政服务平台系统上线工作，将涉及十四项资金项目全部纳入乡镇服务平台支付。推进县、乡镇两级国库集中支付改革。国库集中支付改革覆盖167个二级预算单位和12个乡镇，全年支付金额17.51亿元。执行公务卡强制结算目录，推行公务卡消费。推进财政支农体制机制改革。出台推进财政支农体制机制改革实施意见，制订扶贫、一事一议财政奖补、水利、现代农业等专项资金管理办法，促进专项资金使用阳光化、规范化。

【规范财税监管】 盘活存量资金。出台《关于开展盘活财政存量资金工作的通知》，对2012年及以前年度的结转资金进行清理收回，统筹使用，清理整合专项资金3.17亿元。建立财政资金竞争性存放机制。出台《文成县预算单位公款竞争性存放管理暂行办法》和《文成县县级财政资金竞争性存放管理暂行办法》，规定通过招投标方式选择确定开户银行及定期存款存放银行，促进财政资金增值保值。建立财政专项资金绩效导向机制。提请县政府出台《关于建立财政专项资金绩效导向机制的意见》，明确财政专项资金绩效承担的主体和职责，对财政安排的专项资金从预算绩效目标设定、预算执行绩效跟踪、绩效评价及结果运用实行全程监控管理。加强国有企业管理。出台《文成县国有企业经营业绩考核暂行办法》等10项国资监管制度，健全企业内控体系，规范国有企业管理。

【干部队伍建设】 加强党风廉政建设，明确责任分工，落实党委主体责任和局纪委的监督职能。开展谈心提醒活动，加强党风廉政建设教育，促进干部廉洁自律。加强学习培训，开展“三严三实”主题教育活动，深化作风整改。鼓励干部参加学历、职称教育，开办财税干部读书班。加强精神文明建设，开展“省级文明单位复评”“基层文明单位”等品牌创建活动，并在社会各界评议满意和不满意单位活动中，蝉联全县满意单位第一名。

（文成县财政局供稿　王彬彬执笔）

泰顺县

【概况】 2015年，泰顺县实现生产总值73.59亿元，按可比价格计算，增长8.4%。其中：第一产业增加值6.70亿元，增长4.3%；第二产业增加值23.11亿元，增长4.0%；第三产业增加值43.78亿元，增长11.7%。三次产业结构比为9.1∶31.4∶59.5。城镇常住居民人均可支配收入28609元，增长9.3%；农村常住居民人均可支配收入 12973 元，增长 10.5%。全县财政总收入 9.28 亿元，剔除十一项基金计算，增长 9.1%，其中一般公共财政预算收入 7.15 亿元，剔除十一项基金计算，增长 10.6%，占财政总收入的 77.0%。全县一般公共预算支出 13.46 亿元，增长 9.9%。全县预算执行情况良好，财政收支平衡。

【组织财政收入】 完善向上争取资金考核办法，利用好特别扶持和生态补偿等政策，争取各级财政转移支付补助资金 22.41 亿元，支持地方发展建设政府债券资金 3.54 亿元。综合考虑经济、政策等因素对税收收入的影响，实行月度、季度税收收入动态分析，提高收入分析的时效性，掌握财政收入主动权。坚持五位一体税源管理机制，强化重点税源监控，做好重点行业、重点企业税收征管工作，发挥重点税源的支撑作用，全县省级以上税源监控户 28 户，占全县地税收入的 43.2%。全县税收收入 3.81 亿元，增长 17.5%，占一般公共预算收入的比重为 53.3%。坚持税费并重，完善五费合征，组织各项规费收入 4.29 亿元；健全政府非税收入管理制度，加强国有土地使用权出让收支管理，组织各项非税收入 6.07 亿元。

【助推经济发展】 围绕政府重点投资项目，统筹财政资金 7.22 亿元，支持廊桥广场景观工程、县中医院迁建工程、老干部活动中心、文福公路、新包公路等项目建设；安排资金 3051 万元，支持廊桥——氡泉旅游度假区、乌岩岭——飞云湖旅游功能区等旅游平台建设。落实小微企业所得税减半征收、营业税起征点调整、规模以上企业社保费减征等政策，减免各项税费 2056 万元；兑现上年度扶工兴贸奖励资金 729 万元。制定应急转贷专项资金管理办法，设立企业应急转贷专项资金 2000 万元，发放应急转贷资金 8890 万元，帮助企业缓解资金困难；实施助保贷业务，鼓励合作银行放贷 1040 万元，缓解小微企业融资难问题；向上争取企业发展补助资金，落实扶持项目 12 个，下达企业扶持资金 2100 万元。

【保障民生支出】 保障社会事业发展。安排教育经费 6.39 亿元，增长 11.9%，完善义务教育经费保障机制，提高小学和初中生均公用经费，助推教育现代化县创建；投入文化和体育经费 9486 万元，支持重点文物保护和非物质文化遗产的传承和发展；落实公共安全经费 1.53 亿元，增长 17.5%，加强政法经费绩效管理，深化平安泰顺建设。完善社保体系建设。投入社会保障和就业资金 2.89 亿元，城乡居民社会养老保险金最低标准提高至每人每月 120 元；城镇、农村居民最低生活保障标准分别提高至每人每月 625 元和 535 元；安排资金 2.29 亿元，落实机关事业单位调整工资标准和执行津贴补贴托底政策。拨付资金 1122 万元用于抗震安居工程建设，下达救灾资金 1238 万元，帮助灾民恢复生产。保障卫生事务发展。投入卫生与计生经费 4.06 亿元，增长 15.2%，推进基本医疗保障制度建设，城乡居民基本医疗保险财政补助标准增至年人均 500 元；落实公立医院改革补助经费 1100 万元，提升公共卫生服务均等化水平。

【统筹城乡发展】 推进财政支农体制机制改革，落实各项强农惠农政策，下达财政支农专项资金 6.33 亿元，推进农业农村基础设施建设；向上争取农业综合开发项目，推进彭溪、罗阳、雅阳等地山区小流域治理工程建设。制定《泰顺县要素生态化配置综合改革方案》，统筹资金 1.00 亿元，用于各乡镇要素生态化改革财政补助奖励，助推城乡统筹发展。安排财政补助资金 3000 万元，支持美丽乡村建设，泰顺县被列入全省一事一议财政奖补助推美丽乡村建设试点县。下达"五水共治"专项资金 1.64 亿元，推进珊溪库区水源保护、农村生活污水治理和中小河流整治。兑现以奖代补资金 775 万元，保障"无违建"县创建工作开展。

【深化财政改革】 推进预算体制改革。贯彻落实新《预算法》，试编国有资本经营预算，与一般公共预算、政府性基金预算、社会保险基金预算，构成完整的政府预算体系；细化预算编制，一般公共预算支出，按其功能分类编列到项，按其经济性质编列到款；推进预算信息公开，完成全县 196 家预算单位的预决算信息公开。推进国库集中支付改革。扩大支付范围，将预算单位财政专户资金和政府投资项目资金纳入国库集中支付，全年通过国库集中支付 16.52 亿元，增长 28.3%。推进县级预算单位公务卡应用。推进专项资金分配改革。出台《泰顺县财政资金竞争性分配管理办法和实施方案》，财政专项资金分配实行竞争性选拔审批，转为一对多选拔性审批安排，提高资金分配科学性和使用效益。探索政府与社会资本合作(PPP)模式，鼓励社会资本参与政府推广项目建设，发挥财政资金引导作用。

【强化财政监管】 落实财政大监督机制，对 116 个项目实施绩效运行跟踪、108 个项目实施项目单位自评，涉及财政资金 3.71 亿元。制定农业农村专项资金管理办法，加强财政涉农资金管理，杜绝骗取、截留、挪用现象发生。强化政府建设项目资金审核，完成政府投资建设工程结算审核项目 42 个，核减率 12.9%。强化行政成本支出管理，全年"三公"经费支出下降 23.2%。加强政府采购管理，全年节约资金 2010 万元，资金节约率 14.3%。加强存量资金管理，对财政专户资金实行定期存款，增加收益 3000 万元。开展财政资金竞争性存放，完成第一期 4.00 亿元财政资金竞争性存放，年收益同比提高 49.6%。盘活财政存量资金，收回部门结转结余资金 7120 万元，并统筹安排使用。

【加强队伍建设】 制定年度干部教育培训计划，举办各类培训班 16 期；开展业务能力竞赛，提升干部综合素质。开展"三严三实"专题教育，保持正风肃纪工作的高压态势，推进系统作风建设。完善反腐倡廉领导体制和工作机制，履行党风廉政建设主体责任，强化驻局纪检组监督责任，创新廉政文化载体，营造风清气正、敢于担当的政务环境和工作氛围。

(泰顺县财政局供稿　李　觉执笔)

嘉兴市财政工作

嘉兴市

【概况】 2015年，嘉兴市实现地区生产总值3517.06亿元，按可比价格计算，比上年增长7.0%。其中：第一产业增加值140.09亿元，下降2.7%；第二产业增加值1850.04亿元，增长5.9%；第三产业增加值1526.93亿元，增长9.6%。三次产业结构比由上年的4.3∶54.1∶41.6调整为4.0∶52.6∶43.4。按常住人口计算，人均生产总值76834元，增长6.7%。全市固定资产投资额2513.82亿元，增长13.2%。社会消费品零售总额1494.57亿元，增长11.0%。外贸进出口总额310.85亿美元，下降7.8%。全市城镇居民人均可支配收入45499元，增长8.0%；农村居民人均可支配收入26838元，增长8.8%。全市财政总收入638.80亿元，增长8.6%，其中一般公共预算收入350.35亿元，增长7.1%；全市一般公共预算支出424.16亿元，增长14.8%。市本级财政总收入192.79亿元，增长9.2%，其中一般公共预算收入108.47亿元，增长6.1%；市本级一般公共预算支出146.76亿元，增长14.0%。全市及市本级财政收支平衡。

【组织财政收入】 收入结构持续优化，全市一般公共预算收入占财政总收入比重为54.8%；税收收入317.83亿元，占一般公共预算收入比重为90.7%。强化重点税源监控。全市认定各级重点税源企业6817户，入库税收198.57亿元，占全部入库税收的78.7%。加强税费基础管理，开展营业税专项辅导清理，全市补缴营业税1.95亿元。加强企业所得税预缴管理，预缴率80.0%。规范印花税征管，全市入库印花税7.07亿元，增长31.0%。深化税收风险管理，纳入市本级税收保障成员单位增至31个，全年采集涉税信息48万条，补缴税费1.08亿元。强化社保费征管，启用嘉兴市社会保险费年度结算系统，结算率97.2%。全市入库社保费166.99亿元，增长14.3%。加强非税收入管理，成为全省首批公安交通违法处罚网上缴款试点单位，受土地出让收入下降影响，全市非税收入227.36亿元，减少35.9%。

【落实财政政策助力经济发展】 完善财政扶持政策。贯彻落实各项税费优惠政策，开展清理规范涉企收费专项行动，全市减免各项税费97.05亿元。制定促进外贸发展、推进智能制造、发展楼宇经济等系列财政扶持政策，全市安排各类财政资金57.92亿元，用于支持制造业、服务业和现代农业发展。支持实施创新驱动战略。出台对嘉兴科技城等创新平台的财政支持政策，力推秀洲高新区升级为国家高新区，建设科技创新中心，全市科技支出14.09亿元，增长16.1%。出台“人才强企”等财政政策，市财政安排6500万元专项资金支持领军人才项目建设。

【创新财政支持方式】 设立政府产业基金，并实施市场化运作，以引导带动社会资本投入信息经济等七大产业。全市各级政府产业基金规模58.95亿元，投资和参股各类子基金67.68亿元，已投资项目27个，带动社会资本96.06亿元。

嘉兴市平安建设万人签名活动

【保障民生事业】 全市各级财政用于民生支出330.02亿元，增长13.9%，占一般公共预算支出的77.8%。支持教育事业。保障义务教育资源优质均衡，完善民办学校和学前教育财政补助办法，全市教育支出85.37亿元，增长4.0%。支持文化事业。建立国家公共文化服务体系示范区创建经费保障机制，完善文化发展资金、文化产业专项资金和“文化有约”项目资金管理办法，全市文化支出8.34亿元，增长9.3%。支持医疗卫生事业。调整公立医院财政政策，完善公立医院债务化解和绩效考核机制，下达市属医院债务化解补助资金6.70亿元。推动优质资源下沉和分级诊疗体系建设，完善基层医疗机构财政补偿机制，为社区签约医生制度建立筹资机制，全市医疗卫生支出22.35亿元，增长23.0%。完善社会保障体系。实施机关事业单位养老保险制度,调整养老金、基本生活保障金财政补助标准,出台被征地居民社会保障制度实施意见和缴费管理办法,实施新一轮职工基本医疗保险制度,推出老年人意外伤害保险,全市社保支出25.26亿元,增长9.6%。

【深化财政改革】 调整市对区财政体制。出台《关于进一步完善市对区分税制财政管理体制的通知》,按照“存量不变、增量调整”的方式,调整市、区财政收支划分范围,理顺市、区事权与支出责任。推进预算信息公开。全市所有县(市、区)财政总预算和“三公”经费预算、市级部门(除涉密部门外)预算全部公开。市级各部门按月向社会同步公开公务用车购置及运行费公共财政拨款预算执行情况。盘活财政存量资金。清理存量资金,市级财政收回结余结转资金12.61亿元并全部支出。制定盘活市级财政存量资金实施方案,盘活40.55亿元资金用于重大工程建设、化解存量债务和补充社保基金等。推进政府和社会资本合作。在城市轻轨、污水处理、人防设施等领域征集实施政府和社会资本合作(PPP)项目,全市组织实施项目24个,其中列入财政部示范项目1个,列入省财政厅示范项目7个。推广政府购买服务。出台政府购买服务管理办法和指导目录,全市政府购买服务金额13.59亿元,涉及项目63个,其中3个示范性项目在全省推广应用。实施公款竞争性存放。出台公款竞争性存放管理暂行办法,全市实施62.70亿元财政资金招投标存放,获得收益2.81亿元。

【支持实施海绵城市建设试点】 参与编制海绵城市试点方案和实施计划,推动嘉兴市入围全国首批、全省唯一的海绵城市建设试点市。出台海绵城市建设试点市级财政资金补助管理办法,为嘉兴市海绵城市建设投资有限公司注资,全年实施工程项目43个,已开工项目8个,全年拨付海绵城市建设资金4.00亿元,其中中央财政补助4.00亿元。

【强化财政监督管理】 强化绩效评价。出台《预算绩效目标管理实施办法(试行)》,实现部门预算项目目标管理全覆盖。出台《政府专项资金绩效管理实施办法(试行)》,提升政府专项资金的使用绩效。优化政府投资项目管理。市级政府投资项目结算审核339个,审定金额6.96亿元,净核减1.02亿元。项目竣工决算审核32个,审定金额16.11亿元,净核减0.25亿元。加强政府性债务管理。开展地方政府债券置换存量债务工作,全市置换存量债务222.36亿元。全市地方政府债务年初余额869.75亿元,新增20.30亿元,偿还125.22亿元,年末余额764.83亿元。规范政府采购监管。出台市级政府采购预算管理暂行办法等制度。强化乡镇财政管理。全市有61个乡镇被评为市规范化财政所,达标率96.8%,纳入乡镇公共财政服务平台的补助性资金项目132个,全年发放资金3.79亿元。

【加强干部队伍建设】 开展“三严三实”专题教育,开设专题党课、创新党组织生活形式。创建全市财税系统服务品牌,市财政局被市委评为先进基层党组织。加强党风廉政和作风效能建设,开展防范利益冲突专项整治,制作财税权力运行内外流程图和岗位廉政风险防控表。建立干部培养激励机制,实施财税“选育优苗,岗位成才”百人工程和财税关爱激励工程,组建财税兼职讲师团,加强实战培训。2015年,市财政局连续第13年被市委、市政府评为目标责任制暨“五型”机关考核一等奖。

(嘉兴市财政局供稿　孙飞翔执笔)

南湖区

【概况】 2015年,嘉兴市南湖区实现生产总值424.81亿元,按可比价格计算,比上年增长6.9%。其中:第一产业增加值14.30亿元,下降4.7%;第二产业增加值170.58亿元,增长5.1%;第三产业增加值239.93亿元,增长9.1%。三次产业结构比为3.4∶40.1∶56.5。按户籍人口计算,人均生产总值96924元。全区财政总收入46.77亿元,其中一般公共预算收入19.40亿元,增长7.0%,占财政总收入的41.5%;税收收入17.55亿元,占一般公共预算收入的90.5%。全区一般公共预算支出18.41亿元,增长20.8%。全区财政收支平衡。

【组织财政收入】 利用企业税收管理平台,加强重点税源监控,全区有787家企业被列为重点监控对象,全年实现税收13.51亿元,占税收收入的77.0%。推进非税收入收缴电子化改革,开展公安交通违法处罚网上缴款试点工作,提高政府非税收入收缴效率。全年征缴非税收入7.81亿元,增长10.0%。

【实施创新驱动发展战略支持产业转型升级】 支持特色小镇建设。拨付发展奖励资金1.01亿元,支持创建首批省级特色小镇——南湖基金小镇,引进国内知名基金公司、互联网金融企业,实现税收收入2.95亿元。下拨资金1.50亿元,助力嘉兴科技城建设,使其位列浙江省四大科技创新平台之一。发挥政策引导作用。落实《关于加快推进“工业强区”建设财政扶持若干政策(试行)》等财政扶持政策,下拨产业发展专项资金8255万元,主要用于支持科技类、服务业类、工业类企业发展。落实小微企业所得税优惠等结构性减税政策,累计减免企业所得税1973万元。探索政府支持经济发展新途径。制定《南湖区政府产业基金管理办法》和《南湖区政府产业基金组建方案》,筹备组建南湖红船母基金,首期规模10.00亿元。与社会资本合作设立规模为5.00亿元的子基金,引入清洁技术、智能制造和生物医药等相关产业项目。

【保障民生事业发展】 全区一般公共预算民生支出15.73亿元,增长21.0%,占一般公共预算支出的85.47%。完善社会保障体系。做好优抚、低保、老龄三类对象财政补助保障工作,筹措城乡居民最低生活保障资金867万元，拨付居家养老服务照料中心建设和运营补助资金440万元，推动社会养老体系建设。促进就业和人才培养。落实促进就业和灵活就业政策，下拨“4050”人员社会保险补贴1366万元。落实人才培养政策，安排人才经费4282万元。保障教育、医疗卫生和住房保障需要。投入教育经费6.00亿元，改善学校办学条件和设施，推动优质教育资源均衡发展。投入医疗卫生经费1.00亿元，支持实施医疗服务便民惠民新举措。整合资金3018万元支持廉租房和经济适用房货币化补助。推动文化体制改革。安排文化事业资金2480万元，强化文化设施建设，丰富群众文化生活，加快公益性文化事业发展进程。支持平安法治建设。投入1.85亿元加强社会治安、安全生产、消防、食品安全等安全领域工作。

【强化统筹城乡发展】 支持生态环保建设。安排资金8000万元，推进“五水共治”“五气共治”、黄标车整治、城市道路保洁等工作。加快居民小区自治和棚户区改造，城乡卫生环境得到改善。推进交通路网建设。安排资金3200万元，重点保障公路养护、绿化，县道修补等项目，支持公交停车场（站）等公交配套设施建设，提升交通基础设施运行能力。优化支农资金支出结构。全年安排农林水支出2.55亿元，重点支持猪舍复垦、“菜篮子”基地建设、耕地和基本农田保护、重点水利工程、农业综合开发等重点项目。

【推进财政改革】 深化公务卡改革。出台《关于进一步深化南湖区个人公务卡改革的通知》，提高公务卡开卡率和使用率，全年结算金额427万元。推进政府购买服务。做好道路保洁项目政府购买服务试点工作。全年完成21个单位36个项目政府购买服务采购，涉及资金2319万元。加大财政信息公开力度。以“中国南湖”门户网为载体，32个部门公开2014年度部门决算，29个部门公开“三公”经费决算，28个部门公开2015年度部门预算和“三公”经费预算。盘活财政存量资金。将政府性基金预算2200万元和预算稳定调节基金2.11亿元调入一般公共预算，用于统筹和平衡2015年全区预算。

【完善财政监督机制】 强化绩效评价。组织2014年度50万元以上专项支出项目绩效评价自评工作，对其中的科技发展资金等9个项目开展财政重点评价，涉及资金4218万元。开展各类专项检查。对15家单位，29处对外出租房产、2014年度预算资金在3000万以上5个单位预算执行情况、2013～2014年全部涉农专项6个大类中的457个专项进行检查。完善政府采购制度化建设。全年完成政府采购预算3.47亿元，实际采购金额3.15亿元，资金节约率9.4%。严控“三公”经费。严格执行省财政厅关于差旅费、会议费、培训费等有关规定，全年“三公”经费支出3636万元，下降5.8%。制定区级行政事业单位公款竞争性存放管理暂行办法，规范公款存放管理。强化政府性债务管理。做好地方政府债券置换，全年置换债券33.28亿元，融资成本下降5个百分点，节约1.6亿元利息支出，缓解全区还贷压力。加强国有公司资产管理。出台整合重组方案，搭建以区属三大集团公司为主的国资布局。规范重大事项审批，全年审批国有公司股权投资11.50亿元，股权退出和产权转让6260万元。

【加强队伍建设】 推进党风廉政建设，组织干部学习《中国共产党廉洁自律准则》《中国共产党纪律处分条例》，参观嘉兴党史陈列馆，增强干部党章党规党纪意识。加快作风转变，助推“五水共治”“三改一拆”等重点工作。优化干部队伍结构，开展新一轮中层干部选拔任用工作，促进干部队伍年轻化。

（嘉兴市南湖区财政局供稿　王灵洁执笔）

秀洲区

【概况】 2015年，嘉兴市秀洲区实现生产总值283.85亿元，按可比价格计算，比上年增长6.8%。其中：第一产业增加值16.67亿元，增长1.2%；第二产业增加值142.52亿元，增长5.7%；第三产业增加值124.66亿元，增长9.3%。三次产业结构比为5.9∶50.2∶43.9。按户籍人口计算，人均生产总值106041元，增长4.3%。经市对区财政体制调整后，全区财政总收入42.32亿元，增长4.4%，其中一般公共预算收入16.41亿元，增长7.5%；全区一般公共预算支出21.79亿元，增长0.1%。全年财政收支平衡。

【组织财政收入】 完善财政收入动态数据月度分析机制，强化组织收入的主动性。全区一般公共预算收入占财政总收入比重38.8%；税收收入14.02亿元，占一般公共预算收入比重85.4%。发挥护税协税作用，加强重点税源监控。全年纳入重点税源监控企业631户，实现入库税收14.49亿元，占全部地方税收收入的78.8%。强化非税收入管理，升级非税收入征管系统，开展公安交通违法处罚网上电子化缴款试点。因国有土地出让收入大幅下降，全年非税收入10.51亿元，下降31.3%。

【支持经济转型升级】 梳理规范税收优惠政策，制定《推进经济转型升级平稳发展创新发展的若干政策意见》。加大专项资金投入，加快资金支付进度，助推发展光伏新能源、装备制造等新兴产业，全年兑现经济转型专项资金9657万元。贯彻落实清费减负政策，开展专项检查，全年减免涉企收费614万元。实施“人才强区”战略，发挥人才对经济转型发展的支撑作用，全年兑现各类人才专项资金2904万元。建立政府产业基金，设立规模10.00亿元的嘉兴市秀湖创业创新投资基金，投资领域主要集中在装备制造、电子信息等重点培育产业。加强村级经济建设，推进农村综合改革试点工作，探索发展村级集体经济示范试点项目被列为省级农村综合改革财政资金竞争性分配试点项目。

【保障民生事业】 全年民生支出10.87亿元，增长19.8%。落实社保政策，实施全民社保工程，推进养老服务业综合改革试点，全年用于城乡居民最低生活保障支出813万元，资助低保对象参加城乡合作医疗保险支出5174万元。落实就业政策，加大就业再就业扶持力度，全年兑现就业专项资金750万元。支持教育事业发展，出台农村特岗教师津贴办法，小学、初中生均公用经费分别提高至650元、850元，安排中小学校舍维修改造专项资金4000万元，教育装备专项资金200万元。推动国家公共文化服务体系示范区创建，加大对公共文化事业发展投入，全年兑现文化事业发展专项资金477万元，补助基层文化设施建设资金270万元。推进医疗卫生体制改革，加大基层公共卫生经费投入，安排基层医疗机构实施药品"零差价"补助资金3111万元，兑现基层基本公共卫生经费873万元。

【助推生态文明建设】 全年投入财政专项资金3.52亿元，推进"五水共治""五气共治"等政府重点工作。推动农村生活污水治理建设、运行、维护一体化，实施村级公益事业一事一议项目22项，总投资3368万元。全年投入专项治理资金5099万元，用于开展无违建镇（街道）创建工作，实施公路铁路沿线环境专项整治。全年投入畜牧业减量提质专项资金3500万元，用于巩固工作成果，健全病死动物统一收运集中处理工作机制。

【深化财政改革】 推进预算管理改革。强化全口径预算体系建设，编制三年中期滚动预算，加强中期财政规划管理。制定《区级部门（单位）预算调整实施细则》，规范调整程序和审批权限。落实财政预决算信息公开制度，除涉密部门外，区级部门预决算和"三公"经费信息向社会公开。推动国库集中支付和公务卡改革。全年完成国库集中支付业务总额16.46亿元。提高公务卡使用率，当年公务卡报销金额1354万元。推进政府购买服务，全年政府向社会力量购买服务3068万元，组织实施项目127个。选择新塍镇污水处理厂开展PPP试点。

【强化财政监督】 加强财政性资金竞争性存放管理，制定财政性资金竞争性存放及招投标管理办法，组织实施1.00亿元财政性资金竞争性存放招投标工作。加强预算绩效管理，全年实施绩效评价项目75个，涉及财政性资金5.48亿元；批复政府投资性项目竣工财务决算120个，审定项目资金5.28亿元。清理盘活财政存量资金，建立对一般公共预算、政府性基金及区级部门预算结余资金和结转2年以上的项目资金按年清理机制和对上级财政专项转移支付结转结余按季清理机制，全年共盘活收回存量资金6279万元。规范政府性债务管理，制定政府性债务控制计划和防控举措，做好地方政府债券置换工作，全年置换存量债务28.7亿元。加强"三公"经费管理，开展"三公"经费支出专项检查，全区"三公"经费下降20.2%。推进政府采购信息化建设，单位采购计划全部实行网上申报。

【加强国资管理】 加强国有企业监管，健全全面预算管理机制，完善薪酬总额核定管理，实施企业分类绩效考核。加强存量资产管理，实施区级行政事业单位存量房产分类处置，规范行政事业单位房产出租管理。做好罚没土地地上构筑物移交工作，全年移交12次。规范区级行政事业单位办公设备报废处置，全年审批报废处置19笔。

【加强队伍建设】 加强党风廉政建设，自觉履行"一岗双责"职责，围绕权力清单和岗位职责对岗位风险点进行再排查、再梳理。加强党建工作，制定全年党建工作计划，推行局党总支和支部书记每人领办一项党建攻坚项目。加强干部教育培训，建立干部学习档案，组织财政综合业务系统、非税收入管理等业务培训。加强财税文化建设，增强干部职工凝聚力。

（嘉兴市秀洲区财政局供稿　陈宏义执笔）

海宁市

【概况】 2015年，海宁市实现地区生产总值700.23亿元，按可比价计算，比上年增长6.7%。按户籍人口计算，人均生产总值103718元，增长6.1%。第一产业增加值21.79亿元，下降2.5%；第二产业增加值384.29亿元，增长5.0%；第三产业增加值294.15亿元，增长10.3%。三次产业结构比由上年的3.7∶57.4∶38.9调整为3.1∶54.9∶42.0。全市财政总收入121.12亿元，增长8.9%，其中一般公共预算收入69.12亿元，增长10.1%；全市一般公共预算支出76.56亿元，增长16.4%。全年财政收支平衡。

【组织财政收入】 收入结构持续优化。全市一般公共预算收入占财政总收入比重57.1%；税收收入64.35亿元，占一般公共预算收入比重93.1%。加强重点税源管理。针对房地产业、家纺业等主要行业实施精细化分析，重点税源监控企业入库税收42.82亿元，占全市税收收入的77.8%。发挥税收保障作用。与18个部门建立涉税信息交换共享机制，开发税收保障与风险管理运用平台，通过平台推送风险项目19项，查补税费4279万元。加强社保费征管。与社保部门加强联系，强化扩大覆盖面，推出社保费申报黄橙红三色风险管理。全年社保费收入30.03亿元，增长13.8%。强化非税收入管理。开展非税收入网上缴款试点，完善土地出让收入专项资金计提办法，全年政府非税收入35.57亿元，下降57.3%。

【落实积极财政政策】 完善财政扶持政策，参与修订推进经济转型升级政策措施。全年兑现财政奖励资金6.46亿元。转变财政资金扶持方式，在节能项目和省级工业转型升级专项技术改造补助资金竞争性分配试点工作的基础上，扩大竞争性分配范围，推动专项资金择优扶持。创新设立产业基金，成立规模

10.00亿元转型升级产业基金，重点投向时尚、高端装备制造等产业；由母基金出资与社会资本合作成立产业子基金，首期规模5.02亿元。参与制定《关于促进大众创业万众创新的政策意见》，优化创业创新环境；支持人才建设，全年投入人才经费1.39亿元；参与对创业创新领军人才项目考核评估，全年拨付领军人才创新、千人专家配套奖励等资金3500万元。落实结构性减税和清费减负政策，清理规范行政事业性收费，取消、停征收费项目37项，减轻企业负担2744万元；国地税共减免各类税费17.19亿元，增长49.5%。

【保障民生事业】 2015年，全市民生支出占一般公共预算支出比重为79.8%，比上年提高1.4个百分点。支持农业农村发展。加快财政支农体制改革，出台推进财政支农体制机制改革意见和支农专项资金竞争性分配办法，加大支农资金整合力度。保障教育发展资金。小学、初中生均公用经费分别提高至747元、1055元；建立农村特岗教师岗位津贴制度，促进城乡教育统筹发展。海宁市列入全省首批基本实现教育现代化县市。提高社会保障水平。企业退休人员基本养老金月人均增加250元，达到2263元；城乡居民基本养老保险基础养老金提高至月人均145元，并提高缴费补贴标准；城乡居民基本医疗保障财政补助标准提高至每人每年678元；加快推进公立医院综合改革，全面实施分级诊疗制度，支持医疗资源"双下沉、两提升"*。保障生态环境治理。落实养殖业转型升级、温室甲鱼退养转产资金2.79亿元；推进"五水共治"，全市"五水共治"重点项目完成投资23.00亿元，其中市财政投入8.66亿元。

【推进财政改革】 完善政府预算管理体系，按照全口径政府预算要求，将一般公共预算、政府性基金预算、社保基金预算和国有资本经营预算纳入预算体系，四本预算全部提交人代会审查；出台33个专项资金管理办法，在市政府门户网站集中公开；盘活存量资金，清理收缴存量资金3.63亿元。推进政府购买服务，制定政府购买服务管理暂行办法，安排政府购买服务项目121个，涉及金额3.30亿元。推进国库集中支付和公务卡改革，除企业扶持资金外，市级财政专项资金纳入国库集中支付范围；加强公务卡使用管理，对全市公务卡使用情况开展检查并通报。全年公务卡刷卡支出740万元。创新政府采购模式，依托电商平台，实施"互联网+"政府采购，通过电商平台采购办公自动化设备、数码产品等商品。

【推广运用PPP模式】 出台《关于推广运用政府和社会资本合作(PPP)模式的实施意见》《海宁市引入社会资本合作项目参考操作流程(试行)》等政策文件，明确实施范围和操作流程。组织PPP工作业务培训班2期，讲解PPP运作模式。实行PPP项目库动态管理，及时掌握项目进程；参与财政部示范项目杭州至海宁城际铁路项目的前期工作，重点推进中介机构参与该项目投融资方案试编；推进建筑废弃物循环利用等项目以建造——经营——转让(BOT)方式实施建设，带动社会投资4000万元。全年完成PPP项目4个，海宁市列入全省第一批政府和社会资本合作示范县。

【加强财政监管】 强化绩效评价。建立预算绩效信息化管理机制，对纳入绩效目标管理的29个市级专项开展绩效运行监控。优化政府投资项目管理。出台《政府投资项目概预算审核管理办法》，引入社会中介机构审核。全年政府投资概预算审核项目160个，净核减金额3.91亿元。加强政府性债务管理。实施政府性债务与经营性债务分类管理，完成地方政府债券置换20.68亿元，节约财务费用1.00亿元。加强国有资产管理。出台国有存量资产项目转让意见、国有企业融资管理工作规程等制度，开展国有资产和财务管理专项检查。创新会计人员继续教育管理方式。试点启用面授培训网上报名系统，首次将培训评价纳入继续教育无纸化考试系统。全年累计完成会计人员教育培训9245人。加强"三公"经费管理。全市"三公"经费下降18.4%，其中公务接待费下降35.8%。

海宁市中心医院

【提升队伍能力】 加强党风廉政建设，落实廉政建设主体责任和纪检监督责任。强化作风效能建设，开展作风效能督查，委托第三方督查。开展多层次教育培训，全年组织专题培训21期，落实业务技能竞赛，推进改革创新工作。2015年，海宁市财政局被人力资源社会保障部、财政部评为全国财政系统先进集体，被市委、市政府评为工作目标责任制综合考核先进单位、嘉奖单位。

（海宁市财政局供稿　许立锋执笔）

注：

＊双下沉、两提升：以“人才下沉、资源下沉”为手段，支持基层医疗卫生机构“服务能力提升，服务效率提升”。

平湖市

【概况】 2015年，平湖市实现生产总值485.15亿元，按可比价格计算，比上年增长3.3%；按常住人口计算，人均生产总值70958元，增长1.4%。第一产业增加值14.84亿元，下降6.4%；第二产业增加值282.37亿元，增长0.5%；第三产业增加值187.94亿元，增长10.0%。三次产业结构比3.4∶60.6∶36.0。全年财政总收入98.34亿元，增长5.9%，其中一般公共预算收入50.58亿元，增长5.0%；全市一般公共预算支出53.83亿元，增长13.3%。当年财政收支平衡。

【组织财政收入】 收入结构持续优化。全市一般公共预算收入占财政总收入比重为51.4%；税收收入46.13亿元，占一般公共预算收入比重为91.2%。加强税收征管。注重宏观形势分析，加强收入目标管理，深入企业调研，推进税收征管保障。扩大重点税源监控面，全年纳入重点税源监控范围的企业877户，比上年增加82户，入库税收20.43亿元，占全部地方税收收入的72.4%。加强营业税征收。开展营业税专项辅导清理工作，加强对建筑业、房地产业等重点税源企业营业税征收管理，落实以票控税管理机制。全年入库营业税10.39亿元，增收1.58亿元，增长18.0%。加强欠税管理。开展清理欠缴税费专项工作，加强与公安、法院、银行等部门的协作，提高税收强制执行能力，加大追缴欠税力度。全年累计清理欠缴税费1270万元，欠缴户数累计减少492户。强化非税收入管理。完善政府非税收入征缴制度，推进收缴电子化改革，有序推进政府非税收入征管改革创新。全年非税收入2.61亿元，下降39.9%，其中纳入一般公共预算管理的非税收入4.45亿元，增长13.7%。以规费征管信息化建设为抓手，深化规费征管改革，加强社会保险费征管基础建设，实现规费收入持续稳定增长。全年征收社保费23.77亿元，增长16.1%。

【支持经济转型升级】 加大财政资金扶持力度。支持全市“四换三名”、浙商创业创新、“个转企”等重点工作。全年向上争取财政资金11.82亿元，兑现涉企扶持资金1.91亿元，减免各类税费3.76亿元。深化城镇土地使用税政策改革。开展调整城镇土地使用税政策试点，建立以“亩产税收”和集约节约用地为导向的评价机制，按照亩产税收贡献实行城镇土地使用税分类分档差别化减免政策。支持创新驱动战略实施。全年财政科技投入1.85亿元，增长6.0%。推进“两化”＊深度融合国家试点，实施科技创新券，支持传统产业改造提升和新兴产业加快发展。

【保障民生事业发展】 全年民生支出42.35亿元，增长13.0%，占一般公共预算支出的78.7%。支持重大民生项目实施。保障市民健身中心、平湖市精神康复中心、东湖中学育才校区等重点工程项目建设，全年拨付政府投资项目6.79亿元。加大财政支农投入。全年安排农林水事务支出5.47亿元，重点支持推进农业产业化、生态循环农业发展、村级集体经济发展壮大、美丽乡村建设和土地复垦新社区建设。支持教育事业发展。全年教育支出12.69亿元，增长15.2%，占一般公共预算支出的23.6%。提高生均公用经费定额标准，全面实施中小学校舍安全工程，做好农村中小学接送车经费保障工作，完善财政扶持民办学前教育和中等职业学校学生资助政策。支持文化事业发展。全年文化体育支出1.11亿元。加大对非物质文化遗产保护的经费投入，发展平湖派琵琶、平湖钹子书等非遗项目传承工作。支持社会保障事业发展。社会保障和就业支出3.92亿元，增长5.4%。投入资金开展“急救难”全国试点工作，完善社会救助工作，临时救助专项资金增至200万元。加大困难群体、低收入群体帮扶力度，上调城乡居民最低生活保障标准，全年发放低保救助金2785万元。加大再就业扶持资金的投入，全方位扶持就业和创业，安排专项资金5222万元。加大保障性住房建设投入，安排资金1.05亿元，新开工建设保障性住房4333套。支持医疗卫生事业发展。全年医疗卫生支出3.33亿元，增长21.2%。开展分级诊疗推广工作，实施平湖智慧医疗项目，保障医疗服务工作有序开展。

【创新财政投入机制】 推进政府购买服务改革。完善政府购买服务制度体系建设，公布3类153项目录清单和95家入围社会组织，全年累计实施政府购买服务项目55个，执行资金1.75亿元。重点推进政府购买公共交通服务，通过实施以成本规制为核心、以绩效考核为激励、以购车补贴为补充的财政资金投放新模式，全年总计投入资金4761万元，新增和更新新能源公交车52辆，调整和加密8条线路，线路从主城区延伸至城郊。探索建立政府产业基金。出台《平湖市政府产业基金实施方案》及《平湖市政府产业基金管理办法》，设立总规模3.00亿元的政府产业基金，首期为1.80亿。鼓励平湖市经济技术开发区、独山港经济开发区参照市政府产业基金管理办法设立产业基金，市政府产业基金按比例对其进行参股投资，放大产业基金激励效果。加快推进PPP模式。提请市政府出台《关于推广运用政府和社会资本合作模式的实施意见》，对独山港区工业水厂实施PPP模式试点，注册资本金1.30亿元，由社会资本投资9100万元控股，设定合作投资回报。

【深化财政改革】 深化预算管理改革。实施全口径部门预算编制管理，将市级政府专项资金和基建资金统一纳入部门预算管理。推进预算信息公开,全市所有部门预算和“三公”经费预算明细实现向社会公开。深化国库集中支付改革。优化国库集中支付流程,将财政专项资金、基建资金全部纳入国库集中支付。借助信息管理系统,实施国库集中支付动态监控管理,建立国库集中支付情况通报制度。盘活财政存量资金。对全市层面上的存量资金进行专项清理,清理往来款项36.58亿元,追加动用用部门存量资金项目支出4619万元,收回部门存量资金1.38亿元。优化资金竞争性投放。出台《市级财政资金银行存款保值增值竞争性存放办法》和《市级财政资金竞争性存放招投标工作规则》,开展两期市级财政资金竞争性存放招投标,招标金额10.00亿元,平均年收益率为4.9%。

【深化财政监督管理】 加强“三公”经费管理。严控“三公”经费,推进“三公”经费管理常态化、制度化,全年“三公”经费支出4937万元,比上年下降14.6%。加强债务风险控制管理。全年置换政府存量债务30.75亿元,减少银行贷款及其他各类借款49.29亿元。实行地方政府债务限额管理,有效控制债务规模。完善财政绩效管理监督评价。实现全年部门预算绩效目标申报全覆盖,以重点项目为依托,组织预算绩效目标重点评审工作,健全“预算绩效目标管理、事中绩效跟踪问效、事后绩效自评、评价结果反馈与应用”相统一的预算绩效管理体系。

【加强财税干部作风建设】 加强廉政建设和作风效能建设,加强内部公务消费支出管理,严格执行公务支出审批制度和登记制度;落实“三重一大”*领导集体决策机制。落实“学党章、学党规、学党纪”主题教育活动,践行“三严三实”要求。加强岗位技能培训,提升财税干部政治素质、道德修养和业务水平。

(平湖市财政局供稿　喻晓霞执笔)

注:

*“两化”:指信息化与工业化。

*“三重一大”:指重大问题决策、重要干部任免、重大项目投资决策、大额资金使用。

桐乡市

【概况】 2015年,桐乡市实现地区生产总值652.63亿元,按可比价格计算,比上年增长8.1%。其中:第一产业增加值28.54亿元,下降1.3%;第二产业增加值326.02亿元,增长6.0%;第三产业增加值298.07亿元,增长11.8%。三次产业结构比为4.4∶49.9∶45.7。按户籍人口计算,人均生产总值94874元,增长7.6%。全市财政总收入100.27亿元,增长9.5%;一般公共预算收入55.00亿元,增长6.3%;一般公共预算支出63.07亿元,增长13.7%。全年财政收支平衡。

【组织财政收入】 加强税收征管。细化重点税源监控,做好重点税源月报、年报编制审核工作,全市重点税源监控企业全年入库税款32.91亿元,占全部地税收入的75.7%。保持财政收入结构优化。全市一般公共预算收入占财政总收入的54.9%,其中税收收入49.88亿元,占一般公共财政预算收入的90.7%。加强非税收入管理。开展政府非税收入规范清理工作,全年取消、减免行政事业性收费项目14个。试点推进政府非税收入电子化征缴改革,上线公安交通违法处罚网上缴款系统。全年征收非税收入43.54亿元,下降21.4%。加强社会保险基金征管。加强与社保部门沟通,加强数据比对分析,全年组织社会保险基金收入24.86亿元,增长13.5%。

【助推互联网经济发展】 支持办好乌镇峰会。派干部全程参与乌镇峰会承办工作,牵头理顺承办工作组内部财务制度,编制互联网专项预算。做好“世界互联网大会·乌镇峰会”承办资金保障和项目预审工作,以乌镇和公路铁路沿线为重点,投入专项资金1.24亿元,开展市域环境综合整治和农房外立面改造工作。扩大财政资金扶持效应。设立总规模为10.00亿元“互联网+”政府引导母基金,引进子基金5个,撬动社会资本9.40亿元。加大创新创业平台建设投入,支持乌镇互联网产业园发展。参与完成与浙商创投股份有限公司100.00亿元的浙商乌镇互联网产业投资基金项目,助推“互联网+”等新兴产业发展。加强政策激励。针对互联网经济特点,梳理相关政策,整合出台8大类40条政策优化互联网企业发展环境,全年完成50个项目签约落户,总投资100.00亿元,其中25个项目已开工建设。

【保障民生支出】 全市民生支出52.39亿元,增长15.7%,占一般公共预算支出的83.1%。支持“三农”事业发展。投入“三农”资金38.03亿元,增长9.7%。扶持农业产业化,促进农村信息化及现代农业发展,加强疫病防控及防汛防旱体系建设,加强中小河流综合治理,加快水利基础设施建设。支持教育事业发展。教育支出16.27亿元,增长0.8%,推进教育现代化建设,落实以学前教育专项改革、义务教育均衡发展、高中教育精英培养、职业教育“工学结合”等为重点的教育经费保障机制。支持医疗卫生事业发展。医疗卫生支出5.10亿元,增长11.1%。完善基层医疗卫生改革、农村合作医疗、重大病种的防治研究、计生公共服务和食品安全管理,加大财政保障力度,为群众创造良好医疗条件,减轻群众医药负担,改善饮食环境。健全社会保障体系。社会保障和就业支出3.74亿元,增长9.8%。落实社会福利、社会救助、社会优抚、救灾减灾,提高城乡居民社会保障水平,加大城乡居民保险制度覆盖面,优化人力资源结构。

【深化财政改革】 完善预算管理改革,做好一般公共预算、政府性基金预算、社保基金预算和国有资本经营预算的全口径预算编制工作。完善项目分类分级管理办法,优化项目预算执行流程,实现项目全周期管理。压缩“三公”费用,当年“三公”经费支出6215万元,下降12.7%。推进政府购买服务,出台政府购买服务指导目录，政府购买公共服务扩大至31项，涉及购买服务金额1.13亿元。制定政府购买服务联席会议制度，明确各部门工作职责，优化预算管理办法，完善购买服务财政运行机制。盘活部门存量资金，清理盘活部门实存资金8200万元，用于在建项目，节约政府融资成本1.06亿元。完善乡镇国库集中支付改革，国库集中支付资金占一般公共预算支出的31.4%。全面启动市级层面公务卡强制结算目录制度，全市公务卡开卡5784张。

【强化财政监管】 优化专项资金管理。制定专项资金管理办法，规范专项资金管理流程，推进专项资金分配机制转型，引入竞争性分配、因素法分配和政府购买服务等分配机制，建立监督评价体系，创建绩效预算管理模式。完善财政监管体系。完成3个重点项目绩效评价工作，涉及财政资金1.36亿元，完成绩效评价重点自评项目31个，完成一般自评项目110个，涉及财政资金13.31亿元，强化评价结果应用，提升绩效管理覆盖面。提升政府采购监管。调整集中采购评分标准，提升通用设备集中采购竞争性，提高财政资金效益。试点网上超市采购新模式，加速采购人项目实施进度，规范采购管理。加强政府性债务管理。摸清全市债务需求和还贷来源，编制债务计划，核定各单位债务规模，严格实行先审批后举债。全年核减债务33.09亿元。

【提升国资管理水平】 完善国资运营。成立资产管理公司，整合市级闲置和经营性不动产186处，收归市国资管理土地15万平方米、房产17万平方米，资产折价11.00亿元。成立股权投资管理有限公司，通过国资运营、投资平台持有国有股权，实现股权在各国有企业间的重新配置。强化国资监管。在市直属集团公司中全面开展内审工作，完成市直属企业职务消费专项审计和资金管理情况专项审计，梳理9大监管环节及相关制度，形成系统化内部控制体系。降低融资成本。做好存量债务置换工作，完成低成本、长期限地方债券置换额度33.86亿元。与政策性银行对接沟通，利用优惠政策，获得15年以上长期限贷款16.29亿元，资金成本低于银行同期贷款基准利率，降低政府融资成本。

【加强队伍建设】 加强党风廉政建设，完善“五位一体”党风廉政建设监督体系，前移纪检监察工作预防关口，加强对预算安排、财政资金存款分配、竞争性项目资金分配、大宗物资采购工作监督，将预防职务犯罪与财政业务工作有机结合。加强机关效能建设，全面推行日志式管理，提升工作效率。注重干部能力提升，开展干部分层分岗位业务培训，优化干部知识结构。注重青年干部培养，成立经济转型升级服务小组，服务全市经济发展。

（桐乡市财政局供稿　沈嘉佶执笔）

嘉善县

【概况】 2015年，嘉善县实现地区生产总值425.54亿元，可比增长8.3%。按户籍人口计算，人均生产总值109811元，增长8.3%。第一产业增加值23.55亿元，可比下降3.6%，第二产业增加值234.33亿元，增长8.9%，第三产业增加值167.66亿元，增长9.0%。三次产业结构比从上年的5.9∶55.7∶38.4调整为5.5∶55.1∶39.4。全县财政总收入66.91亿元，增长8.3%，其中一般公共预算收入35.55亿元，增长7.6%，占财政总收入比重53.1%；税收收入24.77亿元，增长7.6%，占一般公共预算收入比重为69.7%。全县一般公共预算支出43.89亿元，增长5.8%。全年财政收支平衡。

【加强财政收入征管】 加强税收管理。深化国地税合作，建立联席会议制度，加强税收信息共享平台运用，应用风险管理模块，累计补缴税费8000万元。建立完善优质税源培育对象税费数据统计分析机制，重点税源监控面80.0%。组织开展营业税专项清税清票工作，累计入库营业税8.50亿元，增长29.5%。加强社保费征收。建立由财政、地税、人社三部门组成的社保基金征缴联动机制，开展劳务派遣和劳务用工情况自查，推行社保费风险管理模式，全县社保费累计入库18.02亿元，增长19.9%。加强非税收入征管。推进非税收入电子化征缴改革试点，全年非税收入累计完成22.69亿元，增长0.7%。

【服务经济稳增长】 落实税费优惠政策。落实小微企业税收优惠政策，累计减免税收3.16亿元。开展调整城镇土地使用税政策促进土地节约集约利用试点工作，减免税额6100万元。落实“营改增”等结构性减税和普遍性降费政策，开展收费专项清理工作。坚持实施创新驱动战略。参与制定《关于推进当前工业经济稳增长促发展的二十条意见》等政策，加快工业技改项目财政奖励速度。参与制定有关进一步促进大众创业若干政策意见，推进大众创业促进机制改革全省试点工作，全年拨付财政扶持资金1.27亿元，全年投入科技经费2.06亿元，推进高新技术产业化和科技公共平台建设。创新财政支持经济发展方式。整合财政性资金5.00亿元，开展财政性资金存放与银行贡献度挂钩工作，引导银行加大信贷资金支持。县财政出资5000万元成立国有担保公司，为中小企业提供融资担保。建立规模3.00亿元的政府产业基金，出台基金管理办法，引导社会资本合作投资。

【支持特色小镇建设】 设立3200万元专项建设基金，并获得3200万元省2015年第三批专项建设基金支持巧克力甜蜜小镇建设。由县级财政给予小镇优惠政策，鼓励相关企业入驻小镇，形成规模效应。加强项目基建，出台用地、资金等五方面政策措施。至年底小镇开工项目12个，累计完成投资12.30亿元。

【保障改善民生】 全县民生支出34.07亿元，占全年一般公共预算支出的77.6%。支持生态改善工程，安排生态环保建设资金3.91亿元，保证国家级卫生县城复检工作。支持“三农”发展，深化农村产权制度改革示范试点，推进财政支农体制机制改革，修订一事一议财政奖补项目和资金管理办法，拨付奖补资金908万元。推进农业产业化项目建设，成功建成国家农业综合开发项目3个。支持社会事业发展。全年安排9.22亿元，增长7.6%，用于全县教育事业发展。出台奖补资金管理办法，鼓励普惠性民办幼儿园发展。加强公共财政文化投入，安排文体事业经费1.16亿元，增长8.3%。全年投入2.87亿元，支持计生卫生事业，加大吸引优秀医学人才和推进医疗科技创新等补助力度。支持"平安嘉善""法治嘉善"建设，全年安排"公共安全"支出2.84亿元。支持社保体系建设，完善"急救难"医疗救助制度，首次将非本县户籍常住人口列入救助范围。提高最低生活保障救助标准至每月664元，增长12.9%。推进省级县域社会养老服务示范区建设，实现城乡社区居家养老服务全覆盖。做好机关事业单位养老保险制度改革，完成工资调整、津补贴改革准备工作。

【推进财政改革】 推进预算管理改革，试编民生领域重点项目2016~2018年三年滚动预算，改进和完善部门预算编制。强化乡镇财政管理，纳入乡镇公共财政服务平台项目30项，全部数据实现与省财政厅联网，乡镇国库集中支付数量和金额均提高到50.0%。深化国库集中支付改革，提高国库集中支付资金总量，县本级支付19.15亿元，增长25.5%，占县本级财政支出比重47.6%。推进投融资改革，推动政府和社会资本合作（PPP）工作，出台实施办法，初步划定储备项目25个，生态能源发电项目进入运营阶段。推进政府购买服务工作，制定出台相应采购管理办法以及本年度购买服务指导目录，全县编列政府购买服务预算项目192项，涉及预算金额1.19亿元。

【强化财政资金监管】 加强存量资金管理，盘活财政存量资金12.00亿元，并收回2013年及以前年度部门国库集中支付结余资金8767万元。加强政府债务管理，启动政府债务限额管理模式，2015年限额80.80亿元。完成一类债务置换工作，置换额度22.14亿元。开展社保结余基金置换地方债务工作，制定运作方案，排定规模25.00亿元，年收益率4.0%。支持镇（街道）融资平台国有股权划转工作，完成6个平台股权划转手续。增强财政资金绩效管理，强化绩效目标申报制度执行和绩效评价结果应用，实现绩效目标申报全覆盖。开展公务卡制度执行等专项检查，"三公"经费支出3861万元，下降34.6%。开展涉农资金专项整治，修订资金项目管理制度。政府采购节约资金5752万元，节约率8.9%。

【加强队伍建设】 强化党风廉政建设，落实"两个责任"，开展违规违纪问题线索和廉政风险大排查，突出企业扶持资金分配、国有资产产权交易以及税费优惠政策管理等跟踪监管。落实党的群众路线教育实践活动后续整改，完成局班子整改任务，"四风"问题专项整治，建立健全相关制度，当年办理民生实事18项，所属13个党支部完成问题整改。加强财税文化建设，坚持学习日制度，以"财税青年之苑"为基础打造"大学习、大教育"格局，开展外派实习实践活动，安排青年干部到一线岗位锻炼。

（嘉善县财政局供稿　颜亚芳执笔）

海盐县

【概况】 2015年，海盐县实现地区生产总值383.50亿元，按可比价格计算，比上年增长12.0%。按常住人口计算，人均生产总值86676元，增长8.5%。第一产业增加值20.79亿元，下降2.1%；第二产业增加值228.83亿元，增长15.3%；第三产业增加值133.88亿元，增长8.2%。三次产业结构5.4∶59.7∶34.9。社会消费品零售总额113.36亿元，增长10.0%；城镇居民人均可支配收入46941元，增长7.6%；农村居民人均纯收入27360元，增长9.0%。全县财政总收入59.37亿元，增长9.5%，其中一般公共预算收入31.63亿元，增长8.2%；全县一般公共预算支出40.03亿元，增长31.6%。全县财政收支平衡。

【组织财政收入】 加强税收征管。做好地税收入月度、年度预测工作，实时监控收入进度。扩大税源监控范围，审批认定重点监控企业621户，入库税收14.79亿元，占地税收入的76.7%。优化收入结构。一般公共预算收入占财政总收入比重53.3%；税收收入28.97亿元，占一般公共预算收入的比重为91.6%。加强规费收入管理。完善社会保险费网上结算申报系统，加强社保费汇算清缴，全年入库社保费17.87亿元，增长16.2%。加强非税收入征管。开展公安交通违法处罚网上缴款试点工作，推进政府非税收入电子化征缴。全年政府非税收入21.28亿元，增长14.1%。

【支持大众创业万众创新】 支持科技事业发展。全年科技支出1.92亿元，增长17.8%，用于科技平台建设、人才引进软环境建设及科技成果转化运用等。下达3000万元专项资金用于海盐科技城建设。加强资金扶持。支持企业转型升级和产业转型升级，兑现补助资金2.54亿元。鼓励人才创业创新，兑现人才专项资金3672万元。缓解小微企业融资难。安排2500万元专项资金用于支持小微企业"三年成长计划"融资服务，对小微工业企业贷款实施增信和风险补偿。设立政府产业引导基金。出台《海盐县政府产业引导基金设立方案》，首期规模3.00亿元，重点投向高端装备制造产业、核电关联产业、文化创意等领域。

【助力生态环境优化】 保障"五水共治"有序推进。兑现县级补助资金5000万元，下拨农村生活污水省补资金783万元。实施饮用水水源地保护补偿政策，兑现补助资金1192万元。改善农村生态环境。建设"美丽乡村"，补助镇（街道）1161万元。投入1.00亿元用于生猪养殖提质减量。推进绿色宜居城市建设。核拨7000万元用于县主要道路沿线绿化提升工程。开展城乡环境卫生治理,兑现补助资金2300万元。推进大气污染治理。兑现淘汰黄标车及老旧车补助款939万元,累计淘汰黄标车和老旧车3377辆。

【改善社会民生】 全县民生支出32.52亿元,占一般公共预算支出的81.2%。支持"三农"发展。全年农林水事务支出5.98亿元,比上年增长53.7%,重点用于支持农村综合改革、农业农村基础设施建设、一事一议财政奖补兑现等。支持教育事业发展。全年教育支出11.10亿元,增长13.6%,重点用于支持学前教育发展,完善义务教育经费保障机制,加大助学扶困、校园安保、现代教育技术装备投入等。支持文化事业发展。全年文化体育与传媒支出8698万元,增长20.9%,重点用于公益性文化设施免费开放、文化惠民工程、文化产业发展。建成农村文化礼堂61家,覆盖率63.5%。支持医疗卫生事业发展。投入资金3.12亿元,推进基层医疗机构基本药物和县级公立医院综合改革;实施覆盖城乡居民的基本医疗保险制度,城乡居民合作医疗保险人均筹资标准820元。完善城乡社保体系。筹集城乡居民社会养老保险基金2.34亿元,累计参保人数76936人,发放资金1.87亿元。将城乡居民社会养老保险基础养老金由每人每月125元增加至145元。健全社会救助体系。启动"救急难"试点工作。发放城乡居民最低生活保障金1062万元,无固定收入残疾人生活补贴160万元。

【深化财政改革】 深化预算管理改革。四本预算(一般公共预算、政府性基金预算、国有资本经营预算、社保基金预算)提交人代会审查。推进预算公开,所有县级部门完成2015年部门预算和"三公"经费预算公开工作。推动财政支农体制机制改革。制定海盐县财政支农体制机制改革意见及三年行动计划。理顺支农专项资金管理体系,建立财政支农政策执行监督机制。深化国库集中支付和公务卡改革。规范镇(街道)财政收支管理,上线乡镇国库集中支付系统。全县公务卡累计发放3446张,累计刷卡金额3091万元,增加1088万元。探索PPP新型融资模式。出台《海盐县推广运用政府和社会资本合作(PPP)模式实施意见》,建立PPP项目库。海盐县城乡污水处理厂PPP项目完成签约。海盐县垃圾焚烧厂等项目按PPP模式推进。推广政府购买服务。出台《海盐县政府向社会力量购买服务指导目录(第一批)》。完成海盐县义务教育阶段学生直饮水服务项目的采购,被浙江省财政厅列为全省示范服务项目进行推广。推进基本公共服务均等化改革。2015年,海盐县被列为全省基本公共服务均等化改革试点,试点的36个重点项目持续推进。推进行政审批制度改革。组织开展非行政审批事项清理规范工作,取消、调整非行政许可事项3项。推行权力清单制度,梳理确认行政权力172项。设立县级财政专项资金管理清单。

【强化财政监管】 加强政府性债务管理。建立政府债务预警和约束机制,政府债务分门别类纳入全口径预算管理,开展地方政府债券置换存量债务工作。获省财政厅2015年新增一般债券1.90亿元奖励。推进预算绩效评价。制定预算绩效跟踪管理方案,完成县级部门单位自评项目136个,涉及评价资金5.85亿元。完成财政重点评价项目9个,涉及评价资金8021万元。加强财政专项检查。组织财政检查项目14个,发现违规和管理不规范资金348万元。国库集中支付动态监控系统正式上线,全年纠正违规资金1271万元。加强政府采购监管。完成政府采购预算10.19亿元,采购合同金额8.27亿元,节约资金1.93亿元,节约率18.9%。加强"三公"经费管理。全县行政经费支出下降10.0%,全县"三公"经费支出下降3.3%。盘活财政存量资金。加强结转结余资金管理,建立财政存量资金定期清理和正常收回制度。制定《海盐县县级财政资金竞争性存放管理暂行办法》,规范财政资金存放,第一批1.05亿元一年期财政资金完成招标。

现代农业育秧中心

【加强队伍建设】 加强党风廉政建设及作风效能建设,开展廉政宣传教育月专题活动,落实主体责任及纪检监察责任,提高党员干部廉洁自律意识。开展工作品牌项目化建设、师徒结对、教育培训、财税青年论坛、道德讲堂主题宣讲等活动,加强财税文化建设。提升干部素质。当年海盐县财政局被县委、县政府评为工作目标责任制考核优秀单位、推进惩防体系建设和落实党风廉政建设责任制优秀单位。

(海盐县财政局供稿 陆梦婷执笔)

湖州市财政工作

湖州市

【概况】 2015年，湖州市实现地区生产总值2084.27亿元，增长8.3%。其中：第一产业增加值122.45亿元，增长1.7%；第二产业增加值1026.67亿元，增长6.5%；第三产业增加值935.15亿元，增长11.9%。三次产业结构比例为5.9∶49.2∶44.9。按户籍人口计算，人均生产总值为79025元，增长8.1%。全年固定资产投资总额1402.64亿元，增长12.9%。全年实现社会消费品零售总额963.92亿元，增长10.6%。全年外贸进出口总额102.56亿美元，增长2.7%。其中：出口89.03亿美元，增长1.1%；进口13.53亿美元，增长14.3%。全年城镇居民人均可支配收入42238元，未扣除物价因素增长8.4%；农村居民人均可支配收入24410元，未扣除物价因素增长9.0%。全市财政总收入327.82亿元，增长7.1%；一般公共预算收入191.31亿元，增长7.3%；一般公共预算支出273.74亿元，增长13.2%。市本级财政总收入131.13亿元，增长9.4%；一般公共预算收入77.81亿元，增长11.0%；一般公共预算支出120.83亿元，增长15.8%。全市和市本级财政实现收支平衡。

【依法组织收入】 加强收入动态管理，制定年度收入目标，做实做细组织收入预案。扩大重点税源动态分析范围，动态跟踪重点企业走势，研判收入趋势。成立营业税专项辅导清理领导小组，推进营业税清理工作，平稳推进"营改增"改革，全市清理纳税人1965户，补申报税款1.8亿元，企业自行清理1941户，补申报税款2.2亿元。制定下发《税收风险管理工作试行办法》，深入开展涉税信息综合分析。加大涉税违法行为查处，全市全年查补入库1.92亿元。出台《关于进一步深化财政、国税、地税合作的实施意见》，建立合作工作领导小组和联席会议制度，2015年，全市地税部门组织各项收入293.64亿元，增长16%。收入结构持续优化，一般公共预算收入占财政总收入比重为58.4%，一般公共预算收入中税收收入169.31亿元，占比88.5%。加强政府非税收入管理，建立和完善涉企收费监管机制。全市地方政府非税收入完成153.64亿元，下降35.6%。

【助推经济发展】 落实兑现中央、省出台的一系列稳增长、促改革、调结构、惠民生的政策措施。全市投入"工业强市"建设资金7.38亿元，兑现小微企业优惠政策，合计减免企业所得税、营业税1.26亿元。落实亩产税收优惠政策，减免房产税、城镇土地使用税1.59亿元。提请市政府出台创新财政支持经济发展方式加快建立产业基金的意见，撬动社会资本投入，市级首期产业基金资金规模10亿元。全市设立产业引导子基金11只。利用创新券优化科技资源配置，加快众创空间等创新平台建设，推动创业创新。落实企业研发费加计扣除政策，全市研发费加计扣除金额4.53亿元。

【提升民生保障水平】 全市民生支出207.6亿元，增长13.6%，新增财力用于民生支出的比重为78.2%。完善义务教育均衡发展和城乡一体化教育经费保障机制，小学、初中生均公用经费分别提高至650元、850元。实施统一、规范的城乡居民基本医疗保障制度，财政补助标准提高至年人均590元，基本公共卫生服务补助标准提高至年人均40元。出台退休人员基本养老金调整方案，市本级企业退休人员基本养老金人均月增265元，市级机关事业单位离退休人员人均月增377元。落实养老服务补贴制度，促进养老服务业发展和养老服务体系建设。完善各项配套政策，做好公务员津贴补贴规范工作，深化事业单位收入分配制度改革。制定具体补助政策，落实资金1.2亿元，支持城乡供水一体化工程建设。

【支持生态文明建设】 支持"三改一拆""四边三化"等专项工作持续开展。全市落实资金3.88亿元，支持"新1381行动计划"*实施，打造美丽乡村升级版。全市安排生态文明建设各项资金33.36亿元，重点支持"五水共治""治霾318"*等治水、治气中心工作开展，促进水和大气环境质量改善，推进国家生态文明先行示范区建设。

【推进财政管理改革】 国有资本经营预算首次递交人代会审议，一般公共预算、政府性基金预算、社会保险基金预算及国有资本经营预算全面上会，全口径政府预算编制体系基本建立。探索建立部门预算项目库，试编2016年预算三年滚动财政规划，提高部门预算编制水平。全面推进预算公开，政府预算、80个市级部门预算及"三公"经费按规定向社会公众公开。建立市级政府性专项资金清单制度，对所有市级专项资金细化编制年度预算方案，报市人大财经委审核。制定出台《关于促进社会资本进入公共设施建设领域的实施意见》，推进年度项目试点。提请市政府出台《关于政府向社会力量购买服务的实施意见》，确定公交服务、道路保洁等9个项目作为试点，推进政府购买公共服务。支持中心城市建设四年行动纲要实施。研究制定小城市培育试点后续财政支持政策，支持织里、新市、练市小城市试点。

【强化财政监督】 深化财政资金绩效管理，开展绩效评价项目2600个，评价资金55亿元。加强政府投资项目评审，全市审核金额256.75亿元，净核减投资19.71亿元，核减率7.7%。从严控制行政经费和一般性支出，全市"三公"经费同比下降4%。

【科学理财提高财政资金运行效益】 重新修订《市级部门结余资金管理办法》,盘活财政存量资金,年底全市财政存量资金12.66亿元,比上年下降79.3%。及时拟定置换方案,加快政府债券置换存量债务,全市(含县区)置换债券资金240亿元。拟定《湖州市级政府债务管理暂行规定》,加强政府债务管理。

【开展正风肃纪】 结合财税工作实际,开展"三严三实"专题教育及"巩固深化拓展"主题活动,推进作风建设。建立"8+X"财税服务长效机制,在财税宣传经常化、办税服务标准化、政策服务多元化、行政执法规范化、网上办税便捷化、咨询投诉高效化、需求分析快速化和监督检查常态化等8个方面,每年选取1~2个重点项目强化拓展,持续提升服务满意度。履行班子成员"一岗双责",层层签订党风廉政建设责任书。制定《2015年中心组和干部理论学习实施意见》,深化学习型机关创建。

(湖州市财政局供稿　陈洪全执笔)

注:

＊"新1381行动计划":湖州市与浙江大学签订新一轮合作协议,即:紧紧咬定一个目标,把湖州建成全省美丽乡村示范市;重点提升科技孵化辐射、人才智力支撑、体制机制创新三大平台;精心组织实施产业发展、规划建设、生态环境、公共服务、素质提升、平安和谐、综合改革、党建保障等新一轮"八大工程";切实抓好每年新增一百个以上合作项目建设,力争市校合作取得更大成效。

＊"治霾318":湖州市为切实改善空气质量,针对大气主要污染源开展的大气污染防治(治霾318)攻坚行动。

吴兴区

【概况】 2015年,湖州市吴兴区实现地区生产总值439.17亿元,增长8.8%,人均生产总值95600元。其中:第一产业增加值19.10亿元,第二产业增加值194.71亿元,第三产业增加值225.36亿元,三次产业结构比为4.6∶45.3∶50.1。全社会固定资产投资256.38亿元;社会消费品零售总额276.73亿元,增长9.0%。城镇居民人均可支配收入43535元,农村居民人均可支配收入25142元,分别增长8.5%和9.0%。全区财政总收入39.03亿元,增长9.5%;其中一般公共预算收入23.10亿元,增长10.8%。一般公共预算支出22.70亿元,增长6.6%。全区财政收支平衡。

【组织财政收入】 做好收入的预测和分析工作,探寻收入中的薄弱环节,促进财政收入的平稳增长。与国地税部门联合,加强经济税源调研,分析研判经济走势,全面把握税源变化趋势,准确分析各项利弊因素;加强对重点行业、重点企业、重点项目税源的监控分析,及时掌握重点税源动态,研究制定评估机制。持续优化收入结构,一般公共预算收入占财政总收入比重为59.1%,税收收入占一般公共预算收入比重为90.2%。注重构建税收征管保障大格局,组织、协调高新区、各乡镇、街道、区级涉税部门等31家单位参与税收征管保障工作,充实税收保障内容,强化信息比对分析与共享应用,保障税收及时足额入库。2015年在乡镇范围内开展个人出租房税收征管,并取得良好成效。加强政府非税管理,出台非税收入项目目录,全年上缴罚没收入4510万元。

【支持经济发展】 争取中央、省、市财政的大力支持,全年争取上级财政一般性转移支付和专项转移支付资金6.3亿元(其中地方政府债券7000万元),统筹用于"五水共治""四边三化"等中心工作。整合扶持资金,支持工业有效投入,统筹建立工业强区专项资金1.53亿元。发挥财政资金对企业技术改造和科技创新的引导作用,加快推动"个转企"及小微企业提档升级工作,发展战略性新兴产业。深化农村综合改革,坚持资源集中利用,强化项目资金整合,统筹建立专项资金3.12亿元。制定出台《关于创新财政支持经济发展方式加快建立产业基金的实施意见》,设立政府产业基金,政府出资3亿元,分三年到位。与社会资本合作成立子基金4个,总规模10亿元;按照"增量先行、存量跟进、分步实施"的原则,择优推广应用PPP项目9个,投资额11.89亿元,PPP模式盘活社会存量资本,激发民间投资活力的效应逐步显现。

【保障民生支出】 将有限财力重点用于保障民生,全年新增财力的88.9%用于民生支出,推动经济社会统筹协调发展。完善教育投入保障机制,支持教育现代化区创建,全年财政教育支出5.96亿元;深化基层医药卫生体制改革,推进公共卫生医疗体系建设。整合城镇居民基本医疗保险和新型农村合作医疗制度,建立统筹城乡、惠民高效、公平可及、持续发展的城乡居民基本医疗保险制度,惠及城乡居民群众。完善社会救助体系,健全以低保为基础,专项救助为支撑,临时救助和社会帮扶为补充,统筹城乡的新型社会救助体系。投入1.94亿元用于农村生活污水治理、龟鳖整治、河道清淤等治水工程。

【推进财政改革】 强化政府债务管理,开展存量债务置换,2015年已全面完成政府置换债券额度31.81亿元。清理整合和规范财政专项资金管理,加强结余资金管理,完善结转资金清理机制,盘活存量资金3134万元。出台《吴兴区财政资金竞争性存放管理暂行办法》,集中开展三期竞争性存放招投标活动,10个区级账户、2个政府产业基金开户,财政资金定期存款平均年收益率显著提高。

【强化财政监督】 强化国有资产监管。全年审批行政事业单位国有资产处置事项83批次,涉及报废、调拨、报损金额4443万元。依法推进经营性公司国有股权公开转让,尽力实现国有资产保值增值。强化政府采购监管和公车控购。区级部门启用政府采购信息化系统，提高政府采购效率；规范政府采购预算的编制与执行，资金节约率15.7%。严格控制“三公”经费，全年“三公”经费支出比上年下降24.1%。强化财政监督绩效管理。建立内部稽核制度，加强财政票据、资产与项目资金管理的力度。涉及财政专项资金的部门均开展绩效自评。建立主管部门绩效管理联系人员库，加强对单位的业务指导，做好区级主管部门的422个项目部门绩效自评的数据采集与汇总，组织评价资金1.92亿元（其中重点评价项目6个），资金使用率87.4%。

【加强队伍建设】 履行“一岗双责”，落实党风廉政建设主体责任，使权力在阳光下运行，做好财政专项资金清单公开、部门预决算公开、“三公”经费公开，规范权力运行。落实主要领导“五不直接分管”和“五事阳光”制度，提高内部管理的科学化、民主化、法制化水平。连续十三年获全区政府部门综合考核一等奖。

（湖州市吴兴区财政局供稿　汪云飞执笔）

南浔区

【概况】 2015年，湖州市南浔区实现地区生产总值337.88亿元，比上年增长8%。其中：第一产业增加值22.56亿元，比上年增长2%；第二产业增加值194.63亿元，比上年增长6.7%；第三产业增加值120.69亿元，比上年增长11.9%；三次产业结构比为6.7∶57.6∶35.7。全区财政总收入为35.26亿元，增长9.1%，其中一般公共预算收入17.90亿元，增长11.7%，占财政总收入的比重为50.8%；全区一般公共预算收入中税收收入完成16.16亿元，占一般公共预算收入的90.3%。全区一般公共预算支出为23.90亿元，增长32.4%。全年全区财政收支平衡。

支持古镇古宅修缮工作

【财政收入保持稳定增长】 密切关注税制改革动向，及时掌握政策调整变化对税收收入的影响，把握组织收入主动权。强化“目标管理，分解细化收入指标，实施月度考核”的考核办法，实现均衡入库。加强与各征收部门间的联系与沟通，充分利用税收信息平台，加大协税护税力度，做好重点行业税源分析，增强组织收入的预见性。加强政府非税收入管理，开展资金收缴和财政票据专项检查，保证非税收入征管工作落到实处。清理规范行政事业性收费、政府性基金和涉企收费项目，实行全区收费项目目录清单动态管理机制。全年收缴政府非税收入1.74亿元。

【发挥职能助推经济发展】 落实积极财政政策，发挥财政杠杆作用，支持经济转型升级，增强经济发展动力。坚持“工业强区”战略，落实扶持工业发展、科技创新、平台建设等专项资金8315万元，支持“金象金牛”企业*培育、“大好高”项目建设等，做强做优区域特色产业。落实财政各项支农惠农政策，大力保障支农资金需求，加快推进农业现代化建设。支持服务业发展，落实服务业发展专项资金2035万元，用于古镇旅游事业发展。推进产业基金落地，健全产业引导基金模式，制定《关于创新财政支持经济发展方式加快建立产业基金的意见》和《产业投资引导基金管理暂行办法》，设立政府产业基金3个，引导并撬动金融资本和社会资本增加投入。

【统筹兼顾保障民生支出】 当年新增财力85%以上用于民生支出，重点民生领域公共财政支出15.51亿元，增长28.2%。全力保障社会事业发展资金需求，教育支出5.67亿元，全面落实义务教育和学前教育经费保障机制；文化体育与传媒支出3855万元，重点扶持文化产业发展和古镇文物保护；医疗卫生支出3.63亿元，重点保障城乡居民基本医疗保险资金、基层医疗单位改革资金和人民医院建设资金。加大社会保障和就业投入，城乡低保对象补助标准提高和统一为每人每月644元，全年城乡居民基本养老保险和最低生活保障支出2.54亿元。支持城乡统筹发展，安排资金2.18亿万元，支持“五水共治”“美丽乡村”、农房集聚、农村生活污水治理等重点工作，加大统筹城乡和生态建设投入。

【深化改革重精细化管理】 深入推进财政预算改革，加强全口径政府预算管理，精编细编“四本预算”，深化部门预算改革，推进完善基本支出标准体系，提高预算编制到位率。推进国库集中支付改革，各镇全面实施公共财政服务平台，基层财务行为进一步规范。严格执行公务卡强制结算制度，切实降低行政成本，着力规范“三公”经费列支,全年全区“三公”经费支出3114万元,下降14.0%,其中公务接待费同比下降36.1%。稳妥推进预、决算信息公开,除涉密部门外,公开42家预算单位部门预、决算和“三公”经费。规范专项资金使用,加强财政专项资金监管,全区专项资金清单整合归并为17项。开展财政存量资金清理盘活工作,盘活存量资金,调入公共预算统筹安排。推进区级行政事业单位公款存放管理,制定《南浔区区级行政事业单位公款竞争性存放管理暂行办法》,防止利益冲突和利益输送。加快政府向社会力量购买服务工作,出台《关于政府向社会力量购买服务的实施意见》,着力实现政府采购效益的最大化和效率的最优化。

【强化财政监管防控风险】 重视政府性债务管理,对全区实施存量债务的清理甄别和分类管理工作,置换存量债务17.21亿元,债务期限延长到3年以上,最长10年,成本降至年利率3.5%左右。做好地方政府债务限额及预算管理工作,核定2015年末地方政府债务限额。完善财政投入及管理方式,推动南浔区政府投资项目建设,制定《南浔区政府和社会资本合作(PPP)管理办法》,初步建立政府和社会资本合作项目库,逐步形成多元化、可持续的资金投入机制。

【提高干部队伍综合素质】 落实好党组履行党风廉政建设主体责任、党组主要负责人履行党风廉政建设“第一责任人”责任清单,将主体责任进行全面梳理、细化,抓早抓小,推进党风廉政建设和反腐败工作。强化法纪观念和“底线”思维、保持政治敏锐性、严守政治规矩。强化责任担当,健全责任分解机制,完善权力监督和制约机制。加强学习型机关建设,采取集中培训与个人自学相结合等形式,提高思想政治素质和理财管财能力,着力提升团队整体服务效能。

(湖州市南浔区财政局供稿　马君君执笔)

注:

*“金象金牛”企业:金象企业指当年区内制造业销售收入15亿元以上,比上年增幅20%以上或产量比上年增幅20%以上;当年实缴税金2000万元以上;当年工业性技改投入3000万元以上的企业。金牛企业指当年区内制造业销售收入5亿元以上,比上年增幅20%以上,或产量增幅20%以上;当年实缴税金1000万元以上;当年工业性技改投入1000万元以上的企业。

德清县

【概况】 2015年,德清县实现全县生产总值392.70亿元,增长8.6%,其中,第一产业增加值20.80亿元,增长1.8%;第二产业增加值212.00亿元,增长6.5%;第三产业增加值159.90亿元,增长13.1%;三次产业结构比为5.3∶54.0∶40.7,人均生产总值89873元。全县城镇居民人均可支配收入42662元,增长8.0%;农村居民人均可支配收入24934元,增长9.3%。全县财政总收入66.64亿元,增长6.0%,其中一般公共预算收入37.36亿元,增长6.1%,占财政总收入的56.1%。全县一般公共预算支出46.24亿元,增长16.0%。全年一般公共预算收支平衡。

【组织财政收入】 加强重点税源监控力度,监控税款占全部税款的61.8%。完善税收风险管理,完成统一推送的风险应对项目89个,入库税费1188万元。依托税收保障办法,在上年应用5个部门涉税信息基础上引入人力社保、公安、环保3个部门的涉税信息,通过信息应用比对,入库税费32.57亿元。稳步推进“营改增”,全县清理营业税纳税人781户,补缴入库税收3078万元。全年税收收入29.91亿元,增长11.7%,占一般财政预算收入80.0%。完善政府非税收入监管,严格执行“收支两条线”,全年实现非税收入4.08亿元,增长133.7%。以《税友龙版》为平台深化运用社保费管理模块,全年社保基金收入31.7亿元,增长51.5%。

【服务经济发展】 落实全县基础设施建设资金5.45亿元,兑现选商引资、外经贸政策资金1787万元,拨付扶持企业发展政策资金3.79亿元,推动企业做大做强。落实小微企业营业税优惠2728万元,减征社会保险费和地方水利建设基金8980万元,切实减轻企业负担。深入实施创新驱动,落实科技三项经费、企业创新资金6960万元,高新技术企业所得税优惠4583万元。创新财政支持产业发展方式,起草产业基金管理办法并成立政府产业基金有限公司,积极探索产业投资引导基金等市场化运作模式。以“亩产税收”为导向,扶持优质高效企业发展,704户企业享受城镇土地使用税减免,减免额5745万元。

【统筹城乡发展】 落实“小城市”和中心镇建设资金1.44亿元,全年拨付“四个一体化”*建设资金8206万元,推进城乡一体化进程。整合支农涉农资金1.20亿元,支持“和美家园”建设。拨付生猪整治和温室龟鳖整治补助资金1.43亿元,改善农村生活环境。支持水利等农业基础设施建设和农业“两区”建设,全年农业支出8.80亿元,促进现代化农业发展。落实支农惠农财税优惠政策,兑现涉农补贴1487万元,促进农业发展、农民增收。

【保障民生支出】 全县民生支出35.90亿元,增长18.5%,新增财力87.8%用于民生支出。争取地方政府债券1亿元用于教育基础设施建设。提高贫困助学金标准和教师待遇。提高城乡居民社会养老保险基础养老金水平,养老保险基础养老金标准从每人每月115元提高到135元。支持医疗卫生体制改革,落实基层医疗机构基本药物制度和县级公立医院改革资金8416万元。加大社会保障投入力度,全年兑现各类保障和救助对象的政策待遇1.05亿元。全年落实城乡养老、城乡医疗和城乡最低生活保障三项资金县级补助 2.29 亿元。加强政法经费保障，支持“平安德清”建设。

【深化财政管理改革】 建立全口径政府预算编制体系，实现一般公共预算、政府性基金预算、社会保险基金预算及国有资本经营预算全面上会。实现政府和 63 个县级部门预决算、“三公”经费向社会公众公开。27 个部门预算上会接受代表委员审议，一般公共预算支出细化到项级科目。推进专项资金清理整合，县级专项资金由 62 项减少到 25 项，按照“四单一网”建设要求，制定并公开县级政府性专项资金管理清单。研究出台 PPP 项目实施意见和操作细则，拟定推广运用 PPP 模式项目储备清单项目 22 个。加强政府性债务管理，将政府债务收支纳入预算管理，优化债务结构，完成存量债务置换管理工作。

【强化财政监管】 加大财政监督检查和支出绩效评价力度，全年完成财政监督检查项目 10 项，完成财政重点绩效评价项目 6 项。加强政府投资项目管理，全年完成政府投资项目评审 321 项，核减金额 5.40 亿元。开展涉农资金专项整治行动和“严肃财经纪律，规范财务管理”专项整治行动，规范资金管理。强化政府采购监管，完成政府采购预算 5.20 亿元，节约资金 8200 万元，综合节约率 15.7%。推进财政支农体制机制改革，制定三年行动计划。研究制定配套政策，推动县农村集体经营性建设用地入市试点工作开展。制定《德清县国有资产管理工作考核办法(试行)》，对全县 32 个县级国有资产管理重点部门进行量化考核。盘活部门留存在乡镇的闲置国有资产，提高国有资产使用效益。

村内环境整治一事一议项目

【干部队伍建设】 开展“三严三实”专题教育，履行班子成员“一岗双责”，层层签订党风廉政建设责任书。开展廉政教育活动，增强党规党纪意识。成立年轻干部学习社，组织年轻干部参与微课堂、演讲比赛、辩论赛等活动。组织各类培训，提高财税干部综合素质。 (德清县财政局供稿 沈宇真执笔)

注：

*“四个一体化”：城乡供水一体化、城乡公交一体化、城乡污水处理一体化、城乡环卫一体化。

长兴县

【概况】 2015 年，长兴县实现地区生产总值 463.15 亿元，按可比价格计算，增长 7.8%。其中：第一产业增加值 32.14 亿元，增长 2.3%；第二产业增加值 235.46 亿元，增长 6.2%；第三产业增加值 195.55 亿元，增长 11%，三次产业结构比为 6.9 ∶ 50.9 ∶ 42.2。人均生产总值 73518 元，增长 7.7%。全县财政总收入 74.36 亿元，增长 3.0%；一般公共预算收入 43.10 亿元，增长 2.2%。一般公共预算支出 59.01 亿元，增长 8.9%。全年财政收支平衡。

【组织财政收入】 2015 年，地税部门组织收入 38.88 亿元，增长 2.8%，占财政总收入的 52.2%。一般公共预算收入占财政总收入的比重为 57.9%，同比下降 0.6 个百分点，分别高于全省、全市平均 2.6 个和 0.6 个百分点。全年税收收入 37.67 亿元，增长 3.1%，占一般公共预算收入的 87.2%。深化税收保障，建立部门联席会议制度。推进风险管理，全年完成风险管理全流程 9114 条，入库税款 2640 万元。开展征管状况与风险指向分析，查找和堵塞征管漏洞，提高征管质量。开展社会化征收，规范委托代征管理程序，通过乡镇社会化征收平台累计征收税费 2421 万元。结合“营改增”工作，开展对建筑业、房地产业的纳税评估工作，查补税款 1572 万元。完善非税收入监管，实行收支二条线管理，全年非税收入 5.51 亿元。

【推动经济转型升级】 全年兑付各类奖励补助资金 2.31 亿元。支持本县作为全省工业转型升级示范区试点，推进新型电池、现代纺织、特色机电主导产业稳步壮大，传统产业转型升级，新兴产业加快培育，小微企业三年成长计划扎实实施。推动实施“五水共治”“三改一拆”“四换三名”等经济转型升级“组合拳”。设立产业基金，重点支持先进装备制造、物流、新能源、新材料、汽车零部件、现代服务业、信息经济等战略性新兴产业发展。落实科技及人才资金 1.24 亿元,支持科技创业投资基金,实施科技券奖补,推进浙江长兴国家大学科技园等重大创新平台建设,落实“南太湖精英计划”、人才公寓建设及人才购房补助,促进大众创业、万众创新。

【保障民生投入】 完善民生投入长效机制,重点支持实施县政府“十方面实事”和教育、医疗、就业、社保、保障房等民生事业,增强人民群众“获得感”。2015 年全县一般公共预算民生投入 46.53亿元,新增财力用于民生支出的比重为84.7%。安排教育支出 12.36 亿元,改善办学条件,优化教育资源配置,促进学前、义务、职业等教育统筹发展。落实医疗卫生支出 4.12 亿元,支持县级医院、乡镇卫生院、社区卫生服务中心建设和改造,推进创建省卫生强县,助力县级公立医院改革,缓解“看病难、看病贵”。加大社会保障投入力度,拨付就业、优抚、各类保障和救助对象补助资金 2.26 亿元。提高城乡低保标准并实现一体化。支持省级养老服务业试点,推进养医结合示范点建设。投入 6463 万元,用于城市公共交通、数字城管、智能交通和公共自行车等项目建设,提升城市管理服务功能。

【支持生态文明建设】 投入生态建设资金 3.26 亿元,用于循环经济、节能降耗、治水治气、废弃矿山生态修复等环境治理,支持“五水共治”和生态环境建设。按照“保基础、保重点”原则,优化财政支农支出结构,安排农林水支出 11.25 亿元,建立健全财政支农投入的稳定增长机制,保障各项强农惠农富农政策的落实,促进农业农村发展。安排 1.38 亿元,支持美丽乡村、中心村培育、“农园新景”实验示范带建设,推动美丽乡村“升级版”建设。

【深化财政改革】 按照新《预算法》要求,健全政府预算体系,早编细编预算,重点科目细化到项级,加大政府性基金预算、国有资本经营预算与一般公共预算的统筹力度。建立健全支出标准体系,在编制 2015 年部门预算时,建立共性标准 16 个,个性标准 125 个,构筑共性化指标全覆盖,个性指标差别化管理的支出标准体系。扩大部门预算草案人大上会审查的覆盖面,2015 年实现 50%政府部门预算上会审查。扩大信息公开范围、细化公开内容,除涉密信息外,政府财政预决算、部门预决算、“三公”经费按规定公开,提高财政运行透明度。清理整合财政资金,对部门和单位连续 2 年以上未完全使用的财政性沉淀资金 1.32 亿元收回县财政,统筹用于“五水共治”“三改一拆”等重点领域。国库集中支付实现全覆盖,落实公务卡约束性结算制度,提高公务卡使用率。推进政府购买服务,确定购买计划,拟定服务目录。

【强化财政监督】 强化绩效评价,对 24 个主管单位、55 个项目进行绩效评价和监督检查,涉及金额 7.07 亿元,增强预算严肃性。制定部门专项资金管理清单并通过政务服务网向社会公开,修订完善相关专项资金管理办法,探索专项资金预算绩效管理。出台《长兴县县级政府管理资金竞争性存放管理暂行办法》,盘活各类存量资金,规范资金存放管理,建立公平择优的财政资金存放机制。加强乡镇财政资金监管,完善操作流程,使乡镇公共财政服务平台建设覆盖到所有乡镇。统一乡镇财政预决算编制格式,规范乡镇预决算编制。选取吕山乡推行乡镇民主参与式预算审查试点,拓宽民主监督渠道。会同有关部门对乡镇财政财务内控机制、资金使用、公开公示进行检查。

【规范政府债务管理】 对纳入财政部债务系统当年到期的一类存量债务进行债券置换,降低融资成本。草拟《长兴县深化投融资体制改革实施方案》,对县政府投融资体制改革提出目标、原则和任务,建立适应长兴县经济社会发展需要的投融资体制,实现投资、建设、经营、偿债的良性循环,建立稳固、统一、高效、规范的城市发展投融资平台。强化监督管理,建立政府性债务管理台账,分析债务情况,控规模限成本,规范资金运行;出台《长兴县政府性债务管理考核办法》,将债务规模控制、存量债务消化、举借计划审批、融资成本控制、资金管理使用、投融资平台日常管理纳入县对乡镇(街道、园区)、部门综合考核范畴,审计部门开展债务专项审计,规范债务“借用还”行为。

【加强队伍建设】 开展业务培训,制定《2015 年县局党组理论学习中心组和干部职工学习教育实施方案》并组织实施。加强作风建设,发挥“12366”服务热线、行风评议、电子监察系统、特邀行风监察员的监督作用,每周进行作风建设抽查,并定期上报县纪委。深化廉政教育,组织参观廉政警示教育基地,邀请相关专家作作风建设专题报告、预防职务犯罪专题报告,观看警示教育片,通过学习教育活动,加强干部廉政意识。

(长兴县财政局供稿　赵　莹执笔)

安吉县

【概况】 2015 年,安吉县实现地区生产总值 303.40 亿元,增长 8.3%。其中:第一产业增加值 26.10 亿元,增长 1.5%;第二产业增加值 140.10 亿元,增长 5.8%;第三产业增加值 137.20 亿元,增长 13.0%。三次产业结构比为 8.6 : 46.2 : 45.2。全年完成财政总收入 55.68 亿元,增长 8.7%,其中一般公共预算收入 32.96 亿元,增长 7.5%,占财政总收入的 59.2%。全年一般公共预算支出 47.66 亿元,增长 12.4%。全年财政收支平衡,财政运行情况良好。

【组织财政收入】 强化收入统筹管理,加强税源事前、事中、事后监管，建立横向到边、纵向到底的税源监管体系，全面落实地税征管工作。一般公共预算收入中税收收入29.77亿元，占比90.3%。挖掘总部经济、企业上市、股权转让、财产的所得税征收以及旅游企业带来的税收增量。调整城镇土地使用税政策，促进土地集约节约利用。完善税收征管保障机制，落实《关于加强税收保障工作的实施意见》，做好工商、质监、国税、土管、环保等部门数据采集和软件平台建设工作。全年取得第三方涉税信息5000余条，并进行风险管理，组织入库税费7500万元。做好《税友龙版》风险管理模块的综合维护，加强企业所得税汇算清缴的后续管理、"营改增"行业的专项辅导清理等风险管理项目，全年推送各类风险点2300余条，入库税费款4900万元。规范政府非税收入征管行为，贯彻实施政府非税收入计划管理办法，加强对部门非税收入的管理和各执收单位政府非税收入计划管理，确保非税收入应收尽收，全年完成非税收入3.20亿元，增长2.1%。

【支持经济发展】 落实政策壮大地方财源。支持传统企业开拓市场、转型提升、兼并重组，探索电子商务等新业态建设，全年争取上级财政各类涉企扶持资金4500万元，累计拨付各类县级奖励资金2.8亿元，支持经济转型升级和地方特色产业发展。全面清理规范税收等优惠政策，深入推进"营改增"工作，及时落实小微企业税费优惠政策，全年减免城镇土地使用税和房产税605户，减免金额4500万元，切实减轻企业负担。发挥财税职能，通过加强税收征管，倒逼企业转型升级，淘汰落后产能，提高竹产业区域竞争力、企业综合竞争力和产品市场竞争力。通过推进城镇土地使用税政策调整，提高优势企业竞争力，加快低端低效低产能腾退与淘汰步伐。通过政策扶持引导，在基础设施建设、乡村旅游发展、市场品牌培育、旅游人才培育等方面实施财政奖补，引导社会资本发展休闲经济产业。

【推进区域统筹协调发展】 支持"三改一拆""四边三化""五水共治"专项工作开展，推进生态文明建设，全年拨付资金3.06亿元，确保全县美丽乡村、风情小镇、生态建设、农村生活污水等项目实施。落实强农惠农政策，培育农业新型经营主体，促进农业发展、农民增收，缩小城乡差距，全年"三农"总投入26.3亿元，增长8.7%。大力推进中央支持农民合作社创新试点工作，注入财政资金1000万元，撬动金融资本投入3亿元。

【保障民生支出】 2015年，公共财政用于民生支出36.5亿元，增长13%，占一般公共预算支出的76.5%，保持民生投入稳步增长。教育投入11.2亿元，增长12.5%，用于提高教师待遇，支持教育资源布局调整。支持医药卫生体制改革，设立卫生事业发展专项经费1500万元，专门用于医护人员进修、乡村医生培训等项目，确保农村卫生事业均衡有序发展。城乡居民社会养老保险基础养老金从每人每月115元提高到135元，全年财政补助净增加支出1500万元。健全社会救助和社会福利体系，稳步推进居家养老服务工作，重新修订政府购买养老服务制度。

【推进预算管理改革】 推进政府全口径预算体系建设，在一般公共预算基础上，编制政府性基金预算和社会保险基金预算。推进财政信息公开，做好政府预决算、部门预决算、"三公"经费预决算及专项资金管理全过程等财政信息向社会公开工作，打造阳光监管平台。加强政府性债务计划和融资计划管理，制定出台《融资资金"借、用、还"操作细则》《债务周转金管理办法》等制度。设立债务偿还周转金制度，全年使用周转金归还债务17.89亿元。搭建财务与债务一体化管理系统，逐步建立融资与债务统一管理机制。加强对债务资金使用的后续监督，在全面清理甄别存量债务的基础上，有效优化债务结构，化解债务风险。加快推进政府购买服务工作，创新公共产品供给方式，加快政府购买服务制度建设，出台《关于政府向社会购买服务的实施意见》。

【创新财政支持经济社会发展方式】 推进政府产业基金的设立和运作，使政府性资金能更加高效参与产业培育和发展。截至2015年底，金融、科技等先行先试子基金已成立相应机构，创投产业基金、白茶产业基金和资本市场发展基金均已逐步对接、考察、设立和运作，基金总规模接近7亿元。稳步推广运用PPP模式，成立项目专家小组，组建本地项目库，充分利用财政部PPP综合信息平台，做好PPP项目招商引资工作，建立健全PPP项目动态跟踪机制，充分激活民间资本，丰富资金供给渠道。

【加强财政监管】 *强化绩效管理。*全年安排绩效评价项目23个。坚持以点为主、点面结合、以量为辅，把绩效评价面覆盖到所有的专项资金使用部门。*加强监督检查。*全年对10个单位实施监督检查，有效推进各单位规范管理。*推动财政项目审核工作。*全年送审金额13.64亿元，审定金额13.04亿元，核减5966万元，核减率4.4%。*加强政府采购监管。*严格执行《政府采购法》，依法实行集中采购，加大部门预算管理，加强对协议采购的管理。

【干部队伍建设】 开展"三严三实"专题教育活动，通过加强党性修养、坚定理想信念，以严的标准和实的要求，落实各项财政工作。建立"抓重点、转作风、促落实"工作考核体系，充分发挥财税工作人员主观能动性。拓宽教育培训渠道，组织财税系统干部参加各类教育培训，提升干部综合素养。发挥党、工、团、妇组织作用，搭建活动平台，组织开展各类文体活动，营造团结和谐工作氛围。加强党风廉政建设。组织全系统党员干部开展"学党章、守纪律、讲规矩"专题教育实践活动。加强廉政教育，开展廉政党课教育活动，提高党员干部廉政意识，形成风正、气顺、人和的良好局面。

（安吉县财政局供稿　冯秋芳执笔）

绍兴市财政工作

绍兴市

【概况】 2015年,绍兴市实现生产总值4466.65亿元,按可比价格计算,增长7.1%。其中:第一产业增加值199.09亿元,第二产业增加值2253.41亿元,第三产业增加值2014.15亿元,分别增长1.8%、41.6%、9.2%。三次产业增加值结构由上年的4.5∶51.9∶43.6调整为4.0∶51.4∶44.6。全市固定资产投资2582.84亿元,增长12.1%。全市社会消费品零售总额1621.06亿元,增长9.0%。全市外贸进出口总额299.02亿美元,下降13.8%,其中:自营出口总额271.42亿美元,下降8.8%;进口总额27.60亿美元,下降44.0%。全市城镇居民人均可支配收入46747元,农村常住居民人均可支配收入25763元,分别增长8.3%、8.1%。2015年,全市实现财政总收入602.19亿元,增长5.3%,其中一般公共预算收入362.89亿元,增长5.8%,同口径增长7.8%;市级一般公共预算收入60.72亿元,为年度预算的106.3%,增长12.1%。全市一般公共预算支出421.40亿元,为年度预算的103.3%,增长12.8%,其中市级一般公共预算支出83.42亿元,为年度调整预算的101.4%,增长12.7%。全年全市及市级财政收支平衡。

【组织财政收入】 加强税源引进培育。调查税源培育建设,完善产业扶持政策;实施涵养地方优质税源方案,建立互联网税源情报管理机制,收集税源信息。参与浙商越商引进,推进"个转企"工作。加强收入预测分析。建立完善按月收入进度分析例会制度、收入情况通报制度和定期督查制度,全市监控重点税源企业3825户,监控面69.9%。加强税收征管。制定实施组织收入重点工作责任分解方案,落实15项征收举措;加强大企业管理,出台大企业税务风险指引,制定实施税收风险管理工作计划,加强对银行业、工业企业、房产建筑行业分析评估,查补税款3810万元。全年地税部门组织税收收入285.01亿元,一般公共预算收入中税收收入315.56亿元,占比87.0%。加强非税收入征缴。出台政府非税收入目录清单,取消或暂停征收收费项目13项,免征小微企业收费项目46项。将体彩、福彩业务费纳入政府性基金预算管理。制订出台《行政事业单位国有资产管理办法》和实施细则及固定资产处置报废流程。全年组织非税收入211.45亿元。

【推进产业升级】 加快兑现落实各项优惠扶持政策,全市兑现二、三产业扶持资金21.05亿元。优化完善产业扶持政策,参与制订出台企业综合评价分类管理、小微企业三年成长计划、扩大消费稳增长、推广应用半导体照明产品等政策意见。创新政府采购合同贷款模式,探索开展"银税互动"*,支持融资担保业务,银行由此累计发放各类贷款67.30亿元,缓解小微企业资金困难。落实各类就业帮扶和创业扶持资金4.40亿元。

【创新财政支持方式】 制定《关于创新财政支持经济发展方式加快设立政府产业基金的意见》,成立产业发展引导基金工作领导小组,组建产业基金公司,产业基金规模128亿元,争取到省转型升级产业基金28亿元。探索推广应用PPP模式,推进政府投资项目实施,起草《关于推广运用政府和社会资本合作模式的实施意见》,全市12个项目先后列入全省首批和第二批推荐项目清单。加强与国家开发银行、农业发展银行对接合作,当年引进贷款43亿元。

【保障民生支出】 加大社会保障投入。稳妥推进社保扩面提标工作,统一市区高龄补贴,市级退休人员基本养老金人均月增资129元,城乡居民养老保险基础养老金提高到145元/月,城市低保提升到630元/月,农村低保提升到570元/月,机构供养和社会散居孤儿基本生活费标准等均有所提高。全力支持教科文卫投入。清理整合各类教育奖励补助经费,全市教育支出93.50亿元。全市文化旅游支出10.60亿元,重点保障公益性文化场馆免费开放、文化惠民工程和农村文化建设、全市联动旅游宣传、"绍兴人免费游绍兴",全面实施出台《关于市中小学体育场地设施向社会开放的实施办法》。实施药品集中采购和定价机制试点,制定实施全科医生签约服务实施意见及考核办法,完善公立医院绩效考核办法。全力支持社会管理创新。完善政法经费保障机制,市级落实资金1.35亿元,保障"平安绍兴""法治绍兴""科技强警"等工作开展。编制2015年度市区公租房保障资金计划,到位资金7094万元,分配中央城镇保障性安居工程资金1.20亿元,实施老旧小区改造,推进保障性安居工程建设。

【支持"三农"和生态文明建设】 制定实施2015年全市农业农村财政配套政策,安排"三农"预算资金44.48亿元,其中市级5.80亿元,重点保障"五水共治"。倡导绿色出行,制订出台《关于进一步完善市级公交企业财政补贴政策的通知》,落实公交补贴2.03亿元。支持推进交通治堵,支持创建公交优先示范城市,加大公共自行车服务网点建设投放力度。筹集黄标车辆淘汰、煤改气等补助经费9583万元,全力保障"五气合治";制定汤浦水库和曹娥江流域生态补偿办法,落实专项资金2000万元,推进水源地生态保护。落实"三改一拆"资金4757万元。

【深化财税改革】 深化预算管理改革。编制一般公共预算、政府性基金预算、社保基金预算和国有资本经营预算四本账,并首次提交人代会审议。重新制定相关预算定额。部门预算提交人代会审议扩大至53个,审议科目细化到“项”级。推进预算信息公开,按时公开“四本预算”及“三公”经费预决算信息,公开50个市级部门2014年决算。制定《市级行政事业单位公款竞争性存放管理暂行办法》和《关于推行政府向社会力量购买服务的实施意见》及2015年购买目录。深化预算执行改革。实现国库集中支付改革和公务卡改革乡镇全覆盖,指导帮助市直开发区建立支付分中心,集中支付资金量占比提高9.3个百分点。实施公务卡强制目录,全市公务卡支出增长22.3%。完成2014年度权责发生制政府综合财务报告试编工作;推进预算执行动态监控体系省级试点,启动试运行工作,完善监控规则。严控行政经费和一般性支出,全市“三公”经费支出同比下降12.0%。

【规范财政运行监管】 深化财政监督改革。组织开展全市财政存量资金专项检查和市级行政事业单位经营收支情况检查。推进财政性资金项目绩效评价工作,市级全年审核项目2194个,探索建立财政资金安排使用情况第三方评估制度。制定实施《关于推进市级政府投资项目工程结算和竣工财务决算有关问题的处置意见》,加快推进政府投资项目工程结决算。规范新增债务管理,清理甄别存量债务,做好债券置换工作,全市置换230.44亿元。编制完善56项市级财政专项资金管理清单。开展违规转移餐费接待费、规避检查和违规发放津补贴问题整治,出台《关于进一步加强机关事业单位津补贴管理的通知》。制定《政府采购预算编制暂行办法》《政府采购项目履约检查办法》等规范性文件,市级启动建设金财工程政府采购管理系统,全市实际采购金额97.30亿元,增长6.8%,节约资金10.94亿元。深化财税法治建设。修订《依法行政工作目标责任书》并在全市范围签订落实责任;实施《新录用公务员和行政执法人员上岗法律知识培训考核制度》。推进基层财政管理。指导市直开发区建立财政局。制定出台《乡镇财政规范化创建考评办法》《加强乡镇财政管理与促进乡镇财政公共服务平台管理系统实施方案》《绍兴市级村级公益事业一事一议财政奖补工作操作指南》,加强乡镇财政资金监管。

【加强会计队伍建设】 制定加强行政事业单位会计队伍建设的若干意见,对10家企事业单位进行重点检查,对13名行政事业单位无证上岗会计人员作限期整改处理。起草全市中高级会计人才“十三五”培养规划。完善会计人员继续教育管理制度,集中面授12期,3397人次接受继续教育。

【提升机关工作效能】 推进业务能力建设。安排各类内部培训班;加强专业人才队伍建设,梳理公布全市124名省、市级专业人才库成员,选拔16名干部进入省级人才库。全年干部外派锻炼6人、上挂锻炼4人。推进机关效能建设。组织开展效能提升年活动,做好省委巡视组反馈意见整改落实工作,确定任务,落实整改。开展“查找我身边的失分点”活动,找出具体失分点,提出行之有效的整改措施。推进党风廉政建设。深入开展“三严三实”专题教育,组织召开专题交流研讨,开展“新常态新举措新发展”大讨论,提出对策措施;履行党风廉政建设主体责任,完善局党委主体责任清单和驻局纪检组责任清单,新增中层干部主体责任要求。建立干部约谈制度、廉政承诺制度,举行履行党风廉政建设主体责任集体约谈会,开展“党纪党规与法治财税”专题警示教育活动。 (绍兴市财政局供稿 陈剑波执笔)

注:

*“银税互动”:以纳税信用为基础,以纳税信息为媒介,通过税务部门和银行的信息共享,将企业的纳税信用与银行授信有机结合,实现税务信用体系与银行信用体系的有效对接。

*“五气合治”:控烟气、降废气、减尾气、消油气、除臭气。

越城区

【概况】 2015年,绍兴市越城区实现生产总值336.78亿元,按可比价格计算,比上年增长5.6%。其中:第一产业增加值3.52亿元,下降6.2%;第二产业增加值68.84亿元,下降5.4%;第三产业增加值264.42亿元,增长9.4%。三次产业增加值结构比为1.0∶20.5∶78.5。全区固定资产投资132.85亿元,下降24.6%。社会消费品零售总额211.87亿元,增长5.0%。全市城镇常住居民人均可支配收入44202元,农村常住居民人均可支配收入26076元,分别增长8.0%和8.7%。全年实现财政总收入31.84亿元,其中一般公共预算收入21.96亿元,下降12.3%;一般公共预算支出18.85亿元,增长17.2%,全年财政收支平衡。

【组织财政收入】 注重优质税源引进和培育,设立招商引资专项资金500万元,开展重点税收项目落地情况调查,新增千万元以上楼宇企业8家。夯实税源管理基础,建立联络员制度,按照每个镇街、商贸平台联络员的配备要求,加强税源管理。强化考核举措,细化考核目标,实行年终考核“一票否决”制。加强与国地税部门的互联互动,加强对镇街、商贸平台、企业的涉税业务指导。定期编制财政信息手册和税源经济工作专刊,关注重点产业、重点企业、国有企业收入贡献和财务状况。全年地税部门组织税收收入21.67亿元,一般公共预算收入中税收收入20.46亿元,占比93.2%。加强非税征收管理。推进非税收入浙江政务服务网统一支付平台建设,稳妥推进财政票据改版,加强非税收入收缴统筹,2015年征收非税收入1.50亿元。

【保障政府重点工作】 落实中央、省、市财政扶持政策,全年争取到省市补助资金4.70亿元,有力保障全区社会经济事业稳定发展和重点工作有力推进,助力灵芝卫生院综合楼建设、第四期老小区整治等民生实事项目。稳妥推进事权下放工作，加强事权下放经费保障，争取市级事权下放资金5994万元，区财政拨付弥补事权下放缺口经费2019万元，确保下放部门工作有序承接。持续贯彻落实中央"八项规定"、省委"六个严禁"有关文件精神，规范公务接待、会议费、培训费等支出，全区行政事业单位"三公"经费支出1145万元，下降12.4%。

【加大民生投入】 民生投入持续增长。全年民生支出投入15.88亿元，占一般公共预算支出的84.2%，增长19.4%。文化体育与传媒、教育、医疗卫生支出增幅分别为71.5%、29.7%、48.9%的增长率。加大教育经费投入。区属学校生均公用经费标准达到全省平均水平以上，农村义务教育学生营养餐补助标准从每生每年750元提高到每生每年1000元，惠及学生3000多人次；落实农村在编在岗教师津贴补助政策，按照每人每月300至600元补助标准，惠及农村教师2414人；加强校园安全保障，提高校园安保经费标准。确保社会保障支出。三属人员(革命烈士、因公牺牲军人、病故军人的家属)、在乡复员军人、带病回乡退伍军人生活补贴标准提高50%以上，加大对特殊群体的财政补助，提高无固定收入残疾人生活补助标准，落实残疾人机动三轮车集中处置财政补助政策。当年安排社保支出5805万元。

【支农惠农，推进美丽乡村建设】 推进支农体制改革，出台财政支农体制机制改革的意见，搭建改革初步框架，联合主管部门逐个完善专项资金管理办法。落实惠农支农资金8898万元，加大"五水共治"、农业两区建设、美丽乡村建设投入，兑付各级惠农支农资金，开展9个村的农村生活污水治理，受益农户6825户。推进一事一议财政奖补工作，完成村级公益事业项目9个。

【深化财政改革】 试点政府购买服务。出台政府购买服务相关实施意见，建立越城区政府购买服务工作联席会议制度，确立校园安保项目为试点，试点项目被列入全省可推广、可复制的典型案例。建立财政专项资金管理清单，完善专项资金管理办法，共计10个专项资金纳入清单动态管理并实施公开，涉及专项资金2498万元。出台部门财政结余资金管理办法，全面实施两年以上部门结余资金收缴统筹，加强专户结余资金管理，盘活存量资金。加大预决算公开力度，部门预算信息公开由25家单位增加到31家，部门决算公开由原先的1家增加到25家。配合上级部门做好预决算公开情况检查。加强地方政府债务管理，实施债务动态监管，开展存量债务置换，清理甄别后纳入预算管理的地方政府存量债务1.4亿元。

【强化资金监管】 深化预算绩效监督。出台预算绩效管理办法，实施财政资金预算绩效目标申报全覆盖，选择重点部门开展预算绩效目标专项核查。对贫困群众医疗救助等3个民生项目开展绩效评价，涉及财政资金1.10亿元。加强涉农资金监管。规范一事一议财政奖补项目立项和资金监管，按进度做好资金拨付，完善一事一议项目库建设，开展涉农资金专项检查，落实问题整改。加强基层财政监管。完善基层财政机构设置，增设镇财政所3个和街道财政办公室5个，落实人员编制。规范基层财政支出，出台2015年《镇街财政财务管理考评办法》，全面启动乡镇公共服务平台建设。加强国有资产监管。编制2015年度政府性投资项目收支计划和债务收支计划，建立政府投资项目执行情况报表制度，制定方案开展政府投资项目工程结算和竣工财务决算自查。

【加强队伍建设】 开展"三严三实"专题教育，出台专题教育实施意见，从纪律要严、管理要严、机制要严，学习要实、工作要实、做人要实六个方面充实教育内容、完善工作机制。开展"三新"学习大讨论，以"新常态新举措新发展"为主题，加强政治理论学习，探讨财政工作面临新形势、新问题，提出针对性措施。学习新《准则》《条例》，组织召开干部民主生活会，谈体会、见行动，推进党风廉政建设。 (绍兴市越城区财政局供稿 王 萍执笔)

柯桥区

【概况】 2015年，绍兴市柯桥区实现地区生产总值1200.11亿元，按可比价计算，比上年增长7.6%。其中：第一产业增加值33.91亿元，增长2.0%；第二产业增加值644.56亿元，增长5.9%；

组织财税干部参加登山活动

第三产业增加值521.64亿元,增长10.5%。三次产业增加值结构比由上年2.9∶55.4∶41.7调整为2.8∶53.7∶43.5。按户籍人口计算,人均生产总值184148元,增长6.7%。规模以上工业总产值3478.32亿元,增长2.5%。固定资产投资663.14亿元,其中工业投资326.54亿元,分别增长14.9%和11.9%。社会消费品零售总额233.37亿元,增长11.0%。自营出口104.16亿美元。城镇常住居民人均可支配收入50741元,农村常住居民人均可支配收入29177元,分别增长8.4%和9.1%。全区财政总收入160.5亿元,增长4.3%,剔除11项政府性基金调入一般公共预算因素后同口径增长6.5%,其中:一般公共预算收入97.85亿元,增长7.7%,同口径增长12.0%。一般公共预算支出98.53亿元,增长23.9%。当年财政收支平衡。

【组织财政收入】 优化收入结构。2015年,全区地税部门组织各项收入126.01亿元,增长5.8%,其中:税收收入73.35亿元,增长9.0%。全区一般公共预算收入占财政总收入的61.0%;全区一般公共预算收入中税收收入83.10亿元,占比85.0%。开展"低小散"块状行业和工业园区专项整治行动。联合国税部门对6225户经营户进行专项整治,补缴税费3300余万元;推进工业小区整治工作,拟定全区工业园区出租物业最低计税价格,完善出租税收相关征管规定。加强重点税源培育和监控。完善重点税源动态监控机制,对855家重点税源企业实行全程跟踪监管;完善招商引资考核政策,加大考核力度,全年引进项目6个,总投资3.8亿元。推进依法治税。全年检查纳税人619户,查补各类收入6206万元,强化公检法协作联系机制,全年对8起破产案申报税费等债权4703万元;强化纳税评估力度,对染化行业、法律服务业、印染业等开展专项评估,全年评估入库2188万元,增长88.5%。深化国地税部门合作,建立国地税协作联席会议制度,确定37项合作事项;与市场监管、质监等部门协同开展"五证合一、一照一码"登记制度改革,全区办理"五证合一"3999本;规范非税收入。实现土地出让金系统与非税收入系统数据接口导入,推进非税收入收缴电子化改革,建立非税征管预警机制,当年全区收缴政府非税收入41.50亿元。

【创新财政扶持方式】 设立政府产业基金,与省产业基金合作,成立区域合作基金,其中区产业基金出资28亿元,省产业基金出资12亿元,撬动社会资本投入400亿元以上。推进基金小镇建设。以中国轻纺城创意园为核心区域打造"金柯桥基金小镇",出台相关实施意见,加大财政奖补力度,多方出击做好招商服务,至年底已集聚30余家金融私募机构入驻。

【服务经济发展】 加大财税扶持力度。参与研究制定各项财政扶持政策,累计拨付转型升级资金4.80亿元;向上争取各类补助资金8804万元,帮扶区内企业发展。落实财税优惠政策。发挥"政策叠加"效应,落实"营改增"等结构性减税和普遍性降费政策,开展涉企收费专项清理,累计为企业减负4.82亿元。提升财税服务质效。推广应用"柯桥财税"微信公众号,全年累计推送图文信息43期,涉及各类财税资讯135条。

【支持生态文明建设】 健全支持生态文明建设政策体系,统筹安排财政资金10.20亿元,切实做好"五水共治""五气合治"工作的资金保障,全力支持美丽乡村建设和城乡环境卫生整治提升九大专项行动,推进城乡协调发展。深化强镇扩权,加快新型城市化建设,安排专项资金1.6亿元扶持钱清小城市培育发展。

财税干部写春联送村民

【完善普惠民生保障机制】 全年安排经常性民生保障支出67.3亿元,同口径增长9.7%,当年新增财力用于民生支出的比重69.9%。完善社会保障体系。加大民政经费保障,各类社会补助再次提标,城乡居民养老保险基础养老金提高到145元/月,企业退休人员基本养老金人均增加135元/月,城市和农村低保分别提升到630元/月和570元/月;重点做好失业人员、就业困难人员、退役士兵等就业扶持工作,全年投入8421万元用于失业保险和就业保障;落实社会福利和优抚等各项政策,做好困难群众、优抚对象、城乡老年居民春节慰问等资金落实保障工作,全年拨付各类慰问金1.32亿元。推进社会事业发展。建立健全义务教育均衡发展经费保障机制,完善城乡义务教育资源均衡配置,建立职业教育生均经费制度,推进中等职业教育内涵建设和教学改革;推进浙工大之江学院、树人大学、妇女儿童医院以及老年医院等建设,累计拨付资金5.56亿元;筹措建设性财政资金1.92亿元,加大对“交通治堵”“公交一体化”、机动车污染整治(黄标车淘汰)等的投入力度;创新社会治理,推进基层社会治理信息化及平安系列创建,全年用于公共安全支出5.1亿元。深入推进一事一议财政奖补项目建设,全年共实施项目22个,受益农户4.52万人。

【深化财政改革】 推行政府购买服务。制定政府向社会力量购买服务实施意见,出台指导目录、采购管理细则及预算管理办法,选取法律咨询、物业管理、保洁服务等98个项目开展试点,涉及资金1.77亿元。创新融资模式。探索通过PPP、BT、BOT等投融资模式参与重大政府投资项目建设,其中“杭州——绍兴城际铁路”项目被纳入全省第二批PPP项目库。深化国库集中支付改革。加强用款计划管理,严格执行国库集中支付制度,区本级集中支付金额63.45亿元,增长21.7%;继续推进公务卡改革,落实公务卡强制结算目录制度,全区累计发放公务卡近11000张。

【加强财政监管】 严格“三公”经费管理。完善“三公”经费支出管理办法,实行支出动态监控,从严控制行政经费和一般性支出,全区“三公”经费同比下降6%。清理整合财政专项资金。开展专项资金优化整合工作,打破部门界限,合理归并使用资金,全面修订完善建筑业发展、生态环境保护等16项专项资金管理办法。防范债务风险。加快建立规范的地方政府举债融资机制,强化政府投融资平台的财务监管和风险预警,争取并实施政府债券置换存量债务43.1亿元,大大降低政府债务成本。完善绩效管理机制。建立绩效目标设立监督机制,明确52个新增项目的预算绩效目标;对22个部门153个项目开展进度绩效跟踪管理,涉及财政资金18.38亿元;对17个重点项目进行财政监督检查和绩效支出评价。加大财政监督力度。开展涉农资金专项整治行动,涉及项目223项、财政资金48.53亿元;抽查审核8批次52个政策项目的财政奖补资金,涉及拟奖补资金2844万元。

【提升团队素养】 深化作风建设。推进“三严三实”专题教育活动,组织开展“新常态新举措新发展”大讨论,剖析查找作风方面存在的问题,落实有效的整改措施。深化廉政建设。出台党风廉政建设责任清单,分解落实廉政建设任务,确保“两个责任”落地生根;加强“制度+科技”内控机制建设,推行“预警前置、过程监控、实时考核”的廉政风险防控模块和税收执法责任制考核模块,全年消除各类风险预警1196个。深化财税文化建设。选派7个批次41名系统业务骨干到国家税务总局培训基地进行专业化和知识更新型培训;开通网上业务练兵平台,提供学习、测试和考试“三位一体”功能;推进“青蓝工程”建设,结成青蓝对子41对,配合完成调研课题39个;完善选人用人机制,12名干部被提拔任用,41名干部进行了轮岗交流。开展系统文化体育活动,丰富干部业余生活,提升团队凝聚力。在全区岗位责任制考核中,柯桥区财政局名列第一。

(绍兴市柯桥区财政局供稿　陆海东执笔)

上虞区

【概况】 2015年,绍兴市上虞区实现地区生产总值为725.94亿元,增长8.4%。其中:第一产业增加值42.44亿元,增长2.0%;第二产业增加值391.02亿元,增长8.3%;第三产业增加值292.48亿元,增长9.4%。三次产业增加值结构比由上年的6.1∶54.6∶39.3调整为5.8∶53.9∶40.3,三次产业对GDP增长的贡献率分别为1.3%、58.5%和40.2%。按户籍人口计算,人均生产总值93082元,增长8.4%。全年实现财政总收入97.50亿元,增长8.3%;一般公共预算收入53.58亿元,增长7.5%;其中税收收入48.64亿元,占一般公共预算收入的90.8%;一般公共预算收入占财政总收入的55.0%。全年完成一般公共预算支出60.01亿元,完成调整预算的98.8%,增长13.4%。当年财政收支平衡,略有结余。

医疗资源实现“下沉”

【组织财政收入】 科学编制税收计划，加强重点税源企业监控，落实税收征管规范，探索税源专业化管理，完善风险管理指标体系，推进税收保障机制建设，拓展涉税信息采集来源。引进回归经济税源，全年累计实现回归经济税源3.11亿元。开展营业税专项清理、土地增值税清算等工作，落实《欠缴税费管理办法》。落实稽查与税务分局互动，认真开展税收专项检查。全年地税部门组织收入73.51亿元，增长10.7%。拓展非税收入征收渠道，摸清收入来源，动态分析收入因素，建立健全收入考核评价机制，完善"以票控费、以票控收"的工作机制，全年非税收入16.63亿元。

【促进转型升级】 用足用好财税政策，支持工业强区和服务业兴区双轮驱动战略，推动"腾笼换鸟""机器换人""空间换地"和"电商换市"，助力"名企、名品、名家"培育。落实各项税费优惠政策，全年累计减免税费5.03亿元，兑现各类政策奖励补助资金6.60亿元。深化完善"亩产税收"试点工作，减免2014年度城镇土地使用税5545万元，受惠企业551家。设立政府产业引导基金，组建转型升级基金有限公司，充分发挥财政资金杠杆作用。

【拓展融资渠道，保障重点工作】 创新融资方式，拓展融资渠道，全年财政本级实现新增授信64.23亿元，当年净提用31.23亿元，占全区净新增融资额的49%，确保政府投资项目资金需求。高铁新城新型城镇化项目获批农发行授信42亿元，城北65号地块保障房建设项目成为全省棚户区改造首批14个签约示范项目之一，获批国开行授信12.8亿元。改制组建区国有资本投资运营有限公司，完成第一批10家国有企业股权无偿划转工作。支持配合杭州湾建设开发集团有限公司组建，加大对交通集团、城建集团扶持力度，提升平台公司实体化运作水平。加强风险评估预警，严格执行新增债务审批，深化融资担保计划管理，印发《国有企业对外担保管理办法》，实现新增担保融资70.41亿元。开展地方政府债券置换存量债务工作，防范债务风险。

【保障社会民生】 全年民生支出46.24亿元，增长15.7%，占一般公共预算支出的77.1%。做好政府"十大民生工程"和各项民生事业的资金保障工作。调整低保家庭生活补助标准和基础养老金待遇，推进养老服务中心建设，全力支持卫生系统开展基层首诊、双向转诊和全科医生签约服务工作。全年一般公共预算用于社会保障支出5.2亿元，增长17%，医疗卫生支出3.9亿元，增长18.6%。支持"五水共治"，加大污水管网收集和河道综合治理资金投入力度。全年文化体育与传媒支出1.2亿元，支持文化强区、文化礼堂、文化产业发展。

【深化财税管理】 贯彻新《预算法》规定，做好"四本"预算的编制以及相互之间的衔接和统筹协调，全面推进预算公开。强化专项资金管理，建立财政专户资金指标化管理体系。盘活存量资金，存量资金较上年底下降73.7%。完善用款计划管理，规范预算执行体系，建立预算执行动态监控系统。推进政府购买服务，制定出台政府购买服务工作相关政策和目录清单。

【加强财政监管】 开展绩效目标评审，组织相关部门、专家及中介机构对14个项目绩效目标进行综合评审，核减预算资金2.5亿元，核减率74.1%。实施财政监督检查，推进重点专项资金绩效监管系统软件建设。规范国有资产处置，加强国企对外投资管理。推进会计信息大数据建设，修正完善会计信息。做好财政地税网络边界划分工作，推进财政信息系统等级保护建设。

【提升队伍素质】 开展"三严三实"主题教育，组织"新常态新举措新发展"主题讨论。注重岗位技能提升，分批进行干部业务培训，定期组织业务考试和岗位技能比武。落实党风廉政建设"两个责任"实施办法，对基层分局落实党风廉政建设责任制工作开展专项巡查。举办微型党课、书香财税读书等活动，激发队伍活力。 （绍兴市上虞区财政局供稿　宋朝阳执笔）

诸暨市

【概况】 2015年，诸暨市实现生产总值1026.78亿元，按可比价格计算，比上年增长7.0%。其中：第一产业增加值50.60亿元，增长2.1%，第二产业增加值542.69亿元，增长6.0%，第三产业增加值433.49亿元，增长9.1%。三次产业增加值结构由上年5.0∶54.4∶40.6调整为4.9∶52.9∶42.2。按户籍人口计算，人均生产总值95083元，增长6.9%。全市完成500万元以上固定投资649.03亿元，增长14.1%；社会消费品零售总额354.12亿元，增长12.0%。城镇和农村常驻居民人均可支配收入分别为49545元和27885元。全市财政总收入112.93亿元，增长0.1%，其中一般公共预算收入71.59亿元，增长2.8%。全年一般公共预算支出80.86亿元，增长5.6%。当年财政收支平衡。

【组织财政收入】 2015年，全市地税部门组织各项收入105.58亿元，增长14.0%，其中税收收入58.91亿元，增长6.6%。优化财政收入结构，一般公共预算收入占财政总收入的比重为63.4%，税收收入占一般公共预算收入的比重为87.2%。开展重点税种征收管理和专项清查，推进营业税专项清理工作，对重点行业进行自查和评估，全市累计清理2354户，补缴营业税税款2.63亿元。全年完成土地增值税清算项目43个，清算补缴土地增值税8915万元。完善个体税收征管工作，建立长效管理机制，全市核查个体税收户15042户，补缴地税税费6407万元；核查个人出租房户数12010户，补缴地税税费335.8万元。加大清欠税费力度。对欠税费企业进行跟踪管理，全年累计追缴入库3.58亿元。加强非税征管，全年组织非税收入9.17亿元。

【推进经济转型升级】 贯彻省、市出台的一系列稳增长、调结构政策，全年落实"营改增"、小微企业税收优惠等结构性减税和普遍性降费政策，累计为企业减负7.75亿元。落实"工业经济三十条"等各类财政扶持政策，累计兑付企业奖补资金6.02亿元。创新财政扶持经济发展方式，设立20亿元转型升级产业基金，入围全省转型升级产业基金第一批参股基金项目，获省转型升级产业基金配套出资8亿元。扩大企业应急转贷资金规模，及时为企业提供应急转贷资金，全年累计周转资金177亿元。开展"银税互动"专项工作，与银行合作，为51户诚信纳税人发放无抵押、无担保贷款8385万元。向上级争取资金，主动对接政策性银行，打造发债新平台，提高直接融资比例。

【保障重点支出】 做好政府"十大惠民实事"和教育、医疗、社保、就业、住房等民生事业的资金保障工作，全年累计执行民生支出65.96亿元，增长6.9%，占一般公共预算支出的81.5%。全市新增财力用于民生支出的比重继续保持在三分之二以上。大力支持美丽乡村建设。加大投入推进农村生活污水处理、农村生活垃圾分类减量化处理和美丽村庄建设等工程。深化农村文化礼堂建设和农家书屋工程，满足农民精神文化多元化需求。落实传统特色文化保护专项资金1000万元，加强对历史文化遗存和非物质文化遗产的保护和利用。建立和实施独生子女特殊家庭关爱制度，设立独生子女特殊家庭关爱扶助金。鼓励和引导民间资本进入养老、教育、医疗等领域，提高公共产品供给质量和水平。

【创新财政提供公共产品方式】 推进政府向社会力量购买服务和PPP合作模式，完善工作机制，加强项目储备，通过政府和社会资本合作，提高公共服务和公共产品供给效率。投入财政资金4200万元撬动社会投资5.7亿元的再生水厂项目成为全省首批落地的PPP试点项目之一，诸暨市被评为PPP项目示范县(市)。着力推进政府购买服务工作，出台政府购买服务实施办法、指导目录及预算管理办法、采购管理办法等配套制度，开展行政事业单位物业管理、城乡公交一体化等领域购买服务试点工作。压缩行政运行成本，"三公"经费在上年下降58.1%的基础上再下降19.2%，其中公务接待费下降33.5%。

【强化财政监管】 推进政府预决算和"三公"经费公开，扩大公开范围，细化公开内容，打造"阳光财政"，接受社会监督。健全政府预算体系，加大政府性基金预算、国有资本经营预算与一般公共预算的统筹力度，硬化预算约束，从紧从严控制预算追加。加强结余结转资金清理，清缴部门单位结余资金6.98亿元，整合上级下达的转移支付资金2亿元。规范财政资金存放工作，开展政府性资金存放管理专项整治，通过建章立制、量化考核，保障政府性资金存放的公正、公平、公开。优化政府债务结构，保障政府投资项目的资金需求。全年市本级支付政府重点工程项目资金14.39亿元，政府融资平均成本降至6.6%。开展全市镇乡(街道)机关单位"一把手"和财务人员财经纪律专题培训，加强风险源头防控。严格资金拨付审核，全年完成154个项目概算审核工作，总送审金额20.2亿元，净审减金额3.69亿元，审减率为18.3%；全年政府采购总金额23.26亿元，节约资金2.2亿元，节资率9.5%。

【加强队伍建设】 开展干部教育培训，坚持每周一集中学习制度，组织开展个性化培训。开展青年干部培养锻炼工程，加大对年轻干部的培养锻炼。组织开展党章党规党纪专题学习，增强党规党纪意识。注重干部能力素质提升，将先进单位评比与干部考核挂钩，起到奖优惩劣的作用。

（诸暨市财政局供稿　徐高勇执笔）

嵊州市

【概况】 2015年，嵊州市实现生产总值445.02亿元，比上年增长7.1%。其中：第一产业增加值37.92亿元，增长2.1%；第二

山水越剧，休闲旅游

产业增加值220.28亿元,增长6.8%;第三产业增加值186.82亿元,增长8.6%,三次产业对GDP增长的贡献率分别为2.4%、51.6%和46.0%,三次产业结构比为8.5∶49.5∶42.0。按户籍人口计算,全市人均生产总值60812元,增长7.3%。全市财政总收入46.79亿元,增长8.1%,其中一般公共预算收入29.17亿元,增长8.5%。全年一般公共预算支出41.17亿元,增长11.2%。全年财政收支平衡,略有结余。

【组织财政收入】 优化收入结构。全年一般公共预算收入占财政总收入的比重为62.4%,比上年增加0.3个百分点;一般公共预算收入中税收收入26.24亿元,占比89.9%。强化税收征管。深化数据应用分析,分行业分类别开展纳税评估,组建重点税源评估、房地产土地增值税清算等五个工作组,开展专项清理。建立健全与国税、国土、发改等部门合作的长效机制,堵塞征收漏洞,加大对重点涉税案件彻查力度,营造公平、公正的纳税环境。地税部门组织收入43.35亿元,增长9.1%,其中税收收入23.59亿元,增长7.0%;社会保险基金收入17.58亿元,增长11.9%。加强非税收入征管。全市所有行政事业单位和社会团体均纳入非税收入征管信息系统,电脑开票取代手工开票;开展非税收入分户沉淀资金清理,行政事业性收费目录清单在政府网站对外公布,接受社会监督。全年完成非税收入37.62亿元,增长71.6%,其中纳入一般公共预算管理的非税收入2.93亿元,同口径增长5.0%。

【支持经济发展】 支持实体经济发展,全年市本级累计兑现工业经济政策资金1.04亿元,扶持国家级高新技术企业、战略性新兴产业,支持实施淘汰落后产能计划,助力传统造纸、印染等重污染行业整治提升。投入科技经费1.9亿元,鼓励科技创新,促进大众创业。支持电子商务发展,安排电子商务扶持资金800万元,加速实体企业与电子商务融合,推进电子商务产业园建设。创新扶持经济方式,引导社会资本参与公共服务,出台《嵊州市产业发展基金实施意见》,启动初始规模5亿元的产业基金;探索政府与社会资本合作(PPP)模式,推进重点项目工程建设。

【保障民生支出】 全年民生和社会事业支出33.95亿元,占财政总支出的82.5%,比上年提高1.5个百分点。投入教育经费11.5亿元,支持学前教育、义务教育、职业教育发展;投入文化经费9200万元,支持越剧繁荣工程、城乡公共文化服务体系和农村文化礼堂建设;安排城乡基本公共卫生服务补助3100万元,基层医疗机构收支差额补助4900万元,支持基层医疗卫生机构综合改革,提升社会保障水平。完善城乡居民基本养老保险政策,基础养老金提高到每人每月145元,企业退休人员平均养老金提高到每人每月1876元;安排城乡居民医保政府补贴2.99亿元,城乡居民基本医疗保险筹资标准提高到每人每年850元。

【支持现代农业,推进城乡协调发展】 安排现代农业项目资金2500万元,拨付"越乡龙井"和"嵊州香榧"品牌建设资金800万元,促进现代农业综合区、主导产业示范区、特色农业精品园和现代种业基地发展。安排新农村建设资金9000万元,安排182个村的生活污水治理资金3亿元,落实一事一议财政奖补资金5600万元,推进"三改一拆""五水共治""四边三化"工程建设。

【深化财政改革】 深化全口径预算编制改革,加大政府性基金预算、国有资本预算与一般公共预算的统筹力度,将地方教育附加等11项基金列入一般公共预算。2015年上会的67家部门预算和"三公"经费预算全部向社会公开;建立健全政府性债务动态监控体系,稳妥有序开展存量债务置换工作,争取到省政府发行的地方政府债券额度41.06亿元,置换2014年前的存量债务,有效降低政府融资成本。硬化预算执行刚性,坚持"先有预算,后有收支"的原则,严格执行人大批准预算,杜绝随意调整预算。探索构建全市国库集中支付动态监控体系,完善公务卡强制结算目录,跟踪财政资金流程,实行党政机关会议培训定点管理。落实厉行节约各项规定,对行政经费及"三公"经费支出进行严格审核,超额度、超范围开支一律退回相关单位重新办理,全市公务用车购置和运行费、公务接待费、因公出国(境)等支出下降26.3%,会议费下降11.4%。

【加强财政监督】 强化财政监督检查。开展市级部门(单位)非税收入收支两条线政策执行情况及监管职责履行情况督查,补缴入库政府非税收入1116万元,核销财政票据50万份,责任追究问题较严重的单位,建立长效的非税收入监管机制。查处违规获取农业综合开发财政贴息资金问题企业,追缴违规资金161万元,罚款16万元。清理部门结转结余资金和财政专户资金,超过规定使用年限的结转结余资金全部收回市财政统筹安排,盘活财政存量资金1.22亿元。完善房产出租管理。全市行政事业单位房产出租出借严格实行审批制度,单位对外出租出借房产,一律报市财政局审批,进市公共资源交易中心公开招租,收益全额纳入预算管理。实行财政资金竞争性存放。制定财政资金竞争性存放工作方案,首次实行财政资金竞争性存放商业银行定期存款项目招投标,平均年收益率比三年期基准年利率上浮53.3%,提高财政资金存放透明度,实现财政资金保值增值。

【加强队伍建设】 加强业务学习,邀请专家学者就新《预算法》以及新常态下的财税工作等专题举办讲座,拓展干部业务视野;组织50岁以下干部参加一年一度的业务考试,以考促学。加强思想政治教育,开展"三严三实"专题教育活动,引导干部树立正确的人生观和价值观、权力观。加强机关作风建设。全面落实岗位责任制、服务承诺制、限时办结制、首问负责制等制度,不断提高服务水平和工作质量,营造风清气正干事创业良好氛围。市财政局在市级机关部门考核中获第一名。

(嵊州市财政局供稿　黄小明执笔)

新昌县

【概况】 2015年,新昌县实现生产总值345.40亿元,比上年增长6.0%。其中:第一产业增加值21.09亿元,增长1.9%;第二产业增加值175.39亿元,增长6.4%;第三产业增加值148.92亿元,增长5.9%;人均生产总值78849元,三次产业结构比为6.1∶50.8∶43.1。全社会固定资产投资148.27亿元,增长12.1%;社会消费品零售总额140.09亿元,增长11.4%;出口总值17.35亿美元,下降8.5%。全县财政总收入51.50亿元,可比增长6.6%,同口径增长7.8%;其中一般公共预算收入28.00亿元,可比增长6.0%,同口径增长8.1%,占财政总收入的54.4%;一般公共预算支出38.53亿元,增长6.1%。当年财政收支平衡。

【组织财政收入】 关注"营改增"、房产税改革等重大税制改革进程,加强金融业税收征收管理。加强对重点行业、重点税源企业的动态跟踪分析,强化中小企业税源监控和纳税评估。全年地税部门组织各项收入21.36亿元,全县一般公共预算收入中税收收入24.20亿元,占比86.4%。落实《社会保险法》及配套政策,完善社会保险费征缴机制。加强财政票据监管,规范土地出让金管理,确保非税收入应收尽收,全年实现非税收入3.8亿元,同比增长36.2%。

【推动经济发展】 落实财政扶持政策,健全财政激励奖补机制,全年兑现各项财政性政策奖励资金2.91亿元。落实结构性减税、清费减负和固定资产加速折旧等税费优惠政策,累计惠企减负金额3.28亿元,涉及纳税人11729户,其中21户高新技术企业减免企业所得税1.18亿元。制定《新昌县产业基金管理实施办法》,支持战略性新兴产业快速发展和重点项目加快推进。成立新昌县产业投资发展有限公司,并开始实质性运作,创新财政资金对新兴产业的引导和推进方式。完善企业贷款担保服务,着力缓解企业融资困难。全年县担保公司提供融资担保业务78户次,担保金额3.03亿元,办理中小企业银行到期借款短期周转业务126户次,提供周转资金7.88亿元,推荐中小企业专项信用贷款41户次,金额0.96亿元。加大"三农"投入力度,创新"三农"投入渠道,以一事一议财政奖补为方式,以"五水共治"、中心村培育、美丽乡村建设、"农房两改"为重点,提高农村民生保障水平,累计落实"三农"扶持资金6.86亿元,增长28.0%。

【保障重点项目建设资金需求】 集中财力保障重点项目建设资金需要,累计落实县级重点项目建设配套资金7.10亿元。探索运用政府和社会资本合作(PPP)模式,鼓励社会资本参与公用设施建设,当年"新昌生活垃圾卫生填埋场和新昌将作头、长远岗垃圾填埋场污水处理厂"两个PPP项目有序推进。

【保障民生支出】 2015年全县民生支出30.62亿元,占一般公共预算支出的79.5%。教育支出8.44亿元,生均教育经费投入16845元。落实财政教育投入政策,加大教育扶持力度,提高义务教育、普高教育保障水平,完善职业教育生均经费制度,推进城乡教育均衡发展。全年医疗卫生与计划生育支出3.42亿元,增长1.02%。支持深化医药卫生体制改革,完善公共卫生服务体系和医疗服务体系。社会保障和就业支出3.55亿元,增长13.7%。落实稳定和扩大就业的政策措施,支持公共就业服务体系建设;健全社会救助体系,支持保障性住房建设和廉租住房建设。全年文化投入9137万元,增长6.5%,用于加快公共文化服务体系建设,完善基层公共文化设施,逐步建立覆盖城乡的公共文化服务体系。

【深化财税改革】 完善预算管理体系,稳妥推进预算公开制度,规范预决算公开内容和程序。深化国库集中支付改革,在县级机关和乡镇街道完成国库集中支付改革的基础上,搭建设备共用平台,完善乡镇国库集中支付制度。加快推进公务卡改革,在县级预算单位和乡镇街道强制推行公务卡结算制度,拓宽公务卡应用面。截至年底累计发放公务卡5999张,全年公务刷卡消费870万元。充实乡镇公共财政服务平台工作内容,全年有58项涉农补助资金通过乡镇公共财政服务平台发放,受益农户36.3万人次,涉及资金1.56亿元,实现"社保、医保、补贴"一卡通。

【强化资金监管】 严控"三公"经费,通过强化预算总额管理、量化控制额度、实行月报制度、明确列支范围、严审支付票据,推进"三公"经费管理长效化、规范化和制度化。当年"三公"经费支出2969万元,同比下降17.9%。加强政府投资项目概算、预算审核管理,全年审核工程建设项目64项,涉及投资金额25.77亿元,其中审核概算12.77亿元,调整不合理概算1.18亿元。推进预算绩效管理改革,完善绩效评价方式方法,扩大绩效评价工作范围,全年完成57个项目绩效自评,涉及财政资金5.52亿元;完成4个省、县(市)联动项目政策绩效评价和5个项目预算绩效管理重点评价,涉及财政资金13.77亿元。

【加强队伍建设】 加强干部教育培训,组织业务骨干到扬州税务学院参加学习培训,邀请省内财政、税务、会计领域的专家举办报告会或讲座。优化财税服务,开展"服务新常态、助推新发展"春风行动和财税政策辅导专项行动,宣传财政奖励政策和"营改增""亩产税收"等财税改革政策,帮助企业破解转型发展难题。学习《准则》和《条例》,落实党风廉政建设"两个责任"。加强财税文化建设,开展"财政理财能手"评选活动和读书活动,培育具有财税特色的文化理念和行为体系,增强财税系统的凝聚力、向心力。

(新昌县财政局供稿　俞美娜执笔)

金华市财政工作

金华市

【概况】 2015年,金华市实现生产总值3406.48亿元,按可比价计算,比上年增长7.9%。其中:第一产业增加值141.21亿元,增长1.5%;第二产业增加值1538.94亿元,增长5.8%;第三产业增加值1726.33亿元,增长10.6%。第一、二、三产业增加值占地区生产总值的比重由上年的4.3∶47.1∶48.6调整为4.1∶45.2∶50.7。全市人均生产总值71478元,增长7.3%。全社会固定资产投资1836.16亿元,增长15.1%。社会消费品零售总额1783.10亿元,增长12.0%。外贸进出口总额490.6亿美元,增长18.3%。全市城镇常住居民人均可支配收入43193元,增长9.4%,全市农村常住居民人均可支配收入20297,增长9.5%。全市财政总收入516.96亿元,增长8.3%,其中一般公共预算收入309.69亿元,增长8.8%;市区财政总收入119.65亿元,增长11.9%,其中一般公共预算收入70.04亿元,增长8.8%。全市一般公共预算支出464.21亿元,增长25.7%;市区一般公共预算支出133.23亿元,增长40.3%。全市及市本级财政收支平衡。

【组织财政收入】 推进税收保障工作。从14个部门获取涉税信息25.7万条,分析应用后实现税收收入34.77亿元。推进税源管理信息化。按月跟踪统计税收风险管理,完善平台信息,并在全市集中开展基础数据清理工作,全年查补税款3.33亿元。全面应用查账软件,全市查补收入2.77亿元,增长79.8%。推进欠税管理制度化。出台欠税管理办法、社保费欠费清缴操作指引、建立企业欠税档案等方式规范欠税管理,清理欠税6746万元。加强非税收入征管。全市组织非税收入38.32亿元,增长16.8%。

【助推经济发展】 引导企业加快转型。投入扶持资金6828万元支持企业科技创新;推进国家现代服务业综合试点工作,服务业增加值799.8亿元,增长10.5%;争取金义综合保税区项目,并获国家批准。开展清费减负行动。取消、免征行政事业性收费76项,政策惠及企业和个人共计8327万元;实施营业税减免,支持重点群体创业就业、支持金融服务“三农”等;减免2014年度房产税及城镇土地使用税,减免税款8132万元。帮助企业化解两链风险。做好企业应急转贷资金服务,全市企业周转金规模达22.4亿元,累计为企业解决转贷资金369.2亿元;推进小微企业“银税互动—税易贷”业务,开创“以税换贷”的企业融资新模式;与工行签署“互联网+政府采购”支持中小企业供应链融资项目合作协议,加强政府采购支持企业转型。

【保障民生事业】 促进教育事业均衡发展,市区安排民办教育发展专项1500万元,扶持民办普惠性幼儿园建设;推进机关事业单位养老保险制度改革,解决“双轨制”矛盾,促进社会公平;提高城乡居民基本养老保险保障水平,市区城、乡失业保险金发放标准上调12.9%;调高市区城、乡居民最低生活保障标准;安排卫生发展专项资金1.19亿元,改善市本级基层医疗机构医疗设备,“基层医疗单位就诊率”近60%;市本级保障性安居工程实际投入3.35亿元,增长87%,补贴低收入家庭住房租赁补贴846万元。加强市区“二七”新村棚户区改造项目资金筹集与监管工作,筹集资金42亿元,解决资金短缺问题,并出台资金监管办法。

【推进生态文明建设】 将市本级2014~2016年“五水共治”资金28.37亿元纳入2015年政府投资预算。安排生态建设环保专项资金2.57亿元,推进环保监测、农村污水治理、饮用水源生态涵养等项目。出台《金华市区实施与污染物排放总量挂钩财政收费制度的意见》,并安排1000万元财政资金实行分档奖励,专项用于环保基础设施建设等领域。市区投入7450万元实施首个污水雨水和排水系统性专项规划,10条截污干管工程开工建设。

【深化财政改革】 改革预算管理模式。清理部门单位2014年底结余资金,增加可用财力7150万元;完善国库单一账户体系,全市清理规范财政专户420个,撤销财政专户93个;探索预算管理“负面清单”,建立完善预算支出责任制度,加强预算执行动态监控,规范预算单位用款行为。改革资金分配模式。组建规模20亿元的转型升级产业基金,并进行社会化、市场化管理;推进政府和社会资本合作(PPP)模式,全市有7个项目列入省财政厅PPP推介项目;推进政府购买服务,安排政府购买服务项目资金1.7亿元,实施购买服务预算项目376项,其中公共服务类项目126项,政府履职辅助性服务项目250项,全市10个示范性项目群众满意度在90%以上。

【加强财政监督管理】 全年查处各项违规资金6480万元,纠正违规资金2665万元;开展专项整治督查,促使区级落实配套资金267万元,加快资金拨付5525万元。开展债务清理甄别,确定政府债务余额,加强债务日常管理,实时掌握全市债务情况;分批开展债务置换工作,完成债券置换70.73亿元,节省利息2.38亿元。推进政府资金资产收益管理市场化,市本级完成小型汽车特殊号牌交易10554块,实现收入3900万元;规范社保资金存放,组织招投标金额63亿元,增加额外收益3.12亿元;加强公房出租管理,对租金价格明显偏低的进行及时纠正,当年公房出租收入4343万元。

【构建“互联网+财税”服务模式】 建立“互联网+行政审批”模

式。开通会计从业资格证、代理记账机构“网上申请”新渠道,网上申领快递送达,实现行政许可事项“零现场”办理,行政许可提速率88%。建立“互联网+政务”服务模式。开展全省政务服务网统一公共支付平台试点工作,全市通过统一公共支付平台缴纳罚款1805万元。建立“互联网+采购”模式。上线运行政府采购网上超市,实现政府采购流程全电子化运作,通过互联网完成采购预算、需求提交、审批、供应商选择、询价定价、银行融资等各环节,审批业务1413笔,涉及金额18.6亿元。

【提高工作效率,精减编制充实基层】 开展“金财工程”整合提升工作,走访预算单位,解决实际问题。财政资金直接支付审核环节由原来的五个合并为三个,审核时间压缩40%。梳理全局岗位设置和岗位职责,重新确定各单位和干部的工作职责,核定编制数量,在总体编制不变的前提下从局机关中核减出33个编制用于配置重点工作岗位,充实基层一线。

(金华市财政局供稿 魏 锋执笔)

婺城区

【概况】 2015年,金华市婺城区实现生产总值245.72亿元,比上年增长7.6%。其中:第一产业增加值12.67亿元,增长2.0%;第二产业增加值63.01亿元,增长3.3%;第三产业增加值170.04亿元,增长9.8%。三次产业结构比为5.2∶25.6∶69.2。全区人均生产总值64222元,增长7.3%。城镇居民人均可支配收入41510元,增长8.3%;农村居民人均可支配收入17921元,增长9.5%。全区财政总收入37.74亿元,增长15.8%,其中一般公共预算收入10.12亿元,增长12.3%,占全区财政总收入的比重为26.8%;全区一般公共预算收入中税收收入8.17亿元,占比80.7%。一般公共预算支出24.68亿元,增长35.8%。当年财政收支平衡。

【科学组织财政收入】 加强与相关部门的沟通联动,建立乡镇(街道)财政增收入稳税源机制,全面落实各项增收举措。针对本区经济形势、税源状况和特点,摸清税源底数,掌握重点行业、重点企业的生产经营和纳税情况。及时跟踪落实搬迁企业税收划转,确保税收划转到位。推进非税收入征管改革,出台财政票据管理实施办法,在全区范围内开展非税收入和财政票据使用情况专项自查。强化对土地出让金、国有资源和资产有偿使用收入等重点非税收入征缴。全年组织非税收入1.34亿元,增长4.7%。

【助推经济转型升级】 加大政策扶持力度,兑付区级奖励资金525万元、各项产业扶持资金1135万元,鼓励企业转型升级。延长企业应急周转金制度执行期限,为49家企业办理应急周转业务,累计周转金额4.46亿元。支持企业技术创新,投入工业技改资金804万元。加强融资平台建设,拓宽融资渠道,构建多元化融资模式,支持“三改一拆”“五水共治”“二七改造”*等重点项目建设。

【保障民生支出】 全年用于民生领域支出20.75亿元,占一般公共预算支出的84.1%,增长38.4%。安排教育经费支出6.13亿元,同口径增长42.6%,实施第二轮学前教育三年行动计划,鼓励普惠性民办幼儿园发展,促进各类学校建设。安排社会保障和就业支出2.37亿元,完善养老保险、社会救助、社会福利等政策制度,实施“精准扶贫”,发放小额贴息贷款559万元。安排文化体育与传媒资金3817万元,支持农家书屋、文化礼堂、历史文化村落保护等基层文化事业建设。推进城乡统筹发展,累计拨付各类农业专项资金4.18亿元。推进美丽宜居示范村建设,实施一事一议财政奖补项目91个,落实省市项目资金2160万元。婺城区被列入一事一议财政奖补助推美丽乡村建设试点县。

【加大财政生态建设投入】 支持婺城区“811”生态文明建设*。投入财政资金3.54亿元保障“五水共治”。做好温室甲鱼养殖污染整治,累计审核拨付政府补偿和奖励资金8824万元。推进乾西环保特色小镇建设。

【深化财政管理改革】 细化部门预算编制,加强财政预算指标管理,规范指标办理程序。完善财政专项资金管理,重新修订财政专项资金管理办法,清理整合财政专项资金,拟定并公开财政专项资金管理清单。加强政府债务管理,建立健全政府性债务上报制度,每月统计汇总全区债务情况,及时跟踪并核实。实行财政资金定期存放招投标工作,制定财政资金定期存放招投标管理办法,建立以招投标为主要方式的财政资金竞争性存放机制。推进政府向社会力量购买服务工作,制定政府向社会力量购买服务管理暂行办法,并提请区政府出台实施意见,建立政府购买服务联席会议制度,下发2016年政府向社会力量购买服务指导目录。推进机关事业单位养老保险和工资制度改革。出台《财政支农体制机制改革实施意见和三年行动计划》。开展会计从业资格证书“网上申领、快递送达”试点,实现会计从业资格证书办理“零见面、一网通”。

【强化财政监督管理】 推进预算绩效管理,试行绩效目标执行情况全程跟踪,优化财政资金使用效益。全年上报绩效目标项目634个,涉及金额20.71亿元;绩效自评项目80个,涉及金额5.39亿元;重点绩效评价项目11个,涉及金额1.52亿元。开展涉农资金审计检查,涉及资金21.67亿元,实地检查农业生产类、补贴补偿类等6大类12个项目,涉及资金1877万元。加强政府投资项目管理,全年完成207个工程预算项目审核,送审金额9.58亿元,审定金额9.01亿元,净核减金额1.24亿元,核减率13.0%。加强交通、水务、建设、教育、卫生等系统的项目资金管理,审核拨付各级资金5.39亿元。盘活财政存量资金。摸清结转结余资金家底，分析财政存量资金结构、结存状态、变动情况及沉淀成因等，共盘活财政存量资金1.42亿元，其中收回单位部门2年以上结余结转资金4155万元。推进财政信息公开，按要求公开财政预决算、部门预决算、“三公”经费以及其他财政资金信息，督促各单位公开部门预决算。当年有43个部门公开预算，占比87.7%；46个部门公开决算，占比90.2%。完善政府采购监管。规范采购程序，采取统一采购与展会采购相结合的形式。区本级政府采购预算1.64亿元，实际采购1.42亿元，资金节约率13.4%。

【加强干部队伍建设】 严肃党内政治生活，落实党风廉政建设主体责任和“一岗双责”，加强《中国共产党廉洁自律准则》《中国共产党纪律处分条例》学习。改进工作作风，出台区财政局首问责任制、限时办结制，并主动公开，自觉接受社会公众监督。加强法律法规和业务技能培训，举办业务知识培训班，定期测试，提升干部业务能力。

（金华市婺城区财政局供稿　杨秀清执笔）

注：

＊二七改造：指二七新村区块旧城改造。二七新村区块位于金华市江北老城区，是金华城市核心区中危旧房最为集中、基础设施薄弱、治安和消防隐患突出的区域。

＊“811”生态文明建设：“8”是指全省八大水系及运河、平原河网，“11”指11个设区市，也指11个省级环境保护重点监管区。

金东区

【概况】 2015年，金华市金东区实现生产总值157.86亿元，增长8.1%。其中：第一产业增加值14.09亿元，增长2.0%；第二产业增加值74.83亿元，增长6.2%；第三产业增加值68.94亿元，增长11.9%。三次产业结构比由上年的9.1：53.2：37.7调整为8.9：47.4：43.7。按常住人口计算，区人均生产总值46895元，增长6.6%。城镇居民人均可支配收入35101元，增长8.5%。农村居民人均可支配收入19561元，增长9.1%。全区财政总收入24.29亿元，增长21.0%，其中区级一般公共预算收入9.83亿元，增长20.8%，占财政总收入的40.5%；区级一般公共预算收入中税收收入9.83亿元，占比100%。一般公共预算支出(含省市补助指标)29.03亿元，增长53.1%。当年财政收支平衡。

【组织财政收入】 强化税收征管，加强涉税信息应用，开展经济税源调研，清理规范税收等优惠政策，强化市区个人出租房税收征管，协同项目建设单位加强建筑业营业税源头管理，实行项目跟踪制度，梳理项目资金支付情况，挖掘掌握税源，对外来施工企业管理实行“以票控税”。完善非税征管，对全区行政性事业收费和政府性基金进行全面清查，拓宽非税收入缴款渠道，开通支付宝缴款方式，确保非税收入及时入库，全年组织非税收入3628万元。

【保障民生事业】 全区民生领域财政支出28.40亿元，占财政总支出的83.1%(不包括债务还本支出)，增长15.8%。提高社会保障水平，社会保障和就业投入1.63亿元，增长35.8%。提高城乡低保标准，实施困难群众医疗救助和临时救助。投入1516万元补助288家居家养老服务中心正常运行。促进社会事业发展。教育支出4.08亿元，增长5.4%，投入6300万元支持薄弱学校改造和美丽校园创建。医疗卫生与计划生育支出2.43亿元，增长104.1%，投入资金800万元实施曹宅中心卫生院扩建工程。文化体育与传媒支出2940万元，增长80.1%。助推美丽金东建设，农林水支出7.67亿元，增长181.0%。推进一事一议财政奖补项目助推美丽乡村建设，争取省级资金3182万元。投入1.04亿元资金支持“三改一拆”、集镇建设、农村垃圾分类等工作。多渠道筹措资金3.31亿元，推动全区46个“五水共治”项目实施。

【助推经济转型升级】 缓解企业资金周转困难，累计为企业办理应急周转金转贷业务221笔，转贷金额9.6亿元。落实各项财政扶持政策，兑付各类扶持资金2943万元，重点支持企业技术进步和创新发展。创新政府扶持企业模式，设立1000万元科技信贷资金池，采取“银行贷款+担保”的模式，为中小科技型企业发放贷款1590万元。制定政策吸引网络经济企业落户，支持举办首届全球跨境电商大会，会址永久落户金东区。推进旅游产业发展，出台旅游发展专项资金管理办法，安排旅游发展资金2800万元，重点支持美丽乡村绿道、民宿和景点基础设施建设。筹措资金保障重点项目建设，安排1.41亿元用于江东区块项目建设，落实1亿元支持火车南站项目建设，拨付2.52亿元保障多湖中央商务区块征地拆迁，投入3.74亿元推进新城区精品城市建设。

【深化财政改革发展】 加强预算执行管理，推行预算执行通报制度，加强预算执行的日常监督和分析，一般公共预算执行率、政府性基金执行率分别提高10.5个、18.1个百分点。推进专项资金清理整合，财政专项资金由4大类110项整合为3大类23小项。盘活财政存量资金，出台财政结余结转资金管理办法，清理盘活存量资金1.51亿元。启动财政支农体制机制改革，出台财政支农体制机制改革方案和三年行动计划，开展涉农资金专项整治。优化财政管理服务。整合集中支付管理、非税收入管理、乡镇财政监管等职能，建成并启用财政管理服务大厅，实行“一站式”服务，简化资金管理和拨付审批流程，提升财政管理服务效率。

【强化财政监管】 开展全区部门预决算公开情况督查，细化财政信息公开内容，提高资金管理透明度。加强“三公”经费管控。全区“三公”经费支出下降16.8%，其中公务接待费下降48.1%。加强政府投资项目管理，核查单位42家、项目759个，基本摸清政府投资家底及管理中存在的薄弱环节,将项目资料录入基本建设项目管理系统,实现政府投资项目数字化管理。全年审核项目预算198个,送审造价5.67亿元,核减造价5365万元,核减率9.5%。加强政府债务管理,将政府债务纳入预算管理,开展政府债券置换工作,全区置换10.54亿元,节支3000万元。规范财政资金存放,全面清理银行账户,出台财政性资金竞争性存放管理暂行办法。强化国有资产管理,出台《加强国有资产管理的若干意见》及日常管理相关配套制度,开展公房出租和闲置情况专项检查。强化财务管理和会计服务。推行"互联网+政务",开展会计证"网上申请、快递送达"试点工作,提升会计管理服务效率。

【加强干部队伍建设】 开展"三严三实"专题教育,通过座谈会、专题调研等活动征求意见建议。深化党风廉政建设,落实"一岗双责"及领导干部谈心谈话制度,开展党章、党纪集中学习,引导党员干部廉洁自律,严守党纪。组织干部职工参加财税业务知识考试,举办能力素质提升培训班,促进干部职工提升业务素质。推进财政文化建设,发挥党支部及工青妇组织作用,增强团队凝聚力和向心力。(金华市金东区财政局供稿　曹姗姗执笔)

兰溪市

【概况】 2015年,兰溪市实现生产总值285.70亿元,按可比价计算,比上年增长7.5%。其中:第一产业增加值24.60亿元,增长2.0%;第二产业增加值148.40亿元,增长5.6%;第三产业增加值112.70亿元,增长12.0%。三次产业结构比调整为8.6∶51.9∶39.5。人均生产总值43152元,增长7.8%。全社会固定资产投资额173.90亿元,增长15.8%。社会消费品零售总额120.97亿元,增长13.6%。外贸进出口总额15.83亿美元,下降4.1%。城镇居民人均可支配收入32177元,增长8.1%;农村居民人均可支配收入15307元,增长10.2%。全市财政总收入39.63亿元,增长0.6%,其中一般公共预算收入22.19亿元,增长2.0%。全市一般公共预算支出38.77亿元,增长8.2%。全年财政收支平衡。

【组织财政收入】 收入结构保持优化。全市一般公共预算收入占财政总收入比重为56.0%,同口径增加0.8个百分点;一般公共预算收入中税收收入19.40亿元,占比87.4%。加强税源税种管理。推进市区个人出租房产税收征管,征收税费540万元。开展营业税、印花税专项清理,补缴税费2243万元。推进房产税、城镇土地使用税税源核查,加强部门数据比对,补缴税款1066万元。完成企业所得税汇算清缴,入库税款9686万元。深化信息应用。完成征管基础数据清理,夯实征管基础。完成企业风险点数据比对,查补税费191万元。强化非税收入征管。试点浙江政务服务网统一公共支付平台(非税收入电子收缴),制定并公布收费目录清单。全年非税收入13.77亿元,下降25.3%。

【支持经济发展】 支持浙商回归。推进总部经济建设,全市新增总部经济企业17家,累计103家,入库税费2.48亿元。兑现各项工业发展专项资金2.10亿元、服务业奖励资金2173万元。完善企业转贷专项资金管理办法,将转贷支持对象由工业企业扩大至市级以上农业龙头企业、限额以上服务业企业和三级资质以上建筑业企业,全年安排转贷资金43.40亿元。落实小微企业所得税减征、水利建设基金减免、"小升规"企业社会保险费集中减征、部分工业企业临时性下浮社会保险费缴费比例等政策,为企业减免各项税费3927万元。创新财政扶持经济发展方式。出台政府产业基金管理办法,设立产业基金,引导社会资本推动本地产业转型升级。实施城镇土地使用税差别化征收政策,促进土地资源要素集约节约利用,推进"以税节地"。

【保障民生事业】 全年民生支出31.94亿元,占一般公共预算支出的82.4%。完善公共服务体系。教育支出10.58亿元,增长18.6%。落实扶困助学专项资金1858万元,发放农村特岗教师津贴612万元,安排中小学校舍维修改造及校安工程资金2225万元。落实教育均衡市创建装备补助、职业教育专项资金以及兰溪五中迁建后续资金4270万元。医疗卫生支出3.50亿元,增长14.2%。修订实施城乡困难群众医疗救助办法,安排城乡基本公共卫生服务均等化资金2664万元。安排城乡居家养老服务中心建设运维经费1719万元。统筹城乡发展,全市投入"五水共治"资金5.90亿元,其中农村生活污水治理资金5099万元;安排农村生活垃圾分类资金1000万元;争取村级一事一议财政奖补项目87个。

【深化财政改革】 推进预算管理改革。实行全口径预算,将6项政府性基金转列一般公共预算,依法推进政府和部门预决算、专项资金等事项向社会公开;盘活财政存量资金,清理上年政府性基金结余3.69亿元,收回部门结转结余资金2368万元。推进国库集中支付改革扩面,新增国库集中支付单位118家,累计达到296家。加强财政资金管理。完善涉农资金管理,出台农业专项资金项目管理办法;按照"四张清单一张网"改革要求,制订市级专项资金管理清单,清理撤销财政专户11个。出台市本级财政资金存放管理办法和财政资金定期存款招投标管理办法,完成两批次10.8亿元财政资金定期存款招投标。创新公共产品供给方式。推广政府与社会资本合作(PPP)模式,建立PPP备选项目库,实施兰溪市城南污水管网及城区污水处理厂一期提标改造、二期扩建工程PPP项目。推进政府购买服务改革,制订政府向社会力量购买服务管理办法和指导目录。

【加强财政监督】 深化财政资金绩效管理。完善项目绩效目标申报管理,将申报范围扩大到所有50万元以上"发展建设类"项目和"专项公用类"项目,完成28个项目自评、18个项目重点评价。强化政府投资项目监管。前移审价关口,加强标后监管,审核政府投资项目554个,审定金额43.34亿元,净核减率4.7%。

完成政府采购金额1.71亿元,资金节约率21.97%。规范政府性债务管理。按月汇总政府性债务发生、偿还情况,监测债务规模结构和偿债能力。完成政府债券置换存量债务17.26亿元。加强国有资产管理。制订行政事业单位国有资产配置管理暂行办法,修订国有房地产出租管理办法,规范国有资产有偿使用,全年成交租金2576万元。采取协定存款、定期存款等多种方式提升国有企业资金存放效益,当年利息收入1769万元。

【推进队伍建设】 开展专题学习,集中学习新《预算法》《中国共产党廉洁自律准则》和《中国共产党纪律处分条例》,推进廉政文化建设,增强财税干部依法行政和廉洁从政意识。开展机关效能建设,通过实施“五证合一”“一照一码”登记制度改革,项目审价限时办结承诺,提高机关办事效能。组织开展读书交流、知识培训、业务考试等活动,提升干部业务综合素养。

(兰溪市财政局供稿　郎俊崟执笔)

东阳市

【概况】 2015年,东阳市实现生产总值464.72亿元,按可比价格计算,比上年增长8.0%。其中:第一产业增加值17.54亿元,增长1.2%;第二产业增加值223.21亿元,增长7.9%;第三产业增加值223.97亿元,增长8.6%。三次产业结构比由上年的3.9∶49.0∶47.1调整为3.8∶48.0∶48.2。按户籍人口计算,人均生产总值55634元,增长7.6%。全市财政总收入81.19亿元,增长12.7%,其中一般公共预算收入48.62亿元,增长11.7%。一般公共预算支出61.01亿元,增长22.4%。全年财政收支平衡。

琐园——非洲风情节,同时体验传统民俗与异域文化,农村文化活动时尚而多样

【组织财政收入】 优化财政收入结构。全年一般公共预算收入占财政总收入比重为59.9%,比上年上升0.5个百分点。一般公共预算收入中的税收收入42.79亿元,占比88.0%。规范地方税费征管。地税部门组织收入62.96亿元,增长13.4%,其中税收收入39.43亿元,增长13.4%。入库社会保险基金20.25亿元,增长12.3%。强化房产交易税申报,完善二手房交易计税价格。推进“五证合一、一照一码”登记制度改革,全年办理527户。加强《税友龙版》基础数据清理工作,完成各类数据清理52996户。强化税收保障体系。推行股权转让税收前置工作,实行“先税后证”,全年办理股权转让443户,入库税款7805万元。加强非税收入管理。全年非税收入29.92亿元,下降26.2%。其中,全市国有土地使用权出让金收入28.25亿元,下降18.8%。

【支持经济发展】 支持“特色小镇”建设。加强木雕小镇等特色镇区产业整合。深化横店城市风貌提升工作,推进“影视名城”设施建设,投入1.63亿元用于横店小城市提升。促进企业转型升级。全市投入企业专项扶持资金8.44亿元。其中,科技投入2.39亿元,增长9.6%。落实企业研发费加计扣除和高新技术企业所得税优惠政策,全市研发费加计扣除2.09亿元,高新技术企业所得税优惠4264万元。贯彻城镇土地使用税差别化减免政策,发挥税收引导作用,助力优质高效企业发展和土地集约节约利用。创新财政扶持方式。推广“银税互动”守信激励,开创“以税换贷”的企业融资新模式。强化财政转贷资金扶持能力,全年审批转贷47.54亿元,缓解企业融资困难。设立金融担保基金,为小微企业发展提供资金扶持。

【支持改善民生】 2015年公共财政用于民生支出46.73亿元,增长24.7%,占一般公共预算支出的76.6%。全年财政教育支出16.16亿元,增长7.4%,占民生支出的34.6%。保障农村教师待遇,下发农村教师特岗津贴。支持教育资源共享建设,支持重点学校建设,提升教育办学水平。支持实施第二轮学前教育三年行动计划,鼓励普惠性幼儿园申报。完善城乡居民医疗救助制度,防止因病返贫。提高医疗保险标准,人均筹资由788元提高到977元,其中财政补助由511元提高到628元,人均增加160元。支持养老事业发展,完成居家养老照料中心建设131家,安排建设补助和运营补助1638万元。开展残疾人共享小康工程和康复工程,安排扶持资金2182万元用于残疾人生活补助。落实积极的就业政策,加大财政扶持创业就业力度,安排促进就业资金4307万元,增长145%。制定大众创业扶持政策,安排资金3800万元用于扩大就业稳岗补助范围,推进就业创业示范基地和创业创新园建设。

【支持城乡协调发展】 巩固“五水共治”成果,投入2.59亿元用于深化农村污水治理,改善农村居住环境。推进现代农业发展,支持粮食生产综合改革,出台财政支持粮食生产综合改革试点工作实施方案和专项资金管理办法,建立农业补贴政策体系,动态调整机制以及政府购买农业公共服务机制。

【深化财政管理改革】 完善政府预算体系。加大一般公共预算和政府性基金预算的统筹力度,细编社会保险基金预算,优化提交人大审议的预算表格设置。建立政府购买服务体系。出台政府向社会力量购买服务的实施意见、联席会议制度以及指导目录,完成政府购买项目35个,涉及金额6950万元。做好统一支付平台运行。参与非税收入收缴电子化改革试点,推进平台建设,全年办理交通违法罚款31009笔,涉及金额379万元。完善乡镇财政管理。做好“一卡通”发放工作,完善乡镇公共服务平台管理信息系统,将各类财政补助性资金发放到人。规范财政性资金存放制度。出台《东阳市财政资金竞争性存放招投标管理暂行办法》,明确闲置财政资金招投标方式,规范财政资金存放。

【加强财政监督】 加强财政绩效管理。加强财政支出绩效目标管理,对50万元以上的专项资金在预算“二上”环节编报绩效目标。开展黄标车淘汰补助资金、木雕博物馆作品征集经费和城乡公交一体化资金的专项检查工作,就相关问题责令整改。加强政府投资项目管理。做好投资项目估算、概算、预算、结算审核工作,完成财政审核项目105个,核减投资额2.98亿元。严控行政经费支出。强化“三公”经费监管,加大会议费、培训费等压减力度,当年全市“三公”经费4465万元,下降21.8%。加强国有资产管理。重点对国有单位土地、房屋进行整合清查。

【加强队伍建设】 提升服务效能,树立服务理念,开展会计从业资格证“网上申报,快递送达”工作。组织各种形式的学习活动,强化财税干部学习自主性,营造干部队伍勤学向上的氛围。深化廉政建设,开展谈心谈话活动。开展党章党纪党规学习讨论以及《中国共产党廉洁自律准则》和《中国共产党纪律处分条例》学习活动,,增强党章意识和廉洁意识。

(东阳市财政局供稿　严　靖执笔)

义乌市

【概况】 2015年,义乌市实现地区生产总值1045.97亿元,按可比价格计算,增长9.0%。其中:第一产业增加值21.42亿元,增长0.5%;第二产业增加值377.08亿元,增长5.7%;第三产业增加值647.47亿元,增长11.6%。三次产业结构比由上年的2.3∶39.4∶58.3调整为2.0∶36.1∶61.9,第三产业比重提高3.6个百分点。按户籍人口计算,人均生产总值136002元,增长6.7%。城镇常住居民人均可支配收入56586元,增长9.0%;农村常住居民人均可支配收入28433元,增长9.5%。全年固定资产投资512.25亿元,增长16.9%。实现社会消费品零售额529.56亿元,增长13.5%。实现进出口总额342.21亿美元,增长41.5%。全市财政总收入128.33亿元,增长4.6%,其中一般公共财政预算收入79.25亿元,增长8.0%。一般财政预算支出96.52亿元,增长27.5%。全市财政收支平衡。

【组织财政收入】 优化财政收入结构。全年一般公共财政预算收入占财政总收入比重为61.8%,比上年提高2.0个百分点;税收收入占一般公共财政预算收入比重为91.4%,比上年提高0.5个百分点。加强地方税费征管。全年地税部门组织收入123.73亿元,下降6.1%,其中税收收入64.78亿元,增长6.9%;社保费收入53.56亿元,下降18.9%(剔除2014年度执行失地农民一次性补缴社保基金政策入库30.39亿元,增长10.6%)。加强国地税合作,提升信息共享、数据应用、协同征管水平。开展“集中征收”改革,各申报点统一入驻市行政服务中心,实现全市地方税费集中征缴入库。试行以风险管理为导向的税源控管体系,通过风险识别确认税收风险点,合计补缴税款6733万元。强化非税收入管理。推进电子化征缴改革,统一公共支付平台完成上线,全年实现非税收入45.10亿元,其中国有土地使用权出让收入27.34亿元。

【支持经济发展】 支持工业、科技平台建设、电子商务、物流业和进口市场培育,保障“义新欧”铁路国际集装箱班列常态化运行,全年拨付企业扶持资金22.53亿元,其中工业、科技平台建设及产业化扶持资金8.49亿元,市场贸易采购扶持资金4.09亿元,现代服务业专项资金2.79亿元。创新地方水利建设基金减免流程,全年累计减免各类税费11.86亿元。推进总部经济发展,建立促进总部经济发展工作机制,制定出台总部经济发展扶持办法,为义商、浙商回归和发展总部经济营造良好的政策环境。设立产业基金,建立健全政府产业基金管理运作机制,首期市财政出资规模10.00亿元。

【支持改善民生】 全年民生支出67.46亿元,增长28.2%,占一般公共预算支出的69.9%。支持教育发展。全年教育支出20.43亿元,增长17.0%。支持公办学校及枫叶国际学校校舍建设,引进知名教育品牌。完善社会保障制度。完善城乡居民基本养老保险制度,基础养老金提高到每人每月140元;基本医疗保险财政补助标准提高到每人每年700元;出台残疾人意外伤害保险实施办法,义乌市户籍残疾人统一参保保费由市财政全额承担。支持改善人居环境。助力推进“三改一拆”“五水共治”和城乡新社区集聚建设,核拨“五水共治”资金5.33亿元,城乡新社区集聚建设补助资金3.80亿元。

【深化财政改革】 开展参与式预算试点。在编制2016年部门预算中，选取9个项目和6个部门试点参与式预算改革，采取网络评议和面谈会审相结合的方式开展预算评审，涉及预算金额12.3亿元。推进财政专项资金竞争性分配。制定义乌市财政专项扶持资金竞争性分配办法，对1000万元科技项目资金、800万元节能项目资金、1500万元农业特色产业资金，实行竞争性分配。开展政府和社会资本合作。开展PPP项目库征集，2个项目列入省财政厅推荐项目，获批成为全省十个PPP示范县市之一，获补助1500万元；加强政府购买服务预算管理，印发政府向社会力量购买服务指导目录。建立健全财政资金竞争性存放机制。先后出台市级财政资金竞争性存放管理暂行办法和实施细则。加强政府性债务管理。争取省财政厅下达地方政府新增债券2.70亿元；置换债券4.96亿元；在建项目后续融资债券8.00亿元。

【强化财政监管】 加强财政资金绩效目标全过程管理。对131项财政专项支出资金绩效目标运行情况实施跟踪，对40个2014年绩效目标管理项目实施财政抽查，对4个项目开展重点评价；强化工程项目造价稽核管理，全年审核各类项目1013个，核减造价8.82亿元。盘活财政存量资金。累计将存量资金22.63亿元调入一般公共预算统筹使用。加强镇街（平台）财政监管。推进镇街财政财务一体化，将镇街预算编制、预算执行、财务核算、国有资产全部纳入信息化管理。规范会计管理秩序。启用《义乌市会计应用管理系统》，开展企业会计岗位实名登记，加大非法代理记账整治力度，新增登记代理记账机构130余家。

【加强队伍建设】 制订出台《财政违法案件一案双查工作规定》，对财政科室及工作人员在预算编制（分配）、预算执行（拨付）等环节的违纪违法行为实施一案双查。开展"从严管理落实年"活动，梳理汇总各类相关法律、制度58项，并举行业务笔试和知识竞答等活动。加大监督执纪问责力度，督查工作纪律、效能、作风。 （义乌市财政局供稿 吴夏樱执笔）

永康市

【概况】 2015年，永康市实现生产总值483.46亿元，比上年增长8.0%。其中：第一产业增加值8.72亿元，下降0.4%；第二产业增加值290.55亿元，增长6.9%；第三产业增加值184.19亿元，增长10.4%。全市第一、二、三产业占比为1.8∶60.1∶38.1。按户籍人口计算，全市人均国内生产总值81345元，增长6.9%。全社会固定资产投资额208.07亿元，增长14.0%。社会消费品零售总额183.83亿元，增长14.1%。城镇常住居民人均可支配收入42823元，增长8.6%。农村常住居民人均纯收入21715元，增长9.4%。全年财政总收入76.96亿元，增长8.6%，其中一般公共预算收入44.49亿元，增长9.8%；一般公共预算支出49.30亿元，增长16.9%。全年财政收支平衡。

【组织财政收入】 持续优化收入结构。一般公共预算收入占财政总收入的比重为57.8%，提高1.7个百分点。一般公共预算收入中税收收入36.81亿元，增长3.9%，占比82.8%。强化收入管理。加强对税收征管绩效、执行成效及协调程度的考评，关注重点税源、重点项目。推进以风险管理为导向的税源专业化管理，补缴税款726万元，加收滞纳金232万元。加强专项税收征管。加强村级组织及专业市场税收征管，入库税费1098万元；更新完善企业所得税风险预警指标体系，加强企业所得税汇算清缴，补缴税款2637万元；开展营业税专项辅导清理，补缴税费3246万元。推进"五证合一、一照一码"登记制度改革，建立信息交换机制，办理"五证合一、一照一码"纳税人登记2983户。规范非税收入管理。试行浙江政务服务网统一公共支付平台，通过公共支付平台缴纳道路交通违法罚款437万元。执收政府非税收入19.26亿元，下降54.0%，其中国有土地使用权出让收入9.97亿元，下降72.2%。

【创新支持经济发展方式】 筹建政府产业基金。推动产业基金以基金池方式运作，制订《永康市产业专项资金管理与改革实施意见》《永康市产业发展引导基金实施意见》，筹集资本金3.00亿元，引导社会资本支持实体经济发展。构建政府和社会资本合作框架。推动投融资改革，筛选建立PPP项目库并拟定制度和管理办法。筛选市场化程度较高、易经营、能赢利的12个试点项目，推进PPP运作。

【加强政策引导，鼓励转型升级】 推动实施"四换三名""三改一拆"和浙商回归等经济转型升级组合拳，落实扶持企业发展专项资金2.23亿元。加大工业技改投入力度，缩短企业奖励兑现时间。落实各项税收优惠政策，做好税收优惠政策清理衔接。对小微企业实行免审批享受营业税优惠政策，享受优惠面100.0%。加大"三农"投入，重点支持现代农业园区、粮食生产、新农村建设、农业基础设施建设，加大对新型农业经营的扶持力度，推进现代农业发展，农林水事务支出4.98亿元，增长10.9%。

【保障民生支出】 全市民生支出40.95亿元，增长17.6%，占一般公共预算支出的83.1%，提高1.2个百分点。推进医疗改革，支持深化公立医疗机构综合改革，做好城乡居民大病医疗保险政策衔接工作，通过公开招标方式引入商业保险机构。扶持发展养老服务业，安排200万元专项财政奖补资金，鼓励养老机构发展。投入1560万元完善283家居家养老服务照料中心建设及运营补贴。基础养老金标准上调为每人每月130元。

【深化财政改革】 盘活财政存量资金。规范和加强财政结余资金管理，推进财政资金统筹使用措施，对市本级和部门结余资金及连续两年未用完的结转资金,统筹用于重点项目建设。当年盘活存量资金2.70亿元,其中盘活乡镇财政结余资金5064万元用于“五水共治”“三改一拆”、集镇基础设施建设。清理2014年以来往来款项3.40亿元,其中收回其他行政事业单位借款1.90亿元,清理各镇(街、区)往来款长期挂账1.50亿元。开展财政专项资金清单清理。制定、公布财政专项资金管理清单,推进管理信息公开,以清单的方式管钱、管权、管事,建立财政专项清单动态调整机制,当年清理出有管理办法和政策依据的财政专项资金项目45项。规范地方债务管理。开展存量债务清理甄别,加强源头项目管理,促进债务管控。置换债券2.69亿元,降低融资成本。深化乡镇国库集中支付改革。实施乡镇公共财政服务平台管理系统,完善收入管理和基建支出管理子系统,实现财政资金运行信息互通、互动、共享。明确乡镇财政机构主体责任,建立乡镇财政支出监督告知制度,确保乡镇财政资金规范使用。推进社保基金保值增值。推动财政资金定期存放招投标管理,出台《永康市财政资金定期存放招投标管理暂行办法》,安排20.00亿元社保资金公开招投标,中标存放利率6.4%。

【强化财政监管】 加强政府投资项目管理。对政府投资项目进行细化预算管理,安排市级财政资金39.98亿元,全年拨付25.70亿元。保障“五水共治”投入,全年“五水共治”财政资金累计拨付9.20亿元。创新政府采购监督管理模式。完善政府采购代理机制,公开招选政府采购社会中介代理机构,采用代理机构承诺与评审委员会评审相结合的方式,提高采购效率。完成政府采购项目905项,采购单位上报项目预算3.06亿元,实际采购金额2.54亿元,资金节约率17.0%。推进政府购买服务。出台政府购买服务工作管理办法,将校园安保、城区道路保洁和绿化等10个项目列为2015年政府购买服务项目,涉及预算资金2727万元。严控“三公”经费支出。加强政府预算源头管控,严格控制公务接待和因公出国境,出台新差旅费标准,全年一般公共预算“三公”经费累计支出3689万元,下降13.6%。

【加强队伍建设】 开展“三严三实”学习实践活动,学制度、明纪律、守规矩,梳理“从严管理制度清单”,开展主题党课、谈心谈话、走访困难老党员等活动。强化党风廉政建设,制定出台党风廉政建设主体责任和监督责任实施意见,明确落实“两个责任”的具体措施以及责任追究。抓住重点岗位和关键环节,通过防范利益输送专项检查、税收执法督查和“廉政巡查”,加强对财税业务工作的监查力度。 (永康市财政局供稿 陈琎琎执笔)

浦江县

【概况】 2015年,浦江县实现地区生产总值196.58亿元,增长6.7%,其中:第一产业增加值9.58亿元,增长1.0%;第二产业增加值112.17亿元,增长5.8%;第三产业增加值74.83亿元,增长9.3%。三次产业结构比为4.9∶57.1∶38.0。全年完成固定资产投资105.72亿元,增长15.3%。实现社会消费品零售总额99.18亿元,增长12.5%。城镇居民人均可支配收入35468元,增长8.4%;农村常住居民人均可支配收入16549元,增长9.3%。全县实现财政总收入24.77亿元,增长5.2%,其中一般公共预算收入15.16亿元,增长7.0%;一般公共预算支出29.16亿元,增长26.7%。全年财政收支平衡。

【组织财政收入】 优化财政收入结构。全年一般公共预算收入占财政总收入的比重为61.2%,比上年提高2.4个百分点。其中,税收收入13.03亿元,占一般公共预算收入的85.9%,比上年提高0.4个百分点。规范地方税费征管。地税部门组织收入19.19亿元,增长6.1%,其中税收收入11.38亿元,增长6.2%。开展征管数据清理,强化对零申报纳税户的清查,清理户数47164户。强化工业企业房产出租税收征管,对所有落地企业房产出租情况进行摸排,查补税款1550万元。通过“以电控税”应用平台,实现税收收入3668万元,增长3.4%。加大税款清欠力度,对危困企业实行跟踪管理,对破产企业及时申报债权追缴税款,入库税款359万元。加强非税收入管理。规范政府非税收入征管,推进政府非税收入收缴电子化改革,全年组织非税收入10.80亿元。

【支持经济发展】 优化经济发展环境。落实结构性减税和清费减负政策,累计为企业减免税费1.82亿元。实现“亩产税收”优惠政策全覆盖,为全县亩产税收效益较高企业减免税费1300万元。用好用活通济转贷基金,扩大基金规模至2亿元,当年办理转贷业务2245笔,周转资金119.64亿元,惠及企业1193家。支持重大项目实施。全年拨付政府投资项目建设资金36.00亿元,重点保障水晶产业集聚园区、城市道路、金狮湖保护与开发、水环境综合整治等政府重大项目建设。推进政府和社会资本合作(PPP)模式应用,首个PPP项目——浦江县四座污水处理厂项目落地。助推产业结构调整。梳理财政专项资金3010万元支持信息、医药健康、旅游时尚、金融等产业以及农业农村发展、文化创意等领域发展。落实各类扶持企业发展财政政策,兑现工业发展扶持资金、科技扶持奖励等9499万元。加大对高新技术企业的节能技术改造支持力度,支持循环经济发展。加大财政支农投入。落实种粮农民农资综合补助资金1023万元,范围涵盖全县89127名农户。筹集各类农业补助资金1.21亿元,支持农业基础设施建设、现代农业发展、果品基地建设等。投入资金1400万元推进一事一议财政奖补项目开展,安排资金580万元开展村级物业经济项目财政专项扶持工作。

【保障民生支出】 支持教育文化事业发展。全年教育支出7.05亿元,增长17.5%,占一般公共预算支出的24.2%。安排全县中小学校、幼儿园舍建设维修经费8554万元,运动场建设经费1005万元,提升办学条件。落实博物馆、图书馆、美术馆、文化馆

(站)以及30所学校运动设施免费开放政策,支持办好农村文化活动室、农家书屋等惠民实事。提升城乡社会保障水平。城乡居民最低生活保障标准分别提高到每人每月612元和459元。城乡居民基本养老金最低标准提高至每人每月120元。投入1040万元新建80家居家养老照料中心。扩大就业困难人员扶持范围,对全县自谋职业人员、来料加工人员及其他就业困难人员核拨社会保险补助575万元。支持深化医疗卫生体制改革。支持县乡医疗资源"双下沉、两提升"工程实施,城乡医疗保险制度年筹资标准提高至每人每年800元,财政补助标准提高至每人每年540元,累计补助1.7亿元。落实城乡基本公共卫生服务专项资金1570万元,补助标准提高至每人每年40元。支持生态环境改善,促进城乡协调发展。加大环境整治与保护投入,拨付"五水共治"资金7.00亿元。落实美丽乡村建设资金2507万元,黄皮房整治资金2458万元,农村生活污水治理经费1.62亿元,改变乡村风貌。落实省级补助资金1.00亿元实施通济桥水库清淤工程,促进生态环境、农村产业形态双提升。

【推进财政改革】 深化预算管理改革。注重一般公共预算、政府性基金预算、国有资本经营预算和社保基金预算统筹衔接,强化预算执行刚性。细化预算信息公开内容,通过政府网站公开政府部门财政预决算及"三公"经费预决算。推进国库集中支付和公务卡改革。扩大国库集中支付范围,全县196家县级预算单位、15个乡镇(街道)全部实行国库集中支付制度。实行公务卡强制结算制度,公务卡应用推行至乡镇(街道)。推进乡镇财政管理制度改革。深化乡镇公共财政服务平台建设,实行乡镇财力一般性转移支付制度,实现乡镇政府间基本公共服务均等化。提高财政资金使用绩效。梳理27项财政专项资金,构建专项资金管理清单。落实社保资金保值增值工作,完成6亿元社保资金定期存放网上竞价。撤销4个财政专户,对已撤销的专户资金收回国库统一管理。盘活财政存量资金,清理压减结转结余资金,收回结余资金4389万元。

【加强财政监督】 从严控制行政经费和一般性支出,实行"三公"经费指标化管理,全年"三公"经费下降16.9%。加大财政绩效监管力度,各部门(单位)预算金额30万元以上项目实施绩效评价。运用国库集中支付动态监控系统,对纳入国库集中支付的所有财政资金进行事后监控。完善行政事业单位国有资产管理,对处置资产进行实地审核,对尚有使用价值的处置资产实行统一管理。规范政府投资项目管理,严格落实政府投资项目审价机制,全年受理办结资金审核项目569个,核减资金4.39亿元。

【优化干部队伍建设】 加强党风廉政建设,出台落实党风廉政建设主体责任和纪检监督责任的实施意见,建立健全责任体系。开展廉政教育讲座、一把手和纪检组长专题党课教育,建立财税系统绩效考核机制,提升干部工作作风。组织服务重点项目、重点企业活动,帮助解决实际问题。提升干部综合素质,开展"最美财税人"事迹巡讲,弘扬财税核心价值理念。

(浦江县财政局供稿 方 怡执笔)

武义县

【概况】 2015年,武义县实现生产总值204.47亿元,增长7.3%。其中:第一产业增加值15.64亿元,增长2.2%;第二产业增加值107.36亿元,增长4.6%;第三产业增加值81.47亿元,增长12.8%。三次产业结构比由上年的8.1∶55.1∶36.8调整为7.7∶52.5∶39.8。全县人均生产总值60127元,增长7.1%。城镇常住居民人均可支配收入30713元,增长9.2%;农村常住居民人均可支配收入13672元,增长10.0%。全县财政总收入33.69亿元,增长11.0%,其中一般公共预算收入18.61亿元,增长9.8%。一般公共预算支出34.87亿元,增长25.4%。全年财政收支平衡。

【组织财政收入】 稳定收入结构。全年一般公共预算收入占财政总收入的比重为55.2%,比上年提高1.0个百分点;一般公共预算收入中税收收入15.87亿元,占比为85.3%,比上年下降6.8个百分点。加强重点税源管理。探索建立税收征管保障机制,与相关部门开展信息交换,在税务管理、服务中形成工作合力,全年列入重点税源企业493户,入库税收8.15亿元,增长11.1%,占地税收入总额的62.9%。全年地税部门组织收入22.09亿元,增长9.8%,其中税收收入12.94亿元,增长9.7%。实行国地税数据清理比对,加强欠税管理,清理欠税款近2000余万元。加强非税收入管理。以全省政务服务网统一公共支付平台建设为契机,推进非税收入收缴电子化改革。全年实现非税收入20.20亿元,增长10.3%,其中土地出让金12.36亿元,增长7.0%。

【服务经济发展】 落实积极的财税政策,审核兑现各类产业发展扶持资金1.29亿元。安排企业专项转贷资金2亿元,帮助企业防范和化解资金链断裂风险,降低企业转贷成本,全年办结转贷业务累计89.05亿元,惠及企业370家。落实结构性减税和清费减负政策,简化办税流程。对个人购买住房契税减免等事项,实行免填单服务并当场办结。强化"亩产税收"导向,施行土地绩效政策,对符合亩产税收考核要求的企业,减免房产税、城镇土地使用税4471万元。实行"五证合一、一照一码"办证改革制度,办理税务登记920户,其中新办企业311户、变更企业609户。安排旅游发展专项资金3000万元,助推生态环保、休闲旅游业发展。分别投入4.71亿元和4.93亿元支持"五水共治"和"三改一拆"等重点工作。

【强化民生保障】 全年民生支出28.47亿元,占一般公共预算支出的 81.6%,比上年提高 4.5 个百分点。加大支农惠农投入。全年整合财政支农资金 3.50 亿元,增长 10.9%。支持"治水美村",拨付禁养区养殖场关停拆除补助 5000 万元。支持城乡统筹发展。安排 1500 万元用于农村卫生整治工程,拨付 3100 万元用于美丽乡村精品村、精品线建设,投入 200 万元用于水库清水养鱼补助。落实村级公益事业一事一议财政奖补政策,拨付财政奖补资金 3672 万元。投入 4000 万元支持山区经济发展。加强基础设施建设。审核拨付政府投资项目建设资金 16.64 亿元,增长 10.6%,主要用于实施城市治堵工程,完成高速公路连接线、武义北站新建改造工程,共建公共自行车服务站点 50 个,完善公共自行车租赁体系,累计投放 1000 辆。促进教育事业发展。全年投入教育事业经费 6.97 亿元,落实各项学生资助政策,用于资助学前教育贫困幼儿、全县低收入农户子女入学教育,享受义务段营养改善计划、发放高中国家助学金。推进医疗卫生体制改革。完善新型农村合作医疗制度,筹资标准从每人每年 482 元提高到 600 元,其中财政补助从每人每年 362 元提高到 420 元。基本公共卫生财政补助标准由每人 35 元提高到 40 元。残疾人参加城乡居民医疗保险由财政全额补助。支持实行大病保险制度,城乡居民、城镇职工医疗保险大病保险分别按 55%、65%比例报销。完善养老服务体系。城乡居民基础养老金发放标准从每人每月 100 元提高到 120 元。支持建设养老照料中心 168 家,发放长寿保健金 28 万元,惠及 90 周岁及以上老人 1096 名。

【深化财政管理改革】 贯彻落实新《预算法》,编制国有资本经营预算,与一般公共预算、政府性基金预算、社会保险基金预算"四本预算"提交人代会审查。细化预算编制,本级一般公共预算支出,按其功能分类编列到项,按其经济性质分类,将基本支出和项目支出全部编列到款。盘活存量资金,盘活一般公共预算资金 7792 万元,政府性基金 2798 万元,预算单位结余资金 1.48 亿元。启动行政事业单位债权债务清理,清理往来款 3410 笔,涉及金额 3.45 亿元。做好地方政府债券置换工作,置换地方存量债务 8700 万元,降低融资成本。推进政府购买服务改革。安排 1.01 亿元用于实施政府购买服务。环卫所道路保洁权实施方案申报省级试点推广方案。加强国有资产保值增值,全县收缴国有资本经营收益 228 万元。出台行政事业单位国有资产管理办法,完善经营性资产管理体系,充分挖掘国有资产潜在价值。

【加强财政监管】 加强行政支出管控。严格执行会议费、培训费、公务接待费支出管理等规定,全年"三公"经费支出下降 17.6%。推进预决算信息公开。公开本级政府财政预决算,"三公"经费预决算。加强政府性投资项目评审。完成各类财政投资评审项目 146 个,审减投资 2789 万元。扩大预算绩效评价项目覆盖面,强化评价结果与预算编审有机结合。加强国资管理。完善国有资产管理制度建设,建立人员信息数据库,实行员工实名制管理。建立县国有企业报表报送制度要求,全县国有企业申报半年报和年报。严肃财经纪律。开展"三公"经费检查和"小金库"专项治理,会同相关部门,对县属 16 家行政事业单位、国有企业进行检查,查处违规使用车辆 19 台,涉嫌"小金库"单位 1 家,涉及资金 9 万元,全部追缴入库。

【加强队伍建设】 开展"三严三实"专题教育活动,向人大代表、机关部门、乡镇(街道)、企业、基层干部群众征求意见,专题研究制定整改方案,逐条落实到人。加强党风廉政建设,观看反腐倡廉录像、组织中层干部旁听法院庭审,参观廉政教育基地等多种方式,加强党风廉政教育,增强干部廉洁从政意识。健全中层干部个人有关事项报告制度,规范党员干部行为。

(武义县财政局供稿 刘娅芸执笔)

磐安县

【概况】 2015 年,磐安县实现生产总值 78.30 亿元,比上年增长 6.8%。其中:第一产业增加值 11.02 亿元,增长 2.4%;第二产业增加值 37.15 亿元,增长 5.2%;第三产业增加值 30.13 亿元,增长 10.7%。三次产业结构比调整为 14.1∶47.4∶38.5。按户籍人口计算,人均生产总值 36962 元,增长 6.4%。城镇常住居民

建设中的 44 省道

人均可支配收入30084元，增长9.0%；农村常住居民人均可支配收入13400元，增长10.4%。全县财政总收入12.76亿元，增长11.1%。一般公共预算收入7.32亿元，增长13.8%，占财政总收入的57.4%。其中，税收收入6.02亿元，占一般公共预算收入的82.2%。全县一般公共预算支出21.47亿元，增长13.2%。全年财政收支平衡。

【组织财政收入】 加强税收收入征管。完善资源税、城镇土地使用税、个体工商户税收征管及企业注销环节税收管理办法，夯实税收征管制度基础。开展营业税专项清理，累计查补税款756万元。创新税源管理方式。组建大企业税源管理科，通过信息化手段了解和掌握企业总体情况，研究和制定适合大企业特点和要求的个性化征管、服务举措，实现重点税源集中管理、重点监控。推进国地税合作。完善国地税征管协作机制，加强对小规模纳税人及临时经营户地方税收征管协作。推广“互联网+”非税收入征管模式。将道路交通违法罚款、职业技术学校培训费收入纳入统一公共支付平台进行试点，建立非税收入征缴“互联网+政务”模式，累计完成线上收缴业务856笔计9万元。全年组织非税收入6.21亿元，下降35.3%，其中国土出让金收入2.28亿元。

【服务经济转型升级】 优化产业扶持政策。完善促进农村电子商务创业就业、扶持休闲养生旅游业发展及企业上市、防范企业风险等产业发展政策，兑现财政扶持资金逾5000万元。全面落实清费减负政策。开展税收等优惠政策清理，落实“营改增”等结构性减税政策，累计减免7399余万元。加大服务企业力度。全县企业应急周转金规模4000万元，累计帮助企业解决转贷资金22.70亿元。通过“税银通”帮助纳税信用良好企业融资3462万元。强化科技创新驱动，全年兑现技术改造、科技成果转换及技术创新等各类奖补资金902万元。

【优化支出结构】 保障教育文化事业投入。投入4.6亿元，支持实施教育基础设施建设，开工建设第四中学和新城区中学，创建省级标准化学校12所。文化体育与传媒支出6002万元，支持年度送戏、送书、送电影“三送”任务，建成农村文化礼堂15家，提高公共文化服务均等化水平。完善社会保障体系。城乡居民社会养老保险基础养老金提高至120元；完善城乡居民和城镇职工医疗保险政策，提高住院报销比例，建立覆盖全部参保人员的大病医疗保险制度。加大生态建设投入。全县安排农村污水治理专项资金9000多万元，安排垃圾分类处理专项资金2500万元，助推美丽乡村建设。推进重点项目建设。全年累计拨付政府投资项目建设资金8.72亿元，用于交通、教育、保障性安居工程等重大基础设施建设。加大“三农”扶持力度。全年安排秀美乡村和现代农业园区发展专项资金5690万元，增长8.9%。落实一事一议财政奖补项目69个，拨付补助资金4000多万元。拨付农业综合开发项目建设资金1314万元。

【深化财政改革】 推进预算管理改革。深化全口径预算管理，细化部门项目支出；全面推进财政预决算、部门预决算和“三公”经费预决算公开，实现四本预算同步接受人大审查并向社会公开。推进政府部门专项资金清理整合，从原来的300多项清理整合至20项，涉及县级以上财政专项资金2.86亿元。设立政府产业基金。出台《关于创新财政支持方式加快设立政府产业基金的意见》，设立规模为1.50亿元的政府产业基金“母基金”；通过与社会资本合作，设立磐安县农业产业基金、交通发展建设基金，首期规模分别为10亿元、6.28亿元，为全县产业和项目建设提供财力支撑。推广运用政府和社会资本合作（PPP）。推进石坑里保障房工程PPP示范项目建设，引进社会资本3亿多元。

【强化财政监督】 制定财政性资金审批、国库集中支付动态监控、行政事业单位公款竞争性存放、政府投资项目竣工财务决算等多项管理规定或办法，建立财政资金支出进度按月通报制度，提高财政资金运行管控效率。加大财政监督力度。全年完成财政审核项目339个，核减率7.9%。完成“农村能源开发利用”等10个项目及水资源开发利用政策绩效评价工作，涉及财政资金1209万元。制定政府向社会力量购买服务管理办法，并制定2015年指导性目录，通过政府购买服务事项节约资金705万元，节约率24%。推进政府采购电子化审核审批，实现教育系统电子化采购全覆盖。出台县级财政专户管理暂行办法及财政结余结转资金管理意见，建立财政专户和部门结余结转资金长效管理机制，累计清理统筹部门结余结转资金4460万元，财政专户结余资金7950万元。

【深化国有资产监管】 强化国有资产公开处置。实现行政事业单位资产招租拍卖收入430万元；完成龙山公园地下空间没收资产拍卖工作，实现拍卖收入345万元。完善国有资产管理制度。出台乡镇国有资产属地管理的实施意见及企业国有资产监管等制度。完善国有企业民主管理和民主监督机制，指导成立企业监事会4家。加强国有企业财务管理。组织国有企业开展公务支出公款消费专项审计，并对违规发放津补贴等问题进行整改。推进政府投资项目管理。出台政府投资项目竣工财务决算管理办法，规范政府投资项目资金管理程序，推进行政事业单位资产核查登记工作。

【加强队伍建设】 开展“三严三实”专题教育，实行纪律作风问题专项整治。规范内部制度。调整年度工作考核方式，实行绩效目标考核。建立健全违反作风效能建设连带责任机制。加强廉政建设，落实党风廉政建设主体责任和“一岗双责”，做到业务工作和反腐倡廉建设“两手抓、两手硬”。提升干部业务能力，组织财税干部开展相关领域业务知识学习培训和统考，以考促学，更新干部知识储备。

（磐安县财政局供稿　陈益丹执笔）

衢州市财政工作

衢州市

【概况】 2015年,衢州市实现生产总值1146.16亿元,比上年增长6.6%。其中:第一产业增加值84.42亿元,增长1.4%;第二产业增加值537.34亿元,增长4.2%;第三产业增加值524.40亿元,增长10.6%;三次产业结构比调整为7.4∶46.9∶45.7。人均(常住人口)生产总值53848元,增长6.4%。全社会固定资产投资882.04亿元,增长12.8%。社会消费品零售总额550.98亿元,增长9.4%。进出口总额44.13亿美元,下降0.8%,其中:出口32.92亿美元,增长14.1%;进口11.21亿美元,下降28.3%。全市城镇居民人均可支配收入33212元,增长8.6%;农村居民人均可支配收入16884元,增长10.0%。全市地表水环境功能区达标率100%,县级以上集中式饮用水水源地水质达标率100%,跨行政区区域河流交接断面水质达标率为100%。全市财政总收入143.99亿元,增长8.3%;一般公共预算收入94.02亿元,增长8.8%,其中税收收入79.82亿元,增长8.1%;全市一般公共预算支出230.67亿元,增长13.6%。市本级财政总收入77.80亿元,增长8.2%;一般公共预算收入50.45亿元,增长7.6%,其中税收收入42.69亿元,增长7.0%;市本级一般公共预算支出96.25亿元,增长9.9%。全市和市本级一般公共预算收入占财政总收入的比重分别为65.3%、64.8%;一般公共预算收入中税收收入占比分别为84.9%、84.6%。财政收支运行情况总体良好,全市及市本级财政收支平衡。

【组织财政收入】 坚持定性与定量分析相结合,分析税源变化趋势,按月查找收入增减因素;健全税收预测工作机制,定期通报税收预测情况,全市税收预测误差率控制在2%以内。加强部门协作,与住建部门协作,实行市本级建设项目"先税后证";与公安部门联手打击虚开发票违法行为;开展税收专项检查,推进市县联动检查,整顿规范税收秩序。推进国地税联合征管,加强国地税共管个体户联合管理,落实"五证合一""一照一码"工作。强化营业税分行业、分税目税源管理,关注房地产业、建筑业等行业,通过以票控税、发布欠税公告、阻止出境等举措清理欠税。加强房地产开发企业土地增值税清算管理,并将其作为增收亮点;强化房产税、城镇土地使用税精细化管理,强化欠税催报催缴和管查互动;完善土地出让收入征收管理机制,确保非税收入均衡入库。全市非税收入14.19亿元,增长13.0%;市本级非税收入7.75亿元,增长1.8%。

【服务经济发展】 加大基本建设项目资金筹措力度,落实政府投资项目预算,支持城市建设管理新"十大专项"*、乌溪江下游河道治理、46省道改造、衢江航运等重大项目实施。落实国家油价补贴政策,确保油价补贴资金及时发放和兑现。支持国家循环经济示范城市建设,推动生态循环改造提升重点项目建设。创新科技经费安排方式,采用竞争性分配机制,鼓励企业实行创新驱动发展。设立科技创新券,鼓励小微企业和创业者利用创新载体购买科技服务活动,推动"大众创业、万众创新"。设立10亿元政府产业基金,重点支持信息经济、氟硅新材料、生态环保等特色优势产业发展。推进铁路运输、邮政和电信业"营改增"试点工作。全面落实浙商创业创新"个转企""四换三名"等税收优惠政策。全年累计兑现涉企扶持财政资金4.32亿元,减免税费超过6亿元。

【加大民生投入】 将义务教育阶段学校生均日常公用经费基准定额提高40元,小学、初中每年生均日常公用经费分别达650元、850元。对全市农村义务教育爱心营养餐按每生每年1000元的标准给予补助。普通高中家庭经济困难学生国家助学金由每年生均1500元提高到2000元。落实集中连片特困地区乡村教师生活补助政策。对市级公办中等职业学校和高校实行生均财政预算定额制度。落实社会保障制度,人均基本公共卫生服务经费财政补助标准提高到40元,市区城乡居民医保筹资财政补助标准提高到400元以上。市级机关事业单位离退休人员离退休费人均月增加260元以上。修订完善欠薪应急周转资金管理办法。设立1000万元市区小额担保贷款风险基金,支持高校毕业生创业就业。落实保障性安居工程专项资金,推进公租房建设和棚户区改造,市本级新开工保障性安居工程6142套,竣工2623套。推进生态家园建设,多渠道筹集"五水共治"建设资金,单独编制"五水共治"共建生态家园财政专项预算,重点推进集镇污水处理设施提标改造、农村饮水安全工程、小流域治理、主要堤防加固工程等项目建设。

【推进重点财政改革】 改进预算管理模式。完善一般公共预算和政府性基金预算的编制工作,正式编制国有资本经营预算和全口径社保基金预算,明确市本级国有资本经营收益上缴比例,四本预算全部提交人代会审查。同步编制专项资金使用计划与部门预算。启动2016~2018年中期财政规划和三年滚动预算编制工作。强化预算执行管理。细化完善会议费、培训费、差旅费等支出标准。出台市级单位物业管理费管理规定、盘活部门预算财政存量资金等政策文件。推进机关事业单位养老保险并轨改革、政府向社会力量购买服务、公务用车制度改革。将城市生活垃圾焚烧发电项目和餐厨废弃物处理项目纳入市级首批PPP项目试点。完成2014年度权责发生制政府综合财务报告试编工作。推进简政放权工作。落实取消、停征和免征一批行政事业性收费政策,严格控制党政机关事业单位举办各类培训班的收费标准,制定收费单位收费情况公示清单制度和收费执行情况报告制度。创新财政支农机制。出台财政支农体制机制改革三年行动计划，推进支农领域“三分一转”（分类、分权、分责和促转型），增强财政支农工作绩效。

【盘活财政存量资金】 探索开展“资金池”（政府性资金结算平台）的搭建和运营工作，推进政府性资金集中管理和统一调剂，累计归集存量资金145.05亿元，统筹调度支出116.99亿元。推进各类政府性资金、社保基金的竞争性存放，增加利息等收入6000余万元。

【完善财政监管体系】 加快推进乡镇财政公共服务平台建设，全市建设乡镇财政公共服务平台88个，覆盖率95%。规范预算单位现金使用管理，制定公务卡强制结算目录，取消预算单位备用金卡。建立财政账户管理定期报告制度。开展财政存量资金专项检查、违规违纪发放补贴和送节礼问题专项整治、市级财政资金内部管理情况专项审计。对全市所有的政府存量债务开展清理、甄别和置换，市级置换地方政府债务5亿余元。加强“三公”经费、会议费、培训费和重大专项等资金监控，市级“三公”经费支出下降20.4%。推进预决算公开，除涉密部门外，所有使用财政拨款的市级部门均公开本部门2015年预算和2014年决算。建立评审工作协调机制，采用专家论证会评审模式，提高政府资金使用绩效。研究出台政府购买棚改服务管理办法，推进城镇棚户区和城乡危房改造。结合办公用房整改要求，整合政府性资产，市区累计盘活政府性办公用房土地面积10.3万平方米、房产面积10万平方米。

【加强队伍建设】 开展“三严三实”专题教育，查摆党员领导干部存在的“不严不实”问题，通过单位主要负责人讲授专题党课、签订廉政承诺书等方式，提高党员干部“严以用权，权为民谋”的思想自觉和行动自觉。启动“正风肃纪”专项行动，组建正风肃纪检查组，在全市财税系统开展交叉检查，督促财税干部遵守工作纪律，规范公务行为。建立《影响机关工作效能行为责任追究办法》。落实党风廉政建设党委主体责任和纪委监督责任，建立廉政工作谈话制度，强化局纪检组对处室单位负责人的监督。建立衢州财税微信、微博，打造财税宣传新平台。

（衢州市财政局供稿　王燕萍执笔）

注：

*“十大专项”：2015年，衢州市委、市政府全面实施“儒学文化产业示范区、信安湖公园、品质西区、十里长街改造提升、城市道路畅通、地区商贸提升、城市空间有机更新、城市治水治污、城市功能优化、衢州新区建设提升”等十大专项工作。

柯城区

【概况】 2015年，衢州市柯城区实现地区生产总值158.50亿元，按可比价格计算，增长7.6%。其中：第一产业增加值8.50亿元，增长1.6%；第二产业增加值33.40亿元，增长1.0%；第三产业增加值116.60亿元，增长10.7%。三次产业结构比为5.3∶21.1∶73.6，三次产业贡献率分别为1.2%、3.4%和95.4%。全区实现财政总收入11.25亿元，增长6.0%；一般公共预算收入8.70亿元，增长7.8%，占财政总收入的77.3%，其中税收收入7.46亿元，增长10.1%，占一般公共预算收入的85.7%。全区一般公共预算支出18.86亿元，增长23.3%。全年财政收支平衡。

【组织财政收入】 健全税收预测工作机制。加强与税务部门沟通协作，强化税源结构、税源增减、经济税负等方面的分析，动态监控重点企业（项目）纳税情况及发展态势，把握组织收入主动权，确保收入按进度入库。加强非税收入管理。全面落实取消、停征和免征一批行政事业性收费政策，推进非税收入网上统一公共支付平台建设和试运行。全年组织非税收入3.05亿元。

【促进地方经济发展】 扶持企业发展。安排1700万元，用于兑现工业、外经贸、服务业和企业技改等财政扶持政策，促进企业加快淘汰落后产能，提升发展潜力，推进转型升级。实施工业企业还贷周转金制度，累计周转48次，周转金额1.9亿元。支持农业、农村发展，改善农村环境面貌。发放各类涉农补贴，涉及金额4916万元。落实好各项强农惠农富农政策，筹集资金1.1亿元，保障农村生产生活基础设施建设。申报一事一议财政奖补项目62个，开展省级一事一议助推美丽乡村建设和财政支持农民合作社创新两项试点工作。加快电商发展。整合资金2000余万元，专项用于电子商务产业招商及政策补助，扶持电子商务产业发展。支持金融创新。加强政银合作，设立规模为1200万元的资金风险池，扶持小微企业发展和金融创新试点，激励金融机构加大对小微企业信贷投放力度。

【保障民生和重点支出】 全区财政用于民生支出15.68亿元，占一般公共预算支出的83.1%。加强城乡义务教育经费保障，落实小学、初中生均公用经费提标，城区学校小学、初中每生每年分别提高至650元、850元，农村学校每生每年分别提高至700元、900元。安排启动资金2000万元，支持小学新建和改扩建。落实宣传文化事业发展专项资金，重点支持农家书屋、农村文化礼堂等项目建设。完善城乡居民最低生活保障制度，实施临时救助制度，加大对农村“五保”、城镇“三无”、残疾人等困难群众基本生活救助补助力度；实施精准扶贫，助力消除“4600元以下”贫困现象；保障城乡居民基本养老，安排资金2.25亿元，稳妥推进机关事业单位养老保险制度和工资制度改革。保障城乡居民基本医疗和基本公共卫生服务，城乡居民基本医疗保障财政补助标准提高至年人均570元，基本公共卫生服务补助标准提高至年人均40元。筹措资金2.06亿元，保障“五水共治”“四边三化”“三改一拆”等重点工作有序开展。

【推进财政改革】 健立全口径政府预算体系。编制一般公共预算、政府性基金预算、国有资本经营预算和社会保险基金预算“4

本预算”,试编权责发生制政府综合财务报告。*加强财政资金集中管控。*建立政府性资金集中管控机制,对部门(单位)发生的各种财政性收入,由政府通盘安排,提高政府财政资金统筹使用力度。制定出台《柯城区财政结余结转资金管理暂行办法》,建立结余结转资金定期清理制度,归集各部门(单位)结余结转资金1.58亿元,有效盘活沉淀闲置资金。*开展财政资金竞争性存放。*以竞争性方式存放资金2.5亿元,存放资金年化利率较同期银行基础利率平均上浮30%。*开展地方政府债务限额管理及存量债务置换。*按照省政府要求做好地方政府债务限额及预算管理,同时分三批推进地方政府存量债务置换债券3.53亿元,一年节约利息支出约1400万元。*启动财政支农体制改革。*制定《柯城区财政支农体制机制改革三年行动计划》,全面启动财政支农体制机制改革工作。

【尝试运作政府产业基金】 设立规模1亿元的电子商务创业投资基金,扶持区域内处于初创期并具有成长性的电商企业发展。

【强化财政监管】 *全面完成乡镇公共财政服务平台建设。*全区9个乡镇全部建立公共财政服务平台,残疾人补助、民政救助、孤儿补助等10项服务内容上线运行,通过“一卡通”累计发放各类补助资金1295万元。*实施财政支出绩效评价。*围绕民生重点项目,通过引入第三方评价机构,对7个项目的实施单位开展财政支出绩效评价工作,涉及财政资金1.38亿元。*把好支出监督审核关。*从严控制预算追加,细化完善差旅费、接待费、培训费等支出标准,规范“三公”经费等一般性支出管理,全年“三公”经费下降19.5%。加强政府投资项目评审,强化审价中介机构管理,全年审核政府投资项目410个,核减资金9201万元,核减率13.5%。完善政府采购方式审批和协议供货制度,全年采购预算金额2.11亿元,采购合同金额1.88亿元,节约率10.9%。

【加强队伍建设】 落实党组主体责任和纪检组监督责任,列出两张责任清单,开展2015执纪监督年活动,对人事任免、财政资金竞争性存放、一事一议财政奖补项目资金使用、国资改革、农业综合开发项目等五项重点工作进行立项监督,强化监督执纪问责。创新干部选拔任用和岗位交流制度,增强机关活力。以“财政讲堂”为依托,提高干部学习主动性,营造干部学习、调研、创新氛围。 (衢州市柯城区财政局供稿 姜晓临执笔)

衢江区

【概况】 2015年,衢州市衢江区实现生产总值137.05亿元,按可比价计算,比上年增长7.6%。其中:第一产业增加值20.53亿元,增长1.1%;第二产业增加值63.06亿元,增长6.6%;第三产业增加值53.46亿元,增长11.4%。三次产业结构比由上年的15.2∶48.6∶36.2调整为15.0∶46.0∶39.0。全社会固定资产投资116.29亿元,增长14.1%;社会消费品零售总额55.08亿元,增长10%;人均生产总值34026元,增长7.0%。全年财政总收入15.75亿元,增长17.2%,其中,一般公共预算收入10.12亿元,增长15.3%,占财政总收入的64.3%。全区一般公共预算支出25.69亿元,增长31.1%。全区财政收支平衡。

【组织财政收入】 清理规范税收优惠政策,整顿税收秩序,堵塞征管漏洞,确保应收尽收,实现税收收入8.30亿元,占一般公共预算收入的82.0%。规范非税收入管理,全面实施政府非税收入征管系统,严格依法征收,源头控收,以票管收,实现政府非税收入1.82亿元。

【服务经济发展】 落实一系列稳增长、调结构、惠民生政策,实施积极的财政政策,兑现各项税收优惠政策,提高政策的精准性和实效性,促进经济平稳增长。安排工业转型升级资金9000万元,推进经济转型升级。安排科技和人才专项资金800万元,支持实施创新驱动发展战略,鼓励大众创业、万众创新。安排服务业专项资金1000万元、旅游发展专项资金500万元,促进现代服务业发展。

【创新财政推动经济发展新模式】 出台《关于推广运用政府和社会资本合作模式的实施意见》,建立区PPP项目库,促进成熟项目落地,吸引社会资本进入基础设施及公共服务领域。出台《衢江区政府产业引导基金管理办法》,建立区政府产业引导基金,设立区产业转型升级股权投资和区中小(科技)发展股债混合两项子基金,助推企业加快转型升级。

【保障民生支出】 优化支出结构,当年民生支出19.31亿元,增长30.6%,新增财力的87%用于民生,支持实施区政府“十方面实事”和教育、医疗、就业、社保等民生事业。完善义务教育均衡发展和城乡一体化教育经费保障机制,城乡义务教育阶段学校生均日常公用经费基准定额提高到小学650元/年、初中850元/年。完善大病保险制度,城乡居民基本医疗保障财政补助标准提高到年人均400元,基本公共卫生服务补助标准提高到年人均40元。实施机关事业单位养老保险制度改革,职工基本养老保险月人均养老金增加250元,达2750元;城乡居民基本养老保险基础养老金从每人每月100元增加到120元。深化政法经费保障体制改革,安排社会管理创新专项资金200万元,推进平安衢江、法治衢江建设。安排宣传文化事业发展专项700万元,支持农家书屋、农村文化礼堂等建设。

【助力绿色发展】 按照“绿水青山就是金山银山”的绿色发展理念,累计投入5.5亿元推进“生猪整规”,投入3000万元用于“四边三化”等工作。配套1200万元推进盛世莲花国家农业综合开发现代园项目建设,安排2600万元支持放心农业发展和农业政策性保险工作。安排政府投资预算项目105个,预算资金26.04

亿元,安排规划编制和项目前期谋划专项资金2300万元,保障万亩水田垦造、城中村改造、宾港大道改造提升、衢州汽车客运东站、衢江二小等重点项目建设,推进城市建设。落实各项惠农强农富农和村级公益事业一事一议财政奖补等政策措施,加快农村公益事业发展,促进农业增效、农民增收。

【深化财政改革】 贯彻落实新《预算法》,编制一般公共预算、政府性基金预算、国有资本经营预算、社会保险基金预算"四本预算",编制政府投资预算、国有土地使用权出让收支预算、地方政府性债务收支计划、政府采购预算等专项预算,建立"4+X"预算编制模式。依法公开政府预决算、"三公"经费预决算、区级部门预决算等信息,初步建立政府"四本预算"全面公开体系,自觉接受社会监督,打造"阳光财政"。开展预决算信息公开交叉检查,检查覆盖面达100%,推进各预算单位适应财政信息公开新常态。坚持厉行节约,从严控制一般性支出,"三公"经费预算继续保持上年压减水平,并全部用于"五水共治"。全面开展乡镇公共财政服务平台建设,出台新一轮乡镇财政管理体制,建立健全乡镇财力增长与乡镇经济发展和贡献相挂钩机制,增强乡镇基本财力保障力度。创建2015年全省唯一国家级盛世莲花国家农业综合开发现代农业园区试点,全省首批财政支持粮食生产综合改革试点、全省农民专业合作社创新试点、全省建立村级公益设施运行管护机制示范试点。

【清理盘活财政资金】 盘活财政"沉睡"资金,出台《衢江区区级财政资金竞争性存放实施细则试行》,开展六期财政资金公开招投标、三期集体商议财政资金竞争性存放、一次财政专户归集账户公开招投标,除基准利率利息收入外,增加理财收益0.37亿元。建立财政结转结余资金清理机制,清理盘活财政本级存量资金和区级各预算单位2012年及以前年度财政性结余结转资金,增强财政资金统筹能力。

【强化财政监督】 按照"四张清单一张网"建设要求,建立并公开区级财政专项资金管理清单,修订完善各专项资金管理办法,改进上级专项资金管理审批办法,规范资金分配程序。建立由部门预算执行情况考核办法、预算执行情况月度分析例会制度、政府投资预算执行情况通报制度等组成的预算执行考核体系,加快预算执行进度,提高资金使用绩效。出台《关于推进财政支农体制机制改革的实施意见》,改革财政支农资金管理模式,实现区级部门之间以及上下层级之间合理分权,提高财政资金管理水平。深化国库集中支付和公务卡制度改革,全区所有区级预算单位和21个乡镇(街道、办事处)实现全覆盖。制定《衢州市衢江区涉农资金专项整治行动实施方案》,开展涉农资金专项整治行动。完善财政资金收支管理与内部控制制度,规范财政资金管理程序,从源头上确保财政资金安全高效。置换地方政府债务4.44亿元,用足用活用好省政府债券置换额度,降低政府融资成本。

【干部队伍建设】 全面落实党风廉政建设责任制,开展"三严三实"专题教育,学习党章和《准则》《条例》,严明党的政治纪律和政治规矩。深化财政文化建设,制定实施教育培训计划,培养复合型人才,公开选拔业务能力强、群众满意度高的后备干部。依法公开行政权力清单和运行流程,贯彻落实"五不直接分管""三重一大"制度,推进行政权力清单公开规范运行,把权力关进制度"笼子",提高行政审批效能。区财政局连续9年被评为"满意单位"。 (衢州市衢江区财政局供稿 潘晓梦执笔)

江山市

【概况】 2015年,江山市实现地区生产总值258.02亿元,同比增长7.2%,其中:第一产业增加值21.36亿元,增长1.6%;第二产业增加值130.22亿元,增长4.2%;第三产业增加值106.44亿元,增长13.5%,三次产业结构比为8.3∶50.5∶41.2。按户籍人口计算,人均生产总值42201元,增长6.9%。全市财政总收入24.26亿元,增长6.3%,其中一般公共预算收入15.35亿元,增长6.5%。全市一般公共预算支出38.00亿元,增长17.3%。全市财政收支平衡。

【组织财政收入】 优化收入结构。全年一般公共预算收入占财政总收入的比重为63.3%,其中税收收入12.86亿元,增长8.5%,占一般公共预算收入比重为83.8%。加强税源管理。关注房产税改革及"营改增"扩面、结构性减税政策调整因素,完善房地产、建材、建筑等重点行业税收预测预警分析。开展"抓大、评中"税源管理,监控重点行业、重点企业税源。当年确定各级次监控范围的重点税源企业218户,监控企业入库税收6.04亿元。强化征管措施。完善个人所得税全员全额扣缴申报管理。开展企业所得税年度汇算清缴及后续审核,应补缴税额8493万元。落实调整城镇土地使用税政策,促进城镇土地集约节约利用。推进"五证合一、一照一码"登记制度改革。成立国地税合作领导小组及办公室,推进国地税合作事宜。加强社保费和非税收入征管。加强社保费征收和结算,做好失地农民基本养老保险费征缴,社保费收入10.77亿元,增长10.7%。推进非税收入电子化收缴改革,推广应用浙江政务服务网统一公共支付平台,拓展土地出让金信息管理系统功能,组织政府非税收入6.93亿元,下降25.2%。

【服务经济发展】 推进重大项目建设。筹措"四大百亿"工程*和政府投资重大项目建设资金。谋划融资项目7个,协议融资额14亿元,当年到位资金7.14亿元。推进福斯特光伏发电、江郎山休闲养生基地项目建设。建立PPP项目库并开展对外招商,推动峡口水库引水工程等4个PPP项目建设。促进企业转型升级。实施以浙商回归、"四换三名"等为主要内容的转型升级"组合拳"。参与制定全民创业创新激励政策、电子商务产业扶持政策、小额贷款保证保险风险补偿办法等。制定推动企业利用资本市场转型升级的若干政策意见,推动企业上市。落实财税优惠政策。落实税费优惠政策,兑现财政补助资金,当年兑现涉企财政补助2.17亿元,减免各类税费2.64亿元。完善企业“搭桥”资金管理办法,出借企业“搭桥”周转资金17.18亿元,帮助企业办理银行转贷25.33亿元。

【设立政府产业发展基金】 设立规模为3亿元的政府产业发展基金,成立首个规模为1.8亿元的科创基金,重点扶持市内“互联网+”、科技型企业为主的特色产业项目。

【保障民生事业】 加大民生投入力度,各项民生保障支出29.41亿元,增长20.1%。深化村级公益事业一事一议财政奖补助推美丽乡村建设,以竞争性分配方式确定10个示范村和20个特色村项目。支持乡村休闲旅游发展。推进中小河流治理、病险水库除险加固、中央小型农田水利重点县建设。支持实施基础教育提升和薄弱学校改造,支持标准化学校创建,规范学前教育,支持“学在江山”品牌建设。健全公共文化服务体系运行保障机制,推进机关事业单位养老保险和工资制度改革。做好被征地农民基本生活保障,开展基层医疗机构财政补偿机制改革试点。实施精准扶贫,全面消除家庭人均年收入4600元以下贫困现象。筹措资金支持公租房建设,构建城市住房保障体系。支持实施“天网”工程,助力“平安江山”建设。

【支持生态环保建设】 开展生态循环农业模式探索和示范,创建省级生态循环农业示范县。支持“811”生态文明推进行动,安排资金支持企业节能减排,农村河道“河长制”整治,污水处理及城乡垃圾收集处理。支持“五水共治”,拨付农村生活污水治理资金1.4亿元、生猪养殖整规资金1.64亿元。筹措资金专项用于黄标车提前淘汰政府奖励补贴。支持公共自行车系统二期工程建设和新一轮公交营运权招标。

【推进财税改革】 加快全口径政府预算体系建设,编制国有资本经营预算,实现“四本预算”的全口径预算体系。试编2014年度权责发生制政府综合财务报告。加强预算编制管理,将预算编制细化到“项”级科目。推进部门预决算公开。深化国库集中支付改革,扩大乡镇国库集中支付范围,实现一般公共预算资金、政府性基金预算资金全覆盖。提请出台政府向社会力量购买服务实施意见,规范政府购买服务工作。按照“四张清单一张网”建设要求,建立专项资金管理清单动态调整机制。全力推进乡镇财政公共服务平台建设,加快“数字财政”推进步伐。

【深化国资管理】 完善国有投资公司管理体制,制定加强国有企业管理若干意见。建立国投公司年报统一审计机制及财务信息联网系统,实现对国投公司财务信息的实时监控。加强行政事业单位资产管理,开展办公用房清理整合,盘活存量资产,强化资产转让和经营性资产出租监管。

【强化财政监管】 压缩“三公”经费年度预算指标,2015年压减1031万元,同比下降24.6%。强化政府债务管理,规范政府举债行为,对上级备案后的政府债务由省级财政逐步通过发行地方债券进行置换。清理财政存量资金,对部门结转两年以上未使用的资金收回财政重新统筹安排使用。做好社保基金置换政府债务相关准备工作,确保社保基金保值增值。开展财政资金竞争性存放,创新资金保值增值渠道。完善规章制度和操作流程,累计监管政府采购成交额3.56亿元,节减资金3812万元,资金节减率9.7%。规范政府投资项目评审,主动介入项目建设全过程,全年评审项目483个,评审总价14.04亿元,节减支出3603万元。

【加强队伍建设】 开展“三严三实”专项教育。制定机关干部政治业务学习计划,开展干部学习教育培训,全年举办各类培训班19个。开展师徒结对活动,创新年轻干部顶岗锻炼制度。履行党委主体责任和纪检组监督执纪责任。落实领导干部“一岗双责”要求,细化班子成员党风廉政建设责任,层层签订党风廉政建设责任书。深入学习贯彻《廉洁自律准则》和《纪律处分条例》。改革行政审批环节,简化办事流程,提升工作效率。

(江山市财政局供稿　王浩飞执笔)

注:

*“四大百亿”工程:百亿工业强市工程、百亿服务业提升工程、百亿基础网络工程、百亿惠民安康工程。

龙游县

【概况】 2015年,龙游县实现生产总值195.86亿元,增长7.2%。按户籍人口计算,人均生产总值48398元,增长7.0%,其中第一、二、三产业增加值分别为13.71亿元、101.44亿元、80.71亿元,分别增长1.2%、5.6%、11.2%。三次产业结构比为7.0∶51.8∶41.2。全社会完成固定资产投资144.97亿元,增长14.2%;全年进出口总额4.55亿美元,增长0.8%;社会消费品零售总额116.35亿元,增长11.4%;城镇居民人均可支配收入34189元,农村居民人均可支配收入17099元,分别增长8.8%和9.9%。全年财政总收入18.65亿元,增长11.2%,其中一般公共预算收入12.66亿元,增长11.8%,占财政总收入的比重为67.9%;税收收入10.30亿元,占一般公共预算收入的比重为81.4%。一般公共预算支出35.59亿元,增长18.5%。全县财政收支平衡。

【组织财政收入】 以风险管理为导向,加强税源管理,涉及纳税人1217户次,查补税费877万元;部署重点纳税评估及房地产业行业专项纳税评估工作,补缴入库税款299万元。利用重点税源监控数据,增强组织收入主动性。加强日常税款征缴管理及汇算清缴,防范欠税风险。开展国地税协作,联合拟定《关于加强国地税合作工作的意见》,整合、优化征管服务资源,提高征管效能。开展各项税收检查,全年检查企业69户,查补入库收入720万元。加强与公安、国土、水利等相关部门的沟通联系,打击发票违法犯罪行动,加强矿山开采、河道采砂等行业的税收征管。加大非税收入征管力度,完善非税收入缴款渠道,推进浙江政务服务网统一支付平台建设,全年实现非税收入2.35亿元,完成年度预算的121.8%,增长14.8%。

【服务经济发展】 鼓励企业上市,全年兑现股改奖励840万元。出台"先借后补"政策,组建融资性担保公司,为拟上市企业担保6050万元。设立产业基金,重点支持拟上市企业创业创新、产业转型升级和新兴产业重点领域加快发展,引导金融、社会资本支持实体经济发展。推行政府和社会资本合作(PPP)模式,牵头成立PPP办公室,谋划PPP项目21个,建立PPP模式项目库,投资总额约70亿元。用好还贷周转金,全年为企业还贷周转388次,涉及转贷资金27亿元。落实财税优惠政策,全年通过各环节审批或备案等方式为企业(个人)减负让利1.28亿元。大力发展电子商务,拨付农村淘宝、电商城、"1688产业带"* 项目建设等扶持奖励资金1566万元。注重农村经济发展,安排6095万元山区经济项目建设资金支持农村经济发展;投入948万元资金扶持村级物业和村集体经济发展。注重借力发展,争取上级工业与信息化发展资金、小额贷款风险补偿等涉企专项扶持资金2965万元。

【保障民生支出】 全年民生支出28.24亿元,占财政总支出的79.3%。加大农村生态保护资金投入,安排6860万元中小河流治理综合整治资金,投入4911万元持续推进美丽乡村建设。关注学前教育,兑现城乡幼儿园发展奖补资金808万元。保障义务教育,投入5288万元用于义务教育发展。支持职业教育,安排1.32亿元用于职教中心建设。聚焦教育公平,筹集750万元专项用于支持外来务工人员子女教育,拨付600万元支持教育信息化及补助特殊教育。关注社会救助事业,关爱弱势群体,全年拨付城乡困难人群救助资金2077万元,发放城乡低保及残疾人补助金4284万元。兑现机关事业单位工资改革资金1.9亿元,保障改革实施。投入2.12亿元充实社保基金,防范基金支付风险。

【深化财政改革】 建立健全全口径政府预算体系,全面推进预决算公开。推进国库集中支付及公务卡改革,基本实现预算单位全覆盖。加强部门基本支出保障力度,规范预算单位支出管理。出台《完善财政专项资金审批事项的意见》,简化审批流程,明确审批责任,加快审批速度。调整新一轮乡镇(街道)财政体制,提高体制分成比例,激发乡镇(街道)财政活力。完成乡镇公共服务平台建设,提高乡镇公共服务能力。开展财政资金竞争性存放,涉及资金7.5亿元。加大财政存量资金盘活力度,收回结余资金4.5亿元,重点用于民生支出、补充预算稳定调节基金、组建融资性担保公司和设立产业基金等。

【强化财政监管】 按照"一个专项一个办法"的要求,制定各类财政专项资金管理办法。加强政府性债务管理,按照"适度举债、讲求效益、加强管理、规避风险"的原则,完善偿还机制,构建风险预警体系。加强财税内控机制建设,实施绩效管理。加快数字财政建设,为财税管理信息化、智能化提供技术支撑。完成13个乡镇公共服务平台建设;强化预算执行监控,拒付、纠错金额8290万元,全年"三公"经费实际支出同比下降13.1%;规范项目审核管理,完成"三算"项目审核856个,净核减资金1.87亿元,平均核减率4.8%。

【加强队伍建设】 加强党风廉政建设,落实"一岗双职""一案双查"机制,打造"干部平安工程"和"家庭幸福工程"。强化财政内控管理,重点梳理政策制定、预算编制、预算执行、机关运转等财政岗位风险点,通过流程再造对各类风险点建立事前防范、事中控制、事后监督和纠正的机制,将岗位风险点落实到人。深化"学习、调研、改革、创新"活动,利用"龙游财税讲堂"平台,提升干部素质。全年完成调研课题64个,其中《从财政角度看目前企业上市过程中存在的问题及政府作为的研究》一文获全省财政系统调研报告评审一等奖。通过党支部、工青妇组织举办财税法规政策宣传活动以及各类文明创建活动,推进财税文化建设,凝聚干部队伍,调动干部干事创业的激情。

(龙游县财政局供稿　郑　思执笔)

注:

*"1688"产业带:依托龙游现有的特种纸、绿色食品、装备制造等特色产品,整合龙游地区相关企业优势资源,鼓励企业借助第三方交易平台开展全网营销和原材料采购、产品销售等网商交易、实现线下产业平台和线上电商交易的融合发展。

常山县

【概况】 2015年,常山县实现地区生产总值111.27亿元,按可比价计算,比上年增长7.8%。其中:第一产业增加值7.92亿元,增长1.7%;第二产业增加值53.21亿元,增长5.3%;第三产业增加值50.14亿元,增长12.1%。三次产业结构比为7.1∶47.8∶45.1。按户籍人口计算,全县人均生产总值为32580元,增长7.3%。全县财政总收入12.46亿元,增长9.9%;一般公共预算收入8.68亿元,增长12.3%,占财政总收入的69.7%;其中税收收入7.15亿元,增长10.8%,占一般公共预算收入的82.4%。全县一般公共预算支出28.41亿元,增长27.6%。全年财政收支平衡。

【组织财政收入】 编制财政收入计划,加强收入分析,监控重点企业,按月统计、按旬预测,把握组织收入主动权。开展营业税和印花税清理、土地增值税清算、企业所得税汇算清缴,对房产税和城镇土地使用税进行基础数据比对。规范个人所得税全员申报管理。加强资源税管理。完善存量房评税体系。建立法院民事执行与地税税费征缴协作机制。协同国土、市场监管等部门推进“先税后证、五证合一、一照一码”登记制度改革。加强非税收入管理。推进非税收入网上统一公共支付平台建设,全年非税收入1.53亿元,增长20.1%。

【支持经济发展】 加大财政资金扶持力度,全年安排企业奖补资金5146万元,累计为企业提供应急专项资金30.52亿元。落实“营改增”等结构性减税和普遍性降费政策,减轻企业税负6192万元。设立PPP投资管理中心,推广“天马污水处理项目”PPP模式,建立路灯亮化、公路养护等17个PPP模式项目储备,总投资规模87亿元,获评全省PPP示范县。制定政府购买服务实施意见、管理办法和指导目录,运行保洁绿化、公共自行车、视频监控等项目,公共自行车和数字城管项目入选省政府购买服务典型示范案例。支持球川镇入选国家级中心镇建设示范试点。财政以投资入股形式支持推广胡柚生产全程社会化服务“拜肯”模式*。

【创新支持企业转型发展新方式】 设立产业投资引导基金,基金规模3亿元,重点扶持工业主导产业、绿色农业、现代物流、电子商务等特色优势产业发展,参与传统产业资产兼并重组等。引进社会资本合作成立常山产业基金并入资县企业,推进钙产业转型升级。

【保障民生事业】 全年民生类支出21.69亿元,增长30.6%,占一般公共预算支出的76.3%。落实好各项强农惠农富农政策,农林水投入5.78亿元。探索资金预拨制度,对涉农项目补助资金采取“先预拨、后结算”的办法,加快预算执行进度。新建村级公益事业一事一议财政奖补项目70个。加强城乡义务教育经费保障,小学、初中生均公用经费标准分别提高至每生每年750元、950元,加快薄弱学校改造,发展学前教育和职业教育,支持省教育现代化县创建和教育综合改革。文化体育投入6663万元,加大农村文化礼堂、农家书屋、群众体育设施建设,支持县第五届全民运动会举办,推动文化融入工程实施。完善城乡居民最低生活保障制度,投入2.60亿元保障城乡居民基本养老,实施临时救助制度,开展精准扶贫,助力消除年收入“4600元以下”贫困现象。支持县级公立医院综合改革,推进中医院、公共卫生服务中心、乡镇卫生院等卫生设施建设,保障城乡居民基本医疗和基本公共卫生服务,财政补助标准提高至年人均430元、40元。加大生态环境保护资金投入力度,投入2.22亿元支持“五水共治”“清三河”“蓝天三衢”生态治理*,助推矿产资源、黄标车整治。推动老城提标改造、城东新区建设、城区污水管网配套工程。深化“平安常山”建设。

【深化财政改革】 推进预算管理改革。健全全口径政府预算体系,编制一般公共预算、政府性基金预算、国有资本经营预算和社会保险基金预算。深化预算信息公开。试编权责发生制政府综合财务报告。推进县级财政资金竞争性存放工作,累计存放招标金额2.60亿元,年收益同比提高3.0%。推进农村综合改革,制定财政支农体制机制改革实施意见。深化乡镇财政公共服务平台建设,推进村级公共设施运行管护试点工作。推进机关事业单位养老保险制度和工资制度改革。

【加强财政监管】 规范地方政府性债务管理。实行债务限额管理和预算管理,做好地方政府债券置换存量债务工作,加强地方政府性债务监控。规范“三公”经费管理。从严控制预算追加,全面实施公务卡强制结算目录,加强“三公”经费等一般性支出管理,“三公”经费较上年下降11.4%。加强财政监督。开展财政专项资金和存量资金检查、绩效工资清查、会计信息质量监督工作。加强政府投资项目预算审核管理,提前介入项目立项、方案设计等前期环节,全年审核项目653个,涉及资金8.06亿元,核减资金9811万元,核减率12.2%。加强政府采购管理,推进政府采购法实施条例的落实,将采购管理与预算管理相衔接,全年政府采购项目668个,涉及资金5745万元,节约资金573万元,节约率9.1%。实行国有公司“三资”(资金、资产、资源)集中管理、统一调剂,基本完成相关国企改革。加强行政事业单位资产调控管理。

【推进队伍建设】 开展“三严三实”“学党章、守纪律、讲规矩”专题学习教育,成立基层党校,开设财税大讲坛,创新学习模式,组织政治理论、法律法规、业务知识等方面的授课学习14期,丰富党风廉政建设专题教育活动内容。履行党风廉政建设主体责任,支持派驻纪检组履行监督责任,组织“正风肃纪”督查,严肃

农村电子商务服务站工作人员指导农民电商

工作纪律。建立常山财税微信号，开展不同层面的新《预算法》宣传培训。当年县财政局在全县部门工作目标考核中位列第一，获全县集体三等功。（常山县财政局供稿　冯　琳执笔）

注：

＊拜肯模式：县财政以投资入股的形式引进上海拜肯生物科技有限公司，组建浙江常山拜肯胡柚专业合作社联合社，以联合社的名义对全县胡柚生产、销售进行统一管理，既能提高胡柚的品质，又可以避免恶性竞争，相互压价，保证柚农的利益。

＊"蓝天三衢"生态治理：对三衢山区域的资源和行业整治，包括整合矿山、关停立窑和钙加工生产线、整治轻钙和水泥行业等，还青山绿水于全县人民。

开化县

【概况】　2015年，开化县实现地区生产总值101.61亿元，比上年增长5.7%，其中：一产、二产、三产增加值分别为12.33亿元、40.22亿元、49.06亿元，分别增长1.5%、2.7%、10.6%，三次产业结构比由上年的12.2∶45.8∶42.0调整为12.1∶39.6∶48.3；人均生产总值28301元，增长5.2%。固定资产投资84.84亿元，增长15.0%；社会消费品零售总额63.87亿元，增长11.4%；外贸出口总额2.33亿美元，增长29.6%。城镇常住居民人均可支配收入26617元，增长8.5%；农村常住居民人均可支配收入13124元，增长10.1%；城镇失业登记率2.9%。开化县财政总收入10.83亿元，增长7.4%，其中一般公共预算收入6.88亿元，增长13.6%，占财政总收入的63.6%；税收收入6.16亿元，占一般公共预算收入的89.6%。一般公共预算支出32.43亿元，增长5.6%。全年财政收支平衡。

【组织财政收入】　综合研判财税经济形势，加强收入分析预测，实时掌握重点税源企业和重点建设项目税源信息，把握收入主动权，实现收入持续平稳增长。规范房地产项目土地增值税清算，开展营业税和印花税专项清理。利用信息比对，开展社会保险费年度结算，夯实社保缴费基数。深化非税收入收缴电子化改革，创新收入监管机制。全县组织非税收入8.58亿元。

【支持经济发展】　落实一系列稳增长、调结构、惠民生政策，提高政策实施的精准性和实效性，促进全县经济稳中向好、稳中有进。坚持投资拉动，重点支持水利、交通基础设施等重大项目建设。及时出台大众创业、万众创新相关扶持政策，支持经济结构调整。落实固定资产加速折旧扩围新政策，发挥城镇土地使用税调整政策引导作用，助力优质高效企业发展和土地集约节约利用，加快绿水青山转化为金山银山的进程。及时兑现工业、外贸、建筑业、服务业等财政扶持资金1.11亿元，支持企业"走出去"，做大做强。发挥企业应急专项资金作用，全年为146家次企业提供应急专项资金15.64亿元，缓解企业续贷周转困难。围绕"治水护水"，做好水利重大项目常山港华埠段建设、钱江源水库前期、中小河流治理等工作。申报实施农发土地治理面积2.15万亩，争取省级以上财政资金3010万元。

【保障民生支出】　2015年，全县民生支出占一般公共预算支出比重为82.9%。开展农业"三项"补贴政策综合改革，安排财政资金2.66亿元，支持农村生活污水治理、历史文化村落保护利用、农村垃圾处理试点，打造"美丽乡村"。将省级以上生态公益林最低补偿标准提高到30元/亩。支持教育发展，小学、初中生均公用经费标准分别提高至650元、850元；研究完善高中阶段停收借读费后的经费保障机制。助推文化旅游建设，支持长虹乡4A级景区创建，推进根宫佛国三期项目建设。完善社会保障机制，实施精准扶贫，助力消除年收入"4600元以下"贫困现象；职工基本养老保险月人均养老金增加250元；城乡居民基本养老保险从100元增加到120元。完成全县机关事业单位养老保险和工资制度改革。

【深化财政改革】　修订和完善2015年预算编制，规范全口径预算体系，4本预算全部编制到位。完成2014年财政决算和2015年预算调整工作。创新公共服务供给机制，推广运用政府和社会资本合作（PPP）模式，总投资2.5亿元的城市污水处理项目已签约落地并开工建设。开发财政资金项目管理平台，运用科技信息化完善项目申报和管理。对2012年及以前年度的财政资金进行清理整合，加大结转结余资金财政统筹使用力度，建立财政存量资金定期报告制度。争取上级资金24亿元，债券13.44亿元，降低债务成本5380万元。深化国资体制改革，组建生态资源公司，全力推动国有房产公开出租工作。开展财政资金竞争性存放和开户银行招标工作，实现社会贡献额1553万元。

【强化监督管理】　建立国库集中支付动态监控系统，防止异常支出发生。组织开展代理记账机构2014年度的年审工作，加强代理记账机构的管理。全面规范政府采购管理，确保采购程序及行为合法合规，全年完成采购额5380万元，节约资金705万元。深化财政监督绩效评价，首次把项目投资绩效目标纳入项目前期申报。扩大政府投资项目评审范围，全年完成项目预算审核245个，核减金额5979万元。扎实推进乡镇、部门财务管理工作，坚持先有预算、后有支出的原则，预算执行质量逐年提高。规范公务消费结算管理，严格执行公务卡结算制度和公务卡强制结算目录。

【加强队伍建设】　开展"三严三实"专题学习教育，切实做到严以修身、严以律己、严以用权，实实在在谋事创业做人。履行党风廉政建设主体责任，支持派驻纪检组履行监督责任。建立干部自行讲课、邀请专家授课、到院校培训等多种学习模式，深入贯彻《中国共产党廉洁自律准则》《中国共产党纪律处分条例》，增强党规党纪意识，营造风清气正、敢于担当的工作氛围。开化县财政局连续第六年在县级机关部门综合考核中获一等奖，连续第七年在满意单位测评中被评为最满意单位。（开化县财政局供稿　胡八佾执笔）

舟山市财政工作

舟山市

【概况】 2015年,舟山市实现地区生产总值1094.00亿元,按可比价格计算,比上年增长9.2%,按常住人口计算,人均生产总值95272元。第一、二、三产业增加值分别为112.00亿元、453.00亿元、529.00亿元,分别增长4.9%、10.9%、8.5%。三次产业结构比为10.2∶41.4∶48.4,第三产业占比上升。海洋经济总产出2653.00亿元,增长10.0%,海洋经济增加值766.00亿元,增长9.6%,占地区生产总值的70.0%。全社会固定资产投资1134.76亿元,增长18.1%。社会消费品零售总额415.52亿元,增长10.3%。外贸进出口总额726.34亿元,下降4.1%。城镇居民人均可支配收入44845元,渔农村居民人均可支配收入25903元,分别增长8.1%和8.9%,城乡居民收入比为1.73∶1。全市旅游业接待人数3876万人次,增长14.1%。全市实现财政总收入159.59亿元,增长7.2%,其中一般公共预算收入112.72亿元,增长11.6%,占财政总收入的70.6%,比上年增加2.8个百分点;一般公共预算支出239.65亿元,增长27.3%。市本级财政总收入70.77亿元,增长6.9%,其中市本级一般公共预算收入51.16亿元,增长8.2%;市本级一般公共预算支出93.45亿元,增长27.8%。税收收入94.33亿元,增长6.4%,占一般公共预算收入比重为83.7%。全市和市本级财政收支平衡。

【组织财政收入】 实施税源精细化管理。完善重点税源监控管理办法,对省级以上重点税源企业和市级重点税源企业进行重点监控。密切部门协作,全年推送风险任务1.54万户次,补缴税款1.42亿元。开展营业税专项清理,加强未利用土地耕地占用税征收和欠税管理。组织非税收入。落实中央、省有关取消、暂停部分行政事业性收费项目和降低收费标准的规定。深化"收支两条线"管理,挖掘非税收入增长潜力。推进政府非税收入信息化建设,全市组织非税收入18.39亿元,增长48.3%。

【筹集资金支持新区建设】 争取政策资金。全市争取到中央和省各项补助资金88.49亿元,地方政府新增债券规模27亿元;争取到三批地方政府债券置换存量债务规模67.9亿元。支持政府投资项目建设。2015年市本级政府投资项目完成投资123.55亿元、筹资166.42亿元。建立全口径政府投资项目预算管理体系,以按季度拨款模式替代逐笔拨款方式,提高工程款支付效率。

【助力培植海洋经济发展】 创新政府支持经济发展方式。统筹部分政府性专项资金、盘活财政存量资金,设立规模为50亿元的新区引导基金。当年出资22亿元,组建转型升级产业基金,设立江海联运产业投资基金,首期出资3亿元。出资6亿元发起组建新区金融投资有限公司,支持绿色石化园区建设,注入资本金7亿元。支持浙商回归、海洋产业集聚区等重点服务项目,落实各项结构性税费减免,全年全市地税部门减免各类税收9.12亿元,6万余户次小微企业从中受益,创新"政银企"合作机制,为23家企业提供工业企业转贷业务,转贷金额21.6亿元;为145家企业发放中小企业专项信用贷款,放贷金额4.2亿元;启动小微企业"税银互动—税易贷"业务,全年有32家小微企业取得信用贷款1840万元。

【优化支出结构】 支持社会事业发展。全市教育、城乡社区事务、科技、文体传媒、公共安全等民生事业支出分别为26.33亿元、14.53亿元、5.10亿元、5.03亿元、11.44亿元,分别增长7.0%、23.7%、14.0%、20.0%、12.6%。落实各阶段教育资金保障机制,加大城乡社区公共设施建设投入力度,推动人才强市战略,完善公共文化服务体系,支持"平安舟山"建设。完善社会保障体系。全市社保就业、医疗卫生支出分别为12.16亿元、16.65亿元,分别增长29.0%、21.8%。构建城乡一体的社会化养老服务体系,推进居家养老、机关事业单位养老保险改革和被征地农民养老保险转轨工作等。支持深化公立医院改革,全面落实公立医院财政投入政策。实施积极的就业创业政策,促进大众创业万众创新。引导社会力量与资本参与养老服务、残疾人康复、医疗卫生等事业发展。支持生态环境建设。全市财政农林水事务支出49.09亿元,增长23.4%,用于"五水共治""美丽海岛、生态廊道"等建设。整合涉农资金,优化支出结构,推进节能减排和海洋生态环境保护。控制行政成本。严控"三公"经费及会议费等一般性支出,全年全市"三公"支出数1.82亿元,下降13.2%。

【深化财政管理改革】 推进财政资金管理改革。落实市级财政专项资金整合归并方案,完善专项资金管理办法,推进专项资金按"因素法"和竞争性分配,强化项目库管理。公开2015年市级财政专项资金管理清单,列入清单的专项资金共计29项,涉及金额7.4亿元。推进预算全面公开,市本级所有财政拨款部门预算单位都按要求公开部门预算和部门"三公"经费预算。盘活存量资金,市本级盘活财政存量资金和其他可统筹使用的财政资金计7.72亿元。开展财政资金保值增值工作,全年实现市级财政资金保值增值收益3.13亿元。强化社保基金预算执行管理,实现社保基金保值增值。规范政府债务管理。规范地方政府举债融资机制,加强政府或有债务监管,对地方债务实行规模控制。

做好地方债券置换存量债务和新增债券的梳理、分析、分配工作。把地方政府债务分门别类纳入全口径预算管理。推进政府购买服务。出台《关于政府向社会力量购买服务的实施意见》,选择"舟山市购买公共文体服务项目"和"岱山县岱西镇购买河道保洁服务项目"作为示范性政府购买服务项目。

【加强财政监督】 完善财政支出绩效评价。适度扩大项目绩效自评覆盖面,按项目预算的资金额度标准选择确定绩效自评项目,全年市级财政支出绩效评价项目26个。全年完成政府投资项目审核187项,送审金额89.92亿元,审定金额83.06亿元,金额调整率16.4%。加强政府采购监管。完成政府采购网上竞价平台开发建设,全年全市政府采购预算金额19.65亿元,增长5.1%。加强会计工作监管。培养财税系统会计师资人才16名,选拔全市会计领军人才49名。完善会计行业制度,做好"诚信规范建设年"相关工作。

【加强队伍建设】 开展"三严三实"专题教育活动,组织开展"严以修身""严以律己""严以用权"专题学习研讨,以及践行"三严三实"的民主生活会。加强廉政建设以及作风效能建设,与机关处室、县(区)局签订《2015年度党风廉政建设责任状》,对外公开监督电话和办税服务厅窗口服务热线,提升服务效能。加强学习型机关建设,分类分层次实施教育培训,组织全市财税系统35周岁以下干部开展新《预算法》《行政事业单位会计制度》、财政改革动态等业务知识学习。邀请高层次专家教授进行业务培训;推进"财税大讲堂"活动。

(舟山市财政局供稿　徐颖娜执笔)

定海区

【概况】 2015年,舟山市定海区实现地区生产总值450.18亿元,按可比价计算,增长9.3%;按户籍人口计算,人均生产总值116352元,增长8.8%。第一、二、三产业增加值分别为12.00亿元、210.48亿元、227.70亿元,分别增长3.2%、11.2%、8.0%。三次产业结构比为2.7∶46.7∶50.6。全区财政总收入25.32亿元,增长4.0%,其中一般公共预算收入16.38亿元,增长5.7%,占财政总收入的64.7%。全区一般公共预算支出35.87亿元,增长26.4%。全年财政收支平衡。

【组织财政收入】 健全多部门协作的税收保障工作机制,强化征管部门组织收入责任。运用税收收入分析系统,重点关注大型企业、重点行业的情况,做好经营运行分析、测算工作。定期召开镇(街道)收入形势分析会,提高收入总量,提升收入质量。依托新版非税征管系统,建立日常收入分析制度,加强对各执收单位非税收入征收情况的监督,确保非税收入及时足额入库。全年实现非税收入3.09亿元,增长7.5%。

【服务经济发展】 充分发挥财税政策杠杆作用,探索推进政府产业基金工作,下达产业引导资金5000万元。健全配套政策措施,促进经济转型发展。兑现海洋经济发展扶持专项资金2.37亿元,有效扶持船舶工业、水产加工业、道路运输业等行业的发展。拓宽中小企业融资渠道,实施"定海蓝海育苗基金"合作计划和"兴业育苗贷款"信贷合作项目,鼓励金融机构向全区128家中小企业发放专项信用贷款,累计金额14.76亿元;提升担保公司运作能力,累计为113家中小企业提供融资担保业务,担保金额5.97亿元;加大应急转贷力度,为区内202家中小企业转贷31.25亿元,减轻中小企业融资压力。

【保障民生支出】 全年民生支出25.04亿元,增长23.5%。支持教科文事业发展。全区教育支出5.54亿元,增长22.4%,促进各级各类教育均衡发展。投入人才专项资金1719万元,支持各类高新技术优秀人才引进安置及培训。制定《舟山市定海区大学生创业园(创业孵化基地)认定管理办法(暂行)》,实现创业带动就业的倍增效应。投入文体活动专项资金3773万元,用于小康体育村建设、绿色登山步道改造、文化走亲、送戏下乡、唱响定海等各类文化活动。推进医疗卫生与社会保障体系建设。投入专项资金5800万元,支持区中心医院建设,改善就医环境和条件。投入560万元用于渔民生活补助。被征地农民养老保险一次性转轨6.47万人,累计支付转轨补贴3.3亿元。提高孤儿、高龄老人、农村"五保"、城市"三无"人员等多项生活补助发放标准,增进民生福祉。统筹推进城乡协调发展。争取2015年度城镇保障性安居工程中央补助资金1.2亿元,用于城镇低收入住房保障家庭租赁补贴以及公共租赁住房、城市棚户区改造等城镇保障性安居工程建设。加快全区农村公益设施建设,立项一事一议财政奖补项目71个,总投资0.45亿元。投入财政资金1.13亿元支持水利项目建设,投入财政资金1.77亿元支持"五水共治"项目建设。完成申报2015年舟山群岛新区农业综合开发现代园项目,总投资0.92亿元。

【深化财政改革】 推进财政预决算信息公开,组织15家2014年度上会预算单位公开部门决算,内容涉及部门概况、收支执行情况。全区除涉密部门外的所有区属预算单位部门预算均及时公开,加大公共财政预决算透明度。探索政府购买服务改革,梳理全区政府公共服务和辅助性服务项目,搭建政府购买服务制度框架,健全购买服务机制。完成定海区公共自行车运行管理、市政公园广场日常物业管理等24个项目的公开招投标工作。清理整合财政专项资金,将归并后的专项资金纳入清单管理向社会公开,促进财政专项资金分配透明公正。深化国有企业改革,理顺国有资产管理体制,成立国有资产管理领导小组。加强国有企业整合提升。出台国有企业资金存放管理暂行办法,规范国有企业资金存放秩序。

【强化财政监管】 加强地方政府性债务管理,对全区所有的债务单位进行统计确认,摸清债务规模,全年完成债券置换 18.4 亿元,新增债券 1.5 亿元。加强支出审核,提升财政资金使用效率,完成政府投资项目预算造价审核 980 项,累计送审金额 48.99 亿元,审定金额 44.42 亿元,核减率 9.3%。开展财政资金绩效评价工作,对区级科技项目、美丽海岛建设项目等 3 个项目开展绩效评价,涉及资金 9908 万元。强化制度执行,规范行政事业单位支出。加强公务支出管理,编印《定海区公务支出管理制度选编》。全年全区"三公"经费支出 4083 万元,比上年节约 11.1%。

【加强队伍建设】 局党组专题学习贯彻落实习近平总书记浙江视察重要讲话等系列讲话精神,在全局干部职工中开展"三严三实"教育,制定实施党风廉政建设责任制提升方案。制定干部能力提升计划,实行师徒结对,提升年轻干部综合业务水平。

(舟山市定海区财政局供稿 刘研研执笔)

普陀区

【概况】 2015 年,舟山市普陀区实现地区生产总值 352.15 亿元,按可比价格计算,增长 9.1%;按户籍人口计算,全区人均生产总值 109200 元,增长 9.7%。第一产业增加值 44.46 亿元,增长 4.6%;第二产业增加值 128.89 亿元,增长 11.0%;第三产业增加值 178.80 亿元,增长 8.6%;三次产业结构比为 12.6 : 36.6 : 50.8。全区财政总收入 36.25 亿元,增长 6.5%,其中一般公共预算收入 25.68 亿元,增长 9.4%,占财政总收入的 70.8%;全区一般公共预算支出 53.73 亿元,增长 21.0%。全年预算执行情况良好,财政收支平衡。

【全力以赴稳增长】 注重培植新兴财源,提升收入预测水平和统筹能力,加强财税联动,强化收入数据的关联分析、动态分析,确保收入均衡入库。加大协税护税力度,关注重点行业和重点企业税源变动情况,做好重点税源精细化管理,全年实现税收收入 22.46 亿元,增长 6.4%,占一般公共预算收入的 87.5%。加强非税收入执收监管,以票管收,以查促管,实现全区非税收入收缴信息化管理,全年完成非税收入 3.22 亿元,增长 36.9%。

【强化引导调结构】 全年下达产业扶持资金 1.17 亿元,支持"机器换人""电商换市"、流通业综合改革试点、"个转企"等发展举措的实施,促进工业、商贸服务业、电商产业、海运业等行业健康发展。推广应用"创新券",减轻企业科研成本,助力企业科研创新,转型升级。实施海洋渔业特色园、南美白对虾水产养殖基地改建等农业综合开发项目,争取到 2015 年度产业化经营贷款贴息项目省以上补助资金 2114 万元。清理规范行政事业性收费及政府性基金收费项目,公开行政事业性收费、政府性基金收费目录清单,全年取消、减免非税收入 4521 万元,减轻企业负担。多方筹措资金支持重大项目建设和区域开发,向省财政争取到东海中路改造一期工程和半升洞地块旧城改造项目新增地方政府债券额度 1.50 亿元,全年拨付建设资金 15.80 亿元,保障全区民生工程和重点项目推进。

【优化支出保民生】 按照"保基本、兜底线、保公平、可持续"的原则,全年本级财政用于民生支出 22.30 亿元,增长 20.5%。完善财政支农机制。推进财政支农体制机制改革,逐步建立与现代农业发展水平和统筹城乡需求相适应的财政支农政策体系、支农资金管理体系和监督体系;以一事一议奖补资金为平台,整合资金 2063 万元,争取到上级补助资金 1134 万元,支持农村村级公益事业建设。加大社会事业投入。全年教育、科技、文化、医疗卫生支出分别为 7.11 亿元、9008 万元、9732 万元、3.58 亿元,分别增长 16.3%、9.2%、18.0%、26.4%。完成普陀小学和东港幼儿园建设,义务教育阶段生均经费定额标准每人每年提高 45 元;加大民办教育扶持力度,全年民办教育投入 626 万元,促进全区优质教育资源均衡发展。完善海岛公共文化服务体系,加强渔农村"文化礼堂"建设,承办省第二届海洋运动会、国际海岛旅游大会等,繁荣群众性文化体育事业。引入医保基金控费指标,完善公立医院财政投入机制。托牢社保底线。全年区本级社会保障和就业支出 2.02 亿元,增长 31.6%。实施被征地农民养老保险制度转轨改革,核实转轨人数,落实补助资金 3.82 亿元。推进机关事业单位养老保险制度改革,健全养老保险体系。

老人福利院

树立绿色发展理念。全年本级生态环保支出9304万元，统筹推进“全景普陀”*、“五水共治”、四边三化等工程。加快推进高污染燃料锅炉淘汰改造专项整治工作，改善环境质量。*严控行政成本*。严格控制“三公”经费、会议费和培训费等一般性支出，全年“三公”经费、会议费和培训费分别支出3812万元、676万元和1255万元，比上年分别减少18.3%、29.2%和4.9%。统一配置台式办公电脑800台，比预算配置价格节约12.5%。

【积极稳妥促改革】 推进全口径预算管理，细化公共财政预算编制，一般公共预算、政府性基金预算、国有资本经营预算和社会保险基金预算“四本”预算提交并通过人代会审议。落实财政预决算、部门预决算和“三公”经费预决算信息公开工作。深化国库集中支付改革，在所有镇街全面使用国库集中支付系统，进行实时监督管理，启用国库集中支付动态监控软件。实施专项资金管理改革，梳理区级政府性财政专项资金85项，涉及金额8.74亿元，通过归并、保留、取消和纳入部门预算管理等办法，整合为31项，其中22项纳入财政专项资金管理清单，并在区政府门户网站予以公开。探索政府购买服务模式，建立政府购买服务联席会议制度，明确职责分工。出台政府向社会力量购买服务实施意见和政府购买服务预算管理办法，选定工程结算审计服务、棚户区改造服务两个试点项目，并予以组织实施。加强政府债务管理，做好地方政府债券置换存量债务工作，全年置换存量债务25.33亿元，缓解转贷和还贷资金压力。

【科学精细严管理】 *盘活存量资金*。对一般公共预算结转中超过2年以上和本级政府性基金结余超过当年收入30%部分共计7527万元予以统筹盘活；按“后进先出”法原则，建立部门结转结余资金定期清理机制，清理部门预算结余结转资金2904万元，对确认为闲置的结余资金由区财政收回统筹使用。采用与银行协商、竞争性存放等形式，定期存放，协议利率，提高存放资金效益，全年实现资金增值3380万元。*加强镇街财政管理*。完善镇街公共财政服务平台建设，完成公共服务平台规范化配置，选取10项涉农资金纳入平台发放管理，扩大平台资金发放管理范围。通过开展党员业务骨干“送服务、促理财”活动，指导东港和展茅2个镇街建立系统的财政管理制度，提升镇街财政规范化管理水平。*加强国有资产管理*。制订行政事业单位国有资产管理办法，规范行政事业单位资产配置、产权登记、资产使用、资产处置、资产评估等行为。全面实施电脑主机、显示屏、键盘分开报废制度，提高资产利用效率。*加强财政监督检查*。推进财政资金绩效目标管理，全年完成各级重点绩效评价项目15个，涉及资金3.66亿元。*加强项目造价审核*。组建财政项目造价审核中心，制定政府投资项目概(预)算审核试行办法和政府投资项目造价审核规程等制度，全年审核各类项目84个，送审金额11.63亿元，净核减4585万元，净核减率3.9%。

【带好队伍固根本】 开展群众路线教育实践活动“回头看”“双严双强”*专题教育和常态化效能建设明察暗访，巩固机关作风效能建设成果。落实“一岗双责”，强化干部职工廉洁意识。通过专题讲座、“财政适岗能力培训班”、业务竞赛等形式，提升干部综合素质。 （舟山市普陀区财政局供稿　陈轶伦执笔）

注：

*“全景普陀”：按照“全域全景、一步一景、景景相连”要求，着力提升城市形态、内涵和管理，推进重点区块全景产品打造、适宜产业布局、生态补偿探索，建设水映普陀、绿满普陀、品质普陀、人文普陀四道风景。

*“双严双强”：严纪律、严作风、强担当、强服务。

岱山县

【概况】 2015年，岱山县实现生产总值207.13亿元，比上年增长9.2%。其中：第一产业增加值32.45亿元，增长4.8%；第二产业增加值106.50亿元，增长10.6%；第三产业增加值68.18亿元，增长8.5%。三次产业结构比为15.7∶51.4∶32.9。人均生产总值11万元，增长10.7%。全县财政总收入19.22亿元，增长1.7%，其中一般公共预算收入12.60亿元，增长10.1%。一般公共预算支出35.57亿元，增长19.1%。当年财政收支平衡。

【组织财政收入】 优化收入结构，一般公共预算收入占财政总收入的65.6%，地方税收收入10.25亿元，增长5.6%，占一般公共预算收入的81.3%。坚持依法治税，完善征管机制，开展欠税治理与清缴工作，追征入库税款8109万元。加强重点税源监控，深化对重点企业税收分析，入围重点税源248户，监控面68.3%。盘活政府存量资金和资产，发挥土地收储和国有资产交易对税收的贡献作用，全年实现地税收入8.04亿元。贯彻执行《浙江省政府非税收入管理条例》，强化收费项目监管，确保应收尽收，完成政府非税收入15.79亿元。加强社保费申报管理和零申报企业监控管理，督促零申报企业按规定申报，全年入库社会保险费4.34亿元，社会保险费征缴率99.3%。落实社保基金分析预测和风险准备金提取工作，2015年末县级社保风险金余额为2.98亿元。做好社保资金保值增值工作，全年增加利息收入745万元。

【促进民生保障】 全年民生支出25.81亿元，占一般公共预算支出的72.6%。支持“五水共治”“一打三整治”等重点项目建设，做好资金保障和项目指导工作。落实村级一事一议财政奖补工作，促进渔农村公共服务均衡发展和美丽乡村建设，缩小城乡差别。完善贫困群体救助机制，出台残疾人就业保障金使用管理办法，加大对残疾人就业及创业扶持，落实被征地农民转轨企业基本养老保险的资金保障，推进被征地农民转轨工作。全年社保和就业支出2.41亿元，增长17.1%。调整部分定点基层医疗机构医保支付比例，开展村卫生室实施国家基本药物制度核查工作，全年医药卫生支出2.43亿元，增长19.4%。推进义务教育标准化和校安工程建设，保障教育支出按法定比例增长，全年教育支出3.91亿元，增长11.4%。支持中国海洋文化节等文化品牌建设，落实历史文化遗产保护政策，全年文化体育与传媒支出3.91亿元，增长11.4%。

【推动经济发展】 落实县政府《关于进一步加快工业发展的若干意见》和《关于促进船舶工业平稳健康发展的若干意见》，安排市船舶特色行业龙头企业和特色优势企业专项资金5779万元，审核安排工业转型升级资金1248万元，重点用于企业技术改造、技术创新、品牌建设、节能减排等方面的补助和奖励。落实中央、省、市支持产业发展的各项税费优惠政策，减轻企业税费负担，完成出口退税10.75亿元，减免税费1.30亿元。推进“五证合一”，整合审批办证流程。支持中小企业融资，缓解企业资金压力，累计发放中小企业专项信用贷款81家，发放信用贷款9.37亿元，回收7.72亿元。完成岱西镇南片高标准农田建设项目，启动推进岱东镇、东沙镇北部高标准农田建设项目，改善渔农业基础设施。

【深化财政改革】 贯彻实施新《预算法》，推进预算信息公开，实现2015年县级预算、“三公”经费预算总额和部门预算公开。深化财政资金申拨一体化工作，全县乡镇财政专户统一纳入国库集中支付软件核算系统，实现财政专户资金电子化支付。实施国库集中支付动态监控系统，加强财政资金监管，规范预算单位资金拨付行为。制订《岱山县财政资金存放管理办法》，规范财政资金存放管理，防止资金存放方面的利益冲突和利益输送，开展竞争性存放公开招投标。启动省政协科技下乡农发项目，推进乡镇公共服务平台建设。争取各类财政支农补助资金2.80亿元，开展财政涉农资金专项整治行动，加强财政支农专项资金管理，推进财政支农体制机制改革，制订三年行动计划。制订《岱山县财政专项资金管理清单》，加大现有专项资金归并整合力度，减少专项资金数量。制订支农、科、教、文等分类专项资金管理办法，规范专项资金运行，加快政府性专项资金执行进度。

【强化监督管理】 推进财政支出项目绩效目标管理，全年申报项目48个，涉及资金8202万元。开展最低生活保障对象审批和低保专项资金使用情况的自查和自评。加强重点项目审查，审核工程项目48个，核减资金6506万元，核减率为11%。扩大国有企业财务审计覆盖面，对全县国有独资、控股的49家企业开展财务审计。出台《岱山县行政事业单位房屋土地资产集中管理实施方案》，按照“全面清理、分类管理、分步实施”原则，实施县属行政事业单位资产集中管理，落实行政事业单位出租和闲置房产清理工作。落实政府采购管理制度，加强采购计划审批，节减政府采购资金2016万元，资金节约率为12%。规范行政事业单位公车使用管理。深化全县会计管理服务工作，组织国企财务人员内控知识和村级财务人员支农惠农政策培训，落实会计证换证和发新证工作。完善债务风险防控与预警机制，将政府性债务管理纳入规范化、制度化、科学化的轨道，当年全县债务28.3亿元，可支配财力33.7亿元，债务率为84%，债务规模安全可控。

【加强队伍建设】 开展党的群众路线教育实践“回头看”和“三严三实”专题教育活动。落实中央八项规定等厉行节约各项制度。落实党内监督和廉洁自律各项规定，以及单位党风廉政建设“一岗双责”职责。推进效能建设，执行机关效能建设有关规定，试行“日志式”个人绩效管理系统。深化财税文化建设，增强团队凝聚力。 （岱山县财政局供稿 毛文君执笔）

嵊泗县

【概况】 2015年，嵊泗县实现地区生产总值86.02亿元，按可比价计算，比上年增长9.1%。其中：第一产业增加值23.23亿元，增长7.9%；第二产业增加值13.02亿元，增长9.6%；第三产业增加值49.77亿元，增长9.5%；三次产业结构比为27.0∶15.1∶57.9。按户籍人口计算，全县人均生产总值由2010年5.84万元上升到2015年的11.07万元。全年海洋经济总产出160.45亿元，海洋经济增加值70.00亿元，海洋经济增加值占地区生产总值的比重为81.4%。全年实现财政总收入8.02亿元，增长12.0%。按现行财政体制计算，全县一般公共预算收入6.9亿元，增长16.6%，占财政总收入的86.0%；全县一般公共预算支出21.02亿元，增长6.4%。全年财政收支平衡，略有结余。

【组织财政收入】 *加强税收征收管理。*全县地税部门组织税收收入4.04亿元，增长7.2%。地方税收入3.53亿元，地方税比重87.3%，较上年同期增长18.5个百分点，占全县一般公共预算收入的51.1%。地方可用财力同口径增加4932万元，增长16.3%。*加强非税收入管理。*完善可持续的社保费长效征缴机制，贯彻落实社保费减征、水利建设基金减免等惠民政策，全年共组织社保基金等非税收入2.64亿元，同口径增长11.8%。

【服务经济发展】 保障政府建设资金需求，全年投入5.5亿元支持交通基础设施、渔业基础设施、生态治理等项目建设，推动落实“一打三整治”“五水共治”等专项资金。其中，全年投入3500万元，用于推进“美丽海岛”“再造绿岛”工程建设；投入1219万元，用于污水治理和开源节流等“五水共治”工程；投入4515万元，用于“三无”渔船整治，促进渔业转型。创新财政支持经济发展方式，对接浙江省农业发展投资基金，申请省农业基金以增资方式投资5亿元用于“嵊泗县马关围填海工程项目”。扶持发展村级集体经济，做好农村综合改革示范试点工作。争取省级财政资金，用于全县深化渔农村产权制度改革。实施结构性减税政策，减免各类税费4460万元。壮大国有经济实力，增加县交通投资公司资本金1427万元，支持客轮制造及公交客车购置，提升全县公共交通服务质量。增加县旅游投资公司资本金1000万元，支持蓝色海岸休闲旅游度假带、渔家乐规范工程、花鸟乡“灯塔风情”、黄龙乡旅游综合体景区等旅游项目的发展。

【保障民生需求】 全年用于民生支出15.35亿元。其中教育支出2.45亿元、社会保障和就业支出1.05亿元、医疗卫生与计划生育支出1.5亿元。安排教育专项资金1700万元，用于学校校舍维修、教学装备、教师培训、校园文化活动、“美丽校园”建设等各类补助；安排公共文化服务专项和体育发展专项资金500万元，用于群众文化和群众体育活动的开展；扩大贫困学生资助对象范围，安排贫困学生资助专项110万元，在原有补助基础上增加对困难学生的资助。全年社会保障和就业支出增长51.3%。安排老年渔民生活补贴资金2000万元，筹集被征地农民养老保险资金8000万元。落实机关事业单位人员工资改革和养老保险增资5000万元。完善养老服务补助制度，初步建立社会养老服务业发展专项资金，用于养老服务机构建设、居家养老服务设施建设、养老服务补贴等各类养老保障。加强医疗卫生和社会救助保障，全年下达医疗卫生和计划生育专项580万元。补助县公立医院4500万元。

【深化财政改革】 推进全口径预算体系建设，编制一般公共预算、政府性基金预算、社会保险基金预算、国有资本经营预算四本预算，首次整体提交县人代会审查，做好财政预决算、部门预决算和“三公”经费预决算信息公开。制定新一轮乡镇财政管理体制，在明确县与乡镇事权的基础上，界定县与乡镇支出责任，合理划分财政收入，完善县对乡镇转移支付制度。根据“四张清单一张网”要求，做好财政专项资金清理整合工作，县级财政专项资金从原来的39项整合归并为20项，核减率48.7%，并在政府门户网站予以公开，接受社会公众监督。推进政府购买服务，制定嵊泗县《关于政府向社会力量购买服务的实施意见》《政府购买服务预算办法》等管理办法，拟定政府向社会力量购买服务指导目录(2016年度)，初步完成校园保安、海洋文化研究项目、行政事业单位人员体检等政府购买服务协议的制定工作。整合国有资源，优化国有资产布局，出台《嵊泗县国有企业整合重组方案》，增强国有企业投融资功能。修订完善县属国有企业负责人经营业绩考核暂行办法和企业负责人薪酬及相关事项的规定，对部分国有企业负责人薪酬考核进行试点，建立激励机制。

【强化财政监管】 加强地方政府性债务管理，实行年度债务收支计划，将地方政府性债务管理和偿债情况纳入年度预算，建立健全乡镇债务管理机制，有效控制乡镇政府新增债务，降低乡镇财政风险。2015年末，全县政府债务余额8.51亿元。其中：新增地方政府债券2亿元，置换到期债券7000万元，在建项目融资债券1.5亿，对全县各部门、乡镇2013~2014年度用于“三农”的各项资金支出情况进行专项整治，对2010年以来财政、审计部门对涉农资金检查发现的问题及整改措施进行“回头看”。加强重大项目资金监管，重点对“水资源保障工程”“农家乐休闲旅游业发展”等2个涉及省拨资金项目进行绩效评价。加强政府投资项目评审，当年委托中介机构完成工程结算审核94项，送审金额4.91亿元，审定金额4.53亿元，净核减3800万元，净核减率7.7%。优化政府采购审批方式，发挥采购单位及其主管部门的主动性。开展定点采购履约专项检查，推进“网上竞价”采购模式。全年政府采购预算金额2.47亿元，实际合同采购金额2.31亿元，节约资金1593万元，节约率6.4%。

海上拔河——群众性文化活动丰富多彩

【加强队伍建设】 加强党风廉政和作风建设，组织学习《中国共产党廉洁自律准则》《中国共产党纪律处分条例》及廉政建设的有关规定，开展“三严三实”专题学习教育及警示教育月活动。加强业务培训，推行以师带徒制度，以主题活动策划、公开课竞演、调研论文撰写等方式，提升干部综合素质和岗位业务技能。深化财税文化建设和各项创建活动，推进“群众满意基层站所”及“青年文明号”等各项文明评选活动。

（嵊泗县财政局供稿　陈　媛执笔）

注：

＊**一打三整治**：指打击涉渔“三无”船舶及其他各类非法行为、整治“船证不符”捕捞渔船和渔运船、整治禁用渔具、整治海洋环境污染等内容。

台州市财政工作

台州市

【概况】 2015年,台州市实现生产总值3558.13亿元,比上年增长6.5%。其中:第一产业增加值230.63亿元,增长3.4%;第二产业增加值1573.41亿元,增长3.5%;第三产业增加值1754.09亿元,增长10.1%。三次产业结构比调整为6.5∶44.2∶49.3。全市人均生产总值59570元,增长6.2%。社会消费品零售总额1826.68亿元,增长11.0%;固定资产投资总额1996.03亿元,增长13.0%;进出口总额211.66亿美元,下降4.1%。城镇常住居民人均可支配收入43266元,增长8.8%。农村常住居民人均可支配收入21225元,增长9.6%。全市财政总收入539.78亿元,增长7.5%,其中一般公共预算收入298.02亿元,增长5.6%;税收收入258.30亿元,增长5.2%。市本级财政总收入43.46亿元,一般公共预算收入128.40亿元,增长4.5%。全市一般公共预算支出457.21亿元,增长15.8%;市本级支出179.94亿元,增长21.0%。全市及市本级财政收支平衡。

【组织财政收入】 通过挖潜增收举措,优化收入结构,全市一般公共预算收入占财政总收入的55.2%,比上年同期增加0.6个百分点。税收收入占一般公共预算收入的86.7%。开展营业税专项清理工作,入库税收4.90亿元,占全市营业税收收入的7.7%。主动应对消费税改革,国地税联动,做好税收政策及征管的衔接工作。细化和完善征管措施,全市印花税收入入库4.60亿元,增长14.8%。加强上市公司股权转让个人所得税征管,入库个人所得税7.40亿元,比上年同期增加3.50亿元。加强企业所得税汇算清缴前期辅导,提升申报质量,地税增收0.50亿元。强化非税收入征缴,加强同执收单位的业务衔接,确保非税收入及时足额入库。全年非税收入39.80亿元,增长8.6%。

【助推经济发展】 落实各项减税降负优惠政策,累计为企业减免税费23.10亿元,惠及企业2万多家。为147家高新技术企业落实税收优惠4.70亿元,落实企业研究开发费用加计扣除10.00亿元,为1万家小微企业减免地方税费0.88亿元。清理行政事业性收费,取消、停征一批收费项目,全年为企业减负0.64亿元。激发大众创业、万众创新活力,全市新办纳税户数36321户。调整财税政策,扶持外贸企业发展,扩大扶持企业专项资金规模,市本级同比增长50.0%。设立政府产业发展基金、科技事业发展基金和城市发展基金,支持全市产业发展和基础设施建设。推动创新驱动发展战略实施。安排市级制造业转型升级和中小企业发展专项资金0.50亿元,支持工业转型升级和特色产业发展;安排市级科技资金0.50亿元,支持企业自主创新和科技公共服务平台建设;安排战略性新兴产业专项资金0.10亿元,扶持引导企业向战略性新兴产业进军;安排信息化专项资金0.35亿元,设立电子商务促进资金0.30亿元,促进电子商务发展。统筹全市“三农”资金,推进粮食生产功能区建设和农村发展。落实资金近0.30亿元,重点支持农业综合开发现代园和特色产业园建设。安排投入财政资金2.00亿元,实施村级公益事业一事一议财政奖补政策。争取上级资金,市级争取中央省市各类专项补助资金39.20亿元,用于支持PPP项目、发展平台和基础设施建设,其中黄岩长潭水库入选国家湖泊补助项目。

【支持民生事业发展】 全年用于全市教育、医疗卫生和计划生育、节能环保、文化体育与传媒、社会保障和就业等事关民生的支出分别为98.63亿元、35.11亿元、10.12亿元、31.86亿元、41.32亿元,分别增长5.4%、16.2%、17.3%、35.6%、29.7%。制定市级部门决算监督检查办法,当年一般公共预算支出增幅低于总支出增幅12.1个百分点,低于全省平均水平1.7个百分点,节省的资金全部统筹用于民生领域。

【深化财政综合改革】 推进预算管理改革。贯彻落实新《预算法》,提高预算编制的科学化、精细化水平。完善4本预算编制,加大政府性基金预算、国有资本经营预算与一般公共预算的统筹力度,把地方教育附加等11项基金列入一般公共预算。深化专项资金管理改革。市本级政府部门专项资金管理清单已经市政府批准通过;盘活存量资金,市级共盘活资金4.20亿元,统筹用于重点项目;探索建立多元化的投融资机制,引导社会资本聚焦本地重点产业。推进债务管理,做好地方政府债券置换工作,完成2015年、2016年到期政府债务的核实、确认和置换工作,全市债券置换债务133.50亿元,每年减少利息支出6.00亿元。推进财政资金竞争性存放管理,起草市级财政资金竞争性存放管理暂行办法,当年市本级对55.80亿元资金开展3期招投标活动,初步构建公开、透明和规范的财政资金存放管理择优新机制。加强社保基金增值保值管理,出台市本级社会保险基金保值增值管理试行办法,明确社会保险基金保值增值的资金范围、主要原则、保值增值方式、核算方法和监督机制等内容。在保证安全支付前提下,将部分资金纳入竞争性存放,平均年资金收益率4.5%,比正常市场利率提升40.0%。创新公共服务供给模式。初步搭建“一个意见、两个目录、若干个办法”的政府购买服务制度框架。探索在“五水共治”、公共交通、城乡基础设施、垃圾处理等领域开展PPP模式试点,提高公共服务供给效率,激发民间资本活力。

【加强财政监管】 出台《关于严肃财经纪律防止“小金库”若干意见》，加强资金源头管理，开展“执行八项规定和‘小金库’”专项治理。完善日常管理监控，加强预警提醒，完善事前、事中和事后监督，加强对市级预算单位“三公”经费使用情况的监管，及时掌握年度执行动态，对存在突出问题的预算单位及时进行提醒和预警。市级一般公共预算拨款安排的“三公”经费下降19.1%。其中公务用车费用下降14.0%，公务接待费下降42.0%。加强政府性投资项目资金监管，市级审核资金97.60亿元，净核减6.30亿元。完善行政事业单位国有资产管理制度，出台市级机关事业单位房产出租管理办法。加强会计监督，开展全市《会计法》后续检查，检查行政事业单位63家。推进市级部门预决算公开，各单位全部按时、按要求公开部门预决算信息。强化专项资金绩效评价管理。健全预算安排与资金绩效挂钩机制，出台预算绩效管理工作目标责任制考核办法，实现部门项目绩效目标管理和绩效评价的全覆盖。全年对市级预算单位221个项目的绩效目标申报进行审核，核减项目26个，涉及资金0.47亿元。

【加强干部队伍建设】 开展“三严三实”教育活动和加强党风廉政建设。按照从严从实的标准，加强理想信念教育，规范权力运行，强化正风肃纪，完善惩防体系。严明政治纪律，加强党规党章党纪学习。组织中层干部和部分县市区局领导开展能力素质提升培训。建章立制强化内部管理，健全内控机制，促进内部管理工作高效运行。加强财税文化建设，营造“以文化促工作、以文化兴财税”的工作氛围。市局在2015年度全省财政系统考核中再次位列第一名，被评为优秀单位。

（台州市财政局供稿　卢云芬　汤奇志执笔）

椒江区

【概况】 2015年，台州市椒江区实现地区生产总值459.22亿元，增长6.1%。其中：第一产业增加值18.37亿元，第二产业增加值188.85亿元，第三产业增加值252.00亿元，分别增长4.7%、1.9%、9.8%。三次产业结构比为4.0∶41.1∶54.9。按常住人口计算，人均生产总值86661元，增长6.3%。全区财政总收入63.37亿元，增长3.9%，其中一般公共预算收入36.39亿元，增长3.0%；全区一般公共预算支出32.21亿元，增长11.3%。当年全区财政收支平衡。

【组织财政收入】 强化财政、国税、地税协调合作机制，密切关注收入走势和涉财涉税政策变动，解决组织收入实际问题。开展企业所得税汇算清缴、土地增值税清算、营业税专项清理、欠税清理等专项行动，挖掘增收潜力。调整区对镇、街道财政结算体制，调动镇（街道）执收积极性，全区9个镇（街道）组织一般公共预算收入20.20亿元，增长1.5%。深化非税收入征管，健全非税征管机制，全年组织政府性基金收入13.91亿元，组织社会保险基金收入11.36亿元，组织其他非税收入3.52亿元。优化财政收入结构。全年一般公共预算收入占财政总收入的57.4%，税收收入占一般公共预算收入的90.4%，收入结构保持良好。

【支持经济增长】 加大水、电、路网等基础设施建设投入，助力台州湾集聚区椒江分区、台州商贸核心区、老粮坊文化创意产业园区、光电子产业园等产业平台建设，加速高端装备产业、现代商贸服务业、文化创意产业等新型业态入驻，培育新经济增长点。创新政府融资方式，保障全区重点工程资金供给，全年累计审核拨付建设资金27.53亿元。贯彻实施产业转型升级促进经济发展的若干意见，全年拨付产业扶持、技术改造、科技创新等区级涉企补助资金1.27亿元。科学融入资金保障医化园区土地收储，加速绿色药都特色小镇建设。实施科技创新驱动发展战略，科学技术支出1.22亿元，增长30.2%。支持科技创业园区建设，落实吸引高层次人才政策，加快培育节能环保、新能源、新材料等战略性新兴产业。

【保障民生事业发展】 全年一般公共预算民生支出27.30亿元，人均民生支出水平4656元，增长10.3%，高出人均一般公共预算支出增幅5个百分点。支持教育事业发展。一般公共预算教育支出7.77亿元，增长6.5%。加大义务教育均衡发展经费保障力度，促进城乡义务教育资源均衡配置。鼓励学前教育发展，新设专项资金支持普惠性民办幼儿园发展。支持医疗卫生事业发展。一般公共预算医疗卫生支出2.35亿元，增长8.0%。落实公立医院财政补助政策，加快推进公立医院综合改革。支持基层医疗卫生服务体系建设，保障分级诊疗和全科医生签约服务工作经费，投入4000万元改善基层医疗服务环境。支持社会保障事业发展。一般公共预算社会保障及就业支出2.65亿元，增长5.3%。支持部分被征地农民生活保障与职工基本养老保险衔接并轨工作，企业退休人员养老金人均每月增长257元，城乡居民每月最低保障金标准分别上调至每月692元和550元。完善养老服务补贴政策，支持社会养老事业发展，新增各类养老机构3家、床位421张。开展就业援助，建立健全创业创新扶持政策，建成大学生创业园。新增城镇就业11318人。支持文化体育事业发展。一般公共预算文化体育支出5251万元，增长25.3%。支持文化大礼堂和基层文化俱乐部建设，新建综合文化站1家、农村文化礼堂16家、文化广场10个，完善农村应急广播体系和村邮站建设，支持文化下乡活动，健全覆盖城乡的公共文化体育服务体系。加强文化遗产保护与传承，扶持台州乱弹等地方戏曲发展。支持农村事业发展。建立健全财政支农资金投入稳定增长机制，整合粮食生产发展等各类财政支农惠农富农政策，设立现代农业发展专项资金，专项用于新型农业合作组织、生态循环农业、现代农业提升等惠农补助。全年投入财政资金896万元实施12个村级村级公益事业一事一议财政奖补项目。

【深化财政改革】 深化政府预算编制改革。完善一般公共预算、政府性基金预算、社会保险基金预算、国有资本经营预算等四本预算编制,建立定位清晰、分工明确的政府预算体系。推进预决算信息、"三公"经费信息公开工作。试编权责发生制政府综合财务报告。改革财政性资金存放管理方式。出台区级财政资金竞争性存放管理办法和操作规程,首次对财政资金进行竞争性存放公开招标,中标总额5亿元,资金平均年综合收益率比基准利率上浮114%。强化财政结余资金管理。出台加强单位财政结余结转资金管理办法,盘活存量资金健全长效管理机制,实行单位结余资金月报制度,全年收回结余资金1.2亿元。

【加强财政监管】 细化预算绩效管理。实施绩效目标、绩效跟踪、绩效评价全程推进的绩效管理模式。选择区民政局"最低生活保障"等13个项目进行重点绩效评价,涉及资金1.9亿元。加强财政投资项目评审。应用项目工程预决算管理系统,加强工程预决算财政审核监管。全年审核项目695个,资金总额14.35亿元,净核减6189万元。加强财政专项资金监管。按照"四张清单一张网"建设要求,推进专项资金清理规范工作,整理19个项目列入专项资金管理清单,涉及资金3亿元。

【提升队伍素质】 加强党风廉政建设,严格履行党风廉政建设主体责任和监督责任,落实"一岗双责"制度,加强内控制度建设,修订和完善36项内控制度,推进财政惩治和预防腐败体系建设。根据干部工作阅历和培养需要,开展中层干部轮岗交流锻炼。完善党团工青妇联动机制,参与多城同创、义工志愿服务等活动,培育和践行财政核心价值观。当年区局在各类考核评比中,累计获得省、市、区集体荣誉60余项。

(台州市椒江区财政局供稿　丁海明执笔)

黄岩区

【概况】 2015年,台州市黄岩区实现生产总值352.99亿元,增长7.1%。其中:第一产业增加值16.04亿元,增长4.6%;第二产业增加值170.58亿元,增长5.1%;第三产业增加值166.37亿元,增长9.7%。三次产业结构比为4.6∶48.3∶47.1。人均生产总值58099元,增长6.5%。全年财政总收入58.06亿元,增长8.6%,一般公共预算收入31.02亿元,增长7.8%,占财政总收入比重为53.4%,其中,税收收入27.22亿元,占一般公共预算收入的87.7%。全区一般公共预算支出35.48亿元,增长13.5%。当年全区财政收支平衡。

【组织财政收入】 夯实税收管理基础,加强月度收入预测,掌握税源变化情况。深化房、土两税核查,开展营业税、土地增值税、印花税清理清算工作,全年清理入库营业税3076万元,清算补缴土地增值税6219万元,补缴入库印花税998万元;加强契耕两税、企业所得税分类和预缴管理。全年地税部门组织收入23.4亿元,增长9.8%。强化欠税管理,将欠税清理列入年度重点工作内容,在清理存量欠税的同时,严格控制新增欠税。完善非税收入管理,加强非税收入分析和预测,完善新版非税征管信息系统,规范收费项目管理,对非税项目的缴款情况,票据的使用、核销情况进行全面监管,提高非税收入征管信息化水平。全年实现非税收入3.80亿元。加强社会保险费征收管理,全年征收社保费14.07亿元。

【支持企业转型发展】 兑现上级及区级转型升级资金2.20亿元,扶持企业转型升级。制定培育地方优质税源实施方案,扶持优质高效企业发展。推进特色工业设计基地建设,将入驻企业纳入"优惠政策重点服务对象库"。建立"优融通"模式,帮扶企业发展,联合建行推出"税易贷"项目,开创企业融资新模式。设立总额6000万元的应急转贷基金和总额3000万元的小微企业应急转贷基金,为60家企业办理转贷资金累计5.50亿元。减轻企业负担落实税费优惠政策,依法减免退各项税费,全年审核办理各类税费减免和退税15.50亿元。其中18家高新技术企业减免企业所得税4783万元。加大财政支农投入,建立健全财政支农稳定增长机制,安排支农资金10.26亿元。黄岩长潭水库入选国家一般引导湖泊,争取中央财政资金2000万元。投入5000万元支持永丰河等水利工程建设;投入4201万元用于粮食生产功能区建设;发放农业农机、生态公益林、种粮农民、政策性农业保险等各类涉农补贴资金3102万元。安排3987万元资金用于土地开发和农村综合土地整治项目建设。

【保障民生支出】 当年民生支出26.90亿元,占一般公共预算支出的86.7%。保障教育优先发展,教育支出10.25亿元,增长11.9%。小学、初中生均公用经费分别提高至650元、850元。医疗卫生和社会保障支出5.41亿元,增长9.8%,用于提高各类民生补助和推进医疗卫生改革。城乡居民基础养老金提高至120元,新农合财政人均补助提高至400元,人均基本公共卫生服务经费标准提高至40元。节能环保支出6488万元,增长9.7%。助推生态文明建设,投入5.99亿元用于农村生活污水治理,投入4000万元用于"美丽乡村"建设。

【推进财税改革】 完善预算管理改革,强化全口径预算体系,细化一般公共预算、政府性基金预算、国有资本经营预算、社会保险基金预算编制。首次将全区108家国有企业纳入国有资本经营预算,实现全覆盖。在门户网站公布部门预决算明细,向社会公开。探索实施区级财政专项资金竞争性分配试点。完善专项资金管理,在全省范围内率先对村级公益事业一事一议财政奖补项目实施竞争性立项评审，拨付财政资金3240万元，惠及7万余人。推进乡镇财政公共服务平台建设，将民政、社保、农业等涉及政府资金的所有便民服务事项纳入乡镇公共财政服务平台。规范地方政府债务管理，争取中央债券置换银行贷款14.20亿元，新增债券2.30亿元。开展存量资金清理工作，建立结转结余资金定期清理机制。推进PPP项目试点，鼓励社会资本参与公共服务与基础设施建设，探索污水厂二期扩建项目PPP试点工作，江口污水处理厂改扩建、104国道黄岩头陀至院桥公路项目分别列入省、市第一批PPP项目试点。推进政府购买服务工作，区动物无害化处理中心运营权列入典型案例。

【加强财政监管】 完善绩效评价体系。以单位自评为主、财政抽评为辅，对84个主管部门、217个预算单位进行绩效考核评分。全年报送绩效目标225个，涉及财政资金41.4亿元。对社会关注度高、民生关系密切的财政资金进行专项检查，组织开展机关单位"小金库"清理专项检查工作、涉农资金专项整治行动，确保资金使用规范。加强政府采购各环节监管，全区完成政府采购预算1.38亿元，实际采购金额为1.21亿元，节约财政资金1727万元，资金节约率12.5%。加强对政府性投资项目全过程的监督管理，全年审核项目385项，送审金额36.94亿元，净核减资金3.29亿元，核减率8.9%。压缩行政运行成本。全区"三公"经费下降27.1%，会议费支出下降35.3%。

【加强队伍建设】 注重廉政建设，完善党风廉政建设和反腐败工作责任制。通过《税友龙版》廉政效能风险防控模块应用，加大对关键环节的风险预警监控。加强作风效能建设，部署正风肃纪专项行动，对干部工作精神状态和履行岗位职责情况进行督查。学习"三严三实"、《中国共产党廉洁自律准则》和《中国共产党纪律处分条例》。完善年度培训计划，打造"集中学习、网络自学、个人提升"三位一体的培训方式。当年区局被评为"省级劳动模范集体"。在区级综合目标责任制考核中获得一等奖；连续三年获得全市财税系统目标责任制考核优秀。

（台州市黄岩区财政局供稿　牟　峰　潘雪梅执笔）

路桥区

【概况】 2015年，台州市路桥区实现地区生产总值484.45亿元，增长6.5%，人均生产总值为106996元，增长6.3%。其中：第一产业增加值11.91亿元，增长3.0%；第二产业增加值205.36亿元，增长3.6%；第三产业增加值267.18亿元，增长9.6%。三次产业结构比为2.5∶42.4∶55.1。全年实现财政总收入63.40亿元，增长2.1%。其中：一般公共预算收入35.88亿元，增长1.3%。全区一般公共预算支出31.11亿元，增长12.9%。全年财政收支平衡。

【组织财政收入】 全年财政收入结构进一步优化。全区一般公共预算收入占财政总收入的56.6%，较上年提高1.4个百分点。税收收入占一般公共预算收入的86.8%。加强收入预测分析。制定财税系统"促增收、保增长"具体措施和经济稳增长活动方案，发挥牵头协调作用，加强收入预测研判，挖掘增收潜力。完善综合治税机制。加强与相关部门协作，完善涉税信息交换机制，打造信息共享、协作共建的协税护税网络，强化税收征管。健全非税监管机制。完善"五费合征"征缴机制，科学编制政府非税计划，开展非税征收大户专项调研，做好政府性基金和国有资本经营收入征管，实现政府非税收入4.72亿元，增长27.2%。

农村生态绿道宣传长廊

【支持经济发展】 支持实体经济发展。强化财政资金引导作用，根据浙商回归、"四换三名"，以及本地小微金融创新、小微企业三年成长计划等战略目标，加大创新驱动发展战略实施力度。针对总部注册地在路桥的企业出台扶持政策，全年兑现奖补资金2084万元。鼓励企业技术改造，安排专项资金补助566万元；鼓励大众创业、万众创新，安排科技补助资金1463万元，着力构建中小企业成长支撑体系。支持重点工程建设。破解项目建设财力制约，通过内部资金调剂，解决部分融资平台融资难、融资成本高的问题，全年调度间隙资金8.67亿元，节约资金成本800多万元；做好地方政府债券置换存量债务工作，累计置换存量债务18.12亿元，降低融资成本。向上争取资金。配合相关部门和项目单位,做好项目的筛选、申报和衔接工作,争取到地方政府债券 2.3 亿元。

【调整优化财政支出结构】 严控一般性支出。执行好中央八项规定、省委“六个严禁”等厉行节约各项规定,加大会议、培训、办公设备购置、办公用房维修等经费压缩力度;压缩“三公”经费支出,结合单位性质、业务量、工作外向度等因素,核定基本支出定额标准,实行每月报告和公示制度,全年“三公”经费同比减少 1466 万元,下降 33.9%。着力加大民生企业支出。全年与民生直接相关的教育、医卫、社保、环保、公共安全、农林水事、文体等方面支出 23.44 亿元,人均民生支出 4888 元,占一般公共预算支出的 75.3%,较上年提高 1.1 个百分点。支持重点专项治理工程。设立“五水共治”“多城同创”“三改一拆”“交通治堵”“四边三化”等专项资金,支持各镇(街道)开展池塘、河流水环境整治,拨付河道疏浚资金 729 万元。落实转产扶持政策,下达“三无”船舶渔民转产扶助资金 4279 万元。推动黄标车和燃烧锅炉淘汰机制,分别下达补助资金 454 万元和 229 万元。支持保障房建设。围绕城镇住房保障目标任务,积极筹措资金,累计拨付资金 1.58 亿元,推进新型城镇化发展。调整优抚对象补助标准。提高部分优抚对象抚恤和生活补助,三属人员优抚金调整到每人每年最高 38640 元,最低 35124 元;在职残疾军人优抚金按残疾等级一至十级以及因战、因公、因病等不同情况,每人每年最高 60210 元,最低 5730 元;在乡残疾军人按同样分类情况,每人每年最高 89136 元,最低 13836 元。统筹城乡发展。全年财政“三农”投入 13.16 亿元,同比净增 1.02 亿元,加大对农村文化设施、农村饮用水安全、农村污水处理、一事一议等项目投入,改善农村居民生活环境。

【推进财政管理改革】 以新《预算法》为基点,在上年度完善全口径预算体系建设的基础上,增强政府预算体系之间的统筹衔接程度,并将所有部门预算提交区人代会审议,推进政府预算体系的完善。除涉密部门外,所有使用财政拨款的部门预算支出,按其功能分类到项级科目、按其经济性质分类到款级科目,按规范的程序,在规定的范围和时限向社会公开。按照“四张清单一张网”要求,建立财政专项资金项目库,实行“三年一周期,一年一考核,评价结果与补助相挂钩”机制,列入清单专项 15 项,涉及 17 个部门,整合资金 2.58 亿元。盘活存量资金,对部门连续两年以上未完全使用的结余结转财政性资金,收回统筹使用。当年收回上年度部门结余资金 4768 万元。出台财政资金竞争性存放管理方法及具体配套措施,采用公开招标加竞争性谈判方式,对 13.5 亿元社保基金首次开展竞争性存放,实现年增值 5406 万元,提高资金使用效益。

【加大监管力度】 加大财政监督力度,开展镇(街道)财务专项检查、“小金库”专项治理、涉农资金专项整治工作,结合实际出台财政国库集中支付动态监控管理暂行办法、区级财政专项资金管理办法等制度,规范财政资金运行。强化债务管理,建立健全政府债务举借机制和债务风险管控机制,编制政府债务收支计划,做好与政府投资项目资金计划的衔接工作,将政府投资和债务分门别类纳入全口径预算管理。加强基本建设项目事前、事中、事后全过程监管,全年办理资金来源审批 86 项、联系单审批 30 项、竣工结算备案 62 项,送审造价 5.65 亿元,审定造价 5.01 亿元,净核减 6327 万元。规范政府采购项目信息公开,完善违法违规案件信息发布机制,推进政府采购标准化建设。降低中小微企业参与政府采购准入门槛,全年中小微企业签订采购合同总额 1.86 亿元,占采购合同的 82%。全年实施政府采购预算金额 2.63 亿元,合同总价 2.26 亿元,节约资金 3632 万元。

【树立财政新形象】 落实党风廉政建设责任制,建立专题汇报制度。以开展“三严三实”教育活动为载体,全面查找队伍建设中“不严不实”等财政工作中的“短板”,并落实整改。根据“四张清单一张网”要求,实施行政权力清理,推进行政权力规范化。健全机关干部学习制度,坚持每周一学习制度;组织《准则》《条例》专题学习,推进机关学风、党风、作风建设,提高干部综合素质。

(台州市路桥区财政局供稿　郑宣彬执笔)

临海市

【概况】 2015 年,临海市实现生产总值 463.47 亿元,按可比价格计算,比上年增长 7.2%。其中:第一产业增加值 40.62 亿元,增长 3.0%;第二产业增加值 206.23 亿元,增长 7.2%;第三产业增加值 216.62 亿元,增长 7.7%。三次产业结构比调整为 8.8∶44.5∶46.7。城镇常住居民人均可支配收入 39676 元,增长 8.7%;农村常住居民人均可支配收入 20973 元,增长 9.3%。全年完成财政总收入 67.81 亿元,增长 3.8%;一般公共预算收入 38.01 亿元,增长 2.0%,占财政总收入的 56.1%;其中税收收入 32.52 亿元,增长 0.7%,占一般公共预算收入的 85.6%;一般公共预算支出 58.69 亿元,增长 8.4%。全年财政收支平衡。

【组织财政收入】 科学制定和分解收入目标,层层落实责任担当。集中开展建筑安装、房地产等行业营业税清理专项行动,补缴各类税费 1.42 亿元,其中营业税 8377 万元。加大欠税清理力度,对欠税实行分类管理,加强部门协作,采取有针对性的清欠措施,全市清理欠税 5505 万元。规范业务流程,加强协调配合,推进“五证合一”工作。全面深化国地税合作,在信息共享、税收征管和纳税服务等方面开展合作。组织重点税源企业、非金融企业股票转让等税收专项检查,查补入库税款 6935 万元。强化社保费年度结算和重点费源实时监控,入库社保费 16.30 亿元,增长 15.0%;做好 4 万多户失土农民养老保险费征收衔接工作。加强非税收入征管,全年组织非税收入 5.49 亿元,增长 10.6%。

【服务经济建设】 落实财税优惠政策，贯彻落实国家结构性减税和有关清费减负政策，全年减免企业各类税费3.7亿元，其中企业社保费减征5631万元，高新技术企业所得税减免9183万元，小微企业享受营业税和所得税优惠。促进产业转型升级，完善财政激励奖补机制，兑现各类财政奖励（补助）资金4.61亿元，重点支持"四换三名"等工业企业创新驱动转型升级。创新财政支持经济发展方式，开展PPP模式试点，带动社会资本投资社会基础设施建设，城市污水处理厂扩（迁）建项目和8个镇级污水处理厂项目列入试点，可拉动民间投资6.16亿元。设立首期规模为4亿元的政府产业基金，重点支持医药化工、汽车机械、休闲用品三大支柱产业和科技型中小企业发展。支持"三农"建设，财政"三农"支出35.13亿元，增长20.0%，推进一事一议财政奖补，培育农业新型经营主体，支持农田水利等农业基础设施建设。

【保障民生支出】 坚持有保有压，全年民生支出47.84亿元，人均支出4020元，占一般公共预算支出的81.5%。完善社会保障体系，社会保障和就业支出6.79亿元，增长15.9%，完善社会救助和保障标准与物价上涨挂钩联动机制，保障低收入群体基本生活水平。支持深化医药卫生体制改革，医疗卫生支出5.91亿元，增长8.4%，基本公共卫生服务补助标准提高到年人均40元，实施分级诊疗制度，改造提升基层医疗卫生机构硬件设施和服务水平。支持推进教育现代化，加大教育投入，全年教育支出14.99亿元，统筹用于提高义务教育水平，提高中小学师资水平、发展职业教育、加快学前教育设施建设等，完成15所学校校舍改造。支持文化事业发展，文化体育与传媒支出7059万元，推进文化惠民工程和省级非物质文化遗产保护综合试点工作。

【深化财政改革】 完善财政资金竞争性存放机制，修订竞争性存放资金管理办法，出台操作规程，招投标存放资金35.20亿元，实现资金增值2.01亿元。加强政府性债务管理，开展政府存量债务清理甄别工作，争取到省财政地方政府债券资金15.65亿元，降低政府债务成本。实施资源要素市场化配置改革，推进以"亩产税收"为导向的城镇土地使用税政策调整，将服务业企业纳入分类分档差别化减免评价范围。推进政府购买服务工作，出台政府向社会力量购买服务的实施意见，25个相关单位建立联席会议制度，根据政府购买服务实施目录，循序推进教育、农业、社会保障等65个项目的实施。

【强化财政监管】 控制行政经费支出，实行"三公"经费源头控制管理，严格支出报销审核，完善月结月报制度，全市一般公共预算安排的"三公"经费支出同比下降17.1%。提升政府采购管理水平。全面贯彻《政府采购法实施条例》，加强政府采购各环节监管，审核政府采购项目1825批（次），完成采购预算6.89亿元，节减财政支出7783万元，资金节约率11.3%。加强政府性投资项目管理，规范项目立项管理、加强工程变更管理和项目资金管理，全年审核政府投资项目480项，审核投资额15.80亿元，核减造价6462万元。推进行政事业单位公务用车违规整改工作，对全市超标、超编、借占用及违规出租、出借等公务车辆进行整改。加强预算绩效管理，对年度预算安排财政专项资金在100万元（含）以上的项目进行跟踪监控，选取2014年中小学校工程建设项目等153个项目组织重点绩效评价，并将评价结果作为调整财政支出结构和科学安排预算的重要依据。推行"四张清单一张网"，梳理财税权力清单和责任清单，规范行政权力事项143项、行政审批事项26项，防范执法风险。

【推进队伍建设】 加强廉政建设，推进"两个责任"的落实，制定下发"三重一大"制度的实施办法从制度筑起反腐倡廉的篱笆。树立服务意识，丰富服务内容，走访企业242家，收集各类问题及意见建议，发放各类宣传手册30000余份。

（临海市财政局供稿　陈春燕执笔）

温岭市

【概况】 2015年，温岭市实现地区生产总值834.37亿元，比上年增长5.8%；人均生产总值68580元。其中：第一产业增加值62.82亿元，增长2.8%；第二产业增加值367.20亿元，增长3.0%；第三产业增加值404.35亿元，增长9.3%。三次产业结构比调整为7.5∶44.0∶48.5。全市财政总收入98.36亿元，增长9.0%。其中一般公共预算收入54.12亿元，增长7.5%，占财政总收入的55.0%；税收收入47.26亿元，占一般公共预算收入的87.3%，全市一般公共预算支出72.61亿元，增长4.6%。全年财政收支平衡。

【组织财政收入】 强化税源监管，重点开展工业、建筑业、房地产业、金融业等行业税收调查，掌握税收增减态势，全年税收月度预测误差率为2.5%。优化重点税源监控，监控面64.3%。强化税种管理，加强增值税收入管理，全年免抵调库增值税收入34574万元，增长101.5%。开展营业税专项清理，补征营业税5759万元。调整城镇土地使用税和资源税征收政策，入库税收分别增长21.6%和172.4%。加强企业所得税汇算清缴工作，入库税款2.03亿元。开展印花税专项清理辅导，补征税款1883万元。开展房地产项目土地增值税清算，增加税款350万元。强化涉税合作，完善与相关部门的信息共享机制，征缴税费4.94亿元。加强欠税管理，累计清缴欠税1.20亿元。规范非税收入管理，全年组织非税收入6.86亿元。全年社保费结算申报14363户，申报率99.9%，补缴入库6560万元。加强罚没收入即时入库工作，全年入库罚没收入24611万元，增长33.5%。

【助力经济发展】 助推浙商创业创新、产业升级，扶植"个转企""小升规"企业，合计减免税费1981.78万元。临时性下浮8910

户工业企业社会保险费，减轻企业负担5908.89万元。深化“阳光补贴”运行，全年拨付涉企奖补2.62亿元，受益企业（个人）7268家。支持“三农”建设，落实各项支农惠农政策，支持农业“两区”建设，探索建立农业补贴动态调整机制，保障粮食生产安全。创新市场化运作模式，引导社会资本参与PPP项目合作，全市5个项目列入省PPP推荐项目，投资额37亿元，其中台州第一技师学院项目列入财政部示范项目。保障51项市级重点项目建设资金7.91亿元，首次采用政府采购模式向国家开发银行申报项目，涉及金额40.00亿元以上。探索政府产业基金政策，引入市场化运作模式，引导社会资金支持新兴产业发展。

【保障民生支出】 制定《温岭市认定和扶持普惠性民办幼儿园实施办法（试行）》，全年教育有效投入21.39亿元，实现所有义务教育公办学校的设备达到省定基本要求，通过义务教育基本均衡市国家级评估。通过“以奖代补”方式鼓励各镇村街道加大公共文化投入，扶持一批文化遗产和非物质文化遗产保护项目；支持文化“三下乡”活动，推进公共文化设施免费开放。完善社会救助和社会福利体系，明确各类社会保障费补助标准。推动医疗卫生体制改革，扩大医疗救助办法实施范围，健全大病困难补助机制，建立多层次、复合型的医保支付体系。加大扶贫济困力度，新增农村社区居家养老服务照料中心70家，全面实施残疾人免费乘坐公交车政策，惠及全市70周岁以下残疾人。加大就业补助、稳岗补贴力度，合计发放补贴3163万元，惠及全市8.45万人次。保障重点项目“五水共治”，市级投入资金9.85亿元，支持生活污水治理工程，协助东部新区开展省级海绵城市建设试点申报。

【推进财政改革】 完善财政总预决算和部门预决算管理，实现246个单位部门预决算公开，公开率85.7%。开展预算单位公款存放管理改革。制定《市级预算单位公款竞争性存放管理暂行办法》《财政性资金竞争性存放管理暂行办法》，累计对26亿元社保基金实施竞争性存放，将国有投资公司存款纳入招投标范围，实施国企公款竞争性存放。建立健全政府购买服务机制，加强城市公交和城乡客运管理，对种子贮备等36个项目实施政府购买服务。加强地方政府债务管控，编制地方政府债务限额议案，首次将地方政府债务纳入全口径预算管理。完成三批地方政府存量债务置换债券，合计置换存量债务18.34亿元。

【加强财政监管】 清理整合专项资金，完成市级专项资金管理清单并公开公布，整合归并原有专项资金，盘活市级部门以前年度结转结余资金3.56亿元。强化涉农资金审计整改，清理11个部门的涉农资金。试行国库集中直接支付2万元以下授权支付模式。加强全市公用经费管理，实现全市“三公”经费同比下降17.4%。加强财政投资项目审查及造价监管，核减项目资金1.61亿元，核减率4.1%。规范部门财经秩序，开展单位“小金库”清理、公款消费和违规发放津贴补贴专项治理。举办两期覆盖全市832个行政村900多名村级财务人员的财政支农培训，规范村级财务管理。开展重点支出项目绩效评价和部门整体支出评价，实现市级部门绩效自评全覆盖。创新基本支出框算审核法和项目支出要素审核法，将“一上”审核时限缩短7个工作日。

【树立财政良好形象】 举办“三严三实”专题党课，学习《准则》《条例》等活动，将系统党员干部纳入廉政风险干预平台，通过发送廉政快讯，实时提醒，加强廉政意识。贯彻执行公务接待、会议经费、公务支出等有关规定，压缩“三公”经费，全年公务卡刷卡率100%。实施互联网+政务，编制权力运行流程图，调整清理60项行政权力事项。健全干部培养考核机制，举办中层干部能力提升培训、新录用公务员入职培训、岗前实习等素质提升活动。

（温岭市财政局供稿　冯　威执笔）

玉环县

【概况】 2015年，玉环县实现生产总值438.67亿元，增长5.0%。其中：第一产业增加值29.67亿元，增长4.2%；第二产业增加值243.96亿元，增长2.0%；第三产业增加值165.04亿元，增长11.0%。三次产业结构比调整为6.8∶55.6∶37.6。人均生产总值101961元，比上年增长4.7%。全县财政总收入72.30亿元，增长8.4%，其中一般公共预算收入34.50亿元，增长

田园绿道建设工程

7.6%，占财政总收入的 47.7%；一般公共预算收入中税收收入 30.50 亿元，增长 9.6%，占比 88.4%。全县一般公共预算支出 48.12 亿元，增幅 11.4%。当年财政收支平衡。

【组织财政收入】 夯实征管基础，拓展增收渠道，完善征缴机制。2015 年地税部门组织各项收入 27.32 亿元，增长 13.6%，其中税收收入 20.76 亿元，增长 24.0%。关注股份制企业股权转让，加强税收征管，协助企业做好对境外公司的股权转让收入，推动两家大型企业 3.50 亿元的税收征缴入库。以房土两税核查为契机，对全县企业开展多种税源联动核查，补缴税款 8000 万元。开展以建筑业、房地产、金融业为重点的营业税专项清理工作，清理入库税费 1.53 亿元，其中营业税 9155 万元，全年组织营业税 5.30 亿元，增长 8.6%。加强非税收入征缴，增强地方可用财力。加强非税收入计划管理，强化收支执行监管，当年组织非税收入 4.00 亿元。

【支持经济发展】 服务企业发展，支持"机器换人""电商换市"和"个转企"，推进工业经济转型升级。通过财政扶持、税费减免等政策手段，扶持企业发展，兑现县级财政扶持资金 1.82 亿元，争取到上级各类扶持资金 5934 万元，减免各项税费 2.03 亿元。针对部分企业出现的债务风险，调增企业应急周转金至 1.50 亿元，帮助企业缓解融资难题。服务农业农村建设，加快中央财政支持农民合作社创新试点县建设，搭建融资合作平台，在争取中央财政扶持资金 1000 万元的基础上，县财政每年安排扶持资金 200 万元和联合社核心社员注册资金（按实际到位现金）总和的 10 倍确定授信总规模，解决农民合作社融资难问题。新建省级农业综合开发项目 3 个，其中沙门山区小流域农业生态工程项目已完成项目工程建设。推进一事一议财政奖补助工作，明确县级配套 5500 万元，美丽乡村建设 2370 万元，争取到省补资金 6357 万元，累计受益人口近 35 万人。服务海洋经济发展，争取海洋经济建设上级补助资金 1.72 亿元，支持海洋经济项目、海洋经济发展示范区建设。

【改善民生事业】 全年民生支出 34.86 亿元，增长 13.5%，占一般公共预算支出的 72.4%。支持教育事业发展，全年教育支出 8.60 亿元，统筹用于提高义务教育水平，推进中小学建设、发展职业教育、加快幼儿园建设等。健全社会保障体系，安排城乡低保、农村五保、城乡居民基本医疗保险、城乡居民养老保险等各类社会保障和就业支出 3.29 亿元。深化医疗卫生体制改革，全年医疗卫生支出 3.09 亿元，用于支持推进医药卫生体制改革，完善城乡医疗救助制度。完善住房保障体系建设，住房保障支出 6148 万元，加大廉租住房财政补贴力度，支持公租房建设、棚户区改造、农村危房改造等项目建设。

【推进改革发展】 加强地方政府债务管理。开展地方政府债务置换工作，根据省财政厅下达玉环县 2015 年地方政府债务债券置换额度 13.52 亿元，按规定及时置换政府存量债务。盘活财政存量资金，提高财政资金使用效率。清理结转结余资金，按规定可以收回的一律收回，并统筹安排使用，重点投向民生、公共服务等领域。建立部门存量资金与预算挂钩机制，细化预算编制，提高年初预算到位率。加强预算执行进度管理，严控新增结转结余资金，防止资金二次沉淀。推出财政性资金存款存放公开招标，促进社保基金保值增值。对原被征地农民生活保障金转缴城镇职工养老保险的 5 亿元资金进行公开招投标，取得 5.9% 的平均年存款利率，增加利息收入 940 多万元。

【创新财政扶持经济发展方式】 推进政府产业基金设立和运作，发挥财政资金的杠杆作用。出台《玉环县转型升级产业基金暂行管理办法》，初期规模暂定 3 亿元，采取分期出资方式，首期出资 1.2 亿元。推动全县主导产业和重点领域发展，引领创业创新和产业转型升级。推进政府和社会资本合作（PPP）模式，转变政府融资方式。玉环县"玉坎河水系水环境综合整治"项目在获"浙江省首批政府和社会资本合作推荐项目"的基础上，并被列入"财政部第二批 PPP 示范项目库"。

【提升干部素质】 推进党风廉政建设。严格执行中央"八项规定"省委"28 条办法""六项禁令"及县委关于改进工作作风等相关规定，持续深入开展正风肃纪专项整治活动。加强学习教育，落实周一夜理论学习制度，开展全员培训，加强政治教育、文化素质教育和业务技能培训，不断以改革创新精神推动财政工作。当年县局获得全省财政系统先进集体称号。

（玉环县财政局供稿　陈　煜执笔）

天台县

【概况】 2015 年，天台县实现生产总值 187.08 亿元，增长 9.0%。其中：第一产业增加值 12.68 亿元，增长 4.0%；第二产业增加值 78.71 亿元，增长 8.2%；第三产业增加值 95.69 亿元，增长 10.6%。三次产业结构比调整为 6.8 : 42.1 : 51.1。人均生产总值 31388 元，增长 8.6%。全县财政总收入 25.89 亿元，增长 7.4%，其中一般公共预算收入 15.03 亿元，增长 7.1%。全县一般公共预算支出 32.93 亿元，增长 20.0%。全年财政收支平衡。

【组织财政收入】 强化收入预测分析，密切关注"营改增"等重大税制改革进展，坚持月度、季度收入形势分析，及时掌握收入进度。推进精细化税收征管，规范自然人股东股权转让个税审批流程，累计审核个税事项 298 件，入库税款 374 万元。对个人出租房实施委托代征，并与中国人民银行协作，建立欠税信息导入"征信系统"的征管机制，全年入库税费 931 万元。开展营业税专项清理，入库税费 8062 万元。保持收入结构优化，一般公共预算收入占财政总收入的 58.1%，税收收入占一般公共预算收入的 84.2%。加强非税收入征收管理,严格执行行政性收费和罚没收入等非税收入政策,实现非税收入 6.65 亿元,其中土地出让金入库 3.57 亿元。

【服务经济转型升级】 推动实施“五水共治”“四换三名”、创新驱动发展、“浙商回归”等经济转型升级组合拳。落实结构性减税和清费减负政策,累计减轻企业负担 5.23 亿元,包括临时性下浮社保缴费比例、出口退税、高新技术企业税收优惠、研究开发费加计扣除等。创新财政扶持方式,联合天台建设银行推出“税易贷”,缓解企业贷款难问题。筹措专项资金 1483 万元,支持工业和信息化相关产业,支持传统产业改造提升以及信息经济等新兴产业发展。筹集 5.37 亿元,助力旅游产业发展,支持创建国家 5A 级景区、国家生态旅游示范区。

【改善和发展民生事业】 坚持民生优先,全年民生支出 26.50 亿元,占一般公共预算支出的 80.5%,新增财力用于民生支出比重保持在 2/3 以上。做好十方面为民办实事和教育、医疗、就业、社保、住房等民生事业的资金保障工作。其中,全县教育支出 9.06 亿元,增长 8.8%,支持创建省教育基本现代化县。城乡居民基本医疗保险财政补助标准提高到每人每年 408 元,基本公共卫生服务经费标准提高到每人每年 40 元。农村生活污水治理财政支出 1.80 亿元,受益农户 5500 万户;用于黄标车治理 913 万元,淘汰黄标车 1376 辆。城镇和农村居民最低生活保障分别由 611 元、480 元提高到 660 元、530 元,全年发放 2646 万元。无固定收入残疾人生活补贴 1500 元/人·年,受益 2467 人。支持社会养老事业,新增机构养老床位 394 张、新增城乡社区居家养老服务照料中心 124 个。新建社区智能投递终端 35 个、农村电子商务服务站 100 个点。对县级集中式饮用水源地实施生态补偿,惠及 21 个村 10309 人。落实购房财政补助 3172 万元,受益 1782 户,推动房地产业平稳发展。

【深化财政改革】 完善全口径政府预算体系,并提交人代会审查,细化预决算信息公开内容。深化国库集中支付改革,全县预算单位实行国库集中支付管理。加快乡镇财政公共服务平台和“数字财政”建设,解决公共财政管理最后“一公里”问题。创新公共服务供给方式,推进政府与社会资本合作(PPP)等工作,设立 PPP 合作中心,入库项目 30 个,其中 6 个项目完成招投标。探索财政资金、社保资金保值增值渠道,明确闲置资金量 100 万元及以上的必须实行竞争性存放招标,对 10.5 亿元财政资金存放试行公开招标,净增收益 2752 万元。开展支农体制机制改革,出台加强财政支农资金管理推进财政支农体制机制改革的实施意见,规范全县财政支农资金管理。推进全省财政支持粮食生产试点工作,完善粮食生产扶持政策,创新粮食生产经营机制,通过政府购买服务等方式推进社会化服务组织建设,在平桥镇等 5 个粮食生产重点镇组建农民专业合作社 5 家,吸收社员 1924 名。天台县一事一议财政奖补助推美丽乡村建设列入全省试点,平桥镇中心镇建设列入全国示范点。

【加强财政资金监管】 按照“四张清单一张网”建设要求,制定出台《天台县财政专项资金管理暂行办法》,建立财政专项资金管理清单和财政专项资金监管系统。争取上级转移支付资金 12.56 亿元,新增地方政府债券 2.8 亿元,置换债券 7.56 亿元,降低债务成本。清理和盘活财政存量资金,盘活存量资金 1.31 亿元,全部用于民生事业。清理行政事业单位、国有企业账户 129 个,堵塞管理漏洞。完善政府采购联席会议制度,推进政府采购效益最大化和效率最优化,节约政府采购资金 4150 万元。规范全县行政事业单位国有资产处置行为,审批 34 批处置资产,涉及资金 2350 余万元。开展全县闲置房产土地清查工作,清理出闲置房产 12 余万平方米,土地 607 余万平方米。深化财政监督绩效评价,加强部门预算绩效管理工作考核。加强财政项目预算审核,核减预算 6371 万元。

【提升干部素质】 加强党风廉政建设,制定惩治和反腐败工作的组织领导和责任分工等制度,形成层层抓落实的工作局面。深化《税友龙版》廉政风险防控模块在财税系统廉政建设信息化进程中的作用,建成“升级版”的财税系统廉政建设工作新体系,发挥廉政预警机制作用。加强学习教育,提高干部勤政廉政意识。开展“岗位技能大比武”知识竞赛,成立“财税青年成长沙龙”,定期开展财务制度、财政政策等专题培训和业务交流会,提升干部综合素质。 (天台县财政局供搞 张玲珍执笔)

仙居县

【概况】 2015 年,仙居县实现生产总值 168.29 亿元,增长 9.3%。其中,第一产业增加值 14.11 亿元,增长 4.0%;第二产业增加值 69.08 亿元,增长 9.1%;第三产业增加值 85.10 亿元,增长 10.4%;三次产业结构比为 8.4∶41.0∶50.6。全县人均生产总值 33169 元,增长 9.3%。全县财政总收入 23.46 亿元,增长 14.3%,一般公共预算收入 13.47 亿元,增长 10.5%,占财政总收入的 57.4%,其中税收收入 10.91 亿元,占一般公共预算收入的 81.0%;全县一般公共预算支出 34.37 亿元,增长 33.5%。全年财政收支平衡。

【组织财政收入】 关注重点税源变化,组织建筑业等重点行业专项调研,以在建工程、装饰装修、旅游业等行业为重点开展营业税专项清理,补缴营业税 607 万元。集中清查印花税,全年入库印花税 1700 多万元。发挥税收风险管控效用,组织风险应对和专项纳税评估,探索测试《税友龙版》个人出租房税收模块应用。加强欠税管控,实施对欠税人出境布控和欠税公告,清理欠税 6139 万元。采集利用市场监管等第三方涉税信息,全年查补入库 1195 万元。开展纳税信用等级评定,建立税收黑名单制度。

加强欠费管理，全年清理欠费2288万元。创新规费征管举措，社保费首次采取企业自行申报、中介机构结算模式，结算入库1527万元；推进政府非税收入征管信息化改革，搭建浙江政务服务网统一公共支付平台。全年非税收入7.39亿元，其中国有土地出让收入4.38亿元。

【助力经济发展】 筹集资金4.31亿元，保障政府性投资项目，支持交通基础设施、永安溪生态修复等重大项目和经济开发区、神仙居旅游度假区等平台建设。坚持创新驱动，加大科技投入，落实企业研发费加计扣除、固定资产加速折旧等新政策，鼓励企业技术创新。发挥城镇土地使用税等政策引导作用，兑现县级城镇土地使用税奖补资金1139万元，工业政策奖励资金1457万元，促进传统工业转型升级。贯彻国家减税降费政策，逐户落实全县463家小微企业税收优惠政策，为企业减免各类税费9646万元。优化第三产业扶持政策，促进乡村旅游加快发展，扶持小额贷款公司发展，提升服务业发展水平。全年第三产业税收收入7.52亿元，其中金融保险业税收收入近2亿元，成为拉动经济增长的新主体。做好农业综合开发现代园项目、农村电子商务试点县及白塔镇省中心镇（生态发展型）示范试点工作，促进农业转型发展。

【保障民生支出】 全年民生支出27.22亿元，增长31.4%，占一般公共预算支出的79.2%。整合和统筹安排各类省级和县级专项资金7309万元，推动创建教育现代化，义务教育学校标准化建设达到85%。整合资金421万元用于农村文化礼堂等文化宣传建设。落实各项再就业优惠政策，统筹财政就业专项资金和失业保险促进就业资金，筹集就业再就业资金631万元，促进社会和谐稳定。完善社保制度，提高城乡居民基础养老保险、基本医疗保险、医疗救助等财政补助标准，做好机关事业单位工资及养老保险改革，推进被征地农民养老保险与职工基本养老保险衔接；促进低保扩面工作，支持养老服务事业发展。支持深化医药卫生体制改革，推进实施全科医生签约服务制度；做好医药卫生体制改革经费保障工作，下达公立医院和基本医疗卫生机构补助经费6074万元。落实村级公益事业一事一议财政奖补资金2905万元，拨付1.62亿元支持农村生活污水处理、农村保洁、森林村庄等项目建设，改善农村生活环境，统筹城乡发展。

【推进财政改革】 加快预算管理改革，健全"全口径"预算体系，推动"四本预算"上人代会审议。公开年度财政预决算以及上会部门预决算、"三公"经费预决算。建立预算执行动态监控机制，试编权责发生制政府综合财务报告。

【转换财政扶持经济发展方式】 设立政府产业基金，首期安排2亿元，成立县产业基金管理公司，规范产业基金运营管理。应用PPP模式，建立项目库，确定垃圾焚烧、污水处理二期2个项目进行PPP—BOT模式试点。推进政府购买服务工作，完成省政府购买服务目录中的33项内容的试点工作。加快财政专项资金管理改革，出台文化、体育专项资金管理办法，实行文化专项资金绩效考核。出台财政支农体制机制改革实施意见和三年行动计划，制定《关于进一步加强财政专项资金管理工作的通知》，规范财政专项资金分配与管理。出台财政资金竞争性存放管理办法和操作规程，对7.5亿元财政资金实行竞争性存放，促进财政资金保值增值。出台《关于推进盘活财政存量资金有关事项的通知》，规范部门结余结转资金管理，统筹安排收回财政存量资金近9亿元，盘活部门基本户财政存量资金600万元。

【加强财政监管】 加强政府债务管理，争取地方政府债券4.3亿元，置换地方政府债务5.2亿元，降低债务成本。集中开展涉农专项资金清理整治行动，自查涉农资金25.42亿元。实施预算绩效管理考核，加强项目支出管理，提升项目支出绩效，从严控制预算追加。推进政府采购管理改革，简化审批程序，审批采购金额2.23亿元，节约资金5825万元，节资率20.7%。加强政府性投资项目工程预算审核，审查项目预算401个，审定工程造价11.44亿元，净核减工程造价6865万元，净核减率6.0%。组织开展机关津贴补贴、事业单位绩效工资和奖励性津贴、"小金库"及行政事业单位会计等专项检查，整顿和规范财经秩序。完善公务接待费、餐旅费等支出标准体系，从严控制行政性支出和一般性支出，"三公"经费同比缩减21.0%。

农家乐特色村

【树立财政良好形象】 开展“三严三实”专题教育，丰富“实、稳、优”财税核心价值观，做到严以修身、严以律己、严以用权。落实党风廉政建设主体责任，出台实施办法，建立“三重一大”党组重大事项集体决策制度。组织开展党章党规党纪和《准则》《条例》专题学习，强化党规党纪意识。组织新一轮全员培训，发挥“财税论坛”“青年论坛”等平台作用，组织专题讲座，提升干部业务素质。发挥群团组织作用，开展丰富多彩的财税文化活动，提升队伍凝聚力。 （仙居县财政局供稿 陈可可执笔）

三门县

【概况】 2015年，三门县实现生产总值169.68亿元，比上年增长9.2%。其中：第一产业增加值24.82亿元，第二产业增加值64.21亿元，第三产业增加值80.65亿元，分别增长4.0%、9.7%和10.1%。三次产业结构比调整为14.6∶37.9∶47.5。人均生产总值为38487元，增长8.8%；城乡居民人均可支配收入25771元，增长9.8%。全县财政总收入23.68亿元，比上年增长7.7%。其中一般公共预算收入14.50亿元，增长8.0%，占财政总收入的61.2%，税收收入占一般公共预算收入的85.1%。一般公共预算支出30.55亿元，增长16.6%。全年财政收支平衡。

【支持经济转型发展】 鼓励工业经济、现代农业发展，支持高层次、高技能人才的培养，全年累计兑现各项扶持资金5295万元。向上争取技术创新、转型升级、节能环保等项目资金1200万元，推进县域经济创新发展。支持先进制造业基地企业技改、电子商务产业发展，推进“个转企”工作。加快推进政府产业基金设立和运作，创新财政扶持经济发展方式。

【保障重点项目资金需求】 全年政府项目投资额24.1亿元，统筹推进洋市涂围垦工程、74省道南延沿海工业城连接线工程、县人民医院迁建工程、“五水共治”“三改一拆”等重大工程，改善全县城乡基础设施面貌。争取置换债券与新增地方政府债券资金，申请政府债券置换额度6.69亿元，新发行政府债券3亿元。合理调度财政资金，全年累计调度资金1.24亿元，确保基本建设支出和还本付息，防范债务风险。

【支持“三农”发展】 加大“三农”在一般公共预算支出中的比重，建立健全稳定的财政支农投入机制，全年安排农林水事务支出4亿元。统筹推进农业“两区”建设和“美丽乡村”建设，加快农业转型、农村发展，向上争取各类农业、农村发展资金3847万元。继续开展基金式扶持薄弱村转化工作，基金规模2090万元。落实支农强农惠农政策，培育农业新型经营主体。落实中央油价补贴资金5285万元，支持交通运输、海洋渔业及林业发展。

【保障民生支出】 保障民生等重点支出，全年民生支出21.99亿元，占一般公共预算支出的72.0%，增长14.8%。人均财政民生支出4985元，增长21.7%。完善财政教育投入机制，落实教学质量专项奖励资金1000万元，提高小学、初中生均公用经费标准。全年教育累计投入6.22亿元，增长17.9%。落实城乡居民养老补助和大学生创业就业扶持政策，就业和社会保障投入4.36亿元，增长49.0%。城乡居民最低生活保障月标准分别提高到660元和530元，全面消除家庭人均年收入“低于4600元”现象。加大医疗卫生投入，巩固和完善基本医疗保障制度，医疗卫生支出3.21亿元，增长31.1%。加大文化建设投入力度，文化支出6563万元，增长22.6%。深化政法经费保障体制改革，维护社会稳定。

【深化财政改革】 完善财政存量资金管理，逐步建立财政存量资金动态管理机制和定期清理机制。规范财政资金存放管理，提请县政府出台县级财政资金竞争性存放管理暂行办法，组织完成4.5亿元的财政性资金招标存放。加强地方政府性债务管理，完成全县存量债务清理甄别和政府债务收支计划编制工作，提请县政府出台政府性债务管理办法。推进财政支农体制机制改革，创新管理模式，提请出台财政支农资金管理改革实施意见。完善支付体系建设，做好国库集中支付动态监控系统上线工作。规范国有投资公司财务管理，推行使用统一财务软件。推广PPP模式，推进县职业中专新校园迁建工程PPP模式试点工作。建立政府购买服务工作联席会议制度，开展政府购买服务试点工作。

【强化财政监管】 修改预算绩效管理工作考核办法，规范预算绩效管理，提升预算绩效管理水平。强化资金监管，消除资金安全隐患，退回支付申请1705笔，涉及金额8741万元。组织开展节能环保专项资金的会计监督检查。规范政府投资项目资金管理，全年审核拨付资金5亿元，工程预、结算审核分别完成9.22亿元、1.13亿元。拓宽政府采购领域及范围，提高采购效率，全县政府采购金额7亿元，资金节约率13.2%。落实财政专项资金“阳光公开”工作，编制专项资金公开目录，公开资金3.8亿元。加强行政权力规范化建设，引入“负面”清单，规范审批行为，全面推进“四张清单一张网”改革。加强会计人员管理，开启财政支农政策小班化培训模式。

【干部队伍建设】 加强干部教育培训，推行网络教育，深化“周一学习夜”制度，通过业务培训等多种形式，提升干部整体素质。完善中层干部选拔办法，组织新一轮中层干部选拔，增强队伍活力。落实党风廉政建设责任制，严格执行廉政制度各项规定，建立健全惩防体系，提高干部廉洁自律意识。落实巡视组整改意见，制定整改方案，严格执行中央八项规定。制定内部审计制度，加强审计监督。

（三门县财政局供稿 林祥辉 王一棋执笔）

丽水市财政工作

丽水市

【概况】 2015年,丽水市实现生产总值1102.34亿元,比上年增长6.4%。其中:第一产业增加值91.42亿元,第二产业增加值502.99亿元,第三产业增加值507.93亿元,分别增长2.4%、3.3%和10.7%。三次产业结构比由上年的8.4∶48.1∶43.5调整为8.3∶45.6∶46.1。人均生产总值51632元,增长6.0%。全社会固定资产投资751.52亿元,增长13.0%;社会消费品零售总额519.28亿元,增长9.0%;外贸进出口总额33.64亿美元,增长15.7%,其中:出口31.44亿美元,增长19.2%;进口2.20亿美元,下降18.8%。全市城镇居民人均可支配收入32875元,农村居民人均可支配收入15000元,扣除价格因素,分别增长8.1%和10.0%。全市财政总收入151.60亿元,增长7.6%,其中一般公共预算收入94.51亿元,增长8.9%。市本级(包括开发区、莲都区,下同)财政总收入58.96亿元,增长12.4%,其中一般公共预算收入35.82亿元,增长8.7%。全市一般公共预算收入占财政总收入的比重为62.3%,税收收入占一般公共预算收入的比重为82.9%。全市一般公共预算支出279.31亿元,增长21.7%。市本级一般公共预算支出71.36亿元,增长36.2%。全市和市本级财政收支平衡。

【依法组织收入】 坚持依法治税。关注宏观经济形势和重点行业、重点税源变化,预测分析全年税收收入形势,完善税费征管机制,加强部门协作,强化风险管理。全市地税部门组织各项收入156.54亿元,增长30.3%,其中税收收入73.85亿元,增长10.1%;市本级地税部门组织各项收入48.92亿元,增长5.5%,其中税收收入29.37亿元,增长9.9%。加强非税收入征管。全市政府非税收入118.93亿元,下降11.4%;市本级政府非税收入42.57亿元,下降8.9%。加强社保费征管。全市社保费收入76.38亿元,剔除被征地农民转保一次性收入28.61亿元,增长12.9%;市本级社保费收入17.19亿元,剔除被征地农民转保一次性收入1.66亿元,增长14.1%。

【首创综合性财源培育模式】 建立多部门联动机制,推出财政、土地、金融、税费优惠政策及优质服务举措的“4+1”组合拳,优选27家企业列入第一批优质财源企业,全方位培育符合转型升级方向的科技型、成长型、生态型优质财源。2015年,第一批优质财源培育企业入库税收1.25亿元,增长16.8%,高出全市税收收入同期增幅6.7个百分点。

【服务经济发展】 创新扶持方式。成立丽水市金控公司,设立10亿元规模的丽水市生态经济产业基金,其中:省转型升级产业基金出资4亿元,市级出资6亿元。出资800万元设立市级科技金融合作贷款资金风险池,建立市本级科技创新券制度,发放科技创新券350万元。扶持企业发展。安排1000万元风险补偿金,搭建丽水市小微企业“助保贷”平台。全年市财政兑付企业扶持资金11.77亿元,落实税收(费)政策减免28.14亿元。支持农村电商发展。支持推广“遂昌模式”,浙江赶街公司在9县(市、区)建成区域运营中心9个,开设运营赶街农村电子商务服务站点1106个。加大“三农”投入。全市一般公共预算“三农”投入126.77亿元,增长25.9%。整合3000万元支持丽水生态精品农业发展,助推“4600元以下”贫困人口脱贫。全市农业综合开发省立项项目37个,争取省以上财政资金2.87亿元。保障全市重点项目建设。全年市直基本建设收入86.69亿元,支出69.92亿元。支持重大水利工程项目、新金温铁路建设等重点项目建设,以及“五水共治”“三改一拆”等重点工作资金保障工作。其中全市财政投入“五水共治”资金22亿元。

【强化民生保障】 全市民生类支出210.96亿元,增长18.4%,占一般公共预算支出的75.5%。市本级财政民生类支出50.90亿元,增长26.3%,占财政总支出的71.3%。完善教育投入机制。安排1250万元用于扶持民办教育发展,高校生均事业费拨款标准从每年7250元提高到8000元,中职和普高学生国家助学金资助标准从每学年1500元提高到2000元。支持医疗卫生建设。安排公共卫生专项资金3500万元,支持市级公立医院综合改革,推进公共卫生事业建设。完善社会保障体系。企业退休人员基本养老金标准月人均增加239元,城乡居民基础养老金标准由每人每月100元调整为120元。城镇居民最低生活保障标准由每月540元提高到612元,农村居民最低生活保障标准由每月389元提高到459元。实现社会保险基金市区统筹,推进机关事业单位养老保险制度改革。安排700万元养老服务专项资金,用于各县(市、区)养老服务体系建设。安排救灾资金300万元,支持莲都区里东山体滑坡灾后重建工作。

【坚持厉行节约】 健全厉行节约反对浪费制度体系。编制《丽水市级公务支出管理制度选编》,分发至市直各行政事业单位。规范公务支出管理,严格控制行政经费和一般性支出,全市和市本级一般公共预算拨款安排的“三公”经费支出分别下降9.4%和13.2%。

【推进财政改革】 开展新《预算法》学习、宣传,规范政府收支行为。推进预决算信息公开,细化公开内容,组织全市预决算公开专项检查。出台新一轮市对开发区财政体制。盘活财政存量资金,全市盘活资金14.62亿元,其中市本级3.43亿元。通过委托拍卖公司公开拍卖、推进存量经济适用房和农民公寓房处置等方式,盘活市级国有资产3.20亿元。探索财政性资金竞争性存放,出台《丽水市本级财政资金竞争性存放管理暂行办法》,实施生态经济产业基金开户与资金存放竞争性谈判。推进政府购买服务扩面试点,编制政府购买服务支出预算,完成"丽水市怡福家园建设和运营管理一体化服务"等项目试点。提请市政府出台关于推进财政支农体制机制改革的实施意见。推进乡镇财政规范化建设,全市172个乡镇(街道)全部建立乡镇财政机构,完成乡镇(街道)财政公共服务平台建设并上线运行。做好政府债券置换和新增债券额度争取工作,全市争取地方政府新增债券13.8亿元,置换债券50.23亿元,其中:市本级新增债券4.8亿元,置换债券25.67亿元。

【推进PPP试点工作】 设立市级政府和社会资本合作(PPP)指导服务中心,4个项目入选财政部示范PPP项目,14个项目入选省财政厅示范PPP项目,获全省PPP示范市称号。

【加强财政监管】 加强预算绩效管理。制定预算绩效管理办法,推进预算绩效全过程管理试点扩面。深化财政绩效评估,财政支出重点绩效评价总额4616万元,联评联审专项资金补助项目(企业)313个,评审金额4304万元。深化"小金库"专项治理。全市1931家单位开展自查自纠,80家单位开展重点核查,查出"小金库"9个,涉及金额218万元;其中:市本级2个,金额8万元。加强政府投资项目审核。全年完成审核309项,审核金额21.50亿元,增长27.0%,审定金额20.02亿元,核减资金1.48亿元。推进政府采购扩面增量。全市完成采购预算75.03亿元,实际采购金额67.60亿元,资金节约率9.0%;市本级实际采购金额18.12亿元,节约资金2.27亿元,节约率12.5%。

【加强队伍建设】 开展"三严三实"专题教育,举办专题党课,开展专题讨论和自查自纠。推进党风廉政建设和作风政风建设,强化党风廉政建设主体责任和派驻纪检组监督责任,完善廉政风险防控体系。加强内控机制建设,修订完善局工作规则、财政业务工作流程等10多项制度。加强财税文化建设,强化干部教育培训,举办业务培训班22期,邀请专家作专题讲座。开展演讲、征文比赛等活动,提升干部业务素质和团队凝聚力。

(丽水市财政局供稿　练素红执笔)

莲都区

【概况】 2015年,丽水市莲都区实现生产总值283.19亿元,比上年增长6.5%。第一产业、第二产业、第三产业增加值分别为17.48亿元、103.04亿元、162.67亿元,分别增长2.3%、2.2%、10.1%。三次产业结构比为6.2∶36.4∶57.4。人均生产总值60928元,增长5.8%。全区实现财政总收入21.43亿元,增长11.9%;一般公共预算收入12.47亿元,增长10.4%,占财政总收入的比重为58.2%;一般公共预算收入中税收收入11.07亿元,增长9.9%,占比88.8%。一般公共预算支出25.68亿元。全年财政收支平衡。

【组织财政收入】 建立与强化与国地税部门的工作协调机制,实行重点税源动态管理,密切关注财政经济运行态势,每月实行预算执行情况分析,按季召开收入分析会。强化一般公共预算收入、政府性基金收入、国有资本经营收入管理并重的意识,加强收入源头管控。全面贯彻落实"收支两条线"有关规定,依托非税收入征管信息系统,做好非税收入日常征管,推进征管工作科学化、规范化、精细化,做到应收尽收,票款相符,确保非税收入及时、足额征收入库。全年征收非税收入1.41亿元。

【支持经济发展】 强化企业培育和扶持,注重财政科技研发经费投入,激励企业加大技改投入,助推科技创新能力提升,推进生态经济产业化发展。全年拨付企业扶持资金2.65亿元,其中兑现企业技改政策奖励2.28亿元。践行"绿水青山就是金山银山"的绿色生态发展之路,安排民宿产业发展专项资金逾1000万元。整合美丽乡村建设、现代农业发展、山区经济等各类财政涉农资金7870万元,优先用于民宿产业培育。

【保障民生支出】 全区民生支出22.35亿元,增长21.6%,占一般公共预算支出的87.0%。落实各项强农惠农富民政策,推进农业发展。全年安排支农资金6.8亿元,增长5.0%。支持教育事业发展,公办学前教育生均公用经费提高到每年285元;民办中小学生均公用经费按省定生均公用经费小学每年650元、初中每年850元的标准安排。完善社会保险制度,城乡居民基础养老金每月提高20元,财政投入城乡社区居家养老服务照料中心和养老机构建设资金361万元、运行经费62万元,推进政府购买养老服务。落实积极的就业政策,加大创业担保贷款及创业补助资金支持力度。实施精准扶贫,助力消除"4600元以下"贫困现象。深化"平安莲都"建设,完善政法经费保障机制,安排"平安"建设和综治工作经费2326万元。

【推进财政改革】 做好财政资金竞争性存放工作。出台财政资金竞争性存放管理暂行办法,规范公款存放行为。开展二期财政资金竞争性存放招投标工作,实现财政资金最大限度的保值增值。推进预决算公开工作。除涉密信息外,公开政府2015年预算决算和"三公"经费预决算。全面推进部门预决算公开,区直单位以及14个乡镇街道全部公开部门预决算。加强地方政府债务管理。规范举债程序和资金用途,按省财政厅要求开展政府存量债务清理甄别。向省财政争取新增地方政府债券8000万元,化解到期债务偿债压力和风险,降低政府债务成本,优化政府债务期限结构。

【创新支持经济发展方式】 设立浙江丽水生态经济产业基金，区财政出资1.2亿元，首期4800万元注册资金已到位。产业基金以市场化模式运作，吸引社会资本，至2015年年底产业基金出资2亿元，投资建设古堰画乡特色小镇，确保5A景区创建。推广运用政府和社会资本合作模式，拓宽基础设施建设、公共服务项目和新型城镇化建设融资渠道，加快政府职能转变，提升经济增长动力。“南山互通至丽新公路建设一期工程”和“区社会治安动态视频监控系统”项目落地实施。

【规范财政监管】 盘活存量资金。全年盘活存量资金1.67亿元，重点用于“六边三化三美”“五水共治”“创建全国文明城市”等区重点项目建设，提高资金绩效。推进绩效评价。增强财政部门指导和参与力度，提高绩效评价的质量及其结果的运用。把好财政评审投资关。全年完成政府投资项目评审450个，送审金额13.28亿元，审定金额12.15亿元，净核减资金1.13亿元，核减率8.5%。

【提升队伍素质】 组织干部学习新《预算法》，提升干部业务素质。开展“三严三实”专题教育，组织“守基本、明底线、勤思考、重行动、讲合作、实为荣”大讨论，要求干部实实在在干事，干干净净做人。开设“廉政文化走廊”，营造廉政意识氛围。当年区财政局被省人力资源和社会保障厅、省财政厅授予“全省财政系统先进集体”称号。

（丽水市莲都区财政局供稿　陈莹莹执笔）

龙泉市

【概况】 2015年，龙泉市实现生产总值107.61亿元，比上年增长6.1%。其中：第一产业增加值13.42亿元，增长2.6%；第二产业增加值46.20亿元，增长1.3%；第三产业增加值47.99亿元，增长13.0%。三次产业结构比从上年的12.5∶47.4∶40.1调整为12.5∶42.9∶44.6。人均生产总值45977元，增长4.6%。全市固定资产投资89.24亿元，增长16.7%；社会消费品零售总额46.37亿元，增长11.8%；城镇居民、农村居民人均可支配收入分别为34130元和15906元，分别增长8.3%和10.4%。全市实现财政总收入10.39亿元，增长8.9%，其中一般公共预算收入7.14亿元，增长10.2%。全年一般公共预算支出26.84亿元，增长31.6%。全年财政收支平衡。

【组织财政收入】 强化收入目标管理，全年地税部门组织各项收入16.10亿元，增长53.0%，其中税收收入6.14亿元，增长11.1%，社保基金收入9.55亿元，增长109.8%。做到依法治税，应收尽收。对建筑业、房地产业开展营业税专项清理，补缴税费收入1975万元；加大欠税清理力度，全年清理欠税2100万元。优化财政收入结构，一般公共预算收入占财政总收入的68.7%，税收收入占一般公共预算收入的86.7%。强化非税收入管理，推进新版非税收入管理信息系统平稳运行，规范国有土地使用权出让收支管理，做大做强国有资产经营收入。全年非税收入9517万元，增长18.2%。

【支持经济发展】 设立政府转型升级产业基金，已建立规模3亿元的市本级转型升级产业基金，并引导社会资本共同设立规模10亿元的农业产业基金和规模1亿元的联合产业投资基金两个子基金。科学编制政府投资预算，多措并举筹集资金，降低资金运营成本，全年争取地方政府新增债券3.4亿元，置换债券3.19亿元。支持特色小镇建设，中国青瓷小镇列入省第一批特色小镇创建名单。促进生态产业发展，全年兑现政府优惠政策资金6400万元，壮大生态工业和现代服务业，支持旅游民宿经济发展。设立小微企业帮扶基金和企业家协会转贷基金，全年办理应急转贷累计8.9亿元。落实结构性减税和清费减负政策，地税部门累计为企业减负6900万元。支持现代农业发展，实施农业综合开发，全年获得省以上财政补助6171万元。落实各项强农、惠农、富农政策，推进农业“两区”建设，促进“竹茶菌蔬”产业发展。

【保障民生支出】 全年民生支出占一般公共预算支出的77.6%，增长23.8%。支持教育优先发展，制定《龙泉市发展学前教育第二轮三年行动计划（2015~2017年）》，每年财政预算安排的学前教育专项资金从200万元提高到300万元；制定龙泉一中和中等职业技校财政保障体制方案，建立高中段学校经费保障长效机制；实施龙泉市农村特岗教师津贴补助。促进文化事业发展，支持青瓷、宝剑文化创意基地建设；支持文化下乡，推进农村文化礼堂、应急广播喇叭建设等项目，累计建成农村文化礼堂46个，全市行政村应急广播喇叭覆盖率100%。推进医疗卫生事业发展，基本公共卫生服务经费标准提高到每人每年40元，落实公立医院和基层医疗卫生机构财政补助政策，支持人民医院搬迁。完善社会保障体系建设，推进机关事业单位养老保险和工资制度改革，提高企业职工养老保险待遇，落实省政府被征地农民转保政策，转保被征地农民16100人。支持新农村建设，支持“五水共治”和“六边三化三美”环境整治，深化村级公益事业一事一议财政奖补政策运用，全年落实一事一议财政奖补项目72个。

【深化财政改革】 推进全口径预算编制，实现一般公共预算、政府性基金预算、社会保险基金预算和国有资本经营预算四本预算全部上人代会审议。推进预决算信息公开，除涉密单位外，全市一级预算单位均在官方门户网站公开预决算情况和“三公”经费预算。加强乡镇财政管理，出台新一轮乡镇财政体制及工业园区财政政策，在人员经费、公用经费等保障正常运转的基础上，制定激励奖补政策，激发乡镇（街道）培植财源、发展经济、增收节支的积极性。推进财政支农体制机制改革。制定出台财政支农体制机制改革实施方案（2015～2017 年），建立龙泉市财政专项资金网络管理系统，将涉农项目资金纳入项目库管理。推广 PPP 项目，引入第三方专业机构力量合理选择项目储备，重点推进溪北污水处理厂、龙渊公园项目实质性启动。推行政府购买服务，出台《龙泉市政府向社会力量购买服务管理办法》和《2015 年度指导目录》，建立联席会议制度。

【创新财政监管】 贯彻新《预算法》，全面加强财政管理，提请市政府印发《关于进一步加强财政管理的通知》，强调财政管理与改革的新要求，明确财政与主管部门和实施单位的责任界限。盘活财政存量资金，全年通过统筹部门资金，清理盘活结余结转资金 1.09 亿元。清理规范专项资金，压减金额 1.8 亿元，比上年压减 40%。争取全省农村综合改革示范试点单位，获得试点项目资金 2280 万元。加快预算执行进度，出台《关于进一步加强预算执行工作的通知》，优化资金拨付流程，加快资金拨付进度。

【加强队伍建设】 加强党风廉政建设。落实"两个责任"，学习《中国共产党廉洁自律准则》和《中国共产党纪律处分条例》，开展中层干部廉政约谈，加强对干部廉政提醒和警示，排查廉政风险。注重培养年轻干部，建立中层干部退出机制和储备机制。发挥工青妇作用，加强财税文化建设，丰富干部职工生活。

（龙泉市财政局供稿　王盛伟执笔）

缙云县

【概况】 2015 年，缙云县实现生产总值 190.20 亿元，比上年增长 5.3%。其中：第一产业增加值 10.05 亿元，增长 2.4%；第二产业增加值 106.13 亿元，增长 3.0%；第三产业增加值 74.02 亿元，增长 9.8%。三次产业结构比从上年的 5.3∶58.1∶36.6 调整为 5.3∶55.8∶38.9。人均生产总值 52505 元，增长 4.9%。全社会固定资产投资 107.44 亿元，增长 16.8%。全县财政总收入 17.95 亿元，可比增长 2.3%；一般公共预算收入 11.01 亿元，增长 10.2%，占财政总收入的比重为 61.3%；税收收入 8.82 亿元，增长 1.5%，占一般公共预算收入的比重为 80.1%。一般公共预算支出 28.97 亿元，增长 14.0%。全县财政收支平衡。

【组织财政收入】 全年地税部门组织收入 15.71 亿元，可比增长 7.5%，其中税收收入 7.47 亿元，增长 3.5%。加强重点税源监控，筛选重点税源监控名单，定期分析税源现状、税负水平及变化趋势，当年纳入重点监控的 426 家税源企业，入库税收 5.68 亿元，占税收收入总额的 76.0%。夯实日常税费征管工作，开展以营业税、印花税、个人所得税为核心的地方税费专项清理规范工作，查补各项税（费）823 万元。加强土地增值税税源信息核实比对，及时与建设部门建立信息共享机制，促进房产税、土地增值税两税征管。联合国税、法院建立协作护税机制，追缴企业税（费）68 万元。完善大企业管理机制，做好国家税务总局在缙云的 27 家定点联系企业基础信息采集工作，推行大企业管理和服务事项协调机制。加大对非税收入的监控和征缴力度，推进非税收入收缴电子化改革，夯实非税收入征管基础。建立财政部门、征收单位和代收银行的网络连接，实时查询和监控非税收入收缴情况，全年组织非税收入 2.19 亿元。

【服务经济发展】 促进企业转型升级，安排节能减排、外向型经济、现代服务业、新三板和省股权交易中心挂牌奖励等扶持资金 5142 万元。落实税费优惠政策，重点加大对结构调整、科技创新、小微企业、促进消费、保障民生等方面的税收政策支持力度，减免各类税费 3942 万元。设立困难企业应急周转金，为企业临时周转资金累计 4.67 亿元。积极向上争取在建项目债券额度，全年争取债券 12.8 亿元，其中存量债务置换债券 4.5 亿元，在建项目债券 7.3 亿元，新增债券 1 亿元，支持推进重点政府性投资项目建设。

【支持民生事业发展】 全年民生支出 23.74 亿元，增长 15.8%，占一般公共预算支出的 81.9%。促进城乡教育均衡发展，投入资金 118 万元建立农村特岗教师津贴。推动文化事业发展，投入

绿水青山，养生福地

资金567万元新建农村文化礼堂17个。完善城乡居民医疗保障体系，扩大参合对象，实现城乡居民医疗保障全覆盖；提高城乡居民基本医疗保险，个人筹资标准从每人每年180元提高到220元，财政筹资标准从每人每年420元提高到480元；实施住院统筹为主、兼顾门诊统筹的补偿模式，提高基层医疗卫生机构普通门诊医疗费用报销比例。完善社会救助体系，加大社会救助资金保障力度；提高农村和城镇居民最低生活保障标准，对低于低保标准150%的重度残疾人实施全额低保或生活补助。加大对重点项目的保障力度，“五水共治”项目投资8.9亿元，其中政府性投资项目支出5.00亿元，重点支持防洪水项目、保供水项目以及农田水利项目等；保障“六边三化三美”活动开展，全年投入4100万元；做好“三改一拆”行动保障工作，安排资金1200万元。

【促进农民增收】 支持缙云烧饼产业发展，加大对烧饼师傅培训的支持力度，按照人均920元的标准给予培训经费保障；扶持开设缙云烧饼示范店，提供小额贷款贴息补助，全年经授权并开张营业的示范店（品牌店）有230家，补助资金500万元。扶持经济薄弱村发展集体经济，整合新农村建设、扶贫开发、林业、农业产业化经营等涉农项目资金，提高专项资金中用于村级集体经济发展的比例；争取上级财政用于扶持欠发达地区经济薄弱村发展物业经济的专项资金，每年安排配套资金300万元。

【深化财政改革】 推进预算管理改革，完善一般公共预算、政府性基金预算、社会保险基金预算、国有资本经营预算编制，基本建立全口径政府预算体系。细化预算编制，支出预算功能科目细化到项级，经济分类细化到款级。提高预算编制水平，将耕地占补平衡收入（土地指标）纳入政府性基金预算管理，加大政府性基金预算应统筹使用资金纳入一般公共预算力度；将省补专项转移支付提前告知数全部纳入预算，提高年初预算到位率。推进预算公开，扩大预算公开面，公开经批准的部门预算、决算、预算执行情况的报告及报表，除涉密部门和涉密经费外，共62个部门预算向社会公众公开。

【加强财政监管】 落实厉行节约各项规定，2015年“三公”经费预算比上年执行数压减170万元，下降4.9%；一般公共预算中“三公”经费支出2855万元，下降14.4%。加强对公共资金、公共投资的监管，制定《缙云县财政专项资金管理清单》，将54项县级专项资金整合归并成23项，并在缙云政务网上予以公布；出台《缙云县基本公共卫生服务项目补助资金管理办法》《缙云烧饼品牌建设专项资金管理实施办法（试行）》等一系列专项资金管理办法，规范专项资金管理。拟定并由缙云县人民政府办公室出台《缙云县国有投融资企业监督管理暂行办法》《缙云县国有资产收益收缴管理暂行办法》，加强国有资产管理；提请县政府出台《缙云县本级行政事业单位公款竞争性存放管理暂行办法》《缙云县本级财政资金竞争性存放管理暂行办法》，规范财政资金的存放管理。开展绩效评价工作，对50万元以上财政支出项目开展绩效自评，各单位绩效自评项目64个，项目涉及农业、林业、水利、教育、卫生、扶贫、社会保障等领域，金额3.50亿元。

【干部队伍建设】 加强学习教育，以学习“三严三实”、《条例》和《准则》活动为契机，结合中央“八项规定”、省委“六个严禁”，强化责任落实，签订《党风廉政建设责任书》《机关效能责任书》，明确各级干部在党风廉政建设中的责任，约束干部行为，营造风清气正的工作环境。 （缙云县财政局供稿　田晶晶执笔）

青田县

【概况】 2015年，青田县实现生产总值192.59亿元，按可比价格计算，增长8.2%；按常住人口计算，全县人均生产总值55908元，增长7.5%。其中：第一产业增加值7.70亿元，增长5.0%；第二产业增加值109.99亿元，增长7.2%，；第三产业增加值74.90亿元，增长10.8%。三次产业结构比为4.0∶57.1∶38.9。全年全县财政总收入22.26亿元，增长1.3%，其中一般公共预算收入14.93亿元，增长7.5%。一般公共预算支出34.77亿元，增长11.1%。全年财政收支平衡。

【组织财政收入】 优化收入结构。全年县一般公共预算收入占财政总收入的比重为67.1%，同比增加5.7个百分点，其中税收收入10.92亿元，增长9.4%，占一般公共预算收入的73.1%。强化税收征管。做精做细税收分析，为组织财政收入提供科学预测和研判；落实重点税源监控，全年入库税款1870万元，清理和追缴往年欠税款510万元，规范税收秩序；推进税收“管查”互动和部门协作治税，推动与法院、国土等相关部门协作护税；做好小水电行业征收方式变更、房土两税规范管理以及定额个体户“淡旺季”税收管理试点等工作。强化社保费征收。夯实“五费合征”征管基础，加强社保费年度结算，做好机关事业单位人员养老保险并轨工作，落实好失地农民保险转职工养老保险保费征收，当年地税部门组织入库社保费收入10亿元，增长100.8%。加强非税收入管理。严格执行各项非税收入政策规定，完善政府非税收入征管信息系统，提升涉税涉票工作管理水平，实现各类非税收入应收尽收，全年组织非税收入10.93亿元。

【助推经济发展】 扶工助企发展。加快财政扶持资金兑付进度，累计兑付各类财政扶持资金7085万元，惠及全县企业319家。完善企业帮扶机制，推动“政府、银行、企业”互动合作，通过小微企业信贷帮扶基金投放推动各大银行向全县47家企业发放贷款1.55亿元，有效缓解企业融资难问题。助推转型升级。设立科技型中小微企业政府风险金，发放企业科技创新券，加快推进科技创新成果转化，推动经济转型发展，全年已累计拨付科学技术支出8284万元，增长18.8%。保障重点项目建设。通过加快项目融资、推动政府债务展期、向上争取地方政府债券等多种途径,筹集各类项目建设资金 21.5 亿元,其中"五水共治"项目资金 3.9 亿元、"美丽乡村"建设资金 2694 万元。

【保障民生事业发展】 全年县民生类支出 27.59 亿元,占一般公共预算支出的 79.4%,较上年提高 5.2 个百分点。加大教育领域支出。支持实施基础教育提升计划,投入资金 2.13 亿元;支持发展学前教育,完成 49 所无证幼儿园整治提升工作,创建等级幼儿园 18 所;全年教育类支出 7.45 亿元,增长 23.2%。强化社会保障。推动精准扶贫,全面消除人均年收入"4600 元以下"贫困现象;落实社会保险制度改革,新增养老、医疗、失业等五项投保人数 13467 人;推动养老事业发展,新建城乡居家养老照料中心 49 个;加强社会救助工作,全年发放低保金 5200 万元、医疗救助金 1500 万元、助学金 407 万元、残疾人生活保障金 930 万元。落实文化领域财力支持。建成农村文化礼堂 16 个,完成省级历史文化村落保护项目 3 个。

【推进财政改革】 加强地方政府性债务管理。清理整合各类融资平台公司,实施地方政府债务限额管理,做好存量债务债券置换工作,置换政府债券 1.73 亿元,全县地方政府债务总额可控。创新财政扶持方式。开展 PPP 项目试点,推动金三角污水处理项目成为全县首个 PPP 模式试点项目;研究组建"青田县生态经济产业基金"。推进政府购买服务工作。出台青田县政府购买服务管理办法及指导目录,在县林业局病虫害防治工作中首次引入政府购买服务,并作为典型案例宣传和推广。完善"四单一网"建设。推动医疗保险费用收缴业务纳入浙江政务服务网统一公共支付平台,全局行政许可事项 100%纳入丽水行政审批网运行。

【提升财政监管水平】 加大财政存量资金盘活力度。清理结转结余财政资金,做好财政存量资金的调整、收回与重新使用,累计盘活各类财政存量资金 1.93 亿元,统筹用于补充预算稳定调节基金、行政事业单位养老保险并轨、"六边三化三美"等各项重点支出和新增支出。推进财政资金竞争性存放。制定《青田县财政资金竞争性存放实施工作方案》,推动 3 亿元社保基金实现竞争性存放,存放利率较基准利率上浮 48.3%,促进闲置财政资金"增值提效"。落实财政预算绩效管理工作。提请县政府出台关于推进预算绩效管理的实施意见,组织制定《青田县预算项目绩效目标管理办法》等配套制度,筛选确定林业局、环保局等 9 家单位的 9 个项目实施预算绩效管理试点,累计审核项目预算资金 7703 万元,核减资金 227 万元,强化预算绩效管理意识。强化财政资金监管。严格控制一般性财政支出,做准做实"三公"经费预决算,实现"三公"经费支出"只减不增"目标,当年全县"三公"经费支出下降 7.9%;强化政府采购行为管理,全年节约政府采购预算资金 2711 万元,节约率 10.7%。推进政府投资项目资金审核,全年完成评审项目 764 个,核减项目预算 1.2 亿元,提升资金使用效益。

【加强干部队伍建设】 强化局党组主体责任和纪检组监督责任;主动对接纪委派驻纪检组工作,出台《惩治预防腐败 2013~2017 年五年规划》,明确党风廉政建设各项工作目标和主要任务。加强"三严三实"专题教育,组织全局党员开展专题组织生活会,落实"三严三实"主题教育要求,"走实地、摸实情、解实忧",了解企业发展困难。组织全体干部职工分批参加业务培训,邀请省、市、县各级专家学者开展法律知识讲座、财税改革理论政策研讨,推动干部队伍能力素质提升。加强财税文化建设,发挥工青妇组织作用,推进财税优良传统的继承和发扬,挖掘和宣传财税工作典型和先进事迹,增强团队凝聚力。

(青田县财政局供稿 王 瑞执笔)

云和县

【概况】 2015 年,云和县实现生产总值 54.34 亿元,比上年增长 8.9%。其中:第一产业、第二产业、第三产业增加值分别为 4.42 亿元、27.55 亿元、22.37 亿元,分别增长 2.1%、7.8%、11.8%。三次产业结构比为 8.1:50.7:41.2。人均生产总值 48605 元,增长 9.4%。全县财政总收入 7.58 亿元,增长 6.8%,其中一般公共预算收入 4.29 亿元,增长 9.1%;税收收入 3.64 亿元,增长

清理河道的志愿者

13.0%。一般公共财政预算收入占财政总收入的56.6%，税收收入占一般公共预算收入的84.8%。一般公共预算支出16.17亿元，增长16.3%。全年财政收支平衡。

【组织财政收入】 夯实税收征管基础。建立健全税收征管业务联席会议制度，提高征管质效。出台《关于加强税收征管保障工作的实施意见》，深化数据分析应用，强化税收征管保障。全年地税部门组织各项收入8.27亿元，增长56.5%；其中税收收入3.07亿元，增长17.1%。推进"五证合一、一照一码"登记制度改革实施，全年办理"一证一码"企业130户。加强规费收入征缴。出台《关于开展社会保险费年度结算的通知》，明确对不按规定结算企业在税费减免、政府补贴等方面进行限制，强化规费征管刚性。推进失地农民养老保险转轨工作，累计征收失地转养老基金2.69亿元，惠及全县近2万名失地农民。规范非税收入管理。深入开展行政事业性收费和政府性基金清理和规范，推进非税收入收缴电子化改革进程，深化土地出让金收入、彩票资金等重点收入征管，组织政府非税收入6495万元。

【支持经济发展】 围绕"山水童话乡村"建设和现代农业发展水平提升两个目标，整合各类财政支农资金2.75亿元，促进农业产业升级。加速国家农业综合开发扶持龙头企业带动产业发展试点项目，全面改造加工、流通、种植三个环节，促成黑木耳产业链整体提升。加强企业培育和扶持，落实各项优惠政策，帮助企业发展，助推小微企业从"低、散、弱"向"高、精、优"迈进。全年落实优惠政策备案和即时减免各项税收3643万元，落实财政扶持资金4443万元。推进"营改增"等结构性减税，出台《关于开展营业税专项辅导清理工作方案》，分组针对房地产业、建筑业、金融业和生活服务业四大行业，全面开展营业税专项辅导清理工作。

【保障民生支出】 2015年，民生类支出11.89亿元，占一般公共预算支出的73.5%，增长14.1%。支持"三农"建设，全年农林水支出3.42亿元，增长5.2%，深化村级公益事业一事一议财政奖补政策运用，当年现场验收项目57个，拨付专项资金1939万元。支持教育优先发展，加强义务教育均衡发展经费保障，小学、初中生均公用经费标准分别提高至670元、870元。落实积极的就业政策，实施精准扶贫，城乡低保标准从每人每月298元提高至552元，助力消除"4600元以下"贫困现象。稳步提高社保待遇标准，职工基本养老保险月人均养老金增加250元，城乡居民基本养老保险基础养老金从每人每月100元增加到120元。支持医疗卫生事业发展，城乡居民基本医疗保障财政补助标准从年人均380元提高至430元，基本公共卫生服务补助标准从年人均35元提高至40元。

【深化财政改革】 贯彻落实新《预算法》，强化预算约束，完善预算管理制度。首次将四本预算提交人代会审查。主动公开2015年预算和2014年决算，指导、督促64个县直部门在《预算法》要求时限内实现部门预决算公开，细化公开内容，打造"阳光财政"。加强专项资金管理，按照"四张清单一张网"建设要求，推进财政专项资金管理清单梳理和公开，修订完善专项资金管理办法，规范资金分配程序。盘活财政存量资金，开展两次财政存量资金清理回收工作，对部门结余结转两年及以上仍未使用完毕的资金进行清理收回，盘活分散、沉淀在各部门的资金，全年累计收回部门结余资金7621万元，整合财政专户资金9370万元，用于急需发展领域，提高财政资金使用绩效。

【强化财政监管】 执行《云和县行政事业单位公务费用"预算式"控制管理办法(试行)》，坚持勤俭办事，严格控制"三公"经费预算，合理压缩招待费、培训费、会议费等一般行政性支出。加强财政专户监管。在全县范围内开展单位公款存放管理专项检查活动，重点检查单位公款存放管理是否纳入"三重一大"集体研究决策事项、是否经过公开招投标、是否建立相关监督管理制度等。开展涉农资金专项整治，针对审计部门检查中发现的问题进行自查自纠和重点检查，涵盖资金13.30亿元。全面理顺县属国有企业的产权关系，完成48家县属企业产权登记年检。深化预算绩效管理改革，加大绩效评价结果在预算资金分配中的应用力度，逐步建立"预算编制有目标、预算执行有监控，项目完成有评价，评价结果有反馈、反馈结果要运用"的预算绩效机制。加强财政预算项目审核，完成送审基建项目预算及项目变更154个，净核减6022万元，核减率12.7%；完成送审概算113个，净核减7677万元，核减率5.4%。

【干部队伍建设】 深入开展"三严三实"专题教育，丰富"实、稳、优"财税核心价值理念。深入学习贯彻《中国共产党廉洁自律准则》《中国共产党纪律处分条例》，增强党规党纪意识，实行责任层级负责制，营造风清气正、敢于担当的政务环境。开展周一夜学，组织辩论赛、财税干部讲坛等活动，营造良好学习氛围，提高干部职工的凝聚力、综合素质和业务水平。

(云和县财政局供稿　杨亨钦执笔)

遂昌县

【概况】 2015年，遂昌县实现生产总值88.88亿元，比上年增长10.7%。其中：第一产业增加值10.74亿元，增长2.6%；第二产业增加值34.95亿元，下降4.7%；第三产业增加值43.19亿元，增长10.7%。三次产业结构比由上年的11.5∶45.9∶42.6调整为12.1∶39.4∶48.5。全年全县组织财政总收入10.54亿元，增长4.7%。一般公共预算收入7.12亿元，增长9.0%，其中税收收入6.02亿元，增长14.2%。一般公共预算支出20.80亿元，增长16.6%。全年财政收支平衡。

【组织财政收入】 预测分析每季度重点税源企业，完善月度税收分析制度，所联系监控企业、项目占全县税收收入 70%以上。加强税收征管，通过定期数据对比、纳税申报跟踪、警示信息提醒等方式，加强对建账户的管理。对符合清算条件的房地产开发项目开展土地增值税清算工作，入库 1955 万元。对 713 户企业完成所得税汇算清缴，入库税款 374 万元；对 718 户企业进行社保费结算，入库社保费 514 万元。加强对全县建筑安装业营业税清理，查补税款 1200 万元。开展企业资源税税收清理，全年资源税收入增长 15%。加强部门协作，建立国地税联席会议制度，出台《国地税征管协作工作重点和目标》，从税务登记、日常征管等方面全方位巩固落实国地税协作机制。争取司法部门支持，建立对被执行人财产查控、税费追缴协作联动机制。利用国土土地登记信息，对全县企事业城镇土地使用税进行比对，强化企业土地税源管理。完善非税收入征缴机制，受上年同期一次性因素影响，全年非税收入 10917 万元，下降 12.8%。

【支持经济发展】 落实结构性减税和普遍性降费政策，减免各项税费 9101 万元。出台扶持中小微企业各项举措，减轻中小微企业负担。发挥企协应急转贷周转金作用，发放转贷资金累计 8.37 亿元，缓解企业融资困难。出台《全面开展调整城镇土地使用税政策促进土地集约节约利用工作的通知》，调整城镇土地使用税税额标准及范围，建立以“亩产税收”为主要导向的评价机制。全年争取上级转移支付资金 14.11 亿元，增长 37.8%。争取省以上农业综合开发项目资金 3943 万元，增长 49%，其中湖山小流域农业生态工程项目为遂昌单个项目治理面积最大、资金投入最大的农发项目。全年投入农业综合开发建设资金 5154 万元，新建粮食生产功能区 6600 亩、现代农业综合区 1 个，提升农业综合生产能力。

加快城市建设，全年安排基建预算支出 33.9 亿元，实际执行支出 27.84 亿元，执行率 82%。重点保障城市、“六边三化三美”等重点项目建设。完成政策性银行项目资本金贷款 8000 万元，其中城发公司棚户区改造项目 3000 万元、旅游基础设施建设 1000 万元，供排水公司 4000 万元。

【保障社会民生事业】 全县民生支出 19.79 亿元，增长 20.5%，占当年一般公共预算支出的 95.1%。加大教育投入，建立健全义务教育均衡发展经费保障机制，完善城乡义务教育资源均衡配置，小学、初中生均公用经费标准分别提高至 790 元、950 元。建立职业教育生均经费制度，推进中等职业教育内涵建设和教学改革。完善学生资助体系，营养餐标准由每生 750 元提升至 1000 元，职业中专和高中段国家助学金标准由 1500 元提高至 2000 元。全面实施饮水质量提升工程和“热水暖心”工程，破解饮水安全和农村寄宿制学生冬季洗澡难题。加大社会保障投入，城乡居民基本医疗保障财政补助标准提高到每人每年 400 元。基本公共卫生服务经费标准提高到每人每年 40 元。加快推进公立医院综合改革，支持县人民医院与浙江大学医学院附属第二医院建立合作关系。企业退休人员基本养老金水平月人均增加 250 元，达到 2750 元。城乡居民基本基础养老金水平从每月 100 元增加到 120 元。出台失地农民转职工基本养老保险政策，政府补贴标准达到 15100 元，到龄可领取养老金 7800 人。推进一事一议财政奖补工作，投入财政资金 3320 万元，建成村级公益事业项目 64 个，重点支持农村扶贫开发、特色产业、基本公共服务等项目建设，助力消除“4600 元以下”贫困现象。

【规范财政管理】 完善预算管理体系，编制一般公共预算、政府性基金预算、社保基金预算及国有资本经营预算，做好部门预算公开工作。严格控制部门单位的行政支出，“三公”经费支出 3478 万元，下降 13.4%，其中公务接待支出 2225 万元，下降 11.2%。加强国资管理，出台国资营运机构人事管理、财务管理、员工薪酬、年终考评办法等制度，建立国有企业分类分档绩效考核监管机制。加强国有资产日常管理，出台国有资产处置、固定资产报废等管理办法，开展行政事业单位办公用房专项检查。加大财政结余结转资金清理力度，盘活存量资金 1.25 亿元，用于设立产业发展基金，以及补充社保基金等。开展财政周转金清理专项工作，对往年本息未清的周转金进行调查摸底。出台《遂昌县财政资金竞争性存放实施细则》，对 2 亿元财政存款进行竞争性公开招投标，防范利益输送。严控政府投资项目审核质量，完成项目审核 401 个，送审造价 8.24 亿元，净核减 7741 万元。开展 2014 年部门财政支出项目绩效自评工作，项目覆盖率 20%。加强政府采购管理，通过公开招投标程序确定机关单位定点住宿、会议及培训定点单位。

规划有序的美丽乡村

【创新投融资机制】 探索PPP项目,清水源综合水利枢纽工程PPP项目入选财政部第二批PPP示范项目库,污水处理厂PPP项目入选省财政厅PPP示范项目库,通过竞争性磋商采购程序完成竞标,为全县首个PPP落地项目。筹建政府产业基金,成立县投资基金管理中心,设立了"遂昌县智慧生态产业基金",出台基金管理办法。

【干部队伍建设】 开展"学党章、守纪律、讲规矩"主题教育活动。深入开展《准则》《条例》专题学习活动,把党纪挺在法律前面。推进党风廉政建设。贯彻落实党风廉政责任制,层层签订责任状,落实领导干部"一岗双责"。建立财税讲坛,安排局内业务骨干就政府产业基金、新《预算法》、新《行政诉讼法》等财经重点业务进行授课,提升干部综合能力。

(遂昌县财政局供稿 叶晓晖执笔)

松阳县

【概况】 2015年,松阳县实现生产总值85.87亿元,比上年增长7.0%。第一产业、第二产业、第三产业增加值分别为13.22亿元、38.94亿元、33.71亿元,分别增长2.2%、4.3%、12.1%。三次产业结构比为15.4∶45.3∶39.3。人均生产总值46238元,增长6.7%。全县财政总收入7.73亿元,增长8.5%,其中一般公共预算收入5.26亿元,增长10.0%,占财政总收入的68.0%;税收收入4.18亿元,增长11.3%,占一般公共预算收入的79.5%。一般公共预算支出25.39亿元,增长19.0%。全年财政收支平衡。

【组织财政收入】 编制全年税收计划,落实重点税源企业税收征管,完成纳税申报清缴、发票管理、网络信息安全工作。推进"个转企""营改增""房、土两税"税源核查、五证合一改革任务,促进国地税协作。2015年地税部门组织各项收入17.56亿元,增长156.4%,其中税收收入3.98亿元,增长13.7%。推进企业五费合征扩面征缴,完成被征地农民转保保费缴纳工作,全年新增被征地农民参保人数17052人,入库养老保险9.70亿元。推进政府非税收入收缴电子化改革,2015年组织非税收入15.35亿元,增长30.9%。

【支持地方经济发展】 加大对优质、新兴、生态企业的扶持力度,实施"亩产论英雄""四换三名""浙商回归"等财税扶持机制,支持经济发展。全年兑现税收优惠政策及减免税4400万元;依法依规落实财税扶持资金6770万元。落实财政支农体制改革,印发《松阳县财政支农体制机制改革实施意见》,全年投入财政支农资金4.57亿元,用于新农村、农业"两区"和主导优势产业建设,编制《2016~2018年松阳县农业综合开发扶持农业优势特色产业规划》。编制当年政府性基本建设项目预算,保障项目建设,全年实际执行项目支出16.90亿元,执行率72.8%。

【保障民生支出】 保障民生事业发展,实现新增财力三分之二以上用于民生事业,全年民生类支出20.50亿元,可比增长16.3%,占财政总支出的比重为80.7%。投入5.5亿元,推动教育现代化建设,至当年年底全县基本实现教育现代化。安排3.2亿元,用于被征地农村转保补助。投入310万元,用于落实就业再就业政策。投入2639万元,用于深化医疗卫生体制改革。投入5562万元,用于提升公共文化服务和文化产业发展水平。

【推进财政改革】 实施投融资体制改革,开展政府和社会资本合作模式,发布松阳县第一批PPP项目库。"松阳县全民健身中心""黄南水库工程项目"和"保障住房项目"进入浙江省省级PPP项目推荐名单。推进政府产业基金建设,出台《田园松阳生态产业基金设立方案》。开展财政资金和单位公款竞争性存放改革,出台《松阳县行政事业单位公款竞争性存放商业银行业务实施方案》,推进社保基金保值增值制度改革的测算工作,完成社保基金三年收支的精确测算。深化国资管理体系改革,实施松阳县行政事业单位国有资产管理改革,完善资产管理制度建设、配置标准、预算管理及采购审批管理。

【加强财政监管】 完善预算编制、执行、监督三位一体组织建设。完善预算编制,将国有资本经营预算纳入预算编制范围,指导县66个单位的部门预算、"三公"经费预算、县级预算草案向社会公开,调整公布"松阳县财政专项资金管理清单"。强化预算执行,深化国库集中支付改革,完善乡镇财政公共服务平台建设,截至年底166个县级单位实行国库集中支付。落实"先有预算、后有支出"制度,建立国库资金流量预测机制,编制分月、分季度的用款计划。控制"三公"经费,全年实际支出2988万元,下降1.1%。完成308个政府性基本建设项目审核,净核减额4132万元,核减率9.0%;全年政府采购节约资金1903万元,资金节约率15.8%。加强财政监督,开展"小金库"专项治理、农业专项资金监督检查、预算单位银行账户检查、乡镇财政资金监督等检查工作。推进预算绩效目标管理,完成"师资队伍建设专项资金""香榧产业扶持资金"和"农村应急广播工程"三个项目的预算绩效评价工作。

【推进财政法治建设】 围绕依法行政,做好规范税收等优惠政策清理工作,排查县级税收优惠政策,清理汇总优惠政策233条。完善政务服务网建设,将行政权力事项与"基本目录"进行重新核对,调整修改、增补相关事项信息,确保实际在办事项全部入库。

【加强队伍建设】 开展"三严三实"主题教育,召开专题民主生活会。落实"三重一大"事项集体决策制度,按照规定提高领导班子决策的科学化、民主化水平,防止权力寻租。坚持干部夜学、业务讲堂、专家培训等学习制度,提高干部综合素质。

(松阳县财政局供稿　阙余斌执笔)

庆元县

【概况】 2015年,庆元县实现地区生产总值57.06亿元,比上年增长8.7%。第一产业、第二产业、第三产业增加值分别为7.76亿元、24.01亿元、25.29亿元,分别增长2.9%、7.1%、12.5%。三次产业结构比为13.6∶42.1∶44.3。人均生产总值41458元,增长8.9%。全县财政总收入5.59亿元,增长11.5%;一般公共预算收入3.55亿元,增长12.7%。全县一般公共预算支出24.17亿元,增长22.6%。全县财政收支平衡。

【依法组织财政收入】 强化税收收入征管,关注税制改革动向,加强宏观政策调整和税收政策变化分析,把握组织收入主动权。加强收入预测分析,完善税源监控体系,全面掌握税源变化,做到抓大管小,确保应收尽收。全县地税部门组织各项收入7.35亿元,增长48.7%;其中税收收入(含契、耕两税)2.72亿元,增长13.7%;社保基金入库4.38亿元,增长88.9%。当年一般公共预算收入占财政总收入的比重为63.5%,税收收入占一般公共预算收入的比重为81.1%。强化非税收入征管,落实源头治理,全年实现政府非税收入2.65亿元。

【服务经济社会发展】 落实一系列稳增长、调结构、惠民生政策,提高政策的精准性和时效性。发挥财政引导和政策调控作用,推进经济发展方式转变、促进产业转型升级、推动经济结构优化,做好产业政策的审核兑现,全年兑现县本级财政资金3090万元。坚持帮扶企业,落实"营改增"等结构性减税和普遍性降费政策。实施小微企业税收优惠政策,覆盖面100%。落实"亩产税收"政策,减免土地使用税260万元,房产税84万元。落实政策措施,减免地方水利建设基金175万元,减免社保基金135万元,减轻企业负担,加快推进县域产业结构调整和优化升级。推进"三农"建设,以农业"两区"、小农水重点县等项目为平台,支持现代农业发展,改善农业基础条件。完善涉农补贴政策,加大对粮食生产及森林生态效益补偿的支持力度。落实各项强农惠农政策,提高农业科技和服务水平,推动农业经营方式转变。

【优化财政支出结构】 持续改善民生,保障基本民生领域的资金供给,全年坚持将三分之二以上新增财力用于民生事业,民生支出持续增长。严格贯彻执行会议费、培训费、招待费等各类公务支出管理制度,确保各类公务支出有据可依。严格控制一般性支出,贯彻执行厉行节约、反对浪费各项规定,力倡节约之风。2015年,全县"三公"经费支出只减不增,各部门"三公"经费预决算全部在政府信息公开网站公开。

【保障民生事业发展】 落实教育、医疗、社保等各项政策与改革任务,加强基本民生领域资金保障。出台《庆元县城乡社区居家养老服务照料中心星级评定办法(试行)》《庆元县养老服务补贴制度实施细则》,规范社会养老服务工作,完善社会养老服务体系。注重民生保障工作,城镇居民最低生活保障标准从每人每月488元提高到528元,农村居民最低生活保障标准从每人每月352元提高到396元,做到应保尽保,应补尽补,保障低收入群体的基本生活。加大医疗救助资金投入力度,做好医疗救助资金核实和拨付工作,按照不低于年人均15元的标准,全年拨付财政补助资金636万元。巩固完善义务教育经费保障机制相关政策,实施免费教科书制度、免杂费制度,小学、初中生均公用经费分别提高至650元、850元。完善助学贷款政策体系,联同县教育局,人民银行做好庆元县生源地财政贴息助学贷款工作,帮助家庭经济困难高校学生完成学业。

【推进财政改革】 完善政府预算体系,按照透明、公开的要求,推行全口径预算体系建设,细化一般公共预算、政府性基金预算、国有资本经营预算、社保基金预算,提高政府对财政性资金的统筹调控能力。推进政府购买服务工作,印发庆元县政府向社会力量购买服务实施暂行办法及指导目录,为项目实践提供政策依据和保证。推进国有资产监督管理,加强行政事业单位资产管理工作,提高资产管理信息质量。规范行政事业单位房地产市场化行为,加强对国有单位房地产管理。

【提高绩效管理水平】 初步构建起"事前申报、事中监督、事后评价"相结合的全方位绩效管理体系。提高财政资安全性、规范性和有效性,全年完成项目单位绩效自评13个,开展绩效评价项目7个。完善专项资金管理清单,出台《庆元县专项性一般转移支付项目类资金管理办法》,建立专项性一般转移支付项目类资金信息发布、项目申报、专家评审、公示确定、验收兑现的管理机制,提高资金使用绩效。

【加强干部队伍建设】 完善责任目标考核机制,建立责任分工体系和工作考核评价机制,激发干部干事创业的积极性和创造性。推进党风廉政建设,完善廉政风险防控机制,营造风清气正的环境。倡导"勤奋学习、快乐工作、健康生活"理念。组织开展演讲、征文比赛、读书会等财税文化活动,丰富干部职工业余生活,增强队伍的凝聚力和向心力。当年庆元县财政局被国家人力资源社会保障部和财政部联合授予"全国财政系统先进集体"荣誉称号。

(庆元县财政局供稿　陈　思执笔)

景宁畲族自治县

【概况】 2015年,景宁畲族自治县实现地区生产总值44.51亿元,增长6.7%,人均生产总值41800元,增长7.0%;第一、二、三产增加值分别为6.63亿元、12.91亿元、24.97亿元，分别增长1.4%、下降17.1%、增长12.8%，三次产业结构比为14.9∶29.0∶56.1。完成全社会固定资产投资46.59亿元，增长17.3%；社会消费品零售总额24.86亿元，增长11.3%；外贸进出口总额8690万美元，增长14.6%；城镇居民人均可支配收入28296元，增长8.2%；农村居民人均可支配收入13663元，增长9.9%。全县财政总收入10.66亿元，可比增长5.9%；一般公共预算收入5.45亿元，增长7.4%，占财政总收入的51.2%，比上年提升了1.2个百分点；税收收入4.83亿元，增长10.4%，占一般公共预算收入的88.6%，比上年下降了2.6个百分点；全年一般公共预算支出26.13亿元，增长21.9%。全年财政收支平衡。

【组织财政收入】 当年财政总收入和一般公共预算收入增长，主要是工业园一次性缴纳建设用地耕地占用税5754万元，以及企业扣缴股息红利个人所得2.24亿元、增收4085万元。主税种三增一减，个人所得税(40%部分)入库1.16亿元，增长8.9%；企业所得税(40%部分)入库3899万元，增长16.1%；营业税入库1.09亿元，增长2.2%；国内增值税(25%部分)入库6111万元，下降2.5%。加强非税收入管理，非税收入累计入库6255万元，下降11.1%。全县政府性基金收入4.65亿元，其中国有土地使用权出让收入2.24亿元。

【支持经济发展】 统筹财政资金2.03亿元，加快丽景工业园、外舍工业区、澄照农民创业园建设。落实“营改增”等结构性减税和普遍性降费政策，开展涉企收费专项清理，减免企业各类税收2285万元，小微企业税收优惠政策覆盖面100%。经省政府批准，景宁新办企业免征或减征企业所得税地方分享部分的优惠政策期限从5年延长到10年。安排2000万元财政资金作为风险金，与金融机构合作搭建“助保贷”平台，以优惠利率对小微企业发放贷款1280万元。

【推进民生财政建设】 全县民生支出18.19亿元，增长18.2%，占一般公共预算支出的69.6%。加大教育投入，县财政投入各类教育经费3.90亿元，增长11.5%；全年生均公用经费标准小学为700元、初中为900元，较上年各增加20元，比省定标准各高出50元。落实特扶资金9231万元，保障第二轮群众致富奔小康工程特扶项目建设。结对帮扶英川镇3个重点贫困村，筹集资金38万元完善各村基础设施建设。配合省财政厅落实与敕木山、小金洲等5个重点贫困村的结对帮扶工作，投入帮扶资金180万元为各村落实帮扶项目。

【调整乡镇财政管理体制】 出台调整和完善乡镇财政管理体制的意见，分中心镇和一般乡镇两种财政体制结算形式，制定新一轮乡镇财政管理体制。对沙湾、东坑2个中心镇及参照中心镇核算的5个重点乡镇、街道，实行“确定收入范围，核定基数，基数内固定分成，超过基数部分全额返还”的结算形式；对16个一般乡镇，实行“核定基数，定额补助”的结算形式。

【推进预算管理改革】 编制一般公共预算、政府性基金预算、国有资本经营预算和社保基金预算的全口径政府预算。首次公开部门预决算，全县175家预算单位中，除少数未开通政府信息公开平台的单位外，分别有163家和173家单位在县政府网公开2014年部门决算和2015年部门预算。加强预算管理，盘活财政资金，对上级政府2012年及以前年度专项转移支付结转资金9561万元，由县财政统筹安排用于重点项目工程建设；盘活部门预算结转结余资金，收回各预算单位财政存量资金572万元，统筹用于民生改善、公共服务、基础设施建设等领域。细化预算管理，建立每月动态监控和异常支出预警机制，全年“三公”经费支出2660万元，下降7.1%。

【加强预算绩效管理】 开展2014年中央、省、县财政预算专项资金(基金)20万元以上项目自评工作，涉及财政资金2389万元。完成2012~2014年度全省联动的“浙江省农村能源开发利用政策、浙江省森林食品质量安全提升政策绩效评价、浙江省农家乐休闲旅游发展政策”三个项目的绩效评价工作，涉及财政资金177万元。

【设立政府产业基金】 制定产业发展基金运作和管理办法及生态服务业发展基金实施方案，并实施市场化运作，与社会资本合作，共同设立初期规模为3亿元的景宁光大生态服务产业基金。

【开展农村产权制度改革示范试点】 制定农村综合改革示范试点专项补助资金管理办法以及农村产权制度改革专项补助资金项目立项指南等制度性文件，将试点工作从2个行政村推广到2个乡，颁发农村水利工程权证16本、农村土地流转经营权证74本，集体土地农村住房权证1481本。

【推广运用政府和社会资本合作(PPP)模式】 提请县政府出台促进社会资本进入公共设施建设领域的实施意见(试行)，应用PPP模式创新公共服务供给方式，引导社会资本通过合资合作、政府购买服务等方式参与交通设施等领域的建设及运营，增加公共产品的有效供给。

【干部队伍建设】 开展“学党章、守纪律、讲规矩”主题教育活动，完善党风廉政建设责任追究制度，全员分级签订责任书，落实党风廉政建设主体责任和“一岗双责”。推进财税文化建设，组织文体兴趣小组，丰富干部业余文化生活。

（景宁畲族自治县财政局供稿　吴向东执笔）

市县（市、区）财政工作

Zhejiang caizheng nianjian

杭州市 积极推进地铁建设，2015 年末杭州地铁完成投资 592.33 亿元。市本级及相关区政府（管委会）累计落实资本金 276.21 亿元，在建总里程约 168 公里，已实现 1 号线、2 号线东南段、4 号线首通段初步网络化运营。

1 繁忙的地铁站台
2 地铁试运行
3 站台巡逻
4 无障碍电梯设施
5 自助购票机

杭州市西湖区大力推进特色小镇创建，其中云栖小镇以“政府主导、名企引领”的创新模式，推动云计算为主的软硬件产业融合发展。

6 参观者通过扫描二维码体验云栖社区
7 云栖会展中心
8 云栖小镇全景
9 杭州云计算产业园

2015 年，杭州市萧山区围绕服务保障二十国集团领导人杭州峰会（G20）顺利召开，区本级财政投入 62.25 亿元，保障机场至杭城各交通要道市政基础设施提升工程等项目建设资金需要。

1 机场公路改建工程
2 路面整治工程
3 高架桥工程
4 路面拓宽工程
5 建设中的 G20 主会场

2015 年，杭州市拱墅区财政投入财政资金 6.80 亿元，保障城市基础设施和环境建设，推进水环境治理，改善城区生态质量。

6 河道综保工程十字港
7 封闭改造后的老小区塘河北村
8 大关公园月季廊架
9 杭州市屋顶绿化示范工程
——隽维科创园屋顶绿化
10 治理后的后洋浜

杭州高新区（滨江）加快发展众创空间等新型创业孵化服务平台，营造良好的创新创业生态环境。2015年滨江区财政投入2759万元用于企业产业联盟、众创空间、孵化器建设，新建众创空间15家，列入首批市级众创空间6家，其中5家纳入国家级科技企业孵化器体系管理。

1 第二届中国创客西湖峰会
2 西湖创客
3 六和桥工作室
4 楼友会一角
5 互联网＋众创空间

2015年，杭州市余杭区出台产业和人才新政，助推“大众创业、万众创新”，支持未来科技城、梦想小镇等平台建设。

6 梦想小镇全景
7 杭州未来科技城海创园
8 支持创业先锋营活动
9 You+ 青年创业社区
10 阿里巴巴西溪园区

杭州市富阳区2015年度投入美丽乡村建设资金9.50亿元，实施美丽乡村建设项目418个，打造美丽乡村精品线路4条，建成文村等省级美丽宜居示范村11个，推进建设省级历史文化村2个。

1 省级美丽宜居示范村——文村
2 富春山水
3 美丽乡村
4 规划整齐的新农村
5 省级历史文化村——东梓关村

淳安县持续加大教育投入，2015年全县教育支出8.6亿元，支持教育现代化县建设、优质民办学校和大专院校引进，有力推进教育事业全面发展。

6 集体校园活动
7 依山伴湖的最美学院
——千岛湖国际酒店管理学院
8 庄严的升旗仪式
9 银装素裹的中学校园
10 威坪镇中心幼儿园

建德市加快生态城市建设，推进资源综合利用和可再生能源建设，重点支持“三改一拆”“五水共治”、行业整治提升等工作，其中用于重点区块棚户区改造工程项目2亿元，农村生活污水整治项目8000万元。

1 湖上迎亲队
2 宜居的生态之城
3 秀美盘山道

2015年，临安市财政加大对环境的投入力度，支持推进“三改一拆”“五水共治”等重点工作，四个出境断面水质始终保持三类以上。树立全市域景区化理念，“一廊十线”全面扮靓一新。深化美丽乡村建设，完成各类创建村73个，打响“红叶小镇”“太阳公社”品牌。

4 临安城郊湖畔
5 锦溪新貌
6 红叶指南小镇开街仪式
7 青山殿水库
8 太阳公社生态猪养殖场
9 谢家桥村的潺潺溪流

绍兴市财政2015年筹措资金1.16亿元支持“五水共治”“五气合治”等政府重点工程，推进汤浦水库和曹娥江流域水源地生态保护；落实黄标车淘汰、煤改气等项目。同时倡导低碳出行、垃圾分类，共同营造生态文明的社会氛围。

1 加大公共自行车投放力度，支持低碳出行
2 实施垃圾分类，倡导低碳生活
3 建立生态补偿机制，杨浦水库得到有效保护
4 落实公交补贴，推广新能源公交车

2015年，桐庐县财政加大对公共文化服务体系建设的扶持力度，投入资金6662万元，重点支持文化场馆改造提升、“菜单式”送文化服务和非遗项目保护，促进公共文化服务均等化，推进“人文桐庐”和文化强县建设。

5 城北老年活动中心
6 荻浦村文化礼堂
7 乡镇微型图书馆
8 民间文化活动舞龙灯
9 大型地域文化主题演出《春江花月夜》
10 杭州市级非遗项目之莪山“畲族三月三”
11 杭州市级非遗项目之“十六回切”

宁波市江北区财政助推文化强区建设，支持创建中华慈孝节、“星期六·相约老外滩”和“北岸文化艺术节”三大文化品牌，完善以区文化中心为龙头的区、街道（镇）、村（社区）三级公共文化设施网络。

1 第七届中华慈孝节
2 第二届北岸文化艺术节上忙碌的戏曲演员们
3 甬江北郊文化礼堂

宁波市海曙区强化产业扶持力度，助推电子商务产业发展。2015年宁波（国际）电子商务产业园获评浙江省首批电子商务示范基地，并入围“国家电子商务示范基地”。

4 中国跨境电商大会海曙峰会
5 宁波市电子商务产业园区开园仪式
6 宁波跨境贸易电子商务园区内的国际邮件处理中心

宁海县财政加大资金保障力度，支持休闲旅游业发展，助推宁海获评首批国家全域旅游示范区创建单位，成为宁波市首个“国家全域旅游示范区”。

7 涉水登山
8 东海云顶
9 户外滑草

慈溪市根据全民健身实施计划（2011~2015年），五年来累计投入逾1.5亿元财政资金用于发展全民健身事业。通过实行学校体育场馆对外开放，发放全民健身卡53000余张，全民健身理念深入人心。

1 老年健步走活动开幕式
2 夜晚的足球场
3 灯光下的篮球场
4 学校操场成为市民健身新场所
5 登山步道
6 浙江省首届绿色生态运动会之山地竞速赛

余姚市以促进现代农业发展、转变农业生产方式为目标，加大财政对“三农”的投入，促进农村稳定、农业增效、农民增收。

7 蜜梨丰收
8 现代农业大棚
9 农业机械化收割
10 农村居民领取社会保险金

温州市瓯海区以打造“美丽塘河、宜居水乡”为目标，统筹推进“五水共治”及沿河景观带项目建设。2015年，区财政投入43.2亿元，建成15座滨水公园与42个城镇污水收集处理体系，实现127个村生活污水治理全覆盖，再获省2015年度“五水共治”“大禹鼎”奖。

1 谢灵运公园
2 长浃河水中绿植净化水质
3 塘河边建起的“伯温楼”
4 三垟湿地全貌
5 温州市西向排洪工程

2015年，温州市龙湾区深入实施“五水共治”，全年筹集资金2.98亿元，保障黑臭河整治、河道清淤、截污纳管等专项行动资金需要。至年底水质改善明显，受到沿河居民的大力支持。

6 环卫人员为河道保洁
7 龙翔湖公园河道全貌
8 治理后的龙湾河道
9 榕树下溪水边的欢乐

2015 年，温州市洞头区继续强化海洋生态环境修护治理，助推“海上花园”建设。全年累计投入资金 1.38 亿元，用于国家级海洋公园主题岛项目建设、大竹峙岛防波堤、南北爿山鸟类观测平台项目、海洋生态增殖放流、近岸水域环境治理、渔港基础设施建设等。

1 栖息在鸟岛的黄嘴白鹭
2 南北爿山鸟岛观测平台
3 大竹峙岛天然草坪
4 增殖放流活动
5 鹿西渔港

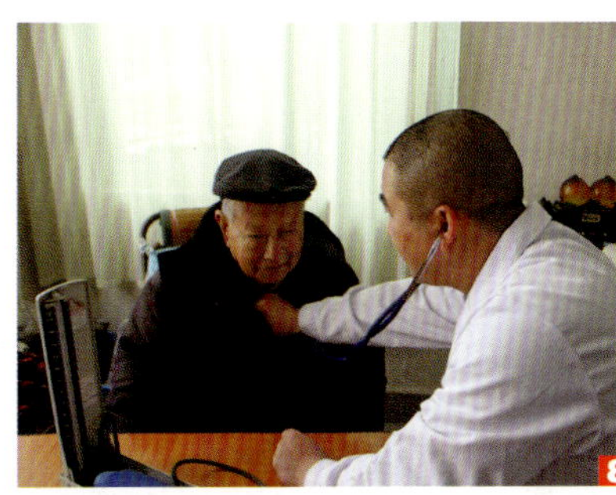

2015 年，乐清市统筹医疗保障资金 5.02 亿元、公共卫生服务经费 5120 万元，分别将城乡居民医保筹资标准和公共卫生服务人均补助标准提高到 750 元和 40 元。扩建白石街道卫生院等 4 所镇街卫生院，安排公立医院综合改革资金 2000 万元，支持医改等重点工作。

6 北白象星级预防接种门诊
7 乐清市公共卫生中心
8 为老党员义诊
9 新建成的乐清市第二人民医院

2015年，文成县财政筹集资金2亿元落实积极就业政策，促进“大众创业、万众创新”。

1 淘梦电子商务
2 美丽乡村4D影院
3 美丽乡村体验中心
4 文成县绿云电子商务产业园
5 网上推销本地农产品
6 文成赶街农村电子商务服务站
7 文成县电子商务公共服务中心

瑞安市大力推广运用政府和社会资本合作（PPP）模式，2015年全市梳理储备PPP项目55个，确定第一批PPP项目13个、总投资230亿元，其中江南污水处理厂网一体工程列入省推荐项目库。2015年，瑞安市被确定为全省十个PPP示范市县之一。

8 万松东路延伸线二期工程
9 江南污水处理厂网一体工程
10 瑞安城市防洪三期工程
11 瑞安飞云江五桥

2015年，温州市鹿城区财政创新投融资机制改革，筹措各类重点工程建设项目资金56.21亿元，同时争取中央及省级保障房资金9808万元，确保省市区各重点建设工程资金需要。

1 七都千亩征地项目安置房
2 改造后的康兴路新貌
3 改造后的西进城口
4 温州双屿客运站天桥

2015年，平阳县财政投入4606万元实施文化惠民工程，逐步完善公共文化基础设施，繁荣发展地方文化事业。

5 厚洋文化礼堂
6 大型木偶剧《知县与轿夫》获全国金狮奖
7 苏步青励志教育馆开馆
8 县图书馆读者阅览室
9 鳌江大龙
10 平阳县第五届文化艺术节开幕

2015年，泰顺县投入卫生经费4.06亿元，增长15.1%，支持公立医院改革，加快基本医疗保障制度建设，稳步提高城乡居民基本医疗保险财政补助标准，提升公共卫生服务均等化水平。

1 泰顺县人民医院
2 儿童健康宣传活动
3 名医进社区诊疗
4 人民医院门诊大厅
5 自助挂号服务
6 送医下乡
7 上门诊疗

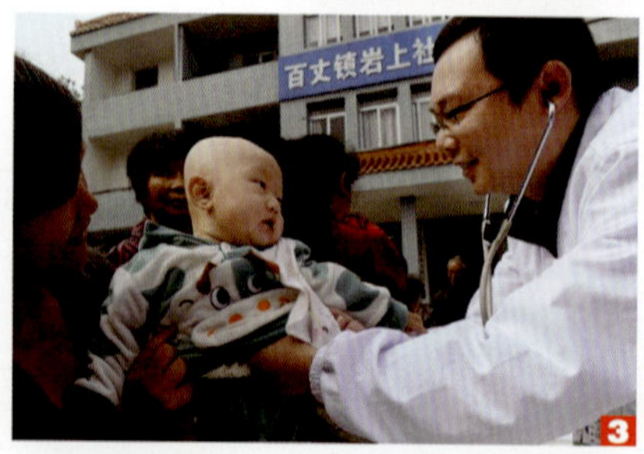

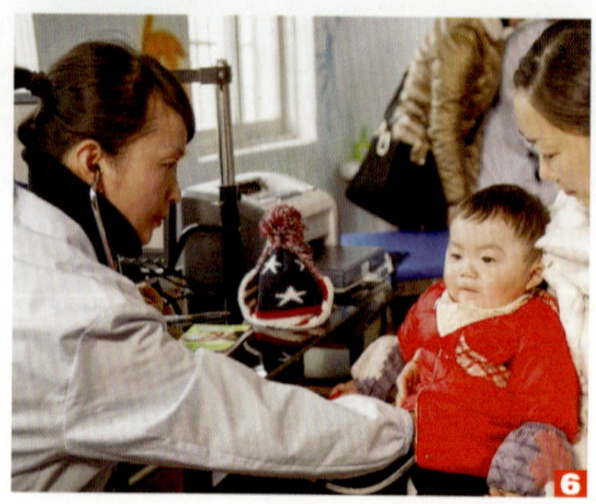

苍南县充分利用山区资源，综合考虑区位优势和产业基础等因素，发展“一村一品”产业，形成苍南特色农业。县财政全年下达财政资金3.1亿元，主要用于扶持种养殖业规模化发展、乡村文化和生态环境修复、休闲观光农业开发等领域，实现农民持续增收。

8 八庙后乡村旅游
9 矾山福德湾
10 玫瑰种植大棚
11 五凤香茗园

嘉兴市财政2015年支持“平安嘉兴”建设，保障第二届世界互联网大会召开，加大对公共安全、社会治理、安全生产等领域的投入，连续11年被评为省级“平安市”，并实现平安县(市、区）“满堂红”。

1 警营开放日活动——为小学生讲解防护装备
2 世界互联网大会特警巡逻
3 平安宣传进乡村
4 世界互联网大会反恐演练
5 城乡防控一体化指挥中心

海盐县财政落实惠农政策，加大对农业的投入力度，鼓励农业产业发展，促进农民增收。

6 仿生态驯养野鸭
7 机械化插秧
8 为猕猴桃人工授粉
9 使用遥控无人机喷洒农药
10 铁皮石斛栽培基地
11 成功培育出的“金耳”

海宁市财政大力支持医疗资源“双下沉、两提升”，2015年市财政安排专项资金2310万元，支持医疗资源合理配置，提升医疗卫生服务能力。

1 新建成的海宁市周王庙镇卫生院
2 临床检验中心引进的先进设备
3 海宁市人民医院
4 上海长海医院派驻海宁分院的专家团队
5 上海长海医院专家下基层义诊
6 省人民医院专家为群众解读体检报告

1

2

3

4

5

6

7

8

9

10

11

嘉善县多种方式支持特色小镇建设，设置专项建设基金，力争省级专项建设基金支持，全面整合小镇资源，打造宜业宜游宜居的“甜蜜小镇”。2015年特色小镇度假区游客数突破120万人次，旅游总收入突破6000万元。

7 巧克力制作亲子游体验区
8 巧克力小镇工厂店
9 巧克力小镇生产车间
10 首届国际巧克力文化节作品
11 特色小镇游园活动
12 巧克力小镇市政厅

12

桐乡市财政大力支持“互联网+”发展，2015年12月16日至18日，第二届世界互联网大会在乌镇召开。乌镇成为世界互联网大会永久会址。

1 乌镇互联网医院开业
2 信息化经济蓬勃发展
3 互联网之光博览会
4 创客空间办公区域
5 整治环境迎接互联网大会
6 世界互联网大会永久会址

2015年，嘉兴市秀洲高新区升级为国家高新区。全年秀洲区财政兑现专项资金9657万元，重点加大对光伏新能源、高端装备制造业等新兴产业的扶持力度。

7 上海交大嘉兴科技园
8 智能制造蓬勃发展
9 中国节能嘉兴环保节能产业园
10 嘉兴秀洲国家高新区展示馆

平湖市财政加大公共交通建设投入，重点支持客运中心建设、市政道路建设、公交配套设施改进等工作，提升全市公共交通运载能力和服务质量。2015 年实施政府购买公共交通服务，投入资金 4761 万元，新增和更新新能源公交车 52 辆。

1 新能源公交车投入使用
2 公共自行车租赁点
3 整修一新的市政道路
4 电子化公交候车亭
5 客运中心的自助取票机
6 新落成的平湖客运中心

嘉兴市南湖区安排资金 8000 万元，推进城市道路保洁、“五水共治”“五气共治”、黄标车整治等工作，改善城乡卫生环境。

7 陈良港西闸站
8 大桥镇由桥村农村生活污水处理池
9 河长制管理公示牌
10 河道保洁
11 凌公塘主题公园水域

湖州市财政投入 1.83 亿元，支持养老服务机构建设，新增民办养老机构 10 家，增加床位 3070 张，新建城乡社区居家养老照料服务中心 260 家。同时投入 1660 余万元，扩大政府购买养老服务受益面，全市 15356 人享受政府购买养老服务。

1 服务中心工作人员陪护生病老人
2 服务中心组织老人参加自娱式文体活动
3 阅览室看书读报
4 新建成的农村日间照料中心
5 新落成的社区居家养老照料服务中心
6 工作人员定期上门为老人理发
7 工作人员护理老人日常生活

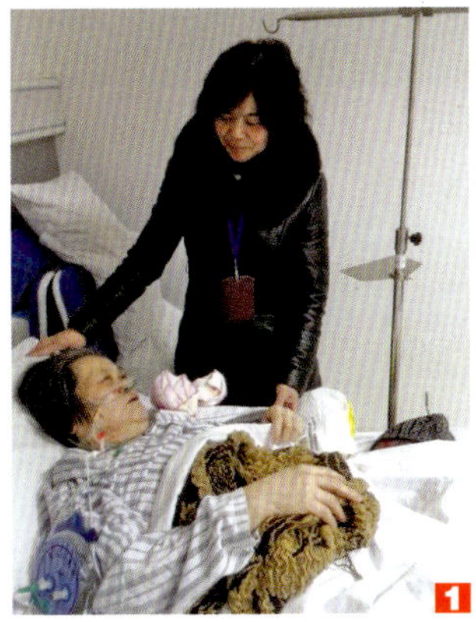
1

2

3

4

5

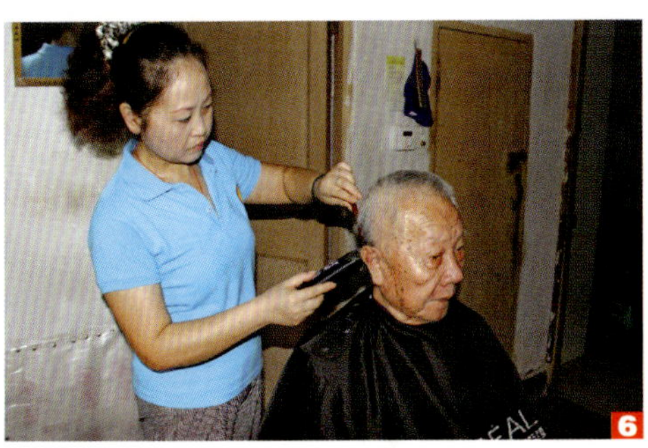
6

7

8

9

10

11

湖州市吴兴区运用“企业 + 基金 + 政府”新模式，推动特色小镇发展，形成以“美妆小镇”和“丝绸小镇”两大特色小镇为主的吴兴小镇特色。

8 美妆小镇龙头企业
9 美妆小镇龙头企业生产线
10 世界模特小姐大赛花车巡游
11 吴兴区承办世界模特小姐大赛

安吉县财政安排专项资金 1.2 亿元，支持推进中国美丽乡村建设。自 2008 年初开展美丽乡村建设以来，改善了农村居民生活环境，推进了生态文明建设，形成美丽乡村的“安吉模式”。

1 美丽乡村——尚书村
2 美丽乡村——山川乡明珠高家堂
3 美丽乡村——梅溪镇溪龙黄杜村夜景
4 古祠新颜——朱氏祠堂
5 绿水青山正转化为金山银山
6 绿色产业竹篮编织

1

2

3

4

5

6

2015 年，长兴县财政通过整合资金、压缩“三公”经费等渠道，安排资金 2.1 亿元，支持“五水共治”，提升县域内治污、抗洪、排涝能力。

7 长兴苕溪清水入湖河道整治工程独山段完工
8 保护母亲河植树造林活动
9 长兴图影陈湾废弃矿山治理后美景
10 长兴夹浦镇喜鹊斗污水处理站

7

8

9

10

德清县财政发挥一事一议财政奖补政策的引导作用，推进村级公益事业建设，改善乡村生产生活环境。2015年，全县实施一事一议奖补项目42个，投入资金3653万元，其中省级财政奖补资金1218万元，改善了9个乡镇28个村的基础设施，受益人口62628人。

1 文化礼堂成为村民文化生活重要场所
2 舍北村防洪排涝水利设施
3 双溪村村务中心及休闲公园
4 新市镇蔡界村便民服务中心

湖州市南浔区财政支持古镇旅游和文化发展，2015年落实资金3855万元，重点扶持古镇文物保护和文化产业发展；落实服务业发展专项资金2035万元，支持古镇旅游事业发展。

5 传承地方特色文化
6 改善古镇居住环境
7 传承非遗项目之高杆船技
8 修缮保护古桥

金华市 金东区财政2015年安排旅游发展资金2800万元，支持美丽乡村绿道、民宿和重点景区基础设施项目建设。全年各景区接待游客403万人次，增长68.5%；旅游收入30.26亿元，增长89.1%。

1 江东桑葚节
2 绿道创意骑游大会
3 乡旅助农·青春先行田园风情节
4 金东区首届蟠桃盛会

2015年，东阳市加快“特色小镇”建设，财政设立影视产业发展专项基金，安排5.07亿元对入区企业进行财政奖励。加强资金引导和政策倾斜，推进“木雕小镇”等特色镇区产业整合。

5 建设中的东阳木雕小镇
6 圆明新园拍摄基地一角
7 影视旅游产业园之圆明新园沙盘
8 圆明新园全景
9 圆明新园夜景

浦江县践行“绿水青山就是金山银山”的发展理念，加大资金投入，围绕“美丽乡村”建设，大力提升环境质量，改善农村居住条件，发展乡村旅游，打造“升级版”新农村。

1 中国第一个彩色村——浦江县罗源村
2 通济桥水库沿岸乡村风光
3 浦江县前吴村的墙绘
4 “旧物利用”点缀村容村貌

1

2

3

4

5

6

7

8

9

10

义乌市财政全年拨付工业、科技平台建设及产业化扶持资金8.49亿元，市场贸易采购扶持资金4.09亿元，现代服务业专项资金2.79亿元，支持工业、科技平台建设、电子商务、物流业和进口市场培育。

5 义乌国际马拉松赛
6 “2015丝绸之路经济带城市国际论坛”在义乌开幕
7 义乌世界商人之家正式成立
8 国内首个设立在县级市的国际邮件互换局启用
9 开通义乌——韩国首尔国际包机航班
10 义乌市政府产业基金发布会暨合作洽谈会

2015 年，金华市婺城区全力以赴打响“五水共治”攻坚战，累计投入财政资金 3.54 亿元，重点推进莘畈溪整治、长湖公园建设等，人居环境质量进一步改善，生态文明建设成效显著。

1 溪水春涨船桥平
2 埠头重现浣衣景
3 溪柳自摇沙水清
4 潺潺小溪绕村行

1

2

3

4

5

6

7

8

9

2015 年，永康市体育事业项目支出 393 万元，支持体育赛事和全民健身活动。

5 全民健身纳凉晚会
6 中国全地形车锦标赛永康邀请赛现场
7 永康乡村马拉松赛
8 永康市民间传统武术“打罗汉”比赛
9 全国车辆模型锦标赛（永康站）开赛

2015 年，磐安县持续加大“五水共治”财政投入，安排农村污水处理专项资金 9000 多万元，提升农村水环境质量。

1 双峰村整洁的河道
2 清澈的河水
3 乡间溪流

兰溪市财政统筹安排资金 5.90 亿元，有效保障“五水共治”建设资金需要。

4 上包古村
5 梅溪水韵
6 横渡兰江活动
7 河道管道铺设施工
8 水天一色的兰湖
9 兰江全景

衢州市 衢江区财政2015年支持农业综合开发和农业“两区”建设，安排1200万元推进盛世莲花国家农业综合开发现代园项目，深入推进放心农业发展。

1 全省第六次农业“两区”现场会在衢江区召开
2 盛世莲花国家级现代农业综合园大棚
3 全旺镇粮食功能主产区
4 盛世莲花现代农业观光园鸟瞰
5 智能化工厂育秧基地
6 农场大棚
7 放心农产品检测支持二维码“扫一扫”

1

2

3

4

5

6

7

8

9

10

2015年，常山县通过设立政府产业投资引导基金，发挥财政资金“四两拨千斤”的杠杆作用，支持工业主导产业、电子商务、现代物流等产业发展。

8 支持企业“新三板”挂牌上市
9 生产车间
10 钛和常山产业基金项目签约现场
11 厂房鸟瞰

11

台州温岭市2015年投入财政资金20.59亿元，推进高速公路、港口等交通基础设施建设，实现“无水港”属地通关标箱3.5万个，增长54.7%。安排1522万元用于扶持开放型企业发展，为对接“一带一路”战略和实现全省港口一体化提供财力支持。

1 港区建设
2 船舶起航
3 码头作业
4 便捷的高速公路网
5 港口全景

衢州市柯城区每年筹集2亿元以上资金投入以石梁溪、庙源溪“两溪”整治为重点的“五水共治”项目，实施全流域、生态化改造，如今石梁溪、庙源溪变身“最美溪流”，成为全省治水“样板”。

6 猪棚换大棚，引导农民种植蔬菜
7 猪棚换画棚，原先的猪棚华丽转身为画室
8 整治后的庙源溪鲶鱼湾
9 整治后的石梁溪关王堰
10 石梁溪麻蓬堰
11 石梁坎底碧水潭
12 石梁张西村

舟山市普陀区在居家养老、机构养老、扶持社会力量经营养老机构等方面多元化发展。截至 2015 年底，投入资金 1433 万元，建成城乡社区居家养老服务照料中心（站）94 个，为社区居家老人提供应急救援、上门服务、送（配）餐、家政医疗、陪护谈心、生活照料等服务，基本实现 8 个镇（街道）41 个社区全覆盖。

1 社区老人娱乐活动
2 有针对性地护理培训
3 欢度重阳
4 福利院娱乐活动
5 老年快板书
6 老人福利中心

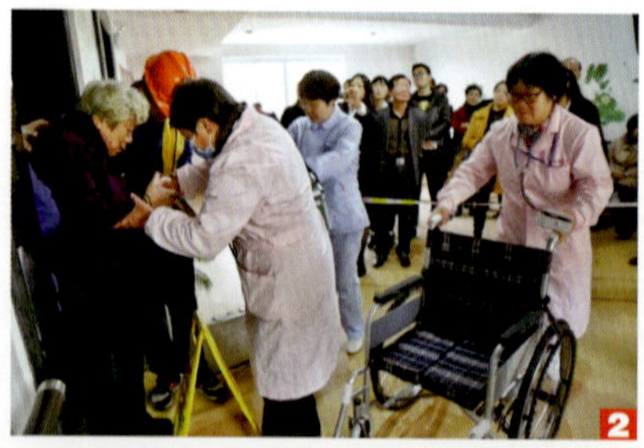

嵊泗县将海岛自然生态、文化资源与体育活动相融合，承办富有海岛地域特色的大型体育赛事，倡导全民健身活动，丰富群众文体生活，充分展现“乐和”的幸福状态。

7 国际女子公路自行车赛
8 健步走
9 泥上运动
10 全民乐和自行车竞技赛
11 全国沙滩排球巡回赛

丽水市财政“十二五”期间累计安排基本建设资金288亿元，保障交通设施、文化设施、环境卫生、“五水共治”等一大批民生项目建设，改善群众生产生活环境，提升丽水中心城市综合功能。

1 综合改造后的花园路
2 富岭高速出口
3 文化特色路之花园路绿道
4 滨水公园夜景
5 紫金大桥
6 丽水市规划展览馆

景宁畲族自治县财政支持“中国畲乡·小县名城”建设，近年投资3.5亿元推进县城城市优化工程建设，经过改造的县城面貌焕然一新，被评为丽水市首个“最美县城”。

7 焕然一新的景宁县城
8 入城景观公园
9 沿河廊桥景观带
10 建设中的高速公路出口

龙泉市整合财政资金，推进农村文化礼堂建设。截至2015年末，市财政整合资金6500余万元，累计建成农村文化礼堂46个，丰富农村群众精神文化生活。

1 村民自编自演的文艺晚会
2 文化礼堂讲堂
3 文化礼堂外的文化长廊
4 源底村文化礼堂
5 季山头村文化礼堂迎春联欢会

庆元县财政局积极倡导“勤奋学习、快乐工作、健康生活”理念，推进财税文化建设，组织各类活动，丰富干部职工业余生活，增强队伍的凝聚力和向心力。

6 参加“全民洁净日”活动
7 演讲比赛
8 参观“美丽城乡·幸福丽水”图片展
9 主题骑行活动

随着金丽温高铁的开通，缙云县交通状况得到较大改善，“缙云烧饼”、乡村旅游等地方特色产业在县政府的大力支持下兴旺发展。

1 大龙门景区 + 民宿共同发展
2 和谐号列车停靠缙云西站
3 新落成的缙云西站
4 美丽仙都
5 缙云烧饼品牌示范店

丽水市莲都区利用美丽乡村资源优势，推进民宿产业健康发展，区财政每年安排资金不少于 1000 万元，培育民宿业成为新的经济增长点，带动农民增收。

6 利山村民宿客房一角
7 古堰画乡“画中游”客栈
8 港口村民宿小院
9 古堰吸引学生写生创作

近年来，松阳县加大财政保障力度，打造“生态茶园科技示范、精深产品研发制造、茶文化休闲旅游、茶文化养生（养老）、产品交易集散、茶业人才集聚”为一体的茶产业群。2015 年，全县茶叶产量 1.25 万吨，产值 11.81 亿元。

1 体育产业与茶园观光相结合的茶园山地自行车赛
2 春季采茶忙
3 松阳县大木山茶园

2015 年，青田县通过多种举措，安排“六边三化三美”资金 4169 万元、“五水共治”资金 3.9 亿元、“美丽乡村”建设资金 2694 万元、“欧陆风情”改造资金 1625 万元，为城乡面貌改善和全县“美化家园”大行动提供资金保障。

4 整治后的农村河道
5 城市防洪堤景观提升工程
6 夜间亮灯工程
7 欧陆风情街一角
8 美丽新农村

云和县践行“绿水青山就是金山银山”的发展之路，加大财政投入，打造“山水童话”特色的现代化生态休闲旅游名城。

9 浮云溪健康步道
10 赤石小木屋
11 郁金香花海
12 整治后的浮云溪河道

财政统计资料

zhejiang caizheng nianjian

1978～2015 年浙江省财政收支表

年份	财政总收入（亿元）	一般公共预算收入（亿元）		一般公共预算支出（亿元）	增长率（%）				全省 GDP 值（亿元）	总收入占 GDP 比重（%）	人均财政支出（元）
			其中税收收入（亿元）		总收入	一般公共预算收入	其中税收收入占比%	支出			
1978	27.45			17.43					124	21.8	46
1979	25.87			17.74	-5.8			1.8	158	16.4	47
1980	31.13			17.34	20.3			-2.3	180	17.3	45
1981	34.34			17.12	10.3			-1.3	205	16.8	44
1982	36.64			18.88	6.7			10.3	234	15.7	48
1983	41.79			21.94	14.1			16.2	257	16.3	55
1984	46.67			28.80	11.7			31.3	323	14.5	72
1985	58.25			37.40	24.8			29.9	429	13.6	93
1986	68.61			50.96	17.8			36.3	502	13.7	125
1987	76.36			51.24	11.3			0.5	607	12.7	124
1988	85.55			63.14	12.0			23.2	770	11.1	151
1989	98.21			74.77	14.8			18.4	849	11.6	178
1990	101.59			80.23	3.4			7.3	905	11.1	189
1991	108.94			88.43	7.2			10.2	1089	10.2	207
1992	118.36			95.31	8.6			7.8	1376	8.7	221
1993	166.64			125.04	40.8			31.2	1926	8.7	288
1994	209.39	94.63		153.03	25.7			22.4	2689	7.9	351
1995	248.50	116.82		180.29	18.7	23.4		17.8	3558	7.0	411
1996	291.75	139.63		213.71	17.4	19.5		18.5	4189	7.0	484
1997	340.52	157.33		240.16	16.7	12.7		12.4	4686	7.3	542
1998	401.80	198.10		286.81	18.0	25.9		19.4	5053	8.1	644
1999	477.40	245.47		344.04	18.8	23.9		20.0	5444	8.8	769
2000	658.42	342.77		431.30	37.4	39.6		25.4	6141	10.7	922
2001	856.00	500.69		597.30	30.5	46.1		38.5	6898	12.4	1263
2002	1166.58	566.85		749.90	36.3	13.2		25.5	8004	14.6	1570
2003	1468.89	706.56		896.77	25.9	24.6		19.6	9705	15.1	1846
2004	1805.16	901.05		1062.94	22.9	27.5		18.5	11649	15.5	2158
2005	2115.36	1066.60		1265.53	17.2	18.4		19.1	13418	15.7	2536
2006	2567.66	1298.20	1184.24	1471.86	21.4	21.7	91.2	16.3	15718	16.3	2902
2007	3239.89	1649.50	1535.35	1806.79	26.2	27.1	93.0	22.8	18754	17.3	3505
2008	3730.06	1933.39	1792.09	2208.58	15.1	17.2	92.7	22.2	21463	17.4	4237
2009	4122.04	2142.51	1983.67	2653.35	10.5	10.8	92.6	20.1	22990	17.9	5029
2010	4895.41	2608.47	2464.96	3207.88	18.8	21.7	94.5	20.9	27722	17.7	5890
2011	5925.00	3150.80	2952.01	3842.59	21.0	20.8	93.7	19.8	32000	18.5	7034
2012	6408.49	3441.23	3227.77	4161.88	8.2	9.2	93.8	8.3	34606	18.5	7599
2013	6908.41	3796.92	3545.66	4730.47	7.8	10.3	93.4	13.7	37568	18.0	8603
2014	7522.55	4122.02	3853.96	5159.57	8.9	8.6	93.5	9.1	40154	18.7	9367
2015	8549.47	4809.94	4168.22	6645.98	8.8	7.8	86.7	21.1	42886	19.9	12032

2013～2015 年浙江省一般公共预算收支决算表

单位:万元

收入				支出			
预算科目	2013 年	2014 年	2015 年	预算科目	2013 年	2014 年	2015 年
一、税收收入	35456603	38539583	41682182	一、一般公共服务支出	5388767	5277369	5844487
增值税	6516703	7433978	8099141	二、外交支出	0	0	0
营业税	10699693	10865755	12013322	三、国防支出	85349	79349	92020
企业所得税	5658815	6352531	6622112	四、公共安全支出	3477837	3706854	4235531
企业所得税退税	0	0	0	五、教育支出	9500650	10309852	12649312
个人所得税	1938442	2175403	2657383	六、科学技术支出	1918660	2079910	2507893
资源税	92289	93013	115259	七、文化体育与传媒支出	1060016	1153562	1653808
城市维护建设税	2325807	2461134	2749200	八、社会保障和就业支出	3970594	4355381	5416961
房产税	1341081	1584295	1799813	九、医疗卫生与计划生育支出	3507289	4337986	4854983
印花税	525399	617695	707264	十、节能环保支出	981384	1206530	1678929
城镇土地使用税	1024494	1210429	1328560	十一、城乡社区支出	3329295	3890108	5412138
土地增值税	1865333	2057224	2101610	十二、农林水支出	5130275	5245892	7390814
车船税	338567	384578	429557	十三、交通运输支出	3725102	3883319	5536540
耕地占用税	587002	632408	625128	十四、资源勘探信息等支出	1800477	1916791	3467989
契税	2542029	2670910	2433702	十五、商业服务业等支出	894751	1036334	1435653
烟叶税	947	230	131	十六、金融支出	121385	101299	305091
其他税收收入	2	0	0	十七、援助其他地区支出	158529	192024	215715
二、非税收入	2512638	2680628	6417218	十八、国土海洋气象等支出	365938	380607	916638
专项收入	1214034	1283275	4466811	十九、住房保障支出	815942	998230	1407333
行政事业性收费收入	347092	339015	434653	二十、粮油物资储备支出	136404	145890	246675
罚没收入	977954	936398	1077566	二十一、预备费	0	0	0
国有资本经营收入	-516404	-559954	-615276	二十二、债务付息支出	48181	96554	204304
国有资源(资产)有偿使用收入	428289	504265	955225	二十三、债务发行费支出	0	0	18311
其他收入	61673	177629	98239	二十四、其他支出	887834	1201839	968645
本年收入合计	37969241	41220211	48099400	本年支出合计	47304659	51595680	66459770

2011~2015年浙江省11市及市本级一般公共预算收入排序表

单位:万元

地区	2011年		2012年		2013年		2014年		2015年	
	一般公共预算收入	排序	一般公共预算收入	排序	一般公共预算收入	排序	一般公共预算收入	排序	一般公共预算收入	排序
杭州市	7851524	1	8599875	1	9452020	1	10273169	1	12338820	1
杭州市本级	793024	1	918148	1	1073595	1	1145038	1	1577942	1
宁波市	6575530	2	7255003	2	7928080	2	8606109	2	10064065	2
宁波市本级	702039	2	753240	2	720876	3	746322	3	998619	2
温州市	2708670	3	2896419	3	3239752	3	3525253	3	4030735	3
温州市本级	641475	3	710216	3	768436	2	833970	2	949573	3
嘉兴市	2264023	5	2577319	5	2823092	5	3070675	5	3503450	5
嘉兴市本级	490449	5	530176	5	561986	6	625537	5	726527	5
湖州市	1221200	8	1385508	8	1546646	8	1678400	8	1913116	8
湖州市本级	242539	7	260455	7	277356	7	296535	7	368329	7
绍兴市	2396916	4	2657555	4	2930721	4	3172705	4	3628935	4
绍兴市本级	592237	4	637549	4	566712	5	477757	6	632361	6
金华市	1857684	7	2148889	7	2424720	7	2688673	6	3096885	6
金华市本级	468746	6	525886	6	585265	4	636948	4	740418	4
衢州市	575729	10	634154	11	727535	11	803239	11	940151	11
衢州市本级	219927	8	242527	8	264066	8	279893	9	316270	9
舟山市	764844	9	855627	9	926280	9	1010203	9	1127221	9
舟山市本级	169776	9	212167	9	249850	9	282445	8	331252	8
台州市	2001150	6	2204230	6	2477341	6	2652092	7	2980170	7
台州市本级	138779	11	180689	10	202549	10	228215	10	264538	10
丽水市	573620	11	646121	10	736997	10	809573	10	945064	10
丽水市本级	150042	10	165692	11	178198	11	197639	11	232871	11

2011~2015年浙江省县(市、区)一般公共预算收入排序表

单位:万元

地区		2011年		2012年		2013年		2014年		2015年	
		一般公共预算收入	排序	一般公共预算收入	排序	一般公共预算收入	排序	一般公共预算收入	排序	一般公共预算收入	排序
杭州市	富阳区	409488	18	420063	21	463611	21	496002	21	543226	24
	桐庐县	171946	52	195063	53	221378	54	239132	56	269668	56
	临安市	211018	46	236616	45	261163	44	281926	46	325622	45
	建德市	141146	61	160046	61	173139	63	187008	63	211944	63
	淳安县	95161	73	112098	70	125465	68	138599	69	171420	68
	上城区	535526	10	541005	11	574322	13	580281	15	664589	16
	下城区	710901	5	771770	4	774960	6	801730	7	856380	7
	江干区	516891	11	529111	12	579681	12	627189	12	740355	11
	拱墅区	440264	14	516112	14	554868	14	603947	13	693773	13
	西湖区	719482	4	757183	5	817772	4	923504	4	1116467	4
	滨江区	542954	9	640738	8	753969	7	865307	5	1084558	5
	萧山区	1133788	1	1226789	1	1265178	1	1338521	2	1600830	2
	余杭区	956393	3	1046537	3	1261038	2	1488016	1	1876477	1
	开发区	432777	15	479221	16	508964	18	510196	20	547970	22
	西湖风景名胜区	40765	89	49375	83	42917	93	46773	93	57599	92
	临平工业园区	0		0		0		0		0	
宁波市	慈溪市	612968	7	650916	7	699670	8	705144	8	777038	9
	余姚市	550163	8	616855	9	596390	10	648070	11	750989	10
	奉化市	219607	44	243728	43	265662	42	290233	44	338192	43
	象山县	248303	37	272793	39	306867	38	331678	37	379485	36
	宁海县	265948	34	298439	33	331354	33	360643	33	415712	34
	鄞州区	972736	2	1097531	2	1228682	3	1318267	3	1504485	3
	镇海区	362475	24	411273	23	449656	23	485703	23	589188	20
	北仑区	291909	31	321207	30	422666	27	462186	27	464453	30
	江东区	374974	21	421558	20	465810	20	520622	19	600219	19
	江北区	348621	27	361784	28	419047	29	460899	28	542339	25

（续表一）

单位：万元

地区		2011年		2012年		2013年		2014年		2015年	
		一般公共预算收入	排序	一般公共预算收入	排序	一般公共预算收入	排序	一般公共预算收入	排序	一般公共预算收入	排序
	海曙区	423423	16	486306	15	536974	15	568843	16	650215	17
	开发区	372931	22	446227	18	481694	19	555626	18	675623	15
	大榭开发区	300446	30	288939	36	305760	39	337678	35	446952	31
	宁波保税区	150658	59	156578	63	171963	64	175250	64	193977	65
	东钱湖区	78220	76	64701	80	54496	88	65238	84	70718	89
	高新开发区	197874	47	199992	51	249675	47	278700	47	320310	46
	杭州湾新区	102235	69	162936	59	220838	55	295007	42	345551	41
温州市	平阳县	167528	55	171174	57	203581	58	220002	59	256688	58
	苍南县	174301	50	193273	54	236529	50	256366	51	300221	50
	瑞安市	386789	20	406484	24	447415	24	484417	24	547214	23
	永嘉县	162741	57	184454	56	208497	57	223100	58	263580	57
	乐清市	416600	17	457238	17	512937	17	556525	17	641502	18
	文成县	47375	83	49267	84	58317	84	64766	85	72617	85
	泰顺县	46287	84	49193	85	56190	85	61912	86	71496	86
	洞头县	30706	93	33926	93	38344	95	45021	94	54172	94
	鹿城区	222477	42	207578	49	222123	53	235508	57	275765	55
	瓯海区	162033	58	165340	58	210049	56	242396	55	283963	53
	龙湾区	133705	63	145599	64	191462	60	207330	60	226281	60
	开发区	116653	65	122677	67	85872	80	93940	80	87663	81
嘉兴市	海宁市	388194	19	442890	19	524888	16	600260	14	691221	14
	桐乡市	362870	23	417644	22	455301	22	491902	22	550005	21
	平湖市	324423	28	380180	27	422233	28	456780	29	505780	28
	嘉善县	243200	39	273084	38	290035	40	313341	40	355506	39
	海盐县	171825	53	223273	46	246053	49	270280	50	316288	47
	南湖区	174163	51	193040	55	194726	59	169556	65	194006	64
	秀洲区	108899	67	117032	68	127870	67	143019	68	164117	69

（续表二） 单位：万元

地区		2011年		2012年		2013年		2014年		2015年	
		一般公共预算收入	排序	一般公共预算收入	排序	一般公共预算收入	排序	一般公共预算收入	排序	一般公共预算收入	排序
湖州市	长兴县	307492	29	355087	29	394376	30	402255	31	431752	33
	德清县	234045	41	271938	40	309693	37	337070	36	373614	37
	安吉县	166628	56	210821	48	247043	48	294846	43	329601	44
	吴兴区	150280	60	158431	62	176622	62	197468	62	230851	59
	南浔区	120216	64	128776	65	141556	66	150226	67	178969	67
	开发区	0		0		0		0		0	
绍兴市	柯桥区	637690	6	704424	6	775655	5	820088	6	978488	6
	上虞区	355195	26	391888	25	431075	26	465581	26	510882	27
	嵊州市	184346	49	197498	52	227275	51	250538	52	291745	52
	新昌县	169928	54	200008	50	226028	52	247528	54	280028	54
	诸暨市	457520	13	526188	13	596047	11	663386	10	715894	12
	越城区	0		0		107929	74	247827	53	219537	62
金华市	兰溪市	135660	62	161533	60	181333	61	199533	61	221966	61
	永康市	252637	36	301229	31	352966	32	388485	32	444860	32
	武义县	110662	66	124298	66	142338	65	158001	66	186137	66
	东阳市	239530	40	301057	32	353118	31	414838	30	486173	29
	磐安县	40095	91	45345	90	51965	90	60050	88	73220	84
	义乌市	504600	12	574188	10	633101	9	696800	9	792511	8
	浦江县	105754	68	115353	69	124634	69	134018	71	151600	71
	金东区	0		0		0		0		0	
	婺城区	0		0		0		0		0	
	开发区	0		0		0		0		0	
衢州市	龙游县	70941	78	80506	77	90001	78	102129	78	126556	76
	常山县	53116	81	57160	81	65063	83	71903	83	86833	83
	江山市	100218	70	111408	71	124000	70	136610	70	153481	70
	开化县	43419	86	45735	89	50779	91	57685	91	68830	91

（续表三）

单位：万元

地 区		2011年		2012年		2013年		2014年		2015年	
		一般公共预算收入	排序	一般公共预算收入	排序	一般公共预算收入	排序	一般公共预算收入	排序	一般公共预算收入	排序
	柯城区	40713	90	43908	91	66392	82	75147	82	86979	82
	衢江区	47395	82	52910	82	67234	81	79872	81	101202	80
舟山市	岱山县	84685	75	97712	75	105928	75	114443	75	126037	77
	嵊泗县	43738	85	48629	86	53670	89	59170	90	69010	90
	定海区	245716	38	256123	41	261361	43	283315	45	305556	49
	普陀区	220929	43	240996	44	255471	45	270830	49	295366	51
台州市	临海市	261957	35	286066	37	325006	35	352566	34	380108	35
	温岭市	361688	25	388678	26	438479	25	478388	25	541213	26
	玉环县	216856	45	251128	42	275990	41	298358	41	344987	42
	三门县	96011	72	106818	73	118035	73	127657	74	144987	74
	仙居县	68553	79	79028	78	92990	77	105588	77	134660	75
	天台县	96610	71	110722	72	122958	71	132867	72	150268	72
	椒江区	275213	33	293429	34	329903	34	326413	39	350386	40
	黄岩区	197394	48	215851	47	249939	46	273714	48	310189	48
	路桥区	288078	32	291821	35	321492	36	328326	38	358834	38
丽水市	缙云县	66214	80	74401	79	86976	79	94876	79	110080	79
	景宁县	36677	92	40850	92	47828	92	47961	92	54513	93
	龙泉市	40855	88	46409	88	54513	87	61381	87	71445	87
	青田县	93244	74	105442	74	119086	72	128629	73	149328	73
	庆元县	18812	96	21511	96	25130	97	30057	97	35508	97
	松阳县	29225	94	33046	94	39071	94	43818	95	52591	95
	遂昌县	41768	87	46747	87	55228	86	60016	89	71160	88
	云和县	24471	95	28696	95	33630	96	36598	96	42899	96
	莲都区	72312	77	83327	76	97337	76	108598	76	124669	78

2015年浙江省一般公共预算收支决算分级表

单位:万元

预算科目	决算数合计	省级	地级	其中:地级直属乡镇	县级	乡镇级
一、税收收入	41682182	2597256	6078080	164303	21764830	11242016
增值税	8099141	241005	911526	46801	4364999	2581611
其中:改征增值税	1958907	34719	191244	0	1571224	161720
营业税	12013322	1555714	1424714	31731	6023534	3009360
企业所得税	6622112	566322	979195	22617	3482858	1593737
企业所得税退税	0	0	0	0	0	0
个人所得税	2657383	113907	273469	4797	1578793	691214
资源税	115259	0	2494	0	48759	64006
城市维护建设税	2749200	72645	591220	15261	1290853	794482
房产税	1799813	25818	210731	14026	871829	691435
印花税	707264	18485	97826	6796	347471	243482
城镇土地使用税	1328560	2565	145868	15270	487210	692917
土地增值税	2101610	795	286356	7004	1281096	533363
车船税	429557	0	63980	0	327680	37897
耕地占用税	625128	0	137142	0	390354	97632
契税	2433702	0	953559	0	1269263	210880
烟叶税	131	0	0	0	131	0
其他税收收入	0	0	0	0	0	0
二、非税收入	6417218	933532	1060620	0	4140021	283045
专项收入	4466811	593318	875180	0	2723598	274715
行政事业性收费收入	434653	25391	63033	0	340845	5384
罚没收入	1077566	55197	297182	0	725063	124
国有资本经营收入	-615276	-22562	-413888	0	-178826	0
国有资源(资产)有偿使用收入	955225	263572	235358	0	453623	2672
其他收入	98239	18616	3755	0	75718	150
本年收入合计	48099400	3530788	7138700	164303	25904851	11525061
一、一般公共服务支出	5844487	317613	1128718	9172	3242644	1155512
二、外交支出	0	0	0	0	0	0
三、国防支出	92020	15142	17642	0	56668	2568
四、公共安全支出	4235531	540060	972169	1890	2607550	115752
五、教育支出	12649312	1463604	1624163	786	8250975	1310570
六、科学技术支出	2507893	254709	491581	0	1672022	89581
七、文化体育与传媒支出	1653808	240332	543150	259	748995	121331
八、社会保障和就业支出	5416961	198609	1035484	4090	3626005	556863
九、医疗卫生与计划生育支出	4854983	378937	794192	3194	3313455	368399
十、节能环保支出	1678929	26934	261039	0	1215073	175883
十一、城乡社区支出	5412138	10556	1345358	5533	3288697	767527
十二、农林水支出	7390814	634157	956927	19834	4365979	1433751
十三、交通运输支出	5536540	2023386	1377214	0	2097381	38559
十四、资源勘探信息等支出	3467989	1155018	519637	2	1607618	185716
十五、商业服务业等支出	1435653	35714	317174	293	961891	120874
十六、金融支出	305091	206282	24882	0	63378	10549
十七、援助其他地区支出	215715	60185	36029	0	119336	165
十八、国土海洋气象等支出	916638	494000	132592	0	273412	16634
十九、住房保障支出	1407333	107505	254022	440	912426	133380
二十、粮油物资储备支出	246675	108380	41193	0	95213	1889
二十一、其他支出	968645	3996	564807	0	350366	49476
二十二、债务付息支出	204304	0	67229	0	136481	594
二十三、债务发行费用支出	18311	0	6574	0	11667	70
本年支出合计	66459770	8275119	12511776	45493	39017232	6655643

2015年度浙江省政府性基金收支决算分级表

单位:万元

项　　目	决算数合计	省级	地级	其中:地级直属乡镇	县级	乡镇级
政府住房基金收入	181064	32858	95700	0	52506	0
国有土地使用权出让收入	19208282	34056	7472408	0	11131028	570790
城市公用事业附加收入	99381	0	34099	0	65282	0
国有土地收益基金收入	653504	0	257845	0	395502	157
农业土地开发资金收入	67522	10672	15587	0	40736	527
新增建设用地土地有偿使用费收入	248221	197370	450	0	50401	0
城市基础设施配套费收入	380894	0	129248	0	242854	8792
车辆通行费收入	141971	4019	136657	0	1295	0
彩票公益金收入	354125	130862	134099	0	88700	464
其他各项政府性基金收入	4414284	709060	870188	0	2775070	59966
本年收入合计	25749248	1118897	9146281	0	14843374	640696
政府住房基金支出	75145	14775	31799	0	28571	0
国有土地使用权出让支出	19237934	0	6300423	0	11028636	1908875
城市公用事业附加支出	94957	0	25532	0	68585	840
国有土地收益基金支出	799597	0	348312	0	426521	24764
农业土地开发资金支出	68111	0	5752	0	50992	11367
新增建设用地土地有偿使用费支出	384307	395	22213	0	278439	83260
城市基础设施配套费支出	331278	0	106892	0	187427	36959
车辆通行费支出	157722	2600	153321	0	1801	0
彩票公益金支出	340803	29559	105717	0	181198	24329
其他各项政府性基金支出	4348327	407300	755801	159	2864750	320476
本年支出合计	25838181	454629	7855762	159	15116920	2410870

2015 年度浙江省国有资本经营收支决算总表

单位:万元

预算科目	决算数	预算科目	决算数
利润收入	405412	教育支出	5158
股利、股息收入	23162	科学技术支出	1182
产权转让收入	32867	文化体育与传媒支出	43202
清算收入	6622	节能环保支出	4007
其他国有资本经营预算收入	32242	城乡社区事务支出	74191
		农林水事务支出	12535
		交通运输支出	88067
		资源勘探信息等事务支出	88346
		商业服务业等事务支出	42309
		其他支出	52238
本年收入合计	500305	本年支出合计	411235

2013～2015 年浙江省政府非税收入表

单位:亿元

项　　目	2013 年	2014 年	2015 年
行政事业性收费	305.46	357.21	386.23
政府性基金	364.56	405.58	442.56
国有资源有偿使用收入	3929.65	3657.19	2206.72
国有资产有偿使用收入	65.95	71.12	89.79
按规定上缴财政的国有资本经营收入	-32.68	-29.84	-7.48
行政(刑事)处罚的罚没收入	97.88	96.37	108.58
彩票公益金	30.37	33.25	35.37
以政府名义接受捐赠的收入	1.38	1.88	1.28
应当纳入政府非税收入管理的其他资金	129.15	158.71	187.40
合　　计	4891.73	4751.46	3450.46

注:1. 本表所列政府非税收入项目分类标准依照《浙江省政府非税收入管理条例》相关规定,不同于预算科目分类标准;
2. 按规定上缴财政的国有资本经营收入含国有企业计划亏损补贴。

2015年浙江省市县级一般公共预算收支情况表

单位:万元

项目 \ 地区	杭州市	市本级	富阳区	桐庐县	临安市	建德市	淳安县	上城区
一、收入合计	12338820	1577942	543226	269668	325622	211944	171420	664589
(一)税收收入小计	11259532	1344939	468603	239819	285065	191593	145971	629305
增值税	2301470	115290	96596	62094	64049	44262	19278	97738
营业税	3094627	272441	117092	61138	66816	45389	60892	242432
企业所得税	1928567	204846	62356	26545	49267	24693	21340	117544
个人所得税	920917	12324	22465	17552	19980	9620	5657	72373
资源税	24077	0	10015	1389	1377	6988	313	0
城市维护建设税	792815	144263	28419	10854	21807	12856	6441	33229
房产税	398528	4457	24139	9924	10272	8562	5997	33738
城镇土地使用税	155914	635	26477	12185	13352	9123	2630	2490
土地增值税	551468	13779	25174	13641	10791	9260	7746	19292
耕地占用税	64426	4557	7984	3187	138	5975	854	0
契税	761861	562273	34384	16183	19525	10573	11618	0
其他各项税收收入	264862	10074	13502	5127	7691	4292	3205	10469
(二)非税收入小计	1079288	233003	74623	29849	40557	20351	25449	35284
专项收入	1073893	328120	51327	22984	30963	18309	20643	31918
行政事业性收费收入	12213	138	4138	1964	1521	1017	723	0
罚没收入	149897	59598	11228	4514	7798	5355	3342	2609
国有资本经营收入	-197823	-168349	-3000	0	-4150	-4700	-689	0
国有资源(资产)有偿使用收入	38904	13496	10930	387	4181	370	80	757
其他收入	2204	0	0	0	244	0	1350	0
二、支出合计	12057298	2915680	690049	403826	501607	410936	506065	304253
一般公共服务支出	1011605	231366	55329	28491	44470	36215	47308	29602
外交支出	0	0	0	0	0	0	0	0
国防支出	9011	2192	195	425	349	430	349	0
公共安全支出	713498	222657	31931	20898	25490	18645	20179	25068
教育支出	2234425	383050	192603	95858	113873	83025	86672	68365
科学技术支出	701490	173681	29976	15166	26333	14605	9871	13240
文化体育与传媒支出	449192	284445	14558	8982	9273	8367	6941	5563
社会保障和就业支出	1309930	352372	71432	48661	49907	58883	45611	59939
医疗卫生与计划生育支出	766328	201914	52584	41028	42327	34197	46081	16335
节能环保支出	445549	73265	30050	12083	29609	28640	25266	94
城乡社区支出	1586285	236717	27551	20257	29470	33028	38748	48717
农林水支出	883721	192651	105839	63180	53086	55345	82581	9817
交通运输支出	389625	165436	36726	19707	40058	17442	41183	43
资源勘探信息等支出	601637	43526	17440	2879	14725	1513	9679	8427
商业服务业等支出	311949	18030	6115	3189	4336	2031	6251	8513
金融支出	8168	3675	0	172	409	5	13	2521
援助其他地区支出	54543	8938	2159	783	1135	856	0	1299
国土海洋气象等支出	47292	11202	3277	6226	2768	2567	2231	545
住房保障支出	122331	9269	9433	12322	8897	11533	22525	1012
粮油物资储备支出	15283	8775	162	1974	340	32	1483	0
其他支出	350179	279010	0	23	0	1274	658	5071
债务付息支出	40895	12501	2270	1447	4531	2175	12210	0
债务发行费用支出	4362	1008	419	75	221	128	225	82

（续表一） 单位：万元

项目＼地区	下城区	江干区	拱墅区	西湖区	滨江区	萧山区	余杭区	开发区
一、收入合计	856380	740355	693773	1116467	1084558	1600830	1876477	547970
（一）税收收入小计	808085	691463	644917	1055689	1014996	1447093	1735235	502174
增值税	149982	125913	137152	236733	293870	288632	380012	183109
营业税	264969	269510	243791	312946	173236	372769	510831	55269
企业所得税	126594	105786	92856	175552	218586	242603	314500	136857
个人所得税	72959	39839	31188	164215	156812	81351	184419	25631
资源税	0	0	0	0	0	3472	523	0
城市维护建设税	44067	42824	41527	54119	79598	113850	107126	49475
房产税	35975	33586	23267	41941	35407	56858	44923	23481
城镇土地使用税	2042	3987	5563	5463	4002	32612	28348	6193
土地增值税	37677	58689	57251	49143	39006	83256	112098	14663
耕地占用税	0	0	0	0	0	32283	9448	0
契税	0	0	0	0	0	96233	11072	0
其他各项税收收入	73820	11329	12322	15577	14479	43174	31935	7496
（二）非税收入小计	48295	48892	48856	60778	69562	153737	141242	45796
专项收入	44865	42476	44747	55969	66187	142412	129665	40750
行政事业性收费收入	234	962	0	0	1074	87	0	355
罚没收入	2868	4980	3697	4573	2062	19300	16811	722
国有资本经营收入	0	0	0	0	0	-9935	-7000	0
国有资源（资产）有偿使用收入	328	474	412	236	239	1873	1764	3365
其他收入	0	0	0	0	0	0	2	604
二、支出合计	331869	424299	389237	629979	709676	1609836	1677326	416915
一般公共服务支出	29885	41617	36097	56952	24818	155283	144728	38917
外交支出	0	0	0	0	0	0	0	0
国防支出	302	111	42	832	0	1800	1925	59
公共安全支出	30400	29491	30206	40762	19090	86534	78410	22591
教育支出	65424	84955	84616	147279	99531	352096	318717	55475
科学技术支出	12616	25263	52611	31220	79076	87617	86918	40846
文化体育与传媒支出	6492	5156	4043	7009	18859	26140	31436	655
社会保障和就业支出	51277	56812	52325	76846	74437	157014	148440	3561
医疗卫生与计划生育支出	19950	24386	18090	40282	20574	92223	108822	6001
节能环保支出	19770	3248	3461	8271	4709	139267	64422	3379
城乡社区支出	62498	84127	79535	93677	238750	199244	207284	97006
农林水支出	7588	19233	1194	25545	15407	131476	107853	11308
交通运输支出	0	2	30	820	0	35601	32577	0
资源勘探信息等支出	3854	2413	2406	65357	84575	84313	142035	117404
商业服务业等支出	12917	2596	16012	13283	9338	34041	168044	6916
金融支出	0	247	156	372	95	100	403	0
援助其他地区支出	0	2065	1150	3441	6897	8043	10469	7113
国土海洋气象等支出	689	668	973	2899	1288	4992	5896	958
住房保障支出	5636	4350	4768	6542	10113	6183	5450	3881
粮油物资储备支出	0	0	0	0	0	2419	98	0
其他支出	2500	37289	1506	8440	1972	1808	9878	750
债务付息支出	0	0	0	0	0	2798	2963	0
债务发行费用支出	71	270	16	150	147	844	558	95

（续表二） 单位：万元

项目 \ 地区	西湖风景名胜区	临平工业园区	宁波市	市本级	慈溪市	余姚市	奉化市	象山县
一、收入合计	57599	0	10064065	998619	777038	750989	338192	379485
（一）税收收入小计	54585	0	8481557	786647	661215	673028	259631	295216
增值税	6760	0	1894287	259253	161752	147647	67768	59000
营业税	25106	0	2126944	17363	177014	169512	77179	88191
企业所得税	8642	0	1470167	288583	78083	75240	23701	37595
个人所得税	4532	0	532040	14915	36663	42497	12771	17213
资源税	0	0	9859	0	372	682	1871	1868
城市维护建设税	2360	0	691627	160604	41640	54186	20689	15162
房产税	6001	0	373477	22473	38315	37036	12582	11949
城镇土地使用税	812	0	274078	16673	39803	43683	9882	8739
土地增值税	2	0	414236	224	18659	37312	7878	16490
耕地占用税	0	0	73446	0	5691	8073	3436	8451
契税	0	0	410080	0	43630	41469	15628	23893
其他各项税收收入	370	0	211316	6559	19593	15691	6246	6665
（二）非税收入小计	3014	0	1582508	211972	115823	77961	78561	84269
专项收入	2558	0	960896	150712	70900	73598	27857	30069
行政事业性收费收入	0	0	244113	28709	27037	7635	23755	24458
罚没收入	440	0	155338	28829	17049	14859	13809	22840
国有资本经营收入	0	0	-188611	-143700	-11240	-22096	0	-2000
国有资源（资产）有偿使用收入	12	0	347851	146862	7300	3904	13140	8398
其他收入	4	0	62921	560	4777	61	0	504
二、支出合计	111122	24623	12526362	2809467	932586	925207	607125	613051
一般公共服务支出	3417	7110	1060829	219500	81570	87180	57095	52460
外交支出	0	0	0	0	0	0	0	0
国防支出	0	0	26669	3568	1405	1586	451	848
公共安全支出	11146	0	754259	192974	89490	59850	31785	33568
教育支出	2886	0	1906754	348261	222136	176848	106601	106560
科学技术支出	373	2078	473092	57575	47382	33874	18760	16422
文化体育与传媒支出	11273	0	255042	78903	19634	17210	13952	12966
社会保障和就业支出	2413	0	1219887	208074	121949	165083	79819	52037
医疗卫生与计划生育支出	1534	0	843049	157600	105037	98982	43429	48540
节能环保支出	15	0	298768	20402	11142	20081	12400	13290
城乡社区支出	75901	13775	1509808	588490	51751	29814	22131	24065
农林水支出	1581	37	1095956	156532	102618	119549	144118	166562
交通运输支出	0	0	726764	257065	32869	30430	24956	27448
资源勘探信息等支出	27	1064	840795	149668	7491	11693	10186	13285
商业服务业等支出	285	52	624694	159914	5193	12568	4151	4867
金融支出	0	0	46730	2339	213	1092	347	453
援助其他地区支出	158	37	36806	9538	3349	3155	2158	1355
国土海洋气象等支出	113	0	71012	15503	3553	11410	3537	11075
住房保障支出	0	417	431943	52747	23909	33494	24680	20869
粮油物资储备支出	0	0	28120	3390	472	4251	807	4081
其他支出	0	0	239036	103372	595	4616	2945	562
债务付息支出	0	0	32804	20507	828	2441	2817	1738
债务发行费用支出	0	53	3545	3545	0	0	0	0

（续表三） 单位：万元

项目 \ 地区	宁海县	鄞州区	镇海区	北仑区	江东区	江北区	海曙区	开发区
一、收入合计	415712	1504485	589188	464453	600219	542339	650215	675623
（一）税收收入小计	300068	1247947	457454	387845	537966	457797	603519	616317
增值税	78746	225565	116582	97419	33185	79712	43551	172682
营业税	81714	357500	114091	94317	266479	136558	239089	107433
企业所得税	42799	174507	64235	69886	61523	55106	69075	165565
个人所得税	21123	67679	24122	19979	39438	47693	44598	43500
资源税	1190	2615	303	229	0	371	0	0
城市维护建设税	21414	85261	36152	29430	25428	26893	25857	48604
房产税	14493	58702	18896	16172	31529	21103	27166	25521
城镇土地使用税	9176	35875	18698	10729	5440	14040	5232	19523
土地增值税	5161	108844	19363	4248	28055	30085	95956	1447
耕地占用税	3226	8958	7053	9403	1	4405	1393	10295
契税	13232	96896	26062	26414	31818	33180	27314	1005
其他各项税收收入	7794	25545	11897	9619	15070	8651	24288	20742
（二）非税收入小计	115644	256538	131734	76608	62253	84542	46696	59306
专项收入	38121	161267	63260	41373	35346	41708	33123	58670
行政事业性收费收入	55834	17541	12472	10721	3170	19732	4130	0
罚没收入	7349	18433	7324	13139	3123	1880	1609	54
国有资本经营收入	2820	0	0	0	-395	0	0	-12000
国有资源（资产）有偿使用收入	7697	16101	48678	8423	20679	21211	7134	9701
其他收入	3823	43196	0	2952	330	11	700	2881
二、支出合计	602519	1644971	603057	558863	357374	505251	368414	595763
一般公共服务支出	55709	124103	57308	44034	43338	56783	49554	53105
外交支出	0	0	0	0	0	0	0	0
国防支出	717	13664	677	493	111	497	148	1466
公共安全支出	41472	100986	35431	30979	37171	27955	33038	9838
教育支出	127181	288903	103340	99977	63366	65701	57937	47537
科学技术支出	15207	62632	23970	22238	23680	18161	16138	42932
文化体育与传媒支出	13143	37019	13266	7745	6572	6458	7319	9759
社会保障和就业支出	81420	156925	59515	58033	32896	42911	40253	51789
医疗卫生与计划生育支出	59445	123036	43393	32668	20585	34106	21632	29896
节能环保支出	8064	28351	27398	118062	1215	6882	1545	10
城乡社区支出	18497	168536	105045	31703	55887	36684	48903	124884
农林水支出	75483	182648	25392	32663	685	34165	3925	6189
交通运输支出	50077	142194	23479	23674	141	53369	201	8850
资源勘探信息等支出	18688	111757	40499	17998	2697	27049	20626	113542
商业服务业等支出	7303	27178	7205	11928	16506	21370	18363	87750
金融支出	902	3549	915	694	15490	11528	3092	0
援助其他地区支出	1452	4901	1483	1337	1105	1352	998	1781
国土海洋气象等支出	2772	5581	4896	2819	968	3972	704	1484
住房保障支出	20116	60407	23700	19205	34356	25891	41599	4667
粮油物资储备支出	2833	2601	5348	1917	0	1096	1156	0
其他支出	300	0	797	696	331	29047	360	284
债务付息支出	1738	0	0	0	274	274	923	0
债务发行费用支出	0	0	0	0	0	0	0	0

（续表四） 单位：万元

项目＼地区	大榭开发区	宁波保税区	东钱湖区	高新开发区	杭州湾新区	温州市	市本级	平阳县
一、收入合计	446952	193977	70718	320310	345551	4030735	949573	256688
（一）税收收入小计	386164	172560	58087	280710	299386	3495634	840141	218706
增值税	161302	27421	8766	75993	77943	654665	101236	35217
营业税	16925	31304	19016	66731	66528	1006231	238951	62709
企业所得税	116176	64686	6017	41778	35612	466654	107274	30951
个人所得税	24133	15444	3127	15645	41500	163776	48523	8759
资源税	343	0	15	0	0	4579	22	338
城市维护建设税	45362	9511	3622	18041	23771	221080	53581	9946
房产税	3849	8075	1607	9134	14875	179982	48238	9069
城镇土地使用税	5216	3438	2370	3996	21565	79421	10046	8989
土地增值税	4682	428	3860	28087	3457	250566	61757	17350
耕地占用税	0	0	3015	0	46	45249	0	7034
契税	741	723	5897	14568	7610	304385	143088	21866
其他各项税收收入	7435	11530	775	6737	6479	119046	27425	6478
（二）非税收入小计	60788	21417	12631	39600	46165	535101	109432	37982
专项收入	52687	17946	4357	23081	36821	326167	73736	20721
行政事业性收费收入	190	135	6145	2449	0	19752	0	317
罚没收入	332	38	784	1881	2006	140027	49280	11676
国有资本经营收入	0	0	0	0	0	-38200	-26124	-898
国有资源（资产）有偿使用收入	6023	3026	1335	10901	7338	85999	12540	5146
其他收入	1556	272	10	1288	0	1356	0	1020
二、支出合计	428514	168833	124993	358200	322174	5694294	866719	457164
一般公共服务支出	16192	13426	11188	16110	22174	662309	98909	54283
外交支出	0	0	0	0	0	0	0	0
国防支出	11	0	963	34	30	8150	1986	646
公共安全支出	6079	788	4467	8078	10310	443829	96788	25539
教育支出	23158	5778	10825	19395	33250	1478788	240252	115531
科学技术支出	12133	11241	875	33737	16135	119951	28743	7054
文化体育与传媒支出	3956	606	3844	2279	411	117405	28234	8243
社会保障和就业支出	42070	5896	5927	7812	7478	433942	54399	46052
医疗卫生与计划生育支出	7467	27	6749	4466	5991	555735	79589	47914
节能环保支出	12982	697	10615	3579	2053	91228	9694	5611
城乡社区支出	101150	32844	15394	46919	7111	310775	33374	18998
农林水支出	5809	430	11000	3349	24839	697509	49419	60427
交通运输支出	46310	2536	3047	103	15	345562	56898	25345
资源勘探信息等支出	34244	17332	970	86567	156503	71559	9894	3308
商业服务业等支出	99262	66188	11120	31134	32694	63164	10944	2245
金融支出	0	5600	63	453	0	5848	1207	288
援助其他地区支出	947	655	348	892	0	13708	4219	0
国土海洋气象等支出	784	273	565	660	456	65799	10349	5194
住房保障支出	15589	1732	22551	4577	1854	127423	37191	11006
粮油物资储备支出	168	0	0	0	0	15159	7670	2103
其他支出	203	2784	3218	88056	870	42313	308	14933
债务付息支出	0	0	1264	0	0	22806	6481	2298
债务发行费用支出	0	0	0	0	0	1332	171	146

（续表五） 单位：万元

项目＼地区	苍南县	瑞安市	永嘉县	乐清市	文成县	泰顺县	洞头县	鹿城区
一、收入合计	300221	547214	263580	641502	72617	71496	54172	275765
（一）税收收入小计	262354	497851	225920	561644	34850	38066	43358	244246
增值税	31702	101957	50418	153941	2812	3567	6154	43356
营业税	82647	131888	70351	124838	14977	18466	19110	72850
企业所得税	44224	60040	29274	88381	5474	7525	3558	26209
个人所得税	13188	24486	10227	24607	2049	1743	2240	10593
资源税	358	-4	121	2580	85	102	918	10
城市维护建设税	10729	34501	12952	38085	1530	1373	2519	12844
房产税	7934	27343	11487	23494	1157	751	1046	17544
城镇土地使用税	4861	18291	4656	17630	452	322	1399	2502
土地增值税	23954	33271	13426	20837	3046	570	1204	43216
耕地占用税	1908	5369	1755	3869	569	361	270	2986
契税	31358	41965	12689	46512	1373	1795	3739	0
其他各项税收收入	9491	18744	8564	16870	1326	1491	1201	12136
（二）非税收入小计	37867	49363	37660	79858	37767	33430	10814	31519
专项收入	26045	39999	23712	58062	4062	3996	6545	18395
行政事业性收费收入	2076	0	7547	0	2857	5101	0	0
罚没收入	10071	14376	6200	17915	2048	1874	2041	13000
国有资本经营收入	-1800	-6000	-1350	-2678	500	-210	860	0
国有资源（资产）有偿使用收入	1475	988	1551	6559	27964	22669	1368	124
其他收入	0	0	0	0	336	0	0	0
二、支出合计	544021	734009	536715	702225	339441	310942	187916	331887
一般公共服务支出	59616	75721	65779	58751	35777	32671	27953	46268
外交支出	0	0	0	0	0	0	0	0
国防支出	603	1181	468	974	82	110	813	539
公共安全支出	34489	56471	32670	40112	16928	15334	12602	46719
教育支出	162227	195019	147467	203442	67342	63895	31324	79618
科学技术支出	7373	22119	7947	11927	2494	2652	5031	8303
文化体育与传媒支出	10937	11676	10175	9708	7562	9486	4008	4865
社会保障和就业支出	30363	56140	52419	70284	35653	28870	10454	21741
医疗卫生与计划生育支出	39824	50634	53003	90595	39994	40581	13978	33492
节能环保支出	3553	19652	10688	5040	8311	9083	1799	6410
城乡社区支出	16185	35176	11990	41136	11206	9800	19749	39687
农林水支出	132895	93591	66490	75018	68477	59005	29534	18084
交通运输支出	19778	59606	59178	49848	23333	25197	9082	4815
资源勘探信息等支出	3888	11434	5859	13637	2669	1320	1480	2145
商业服务业等支出	2268	19635	2864	7119	4385	2575	1106	1510
金融支出	227	2424	0	15	20	0	38	1199
援助其他地区支出	0	2181	0	2828	0	0	0	1507
国土海洋气象等支出	9796	11519	3168	3282	2399	2268	12387	21
住房保障支出	4642	6183	2455	486	7120	2238	4361	14870
粮油物资储备支出	793	433	20	584	1214	814	693	1
其他支出	2449	223	443	14996	3096	4090	181	20
债务付息支出	1990	2777	3430	2284	1334	913	1299	0
债务发行费用支出	125	214	202	159	45	40	44	73

（续表六）

单位：万元

项目 \ 地区	瓯海区	龙湾区	开发区	嘉兴市	市本级	海宁市	桐乡市	平湖市
一、收入合计	283963	226281	87663	3503450	726527	691221	550005	505780
（一）税收收入小计	260443	190019	78036	3178304	654689	643457	498785	461303
增值税	52804	44547	26954	698504	115428	128044	100417	131694
营业税	94022	60644	14778	822132	169279	169404	124916	106693
企业所得税	35720	18725	9299	512574	91292	96105	91842	91208
个人所得税	7678	6479	3204	164995	56300	30605	26975	17783
资源税	13	36	0	1971	0	0	0	0
城市维护建设税	20376	14508	8136	214125	68999	38713	29877	33230
房产税	12855	13034	6030	178600	28113	55055	27759	21286
城镇土地使用税	3543	4338	2392	122990	12164	20356	20484	20093
土地增值税	18218	10954	2763	135945	25904	34743	24618	6366
耕地占用税	7929	11076	2123	61660	9470	23487	9577	3759
契税	0	0	0	162227	53556	28031	27267	15242
其他各项税收收入	7285	5678	2357	102581	24184	18914	15053	13949
（二）非税收入小计	23520	36262	9627	325146	71838	47764	51220	44477
专项收入	19638	22906	8350	313347	70956	46208	46520	43637
行政事业性收费收入	0	1744	110	8434	2725	599	1879	599
罚没收入	4259	6701	586	73250	13968	11026	9568	13580
国有资本经营收入	-500	0	0	-79331	-19500	-10505	-7000	-15000
国有资源（资产）有偿使用收入	123	4911	581	7212	3535	436	253	1660
其他收入	0	0	0	2234	154	0	0	1
二、支出合计	309224	259981	114050	4241551	1001396	765627	630759	538334
一般公共服务支出	55309	35711	15561	384150	82808	68329	54105	57567
外交支出	0	0	0	0	0	0	0	0
国防支出	684	10	54	5191	1284	1201	828	904
公共安全支出	30810	23939	11428	265938	56705	45759	41354	34021
教育支出	91755	58679	22237	888079	93373	185198	162666	126855
科学技术支出	5842	6913	3553	163574	23052	33130	25642	18457
文化体育与传媒支出	6339	5261	911	91077	19445	21368	14730	11130
社会保障和就业支出	12684	11522	3361	276903	72977	44411	37353	39186
医疗卫生与计划生育支出	28324	29253	8554	274835	50144	51773	50978	36682
节能环保支出	3954	5169	2264	155136	39360	33399	29764	8311
城乡社区支出	17460	28761	27253	559347	178911	73812	73186	82129
农林水支出	26578	12344	5647	541602	129207	87855	82513	50371
交通运输支出	6832	3992	1658	254900	117845	31704	28616	10979
资源勘探信息等支出	3987	7107	4831	175572	84824	30539	8211	36777
商业服务业等支出	3319	2569	2625	57344	20462	13286	9294	2403
金融支出	88	82	260	2437	1391	562	225	132
援助其他地区支出	1295	840	838	10430	2222	2470	1845	2305
国土海洋气象等支出	314	3520	1582	14377	2294	2879	643	964
住房保障支出	12362	23275	1234	83730	15190	34290	5685	16355
粮油物资储备支出	834	0	0	10824	3306	1714	1386	1300
其他支出	402	973	199	11328	1795	102	0	12
债务付息支出	0	0	0	13328	4587	1663	1487	1237
债务发行费用支出	52	61	0	1449	214	183	248	257

（续表七） 单位：万元

项目 \ 地区	嘉善县	海盐县	南湖区	秀洲区	湖州市	市本级	长兴县	德清县
一、收入合计	355506	316288	194006	164117	1913116	368329	431752	373614
（一）税收收入小计	322635	289664	167532	140239	1693093	315988	376682	332830
增值税	73612	66107	43478	39724	324862	38773	80171	69270
营业税	83786	71101	59665	37288	473558	114823	84079	88437
企业所得税	52459	51708	19494	18466	215479	32219	54628	49996
个人所得税	18520	13095	1158	559	112015	19004	18518	22369
资源税	0	1971	0	0	21311	-1232	8861	4079
城市维护建设税	19778	23528	0	0	95946	24340	18246	17198
房产税	15759	13783	8817	8028	76066	10638	19412	17520
城镇土地使用税	17446	10505	9977	11965	87017	8454	28663	21194
土地增值税	10448	8893	14412	10561	86241	24451	18465	12313
耕地占用税	2891	1376	3000	8100	20854	878	7757	3065
契税	19117	19014	0	0	126047	30064	22193	18746
其他各项税收收入	8819	8583	7531	5548	53697	13576	15689	8643
（二）非税收入小计	32871	26624	26474	23878	220023	52341	55070	40784
专项收入	33437	34877	20681	17031	171976	45504	41485	27148
行政事业性收费收入	1008	1196	428	0	1439	0	0	0
罚没收入	5175	8030	5190	6713	65848	27365	12257	13325
国有资本经营收入	-8960	-18366	0	0	-22441	-21451	0	0
国有资源（资产）有偿使用收入	446	573	175	134	3201	923	1328	311
其他收入	1765	314	0	0	0	0	0	0
二、支出合计	438914	400308	248357	217856	2738634	652439	590554	462501
一般公共服务支出	47746	30587	19609	23399	263296	54848	50443	48835
外交支出	0	0	0	0	0	0	0	0
国防支出	86	838	0	50	1799	530	303	483
公共安全支出	34365	20792	20303	12639	185773	74827	33309	29006
教育支出	92227	110987	59793	56980	533475	79022	123584	97501
科学技术支出	20641	19241	14100	9311	83942	15402	18842	20235
文化体育与传媒支出	11626	8698	2238	1842	46767	11813	7759	11913
社会保障和就业支出	27658	23732	16720	14866	229212	56843	42253	42260
医疗卫生与计划生育支出	35930	31170	9187	8971	233897	45804	41243	37732
节能环保支出	11621	11669	12435	8577	128212	13257	37057	19055
城乡社区支出	47174	32204	51622	20309	149230	27827	36025	29675
农林水支出	56957	59836	28214	46649	414645	101701	112883	71704
交通运输支出	24891	31103	3893	5869	178262	94078	28848	15591
资源勘探信息等支出	6688	3203	3434	1896	81405	20389	22328	14277
商业服务业等支出	7379	2397	1358	765	45431	13755	11586	6138
金融支出	17	110	0	0	5559	1550	395	2703
援助其他地区支出	0	790	798	0	6303	3239	1442	1622
国土海洋气象等支出	2227	2220	68	3082	13551	3921	5621	1147
住房保障支出	2495	6823	1182	1710	71936	7596	12803	9797
粮油物资储备支出	381	2734	0	3	4385	843	2152	1043
其他支出	6475	32	2092	820	49844	23185	0	0
债务付息支出	2154	1012	1188	0	9902	1632	1345	1503
债务发行费用支出	176	130	123	118	1808	377	333	281

（续表八） 单位：万元

项目 \ 地区	安吉县	吴兴区	南浔区	湖州经济开发区	绍兴市	市本级	柯桥区	上虞区
一、收入合计	329601	230851	178969	0	3628935	632361	978488	510882
（一）税收收入小计	297651	208338	161604	0	3155609	529565	831029	461876
增值税	50090	42689	43869	0	549684	80957	143277	98971
营业税	92196	54075	39948	0	842066	139700	193542	114478
企业所得税	25341	27951	25344	0	429267	67178	111699	78567
个人所得税	37162	7984	6978	0	161462	29759	36313	28994
资源税	2132	7453	18	0	4675	611	98	1214
城市维护建设税	14998	10638	10526	0	185391	39302	39241	30550
房产税	9496	9695	9305	0	195864	31113	79706	23301
城镇土地使用税	12027	9439	7240	0	223339	22709	89031	21655
土地增值税	18847	6616	5549	0	230402	32384	51871	23456
耕地占用税	3508	4225	1421	0	53931	11669	15868	6214
契税	24430	23874	6740	0	171315	48263	45617	18977
其他各项税收收入	7424	3699	4666	0	108213	25920	24766	15499
（二）非税收入小计	31950	22513	17365	0	473326	102796	147459	49006
专项收入	25077	17251	15511	0	308753	73724	83992	42013
行政事业性收费收入	760	679	0	0	13814	4167	1243	1943
罚没收入	6838	4510	1553	0	107668	30515	16179	8386
国有资本经营收入	-1000	0	10	0	-29658	-22000	2522	-5269
国有资源（资产）有偿使用收入	275	73	291	0	72237	16384	43017	1933
其他收入	0	0	0	0	512	6	506	0
二、支出合计	477067	227122	239079	89872	4214117	834243	985258	600132
一般公共服务支出	57202	20037	21123	10808	413613	90033	81786	72871
外交支出	0	0	0	0	0	0	0	0
国防支出	0	168	315	0	4350	682	1054	432
公共安全支出	27586	10421	7523	3101	295090	85364	50796	42924
教育支出	111950	59634	56682	5102	935338	126633	184893	134681
科学技术支出	14342	6812	4786	3523	209746	33658	52027	27174
文化体育与传媒支出	9552	1687	3855	188	106163	40356	22160	11992
社会保障和就业支出	38245	18889	25842	4880	377984	55470	87962	51740
医疗卫生与计划生育支出	41079	25068	36307	6664	375239	74237	81381	39416
节能环保支出	37640	7508	10604	3091	93249	10114	24500	27796
城乡社区支出	16064	14059	15766	9814	278783	27653	107351	29881
农林水支出	62146	25582	32194	8435	534419	73936	140534	96839
交通运输支出	22096	7384	4361	5904	211136	68465	41740	33107
资源勘探信息等支出	4393	7801	2772	9445	97926	11885	58934	10701
商业服务业等支出	7085	2265	2219	2383	52100	14999	16264	8658
金融支出	616	281	14	0	4305	1872	0	1602
援助其他地区支出	0	0	0	0	14228	3688	3511	2204
国土海洋气象等支出	2754	108	0	0	28598	17128	1048	1084
住房保障支出	6480	14979	13518	6763	100794	42016	21543	3937
粮油物资储备支出	347	0	0	0	11815	1520	2994	927
其他支出	13517	3548	610	8984	56150	50985	2419	800
债务付息支出	3423	789	432	778	11584	3274	1971	1250
债务发行费用支出	550	102	156	9	1507	275	390	116

（续表九） 单位：万元

项目 \ 地区	嵊州市	新昌县	诸暨市	越城区	金华市	市本级	兰溪市	永康市
一、收入合计	291745	280028	715894	219537	3096885	740418	221966	444860
（一）税收收入小计	262396	241963	624193	204587	2713723	650306	193997	368142
增值税	44125	57492	101234	23628	497461	93750	43201	73582
营业税	60710	61619	188663	83354	725696	180468	44919	80072
企业所得税	28635	35627	85291	22270	379652	82439	32325	53096
个人所得税	9843	14230	31101	11222	171466	38166	8005	16318
资源税	252	256	2244	0	3572	936	1631	173
城市维护建设税	16198	13516	35077	11507	168883	40943	14132	27307
房产税	12436	10045	26525	12738	135916	27636	8545	25603
城镇土地使用税	27570	14640	39682	8052	130818	29187	13858	25795
土地增值税	32727	15755	48359	25850	171027	61015	6174	15514
耕地占用税	4740	2452	12988	0	37263	18676	2630	3367
契税	18244	10149	30065	0	192528	54424	12589	33286
其他各项税收收入	6916	6182	22964	5966	99441	22666	5988	14029
（二）非税收入小计	29349	38065	91701	14950	383162	90112	27969	76718
专项收入	23054	29966	48800	7204	237095	50610	23771	39914
行政事业性收费收入	1449	1291	2505	1216	50624	12855	4748	16413
罚没收入	8165	4024	34919	5480	93168	31736	2560	13291
国有资本经营收入	-4411	-500	0	0	-6553	-6399	-3621	6340
国有资源（资产）有偿使用收入	1092	3284	5477	1050	7708	1310	451	760
其他收入	0	0	0	0	1120	0	60	0
二、支出合计	411737	385268	809001	188478	4643797	712098	387705	493282
一般公共服务支出	39725	38799	70480	19919	452621	60175	34782	52192
外交支出	0	0	0	0	0	0	0	0
国防支出	556	450	798	378	5252	2149	68	749
公共安全支出	26510	30250	49246	10000	352606	58857	18037	39174
教育支出	114634	84391	208731	81375	1013020	81560	105799	130253
科学技术支出	18709	21393	51886	4899	160920	26907	11810	24392
文化体育与传媒支出	9222	9137	12116	1180	97766	25473	4774	5853
社会保障和就业支出	47483	35547	86942	12840	359457	49192	46397	31816
医疗卫生与计划生育支出	44236	34177	85919	15873	430280	53234	53969	62342
节能环保支出	7267	5424	17914	234	138467	14492	4876	23993
城乡社区支出	11453	17332	62278	22835	288906	61184	5696	41963
农林水支出	59986	68553	85040	9531	547649	32459	57407	50067
交通运输支出	12927	13531	41301	65	348548	122241	15948	18843
资源勘探信息等支出	2583	6701	6455	667	96910	38152	4438	2493
商业服务业等支出	2846	5160	4167	6	118469	38468	2743	2389
金融支出	562	99	170	0	11322	2543	25	817
援助其他地区支出	885	1170	2770	0	8464	2029	0	1374
国土海洋气象等支出	980	7048	1061	249	31882	7194	723	2498
住房保障支出	7780	3473	13938	8107	136872	27598	10680	498
粮油物资储备支出	1786	1274	3314	0	10514	4644	1469	80
其他支出	283	200	1143	320	15377	80	6561	0
债务付息支出	980	978	3131	0	17550	3332	1389	1399
债务发行费用支出	344	181	201	0	945	135	114	97

（续表十）

单位:万元

项目＼地区	武义县	东阳市	磐安县	义乌市	浦江县	金东区	婺城区	开发区
一、收入合计	186137	486173	73220	792511	151600	0	0	0
（一）税收收入小计	158708	427936	60206	724112	130316	0	0	0
增值税	39247	92929	13962	116741	24049	0	0	0
营业税	35753	100263	15889	229933	38399	0	0	0
企业所得税	19319	76255	10249	90116	15853	0	0	0
个人所得税	8592	41274	3659	50329	5123	0	0	0
资源税	344	122	214	34	118	0	0	0
城市维护建设税	9731	22920	3546	43973	6331	0	0	0
房产税	7428	16833	2235	39335	8301	0	0	0
城镇土地使用税	16812	11110	1519	25349	7188	0	0	0
土地增值税	5955	21646	2023	50406	8294	0	0	0
耕地占用税	1448	1267	1449	4403	4023	0	0	0
契税	9063	26596	3619	44849	8102	0	0	0
其他各项税收收入	5016	16721	1842	28644	4535	0	0	0
（二）非税收入小计	27429	58237	13014	68399	21284	0	0	0
专项收入	16256	40750	5940	49207	10647	0	0	0
行政事业性收费收入	2230	7999	879	1500	4000	0	0	0
罚没收入	8201	10760	2587	17265	6768	0	0	0
国有资本经营收入	0	-1873	0	0	-1000	0	0	0
国有资源（资产）有偿使用收入	741	601	2556	427	862	0	0	0
其他收入	1	0	1052	0	7	0	0	0
二、支出合计	348721	610386	214784	965186	291619	210845	246813	162358
一般公共服务支出	31174	46271	25909	122294	23165	24743	19312	12604
外交支出	0	0	0	0	0	0	0	0
国防支出	55	528	59	1023	303	232	86	0
公共安全支出	19185	41448	12821	98427	17124	14774	20571	12188
教育支出	69708	161588	46187	204347	70456	40210	61285	41627
科学技术支出	11393	23885	3097	43714	6358	3545	2280	3539
文化体育与传媒支出	8696	14448	6002	20052	5163	2691	3817	797
社会保障和就业支出	44648	52347	14818	52059	21233	15091	23669	8187
医疗卫生与计划生育支出	32274	55056	17090	77564	33795	14675	15834	14447
节能环保支出	6097	27660	9228	13875	27791	4005	1792	4658
城乡社区支出	19592	34271	10042	76569	5141	6964	8920	18564
农林水支出	50231	56643	40976	73501	49350	54461	62853	19701
交通运输支出	11803	33066	8497	104833	9441	8182	15356	338
资源勘探信息等支出	8330	8456	4852	17853	1836	2702	676	7122
商业服务业等支出	5476	37985	1358	22680	886	1707	2353	2424
金融支出	235	968	0	6483	251	0	0	0
援助其他地区支出	130	1202	0	3142	587	0	0	0
国土海洋气象等支出	4938	4537	1551	9450	913	73	5	0
住房保障支出	22828	7478	4270	14518	15455	12751	6475	14321
粮油物资储备支出	411	651	845	223	1108	780	303	0
其他支出	100	0	5762	2	0	1375	167	1330
债务付息支出	1336	1755	1379	2442	1203	1798	1043	474
债务发行费用支出	81	143	41	135	60	86	16	37

（续表十一）

单位：万元

项目 \ 地区	衢州市	市本级	龙游县	常山县	江山市	开化县	柯城区	衢江区
一、收入合计	940151	316270	126556	86833	153481	68830	86979	101202
（一）税收收入小计	798236	269297	103033	71485	135172	61642	74563	83044
增值税	119095	40392	16571	10720	20711	8743	8199	13759
营业税	225211	68692	31064	23234	35525	24641	24733	17322
企业所得税	88714	30184	9679	6457	15119	10255	5067	11953
个人所得税	38389	13569	3562	1944	9718	2132	4789	2675
资源税	8823	12	639	3184	2545	102	5	2336
城市维护建设税	45291	17159	5042	3035	8548	2623	4506	4378
房产税	33377	11876	5103	2267	5752	1651	3419	3309
城镇土地使用税	51199	18257	8092	4010	5966	2191	4576	8107
土地增值税	51159	21220	5376	3577	5962	2998	7831	4195
耕地占用税	55680	23145	5465	8138	9504	11	1302	8115
契税	53977	15001	9404	3220	11446	4391	6513	4002
其他各项税收收入	27321	9790	3036	1699	4376	1904	3623	2893
（二）非税收入小计	141915	46973	23523	15348	18309	7188	12416	18158
专项收入	81505	25269	9705	9356	11689	6095	8074	11317
行政事业性收费收入	9924	1031	2094	2065	335	84	910	3405
罚没收入	32676	12090	7400	3754	5795	831	2099	707
国有资本经营收入	-4033	-3990	0	0	-83	0	40	0
国有资源（资产）有偿使用收入	21569	12573	4324	173	299	178	1293	2729
其他收入	274	0	0	0	274	0	0	0
二、支出合计	2306709	516942	355861	284053	380000	324323	188626	256904
一般公共服务支出	251527	55022	31472	29804	41590	33817	21493	38329
外交支出	0	0	0	0	0	0	0	0
国防支出	2649	677	346	146	560	312	67	541
公共安全支出	123483	48709	18156	13344	17600	12296	7522	5856
教育支出	423542	55756	70486	48640	85576	53490	58556	51038
科学技术支出	67922	20749	8169	9109	11580	9312	4354	4649
文化体育与传媒支出	43138	8696	6913	6663	6990	6794	2848	4234
社会保障和就业支出	227556	45952	31384	25957	41082	30201	24541	28439
医疗卫生与计划生育支出	201692	21878	36257	33178	39285	27610	21617	21867
节能环保支出	79403	26742	11237	6148	5470	24654	1796	3356
城乡社区支出	145337	48926	25596	16014	31195	8284	9612	5710
农林水支出	372592	36203	73816	57843	53615	58172	27731	65212
交通运输支出	173158	70528	16090	13599	25132	35185	105	12519
资源勘探信息等支出	73053	37813	11195	8915	7635	2029	3259	2207
商业服务业等支出	43777	12329	5041	3437	7777	3346	3695	8152
金融支出	1084	570	180	196	83	55	0	0
援助其他地区支出	0	0	0	0	0	0	0	0
国土海洋气象等支出	10416	1241	1705	2946	1229	1760	82	1453
住房保障支出	39311	16117	4859	5419	1662	7774	1322	2158
粮油物资储备支出	10873	3142	1307	1345	1711	2509	0	859
其他支出	1529	343	99	58	0	1029	0	0
债务付息支出	14190	5482	1467	1230	146	5570	9	286
债务发行费用支出	477	67	86	62	82	124	17	39

（续表十二）

单位:万元

项目 \ 地区	舟山市	市本级	岱山县	嵊泗县	定海区	普陀区	台州市	市本级
一、收入合计	1127221	331252	126037	69010	305556	295366	2980170	264538
（一）税收收入小计	943310	267241	102536	46565	265821	261147	2582613	221431
增值税	145438	20807	22861	9359	53932	38479	551873	21817
营业税	251277	82801	22755	15693	62575	67453	656380	87506
企业所得税	87666	23625	8547	3028	31173	21293	382176	25170
个人所得税	35082	9210	3625	1747	11408	9092	187590	16036
资源税	22994	2139	6377	1849	11003	1626	8051	0
城市维护建设税	44059	10651	3408	1432	16181	12387	174320	16709
房产税	42007	8335	6589	1190	11422	14471	133407	12321
城镇土地使用税	60636	14481	10799	3557	13784	18015	115244	5040
土地增值税	61897	18948	1194	627	20259	20869	107636	12194
耕地占用税	114446	54614	9233	27	11927	38645	33805	0
契税	55016	14879	4885	7350	14546	13356	144297	14886
其他各项税收收入	22792	6751	2263	706	7611	5461	87834	9752
（二）非税收入小计	183911	64011	23501	22445	39735	34219	397557	43107
专项收入	60895	17200	7153	2827	18827	14888	272474	23527
行政事业性收费收入	13120	7710	4192	384	334	500	3246	0
罚没收入	45446	12873	10696	3904	9532	8441	121898	21067
国有资本经营收入	0	0	0	0	0	0	-25127	-2500
国有资源（资产）有偿使用收入	62207	26228	1460	15318	10841	8360	21586	1013
其他收入	2243	0	0	12	201	2030	3480	0
二、支出合计	2396523	934528	355707	210244	358725	537319	4572105	811445
一般公共服务支出	265196	124642	32560	28566	32300	47128	448465	62543
外交支出	0	0	0	0	0	0	0	0
国防支出	3795	2080	480	440	122	673	4952	1685
公共安全支出	114380	38502	15003	10885	24623	25367	287148	64068
教育支出	263345	73032	39110	24687	55367	71149	986283	74459
科学技术支出	51012	21783	7824	3660	8737	9008	167047	76256
文化体育与传媒支出	50295	24363	6979	3774	5447	9732	82662	11518
社会保障和就业支出	121647	36935	24138	10493	24435	25646	413170	66251
医疗卫生与计划生育支出	166540	52986	24308	14991	38502	35753	351056	29819
节能环保支出	33419	15624	3309	2061	4888	7537	101208	11514
城乡社区支出	145312	28571	35676	11129	27602	42334	275500	81357
农林水支出	490896	103792	101784	71805	60790	152725	699888	55242
交通运输支出	271337	187345	23635	12780	19102	28475	407770	172241
资源勘探信息等支出	64770	17138	10840	2997	21247	12548	124280	63098
商业服务业等支出	26407	12208	838	2859	3193	7309	36318	11961
金融支出	1768	1172	176	42	71	307	10415	8503
援助其他地区支出	1740	957	0	0	256	527	9308	1199
国土海洋气象等支出	89968	56097	19804	2592	3395	8080	33395	4717
住房保障支出	61239	26205	5681	3402	19052	6899	68681	8482
粮油物资储备支出	11611	4363	651	283	6300	14	10057	1577
其他支出	146803	101928	575	662	1150	42488	38763	3125
债务付息支出	14296	4654	2178	2090	1981	3393	14409	1531
债务发行费用支出	747	151	158	46	165	227	1330	299

（续表十三）　　单位:万元

项目＼地区	临海市	温岭市	玉环县	三门县	仙居县	天台县	椒江区	黄岩区
一、收入合计	380108	541213	344987	144987	134660	150268	350386	310189
(一)税收收入小计	325235	472627	305002	123418	109107	126582	315463	272158
增值税	74965	99149	98857	22669	23678	23003	65571	68750
营业税	73711	116266	55003	40173	31033	35674	76986	57365
企业所得税	42979	70539	48843	14032	13782	20188	46274	30322
个人所得税	21140	42615	18106	8086	9249	7059	25097	22221
资源税	514	2397	1748	1590	606	181	0	924
城市维护建设税	22358	29604	21160	6052	6790	7398	22860	22190
房产税	20273	23778	17664	6169	3708	5878	14668	15017
城镇土地使用税	25254	21129	14040	4653	3769	2611	11077	13311
土地增值税	8211	18015	5694	5934	3875	5884	18770	15604
耕地占用税	4749	4116	3030	6923	4165	2312	3295	4559
契税	21401	27764	11837	3829	5035	12170	19531	14077
其他各项税收收入	9680	17255	9020	3308	3417	4224	11334	7818
(二)非税收入小计	54873	68586	39985	21569	25553	23686	34923	38031
专项收入	30745	43314	36673	13207	16372	11560	24295	31066
行政事业性收费收入	17	737	46	58	0	2388	0	0
罚没收入	18913	24611	6990	4347	8898	7074	11900	8809
国有资本经营收入	-708	-7000	-4000	1256	0	0	-1738	-5437
国有资源(资产)有偿使用收入	5906	6924	276	2699	283	2664	466	115
其他收入	0	0	0	2	0	0	0	3478
二、支出合计	586904	726079	481184	305551	343653	329310	322095	354761
一般公共服务支出	46490	59554	63529	33710	29719	37181	40340	40883
外交支出	0	0	0	0	0	0	0	0
国防支出	597	150	100	598	250	273	444	811
公共安全支出	34118	40528	31936	17141	14224	20666	22522	20785
教育支出	149917	187726	85996	62188	73545	90569	77734	102479
科学技术支出	14643	16197	17988	2414	3225	5252	12199	13857
文化体育与传媒支出	7059	10145	15718	6563	5791	7398	5251	7839
社会保障和就业支出	67862	64811	32893	43574	24299	31818	26458	31398
医疗卫生与计划生育支出	59113	49280	30866	32127	43096	34009	23483	22669
节能环保支出	26503	9480	11368	1919	3565	4256	5799	6488
城乡社区支出	22479	26543	36759	8312	32974	11243	23113	16819
农林水支出	96739	177197	85031	39964	62808	47750	54530	47435
交通运输支出	31015	39905	37606	34747	27915	18291	5000	30364
资源勘探信息等支出	7575	9277	14439	5745	4415	2130	9489	4728
商业服务业等支出	1968	7058	2711	1541	1798	3343	2899	2136
金融支出	56	540	270	133	194	74	60	150
援助其他地区支出	1396	2386	1707	5	0	0	1347	0
国土海洋气象等支出	4097	7750	2644	5445	1548	878	2075	1837
住房保障支出	10015	9073	6148	5680	8691	11758	5388	2076
粮油物资储备支出	2176	383	2224	1817	384	874	458	20
其他支出	722	5784	733	320	3035	250	2283	803
债务付息支出	2211	2138	417	1538	2072	1228	1096	1115
债务发行费用支出	153	174	101	70	105	69	127	69

（续表十四）　　单位：万元

项目＼地区	路桥区	丽水市	市本级	缙云县	景宁县	莲都区	龙泉市	青田县
一、收入合计	358834	945064	232871	110080	54513	124669	71445	149328
（一）税收收入小计	311590	783315	197836	88153	48258	110695	61928	109193
增值税	53414	120797	23823	18260	6802	20364	7258	17050
营业税	82663	233486	52690	25067	10878	36258	20039	37548
企业所得税	70047	94874	26385	7129	3899	20047	7214	12546
个人所得税	17981	55744	15663	4613	11628	4224	3121	6333
资源税	91	5347	6	1034	335	811	534	767
城市维护建设税	19199	43018	14669	5078	1869	5053	3398	4791
房产税	13931	26771	5531	4516	819	3442	2105	3878
城镇土地使用税	14360	25339	8222	3722	481	2289	2262	1330
土地增值税	13455	40238	14480	5698	1122	627	2141	6977
耕地占用税	656	64368	14133	5065	6646	10058	6015	8174
契税	13767	51969	17125	4601	2936	4577	6107	7338
其他各项税收收入	12026	21364	5109	3370	843	2945	1734	2461
（二）非税收入小计	47244	161749	35035	21927	6255	13974	9517	40135
专项收入	41715	66492	15822	12888	3183	5609	4862	9621
行政事业性收费收入	0	32583	5698	5392	1430	2920	900	12593
罚没收入	9289	37153	9861	3971	1216	2736	2366	3434
国有资本经营收入	-5000	-937	125	-550	0	0	-225	0
国有资源（资产）有偿使用收入	1240	23179	494	226	241	2709	1614	14486
其他收入	0	3279	3035	0	185	0	0	1
二、支出合计	311123	2793261	456819	289710	261269	256790	268412	347733
一般公共服务支出	34516	313263	48872	29170	33874	23630	28483	40599
外交支出	0	0	0	0	0	0	0	0
国防支出	44	5060	809	99	344	552	451	625
公共安全支出	21160	159467	32718	17497	10491	16681	12021	18447
教育支出	81670	522659	68765	74077	38962	55212	50354	74514
科学技术支出	5016	54488	13775	4404	2808	6257	5688	8284
文化体育与传媒支出	5380	73969	9904	5861	11342	6969	8101	9493
社会保障和就业支出	23806	248664	37019	27343	14328	34515	35349	41708
医疗卫生与计划生育支出	26594	277395	26987	26999	28240	38099	30677	42984
节能环保支出	20316	87356	26575	6734	5711	2641	3038	7101
城乡社区支出	15901	152299	32348	21227	16596	11181	11039	17055
农林水支出	33192	477780	25785	44255	53447	47122	50654	50934
交通运输支出	10686	206092	65072	14057	14832	2797	19236	17863
资源勘探信息等支出	3384	85064	43250	2762	13510	2496	3689	5098
商业服务业等支出	903	20286	4104	1720	2356	831	4644	1357
金融支出	435	1173	60	143	138	0	280	334
援助其他地区支出	1268	0	0	0	0	0	0	0
国土海洋气象等支出	2404	16348	2946	2127	1600	1253	1170	1460
住房保障支出	1370	55568	11611	9057	7040	4811	1317	5410
粮油物资储备支出	144	9654	1963	468	1077	904	708	1376
其他支出	21708	13327	676	717	3518	363	200	1269
债务付息支出	1063	12540	3248	879	1000	442	1240	1762
债务发行费用支出	163	809	332	114	55	34	73	60

（续表十五） 单位：万元

项目 \ 地区	庆元县	松阳县	遂昌县	云和县
一、收入合计	35508	52591	71160	42899
（一）税收收入小计	28823	41782	60243	36404
增值税	4512	5640	8174	8914
营业税	10863	13458	16480	10205
企业所得税	4006	4687	5420	3541
个人所得税	1995	2582	3442	2143
资源税	122	415	974	349
城市维护建设税	1539	1835	2541	2245
房产税	1062	1549	2151	1718
城镇土地使用税	629	1233	2603	2568
土地增值税	1040	1428	5985	740
耕地占用税	1295	5550	6938	494
契税	971	2081	3680	2553
其他各项税收收入	789	1324	1855	934
（二）非税收入小计	6685	10809	10917	6495
专项收入	2561	3486	5191	3269
行政事业性收费收入	1300	1658	436	256
罚没收入	1059	5525	4656	2329
国有资本经营收入	-155	0	-132	0
国有资源（资产）有偿使用收入	1920	140	766	583
其他收入	0	0	0	58
二、支出合计	241717	253868	255202	161741
一般公共服务支出	27710	29236	29811	21878
外交支出	0	0	0	0
国防支出	577	516	640	447
公共安全支出	12157	14013	15312	10130
教育支出	35897	55161	45708	24009
科学技术支出	3983	3595	3393	2301
文化体育与传媒支出	4750	5562	8020	3967
社会保障和就业支出	12115	15233	20767	10287
医疗卫生与计划生育支出	18560	28491	18360	17998
节能环保支出	6174	15025	13462	895
城乡社区支出	14414	5877	11930	10632
农林水支出	55928	56896	58535	34224
交通运输支出	39358	13547	10153	9177
资源勘探信息等支出	931	1400	7748	4180
商业服务业等支出	1285	939	1964	1086
金融支出	0	0	138	80
援助其他地区支出	0	0	0	0
国土海洋气象等支出	1419	966	2147	1260
住房保障支出	4266	5128	2435	4493
粮油物资储备支出	905	1299	669	285
其他支出	458	53	2745	3328
债务付息支出	830	888	1222	1029
债务发行费用支出	0	43	43	55

2015年浙江省各市县财政总收入表

单位:万元

地　区	财政总收入	地　区	财政总收入	地　区	财政总收入
杭州小计	22387456	桐乡市	1002706	常山县	124550
杭州市	20738698	嘉善县	669084	开化县	108293
桐庐县	430329	海盐县	593665	**舟山小计**	1595920
临安市	602786	**湖州小计**	3278218	舟山市	1323464
建德市	364699	湖州市	1311300	岱山县	192207
淳安县	250944	德清县	666445	嵊泗县	80249
宁波小计	20727267	安吉县	556855	**台州小计**	5397827
宁波市	15213006	长兴县	743618	台州市	2282818
慈溪市	2207043	**绍兴小计**	6021890	温岭市	983574
余姚市	1337851	绍兴市	3909654	临海市	678102
奉化市	624002	诸暨市	1129322	玉环县	722956
宁海县	731372	嵊州市	467896	三门县	236843
象山县	613993	新昌县	515018	天台县	258932
温州小计	6779150	**金华小计**	5169649	仙居县	234602
温州市	3080583	金华市	1196500	**丽水小计**	1515985
乐清市	1240791	兰溪市	396287	丽水市	588970
瑞安市	946274	东阳市	811887	龙泉市	103886
永嘉县	458775	义乌市	1283299	青田县	222601
平阳县	407597	永康市	769564	云和县	75806
苍南县	462462	浦江县	247652	庆元县	55912
文成县	89894	武义县	336854	缙云县	179527
泰顺县	92774	磐安县	127606	遂昌县	105376
嘉兴小计	6387986	**衢州小计**	1439944	松阳县	77334
嘉兴市	1927904	衢州市	778040	景宁县	106573
海宁市	1211194	江山市	242590		
平湖市	983433	龙游县	186471		

2015年浙江省乡镇(含比照乡镇财政体制管理的街道)一般公共预算收入排序表

单位:万元

排序	所属地区	县(市、区)	乡镇(街道)	一般公共预算收入	排序	所属地区	县(市、区)	乡镇(街道)	一般公共预算收入
1	宁波市	北仑区	新矸街道	221273.00	31	宁波市	象山县	丹东街道	70599.58
2	绍兴市	柯桥区	柯桥街道	205694.68	32	绍兴市	上虞区	百官街道	68799.00
3	金华市	义乌市	稠城街道	154666.00	33	绍兴市	柯桥区	钱清镇	67464.32
4	湖州市	安吉县	递铺镇	140533.45	34	金华市	义乌市	北苑街道	67083.00
5	绍兴市	诸暨市	暨阳街道	138071.91	35	杭州市	萧山区	瓜沥镇	66360.80
6	宁波市	鄞州区	石碶街道	135105.00	36	舟山市	普陀区	东港街道	65766.87
7	金华市	东阳市	横店镇	124306.35	37	温州市	瑞安市	塘下镇	65251.07
8	宁波市	鄞州区	潘火街道	117426.00	38	湖州市	吴兴区	织里镇	64377.00
9	绍兴市	柯桥区	华舍街道	117335.33	39	宁波市	镇海区	骆驼街道	63266.66
10	绍兴市	柯桥区	马鞍镇	115201.51	40	宁波市	江北区	甬江镇	63081.00
11	金华市	义乌市	稠江街道	110279.50	41	杭州市	余杭区	余杭街道	61579.22
12	杭州市	余杭区	良渚街道	109434.04	42	湖州市	吴兴区	八里店镇	61543.00
13	嘉兴市	平湖市	钟埭街道	98252.28	43	温州市	乐清市	柳市镇	61073.27
14	杭州市	西湖区	三墩镇	97756.24	44	嘉兴市	桐乡市	开发区	60402.57
15	宁波市	鄞州区	首南街道	96523.00	45	宁波市	慈溪市	浒山街道	59612.00
16	宁波市	北仑区	小港街道	96009.00	46	宁波市	鄞州区	东钱湖镇	58087.00
17	宁波市	江北区	庄桥镇	94457.00	47	杭州市	富阳区	富春街道	58070.00
18	杭州市	余杭区	五常街道	90402.08	48	温州市	苍南县	龙港镇	57836.90
19	宁波市	奉化市	锦屏街道	89887.00	49	宁波市	慈溪市	周巷镇	57645.00
20	宁波市	镇海区	蛟川街道	84992.46	50	宁波市	慈溪市	观海卫镇	56309.00
21	嘉兴市	海盐县	武原街道	84576.17	51	绍兴市	诸暨市	店口镇	56164.47
22	绍兴市	柯桥区	柯岩街道	83255.38	52	温州市	乐清市	乐成街道办事处	55136.76
23	绍兴市	柯桥区	齐贤镇	81665.17	53	嘉兴市	海宁市	长安镇	54372.43
24	绍兴市	越城区	斗门镇	79361.04	54	湖州市	德清县	武康镇	53960.54
25	杭州市	余杭区	仓前街道	77806.74	55	台州市	三门县	海游街道	53809.00
26	嘉兴市	嘉善县	惠民街道	75783.80	56	丽水市	青田县	鹤城街道办事处	53400.00
27	温州市	苍南县	灵溪镇	72897.60	57	台州市	临海市	杜桥镇	51719.40
28	宁波市	余姚市	阳明街道	72411.76	58	舟山市	普陀区	六横镇	51360.92
29	宁波市	江北区	慈城镇	71541.80	59	宁波市	鄞州区	高桥镇	50787.00
30	宁波市	北仑区	大矸街道	70687.00	60	杭州市	余杭区	闲林街道	50480.34

（续表一） 单位：万元

排序	所属地区	县（市、区）	乡镇（街道）	一般公共预算收入	排序	所属地区	县（市、区）	乡镇（街道）	一般公共预算收入
61	绍兴市	越城区	灵芝镇	50191.59	91	宁波市	慈溪市	横河镇	36414.00
62	湖州市	南浔区	南浔镇	49531.00	92	杭州市	余杭区	乔司街道	36170.89
63	嘉兴市	桐乡市	梧桐街道	49511.14	93	宁波市	慈溪市	龙山镇	36138.00
64	嘉兴市	海盐县	西塘桥街道	48693.25	94	绍兴市	上虞区	道墟镇	35404.00
65	宁波市	象山县	丹西街道	47170.52	95	宁波市	鄞州区	中河街道	34867.00
66	宁波市	慈溪市	宗汉街道	45432.00	96	宁波市	余姚市	泗门镇	34718.64
67	绍兴市	上虞区	松下镇	45134.00	97	台州市	温岭市	大溪镇	34492.00
68	宁波市	奉化市	岳林街道	44775.00	98	温州市	瓯海区	梧田街道	34284.98
69	宁波市	江北区	洪塘镇	43996.00	99	嘉兴市	平湖市	独山港镇	34015.34
70	绍兴市	柯桥区	杨汛桥镇	43369.96	100	杭州市	余杭区	塘栖镇	33140.27
71	温州市	平阳县	鳌江镇	43231.00	101	宁波市	鄞州区	五乡镇	33093.00
72	宁波市	北仑区	戚家山街道	42926.00	102	宁波市	宁海县	西店镇	32988.00
73	宁波市	慈溪市	古塘街道	42924.00	103	绍兴市	柯桥区	福全镇	32545.77
74	宁波市	余姚市	凤山街道	42863.75	104	嘉兴市	海宁市	许村镇	32520.95
75	绍兴市	诸暨市	浣东街道	42671.46	105	宁波市	余姚市	朗霞街道	32295.80
76	台州市	玉环县	楚门镇	42267.00	106	杭州市	余杭区	崇贤街道	32149.15
77	宁波市	鄞州区	古林镇	41797.00	107	台州市	路桥区	金清镇	32100.00
78	绍兴市	诸暨市	大唐镇	40104.00	108	宁波市	象山县	石浦镇	31873.28
79	温州市	乐清市	北白象镇	39588.53	109	绍兴市	上虞区	章镇镇	31862.00
80	金华市	义乌市	江东街道	39505.70	110	绍兴市	柯桥区	安昌镇	31782.32
81	宁波市	鄞州区	姜山镇	39433.00	111	温州市	乐清市	城南街道办事处	31418.60
82	宁波市	余姚市	兰江街道	39166.65	112	嘉兴市	嘉善县	魏塘街道	31373.88
83	绍兴市	诸暨市	陶朱街道	38849.63	113	嘉兴市	桐乡市	崇福镇	31251.98
84	宁波市	宁海县	跃龙街道	38626.00	114	金华市	武义县	白洋街道	31065.45
85	绍兴市	越城区	马山镇	38394.92	115	温州市	乐清市	虹桥镇	30962.48
86	宁波市	鄞州区	钟公庙街道	37975.00	116	嘉兴市	桐乡市	洲泉镇	30827.95
87	台州市	温岭市	泽国镇	37696.70	117	杭州市	萧山区	义桥镇	30814.38
88	衢州市	江山市	虎山街道办事处	37074.00	118	嘉兴市	嘉善县	西塘镇	30147.59
89	宁波市	鄞州区	邱隘镇	37059.00	119	杭州市	富阳区	银湖街道	30071.00
90	金华市	义乌市	佛堂镇	36577.00	120	金华市	武义县	壶山街道	29523.08

（续表二） 单位：万元

排序	所属地区	县(市、区)	乡镇(街道)	一般公共预算收入	排序	所属地区	县(市、区)	乡镇(街道)	一般公共预算收入
121	湖州市	长兴县	煤山镇	29060.42	151	嘉兴市	嘉善县	姚庄镇	24286.45
122	嘉兴市	海宁市	马桥街道	28790.63	152	湖州市	德清县	钟管镇	24271.61
123	杭州市	萧山区	临浦镇	28599.62	153	宁波市	余姚市	低塘街道	23922.02
124	杭州市	余杭区	仁和街道	28486.82	154	绍兴市	诸暨市	枫桥镇	23618.97
125	杭州市	萧山区	衙前镇	28145.95	155	宁波市	宁海县	桃源街道	23496.00
126	杭州市	建德市	新安江街道	28062.00	156	宁波市	宁海县	梅林街道	23078.00
127	宁波市	鄞州区	下应街道	27801.00	157	温州市	瓯海区	新桥街道	23071.14
128	嘉兴市	平湖市	乍浦镇	27719.55	158	宁波市	鄞州区	集士港镇	23062.00
129	绍兴市	柯桥区	平水镇	27718.94	159	温州市	平阳县	昆阳镇	22915.80
130	宁波市	慈溪市	白沙街道	27566.00	160	宁波市	奉化市	江口街道	22540.00
131	宁波市	慈溪市	坎墩街道	27454.00	161	湖州市	德清县	新市镇	22477.89
132	杭州市	富阳区	东洲街道	27292.12	162	宁波市	慈溪市	道林镇	22473.00
133	宁波市	鄞州区	云龙镇	27214.00	163	宁波市	镇海区	庄市街道	22373.01
134	杭州市	余杭区	瓶窑镇	27073.83	164	宁波市	余姚市	马渚镇	22361.16
135	湖州市	长兴县	画溪街道	26825.51	165	宁波市	北仑区	霞浦街道	22188.00
136	宁波市	奉化市	溪口镇	26800.00	166	绍兴市	嵊州市	三江街道	22026.12
137	温州市	瓯海区	娄桥街道	26770.13	167	绍兴市	越城区	皋埠镇	21695.22
138	宁波市	象山县	西周镇	26633.28	168	台州市	玉环县	清港镇	21620.23
139	宁波市	余姚市	梨洲街道	26445.31	169	温州市	乐清市	城东街道办事处	21433.70
140	舟山市	普陀区	沈家门街道	26114.90	170	丽水市	青田县	温溪镇	20974.00
141	金华市	永康市	西城街道	25976.00	171	嘉兴市	海宁市	黄湾镇	20493.95
142	绍兴市	上虞区	沥海镇	25749.00	172	绍兴市	柯桥区	兰亭镇	20266.35
143	金华市	永康市	东城街道	25335.00	173	金华市	义乌市	苏溪镇	19920.00
144	衢州市	江山市	双塔街道办事处	25274.00	174	杭州市	余杭区	中泰街道	18949.12
145	嘉兴市	桐乡市	濮院镇	25157.37	175	宁波市	慈溪市	庵东镇	18939.00
146	嘉兴市	嘉善县	罗星街道	25148.75	176	湖州市	长兴县	和平镇	18860.31
147	杭州市	富阳区	春江街道	25073.97	177	绍兴市	上虞区	小越镇	18471.00
148	嘉兴市	桐乡市	乌镇镇	25024.17	178	湖州市	安吉县	天子湖镇	18393.00
149	金华市	义乌市	廿三里街道	24426.25	179	金华市	义乌市	福田街道	18252.00
150	宁波市	鄞州区	东吴镇	24340.00	180	金华市	武义县	熟溪街道	18166.12

（续表三） 单位：万元

排序	所属地区	县（市、区）	乡镇（街道）	一般公共预算收入	排序	所属地区	县（市、区）	乡镇（街道）	一般公共预算收入
181	嘉兴市	海宁市	袁花镇	18099.97	211	湖州市	德清县	雷甸镇	14313.08
182	绍兴市	诸暨市	牌头镇	18090.16	212	宁波市	鄞州区	洞桥镇	14194.00
183	嘉兴市	平湖市	新埭镇	18085.14	213	宁波市	镇海区	九龙湖镇	14191.20
184	嘉兴市	秀洲区	王江泾镇	18002.69	214	宁波市	余姚市	丈亭镇	14151.90
185	湖州市	德清县	乾元镇	17997.53	215	宁波市	余姚市	陆埠镇	13993.53
186	金华市	兰溪市	灵洞乡	17765.00	216	宁波市	北仑区	春晓镇	13880.00
187	衢州市	开化县	华埠镇	17669.00	217	嘉兴市	海宁市	斜桥镇	13852.36
188	宁波市	鄞州区	横街镇	17626.00	218	宁波市	余姚市	小曹娥镇	13785.16
189	舟山市	普陀区	朱家尖街道	17517.49	219	宁波市	余姚市	临山镇	13739.72
190	台州市	温岭市	箬横镇	17459.00	220	宁波市	镇海区	蟹浦镇	13712.81
191	杭州市	富阳区	新登镇	17343.50	221	宁波市	宁海县	黄坛镇	13680.00
192	嘉兴市	海盐县	百步镇	17260.45	222	温州市	平阳县	万全镇	13627.20
193	嘉兴市	海宁市	海洲街道	16524.54	223	金华市	永康市	古山镇	13550.00
194	绍兴市	诸暨市	草塔镇	16390.30	224	杭州市	临安市	太湖源镇	13457.92
195	宁波市	奉化市	西坞街道	16334.00	225	金华市	义乌市	后宅街道	13354.60
196	绍兴市	越城区	东浦镇	16330.81	226	杭州市	余杭区	运河街道	13352.88
197	绍兴市	柯桥区	湖塘街道	16303.50	227	丽水市	缙云县	壶镇镇	13308.40
198	湖州市	南浔区	练市镇	16062.00	228	嘉兴市	平湖市	新仓镇	13262.24
199	嘉兴市	平湖市	当湖街道	15954.37	229	湖州市	长兴县	李家巷镇	13197.35
200	台州市	温岭市	松门镇	15670.00	230	湖州市	长兴县	夹浦镇	13159.73
201	宁波市	奉化市	莼湖镇	15433.00	231	台州市	玉环县	芦浦镇	13123.00
202	湖州市	南浔区	双林镇	15312.00	232	嘉兴市	海宁市	盐官镇	12957.80
203	宁波市	鄞州区	横溪镇	15285.00	233	杭州市	萧山区	党湾镇	12819.80
204	温州市	瓯海区	景山街道	15230.34	234	宁波市	象山县	爵溪街道	12789.96
205	湖州市	吴兴区	埭溪镇	14979.00	235	杭州市	萧山区	所前镇	12755.36
206	金华市	武义县	桐琴镇	14894.96	236	嘉兴市	嘉善县	大云镇	12707.69
207	宁波市	慈溪市	长河镇	14856.00	237	湖州市	安吉县	梅溪镇	12652.00
208	杭州市	西湖区	双浦镇	14842.68	238	金华市	义乌市	上溪镇	12621.00
209	丽水市	缙云县	五云街道办事处	14822.09	239	湖州市	安吉县	天荒坪镇	12421.00
210	台州市	路桥区	横街镇	14550.00	240	宁波市	余姚市	黄家埠镇	12312.81

（续表四） 单位：万元

排序	所属地区	县（市、区）	乡镇（街道）	一般公共预算收入	排序	所属地区	县（市、区）	乡镇（街道）	一般公共预算收入
241	湖州市	吴兴区	东林镇	12261.00	271	绍兴市	嵊州市	甘霖镇	11027.96
242	台州市	路桥区	新桥镇	12260.00	272	宁波市	鄞州区	鄞江镇	11007.00
243	绍兴市	嵊州市	剡湖街道	12211.76	273	杭州市	桐庐县	城南街道	10988.00
244	金华市	永康市	芝英镇	12194.00	274	台州市	玉环县	龙溪乡	10922.91
245	杭州市	富阳区	胥口镇	12171.12	275	嘉兴市	海宁市	周王庙镇	10918.37
246	金华市	永康市	城西新区	12119.00	276	绍兴市	诸暨市	应店街镇	10794.47
247	嘉兴市	平湖市	曹桥街道	12117.50	277	宁波市	余姚市	牟山镇	10793.91
248	台州市	温岭市	新河镇	12069.50	278	杭州市	富阳区	大源镇	10615.59
249	宁波市	北仑区	柴桥街道	11944.00	279	杭州市	富阳区	鹿山街道	10544.22
250	嘉兴市	桐乡市	凤鸣街道	11883.81	280	温州市	瑞安市	莘塍街道办事处	10409.50
251	杭州市	萧山区	益农镇	11856.69	281	湖州市	长兴县	泗安镇	10408.38
252	宁波市	余姚市	河姆渡镇	11815.67	282	金华市	义乌市	义亭镇	10370.00
253	温州市	瓯海区	郭溪街道	11786.05	283	绍兴市	越城区	东湖镇	10289.92
254	金华市	东阳市	南马镇	11777.41	284	温州市	瓯海区	南白象街道	10262.89
255	杭州市	富阳区	灵桥镇	11772.34	285	宁波市	慈溪市	崇寿镇	10214.00
256	宁波市	慈溪市	掌起镇	11738.00	286	绍兴市	上虞区	丰惠镇	10070.00
257	嘉兴市	秀城区	余新镇	11645.04	287	台州市	黄岩区	院桥镇	10043.90
258	金华市	永康市	江南街道	11565.00	288	衢州市	常山县	辉埠镇	10040.00
259	温州市	平阳县	水头镇	11538.80	289	绍兴市	越城区	鉴湖镇	10027.33
260	嘉兴市	秀洲区	王店镇	11500.60	290	台州市	临海市	汛桥镇	9922.05
261	绍兴市	柯桥区	夏履镇	11467.38	291	台州市	温岭市	石塘镇	9823.10
262	嘉兴市	嘉善县	天凝镇	11426.47	292	宁波市	慈溪市	匡堰镇	9711.00
263	丽水市	遂昌县	妙高街道办事处	11412.83	293	湖州市	南浔区	和孚镇	9659.00
264	杭州市	富阳区	新桐乡	11347.76	294	嘉兴市	海宁市	丁桥镇	9657.51
265	绍兴市	柯桥区	漓渚镇	11319.28	295	台州市	温岭市	温峤镇	9655.00
266	杭州市	萧山区	浦阳镇	11270.97	296	金华市	兰溪市	兰江街道	9593.00
267	嘉兴市	嘉善县	干窑镇	11175.73	297	绍兴市	诸暨市	次坞镇	9584.57
268	嘉兴市	桐乡市	石门镇	11152.11	298	宁波市	奉化市	尚田镇	9524.00
269	台州市	路桥区	蓬街镇	11134.00	299	宁波市	慈溪市	新浦镇	9469.00
270	衢州市	江山市	贺村镇	11075.00	300	金华市	永康市	象珠镇	9445.00

（续表五） 单位：万元

排序	所属地区	县（市、区）	乡镇（街道）	一般公共预算收入	排序	所属地区	县（市、区）	乡镇（街道）	一般公共预算收入
301	宁波市	北仑区	梅山乡	9442.00	331	杭州市	桐庐县	横村镇	8321.00
302	台州市	温岭市	城南镇	9398.00	332	嘉兴市	秀洲区	油车港镇	8302.94
303	舟山市	定海区	马岙街道	9371.42	333	衢州市	龙游县	湖镇镇	8280.00
304	金华市	义乌市	城西街道	9362.00	334	嘉兴市	秀洲区	新塍镇	8239.36
305	舟山市	定海区	金塘镇	9360.32	335	宁波市	慈溪市	胜山镇	8238.00
306	湖州市	德清县	洛舍镇	9323.37	336	温州市	瓯海区	瞿溪街道	8231.46
307	杭州市	桐庐县	桐君街道	9151.00	337	温州市	瑞安市	陶山镇	8211.96
308	舟山市	岱山县	衢山镇	9122.91	338	舟山市	定海区	白泉镇	8200.60
309	台州市	温岭市	滨海镇	9046.00	339	金华市	义乌市	大陈镇	8193.00
310	绍兴市	上虞区	东关街道	9035.00	340	杭州市	建德市	寿昌镇	8106.00
311	湖州市	长兴县	雉城街道办	8906.75	341	温州市	永嘉县	桥头镇	8096.93
312	嘉兴市	桐乡市	屠甸镇	8893.33	342	绍兴市	嵊州市	鹿山街道	8083.32
313	绍兴市	诸暨市	王家井镇	8887.33	343	金华市	义乌市	赤岸镇	8056.00
314	宁波市	余姚市	三七市镇	8879.26	344	杭州市	余杭区	径山镇	7994.15
315	宁波市	慈溪市	附海镇	8860.00	345	台州市	天台县	平桥镇	7976.45
316	杭州市	桐庐县	富春江镇	8824.00	346	湖州市	安吉县	孝丰镇	7964.00
317	绍兴市	诸暨市	山下湖镇	8806.70	347	丽水市	缙云县	新碧街道办事处	7899.87
318	舟山市	定海区	岑港街道	8804.95	348	杭州市	萧山区	河上镇	7869.84
319	宁波市	慈溪市	桥头镇	8795.00	349	嘉兴市	秀城区	七星镇	7833.45
320	嘉兴市	海盐县	澉浦镇	8794.45	350	舟山市	岱山县	高亭镇	7828.13
321	台州市	临海市	东塍镇	8791.30	351	湖州市	德清县	新安镇	7789.46
322	宁波市	鄞州区	瞻岐镇	8756.00	352	金华市	东阳市	巍山镇	7667.35
323	台州市	玉环县	沙门镇	8703.44	353	杭州市	富阳区	渔山乡	7596.39
324	嘉兴市	海盐县	秦山街道	8644.90	354	杭州市	建德市	洋溪街道	7499.00
325	金华市	浦江县	浦阳街道	8550.34	355	杭州市	萧山区	戴村镇	7415.19
326	温州市	永嘉县	桥下镇	8541.68	356	丽水市	龙泉市	剑池街道	7349.27
327	湖州市	南浔区	菱湖镇	8484.00	357	绍兴市	越城区	孙端镇	7335.25
328	宁波市	宁海县	深甽镇	8445.00	358	金华市	浦江县	黄宅镇	7310.72
329	湖州市	吴兴区	环渚街道	8421.00	359	绍兴市	柯桥区	稽东镇	7287.04
330	绍兴市	柯桥区	王坛镇	8380.56	360	湖州市	德清县	禹越镇	7274.51

（续表六） 单位：万元

排序	所属地区	县（市、区）	乡镇（街道）	一般公共预算收入	排序	所属地区	县（市、区）	乡镇（街道）	一般公共预算收入
361	宁波市	奉化市	萧王庙街道	7267.00	391	绍兴市	诸暨市	璜山镇	6320.59
362	绍兴市	上虞区	梁湖镇	7202.00	392	温州市	泰顺县	罗阳镇	6302.80
363	湖州市	长兴县	林城镇	7185.72	393	杭州市	富阳区	环山乡	6292.95
364	嘉兴市	秀城区	凤桥镇	7069.01	394	湖州市	长兴县	小浦镇	6282.24
365	金华市	磐安县	安文镇	7026.42	395	绍兴市	诸暨市	安华镇	6276.75
366	金华市	武义县	泉溪镇	6978.48	396	嘉兴市	秀洲区	新城街道	6276.30
367	嘉兴市	桐乡市	龙翔街道	6960.76	397	温州市	瓯海区	三垟街道	6213.76
368	丽水市	松阳县	西屏街道办事处	6939.39	398	嘉兴市	平湖市	林埭镇	6156.12
369	金华市	东阳市	歌山镇	6938.64	399	舟山市	定海区	环南街道	6150.40
370	宁波市	鄞州区	塘溪镇	6836.00	400	舟山市	普陀区	展茅街道	6089.86
371	宁波市	余姚市	梁弄镇	6802.41	401	嘉兴市	桐乡市	大麻镇	6056.78
372	台州市	临海市	沿江镇	6796.85	402	绍兴市	上虞区	上浦镇	6014.00
373	绍兴市	嵊州市	三界镇	6792.97	403	舟山市	岱山县	东沙镇	5969.94
374	嘉兴市	秀洲区	洪合镇	6757.78	404	台州市	临海市	尤溪镇	5958.25
375	嘉兴市	海盐县	通元镇	6743.66	405	嘉兴市	桐乡市	河山镇	5950.65
376	台州市	临海市	上盘镇	6704.00	406	杭州市	淳安县	千岛湖镇	5921.00
377	宁波市	宁海县	长街镇	6673.00	407	温州市	瓯海区	仙岩街道	5894.16
378	温州市	苍南县	钱库镇	6652.60	408	杭州市	临安市	高虹镇	5825.06
379	宁波市	北仑区	白峰镇	6646.00	409	杭州市	富阳区	场口镇	5818.44
380	舟山市	定海区	盐仓街道	6612.08	410	湖州市	长兴县	洪桥镇	5818.00
381	温州市	瑞安市	马屿镇	6606.79	411	舟山市	嵊泗县	菜园镇	5796.80
382	嘉兴市	海宁市	硖石街道	6595.40	412	温州市	苍南县	金乡镇	5758.50
383	湖州市	吴兴区	道场乡	6595.00	413	嘉兴市	桐乡市	高桥镇	5735.38
384	嘉兴市	海盐县	沈荡镇	6585.73	414	嘉兴市	秀城区	大桥镇	5690.91
385	台州市	临海市	涌泉镇	6577.45	415	嘉兴市	秀城区	新丰镇	5621.05
386	金华市	兰溪市	云山街道	6561.00	416	杭州市	建德市	下涯镇	5612.00
387	杭州市	桐庐县	分水镇	6540.00	417	嘉兴市	海盐县	元通街道	5575.88
388	温州市	瓯海区	潘桥街道	6485.24	418	丽水市	莲都区	仙渡乡	5530.86
389	湖州市	长兴县	虹星桥镇	6395.67	419	衢州市	江山市	上余镇	5460.00
390	温州市	鹿城区	滕桥镇	6383.00	420	台州市	三门县	健跳镇	5436.00

（续表七）

单位：万元

排序	所属地区	县（市、区）	乡镇（街道）	一般公共预算收入	排序	所属地区	县（市、区）	乡镇（街道）	一般公共预算收入
421	杭州市	建德市	梅城镇	5432.00	451	嘉兴市	海盐县	于城镇	4540.01
422	绍兴市	嵊州市	长乐镇	5382.96	452	温州市	平阳县	腾蛟镇	4508.20
423	宁波市	宁海县	强蛟镇	5349.00	453	杭州市	桐庐县	江南镇	4504.00
424	杭州市	萧山区	进化镇	5345.47	454	绍兴市	诸暨市	阮市镇	4483.86
425	绍兴市	嵊州市	黄泽镇	5316.78	455	金华市	永康市	花街镇	4482.00
426	杭州市	富阳区	渌渚镇	5274.19	456	杭州市	临安市	於潜镇	4453.54
427	舟山市	定海区	小沙街道	5247.78	457	温州市	洞头县	北岙街道办事处	4404.45
428	绍兴市	诸暨市	街亭镇	5243.85	458	台州市	三门县	珠岙镇	4398.05
429	湖州市	安吉县	皈山乡	5190.75	459	绍兴市	嵊州市	崇仁镇	4380.91
430	宁波市	宁海县	岔路镇	5171.00	460	宁波市	奉化市	松岙镇	4369.00
431	金华市	永康市	龙山镇	5165.00	461	衢州市	开化县	城关镇	4351.00
432	湖州市	德清县	三合乡	5092.14	462	台州市	玉环县	干江镇	4334.36
433	温州市	瑞安市	飞云街道办事处	5017.75	463	宁波市	象山县	贤痒镇	4332.49
434	绍兴市	越城区	陶堰镇	4994.88	464	湖州市	长兴县	龙山街道办	4325.71
435	丽水市	庆元县	濛洲街道	4919.00	465	舟山市	定海区	双桥街道	4279.15
436	衢州市	柯城区	航埠镇	4911.00	466	台州市	三门县	浦坝港镇	4180.00
437	金华市	磐安县	尖山镇	4893.41	467	宁波市	奉化市	裘村镇	4145.00
438	丽水市	青田县	船寮镇	4869.00	468	嘉兴市	嘉善县	陶庄镇	4144.77
439	温州市	乐清市	雁荡镇	4846.79	469	湖州市	长兴县	水口乡	4091.68
440	温州市	瓯海区	丽岙街道	4798.30	470	湖州市	安吉县	上墅乡	4064.00
441	台州市	天台县	坦头镇	4772.03	471	嘉兴市	海宁市	海昌街道	4048.88
442	宁波市	鄞州区	咸祥镇	4772.00	472	宁波市	宁海县	茶院乡	4031.00
443	金华市	永康市	石柱镇	4753.00	473	宁波市	宁海县	桥头胡街道	4022.00
444	绍兴市	诸暨市	江藻镇	4747.17	474	宁波市	象山县	东陈乡	4011.40
445	丽水市	青田县	北山镇	4743.00	475	宁波市	余姚市	大隐镇	3998.82
446	嘉兴市	平湖市	广陈镇	4704.09	476	台州市	天台县	白鹤镇	3976.01
447	宁波市	象山县	大徐镇	4637.64	477	宁波市	宁海县	力洋镇	3960.00
448	绍兴市	上虞区	谢塘镇	4620.00	478	杭州市	临安市	板桥镇	3927.46
449	杭州市	建德市	乾潭镇	4616.00	479	湖州市	安吉县	溪龙乡	3925.00
450	绍兴市	嵊州市	仙岩镇	4561.37	480	绍兴市	上虞区	汤浦镇	3915.00

（续表八）

单位：万元

排序	所属地区	县（市、区）	乡镇（街道）	一般公共预算收入	排序	所属地区	县（市、区）	乡镇（街道）	一般公共预算收入
481	舟山市	岱山县	秀山乡	3905.76	511	金华市	兰溪市	永昌街道	3110.00
482	宁波市	象山县	黄避岙乡	3864.70	512	温州市	乐清市	翁洋街道办事处	3090.05
483	温州市	瑞安市	仙降街道办事处	3832.16	513	衢州市	衢江区	上方镇	3059.01
484	湖州市	南浔区	旧馆镇	3764.00	514	舟山市	定海区	干览镇	3052.43
485	衢州市	龙游县	龙洲街道办事处	3730.00	515	宁波市	宁海县	大佳河镇	3029.00
486	绍兴市	诸暨市	直埠镇	3688.96	516	杭州市	临安市	龙岗镇	3024.73
487	舟山市	岱山县	岱西镇	3658.11	517	温州市	瓯海区	泽雅镇	2967.08
488	绍兴市	上虞区	盖北镇	3621.00	518	金华市	东阳市	湖溪镇	2963.48
489	丽水市	云和县	凤凰街道	3608.31	519	金华市	武义县	茭道镇	2900.33
490	杭州市	建德市	大同镇	3550.00	520	台州市	临海市	桃渚镇	2873.60
491	温州市	乐清市	大荆镇	3529.36	521	金华市	兰溪市	女埠街道	2843.00
492	绍兴市	上虞区	驿亭镇	3510.00	522	杭州市	余杭区	黄湖镇	2808.71
493	杭州市	萧山区	楼塔镇	3508.65	523	台州市	临海市	白水洋镇	2797.15
494	舟山市	普陀区	桃花镇	3506.46	524	舟山市	定海区	昌国街道	2796.52
495	绍兴市	嵊州市	浦口街道	3495.18	525	湖州市	南浔区	善琏镇	2789.00
496	衢州市	江山市	清湖镇	3471.00	526	台州市	仙居县	下各镇	2769.58
497	宁波市	鄞州区	章水镇	3464.00	527	舟山市	普陀区	虾峙镇	2699.54
498	金华市	永康市	唐先镇	3404.00	528	金华市	兰溪市	横溪镇	2694.00
499	绍兴市	诸暨市	同山镇	3386.86	529	舟山市	定海区	城东街道	2677.74
500	金华市	兰溪市	游埠镇	3372.00	530	衢州市	衢江区	廿里镇	2670.60
501	湖州市	吴兴区	妙西镇	3256.00	531	台州市	黄岩区	沙埠镇	2665.71
502	绍兴市	新昌县	儒岙镇	3255.28	532	湖州市	德清县	筏头乡	2664.19
503	舟山市	岱山县	长涂镇	3249.48	533	宁波市	象山县	涂茨镇	2641.51
504	杭州市	临安市	昌化镇	3218.10	534	杭州市	桐庐县	凤川街道	2639.00
505	宁波市	宁海县	前童镇	3184.00	535	杭州市	建德市	钦堂乡	2632.00
506	杭州市	建德市	李家镇	3174.00	536	杭州市	余杭区	百丈镇	2629.22
507	湖州市	安吉县	报福镇	3166.00	537	金华市	永康市	方岩镇	2578.00
508	台州市	仙居县	白塔镇	3156.12	538	金华市	兰溪市	上华街道	2545.00
509	杭州市	建德市	更楼街道	3143.00	539	绍兴市	上虞区	永和镇	2510.00
510	金华市	东阳市	画水镇	3114.00	540	湖州市	长兴县	吕山乡	2507.01

（续表九）

单位:万元

排序	所属地区	县(市、区)	乡镇(街道)	一般公共预算收入	排序	所属地区	县(市、区)	乡镇(街道)	一般公共预算收入
541	丽水市	龙泉市	龙渊街道	2488.23	571	温州市	苍南县	宜山镇	1994.40
542	金华市	浦江县	浦南街道	2459.83	572	宁波市	宁海县	越溪乡	1992.00
543	湖州市	德清县	莫干山镇	2458.30	573	台州市	三门县	沙柳街道	1981.60
544	台州市	黄岩区	北洋镇	2427.85	574	金华市	永康市	西溪镇	1972.00
545	杭州市	建德市	莲花镇	2400.00	575	宁波市	宁海县	一市镇	1962.00
546	温州市	瑞安市	汀田街道办事处	2396.48	576	温州市	乐清市	淡溪镇	1953.61
547	金华市	兰溪市	诸葛镇	2326.00	577	舟山市	嵊泗县	洋山镇	1949.83
548	宁波市	象山县	墙头镇	2323.25	578	丽水市	云和县	白龙街道	1946.39
549	绍兴市	诸暨市	东白湖镇	2312.64	579	杭州市	富阳区	永昌镇	1938.98
550	杭州市	建德市	大洋镇	2312.00	580	台州市	椒江区	大陈镇	1929.00
551	台州市	黄岩区	头陀镇	2304.24	581	金华市	浦江县	郑宅镇	1928.90
552	丽水市	云和县	浮云街道	2248.33	582	舟山市	嵊泗县	嵊山镇	1907.93
553	绍兴市	越城区	富盛镇	2232.00	583	金华市	兰溪市	梅江镇	1906.00
554	金华市	武义县	履坦镇	2224.51	584	杭州市	临安市	清凉峰镇	1895.87
555	温州市	瓯海区	茶山街道	2201.33	585	杭州市	临安市	潜川镇	1861.24
556	丽水市	莲都区	岩泉街道	2196.56	586	金华市	东阳市	千祥镇	1856.43
557	温州市	瑞安市	南滨街道办事处	2162.66	587	台州市	临海市	括苍镇	1852.25
558	台州市	黄岩区	宁溪镇	2132.23	588	衢州市	江山市	四都镇	1850.00
559	金华市	浦江县	白马镇	2131.45	589	金华市	武义县	王宅镇	1841.10
560	宁波市	象山县	新桥镇	2115.15	590	宁波市	鄞州区	龙观乡	1833.00
561	宁波市	宁海县	胡陈乡	2112.00	591	温州市	平阳县	萧江镇	1827.32
562	金华市	兰溪市	马涧镇	2111.00	592	宁波市	象山县	泗洲头镇	1813.43
563	温州市	泰顺县	三魁镇	2092.56	593	杭州市	建德市	杨村桥镇	1807.00
564	宁波市	宁海县	桑洲镇	2090.00	594	杭州市	建德市	航头镇	1791.00
565	台州市	临海市	永丰镇	2060.60	595	嘉兴市	秀洲区	高照街道	1762.07
566	杭州市	桐庐县	瑶琳镇	2051.00	596	舟山市	岱山县	岱东镇	1760.75
567	宁波市	象山县	鹤浦镇	2039.63	597	杭州市	临安市	天目山镇	1750.45
568	衢州市	江山市	峡口镇	2018.00	598	湖州市	安吉县	杭垓镇	1718.00
569	台州市	天台县	三合镇	2003.00	599	宁波市	象山县	茅洋乡	1708.73
570	温州市	乐清市	天成街道办事处	1999.16	600	金华市	永康市	前仓镇	1705.00

（续表十） 单位:万元

排序	所属地区	县(市、区)	乡镇(街道)	一般公共预算收入	排序	所属地区	县(市、区)	乡镇(街道)	一般公共预算收入
601	温州市	永嘉县	沙头镇	1666.03	631	丽水市	缙云县	东方镇	1403.28
602	温州市	苍南县	矾山镇	1664.40	632	丽水市	庆元县	竹口镇	1394.71
603	金华市	磐安县	新渥镇	1648.59	633	台州市	温岭市	石桥头镇	1374.00
604	杭州市	富阳区	常安镇	1648.00	634	温州市	乐清市	芙蓉镇	1356.82
605	温州市	乐清市	白石街道办事处	1629.05	635	绍兴市	新昌县	梅渚镇	1300.81
606	温州市	文成县	大学镇	1627.72	636	金华市	兰溪市	香溪镇	1296.00
607	丽水市	莲都区	紫金街道	1620.11	637	衢州市	柯城区	石梁镇	1296.00
608	宁波市	象山县	定塘镇	1618.50	638	杭州市	临安市	太阳镇	1290.06
609	绍兴市	诸暨市	浬浦镇	1611.19	639	丽水市	莲都区	万象街道	1282.46
610	宁波市	奉化市	大堰镇	1602.00	640	湖州市	南浔区	石淙镇	1280.00
611	湖州市	安吉县	鄣吴镇	1568.00	641	台州市	仙居县	横溪镇	1269.51
612	温州市	苍南县	马站镇	1565.60	642	台州市	黄岩区	上郑乡	1252.72
613	丽水市	青田县	高湖镇	1564.00	643	丽水市	云和县	元和街道	1243.82
614	绍兴市	诸暨市	五泄镇	1547.59	644	温州市	泰顺县	雅阳镇	1239.99
615	台州市	三门县	亭旁镇	1534.00	645	丽水市	莲都区	碧湖镇	1239.28
616	衢州市	衢江区	樟潭街道	1524.92	646	金华市	东阳市	虎鹿镇	1239.02
617	丽水市	缙云县	舒洪镇	1507.06	647	衢州市	龙游县	溪口镇	1229.00
618	温州市	乐清市	清江镇	1502.80	648	温州市	苍南县	桥墩镇	1226.70
619	衢州市	常山县	青石镇	1502.00	649	衢州市	龙游县	小南海镇	1226.00
620	金华市	磐安县	尚湖镇	1497.40	650	绍兴市	新昌县	城南乡	1222.78
621	杭州市	富阳区	万市镇	1485.91	651	台州市	天台县	洪畴镇	1218.90
622	杭州市	建德市	大慈岩镇	1469.00	652	杭州市	富阳区	洞桥镇	1217.93
623	金华市	浦江县	郑家坞镇	1465.13	653	杭州市	建德市	三都镇	1208.00
624	杭州市	富阳区	里山镇	1463.30	654	宁波市	余姚市	大岚镇	1203.25
625	丽水市	缙云县	东渡镇	1462.58	655	杭州市	富阳区	春建乡	1201.80
626	杭州市	淳安县	汾口镇	1454.29	656	丽水市	莲都区	白云街道	1199.62
627	宁波市	象山县	晓塘乡	1450.09	657	宁波市	余姚市	鹿亭乡	1191.09
628	绍兴市	新昌县	澄潭镇	1428.50	658	衢州市	衢江区	后溪镇	1187.87
629	绍兴市	新昌县	大市聚镇	1412.76	659	衢州市	龙游县	东华街道办事处	1187.00
630	金华市	兰溪市	赤溪街道	1409.00	660	杭州市	富阳区	上官乡	1186.95

（续表十一）

单位：万元

排序	所属地区	县（市、区）	乡镇（街道）	一般公共预算收入	排序	所属地区	县（市、区）	乡镇（街道）	一般公共预算收入
661	台州市	仙居县	大战乡	1173.60	691	杭州市	余杭区	鸬鸟镇	872.21
662	金华市	磐安县	玉山镇	1163.80	692	衢州市	衢江区	高家镇	871.81
663	丽水市	青田县	山口镇	1155.00	693	衢州市	江山市	石门镇	868.00
664	温州市	洞头县	大门街道办事处	1137.35	694	湖州市	安吉县	章村镇	859.00
665	丽水市	缙云县	新建镇	1136.56	695	杭州市	桐庐县	旧县街道	855.00
666	衢州市	衢江区	大洲镇	1135.45	696	丽水市	青田县	腊口镇	854.00
667	金华市	浦江县	仙华街道	1126.56	697	绍兴市	诸暨市	马剑镇	845.01
668	绍兴市	新昌县	沙溪镇	1125.91	698	绍兴市	诸暨市	陈宅镇	844.49
669	湖州市	安吉县	山川乡	1124.00	699	衢州市	常山县	天马街道	841.00
670	丽水市	龙泉市	西街街道	1107.47	700	绍兴市	诸暨市	岭北镇	816.29
671	温州市	乐清市	石帆街道办事处	1091.03	701	丽水市	龙泉市	塔石街道	816.18
672	台州市	温岭市	坞根镇	1058.70	702	台州市	三门县	海润街道	775.45
673	湖州市	长兴县	太湖街道	1057.32	703	金华市	东阳市	佐村镇	772.56
674	丽水市	遂昌县	云峰街道办事处	1048.68	704	宁波市	象山县	高塘岛乡	771.82
675	温州市	泰顺县	仕阳镇	1042.35	705	杭州市	淳安县	姜家镇	767.32
676	温州市	平阳县	南雁镇	1033.28	706	衢州市	龙游县	横山镇	763.00
677	丽水市	莲都区	雅溪镇	1007.12	707	温州市	泰顺县	泗溪镇	761.74
678	杭州市	富阳区	常绿镇	975.89	708	金华市	东阳市	东江镇	755.15
679	金华市	磐安县	冷水镇	969.72	709	温州市	永嘉县	岩头镇	750.66
680	舟山市	嵊泗县	黄龙乡	963.75	710	丽水市	庆元县	屏都街道	733.74
681	绍兴市	诸暨市	赵家镇	953.98	711	丽水市	龙泉市	八都镇	732.38
682	金华市	磐安县	仁川镇	949.52	712	台州市	仙居县	官路镇	731.67
683	金华市	东阳市	马宅镇	934.63	713	金华市	武义县	柳城镇	705.40
684	金华市	磐安县	方前镇	924.51	714	温州市	泰顺县	司前镇	702.26
685	宁波市	余姚市	四明山镇	922.77	715	杭州市	临安市	湍口镇	697.10
686	杭州市	淳安县	威坪镇	920.03	716	衢州市	衢江区	莲花镇	692.74
687	丽水市	青田县	东源镇	903.00	717	金华市	兰溪市	黄店镇	685.00
688	绍兴市	嵊州市	石璜镇	901.12	718	衢州市	衢江区	杜泽镇	683.25
689	湖州市	南浔区	千金镇	882.00	719	绍兴市	上虞区	长塘镇	679.00
690	丽水市	莲都区	联城镇	873.89	720	丽水市	龙泉市	安仁镇	678.58

（续表十二） 单位:万元

排序	所属地区	县(市、区)	乡镇(街道)	一般公共预算收入	排序	所属地区	县(市、区)	乡镇(街道)	一般公共预算收入
721	台州市	临海市	河头镇	673.80	751	舟山市	嵊泗县	五龙乡	477.70
722	温州市	洞头县	东屏街道办事处	666.24	752	温州市	泰顺县	百丈镇	474.06
723	金华市	兰溪市	柏社乡	662.00	753	绍兴市	新昌县	镜岭镇	463.40
724	舟山市	嵊泗县	枸杞乡	658.07	754	金华市	磐安县	双溪乡	462.91
725	绍兴市	新昌县	巧英乡	655.34	755	丽水市	龙泉市	查田镇	454.20
726	杭州市	富阳区	湖源乡	644.13	756	温州市	永嘉县	岩坦镇	453.95
727	温州市	泰顺县	彭溪镇	643.14	757	杭州市	桐庐县	莪山畲族乡	453.00
728	金华市	磐安县	维新乡	637.19	758	衢州市	柯城区	石室乡	452.00
729	台州市	临海市	小芝镇	635.20	759	丽水市	青田县	黄垟乡	451.00
730	绍兴市	诸暨市	东和乡	631.68	760	温州市	文成县	珊溪镇	450.31
731	金华市	磐安县	大盘镇	626.53	761	丽水市	庆元县	黄田镇	444.00
732	衢州市	衢江区	太真乡	620.71	762	台州市	临海市	汇溪镇	439.95
733	台州市	玉环县	海山乡	610.90	763	杭州市	淳安县	文昌镇	438.16
734	金华市	磐安县	深泽乡	601.96	764	衢州市	江山市	新塘边镇	438.00
735	绍兴市	新昌县	小将镇	596.90	765	衢州市	江山市	大桥镇	436.00
736	衢州市	江山市	长台镇	585.00	766	杭州市	淳安县	大墅镇	435.48
737	丽水市	庆元县	隆宫乡	584.36	767	台州市	仙居县	田市镇	434.47
738	衢州市	常山县	球川镇	581.00	768	衢州市	常山县	同弓乡	433.00
739	杭州市	临安市	河桥镇	572.11	769	丽水市	遂昌县	三仁乡	426.86
740	衢州市	开化县	池淮镇	566.00	770	丽水市	松阳县	古市镇	425.21
741	丽水市	龙泉市	屏南镇	562.55	771	台州市	玉环县	鸡山乡	422.01
742	金华市	磐安县	双峰乡	562.17	772	衢州市	江山市	凤林镇	421.00
743	绍兴市	嵊州市	金庭镇	561.49	773	台州市	黄岩区	屿头乡	420.32
744	丽水市	莲都区	大港头镇	550.08	774	衢州市	衢江区	横路办事处	417.40
745	衢州市	衢江区	峡川镇	523.14	775	衢州市	衢江区	浮石街道	408.15
746	绍兴市	新昌县	双彩乡	510.28	776	温州市	泰顺县	筱村镇	407.48
747	金华市	磐安县	万苍乡	503.37	777	温州市	苍南县	藻溪镇	405.70
748	金华市	兰溪市	水亭畲族乡	500.00	778	衢州市	开化县	马金镇	405.00
749	绍兴市	嵊州市	谷来镇	491.32	779	衢州市	衢江区	全旺镇	404.03
750	杭州市	富阳区	龙门镇	488.57	780	杭州市	淳安县	临歧镇	402.93

（续表十三） 单位：万元

排序	所属地区	县（市、区）	乡镇（街道）	一般公共预算收入	排序	所属地区	县（市、区）	乡镇（街道）	一般公共预算收入
781	金华市	磐安县	窈川乡	398.03	811	杭州市	淳安县	里商乡	306.02
782	衢州市	江山市	坛石镇	396.00	812	温州市	文成县	峃口镇	296.23
783	丽水市	青田县	海口镇	396.00	813	台州市	三门县	蛇蟠乡	294.20
784	绍兴市	新昌县	回山镇	394.09	814	杭州市	淳安县	枫树岭镇	292.66
785	衢州市	开化县	桐村镇	390.00	815	丽水市	龙泉市	小梅镇	287.85
786	丽水市	龙泉市	上羊镇	389.43	816	温州市	文成县	玉壶镇	283.74
787	丽水市	松阳县	望松街道办事处	389.25	817	金华市	磐安县	九和乡	283.57
788	丽水市	松阳县	大东坝镇	387.42	818	丽水市	莲都区	太平乡	276.85
789	温州市	文成县	黄坦镇	383.34	819	温州市	文成县	巨屿镇	273.51
790	绍兴市	上虞区	丁宅乡	381.00	820	衢州市	龙游县	塔石镇	271.00
791	衢州市	柯城区	万田乡	381.00	821	金华市	磐安县	高二乡	269.53
792	丽水市	景宁畲族自治县	红星街道办事处	378.80	822	衢州市	龙游县	石佛乡	264.00
793	温州市	永嘉县	巽宅镇	378.18	823	温州市	文成县	百丈漈镇	262.90
794	衢州市	衢江区	云溪乡	376.71	824	台州市	天台县	石梁镇	259.75
795	丽水市	庆元县	安南乡	376.26	825	舟山市	嵊泗县	花鸟乡	259.61
796	金华市	磐安县	盘峰乡	361.39	826	丽水市	缙云县	七里乡	255.58
797	杭州市	桐庐县	钟山乡	361.00	827	丽水市	景宁畲族自治县	鹤溪街道办事处	253.32
798	温州市	永嘉县	碧莲镇	358.91	828	丽水市	松阳县	象溪镇	253.28
799	丽水市	莲都区	老竹镇	358.65	829	杭州市	淳安县	浪川乡	248.72
800	金华市	浦江县	岩头镇	335.30	830	丽水市	遂昌县	湖山乡	248.13
801	台州市	黄岩区	上垟乡	334.51	831	台州市	天台县	街头镇	248.00
802	金华市	磐安县	胡宅乡	334.36	832	杭州市	淳安县	安阳乡	245.29
803	温州市	泰顺县	竹里乡	330.52	833	温州市	平阳县	山门镇	244.40
804	衢州市	龙游县	詹家镇	325.00	834	衢州市	常山县	芳村镇	240.00
805	衢州市	衢江区	湖南镇	321.46	835	衢州市	衢江区	灰坪乡	237.16
806	杭州市	桐庐县	百江镇	320.00	836	温州市	文成县	南田镇	237.04
807	衢州市	常山县	招贤镇	318.00	837	丽水市	莲都区	黄村乡	235.12
808	台州市	黄岩区	茅畲乡	313.03	838	丽水市	龙泉市	岩樟乡	229.56
809	衢州市	常山县	紫港街道	311.00	839	杭州市	桐庐县	新合乡	228.00
810	温州市	乐清市	盐盆街道办事处	309.90	840	温州市	永嘉县	鹤盛镇	227.19

（续表十四） 单位:万元

排序	所属地区	县(市、区)	乡镇(街道)	一般公共预算收入	排序	所属地区	县(市、区)	乡镇(街道)	一般公共预算收入
841	衢州市	开化县	音坑乡	226.00	871	杭州市	淳安县	屏门乡	145.74
842	衢州市	江山市	碗窑乡	226.00	872	台州市	三门县	横渡镇	144.00
843	衢州市	衢江区	黄坛口乡	220.47	873	衢州市	常山县	何家乡	142.00
844	衢州市	龙游县	模环乡	211.00	874	金华市	武义县	西联乡	138.43
845	丽水市	景宁畲族自治县	东坑镇	205.74	875	温州市	文成县	西坑镇	137.96
846	杭州市	淳安县	金峰乡	205.19	876	丽水市	景宁畲族自治县	沙湾镇	136.52
847	丽水市	景宁畲族自治县	英川镇	201.92	877	丽水市	景宁畲族自治县	梧桐乡	133.52
848	温州市	永嘉县	枫林镇	201.57	878	丽水市	松阳县	赤寿乡	132.99
849	台州市	黄岩区	富山乡	200.22	879	金华市	浦江县	前吴乡	131.77
850	杭州市	临安市	岛石镇	199.57	880	丽水市	遂昌县	石练镇	131.20
851	衢州市	常山县	白石镇	197.00	881	衢州市	柯城区	姜家山乡	130.00
852	温州市	洞头县	元觉街道办事处	190.28	882	杭州市	淳安县	梓桐镇	129.51
853	衢州市	江山市	大陈乡	187.00	883	丽水市	景宁畲族自治县	大均乡	129.45
854	台州市	仙居县	湫山乡	185.91	884	丽水市	青田县	祯埠乡	129.00
855	衢州市	江山市	塘源口乡	178.00	885	丽水市	云和县	石塘镇	128.38
856	台州市	仙居县	埠头镇	175.61	886	丽水市	遂昌县	新路湾镇	127.55
857	温州市	永嘉县	大若岩镇	172.02	887	金华市	武义县	桃溪镇	125.00
858	金华市	武义县	俞源乡	171.22	888	丽水市	松阳县	板桥乡	124.57
859	绍兴市	新昌县	新林乡	169.22	889	丽水市	庆元县	淤上乡	123.67
860	衢州市	衢江区	双桥乡	168.15	890	衢州市	常山县	大桥头乡	123.00
861	衢州市	开化县	杨林镇	168.00	891	衢州市	开化县	村头镇	123.00
862	丽水市	松阳县	裕溪乡	166.28	892	绍兴市	嵊州市	北漳镇	122.84
863	衢州市	江山市	廿八都镇	164.00	893	杭州市	淳安县	界首乡	122.28
864	金华市	浦江县	中余乡	156.18	894	丽水市	景宁畲族自治县	景南乡	117.64
865	衢州市	开化县	苏庄镇	152.00	895	丽水市	景宁畲族自治县	雁溪乡	116.93
866	衢州市	衢江区	周家乡	150.34	896	杭州市	淳安县	瑶山乡	116.15
867	衢州市	常山县	金川街道	149.00	897	金华市	永康市	舟山镇	116.00
868	绍兴市	上虞区	下管镇	147.00	898	温州市	苍南县	赤溪镇	115.20
869	丽水市	青田县	高市乡	147.00	899	衢州市	衢江区	岭洋乡	114.98
870	丽水市	青田县	祯旺乡	146.00	900	金华市	武义县	白姆乡	110.59

（续表十五）

单位：万元

排序	所属地区	县(市、区)	乡镇(街道)	一般公共预算收入	排序	所属地区	县(市、区)	乡镇(街道)	一般公共预算收入
901	杭州市	桐庐县	合村乡	110.00	931	台州市	仙居县	双庙乡	70.42
902	丽水市	景宁畲族自治县	标溪乡	109.11	932	丽水市	云和县	崇头镇	68.87
903	衢州市	江山市	张村乡	108.00	933	金华市	武义县	大田乡	66.28
904	温州市	乐清市	仙溪镇	107.92	934	绍兴市	上虞区	陈溪乡	66.00
905	丽水市	龙泉市	住龙镇	107.53	935	丽水市	松阳县	水南街道办事处	65.70
906	杭州市	淳安县	石林镇	106.31	936	衢州市	开化县	林山乡	65.00
907	丽水市	景宁畲族自治县	澄照乡	102.99	937	丽水市	青田县	季宅乡	63.00
908	杭州市	淳安县	左口乡	101.37	938	衢州市	常山县	新昌乡	62.00
909	丽水市	龙泉市	兰巨乡	100.95	939	丽水市	青田县	巨浦乡	61.00
910	杭州市	淳安县	富文乡	100.40	940	台州市	仙居县	步路乡	60.77
911	杭州市	淳安县	中洲镇	99.10	941	丽水市	景宁畲族自治县	鸬鹚乡	60.04
912	台州市	仙居县	溪港乡	99.10	942	衢州市	龙游县	沐尘乡	60.00
913	绍兴市	嵊州市	下王镇	98.79	943	丽水市	青田县	吴坑乡	59.00
914	绍兴市	上虞区	岭南乡	98.00	944	丽水市	云和县	赤石乡	58.78
915	台州市	仙居县	皤滩乡	96.82	945	丽水市	莲都区	丽新乡	57.27
916	杭州市	淳安县	王阜乡	95.53	946	衢州市	开化县	长虹乡	57.00
917	金华市	浦江县	杭坪镇	92.57	947	衢州市	江山市	保安乡	57.00
918	绍兴市	新昌县	东茗乡	91.22	948	衢州市	柯城区	九华乡	56.00
919	丽水市	松阳县	新兴镇	88.24	949	台州市	仙居县	朱溪镇	55.31
920	衢州市	衢江区	举村乡	87.29	950	丽水市	莲都区	峰源乡	54.60
921	衢州市	开化县	齐溪镇	85.00	951	杭州市	淳安县	鸠坑乡	53.43
922	丽水市	缙云县	三溪乡	83.81	952	丽水市	龙泉市	龙南乡	52.76
923	衢州市	常山县	东案乡	83.00	953	丽水市	缙云县	大源镇	52.48
924	丽水市	青田县	万阜乡	83.00	954	金华市	浦江县	虞宅乡	49.97
925	丽水市	遂昌县	大柘镇	78.57	955	丽水市	青田县	海溪乡	49.00
926	台州市	三门县	花桥镇	77.95	956	温州市	洞头县	霓屿乡	46.17
927	金华市	浦江县	檀溪镇	77.22	957	台州市	黄岩区	平田乡	45.80
928	丽水市	缙云县	仙都街道办事处	76.41	958	温州市	洞头县	鹿西乡	45.02
929	衢州市	开化县	中村乡	71.00	959	丽水市	青田县	阜山乡	45.00
930	台州市	天台县	泳溪乡	70.99	960	丽水市	缙云县	胡源乡	44.29

（续表十六）　　单位:万元

排序	所属地区	县(市、区)	乡镇(街道)	一般公共预算收入	排序	所属地区	县(市、区)	乡镇(街道)	一般公共预算收入
961	温州市	苍南县	岱岭乡	43.30	991	丽水市	松阳县	玉岩镇	25.10
962	衢州市	柯城区	沟溪乡	40.00	992	丽水市	缙云县	双溪口乡	24.49
963	台州市	仙居县	上张乡	39.89	993	丽水市	云和县	紧水滩镇	24.39
964	丽水市	松阳县	叶村乡	39.22	994	丽水市	青田县	章村乡	24.00
965	杭州市	淳安县	宋村乡	39.08	995	绍兴市	嵊州市	雅璜乡	23.23
966	衢州市	开化县	何田乡	38.00	996	温州市	平阳县	顺溪镇	23.00
967	丽水市	景宁畲族自治县	九龙乡	38.00	997	丽水市	龙泉市	竹垟畲族乡	21.92
968	衢州市	龙游县	大街乡	37.00	998	绍兴市	嵊州市	通源乡	20.90
969	温州市	文成县	周山乡	36.00	999	丽水市	缙云县	前路乡	20.49
970	衢州市	开化县	大溪边乡	36.00	1000	绍兴市	嵊州市	贵门乡	20.13
971	衢州市	龙游县	社阳乡	36.00	1001	丽水市	景宁畲族自治县	渤海镇	20.00
972	金华市	东阳市	三单乡	34.68	1002	丽水市	景宁畲族自治县	梅歧乡	20.00
973	衢州市	龙游县	庙下乡	32.00	1003	丽水市	景宁畲族自治县	郑坑乡	20.00
974	丽水市	遂昌县	安口乡	31.73	1004	丽水市	景宁畲族自治县	大际乡	20.00
975	金华市	武义县	三港乡	31.62	1005	丽水市	景宁畲族自治县	家地乡	20.00
976	金华市	浦江县	大畈乡	31.34	1006	丽水市	景宁畲族自治县	大地乡	20.00
977	丽水市	遂昌县	柘岱口乡	31.03	1007	丽水市	遂昌县	蕉滩乡	18.64
978	舟山市	普陀区	东级镇	30.94	1008	丽水市	云和县	雾溪乡	17.42
979	绍兴市	嵊州市	里南乡	30.90	1009	丽水市	青田县	石溪乡	17.00
980	丽水市	龙泉市	锦溪镇	30.90	1010	丽水市	龙泉市	城北乡	16.99
981	丽水市	景宁畲族自治县	毛洋乡	30.00	1011	丽水市	缙云县	溶江乡	16.36
982	丽水市	景宁畲族自治县	秋炉乡	30.00	1012	丽水市	松阳县	斋坦乡	16.02
983	衢州市	柯城区	华墅乡	29.00	1013	金华市	武义县	新宅镇	15.62
984	丽水市	缙云县	大洋镇	28.62	1014	绍兴市	嵊州市	王院乡	14.21
985	丽水市	遂昌县	龙洋乡	27.63	1015	衢州市	柯城区	七里乡	14.00
986	丽水市	龙泉市	道太乡	26.63	1016	丽水市	松阳县	枫坪乡	13.97
987	丽水市	遂昌县	金竹镇	26.46	1017	丽水市	遂昌县	濂竹乡	13.88
988	丽水市	青田县	舒桥乡	26.00	1018	丽水市	遂昌县	北界镇	13.81
989	台州市	天台县	南屏乡	25.95	1019	温州市	苍南县	凤阳乡	13.80
990	丽水市	遂昌县	王村口镇	25.61	1020	台州市	天台县	龙溪乡	13.69

（续表十七） 单位：万元

排序	所属地区	县(市、区)	乡镇(街道)	一般公共预算收入	排序	所属地区	县(市、区)	乡镇(街道)	一般公共预算收入
1021	丽水市	遂昌县	西畈乡	13.61	1051	湖州市	安吉县	昌硕街道	0.10
1022	丽水市	青田县	仁庄镇	13.00	1052	湖州市	安吉县	灵峰街道	0.01
1023	台州市	仙居县	淡竹乡	12.89	1053	温州市	瑞安市	湖岭镇	–
1024	丽水市	遂昌县	高坪乡	12.03	1054	温州市	瑞安市	高楼镇	–
1025	丽水市	遂昌县	黄沙腰镇	11.35	1055	金华市	婺城区	安地镇	–
1026	丽水市	龙泉市	宝溪乡	10.93	1056	金华市	婺城区	白龙桥镇	–
1027	台州市	仙居县	安岭乡	9.97	1057	金华市	婺城区	蒋堂镇	–
1028	丽水市	缙云县	方溪乡	8.86	1058	金华市	婺城区	琅琊镇	–
1029	丽水市	遂昌县	蔡源乡	8.67	1059	金华市	婺城区	罗埠镇	–
1030	丽水市	遂昌县	应村乡	8.34	1060	金华市	婺城区	罗店镇	–
1031	温州市	平阳县	青街乡	8.00	1061	金华市	婺城区	汤溪镇	–
1032	绍兴市	嵊州市	竹溪乡	7.90	1062	金华市	婺城区	雅畈镇	–
1033	丽水市	松阳县	安民乡	7.79	1063	金华市	婺城区	洋埠镇	–
1034	丽水市	松阳县	三都乡	7.65	1064	金华市	婺城区	岭上乡	–
1035	丽水市	松阳县	四都乡	7.61	1065	金华市	婺城区	乾西乡	–
1036	台州市	仙居县	广度乡	6.95	1066	金华市	婺城区	箬阳乡	–
1037	金华市	浦江县	花桥乡	6.68	1067	金华市	婺城区	沙畈乡	–
1038	丽水市	松阳县	樟溪乡	6.34	1068	金华市	婺城区	塔石乡	–
1039	金华市	武义县	坦洪乡	4.22	1069	金华市	婺城区	莘畈乡	–
1040	丽水市	松阳县	竹源乡	3.42	1070	金华市	婺城区	竹马乡	–
1041	台州市	天台县	雷峰乡	3.10	1071	金华市	婺城区	长山乡	–
1042	丽水市	青田县	小舟山乡	3.00	1072	金华市	婺城区	苏孟乡	–
1043	金华市	武义县	大溪口乡	2.42	1073	金华市	婺城区	新狮街道	–
1044	丽水市	青田县	贵岙乡	2.00	1074	金华市	金东区	曹宅镇	–
1045	丽水市	青田县	万山乡	2.00	1075	金华市	金东区	赤松镇	–
1046	丽水市	青田县	方山乡	2.00	1076	金华市	金东区	付村镇	–
1047	台州市	天台县	三州乡	1.90	1077	金华市	金东区	江东镇	–
1048	丽水市	云和县	安溪乡	1.86	1078	金华市	金东区	澧浦镇	–
1049	丽水市	缙云县	石笕乡	1.22	1079	金华市	金东区	岭下镇	–
1050	衢州市	龙游县	罗家乡	1.00	1080	金华市	金东区	塘雅镇	–

2015年浙江省社会保险基金收支表

单位：万元

科目	本年收入	上级补助收入	省补助计划单列市收入	下级上解收入	计划单列市上解省收入	本年支出	补助下级支出	上解上级支出	计划单列市上解省支出	按规定核减基金结余	本年收支结余
一、企业职工基本养老保险	19113772	407799	0	412737	0	15342771	407799	412737	0	0	3771001
二、失业保险基金	1028850	0	0	49964	0	661429	0	49964	0	0	367421
三、城镇职工基本医疗保险	6922266	4042	0	32738	0	5086606	4042	32738	0	0	1835660
四、工伤保险	576256	341	0	8635	0	439401	341	8635	0	0	136854
五、生育保险	386845	0	0	0	0	297408	0	0	0	0	89436
合　计	28027989	412182	0	504074	0	21827615	412182	504074	0	0	6200372

注：本表数据均四舍五入后取整数，故“本年收入”合计与“本年支出”合计相抵后，与“本年收支结余”略有尾差。

（续表十八）　　单位：万元

排序	所属地区	县（市、区）	乡镇（街道）	一般公共预算收入	排序	所属地区	县（市、区）	乡镇（街道）	一般公共预算收入
1081	金华市	金东区	孝顺镇	-	1092	丽水市	庆元县	荷地镇	-
1082	金华市	金东区	源东乡	-	1093	丽水市	庆元县	贤良镇	-
1083	金华市	金东区	东孝街道	-	1094	丽水市	庆元县	百山祖镇	-
1084	金华市	金东区	多湖街道	-	1095	丽水市	庆元县	官塘乡	-
1085	丽水市	青田县	汤垟乡	-	1096	丽水市	庆元县	江根乡	-
1086	丽水市	青田县	仁宫乡	-	1097	丽水市	庆元县	举水乡	-
1087	丽水市	青田县	章旦乡	-	1098	丽水市	庆元县	岭头乡	-
1088	丽水市	青田县	瓯南街道办事处	-	1099	丽水市	庆元县	龙溪乡	-
1089	丽水市	青田县	油竹街道办事处	-	1100	丽水市	庆元县	五大堡乡	-
1090	丽水市	庆元县	松源街道	-	1101	丽水市	庆元县	张村乡	-
1091	丽水市	庆元县	左溪镇	-					

2015 年浙江省财政一般公共服务支出

单位：万元

科　目	决算数	科　目	决算数
人大事务	127710	质量技术监督与检验检疫事务	145167
政协事务	95111	民族事务	5312
政府办公厅（室）及相关机构事务	2171493	宗教事务	11515
发展与改革事务	197848	港澳台侨事务	24280
统计信息事务	91669	档案事务	55310
财政事务	346547	民主党派及工商联事务	41315
税收事务	496230	群众团体事务	131358
审计事务	82196	党委办公厅（室）及相关机构事务	208781
海关事务	12740	组织事务	128382
人力资源事务	150662	宣传事务	111608
纪检监察事务	117100	统战事务	45007
商贸事务	275953	对外联络事务	105
知识产权事务	3315	其他共产党事务支出	129826
工商行政管理事务	392728	其他一般公共服务支出	245219
一般公共服务支出合计		5844487	

2015 年浙江省教育支出

单位：万元

科　目	决算数	科　目	决算数
教育管理事务	255660	留学教育	0
普通教育	9182402	特殊教育	54265
职业教育	1229036	进修及培训	186621
成人教育	55226	教育费附加安排的支出	1143552
广播电视教育	34279	其他教育支出	508271
教育支出合计		12649312	

2015 年浙江省科学技术支出

单位：万元

科　目	决算数	科　目	决算数
科学技术管理事务	91352	社会科学	15223
基础研究	18069	科学技术普及	63608
应用研究	89114	科技交流与合作	7578
技术研究与开发	1263991	科技重大专项	28065
科技条件与服务	111359	其他科学技术支出	819534
科学技术支出合计		2507893	

2015 年浙江省社会保障和就业支出

单位:万元

科　目	决算数	科　目	决算数
人力资源和社会保障管理事务	394024	残疾人事业	313926
民政管理事务	264275	自然灾害生活救助	38496
财政对社会保险基金的补助	1284454	红十字事业	12219
行政事业单位离退休	1121819	最低生活保障	261674
企业改革补助	19004	临时救助	47631
就业补助	146230	特困人员供养	18248
抚恤	257700	补充道路交通事故社会救助基金	1169
退役安置	137340	其他生活救助	98140
社会福利	322225	其他社会保障和就业支出	678387
社会保障和就业支出合计		5416961	

2015 年浙江省文化体育与传媒支出

单位:万元

科　目	决算数	科　目	决算数
文化	702642	广播影视	148630
文物	158614	新闻出版	18128
体育	156662	其他文化体育与传媒支出	469132
文化体育与传媒支出合计		1653808	

2015 年浙江省医疗卫生与计划生育支出

单位:万元

科　目	决算数	科　目	决算数
医疗卫生管理事务	180719	中医药	24780
公立医院	764815	计划生育事务	320668
基层医疗卫生机构	630946	食品和药品监督管理事务	120262
公共卫生	579242	其他医疗卫生与计划生育支出	225976
医疗保障	2007575		
医疗卫生与计划生育支出合计		4854983	

2015 年浙江省节能环保支出

单位:万元

科　目	决算数	科　目	决算数
环境保护管理事务	119815	已垦草原退耕还草	0
环境监测与监察	24131	能源节约利用	329291
污染防治	317874	污染减排	119006
自然生态保护	325106	可再生能源(款)	37284
天然林保护	0	循环经济(款)	58945
退耕还林	0	能源管理事务	2145
风沙荒漠治理	0	江河湖库流域治理与保护	22368
退牧还草	0	其他节能环保支出	322964
节能环保支出合计		1678929	

2015 年浙江省城乡社区支出

单位:万元

科　目	决算数	科　目	决算数
城乡社区管理事务	1222575	城乡社区环境卫生	701283
城乡社区规划与管理	137931	建设市场管理与监督	27860
城乡社区公共设施	2030992	其他城乡社区事务支出	1291497
城乡社区支出合计		5412138	

2015 年浙江省农林水支出

单位:万元

科　目	决算数	科　目	决算数
农业	2679879	农业综合开发	209306
林业	482156	农村综合改革	670970
水利	2367559	促进金融支农支出	27363
南水北调	0	目标价格补贴	0
扶贫	284663	其他农林水事务支出	668918
农林水支出合计		7390814	

2015 年浙江省交通运输支出

单位:万元

科　目	决算数	科　目	决算数
公路水路运输	3431808	邮政业支出	5466
铁路运输	833050	车辆购置税支出	566819
民用航空运输	65754	其他交通运输支出(款)	387446
石油价格改革对交通运输的补贴	246197		
交通运输支出合计		5536540	

2015 年浙江省资源勘探信息等支出

单位:万元

科　目	决算数	科　目	决算数
资源勘探开发	71841	安全生产监管	98099
制造业	1309090	国有资产监管	17267
建筑业	7584	支持中小企业发展和管理支出	893337
工业和信息产业监管	271111	其他资源勘探信息等支出	799660
资源勘探信息等支出合计		3467989	

2015 年浙江省商业服务业等支出

单位:万元

单位:万元

科　目	决算数	科　目	决算数
商业流通事务	424898	涉外发展服务支出	244656
旅游业管理与服务支出	187213	其他商业服务业等支出	578886
商业服务业等支出合计		1435653	

2015 年浙江省金融支出

单位:万元

科　目	决算数	科　目	决算数
金融部门行政支出	4786	金融调控支出	0
金融部门监管支出	3995	其他金融支出	40839
金融发展支出	255471		
金融支出合计		305091	

2015 年浙江省国土海洋气象等支出

单位:万元

科　目	决算数	科　目	决算数
国土资源事务	263931	地震事务	2742
海洋管理事务	137836	气象事务	43755
测绘事务	41854	其他国土海洋气象等支出	426520
国土海洋气象等支出合计		916638	

2015 年浙江省住房保障支出

单位:万元

科　目	决算数	科　目	决算数
保障性安居工程支出	749017	城乡社区住宅	35102
住房改革支出	623214		
住房保障支出合计		1407333	

2015 年浙江省粮油物资储备支出

单位:万元

科　目	决算数	科　目	决算数
粮油事务	174135	粮油储备	64162
物资事务	941	重要商品储备	6434
能源储备	1003		
粮油物资储备支出合计		246675	

2015年度浙江省乡镇财政基本情况表

单位:万元、个、人

项　　目	决算数	项　　目	决算数
一、本年乡镇数	1095	增设预算周转金	-391
其中:实行"乡财县管"的乡镇数	212	安排预算稳定调节基金	163795
二、乡镇财政机构数	1063	调出资金	0
其中:财税所数	0	年终结余	256335
三、已建立乡镇国库的乡镇数	11	其中:净结余	0
四、乡镇财政供养人数	196303	八、乡镇政府性基金收支平衡情况	
1. 一般公共预算财政拨款开支人数	64960	收入总计	2835397
2. 一般公共预算财政补助开支人数	131343	政府性基金收入	640696
其中:教师	76827	上级补助收入	1706386
五、赤字乡镇个数	0	上年结余	242607
六、乡镇年末总人口(万人)	3840	债务(转贷)收入	241018
城镇人口(万人)	1299	调入资金	4690
乡村人口(万人)	2541	支出总计	2835397
七、乡镇一般公共预算收支平衡情况		政府性基金支出	2411029
收入总计	16820244	上解上级支出	2369
一般公共预算收入	11689364	债务还本支出	241018
上级补助收入	4629288	调出资金	30751
接受其他地区援助收入	0	年终结余	150230
上年结余	362960	九、乡镇国有资本经营收支平衡情况	
债务(转贷)收入	88950	收入总计	0
调入预算稳定调节基金	11377	国有资本经营收入	0
调入资金	38305	上级补助收入	0
支出总计	16820244	上年结余	0
一般公共预算支出	6701136	支出总计	0
上解上级支出	9599419	国有资本经营支出	0
援助其他地区支出	0	调出资金	0
债务还本支出	99950	年终结余	0

2015年全国各省、市、自治区财政收支占全国财政收支 税收收入占一般公共预算收入比重及排序

地　区	一般公共预算收入（亿元）	约占全国一般公共预算收入的比重（%）	占比排序	税收收入（亿元）	约占一般公共预算收入的比重（%）	占比排序	一般公共预算支出（亿元）	约占全国一般公共预算支出的比重（%）	占比排序
北京市	4724	5.7	6	4264	90.3	1	5738	3.8	9
天津市	2667	3.2	11	1578	59.2	31	3232	2.1	25
河北省	2694	3.2	10	1934	71.8	14	5632	3.7	11
山西省	1642	2.0	21	1057	64.4	28	3423	2.3	24
内蒙古自治区	1964	2.4	19	1321	67.3	24	4253	2.8	17
辽宁省	2127	2.6	17	1650	77.6	7	4482	3.0	14
吉林省	1229	1.5	25	867	70.5	16	3217	2.1	26
黑龙江省	1166	1.4	26	880	75.5	11	4021	2.7	19
上海市	5519	6.6	4	4858	88.0	2	6192	4.1	7
江苏省	8029	9.7	2	6610	82.3	4	9688	6.4	2
浙江省	**4810**	**5.8**	**5**	**4168**	**86.7**	**3**	**6646**	**4.4**	**6**
安徽省	2454	3.0	14	1800	73.3	13	5239	3.5	12
福建省	2544	3.1	12	1939	76.2	9	4002	2.7	20
江西省	2166	2.6	15	1517	70.0	18	4413	2.9	15
山东省	5529	6.7	3	4203	76.0	10	8250	5.5	3
河南省	3016	3.6	8	2101	69.7	19	6799	4.5	5
湖北省	3006	3.6	9	2086	69.4	20	6133	4.1	8
湖南省	2515	3.0	13	1528	60.8	30	5729	3.8	10
广东省	9367	11.3	1	7377	78.8	6	12828	8.5	1
广西壮族自治区	1515	1.8	22	1032	68.1	22	4066	2.7	18
海南省	628	0.8	28	514	81.9	5	1239	0.8	30
重庆市	2155	2.6	16	1451	67.3	23	3792	2.5	23
四川省	3355	4.0	7	2354	70.2	17	7498	5.0	4
贵州省	1503	1.8	23	1126	74.9	12	3939	2.6	21
云南省	1808	2.2	20	1211	67.0	26	4713	3.1	13
西藏自治区	137	0.2	31	92	67.2	25	1381	0.9	29
陕西省	2060	2.5	18	1290	62.6	29	4376	2.9	16
甘肃省	744	0.9	27	530	71.2	15	2958	2.0	27
青海省	267	0.3	30	206	77.2	8	1515	1.0	28
宁夏回族自治区	373	0.4	29	256	68.6	21	1138	0.8	31
新疆维吾尔族自治区	1331	1.6	24	862	64.8	27	3805	2.5	22
地方合计	83044			62662			150337		

注：因四舍五入因素，合计数与分项加总数或存有尾差。

财政法规选编

zhejiang caizheng nianjian

浙江省财政厅关于推广运用政府和社会资本合作模式的实施意见

浙财金〔2015〕5号 2015年2月11日

各市、县(市、区)财政局(宁波不发):

根据国务院、财政部关于推广运用政府和社会资本合作(Public Private Partnership,简称PPP)模式有关精神和《浙江省人民政府办公厅关于推广运用政府和社会资本合作模式的指导意见》(浙政办发〔2015〕9号)要求,现就推广运用政府和社会资本合作模式提出如下意见:

一、充分认识推广运用政府和社会资本合作模式的重要意义

政府和社会资本合作模式是指政府和社会资本为建设基础设施、提供公共服务而建立的长期合作关系和制度安排。推广运用政府和社会资本合作模式,有利于创新投融资机制,拓宽社会资本投资渠道;有利于发展混合所有制经济,增强经济增长内生动力;有利于深化财税体制改革,发挥财税在适应和引领经济新常态中的重要作用。

推广运用政府和社会资本合作模式,是财政部门贯彻落实十八届三中全会精神,深化财政体制改革的重要抓手,也是实现公共财政职能,创新财政管理的重要途径。各地财政部门要充分认识推广运用政府和社会资本合作模式的重要意义,大力宣传政府和社会资本合作模式的理念和方法,积极做好本地区政府和社会资本合作的综合协调工作,切实履行财政管理职责,推动政府和社会资本合作规范有序开展。

二、规范政府和社会资本合作操作模式

为保证政府和社会资本合作项目实施质量,各地财政部门要按照财政部《政府和社会资本合作模式操作指南(试行)》(财金〔2014〕113号)要求,规范项目识别、准备、采购、执行、移交各环节流程。重点做好以下工作:

(一)项目识别

1. 项目范围。价格调整机制相对灵活、市场化程度相对较高、投资规模相对较大、需求长期稳定的基础设施和公共服务项目,应积极采用政府和社会资本合作模式进行建设和运营,包括高速公路、铁路、港口码头、民用机场、城市轨道交通、城市公交及场站等交通设施,跨流域引调水、水资源综合利用等水利设施,地下综合管廊、供水、供气、供热、污水和垃圾处理等市政公用设施,教育、文化、旅游、医疗、养老、体育等社会公共事业,公共租赁住房等保障性安居工程以及资源和环境保护等项目。

2. 项目征集。财政部门应向交通、住建、环保、教育、水利、医疗、文化、民政、体育等行业主管部门征集潜在的政府和社会资本合作项目,支持社会资本以项目建议书的方式向财政部门推荐潜在项目。财政部门应会同行业主管部门对潜在项目进行评估筛选,确定备选项目,制定项目年度和中期开发计划。

3. 项目评估。列入年度开发计划的项目,财政部门应会同行业主管部门组织开展项目定性、定量物有所值(Value for money,简称VFM)评估和财政承受能力论证。定性物有所值评估应重点关注项目采用政府和社会资本合作模式与政府传统采购模式相比,能否增加有效供给、优化风险分配、提高服务质量和运营效率、促进创新和公平竞争等。定量物有所值评估要判断政府和社会资本合作模式能否降低项目全生命周期成本。定量评价工作各地可根据实际情况开展。财政承受能力论证应重点关注项目全生命周期内的政府付费或补贴等支出占当年财政收入的比例,确保财政的中长期可持续性。

4. 项目储备。各地财政部门应建立本地区项目库,将通过物有所值评估和财政承受能力论证的项目,纳入项目库管理,并及时报送省财政厅备案。省财政厅根据项目情况,建立全省政府和社会资本合作项目库,定期或不定期向社会公布推荐项目清单。浙江省首批政府和社会资本合作推荐项目清单见附件。

(二)项目准备

1. 实施方案编制。通过物有所值评估和财政承受能力论证的项目,可进行项目准备。各地确定的项目实施机构应编制项目实施方案。项目实施方案应包括项目概况、风险分配基本框架、项目运作方式、交易结构、合同体系、监管架构、采购方式选择等内容。项目运作方式根据项目收费定价机制、投资收益水平、风险分配框架、融资需求和期满处置等因素确定,主要包括建设—运营—移交(BOT)、建设—拥有—运营(BOO)、转让—运营—移交(TOT)、改建—运营—移交(ROT)等。

2. 实施方案审核。财政部门应对项目实施方案进行物有所值和财政承受能力验证,通过验证的,报经同级政府批准后实施;未通过验证的,可在实施方案调整后重新验证。

(三)项目采购

1. 采购方式。项目实施机构应当按照政府采购法律法规及《政府和社会资本合作项目政府采购管理办法》(财库〔2014〕215号)等规定,根据项目采购需求特点,采取适宜的采购方式,选择信誉好、实力强的社会资本参与项目建设运营。项目采购方式包括公开招标、邀请招标、竞争性谈判、竞争性磋商和单一来源采购等方式,其中采用竞争性磋商采购方式的,按照《政府采购竞争性磋商采购方式管理暂行办法》(财库〔2014〕214号)等规定执行。

2. 信息发布。项目采购应通过省财政厅指定媒体发布项目信息、项目采购信息、项目需求信息、项目采购结果信息、项目合同文本等应公开内容,但涉及国家机密、商业秘密的内容除外。

3. 合同签署。项目采购完成后,项目实施机构或政府授权机构应与中选社会资本签署项目合同,明确项目经营内容、范围及期限,责任风险分担,产品和服务标准,价格、收费标准、补贴及调整机制,违约责任和争议解决程序等关键内容。各地要按

照财政部《PPP 项目合同指南(试行)》(财金〔2014〕156 号)要求制订合同文本,确保合同合理分配项目风险、明确划分各方义务、有效保障各方合法权益。

(四)项目执行

1. 设立项目公司。项目公司可以由社会资本出资设立,也可以由政府和社会资本共同出资设立,政府在项目公司中的持股比例应当低于 50%。项目实施机构和财政部门应监督社会资本按照采购文件和合同约定,按时足额出资设立项目公司。项目公司成立后,项目实施机构或政府授权机构应与项目公司重新签署项目合同,或签署关于承继项目合同的补充合同。项目采购时,政府或项目实施机构已完成立项、初步设计审查等程序的,政府及项目实施机构可在项目公司成立后履行必要程序,将项目的立项以及各种审批资料变更或移交至项目公司。

2. 项目合同执行。社会资本和项目公司要严格按合同约定组织项目建设和运营,确保项目质量,提供安全、优质、高效、便利的公共服务。项目实施机构或行业主管部门要根据项目合同约定,监督社会资本或项目公司履行合同义务,定期监测项目产出绩效指标,编制季报和年报。政府有支付义务的,应按合同约定和绩效指标向社会资本或项目公司支付费用,并执行约定的奖励条款或惩处措施。设置超额收益分享机制的,社会资本或项目公司应及时足额向政府支付超额收益。

(五)项目移交

项目经营期满或发生合同提前终止情况时,项目实施机构或政府指定部门应组建项目移交工作组,按照合同约定的移交形式、补偿方式、移交内容和移交标准,及时组织开展项目性能测试、验收及资产交割等工作,妥善做好项目移交。项目移交完成后,财政部门应会同有关部门组织对项目产出、成本效益、监管成效、可持续性、政府和社会资本合作模式应用等进行绩效评价,并按相关规定公开评价结果。评价结果作为政府开展政府和社会资本合作管理工作的决策参考依据。

三、切实履行财政管理职能

政府和社会资本合作项目建设周期长、涉及领域广、复杂程度高,对财政管理提出了更高要求。各地财政部门要进一步提高认识,勇于担当,认真做好相关财政管理工作。

(一)加强项目预算管理。对项目收入不能覆盖成本和合理收益,但社会效益较好的政府和社会资本合作项目,地方财政可通过政府付费等方式给予适当补贴。各地应以项目运营绩效评价结果为依据,综合考虑产品或服务价格、建造成本、运营费用、实际收益率、财政中长期承受能力等合理因素,建立动态补贴机制。除最低需求风险外,政府补贴原则上不得承诺社会资本回报水平。各地财政部门要将财政补贴等支出分类纳入同级政府预算,在中长期财政规划中予以统筹考虑,并逐步按照权责发生制政府综合财务报告制度改革的要求,将项目的政府补贴与政府资本投入、土地使用以及配套设施等进行统筹管理。

(二)加强项目政府采购监管。各地财政部门要切实履行政府采购监管职责,会同项目实施机构及行业主管部门,严格遵照《政府采购法》、《政府采购货物和服务招标投标管理办法》(财政部令第 18 号)、《政府采购非招标采购方式管理办法》(财政部令第 74 号)、《政府采购竞争性磋商采购方式管理暂行办法》(财库〔2014〕214 号)、《政府和社会资本合作项目政府采购管理办法》(财库〔2014〕215 号)以及《政府和社会资本合作模式操作指南(试行)》(财金〔2014〕113 号)等规定执行,规范项目政府采购行为,维护国家利益、社会公共利益和政府采购当事人的合法权益。

(三)加强政府债务风险管理。各地财政部门要按照国务院和省政府有关加强地方政府性债务管理的要求,切实防范和控制财政风险。对政府付费或提供财政补贴等支持的项目,财政部门要根据中长期财政规划和项目全生命周期内的财政补贴等支出,严格进行财政承受能力论证。加强项目中政府承诺管理,政府对社会资本或项目公司除按约定规则依法承担合理定价、财政补贴等相关责任,不承担社会资本或项目公司的偿债责任。除法律另有规定外,地方政府及其所属部门不得以任何方式提供担保。要将推广运用政府和社会资本合作模式与化解政府债务风险相结合,积极做好地方政府融资平台公司在建公益性项目的梳理,对符合要求的项目要大力推广政府和社会资本合作模式,并做好政府融资平台公司在建公益性项目向政府和社会资本合作项目转型的风险控制工作,防止企业债务向政府转移。

(四)加强政府和社会资本合作合同管理。合同是政府和社会资本长期友好合作的重要基础,也是政府和社会资本合作项目顺利实施的重要保障。各地财政部门要高度重视,充分认识合同管理的重要意义,会同行业主管部门加强政府和社会资本合作合同的审核和履约管理工作,确保合同内容真实反映各方意愿、合理分配项目风险、明确划分各方义务,有效保障合法权益。各地财政部门要组织加强对当地政府相关部门、社会资本以及项目其他参与方的法律和合同管理培训,提升各方的法律意识、契约观念以及对项目合同核心内容和谈判要点的把握能力,充分识别、合理防控项目风险。

(五)扎实开展项目绩效评价。各地财政部门应会同行业主管部门,加强对公共服务质量和价格的监管,建立政府、服务使用者共同参与的综合性评价体系,对项目的绩效目标实现程度、运营管理、资金使用、成本费用、公共产品和服务质量等进行绩效评价,并将结果依法公开。根据评价结果,依据合同约定对价格或补贴等进行调整,激励社会资本通过管理创新、技术创新提高公共产品服务的质量和效率。

四、加大推广应用政府和社会资本合作模式的保障力度

(一)加强组织领导。省财政厅会同省级有关部门,加强沟通协调,做好政府和社会资本合作模式的政策制定、项目储备、业务指导和信息管理等工作。各级财政部门要积极向本级政府和相关部门大力宣传政府和社会资本合作模式,建立工作协调推进机制,加强部门配合,形成工作合力。要结合财政内部职责分工,落实工作责任部门,强化组织保障,切实履行财政对推广运用政府和社会资本合作模式的管理职能。

（二）加大政策支持。政府和社会资本合作项目按规定享受各项税收优惠和行政事业性收费减免政策，在安排各类财政专项资金和政府性补贴时，享受与政府投资项目同等的财政扶持政策。支持项目公司利用外国政府、国际金融组织贷款和清洁发展委托贷款。鼓励银行、证券、保险等金融机构以及融资担保机构积极开发适合项目的金融产品，创新金融服务，积极争取保险资金、专业投资机构资金等参与，支持金融机构及早介入项目前期准备工作，参与项目的策划、融资、建设和运营。积极支持符合条件的政府和社会资本合作项目申报财政部示范项目，争取中央转移支付资金、政府和社会资本合作融资支持基金的扶持。对推广运用政府和社会资本合作工作富有成效的市县，省财政给予综合奖补支持。

（三）加强能力建设。各地财政部门要着力加强政府和社会资本合作模式实施能力建设，注重培育专业人才。同时，大力宣传培训政府和社会资本合作的工作理念和方法，加强舆论宣传引导，增进政府、社会和市场主体共识，营造推广运用政府和社会资本模式的良好氛围。要充分借助、积极运用法律、投资、财务、保险等专业咨询顾问机构的力量，提升政府和社会资本合作管理工作的科学性、规范性和操作性。

对工作中出现的新情况、新问题，应及时报告省财政厅。

附件：浙江省首批政府和社会资本合作推荐项目清单（略）

浙江省教育发展专项资金管理办法

浙财教〔2015〕5 号 2015 年 2 月 28 日

第一章 总 则

第一条 为贯彻落实省委省政府深化预算管理制度改革，全面实施规范、公开、透明的预算制度的有关要求，根据省政府办公厅《关于进一步加强省级财政专项资金管理工作的通知》（浙政办函〔2014〕66 号）和省财政厅《关于实施省级专项性一般转移支付管理改革的通知》（浙财预〔2011〕43 号）等有关规定，结合财政、教育体制机制改革的实际，省财政整合设立教育发展专项资金（以下简称专项资金），用于转移支付市县支持教育事业，促进教育事业发展。为加强财政专项资金管理，提高专项资金绩效，特制定本办法。

第二条 专项资金的设立，旨在发挥市县政府的积极性，带动市县财政加大对教育事业的投入和支持力度，重点解决当地教育发展的突出问题，整体提升教育发展水平，并强化资金使用绩效。专项资金以 3 年为设立周期，到期后视绩效情况确定是否继续安排。

第三条 专项资金整合原中等职业教育质量提升、中小学教师教育、学前教育、教育科学和谐发展业绩考核等项目，按统一的办法进行管理。

第四条 专项资金由省财政厅会同省教育厅按照各自职责分工共同管理。

省财政厅负责专项资金的预算管理和资金拨付，审定省教育厅提出的专项资金分配方案，并组织对专项资金的使用和管理情况等开展绩效评价和监督检查。

省教育厅会同省财政厅开展专项资金管理工作，负责审核基础材料，提出年度资金分配方案，并对专项资金执行情况进行跟踪指导和监督检查。

第二章 支持范围、对象和来源

第五条 专项资金支持范围为全省（不含宁波）各市、县（市、区）以及部分省级单位（以下简称“市县”）。

第六条 专项资金用于支持和引导市县改善办学条件，全面提升教育质量和水平，促进教育事业发展，重点用于安排学前教育、中等职业教育和教师培训。

第七条 中央通过转移支付形式拨付的学前、职教、师训补助经费，若有明确使用范围和分配办法的，按中央规定进行分配；若仅明确使用方向的，相应选择本办法中有关学前、职教和师训工作各自对应指标计算，并在下达资金时列明；未有规定的，纳入专项资金统筹分配。

第三章 资金分配、下达和使用

第八条 专项资金采用“因素法”分配，主要根据业务工作量、重点任务、绩效考核等因素，汇总计算补助。

第九条 具体因素权重和计算方法如下：

（一）业务工作量因素权重 30%。主要考虑各地普惠性民办幼儿园发展、接收进城务工随迁子女入园、幼儿园非在编教师待遇政策落实和中小学教师省级培训完成情况等因素。

1. 普惠性民办幼儿园发展因素（10%）。根据上年各地符合条件的普惠性民办幼儿园在园幼儿数量为依据进行分配，具体分配公式为：

普惠性民办园因素补助金额 = 各地对应分配系数×10%×分配资金总额

各地对应分配系数 =

$$\frac{\text{某县市普惠性民办幼儿园在园幼儿数量}}{\sum\text{县市普惠性民办幼儿园在园幼儿数量}}$$

2. 接收进城务工随迁子女入园因素（6%）。以上年各地接收进城务工随迁子女入园人数和各地幼儿园预算内生均教育事业费情况为依据进行分配，具体分配公式为：

接收进城务工随迁子女入园因素补助金额 = 各地对应分配系数×6%×分配资金总额

各地对应分配系数 =

$$\frac{\text{某县市接收进城务工随迁子女入园人数×生均公共财政预算教育事业费}}{\sum\text{县市接收进城务工随迁子女入园人数×生均公共财政预算教育事业费}}$$

3. 幼儿园非在编教师待遇提高因素（4%）。以上年各地幼儿园非在编教师的人均收入为依据进行分配，具体分配公式为：

幼儿园非在编教师待遇提高因素补助金额 = 各地对应分配系数×4%×分配资金总额

各地对应分配系数 =

$$\frac{\text{某县市幼儿园非在编教师人均收入调整系数}}{\sum\text{县市幼儿园非在编教师人均收入调整系数}}$$

其中，幼儿园非在编教师人均收入调整系数=

$$\frac{\text{幼儿园非在编教师年度人均收入}}{\text{年度社会在岗职工平均工资}}$$

4. 中小学教师省级培训因素（10%）。在年度培训计划内，以上年各地实际参加名师名校长培训和骨干教师省级培训的教师类别、人数、天数计算分配（补助标准参照《浙江省中小学（幼儿园）教师教育专项资金管理办法》（浙财教〔2013〕62号）执行）。

（二）重点任务因素（28%）。主要考虑中等职业教育内涵提升和学前教育质量提升等因素。

1. 中等职业教育内涵提升因素（20%）。根据市县上年中职教育重点工作推进情况和欠发达地区中职教育财政努力程度进行分配。

（1）上年度中职教育重点工作推进情况占其中的40%。选取上年初省确定的年度中职教育重点工作3—5项，对各地完成数量和质量进行考评。每项工作按照工作的重要程度和难易程度赋予一定分数，总分计100分，考评结果分优秀、良好、合格和不合格四个等级，分别对应100%、80%、60%和0的分值，分项加总后计算总分。具体资金分配公式为：

应分配金额=各地对应分配系数×20%×40%×分配资金总额

$$\text{各地对应分配系数}=\frac{\text{某县市中职重点工作考核总分}}{\sum\text{县市中职重点工作考核总分}}$$

（2）欠发达地区中职教育财政努力程度占其中的60%。为体现对欠发达地区中职教育发展的倾斜，该因素仅面向欠发达地区。根据上年度中职教育财政教育投入占当地财政教育投入比例情况确定分配。市县达到同类地区平均比例的，可以获得奖补。资金按可获得补助的县市数量平均分配。

中等职业教育内涵提升因素补助金额=中职教育重点工作推进情况补助+欠发达地区中职教育财政努力程度补助

2. 学前教育质量提升因素（8%）。主要根据上年市县年度学前教育质量提升情况进行分配。全省分为发达地区、欠发达地区两类，各占分配金额总数的50%。具体分配公式为：

应分配金额=各地对应分配系数×8%×50%×分配资金总额

$$\text{各地对应分配系数}=\frac{\text{某（欠）发达县市有证园比例}}{\sum\text{（欠）发达地区有证园比例}}\times 2+\frac{\text{某（欠）发达县市教师资格证持有率}}{\sum\text{（欠）发达县市教师资格证持有率}}\times 3+\frac{\text{某（欠）发达县市等级园比例}}{\sum\text{（欠）发达县市等级园比例}}\times 3/8$$

（三）绩效考核因素（35%）。主要考虑教育科学和谐发展业绩考核、中职教育发展挂钩考核和中小学教师专业发展培训绩效考核因素。

1. 教育科学和谐发展业绩考核情况（5%）。根据上年全省教育科学和谐发展业绩考核结果，设A、B、C、D四等，A档赋值10分，B档赋值8分，C档赋值5分，根据赋分结果计算补助，其余市县为D等，不予奖补。具体分配公式为：

教育科学和谐发展业绩考核应分配金额=当地对应分配系数×5%×分配资金总额

$$\text{当地对应分配系数}=\frac{\text{某县市科学和谐考核得分}}{\sum\text{县市科学和谐考核得分}}$$

2. 中职教育发展挂钩考核情况（20%）。根据《关于印发中等职业教育质量提升转移支付资金管理暂行办法的通知》（浙财教〔2011〕376号）有关挂钩考核细则，评定上年市、县（市）中职教育发展绩效。市县分为欠发达地区、发达地区两类。按考核得分，每类地区设A、B、C、D四等，其中A等2个市县，B等3个市县，C等5个市县，分别按中职教育发展挂钩考核金额的7.5%、5%、4%奖补；其余市县为D等，不予奖补。

3. 中小学教师专业发展培训绩效考核因素（10%）。根据《浙江省中小学（幼儿园）教师教育专项资金管理办法》（浙财教〔2013〕62号）有关教师培训工作绩效考核指标体系，评定上年教师培训绩效情况。

中小学教师专业发展培训绩效考核因素应分配金额=当地对应分配系数×5%×分配资金总额

当地对应分配系数=

$$\frac{\text{某县市教师专业发展培训绩效考核得分}}{\sum\text{县市教师专业发展培训绩效考核得分}}$$

（四）其他因素（7%）。由省级单位承担的中职教育技能大赛、中职教育课程改革经费、百人千场送教活动、省级教师培养基地等活动分配至省级单位。

第十条 省财政厅、省教育厅根据省委、省政府部署，结合我省教育事业发展情况，可适时对下一年度的分配因素及权重比例进行适当调整，在本年度经费下达时一并告知。

第十一条 有关基础数据分别取自教育事业统计、教育经费统计、学前教育管理系统、教师培训管理平台等。如不能从平台中直接获取的，则由市县上报。起始年度缺少基础数据的个别因素，暂按均值预分配，次年结算。

每年2月15日前，省教育厅对基础数据进行审核，提出意见和分配方案报省财政厅，省财政厅复审确认后安排资金分配方案，并在两厅门户网站上公示7个工作日。（2015年的分配意见于3月10日前提出）

第十二条 根据公示结果，省财政厅会同省教育厅在当年预算经人代会批准后30日内将专项资金下达到各地财政部门。

第十三条 专项资金由市县政府在规定的使用范围内自主安排使用。任何单位和个人不得挤占、挪用，或抵顶地方财政预算拨款。市县财政部门、教育主管部门应切实加强专项资金管理，制定分配和使用管理办法，并在省专项资金下达两个月内将分配方案和经费拨付文件报省财政厅、省教育厅备案。

第四章 监督管理和绩效评价

第十四条 省财政厅、省教育厅负责对专项资金的监督检查，可委托会计师事务所对专项资金使用情况等进行检查，并对专项资金的使用情况开展绩效评价，提高财政资金分配的科学性和合理性。

第十五条 市县财政部门、教育主管部门要加强对专项资金使用情况的监督检查，通过抽查、专项审计、评价等多种方式，及时发现资金使用中存在的问题，并督促做好整改，确保资金使用合法、合规。

第十六条 市县专用资金的分配和使用要自觉接受财政、教育、审计、纪检监察等部门的监督和检查。对于挤占挪用资金、弄虚作假套取资金等行为，将按照《预算法》、《财政违法行为处罚处分条例》等有关法律法规严肃查处并追回相关资金。

第五章 附 则

第十七条 本办法由省财政厅和省教育厅负责解释。

第十八条 本办法自2015年3月10日起施行。

浙江省美丽乡村建设专项资金管理办法(试行)

浙财农〔2015〕45号 2015年3月26日

第一章 总 则

第一条 为全面推进美丽乡村建设，加强和规范美丽乡村建设专项资金管理，提高资金使用效益，根据《中华人民共和国预算法》、《浙江省人民政府办公厅关于进一步加强省级财政专项资金管理工作的通知》(浙政办函〔2014〕66号)和《中共浙江省委办公厅 浙江省人民政府办公厅关于深化“千村示范、万村整治”工程全面推进美丽乡村建设的若干意见》(浙委办〔2012〕130号)、《中共浙江省委办公厅 浙江省人民政府办公厅关于深化“千村示范、万村整治”工程扎实推进农村生活污水治理的若干意见》(浙委办发〔2014〕2号)、《中共浙江省委办公厅 浙江省人民政府办公厅关于加强历史文化村落保护利用的若干意见》(浙委办〔2012〕38号)、《浙江省农村实用人才队伍建设中长期规划(2011—2020年)》(浙委人〔2011〕7号)、《浙江省人民政府办公厅关于提升发展农家乐休闲旅游业的意见》(浙政办发〔2011〕82号)、《浙江省财政厅关于推进财政支农体制机制改革的意见》(浙财农〔2014〕289号)等法律和有关文件规定，制定本办法。

第二条 本办法所称美丽乡村建设专项资金是省财政预算统筹安排，用于支持省委、省政府出台的改善农村人居环境、历史文化村落保护利用、发展农家乐休闲旅游业、提升农民素质水平等方面政策的资金。

第三条 美丽乡村建设相关支持政策原则上以三年为一周期，到期后按程序组织综合评价，视评价结果确定政策保留、调整或取消，本周期为2015-2017年。省委、省政府政策有明确时间期限的，从其规定。

第四条 美丽乡村建设专项资金分配遵循以下原则：

(一)科学规范。科学定位政府职能边界，合理组织配置公共资源，积极引入基金制等市场化扶持模式，引导金融资本和社会资本投入。

(二)突出重点。合理划分事权与支出责任，集中财力办大事，省级专项资金重点保障省委、省政府确定的美丽乡村建设重点工作。

(三)注重绩效。强化专项资金分配以绩效为导向，加强绩效考评结果应用，提高财政资金使用效益。

(四)公开透明。按照透明预算要求，全面推进专项资金相关信息公开，增强透明度。

第五条 省财政厅负责美丽乡村建设专项资金预算安排，办理资金分配，监督预算执行和组织政策评估等工作。

省农办负责研究制定美丽乡村建设发展战略，提供专项资金的有关分配因素，提出资金分配建议，预算执行，建立省级项目数据库，制订项目计划，组织项目实施，负责项目管理和监督检查，组织项目绩效评价等工作。

第二章 扶持对象、范围和分配方式

第六条 美丽乡村建设专项资金扶持对象：

(一)农村生活污水治理村。

(二)农村生活垃圾减量化资源化处理试点村。

(三)历史文化村落保护利用重点村、一般村。

(四)农村生活污水治理、农村生活垃圾减量化资源化处理、历史文化村落保护利用等建设档案管理主管部门。

(五)省级农家乐集聚村(原特色村)、精品村、特色乡镇、精品示范区，省级农家乐特色点、精品点，四、五星级农家乐经营户(点)。

(六)参加农村实用人才和新型职业农民培训、农村富余劳动力转移就业技能培训的学员。

(七)淳安等26县和婺城区、黄岩区、兰溪市(以下简称“29县”)参加成人高等学历教育的学员。

(八)全国农村固定观察点。

(九)其他国家或省委、省政府规定须纳入美丽乡村建设专项资金扶持的对象。

第七条 美丽乡村建设专项资金支出范围：

(一)农村生活污水治理的户厕改造等各类污水接入、截污管网建设、生态化污水治理终端设施建设、污水治理设施运行维护管理等。

(二)农村生活垃圾减量化资源化处理的微生物发酵、生物堆肥设备设施购置和安装等。

(三)历史文化村落保护利用的古建筑修复、村内古道修复与改造等。

(四)农家乐游客服务中心建设、改造、装修，服务和接待设施设备购置安装、农耕文化展示、小型景观建设、标志标识制作、宣传推介、规划编制、营销平台建设等。

(五)农村实用人才和新型职业农民培训、农村富余劳动力转移就业技能培训学员的学费补助。

（六）29县成人高等学历教育学费补助。

（七）全国农村固定观察点样本户记账补贴、记账辅导员和调查员补贴、人员培训、调查数据整理分析和必要的相关设备购置等。

（八）农村生活污水治理、农村生活垃圾减量化资源化处理、历史文化村落保护利用等建设档案规范化收集、保存和检查管理经费补助。

（九）省级农民培训通用教材编印、信息化建设、专兼职教师和管理人员培训等经费补助。

（十）其他国家或省委、省政府规定须纳入美丽乡村建设专项资金扶持范围的内容。

第八条 美丽乡村建设专项转移支付市县资金实行因素法分配和竞争性分配相结合的方式，其中农村生活污水治理补助资金实行竞争性分配。资金分配因素包括任务因素、补助标准（比例）、进度因素、经济社会发展水平系数和绩效系数等。资金分配公式为：

补助额度 $=\sum_{i=1}^{n}$ 任务因素×补助标准（比例）×进度因素×经济社会发展水平系数（部分采用）×绩效系数（部分采用）

第九条 任务因素：

任务因素包括农村生活污水治理项目测算总投资，历史文化村落保护利用重点村建设计划数，历史文化村落保护利用一般村建设计划数，农村生活垃圾减量化资源化处理试点村数，“千万农民素质提升工程”培训计划数，农家乐休闲旅游业提升发展任务综合得分，全国农村固定观察点数等。

（一）农村生活污水治理项目测算总投资按照《关于开展农村生活污水治理情况调查的通知》（浙农办〔2013〕38号）调查确定的治理任务基数和综合测算单价确定。综合测算单价为，采用村域自建生态化污水治理设施的户均5000元，进入城镇污水处理厂的户均4000元。

（二）历史文化村落保护利用重点村建设计划数，由省农办根据各地村庄环境整治建设现状、历史文化村落保有数量和项目前期准备等情况，分解到有关县（市、区）（以下简称县市）。

（三）历史文化村落保护利用一般村建设计划数、农村生活垃圾减量化资源化处理试点村数、省级农家乐创建项目、“千万农民素质提升工程”培训计划数的确定：各县市每年9月15日前报送下一年度历史文化村落保护利用一般村、农村生活垃圾减量化资源化处理试点村、省级农家乐创建项目和“千万农民素质提升工程”培训计划，由各市农办审核汇总后于9月20日前上报省农办。省农办根据全省美丽乡村建设年度工作目标，会同省财政厅、省农业厅研究确定下一年度各项计划数。

（四）农家乐休闲旅游业提升发展任务综合得分，根据省级农家乐创建项目计算确定。省级农家乐创建项目综合计分方法为每个省级农家乐集聚村（原特色村）、点分别得10分、2.5分，四、五星级经营户分别得0.5分、1.5分，四、五星级经营点分别得2分、4分，精品项目村、点分别得20分、10分，特色乡镇、精品示范区分别得25分、60分，重点县市得120分（重点县市认定办法另行制定）。

（五）全国农村固定观察点为按照中央要求确定的开展农村经济社会长期跟踪典型调查的村。

第十条 补助标准（比例）：

（一）农村生活污水治理省补助资金，以县市为单位，补助比例结合省财政转移支付分类分档确定。省财政对两类六档市县分别按照项目测算总投资的40%、36%、32%、24%、16%和8%给予补助。

（二）历史文化村落保护利用重点村省补助标准：对一类、二类县市的历史文化村落保护利用重点村，分别平均每村补助700万元、500万元。

（三）农村生活垃圾减量化资源化处理试点村省补助标准为平均每村补助30万元。

（四）“千万农民素质提升工程”培训实行分级分类分档差别补助标准：

1. 县级组织实施的农村实用人才、新型职业农民初级培训人均补助1000元，转移就业技能培训人均补助600元。

2. 市级组织实施的农村实用人才、新型职业农民中级培训人均补助2000元，高级农村实用人才出境培训人均补助5000元。

3. 省级组织实施的农村实用人才、新型职业农民高级培训，短期班（5天、40学时）人均补助2000元，提升班（8天、64学时）人均补助3000元，研修班（15天、120学时）人均补助5000元。

（五）农家乐休闲旅游业提升发展补助标准按提升发展任务综合得分计算确定，每分补助额度=美丽乡村建设专项转移支付市县资金总额度×用于支持农家乐休闲旅游业提升发展的资金权重/各县（市、区）提升发展任务综合得分合计数。

用于支持农家乐休闲旅游业提升发展的资金权重根据年度工作任务和专项预算安排情况确定。

（六）29县参加成人高等学历教育学费补助标准参照高职高专学校学费收费标准。

（七）全国农村固定观察点调查省补助标准为每个固定观察点4万元。

第十一条 进度因素：

（一）农村生活污水治理：根据竞争性分配评审结果，对按得分排序前38个县市，2014-2016年分别下达50%、20%、30%的补助资金；对其他36个县市，2014-2017年分别下达20%、30%、20%、30%的补助资金。

（二）历史文化村落保护利用重点村：任务下达时拨付70%的补助资金；项目验收通过后，拨付剩余30%的补助资金。

（三）历史文化村落保护利用一般村：第一年“深化千万工程、建设美丽乡村”年度工作检查后，因素法下达70%的补助资金；第三年“深化千万工程、建设美丽乡村”年度工作检查后，因素法下达剩余30%的补助资金。

第十二条 经济社会发展水平系数：

经济社会发展水平系数根据省财政转移支付分类分档

确定。

对历史文化村落保护利用一般村奖补和农家乐休闲旅游业提升发展补助的地方经济发展水平系数，一类县市为1，二类县市为0.8。

对县级组织实施的农村实用人才、新型职业农民初级培训和转移就业技能培训补助的地方经济发展水平系数，采用两类六档系数。

第十三条 绩效系数：

每年1月底前，省农办组织开展"深化千万工程、建设美丽乡村"、农家乐休闲旅游业提升发展、"千万农民素质提升工程"上年度工作检查，根据检查评价等次，确定各县市绩效系数。优秀、良好、合格、不合格四个等次对应的绩效系数分别为1、0.9、0.8、0。

绩效系数在分配历史文化村落保护利用一般村、农家乐休闲旅游业提升发展和"千万农民素质提升工程"培训的补助资金时采用。

第十四条 对经县级主管部门项目验收并通过农村生活污水治理工作省级检查验收且超计划（浙委办发〔2014〕2号文件明确的任务数）完成的县市，可作为绩效因素，在分配相关专项整合资金时予以考虑。

第三章 资金分配、下达和使用管理

第十五条 省农办及时组织做好有关分配因素基础数据统计、汇总、审核工作，并于10月底前向省财政厅提供有关分配因素，绩效因素待年度检查结束后及时提供。省财政厅会同省农办按规定提前下达部分美丽乡村建设专项资金。每年省人代会批准预算后，省财政厅会同省农办在规定时间内下达补助资金。

省农办下达年度美丽乡村建设任务，明确农村生活污水治理、农村生活垃圾减量化资源化处理试点、历史文化村落保护利用、农家乐休闲旅游业提升发展和"千万农民素质提升工程"培训任务。

第十六条 县市可在本办法规定支出范围内统筹安排美丽乡村建设专项资金，除省级委托事项外，不得用于财政补助单位人员经费和运转经费，以及楼堂馆所等国务院明令禁止的相关项目建设。

第十七条 依据政府与市场的关系和支出责任，美丽乡村建设相关政策分为公益类、准公益类和竞争类三类（见附件）。县市应按照政策类别，研究采取不同的支持方式：

对公益类政策资金，省级因素法切块下达后，县市应围绕省定政策目标，结合当地农业农村发展规划，明确补助机制，集中财力办大事。

对准公益类政策资金，应加大政府购买服务力度，凡条件成熟的，要实行政府购买服务，按政府采购有关规定执行；暂不具备条件的，应列出清单和时间表，争取早日到位。

对竞争类政策资金，要积极推行竞争性立项，逐步改变行政性分配方式，加大基金制、贷款贴息、以奖代补、先建后补、风险补偿、担保补贴等方式运用，防止出现套取补助资金等问题。

第十八条 县市要有效安排使用美丽乡村建设专项资金，积极盘活存量资金，专项结余结转资金按照中央和省有关规定安排使用，切实提高财政资金使用效益。

对结余结转资金规模较大的地方，控制安排新增资金。对于有具体任务的结转资金，相应扣减或暂停安排该项任务的资金。

第十九条 美丽乡村建设专项资金实行项目库管理。省、市、县各级要按照省委、省政府提出的美丽乡村建设的工作要求和目标任务，建立农村生活污水治理项目数据库，历史文化村落保护利用重点村、一般村数据库，农村生活垃圾减量化资源化处理试点村数据库和省级农家乐创建项目数据库。省级数据库逐步与省级专项资金项目库管理信息系统对接。

第二十条 历史文化村落保护利用重点村建设按省重点项目进行管理。根据经由省农办（省"千村示范、万村整治"工作协调小组办公室）组织会审通过的历史文化村落保护利用重点村修建性详细规划和项目申报文本、建设项目表，省农办下达历史文化村落保护利用重点村建设计划。

第二十一条 农村生活污水治理村、农村生活垃圾减量化资源化处理试点村、历史文化村落保护利用一般村和省级农家乐创建项目建设实行省级资金因素法切块下达，县级自主立项。美丽乡村建设专项资金拨付后60日内，各县市将省下达的资金和美丽乡村建设任务落实到具体项目，项目原则上在项目库中择优选取，并将有关落实情况抄送省农办、省财政厅，同时抄送市农办。各类农民培训信息及时录入"千万农民素质提升工程"信息管理系统。

第二十二条 美丽乡村建设省级项目经费，按照省级部门项目支出预算管理规定，由省农办会同相关部门向省财政厅申报，经审核后纳入省级部门预算。

省级组织实施的农村实用人才、新型职业农民高级培训项目实行政府购买服务管理方式，具体按政府采购、政府购买服务有关规定执行。

第二十三条 省财政厅、省农办要及时将美丽乡村建设专项资金管理办法、年度专项资金分配结果在部门门户网站和农民信箱公开。

第二十四条 县市按规定需报省备案的项目，在上报前要将项目有关信息在县市主管部门和财政部门门户网站、农民信箱以及乡镇公共服务平台向社会公示7天，公示无异议后方可上报。

第四章 监督检查和绩效评价

第二十五条 建立健全省对县市美丽乡村建设年度工作检查制度，重点检查农村生活污水治理、历史文化村落保护利用、省级农家乐创建项目和农村实用人才、新型职业农民培训工作，检查结果与美丽乡村建设专项资金分配挂钩。检查办法由省农办另行制定。

第二十六条 各级财政部门和农办等有关部门要切实加强美丽乡村建设专项资金使用的监督检查，配合审计、监察等部门做好资金的审计、检查、稽查工作。要建立健全美丽乡村建设专项资金绩效评价制度,加强绩效评价结果应用。

第二十七条 省农办会同省财政厅每年选择若干个美丽乡村建设专项资金扶持项目,委托中介机构实施绩效评价,并通报绩效评价结果。

第二十八条 省级建立项目主体黑名单制度,将各类专项检查和审计中发现存在违规违纪行为的责任主体列入黑名单,予以通报,并视情节轻重,在 1-3 年内不安排相关项目补助资金。

第二十九条 对存在违规违纪使用美丽乡村建设专项资金情况,并造成恶劣影响的市县,取消下一年度全省财政支农工作绩效考核优良评选资格。

第三十条 对违反规定,截留、挪用财政资金,擅自改变资金用途,或以虚报、冒领等手段骗取财政资金的,依照《中华人民共和国预算法》《财政违法行为处罚处分条例》等有关法律法规进行查处。

第五章 附 则

第三十一条 县市应根据本办法,结合当地实际,制定具体实施细则,并抄送省财政厅、省农办。

第三十二条 本办法自印发之日起实施。《关于印发浙江省农家乐休闲旅游发展资金管理办法的通知》(浙财农〔2011〕599 号)、《关于印发浙江省"千万农村劳动力素质培训工程"项目和资金管理办法(试行)的通知》(浙财农〔2010〕77 号)和《关于印发浙江省中高级农村"两创"实用人才培训项目和资金管理办法(试行)的通知》(浙财农〔2010〕488 号)同时废止。此前有关规定与本办法不一致的,以本办法为准。

附件:2015 年美丽乡村建设政策清单(略)

浙江省现代农业发展专项资金管理办法(试行)

浙财农〔2015〕50 号 2015 年 3 月 27 日

第一章 总 则

第一条 为加强和规范财政支持现代农业发展专项资金管理,提高财政资金管理的科学性、规范性、有效性,着力保障现代农业发展,根据《中华人民共和国预算法》、《浙江省人民政府办公厅关于进一步加强省级财政专项资金管理工作的通知》(浙政办函〔2014〕66 号)、《浙江省财政厅关于推进财政支农体制机制改革的意见》(浙财农〔2014〕289 号)等有关规定,特制定本办法。

第二条 浙江省现代农业发展专项资金(以下简称现代农业专项资金)由省财政预算统筹安排,专项用于中央和省委、省政府出台的粮食生产发展、畜牧生产发展、生态循环农业与农产品质量安全、农机化与智慧农业、农业科技与现代种业、现代农业提升发展等方面支持政策的资金,其中用于配套中央资金的,按照中央有关管理规定执行。

除中央和省委、省政府明确规定期限的政策以外,现代农业发展相关支持政策原则上以三年为一周期,到期后按程序组织综合评估,视评估结果确定政策保留、调整或取消。本周期为 2015—2017 年。

第三条 现代农业专项资金管理是指对现代农业专项资金预算管理、资金分配、使用管理、监督检查和绩效评价等管理活动。

第四条 现代农业专项资金管理遵循以下原则:

(一)科学规范。科学定位政府职能边界,合理组织公共资源,积极引入基金制等市场化扶持模式,引导金融资本和社会资本投入。

(二)突出重点。合理划分事权与支出责任,集中财力办大事,省级现代农业专项资金主要用于对全省"三农"发展起基础性、引领性和战略性作用的领域,重点保障省委省政府确定的"三农"重点工作。

(三)注重绩效。强化专项资金绩效导向,不断提高绩效因素在资金分配中的比例,提高财政资金使用效率。

(四)公开透明。按照透明预算要求,全面推进专项资金相关信息公开,增强透明度。

第五条 省财政厅负责现代农业专项资金的预算安排,办理资金分配,监督预算执行,组织财政支农政策评估。省农业厅负责研究制定现代农业发展规划,提出专项资金绩效目标和资金分配建议,项目组织管理、技术指导和监督检查,以及组织具体项目绩效评价等。

各市、县(市、区)(以下简称市县)财政、农业部门根据各自职责和省确定的扶持方向、支持重点、绩效目标,负责项目储备库建设、竞争性项目申报、省切块资金的分配、具体项目遴选等工作,并做好项目管理、检查验收、绩效评价和资金使用监管。各地应结合当地实际,制定具体的管理办法和制度报省财政厅、省农业厅备案,进一步细化资金和项目管理措施,明确职责分工和工作程序,做到项目资金管理有章可循。

各项目建设主体即项目承担单位,负责项目方案的编制、申报,按照项目建设计划和有关要求,做好项目实施、资金使用管理等工作,并对提交的申报材料和财务资料等真实性和完整性负责。

第二章 支持对象、重点领域和扶持方式

第六条 现代农业专项资金支持对象包括符合条件的农户、家庭农场、规范化农民专业合作组织、农业龙头企业、村集体经济组织、行政事业单位和其他各类经济组织。

第七条 重点支持领域

按照"四化同步"发展要求,深入实施高效生态农业发展战略,紧紧围绕绿色农业强省建设,重点支持农业生产方式、农业

经营方式和农业治理方式转变，推进农业现代化建设、农业经营体制机制创新和保供增收惠民生，建立完善现代农业产业体系、经营体系、质量保障体系和资源保护体系，具体包括：

（一）粮食生产发展。支持粮油政策性补贴和粮食生产功能区建设，扶持粮食生产适度规模经营和社会化服务，加强以粮食生产功能区为重点的农田基础设施、生产及服务设施的建设和管护，推进粮食生产规模化、机械化及社会化服务发展，不断提高粮食综合生产能力；

（二）畜牧生产发展。持续推进新型畜牧业产业体系建设，支持畜牧产业转型升级和动物防疫体系建设，不断完善畜牧业公共服务设施和服务体系，推动畜牧产业规模化、设施化、标准化、生态化建设；

（三）生态循环农业与农产品质量安全。全面启动实施国家现代生态循环农业试点省建设，支持生态循环农业发展和农产品质量安全体系建设，新型农作制度、农业废弃物资源化综合利用、绿色防控等技术模式的推广应用，农业投入品及包装物回收利用，农村能源开发利用，农作物重大病虫害防控，农药安全管理，农产品质量安全和农业投入品检测、监测和监管等；

（四）农机化与智慧农业。全面推进农业领域“机器换人”、“设施增地”，支持发展农机化和智慧农业，加强农机安全管理，加大农业信息化建设，推动农机化、设施化、信息化融合发展，加快农业物联网技术应用等；

（五）农业科技与现代种业。坚持创新驱动发展，加快农业技术集成应用，支持农技推广体系建设和现代种业发展，积极推进育繁推一体化建设，加强种质资源保护与利用，开展新品种、新技术展示示范等；

（六）现代农业提升发展。支持现代农业生产发展和农业主导产业转型升级，加大对产业发展重点区域、关键节点和薄弱环节，以及关系现代农业发展全局性、战略性重大工程项目的建设，促进农业一二三产业融合发展；

（七）省委省政府确定的其他现代农业发展重点工作。

第八条 现代农业专项资金不得用于财政补助单位人员经费、运转经费等基本支出，以及建造楼堂馆所等与现代农业发展无关的其他支出。

第九条 依据政府与市场关系和支出责任，现代农业专项资金扶持政策分为公益类、准公益类和竞争类三类。按照不同的扶持政策，可分别采取直接补助、政策补贴、先建后补、风险补偿、担保补助、贷款贴息、股权投资、以奖代补等支持方式，对有特殊规定和要求的，继续采取项目补助方式予以支持。其中：

对公益类政策，各地应围绕省定的扶持范围、政策目标，结合当地农业农村发展规划，按照集中财力办大事的原则，结合本级财政安排的相关资金，统筹安排使用省按因素法分配下达的财政资金；

对准公益类政策，按照政府向社会力量购买服务等有关要求，积极探索政府购买服务方式；

对竞争类政策，按照效率优先的原则，引入竞争机制和程序，通过竞争性评审等方式确定建设项目和财政补助资金，并积极探索和引入基金制等市场化运作模式，吸引社会资本加大投入。

第三章 资金分配、下达和使用管理

第十条 现代农业专项资金按照因素法或竞争性分配的方式分配下达。

（一）“因素法”分配：

1. 粮食生产发展因素：主要包括粮食生产任务、规模大户粮食种植面积、粮食生产社会化服务面积、粮食生产考核结果以及旱粮规模种植面积、粮食高产创建数量、省级旱粮生产示范基地建设数量、订单水稻（小麦）良种面积、粮食生产贷款规模、粮食生产功能区建设面积等。

2. 畜牧生产发展因素：主要包括病死猪无害化处理数量、欠发达地区强制免疫畜禽种类和数量、动物疫病监测任务和检测数量、省际公（铁）路动物卫生监督检查站运行情况、富春江漂浮死猪防控坝前打捞数量和区域位置、畜禽养殖存栏量和出栏量、畜禽定点屠宰布局、畜牧业发展水平、特色畜牧产业规模及区域规划布局等。

3. 生态循环农业与农产品质量安全因素：主要包括生态循环农业发展水平和试点省建设任务，农村能源开发和农业生态建设任务，小品种农作物农药登记试验品种和数量，农产品质量安全监督和农业投入品质量监督抽检数量，农产品质检站建设提升数量，农资监管信息化建设任务，重大农业植物疫情防控面积、监测任务和染疫植物铲除数量，菜篮子生产市场信息监测点类型和数量等。

4. 农机化与智慧农业因素：主要包括省级农机购置补贴目录内的农业机械购置数量、高耗能机械报废数量及马力、农业作业机械动力水平、粮食生产耕种收综合机械化水平、农机农艺融合试点任务、农机安全管理情况、农业应急管理信息化建设总体规划任务等。

5. 农业科技与现代种业因素：主要包括基层农业公共服务中心建设数量、农业科技示范推广任务、畜禽和农作物种业发展规划和区域布局、部省级畜禽遗传资源和农作物种质资源保护任务、农作物区试审定布局品种区试数量、新品种展示示范数量、优良品种引进繁育推广任务等。

6. 现代农业提升发展因素：主要包括农业主导产业产量、产值、优势区域规划布局，以及现代农业园区建设规模、国家现代农业示范区创建情况等。

根据上述分配因素，结合具体政策实施情况，市县补助资金额度 $=\sum_{i=1}^{\blacktriangle}$（基础性因素或任务量因素）$_i$ × 补助标准 $_i$ + 地方财力因素 $_i$ + 绩效因素 $_i$

其中：基础性因素是指面积、数量及发展水平等因素，主要按照农业、统计等有关部门逐级上报或认定的数据口径确定；任务量因素是指根据省委省政府的决策部署、现代农业发展有关规划布局和政策导向需要确定由部分市县承担相应任务的因素，主要按照省级有关部门发布的文件和下达的任务数量确定；地方财力因素按照省级专项转移支付类别档次，实行分类分档补助；绩效因素则区分不同情况，综合应用资金绩效评价结果、项目监督检查、项目实施进展、承担任务完成及工作目标考核结果等情况。

（二）竞争性分配。由省财政厅会同省农业厅确定竞争性分配原则、程序和具体实施方案，并按照有关要求组织竞争性评审，评审结果经公示无异议后，省财政厅会同省农业厅按照不同类型将补助资金拨付到市县或具体项目单位。

第十一条 每年9月底前，省财政厅、省农业厅结合年度部门预算编报和审核，确定下一年度现代农业专项资金预分配方案，并于每年10月底前，按资金规模的一定比例将省级转移支付资金提前预告市县。省人代会批准预算后，省财政厅会同省农业厅按照规定时间下达现代农业专项资金。

第十二条 各地按照省级分配下达的资金额度和工作要求，及时将切块资金拨付给支持对象或落实到具体项目，并于省资金文件下达后60日内，将建设计划或资金分配方案抄送省农业厅、省财政厅。

第十三条 各地农业、财政部门要根据现代农业专项资金的政策导向、绩效目标和支持重点，结合当地现代农业发展实际，建立现代农业专项资金项目储备库。入库条件要提前明确并公示，拟纳入储备库的项目也需向社会公示7天且公示无异议后方可纳入。市县在分配现代农业专项资金时，对应纳入项目储备库管理的项目，原则上要在项目储备库中择优选取，否则不得作为资金分配补助的对象。

第十四条 各地应根据《浙江省财政厅关于印发浙江省政府购买服务预算管理办法的通知》（浙财预〔2014〕25号）及《浙江省政府购买服务采购管理暂行办法》等有关要求，加大政府购买服务力度，对准公益类事项，凡条件成熟的，要实行政府购买服务，暂不具备条件的，应列出清单和时间表，争取早日到位。

第十五条 各地应按规定及时将资金拨付到项目承担单位，并切实加强现代农业专项资金使用和项目实施的跟踪指导，及时了解掌握项目建设进度和资金拨付使用情况，督促项目承担单位按规定进行使用管理及财务处理。对发现问题的，要及时督促项目承担单位做好整改。

第十六条 项目承担单位要按要求做好项目实施，不得擅自调整项目建设计划和实施方案。因规划布局调整、土地征占用、土地（山林）纠纷、市场环境变化及重大政策调整等不可预见因素影响，确需调整项目实施主体、地点、内容等部分项目要素的，由当地农业、财政部门按照规定程序进行批复，并抄送省农业厅、省财政厅。

第十七条 项目实施完成后，除有特殊规定需由省级部门验收外，其他项目原则上由市县按照有关规定，做好竣工验收、绩效评价等工作，并及时将专项资金使用、项目建设、检查验收及绩效评价等有关情况上报省农业厅、省财政厅。

第十八条 市县要按有关规定有效安排使用现代农业专项资金，积极盘活存量资金，提高财政资金使用效益。

专项结余结转资金按照中央和省有关规定安排使用，对结余结转资金规模较大的地方，控制安排新增资金。对于有具体任务的结转资金，相应扣减或暂停安排该项任务的资金。

第四章　监督检查和绩效评价

第十九条 各地农业、财政部门根据有关规定和要求，及时采取重点抽查、对口检查等形式，做好监督检查和绩效自评工作，发现问题的，及时进行纠正和整改，并将有关情况报送省农业厅、省财政厅。

第二十条 省财政厅、省农业厅建立健全现代农业专项资金项目的绩效管理制度和监督检查制度，并积极采取引入第三方中介机构等方式，开展现代农业专项资金重点领域和项目的监督检查和绩效评价。

第二十一条 省级绩效评价和监督检查结果作为下一年度安排现代农业专项资金的重要依据。对绩效评价结果优秀和检查情况较好的市县，省里给予通报表扬并加大专项资金支持力度。对发现问题的或绩效不理想的市县，按照有关规定采取责令限期整改、通报批评、暂停拨付资金、收回已拨资金、减少或暂停安排新建项目等措施。

第二十二条 建立项目主体黑名单制度，对各类专项检查和审计中发现存在违规违纪行为的责任主体列入黑名单，予以通报，并视情节轻重，在1—3年内不安排相关项目补助资金。

第二十三条 对存在违规违纪使用现代农业专项资金情况，并造成恶劣影响的县（市、区），取消年度省级农财工作考核评优资格。对违反规定，截留、挪用财政资金，擅自改变资金用途，或以虚报、冒领等手段骗取财政资金的将依照《中华人民共和国预算法》、《财政违法行为处罚处分条例》等法律法规规定进行查处。

第二十四条 各级农业、财政部门要加强对项目储备、申报、立项审核、资金安排和使用等情况的公开公示，自觉接受人大、审计以及社会公众的监督。省财政厅、省农业厅在农民信箱、部门门户网站上公开现代农业专项资金分配政策、分配结果等情况；市县财政部门、农业部门要及时在农民信箱、当地政府门户网站、乡镇公共服务平台等相关平台上公开现代农业专项资金具体分配方案、项目实施完成情况等。

第五章　附　则

第二十五条 本办法自发布之日起施行，《浙江省农机化促进工程项目资金管理办法（试行）》（浙农计发〔2007〕28号）、《浙江省生猪调出大县奖励资金管理细则》（浙财农〔2012〕188号）、《浙江省农业技术推广与服务补助资金管理实施细则》（浙财农〔2013〕67号）同时废止。其他相关资金和项目管理规定与本办法有冲突的，按本办法规定执行。

附件：2015年浙江省现代农业发展专项资金政策清单（略）

浙江省金融业发展专项资金管理办法

浙财金〔2015〕10号 2015年4月10日

第一章 总 则

第一条 为加强浙江省金融业发展专项资金(以下简称“专项资金”)的使用管理,提高财政资金使用绩效,根据财政专项资金管理有关规定,制定本办法。

第二条 专项资金由省财政预算安排,统筹用于改善金融业发展环境、推动金融创新、鼓励金融支农支小。

第三条 省财政厅负责专项资金管理,办理专项资金拨付手续,对专项资金的使用情况进行监督检查。省经信委、省金融办、人民银行杭州中心支行、省财政厅负责组织专项资金申报及审核工作。

第四条 专项资金的管理和使用应当符合国家、省金融业发展规划及政策要求,对原经济欠发达和海岛地区给予适当倾斜,遵循“公开、公正、规范、透明、绩效”的原则,并接受有关部门和社会监督,确保资金使用科学、规范、安全、高效。

第二章 支持对象及标准

第五条 对银行业金融机构小微企业贷款及农业贷款实施风险补偿。

1. 补偿对象

截至补偿年度开业经营1年以上、取得金融许可证的银行业金融机构,包括政策性银行、国有银行、股份制商业银行、邮政储蓄银行、城市商业银行、农村商业银行、农村合作银行、农村信用社,以及经银监部门批准设立的村镇银行、贷款公司、农村资金互助社等。

2. 补偿标准

按照不超过上一年贷款新增量0.5%的比例给予风险补偿。

3. 计算口径

小微企业贷款是指银行业金融机构向微型企业所发放的贷款和小微企业主经营性贷款,微型企业标准按照《关于印发中小企业划型标准规定的通知》(工信部联企业〔2011〕300号)认定,贷款口径按照中国人民银行大中小微型企业贷款专项统计制度执行。

农业贷款是指符合中国人民银行《涉农贷款专项统计制度》(银发〔2007〕246号)的银行业金融机构农户农林牧渔业生产贷款和农村经济组织农林牧渔业贷款。

小微企业贷款和农业贷款不重复计算。

第六条 对小额贷款公司有关贷款实施风险补偿。

1. 补偿对象

坚持依法审慎合规经营,风险防范机制健全,严格执行监管政策和《金融企业财务规则》(财政部第42号令)等规定,接受监管部门的管理和规范,坚持“小额、分散”原则,补偿年度贷款平均利率符合要求,上一年考核评级为B级(含)以上的小额贷款公司。

2. 补偿标准

按不超过小额贷款公司上年年末涉农贷款、困难群体的创业贷款和其他领域的小额贷款余额的0.1%比例给予风险补偿。

3. 计算口径

涉农贷款是指按照中国人民银行《涉农贷款专项统计制度》(银发〔2007〕246号)规定发放的贷款;

困难群体贷款是指下岗失业人员创业贷款、被征地农民创业贷款、大学生创业贷款、退伍军人创业贷款、残疾人创业贷款、经学校提供相应证明的贫困家庭学生助学贷款。

其他领域的小额贷款,单户不超过100万元。

以上贷款不重复计算。

第七条 对保险机构小额贷款保证保险实施风险补偿。

1. 补偿对象

已开展小额贷款保证保险业务满一年,坚持“小额、分散”原则,平均保费符合标准,设有开展小额贷款保证保险的专业部门或配备专业人员的保险机构。

2. 补偿标准

按不超过年度小额贷款保证保险总额的0.5%进行风险补偿。

3. 计算口径

小额贷款是指为小微企业、城乡创业者、农户及农村经济组织提供的贷款。单户贷款上限原则上按照省政府办公厅《转发省金融办关于扩大小额贷款保证保险试点工作意见的通知》(浙政办发〔2011〕95号)及相关规定为准。

第八条 对融资性担保机构开展小微企业贷款担保业务实施风险补偿。

1. 补偿对象

符合以下条件的融资性担保机构:

取得融资性担保机构经营许可证且开展融资担保业务2年以上;按时向监管部门报送融资担保业务情况报表和财务会计报表,严格执行《金融企业财务规则》(财政部第42号令)等规定,接受监管部门的管理和规范,无违法违规经营等不良纪录;管理制度健全,依法纳税,担保业务操作和风险控制规范,足额提取风险准备金;信用等级达BBB级(含)以上;年融资担保贷款总额放大到实收资本的2倍(含)以上;按照国家有关规定降低融资担保费率。

2. 补偿标准

以融资性担保机构年度小微企业贷款融资担保总额为依据,按不超过1%的比例予以补偿,单户担保机构最高补偿金额不超过100万元。

3. 计算口径

小微企业是指根据《关于印发中小企业划型标准规定的通知》

(工信部联企业〔2011〕300 号)规定认定的小型企业和微型企业。

第九条 地方财政可根据实际情况,统筹政府财力,加大政策支持力度,形成有效的政策合力。

第三章 申报及审核流程

第十条 申报流程

省级有关部门一般于每年 10 月底前下发专项资金申报通知,确定相关申报细则。各地有关部门根据职责按照本办法和申报通知等要求组织申报。

第十一条 审核流程

符合条件的银行业金融机构、小额贷款公司、保险机构、融资性担保公司以县级为单位汇总数据,报送申报材料。地方有关部门对机构报送的数据进行认真审核,确保数据真实,并在规定时间内上报。省级有关部门汇总审核全省数据,必要时邀请专家参与审核。

第十二条 地方逾期 15 日不报送申请材料的,取消当年该地该项资金扶持资格。报送的数据经省有关部门复核发现有重大错误的,取消当年该机构相关资金扶持资格。

第十三条 省财政厅按规定审定支持金额并及时办理转移支付。各地财政部门收到拨付通知后,在规定时间内将补偿资金及时拨付到相关金融机构、小额贷款公司或融资性担保公司。

第四章 监督检查

第十四条 各地相关部门要建立健全专项资金使用管理、监督检查和跟踪问效制度,对发现的问题要及时纠正,并向省级部门报告。

第十五条 获得专项资金的金融机构小额贷款公司或融资性担保公司应按有关财务会计制度规定做好财务处理,自觉接受有关部门的监督检查。

第十六条 对违反本办法规定使用、骗取、挪用和截留资金的行为,依照《财政违法行为处罚与处分条例》等有关法律法规进行查处。

第五章 附 则

第十七条 本办法由省财政厅会同省经信委、省金融办、人民银行杭州中心支行负责解释。

第十八条 本办法自 2015 年 4 月 20 日起施行。《浙江省小企业贷款风险补偿办法》(浙财外金字〔2009〕52 号)、《浙江省中小企业信用担保机构小企业贷款担保风险补偿办法》(浙财外金字〔2009〕31 号)、《浙江省银行业金融机构农业贷款风险补偿暂行办法》(浙财外金字〔2008〕12 号)同时废止。

浙江省财政厅等五部门关于开展收费专项清理规范工作的通知

浙财综〔2015〕36 号 2015 年 6 月 30 日

各市、县(市、区)人民政府,省级各部门:

为进一步加强收费管理,推进普遍性降费,激发市场活力,按照《浙江省政府办公厅关于印发 2015 年浙江省深化"四张清单一张网"改革推进简政放权放管结合转变政府职能工作方案的通知》(浙政办发〔2015〕68 号),结合《财政部 国家发展和改革委 工业和信息化部关于开展涉企收费专项清理规范工作的通知》(财税〔2015〕45 号)要求和我省实际,经省政府同意,现就我省开展收费专项清理规范工作有关事项通知如下:

一、清理规范的目标

取消、降低一批收费,切实减轻企业个人负担;加快建立完善监管机制,坚决遏制各种乱收费;对确需保留的收费基金项目,建立依法有据、科学规范、公开透明的管理制度。

二、清理规范的范围

行政机关、事业单位、代行政府职能的社会团体收取的行政事业性收费和政府性基金,行政审批前置、涉及市场监管和准入以及其他具有强制垄断性的涉企经营服务性收费,行业协会商会涉企收费等,均纳入清理规范的范围。

三、清理规范的措施

(一)坚决取缔违规设立的收费基金项目。凡没有法律、行政法规依据且未经国务院批准,越权设立的政府性基金一律取消。凡未经国务院和省级人民政府及其财政、价格主管部门批准,越权设立的行政事业性收费项目一律取消。《国务院办公厅关于进一步加强涉企收费管理减轻企业负担的通知》(国办发〔2014〕30 号)印发后,省级人民政府及其财政、价格主管部门未报经国务院批准,新设立的涉企行政事业性收费项目要予以取消。违反规定擅自提高行政事业性收费和政府性基金征收标准、扩大征收范围的,一律停止执行。行政事业单位利用行政权力或资源,强制企业参加培训、学术研讨、考核评比并收费的,按乱收费行为查处。

(二)严格落实国家明令取消、停征和减免收费基金的政策。对国家明令取消、停征、免征的行政事业性收费和政府性基金项目,以及降低的收费标准,要逐项落实到位,各地区和有关部门不得以任何理由拖延或者拒绝执行,不得变换名目或者转为经营服务性收费继续收取。要落实好对小微企业、养老医疗服务业、保障性住房建设、高校毕业生就业等减免收费基金的政策,加大对小微企业、服务业和就业创业的支持。

(三)对按规定权限设立的收费进行分类清理规范。对按规定权限设立的行政事业性收费和政府性基金,要按照"清费立税"原则,进一步清理、整合和规范,逐步减少项目数量。取消属于政府提供普遍公共服务或体现一般性管理职能,以及主要目的是养人、违背市场经济基本原则的行政事业性收费。归并征收对象相同、计征方式和资金用途相似,重复设置的收费。对超过服务成本的行政事业性收费,要降低征收标准。按照国家统一部署,结合税制改革,依法将具有税收性质的收费基金改为税收。

（四）清理规范强制垄断性的经营服务性收费。凡没有法定依据的行政审批中介服务项目及收费一律取消，能够通过加强事中事后监管解决的事项，一律不得设定中介服务并收费。严禁借助行政权力垄断经营、强制服务、强行收费。中介服务机构要与审批部门彻底脱钩，打破垄断、引入竞争机制，通过市场竞争形成价格。对短期不能形成充分竞争、确需实行政府定价管理的，纳入政府定价目录，严格核定服务成本，制定服务价格。事业单位提供中介服务的收费，纳入行政事业性收费管理。审批部门在审批过程中委托开展的技术性服务活动，必须通过竞争方式选择服务机构，服务费用一律由审批部门支付并纳入部门预算。不得将政府职责范围内的事项交由事业单位或中介组织承担并收取费用。各部门一律不得设定不合理的市场监管或准入条件，增加企业缴费负担。

（五）整顿规范行业协会商会收费行为。坚决制止行业协会商会强制企业入会并收取会费，以及强制企业付费参加各类会议、培训、展览、考核评比、表彰、出国考察和强制赞助捐赠、订购刊物等行为。严禁行业协会商会依靠代行政府职能或利用行政资源擅自设立收费项目、提高收费标准。加快推进行业协会商会与行政机关脱钩，使其真正成为代表企业利益、提供服务的主体，建立公开透明的行业协会商会财务收支管理制度，约束行业协会商会不合理收费行为。

（六）实行收费目录清单管理。清理规范后保留的行政事业性收费、政府性基金和实行政府定价的经营服务性收费，明确项目名称、设立依据、收费标准等，分别编制目录清单，向社会公布，接受社会监督。各部门要将清单内涉及本部门的收费信息，包括项目名称、设立依据、征收标准、征收程序、法律责任等，通过门户网站、公共媒体以及在收费场所对外公开。各地区、各部门必须严格执行目录清单，清单之外的收费一律不得执行。

（七）加强涉企收费监管。发挥各级减轻企业负担工作机制的作用，抓好涉企收费监管工作。各级减轻企业负担领导小组办公室组织开展乱收费、乱摊派的专项检查。各级财政、价格、经信、审计等部门按照职责分工，加强涉企收费监督检查和审计监督，并深入企业调查了解情况，及时纠正并查处乱收费行为。涉企收费部门要强化内部约束机制，监督本部门、本系统各单位严格执行涉企收费管理规定，杜绝乱收费行为。强化企业举报和查处、问责机制。畅通举报途径，通过设立举报投诉电话、网络平台、电子邮箱等途径受理企业举报。建立督办制度，定期公布查处结果，曝光典型案例。对查实的乱收费问题，除依法依规予以处罚外，还要追究相关部门和单位负责人的责任。

四、组织实施

（一）加强组织领导。由省财政厅、省发改委、省经信委（省减负办）、省民政厅、省物价局主要负责人组成省收费清理改革组，改革组办公室设在省财政厅，上述部门相关职能处室派人员参加。省收费清理改革组对全省的收费清理规范工作进行统一部署，布置落实省级专项清理工作，指导各市、县（市、区）开展专项清理工作。地方各级人民政府要建立由财政、发改、经信、民政、价格等部门牵头，相关部门配合的工作机制，制定清理规范的具体工作方案，统筹安排、认真实施。

（二）明确任务分工。省级各部门按要求对本部门、本系统、所属事业单位、主管的行业协会商会及举办企业的收费项目进行全面清理、整合和梳理。按照行政事业性收费、强制垄断性经营服务性收费、行业协会商会收费三类填报清理情况表（详见附表1-3），提出取消、免征、下放、转交市场以及保留等处理意见，于2015年7月底前报省收费清理改革组办公室。对仍需保留的收费项目，须有充分理由。

各市、县（市、区）人民政府按照省统一部署开展本区域收费清理规范工作，制定并公布本区域取消、调整和规范收费项目的政策措施和收费目录清单。各设区市人民政府于2015年7月底前将本市清理情况上报省收费清理改革组办公室。

省收费清理改革组及其办公室对省级部门收费情况进行审核，提出取消、调整和规范收费的政策措施和编制保留的省级收费目录清单，汇总全省的收费清理规范情况于8月10日前报省人民政府。除省级涉企经营服务性收费目录清单在修订政府定价目录基础上公布外，于8月20日前公布省级取消、调整和规范收费政策措施及保留的收费目录清单。省级各部门于8月底前公布本部门的收费目录清单。

（三）严格监督落实。收费清理改革组各成员单位要各司其责，及时跟踪清理规范工作进展情况。开展收费监督检查，对不按要求落实清理规范工作，不如实清理及隐瞒不报收费情况的，要严肃追究责任。

（四）加强舆论引导。各地、各有关部门要通过政府网站和公共媒体等渠道，加强涉企收费政策宣传解读，及时发布信息，做好舆论引导工作，统一思想、凝聚共识，营造良好的舆论氛围。

清理规范收费工作事关全局，涉及面广、政策性强。各地区、各有关部门要高度重视，牢固树立大局意识、责任意识，把专项清理规范工作列入重要议事日程，加强领导、周密部署，严格落实责任制，强化监督考核，确保各项措施落到实处，务求实现专项清理规范工作目标。

本通知自印发之日起实施。

附表：1. 浙江省（部门）行政事业性收费收费清理情况表（略）

2. 浙江省（部门）强制垄断性的涉企经营服务收费清理情况表（略）

3. 浙江省（部门）行业协会商会涉企收费清理情况表（略）

浙江省转型升级产业基金管理办法

浙财企〔2015〕109 号 2015 年 7 月 13 日

第一章 总 则

第一条 为规范和加强浙江省转型升级产业基金的运作与管理,充分发挥政府产业基金的引导和放大作用,推进全省创业创新和产业转型升级,根据《浙江省人民政府关于创新财政支持经济发展方式加快设立政府产业基金的意见》(浙政发〔2015〕11号)精神,特制定本管理办法。

第二条 浙江省转型升级产业基金(以下简称"省转型升级基金"或"基金")由省政府主导设立,并按市场化进行运作,其设立宗旨是发挥财政资金的杠杆作用,实现政府主导与市场化运作的有效结合,引导金融资本和社会资本投入实体经济,推动全省创业创新和产业转型升级。

第三条 省转型升级基金按照"政府引导、市场运作、分类管理、防范风险"的原则进行运作管理,充分贯彻落实省委、省政府经济发展战略,推动"四换三名""两化"融合,促进大众创业、万众创新。

第四条 省转型升级基金初期规模为 100 亿元(人民币,下同),资金来源为省财政专项拨款,以后视运作和管理情况经省政府批准后逐步扩大规模。

第二章 组织架构

第五条 省转型升级基金组织架构包括基金管理委员会(以下简称"基金管委会"或"管委会")、投资决策委员会、基金公司、基金管理公司四个层次,按照基金组建方案和管理办法各司其职、各负其责。

第六条 基金管委会由常务副省长为主任,省政府分管副秘书长和省财政厅厅长任副主任,省发改委、省经信委、省科技厅、省民政厅、省财政厅、省环保厅、省商务厅、省卫生计生委、省审计厅、省金融办、省工商局、省体育局、省旅游局、人行杭州中心支行等部门负责人为成员,负责基金重大事项的决策和协调。管委会办公室设在省财政厅,负责基金决策机构的日常工作,牵头建立相关投资决策和沟通协调机制。

第七条 授权浙江省金融控股有限公司(以下简称"省金融控股公司")代行出资人职责,出资组建浙江省产业基金有限公司作为基金法人(以下简称"基金公司")。基金公司按《公司法》规定要求设立股东会、董事会和监事会,不设日常经营机构。

第八条 委托浙江金控投资管理有限公司(以下简称"基金管理公司")负责省转型升级基金的日常经营管理,并根据基金管委会的要求和基金公司的委托,按照委托协议约定负责省转型升级基金的具体投资和运作。

第三章 职责分工

第九条 基金管委会、省财政厅、省行业主管部门和省金融控股公司、基金管理公司要明确职责,根据国家预算、金融和财务等有关规定建立健全监督管理和内部控制制度,加强对基金运作与管理的监督管理及考核评价。

第十条 管委会主要职责:负责根据国家和我省产业导向及相关规划,研究确定省转型升级基金的投资原则和投资要求,提出基金的资金筹集及增资计划,协调和决策基金相关重大事项,审议基金年度工作报告。

第十一条 管委会办公室主要职责:负责管委会的日常工作,贯彻落实管委会有关基金发展的重大决策,研究制定省转型升级基金投资指南,组织投资决策委员会对投资项目进行审议决策,协调基金运作管理中出现的问题。

第十二条 省财政厅主要职责:代表省政府履行出资人职责,筹措落实财政出资资金,牵头制定省转型升级基金管理办法,组织对省参股市县产业基金的考核评价,开展对省转型升级基金的财务监管,做好政策指导和统筹协调。

第十三条 行业主管部门主要职责:围绕我省经济社会发展战略和产业政策导向,研究提出相关领域基金投资指南,提供投资信息和需求,落实行业监管和项目对接服务,参与省转型升级基金管理办法的研究制定以及基金投资决策和考核评价工作。

第十四条 省金融控股公司主要职责:负责组建基金公司和聘用基金管理公司,对省转型升级基金运作进行监管和指导,做好基金年度财务审计和基金管理公司的考核评价,定期向基金管委会办公室报送基金运作情况。

第十五条 基金管理公司主要职责:负责收集和汇总省转型升级基金投资合作意向并进行筛选,按照审议决定的基金投资计划,开展对拟投资合作项目尽职调查、入股谈判、拟定章程或合伙协议、投后管理、基金退出等专业化运作,定期向省金融控股公司报送基金运作情况。

第四章 投资原则和要求

第十六条 省转型升级基金投资项目应符合国家和省产业政策以及相关产业发展规划,所投领域应具备良好的产业基础条件,有一定的人才、技术、项目储备,能够有效引领我省创业创新和产业转型升级。

第十七条 省转型升级基金重点投向信息经济、环保、健康、旅游、时尚、金融、高端装备制造等七大产业,推进重点领域转型升级和开展对外投资合作,并适时作出调整。不得投向高污染、高能耗、落后产能等国家和省限制行业。

第十八条 省转型升级基金不得从事以下业务:

1. 不得投资股票(上市公司增发除外)、期货、企业债券、信托产品、理财产品、保险计划及其他金融衍生品;

2. 不得从事担保、抵押、房地产(包括购买自用房地产)、委托贷款等业务;

3. 不得用于赞助、捐赠等支出;

4. 不得吸收或变相吸收存款,或向任何第三人提供贷款和资金拆借;

5. 不得进行承担无限连带责任的对外投资；

6. 不得用于其他国家法律法规禁止从事的业务；

7. 经管委会批准的创新业务不受上述条款限制，法律法规明文禁止的业务除外。

第十九条 省转型升级基金主要采取与市县政府、社会资本合资设立，或以增资方式参与现有基金设立等各种“子基金”的运作模式。合作设立的政府产业基金及其他子基金主要包括“天使基金”“定向基金”“区域基金”等形式，并积极探索其他各类创新业务。

第二十条 省转型升级基金与市县政府合作设立的子基金，省转型升级基金出资比例不超过子基金设立规模的40%，且子基金必须达到一定规模，其中：设区市单独与省合作设立的，首期总规模不低于10亿元，集合所属县市共同设立的，首期总规模不少于20亿元；县级政府与省合作设立的，首期总规模不低于3亿元。

第二十一条 省转型升级基金与社会资本合作设立的子基金，省转型升级基金的出资比例不超过30%（出资天使基金的比例可适当提高），且子基金及其管理机构受托管理的其他基金投资省内项目的资金总额不得低于省转型升级基金出资金额的3倍。

第二十二条 省转型升级基金合作设立的子基金一般应委托专业机构进行运作和管理，选聘的专业机构应符合以下基本条件：

1. 在中华人民共和国境内依法设立，注册资本或出资金额（总部）不低于500万元，并根据受托管理基金的规模相应提高注册资本数额；

2. 有一定的资金募集能力，有固定的营业场所和与其业务相适应的软硬件设施；

3. 具备丰富的投资管理经验和良好的管理业绩，健全的投资管理和风险控制流程，规范的项目遴选机制，能够为被投资企业提供创业辅导、管理咨询等增值服务；

4. 至少有3名具备3年以上创业投资或基金管理工作经验的高级管理人员，至少有3个以上股权投资的成功案例。

天使基金管理机构可不受上述条件1的限制。

第二十三条 省转型升级基金对少量全省性重大项目可实行“直接投资”运作模式，具体可根据不同类别的投资对象，采取直接参股、参与定向增发或优先股、持有“金股”等不同的股权投资管理形式。直接投资的项目出资中如有非现金资产，需经具备资质的资产评估机构进行评估，合理确定产业基金出资比例。省转型升级基金出资比例一般不高于20%，且不为第一大股东。

第五章 投资管理程序

第二十四条 省转型升级基金主要采取市场化征集投资项目的方式，具体由基金管理公司根据基金的投资原则和相关要求，向社会公开征集项目投资意向。相关主管部门可根据情况协助组织投资项目，向基金管理公司进行推荐。

第二十五条 基金管理公司对于各方面提出的投资意向要认真进行筛选汇总，提出初审意见提交基金管委会办公室审核，并根据管委会办公室的审核意见，开展尽职调查、入股谈判等前期工作后，及时提出拟投资项目方案，就拟投资项目的投资模式、投资期限、投资金额、收益分配、退出方式等提出意见建议。

第二十六条 根据基金管理公司提出的拟投资项目方案，管委会办公室牵头组织投资决策委员会进行审议决策。根据投资项目性质和投资模式，决策委员会成员分别由管委会成员单位和外部相关专家组成，一般不少于7人，项目经投资决策委员会审议决策通过后，应在省财政厅门户网站公示7个工作日，无异议的，由基金管理公司拟定章程或合伙协议，由基金公司正式签署后实施具体投资运作。重大投资项目，由管委会办公室报管委会主任批准。

第二十七条 省转型升级基金采取与市县政府合资设立子基金的，出资资金可一次或分期到位，并在公司章程或合伙协议中载明。出资资金分期到位的，首期出资资金应不少于出资总额的40%，其余资金可根据首期到位资金运行情况分步到位，全部到位期限不得超过基金审批设立后3年。

第二十八条 省转型升级基金合作设立的子基金投资期限一般为3-5年，最长不超过10年，确需延展投资期限的，按项目投资原有审议决策程序报批确定后可延长5年。

第六章 投资项目退出

第二十九条 省转型升级基金投资项目应在章程或合伙协议中载明退出期限、退出条件和退出方式，在达到投资年限或约定退出条件时，应适时采取股权转让、股票减持、股东回购以及解散清算等方式实现退出。

第三十条 采取“子基金”运作模式的，基金管理公司除与其他出资人在基金章程或合伙协议中约定退出方式的以外，有下述情况之一时，省转型升级基金可无需其他出资人同意，按照投资项目审议决策程序报批后选择退出：

1. 基金组建方案确认后超过1年，其他出资人未按规定程序和时间要求完成设立或增资手续的；

2. 省转型升级基金拨付子基金账户1年以上，参股子基金未开展投资业务的；

3. 子基金投资领域和阶段不符合原定政策目标的；

4. 发现其他危及基金安全或违背基金政策目标等事前约定的退出情形的。

第三十一条 省转型升级基金退出时，原则上应按国有产权管理的有关规定通过公开市场进行，基金管理公司应聘请符合资质的中介机构对所持股权进行专项审计和资产评估，作为确定退出价格的重要参考。对于按约定价格实行协议退出的，应报经投资决策委员会审核批准。

第七章 费用和收益管理

第三十二条 省转型升级基金投资项目的收益分配方式应在章程或合伙协议中载明，对初创期、中早期创业投资和其他具有外部性的投资以及各类创新业务，省转型升级基金可以采取一定期限收益让渡、约定退出期限和回报率、按同期银行贷款基准利率收取一定的收益等方式给予适当让利,但应完善与之相适应的收益让渡、风险承担等考核机制。

第三十三条 基金管理公司的委托管理费用按照委托管理协议支付,原则上按照投资金额0.6%的比例由基金公司按年支付。

第三十四条 为激励基金管理公司引进人才,不断提高运作管理水平,对于投资效益特别好的项目,经基金公司提出申请,省金融控股公司审核,并报管委会批准,可从该项目投资收益中提取一定比例用于对基金管理公司的业绩奖励;对于投资亏损较大的项目,经基金公司提出建议,省金融控股公司审核,并报管委会批准,以一定比例相应扣减基金管理公司的管理费用。

第三十五条 基金公司仅限于列支法律规定作为公司存在所必须进行的法律行为所需的成本和费用,以及根据本办法规定支付基金管理公司的管理费用和业绩奖励。基金公司的税后利润在提取法定公积金后不分配,全额留存基金公司用于投资。

第八章 风险防控和绩效考核

第三十六条 省财政厅应会同相关主管部门建立对省转型升级基金运作与管理的监督和考核机制,健全投资决策委员会的审议决策规程,按照"公开、透明、择优"的原则确定基金投资项目,并严格实行项目公示制度,接受社会各方面的监督,对于发现的问题要及时提出整改意见,确保基金规范运作和管理,更好发挥基金政策引导作用。

第三十七条 省金融控股公司要认真代为履行出资人的相关权利和义务,加强对省转型升级基金运作与管理的指导和监督,定期对基金投资运作情况、资金使用情况、财务收支情况等进行监督检查,并视工作需要委托专业机构开展专项审计,有效防范运作风险,确保基金安全和效益。

第三十八条 基金公司要按照管委会确定的投资原则和投资要求,组织制定年度投资计划,并加强对基金日常运作的监督管理,同时要健全董事会、监事会工作制度,对年度投资计划进行审议并作出决定,及时报管委会办公室和省金融控股公司备案。

第三十九条 基金管理公司要按照国家有关企业内部控制规范体系建设的要求,建立健全包括风险管理制度、风险管理组织和风险控制流程在内的风控合规体系及内部管控制度,严格实行规范的投资项目征集、筛选、预审、投入、退出等全过程的运作管理工作,确保省转型升级基金投资活动在风险可控的前提下运作。

第四十条 省财政厅建立对省参股的市县产业基金设立、运作和管理以及政策目标、政策效果等情况的考核评价制度,委托中介机构进行考评,并根据考评情况,对运作和管理良好的市、县产业基金采取追加投入或利益让渡的方式给予奖励;对于运作和管理欠佳的市、县产业基金,则采取减少投入或提前退出的方式给予惩罚。

第九章 定期报告制度

第四十一条 每季度结束后15日内,基金管理公司要向省金融控股公司报送省转型升级基金投资运作、项目进展、股本变化和资金使用等情况,经省金融控股公司审核后报基金管委会办公室备案。

第四十二条 会计年度结束后4个月内,基金管理公司要向省金融控股公司提交省转型升级基金年度工作报告和经注册会计师事务所审计的年度会计报告,经省金融控股公司审核后报管委会办公室。

第四十三条 省转型升级基金运作和管理中如发生重大问题,基金管理公司应在7个工作日内向省金融控股公司报告,并由省金融控股公司提出意见报管委会办公室。

第十章 附 则

第四十四条 本办法自发文之日起施行,由省财政厅负责解释。

第四十五条 省信息经济创业投资基金纳入省转型升级产业基金统筹使用,《浙江省信息经济创业投资基金管理办法》(浙财企〔2014〕228号)相关条款与本办法规定不相符的,按本办法规定执行。

第四十六条 与国家相关产业基金合作设立的子基金的管理比照国家有关管理办法执行。

浙江省天使梦想基金操作管理办法

浙财企〔2015〕81号 2015年7月31日

第一章 总 则

第一条 为规范和加强浙江省天使梦想基金(以下简称"天使梦想基金")的运作和管理,支持鼓励大学生创业创新,特制定本办法。

第二条 天使梦想基金由省政府主导设立,重点扶持梦想小镇有创业梦想和创业精神的大学生创业团队,并引导和带动金融资本、社会资本支持大学生创业,形成创业创新重点示范效应,推动我省创业创新加快发展。

第三条 天使梦想基金初期规模为5000万元,实行专户管理,独立核算,循环使用,由浙江省金融控股有限公司履行专户管理职责,今后视基金运作和管理情况报省政府批准后逐步扩大规模。

第四条 天使梦想基金采取"资助+期权+激励"相结合的运作模式,根据项目培育阶段不同分步实施,从而构建"创业苗圃+孵化器+加速器"的创业全程孵化链条。

第五条 天使梦想基金管理的一般运作程序为:项目定期征集、项目评审、签署资助协议及拨付资助款、项目行权、项目培育、项目退出、项目激励、项目处罚。

第二章　职责分工

第六条　省财政厅主要职责：负责天使梦想基金的重大决策，筹措落实财政出资资金，制定天使梦想基金管理办法，牵头制定项目评审标准和评审规则，组织项目评审委员会对创业项目进行评审，确定资助项目名单，并做好政策指导和统筹协调。

第七条　未来科技城管委会主要职责：负责引进、收集和汇总大学生创业项目，参与创业项目评审，对入驻梦想小镇的创业项目提供软、硬件服务，会同浙江金控投资管理有限公司对创业资助项目提供后续跟踪和持续培育。

第八条　浙江金控投资管理有限公司主要职责：协助未来科技城管委会引进、收集和汇总梦想小镇创业项目，参与创业项目评审，担任项目评审委员会秘书，代表天使梦想基金与创业团队签署资助协议，并办理行权、退出等相关事宜，会同未来科技城管委会做好资助项目的后续跟踪和持续培育，以及对已退出项目继续提供后续服务等。

第三章　项目征集

第九条　浙江金控投资管理有限公司会同未来科技城管委会定期对已入驻梦想小镇的大学生创业项目进行征集，并汇总入驻创业创新项目信息和相关资料。

第十条　征集项目的对象为有创业思路和创业精神的大学生团队，具体包括：具有创业意向和创新项目的全日制普通高校应届大学生，以及毕业不超过10年的历届大学生等创业团队（毕业时间从毕业证书签发之日计算，具有硕士及以上学位的人员不受毕业年限限制）。

第十一条　当征集的项目达到一定数量时，由省财政厅组织项目评审委员会召开项目评审会议。未来科技城管委会提供会务组织和场地安排。

第四章　项目评审

第十二条　项目评审委员会由5名委员组成，成员由省财政厅、未来科技城管委会、省金融控股有限公司各委派1名代表、另邀请专业投资机构2名专家组成。评审委员会下设秘书，由浙江金控投资管理有限公司人员担任，主要负责项目评审会议记录、整理评审委员会的项目评审意见，并根据评审结果形成《项目资助意见书》及资助项目名单。

第十三条　项目评审采取创业团队现场展示和答辩、评审委员现场提问和评议的形式。评委根据项目展示和现场答辩情况进行综合评议，最终评选确定资助项目名单。

第十四条　项目评审标准：

1. 创新性。项目在技术、理念、创意以及产品推广营销等方面是否有独创性。

2. 商业前景。项目在产业背景、产品定位、市场需求、竞争环境等方面是否有发展前景。

3. 实施计划。项目在商业模式、营销策略、技术开发等方面，以及对面临的技术、市场、人员、资金等关键问题是否具有合理可行的实施计划。

4. 资助款使用目标。项目资助后预期达到的阶段目标及后续资金需求计划。

5. 团队素质。创业团队构成、项目经历及能力表现等。

第十五条　项目评审委员会依据评审议事规则，对项目进行审议决策，就每个资助项目的特点、亮点、风险点等提出评审意见。每位评委应认真履行职责并发表评审意见和行使投票表决权，评审会议对资助项目作出的审议，必须经全体委员过半数（即至少3票）通过后形成评审结果。

第十六条　首批对经项目评审委员会评审通过并已入驻梦想小镇的前250个大学生创业团队（或企业，不含投资机构）给予资助，资助标准为每个创业团队20万元。

已通过梦想小镇“创业先锋营”评审的项目，或在中国青年互联网创业大赛决赛中获胜的前30名创业获奖者，可免于项目评审直接获得天使梦想基金20万元的资助。

第五章　项目管理

第十七条　对经评审确定资助的项目，浙江金控投资管理有限公司依据项目评审委员会出具的《项目资助意见书》及资助项目名单，与创业团队签署资助协议，约定资助款的转股行权条件、行权有效期、后续奖励政策、附带限制性条款等内容。

第十八条　资助协议签署后，浙江金控投资管理有限公司要及时向省财政厅提出资金拨付申请，经省财政厅批准后15个工作日内，省金融控股有限公司从“浙江省天使梦想基金”专户将资助资金拨付到创业团队。

第十九条　创业项目获得天使梦想基金资助后，在引进首次社会股权融资时，根据资助协议，由浙江金控投资管理有限公司按照此次估值行权，经省财政厅审批后将资助资金转为对创业项目企业的投资，并办理股权登记手续。

第二十条　浙江金控投资管理有限公司可视具体情况，进一步为行权项目提供股权基金、项目平台、金融服务等支持，并为创业企业的成长导入相匹配的资本、人才、技术和管理，支持创业企业做大做强。

第二十一条　行权项目经一段时间培育后，在项目团队引进新一轮股权融资时，浙江金控投资管理有限公司根据创业项目企业新一轮股权融资的估值情况，通过协议转让方式退出所持股权，退出变现的股权溢价税后收益，其中70%部分一次性奖励给创业团队，其余股权溢价税后收益和20万元股本金转入“浙江省天使梦想基金”专户循环使用。

第二十二条　行权项目后续培育如果失败，在实施企业破产清算后，由省金融控股有限公司按规定程序上报省财政厅批准后核销股权损失。

第六章　附　则

第二十三条　创业团队如有违背本办法要求、滥用资助款的，查实后在相关媒体上予以揭示。

第二十四条　本办法自发文之日起施行，由省财政厅负责解释。

浙江省财政厅关于加强政府非税收入收缴管理工作的通知

浙财综〔2015〕46 号 2015 年 11 月 17 日

各市、县(市、区)财政局,省级执收单位,代理银行、代收机构:

为贯彻落实《中华人民共和国预算法》、《国务院办公厅关于进一步做好盘活财政存量资金工作的通知》(国办发〔2014〕70 号)、《财政部 中国人民银行关于中央单位非税收入收缴电子化试点工作的通知》(财库〔2015〕92 号)、《浙江省政府非税收入管理条例》等有关法律法规规定,严肃财经纪律,严格规范政府非税收入收缴行为,加强政府非税收入管理,现就有关事宜通知如下:

一、加强政府非税收入收缴管理

(一)各级执收单位要认真落实收支两条线、收缴分离等各项规定,各项收支全部纳入预算,实行收支脱钩。所有政府非税收入必须及时足额上缴财政,各级执收单位要与财政部门、代收机构定期核对收入收缴情况,做到应收尽收,不得擅自缓征、减征、免征政府非税收入,严禁以任何形式隐瞒、截留、挤占、挪用、坐支或者私分政府非税收入,严禁将资金转移到机关所属工会、培训中心、服务中心等单位账户。

(二)各地各单位要创新管理,根据省政府“四张清单一张网”建设要求,积极推进政务服务网统一公共支付平台实施应用,充分利用现代信息网络技术和先进支付结算工具,方便公众缴款,积极稳妥推进收缴电子化改革。

二、严格执行缴库规定和规范账户管理

(三)通过结算户、财政专户收缴的应当缴入国库的各项政府非税收入资金,各级财政部门必须在 10 个工作日内按收入级次分明细科目足额缴入国库,不得以任何理由拖延或不缴。

(四)各地设立政府非税收入结算账户要严格执行财政部和省财政厅账户管理的相关规定,未经财政部核准不得擅自设立非税收入结算账户。对于账户已经能够满足收缴管理需要的,一般不再新设,不得借收入收缴电子化改革要求新增结算账户。各地要加强政府非税收入结算账户管理,严禁用政府非税收入结算账户核算其他财政资金。

三、规范具体收缴退付流程

(五)执收单位在办理执收业务前,应明确收入项目、收缴方式、收缴账户、政府非税收入票据等具体收缴事项。收缴业务事项发生变动的,执收单位应及时变更。

(六)政府非税收入实行收缴分离为主,集中汇缴为辅的缴款方式。实行收缴分离的通过直接缴款将资金缴入国库或财政结算账户。缴入国库的,执收单位按照国库管理制度的相关规定缴款;缴入财政结算账户的,一般由执收单位开具《浙江省政府非税收入一般缴款书》,缴款人到代理银行办理缴款业务;通过浙江政务服务网统一公共支付平台实行电子化收缴的资金,财政部门、收款银行、代收机构、统一支付平台、执收单位五方相关信息对账成功后生成电子缴款凭证,资金缴入财政。暂时难以实行收缴分离的少量零星收入和当场执收收入,经财政部门审核认定后可实行集中汇缴的方式,将款项及时足额上缴财政。

(七)发生政策性因素、技术性差错、误缴、多缴、预收款项结算等情况需要退付的,由缴款人提供退付情况说明、缴款原始凭证等材料,向执收单位提出退款书面申请。执收单位收到退款申请审核后,应在 5 个工作日内向同级财政部门提交政府非税收入退付申请,并附相关凭证材料,办理退款手续。财政部门按有关规定予以审核后退付执收单位或缴款人。对不符合退付条件的将退付申请材料退还给执收单位,由执收单位告知缴款人。

四、完善政府非税收入收缴分成结算管理

(八)政府非税收入分成资金主要通过国库和财政结算账户结算,国家有明确规定的除外。通过财政结算账户分成结算的,财政部门按照分成政策按月将执收的资金上解或下拨。

(九)市县执收单位根据分成政策及时核对收入情况,分成收入由市县财政部门统一上解。各地财政部门和执收单位应定期编报政府非税收入分成资金征收情况,上报省财政厅和省级执收单位。省级执收单位应掌握分成项目的年度收入收缴情况,并与省财政厅核对查实。分成资金实行年终清算。设区、县(市)的市级财政部门要加强对所辖地财政部门分成资金划缴工作的督促力度。

政府非税收入收缴工作涉及面广,各级财政部门、执收单位和代收机构、代理银行要理顺在非税收入收缴管理中的业务分工,依法履行职责,加强各职能部门的协调配合,健全内部管理制度,创新收缴管理,自觉接受监督检查,严肃财经纪律,着力提高政府非税收入收缴管理水平。

五、法律责任

(十)有关单位和个人违反本办法规定的,按照国务院《财政违法行为处罚与处分条例》(国务院令第 427 号)和《浙江省政府非税收入管理条例》等有关法律法规进行查处。

(十一)代理银行、代收机构违反本办法规定占用财政资金或发生拒收、压票行为,不及时汇划资金的,一经查实,由代理银行、代收机构承担由此发生的一切损失,并由财政部门会同人民银行给予通报批评。情节严重的,取消其代理资格。

代理银行、代收机构系统未经财政部门验收擅自投入使用的,省财政厅可以取消其代理资格。

六、本通知自 2015 年 12 月 1 日起实施。

浙江省财政厅关于深化财政体制改革的实施意见

浙财预〔2015〕50 号 2015 年 12 月 15 日

各市、县(市)财政局,省政府直属各单位:

为贯彻落实《浙江省人民政府关于加快建立现代财政制度

的意见》(浙政发〔2015〕41号)精神,进一步调动省与市、县(市)积极性,促进我省经济社会和生态文明更好更快发展,现就深化财政体制改革提出如下实施意见。

一、基本原则

(一)强化主体责任

坚持"统一领导、分级管理"的原则,处理好政府与市场、政府与社会、省与市县三者之间关系,厘清事权和支出责任,逐步建立事权和支出责任相适应的制度。

(二)促进财力均衡

完善财政转移支付制度,优化转移支付结构,完善转移支付地区分档体系,实施"因素法"分配,进一步提升民生保障和基本公共服务均等化水平。

(三)推动区域发展

坚持省管县财政体制,优化激励约束机制,引导设区市在推动区域统筹发展方面发挥更大作用,促进区域资源共享和经济社会有序均衡发展。

二、推进事权和支出责任划分

按照事权和支出责任划分的基本原则,逐步推进分行业分领域的事权和支出责任划分工作。省与市、县(市)收支范围、收入分成(增量分成和总额分成)、所得税分享改革基数返还、成品油价格和税费改革税收基数返还等仍按原规定执行(详见附件1)。按《国务院关于完善出口退税负担机制有关问题的通知》(国发〔2015〕10号)规定,自2015年1月1日起,出口退税(包括出口货物退增值税和营业税改征增值税出口退税)全部由中央财政负担,市、县(市)2014年原负担的出口退税基数,定额上解中央。省对市、县(市)消费税不再实行增量返还,改为以2014年消费税返还数为基数,实行定额返还。财政管理体制的收支基数以2014年市、县(市)财政收入、财力决算数为基础核定。

三、优化转移支付分档体系

优化完善转移支付地区分类分档体系,建立换档激励奖补机制。以各市、县(市)经济社会发展水平、经济动员能力、财力状况等因素为依据分为二类六档(详见附件2)。其中:淳安县等7个县,转移支付系数为1;苍南县等18个市、县(市),转移支付系数为0.9;三门县等4个市、县(市),转移支付系数为0.8;金华市等10个市、县(市),转移支付系数为0.6;海宁市等14个县(市),转移支付系数为0.4;杭州市等6个市,转移支付系数为0.2。

四、建立高新技术产业地方税收增量返还奖励政策

为引导市、县(市)支持高新技术产业加快发展,经国家认定的高新技术企业的企业所得税地方部分增收上交省当年增量部分,返还奖励给各市、县(市)。

五、优化收入激励奖补政策

(一)第三产业地方税收收入增长奖补政策

对丽水等29个市、县(市),在确保实现当年财政收支平衡、确保完成民生改善等政府职责任务的前提下,实行省激励补助与其第三产业地方税收收入增长率挂钩,奖励与其第三产业地方税收收入增收额挂钩的办法。

补助办法:市、县(市)第三产业地方税收收入每增长1%,省补助按一定系数相应增长。丽水等29个市、县(市)补助系数分三档(详见附件3):第一档为文成等7个县,补助挂钩系数为0.4;第二档为苍南等18个市、县(市),补助挂钩系数为0.3;第三档为三门等4个市、县(市),补助挂钩系数为0.2。

奖励办法:省对丽水等29个市、县(市)按其第三产业地方税收收入当年增收额的一定比例给予奖励。奖励分两档(详见附件4):第一档为丽水等3个设区市,按全市第三产业地方税收收入增收额挂钩计算,挂钩比例为增收额的15%;第二档为淳安等26个县(市),按本县(市)第三产业地方税收收入增收额挂钩计算,挂钩比例为增收额的15%。

(二)地方财政收入激励奖励政策

对杭州等30个市、县(市),在确保实现当年财政收支平衡、确保完成政府职责任务的前提下,实行省奖励与其地方财政税收收入增收额挂钩的办法。奖励办法:省对杭州等30个市、县(市)按市本级、县(市)地方财政税收收入当年增收额的10%给予奖励(详见附件5)。

六、优化区域统筹发展激励奖补政策

(一)设区市区域统筹发展收入激励政策

奖励办法:对设区市的收入奖补,与设区市所辖县(市)地方财政税收收入当年增收额挂钩,其中杭州、嘉兴、湖州、绍兴、金华、温州、台州等7个设区市的比例为10%,丽水、衢州、舟山等3个设区市的比例为15%。奖补资金必须用于所辖县(市)统筹发展。

(二)设区市对所辖县(市)年度财政补助奖励政策

奖励办法:设区市自有财力安排的对所辖县(市)年度财政补助资金,省兑现按奖补系数计算的区域统筹发展激励奖补资金。奖补系数比例分为三档,其中:丽水、衢州2个设区市奖补系数为1∶2,即丽水市、衢州市对所辖县(市)财政补助资金1,则省财政相应奖励补助2;金华、舟山2个设区市奖补系数为1∶1,即金华市、舟山市对所辖县(市)财政补助资金1,则省财政相应奖励补助1;杭州、嘉兴、湖州、绍兴、温州、台州等6个设区市奖补系数为1∶0.5,即杭州等6个设区市对所辖县(市)财政补助资金1,则省财政相应奖励补助0.5。财政补助奖励资金必须统筹用于支持所辖县(市)经济社会的均衡发展。计算省补助资金时,设区市对所辖县(市)安排的财政补助资金应扣除省给予设区市的区域统筹发展收入激励奖补资金。各设区市扶持县(市)发展的财政补助资金文件,应抄送省财政厅;省奖补资金,由省财政根据各设区市财政补助文件,经审核无误后下达给相关县(市)。若设区市未按规定比例落实下达资金,年终省将相应扣减对设区市的转移支付,并转补给有关县(市)。

本次体制调整不涉及宁波市及其所辖县(市)。

本意见自2015年1月1日起施行。

附件:1. 收支范围、税收返还、收入分成等规定
2. 市、县(市)转移支付分类分档及系数
3. 丽水等29个市、县(市)激励补助分档及系数
4. 丽水等29个市、县(市)奖励分档及挂钩比例
5. 杭州等30个市、县(市)奖励挂钩比例

附件1

收支范围、税收返还、收入分成等规定

一、收支范围

1. 收入范围

中央级收入:关税、海关代征消费税和增值税,消费税、增值税75%部分、企业所得税60%部分、个人所得税60%部分,国家邮政、各银行总行、各保险总公司等集中缴纳的税收,中石化、中石油企业所得税,海洋石油资源税,证券交易税97%部分等。

省级收入:全省电力供应业企业缴纳的增值税25%部分、企业所得税40%部分,全省银行及保险、证券、典当、担保、租赁、信托等非银行金融企业缴纳的营业税60%部分;中国移动浙江公司、沪杭高速浙江段等跨地区经营、集中缴纳所得税等地方分成部分,省级各项非税收入。

市、县(市)级收入:按属地除规定为中央和省级以外的收入,包括增值税25%部分、企业所得税40%部分、个人所得税40%部分,全省银行及保险、证券、典当、担保、租赁、信托等非银行金融企业缴纳的营业税40%部分,其他营业税、城市维护建设税、房产税、城镇土地使用税、土地增值税、耕地占用税、契税等,市、县(市)各项非税收入。

2. 支出范围

省级支出:省级一般公共服务、公共安全、教育、科学技术、文化体育与传媒、社会保障和就业、医疗卫生、环境保护、城乡社区事务、农林水事务、交通运输、工业商业金融等事务支出,以及省级其他支出。

市、县(市)级支出:市、县(市)级一般公共服务、公共安全、教育、科学技术、文化体育与传媒、社会保障和就业、医疗卫生、环境保护、城乡社区事务、农林水事务、交通运输、工业商业金融等事务支出,以及市、县(市)级其他支出。

二、税收返还收入

上划中央增值税税收返还收入,以2014年为基期年核定。2015年及以后年度,税收返还数额在2014年基数上逐年递增,递增率按市、县(市)当年上划中央增值税收入增长率的1∶0.3系数确定,即市、县(市)当年上划中央增值税收入每增长1%,省对市、县(市)的税收返还增长0.3%。若2015年及以后年度上划中央增值税收入达不到2014年考核基数,则相应扣减税收返还数额;低于上年决算数,则按低于额的1∶0.3系数扣减税收返还数额。

上划中央"企业所得税、个人所得税"税收收入及返还,按照所得税分享改革时核定的返还基数及收入考核基数确定。若2015年及以后年度达不到考核基数的,相应扣减税收返还基数。

成品油价格和税费改革税收返还,按照省与市、县(市)原公路养路费等"六费"收入分成体制所核定的各市、县(市)替代原摩托车与拖拉机养路费、公路运输管理费收入返还基数执行。

三、收入分成

1. 增量分成。2015年及以后年度,市、县(市)地方财政收入超过2014年收入基数的增量部分,省与市、县(市)实行"二八"分成,即省得20%,市、县(市)得80%。

2015年及以后年度,市、县(市)上划中央增值税应返还收入比2014年返还基数的增加额,省与市、县(市)实行"二八"分成,即省得20%,市、县(市)得80%。继续对少数民族县,少数加快发展县和海岛地区作适当照顾,其中:淳安、磐安、文成、泰顺、景宁、青田、云和、舟山、岱山、嵊泗等10个市、县(市),免上交,省分成比例为0;武义、三门等2县,省分成比例为10%;玉环县省分成比例为15%。

2. 总额分享。省与杭州市(不含萧山区、余杭区、富阳区)收入实行总额分享,在分享范围内的各项税收地方部分的分享比例为16∶84,即省分享比例为16.0%、杭州市分享比例为84.0%。

附件2

市、县(市)转移支付分类分档及系数

一类一档:淳安县、文成县、泰顺县、开化县、庆元县、松阳县、景宁县等7个县,转移支付系数为1;

一类二档:苍南县、永嘉县、武义县、磐安县、衢州市、龙游县、常山县、江山市、岱山县、嵊泗县、丽水市、青田县、云和县、龙泉市、缙云县、遂昌县、仙居县、天台县等18个市、县(市),转移支付系数为0.9;

一类三档:三门县、平阳县、舟山市、兰溪市等4个市、县(市),转移支付系数为0.8。

二类一档:金华市、安吉县、建德市、桐庐县、临安市、嵊州市、新昌县、浦江县、东阳市、临海市等10个市、县(市),转移支付系数为0.6;

二类二档:海宁市、桐乡市、平湖市、嘉善县、海盐县、长兴县、德清县、诸暨市、瑞安市、乐清市、永康市、义乌市、温岭市、玉环县等14个县(市),转移支付系数为0.4;

二类三档:杭州市、嘉兴市、湖州市、绍兴市、台州市、温州市等6个市,转移支付系数为0.2。

附件 3

丽水等 29 个市、县(市)激励补助分档及系数

第一档:文成县、泰顺县、开化县、庆元县、松阳县、景宁县、淳安县等 7 个县,补助挂钩系数为 0.4;

第二档:苍南县、永嘉县、武义县、磐安县、衢州市、龙游县、常山县、江山市、岱山县、嵊泗县、丽水市、青田县、云和县、龙泉市、缙云县、遂昌县、仙居县、天台县等 18 个市、县(市),补助挂钩系数为 0.3;

第三档:三门县、平阳县、舟山市、兰溪市等 4 个市、县(市),补助挂钩系数为 0.2。

附件 4

丽水等 29 个市、县(市)奖励分档及挂钩比例

第一档:衢州市、舟山市、丽水市等 3 个设区市,挂钩比例为全市第三产业地方税收收入当年增收额的 15%;

第二档:淳安县、平阳县、苍南县、永嘉县、文成县、泰顺县、兰溪市、武义县、磐安县、龙游县、常山县、江山市、开化县、岱山县、嵊泗县、青田县、云和县、龙泉市、庆元县、缙云县、遂昌县、松阳县、景宁县、三门县、仙居县、天台县等 26 个县(市),挂钩比例为本县(市)第三产业地方税收收入当年增收额的 15%。

附件 5

杭州等 30 个市、县(市)奖励挂钩比例

杭州市、嘉兴市、湖州市、绍兴市、温州市、台州市、金华市、桐庐县、临安市、建德市、海宁市、桐乡市、平湖市、嘉善县、海盐县、德清县、长兴县、安吉县、嵊州市、新昌县、诸暨市、瑞安市、乐清市、永康市、东阳市、义乌市、浦江县、临海市、温岭市、玉环县等 30 市、县(市),挂钩比例为市本级、县(市)地方财政税收收入当年增收额的 10%。

浙江省推广政府和社会资本合作模式综合奖补资金管理暂行办法

浙财金〔2015〕99 号 2015 年 12 月 31 日

第一条 为积极推广政府和社会资本合作(PPP)模式,打造大众创业、万众创新和增加公共产品、公共服务“双引擎”,根据《浙江省人民政府办公厅关于推广运用政府和社会资本合作模式的指导意见》(浙政办发〔2015〕9 号)和《浙江省财政厅关于推广运用政府和社会资本合作模式的实施意见》(浙财金〔2015〕5 号)的精神和要求,制定本办法。

第二条 综合奖补资金旨在支持我省 PPP 示范市县建设,推动 PPP 项目签约、开工建设,保障 PPP 项目实施质量。

(一)对省财政厅确定的 PPP 示范市县,省财政给予 500 万元奖补,鼓励示范市县先行先试,发挥示范效应。

(二)对列入省财政推荐项目库的项目,完成签约的,省财政按不超过项目总投资额的 0.5%给予综合奖补,最高奖补 500 万元;项目签约并开工建设的,省财政再按不超过项目总投资额的 0.1%给予奖补,最高奖补 100 万元。

第三条 示范市县名单由省财政厅根据《关于申报政府和社会资本合作示范市县的通知》(浙财金〔2015〕63 号)等规定审核确定。

第四条 奖补项目由省财政厅根据本办法和各地上报项目信息审核确定。纳入综合奖补范围的项目应符合以下条件:

(一)项目纳入省财政厅推荐项目库;

(二)项目通过竞争性方式选择社会资本,并已签订正式合作协议;

(三)项目实施程序规范,符合财政部和省财政厅推广 PPP 模式有关规定;

(四)项目相关信息及时录入财政部 PPP 综合信息平台。

第五条 各地财政局应于每年 12 月 15 日前向省财政厅报送签约及动工项目的基本信息和有关材料,包括正式协议、实施方案、财政承受能力论证和物有所值评价报告,施工许可证等。

第六条 省财政厅根据本办法规定对各地上报的签约及开工项目进行审核,结合示范市县情况安排综合奖补资金。综合奖补资金原则上在预算额度内据实列支。已在海绵城市建设试点、地下综合管廊试点等中央财政专项资金中获得奖励性资金支持的 PPP 项目,不纳入综合奖补范围。

第七条 综合奖补资金由省财政预算安排,作为一般性转移支付,纳入省对市、县(市)财政年终结算。

第八条 综合奖补资金由市、县(市)财政统筹安排,用于当地推广 PPP 模式方面的支出。

第九条 各级财政部门要切实履行财政职能,做好综合奖补资金申报、审核、拨付的组织和协调工作,加强综合奖补资金使用的监督和管理,保证综合奖补政策落到实处,为推广 PPP 模式创造良好环境。要切实提高资金使用效益,加快项目实施进度,形成一批管理水平高、综合效益好、示范作用强的优质项目。

省财政厅将根据工作实际对资金使用情况进行监督检查和绩效评价。项目签约后一年内不开工建设的,省财政将追回相关奖补资金。

第十条 综合奖补政策自 2015 年起施行,执行期限暂定 3 年。

2015年财政规章及相关规范性文件目录(选编)

序号	文件名称	发文单位	文号	印发日期
1	公布施行《中华人民共和国政府采购法实施条例》	国务院	国务院令第658号	2015.02.16
2	关于实行中期财政规划管理的意见	国务院	国发〔2015〕3号	2015.01.06
3	关于税收等优惠政策相关事项的通知	国务院	国发〔2015〕25号	2015.05.11
4	关于在公共服务领域推广政府和社会资本合作模式指导意见的通知	国务院办公厅	国办发〔2015〕42号	2015.05.21
5	关于金融企业贷款损失准备金企业所得税税前扣除有关政策的通知	财政部 国家税务总局	财税〔2015〕9号	2015.01.21
6	关于金融企业涉农贷款和中小企业贷款损失准备金税前扣除有关问题的通知	财政部 国家税务总局	财税〔2015〕3号	2015.01.22
7	关于对电池涂料征收消费税的通知	财政部 国家税务总局	财税〔2015〕16号	2015.01.27
8	关于印发《农村义务教育薄弱学校改造补助资金管理办法》的通知	财政部 教育部	财教〔2015〕3号	2015.01.30
9	关于创新药后续免费使用有关增值税政策的通知	财政部 国家税务总局	财税〔2015〕4号	2015.01.30
10	关于印发《中央财政农村土地承包经营权确权登记颁证补助资金管理办法》的通知	财政部	财农〔2015〕1号	2015.02.03
11	关于推进地方盘活财政存量资金有关事项的通知	财政部	财预〔2015〕15号	2015.02.26
12	关于进一步加强行政事业性收费和政府性基金管理的通知	财政部	财税〔2015〕30号	2015.02.28
13	关于进一步鼓励集成电路产业发展企业所得税政策的通知	财政部 国家税务总局等四部门	财税〔2015〕6号	2015.03.02
14	关于印发《预算绩效管理工作考核办法》的通知	财政部	财预〔2015〕25号	2015.03.04
15	关于印发《地方政府一般债券发行管理暂行办法》的通知	财政部	财库〔2015〕64号	2015.03.13
16	关于小型微利企业所得税优惠政策的通知	财政部 国家税务总局	财税〔2015〕34号	2015.03.16
17	关于印发《城镇保障性安居工程财政资金绩效评价暂行办法》的通知	财政部 住房城乡建设部	财综〔2015〕6号	2015.03.18
18	关于企业改制重组有关土地增值税政策的通知	财政部 国家税务总局	财税〔2015〕5号	2015.03.20
19	关于开展涉农资金专项整治行动的实施意见	财政部 国家发改委 农业部	财农〔2015〕7号	2015.03.23
20	关于印发《2015年地方政府专项债券预算管理办法》的通知	财政部	财预〔2015〕32号	2015.03.24
21	关于调整个人住房转让营业税政策的通知	财政部 国家税务总局	财税〔2015〕39号	2015.03.30
22	关于个人非货币性资产投资有关个人所得税政策的通知	财政部 国家税务总局	财税〔2015〕41号	2015.03.31
23	关于进一步推进地方预算执行动态监控工作的指导意见	财政部	财库〔2015〕73号	2015.03.31
24	关于印发《地方政府专项债券发行管理暂行办法》的通知	财政部	财库〔2015〕83号	2015.04.07

（续表一）

序号	文件名称	发文单位	文号	印发日期
25	关于进一步支持企业事业单位改制重组有关契税政策的通知	财政部 国家税务总局	财税〔2015〕37号	2015.04.07
26	关于印发《可再生能源发展专项资金管理暂行办法》的通知	财政部	财建〔2015〕87号	2015.04.15
27	关于印发《2015年地方政府一般债券预算管理办法》的通知	财政部	财预〔2015〕47号	2015.04.15
28	关于推进水污染防治领域政府和社会资本合作的实施意见	财政部 环境保护部	财建〔2015〕90号	2015.04.17
29	关于印发《国家自然科学基金资助项目资金管理办法》的通知	财政部 国家自然科学基金委员会	财教〔2015〕15号	2015.04.21
30	关于在收费公路领域推广运用政府和社会资本合作模式的实施意见	财政部 交通运输部	财建〔2015〕111号	2015.04.22
31	关于2016—2020年新能源汽车推广应用财政支持政策的通知	财政部 科技部 工业和信息化部 国家发改委	财建〔2015〕134号	2015.04.29
32	关于调整铁矿石资源税适用税额标准的通知	财政部 国家税务总局	财税〔2015〕46号	2015.04.29
33	关于开展涉企收费专项清理规范工作的通知	财政部 国家发展改革委 工业和信息化部	财税〔2015〕45号	2015.04.29
34	关于运用政府和社会资本合作模式推进公共租赁住房投资建设和运营管理的通知	财政部 国土资源部 住房城乡建设部等六部门	财综〔2015〕15号	2015.04.29
35	关于清理涉及稀土钨、钼收费基金有关问题的通知	财政部 国家发改委	财税〔2015〕53号	2015.05.04
36	关于实施稀、钨、钼资源税从价计征改革的通知	财政部 国家税务总局	财税〔2015〕52号	2015.05.05
37	关于修订印发《全国会计专业技术资格无纸化考试考务规则》等文件的通知	财政部 人力资源社会保障部等三部门	会考〔2015〕6号	2015.05.06
38	关于调整卷烟消费税的通知	财政部 国家税务总局	财税〔2015〕60号	2015.05.07
39	关于开展商业健康保险个人所得税政策试点工作的通知	财政部 国家税务总局 保监会	财税〔2015〕56号	2015.05.11
40	关于节约能源 使用新能源车船车船税优惠政策的通知	财政部 国家税务总局 工业和信息化部	财税〔2015〕51号	2015.05.13
41	关于印发《节能减排补助资金管理暂行办法》的通知	财政部	财建〔2015〕161号	2015.05.14
42	关于加强公立医院财务和预算管理的指导意见	财政部 国家卫生计生委 国家中医药局	财社〔2015〕263号	2015.12.23
43	关于推进淳安等26县加快发展的若干意见	中共浙江省委	浙委发〔2015〕8号	2015.03.30
44	关于制定浙江省国民经济和社会发展第十三个五年规划的建议	中共浙江省委	浙委发〔2015〕23号	2015.12.01
45	关于加快特色小镇规划建设的指导意见	浙江省人民政府	浙政发〔2015〕8号	2015.04.27
46	关于创新财政支持经济发展方式加快设立政府产业基金的意见	浙江省人民政府	浙政发〔2015〕11号	2015.05.18
47	关于进一步促进全省经济平稳发展创新发展的若干意见	浙江省人民政府	浙政发〔2015〕18号	2015.06.24
48	关于加快建立现代财政制度的意见	浙江省人民政府	浙政发〔2015〕41号	2015.12.09

（续表二）

序号	文件名称	发文单位	文号	印发日期
49	关于开展清理规范税收等优惠政策工作的通知	浙江省政府办公厅	浙政办发〔2015〕5 号	2015.01.20
50	关于推广运用政府和社会资本合作模式的指导意见	浙江省政府办公厅	浙政办发〔2015〕9 号	2015.01.30
51	关于印发浙江省省级事业单位公款性存放暂行办法的通知	浙江省政府办公厅	浙政办发〔2015〕91 号	2015.08.19
52	关于深入推进收费清理改革的通知	浙江省政府办公厅	浙政办发〔2015〕107 号	2015.10.23
53	关于印发浙江省知识产权保护与管理专项资金管理办法的通知	浙江省财政厅 浙江省科学技术厅	浙财教〔2015〕1 号	2015.01.27
54	关于印发浙江省文化遗产保护专项资金管理办法的通知	浙江省财政厅 浙江省文化厅 浙江省文物局	浙财教〔2015〕2 号	2015.02.02
55	关于印发浙江省民政优抚及社会福利专项资金管理暂行办法的通知	浙江省财政厅 浙江省民政厅	浙财社〔2015〕9 号	2015.02.02
56	关于印发一事一议财政奖补省级专项资金管理办法的通知	浙江省财政厅 浙江省农村综合改革办公室	浙财基〔2015〕1 号	2015.02.06
57	关于印发浙江省重点档案抢救保护与档案馆建设专项资金管理办法的通知	浙江省财政厅 浙江省档案局	浙财教〔2015〕8 号	2015.02.09
58	关于推广运用政府和社会资本合作模式的实施意见	浙江省财政厅	浙财金〔2015〕5 号	2015.02.11
59	关于印发浙江省教育发展专项资金管理办法的通知	浙江省财政厅 浙江省教育厅	浙财教〔2015〕5 号	2015.02.28
60	关于印发浙江省林业发展和资源保护专项资金管理办法（试行）的通知	浙江省财政厅 浙江省林业厅	浙财农〔2015〕35 号	2015.03.20
61	关于印发浙江省水利建设与发展专项资金管理办法（试行）的通知	浙江省财政厅 浙江省水利厅	浙财农〔2015〕37 号	2015.03.20
62	关于印发浙江省青少年发展专项资金使用管理办法的通知	浙江省财政厅 共青团浙江省委	浙财行〔2015〕15 号	2015.03.25
63	关于印发浙江省美丽乡村建设专项资金管理办法（试行）的通知	浙江省财政厅 中共浙江省委浙江省人民政府农业和农村工作领导小组办公室	浙财农〔2015〕45 号	2015.03.26
64	关于印发浙江省海洋与渔业综合管理和产业发展专项资金管理办法（试行）的通知	浙江省财政厅 浙江省海洋与渔业局	浙财农〔2015〕47 号	2015.03.27
65	关于印发浙江省现代农业发展专项资金管理办法（试行）的通知	浙江省财政厅 浙江省农业厅	浙财农〔2015〕50 号	2015.03.27
66	关于印发浙江省省级造地改田专项资金管理办法（试行）的通知	浙江省财政厅 浙江省国土资源厅 浙江省水利厅 浙江省农业厅	浙财农〔2015〕52 号	2015.03.27
67	关于印发浙江省国土地矿专项资金使用管理暂行办法的通知	浙江省财政厅 浙江省国土资源厅	浙财建〔2015〕33 号	2015.03.31
68	关于印发浙江省少数民族发展专项资金使用管理办法的通知	浙江省财政厅 浙江省民族宗教事务委员会	浙财行〔2015〕14 号	2015.04.07
69	关于印发浙江省金融业发展专项资金管理办法的通知	浙江省财政厅等四部门	浙财金〔2015〕10 号	2015.04.10
70	关于印发浙江省基层宣传文化专项资金管理办法的通知	浙江省财政厅 中共浙江省委宣传部	浙财教〔2015〕51 号	2015.04.14

（续表三）

序号	文件名称	印发单位	文号	印发日期
71	关于印发浙江省农林渔业经营与管理体系建设专项资金管理办法（试行）的通知	浙江省财政厅 浙江省农业厅 浙江省林业厅 浙江省海洋与渔业局 浙江省水利厅 浙江省质量技术监督局 浙江省科技厅	浙财农〔2015〕55号	2015.04.17
72	关于印发浙江省新闻出版广播影视专项资金管理办法的通知	浙江省财政厅 浙江省新闻出版广电局	浙财教〔2015〕60号	2015.04.27
73	关于印发浙江省公益技术与政策科学（软科学）应用研究专项资金竞争性分配管理办法的通知	浙江省财政厅 浙江省科学技术厅	浙财教〔2015〕64号	2015.05.05
74	关于印发浙江省可再生能源发展专项资金管理办法的通知	浙江省财政厅 浙江省能源局	浙财建〔2015〕53号	2015.05.05
75	关于印发浙江省住房与城市建设专项资金管理办法（试行）的通知	浙江省财政厅 浙江省住房和城乡建设厅	浙财建〔2015〕51号	2015.05.07
76	关于印发浙江省社会科学规划课题专项资金竞争性分配管理办法的通知	浙江省财政厅 浙江省社会科学界联合会	浙财教〔2015〕93号	2015.05.29
77	关于开展收费专项清理规范工作的通知	浙江省财政厅 浙江省发展和改革委员会 浙江省经济和信息化委员会 浙江省民政厅 浙江省物价局	浙财综〔2015〕36号	2015.06.30
78	关于印发浙江省优秀精神文化产品生产和推广专项资金分配管理办法的通知	浙江省财政厅 浙江省新闻出版广电局	浙财教〔2015〕103号	2015.07.06
79	关于印发浙江省转型升级产业基金管理办法的通知	浙江省财政厅	浙财企〔2015〕109号	2015.07.13
80	关于印发浙江省天使梦想基金操作管理办法的通知	浙江省财政厅	浙财企〔2015〕81号	2015.07.31
81	关于印发浙江省环境保护专项资金管理办法的通知	浙江省财政厅 浙江省环境保护厅	浙财建〔2015〕129号	2015.08.17
82	关于印发浙江省农村党员干部教育专项资金使用管理办法的通知	中共浙江省委组织部 浙江省财政厅	浙财行〔2015〕73号	2015.08.20
83	关于印发浙江省污水处理费征收使用管理办法的通知	浙江省财政厅 浙江省物价局 浙江省住房和城乡建设厅	浙财综〔2015〕39号	2015.08.20
84	关于印发浙江省对口支援四川藏区专项资金管理办法的通知	浙江省财政厅 浙江省人民政府经济合作交流办公室	浙财建〔2015〕135号	2015.08.20
85	关于印发浙江省省本级林业科技推广与省院合作专项资金管理办法的通知	浙江省财政厅 浙江省林业厅	浙财农〔2015〕109号	2015.08.27
86	关于印发浙江省农业发展投资基金管理暂行办法的通知	浙江省财政厅	浙财农〔2015〕166号	2015.09.08
87	关于印发浙江省交通运输发展专项资金管理办法（试行）的通知	浙江省财政厅 浙江省交通运输厅	浙财建〔2015〕158号	2015.09.18
88	关于开展基层医疗卫生机构补偿机制改革试点的指导意见	浙江省财政厅 浙江省卫生和计划生育委员会	浙财社〔2015〕133号	2015.10.26
89	关于加强政府非税收入收缴管理工作的通知	浙江省财政厅	浙财综〔2015〕46号	2015.11.17
90	关于印发浙江省农业保险财政补贴结算办法的通知	浙江省财政厅	浙财金〔2015〕92号	2015.12.14
91	关于深化财政体制改革的实施意见	浙江省财政厅	浙财预〔2015〕50号	2015.12.15
92	关于印发浙江省推广政府和社会资本合作模式综合奖补资金管理暂行办法的通知	浙江省财政厅	浙财金〔2015〕99号	2015.12.31

财政文选

zhejiang caizheng nianjian

省领导论财政

在全省农业补贴政策综合改革试点工作会议上的讲话

浙江省人民政府副省长 黄旭明

当前,农业生产成本不断攀升,粮食生产比较效益偏低,农业补贴水平已接近 WTO 黄箱补贴上限,在这种形势下,如何创新农业补贴政策,提高政策效能,促进粮食生产和农业发展方式转变,是当前亟待解决的一项课题。国家对农业补贴政策综合改革高度重视,决定从 2015 年起对农业三项补贴(种粮直补、良种补贴、农资综合补贴)政策进行改革,并把我省列为全国 5 个改革试点省份之一。我省选择 17 个县(市、区)开展农业三项补贴政策综合改革试点,衢州市是我省唯一全市域范围开展改革试点的地区。前期,省财政厅、省农业厅在总结试点经验、广泛征求意见的基础上,印发了《浙江省农业三项补贴政策综合改革试点方案》。由于这项改革涉及面比较广,而且涉及利益调整,且事关粮食生产,所以今天我们把试点县的政府分管领导和有关部门的同志请来,对这项改革进行具体部署,努力把改革试点搞好,为全国提供经验和样板。

一、推进农业补贴政策改革势在必行

民以食为天,解决好吃饭问题始终是治国理政的头等大事。新一届中央领导集体高度重视国家粮食安全,要求我们把饭碗牢牢端在自己手里,饭碗里还应该主要装中国粮。近年来,各地、各有关部门按照中央和省委、省政府的决策部署,始终把粮食生产放在“三农”工作的首位,出台了一系列稳定发展粮食生产的扶持政策。从中央层面看,先后出台了农资综合直补、农作物良种补贴、种粮直接补贴、农机购置补贴等四项补贴制度,并逐年加大投入力度。2014 年,中央财政安排我省四项补贴资金达到 18.5 亿元。从省级层面看,省政府先后出台了种粮大户直接补贴、水稻良种补贴、集中育秧补贴、机插作业补贴、统防统治补贴、订单粮食奖励、粮食政策性保险、粮食生产功能区以奖代补和水稻生态补贴、种粮大户贴息贷款、旱粮种植补贴和高产创建补助等一系列粮食生产扶持政策,并逐年加大补贴力度、提高补贴标准、拓展补贴环节,基本上形成了覆盖水稻和旱粮、生产环节和基础能力建设相结合的扶持政策体系,并逐步向规模化种粮和社会化服务集中,补贴资金每年增幅在 20% 以上。2014 年,省财政安排粮食生产扶持资金达到 9.6 亿元。从市县层面看,各地也积极制定出台加快农业新型主体培育、推进粮食适度规模经营等具体配套扶持政策,投入力度不断加大。

在各级农业补贴政策的有力推动下,有效地保护了农民种粮积极性。2014 年,全省粮食生产取得了面积、单产、总量“三增”,全省粮食播种面积自 2010 年以来首次恢复到 1900 万亩以上,早稻单产连续 2 年位居全国首位。

但是,我们也要看到,现行的农业补贴政策显现边际效应递减等一些弊端。比如,中央、省、市、县各级对农民种粮补贴项目较多,仅以种植面积为补贴计算依据的就有良种补贴、农资综合补贴、种粮大户直补等,这些补贴政策虽然最初政策设计都有其特定的针对性,而且最终的目的也都是为了增加种粮农民的收入,提高农民种粮的积极性,促进粮食生产,但由于这么多年陆陆续续出台的政策,补贴项目多、针对环节多,单项补贴资金少而散,统筹考虑得不够,造成了多头补贴、重复补贴;再加上政策宣传不到位,种粮农民往往也搞不清自己种一亩粮食,到底能拿多少财政补贴,甚至混淆了补贴政策,认为补贴政策执行不到位。同时,目前实际种植面积的统计、核实没有很好的手段,在政策实施过程中需要通过乡镇、村干部上门与农户核实,操作复杂,工作量大,需大量的人力、物力保障,给基层带来了众多不便。要破解这些问题,提高财政支农政策的导向性、精准性和有效性,我们就必须对现行的农业补贴政策进行系统性的改革和优化,明确政策导向,引导资金、土地、技术、劳动力等要素,重新进行合理分配和有效集聚,为切实提高农民种粮积极性,力争实现 1950 万亩播种面积、160 亿斤的粮食总产量和 300 亿斤的粮食生产能力提供强有力的政策保障。

二、实施农业补贴政策综合改革意义重大

2014 年,我省选择东阳等 4 个县(市、区)先行启动实施了粮食生产综合改革试点。从试点进展情况来看,在引导组建粮食生产合作社联合社、解决粮食生产组织化和规模化等方面取得了初步成效,为我们 2015 年推进改革试点打下了很好的基础。这次农业补贴政策综合改革,既要推进农业补贴政策清理、归并和整合,又要组建粮食生产合作社联合社和开展信用合作,借助体制机制的改革创新,进一步转变农业生产方式、农业经营方式和农业支持方式,从而建立完善与农业现代化建设和可持续发展相适应的农业支持保护政策体系,应该说政策设计科学、导向正确、意义重大。

第一,推进农业补贴政策综合改革是转变农业发展方式的必然要求。转变农业发展方式是 2015 年中央 1 号文件最突出的内容,也是习近平总书记在浙江召开的华东 7 省市党委主要负责同志座谈会上突出强调的重要内容之一,我们一定要高度自觉,千方百计地把这件事情做好。当前,农业生产成本较高,种粮比较效益低,其中一个重要原因是农业发展方式粗放,经营规模小。受制于小规模经营,无论是先进科技成果的推广应用、金融服务的提供、与市场的有效对接,还是农业标准化生产的推进、农产品质量的提高、生产效益的增加、市场竞争力的提升,都是很难实现的。因此,这次改革的核心就是要加大对粮食适度规模经营的支持力度,引导组建农民合作社联合社,并在此基础上构建粮食生产、供销、信用“三位一体”的合作组织体系,从而加快转变农业发展方式。

第二,推进农业补贴政策综合改革是提升政策效能的必然选择。目前农业补贴政策类型多、环节多,操作复杂,对于调动种粮积极性、促进粮食生产的作用已明显降低;一些农民即使不

种粮或者不种地，也能得到补贴，这是很不合理的。粮食补贴政策改革后，不再需要对同一地块上的粮食实际种植面积、大户种植面积、良种播种面积、社会化服务面积等进行多次核实和统计汇总，行政成本将大大降低。而且具体起补面积、补贴标准等权限，更多地由市县自主确定，有利于贴近基层实际。此外，按照改革试点方案，补贴资金将进一步向规模化经营主体倾斜，有利于引导种粮大户扩大生产经营规模，并参与组建粮食生产专业合作社联合社，从而有效提高粮食生产组织化水平和规模化程度，真正发挥农业补贴政策的导向作用，提升政策效能。

第三，推进农业补贴政策综合改革是深化财政支农体制机制改革的必然举措。2014年，我省启动财政支农体制机制改革，省里还专门召开会议进行动员部署。财政支农体制机制改革的核心就是要进一步转变政府职能，理顺部门职责，正确处理好政府与市场、政府与社会的关系。这次农业补贴政策综合改革就是按照财政支农体制机制改革的要求，进一步明晰公共财政运行边界和支出责任，按照试点改革方案，除整合补贴资金支持耕地地力保护和规模种粮补贴外，试点资金主要用于支持和引导试点地区组建农民专业合作社联合社和解决粮食生产融资问题，并实行市场化运作。财政支持方式也进一步创新，以资本金注入等方式，变“直接补贴”为“间接补助”，再加上采取补贴质押、银行授信、贷款贴息、资金互助等多项金融服务，有效缓解粮食生产过程中的资金问题，促进试点地区稳粮提效增收。同时，通过农业补贴政策综合改革，将一部分农业补贴转为在世界贸易组织规则中使用不受限制的补贴，如对耕地资源的保护等，将有利于今后在WTO规则内继续加大对农业生产的扶持力度。

所以，这是一项非常有意义的改革，我们一定要凝聚改革共识，坚定改革信心，因势利导，顺势而为，采取更加扎实有效的举措，推进农业补贴政策综合改革试点工作，特别是要将合作社联合社的组建与生产、供销、信用“三位一体”的合作组织体系建设结合起来，切实发挥好合作社联合社在引导带动适度规模经营过程中的作用。

三、要精心组织，扎实推进农业补贴政策综合改革试点工作

农业补贴政策综合改革涉及面广、政策性强、任务重、要求高，各地、各有关部门要从保障粮食安全和维护农民利益的高度，充分认识农业补贴政策综合改革的重要意义，按照习近平总书记“干在实处永无止境、走在前列要谋新篇”的新使命和“继续发挥先行和示范作用”的总要求，进一步统一思想，科学谋划，精心施策，积极稳妥推进改革试点。

一是要切实加强组织领导。试点市、县(市、区)政府作为农业补贴政策综合改革试点的责任主体，要切实加强组织领导，落实工作责任，明确财政、农业及其他相关部门的职责分工，建立各司其职，各负其责，密切配合的工作机制，切实增强工作合力。要结合本地实际，深入开展调查研究，充分征求和广泛听取各方面意见，特别是要听取和征求种粮农户、种粮大户和种粮合作社等的意见，及时制定效能最大、种粮农户最满意的改革试点方案；要采取积极有效的措施，全面贯彻落实农业补贴政策的调整完善、农民专业合作社联合社的组建运行、引导金融资本投入农业领域等试点任务。省、市有关部门要加强与上级有关部门的沟通汇报和对试点县的指导协调，在政策上给予试点县更多的支持。同时，要加强监管，对套取、贪污、挤占、挪用补贴资金以及违规发放补贴资金的行为，要依法依规严肃处理。

二是要正确把握改革精神。省里文件已经发了，刚才省财政厅、省农业厅、省农信联社的领导已经作了具体部署，大家一定要吃透精神，做到“坚持一个原则，突出一个重点，强化一个导向”。

要坚持因地制宜、统筹兼顾这一原则。各试点县在推进改革的过程中，要从当地实际出发，量力而行，补贴标准要尽量与其他试点地区相协调；要按照存量优方向、增量促改革的原则，科学合理设置补贴环节和补贴程序，合理区分普惠性的耕地地力保护补贴与鼓励适度规模种粮补贴，积极引导农户加入合作社联合社，并适当兼顾其他农户的利益。要坚持因地制宜、效率与公平兼顾的原则，在省规定的支持方式中，结合当地实际，自行选择具体支持方式，促进粮食稳定发展。

要突出组织创新，引导组建联合社这一重点。这次农业补贴政策综合改革试点任务之一，就是要推进粮食生产组织体系创新，组建成立农民专业合作社联合社，这也是我们有别于其他试点省份的做法。在引导组建联合社时，我们要充分尊重农民意愿，积极采取多种形式、多种举措，加大对联合社的支持力度，鼓励规模种粮合作社加入联合社，引导一般种粮农户通过合作社加入联合社，并在此基础上，通过联合社带动引导种粮农民组织化、规模化生产，不断增强粮食生产组织化程度，形成自我积累、自我发展的良性机制。要加强对合作社联合社运行情况的监督，支持和指导联合社不断完善内部组织管理体系；要加大对联合社提供农业生产社会化服务情况、财政资金使用情况、补贴申报情况的检查核实力度，强化监督检查结果的运用，构建激励与约束并举的联合社发展机制。

要优化资金投向和重点，强化政策效能这一导向。结合财政支农体制机制改革，进一步优化资金投向和重点，推进财政支农资金扶持方式全面转型。财政支农资金的投入要从直接补贴为主向间接补贴为主转变，积极支持创新开展粮食补贴信用贷款、组建联合社农民资金互助会、农业信贷担保体系建设等环节补贴，着重发挥财政引导作用。各试点县要切实用好试点资金，可采取以奖代补、先建后补、股权投资、贷款贴息等，引导联合社自我积累、自我发展。要通过实施信贷担保、补贴质押、银行授信、贷款贴息、资金互助等金融服务举措，着力破解“融资难、融资贵”等问题。

三是要强化宣传引导。农业补贴政策综合改革，不论是中央对农业“三项补贴”的调整完善，还是粮食生产组织体系创新和金融支持模式创新，涉及的政策导向、补贴对象、支持方式、操作程序等都发生了很大变化，各地、各有关部门要切实做好政策宣传解释工作，通过印发政策明白表(卡)、举办培训班，加强政策解读，使农业补贴政策家喻户晓，让种粮农民吃上“定心丸”。同时，要做好补贴资金从申报到发放各个环节的信息公开公示，接受社会监督，提高政策透明度。要主动与基层干部和群众加强沟通交流，赢得理解和支持，为改革的实施创造良好的环境。

(2015年8月27日)

厅领导谈财政

在全省财政地税系统反腐倡廉建设工作会议上的讲话（摘要）

浙江省财政厅党组书记、厅长、省地税局局长
钱巨炎

一、深刻领会中纪委全会和省纪委全会精神，以铁的纪律、严实的作风抓好贯彻落实

新年伊始，中纪委召开了五次全会，习近平总书记站在党和国家全局高度，深刻分析了党风廉政建设和反腐败斗争的严峻复杂形势，对全面从严治党、制度治党、依规管党，深入推进党风廉政建设和反腐败斗争作出了重大部署，为当前和今后一个时期党风廉政建设和反腐败斗争指明了方向。1月19日，省纪委召开四次全会，传达学习中纪委五次全会和习总书记的讲话精神，研究部署全省新一年党风廉政建设和反腐败工作。1月28日和1月30日，财政部、国家税务总局先后召开全国财政反腐倡廉和全国税务系统党风廉政建设工作会议，又结合财税工作进行了全面部署。对这些会议精神，要认真学习、深刻领会，把思想和行动统一到上级决策部署上来，切实增强责任感和使命感，不断把财税反腐倡廉建设引向深入。

一要深刻学习领会关于守纪律、讲规矩的精神，严明党的纪律，严守政治规矩。总书记的讲话，既有对反腐形势的战略判断，也有对打好反腐攻坚战的技术部署。其中，特别强调了政治纪律和政治规矩，指出除了党章、党纪、国法外，党在长期实践中形成的优良传统和工作惯例也是重要的党内规矩，是自我约束的不成文的纪律，同样需要长期坚持并自觉遵循。省委书记夏宝龙在省纪委全会上要求，拿起规矩这把尺子，量一量自己的言行，拿起纪律的铁扫把，扫一扫身上的尘土，坚决破除各种盛行的“潜规则”，坚决破除“老好人”现象。财税部门承担着理财治税的重要职责，是公共资金的“守夜人”，尤其需要守纪律、讲规矩。长期以来，我们广大党员干部积极推进依法行政，健全预算制度，坚持组织收入原则，规范财税管理，无论是理财治税，还是为人处事，都强调按规矩、按制度办事，形成了良好的传统。我们要在秉承、发扬好传统的基础上，按照全会提出的新要求，把守纪律讲规矩摆在更加重要的位置，对照总书记提到的“五个比如”，进行检查，有则改之，无则加勉。应该注意的是，“不成文的纪律”也是硬规矩，不得触犯。我们有少数党员干部在这方面还不够重视、不太注意。有的认为只要大是大非问题把握住了，细节小节松一点、宽一点不会有问题；有的喜欢传播小道消息，乐当消息灵通人士，不顾场合、不负责任地乱发议论；有的拿低级当有趣，喜欢转发吸引眼球的负面言论，图一时口舌之快等等。对这些问题，我们不能掉以轻心，而要增强政治敏锐性和警觉性，做到不该说的话坚决不说，不该做的事坚决不做，不该开的口子坚决不开，争做遵守纪律的模范。各级党组织要加强监督检查，严肃处理不守纪律不讲规矩的行为，使纪律和规矩成为带电的“高压线”。

二要深刻学习领会关于加强干部监督管理的精神，坚持从严管理财税干部队伍。总书记强调，信任是最大的关怀，但信任不能代替监督。必须以严的标准要求干部、以严的措施管理干部、以严的纪律约束干部，使党员干部心有所信、言有所戒，行有所止。多批评人才能少处理人，严管干部就是爱护干部。总体来讲，全省财政地税系统风气是正的、干部是好的，党委政府是满意的，但也不能以整体的“好”掩盖局部存在的问题。2014年，全省财政地税系统职务犯罪案件的数量较上年有大幅上升，反映干部问题的信访举报也不少。对这些问题，我们要认真分析原因，究竟是制度设计的缺陷，还是制度执行的偏差？是个人党性修养出了问题，还是管理不够严格？要举一反三、引以为戒。要将监督关口前移，早发现、早提醒、早纠正，一旦发现苗头性问题，要及时批评教育，防止小错酿成大错。这也是关心干部、爱护干部的具体表现。同时，党的政治生活要严起来、紧起来，要常开展批评与自我批评，相互提醒。

三要深刻学习领会关于制度治党的精神，切实将权力关进制度的“笼子”。总书记在讲话中强调，深入推进党风廉政建设和反腐败斗争，要做好“破”和“立”两篇文章，把权力关进制度的“笼子”。当前，反腐败的工作重心正逐步从“不敢腐”的治标向“不能腐”“不想腐”的治本转变，扎紧扎实制度“笼子”是源头防治腐败的根本之策。财税一头连着公共资金，一头连着公权力，许多财税法规制度本身就是很好的廉政制度，比如预算管理制度、支出标准体系、公务卡改革、政府采购制度等。2014年，省财政厅修订出台了会议费、差旅费、培训费、出国费等6项制度，构建了立体式的公务支出管理体系，强化了预算制度和支出标准在规范公务行为中的作用。省地税局组织开展了进户执法项目的调查和清理，并向社会公告取消进户执法的项目清单，制定了纳税服务规范，进一步规范税收执法行为、统一服务标准。下一步我们要以深化财税体制改革为契机，继续完善各项制度，对准重点领域和关键环节发力，提高制度的针对性和精准性，避免“大炮打苍蝇”或“牛栏关猫”。特别要强调的是，财税部门是财政资金和银行账户的管理部门，部分岗位的工作人员与银行走得很近，钱存在哪个银行、存多少、设多长期限，看似都是权力，实际上都是风险。各地要严格按规定执行。同时，要修订完善财政资金存放和银行账户管理的实施办法，大力推进竞争性存放，有效防范廉政风险。

二、肯定成绩，明确目标，全力以赴抓好2015年财税反腐倡廉建设各项工作

2014年，全省各级财政地税部门坚决贯彻省委、省纪委关于

党风廉政建设和作风建设的要求，牢牢抓住主体责任这一“牛鼻子”，积极探索新思路、新方法，反腐倡廉建设各项工作扎实推进，成效明显。

同时，我们也要清醒地看到，反腐倡廉建设是一场持久战和攻坚战，面对中央和省委的高标准、严要求，我们在具体工作中，还存在廉政建设推进落实不平衡、部分领域案件高发频发，源头防腐的体制机制亟需进一步健全，防范和化解财税执法风险压力不断加大，财税干部依法理财治税的能力有待提升等问题，需要我们积极面对并妥善予以解决。

2015年是全面深化改革的关键之年，也是全面推进依法治国的开局之年，财税反腐倡廉建设任务繁重。我们要在总结并巩固好的经验和做法的基础上，重点做好以下工作：

（一）层层传导压力，确保主体责任落地生根

党风廉政建设的主体责任是具体的，而不是抽象的，是长期的，而不是暂时的，要真正落到实处，不能钉在墙上、挂在嘴上、写在纸上，当“稻草人”。2014年，厅党组制订出台了《省财政厅党组落实党风廉政建设主体责任的实施办法》，明确了各方面的职责，建立了常态化的工作机制，今年的重点是进一步抓好落实。

要强化主体责任。各级党组（党委）要切实履行好主体责任，做到业务工作与党风廉政建设两副担子一起挑。党组（党委）书记作为第一责任人，要以身作则，肩负起全面领导本单位党风廉政建设的责任，做到既挂帅又出征，对重要工作亲自部署、重大问题亲自过问、重要环节亲自协调、重要案件亲自督办。

要落实“一岗双责”。党组（党委）要每季度召开一次廉政专题会议，各分管领导要分析履行主体责任方面存在的突出问题，研究提出解决措施，对分管干部廉政方面的苗头性问题及时约谈。落实好每年党组（党委）书记与本级机关各单位、下一级税务机关主要负责人至少进行一次廉政谈话等制度。

要完善体制机制。针对财政地税队伍点多面广线长的特点，进一步健全落实主体责任的责任体系和工作机制，将主体责任层层传导到基层、传导到厅局内设机构、传导到下属单位，一级抓一级、层层抓落实，确保主体责任落地生根。要实行主要领导签字背书与“一案双查”制度，落实好主体责任双报告制度，把财税廉政建设责任制和领导干部问责结合起来，严格绩效考核和责任追究，确保财税党风廉政建设各项工作取得实效。

要主动接受监督。在思想上树立自觉主动接受监督的理念，行动上大力支持纪检监察部门“三转”，旗帜鲜明地支持纪检监察机构履行监督责任及查办案件，为其充分发挥作用创造良好的环境和条件。进一步加强和规范地税系统纪检监察机构，推动监督责任落实。

（二）强化整改落实，持之以恒地推进作风建设

经过两批教育实践活动，全省财政地税系统精神面貌和工作作风得到一次全面的“洗礼”，应该说，干部职工心更齐了、气更顺了、干事创业的激情更强了。但同时，作风建设已到了一个关键节点上，稍有放松，刚刚压下去的问题就可能死灰复燃，而且反弹得会更厉害。因此，我们要严格按照中央教育实践活动“收尾不收场”的指示，不断深化和拓展整改落实成果，持之以恒地推进财税系统作风建设。

要落实制度，实现制度管人。制度的生命力在于执行。有制度不执行，不仅解决不了问题，反而会影响党和政府的权威。教育实践活动开展以来，党中央、国务院和省委、省政府出台了一系列刚性很强的制度规定，我们也结合财税实际，制定了很多实施办法，要强化执行和监督，真正将制度落到实处。要借助数字财政、《税友龙版》等信息系统，将制度和标准嵌入软件管理，实现“制度+技术”的双重管理、双重保险，避免“托关系”“钻空子”等“破窗”效应发生。

要精准聚焦，加大整治力度。坚持问题导向，聚焦作风建设的薄弱环节和关键领域，警惕“四风”新形式、新动向，加大正风肃纪力度，使集中反“四风”成为经常性、常态化的作风建设，避免出现反弹。坚持机关党组织系统联动，加强调查研究，着力发现并解决“病症在下面、病根在上头”的问题，铲除“四风”存在的土壤。

要加强教育，传递正能量。坚持纠“四风”和树新风并举，大力宣传系统内先进典型，弘扬“实、稳、优”的财税核心价值理念，传递正能量。按照省委统一部署，深入开展“三严三实”专题教育活动，切实增强群众观念和服务意识，以优良的作风积极应对财税工作新常态。

（三）注重源头防控，深入推进财税体制改革

财税改革的一个重要目标就是通过构建现代财政制度，规范政府收支行为和公权力使用，维护社会公平和正义。我们要站在这个战略高度，积极谋划并推动财税改革，不断完善各项财税制度，为源头治腐系上一把“安全锁”。

要认真贯彻落实新预算法。2015年是实施新预算法的第一年。在刚刚闭幕的省“两会”上，人大代表和政协委员对新预算法寄予了很高的期望，同时也对财税工作提出了更高的要求。我们要自觉做尊法、学法、守法、用法的典范。要落实预算法定、支出法定原则，强化预算刚性，把预算编细、编实，并严格按预算执行。“公款姓公，一分一厘都不能乱花；公权为民，一丝一毫都不能私用”，切实扎牢预算约束的“笼子”，增强对预算的敬畏心和遵从度。

要扎实推进各项财税改革。按照国家统一部署，抓好地方政府债务管理、清理税收等优惠政策、中期财政规划管理、完善转移支付制度等工作。积极稳妥推进预决算信息公开，进一步细化公开内容，以公开促廉洁。大力盘活财政存量资金，规范权责发生制核算，加强结转结余资金管理，堵塞管理漏洞。与此同时，要进一步发挥财税职能作用，大力推进政府购买服务、财政科技资金管理、政府与社会资本合作、国企国资管理等改革，有力推动源头治腐的制度建设。

要继续实施简政放权。按照“四张清单一张网”和两个“一般不”的要求，完善专项资金管理清单，明晰公共财政运行边界，

把政府该管的管住管好，不该管的坚决放给市场、放给社会。凡是市场能有效配置资源的，原则上要取消专项，确需保留的，要实行竞争性分配和基金制模式。深化专项性一般转移支付改革，把资金二次分配权和具体项目安排权下放给市县，由市县根据实际情况，统筹安排使用。权力下放了，责任和风险也随之下放。对此，各地要高度重视，承接并行使好权力，切实加强资金监管和制度建设，压缩自由裁量空间，真正将资金用到最需要、最有效率的地方。

（四）完善内控制度，强化财税权力制约

加强内部控制是党的十八届四中全会提出的明确要求，也是规范财税管理和权力运行、加强党风廉政建设的客观需要。习总书记强调，“对审批权力集中的部门和岗位要分解权力、定期轮岗，强化内部流程控制，防止权力滥用”。近年来财税系统发生的典型案例中，也不乏一些因内部控制缺失导致权力失衡的情况。因此，加强内控建设非常重要，势在必行。

要建立健全制度体系。财政部已建立了组织管理架构，并制定了内部控制基本制度和八个风险专项管理办法，搭建“1+8”的制度体系。国家税务总局也正在全国税务系统推进内控机制信息化升级版建设。近年来，全省地税系统的内控机制信息化建设顺利推进，并已经收到了实效，国家税务总局专门发文向全国地税系统推荐浙江省《税友龙版》的廉政效能风险防控功能。近期，省财政厅也在着手制订内部控制制度。各地要高度重视，结合本地特点，抓紧建立具有财税特色、符合当地实际的组织管理架构和内控制度体系，形成上下联动、全员参与的局面。

要防范行政执法风险。找准业务和管理中存在的主要问题，抓住定岗定责、流程控制、细化风险、控制节点、加强监督、强化问责等关键，强化对财税业务及管理中的风险的事前防范、事中控制、事后监督和纠正，将风险化解在流程中。加大对涉财涉税重点领域和关键环节的技术监控，继续完善数字财政、《税友龙版》的廉政效能风险防控功能和工作流管理，并深化应用。同时，要按照税务总局部署，以绩效管理系统为依托，在全省地税系统严格推进绩效管理。

要规范权力运行。持续推进财税行政审批制度改革，取消非行政许可审批类别，继续减少审批项目，规范审批行为和权力运行机制。国家税务总局将出台统一的税务行政处罚裁量权规范，我们要以此为抓手，逐步推出税收执法权力清单，以清单的方式管人、管权、管事，确保权力运行不出轨，干部队伍不出事。要不断深化税收征管改革，全面实施纳税服务规范和税收征管规范，从制度和程序上规范税收执法行为。

（五）严肃财经纪律，加大财税监管力度

财经纪律是党的纪律的重要组成部分。当前，各地暴露出来的地方债务风险、财税优惠政策、小金库等问题，其实都与财经纪律松弛有很大关联。财税部门既是财经制度的制定者，又是执行者和监管者，要自觉把新预算法、税法的各项规定作为从事预算管理活动的行为准则，严格依法行政、依法理财治税，当好表率，树立标杆，切实扭转财经秩序混乱、纪律约束不强的状况。

要加强财政资金监管。按照国务院《关于改革和完善中央对地方转移支付制度的意见》的要求，加强财政资金监管，确保资金安全、高效。严格专项资金分配主体，明确职责，社会团体、行业协会、企事业单位等非行政机关不得负责资金分配。除中央委托事项外，专项资金一律不得用于财政补助单位人员经费和运转经费，以及楼堂馆所等国务院明令禁止的相关项目建设。加大对专项资金分配使用的全过程监控和检查力度，建立健全信息反馈、责任追究和奖惩机制，重点解决资金管理“最后一公里”问题。

要加强税收执法责任追究。严格落实税收法定原则，依法征税，依法减免，坚决不收过头税。加大税收执法督查力度，探索执法督查信息化，进一步规范税收自由裁量权，全面落实税收执法责任制，促进公正用权、规范用权。深化内控机制信息化建设的后续应用管理，完善制度办法，在注重过程控制的基础上探索开展结果运用，逐步建立问责机制，通过惩处违反纪律行为，切实增强干部职工守纪律遵规矩的自觉性。

要深入开展专项治理。认真做好前期已发现问题的处理整改工作，定期组织开展严肃财经纪律专项治理和检查，对财经违纪违法问题的多发区、易发区、敏感区继续保持高压态势，坚决防止财经违纪违法问题反弹。严格执行《财政违法行为处罚处分条例》和《税收违法违纪行为处分规定》，对违反财经纪律的行为，绝不姑息，该查处的查处，该移交处理的移交处理，形成震慑作用，维护良好的财经秩序。

（2015 年 2 月 6 日）

在全省财政地税工作视频会议上的讲话（上半年）（摘要）

浙江省财政厅党组书记、厅长、省地税局局长

钱巨炎

一、认清财税经济形势，增强紧迫感、危机感和责任感

2015 年一季度全省主要经济指标保持审慎乐观（地区生产总值同比增长 8.2%，高于上年同期 1.2 个百分点，也高于全国 1.2 个百分点），延续了上年以来逐季回升的态势，实现了“开门红”。但也要清醒地认识到，全省经济持续平稳增长的基础还不够牢固，主要经济指标增速提高是在上年基数低的基础上实现的，经济运行中还存在着很多压力：一是工业减速下行的压力。工业增加值仅增长 5.1%，低于全国平均水平和广东、江苏、山东等省份，呈阶梯式减速态势。38 个工业行业中，有 16 个行业增速低于 3%，其中 6 个行业为负增长。二是金融风险管控的压力。“两链”问题持续发酵，企业资金枯竭型违约还在蔓延，部分前期已处置企业风险再度暴露，金融机构不良贷款余额和不良贷款率“双升”。三是投资后劲不足的压力。政府投资缺钱、企业投资缺信心的问题日益突出。制造业投资仅增长 4.7%，低于

全国平均5.7个百分点。四是企业生产经营困难的压力。全省近4万家规模以上工业企业中,有1万多家处于亏损状态,亏损面为25.6%。去产能压力和成本上升压力没有得到有效缓解。

从财税形势看,一季度,全省一般公共预算收入1378.36亿元,增长8.6%,完成年度预算的28.8%。其中,税收收入1198.13亿元,增长6.2%,同比回落3个百分点。全省一般公共预算支出1310.60亿元,增长21.2%。总体来看,财税收支运行开局平稳,但在数字的背后,也隐藏着很多"不平衡":一是地区不平衡。杭州税收收入增长11%,高居榜首,全省46.1%的增收贡献来自杭州,5个设区市税收增幅低于5%,23个县(市、区)负增长。二是行业不平衡。制造业税收仅增长4.3%,与工业形势严峻相吻合。房地产业税收下降7.9%,房产新政的效应存在一定滞后性。而新兴产业税收增长较快,其中信息传输计算机软件增长37%,租赁商务服务业增长32.2%。三是税种不平衡。与经济增长直接相关的国内增值税增长5.3%,营业税增长5.4%,均低于税收平均增速。个人所得税增长21.8%,其中财产转让所得增长116.5%,主要受益于以阿里系为主的股权转让所得的快速增长。财税是经济的"晴雨表",这些不平衡在一定程度上反映了经济运行的结构性、素质性问题。

综合研判,全省经济向好的基本面没有改变,保持经济平稳发展、创新发展的基础和动力仍然存在,积极因素在增多,但宏观经济形势依然复杂严峻,不确定性、不稳定性因素有所增加,部分经济指标或将呈现稳中趋缓的走势。相应地,财税可持续增收基础尚不稳固,减收增支压力加大,总体处于"紧平衡"状态。对此,我们要保持清醒的认识,切实增强紧迫感、危机感和责任感,把困难和问题考虑得更周密一些,把各项工作做得更扎实一些,确保财税经济各项指标运行在合理区间。

二、积极发挥财税职能,更好服务稳增长调结构大局

面对经济下行压力,中央和省委、省政府将稳增长、调结构放到更加突出的位置。2014年下半年以来,中央在区间调控基础上加强定向调控,政策预调微调力度加大,打出提高财政赤字率、降准降息、房地产新政、下调电价等政策组合拳,并积极打造大众创业、万众创新和公共产品、公共服务供给的"双引擎"。同时,要求各地各部门履职尽责、奋力发展。省委、省政府也高度重视经济发展的责任和担当问题,要求各级各部门振奋精神、积极作为,突出制度供给、强化创新驱动,统筹推进各项经济工作,确保完成各项目标任务。

财税部门是综合经济部门,财税政策是稳增长、调结构、促创业、扩就业的重要手段,是实施定向调控和区间调控的重要工具,在促进经济发展中起着举足轻重的作用。省委、省政府高度关注财税收支运行情况和财税政策实施效果,对财税职能作用的发挥寄予很高期望。我们要适应市场化改革的要求,不断创新财税支持经济发展的方式,不断充实完善政策"工具箱",不断提升财税政策的精准性和实效性,以改革红利为经济发展增添新的动力和活力。

(一)加快支出进度,盘活存量资金

财政资金是政策实施的有效载体,中央和省委、省政府出台的很多稳增长、调结构、促转型的政策,最终都需要通过预算执行、资金拨付和使用来落地生根、开花结果。从这个意义上说,支出执行进度的快慢,不仅体现了财政管理的水平,更从一个方面反映了贯彻落实各项决策部署的执行力,也直接影响着政策的实施效果。对此,我们要高度重视,加强管理,使财政资金及时有效地发挥作用。首先,要加快支出进度。2015年,省财政厅严格按照新预算法的要求,在规定的时限内下达预算资金。目前,省级专项转移支付已分配下达197.70亿元,占预算金额的68.9%。尚未下达的,省财政厅将会同有关部门积极研究方案,尽快下达。各地在收到资金后,要按照有关规定,及早落实具体项目和实施单位,并将资金拨付、使用情况报告省财政厅和省级有关部门。同时,各地也要按照新预算法的要求,加快本级预算的批复和下达。总之一句话,该下达的资金要尽快下达,该使用的资金要尽快使用,坚决不能因为预算执行环节的问题,影响积极财政政策效用的发挥。其次,要健全制度。建立科学有效的长效机制,畅通从预算到执行、从政府部门到最终受益者的全过程的资金通道,特别是要打通资金落地"最后一公里",避免"肠梗阻"现象。要深化国库集中支付制度改革,优化资金审核流程,减少中转环节,有效防范资金滞留。要完善支出进度通报制度,分部门、分地区、分科目、分业务处(科)室,定期通报预算执行情况。最后,要盘活存量资金。国务院高度重视盘活存量资金工作,李克强总理多次就该项工作作出批示,提出明确要求。国务院、财政部先后下发了盘活存量资金方面的文件,并组织了清理和检查。各地要从履职尽责的高度提高认识,全面核实存量资金基数,限期办理收回、交回手续,有效避免"资金供给不足与大量资金沉淀"并存的现象。对统筹使用沉淀的存量资金,要制定任务清单和时间表,用于增加公共服务供给以及亟需资金支持的重大领域和项目。要建立财政存量资金与转移支付安排、地方政府债券发行、库款调拨等挂钩机制。要将分散、沉淀在部门间的资金"唤醒"、盘活,变"零钱"为"整钱",变"死钱"为"活钱",形成集聚效应。

(二)创新支持方式,加快建立产业基金

2014年以来,我们按照"四单一网"建设和"两个一般不"的要求,建立了专项资金管理清单,进一步厘清公共财政运行边界,专项资金逐步从竞争性领域退出。但退出并不意味着财税对经济发展的不作为、不扶持,相反,要大力探索产业基金等市场化运作模式,实现更积极、更有效的扶持。

相比于传统的专项资金扶持,产业基金具有六大优势:一是有利于更好地促进市场公平竞争。产业基金改变了以往专项资金"点对点"的直接扶持和行政性分配,遵循市场规律,主要靠市场发现和培育新的增长点,有利于更好地处理政府和市场的关系,维护公平竞争的市场环境。二是有利于营造创业创新的氛围。浙江省民营经济发达,民间资本充裕,大众创业创新的积极性很高,但也存在投资难、融资难等问题。产业基金主要投向创业创新型领域,通过政府引导、示范,可稳定市场预期,缓解"两

难”问题，从而更好地激发大众创业、万众创新的热情。三是有利于更好地促进经济发展。基金的最大优势在于其杠杆效应，通过母、子基金传导放大，吸引带动金融资本和社会资本增加投入，最终起到“四两拨千斤”的作用。而且，基金变行政性分配为市场化运作，让专业的人做专业的事，在项目甄选、资本运营、进入退出等方面更加精准、更加专业、更加贴近市场，可有效解决项目落地“最后一公里”问题和“劣币驱逐良币”现象，提高资金使用绩效。四是有利于增强财政资金统筹能力。以往专项资金项目过多、过小、过散，存在“撒胡椒面”和“九龙治水”等情况。现在把分散的资金整合起来，设立产业基金，通过市场方式分配，有利于增强财政资金统筹能力，维护各项产业政策的延续性和协调性，同时也更有利于集中财力办大事。五是有利于盘活存量资金。通过设立基金，将趴在账上的存量资金盘活，用于建立、充实各类产业基金，支持经济发展，切实发挥财政资金在稳增长、调结构、促转型中的积极作用。六是有利于化解财政风险。基金可滚动、循环使用，实现财政资金积累，在价值形态上是客观存在的，相当于建了一个资金“蓄水池”和“风险池”，有利于防范和化解地方政府债务等财政风险。

建立产业基金是省委、省政府的重大决策部署。2014年，我们设立了初期规模为20亿元的省信息经济创业投资基金，在这方面进行了初步试水。2015年，将扩大省级产业基金规模，并在全省积极推广运用产业基金模式。初步设想，省产业基金总规模达到200亿元（其中，省信息经济创业投资基金50亿元，省转型升级产业基金100亿元，省农业发展投资基金50亿元），重点支持信息经济、环保、健康、旅游、时尚、金融、高端装备制造等7大产业以及农业农村发展。目前，我们已代省政府拟定了《关于创新财政支持经济发展方式　加快建立产业基金的意见》，待省政府常务会议审议通过后，着手开展省级产业基金的组建和运营工作。

基金要发挥最大效应，关键在于省与市县上下联动，“两个轮子一起转”，层层放大乘数效应。各地要从深化财税改革和促进经济发展的高度统一思想、提高认识，切实改变“分钱分粮”的惯性思维，按照国务院和省政府的要求，积极盘活、筹措资金，结合本地产业发展现状，加快建立、充实各类产业基金，全面推进基金的市场化运作，通过专业团队寻找具有发展前景和潜在价值的企业或项目，形成省与市县共同参与、母子基金相互配套的良好局面，把基金优势最大限度地发挥出来。

（三）坚持破立并举，用足用好财税政策工具

4月23日，李克强总理在厦门调研期间指出：国家统一制定的税收等优惠政策，要切实落实到位；原来地方出台的优惠政策保持不变，已制定的一些政策、已签订的合同继续有效，不存在溯及既往的问题。各地要领会好总理的讲话精神，切实做好相关工作。

与此同时，要进一步发挥主观能动性，在依法合规的前提下，用足用好财税政策资源。积极实施“营改增”、小微企业税收优惠等结构性减税和普遍性降费政策，切实减轻企业特别是中小微企业负担，更好地服务实体经济发展。进一步发挥高新技术企业所得税优惠、研发费加计扣除等“正向引导”和城镇土地使用税政策调整等“逆向调节”作用，撬动产业转型，强化创新驱动，提升经济发展的质量和效益。

三、转变作风，牢牢扛起财税工作新使命

2015年财税发展和改革任务很重，责任很大，使命也很光荣。财税部门要进一步转变作风，振奋精神、开拓创新，牢牢扛起推进新常态下新发展的使命，以新的状态、新的责任、新的方法狠抓工作落实，为经济社会发展助力。

一要适应新常态。财税部门是专业性很强的部门，经济发展的新常态给财税工作带来新的机遇和挑战。我们要把工作重心放到财税业务上来，科学分析新常态下财税领域的趋势性变化，正确把握做好财税工作的新要求，切实转变惯性思维和路径依赖，以新作为适应新常态、引领新常态。

二要有新担当。深化财税改革、促进经济发展，都离不开责任和担当。财税部门处于各方利益的交汇点，经济社会发展过程中的很多问题和矛盾都会集中反映到财税上来。以前我们从理财管财的角度出发，习惯说“不行”，这也是财税的基本职责所在，是在构筑并捍卫公共资金的最后一道防线。“凡为官者，私罪不可有，公罪不可无”。面对改革和发展的双重压力，我们要敢于挺起肩膀、担起重担、防止滑溜。要在坚守财税工作底线的前提下，多思考、多研究“怎么样才行”，积极为经济社会发展出谋划策、为党委政府分忧解难。

三要有新方法。新常态下要有新状态，更要有新思路、新方法。思路明不明确、方法对不对头，直接决定着工作的成败。要正确处理好改革与发展、理想与现实、“破”与“立”的关系，顺应改革潮流、遵守法律法规、遵循发展规律、贴近地区实际，出台切实可行的举措，将各项决策部署本地化、具体化。要增强大局意识，善于跳出财税看财税，从宏观的大背景、发展的长周期来谋划财税工作，真正发挥财税作为国家治理的基础和重要支柱作用。

（2015年4月28日）

在全省财政地税工作视频会议上的讲话（下半年）（摘要）

浙江省财政厅党组书记、厅长、省地税局局长
钱巨炎

省领导十分关心、重视财税工作。李强省长在《关于全国财政工作视频会议情况的汇报》上批示：“这次会议的内容很重要、很具体、很有针对性。我省要认真学习，结合本地实际，切实抓好贯彻落实。省里年初确定的财税工作各项任务，要逐项分析，逐项督促，加大改革力度，确保完成。”各地一定要认真学习、深刻领会，及时向党委政府作汇报，并在实际工作中积极贯彻落实。

一、正确认识并积极应对财税工作面临的新形势、新情况和新问题

第一,财政收支进入紧平衡期。

新常态的一个显著特征就是财税收入增速放缓、财政支出刚性增长。一方面,经济面临下行压力,财税收入可持续增长的基础尚不稳固,同时结构性减税、普遍性降费等政策的实施将带来新的减收;另一方面,积极财政政策、重大战略实施、重点项目建设、民生保障、深化改革等支出需求刚性增长,而压缩行政经费和一般性支出的难度进一步加大。"紧平衡"将成为当前和今后一段时期财税工作的常态。1~7月,全省一般公共预算收入3185.14亿元,可比增长7.9%,完成年度预算的66.5%,其中,税收收入2752.77亿元,增长7.5%。全省一般公共预算支出3100.15亿元,可比增长15.3%,完成年度预算的54.2%。全省地税部门组织各项收入4035.5亿元,增长11.8%,其中,税收收入2450.9亿元,增长7.6%;社保基金收入1356.9亿元,增长20.7%。总体来看,财政收支在合理的区间内平稳运行,但数字背后也隐藏着一些"不平衡":

一是地区增速出现分化。从最能反映收入质量的税收收入看,除省本级和杭州保持两位数增长外,其余地市均为个位数增长,部分县(市、区)出现负增长。

二是行业有喜有忧。制造业、批发零售业、信息软件服务业、金融业、租赁商务服务业税收增长较快,增收贡献率达90.4%,其中,信息软件服务业税收增长40.9%,初步体现了全省大力发展信息经济的成效。而房产新政效应有所滞后,导致占比较大的房地产业税收下降了2.6%,但降幅比上半年收窄2.5个百分点。

三是税种之间不平衡。与经济增长直接相关的国内增值税、营业税分别增长7.7%和9.3%,增势平稳。与企业经营效益直接相关的企业所得税增长5.2%,比上半年回升3.3个百分点,主要是财政部延期下发跨地区企业所得税带来增收5.5亿元。个人所得税异军突起,增长23.1%,其中财产转让所得税增长129.0%,主要得益于股权转让所得快速增长以及上半年股市因素带来的上市公司股东减持限售股所得增长,但这具有偶发性、一次性的特点。

这些不平衡,反映了地区间、行业间的发展差异,有的是积极的,如主体税种支撑有力、新兴产业贡献突出,而有的则是经济运行的结构性、素质性矛盾在财税上的体现,需引起高度重视。展望下半年,全省经济向好的基本面没有变,结构优化与动力转换的成效逐步显现,改革红利逐步释放,但宏观经济形势依然复杂严峻,不确定性、不稳定性因素仍然存在。综合研判,全年财政收入有望实现7.5%的预期增长目标。

第二,财税改革进入攻坚期。

这次全国财政工作视频会议明确,除清理规范税收等优惠政策、中央与地方收入划分、房地产税和个人所得税改革等经国务院批准适当延后的改革任务外,其他所有改革任务都必须按期完成。2015年是财税改革的攻坚之年,改革任务完成得好坏、进度的快慢,直接影响着"2016年基本完成深化财税体制改革重点工作和任务"中期目标以及"2020年基本建立现代财政制度"远期目标的实现。同时,随着财税改革的深入推进,复杂性、艰巨性不断增加,各方面的利益冲突集中显现,凝聚改革共识、找到"最大公约数"的难度日益加大。具体来说,主要面临三对矛盾:

一是预期和现实的矛盾。从表现形式上看,财税改革改的是财政制度,但从深层次看,改的却是各级政府的行政行为,特别是理财治税的思想和理念。党的十八届三中全会《决定》将财政定位为国家治理的基础和重要支柱,国家强势推进财税改革,应该说这是难得的机遇,但无疑也会形成巨大的压力。这个压力一方面来自法治的要求和社会公众的期盼。法律要求财政收支规范、严谨,预算编制科学、合理,政府账本公开、透明,税收征管依法、公正;社会公众也对财税工作寄予更高、更多的期盼。另一方面来自现实的"无奈"。地方政府和部门依法理财治税观念的树立、政府收支行为包括政府举债行为的规范,还需要一个过程。预期与现实的矛盾、传统思维惯性与改革新要求的碰撞,最终可能会集中体现到财税工作上来。

二是改革和发展的矛盾。财税改革的最终目的是破除制约经济社会发展的体制机制障碍,解放和发展生产力。同时,财税改革也是对传统发展模式和路径依赖的摒弃,有些改革短期内可能会对经济发展带来一定的影响。比如,一直以来,地方政府惯于将财税优惠政策和政府融资当作发展经济的重要法宝。现在要清理规范税收等优惠政策、清理政府融资平台,相当于废了地方政府最为倚赖的两大"武功"。如果经济形势好,相比于改革的长远意义来说,这些"阵痛"可以承受,反之,则会带来投资减少、就业下降、资金链紧张等一系列连锁反应,财税改革压力加重,甚至成为经济增速下行的"替罪羊"。

三是破和立的矛盾。破与立是财税改革必须解决的两篇文章,两者相辅相成、相互促进、缺一不可。只"破"不"立",相当于后门堵住了,前门却没有打开,经济社会发展活力将受到影响。相反,只"立"不"破",相当于开了前门,却没有堵住后门,改革也就失去了其应有的意义。因此,财税改革应切合发展实际、分清轻重缓急,把握好时机和节奏,不仅要着眼长远,把改革举措落到地、把规定动作做到位,还要立足当前,多研究改革之后,"怎么样才行",为地方政府创新手段、找到路径、打开空间当好参谋,以此平滑有些改革对经济社会发展的短期影响。当前,破和立的矛盾突出,如投融资机制要在"堵后门"和"开前门"中寻求规范与效率的最佳结合点,组织收入也要在"税制改革"和"减税降费"的同时找到生财与增收的管用新办法等。

第三,作风建设进入关键期。

党的十八大以来,作风建设持续深入推进,已进入标本兼治的关键时期,很多约束性措施将趋于制度化、常态化。面对作风建设的高压态势,财税干部队伍建设出现了一些新情况和新问题,有的干部认为现在各方面要求高了,压力大了,工作越来越难做,工作激情有所淡化,离职辞职现象也有所增加。这需要引

起重视，要通过文化引领、制度约束、考核激励等多种手段，提振精气神，着力解决“为官不为”和“为官乱为”等不良倾向。同时，财税部门作为理财管财的部门，除了做好自身作风建设和廉政建设外，还承担着制度供给和制度输出的重任，这也是作风建设对财税部门的特殊要求。2014年，我们制定出台了会议费、差旅费、培训费、因公出国费等制度，初步构建起立体式的公务支出管理体系。下一步，要根据政策执行过程中反映的问题，不断完善相关制度，并规范执行、监督等程序，切实发挥财税在作风建设中的制度屏障和源头防控作用。

当前，我们正积极开展“三严三实”专题教育，从修身做人、谋事创业等方面巩固作风建设成果。对财税部门来说，“三严三实”既是作风建设，也是能力要求，需要我们将“三严三实”贯穿到财税工作全过程，并以此丰富“实、稳、优”财税核心价值理念。具体而言，主要体现为以下几个方面：收支要实，要夯实、做优收入“蛋糕”，不能有任何“水分”，要科学合理安排支出，确保取得实实在在的效益；政策要实，要坚持问题导向和需求导向，提高政策的精准性和“含金量”，并抓好政策的执行和落实；服务要实，要为经济社会发展谋实招、求实效，为基层和企业解决实际问题，为社会公众提供完备的公共产品和公共服务；纪律要严，要严格贯彻落实新预算法，强化法治理念和规矩意识，严肃财经纪律；制度要严，要扎紧扎牢财税制度“篱笆”，将权力关进制度的“笼子”；监管要严，要加强对财政收支的全过程监管，管好用好纳税人的每一分钱，当好“守夜人”。全省财税干部要经常以此为标准，衡量自己的工作是否到位，真正使严的精神、实的作风内化于心、外化于行。

二、履职尽责、奋发有为，积极做好当前财税重点工作

面对经济下行压力，中央和省委、省政府将稳增长、调结构放到更加突出的位置。7月30日召开的中央政治局会议强调，“坚持积极的财政政策不变调，保持公共支出力度，继续减轻企业负担，引导和撬动更多民间资金增加投入”。省委、省政府也高度重视经济发展的责任和担当问题，要求各地各部门振奋精神、积极作为，确保完成各项目标任务。同时，“财政是国家治理的基础和重要支柱”，这与其说是财税地位和作用的提升，不如说是党的十八届三中全会赋予我们的千钧重任。“沧海横流，方显英雄本色”，越是经济困难，越是任务艰巨，越是我们履职尽职、积极作为的大好时机，也越能体现我们的能力和水平。作为理财治税的部门，我们要在加强日常收支管理的基础上，着力做好“深化改革”和“资金保障”两篇文章，通过优化制度供给和资金供给，放大财政资金“四两拨千斤”的杠杆作用，为经济社会发展注入新的动力和活力。

1. 加快产业基金实质性运作。设立政府产业基金是省委、省政府作出的重大战略部署，是顺应财税改革趋势、契合全省转型发展要求的重要创新，也是2015年财政部门的头等大事。上半年，省政府已设立了总规模为200亿元的省产业基金，主要用于支持信息经济等7大产业和农业农村发展。市县也积极响应，结合实际，纷纷组建产业基金。总体来说，各项工作正有条不紊地推进，但也存在部分地区认识不到位、市县进展不平衡、财政主导作用发挥不够、运作模式偏离省政府工作要求等问题。下一步，各地要进一步提高思想认识，按照市场化、专业化、可控性原则，加快设立各类政府产业基金，更好地发挥财政部门的主导作用，突出支持重点，规范运作模式，并积极与省产业基金和社会资本开展对接合作，形成省与市县上下联动、母子基金相互促进的局面，层层放大基金的杠杆效应。

2. 创新社保基金保值增值方式。如何打通社保基金和置换政府债务的通道，一直是我们思考并着力破解的问题。受理财渠道限制，社保基金理财收益偏低。与此形成鲜明反差的是，全省政府性债务规模高企，融资成本居高不下。这是由于制度供给不完善造成的：一方面低息存银行，一方面高息融资，一高一低、一进一出的结果是政府债务成本增加，社保基金收益率偏低。

十八届三中全会《决定》明确提出“加强社会保险基金投资管理和监督，推进基金市场化、多元化投资运营”。《国务院关于深化预算管理制度改革的决定》要求“加强社会保险基金预算管理，做好基金结余的保值增值，在精算平衡的基础上实现社会保险基金预算的可持续运行”。近期在征求意见的《基本养老保险基金投资管理办法》也规定养老金可投资股票等产品。这些规定都释放了社保基金多渠道保值增值的重要信号。为此，我们在深入基层调研的基础上形成了浙江省社保基金保值增值运作方案，打通社保基金和政府债务的通道，从而既提高社保基金保值增值收益，又降低政府融资成本。

应该说，这是符合三中全会精神的重大改革举措，有利于提高社保基金理财收益、增进参保人员福祉、丰富经济社会发展资金供给、降低政府融资成本、化解政府债务风险，可谓一举多得。目前，该方案已经省政府常务会议和省委财经领导小组会议审议通过，省社保基金管理中心也已正式挂牌，正着手启动实质性运作。本次会议后，省里将立即召开布置会，部署基金运作的具体工作。同时将下发保值增值运作管理暂行办法，建立健全工作机制，加强风险防控，积极稳妥地推进。市县也要从全局和战略的高度，认识该项工作的重要性，领会改革的内容和精神，加快研究制定本地区社保基金保值增值运作方案，与省财政厅做好对接，切实把社保基金运营好、管理好。

3. 积极推广运用政府和社会资本合作（PPP）模式。在公共服务领域推广运用PPP模式是财政部门牵头的一项重大改革任务，也是我们主动适应新常态，增强财政调控能力和保障水平，促进经济平稳发展、创新发展的重要手段。中央和省委、省政府高度重视PPP工作。前不久，财政部召开电视电话会议，要求贯彻落实《关于在公共服务领域推广PPP模式的指导意见》，着重在“快”字、“实”字上做文章。会后经向省政府汇报全省PPP工作开展情况和主要设想，得到省政府充分肯定与支持，并决定设立规模为100亿元的基础设施建设投资基金，其中60亿元用于PPP项目，吸引金融资本等进一步放大。总体来说，全省PPP工作开局平稳、进展顺利，但与财政部要求和先进省份相比还有不

小差距,如有的地方观望等待情绪较浓,工作进展缓慢;有的地方项目运作不够规范,缺乏对项目“物有所值”评估和财政承受能力论证,不该推PPP的也推了;有的地方未健全合同争议解决机制,习惯用行政手段解决纠纷等。

下一步,我们将继续加强与省级有关部门的沟通协调,推动建立工作协调机制,全方位推进PPP工作。各地也要按照中央和省里的部署,充分认识PPP工作的重要意义,切实担负起主体责任和牵头责任,遵循“推动要快、工作要实、机制要新、管理要活”的原则,提升能力,主动作为,推动PPP项目落地实施,发挥PPP在统筹稳增长和防风险中的积极作用。要强化市场理念和风险意识,拿出有稳定现金流的成熟项目来做试点,择优选择项目合作伙伴,合理确定双方的权利义务,严格按规范流程开展PPP项目建设,避免项目“走偏”,变成融资平台的“变种”。

4. 加强地方政府债务管理。发行政府债券是积极财政政策的重要内容,也是稳增长、调结构的重要资金来源。目前,财政部已下达浙江省地方政府债券1677亿元,其中新增债券249亿元,置换债券1428亿元。下一步,将继续向财政部争取置换债券额度,完善市场化发行债券的长效机制,把握好债券发行的时机和节奏,尽快将债券指标及资金分配落实到位,满足市县推动经济社会发展和重大公益性基础设施建设的资金需求。市县也要加快债券置换,优化债务结构,降低债务成本,并及时将债券资金落实到相应的公益性项目上。

同时,要遵循“修明渠、堵暗道”的原则,加强地方政府债务管理,有效防范债务风险。一要抓紧推动融资平台公司市场化转型改造。按照国务院要求,对完全市场化且盈利水平较高的项目或业务,鼓励和支持银行等金融机构向其提供融资;对项目盈利水平暂时难以达到市场化融资要求的项目或业务,政府依法通过补足资本金、政府采购、财政补贴、注入资产、PPP模式改造等措施,支持其构建稳定的现金流,满足市场化融资条件。二要进一步规范政府举债行为。严格将政府债务余额控制在经批准的限额内,全面做好限额管理、预算管理、风险管理等各项工作。财政部将配合组织部强化对地方党政领导干部政府债务管理责任的考核,对违法举债或担保的相关责任人员要按照新预算法的规定,建议有关部门给予相应的处分。财政部门也要结合实际,积极完善相关考核问责办法。

5. 做好收费专项清理工作。清理规范收费项目是落实国务院简政放权改革和省政府“两个一般不”要求的重要举措,有利于推进政府职能转变、减轻企业和社会负担、规范财经秩序、营造公平竞争的市场环境。为此,浙江省成立了收费清理改革小组,由省财政厅牵头,在全省范围内开展收费专项清理规范工作。我们将在各地清理规范的基础上,针对保留的行政事业性收费、政府性基金和政府定价的经营服务性收费,分别编制目录清单,并向社会公布,接受社会监督。该项工作涉及面广、社会关注度高,而且时间紧、任务重,各地要提高认识,抓紧清理,并按要求上报相关信息,确保工作顺利完成。

在此,还要特别强调下“小金库”的问题。应该说,经过多轮清理规范,各级政府、部门的财经纪律意识不断增强,预算和财务管理不断规范。但在检查过程中,发现个别地区、个别单位还存在“小金库”现象。对此,省政府高度重视,要求将发现的问题作为典型案例在全省通报,并在全省范围开展专项治理。“小金库”问题不单是财经纪律问题,还是严肃的政治问题,是不可逾越的“红线”。出了问题,除了涉及的部门和单位外,财政部门也要承担监管方面的责任。因此,要在思想上引起高度重视,按照省领导要求,认真组织开展专项治理工作,发现问题,立即整改、严肃处理。“小金库”资金要全额收缴国库,在年度安排预算时,还要扣减责任部门和单位的预算,以起到惩戒作用。同时,要坚持标本兼治,切实完善各项制度,堵塞管理漏洞,加强监督检查,将“小金库”专项治理与全口径预算、预决算公开、“三公”经费检查、津补贴规范等工作有机结合起来,从源头上防止“小金库”现象发生。

6. 深化财税体制改革。一是推进专项资金管理改革。按照“四张清单一张网”建设和“两个一般不”的要求,完善专项资金管理清单,建立信息动态调整机制。市县可在不改变资金类级科目用途的基础上,结合本级安排的相关专项,将支持方向相同、扶持领域相关的专项转移支付整合统筹使用。二是健全政府预算体系,试编全省中期财政规划及省级部门三年滚动财政规划。三是研究完善省对市县财政体制。科学合理地划分省与市县事权和支出责任,市县能做的事情,由市县为主承担,省里要做必须做、市县又做不了的事情,集中财力办大事。落实好推进淳安等26县加快发展的政策。四是推进财政资金统筹使用。积极盘活存量资金,用于增加公共服务供给以及亟需资金支持的重大领域和项目,尽快形成实际支出,避免出现“二次沉淀”。加强预算执行管理,特别要狠抓重大项目、重点科目和重要部门的预算执行,及时有效地发挥财政资金效用。五是推进政府向社会力量购买服务工作,尽快形成可复制、可推广的经验,在全省推广运用。六是密切关注“营改增”全面推进、资源税、环保税等重大税制改革,测算其对全省财政收入和可用财力的影响,提前谋划应对举措。七是认真落实《国务院关于税收等优惠政策相关事项的通知》精神,对国家统一制定的税收等优惠政策,逐项落实到位,各地、各部门已出台的优惠政策,要坚决按规定执行。

7. 抓好组织收入中心工作。当前经济税收仍存在较多不确定性,工业品价格指数(PPI)等一些经济指标增速较低甚至持续负增长,房地产市场回暖,但市场供求矛盾尚在,重点工业企业税收企稳但中小企业依旧困难、欠税增长较快,金融业税收回升但市场前景不稳。各地要做好应对复杂局面的思想准备,依法组织税收收入,做细做深做实税收分析和收入预案,确保实现收入预期目标。要有抓收入的具体举措,继续推进税收风险管理,科学研究和有效排查税收风险点,针对一些税收与经济税源背离较大的行业,进行企业层面的微观纳税评估和税务稽查,切实堵漏增收。抓好各项税费征收管理,如营业税专项辅导清理、两个所得税征管、土地增值税清算、欠税管理、社会保险费基础管理等。不断深化信息管税，推进部门涉税信息共享，强化“大集中”平台上的数据分析和利用，发挥好顶层设计、集中推送和精准管理三重优势，不断提升税收治理的能力和水平。要掌握组织收入主动权，在对税源“心中有数”的基础上，统筹规划收入节奏进度，防止大冒大进、大起大落。

8. 创新财税管理和服务。围绕“简政放权、放管结合”和“四张清单一张网”，切实抓好行政审批改革工作，加快政府职能转变，打造阳光财税。一方面，继续推进“五证合一”“一照一码”登记改革，破除阻碍创业创新的“堵点”。另一方面，抓住“放管结合”这个关键，扫除有效监管的“盲点”。对保留的行政许可，实行严格的清单管理，明确许可程序，规范许可行为；对已经取消的非行政许可审批，不得再度实施、变相实施，严禁“上取消下不取消”“明不审批暗审批”；对取消和下放的行政审批事项，切实加强事中事后监管，按照“原来谁审批、现在谁监管”的原则，以信息化为依托，对外实行风险管理，对内实行廉政风险防控。落实国家税务总局要求，加强地税系统绩效管理，提高运转效率。

多管齐下优化财税服务。持续推进落实《税收征管规范》《纳税服务规范》《国家税务局　地方税务局合作工作规范》，确保地税各项管理和服务公开统一，有标尺可量。深入开展“便民办税春风行动”，增强国地税深度合作。做好大企业税收管理和个性化服务工作，积极响应大企业涉税诉求。利用“互联网+”思维来研究部署、创新开展财税工作。进一步推进便捷办税，依托网税系统、政务微博微信等及时传递最新财税政策，努力为纳税人提供从“足不出户”到“如影随形”的服务体验。

要保障好民生领域各项支出，对教育、低保等硬性支出，要按照党委政府的要求和相关政策规定，切实安排到位，不留“缺口”。要研究融资担保等支持经济发展的新举措，更好地发挥政府作用和市场的决定性作用，助推转型发展。

三、强化责任担当，形成系统上下齐抓落实的良好局面

“一分部署，九分落实”。任务明确了，路子找对了、办法找准了，接下来的关键就是抓落实。省委书记夏宝龙连续多次在县委书记工作交流会上，分别从作风、能力、担当、团队、管理等不同角度阐述了狠抓落实的方法。省长李强的批示也特别强调了抓落实的问题。应该说，抓不好落实，再好的政策、再好的顶层设计都等于零。可谓是“千条万条，不抓落实就是白条。”一直以来，全省财税干部践行“实、稳、优”，在抓落实过程中注重务实、求稳、创优。正是凭借这种“蛮拼”的狠抓落实的精神，全省财税事业才能蓬勃发展，屡创佳绩，各项工作才能走在全国前列。当前，财税发展改革任务很重，要落实的事情很多，更要把工作重心和主要精力放到抓落实上。要以“三严三实”专题教育为契机，提振精神、直面问题、积极作为，确保中央和省委、省政府的各项决策部署落地生根、开花结果。

首先，要提高认识，增强想抓落实的自觉。

抓落实，首当其冲就是要提高思想认识，学会抬头看路，善于观大局、顺大势、谋大事。

一要增强政治敏锐性。2015 年习近平总书记来浙江考察时，赋予了浙江“干在实处永无止境，走在前列要谋新篇”的新使命，提出了“更进一步、更快一步，继续发挥先行和示范作用”的总要求，并部署了“八个方面”重点任务。财税部门要围绕这些要求和任务，与时俱进地审视我们工作的目标取向、理念思路、部署举措，并逐项进行研究、分解，一条一条抓好落实，使财税工作与党委政府大政方针、发展改革稳定大局以及人民群众期盼同频共振。

二要增强业务敏锐性。要加深对重大财税改革政策精神内涵的理解和认识，掌握政策所传递的新思维、新理念和新方法，找到新常态下做好财税工作的“新感觉”，更好地适应、推动并引领改革。抓落实有几个境界：原原本本、按部就班地将上级部署落到实处，这是最基本的境界；而根据改革精神，结合地方实际先闯先试，作一些方向性的探索，提出一些前瞻性、引领性的举措，则是更高层次的境界，这有赖于对改革精神更深刻的理解以及由此带来的业务敏锐性。敏锐性强、认识深、行动快，往往抢得改革先机，喝到“头口水”。比如设立产业基金，这是符合财税改革方向的重大举措，地方如果认识到位、行动迅速，可在项目、资金、人才等方面抢占优势；反之，如果认识不到位，习惯于“分钱分粮”和按行政权力配置资源，往往过分强调客观困难，最终即使被“推着走”了，往往也会贻误发展良机，效果上也会大打折扣。

三要增强环境敏锐性。财税改革处于由经济、社会、文化、舆论等构成的复杂的生态环境中，这些环境是财税改革的“时”与“势”。因时而动、顺势而为，可化解阻力、找到借力，事半功倍地推进改革。因此，我们除了要关注改革的自身方案外，还要增强环境敏锐性，统筹考虑财税改革的外部环境和外部条件，把握好“时”，运用好“势”，选择正确的时机，以正确的方式做正确的事情。

其次，要善作善成，强化敢抓落实的担当。

财税改革说到底就是利益格局调整、啃“硬骨头”的过程，难免碰到不少问题和矛盾，有时还要得罪人，受委屈。财税干部特别是财税局长要学会当“狮子型”干部，挺起肩膀、担起责任，以“钉钉子”的精神和“虎口夺食”的勇气抓好每项工作的落实。遇到困难和矛盾，不回避、不退缩、不推诿，敢于坚持原则，敢于动真碰硬；遇到不理解或委屈，坦然面对，“凡为官者，私罪不可有，公罪不可无”，只要符合改革方向，有利于促进经济社会发展，有利于增强人民群众的“获得感”，就要大胆闯、大胆试。比如，社保基金保值增值，党的十八届三中全会《决定》以及国家推进的一系列改革举措，已释放出了拓宽保值增值渠道的信号，相信这也是未来改革的方向。可是在实施过程中，没有现成的政策制度可遵循，也没有经验可借鉴，也许还隐含一定的合法合规风险，更会打破既得利益格局，但这件事有利于稳增长、防风险、增收益，于政府、财政、参保人，均利大于弊。像这样的改革，我们就要大力推进。再如，整合归并专项资金，设立产业基金，变行政性分配为市场化配置，势必影响部分部门和个人的利益，甚至受到抵制或阻碍，但其对促进经济发展、规范财政管理、提升资金绩效的积极作用无庸置疑，对此，我们应该保持定力，旗帜鲜明地加以推进。这就是我们提倡的担当精神。

再次，要勤学善思，提升善抓落实的本领。

抓落实，除了良好的精神状态外，还要有扎实的能力素质和业务本领作保障。面对新常态，大家要着力提升三种本领：

一是促进发展的本领。财税政策是宏观调控的重要工具，在促进发展中起着举足轻重的作用。作为一名财税干部，如果光会收收付付、"分钱分粮"，不会生财聚财，充其量就是"账房先生"，是不称职的。要围绕中央和省委、省政府的决策部署，遵循经济发展的客观规律，多谋、善谋有利于科学发展的新招和实招。第一，方向要明。该支持什么，限制什么，有什么资源禀赋，有哪些优势和短板，走什么样的发展路子，大家要心中有数。省委、省政府明确了重点发展的信息经济、环保、健康、旅游、时尚、金融和高端装备制造等7大产业，积极推进特色小镇建设，相应地，财税政策和财政资金也要往这些领域集聚。第二，机制要活。多用经济手段和市场手段，少用或慎用行政手段和计划手段。通过建立与亩产税收、单位能耗、单位产出、污染物排放等相挂钩的财政奖惩机制，引导资源要素合理有序流动。第三，绩效要优。财税的优势在于引导和撬动，要找准"支点"，对关键领域和薄弱环节精准发力，放大杠杆倍数，所谓"花一分钱办十分钱的事"，这也最考验大家的智慧和能力。

二是引领改革的本领。财税改革在整体改革中起着基础性、支撑性作用，将更深入地介入各方面体制机制的构建，与经济、社会、文化等领域发生着千丝万缕的联系。财税干部不仅要做改革的推进者、实施者，更要做改革的引领者。比如，政府购买服务，表面上看是公共服务供给方式的创新，但背后牵涉到政府职能转变、事业单位改革、社会组织培育等一系列难啃的"硬骨头"。这些改革如果单项推进，可能难度很大，遇到的阻力也很大。但如果以政府购买服务为突破口，在财税体制机制上率先破题，建立起政府向社会力量购买服务的长效机制，久而久之，人们的观念就会转变，解决这些难题的进程也会加快。再如设立产业基金、社保基金保值增值，都不是单纯的财政管理问题，而是事关稳增长、调结构、防风险大局的创新举措。类似的例子还有很多。财税干部要学会跳出财税看财税，把握"与其被动买单、不如主动请客"的工作方法，善于在经济社会发展全局中谋划并推进财税改革，花钱买机制，切忌就财税论财税，头痛医头、脚痛医脚。

三是依法理财治税带队伍的本领。财税干部要带头学法守法用法，所出台的各项举措要符合法律法规要求、经得起历史检验、经得起人大和审计的监督检查。这既是对自己负责、对单位负责，更是对财税事业负责。第一，要增强契约精神。市场化改革背景下，政府的契约行为越来越多，PPP、政府购买服务、产业基金等等，都是契约行为。在这些行为中，政府不是行政管理人，而是合同当事方，要克服行政管理的惯性思维，提倡法治和诚信，公平地制定规则，平等地履行契约，维护重诺履约的市场氛围，提升政府的公信力。比如，产业基金的进入和退出要符合公司章程和协议，履行法定的程序；PPP模式，要分清政府和社会资本应分担的风险和责任，明确权利和义务，建立公平解决未履约纠纷的机制，保障好社会资本的合法权益。第二，要落实法定原则。坚持事权法定，厘清公共财政运行边界，以清单的方式将政府职责确定下来，做到法无授权不可为，法定职责必须为，在法律法规的框架内科学、合理、公平地配置财力资源。依法加强税收征管，规范税收行政执法行为，防范税收执法风险。第三，要深化党风廉政建设。履行好"两个责任"和"一岗双责"，自觉遵守党章、党纪、党规。强化廉政风险防控，抓小抓细抓苗头，警钟长鸣，防微杜渐。

最后，要步调一致，形成齐抓落实的合力。

《孙子兵法》云："上下同欲者胜。"财税工作系统性很强，必须上下同欲、协同并进。市县是财税改革的"最后一公里"，是落实链条上的关键一环，地位非常重要。有的改革需要市县积极参与，如政府产业基金，省里搭了平台，市县要积极跟进配套，层层放大基金的杠杆效应；又如深化部门间涉税信息共享、强化税收保障，市县要同步对接相关部门，主动沟通协调。有的改革需要市县具体落实，省里出台的政策、安排的资金，最终都需要市县落实到具体项目上。有的改革需要省与市县协同推进，如贯彻落实新预算法、机关事业单位养老保险制度改革、地方政府债务管理、养老金保值增值、城镇土地使用税政策调整等，必须形成上下"一个声音"，共同推进。有的改革需要市县发挥首创精神，率先破题，为全省提供经验和示范，如PPP、政府购买服务等。因此，在实施改革过程中，要特别关注上下联动和系统合力问题。省里要发挥好承上启下作用，接好"天线"和"地气"，把方案设计好；市县要领会好改革精神，将中央和省里确定的各项改革举措真正落到实处。要强化责任落实，疏通落实链条上的每一个环节，将压力和责任层层传导到位，实现"见人、见事、见项目"，避免"中梗阻"。省里将积极研究将转移支付资金、债券分配额度等与市县落实重大改革情况相挂钩的机制，以强化齐抓落实的氛围。

（2015年8月11日）

在2016年省级预算编制布置会上的讲话（摘要）

浙江省财政厅副厅长 罗石林

一、充分认识当前财政经济形势

2015年1月至6月，全省一般公共预算收入2709.54亿元，比上年同期调整后执行数增长7.5%，其中：税收收入2324.57亿元，增长6.3%；非税收入384.97亿元，增长15.0%。全省一般公共预算支出2705.36亿元，增长14.5%，完成预算的47.3%。

当前，经济形势依然严峻，所以中央在区间调控基础上加强定向调控，政策预调微调力度加大，出台了提高财政赤字率、降准降息等系列政策组合拳，旨在促进经济的有效增长，把稳增长放在更加重要的位置。我省也制定《关于进一步促进全省经济平稳发展创新发展的若干意见》，通过实施投资、消费、出口等一揽子政策，巩固经济企稳回升态势，为财政收支平稳健康运行奠定基础。但我省仍处于转型升级的“爬坡过坎”期，财政运行中的结构性矛盾仍然突出，“紧平衡”的状态依然存在，要完成全年7.5%的增长目标任务仍需付出艰苦努力。一是经济形势依然错综复杂。我省以传统产业为主体的产业结构还没有实质性改变，产能过剩与有效供给不足的矛盾突出，面临着投资后劲不足、企业生产经营困难等压力。同时，产业转型升级短期内可能导致部分行业税收增长放缓。二是清费减税的减收效应继续显现。“营改增”进一步扩围、涉企收费专项清理规范工作全面推开、小微企业税收优惠等结构性减税政策的实施，在减轻企业负担的同时，将直接导致财政收入减收规模不断扩大。据统计，1~5月实施“营改增”，累计减收51.7亿元。三是支出刚性不断增强。在高起点上织密织牢民生网、促进经济社会各项事业发展、保障重大改革举措实施等都需要增加投入，财政支出刚性不断增强。特别是为适应改革和改善民生需要，国家陆续出台了机关事业单位养老保险制度改革、提高城乡居民基本医疗保险财政补助标准等一系列增支政策，在财政收入增速放缓的情况下，加剧了收支矛盾。

二、全面学习贯彻新《预算法》

《预算法》是有关国家的预算收入和预算支出，以及进行预算管理的法律规范的总称，是规范经济领域利益关系的法律规范，是一部经济宪法。今年1月份开始实施的新《预算法》到底“新”在哪里？

(一)进一步明确了人大审什么，怎么审？

新《预算法》加强了人大对预算的审查监督力度，进一步明确了人大需要审什么，怎么审？主要有五个方面：一是初步审查，人大要对本级预算草案初步方案及上一年预算执行情况、本级预算调整初步方案和本级决算草案进行初步审查。二是预算重点审查，人大要从预算执行是否符合预算决议要求；预算安排是否符合本法规定；预算安排是否贯彻国民经济和社会发展的方针政策；重点支出和重大投资项目的预算安排是否适当；预算编制是否完整；对下级政府的转移性支出预算是否规范及适当；预算安排举借的债务是否合法及合理、是否有偿还计划和稳定的偿还资金来源；与预算有关重要事项的说明是否清晰等八个方面对预算草案及其报告、预算执行情况报告进行重点审查。三是预算政策审查，人大要对预算草案中，凡涉及增加或者减少财政收入或者支出而作出决定或者制定行政措施；要对预算执行中，一般不制定新的增减收入或者增加支出的政策和措施；要对预算调整中，必须进行预算调整而作决定或者制定的措施进行政策审查。四是预算调整审查，人大要对需要增加或者减少预算总支出的、需要调入预算稳定调节基金的、需要调减预算安排的重点支出数额的、需要增加举借债务数额的进行预算调整审查。五是决算重点审查，人大要从预算收入情况、支出政策实施及资金使用绩效、结转资金使用情况、资金结余情况、本级预算调整及执行情况、转移支付安排执行情况、举借的债务情况、本级预算周转金规模及使用情况、本级预备费使用情况、超收收入安排情况、预算稳定调节基金规模和使用情况、预算决议落实情况和其他与决算有关的重要情况进行决算重点审查。

(二)进一步明确了政府做什么，怎么做？

新《预算法》厘清了政府部门在预算活动过程中所要履行的职责，进一步明确了政府应该做什么，怎么做？主要有五个方面：一是预算活动要讲程序，《预算法》是实体法也是程序法，从预算、决算的编制、审查、批准、监督，以及预算的执行和调整的全过程，都十分强调程序的要求，它关系到预算活动的合法性。二是预算内容要全面完整，新《预算法》规定，政府的全部收入和支出都应当纳入预算，政府的一般公共预算、政府性基金预算、国有资本经营预算、社会保险基金预算应当保持完整、独立，同时编制使用的预算科目要全面完整。三是预决算编制要规范细化，新《预算法》要求报送各级人民代表大会审查和批准的预算草案应当细化，本级一般公共预算支出应当按功能分类科目编列到项，基本支出应当按经济分类科目编列到款，本级政府性基金预算、国有资本经营预算、社会保险基金预算支出应当按功能分类科目编列到项，一般性转移支付应当按照国务院规定的基本标准和计算方法编制，专项转移支付应当分地区、分项目编制。四是预算执行要依法及时，依法即各级政府、各部门、各单位的支出必须以经批准的预算为依据，未列入预算的不得支出，在预算执行中，各级政府一般不出台增收增支或减收的政策措施，必须作出并需要进行预算调整的，应当在预算调整方案中作出安排；及时即严格按照新预算法的规定时限批复及下达预算。五是预算信息要公开透明，新《预算法》首次明确了预决算公开透明制度，对预算公开的内容、时间、主体等都作了比较全面、明确、具体的规定，确立了预决算公开的法律制度框架。

(三)进一步明确、细化了法律责任

新《预算法》进一步明确、细化了违反本法所要相应承担的法律责任，将法律责任从3条3款增加到5条25款。政府及有关部门、单位违反《预算法》规定，除了责令政府及有关部门、单位改正，构成犯罪的，依法追究刑事责任之外，新《预算法》对负有直接责任的主管人员和其他直接责任人员所要承担的法律责任作了具体的规定。一是增加了未依照本法规定，编制、报送预算草案、预算调整方案、决算草案和部门预算、决算以及批复预算、决算的；违反本法规定，进行预算调整的等6种情形要追究行政责任。二是增加了未将所有政府收入和支出列入预算或者虚列收入和支出的；多征、提前征收或者减征、免征、缓征应征预算收入的等6种情形要依法给予降级、撤职、开除处分。三是增加了违反本法规定举借债务或者为他人债务提供担保的；挪用重点支出资金，或者在预算之外及超预算标准建设楼堂馆所的行为要给予撤职、开除处分。四是增加了改变法律、法规规定预算收入上缴方式的；以虚报、冒领等手段骗取预算资金的等4种情形要依法给予处分。五是违反本法规定，构成犯罪的，依法追究刑事责任。

三、扎实做好2016年预算编制工作

(一)加强预算的严肃性,编全编实编细部门预算

一要加强对预算工作全过程的重视,思想上重视了,才能在实际工作中落实好,不仅财务人员要重视预算编制工作,各部门领导更要重视这项工作,更要用全局的视角来看待预算编制工作;二要编全编实编细部门预算,新预算法严格规定,没有预算不能支出,这就要求预算编制工作要未雨绸缪,考虑周全,一定要把该想的问题都想好,尽可能的完整一点,细致一点,准确一点;三要提高预算与决算的匹配性,年度执行过程中,避免预算追加、减少预算调整、减少预算结余,跨年度的项目,按资金的使用进度分年编制预算。

(二)学习新文件新政策,顺应预算管理改革大潮

去年8月,全国人大常委会审查批准了修订后的《预算法》,从2015年1月1日起实施,为预算管理制度改革提供了法律保障。2014年以来,国务院又陆续印发了《关于深化预算管理制度改革的决定》《国务院关于实行中期财政规划管理的意见》《国务院关于改革和完善中央对地方转移支付制度的意见》《国务院关于加强地方政府性债务管理的意见》《国务院办公厅关于进一步做好盘活存量资金工作的通知》《国务院关于印发推进财政资金统筹使用方案的通知》等,上述这一系列政策措施的出台,一方面明确了预算管理制度改革的重点任务和工作要求,为预算管理制度改革提供了组织保障,标志着预算管理制度改革进入全面实施阶段,另一方面对预算管理工作提出了更高的要求,所以我们要顺应预算管理改革大潮,继续从严从紧从细编制部门预算。

(三)落实工资改革政策,做好过渡月份工资发放工作

此次机关事业单位工资改革的立足点在于优化结构,目标是系统性的制度改革,并结合机关事业单位养老保险制度改革同步推进。大家要学好政策,算清数据,确保过渡月份的工资发放顺利进行。省财政也将严格执行机关事业单位工资改革政策,根据经费保障比例,确保资金落实到位。

(2015年7月9日)

在省政府基本公共文化服务标准化重点市县工作座谈会上的发言(摘要)

浙江省财政厅副厅长 金慧群

一、要加大投入,切实保障资金需求

基本公共文化服务标准化建设是保障和改善民生的重要举措,需要加大公共财政投入。在现行“财权”和“事权”相统一的体制下,市县政府承担本地区开展基本公共文化服务和落实经费保障的主体责任,因此,所需经费主要由地方政府统筹解决。地方政府要切实承担起财政投入责任,财政部门要会同文化广电新闻出版等部门,优化财政支出结构,盘活存量,用好增量,综合考虑基本公共文化服务标准化建设的经费需求,结合省基本公共文化服务专项补助资金和自有财力,切实加大对基本公共文化服务标准化建设的财政投入。

与会各重点市县是通过相关指标筛选出来、在基本公共文化服务标准化建设方面比较薄弱的地区。从财政投入角度看,有些地方财政已经相当努力。比如泰顺县,2014年财政文化支出(指“207文化体育与传媒支出”,是大文化概念,下同)占一般公共预算支出的3.38%,高出全省平均水平1.14个百分点,2014年支出比2013年增长40.95%,而且连续三年文化支出占比均高于全省平均水平,应该说财政已作出较大努力。丽水市和金华市,2014年文化支出占比也高于全省平均水平。但是有些地区不是财力问题,而是主观努力不够,部分市县虽然2014年支出比上年有所增长,但从占比看均低于全省平均水平,个别地区连续两年低于全省平均水平。虽然自十八届三中全会以来,我们不再考核文化支出占比,但这些市县仍有加大财政文化投入的空间。地方政府应该注意调整财政支出结构,在最近这两年(到2017年5月底)要针对基本公共文化服务标准化建设工作研究落实资金。

省财政厅将根据省政府部署,和相关部门加强协作,共同推进重点市县加快提升基本公共文化服务标准化水平。考虑到这项工作资金需求量比较大,且重点市县地方财力相对比较薄弱,省财政会在安排省基本公共文化服务专项补助资金时将重点市县作为重要因素予以考虑,我们也将督促重点市县落实支出责任,对未完成提升计划的重点市县不予安排省补助资金或相应扣减下一年度省级转移支付资金,对提升计划完成情况好的市县在安排奖励资金时给予倾斜。

二、要利用市场机制,充分发挥社会力量的作用

十八届三中全会《决定》强调市场的决定性作用,就是要使公共财政的职能回归到“保基本、兜底线”的职能上来。在财政资金有限的情况下,要通过制度设计,借助市场机制和市场力量来弥补财政资金不足、提高公共产品供给效率,鼓励社会资本进入文化领域。要认真贯彻落实《国务院转发文化部等部门关于做好政府向社会力量购买公共文化服务工作意见的通知》精神,将政府向社会力量购买公共文化服务所需资金列入财政预算,从部门预算经费或经批准的专项资金等既有预算中统筹安排,逐步加大现有财政资金向社会力量购买公共文化服务的投入力度。对新增的公共文化服务内容,凡适合以购买服务实现的,原则上都要通过政府购买服务方式实施。要探索推广政府和社会资本合作的模式,促进公共文化服务提供主体和提供方式多样化,进一步创造条件,吸引社会资本投入公共文化领域,鼓励和支持社会力量通过投资或捐助设施设备、兴办实体、资助项目、赞助活动、提供产品和服务等方式参与公共文化服务标准化建设。

三、要加强管理,确保资金使用安全规范

重点市县政府要针对本地区在基本公共文化服务标准化建设中的“短板”,制定切实有效的提升方案。财政部门务必高度

重视提升方案制定实施工作，从强化财政的宏观控制力和资源配置力的角度，结合城镇化趋势和公共文化设施布局规划，配合做好目标、任务、进度及资金筹措等方案。

要始终坚持加大投入与强化管理相结合，建立健全相关管理制度，保证资金管理使用有依据、有规范、有目标、有责任主体、有监管、有绩效。要明确财政、文化广电新闻出版等相关部门在资金筹措、分配、绩效评价和项目遴选、实施、监管等方面的责任，充分运用信息化技术等手段强化资金和项目监管。

重点市县基本公共文化服务标准化建设，是加快实现基本公共文化服务均等化的重要措施，是关乎保障和改善民生、促进公共服务公平的基础性工作，是构建现代公共文化服务体系的关键环节，各级财政部门要搞好资金统筹，努力推进该项工作的顺利开展。

（2015 年 7 月 15 日）

构建新制度
提高体育场馆设施利用率（摘要）

浙江省财政厅副厅长 金慧群

一、财政部门所做的努力

近年来，省财政积极支持省级和市县体育场地设施对外免费、低收费开放，通过安排项目补助和专项资金因素法分配给予扶持。

一是支持省级场馆的开放利用。2010 年～2013 年省财政投入 1.2 亿元支持黄龙体育中心在现有场地中新建室内训练馆，2015 年该馆已对外开放营业；2015 年安排省全民健身中心 316 万元，用于承担全民健身活动、场馆开放、体育培训等公益活动，组织 8 期青少年体育技能公益培训，参加人数达 600 人次，协助省、市机关团体、企事业单位举办各类赛事活动 210 余场次；安排黄龙体育中心全民健身补助经费 200 万元，举办桥牌、足球、游泳、网球、乒乓球、羽毛球等公益活动，参加人数达 9000 人次。

二是支持推进公共体育设施和学校体育场地免费或低收费向社会开放。第一步，于 2015 年 6 月初，配合省体育局出台《关于进一步推进公共体育设施和学校体育场地免费或低收费向社会开放的通知》，要求体育部门所属公共体育设施，包括各类场馆、体育馆、游泳馆、全民健身中心及其他体育场地和设施向公众开放，每周开放时间不少于 35 个小时，全年开放时间不少于 330 天，每年免费提供一定量的公益性赛事活动等；各级财政部门安排必要的补助资金，支持场馆的日常运行和设备的购置、维修，会同省体育局对各地公共体育设施免费或低收费开放情况进行绩效考核，对业绩优秀的市、县（市、区）“以奖代补”。

第二步，于 2015 年 9 月，配合省体育局并报请省政府办公厅印发《关于推进公共体育设施和学校体育场地设施向社会开放工作的通知》，要求全省公共体育设施向社会开放率达 100%，全省符合开放条件的公办学校体育场地设施开放率达 100%；各级财政部门将财政投入与体育场地设施利用率挂钩，为免费开放的公共体育设施、学校体育场地设施在维修、管理及意外伤害责任保险等方面建立相应的补偿机制，省财政按因素法对免费开放工作成效明显、体育设施利用率高的市县进行奖补。

二、存在的问题

目前存在体育场馆设施利用率低和公众体育锻炼场地十分紧缺的矛盾，以及管理意识、管理制度、管理人才跟不上体育发展需要的矛盾。具体有以下几个方面：

（一）体育场馆建设规划布局有待改进

一是政府建设的体育场馆功能单一，难以满足群众多元化需求。政府资金投入建设的体育场馆一般只为大型赛事而建，赛事有严格的建设标准，体量大，只适合专业竞赛和观赛，难以改造、切分实现多种用途。二是群众普及率高的单项运动，如乒乓球、羽毛球、篮球等单项体育设施建设规划不足。三是小型场馆、社区健身场地建设不足。因此，我省体育场馆建设规划有待重新审视并改进。

（二）学校体育设施对外开放进度较缓

虽然国家和省都出台了政策文件，明确要求学校体育设施逐步向公众开放，但由此可能带来安全隐患、管理维护难度和成本提高等因素影响了学校的积极性，开放进度和效果尚不理想。

（三）管理意识不新、管理制度缺乏

管理部门和社会公众对公共体育设施的服务定位还不够清晰，服务对象、服务项目、服务方式单一，服务手段匮乏、体制机制陈旧。行政部门重建设、轻管理，甚至在研究运行管理能力和利用率提升问题时，大部分意识仍偏重于建设；对闲置体育场馆和场地的管理多停留在出租、承包经营等传统方式。公众缺乏服务诉求意识，以为公共体育场馆、场地与己无关。

（四）市场化、资本化的体育经营人才少

多年来，体育工作人员偏重于对竞技体育的管理和服务，对体育资产、体育产业、体育经营服务项目的管理经验及相关的管理人才十分匮乏，市场化竞争、市场化管理、资本化运作意识和能力还有待于培养。

三、对未来的建议、对策

要解决我省体育场馆在提供体育赛事场地以外的运营方面存在的体制机制不够灵活、功能定位不够准确、运营管理能力不强、配套政策供给不足、综合利用和服务水平不高等问题，实现体育场馆使用效率大幅提高、发展活力不断增强、公共服务水平显著提升的目标，就要从问题分析中发现端倪，在问题解剖中找到答案。

（一）体育设施建设规划必须科学合理、长远考虑

大型体育场馆建设要非常审慎，不仅要请省内外建设专家、体育专家进行科学评价和论证，还要广泛征求市民、公众的意见。建设方案的设计必须考虑长远，既满足竞赛需要、又考虑群众健身需求以及后期持续经营、自我运营、自我发展的可能，不以容纳人数多寡论英雄；市、县、区要摒弃“高、大、上”“傻、大、

空"的综合性大、中型场馆建设思维,增加群众普及率高的单项运动馆和小型馆布局,化解群众体育运动场所紧缺的矛盾,减少低效投资、资源浪费。只有在规划上、在源头上提高场馆建设的适应性,才能提高场馆的利用率、降低运营难度。

(二)创新体育场馆设施管理的体制机制,逐步市场化、产业化

多元化筹资建设机制。探索政府投入与社会资本合作共建等模式,鼓励社会资本以独资、控股、参股、特许经营等方式参与体育场馆的建设。

市场化管理运营机制。引进专业的管理团队、金融资本或以股份合资等方式,以及通过招投标委托市场主体开发经营、合作经营、连锁经营、托管经营、服务外包等形式,构建市场化管理运营机制。

绩效挂钩财政补助机制。对各地公共体育设施免费或低收费开放情况进行绩效考核,对业绩优秀的市、县(市、区)用"以奖代补"形式给予支持等,财政补助、补贴机制可根据形势发展和实际需要不断改进、优化。

社会评价机制。建立以活动次数、客流量、人流量、经营收益等客观数据评价以及以服务对象"满意度"、社会公众"知晓度"评价为主的社会评价机制。

(三)引进培养现代体育经营管理人才和工作团队

探索、学习发达国家的体育竞赛模式和市场化管理体育资产、体育产业、体育服务项目方式,引进海外体育经营管理人才,在对外合资、合作和委托经营的过程中学习先进的管理经验,发展壮大自己的人才队伍;部分优质的体育产业和体育服务平台、项目可适时地引进风险资本、金融资本,通过实践培养、培育市场化、资本化体育经营人才。

(2015年11月18日在省政府部分省级单位和全省分管体育副市长会议上的发言)

在全省深化医改工作电视电话会议上的发言(摘要)

浙江省财政厅副厅长 魏跃华

一、以提升基层服务能力为目标,促进优质医疗资源下沉和分级诊疗工作

一是发挥财政保障和引导作用,推动建立优质医疗资源下沉长效机制。推动优质医疗资源"双下沉",努力实现县域医疗机构"两提升",充分体现了省委、省政府对优化全省医疗资源布局、解决基层看病难问题的高度重视,也是财政部门促进全省基本医疗卫生服务均等化的一项迫切工作。

"双下沉、两提升"工作启动近两年来,各级财政部门从落实资金保障、加强政策引导出发,扎实有效地推进了这项工作。省财政每年安排专项资金2亿元,支持开展优质医疗资源下沉的省级医院和基层医院,资金分配与下沉绩效挂钩。

为加快形成"双下沉、两提升"长效机制,各级财政部门应着力做好两方面的工作。一是继续加大财政投入力度,为优质医疗资源下沉提供强有力的财力支持。在落实好公立医疗机构财政投入政策的基础上,应根据当地开展"双下沉、两提升"工作实际,积极研究并采取多种形式的财政扶持措施,为优质医疗资源下沉创造良好条件。省财政也将继续发挥对全省资源布局的调节和导向作用,将医疗卫生转移支付资金更多地向县域、基层、农村等资源配置"洼地"倾斜,向人才、学科建设等"短板"倾斜,重点支持完善基层优秀医学人才等关键性资源要素的保障政策,引导人才资源主动向下流动、安心扎根基层服务,为加快"双下沉"从"输血"向"造血"转变夯实基础。二是加强财政对公立医疗机构资产统筹管理和指导力度,促进以"人、财、物"为核心要素的优质医疗资源全面、层层、有效下沉。引导和支持城市医院采取将"财"和"物"投向基层直接举办或合作举办分院等方式,逐步提升合作办医的紧密度。鼓励探索建立以产权为纽带的省、市、县、乡纵向联合的医疗集团,推动形成城市医院到县级医院、县级医院到乡镇卫生院、乡镇卫生院到村卫生室的资源逐级下沉格局。

二是加大财政支持力度,夯实分级诊疗制度的基础条件。以基层首诊、双向转诊为核心内容的分级诊疗制度,是提高全社会医疗资源利用效率、有效解决"看病难"问题的重要制度安排。各级财政部门要从财政职能出发,积极支持、努力推动。配合有关部门完善区域卫生规划,加强乡镇卫生院等基层医疗卫生机构标准化建设和人才队伍建设,提升基层医疗卫生服务软硬件水平;积极稳妥推进责任医生签约服务工作,建立科学可行的签约服务费用筹措分担机制;加大对卫生信息化建设投入,支持建立适应分级诊疗制度需要的区域医疗卫生信息网络系统;推动区域医疗资源集约使用,支持建立各类医疗资源共享中心。

二、以维护公益性、调动积极性为导向,深化基层医疗卫生机构补偿机制改革

改革现行财政对基层医疗卫生机构补助方式,探索实行政府购买服务,建立财政投入等与基层医疗卫生机构服务数量与质量挂钩机制。认真落实专项补助政策,保障基层医疗卫生机构纳入政府规划、符合国家规定的基本建设、医疗设备购置、人才培养培训等各项支出需要,切实体现政府办医责任。同时,充分发挥市场机制作用,对基层医疗卫生机构提供除医保范围之外的其他基本医疗卫生服务,在科学测算并制定标准服务成本的基础上,由政府通过统筹整合现有基层医疗卫生机构经常性收支差额补助、公共卫生经费补助等财政投入资金,按照"以事定费、契约购买"的原则,依据基层医疗卫生机构提供服务的数量和质量实行政府购买。按照财政部要求,2015年浙江省选择嵊州市、海盐县、义乌市和江山市进行试点,目前正抓紧开展前期测算和方案制定工作。在改革补偿机制的同时,还应会同有关部门进一步完善绩效工资制度,健全"多劳多得、优绩优酬"的激励分配机制。

三、以降低医疗成本和建立利益挂钩机制为落脚点，推动药品耗材集中采购改革和公立医院收支结构不断优化

一是配合有关部门切实做好药品耗材集中采购机制改革相关工作。省政府已原则同意我省完善公立医院药品集中采购机制改革方案，2015年7月1日起在全省全面启动，实施后对解决“药价虚高”问题将发挥积极有效的作用，意义重大。各级财政部门应按照改革要求，与有关部门紧密配合，抓好相关政策落实。改革启动后，还要加强跟踪分析及时解决问题，确保新机制下公立医疗机构平稳有序运行。

二是积极探索优化公立医院收支结构。最近国家出台的城市公立医院综合改革试点指导意见中，明确提出“总体上个人卫生支出占卫生总费用的比例降低到30%以下”和“公立医院药品占比总体降到30%左右”两个目标。要实现目标，控制和降低医疗物耗成本是关键，而建立健全医院医生主动自觉控制成本的内生动力机制则是关键中的关键。除了通过药品集中采购机制改革解决“药价虚高”问题，还要加快研究推进优化公立医院收支结构，着力解决开大处方等过度医疗问题。通过医保支付方式改革、完善薪酬分配制度、加强行政监管和考核、建立财政激励引导机制等多措并举，促进形成公立医院和医务人员利益与其自觉主动控制药品、卫生材料等使用的正向关联机制，实现政府、医院、医生和患者四方共赢。

（2015年6月）

在一事一议财政奖补助推美丽乡村建设试点工作座谈会上的讲话（摘要）

浙江省财政厅副厅长 王广兵

一、试点工作成效和经验总结

2013年开展一事一议财政奖补助推美丽乡村建设试点工作以来，我省按照“试点先行、总结提高、复制推广”的工作思路，分两批次开展10个县（市、区）的一事一议财政奖补助推美丽乡村建设试点工作，并组织14个县（市、区）推广复制“遂昌模式”。各试点县（市、区）积极开展体制机制创新，探索美丽乡村建设的规律和具体实现路径，成果丰硕，亮点频现。如建立了美丽乡村建设国家版“安吉标准”、农村电子商务助推美丽乡村建设的“遂昌模式”、农村生活垃圾源头分类减量处理利用的“贺田模式”、借助一事一议财政奖补机制整体推进美丽乡村建设的“玉环经验”、深化产权制度改革增添美丽乡村建设活力的“永嘉经验”等，并得到国务院农村综合改革办公室领导和省领导的批示肯定，在全国会议上作了典型介绍，新华社、中国财经报等媒体也作了专门报道。

一是建立省县两级分工有序抓试点的工作机制。省级主抓宏观指导，把握总体要求和方向思路，总结推广试点经验；试点县积极履行试点工作主体责任，认真编制试点方案，审慎选择项目计划，大力推进项目实施，总结经验做法。

二是围绕低成本、可复制目标，创新体制机制。着力从美丽乡村建设的民主科学决策机制、业主自我发展机制、资金多元投入机制、项目运行管护机制和村规民约治理模式上进行实践创新，走出一条切合农村实际、惠及广大村民、具有时代特色、地域特点的美丽乡村实现路径。

三是厘清主导与主体关系，充分发挥政府与市场的作用。美丽乡村建设要走出政府重金打造“盆景式”样板、后续管理无人问津、建设成果难以巩固的怪圈，关键在于处理好政府与市场、主导与主体的关系。“遂昌模式”的成功之处，在于摆正了政府与市场主体的位置，政府的主导作用体现在营造发展环境、政策指导、公共服务、吸引社会力量参与等方面，市场的主体作用在于使市场机制在资源配置中起决定性作用，让企业、社会组织和村民群众唱主角、尽本色。“贺田模式”“玉环经验”的关键在于调动了村级组织和广大村民群众在美丽乡村建设中的主体作用，较好地发挥了主动性和创造性，自觉按照村民群众的意愿规划美丽乡村、以农民的满意度评判美丽乡村建设成效，将美丽乡村建设、洁净家园创建内化为村民群众的自觉行动。

四是注重差异化、地域化，彰显美丽乡村建设特色。美丽乡村建设要因地制宜、体现地方特色，不能一味大拆大建，破旧立新，而要从村落的自然禀赋、历史文化沿革和新农村建设要求等方面统筹规划安排，把自觉传承农业文明自然地融合进工业化、城镇化之中。既要按城市文明要求建设“现代版”美丽乡村，也要有传承农业文明印记的“保留版”美丽乡村，使美丽乡村建设更具乡土气质和地方特色，努力营造“快乐老家，我的向往”式的美丽乡村格调。始终坚持“尊重自然美、彰显个性美、呈现整体美”的原则，不搞大拆大建，保留真山真水，让更多的绿水青山变成金山银山。

五是创新财政支持方式。作为有效的众筹平台，一事一议把村庄建设的主动权交还给村级组织和村民群众，通过村级事务和村级公益事业建设“村民议、村民决、村民建、村民管”的方式，尊重村民群众的自主权，激发基层组织和村民群众的创造力。同时，通过“村民筹资筹劳、财政奖补引导、社会力量参与”的方式，广开门路筹集建设资金，采取竞争性立项、资金有偿使用、撬动银行贷款参与等办法，充分发挥财政资金的引导和激励作用，拓宽建设资金来源渠道。

二、打造美丽乡村“升级版”

一是推动美丽乡村从外延式扩展向外延和内涵兼顾转变，着力打造升级版美丽乡村。进一步巩固试点成果，将已经取得的试点工作成效和经验制度化、规范化，形成长效制度体系。打造升级版美丽乡村，按照省委、省政府提出的美丽乡村“四美”“三宜”要求，以提升农村居民生活品质为目标，以完善美丽乡村建设、运行、管护机制和乡村治理模式创新为切入点，推行美丽乡村建设标准化工作，实现建设主体归位，不断丰富美丽乡村建设内涵，使美丽乡村建设神形兼备，内外兼修。

二是推动美丽乡村建设从探索实践向推广复制先进经验和模式转变。各试点县(市、区)要加快将试点经验扩大应用到本区域的其他乡村,将体制机制创新的成果应用于面上美丽乡村建设实践,扩大覆盖,惠及更多村民群众。如"发展农村电子商务"模式,目前已在丽水地区、临安、文成、衢江等14个县(市、区)成功推广复制。衢江区借鉴"遂昌模式",结合本地实际推出全国首家网上供销综合服务平台"乡村淘",为农民提供网货代购、农产品代售、政务办理、电子金融等服务,得到中华全国供销合作总社和中国农产品流通经纪人协会的高度肯定。此外,"贺田模式"、政银合作解决项目建设资金前期投入、村级项目建设"包清工"等办法均可积极复制推广。

三是推动美丽乡村从单纯项目建设为主向多业态融合发展转变。美丽乡村既是村民群众安居乐业的家园,也是市民休闲观光之地,建设成效最终体现在富村富民上。要努力激发美丽乡村建设的多重效应,推动村内产业生态化,促进生态型美丽产业、美丽经济和村集体经济协同发展。

(2015年5月29日)

在财政支农改革培训班上的讲话(摘要)

浙江省财政厅副厅长 王广兵

为提高支农资金使用效益,2014年我省正式启动了财政支农体制机制改革。2015年省财政厅会同省农办等7个省级农口主管部门下发了《浙江省财政支农体制机制改革三年行动计划》,进一步明确了部门职责,分解改革任务。总体上看,各项工作稳步推进。

从省级层面看,已完成财政支农政策的分类和清理整合,竞争性政策资金得到压缩,支农政策管理职责清单和流程图已经明确,支农政策第三方评估正紧锣密鼓实施,省农业发展投资基金筹建工作取得实质性进展。从市县层面看,各地推进改革的积极性很高,有的地方出台了改革实施意见,召开了推进会,试点工作开局良好,出现了很多亮点,也积累了很好的经验。举办这次培训班的目的,就是想通过学习研讨和政策解读,进一步统一思想,增强对政策的理解和把握,提高各地推进改革的能力。

一、财政支农体制机制改革的主要任务

(一)2015年工作情况

深化改革,首先要考虑方向对不对。应该说,我们的支农改革符合中央和省委、省政府深化财税体制改革的总体方向要求,很多具体措施体现了财税改革的精神,这个方向是对的。其次要增强对改革复杂性和艰巨性的认识。财政部门是综合性部门,要增强组织协调,从怎样有利于推进改革的角度来思考问题,克服畏难情绪,打破思维惯性。

根据三年行动计划,围绕"分类、分权、分责、促转"的目标,2015年省级财政支农体制机制改革需完成10项任务,截至目前,各项改革任务推进平稳有序。

一是建立公开透明、科学系统的支农政策体系。

根据专项资金管理改革要求,省财政加大财政支农专项资金整合统筹力度,清理整合后省级农口部门专项资金整合为9项,财政支农政策由原来137项压缩为59项。按照一个专项一个管理办法的要求,修订完成了《浙江省水利建设与发展专项资金管理办法(试行)》等9个专项资金管理办法并及时公开,明确专项资金分配办法和程序、专项的存续期限、支持对象、资金使用范围、分配因素、绩效评价、信息公开等内容。同时,在专项资金管理办法中公开了2015年财政支农政策清单。

二是建立管理规范、权责明确的管理体系。

除重大水利项目等有特殊要求的项目以外,其他省级支农项目已经全部实现立项权下放。省级资金按因素法切块下达,由市县按照要求择优立项。根据省财政项目支出预算全过程管理应用创新的要求,2015年6月起,选择农口专项资金在项目信息备案(申报)管理、省级专项资金分配因素采集、项目储备等三个方面进行试运行。2016年将逐步推广到其他省级专项资金管理中。根据省财政支农体制机制改革要求,2015年竞争类资金要压缩20%,通过市场化手段运作,这个市场化的载体就是产业基金。目前,我们已组建设立了初始规模为50亿元的省农业发展投资基金,按照市场化运作,引导社会资本投入重大农业基础设施建设、现代农业产业等领域,支持我省农业现代化建设。近期,我们正式成立了农业发展投资基金管委会和办公室,第一批30亿元财政资金已经拨付到位,正在尽快启动实质性运作。

三是建立客观公正的监督评价体系。

省财政厅会同省农办等5个省级农口部门开展了财政支农政策评估试点工作,选择农家乐休闲旅游业发展、森林食品基地质量安全检测、海洋经济和渔业新兴产业、农村能源开发利用项目、水资源保障工程等5项政策,委托中介机构进行财政政策评估。下发了开展政策绩效评估的通知和相关的评价指标、调查问卷等。根据评价结果,研究进一步优化支农资金结构,提升财政资金使用绩效。同时,会同省级部门研究制定了因素法分配、省级项目管理、竞争性分配和政府购买服务等四类财政支农专项资金管理流程图和职责清单,待征求意见后,在农民信箱及各部门门户网站上公开。

(二)改革试点情况

按照"一年打基础、两年出成效、三年有突破"的总体要求,2014年我们选择了部分市县在农业补贴政策改革、财政支持农民专业合作组织创新和政府购买农业公共服务等三个方面进行了试点。

2015年,财政部、农业部选择安徽、山东、湖南、四川和浙江等5个省开展农业"三项补贴"改革试点。"三项补贴"改革试点是围绕粮食生产各环节开展的一次补贴制度创新、农业生产组织形式创新和农业金融服务的创新。主要内容:一是将农资综合补贴、国家良种补贴、种粮大户补贴等三项补贴整合为耕地地

力保护补贴，解决耕地资源保护的问题，保护耕地属性不变。二是推进组织创新，建立粮食生产专业合作社联合社。从农资综合直补资金拿出20%用作规模种植补贴，支持和引导粮食生产适度规模经营，提高组织化程度。三是推进金融服务创新，构建多层次农业金融支撑体系。我们已与省农信社协商，按照基准利率对农民发放补贴信用贷款，解决粮食生产中融资难、融资贵的问题。通过这三项措施，提高粮食生产的规模化、组织化程度，实现稳粮提效增收，增强粮食生产可持续发展能力。

2015年要在2014年试点基础上结合中央改革任务，进一步完善措施，并根据改革时间要求，逐步扩大试点范围，在衢州全市进行试点，其余每个设区市都要选择一个试点县。其他地区也同步推进粮食补贴整合改革，并视情况开展组织创新和金融服务创新。力争到2017年全省推开，全面完成改革任务。我省改革实施意见文件已正式下发，近期省里还将专门开会部署。各地要高度重视这项工作，切实加强组织领导，财政部门和农业部门应密切配合，分工协作，努力营造共同推进改革的良好氛围。

二、当前几个问题

(一)关于财政资金管理的问题

财政支农体制机制改革关键要理顺部门职责，弄清楚该做什么，不该做什么，避免财政资金和项目管理中的交叉、重复。一些地方片面理解“财政部门管资金、农口部门管项目”，认为只要是项目管理方面的内容，财政部门一概不参与，甚至对于文件中明确要求财政部门、农口主管部门联合上报的中央项目也不参与，这就有些矫枉过正了。

省政府深化专项资金管理改革，提倡因素法分配，有利于提高财政资金分配的科学性和公平性，增强市县统筹能力。落实“两个一般不”的要求，对市县来说，就是要承接好下放的立项权，建立完善适应“两个一般不”要求的项目资金管理新机制，取得比以往管理模式更好的绩效。如果从省级到县级资金管理全部“一刀切”，都去搞因素法分配，就成了另一种“上下一般粗”。

财政支农资金最终要落实到具体项目上，管理财政支农资金，离不开项目，尤其是基层财政部门，更需要把握好资金与项目的关系。财政支农资金监管也必然与项目产生联系，关键是怎么参与以及怎么划分责任。财政部门要会同农口部门根据部门职责，各司其职，以管好、用好财政支农资金、提高资金使用效益和完成党委政府的决策部署为最终目的，认真梳理财政资金和项目管理的流程，合理划分监管责任，真正做到既没有交叉重复，又没有管理盲区。

(二)关于财政支农资金的支出进度问题

确保支出均衡，是财政管理的一项重要工作。2015年前两季度农林水支出不够理想，一季度全省一般公共预算农林水累计支出完成年度预算的16.3%，同比下降11%，支出减少14.66亿元；二季度全省农林水支出255.40亿元，同比增长2.74%，较一季度有所好转，但低于总支出12.6%的增长率，全省有30个市、县(占总数的46.15%)支出进度低于上年同期。

支出进度较慢，虽然有中央粮食补贴政策改革、农资综合补贴等补贴资金下达较晚，以及2014年涉农审计以后各地加强了资金审核等客观因素，但一些地方工作积极性下降，支农项目减少也是一个重要原因。希望各地要重视这个问题，切实采取有效措施，加快支出进度，使财政支农资金尽早发挥效用。

(三)关于涉农资金专项整治行动工作

4月初涉农资金专项整治行动电视电话会议以来，全省各地按照涉农资金专项整治行动方案，分步有序推进。目前已完成部署启动、全面自查自纠、省级重点检查和部级督导等四个阶段的工作。

全省共自查2013~2014年度涉农资金3367亿元，发现各类违规违纪问题755件，涉及资金7.2亿元。在全面自查自纠基础上，省级领导小组办公室组织了重点检查，对37个涉农县(市、区)进行了抽查。省级重点检查发现各类问题共43项，主要集中在资金拨付不足额、不及时，项目调整不规范，项目内容、地点等变更未按程序报批，以及违反政府采购规定等，未发现贪污、受贿、项目申报弄虚作假骗取财政资金等严重违法违纪行为。

这次的涉农资金专项整治行动得到各级领导的高度重视，各部门密切配合，保证了涉农资金整治任务顺利开展，也为下一步加强管理奠定了基础。前期各阶段工作任务完成扎实有序，工作成效比较明显，也得到了督导组的肯定。涉农资金专项整治行动不仅是查找问题，更要注重实效，规范管理。各地要继续狠抓落实，按照省财政厅《关于做好涉农资金专项整治行动问题整改工作的通知》要求，把握好政策尺度，扎实做好本次专项整治行动整改完善和全面总结阶段的工作。

三、下阶段的主要工作

一是着力抓好财政支农改革政策的落实。各地要进一步增强紧迫感和责任感，对照三年计划要求，继续做好有关工作。省厅将根据各地财政支农体制机制改革工作进展情况，及时通报，对部分推进力度不理想的地区适时组织督导。

二是加快农业发展投资基金运作。抓紧成立浙江省农业发展投资基金公司，建立健全基金运作机制，在年内启动基金实质性运作。各地要配合省级寻找考察符合要求的投资项目，及时、有效地发挥农业基金作用。

三是抓好农业补贴政策综合改革推进工作。要及时通过“一卡通”等方式，将耕地地力保护补贴和规模种粮补贴拨付给补贴对象，并通过印发政策明白表(卡)、举办培训班，以及政府门户网站、农民信箱等渠道，切实做好补贴资金各环节的信息公开公示，接受社会监督，提高政策透明度。同时，试点地区要按照省里改革方案要求，因地制宜地研究制定当地试点方案，进一步建立部门协作机制，财政部门要主动牵头协调农业及其他业务主管部门、金融机构的力量，明确职责，密切配合，不折不扣地抓好工作落实。及时跟踪了解农业补贴政策调整完善后的资金兑付、联合社组建运行、金融和信贷担保机构支持农业等方面出现的新情况、新问题，总结经验，解决问题，确保改革顺利推进。

四是贯彻推进财政资金统筹使用任务清单和时间表的要求，研究建立财政支农专项中期财政规划与跨年度预算平衡机制建设。在水利、农业等重点领域开展三年滚动财政规划试点，收集规划期内批准的规划和政策，根据国家和省委、省政府的重大战略部署，分析未来三年分年度资金安排和预期绩效，形成三年滚动财政规划建议。各地要根据要求，积极探索建立财政支农资金的跨年度预算平衡机制，同时，继续做好财政支农结余结转资金的统筹使用，推进以县为平台的涉农资金优化整合。

（2015 年 8 月）

在全省财政地税系统反腐倡廉建设工作会议上的工作报告（摘要）

浙江省财政厅纪检组长、监察专员 李伯来

一、2014 年工作回顾

（一）落实“两个责任”，健全了工作机制

一是加强组织领导。省财政厅党组高度重视、全面落实党风廉政建设主体责任，党组书记钱巨炎同志重视抓、亲自抓、直接抓，分管领导分工负责、处室单位负责人“一岗双责”，形成一级抓一级、层层抓落实的责任链条。二是健全工作机制。厅局分别明确一名党组成员协助党组书记抓好机关及地税系统党风廉政建设工作，每季度召开一次党组廉政建设专题会议，机关纪委负责日常党风廉政建设工作，进一步健全常态化工作机制。三是狠抓贯彻落实。制定出台《中共浙江省财政厅党组落实党风廉政建设主体责任实施办法》，明确党组、党组主要负责人、其他党组成员、厅局机关各处室局单位以及机关纪委的工作职责，层层传导压力。各级财政地税部门按要求向上一级党委、纪委报送了履行主体责任的报告。四是强化督促考核。采取自查、经常性检查、专项检查等方式，对厅局机关各处室局、厅局属各单位和各市地税局责任制落实情况进行检查，各市地税局的检查结果向第一责任人及时进行反馈，并作为评优评先的重要依据。

同时，驻厅纪检组聚焦主业，切实履行监督责任。一是落实纪检组长不分管具体业务的工作要求，专司监督职责。二是落实纪检组全覆盖的要求，进一步理顺厅局纪检监察工作体制。三是落实监督执纪的要求，开展对地方政府债券发行招标、家电下乡财政补贴、援疆资金监管等工作的监督和检查。各级财政地税纪检监察机构结合本地实际也开展了多种形式的监督检查，为财税工作大局服务。

（二）坚决执行规定，加强了作风建设

一是制定规范制度。立足财税工作职能，修订出台了操作性较强的会议费、差旅费、培训费、外宾接待费、临时因公出国费、短期出国培训费等 6 项管理制度，真正把公务活动关进制度的“笼子”。二是严守各项禁令。以落实中央八项规定、省委“28 条办法”为重点，以整治“酒局、牌局”为抓手，进一步加强了培训中心、招待所、食堂等场所以及机关内部事务的管理，严控公务支出。三是开展明查暗访。始终保持正风肃纪的高压态势，组织对厅局本级财税人员工作纪律、工作规范、公务行为等情况的突击检查 19 次，对检查中发现的问题及时进行教育整改。在省正风肃纪办公室组织的历次明查暗访中，省厅省局均未发现违规违纪问题。四是加强警示教育。及时传达转发省纪委、国家税务总局、党的群众路线教育实践办等部门下发的案情通报，以案论纪，加强警示教育。

（三）坚持惩防并举，拓展了惩防体系

一方面，重视案件的查处工作，2014 年全省财政地税系统共查处违纪违法案件 28 起，驻厅纪检组对 23 件群众举报进行了调查核实，对系统发生的典型案件进行剖析，做好“后半篇”文章。另一方面，重视廉政风险防控。一是完善防控制度。结合财政地税工作实际，制定出台《浙江省财政地税系统建立健全惩治和预防腐败体系 2013~2017 年实施细则》，明确了今后一个时期的防控重点。二是推进源头治腐。按照简政放权和透明预算的要求，结合全省开展的“四张清单一张网”专项工作，加快信息公开步伐，发挥财政预算编制、执行、监督和地税征、管、查相互制衡的机制优势，加大对涉财涉税重点领域和关键环节的监控，最大限度地堵塞管理漏洞。三是加强巡视整改。以巡视整改为契机，建立和完善涉及人事管理、行政运行、业务规范、工作流程等工作制度，根据财税实际出台《领导干部问责暂行规定》，明确问责的十项情形和问责程序，对财税部门领导干部不作为、乱作为等情况将进行问责。

（四）严格教育监督，营造了廉洁氛围

一是强化日常教育。举办处级以上干部廉政专题讲座，在市县局长培训班和业务培训班上讲授廉政课，编印系统廉政教育读本、案例汇编，开展全省案例巡展，坚持重大节日前提醒和逢会必讲等方式，让干部职工始终绷紧廉洁自律这根弦。二是强化选任监督。2014 年共对拟提任的 31 名处级干部出具了廉政意见，组织干部任前廉政谈话 407 人次。三是加强调研指导。通过召开座谈会、赴相关处室局调研等方式，围绕财税纪检监察机构“三转”、涉农涉企专项资金管理、财税重点领域和关键环节风险防控等方面，探索工作中的有效路数和方法。

在肯定成绩的同时，我们也要清醒地认识到当前财税系统党风廉政建设还存在一些问题和不足，主要有：党风廉政建设主体责任和监督责任落实还不够到位；财税权力运行的监督制约机制还不够健全；一些党员干部的守纪律、讲规矩意识还有待提高；个别党员干部违纪违法问题还时有发生；财税系统纪检监察机构职能作用发挥还不够充分；查办案件工作需要进一步加强等等。这些问题都需要我们在以后的工作中切实加以改进解决。

二、2015 年主要工作任务

2015 年工作的总体要求是：深入贯彻党的十八大和十八届三中、四中全会精神，认真贯彻习近平总书记系列重要讲话精神，按照中央纪委五次全会、国务院廉政工作会议、省委十三届五次、六次全会，省纪委十三届四次全会和财政部、国家税务总局的部署，严明政治纪律和政治规矩，全面落实党风廉政建设主体责任和监督责任，系统推进财税惩防体系建设和廉政风险防控管理，规范财税权力运行，推进财政地税系统党风廉政建设和反腐败工作。

（一）以强化责任追究为重点，夯实主体责任

各级财政地税部门党委（党组）要结合财税部门实际，进一步落实好主体责任，严格执行《关于进一步强化党风廉政建设党委主体责任和纪委监督责任的若干意见》，把廉政建设融入业务建设、融入制度管理、融入干部队伍建设，使“一岗双责”具体化、业务化、制度化。厅局各处室、单位要根据财政厅党组出台的实施办法，抓紧研究提出本处室、单位落实主体责任的具体措施。各级财政地税部门党委（党组）也要联系实际制定落实主体责任的实施细则，形成实实在在的工作支撑。要严格执行下级党委（党组）定期向上一级党委和纪委报告履行党风廉政建设主体责任情况制度，全面实施约谈提醒制度，对反映干部工作作风和廉洁自律等苗头性、倾向性问题，分管领导同志要及时约谈提醒并签字背书。要强化倒查追究，建立完善责任追究制度，对落实主体责任不力、造成严重后果的要视情况予以问责。

（二）以加强执纪监督为重点，履行监督职责

各级纪检监察机构要加强对执行政治纪律和组织纪律情况的监督检查，坚决纠正无组织、无纪律问题，严肃查处欺骗组织、对抗组织行为。要加强对违反财经纪律问题的监督检查，尤其要结合今年预算制度改革、财税政策清理、财税审批制度、转移支付等改革内容，加大对财政地税部门重大决策和重大改革部署贯彻落实情况的监督。要认真落实省委省政府《关于防止领导干部在公款存放方面发生利益冲突和利益输送的办法》，着力防止利益冲突和利益输送问题。要认真落实省委省政府《关于全面推进部门和单位主要负责同志“五个不直接分管”制度的通知》，建立健全权力制衡机制。同时，还要严格执行工作纪律、生活纪律等各项纪律，确保各项纪律落到实处。对发现的问题该教育的教育，该约谈的约谈，情节严重的，该问责的要予以问责。

（三）以抓长抓常抓细为重点，深化作风建设

要驰而不息正风肃纪，各级财政地税部门要继续落实中央八项规定和省委“28条办法”，将集中反“四风”改作风转为经常性的作风建设，进一步加大对“酒局、牌局”等问题的监督，在坚持中见常态。要继续完善细化配套制度，强化制度执行力。要紧盯“四风”新形式新动向，深化专项治理，防止反弹回潮。要加大执纪监督力度，对顶风违纪者要予以严肃处理。要结合全省“四张清单一张网”和两个“一般不”改革的工作要求，加强执法监察，积极推进行政审批制度改革；要对照权力清单，加强对依法理财治税情况的督察，促进机关依法行政、廉洁行政、透明行政。要坚持纠“四风”与树新风并举，发挥廉政文化的引领和教育作用。

（四）以查纠违法违纪问题为重点，加大工作力度

各级财政地税部门党委（党组）要重视和支持对典型违法违纪问题的查办工作，当前尤其要重视查处违反政治纪律、组织纪律的案件。要落实好财政部和省纪委全会提出的“一案双查”制度，既查问题，又查责任。要重视问题线索管理，提高信访核查质量，既要严惩违规违纪者，又要对查无问题的干部及时澄清，还干部以清白。要坚持抓早抓小，对苗头性、倾向性问题，及时采取约谈、函询、诫勉谈话等方式提醒，防止小问题酿成大错误。要深入剖析本地本系统典型案例，查找漏洞，举一反三、规范管理。

（五）以深化惩防体系为重点，推进治本抓源

各级财政地税部门要继续推动和深化预决算公开、国库集中支付、规范转移支付、税收风险管理等源头治腐财税改革，特别要关注财税改革后、权力转移后、权限下放后可能存在的新风险，加强监管、跟踪和预防。要充分运用“数字财政”“税友龙版”等有效信息平台，借助制度力量和科技手段，及时预警，切实规范权力运行。要建立健全内部控制制度，认真梳理业务风险和廉政风险，优化工作流程，提升系统内控水平。要结合财税系统风险防控实际，创新教育的载体和方式，提高反腐倡廉教育的针对性和实效性，努力营造风清气正的良好氛围。

（六）以落实“三转”为重点，维护纪检监察干部形象

各级财政地税纪检监察机构要进一步“转职能、转方式、转作风”，立足监督，聚焦主业，把主要精力放到履行监督责任上来。要探索监督的有效途径和办法，把握着力点，找准切入点，注意整合派驻机构与机关纪委、内部监督和外部监督的力量，形成有效的工作合力。要加强系统联系，继续落实好重要案件下级向上级报送制度。要加强培训指导，举办系统纪检监察干部培训班，提高履职能力。从事纪检监察工作的同志要牢固树立执纪者必先守纪、监督者必受监督的意识，模范遵守纪律，自觉维护好财政部门纪检监察干部的良好形象。

（2015年2月6日）

在全省政府购买服务工作培训班上的讲话（摘要）

浙江省财政厅总会计师　赵立妙

一、树立政府购买服务理念，积极引领改革

各级财政部门作为政府购买服务工作的牵头部门，要在转变观念上走在前列，务求引领改革，发挥好带头作用。

一是树立法治思维。以党的十八届四中全会精神为引领，切实提高法治意识，善于运用法治思维和法治方式推进政府购买服务工作。

二是树立市场思维。善于运用市场理念和契约精神来指导和推进政府购买服务工作，进一步发挥好市场和社会在公共服务生产领域的重要作用，全面激发市场主体和社会力量的创

造力。

三是树立发展思维。用发展的眼光看待政府购买服务工作,既要直面当前问题,保持定力,坚定信心,更要持续发力,克难攻坚,不断推进,确保取得实实在在的改革成效。

四是树立底线思维。政府购买服务是一项系统性工程,改革涉及方方面面,不可能一蹴而就,各级财政部门既要尽力而为,更要量力而行,多做"雪中送炭"的实事,少揽"锦上添花"的虚活,规划好与本地区经济发展水平相适应、与人民群众需求相协调、与地区财力相匹配的,多层次、分阶段、稳步推进的政府购买服务体系。

二、聚焦政府购买服务重点,协同推进改革

常务副省长袁家军在省政府购买服务工作联席会议第一次全体会议上提出了"通过聚焦政府购买服务重点,统筹相关改革协同推进"的工作要求,这为我们有效推进政府购买服务工作指明了方向,必须深刻领会,认真落实。

一是聚焦民生需求,突出公共服务重点。要按照习近平总书记关于"人民对美好生活的向往,就是我们的奋斗目标"的要求,坚持以人民群众当前最迫切的公共服务期盼和需求为导向,重点选取养老、社区服务、医疗卫生等领域,大力推进政府购买服务,为人民谋福祉,使百姓得实惠。

二是聚焦社会组织培育,加大扶持力度。一方面,多推出适合由社会组织承接的公共服务项目;另一方面,依法依规给予社会组织财政补助和税收优惠等扶持政策,促进社会组织不断提升综合竞争力。

三是聚焦事业单位改革,真正实现由"养人"向"办事"的转变。有效发挥财政政策引领作用,通过实施与政府购买服务方式紧密衔接的事业单位经费供给模式与激励政策,切实转变财政经费的保障重点和资金投向,真正实现事业单位由"养人"向"办事"的转变。

四是聚焦财政资金使用绩效,加大监督评审力度。建立健全由购买主体、服务对象及第三方专业机构组成的综合性评审机制,强化综合评价,确保购买服务效果。

三、落实政府购买服务抓手,加快实施改革

一是全面启动实施2015年版政府购买服务指导目录。各级财政部门要抓紧全面启动本地区政府购买服务扩面工作,不断加大政府购买服务力度,横向拓展到2015年版政府购买服务指导目录涉及的所有公共服务领域,力争实现《指导目录》内容在本地区的全覆盖,至少完成《指导目录》50%以上的内容,达到公共服务项目资金的30%左右。

二是加快配套制度建设。目前,省级层面已经按照省政府要求,初步搭建了"一个意见,两个目录,若干个办法"的制度框架体系和"一个平台"建设,市县层面也要倒排时间表,抓紧搭建完善地区版本的制度框架体系和信息平台,为本地区政府购买服务工作提供制度保障和技术支撑。

三是主动抓好典型引路。坚持以《指导目录》的65项内容为基础,结合本地区实际,从群众关注的焦点、百姓生活的难点中寻找改革切入点,选择若干重点公共服务领域开展地区试点工作,通过抓典型引路,及时将本地区在实践中形成的可复制、可推广的成功经验和典型案例加以提炼总结,形成具有普遍指导意义的规律性做法,在全省范围内推广应用。此项工作,省财政厅近期将进行专门布置,希望各地结合本地实际,积极与省级行政主管部门确定的典型试点地区相衔接,鼓励省市合力,共建典型。

四是积极有效做好宣传引导。各地应充分利用报刊、网络、广播、电视、手机等多种媒介,采取电视访谈、政策解读、宣传手册、新闻专栏、微信微博等多种方式,加强舆论引导,主动回应群众关切,按照针对不同群体、区分不同领域、满足不同需求的要求,有效对接服务对象,开展精准宣传,切实提高宣传工作的针对性和有效性,为深入推进政府购买服务工作营造良好的舆论环境和工作氛围。

(2015年2月)

在全省政府采购工作会议上的讲话(摘要)

浙江省财政厅总会计师 赵立妙

一、近五年工作回顾

五年来,全省政府采购工作始终坚持"依法采购、廉洁采购、科学采购、和谐采购"的理念,着力创新政府采购市场化模式,构建政府采购制度、监管、诚信、标准、队伍体系,多项工作富有成效。

(一)规模效益大幅提升。政府采购范围从传统通用货物服务采购向专业新型货物服务采购扩展,从满足政府自身运行需要采购向为社会直接提供公共服务采购扩展。2014年,全省采购金额首次突破1000亿元,达1093亿元,近五年累计采购金额4115亿元,约为上一个五年的2.5倍,年均采购金额823亿元。五年来共节约财政资金626亿元,为上一个五年的2.6倍,年均节约财政资金125亿元。

(二)改革创新走在前列。初步构建具有浙江特色的地方政府采购制度体系,陆续出台《浙江省财政厅关于进一步创新管理提高政府采购工作效率和服务水平的意见》《浙江省政府采购供应商质疑处理办法》《浙江省财政厅关于规范政府采购供应商资格设定及资格审查的通知》《浙江省政府采购支持中小企业信用融资试点办法》《浙江省政府购买服务采购管理暂行办法》等文件。创新实施采购预算执行确认、供应商注册与诚信管理、协议供货采购全省联动、第三方价格监测、进口产品采购分系统全省统一论证、不提供担保的政府采购支持中小企业信用融资、规范供应商资格设定及资格审查、供应商质疑处理等措施,走在全国前列。

(三)规范管理全面加强。推进政府采购电子化,在全国率

先建成政府采购预算执行和政府采购活动组织实施过程全覆盖的政府采购信息管理系统。严格执行国库集中支付制度和无预算不采购制度，坚持集中采购、公开招标为主，加强采购组织形式、采购方式变更审批，建立健全管采分离、机构分设、政事分开、相互制约的集中采购机构管理体制。以考促建，从2010年起每两年对省市县三级集中采购机构进行业务考核，从2011年起每两年对社会中介采购代理机构实施业务考核。实行政府采购供应商注册登记制度，强化资格审查和诚信管理。加强评审专家管理，扩大评审专家库规模。以浙江政府采购网为平台，全面推进信息公开。切实加强协议供货采购、定点采购履约监管，委托第三方对全省协议供货采购价格进行有效监控。

（四）政策效应逐步显现。实施强制采购节能产品和优先采购环保产品制度，拓展绿色采购政策适用范围。探索不提供担保的政府采购支持中小企业信用融资政策，促进中小企业成为供应商主体，每年中小企业获政府采购合同份额均超75%。本国产品占据绝对优势的格局得以确立，2013年、2014年连续两年本国产品采购份额接近99%。积极开展残疾人庇护产品优先采购试点。探索实行促进“浙江制造精品”推广和应用，支持国产品牌汽车产业和本省汽车企业发展等自主创新政策。

（五）GPA（《政府采购协定》）谈判有序推进。浙江省为东部9省和5个计划单列市加入GPA研究和谈判应对的牵头省份，并于2011年同北京、天津、上海、江苏成为第一批列入中国加入GPA出价清单（中国第三份出价清单）的次中央实体。

（六）公车治理成效显著。制定《浙江省党政机关公务用车配备使用管理办法》《浙江省党政机关违规公务用车处理办法》，明确党政机关公务用车编制核定标准并重新核编，核编后的全省公务用车编制较原编制减少11%，较实有车辆减少4.5%。联合监察、审计等部门，对35个省级部门和4个设区市开展公务用车治理重点检查，覆盖面超30%。建立健全公务用车配备使用管理长效机制，推进公务用车配备标准化、管理信息化，协调公安车辆管理部门，统一规范全省公务用车上牌登记管理。

二、改革思路

当前和今后一个时期，浙江省全面深化政府采购制度改革的指导思想是：以党的十八届三中、四中全会，省委十三届四次、五次、六次全会和全国政府采购工作会议精神为指引，坚持问题导向和法治思维，按照市场决定和政府有为的总体要求，以政府采购信息化为抓手，全面推进政府采购制度体系、监管体系、诚信体系、标准体系和队伍体系建设，加快建立和完善“法律定规则，市场定价格，采购人定结果”的政府采购运行机制，着力推动政府采购管理从程序导向为主向结果导向为主转变，努力实现政府采购“物有所值”的制度目标，更好地发挥政府采购在提供优质高效公共服务、提高政府治理能力、实现经济社会发展目标等方面的积极作用。

（一）全面推进政府采购五大体系建设

一是制度体系。遵循地方制度与国家法律法规、下位制度与上位制度、国内制度与GPA规则保持一致的原则，围绕《浙江省实施〈政府采购法〉办法》，建立涵盖采购体制机制、采购操作实施、采购履约管理、采购行为监督、采购政策落实五部分，突出采购预算、采购需求、评审专家、采购程序、合同管理、责任追究等的制度体系。

二是监管体系。加快监管模式变革，从事前审批管理为主向事中事后监管为主转变。建立以信息化为依托、财政部门为主导、相关主体共同参与的政府采购监管体系，着力率先形成全省一张网的信息化监管体系，构筑环环相扣的权力运行监控机制，实现全过程可跟踪和可回溯，最大限度地减少人为干预和权力滥用。同时，坚持全面监管与重点监管相结合，既对采购活动的全过程实施监管，又强化对重点环节的监管。

三是诚信体系。构建以对政府采购当事人诚信考核评价为主的诚信体系，实行规范的评价结果公开制度，并完善政府采购诚信应用机制，加大对政府采购评价结果的应用，根据评价实施奖惩，促进形成不敢失信、不愿失信的诚信格局。

四是标准体系。以采购程序、采购文本、技术需求标准为重点，推进标准体系建设，加强政府采购源头管理和结果管理，抓住制定采购需求标准这个标准体系建设的“牛鼻子”，突出标准的合理性、先进性和开放性。

五是队伍体系。以政府采购从业人员专业化职业化为方向，推进队伍体系建设，打造作风过硬、业务过硬、廉政过硬的政府采购从业人员队伍，完善采购单位、采购代理机构和监管部门的内控机制，健全集采机构全省联动、区域互动、错位互补的竞争机制，促进社会中介采购代理机构差异化发展。

（二）探索建立“三定”政府采购运行机制

一是法律定规则。政府采购活动中的所有规则都应由以《政府采购法》为核心的各项法律、法规、规章及规范性文件来确定。

二是市场定价格。市场是最有效的价格形成机制，加入GPA之前，政府采购价格主要由国内市场竞争决定，加入GPA之后，则由国际市场竞争决定。

三是采购人定结果。在市场定价格的基础上，让采购人自主择优确定质量优、服务好的供应商，并对选定的结果负责，“还权”于采购人。

（三）创新完善三种政府采购模式

一是网上超市采购模式。凡采购单次采购金额较小、年度采购金额在采购限额标准以下的常用品，采购人可以按照事先确定的成交规则直接到网上超市采购，既吸纳私人采购充分自主、高效灵活的优点，又可以实现政府采购的适度规范和透明可控。

二是网上询价采购模式。凡采购单次采购金额较大但未达到公开招标数额标准的标准定制产品，采购人可以自行发起网上询价，按事先确定的成交规则自主确定成交供应商，既赋予采购人在市场低价范围内的有限采购自主权，也保证政府采购的规范性和市场定价的有效性。

三是建立传统与现代相融合的采购模式。采用公开招标为主的传统采购方式，委托采购代理机构组织实施，突出"专业的机构做专业的事"的理念，同时加快融入现代信息技术，推行电子招标投标、电子评标等新兴辅助手段，主要适用于大型工程、服务项目。这种采购模式下，采购人对采购结果的决定权主要体现在采购人对采购需求的决定权。

三、2015 年主要工作

（一）深入学习贯彻政府采购法实施条例，着力推进政府采购制度建设

围绕政府采购法实施条例，结合政府采购非招标采购方式管理办法、政府采购竞争性磋商采购方式管理办法、政府和社会资本合作项目政府采购管理办法，加快制定我省政府采购现场组织管理办法、政府采购合同办法、政府采购网上超市管理办法、政府采购在线询价管理办法，适时起草紧急采购、涉密采购管理制度。

（二）强化事中事后监管，着力提高政府采购质量和效率

全面梳理和优化政府采购流程，减少事前审批管理事项，强化事中事后监管。完善政府采购预算执行管理系统，优化审批程序，将公开招标数额标准以下项目的采购方式审批由财政部门审批转变为由主管部门审批、财政部门备案，将进口产品采购和单一来源采购的专家论证及其论证意见公示由集中采购机构和财政部门为主组织转变为由采购单位为主组织，调动采购单位及主管部门的主动性。加强采购需求管理，探索实行通用类货物和服务需求标准统一由集中采购机构研究制定的制度。调整 2016 年全省政府采购目录和标准，合理确定集中采购范围和分散采购限额标准、公开招标数额标准。加大公开力度，推进采购预算、采购信息、采购结果和采购合同公开，细化采购结果公告事项，以全过程信息公开带动全过程监管。加强政府采购支持节能环保、扶持中小企业发展、规范进口产品采购等政策执行的监管。提高政府采购监管效率，依法开展投诉、举报案件处理，优化办案程序。严格评审专家准入条件，加强评审专家培训考核，强化评审专家责任意识。进一步落实协议供货"谁招标，谁为主监控"的联合监管机制。完善全省联动协议供货采购制度，改进与第三方调查机构合作机制，强化协议供货产品价格动态监控和质量监管。推进协议供货产品多品牌竞价和批量集中采购。组织开展省级部分定点采购项目履约专项检查。

（三）强化项目带动，着力推动政府购买服务工作

全面贯彻落实中央、省出台的各项政府购买服务制度，对政府购买服务项目的采购预算编制、采购需求制定、采购方式选择、采购活动组织实施、采购合同履行等实施全过程的监督指导和跟踪评价。加快全省政府购买服务管理信息平台建设，充分发挥平台在政府购买服务项目的信息发布、政策宣传、经验交流、推广示范等方面的作用。

（四）深入开展调查研究，着力完善 PPP 项目采购管理机制

全面贯彻落实中央、省出台的各项推广运用 PPP 模式的制度，积极配合财政职能处室主动参与有代表性的 PPP 项目的项目识别、项目准备、采购需求制定等前期工作，重点指导项目实施机构科学选择采购方式、依法组织采购活动、全程跟踪采购合同履行，逐步积累 PPP 项目采购管理经验，完善相关采购制度。

（五）有序统筹整合，着力推进政府采购信息化建设

有序推进信息化建设，积极稳妥引入云计算技术，创新开发应用模式，全面改造升级我省现有政府采购外网系统，建设全省统一的政府采购云平台。推广应用政府采购内网系统，加快政府采购外网系统与教育和卫生部门集中采购系统、医展会政府采购系统的整合，强化省、市、县三级联动，全面推进全省政府采购管理交易系统一体化建设。

（六）加强监督检查，着力推进政府采购代理机构建设

规范公共资源交易平台活动，强化财政部门对集中采购机构的依法监管，减少对集中采购机构的不当干预。调整集中采购目录和分散采购限额标准，理顺集中采购机构代理业务范围。按照简政放权、宽进严管的原则，加强对社会中介采购代理机构撤销"准入门槛"之后的执业监管。按照财政部统一部署，组织开展全省中介采购代理机构执业专项检查。探索建立对代理机构的日常考核评价体系等长效监管制度，加强对代理机构的人员培训和业务指导，构建代理机构行业自律机制，引导采购人合理选择代理机构，促进代理机构差异化发展和行业有序竞争。密切关注全国政府采购行业协会筹建进展，适时启动浙江省政府采购行业协会的筹建。

（七）加强内部控制，着力推进政府采购队伍建设

发挥监管部门的引领和示范作用，坚持全覆盖，加强政府采购监管和执行两个层面，监管部门、集中采购机构、社会中介采购代理机构和采购人四类主体的内控建设。明晰单位内部职责划分和岗位设置，明确采购活动各环节的责任人和具体职权。针对不同主体面临的具体风险类型、风险内容、需要采取的防控措施的差异性，在坚持统一的内控原则和基本要求的前提下，加强分类指导，稳步推进。进一步巩固作风建设成果，着力推进政府采购队伍建设，按照"守纪律、讲规矩"的要求，努力打造一支作风过硬、业务过硬、廉政过硬的政府采购专业队伍。

（八）加强东部地区联动，着力推进加入《政府采购协定》（GPA）工作

加强 GPA 研究工作，组织本省和东部地区进一步完善加入 GPA 的出价建议。加强省级部门、单位之间的联系、协作，强化中央与省、市联动研究，根据国家加入 GPA 进程，有序推进我省政府采购规则与 GPA 规则的对接。加强 GPA 例外规则和我省产业发展战略研究，及时提出利用 GPA 例外规则保护、促进我省战略性新兴产业发展的对策措施。发挥浙江作为东部地区牵头单位的作用，利用东部地区改革开放的优势，着力推进 GPA 框架下地区间政府采购制度的联动改革。

（九）加强组织部署，着力推进公务用车制度改革

积极配合牵头部门做好全省公务用车制度改革，主动参与省车改办各项工作，研究提出财政相关的意见建议，在全省公车改革中做到“有位、有为”。配合省国资委研究制定国有企业公务用车审批流程和管理办法，严格界定生产经营用车，加强国有企业车辆管理。研究制定特种用车和其他定向化保障用车的配备使用管理办法，规范特种用车的范围和申报管理。进一步完善公务用车控购管理系统，提高公务用车管理质量和效率。

（2015 年 3 月 30 日）

在全省财政系统预算执行业务培训班上的讲话（摘要）

浙江省财政厅总会计师　赵立妙

一、近年来预算执行主要工作

（一）贯彻政府会计改革要求，加快建立政府综合财务报告制度

一是积极推进权责发生制政府综合财务报告试编。浙江省为首批试点省份，省本级在 2011 年即开始试编，2012 年将嘉兴市本级、海盐县纳入试编范围，2014 年，将试编范围扩大到全省所有市、县（市、区）。目前，各地已基本上报试编的财务报告。二是认真贯彻实施新行政单位会计制度。各地成立领导小组，明确实施方案，开展系统培训，多渠道宣传，推动新制度顺利实施。三是积极参与财政部总预算会计制度修订。

（二）创新财政资金理财方式，提高财政资金存放效益

财政资金竞争性存放既符合盘活存量资金的要求，也是财政内部规避与防范利益冲突，构建长效廉政机制的新举措。一是完善相关管理制度。以省政府办公厅名义制定下发《浙江省省级财政资金竞争性存放管理暂行办法》，对省级国库现金管理做出规定；会同人民银行杭州中心支行出台《浙江省省级财政资金竞争性存放商业银行定期存款业务操作规程》；下发《关于做好财政资金竞争性存放管理工作的通知》，进一步规范市县财政资金竞争性存放。二是积极开展竞争性存放。省财政厅共实施三期财政资金竞争性存放，杭州、嘉兴、义乌等地也根据当地实际开展此项工作。三是改进存款计息方式。各地积极推进活期存款定期计息，着力增加存款收益。

（三）完成地方政府债券发行兑付，提高筹资保障能力

2014 年，浙江省成功开展“自发自还”改革试点，当年共发行地方政府债券 137 亿元（不含宁波），其中：5 年期 54.8 亿元，利率 3.96%；7 年期 41.1 亿元，利率 4.17%；10 年期 41.1 亿元，利率 4.23%，既为我省经济和社会事业发展筹措了资金，又展示了我省政府的主体信用、经济财政实力和举债融资能力，并为逐步建立起规范的地方政府举债融资机制奠定了良好基础。

（四）加强资金安全管理，夯实总会计基础

一是完善制度建设。制定《浙江省财政总预算会计管理基础工作规定实施办法》《浙江省省级财政资金拨付管理规程》等，夯实总会计管理的制度基础。二是严格财政专户管理。开展全省财政专户核准工作，对报经财政部核准的各级财政专户实行目录管理，未经核准纳入目录管理的逐步撤销。2014 年，财政部核准全省存量财政专户 979 个，全省撤销财政专户 402 个。三是强化预算单位银行账户管理。各地严格日常审批管理，开展预算单位银行账户清理工作，撤销了一批银行账户。四是加强财政暂付款和对外借款清理。各地定期组织清理财政暂付、暂存款等往来款项，摸清底数、分类处理，严控新增借款。五是开展预算执行管理专项检查。对全省三分之一市县财政部门的预算执行和改革工作落实情况进行专项检查，发现问题并完善相关办法。

（五）深化国库集中支付和公务卡改革，加强财政资金支出监管

一是全面推进两项改革。目前我省已实现省、市、县、乡（镇）国库集中支付和公务卡制度改革全覆盖。截至 2014 年底，全省 16912 家县级以上预算单位和 1136 个乡镇两项改革覆盖率 100%，全省国库集中支付改革资金量 3056.07 亿元，发放公务卡 60.22 万张，所有市、县（市、区）均建立公务卡强制结算目录制度，公务卡累计公务消费 18.3 亿元，公务卡公务消费支出与现金支出比率连续上升。会计核算转轨也取得新突破，除个别地方外，省、市、县三级 9000 多家预算单位已顺利由会计集中核算向国库集中支付转轨。二是规范支出审核。认真贯彻执行中央关于厉行节约、反对浪费等规定及我省新出台的各类经费管理办法，进一步加强财政支出审核管理，增强预算执行严肃性。三是完善动态监控机制建设。修订《浙江省省级国库集中支付动态监控管理暂行办法》，探索运用国库动态监控系统，开展全过程监控。2014 年，全省 53 个市、县（市、区）建立动态监控管理制度。四是加强代理银行业务监管。按照科学、规范、公平、公正原则，各地对国库集中支付代理银行进行考核，提高资金支付的安全性和预算单位操作的规范性。

（六）提高预算执行分析水平，加强财政决算管理

一是提升收支预算执行分析质量。按照反映全口径预算执行情况的要求，增加社会保险基金收支、专项统计月报表。二是强化库款统计监测。建立库款信息报送管理机制，加强库款情况分析，提高资金调度的针对性和国库现金管理的稳健性。三是加强财政决算管理。认真编制和汇审财政决算报表，稳妥推进部门决算公开。及时编印年度《财政统计资料》，强化决算数据分析利用。

（七）推进数字财政建设，加快预算执行信息化步伐

积极推进国库集中支付电子化管理，省财政厅会同人民银行杭州中心支行实现实拨支付业务电子化。完善国库集中支付信息管理系统，扎实推进数据仓库建设，实现对全省除宁波外的所有市、县（市、区）的收支执行数据采集。完善财税库银横向联网报表系统，完成财政收入动态分析系统开发。加快动态监控

系统建设，动态监控系统新软件已在省级和5个市县同步测试。

在肯定成绩的同时，我们也应认识到预算执行工作仍存在一些问题，如收支执行数据把关不严甚至出现严重差错等问题在部分市县时有发生；个别地方总会计基础管理不实，存在资金安全隐患；国库集中支付资金覆盖面有待进一步扩大，乡镇国库集中支付改革有待进一步深化完善，公务卡使用率有待进一步提高等。

二、当前预算执行工作面临的新形势

一是经济发展新常态，使预算执行工作调整新思路。随着经济发展进入新常态，财政收入既难以延续两位数的高增长，也不会出现大起大落，而是进入一个相对平缓的增长期。预算执行工作也要转换思路，“执行优则谋”，在做好执行具体工作的同时要多思考、多研究，对收支结构、行业税源变化等进行重点分析，为领导决策做好基础支撑。

二是收支规模新突破，给预算执行工作带来新挑战。2014年，浙江省一般公共预算收入4121亿元，支出5159亿元，分别是1994年的43.6倍、33.7倍，年均分别增长20.8%、19.2%，再加上政府性基金、国有资本经营、社保基金，四本预算合计收支规模突破万亿大关。如此大的收支规模，对支出审核、核算、监控，报表编报，数据挖掘，资金安全，保值增值等都带来新的挑战。

三是改革不断推进，给预算执行工作提出了新要求。加强国库现金管理、规范地方政府债券发行、建立权责发生制政府综合财务报告制度、深化国库集中支付和公务卡改革、推进国库集中支付电子化管理等一系列改革给预算执行工作带来前所未有的机遇和挑战。我们要进一步强化责任感、使命感和紧迫感，注重改革的系统性、协同性、完整性和前瞻性。

四是新《预算法》实施，为预算执行工作提供新保障。新《预算法》强化了预算约束，夯实了预算执行管理基础，健全了地方政府举债融资新机制，完善了国库现金管理，可以说从国家法律层面为预算执行部门管好“钱袋子”提供了“尚方宝剑”。

三、下一阶段主要工作

2015年，财政预算执行部门要牢固树立法治意识、改革意识、信息化意识，绷紧资金安全弦，妥善处理好服务和监管、管理和决策、效益和风险三对关系，着力打造“服务保障型、决策支撑型、运营管理型、风险防控型”的“四型”财政国库，扎实推进财政国库管理工作，为全面深化财税体制改革、保障各项重大财税政策顺利实施作出新贡献。

（一）库款及地方国库现金管理方面

浙江省自2005年启动国库集中收付制度改革以来，库款余额逐年增加，国库存款常年在高位运行。国库收入和库款规模增长，国库临时性闲置资金持续增加，为开展国库现金管理提供有利条件。目前，从省财政厅已开展的国库现金运作来看，通过财政资金竞争性存放等手段，实现了在安全性和流动性基础上的保值增值。下一步，将重点推进以下工作：

一是逐步扩大操作范围。分步将市、县资金纳入国库现金管理。初步考虑先将国库沉淀资金多、预算管理水平高、专户清理力度大、政府债务约束考评机制相对完善的市、县纳入操作范围。二是确保资金安全。在确保财政资金安全和正常支付的前提下，开展国库现金管理，库款不到1.5倍月均支付水平的，不得动用库款。科学拟定竞争性存放计划，合理配置竞争性存放资金的规模、结构和期限，切实提高财政资金存放效益。三是建立现金流量预测机制。完善国库单一账户体系，抓好库款源头管理，加强预算编制与执行管理，平衡预算支出进度，提高预算执行绩效，减少影响国库现金流量预测的不确定性。充分利用财税库银联网等相关数据库，滚动预测国库现金流量，确定国库最佳库存规模。四是加强公款存放管理。省委办公厅、省政府办公厅下发《关于防止领导干部在公款存放方面发生利益冲突和利益输送的办法》，规定公款存放应采取招投标方式，实行竞争性存放。财政预算执行部门要对预算单位银行账户和资金存放管理作出具体规定，目前《关于浙江省市县级财政开展国库现金管理的实施意见》《省级预算单位公款存放管理试行办法》正征求意见，将尽快出台。

（二）地方政府债券发行兑付方面

新《预算法》规定，经国务院批准的省、自治区、直辖市的预算中必需的建设投资的部分资金，可以在国务院确定的限额内，通过发行地方政府债券举借债务的方式筹措。《国务院关于加强地方政府性债务管理的意见》也作了相应的规定。近期，财政部核定我省2015年第一批地方政府债券置换存量债务额度为521亿元（不含宁波），其中，一般债券417亿元，专项债券104亿元，置换债券由我省自发自还。今后，地方政府债券规模将大幅提升，预算执行管理部门要积极应对，主动作为。

一是做好地方政府债券发行工作。目前财政部已出台有关地方政府一般债券、专项债券发行管理暂行办法，全面规范地方政府债券发行等行为。要抓紧拟定工作方案，组建好承销团，选聘好信用评级机构，做好债券发行信息披露工作，选择合适发债时机，顺利完成发债工作。各地要本着诚信原则，按时归还地方政府债券本息。二是合理调度资金，动用库款置换地方存量债务。允许用库款垫付的拟发政府债券，限定于《浙江省财政厅关于做好第一批地方政府债券置换存量债务有关工作的通知》规定的范围，即用于偿还审计确定的，截至2013年6月30日政府负有偿还责任，并在2015年到期存量债务本金的地方政府债券。各地已安排其他资金偿还上述债务本金的，在确保资金安全的情况下，也可在下达的债券额度内，在债券发行之前，通过库款垫付审计确定范围内政府负有偿还责任的其他债务。除国务院另有规定外，暂不允许通过库款垫付上述范围外的债务。各地预算执行部门要统筹处理好库款管理和债务管理的关系，加强预测分析，需用库款垫付拟发政府债券资金的，库款必须达到1.5倍月均支付水平，在保障支付需要和资金安全的基础上，充分发挥库款效益。

（三）权责发生制政府综合财务报告方面

国务院批转财政部《权责发生制政府综合财务报告制度改革方案》，明确了权责发生制政府综合财务报告制度改革的总体目标、主要内容及时间表、路线图等。近期，财政部下发《2014年度权责发生制政府综合财务报告试编办法》，要求具备条件的市县原则上均要纳入试编范围，已在市、县级全面开展试编的地区，可探索合并汇总省本级政府综合财务报告和所属市、县级政府综合财务报告，编制本行政区政府综合财务报告。希望各地高度重视权责发生制政府综合财务报告制度改革，切实采取措施推进试编工作。

一是加强组织领导。省财政厅已成立“权责发生制政府综合财务报告制度改革领导小组”，由厅长任组长，相关处室局主要负责人为成员，领导小组下设办公室负责具体改革推进相关工作。各地也要加强组织领导，建立协调机制，明确专人负责，抓好落实。二是研究制订试编工作方案。省财政厅将研究出台综合财务报告改革方案和试编办法，并适时开展清产核资工作，筹备政府综合财务报告信息系统建设等。各地也要结合本地区实际情况，制订工作实施方案，明确实施步骤和职责分工。三是认真做好试编工作。各地应按时完成本级政府综合财务报告试编工作，省财政厅将进一步加强对市县财政部门的指导。四是加强重点难点问题研究。重点研究政府综合财务报告合并主体范围、公共基础设施资产、政府和社会资本合作中政府权利与义务等重点难点问题。五是贯彻实施新修订的财政总预算会计制度。财政部正研究修订《财政总预算会计制度》，各地要加强学习培训，做好《财政总会计制度》实施及新旧制度衔接准备工作，确保我省财政总会计工作有序、平稳。

（四）财政对外借款管理方面

一是全面清理财政对外借款。各地要采取切实可行措施，必要时运用法律手段，抓紧全面清理已发生的财政借垫款。应当由预算安排支出的要抓紧安排预算，原则上应在2017年底前列支完毕，其他财政借垫款原则上应在2016年底前收回。经核实确实无法收回的财政周转金和其他财政借垫款，应在2017年底前报经同级人民政府批准同意后，按规定核销。二是严格控制新增财政对外借款。严格按照批准的年度预算和用款计划拨款，对确需新增的支出项目，应按规定通过动支预备费或调整当年预算解决，不得对外借款。对确需出借的临时急需款项，应严格限定借款对象、用途和期限。借款对象应限于纳入本级预算管理的一级预算单位（不含企业），不得对非预算单位及未纳入年度预算的项目借款和垫付财政资金，且应仅限于临时性资金周转或者为应对社会影响较大的突发事件的临时急需垫款，借款期限不得超过一年。三是规范财政对外借款管理。严格规范财政对外借款审批程序，详细核查新增借款对象和用途等，符合规定且确需借款的，应报经同级人民政府常务会议批准后办理借款手续。财政部门要与借款单位签订借款协议，明确借款金额、借款用途、借款期限、还款来源和违约责任。加强财政对外借款日常管理，完善内部职责分工，落实管理责任，建立财政对外借款台账，详细记录每笔借款的对象、期限、金额等信息，并定期与总会计账簿核对。完整保存财政对外借款档案资料，加强对借款单位资金使用情况的监督检查，建立财政对外借款回收保证、责任追究机制和到期借款预警机制，督促借款单位按期还款；对于不能按期还款的，要采取扣减预算等方式确保及时收回借款。存在逾期借款未偿还的单位，不得再新增借款。建立财政对外借款终身负责制，对于相关责任人违规对外借款造成出借财政资金损失的，依法提请有关部门追究其法律责任。

（五）财政专户管理方面

一是严格规范财政专户开立程序。各级财政部门一律不得新设专项支出财政专户；开立其他财政专户的，要严格执行财政部《财政专户管理办法》中规定的开立条件和程序，报省厅审核后经财政部核准，未经核准，一律不得新开立财政专户。二是全面清理整顿存量财政专户。除经财政部审核并报国务院批准予以保留的财政专户外，其余财政专户应于2016年底前逐步撤销。2014年财政部已发文要求清理撤销的财政专户，必须严格按照规定时间撤并。三是全面实现财政专户归口管理。财政专户未全部归口管理的地区，各地要严格按照有关规定将各类财政专户归口预算执行机构统一管理，并明确职责分工，建立相互协调、相互制衡的内部工作机制。四是强化财政专户资金使用管理。专户资金必须按照规定用途使用，对清理撤销的财政专户资金，要按规定并入其他财政专户分账核算或及时缴入国库。

（六）国库集中支付和公务卡改革方面

一是继续大力推进乡镇两项改革。乡级两项改革涉及面广、任务重，部分市县客观上还存在认识不到位，改革进展偏慢等问题。各地要抓紧落实工作责任，因地制宜加快推进改革。省财政厅将适时开展改革情况督察，并不定期通报全省两项改革进展情况。二是继续扩大县级以上集中支付资金范围。各级财政部门要采取有力措施，对公共财政预算资金和政府性基金预算资金中的“财政直拨资金”，抓紧纳入国库集中支付系统进行规范支付，有效提升国库集中支付资金覆盖率。三是进一步提高公务卡使用率。加大宣传力度，引导公务人员使用公务卡。严格执行公务卡强制结算目录制度，扩大公务卡结算范围。优化刷卡环境和结报流程，减少现金结报使用量。四是加快执行动态监控机制建设，建立覆盖全省各级财政的国库集中支付动态监控体系。各地要制定适合本地实际情况的国库集中支付动态监控管理办法，明确监控职责、范围、核查、处理、分析等内容，并建立动态监控信息系统，落实监控分析报告制度。

（七）预算执行分析和财政决算方面

一是提高执行分析水平。深入分析收支数据反映的经济运行状况，做到数据分析透彻，观点有理有据，为领导决策提供更有价值的参考。二是提高报表编报质量。进一步建立健全决算管理工作机制，在完成财政总决算和部门决算编审的基础上，继续做好部门决算数据质量反馈、核查和决算批复工作，规范口径，提升决算报表数据质量。三是加强决算数据分析利用，及时发现并反映预算编制、执行乃至财务会计方面存在的问题，有效改进管理和决策。四是稳妥推进部门决算公开。各地应按照新《预算法》和财政部对决算公开范围、内容、时间的具体要求，加强对预算单位的指导，注重数据真实准确性的审核，督促预算单位进行上下年编报数据的连贯性核查及与预算数的衔接对比。要制定好部门决算公开方案，做好应对预案。

（八）预算执行信息化建设方面

一是规范乡镇国库集中支付系统管理，不得擅自采购未经省厅数据库结构备案及论证的商业软件；财政与代理银行之间数据传输接口技术须严格执行省厅制定的标准规范，不得自行与代理银行开发涉及资金支付等业务的数据交换接口。二是稳妥推行国库集中支付电子化。为保障全省财政国库集中支付电子化工作的顺利开展，达到财政业务数据传送电子化、比对审核自动化、业务处理标准化和资金拨付安全化，各地务必按省财政厅统一要求推进国库集中支付电子化管理工作，将国库集中支付电子化实施方案报省厅核准，未经核准，不得开展任何形式的无纸化资金支付业务；严格按照省财政厅与人民银行杭州中心支行确定的业务接口标准和相关技术规范实施，与人民银行进行交换的拨款、额度等电子数据必须通过省财政厅与人民银行杭州中心支行连接的专用网络及电子凭证库传输；选择财政部或省财政厅会同人民银行杭州中心支行验收通过的代理银行自助柜面系统。三是加快动态监控信息系统建设。按"先行试点、总结经验、逐步推广"的原则，初步确定将于2015年正式在全省范围内分批推广使用动态监控信息系统。四是加强系统安全体系建设。启用财政数字证书（CA认证），登录国库集中支付系统须同时具备口令和CA证书，防范用户口令过于简单或长期不更换产生的资金安全风险。建立分级授权机制，按照相互牵制原则明确财政部门内部信息中心和业务部门对系统基础信息的维护权限，严禁系统维护人员经办财政资金支付业务。

（九）全省预算执行系统队伍建设方面

一是加强业务能力建设。既要加强政治理论学习，把握大政方针政策，又要加强财税业务和其它业务知识的学习。通过业务培训、以师带徒、业务骨干授课等多种方式，进一步提升干部的业务能力。二是加强作风建设。处理好监督与服务的关系，既要加强监管，保障预算单位严格执行各项财经纪律，建立覆盖预算单位资金收支全流程的监控机制，对违规行为形成有效威慑，保证政令畅通和政策落实，又要服务好预算单位，合理界定职责，优化业务流程，提升服务质量，突出预算单位在预算执行中的主体地位。三是加强廉政建设。自觉按照党风廉政建设要求，加强拒腐防变意识教育，严格依法履职办事。

（2015年4月2日）

在浙江政务服务网统一公共支付平台推进会上的讲话（摘要）

浙江省财政厅总会计师 赵立妙

浙江政务服务网统一公共支付平台，是根据省政府关于浙江政务服务网"七统一"要求，基于浙江政务服务网开发，面向社会公众，提供办理缴纳政府非税收入等公共收入支付业务服务的支撑平台。总体框架可概括为"一二三四"，即制定一套标准规范，支撑线上线下两类支付业务，实行省市县三级联动，打通财政、执收单位、代收机构和收款银行四个系统。核心功能是采用云计算、移动互联、大数据等现代信息网络技术，为缴款人提供开放便捷的缴款渠道。

统一公共支付平台主要特点为：一是理念转变，将缴款方式由执收单位就近确定代收商业银行调整为由缴款人自主选择接入统一公共支付平台的代收机构和支付渠道。二是技术提升，应用政务服务网提供的云主机、云带宽等云基础设施和移动互联等信息网络技术，为公共支付业务提供安全可靠、稳定高效的技术支撑。三是平台的连接，整合集聚信息资源，通过财政、执收单位、代收机构、收款银行等系统间互联互通，同步协调业务流、资金流、信息流，实现业务全流程的自动化处理。

一、统一公共支付平台推进工作进展

（一）配套制度和业务规程制订情况

2014年，省财政厅会同中国人民银行杭州中心支行制定了《浙江省政府非税收入收缴电子化改革试点总体思路》，明确收缴电子化改革目标原则、总体框架、部门职责分工、阶段性工作计划等内容。此外，省财政厅还制定了统一公共支付平台业务规范和技术标准，引入电子缴款凭证，实行按需开票、自动核销。

2015年，省财政厅制定了统一公共支付平台推进工作方案和接入工作实施指南，并会同人民银行杭州中心支行起草了《浙江省政府非税收入代收机构管理试行办法》，目前已发文征求市县财政部门、人民银行、商业银行、支付机构等单位意见。

（二）平台开发情况

目前，基于浙江政务服务网的统一公共支付平台框架基本搭建完成，已接入银联、支付宝、工行、农行、建行等多家支付机构和商业银行，缴款人可在PC端、手机端通过统一公共支付平台办理各类缴款业务。同时，财政部门、执收单位、代收机构、收款银行等主体之间的网络互联互通、信息实时共享的运行框架也已基本建立，形成了开放包容的多元化缴款渠道体系，实现了资金自动对账、款项自动结报、票据自动核销、收缴动态短信自动发布的目标。

与统一公共支付平台对接的浙江省政府非税收入征管信息系统升级开发也已基本完成，执收单位可应用该系统在线填开或批量导入缴款单,并实时向缴款人发送缴款通知短信。

(三)平台应用进展

一是省级层面。选择省公安厅、省人力社保厅、省教育厅、省财政厅等部门作为试点单位,目前,省公安厅高速公路交警罚款、省人力社保厅公务员考试收费、省财政厅会计考试收费、省教育考试院的自学考试收费等项目已上线运行,其中,省财政厅会计考试业务实现整体迁移至浙江政务云平台,实现了一站式办理全省会计从业资格考试报名收费以及会计从业资格行政许可审批。

二是市县层面。选择杭州市、金华市、嘉兴市、绍兴市、瑞安市等作为试点地区,并印发推进工作指导意见。各地正按照浙江政务服务网总体规划和部署,积极开展统一公共支付平台接入实施工作。

二、下阶段工作重点

(一)提升功能,扩大范围。着力提升平台功能,部署开发对接统一公共支付平台的刷卡支付功能,支持代收机构开发对接统一公共支付平台的自助终端支付等支付渠道,并在浙江政务服务网门户网站下开发公共支付业务的二级网站。逐步扩大省级部门应用范围,稳步推进试点地区实施应用工作。

(二)周密部署,形成合力。各地财政部门应在当地政府的统一领导和县(市、区)府办的牵头组织下,制订政府非税收入接入统一公共支付平台的总体方案,落实统一公共支付平台推进具体事务。同时,加强部门间沟通协调,共同做好政府非税收入及其他公共收入在浙江政务服务网收缴事项。各地各部门在编报2016年度部门预算时,应做好项目对接落实,财政部门也要积极配合执收单位做好项目预算编制和政府采购工作。

(三)安全规范,开放便民。各地要在确保财政资金安全和符合统一规范的基础上,合理确定代收机构及支付渠道,可根据当地业务需要增加本地接入代收机构,实现规范管理和便民服务的有效对接。同时,合理确定收款银行,各地应在现有已开设财政结算账户的商业银行中选择。

(四)加强培训,推广经验。各地应加强公共支付业务培训,打造业务熟、技术精、素质高的管理和服务队伍。试点地区应注重总结工作方案、操作规程、职责分工以及措施机制等,形成可复制、可推广的实施应用经验,为下一阶段全省面上推广应用奠定良好基础。

(2015年8月5日)

在全省财政系统政府引导基金培训班上的讲话(摘要)

浙江省财政厅副厅长 沈 磊

当前,浙江省正处于破除资源要素制约、加快产业转型升级步伐、培育新的经济增长点的关键时期。在此背景下,通过建立政府产业基金,创新财政支持经济发展方式,找到政府与市场、财政资金与社会资本的结合点,充分发挥财政资金“四两拨千斤”的杠杆作用,引导社会资本加大对实体经济的投入。

一、背景意义

(一)深化财税改革的迫切需要。2014年以来,《国务院关于深化预算管理制度改革的决定》等文件明确要求,进一步深化财政专项资金管理改革,清理、整合、规范专项转移支付项目,逐步退出竞争性领域,并改进财政资金的分配方式,减少行政性分配,引入市场化运作模式,与金融资本相结合,带动社会资本增加投入。浙江省明确省级政府部门一般不再直接向企业分配和拨付资金,并建立省级专项资金管理清单,将省级专项由235个整合为54个。应该说,整合专项资金和推出产业基金,是专项资金管理改革的上下篇,较之传统的专项资金管理方式,产业基金支持方式具有六大优势:一是有利于更好地促进市场公平竞争。产业基金减少了行政性分配,遵循市场规律,主要靠市场发现和培育新的增长点,有利于进一步处理好政府和市场的关系,维护公平竞争的市场环境,更好地发挥市场在资源配置中的决定性作用。二是有利于营造创业创新的氛围。我省民营经济发达,民间资本充裕,大众创业创新的积极性很高,但也存在投资难、融资难等问题,产业基金投向创业创新领域,通过政府引导、示范,可稳定市场预期,从而更好地激发大众创业、万众创新的热情。三是有利于更好地促进经济发展。基金的最大优势在于其杠杆效应,通过母子基金传导放大,吸引带动社会资本增加投入,最终起到“四两拨千斤”的目的,同时以市场化方式进行项目甄选、资本运营、进入退出,有效解决项目落地“最后一公里”问题和“劣币驱逐良币”现象,提高资金使用绩效。四是有利于增强财政资金统筹能力。通过设立产业基金,把分散的资金整合起来,改变以往专项资金分配过程中“撒胡椒面”“九龙治水”等情况,通过市场方式分配,维护各项产业政策的延续性和协调性,更好地实现集中财力办大事。五是有利于盘活存量资金。国务院正实施盘活存量资金工作。基金的主要来源是存量资金,通过设立基金,将趴在账上的存量资金盘活,支持经济发展,切实发挥财政资金在稳增长、调结构、促转型中的积极作用。六是有利于化解财政风险。基金可滚动、循环使用,实现财政资金积累,相当于建了一个资金“蓄水池”和“风险池”,有利于防范和化解地方政府债务等财政风险。

(二)促进产业转型升级的必然选择。当前,浙江省正积极实施“五水共治”“四换三名”“两化融合”等经济转型升级组合拳,大力发展以互联网为引领的新兴产业。新兴产业具有轻资产、高成长、高风险等特点,存在银行不肯贷、市场不敢给的融资难题。产业基金通过企业竞争、市场选择,扶持有潜力的企业成长,待企业发展成熟后适时退出,将创业收益内部化、创新风险分散化,以此形成示范带动效应,调动创业创新的积极性。而随着国家清理财税等优惠政策的深入推进,各地习惯运用的传统支持方式将逐步取消或改革，也倒逼我们创新方式，积极探索产业基金等符合市场化改革要求的替代路径，服务稳增长、调结构、促转型大局。

（三）防控权力寻租的重要措施。传统的财政专项资金主要采取行政性分配的方式，由各行业主管部门凭借行政权力分配资金，尽管目前财政专项资金已按照“一个部门一个专项、一个专项一个办法”的要求进行了整合，并大力推进专项资金因素法和竞争性分配改革，总体形式上已较为规范，权力寻租的空间也已大大压缩，但专项资金整而不合的问题仍然不同程度地存在，其中一个关键因素就是一些部门、单位及处室仍不愿意放弃专项资金的分配权，从而留下权力设租、寻租的空间。推进产业基金政策，委托专业机构进行管理运作，真正做到专业的人做专业的事，并通过市场化方式由专业机构公开向社会征集投资项目，财政等相关部门重点做好制度设计和监督检查，有效避免权力滥用和决策失误，真正把权力关进制度的“笼子”。

二、基本思路

（一）设立宗旨和功能定位

我省政府产业基金由各级政府主导设立，实行市场化运作，旨在发挥财政资金的杠杆作用，引导金融资本和社会资本支持我省实体经济发展，实现政府主导与市场化运作的有效结合，推进全省创业创新和产业转型升级。

产业基金按照“政府引导、市场运作、分类管理、防控风险”的原则进行运作，在功能定位上要体现政策性、引导性与市场性相结合。既要充分贯彻落实省委、省政府经济发展战略，符合国家和省产业政策导向，以及相关产业发展规划，重点投向七大万亿新兴产业，并积极推动企业“走出去”开展投资合作，推进全省经济结构调整和产业升级；又要鼓励各级政府设立产业基金，并与社会资本、金融资本以及大中型企业合作，共同发起设立多种形式的子基金或通过增资方式参与现有的产业基金，充分发挥政府产业基金的放大效应和导向作用，引导投资机构和社会资本投资我省实体经济。在具体管理运作上实行所有权、管理权、运营权相分离的体制，政府相关部门负责产业基金的组建和监督管理，指导产业基金开展投资并做好对接服务，不干预产业基金具体管理和运作，充分发挥基金专业化管理团队的独立决策作用，按市场化原则规范运作。

（二）设立程序和资金募集

我省政府产业基金由各地财政牵头设立，各级财政部门要结合本行政区域产业集聚特点、扶持发展需要和政府财力状况，牵头会同相关主管部门进行调查研究，并在充分听取各方面意见建议的基础上，组织编制产业基金组建方案，明确产业基金设立的背景和目标、基金规模、组织形式、投资领域、管理架构、项目遴选程序、投资决策机制、投资托管、风险防范、投资退出、管理费用和收益分配、经营期限等内容，并报本级人民政府批准。

各级政府产业基金资金来源为财政出资，财政出资主要来源于经清理保留的竞争性领域财政专项资金、深化财政存量资金改革盘活的部分存量资金和基金投资收益等。各级财政出资设立的产业基金必须达到一定规模，其中：设区市政府财政资金单独设立的产业基金，首期总规模原则上不低于10亿元，集合所属县市共同设立的，首期总规模原则上不少于20亿元；县（市、区）政府财政资金单独设立的产业基金，首期总规模原则上不低于3亿元。基金出资可一次或分期筹集到位。分期到位的，首期出资资金应不少于基金总规模的40%，其余资金可根据首期到位资金运行情况分步到位，全部到位期限不得超过基金审批设立后3年，而且基金规模应根据地方财力情况，经规定程序审批后逐步扩大。

（三）组织架构和职责分工

各级政府设立的产业基金的组织架构原则上包括基金管理委员会、基金公司、基金管理公司三个层次，按照基金组建方案和管理办法规定各司其职，各负其责。根据基金实际运作需要，可增设投资决策委员会、托管银行等架构。

基金管理委员会一般由政府主要领导担任主任，相关部门负责人为成员，负责基金重大事项的决策和协调。管理委员会办公室要设在各级财政部门，负责基金决策机构的日常工作，牵头建立相关成员单位投资决策和沟通协调机制，为管委会提供决策和协调建议。

基金公司可以在现有国有独资企业中选择，也可以新设，接受政府或财政部门授权代行出资人职责，对产业基金运作进行监管和指导，并负责选聘基金管理公司和托管银行运作和管理基金，做好产业基金年度财务审计和基金管理公司的考核评价，一般不直接参与具体投资运营。

基金管理公司根据基金管委会的要求和基金公司的委托，并按照委托协议约定负责产业基金的日常投资和运营工作。具体负责收集产业基金的投资合作意向，按照基金投资计划对拟投资合作项目进行尽职调查、入股谈判、拟定章程或合伙协议、投后管理、基金退出等专业化运作，定期向基金公司报送基金运作情况。

（四）投资方向和运作模式

政府产业基金投资项目应符合国家和省产业政策以及相关产业发展规划，所投领域应具备良好的产业基础和发展优势，充分结合各地经济发展规划、产业基础、资源禀赋和区位优势，促进国内外优质资本、项目、技术、人才向我省聚集。因此，根据省委、省政府的重点工作部署，近期主要投向信息、环保、健康、旅游、时尚、金融、高端装备制造等重点产业的科技成果转化、“四换三名”“两化融合”“创业创新”及农业农村发展、文化创意等重点领域，严禁投向高污染、高能耗、落后产能等国家限制行业。

各级政府产业基金一般采取设立“子基金”和少量“直接投资”相结合的运行模式。同时也鼓励各地积极探索适合本地区产业发展实际的市场化运作模式。“子基金”模式，是指各级财政资金设立的政府产业基金与上下级财政资金及社会资本合作设立或以增资方式参与现有基金组建“种子基金”“天使基金”

“创投基金”“区域基金”“定向基金”“并购基金”等投资模式。采取“子基金”模式可以有效放大基金规模，更好发挥财政资金引导作用。“直接投资”模式，主要针对一些全省性和地区性重大项目，具体可根据不同类别的产业资金和投资对象，采取注入资本金、直接参股、跟进投资、参与定向增发或优先股、“金股”等股权投资管理形式。

政府产业基金的投资期限不宜太长，一般为3～5年，采用“母基金”模式的最长不超过10年，确需延展投资期的，应按项目投资原有审议决策程序报批后确定。

三、下一步工作要求

（一）高度重视产业基金的设立工作。创新财政支持经济发展方式，建立政府产业基金，是当前我省促进产业转型升级、提振市场信心、推动经济发展的重要举措，也是各级财政部门当前必须抓紧开展的一项重点工作。基金的生命力在于省与市县上下联动，“两个轮子一起转”，层层放大乘数效应。各级财政部门必须统一思想认识，切实加强组织领导，确保产业基金组建工作顺利推进。按照国务院和省政府的要求，积极筹措财政资金，加快建立和充实现有产业基金，并制定具体政策措施和工作方案，完善管理架构和运作机制，加快建立产业基金管理的制度体系，全面推进基金的市场化运作，形成省市县共同参与、母子基金相互配套的良好局面，把基金优势最大限度地发挥出来。

（二）结合本地实际选择合适的基金模式。目前国家层面已设立400亿元规模的新兴产业创业投资基金，正在运筹建立多支政府性产业基金，省级层面也将设立200亿元的政府产业基金，运作模式都是以与地方政府和金融资本、社会资本合作设立子基金为主。各级财政部门在设立政府产业基金时，必须全面了解国家和省的相关产业基金情况，立足自身产业特点和发展优势，充分考虑社会各方面的投资需求，在省里确定重点支持的七大万亿产业范围内，选择合适的产业作为支持重点，采取单独设立或与上下级财政合作设立产业基金的模式，并以此作为“母基金”与社会资本、金融资本进行合作，因地制宜设立各种“子基金”，委托专业机构进行运作管理，开展对企业项目的投资运作，加大对地方重点产业的支持力度。

（三）切实加强部门之间的协调配合工作。无论是深化财政专项资金改革，还是政府产业基金的运作管理，都离不开相关部门的支持和配合。因此，各级财政部门在基金设立、运作和管理的全过程中，都要积极与行业主管部门协商沟通，寻求行业主管部门的支持配合。在研究编制基金组建方案时，要主动听取行业主管部门的意见，在设立组织架构时，要明确相关主管部门的职责分工，在制订项目投资计划时，要征求相关主管部门的意见建议。在此基础上，各级财政部门要会同相关主管部门建立健全政府产业基金及投资项目的绩效考核制度，加强对基金管理公司的考核。省财政厅将建立对市、县产业基金设立、运作和管理以及政策目标、政策效果等情况的考核评价制度，各市县财政部门对地方产业基金投资规模、资金投向及其资产状况等也要定期进行考核评价，并根据评价结果采取相应的奖惩措施。

（四）切实做好政府产业基金的风险防控。各级财政部门应建立适应本地区实际的产业基金监管机制，牵头制订产业基金管理办法，明确产业基金的总体原则、支持重点、组织架构、职责分工、投资方向、投资运营、费用收益、风险防控、绩效考核、报告制度等相关内容。对产业基金投资于初创期、中早期以及具有正外部性的，可采取一定方式让渡部分收益，但应建立健全对收益让渡项目的风险分担及考核评价机制。相关基金公司应代表政府切实履行好出资人职责，定期对基金投资运作、资金使用、财务收支情况等进行监督检查，并视工作需要委托专业机构开展专项审计，有效防范风险，保障基金安全运行，促进基金保值增值。基金管理公司应建立严格的风控合规体系和内部管控制度，定期向基金公司和管委会报送产业基金运作、财务报表及投资进展、股本变化等情况。投资管理过程中的重大事项应及时向财政部门报告。

（2015年3月26日）

在全省机关事业单位养老保险改革工作电视电话会议上的讲话（摘要）

浙江省财政厅副厅长 沈　磊

一、准确把握机关事业单位养老保险制度改革的政策内涵

机关事业单位养老保险制度改革内容多、政策性强，各级财政部门要认真学习并准确把握政策内涵，确保“规定动作”按标准要求落实到位。改革后，机关事业单位已退休人员的退休费改由基本养老保险基金负担，单位和财政不再直接负担。同时，单位和财政将在以下方面增加新的支出：

单位方面主要有两项：一是基本养老保险缴费支出。国家政策明确，机关事业单位按照本单位职工工资总额的20%缴纳基本养老保险费。二是职业年金缴费支出。国家政策明确，机关事业单位按照本单位职工工资总额的8%缴纳职业年金。其中，对财政全额供款的单位，职业年金单位缴费采取记账方式；非财政全额供款的单位，实行实账积累。鉴于我省事业单位预算管理方式已经取消了全额和非全额的分类，为方便管理，同时减轻今后的财政压力，我省明确机关和参公单位的职业年金单位缴费部分实行记账方式，所有事业单位的职业年金单位缴费部分都实行实账积累。因此，机关和参公单位不用缴纳职业年金，没有职业年金缴费支出；事业单位需要缴纳职业年金。

财政方面主要有三项：一是财政对机关事业单位缴纳基本养老保险费的补助，即单位按工资总额20%的缴费。其中：机关单位所需经费全部由财政解决；事业单位所需经费按单位类型不同，分别由财政和事业单位负担，具体政策由各地结合当地实

际制定。二是财政对职业年金的补助。按照我省政策,机关和参公单位职业年金单位缴费部分采取记账方式,财政不需要对机关和参公单位给予职业年金缴费补助;但政策规定,机关和参公单位工作人员退休前,财政必须按照该工作人员职业年金账户的累计储存额(记账部分)拨付补助资金做实。事业单位职业年金单位缴费部分实行实账积累,单位按规定缴纳,所需经费根据单位类型不同,分别由财政和事业单位负担,具体政策由各地结合实际制定。三是财政对基本养老保险基金收支缺口的补助。当基本养老保险基金出现当期收支缺口时,财政要全额予以补助。

待改革正式启动实施后,各单位需要与养老保险基金进行缴费支出和退休费支出的结算;同时,财政需要与各单位进行退休费补助和单位缴费补贴的结算。

二、切实抓好机关事业单位养老保险制度改革相关工作

机关事业单位养老保险制度改革涉及面广、社会关注度高,而且时间紧、任务重。各级财政部门要精心组织、密切配合,积极稳妥推进此项工作。

一是周密测算,确保财政补助资金及时到位。据测算,实施机关事业单位养老保险制度改革和完善工资制度两项改革,全省将新增支出约120亿元。当前经济形势依然错综复杂,财政收入增速放缓,财政收支矛盾日益突出,各级财政部门要通过狠抓增收节支、大力调整支出结构等措施,积极筹措资金,确保改革顺利实施。要在前期测算的基础上,按照我省机关事业单位养老保险改革实施意见,进一步梳理参保单位和人员、缴费基数、事业单位类型等情况,把基础性工作做细做实。要结合当地实际,抓紧研究制定事业单位补助政策,合理安排并及时拨付相关资金。

二是主动参与,尽快制定本地实施方案。近日,省政府已下发《浙江省人民政府关于贯彻落实〈国务院关于机关事业单位工作人员养老保险制度改革的决定〉的实施意见》,这是我省机关事业单位养老保险制度改革的纲领性文件,下一步,我们还将会同省人力社保厅制定相关配套文件。各级财政部门要认真学习领会、吃透政策精神,并积极配合人力社保部门制定本地的实施方案。同时,要稳妥处理好此次改革和规范津贴补贴、规范缴费基数,以及当地已经开展的事业单位养老保险改革试点政策、事改企单位养老保险等政策的衔接工作,确保相关改革稳步推进。

三是规范操作,切实加强基本养老保险基金管理。目前,财政部正会同人力资源和社会保障部制定机关事业单位基本养老保险基金财务管理有关问题的通知。各级财政部门要按照国家和省里有关规定,认真做好机关事业单位基本养老保险基金财务管理工作,机关事业单位基本养老基金单独建账,与企业职工基本养老保险基金分别管理使用;基金实行严格的预算管理,纳入社会保障基金财政专户,实行收支两条线管理,专款专用,保障基金安全,确保相关待遇按时足额发放。

(2015年8月28日)

在政府和社会资本合作(PPP)工作推进会上的讲话(摘要)

浙江省财政厅副厅长 邢自霞

近年来,从中央到地方都非常重视PPP工作,国务院多次进行研究,省领导也多次批示要求加快推进,省财政厅将PPP列入当前和今后一个时期财政重点工作,上周还专门召开PPP工作领导小组会议,研究部署推进PPP工作的相关事项。

PPP工作启动以来,省财政厅认真贯彻省委、省政府和财政部有关工作要求,切实发挥职能作用,扎实推进我省PPP工作。一是开展制度建设,省政府办公厅和省财政厅先后出台了推广PPP模式的指导意见和实施意见。二是推进项目实施,推出两批85个推荐项目,积极申报财政部示范项目,共有9个项目列入财政部示范项目。三是加强能力建设,组织多次全省范围实务培训,提升财政部门相关人员的业务能力。各市县也积极推进相关工作,在制度建设、机构建设、项目推进等方面取得了积极进展。刚才,温州、丽水、温岭、江山和嵊州等市财政局负责同志介绍了推动PPP工作情况,一些做法和经验既符合实践规律,又重点突出,值得总结提炼和宣传推广。

一、进一步提高认识

(一)准确理解PPP的基本内涵。PPP到底是什么?PPP的第一个P代表政府,第二个P代表社会资本,第三个P是合作。PPP是公共服务供给制度的一个重大创新,也就是政府采取竞争性的方式择优选择具有投资、运营、管理能力的社会资本,双方按照平等协商原则订立合同,明确权利关系,社会资本负责提供符合要求的公共产品,政府依据公共服务绩效评价结果向社会资本支付相应对价,确保社会资本获得合理回报。主要有几个特点:

一是全生命周期管理。强调政府全过程监管,政府选择社会资本,不仅要有投资、建设的能力,还要有运营、管理的能力,政府对其提供的公共服务的质量和价格进行全过程监管,确保实现公共利益最大化。现在很多人觉得PPP就是招商,就是融资,戴一顶PPP的帽子,结果做出来的项目不符合PPP要求。

二是契约精神。政府确定社会资本投资者后,双方要签订合同,明确权责利关系。这个合同是政府和社会资本长期合作的基础,也是政府和社会资本合作项目顺利实施的保障。合作双方都要有契约精神,诚信履约。社会资本要按合同约定组织项目建设和运营,提供安全、优质、高效、便利的公共服务。政府也要按合同约定和运行绩效承担相应的支付义务,保障社会资本得到合理收益。

三是物有所值。我们一直强调,推广PPP模式要选择适合的项目。那么到底什么项目可以采用PPP模式呢?就是要看是

否符合物有所值的要求，要判断采用 PPP 模式是不是比传统模式更有效率，能否提供更多的公共服务。我们也一直要求财政部门会同行业管理部门做好物有所值评价工作，采用 PPP 模式实施的项目必须通过物有所值评价。

四是风险分担。要按照最优风险管理原则在政府和投资者之间分担风险，原则上谁能管理好风险，谁就承担相应风险。比如说项目运营的风险，应该交给投资者承担，他们更有经验处理和应对这些风险，但是法律风险、政策风险，可以交给政府管理。这样才能实现专业的人做专业的事，达到提高效率，降低成本的目的。

五是激励相容。要建立绩效评价制度和收益分配机制，价格或补贴要与项目的运行绩效挂钩，充分调动社会资本的积极性，激励社会资本提高公共服务的供给质量。

（二）要理解财政部门的责任。各级财政部门要以责无旁贷的主人翁精神，推动 PPP 工作。过去财政部门侧重财务管理，对政府投资项目参与不多、介入不深，但为什么 PPP 工作要由财政部门牵头负责，基于以下几方面原因：

第一，财政的职责贯穿 PPP 项目全过程。PPP 从项目决策论证、确定财政投入方式、选择合作伙伴、兑现运营补贴等，涉及预算管理、政府采购、政府性债务管理，以及财政支出绩效评价等财政职能，财政部门在 PPP 中的角色和地位越来越重要。所以，在推广 PPP 模式的过程中，财政部门必须勇于担当、积极主动地去做好这项工作。

第二，PPP 工作跟构建现代财政制度有密切关系。现代财政制度的重要内容之一是建立跨年度预算平衡机制、实行中期财政规划管理等。PPP 项目利用以后年度的财政收入弥补当期建设资金的不足，要求预算管理方式从以往单一年度的预算收支管理，逐步转向中长期财政规划，在当代人和后代人之间公平地分担公共资金投入，妥善处理代际公平问题，这与现代财政制度的方向和目标一致，有利于我们推动财税体制改革。

（三）要理解合作对象。社会资本为什么要来参与 PPP 项目？昨天的推介会来了 200 多家机构，热情很高。首先，PPP 能打破行业垄断，拓展社会资本的发展空间。投资者通过 PPP 模式可以进入以前不能进入的领域，获得新的发展机遇。其次，PPP 项目能提供长期稳定的收益。尽管年度收益的水平不算太高，但是回报稳定，风险较小。比如英国的希斯罗机场，投资人的回报率在 6%左右，年度收益水平不高，但是多年累积下来，投资人获得了可观的回报。所以做 PPP 项目要保证社会资本合理收益，让他们感受到做 PPP 项目能立得更稳、站得更久。相信随着我国经济的发展，资本市场和产业的发展也会更加成熟，将会有更多的投资人理解并参与 PPP 项目。

（四）要理解合作目的。推广 PPP 模式的目的是要提供更多更好的公共服务，降低成本、提高效率。如果社会公众不能从 PPP 项目中获益，那肯定是不成功的。现在已经有一些案例，社会资本充分发挥了他们的资金、技术和管理优势，提供了更好的公共服务。比如拱墅区运河大剧院项目，它的社会资本投资人是具有丰富文化设施运营管理经验的横店集团。这个项目一方面能保障政府公益性的文艺活动，同时企业可以利用自身的渠道和优势开展一些市场化运作，提高使用效率，实现政府和社会资本双赢。

二、切实做好下一阶段工作

（一）认真贯彻国务院《关于在公共服务领域推广政府和社会资本合作模式指导意见的通知》。此文件是国家关于 PPP 工作最新、最高层次的文件，标志着 PPP 工作进入有章可循、有据可依的阶段，要切实贯彻落实好。一要建立制度框架。既包括法律法规，也包括具体操作层面的制度，如财政管理制度等。目前，省财政厅已拟订了实施意见，正报省政府办公厅。二是规范实施。目前推出了两批共 85 个项目，相比其他部门的项目库要少得多。为什么？因为我们对项目有规范性的要求，必须符合 PPP 的理念，必须按照国务院、财政部有关 PPP 的工作要求做。打个形象的比喻，“PPP 不是一场婚礼，而是一段婚姻”。PPP 项目要经得起时间检验，经得起双方合作的考验，千万不能有短期行为和“一锤子买卖”，财政部门一定要把好这个关。三是完善扶持政策。不仅要完善财政政策，还要配合其他部门完善土地管理、行业准入、项目审批等政策，营造良好的政策环境。这方面，很多地方作了积极探索。比如杭州—海宁城际铁路项目，海宁市就在探索通过土地综合开发等方式支持 PPP 项目建设。

（二）遵循 PPP 模式的基本规律。做 PPP 项目，必须遵循 PPP 的基本规律，包括全生命周期管理、物有所值评价、风险分担、激励相容等。这些共性的、规律性的东西，基本上都吸收在制度文件里了，希望大家认真学习、规范操作。

（三）健全工作机制。PPP 项目管理涉及很多部门，需要在政府层面建立工作协调机制。我们已经提请省政府建立省级协调机制。各地财政部门也要积极争取政府支持，尽快把协调机制建立起来，明确部门职责和分工，协同推进。有条件的地方可以争取设立 PPP 中心等专门机构。同时，财政部门内部也要建立工作机制，把责任落实到科（处）室、落实到岗位、落实到个人。

下一步，省财政厅将继续加大工作力度。一是进一步完善制度。一方面要结合浙江实际，及时传达贯彻好国家出台的制度；另一方面要研究推出一些不同领域的 PPP 项目示范案例，切实指导实务工作。二是抓紧设立省级基础设施投资（PPP）基金。省政府已经同意省财政出资 100 亿元设立省级基础设施投资（PPP）基金，基金方案已经过多次讨论，争取尽快出台。基金的一个重要投向就是 PPP 项目，通过和市县建立子基金，以股权出资的形式，支持市县 PPP 项目建设。当然，基金投资的项目首先要纳入省级项目库。三是完善综合奖补政策。为了推进工作，今年省财政安排资金用于对 PPP 工作的综合奖补。对示范市县、落地项目给予奖励。

（2015 年 10 月 23 日）

在全省道路交通事故社会救助基金管理工作会议上的讲话(摘要)

浙江省财政厅副厅长 邢自霞

一、浙江省救助基金管理工作取得一定进展

(一)制度体系渐趋完善

根据《中华人民共和国道路交通安全法》,财政部、保监会、公安部、卫生部、农业部于2009年联合颁布的《道路交通事故社会救助基金管理试行办法》,2010年省政府办公厅转发了省财政厅等部门关于《浙江省道路交通事故社会救助基金管理试行办法》的通知(浙政办发〔2010〕97号)(以下简称"97号办法"),这是浙江省救助基金管理工作的纲领性文件。为规范和推进救助基金管理,近年来,省财政厅先后制定了《浙江省道路交通事故社会救助基金会计核算办法》《浙江省道路交通事故社会救助基金管理操作规程(试行)》《浙江省道路交通事故社会救助基金省级财政补助资金管理暂行办法》,细化和明确了救助基金审核、拨付及会计处理等问题。2015年,省厅通过走访调研,在广泛听取意见建议的基础上,制定了《浙江省道路交通事故社会救助基金核销暂行办法》,明确对确实无法追偿的垫付款各地可按规定进行核销,进一步健全了救助基金的制度体系,解决了地方工作中的实际困难,消除了各地开展业务的工作顾虑。

与此同时,省中心制定了《浙江省道路交通事故社会救助基金省中心拨付资金管理暂行办法(试行)》《浙江省道路交通事故社会救助基金财务管理办法》《浙江省道路交通事故社会救助基金资金拨付内部工作流程》等管理制度,进一步完善内部控制,规范内部管理,规范和推动救助基金管理机构日常工作的开展。

(二)组织建设逐步健全

根据97号办法规定,浙江省救助基金实行分级筹集、分级管理、分工负责。各地应设立具有独立法人资格的救助基金管理机构,履行救助基金管理职责。近年来,各地积极寻求当地党委、政府的支持,以建立机构组织为着力点,稳步推进救助基金管理机构建设。截至2015年10月底,全省(不含宁波,下同)共有58个市、县(市、区)建立了救助基金管理机构(目前仅剩萧山区、余杭区、富阳区、洞头区、平阳县、德清县、柯桥区等7个市、县(市、区)未建立机构),有56个市、县(市、区)开设了救助基金特设专户(仅剩杭州市、萧山区、富阳区、桐庐县、乐清市、洞头区、平阳县、苍南县、三门县等9个市、县(市、区)未建立专户),为开展救助基金管理工作奠定了基础。

(三)部门协调全面加强

救助基金管理工作综合性强、涉及的部门多,需要多个部门的通力合作。近年来,各地积极加强与相关部门的沟通联系,加强部门间协调配合,优化工作流程,逐步形成"一个部门牵头,多个部门协同配合"的工作机制。省财政厅通过走访、座谈、培训等方式,全面加强与各相关部门的协调,及时研究解决有争议或重大问题,加强申请、审核、垫付、追偿、管理等各项工作。为进一步推进救助基金管理工作的开展,今年省厅上门走访了省级各相关部门,就相关工作进行沟通交流,并联合公安、保监、卫计委、人力社保、民政等部门印发了《关于进一步推进浙江省道路交通事故社会救助基金管理工作的意见》,进一步明确了各相关部门的职责分工,指导推动各地救助基金管理工作的开展。为解决各地在追偿垫付款诉讼案件中的主体资格问题,省厅专门与省高院进行了沟通,并得到了省高院的大力支持,前不久省高院正式复函,明确道路交通事故社会救助基金追偿案件法院管辖权问题,明确了救助基金管理机构在诉讼过程中的主体资格,这将有利于各地通过法律的手段追偿垫付款。

(四)基金业务不断推进

经过几年的探索,浙江省救助基金业务从无到有,从小到大,从少到多。2010~2014年,全省各级救助基金收入9.7亿元,共垫付资金1387.53万元,其他支出1475万元。2015年1~9月,全省各级救助基金共筹集资金0.86亿元,各级救助基金当年共垫付资金443.65万元,其中抢救费417.43万元,丧葬费26.22万元,其他支出588.1万元。保障了道路交通事故中受害者的合法权益,在道路交通事故领域发挥了维护社会和谐稳定的积极作用。

二、认真分析全省救助基金管理工作中存在的问题

2015年1~9月,全省共有43个市、县(市、区)季报支出(包括垫付和一次性困难补助)数字为"0",没有开展垫付业务,有的地方开展了垫付业务,但总体垫付额偏小。截止到2015年9月30日,全省道路交通事故社会救助基金结余10.44亿元,其中各地结余6.36亿元,救助基金使用效率低下的问题突出,成为审计重点反映的问题。产生这个问题的原因是多方面的,既有思想认识的问题,也有组织机构的问题;既有制度设计的问题,也有工作机制的问题,需要我们认真对待,研究解决。

(一)重视程度不够。部分地方领导对救助基金的认识不够重视,未能及时落实机构、人员负责这项工作,也没有从政策制定、部门协调、日常管理等多个维度推进工作,整项工作停滞不前。部分市、县(市、区)财政部门将救助基金业务视同传统的财政支出业务,认为应当从严、从紧使用救助基金。具体经办人员工作责任心不强,积极性不高,业务不熟悉,导致救助基金的政策未能及时落地。

(二)政策宣传不够。97号办法第二十三条规定,要向社会公布救助基金管理相关信息。从目前看,除极个别救助基金管理机构向社会公布相关信息外,绝大多数机构的信息没有向社会公布,救助基金政策的社会知晓度不高,无法充分发挥救助基金的作用,也无法接受社会的公开监督。

(三)部门协调不够。救助基金管理工作是一项需要各相关

部门协调配合的综合性工作。救助基金管理机构作为支出的最后一个环节,如果前端流通不畅,就很难开展工作。财政作为救助基金管理的主管部门,要牵头协调救助基金管理工作。但有部分市、县(市、区)在工作开展过程中,不重视部门的协调沟通,不积极主动想办法开展工作,工作消极被动。

(四)政策把握不一。由于制度设计原因,各地在实际工作过程中对政策把握不一,有的地方设置了单笔案件垫付金额限制,导致总体垫付总额过小。部分地区将救助基金视同"维稳资金",重救助轻垫付的情况普遍,有的地方困难救助支出远远高于抢救费的垫付。

(五)追偿工作不易。救助基金的使用是一种垫付行为,垫付款项最后还要向事故责任人追偿。但实际上,需要垫付抢救费用或丧葬费用的往往是在事故责任人逃逸或无能力支付的情形之下,因此追回垫付款的难度往往比较大。这也在一定程度上影响了工作人员的积极性。

三、全面推进我省救助基金管理工作

(一)充分认识救助基金的重要意义

救助基金是我国完善交通事故受害人救助体系,保障受害人依法、及时得到救助的一项重要法定制度。救助基金制度的建立,解决了交通事故中受害人、医疗机构迫切需要的费用支付问题,可以有效保障道路交通事故受害人在未能从交强险和侵权人处得到赔偿时,通过救助基金能够获得及时地抢救或者适当补偿,充分体现了国家和社会对公民生命安全和健康的关爱和救助,是一种新型的社会保障制度,对化解社会矛盾、密切与人民群众的关系、促进和谐社会的建设具有十分重要的现实意义。救助基金业务不仅仅是一项具体的财政收支业务,更是一项民心工程、人文工程和国家责任,管好用好救助基金,责任重大。在座的各位务必向领导认真汇报,争取支持,尽快熟悉业务,切实履行职责,推进救助基金管理工作开展,真正把这项惠民利民的好事做实、做好。

(二)全面加强救助基金管理工作

1. 完善制度设计。省财政厅将进一步加强调研,针对"暂无支付能力"、"受害人"定义、机动车和非机动车范围划分、一次性困难补助等各地普遍反映的突出问题,会同省法制办及相关部门进行研究,适时启动97号办法的修订工作,进一步完善制度设施,提高政策的针对性和可操作性,推进救助基金垫付业务的开展。

2. 推进组织建设。各地要将工作落实到岗、落实到人,并制定明确的工作推进方案,扎实稳步推进工作。尚未建立救助基金管理机构和救助基金专户的市县加快组织建设和专户管理,夯实救助基金管理基础。暂时难以设立机构的市县,专户一定要设起来,以确保基金能够到位,并研究通过政府购买服务等形式开展救助基金垫付和追偿工作。开设财政专户的市县,应当按照相关规定,及时将财政专户转为救助基金特设专户,并将省级财政补助及时足额转入特设专户。杭州市、绍兴市、温州市要对所属的萧山区、余杭区、富阳区、柯桥区、洞头区等地的救助基金管理工作加强指导并尽快明确管理机制,确保救助基金管理工作全面覆盖。

3. 加强部门协调。97号办法第五条规定"各地应成立由财政、保监、公安、卫生、农业(农机)等部门组成的救助基金管理领导小组,负责协调、研究救助基金的运作,审定救助基金主管部门提交的重要议题和有关事项"。因此,各地要加快推进救助基金领导小组建设的工作进程,积极争取领导小组的落实。通过领导小组的建立,统一组织、协调和指导救助基金管理工作,及时研究解决有争议或重大问题,加强申请、审核、垫付、追偿、管理等各项工作。各地救助基金管理机构要立足本职工作,加强与各相关部门的沟通协调,组织相关部门培训学习,通过工作现场会(推进会)等形式交流先进经验,开展不同形式的培训班,不断提高各相关部门和救助基金管理机构工作人员的业务能力。

4. 强化政策宣传。救助基金虽然是向医院或殡葬机构垫付抢救费、丧葬费,但它的受益对象其实是广大道路交通事故的当事人。各地救助基金管理机构要尽快落实救助基金管理机构信息公开制度,进一步加大宣传力度,并联合公安、卫生、保监等部门,通过网站公告、宣传资料分发等手段,宣传救助基金政策,让更多的社会群众了解、知晓、关注救助基金,推动救助基金管理工作的开展。各地救助基金管理工作人员要加强学习,熟悉掌握救助基金各项政策的具体要求,综合把握商业保险、医疗保障制度、民事赔偿法规和其他保障救助制度的相关规定,密切部门配合,创新开展工作,切实推动垫付业务的开展。

(三)积极推广运用救助基金管理系统

为优化救助基金使用流程,提高工作效率,省财政厅2015年开发了救助基金的管理系统。作为2015年的重点工作,从调研、到招标、从业务需求的提出,到管理系统的开发和试运行,省中心都做了大量工作,并在前期已组织了三期培训班,对管理系统的调试、基础配置、部门间流转等做了详细的培训。我们将在嘉兴、金华试点的基础上,争取2016年6月底前全省全线上线运行。各地救助基金主管部门要切实做好牵头工作,积极推广运用管理系统,推进业务开展。一是要落实到人。做好组织协调工作,确保各相关部门有人负责使用系统开展工作。二是要夯实基础。各地要按照系统配置的相关要求,准确把握要求,精心实施,认真录入数据,确保基础数据真实、准确,为救助基金数字化管理奠定良好基础。三要优化流程。各地可当地实际,按照"简便、有效"的原则,优化有地方特色的救助基金垫付流程,并按照"按时办结"的要求,及时进行审核和流转,提高救助基金垫付效率。四是要推进业务。管理系统是为业务工作服务的,没有业务,管理系统就是一个摆设。各地要借助管理系统上线的契机,扩大宣传,推动业务开展。

(2015年12月1日)

财政工作大事记

zhejiang caizheng nianjian

浙江省

一月

1月1日 浙江省城乡居民基本养老保险基础养老金最低标准由每人每月100元调整为120元，省财政按照分类分档办法对各类地区基础养老金分别给予每人每月120元、108元、96元、72元、48元和35元的补助。

是日 根据《浙江省公务员局关于同意浙江省财税政策研究室参照公务员法管理的函》，浙江省财税政策研究室参照公务员法管理。

1月9日 省十二届人大三次会议审查批准了省政府提出的2015年省级政府预算，同意省财政厅受省政府委托所作的《关于2014年全省和省级预算执行情况及2015年全省和省级预算草案的报告》。

1月14日 全省财政地税工作会议在杭州召开，省长李强讲话、省人大常委会副主任冯明出席会议。省财政厅厅长兼省地税局局长钱巨炎作工作报告。

1月27日 省政府办公厅印发《关于推广运用政府和社会资本合作模式的指导意见》，部署在全省开展推广PPP模式相关工作。

二月

2月5日 浙江省成立管理会计专家咨询委员会，副厅长沈磊任主任委员。

2月6日 省财政厅召开全省财政地税系统反腐倡廉建设工作会议，省财政厅党组书记、厅长兼省地税局局长钱巨炎就系统党风廉政建设和反腐败工作讲话，纪检组组长李伯来作工作报告。

2月10日 省财政厅印发《关于推广运用政府和社会资本合作模式的实施意见》，细化、规范PPP模式的操作流程。

2月12日 省委常委、省委秘书长赵一德一行在省财政厅慰问干部职工。

是日 省财政厅举行政府和社会资本合作项目媒体见面会，向社会推出首批推荐项目20个，投资规模1176亿元。

是日 省财政厅将原“政府综合财务报告试编工作领导小组”调整为“权责发生制政府综合财务报告制度改革领导小组”，厅长钱巨炎任组长。

2月13日 省政府召开第41次常务会议，省财政厅厅长钱巨炎在会上作关于2015年省级预算及重点项目资金安排的汇报。

是日 省财政厅会同省农办等部门印发《浙江省财政支农体制机制改革三年行动计划》。

2月26日 省财政厅会同省发改委等部门印发《关于开展中心镇建设示范试点工作的通知》，开展生态发展型和产业集聚型中心镇建设示范试点工作，采取竞争性立项方式确定天台县平桥镇等6个中心镇为首批试点镇。

2月28日 省财政厅出台《关于推进政府购买服务扩面试点工作的通知》，推进全省政府购买服务扩面工作。

三月

3月6日 省财政厅印发《关于推进盘活财政存量资金有关事项的通知》，要求各地全面开展清理盘活财政存量资金工作，建立健全盘活存量资金长效机制。

3月11日 省财政厅成立机关事业单位养老保险和完善工资制度改革工作领导小组，厅长钱巨炎任组长。

3月19日 省委常委、组织部部长胡和平来省财政厅调研，并与省财政厅、省地税局班子成员进行座谈。

四月

4月3日 经省政府同意，省财政厅会同省发改委、省农业厅印发《浙江省涉农资金专项整治行动实施方案》，对2013年、2014年度全省各级财政预算安排用于“三农”的各项资金使用管理等进行专项整治。

五月

5月8日 省政府召开第45次常务会议，省财政厅厅长钱巨炎在会上作关于创新财政支持经济发展方式、加快设立政府产业基金有关情况的汇报。

是日 省财政厅批复同意省金融控股有限公司组建浙江省产业基金有限公司。

5月15日 省财政厅印发《关于“营改增”试点过渡性扶持政策调整的通知》。

5月19日 省政府办公厅下发《关于全面推广实施与污染物排

放总量挂钩财政收费制度的通知》。

5月20日 省财政厅出台《关于规范政府产业基金运作与管理的指导意见》，指导各级财政部门深化专项资金管理改革，加快建立市县政府产业基金。

5月26日 省财政厅会同省林业厅印发《关于提高森林生态效益补偿资金标准的通知》，明确省级以上公益林最低补偿标准由27元/亩·年提高到30元/亩·年。

5月28日 根据省委组织部文件，免去魏跃华同志省财政厅党组成员职务。

六月

6月10日 根据省政府文件，魏跃华同志任省财政厅巡视员，免去其省财政厅副厅长职务。

6月19日 省政府召开第47次常务会议，研究并通过了省财政厅提出的浙江省社保基金保值增值运作方案。

6月30日 省政府办公厅转发省人力社保厅、省财政厅《关于调整机关事业单位工作人员基本工资标准两个实施办法的通知》，明确了机关和事业单位工作人员基本工资调整的办法和相关政策问题。

是日 省财政厅会同省发改委等部门印发《关于开展收费专项清理规范工作的通知》，在全省范围开展收费专项清理规范工作。

6月 省财政厅建立浙江省PPP咨询服务机构库，首批入库机构41家。

七月

7月13日 省财政厅出台《浙江省转型升级产业基金管理办法》。

7月16日 根据省委省政府文件，邢自霞任省财政厅副厅长、党组成员。

7月23日 省财政厅设立省社会保险基金管理中心，在省级机关会计核算中心增挂浙江省社会保险基金管理中心牌子，主要负责全省社保基金保值增值运作的管理工作。

八月

8月6日 省财政厅会同省民政厅、省残联下发《关于实施政府优先采购残疾人庇护产品政策的通知》，要求各级国家机关、事业单位和团体组织使用纳入预算管理的资金采购与残疾人庇护产品同一品目或者类别的产品和服务的，应当优先采购残疾人庇护产品。

8月11日 全省财政地税工作视频会议在杭州召开，会议分析财税经济形势，研究部署下一阶段财政地税工作，省财政厅党组书记、厅长兼省地税局局长钱巨炎讲话。

8月17日 省政府办公厅印发《浙江省省级行政事业单位公款竞争性存放管理暂行办法》。

8月21日 经省农业发展投资基金管理委员会审议批准，省财政厅印发《浙江省农业发展投资基金管理暂行办法》。

8月24日 省财政厅印发《关于省属文化企业国有资本经营收益收缴和分配有关事项的通知》，建立省属文化企业国有资本收益统筹机制。

8月27日 省委常委、组织部部长廖国勋一行来省财政厅专题调研。

九月

9月6日 省财政厅启动会计从业资格证书"网上申请、快递送达"试点工作。

9月23日 省财政厅印发《浙江省政府采购活动现场组织管理办法》，对政府采购开标、评审活动现场组织管理作出了具体规范。

9月28日 省社会保险基金管理中心由在省级机关会计核算中心挂牌改为单独设置，为省财政厅所属公益一类事业单位，机构规格相当于正处级。

十月

10月12日 省财政厅印发《关于进一步深化完善乡镇财政国库集中支付制度改革的通知》。

10月22日 省财政厅举办PPP项目推介会，公开向社会推介60个重点项目，200余家各类企业参加推介会。

10月28日 省财政厅批复同意省金融控股公司组建省农业投资发展基金有限公司。

是日 省财政厅印发《关于加强政府非税收入收缴管理工作的

通知》,规范政府非税收入收缴行为,加强政府非税收入管理。

10 月 29 日 省财政厅印发《浙江省财政厅关于印发浙江省政府向社会力量购买服务指导目录(2016 年度)的通知》。

十一月

11 月 4 日 省财政厅联合人民银行杭州中心支行印发《浙江省省级预算单位银行账户管理暂行办法》,首次明确省级预算单位账户开设应采取招投标方式,实行竞争性存放。

十二月

12 月 1 日 省十二届人大常委会第二十四次会议审议批准浙江省 2015 年地方政府债务限额 9188.3 亿元,依法启动对地方政府债务的限额管理。

12 月 7 日 省财政厅出台《关于调整浙江省机关工作人员差旅费有关规定的通知》,调整差旅住宿费和公杂费标准。

12 月 8 日 省政府印发《关于加快建立现代财政制度的意见》,要求各地、各部门加快建立具有浙江特色的现代财政制度。

12 月 11 日 省财政厅下发《关于深化财政体制改革的实施意见》,明确从 2015 年起实施新一轮省对市县财政体制。

是日 省财政厅机关及厅属单位完成处级干部调整工作,提任正处级领导干部 6 人、正处级非领导干部 2 人;提任副处级领导干部 13 人(其中 11 人通过竞争性选拔提任)、副处级非领导干部 2 人。

12 月 16 日 根据省编委会文件,省财政厅内设债务管理处。

12 月 17 日 根据省委文件,徐首红任中共浙江省纪律检查委员会派驻省财政厅纪律检查组组长,省财政厅党组成员。

12 月 24 日 根据省政府文件,免去李伯来同志省监察厅驻省财政厅监察专员职务。

12 月 29 日 省财政厅出台《关于印发浙江省党政机关会议定点管理实施细则的通知》,对会议定点场所及协议价格的确定、会议定点场所的变动调整、会议定点工作的管理和监督等作了明确规定。

12 月 31 日 省财政厅会同省人力社保厅印发《关于机关事业单位养老保险制度改革若干问题的处理意见》。

是日 根据省政府文件,徐首红任省监察厅驻省财政厅监察专员职务。

是日 依托浙江政务服务网的浙江省统一公共支付平台开始运作。省财政厅等 5 个省级部门试点项目接入该平台运行;金华市、温州市等 58 个市、县(市、区)也先后接入统一公共支付平台。该平台为全省各地缴费人提供开放便捷安全的缴费渠道。

12 月 省财政厅经过评选论证,确定丽水市、杭州市、温州市、海宁市、诸暨市、江山市、常山县、温岭市、义乌市、瑞安市等 10 个市县为浙江省政府和社会资本合作示范市县。

(省财政厅办公室供稿 俞 薇执笔)

杭州市

1 月 9~10 日 杭州市财政地税局组织召开财税改革培训暨 2015 年杭州财税工作务虚会。全局实职副处以上干部、调研员等 100 多人参加会议。浙江省财政厅副厅长罗石林对新《预算法》进行专题辅导。杭州市财政地税局党委书记、局长金翔围绕“依法、改革、敬业、清廉”主题,分析发展改革趋势,着重研究 2015 年财税工作目标、思路和重点。

2 月 2 日 杭州市召开全市清理规范税收等优惠政策工作布置会。常务副市长徐立毅到会讲话。各区、县(市)常务副区长、副县长,财政局局长,市级各相关部门分管领导和市财政局相关业务处室负责人参会。

2 月 5 日 杭州市人大财经委审议通过《关于杭州市及市本级 2014 年财政预算执行情况和 2015 年财政预算草案的审查报告(草案)》。

2 月 8 日 《关于杭州市及市本级 2014 年财政预算执行情况和 2015 年财政预算草案的报告(书面)》在杭州市第十二届人民代表大会第五次会议上审议通过。

2 月 11 日 召开杭州市财税系统视频会议。杭州市财政地税局党委书记、局长金翔部署 2015 年全市财税系统重点工作。

2 月 25 日 农历正月初七,杭州市委常委、常务副市长徐立毅一行到杭州市财政地税局慰问干部职工,充分肯定杭州财政工作。

3 月 6 日 浙江省财政厅厅长、省地税局局长钱巨炎在杭州地区调研产业投资基金工作。

4 月 21 日 市财政局牵头召集市发改委、市农业局、市农办等

14个部门(单位)职能处室相关人员,传达全国(全省)涉农资金专项整治行动电视电话会议精神,部署开展涉农资金专项整治行动工作。

5月6日 市局会同相关部门,在市本级行政事业单位开展专项检查,深入整治违规发放领取福利、津贴、奖金、费用,违规购买赠送节礼、公款旅游等突出问题。中纪委网首页报道。

5月11日 由杭州市财政(地税)局、共青团杭州市委员会、FM89杭州之声联合举办的“创业创新　共筑梦想”杭州财税青年服务直通车进驻大创联盟活动在浙江大学科技园举行。

6月10日 浙江省财政厅总会计师赵立妙一行来市局调研财税经济形势。

6月20日 杭州市节能减排财政政策综合示范工作经财政部考核成绩为“优秀”,得分位列8个首批试点城市第二名,获得中央奖励资金3亿元。

7月15日 召开全市财政地税局长工作座谈会。

7月24日 杭州市政府召开全市市级机关事业单位经营性资产划转工作会议。部署机关资产划转工作。

7月30~31日 杭州市财政地税局召开半年度财税工作会议。

8月27日 财政部国库司司长刘祝余率财政部第五督查组来杭督查稳增长财政政策落实情况。省财政厅预算执行局局长侯余兴等陪同督查。

是日 杭州市政府召开2016年市级预算编制和政府投资项目计划编制工作会议。

10月19日 财政部副部长余蔚平率财政部调研组到杭州调研。省财政厅厅长钱巨炎一同调研。

10月22日 杭州市会计领军(后备)人才(三期)培训班在上海国家会计学院举办。

11月4日 市人大常委会主任王金财一行来市财政局开展工作调研,实地考察财税12366呼叫中心。

11月20日 杭州市人大财经工委及相关工委负责人及部分人大代表来市财政局调研指导工作。

是日 杭州市财政局组织召开全市财政地税局长工作座谈会。

12月31日 杭州市委副书记、市长张鸿铭率市委常委、常务副市长马晓晖等一行到杭州市财政地税局慰问干部职工。

(杭州市财政局供稿　刘　淮执笔)

宁波市

1月28~29日 召开全市财政地税工作电视电话会议,贯彻落实市委经济工作会议和全国财政工作会议、全国税务工作会议精神,回顾总结2014年全市财政地税工作,分析当前财税经济形势,研究部署2015年财政地税工作任务。

2月2日 市级财政国库支付电子化清算、实拨等业务试运行上线,市级财政国库与人民银行实现电子化管理互联互通。

2月4日 召开市本级行政事业单位资产管理信息系统升级培训会,全市各行政事业单位资产管理人员、财务人员600余人参加培训。

2月15日 召开全市财政地税系统党风廉政建设视频工作会议,回顾总结2014年全市财政地税系统党风廉政建设工作,研究部署2015年工作任务。市局党委书记、局长叶双猛讲话,纪检组组长华平代表局党委作工作报告。各县(市)区局党委(党组)班子成员及全体财税干部参加了会议。

3月27~29日 举办乡镇财政干部培训班,来自各县(市)、区乡镇(街道)的283名乡镇财政干部参加为期三天的培训。

4月15~16日 启动财政涉农资金专项整治行动及自查工作。将各县(市、区)及市级各相关部门分为11个片(区),由11个组分别督导。

4月29日 市涉农资金专项整治行动领导小组副组长、副局长王晓带领整治办成员赶赴余姚,对该市涉农资金专项整治行动启动开展情况进行对口督导检查。

5月6~8日 市局举办宁波市政府购买服务培训班。市政府购买服务联席会议成员单位、市本级2015年购买公共服务试点部门、各县(市)区财政局政府购买服务工作业务部门和市局各相关处室人员参加培训。

5月28日 召开宁波市政府债券发行动员会暨承销团组建筹备会,通报2015年宁波市政府债券发行工作安排、工作进展,并就组建政府债券承销团相关事宜进行部署。

6月4~5日 召开市财政预算、国库、债务管理业务培训会，各县(市)区财政局分管局长、科室负责人，市局预算、国库、债务相关同志参加会议。

6月18~19日 全省财政科技工作会议在宁波召开，浙江省财政厅教科文处、全省各市及部分县(市)区财政局负责财政科技工作的同志参加。

6月23日 市局举办宁波市产业发展基金开户与资金存放项目开标会。最终推荐宁波银行股份有限公司和中国工商银行股份有限公司宁波市分行为中标候选人。

6月26~27日 中央涉农资金专项整治行动督导组赴宁波开展督导工作。市涉农资金专项整治行动领导小组组长、市政府副秘书长金伟平，市财政局副局长王晓及相关单位负责人参加汇报会。

7月10日、16日 市局通过财政部国债发行招投标系统，以公开招标和定向承销方式发行宁波市地方政府债券406.7亿元，其中新增债券27亿元，置换债券379.7亿元。

7月30日 宁波市注册会计师协会五届三次理事会暨五届四次常务理事会召开，来自全市会计师事务所及县(市)、区财政局共45名理事参加会议。

8月 根据宁波市人民政府文件，张颖为宁波市财政局副局长，免去其宁波市财政局总经济师职务；竺培楠为宁波市财政局总经济师。根据宁波市委组织部文件，竺培楠、斯玲玲同志任宁波市局党委委员。

8月12日 召开2016年市级部门预算工作布置会议。市级部门财务负责人及具体编报人员、县(市)区财政局和市局各相关处室共500余人参会。

8月18日 召开全市财政地税工作视频会议。学习贯彻全国财政工作会议、全省财政地税工作会议精神，落实国家税务总局和市委、市政府领导对财政地税工作的重要指示，分析当前财税工作面临的形势，研究下一阶段财税重点工作和改革任务。市局局长、党委书记叶双猛出席会议并讲话。

8月24日 市局召开全市政府债务管理工作会议，副局长高国平出席会议并讲话。

8月26日 财政部"六五"普法检查组一行来市局考核验收"六五"普法开展情况。

9月24日 市局召开产业发展基金业务培训会，讲解产业发展基金设立背景、产业基金工作进展情况、已出台产业基金制度文件。

10月16日 世行贷款宁波市厨余垃圾处理厂PPP项目初步实施方案成果汇报会在北京举行。宁波市PPP联席会议办公室副主任、市局副局长王晓出席。

10月28日 财政部驻宁波专员办李蔚副专员一行赴市局对市本级预决算公开情况开展专项检查。

11月3日 市政府调研组赴市局调研财税工作，党委书记、局长叶双猛代表班子汇报当前财政收支、财政预算管理改革和税收征管改革等工作情况。

11月25日 召开财政预算管理工作专题会议，对当年预算收支执行、债务管理等方面工作进行讨论和部署。

12月3日 中纪委委员、中央纪委驻财政部纪检组组长、财政部党组成员刘建华为全市财税系统党员干部作学习贯彻《准则》和《条例》专题辅导报告。

12月21日 市政府在北京举行宁波(北京)投资合作洽谈会。市局领导叶双猛、王晓参加，代表市财政局与中信信托签署《宁波市PPP投资基金项目合作协议》。

(宁波市财政局供稿　翁公羽执笔)

温州市

2月2日 转发《财政部　国家发展改革委关于取消、停征和免征一批行政事业性收费的通知》，减轻企业特别是小微企业负担。

2月6日 召开全市财政地税工作会议和全市财政地税系统党风廉政建设工作会议。会议回顾总结2014年全市财政地税工作，研究部署2015年工作任务。党组书记、局长余中平作题为《依法理财治税　狠抓改革攻坚　为温州赶超发展提供有力保障》的工作报告。

2月11日 局长余中平受温州市政府委托，在温州市第十二届人民代表大会第五次会议作《关于温州市2014年全市和市级预算执行情况及2015年全市和市级预算草案的报告》。该报告于2月13日通过审议。

2月28日 印发《温州市政府和社会资本合作项目库管理办法

(试行)》,加强政府和社会资本合作项目库管理。

4月8日 印发《温州市本级深化"小金库"问题专项治理工作方案》,深入推进"小金库"问题治理工作。

4月27日 印发《2015年度温州市级部门(单位)预算绩效管理工作考核办法》,规定市级各部门各类财政支出的预算绩效管理工作按照日常考核与年末综合考核相结合的办法,采取部门(单位)自查自评和市财政局审查复核相结合的方式进行。

5月21日 按照市委"三严三实"专题教育安排,市委常委、市政府党组副书记朱忠明同志为财政、国税、地税局中层以上干部以《践行"三严三实"做忠诚干净担当的财税干部》的专题党课。

6月1日 印发《温州市市级储备粮油财政补贴资金管理办法》,对财政补贴范围、标准等事项作了规定。

6月10日 省财政厅纪检组长、监察专员李伯来一行来温州就财税收支形势和运行情况进行调研,并对产业基金设立运营、PPP项目推进、政府购买服务等财税重点改革推进情况,听取相关意见建议。

6月17日 全市市级财政资金存放实行招投标,本次招投标旨在提高财政资金存放的透明度,规范权力运行,实现财政资金的保值增值。

6月19日 印发《关于明确个人首次购买新建普通商品住房实行财政补贴操作流程的通知》,规定享受补贴的对象按购房款(购房发票金额)0.6%给予补贴。

6月23日 印发《温州市市级粮食安全市场调控专项资金管理暂行办法》,规范粮食专项资金的使用,提高资金使用效益。

6月29日 印发《温州市财政支农体制机制改革三年行动计划》,通过对财政支农政策和管理模式进行制度创新和系统性重构,为市农业现代化和统筹城乡发展提供制度保障。

10月9~11日 财政部驻浙江省财政监察专员张天强带队来温开展财税金融监管工作调研,深入了解温州财税经济运行情况,并实地走访企业听取企业经营面临的突出问题和对财政工作的意见建议。

10月27日 局长余中平受温州市政府委托在市第十二届人民代表大会常务委员会第三十一次会议作《关于2015年温州市市级地方政府债券及其他预算调整方案的报告》。该报告于10月28日批准通过。

10月27~30日 省财政厅副厅长罗石林带队来温开展工作思路调研,听取基层对财政工作的意见和建议。

11月6日 市局举行2016年度市级部门预算公开评审会,评审小组主要由有关绩效管理专家、行业类专家和人大、政协代表组成。

(温州市财政局供稿 李 侠执笔)

嘉兴市

1月23日 召开市财政地税工作暨党风廉政建设工作会议,传达全省财政地税工作会议精神,表彰2014年度先进集体和先进个人,总结部署2015年市财政地税工作及党风廉政建设和反腐败工作,局长许农作工作报告。

1月28日 市七届人大五次会议通过《关于嘉兴市2014年全市和市本级预算执行情况及2015年全市和市本级预算草案的报告》。

2月23日 印发《嘉兴市海绵城市建设试点专项资金管理办法》,推进海绵城市建设。

是日 市委常委、常务副市长梁群到市财政局专题调研2015年财税工作。

3月23日 省财政厅副厅长沈磊到嘉兴调研政府产业基金工作。

3月26~28日 市委书记鲁俊率市财政局局长许农等赴财政部参加海绵城市竞争性评审答辩,嘉兴市入围国家海绵城市建设首批试点城市。

3月27日 财政部综合司司长王光坤到嘉兴专题调研一季度经济形势,省财政厅总会计师赵立妙参加。

5月18日 印发《嘉兴市级政府采购支持中小企业信用融资暂行办法》。

5月21~22日 省财政厅副厅长王广兵到嘉兴调研农业综合开发项目及支农体制改革。

5月29日 印发《嘉兴市级政府专项资金绩效管理实施办法(试行)》。

6月25日 印发《嘉兴市本级民办学校财政补助实施办法》。

7月8日 印发《关于促进外贸提质增效创新发展的意见》。

7月13日 印发《嘉兴市市级政府采购预算管理暂行办法》。

7月21日 市委副书记、代市长林健东到市财政局调研财政地税工作。

8月27日 财政部第五督察组到嘉兴督查稳增长财政政策落实情况。

8月28日 财政部考核组到嘉兴开展财政"六五"法制宣传教育考核验收。

10月12~16日 嘉兴市财政学会(筹)、嘉兴市国际税收研究会(筹)、嘉兴公共财政研究中心与浙江财经大学东方学院财税分院共同主办的第二届"公共经济与公共管理改革(嘉兴)论坛"在浙江财经大学东方学院学术中心召开。

10月28~29日 省财政厅副厅长邢自霞到嘉兴、嘉善、海宁督查财政重点任务推进情况,调研"十三五"及2016年财政工作思路,实地了解海绵城市和PPP项目建设情况。

11月4日 市政府印发《关于进一步完善市对区分税制财政管理体制的通知》,规范市、区财政分配关系。

11月10日 市委常委、常务副市长楼建明到市财政局调研2015年财税运行情况及2016年工作思路。

12月18日 印发《嘉兴市餐厨废弃物资源化利用和无害化处理财政补贴方案》,支持国家餐厨废弃物资源化利用和无害化处理试点城市建设。

(嘉兴市财政局供稿　孙飞翔执笔)

湖州市

1月6日 省委"两新"工委(新经济与新社会组织工作委员会)副书记冯水华一行到市注协调研行业党建工作,市委"两新"工委书记、组织部副部长项乐民,市局党组书记、局长周建明一同调研。

1月9日 市人大首次举行部门预算听证会。人大常委会各专业委员会主任委员、市人大代表、市政协委员、社会公众代表、相关领域专家等28名听证代表对市体育局部门预算进行询问听证。

2月4日 市政府组织开展新《预算法》专题学习。市委副书记、市长陈伟俊,市政府党组成员、副市长以及县区政府、市级政府部门负责人参加。省财政厅副厅长罗石林受邀作辅导报告。

是日 市政府召开全市财税审计工作会议。市委副书记、市长陈伟俊出席会议并讲话。

是日 召开2015年度全市财政地税工作会议暨党风廉政建设工作会议。市局党组书记、局长周建明作工作报告,并与领导班子成员、各县局局长签订党风廉政建设责任书。

2月10日 市七届人大五次会议听取《关于2014年全市和市本级预算执行情况及2015年全市和市本级预算草案的报告》,该报告于2月12日通过大会审议。

3月2日 市委副书记、市长陈伟俊一行来市局调研财税工作。

3月3日 印发《湖州市学前教育专项资金使用管理办法》,规范资金使用和管理。

是日 印发《关于进一步深化市级预算单位公务卡改革的通知》,规范预算单位现金和公务支出管理。

3月10日 印发《湖州市本级中心镇培育专项资金使用管理暂行办法》,推进市本级中心镇建设。

4月3日 印发《关于调整区级收支基数的通知》,调整规范市对区转移支付。

4月9日 印发《湖州市区涉农资金专项整治行动实施方案》,开展涉农专项整治工作。

4月10日 印发《湖州市本级农村公路建设专项资金使用管理暂行办法》,规范资金管理。

4月13日 印发《湖州市电子商务专项资金管理办法》,规范资金管理。

4月15日 印发《湖州市市级机关会议费管理规定》,加强和规范会议费管理。

4月17日 召开涉农资金专项整治行动布置会,对涉农资金专项整治行动予以细化布置。

4月22日 省财政厅总会计师赵立妙一行来湖州专题调研政府购买服务工作。

4月24日 市政府第51次常务会议听取《关于全市开展涉农资金专项整治行动的汇报》。

5月11日 印发《湖州市促进低收入农户收入倍增财政扶持资金管理办法》，规范资金管理。

6月11日 市政府印发《湖州市关于创新财政支持经济发展方式加快建立产业基金的意见》，加快推进建立产业基金。

6月15日 市政府办公室印发《关于促进社会资本进入公共设施建设领域的实施意见》，深化投资体制改革，创新投融资模式。

7月17日 市七届人大常委会第48次主任会议听取《关于2014年全市和市本级财政决算情况和2015年上半年全市和市本级预算执行情况的报告》。

7月20~21日 省政法经费保障绩效考核组来湖州对2014年度政法单位经费保障绩效工作进行考核。

7月20日 印发《湖州市新能源汽车推广应用财政补助资金管理办法》，规范资金管理。

7月23日 召开全市半年度财政地税收入分析会。

7月28日 公布《湖州市2015年政府非税收入项目目录》和《湖州市涉企行政事业性收费目录清单》，深化"四张清单一张网"改革。

7月29日 印发《湖州市省级文化产业发展转移支付资金管理暂行办法》，规范资金管理。

7月31日 市委书记裘东耀一行来市局调研。

8月28日 市政府第57次常务会议听取《关于建立湖州市产业基金有关情况的汇报》。

9月18日 七届市委第59次书记办公会议听取《关于规范我市公务员津贴补贴实施方案的情况汇报》。

10月20日 财政部副部长余蔚平率调研组来湖州调研经济运行状况。市委书记裘东耀，市委副书记、市长陈伟俊，省财政厅厅长钱巨炎一同调研。

10月29日 市政府办公室印发《湖州市市级行政事业单位公款竞争性存放管理暂行办法》，规范市级行政事业单位公款存放管理。

11月10日 根据市机构编制委员会《关于调整市级机关纪检监察机构编制的通知》精神，市局不再保留市纪委、市监察局原派驻市财政局纪检组、监察室。

11月23日 会同市水利局印发《湖州市区小型水利工程维修养护管理办法（试行）》《湖州市区面上农田水利项目建设管理办法（试行）》《湖州市区圩区整治工程建设管理办法（试行）》和《湖州市区小型水库除险加固工程建设管理办法（试行）》4个试行办法，规范项目和资金管理。

11月26日 市七届人大常委会第56次主任会议听取《关于2015年市本级财政预算调整方案（草案）的汇报》。

12月4日 市政府办公室转发《湖州市市区道路交通事故社会救助基金管理实施细则（试行）》，加强基金管理。

是日 印发《湖州市级水利建设与发展专项资金管理实施细则（试行）》，规范资金管理。

（湖州市财政局供稿　陈洪全执笔）

绍兴市

1月15日 市委副书记、市长俞志宏出席全省财政地税工作电视电话会议绍兴分会场会议并讲话。

2月2日 绍兴市政府召开市级清理规范税收等优惠政策工作会议，传达全省清理规范税收等优惠政策工作会议精神，部署税收等优惠政策清理规范有关工作，市政府副秘书长王忠灵出席会议并讲话。

2月15日 绍兴市委副书记、市长俞志宏，市委常委、常务副市长陈月亮赴市级机关财务结算中心慰问窗口一线工作人员。

3月10日 省厅副厅长罗石林一行来绍兴市开展政府产业基金建设情况专题调研。

3月25日 市财政局召开全市财政地税工作会议，总结回顾2014年工作，表彰先进，研究部署2015年工作。

4月2~3日 全国财政协作课题研讨会在绍兴市举行，会议就《完善地方税体系研究》课题报告进行交流研讨。

4 月 10 日 财政部驻四川省财政监察专员办事处专员李永和一行来绍兴市财政局督导财政存量资金专项检查工作。

4 月 16 日 印发《绍兴市涉农资金专项整治行动实施方案》，对涉农资金专项整治行动作出部署。

4 月 23 日 省财政厅总会计师赵立妙来市局开展工作调研。

5 月 5 日 绍兴市委常委、常务副市长陈月亮来市财政局开展工作调研。

5 月 11 日 市财政局召开全市财税形势分析座谈会。

6 月 2 日 省财政厅副厅长金慧群一行来绍兴市调研政府产业基金筹建等情况。

6 月 16 日 印发《绍兴市财政局　绍兴市地税局关于市会计学会等法人代表变更的通知》，决定：俞乃锋同志兼绍兴市会计学会法人代表，赵雄飞同志不再兼任；陈瑶华同志兼绍兴市注册会计师协会法人代表，俞乃锋同志不再兼任；陈建珍同志兼绍兴市珠算协会法人代表，沈志新同志不再兼任；王亚军同志兼绍兴市财税学会法人代表，阮坚勇同志不再兼任；诸少华同志兼绍兴市财税系统思想政治研究会法人代表，陈建光同志不再兼任；张磊同志兼绍兴市农村财政研究会法人代表，何俊杰同志不再兼任。

7 月 31 日 市财政局召开半年度全市财政（地税）局长座谈会，回顾总结上半年全市财税工作，研究部署下半年工作。

9 月 9 日 财政部国库司调研组来绍兴市调研部门决算公开工作。

9 月 22 日 印发《关于深化推进“四换三名”工作的实施意见》，对财税部门推进“四换三名”工作作出部署。

是日 全省财政行政政法工作座谈会在绍兴市举行。

10 月 22~23 日 省财政厅副厅长沈磊一行赴绍兴市开展 2016 年工作思路调研。

10 月 23 日 印发《绍兴市级因公出国（境）经费预算审核管理暂行办法》，规范市级因公出国（境）经费预算审核管理。

11 月 25~26 日 全省财政法制工作座谈会在绍兴市召开。

11 月 30 日 印发《关于印发政府和社会资本合作模式（PPP）工作流程的通知》，规范政府和社会资本合作模式工作流程。

12 月 10 日 省财政厅调研组来绍兴市调研“扩大有效投资”政策实施情况。

12 月 21 日 印发《绍兴市监察局等 4 部门关于开展市级行政事业单位津补贴发放专项检查的通知》，明确开展市级行政事业单位津补贴发放专项检查的对象、内容、方法、步骤及要求等有关事项。

（绍兴市财政局供稿　陈剑波执笔）

金华市

1 月 5 日 金华市政府第 92 次常务会同意市财政局关于金华市本级财政专项资金管理办法，要求按照会议修改意见完善后组织实施。

3 月 2 日 金华市政府第 96 次常务会议听取市财政局关于完善市区城市基础设施配套费征收管理有关事项以及关于市本级行政事业单位房产土地整合工作的汇报。会议同意市财政局提出的意见，要求按照会议讨论的意见修改完善后提交金华市市委研究。

3 月 3 日 市财政局制定《金华市本级政府临时机构资产配置使用管理办法》，规范和加强市本级政府临时机构资产配置使用管理，维护国有资产的安全完整，提高资产使用效益。

4 月 8 日 省财政厅厅长钱巨炎一行来金华调研，走访互联网企业，参加“税企同行创业路　牵手梦想共成长”沙龙活动并讲话。

6 月 3~4 日 国家财政部党组成员、部长助理余蔚平、会计司司长高一斌一行赴金华开展调研会计管理工作，并对金华市、义乌市会计应用管理系统、实行会计人员实名登记、创新运用“互联网+会计”模式等给予肯定。

6 月 16 日 省财政厅副厅长罗石林一行来东阳就产业基金建设、财税体制改革和文化产业发展情况进行调研，重点听取东阳市文化产业发展现状、存在的问题以及下一步计划。

6 月 17 日 金华市政府第 104 次常务会议听取市财政局关于 2015 年金华市本级城建专项资金收支预算编制情况的汇报。

7 月 13 日 金华市政府第 105 次常务会议听取市财政局关于市

本级2015年政府投资预算编制情况的汇报。

8月31日　印发《金华市企业财务会计信用等级管理办法(试行)》,促进金华市会计诚信体系建设,加强对财务会计工作的管理和监督,确保财税政策的有效运用。

是日　出台《金华市会计人员诚信考核办法(试行)》,规范会计人员职业行为,增强会计人员诚信意识,服务经济社会健康发展。

9月16日　出台《金华市市本级预算绩效目标管理暂行办法的通知》,贯彻落实新《预算法》要求,推进预算绩效管理工作,规范预算绩效目标管理,提高预算编制的科学化、精细化水平。

10月12日　金华市政府第111次常务会议听取市财政局关于金华市产业引导基金组建工作情况的汇报。

11月2~6日　省财政厅总会计师赵立妙一行来金华调研,走访工业制造业及农村电商企业。

11月12日　出台《金华市产业引导基金管理办法》,规范金华市产业引导基金的运作和管理,发挥政府基金的引导和放大作用,推进全市创业创新和五大千亿及农业等重点产业领域快速发展。

11月17日　出台《金华市本级财政公物仓管理暂行办法》,规范行政事业单位固定资产使用和处置行为,加强罚没物资监督管理,推进资产的共享、共用和集约化管理,充分发挥国有资产使用效益。

11月19日　金华市政府第115次常务会议听取市财政局关于市区污水处理费征收使用管理有关事项的汇报。

12月3日　省财政厅厅长钱巨炎一行来东阳调研影视文化产业发展情况。

12月22日　金华市政府第116次常务会议听取市财政局关于政府采购支持中小企业创新创优的汇报。

(金华市财政局供稿　魏　锋执笔)

衢州市

2月12日　市六届人大六次会议审议通过《关于2014年全市和市本级预算执行情况及2015年全市和市级预算草案的报告》。

2月27日　市财政局召开全局干部职工大会,局党委书记、局长吴宝骏作工作报告,对2015年全年财政工作进行部署。

3月9日　省财政厅副厅长沈磊赴衢州调研政府产业基金筹建运营工作。衢州市政府副市长汤飞帆,市财政局领导参加座谈会。

6月9日　市府办出台《关于市级政府性资产搬盘整合工作的指导意见》,明确市级行政事业单位房产管理主要事项。

6月20日　市府办出台《关于推进财政支农体制机制改革的意见》,对建立现代财政支农政策体系提出要求。

8月27日　全省农业补贴政策综合改革试点工作会议在衢州召开,副省长黄旭明到会讲话,省财政厅副厅长王广兵主持会议并对试点工作进行部署。

9月23~25日　衢州市财政局代表队赴舟山参加全省财税系统运行会,在乒乓球团体、羽毛球团体和男双、女子100米蛙泳等项目上取得较好成绩。

9月25日　召开市级行政事业单位2016年度部门(单位)预算编制会议。市委常委、常务副市长赵建林到会,并对2016年行政事业单位部门(单位)预算和中期财政规划编制工作提出要求。

11月3日　省财政厅纪检组长李伯来赴衢州开展2016年财政工作思路调研。

11月25日　市委常委、常务副市长赵建林赴市财政局联系村——衢江区杜泽镇堰坑头村调研,市财政局局长吴宝骏一同调研。

12月24日　衢州市政府投资基金管理中心挂牌成立,基金管理中心与市财政国库支付中心合署办公。

(衢州市财政局供稿　王燕萍执笔)

舟山市

2月2日　召开全局工作会议。回顾总结上年全市财政地税国资工作,部署2015年各项工作,表彰2014年度各类先进集体及个人。

2月25日　组建舟山江海联运服务中心建设开发有限公司。主要负责舟山江海联运服务中心区域内的项目与合作、融资、建设、开发和经营管理等。

4月17日 印发《舟山市涉农资金专项整治行动实施方案的通知》。

4月23~24日 中国财政杂志社副社长江正银一行来舟山就财政收支运行、乡镇财政建设、债务管理、PPP 模式、政府购买服务、专项资金改革等议题进行调研。

6月8日 印发《关于进一步加强财政支农资金管理工作的意见》,推进财政支农资金管理改革,规范财政支农资金分配使用。

6月10~11日 省财政厅副厅长王广兵一行来舟山调研,实地考察舟山群岛新区农业综合开发现代园、舟山国家远洋渔业基地、普陀海洋渔业特色园、大陆引水三期项目及美丽乡村建设项目。

6月17日 市委常委、纪委书记周峰一行在市局工作调研。

6月18日 印发《舟山市林业发展与管理专项资金管理办法(试行)》。

6月30日 市六届人大常委会第二十八次会议审议批准市政府提出的2014年市本级财政决算。

7月1~3日 省财政厅纪检组组长李伯来一行来舟山调研。

7月21日 市人大常委会副主任严海鸥在市局调研上半年全市财政预算执行情况。

8月10日 印发《舟山市基本公共卫生服务项目补助资金管理办法》。

8月11日 印发《舟山市妇女儿童发展专项资金使用管理办法》。

8月19日 印发《舟山市现代渔业发展专项资金管理办法(试行)》。

8月20日 市政府办公室印发《关于政府向社会力量购买服务的实施意见》。

8月21日 成立舟山江海联运产业投资基金,基金总规模100亿元,首期规模20亿元。

9月2日 印发《关于推进经济功能区财政管理工作的实施方案》。

9月22日 印发《舟山市市级水利建设与发展专项资金管理实施办法(试行)》。

10月19日 印发《舟山市卫生计生专项资金管理办法(试行)》。

是日 印发《舟山市社会组织和社会工作专项资金使用管理办法(试行)》。

是日 印发《舟山市养老服务体系建设专项资金使用管理办法(试行)》。

10月20日 市财政局出资设立政府性引导基金——浙江舟山群岛新区财金投资基金有限公司(新区财金投资基金),注册资本10亿元,基金规模50亿元。

10月28~30日 省财政厅副厅长金慧群一行来舟山进行2016年工作思路调研。

11月8日 出台《浙江舟山群岛新区财金投资基金管理办法》,就浙江舟山群岛新区财金投资基金的组织架构、投资原则和要求、投资管理程序、投资项目退出、费用和收益管理及风险防控和绩效考核等方面作出具体规定。

11月16日 浙江省产业基金有限公司和浙江舟山群岛新区财金投资基金有限公司共同出资设立转型升级产业基金——浙江舟山转型升级产业基金有限公司。

11月17日 印发《舟山市工业转型升级专项资金使用管理暂行办法》。

12月9日 印发《舟山市现代农业发展专项资金管理办法(试行)》。

12月18日 组建舟山群岛新区金融投资有限公司。主要开展金融股权投资管理、股权基金投资管理、资产运营管理、政府重大基础设施融资方案设计等业务。

(舟山市财政局供稿 徐颖娜执笔)

台州市

1月4日 市局召开全市财政地税工作务虚会。

1月29日 成立台州市金融投资有限责任公司。

2月13日 市局召开年度总结大会。总结交流2015年工作，分析当前经济形势，研究部署2016年各项工作。

3月10日 省财政厅副厅长罗石林一行来台州调研产业基金运行情况。

3月16日 省财政厅纪检组长李伯来一行到市局开展工作调研。

4月8日 开通市局政务微信公众平台“台州财税”。

4月29日 召开全市财政地税局长会议，市局领导、相关处室和各县（市、区）财政局长和分管地税局长参加。

5月4日 台州市财政地税局获“浙江省五一劳动奖状”荣誉称号。

6月1~3日 省财政厅厅长钱巨炎一行到台州，就如何谋划经济发展，支持企业转型升级进行调研。

6月5~10日 局长林仁方率相关处室人员走访开发区重点企业；班子成员分别赴全市各地调研，走访重点企业。

7月6日 台州市本级首次对11亿元财政资金进行竞争性存放。

8月4日 召开2015年上半年全市财政地税局长会议。局长林仁方出席会议并讲话。

8月12日 市局组织开展全市绩效评价报告质量评审工作。

8月29日 台州市市长张兵对市财政局报送的专报《市财政局紧抓四个环节实现预算绩效全程管理》作出批示：“市财政在预算绩效管理上走在了全省前列，值得肯定。望进一步完善办法，不断提高预算绩效。”

9月9日 开展台州市本级财政资金竞争性存放第二期招投标，资金总额15亿元。

9月10日 财政部国库司一行到台州市专题调研部门决算工作。

9月14日 省财政厅预算执行局一行来台州市督查稳增长财政政策落实情况。

9月22日 市财政学会第二次会员代表大会召开。大会选举产生第二届学会会长、副会长、秘书长、副秘书长和学会理事等。

10月12日 全市财政地税系统领导干部培训班在浙江大学华家池校区开班。

10月20日 《中国财经报》对台州市财政资金竞争性存放工作进行报道。

10月27日 省财政厅党组成员、省金控公司党委书记、董事长杜祖国一行到台州市开展财政工作思路调研。

11月30日 开展台州市本级财政资金竞争性存放第三期招投标，资金总额29.80亿元。

12月8日 台州市发布市级政府部门财政专项资金管理清单。

12月25日 市局全面开展全市地方预决算公开专项检查。

（台州市财政局供稿　卢云芬执笔）

丽水市

2月7日 丽水市第三届人民代表大会第五次会议通过《关于2014年全市和市级预算执行情况及2015年全市和市本级预算草案的报告》。

2月11日 根据市委文件，任命李萌为丽水市财政局党组成员，中共丽水市纪律检查委员会派驻丽水市财政局纪律检查组组长；免去甄荣泗的丽水市财政局党组副书记、中共丽水市纪律检查委员会派驻丽水市财政局纪律检查组组长职务。

3月11日 市人大常委副主任吕文明一行到市财政局调研2014年预算执行和2015年预算编制情况。

3月12日 省财政厅副厅长罗石林等到丽水调研产业发展基金建设情况。

3月30~31日 市三届人大常委会第二十六次会议审议通过2014年丽水市直财政性基本建设预算执行及2015年度预算编制情况、2015年度丽水市本级政府性债务收支计划的报告。

4月15日 省财政厅总会计师赵立妙一行到丽水调研政府购买服务工作。

4月23日 根据市委文件，任命刘志伟同志为丽水市财政局党组书记；免去陈志雄同志的丽水市财政局党组书记职务。

5月13日 印发《丽水市预算绩效管理工作目标责任制考核办法》，全面推进预算绩效管理工作。

5月22日 根据市人大文件，任命刘志伟为丽水市财政局局长。

6月3日 印发《推进政府购买服务扩面试点工作实施方案》，开展政府购买服务工作。

8月14日 市委副书记、市长黄志平一行到市财政局调研工作。

8月18日 成立丽水金融投资控股有限公司及丽水市生态经济产业基金管理有限责任公司。公司注册资本分别为1.08亿元和2.4亿元，市政府授权市财政局监督管理。

8月20日 市政府出台推进财政支农体制机制改革实施意见，加强财政支农专项资金管理，推进丽水市财政支农体制机制改革。

6月~8月 开展市本级事业单位所办企业国有资产产权登记与发证工作。登记市本级事业单位123家、企业20家。

9月1日 印发《丽水市区疾病应急救助基金管理实施办法》，规范疾病应急救助基金管理。

是日 出台《丽水市市直预算绩效管理办法》，9日印发《丽水市市直预算绩效管理财政内部工作规程》，加强预算绩效管理。

9月2日 出台《关于全面推进依法行政的实施意见》，推进依法行政。

9月22日 召开2016年市本级部门预算编制布置会，邀请省财政厅专家为市本级245个预算单位财务人员作新《预算法》解读。

9月29日 市人大常务委员会批准丽水市2014年度市本级财政决算、2015年度市本级预算调整方案。

10月12~15日 省财政厅副厅长王广兵等来丽水开展2016年财政工作思路调研。

10月12日 根据市编办文件，同意市财务总监管理中心增挂丽水市政府和社会资本合作（PPP）指导服务中心牌子，为全省首家PPP指导服务中心。

10月21日 印发中共丽水市财政局党组会议议事规则，规范局党组会议的议事范围、程序和规则。

是日 印发《政府向社会力量购买服务补充指导目录（2015年度）》，结合丽水实际，完善政府购买服务目录。

10月29日 出台《丽水市本级财政资金竞争性存放管理暂行办法》。

11月10日 市人大常委会副主任武昌等在市财政局开展代表建议办理工作评议。

11月13日 丽水市莲都区里东村发生严重山体滑坡，市财政紧急下拨专项救灾资金300万元，指导各县（市、区）财政部门做好地质灾害防治资金保障工作。市局财税干部职工共为里东捐款49400元。

12月11日 印发《丽水市养老服务业发展专项资金使用管理暂行办法》，加强养老服务业发展专项资金管理。

12月14日 印发《关于加强市区职工生育津贴资金管理的通知》，规范生育津贴资金管理。

12月19日 出台《丽水市本级财政资金竞争性存放招投标实施规程（试行）》。

12月22日 印发《丽水市建筑业发展专项资金管理办法》，加强建筑业发展专项资金监管。

12月22~23日 省财政厅副厅长王广兵等来缙云、龙泉调研“光伏小康”工程、黑木耳特色园、青瓷小镇建设。

12月30日 印发《浙江丽水生态经济产业基金管理办法》，规范生态经济产业基金的运作与管理。

是日 市政府印发《丽水市本级行政事业单位公款竞争性存放管理暂行办法》，规范财政资金存放行为。

（丽水市财政局供稿　练素红执笔）

『十二五』时期财政工作

zhejiang caizheng nianjian

浙江省

【概况】“十二五”(2011—2015年)期间,浙江省各级财政部门遵循“促进发展、保障民生、科学理财、加强监管”理财观,做好“生财、聚财、用财”三篇文章,财政综合实力得到增强,收支结构持续优化,民生事业保障有力,财税改革全面推进,财政管理科学规范,完成“十二五”财政改革发展各项目标任务。2015年全省财政总收入、一般公共预算收入、一般公共预算支出分别为8549亿元、4810亿元、6646亿元,为2010年的1.75倍、1.84倍、2.07倍,分别增加3654亿元、2201亿元、3438亿元,年均增幅分别为11.8%、13.0%、15.7%。一般公共预算收入占财政总收入的比重为56.3%,比2010年提高3个百分点,税收收入占一般公共预算收入的比重同口径为92.4%,继续保持全国前列。2015年,全省地税系统组织各项收入6280.2亿元,为2010年的1.88倍,年均增幅为13.5%。财政收支规模进一步扩大,结构进一步优化,质量进一步提升,为经济社会发展提供了物质基础和财力保障。

【推动经济转型升级】坚持市场化导向,正确处理政府和市场的关系。落实积极财政政策,强化资金供给和政策保障,推进实施以浙商回归、“五水共治”“三改一拆”“四换三名”等为主要内容的转型升级组合拳,主动适应、引领经济发展新常态,提升经济发展质量和效益。“十二五”时期,累计筹措落实省级财政性资金684亿元,争取地方政府债券3035亿元以及中央基建投资资金255亿元,支持“411”扩大有效投资行动计划,推进铁路“八八计划”、现代交通五大建设和综合交通运输体系等重大基础设施建设,发挥投资对经济增长的拉动作用。加大财政科技投入,安排创新强省资金,优化科技资源配置,实施科技成果使用权处置权收益权管理改革,促进科技成果转化。推进青山湖科技城、未来科技城等重大创新平台建设。落实海洋经济发展专项资金,推进省海洋经济发展示范区和舟山群岛新区建设。发挥再担保、贷款风险补偿、政府采购信用融资等政策功能,鼓励和引导金融资金向实体经济倾斜,缓解企业融资难、融资贵问题。实施结构性减税和普遍性降费政策,减轻企业特别是中小微企业负担,激发市场主体活力。创新财政支持经济发展方式,发挥财政资金“四两拨千斤”的杠杆作用,设立200亿元的省产业基金,并实施市场化运作模式,引导社会资本增加投入,支持信息经济等7大产业和农业农村转型发展。创新财税政策工具,支持特色小镇建设。“十二五”期间,省财政安排小城市培育试点专项资金65亿元,通过奖补结合和以奖促建的方式,推动小城市培育试点取得新突破。

【切实保障改善民生】按照“保基本、兜底线、建机制”的原则,不断完善民生保障的长效机制,确保新增财力三分之二以上用于民生,增强人民群众幸福感和获得感。加大精准扶贫力度,支持实施低收入农户收入倍增计划,鼓励符合条件的农户异地搬迁、发展特色产业、来料加工,支持建设资金互助组织,实施小额扶贫贷款贴息,促进农民增收和民生水平提升,助力消除“4600元以下”贫困现象。加大教育投入,支持学前教育、基础教育、高等教育、职业教育等多层次教育发展。小学和初中生均公用经费分别提高至650元、850元。“十二五”时期,全省教育支出4875亿元,较“十一五”时期增长114.3%,年均增幅15.8%。建立健全公共文化服务体系运行保障机制,促进全省基本公共文化服务标准化、均等化。全省文化支出由2010年的77亿元增长到2015年的165亿元,年均增幅16.5%。践行“绿水青山就是金山银山”的科学理念,完善生态环保财力转移支付制度,支持重点生态功能区示范区建设,建立生态环境财政奖惩制度。将省级以上生态公益林最低补偿标准从2010年的17元/亩提高到2015年的30元/亩。率先实施城乡统筹的居民基本养老保险制度,整合新农合和城镇居民基本医疗保险制度,基本实现“老有所养、病有所医”全覆盖。改革机关事业单位养老保险制度。连续5年提高企业退休人员基本养老保险金水平,2015年月人均2750元,比2010年增长72%。提高城乡居民基础养老金至月人均120元,城乡居民基本医疗保险最低筹资标准由2010年的185元提高至2015年的570元,各级财政最低补助标准由129元提高到400元,政策范围内医保报销比例达65%。深化医药卫生体制改革,支持实施“双下沉、双提升”工程,促进医疗资源均衡配置、有序发展。全省医疗卫生支出由225亿元增长到485亿元,年均增幅16.7%。筹集财政性资金939亿元,支持开工建设保障性住房99.1万套,竣工60万套。深化财政支农体制改革,用足用好各项强农惠农富农政策,带动农业发展、农民增收,全省财政“三农”投入2547亿元,年均增长18.9%,城乡发展差距进一步缩小。深化“平安浙江”建设,建立动态法律援助办案财政保障机制,推进社会力量参与社区矫正工作,支持食品药品安全监督抽检和智慧监管建设。

【完善财政体制机制】以贯彻落实新《预算法》为契机,深化财税体制改革,探索建立具有浙江特色、有利于“加快发展、优化生态、改善民生、强化统筹、讲求绩效”的现代财政制度。加快全口径政府预算体系建设,编制一般公共预算、政府性基金预算、国有资本经营预算和社保基金预算等4本预算,实现“预算一个盘子、收入一个笼子、支出一个口子”。改进预算控制方式,探索跨年度预算平衡机制,推动中期财政规划管理,全面试编权责发生制政府综合财务报告。加强地方政府债务管理,做好存量债务甄别、债券置换和分类管理工作,规范地方政府举债融资机制,实行债务限额管理和预算管理,有效防范债务风险。盘活存量资金,用于增加公共服务供给以及亟需资金支持的重大领域和项目。实施新一轮省对市县财政体制,进一步下沉财力,使事权和支出责任更加匹配,充分调动省、市、县三方积极性。落实区域统筹发展激励奖补政策,发达及较发达县(市)与财政困难县

(市)人均财政支出的比率降为1.05∶1,区域发展差距进一步缩小。按照"四张清单一张网"和"两个一般不"的要求,建立专项资金管理清单并实施动态调整,将转移支付专项由235个整合归并为54个。推进专项性一般转移支付和竞争性分配改革,规范资金分配程序,提高资金使用绩效。创新公共服务供给方式,推广政府购买服务、政府和社会资本合作(PPP)等模式,激发民间资本活力,提高公共服务供给质量和效率。深化国库集中支付和公务卡改革,实现省、市、县全覆盖,开展财政资金竞争性存放试点。推进预决算信息公开,不断细化公开内容,打造"阳光财政"。

【提升财政管理水平】 推进财政法制建设,提高依法理财管财水平。深化"三位一体"组织体系改革,构建预算编制、执行、监督相互分离、相互制衡的工作机制。加快预算支出执行进度,积极盘活存量资金,发挥资金效用。实施财政资金动态监控,推进财政政策绩效评价和反不当支付的实践应用。加强绩效管理,逐步建立"预算编制有目标、预算执行有监控、预算完成有评价、评价结果有应用"的预算绩效管理机制。创新政府采购管理,探索建立与互联网、现代信息技术相融合的政府采购市场模式,不断完善政府采购制度体系、监管体系、诚信体系和标准体系。建成统一公共支付平台,推进教育、公安、人社等部门和金华、温州等地区上线运行,加快政府非税收入收缴电子化改革步伐。健全行政事业单位和文化企业国有资产管理制度,加强对国有资产配置、使用、处置的全过程监管。推进乡镇财政管理和乡镇公共服务平台建设,实现财政资金就地就近监管、财政服务就地就近提供。加快建设数字财政,强化跨部门、跨层级的数据共享和应用,提高财政管理信息化、智能化水平。构建大会计口联席会议制度,推进管理会计应用和内控建设,做好会计中介机构和会计从业人员的管理工作。开展管理会计应用及会计从业资格证书"网上申请、快递送达"试点,协同工商等部门实施"五证合一、一照一码"登记制度改革。

(省财政厅办公室供稿　朱权之执笔)

杭州市

【提升财政综合实力】 收支规模持续增长。2010年至2015年,全市财政总收入从1245.43亿元上升至2238.75亿元;一般公共预算收入从671.34亿元上升至1233.88亿元,年均增长12.9%,全市一般公共预算支出从2010年的616.49亿元增长到2015年的1205.48亿元,年均增长14.4%。

收入质量不断提升。全市一般公共预算收入占财政总收入的比重年均为53.8%,高于"十一五"时期年均占比2.8个百分点;税收收入占一般公共预算收入的比重年均95%以上,位居全国前列。第三产业税收对一般公共预算收入的贡献比由2011年的56.2%提高到2015年的64.1%,信息传输软件、金融、租赁和商务服务等现代服务业税收贡献保持较高增速。

【促进经济发展】 落实经济稳增长政策。完善落实各项稳增长财税政策,推动投融资体制改革、工业经济稳增长、住房货币化保障、棚户区改造、产业转型升级等政策落地生效。加大减税降费力度,兑现各项财税扶持政策,推进"营改增"试点,落实中小微企业、高新技术企业等税收和社保基金优惠政策,减轻企业负担。

创新产业扶持方式。实施信息经济和智慧应用"一号工程",推进"四换三名",促进工业化和信息化"两化融合"发展。优化企业融资环境,设立政府产业基金,实施财政专项资金竞争性分配改革。支持杭州入选全国小微企业创业创新基地示范城市,示范期内制定企业扶持政策,全市每年预算安排不少于50亿元用于扶持小微企业发展。推进中国(杭州)跨境电子商务综合试验区建设,鼓励跨境电子商务企业主体培育、电商平台搭建、人才培养、园区建设、物流发展及融资体系建设等。

支持人才引进培养。制定人才培养和扶持政策,保障引进国外智力计划、国家和省"千人计划"的实施,完善大学生、留学人员创业创新体系,实施高层次、高技能人才住房保障实施意见和培训工程。

【保障民生事业】 "十二五"时期,杭州市财政大力支持社会事业发展,加快提升公共服务水平,一般公共预算新增财力三分之二以上用于民生支出,全市五年累计投入3389亿元,是"十一五"时期的2.2倍。

完善社会保障体系。建立"全覆盖、保基本、多层次、可持续"的社保体系。规范基层医疗卫生投入机制。整合社会保险政策,完善最低生活保障和救助体系。优化养老服务体系,鼓励向社会组织购买居家养老服务和社会力量兴办养老服务机构,支持杭州市入选全国首批养老服务业综合改革试点城市。推动萧山区、余杭区、富阳区、大江东和主城区社保一体化建设工作。

支持发展教育、科技、文化和体育事业。推进教育优质均衡发展。提升基础教育质量,优化职业教育,资助家庭经济困难学生,改善市属学校办学条件。持续推动文化惠民工程、城乡公共体育健身设施提升工程、全民健身计划等项目的实施。推进重大科技专项创新平台、知识产权试点示范区等建设。

推进城乡统筹。支持中心镇、中心村建设和"美丽乡村"创建。创新设立农村公益金,鼓励企业投入农村社会公益项目。建立杭州城区与五县(市)对口联动发展协作机制。强化农业科技创新与推广应用能力,优化农村基础设施和生态环境。加大产业化帮扶力度,提高农民收入水平。

提升社会管理服务水平。夯实基层基础,打造"全国社区管理和服务创新实验区",培育发展公益性社会组织。支持平安法治杭州建设,增强公共安全和社会治安保障能力。加强食品安全检验检测、专项整治等。加大扶持"米袋子"和"菜篮子"工程建设。支持廉租房和公共租赁房等保障性住房建设,开展住房公积金贷款支持保障性住房建设试点工作。

【推动城市建设】 保障生态城市建设。加强环境保护和污染治理，保障"五水共治""五气共治""五废共治"，支持"三江两岸"整治。推进节能减排财政政策综合示范试点，三年考核成绩被财政部评定为"优秀"，累计争取到中央节能减排支持和奖励资金18亿元。支持推广应用新能源汽车，2013~2015年列入国家第二轮新能源汽车推广应用试点，至2015年末新能源汽车推广应用超过2万辆。保障历史文化遗迹和西湖综合保护，推进西湖文化景观成功申遗。

支持城市管理服务提升。支持推进截污纳管、垃圾分类、庭院改善等市政工程以及道路保洁、城市亮灯等长效管理。加快"三改一拆"和"三化四分"等环境改善工作。推进实施"公交优先"战略，完善城市公共交通系统，政府购买公交服务补偿、出租车油价补贴、公交停车场(站)建设等。

推进政府投资项目建设。重点保障快速路、铁路东站枢纽等重点市政工程，以及公共停车场(库)、污水管网、环境卫生、消防等配套基础设施建设资金需要。多渠道筹措地铁建设资本金，保障地铁路网建设。组建杭州投资发展有限公司，支持钱江新城、大江东、望江区片改造等杭州重大建设项目。

探索创新政府投融资模式。发挥财政资金放大和引导作用，鼓励和引导社会资本参与基础设施建设。筹建规模逾400亿元城市发展基金，推动60亿元都市交通建设投资基金、150亿元都市设施建设投资基金、200亿元PPP基金落地生效。推广PPP模式，入选全省PPP示范城市，13个项目纳入浙江省PPP项目推荐清单，其中杭州地铁5号线一期、6号线一期工程被列入财政部首批PPP示范项目名单。

全力以赴保障服务G20峰会。按照"资金统筹、有保有压、分级承担"原则，建立峰会资金筹措和投入机制。出台峰会项目专项资金、政府采购等系列管理办法，规范经费使用，简化流程、提高效率，加快推进与峰会相关的环境整治、基础设施以及配套服务项目，全面提升杭州城市国际化水平。

【推进财政管理改革】 完善全口径政府预算体系。建立四本预算之间有机衔接和统筹联动安排的管理机制。扩大国有资本经营预算范围，提高收益收取比例。研究社保基金保值增值，坚持精算平衡确保基金安全有效。逐步清理规范重点支出同财政收支增幅或生产总值挂钩事项。推进专项性一般转移支付制度改革。推动中期财政规划编制。安排预算稳定调节基金，建立跨年度预算平衡机制。探索权责发生制政府综合财务报告制度，反映政府整体财务状况、运行情况和财政中长期可持续性。

完善市区财政体制。逐步理顺大江东产业集聚区、钱江开发区财政体制，加快萧山、余杭、富阳与主城区在教育、社保、民政等民生领域融合发展。规范企业搬迁财政利益分配机制，保障企业正常生产经营流动。

规范地方政府债务管理。制定做地主体(即经批准从事政府储备土地前期开发整理和实施制定项目的政府下属机构或国有企业)财务监管和政府性债务管理暂行办法，加强债务收支计划编制和动态监控。开展存量债务清理甄别和分类管理。争取省政府代发的政府存量和新增债券，降低政府融资成本，规范政府举债融资行为。对政府债务实行限额控制和预算管理，逐步构建风险评估和预警应急处置机制，有效防范财政风险。

优化预算执行管理。深化国库集中支付制度改革，实行公务卡强制结算。推进非税收入征管信息化建设，完善"收支两条线"政策。建立政府采购电子化交易平台，获财政部2014年中国政府采购年度创新奖。有序推进政府购买服务，动态完善政府购买服务目录。出台行政事业单位内部控制实施意见，建立健全单位风险防控体系。

美丽乡村在建德

推进预决算公开。除涉密信息外，推进全市财政预决算、部门预决算、"三公"经费预决算以及重点支出、政府债务、转移支付、财政政策、政府采购等重要事项信息公开，主动接受社会监督。市本级91家部门预决算信息公开，占部门数的90%。编制财政预算读本，细化说明，有助理解。

开展专项资金清理改革。清理市级财政专项资金，整合存量、优化增量，提高绩效，实现"政策压缩30%以上、资金压缩20%以上"目标。完善制度体系，制定专项资金管理办法和实施意见。推动"项目库"滚动管理，推进项目提前储备和分类管理。建立专项资金管理清单，并对社会公开。

加强财政资金使用管理。清理盘活

存量资金，加强结余结转资金管理和统筹使用。严格执行各项财经纪律，严格控制行政运行经费和“三公”经费。健全市级支出标准体系，优化定额标准，保障各单位基本运转。探索国库资金和行政事业单位公款竞争性存放管理，在防止利益输送、增加存款收益、建立竞争择优存放机制等方面取得成效。

完善预算绩效管理。全部财政性项目资金、财政资金运行全过程和全部市直综合考评单位实现绩效目标管理全覆盖。初步形成“预算编制有目标、预算执行有监控、预算完成有评价、评价结果有反馈、反馈结果有应用”的预算绩效管理机制。

（杭州市财政局供稿　郭　涵执笔）

宁波市

【财政实力稳步提升】 2011～2015年，宁波市财政总收入分别完成1431.8亿元、1536.5亿元、1651亿元、1790.9亿元、2072.6亿元，增长22.2%、7.3%、7.5%、8.5%、11.4%；一般公共预算收入分别完成657.6亿元、725.5亿元、792.8亿元、860.6亿元、1006.3亿元，增长23.8%、10.3%、9.3%、8.6%、8.1%。2015年全市财政总收入比2010年增加900.9亿元，一般公共预算收入增加475.4亿元，分别年均增长12.1%和13.6%。全市政府性基金收入减收明显，2015年为301.4亿元（不含社保基金），比2010年下降59.6%，主要源于国有土地使用权出让收入下降。

“十二五”时期财政收入结构发生新的变化，一般公共预算收入在财政总收入中的比重由2010年的45.3%上升到2015年48.6%；非税收入占一般公共预算收入的比重由2010年的4.3%上升到2015年的15.7%；大多数主体税种增幅较大，2015年国内增值税、国内消费税、营业税、企业所得税、个人所得税、城市维护建设税分别完成收入667.8亿元、299.4亿元、212.7亿元、355.7亿元、133亿元和69.2亿元，比2010年分别增长77%、59.3%、38.1%、81.6%、54.7%和127.6%。

【优化支出结构，促进经济社会转型发展】 2011～2015年全市一般公共预算支出分别完成750.7亿元、828.4亿元、939.9亿元、1000.9亿元、1256亿元，增长25%、10.4%、13.5%、6.5%、17.6%，年均增长15.9%。全市财政支出中，市本级与县（市）区财政一般公共预算支出均保持较快增长，其中市本级财政一般公共预算支出由2010年的141.8亿元，增加到2015年的280.9亿元，年均增长14.7%；县（市）区级财政一般公共预算支出由2010年的458.8亿元，增加到2015年的975.1亿元，年均增长16.3%。2015年全市政府性基金支出331.2亿元（不含社会保险基金支出），比2010年下降52.7%。

“十二五”时期，面对严峻的宏观经济形势，频繁的自然灾害特别是洪涝灾害，全市各级财政部门及时出台帮助受灾企业灾后自救全力恢复生产的财税政策，落实各项减税轻费政策，帮助企业克时艰、渡难关，2013年筹措救灾复产资金6.28亿元，争取中央、省财政补助3.15亿元，统筹用于支持抗洪救灾和灾后复产重建，为各类纳税人减免税费86.8亿元。加大政府公共投资力度，推进重大项目建设，2011年争取到中央发行的地方政府债券13亿元，并筹集市级财政性资金113.2亿元支持轨道交通、打通“断头路”、机场快速干道等重大项目建设。2015年分两批发行553亿元地方政府债券，谋划推进总投资额1400亿元的100多个PPP项目，有效缓解全市各级政府筹资压力，降低政府融资成本，保障三年行动计划、五水共治等市级重大项目实施。支持经济转型升级，落实各项产业扶持政策，支持八大战略性新兴产业重大产业项目实施、“810实力工程”（宁波市委、市政府发展新兴产业，强化创新驱动，建设工业强市而提出的一项工程）培育以及产业集群构建，特别是市级重点优势总部企业和8大优势总部基地。整合财政资金支持新材料科技城、电商城等特殊园区的发展。加大对科技型、初创型企业的支持力度，市级设立10亿元规模的创业投资引导基金和5亿元规模的天使投资引导基金，通过阶段性参股、跟进投资等方式支持企业发展壮大。加大“三农”、教育、社会保障和就业、医疗卫生等民生领域投入，支持落实积极的就业政策、完善医疗保障制度建设、健全养老保障制度体系、构建社会养老服务体系，不断改善民生福祉，推进社会各项事业发展。“十二五”时期，农林水支出、教育支出、社保就业支出分别由2010年的43亿元、89.3亿元、34.4亿元增加到2015年的109.5亿元、190.7亿元、122亿元，年均增长分别为20.6%、16.4%、28.8%。

余姚社区腰鼓队

【深化财政改革,创新财政管理机制】 提请市政府印发《关于加快推进财政改革促进经济社会发展的实施意见》,对各项财政改革做出顶层设计。推进预算信息公开,2014年市级首次实现一般公共预算、政府性基金预算、社会保险基金预算、国有资本经营预算"四本预算"全部公开;2015年扩大公开范围,全市11个县(市)区和5个市属相关开发园区全部向社会公开政府预算;除涉密信息外,全市各级部门预算、"三公"经费预算均向社会公开。完善政府预算体系,2015年将11项政府性基金转列一般公共预算,加大统筹力度。实行市级中期财政规划管理,在编制2016年预算时,同步启动2016~2018年财政规划编制工作。加强财政专项资金管理,2015年制定市级财政专项资金管理暂行办法,实施专项资金管理清单制度。清理结余结转资金,配合财政部驻青岛专员办做好对宁波市盘活财政存量资金专项检查工作,并提请市政府办公厅印发《关于进一步做好盘活财政存量资金工作的通知》,制订具体工作要求和部分已盘活资金的使用方案。规范政府举债融资制度,清理甄别存量债务,强化政府性债务统计分析工作,制定政府债务限额管理暂行实施办法和配套制度,2015年发行地方政府债券553亿元。推进政府购买服务改革,建立政府向社会购买服务的基础制度框架。创新财政扶持产业方式,设立政府产业基金,2015年先行设立工业信息、海洋经济、旅游经济和电子商务4个产业发展基金。推广政府和社会资本合作模式,成立PPP中心,牵头开展物有所值评价和财政承受能力论证,组建PPP产业基金并统筹资金安排。深化非税收入收缴管理改革,出台《宁波市政府非税收入管理办法》,完善并推广非税收入收缴管理系统。全面实施国库集中支付改革,市级一般公共预算资金和政府性基金预算资金全部纳入国库集中支付范围。深化公务卡制度改革,实行公务接待经费"一办一结报"办法,并在全市推行建立公务卡强制结算目录。创新政府采购方式,推行网上竞价采购。探索预算绩效管理改革,出台《关于进一步推进预算绩效管理意见》,加强对重大项目的财政支出评价工作。提升财政监督能力,开展财政专项资金检查工作和"三公"经费使用检查集中行动。

(宁波市财政局供稿　翁公羽执笔)

温州市

【概况】 2015年,温州市实现生产总值4619.84亿元,是2011年的1.4倍,年均增长8.8%。三次产业结构比由2011年的3.2∶52.2∶44.6调整为2015年的2.7∶45.5∶51.8。2015年人均生产总值50809元,是2011年的1.2倍,年均增长4.7%;城市居民人均可支配收入44026元,农村居民人均纯收入21235元,分别是2011年的1.4倍和1.6倍。"十二五"期间,全市累计完成财政总收入2859.50亿元,是"十一五"时期的1.7倍,年均增长14.2%;全市累计完成一般公共预算收入1649.09亿元,是"十一五"时期的1.9倍,年均增长17.4%。"十二五"期间,全市累计完成一般公共预算支出2254.20亿元,是"十一五"时期的2.1倍,年均增长20.4%。"十二五"时期,全市财政均实现年度收支平衡。

【支持经济转型】 历年投入财政资金助推产业结构优化升级。2011年,下拨工贸类专项资金5875万元,旅游类财政扶持资金2363万元,支持产业转型升级、现代服务业发展及旅游业发展;2012年,市级财政整合各类专项资金及其他资金5.60亿元,支持设立市级产业平台政府引导基金;2013年,下达产业转型升级资金8545万元,支持"机器换人""总部经济"、行业公共服务平台等七大类项目;2015年,设立浙江温州转型升级产业基金,首期到位8.00亿元,带动县(市、区)政府产业基金规模超50.00亿元。化解金融风险。2014年,落实温州市信用担保财政专项扶持资金245万元,支持化解企业担保风险。为市区700多家小微企业发放服务补贴券180余万元,获批成立温州市首支产业创投基金。落实优惠政策。"十二五"期间,温州财政大力扶持实体经济发展,五年合计为企业减免税费217.70亿元。促进温商回归。开展支持温商创业创新等专项行动,对各地推荐的一批引进项目作为重点对象予以跟进服务;科学筹集和安排建设资金,加快推广PPP模式,引进社会资本参与城市基础设施投资和运营。支持金融改革。2012年,争取金改财税支持政策,获得全省金融业税收分成体制调整的支持,争取省财政专项资金5000万元。

【保障重点支出】 加强重点民生保障。2011年,拨付市区廉租房保障资金2.10亿元,投入"新医改""新农保"经费9.90亿元;2014年,安排市区公租房保障资金1.18亿元;2015年,拨付公立医院改革市级专项资金2200万元,补贴市级5家综合医院实施药品零差价。大力推进教育事业。2011~2013年,市本级教育支出分别为14.26亿元、15.59亿元、18.53亿元,2014、2015年全市安排教育支出分别为124.59亿元、147.88亿元。支持"三农"事业发展。推进城乡统筹综合改革,实施"六城联创""五水共治",支持城乡环境再造,其中:2011年,下拨各类粮食补助资金1.42亿元支持"米袋子"建设,拨付资金1.00亿元建设现代农业发展及中心镇、农村新社区配套设施,整合资金5000万元加大粮食生产功能区和现代农业园区投入;2012年,整合财政支农专项资金1.50亿元用于保障房引导基金资金分配方案,拨付统筹城乡专项资金4500万元补助农投集团注册和投融资平台,整合资金8000万元建设珊溪水源地保护工程,安排支农专项资金3000万元建设粮食生产功能区;2013年,安排农资综合资金1.20亿元补贴全市65万户种粮农民,落实市级储备粮经费4420万元,下达补助资金389万元提升市区农贸市场改造,争取省级、中央农业综合开发资金8517万元;2014年,整合优化"三农"专项资金3.29亿元支持农业"两区"、现代生态循环农业、农业主导产业综合开发、美丽乡村建设、扶贫攻坚及农产品质量安全等"三农"事业发展,围绕"五水共治",整合和落实美丽浙南水乡建设资金6.00

新落成的平阳萧江鼓楼

亿元,其中农村污水治理整合资金 1.50 亿元,完成污水治理村数 1101 个,受益农户 21.5 万户;2015 年,安排专项资金 5.84 亿元,带动全市"五水共治"水利建设投入 306.3 亿元,完成年度任务的 144.1%。保障重点项目工程。2012 年,拨付资金 36.00 亿元,重点保障瓯飞围垦、机场扩建、轨道交通等基础设施及民生工程建设;2013 年,支出各类建设资金 97.28 亿元,保障高速公路、瓯飞围垦、"治堵""治水"和教育、医疗社会事业项目建设;2015 年,市本级安排资金 59.82 亿元,重点保障市域铁路、高速公路、国际机场等重大项目及"浙南美丽水乡""交通治堵""六城联创"、教育、卫生等民生工程建设。

【深化财政改革】 健全财政体制。理顺城市东部五大功能区财政体制,2014 年,出台新一轮市区财政体制和市区城市建设及管养体制,事权财权进一步理顺,县乡财政体制不断完善。推进预算管理改革。推进市级财政专项资金管理改革,加大专项资金清理整合力度;加强部门预算管理,创新和完善部门预算审查机制;深化国库集中支付改革。2012 年市级国库集中支付及公务卡制度改革实现"全覆盖";2015 年市本级各预算单位开设个人公务卡 20494 张,累计刷卡消费 1.04 亿元;试编地方政府债务预算和权责发生制政府综合财务报告,制订部门预算执行综合考核办法和行政事业单位财务管理考核办法,加快预算执行进度。推进预决算公开。2012 年 45 个市级部门预算报市人代会审查;2014 年预算审查部门扩大到 81 个;建立权力清单和责任清单,公开财政权力事项 43 项等;逐步推进决算公开,2014 年市级部门决算首次公开 44 个,2015 年除涉密部门外,市级所有已公开部门预算的部门均已公开本部门决算。严控"三公"经费预算。2013 年,市本级"三公"经费预算比上年执行数下降 4.7%;2014 年,制定行政事业单位财务开支标准,"三公"经费预算比上年下降 30.0%;2015 年,市本级"三公"预算比上年预算下降 1.0%。

【加强财政监管】 加强资金监管。2011 年,市本级查出各项"小金库"资金 170 万元;2013 年,开展土地出让金专项督查活动,催缴 7.99 亿元土地出让金入库;2014 年,对重点领域资金、重大财税政策执行及财经纪律开展监督检查,收回企业应急转贷专项资金(含利息收入)2.23 亿元;2015 年,联合市监察局对市计量技术研究院、市地质环境监测站等 10 家单位开展重点检查,涉及金额 118 万元。开展会计监督检查。2011 年对温州市房管局等 12 家单位进行检查,发现违纪单位 11 家,违纪金额 3028 万元。2012 年发现违规单位 31 户,违规金额 6651 万元,补缴税款 142 万元,上缴财政专户 1721 万元,调账 4788 万元;2015 对 36 家国有企业、民营企业和外资企业等节能减排单位开展会计监督检查,涉及金额 805 万元。加强行政事业单位国有资产管理。2011 年,完成资产处置批复 121 批次,处置金额 1.76 亿元;2013 年,审批完成 153 家单位总计 2.24 亿元资产处置审批;2015 年,开展闲置资产调查,19 家单位上报闲置资产 300 项,账面价值 1100 万元,加强报废资产集中处置,完成三个批次账面价值 5057 万元报废资产集中处置,收缴处置收入 67 万元。

(温州市财政局供稿　李　侠执笔)

嘉兴市

【概况】 "十二五"时期,嘉兴市生产总值由 2010 年的 2315.46 亿元增加到 2015 年的 3517.06 亿元,按可比价格计算,年均增长 8.6%。全市三次产业结构比由 2010 年的 5.5∶57.7∶36.8 调整为 2015 年的 4.0∶52.6∶43.4。2015 年全市固定资产投资、社会消费品零售总额、外贸出口额分别为 2513.82 亿元、1494.57 亿元和 229.27 亿元,"十二五"期间年均分别增长 13.5%、13.9% 和 7.4%。全市城镇居民和农村居民人均可支配收入由 2010 年的 27487 元和 14365 元增加到 2015 年的 45499 元和 26838 元,按可比价格计算,年均增长 8.1% 和 8.7%。全市财政总收入从 2010 年的 334.33 亿元增加到 2015 年的 638.80 亿元,一般公共预算收入从 2010 年的 176.83 亿元增加到 2015 年的 350.35 亿元,分别增长 0.9 倍和 1.0 倍,年均增长 13.0% 和 13.2%。2015 年一般公共预算收入占财政总收入的比重为 54.8%,比 2010 年提高 1.9 个百分点。一般公共预算支出从 2010 年的 199.06 亿元增加到 2015 年的 424.16 亿元,增长 1.13 倍,年均增长 16.3%。"十二五"时期,全市及市本级财政均实现年度财政收支平衡。

【组织财政收入】 加强收入预测和分析。2013年起，建立由市政府牵头的全市季度收入形势分析例会制度。加强重点税源监控，2015年全市列入分局、市(县)、省、国家级等四级重点税源监控的企业6817户，比2010年增加618户，增长10.0%。实施税收保障，建立税收保障信息交换与应用平台，31个市级部门定期开展涉税信息交换，由税务部门据此开展税收风险应对。开展“营改增”试点，2012年12月1日起，交通运输业、现代服务业、铁路运输业、邮政服务业和电信业相继纳入“营改增”试点范围，全市“营改增”试点纳税人2.58万户。开展“亩产税收”试点，2013年市本级和海宁市被纳入全省“亩产税收”第二批试点地区，2015年在全市推广。强化社保费征管，开发使用嘉兴市社会保险费年度结算系统。加强非税收入管理，出台《嘉兴市非税收入缓减免管理办法》，规范非税收入缓减免行为。

【支持经济转型升级】 支持实施创新驱动战略，全市财政科技支出由2010年的7.54亿元增加到2015年的16.36亿元，年均增长16.8%。出台市科技发展资金管理办法、市专利专项资金管理办法，设立市科技支行信贷风险补偿基金。出台《财税推进工业经济平稳增长转型升级的实施意见》，推进传统工业提升改造。市本级整合财政资金5.00亿元，支持培育战略性新兴产业。完善促进服务业优先发展的财税政策，优化第三产业发展专项资金补助细则，发展生产性服务业，出台《关于建立推进企业分离发展服务业工作长效机制的实施意见》，推进分离发展服务业工作。支持现代农业发展，出台《关于推进财政支农体制机制改革的实施意见》《市区支持现代都市型生态农业发展若干财政政策意见》，市财政安排生猪转型升级资金5000万元。出台《关于推进海洋经济发展和“三大倍增计划”促进经济转型升级的实施意见》，支持海洋经济发展。扶持中小企业做大做强，成立中小企业再担保有限公司提供再担保，实施中小企业互助成长基金、中小企业专项信用贷款等措施缓解中小企业融资难，2012年在全省率先开展政府采购支持中小企业信用融资试点。利用政府产业基金等市场化运作模式，吸引带动社会资本投入信息经济等七大产业，出台嘉兴市政府产业基金管理办法，设立嘉兴市投资基金管理中心，截至2015年末，全市各级政府产业基金规模58.95亿元，投资和参股各类子基金67.68亿元，投资项目27个，带动社会资本96.06亿元。在城市轻轨、污水处理、人防设施等领域征集政府和社会资本合作(PPP)项目，截至2015年末，全市有24个项目正在组织实施，杭州至海宁城际铁路项目列入财政部30个PPP示范项目之一。推广政府购买服务，出台《嘉兴市政府向社会力量购买服务管理办法》和指导目录，“十二五”时期，全市政府购买服务金额13.59亿元，涉及项目63个。

【改善民生事业】 全市各项民生支出持续增长。支持“五水共治”，出台《关于财税支持“五水共治”工作的若干意见》《关于“清三河”行动以奖代补办法》，市财政从2013年起每年安排3000万元专项资金用于饮用水水源地保护区生态补偿。2015年，嘉兴市入围全国首批、全省唯一的海绵城市建设试点市。保障教育投入，教育支出由42.93亿元增长到88.81亿元，年均增长15.6%。落实义务教育免杂费和课本费，保障义务教育教师绩效工资改革，调整中小学生均定额标准，推进义务教育均衡发展。建立公办高职院校生均财政拨款制度，出台《嘉兴市学前教育专项资金管理办法》，出台《嘉兴市本级民办学校财政补助实施办法》，实施分类财政补助。支持文化建设发展，文化支出由5.47亿元增长到9.11亿元，年均增长10.7%。出台文化产业发展专项资金管理办法、“文化有约”项目资金补助暂行办法等，做好中国嘉兴端午民俗文化节、庆祝建党90周年、创建全国文明城市等重大活动的经费保障。支持医疗卫生事业发展，医疗卫生支出由13.02亿元增长到27.48亿元，年均增长16.1%。调整公立医院财政政策，完善公立医院债务化解和绩效考核机制，下达市属医院债务化解补助资金6.70亿元。完善基层医疗机构财政补偿机制，为社区签约医生制度建立筹资机制，推动优质资源下沉和分级诊疗体系建设。完善社会保障制度，社保和就业支出由10.27亿元增长到27.69亿元，年均增长21.9%。实现城乡居民合作医疗保险市级统筹，实施机关事业养老保险制度，调整养老金、基本生活保障金财政补助标准，出台被征地居民社会保障制度实施意见和缴费管理办法。支持“平安嘉兴”建设，加大政法装备等经费保障和对疑难复杂信访、法律援助、社区矫正工作支持力度。抗击“菲特”台风，安排应急抢险资金1600万元。

嘉兴市秀洲区以推进国家高新区建设为抓手，促进企业转型升级

【深化财政改革】 推进全口径预算体系建设，同步编制一般公共预算、政府性基金预算、国有资本经营预算和社会保险基金预算四本预算，将原按预算外资金管理的收入（不含教育收费）全部纳入预算管理和基金管理。出台《关于进一步完善市对区分税制财政管理体制的通知》《关于下划第二批市特定企业的通知》和《嘉兴市进一步完善特定企业管理体制实施方案》，调整市、区财政收支划分范围，理顺市、区事权与支出责任。推进预算信息公开，全市所有县（市、区）财政总预算和"三公"经费预算、市级部门（除涉密部门外）预算全部向社会公开。深化国库集中收付制度改革，出台《关于进一步推进嘉兴市国库集中支付改革工作的意见》。推进政府专项资金管理改革，明确专项资金主要用于市级发展支出和对区的专项转移支付，超期结余资金由市财政统一收回。推进行政审批制度改革，全面清理财政审批管理事项，行政许可事项由7项减少为2项，非行政许可审批事项全部取消。实施嘉兴市公务用车制度改革。制定盘活市级财政存量资金实施方案，盘活40.55亿元资金用于重大工程建设、化解存量债务和补充社保基金等。出台公款竞争性存放管理暂行办法。

【强化资金监管】 "十二五"时期，审核结算政府投资项目2431个，送审金额114.87亿元，审定金额104.28亿元，净核减率9.2%；审核竣工财务决算项目205个，送审金额69.65亿元，审定金额69.24亿元，核减率0.6%。出台《嘉兴市预算绩效目标管理实施办法（试行）》，实现部门预算项目目标管理全覆盖。出台《嘉兴市级政府专项资金绩效管理实施办法（试行）》，提升政府专项资金的使用绩效。出台《关于加强镇财政建设的实施意见》，强化镇级财政管理。组织开展关于贯彻执行中央"八项规定"严肃财经纪律和"小金库"专项治理、超标配备公务用车专项整治、整治"三公"经费管理不规范专项检查等工作。强化政府性债务管理，设立政府性债务管理机构，开展地方政府性存量债务清理甄别和地方政府债券置换存量债务工作，全市置换存量债务222.36亿元。

（嘉兴市财政局供稿　孙飞翔执笔）

湖州市

【概况】 "十二五"时期，湖州市财政总收入从"十一五"期末的172亿元，提高到"十二五"期末的328亿元，年均增长13.0%（可比口径，2015年11项基金并入一般公共预算收入）；全市一般公共预算收入从"十一五"期末的97亿元，提高到"十二五"期末的191亿元，年均增长13.2%。一般公共预算收入占财政总收入的比重为58.4%，比"十一五"期末提高2个百分点，税收收入占一般公共预算收入的比重同口径为93.8%，结构持续优化。全市地税系统组织各项收入从"十一五"期末的131.7亿元，提高到"十二五"期末的293.6亿元，年均增长17.4%。

【服务经济发展】 推进转型升级。通过资金、政策、服务等方面的引导推动，"十二五"时期，三次产业结构由2010年的8.0：54.9：37.1调整为2015年的5.9：49.2：44.9。科技投入不断增加，建成一批在国内有重要影响的重点实验室、工程技术研究中心、公共技术服务平台与运现代科技服务业体系。所属长兴县、德清县相继跨入规模以上工业产值超千亿县行列。服务业加速扩张，休闲旅游等重点产业和电子商务等新兴业态快速发展。全市累计建成现代农业综合区5个、主导产业示范区24个、特色农业精品园136个，被农业部列为浙江省唯一整市推进的国家现代农业示范区，也是全省承担"农业科研和技术推广体制创新"改革试验的设区市。

推进城乡统筹。按法定要求安排支农支出，同时拓宽支农资金渠道，制定以财政贴息为重点的支农政策机制，统筹土地出让金用于加大对"三农"的投入。重点支持农业产业化、农村基础设施、农业社会化服务体系建设，促进"百村示范、千村整治"工程、康庄工程和城乡公交一体化建设，支持实施"百万农村劳动力技能培训"工程。改善农业生产条件，提高农业综合生产能力，促进农民收入持续稳定增长。建立健全农村社会保障体系，推行新型农村合作医疗制度和被征地农民基本生活保障制度，完善农村最低生活保障制度，实行低保资金按实支付。

优化生态环境。推进生态文明先行示范区建设。支持发展环保产业，探索和建立社会化、多元化的环保投融资机制，市级美丽乡村建成率超过70%。

【保障民生支出】 "十二五"期间，全市财政用于民生的支出累计756.84亿元，是"十一五"时期的2.6倍，每年确保一般公共预算新增财力三分之二以上用于民生；五年累计民生支出占一般公共预算支出的比重73%以上，2015年为75.8%；五年民生支出年均增长19.7%，比一般公共预算支出年均增长率16.6%高出3.1个百分点。

支持各项民生事业发展。优先发展教育事业，保障基础教育、职业教育、高等教育、成人教育、农村教育资金需要，加快建设教育强市。特别关注外来民工子女入学、城市及农村贫困家庭子女入学教育问题。加大卫生事业投入，完善公共卫生服务体系，深化医疗卫生体制改革，优化城乡医疗卫生资源的配置，提高公共卫生服务能力。实施统一、规范的城乡居民基本医疗保障制度，财政补助标准提高至年人均590元，基本公共卫生服务补助标准提高至年人均40元。加快发展文化事业，湖州市入选国家历史文化名城，以政府扶持、多元化投入方式，加强对历史文化名城、古镇、古村落、文物古迹等保护性开发利用，建成有特色文化底蕴的文化休闲旅游基地。完善各项配套政策，做好公务员津贴补贴规范工作，持续深化事业单位收入分配制度改革。加大政法经费投入，支持科技强警、消防远程供水体系等建设，推进"平安湖州"建设。完善社会保障体系，支持构建覆盖城乡的新型社会保障体系。统筹预算内外资金用于弥补养老保险基金缺口，确保养老金的及时足额发放。落实养老服务补贴制度，促进养老服务业发展和养老服务体系建设。推进“大众创业、万众创新”，落实各项促进就业创业政策。加大对弱势群体的帮扶力度，落实最低生活保障制度，支持农村“五保”和城镇“三无”对象集中供养的实施。

【推进财政改革】 贯彻落实新《预算法》，加快完善现代财政制度。建立预算编制、执行、监督相互分离、相互制衡的“三位一体”体系，基本实现预算一个“盘子”、收入一个“笼子”、支出一个“口子”。政府一般公共预算、政府性基金预算、国有资本经营预算和社会保险基金预算全面上会，全口径政府预算编制体系基本建立。探索建立部门预算项目库，试编三年滚动财政规划，提高部门预算编制水平。按照“四单一网”建设要求，正式建立市级政府性专项资金清单制度，对所有市级专项细化编制年度预算方案，报人大财经委审核。创新财政支持经济发展方式，加快建立政府产业基金，并探索与金融资本结合，撬动社会资本投入的市场化运作模式。首期产业基金规模10亿元，重点投向休闲旅游、高新技术、信息经济、现代农业、健康养老、高端装备制造等产业。全市三县两区均已设立政府产业引导类基金，母基金总规模26.38亿元。探索推进PPP模式，按“增量先行、存量跟进、分步实施”原则，推进项目试点。建立PPP项目库，涵盖城建、交通、教育、卫生、旅游、养老等多个领域，吸引社会资本投入。

【规范财政监管】 盘活存量资金。坚持结余结转资金“一年一清理”，至2015年末，全市财政存量资金12.66亿元，比上年下降79.3%。结余资金全部收回财政统筹，用于建立产业发展引导基金、民生和基础设施建设及调入预算稳定调节金平衡以后年度预算。

加强政府债务管理。高度重视政府性债务管理，每年制定债务压缩计划，将政府性债务纳入县区综合考核指标。至2015年末，湖州市地方政府性债务余额1242.2亿元，比上年减少15.7%。推进政府债券置换存量债务工作，拟定置换方案，至2015年末全市置换债券资金240亿元。拟定《湖州市级政府债务管理暂行规定》，规范举借程序、严控债务规模和融资成本，提高资金使用绩效。

压缩“三公”经费。每年合理制定“三公”经费压缩方案，严格实施定期通报制度，实行全过程监管。完善厉行节约制度体系，对市级机关培训费、差旅费、因公临时出国经费等开支范围和标准进行统一和规范。

推进预决算信息公开。除涉密部门外，所有部门预决算信息全部通过门户网站或市政府信息公开平台公开，预算信息全部公开到支出功能分类的项级科目，并分部门公开“三公”经费。至2015年末，政府预算、80个市级部门预算及“三公”经费全部按规定公开。

（湖州市财政局供稿　陈洪全执笔）

绍兴市

【财政综合实力进一步提升】 “十二五”期间，绍兴市完成财政总收入累计2546.44亿元，是“十一五”期间的1.89倍；一般公共预算收入累计1478.68亿元，是“十一五”期间的2.07倍；地税部门组织收入累计1939.09亿元，是“十一五”期间的2.25倍，其中税收收入累计1100.05亿元，是“十一五”期间的2.06倍；“十二五”期间一般公共预算支出累计1611.94亿元，是“十一五”期间的2.16倍。2015年，全市财政总收入602.19亿元，按同口径计算，是2010年的1.67倍，年均增长10.8%；一般公共预算收入362.89亿元，按同口径计算，是2010年的1.77倍，年均增长12.1%；地税部门组织收入（不包括耕契两税）473.94亿元，是2010年的2.03倍，年均增长15.2%，其中税收收入（不包括耕契两税）262.49亿元，是2010年的1.82倍，年均增长12.77%；一般公共预算支出421.37亿元，按同口径计算，是2010年的1.81倍，年均增长12.6%。

【服务经济转型升级】 围绕经济转型升级，落实积极的财税政策，先后制定实施发展战略性新兴产业、创新驱动发展战略、浙商越商回归、服务业发展等财政扶持政策，累计兑现扶持资金113.55亿元。贯彻落实中央税费减免和养老保险减征等政策，帮助企业减轻负担，累计减免各类税费135.52亿元，发放中小企业信用贷款41.1亿元，促进发展方式转变和经济转型升级。三次产业结构比由2010年的5.3∶56.9∶37.8调整为4.0∶51.4∶44.6；战略性新兴产业产值占工业总产值比重由2010年的20.4%提高到31.0%。“两化”（工业化和信息化）融合发展指数居全省第三。研发经费支出占生产总值比重由2010年的1.9%提高到2.3%。万元GDP能耗、用水量分别比2010年下降21%和46%。

【民生保障能力进一步提高】 “十二五”期间，绍兴市一般公共预算用于民生支出累计1187.42亿元，是“十一五”期间的2.37倍。2015年民生支出320.56亿元，是2010年的2.02倍，年均增长15.1%，超出一般公共预算支出2.5个百分点，占比73.7%。2015年，城乡居民可支配收入分别为46836元、25822元，年均增长8.5%和9.8%，城镇登记失业率始终控制在3%以内。全面实施城乡居民大病保险，社区居家养老中心实现城市社区全覆盖。制定实施一批政府投资项目，“五水共治”“五气合治”“四边三化”“美丽乡村”“三改一拆”“交通治堵”等一批专项行动强势推进，城乡环境得到较大改善。

【财税改革向纵深发展】 推进全口径预算体系建设，编制“四本账”，实现财政总预决算、部门预决算、“三公”经费预决算和专项资金“四公开”。修订完善市对越城区、高新区、袍江开发区新一轮财政体制。深入实施厉行节约反对浪费专项整治行动,制订完善预算定额标准体系,2015 年"三公"经费比 2010 年下降 34.9%。深入推进国库集中支付和公务卡改革,两项改革实现全覆盖;启动试编政府财务综合报告;推进国库集中支付动态监控省级试点,开展授权支付审核方式改革。

【财税运行监管进一步强化】 执行"八项规定"和"小金库"专项治理工作;建立健全全过程和第三方绩效评价机制,累计核减资金 1.2 亿元;推进政府投资项目"阳光评审",累计核减资金 14.52 亿元。扩大政府采购范围,试行协议供货网上竞价采购,累计节约资金 30.53 亿元。实施市级公务用车改革;制定国有资产管理办法,启动市级政府投资项目工程结算和竣工财务决算。编制确定财政权力清单、责任清单。出台《乡镇财政规范化创建考评办法》,组织开展乡镇财政资金监管工作检查,促进乡镇财政管理工作制度化、规范化。制定出台《加强乡镇财政管理与促进乡镇财政公共服务平台管理系统实施方案》,开展试点,加强与公安等部门协作,推进乡镇公共财政服务平台建设。制定《绍兴市级村级公益事业一事一议财政奖补工作操作指南》,规范一事一议财政奖补工作。

(绍兴市财政局供稿　陈剑波执笔)

金华市

【概况】 "十二五"期间,金华市一般公共预算收入累计 1222.27 亿元,年均增幅 13.6%。2015 年,全市和市区一般公共预算收入总量在全省占比提高到 6.4%和 1.5%。全市和市区一般公共预算收入占财政总收入的比重分别从 2010 年的 57.2%、61.7%提高到 2015 年的 59.9%、61.9%,收入结构和质量持续优化。一般预算支出稳步提升,"十二五"时期全市和市区累计支出 1646 亿元和 437 亿元,年均分别增长 17.0%、17.4%。全市和市区均保持年度财政收支平衡。

【支持经济转型升级】 扶持重点项目。推进国家现代服务业综合试点建设,争取中央财政资金 6 亿元,地方财政投入资金 7.70 亿元,引进社会资本 142.31 亿元。参与金义综保区项目申报,并主动对接服务。强化涉税服务,细化政策落实,"十二五"期间,为全市各类企业减免税费 103.50 亿元。设立规模 22.4 亿元的企业周转金,为 3329 家次企业解决转贷资金 473.76 亿元。强化"逆向调节",完善差异化财税扶持政策,落实高新技术企业税收返还,减免城镇土地使用税等政策,引导社会优质资源流向优质企业,倒逼企业自主转型升级。设立科技创新类专项资金,逐步完善多元化投入体系,"十二五"期间,全市累计科技投入 60.38 亿元。加大人才工作投入,支持全市五大千亿产业引才聚财政策,全力打造聚财高地。创新财政资金投入方式,综合运用产业基金、PPP 模式、以税换贷、政府采购等政策工具,引导社会资本向实体企业集聚,支持企业转型升级。设立规模 20 亿元的转型升级产业基金,带动社会资本投资 117 亿元。推进政府购买服务,市本级安排政府购买服务项目资金 2.72 亿元,实施购买服务预算项目累计 688 个。

【保障民生事业发展】 "十二五"期间,民生支出稳定增长,占一般公共预算支出总量的比重持续保持在 75%左右。拓宽教育投入渠道,加大财政教育投入,"十二五"期间,全市累计教育支出 391.3 亿元,年均增长 14.4%。全市省级幼儿园招生覆盖面 86.8%,乡镇中心幼儿园实现全覆盖;全市义务教育标准化学校 499 所,达标率 86.9%,。加大文化产业发展资金投入力度,规范专项资金使用,"十二五"期间安排文化支出 37.13 亿元,年均增长 21.6%,为打造文化软实力提供财力保障。全力支持医疗卫生事业发展,"十二五"期间,全市安排卫生发展专项资金 153.96 亿元,基层医疗机构医疗条件逐步改善,市本级"基层医疗单位就诊率"近 60%。"十二五"期间征收社会保险费 857.19 亿元,基本民生保障更加健全。市区城乡居民基本养老保险政府年补贴标准增加到 30 元、80 元、120 元 3 档,市区基础养老金待遇提高到 100 元/月,城乡居民最低生活标准分别提高至城市居民每月 665 元、农村居民每月 532 元。支持养老服务体系建设,基本实现城乡居民养老、医疗保险制度全覆盖。关注弱势群体,提升孤儿基本生活费标准,全面建立困难残疾人生活补贴和重度残疾人护理补贴制度,受益人数仅市区为 20000 余人。支持农村基础设施建设、扶贫攻坚、农村公益事业发展。"十二五"期间,全

重点基础设施工程——武义北站,2015 年 12 月投入运营

市安排8.47亿元用于扶贫工作,2012年消除“2500元”贫困现象,2015年全面消除“4600元”贫困现象。落实支农惠农政策,加大农业综合发开力度,“十二五”期间,投入34.12亿元推进农业现代化建设,全市累计建成粮食生产功能区73.73万亩、现代农业园区70万亩,分别占到全市耕地总面积的21.4%和20.3%。全面开展农村公益事业一事一议财政奖补工作,推进“千村示范万村整治”工程。

【加强财税综合管理】 深化行政审批制度改革,设立金华市财政行政审批中心,把原先分散在各处室的审批环节和流程整合优化后集中到一个窗口统一办理,业务提速30%以上。整合提升“金财工程”信息系统,财政直接支付审核环节由原来的五个环节合并为三个,审核时间压缩40%;建成全省首个市县联动统一公共支付平台,打造“互联网+政务”新载体;上线运行政府采购网上超市,构建“互联网+采购”新平台;寄出全国第一本网上申请办理并快递送达的会计从业资格证,实现“互联网+行政审批”新模式。创新资金保值增值方式,2014年以来,规范社保资金存放招投标,共计招投标75.1亿元,增加收益3.98亿元。置换政府债务,2015年以来,全市完成债券置换217.81亿元,节省利息5.32亿元。2013年,组织对市本级326家行政事业单位开展资产自查,通过资产清查,市本级固定资产总额72.12亿元,增加23.02亿元,实现国有资产统一管理。

【强化财政资金监管】 推进“收支两条线”改革,将所有政府性资金纳入预算管理,实现“收入一个笼子”。完善部门综合预算,健全由一般公共预算、政府性基金预算、国有资本经营预算、社会保障预算以及政府性债务计划组成的全口径政府预算体系,统筹“预算一个盘子”。强化政府采购政策功能,扩大政府采购规模和范围,推进“支出一个口子”。实施预算绩效目标申报制度,建立专项绩效评价机制,逐步形成“事前、事中、事后”全过程绩效评价体系。加大财政专户清理、行政事业单位银行账户清理和“小金库”专项治理力度,全市清理规范财政专户420个,撤销财政专户93个。推进建立权责发生制政府综合财务报告制度,突出财政部门对预算执行情况和资金使用绩效的监管,解决专项资金“重分配、轻监管,重项目、轻绩效”问题。开展财政专项监督检查,严肃财经纪律,规范各行政事业单位财务管理。强化“三公”经费管理,压缩“三公”经费支出。“三公”经费持续下降。

(金华市财政局供稿　魏　锋执笔)

衢州市

【概况】 “十二五”时期,衢州市财政总收入、一般公共预算收入累计为590.44亿元和368.08亿元,分别是“十一五”时期的2.09倍、2.14倍,年均增长13.8%和14.9%。2015年,一般公共预算收入占财政总收入的比重为65.3%,比2010年提高2.9个百分点;一般公共预算收入中税收收入占比为84.9%。“十二五”时期,全市一般公共预算支出累计852.46亿元,是“十一五”时期的2.3倍,年均增长16.6%。2011~2015年全市财政民生支出累计619.39亿元,年均增长18.4%,连续五年全市财政支出增量的三分之二以上用于民生。2015年全市财政民生支出占一般公共预算支出的比重为74.5%,比2010年提高5.3个百分点。

【支持经济发展】 促进工业转型发展。“十二五”时期,全市投入工业转型升级专项资金12.75亿元,支持企业技术改造和技术创新,推进传统产业转型升级。开展城镇土地使用税政策调整试点,促进土地节约集约利用。安排1亿元区域集优债务融资发展资金,推进区域集优债务融资试点,帮助企业解决融资难题。设立10亿元政府产业基金,支持市域内重点特色产业发展。促进服务业发展。2011年以来,全市财政投入5.17亿元,引导支持服务业加快发展。设立2000万元资金风险池,推进科技金融合作贷款试点。鼓励金融机构加大对生产型、科技型和从事现代服务业小企业的贷款力度。落实结构性减税政策。开展收费专项清理规范工作,取消停征和免征一批行政事业性收费,建立收费单位收费情况公示清单制度和收费执行情况报告制度。推进“营改增”试点。财政权力清单全部在政府门户网站公布。支持重点项目建设。统筹预算内基本建设资金、中央国债、国家开发银行贷款等资金,保障杭长客运专线衢州段、衢江航运开发工程、城市展示馆、农民饮水供水一体化工程等重大项目建设。2011~2015年,市本级政府投资预算安排项目274个,预算安排支出136.96亿元,年均增幅49.8%。

【支持“三农”发展】 “十二五”时期,全市预算内财政投入“三农”资金75.44亿元,全力解决农民增收、农业增长和农村稳定等问题。支持现代农业发展。推进水利等农业基础设施建设、农业“两区”建设、农业新型经营主体培育和公共服务体系建设,全市建成现代农业园区和粮食生产功能区分别达67个和514个。加大农业综合开发力度。投入9.81亿元,推进农业综合开发治理项目,支持高标准农业建设和中低产田改造等。衢江区盛世莲花农业综合开发现代园等项目在省以上立项,争取财政补助资金5000万元。改善农村生产生活环境。支持村庄整治、低收入农户奔小康、农家乐、农村来料加工和农民素质培训等。推进村级公益事业发展,改善农村生活环境,全市累计实施一事一议财政奖补项目3955个,项目总投入17.80亿元,其中财政资金投入11.10亿元。推进乡镇财政和公共服务平台建设,全市累计建成乡镇公共服务平台88个。

【优化公共服务】 支持教育事业发展。加大学前教育财政投入力度,完善义务教育经费保障机制,建立职业教育公共财政保障机制,化解高校债务,完善学生资助体系建设,推进教育事业健康发展。“十二五”时期,全市财政教育投入169.40亿元,年均增长14.4%。支持公共文化发展。每年统筹整合5000万元以上资金，用于支持文化政策兑现和文化基础设施建设。实施博物馆纪念馆免费开放行动，支持"农家书屋"建设，建立健全覆盖城乡的公共文化服务体系。完善扶持奖励政策和实施办法，设立3000万元人才专项资金，推进"人才新政30条"落地。"十二五"时期，全市财政文化体育事业投入16.04亿元，年均增长13.1%。推进生态市建设。加大生态环保投入，支持智慧环保项目建设，强化农业面源污染治理和农村生活污水整治，开展排污权有偿使用和交易试点，落实生态公益林补助政策，推进集镇污水处理设施提标改造、污水处理厂提标改造等项目建设，支持"五水共治""四边三化"工作。"十二五"时期，全市财政环保投入28.86亿元，年均增长14.9%，财政专项预算安排的"五水共治"资金达21.4亿元。

【加强社会保障】 完善社会保障体系。筹措社会保险和救助资金，提高和改善保障对象待遇水平，连续调整企业退休人员基本养老金待遇标准，企业退休人员基本养老金得到及时足额发放。建立孤儿基本生活最低养育标准自然增长机制和重度残疾人托（安）养费用标准动态调整机制，健全社会救助和社会福利体系。支持棚户区改造和公共租赁住房等保障性安居工程建设。促进就业和再就业。完善就业扶持政策，落实国家、省、市促进就业的各项政策，设立小额担保贷款风险基金，支持高校毕业生、城乡就业困难人员等重点群体就业。"十二五"时期，全市财政社会保障和就业投入76.77亿元，年均增长23.8%。支持医药卫生体制改革。加大基本医疗保障投入，逐年提高人均基本公共卫生服务经费财政补助标准和城乡居民医保财政补助标准。全面实施医疗保险基金总额控制付费制度，推进市中心医院等医疗卫生服务项目建设。建立与基本药物制度相适应的基层医疗卫生机构财政补助政策。推进公立医院绩效工资分配改革，建立市级公立医院综合改革财政投入制度，全面化解基层医疗卫生机构债务。"十二五"时期，全市财政医疗卫生投入76.54亿元，年均增长20.2%。

【推进财税改革】 创新资金管理方式。建立财政专项资金管理清单制度。截至2015年末，市县两级的政府专项资金清单全部对外公开，实现一个专项资金一个管理办法。推进财政资金保值增值工作，建立财政性资金存放商业银行评价激励制度，提高财政资金存放增值效益。2011年以来，市级财政累计取得理财利息收入4.69亿元。深化国库管理改革。推进国库集中支付改革和公务卡制度改革，从严控制单位现金支付结算行为，实行财政账户管理定期报告制度，健全公务支出监管体系。截至2015年末，全市1200家预算单位和99个乡镇实施国库集中支付改革资金量为123.17亿元，累计发放个人公务卡41982张，实现公务消费支出1.09亿元。推进预算管理改革。建立预算编制、执行、监督"三位一体"的组织管理框架，一般公共预算、全口径社保基金预算、政府性基金预算和国有资本经营预算等四本预算全部提交人代会审查，建立经济分类和功能分类相结合的项目支出预算编制体系。完善市区财政体制。调整完善市与柯城区、衢江区、绿色产业集聚区财政体制。

【强化财政监管】 加强财政资金管理。全面清理财政暂存、暂付款和结余结转资金，盘活财政存量资金。将公共财政预算结转结余资金全部纳入部门预算统筹安排。强化地方政府债务管理。出台衢州市非税收入收缴管理办法，规范执收单位缴入财政专户资金核算管理。全市财政预决算信息和部门预决算信息全部对外公开。加强国有资产管理。强化行政事业单位资产使用和处置审核审批管理，开展市级行政事业单位财产清查，累计盘活房产面积10万平方米。加强政府采购管理。建立健全政府采购管理制度和监管体系，规范公务用车购置审批管理，严格控制单位购车标准，推进政府购买服务改革，开展政府购买棚改服务试点。2011～2015年，全市政府采购预算金额154.19亿元，实际支出132.38亿元，节约资金21.81亿元，年平均资金节约率14.1%。加强绩效评价管理。推进财政监督与绩效管理一体化运行管理改革，建立贯穿预算编制、执行、监督全过程的预算绩效管理制度体系。对市级100万元以上及市政府重点项目全部实施预算绩效目标重点监审和重点监控。截至2015年度，全市累计对1314个项目实施绩效评价工作，涉及财政资金106.71亿元。强化政府投资项目评审。2011～2015年，全市审核政府投资项目18699个，核减43.79亿元，核减率8.5%。严格控制一般性支出，建立"三公"经费预算编制制度，规范党政机关和事业单位的公务开支标准，2013年以来，市级"三公"经费支出年均下降28.5%。

（衢州市财政局供稿　王燕萍执笔）

舟山市

【概况】 2015年，舟山市地区生产总值1095.00亿元，按可比价计算，比2010年增长60.5%，年均增长9.9%。三次产业结构比由2010年的9.6∶45.3∶45.1调整为2015年的10.2∶41.4∶48.4，全市经济形成"三、二、一"的产业格局。海洋经济增加值766.00亿元，年均增长11.8%。五年累计完成固定资产投资3946.99亿元，是"十一五"期间的2.39倍，年均增长23.3%。2015年，城镇居民人均可支配收入44845元，渔农村居民人均可支配收入25903元，年均分别增长10.7%和12.0%。2015年，全市实现港口货物吞吐量37925万吨，集装箱吞吐量80.22万标准箱，年均分别增长11.4%和41.2%。2015年，全市旅游接待人数3876万人，旅游总收入552.18亿元，年均分别增长12.6%和22.4%。2015年，全市实现财政总收入159.59亿元，是2010年的1.62倍，年均增长10.1%，其中：全市一般公共预算收入112.72亿元，是2010年的1.85倍，五年年均增长13.1%。2015年全市税收收入94.33亿元，是2010年的1.59倍，五年年均增长9.7%。2015年全市一般公共预算支出239.65亿元,是2010年的2.28倍,五年年均增长17.9%。2015年全市一般公共预算收入占财政总收入比重为70.6%,比2010年提高8.6个百分点。市本级一般公共预算收入51.16亿元,五年年均增长14.0%,市本级一般公共预算支出93.45亿元,五年年均增长22.6%。2015年全市地税部门组织税收收入82.57亿元,是2010年的1.44倍,五年年均增长7.5%。深化社会保险费"五费合征",推进自谋职业者通过"一户通"系统扣缴社保费工作。2015年全市地税部门组织非税收入64.54亿元,是2010年的3.25倍,五年年均增长26.6%。

【支持新区建设】 开展"支持浙商创业创新、全力助推群岛新区建设"专项行动。建立重点服务对象项目库、重点扶持企业名录,促进产业集聚区、战略性新兴产业、特色工业设计基地建设。全面落实各类税费优惠政策,减轻企业负担,"十二五"期间减免税费52.77亿元,惠及企业8200户次。拓宽中小企业融资渠道,防范化解企业资金链、担保链风险,破解中小企业融资难问题。2011~2015年,市级累计为86家企业提供工业企业应急转贷资金72.81亿元;累计为57家企业提供航运业转贷资金129.66亿元;累计为272家企业发放中小企业专项信用贷31.32亿元。2015年启动小微企业"税银互动—税易贷"业务,共有32家小微企业取得信用贷款1840万元。

【优化支出结构】 加大民生投入。"十二五"期间,全市民生支出累计602亿元。2015年全市民生支出149.81亿元,是2010年的2.18倍,五年年均增长16.9%。"十二五"期间,全市农林水事务支出累计204.02亿元,年均增长20.3%,优化支农支出结构,支持"美丽海岛"建设。全市教育支出累计111.50亿元,年均增长16.7%,落实财政教育投入政策,促进各级各类教育均衡发展。全市科学技术支出累计19.84亿元,年均增长15.9%,推进海洋科技创新。全市文化体育与传媒支出累计19.96亿元,年均增长7.6%,推进海洋文化名城建设。全市社会保障和就业支出累计43.78亿元,年均增长18.2%,完善城乡居民基本养老保险制度。全市医疗卫生支出累计61.31亿元,年均增长17.3%,保障医疗卫生体制改革。全市节能环保支出累计13.13亿元,年均增长8.2%,支持创建国家环境保护模范城市、黄标车提前淘汰和高污染锅炉淘汰改造等工作。全市城乡社区事务支出累计53.10亿元,年均增长17.3%,支持统筹城乡发展,提升城乡一体化水平。落实厉行节约各项规定,严格控制"三公"经费等一般性支出和党政机关办公楼等楼堂馆所建设,降低行政运行成本。

【深化财政改革】 完善财政体制,研究探索新区财政体制,经争取,省政府决定自2012年起将省对岱山县、嵊泗县的财政体制相关职能委托给舟山市管理。重新研究制定新一轮市区财政管理体制、海洋产业集聚区财政体制、新城财政体制和市区土地出让金分配机制,完善市与定海区城市建设维护职能和财力配置。健全全口径政府预算体系建设,2014年舟山市"四本预算"全部提交市人代会审查。深化部门预算管理改革,健全支出标准体系,强化部门项目结余资金管理。推进预决算信息公开,除涉密信息外,市本级所有财政拨款预算单位公开部门预算,市本级所有使用财政拨款安排"三公"经费支出的预算单位公开财政拨款"三公"经费预算。全面推进国库集中支付改革,市、县(区)、乡(镇)三级财政共计709家预算单位全部实施国库集中支付改革,同时推进公务卡改革,累计发放公务卡27879张。加强财政专户管理,开展权责发生制政府综合财务报告试编工作,规范财政性间歇资金保值增值工作。推进财政专项资金管理改革,对财政专项资金实施清理整合,市级财政专项资金从97项整合归并为54项。推进专项资金按"因素法"分配和竞争性分配改革。统筹部分政府性专项资金、盘活财政存量资金,设立规模为50亿元的新区引导基金,实现财政专项资金从传统的行政性分配逐步向"基金制"等市场化扶持模式转变。研究运用PPP模式推动新区政府融资创新,促进投融资平台公司加快市场化改革和多元化发展,激发平台公司市场活力。根据新区行政体制改革要求,将市财政局、市国有资产监督管理委员会的职责进行整合,重新组建市财政局,挂市国有资产监督管理委员会牌子。完善国有企业法人治理结构,推进国有企业领导人员"去行政化"。全面启动市属国有企业整合提升工作,开展市属44个部门116家企业的国有资产清理,涉及资产总量190亿元。

【加强财政监管】 加强政府投资项目监管,组建政府投资项目造价中心,规范社会中介机构参与政府投资项目造价审核的程序,建立健全全口径政府投资项目预算管理体系。强化政府性债务管理,严格控制债务规模,防范债务风险。做好地方政府存量债务清理甄别工作。推进乡镇财政建设,制定出台《关于进一步加强乡镇财政建设的意见》,整合乡镇财政职能,统筹乡镇范围内各项政府性收支管理。加强行政事业单位资产管理,完善资产管理配套制度建设,创新资产管理模式,实行房屋土地资产集中管理;设立虚拟政府"公物仓",对部分单位闲置资产开展"非经营性转经营性"工作,充分发挥国有资产运营效益。开展政府购买服务工作,出台《关于政府向社会力量购买服务的实施意见》。推进政府采购制度改革与创新,扩大政府采购范围和规模,2015年全市实际政府采购金额19.65亿元,是2010年的2.9倍。推进公务用车专项治理。组织开展重大项目和惠民项目绩效评价,推进绩效评价结果应用。创新财政监督检查方式,开展专项资金监督检查和行业性会计监督检查工作。组织做好全市企业类会计领军(后备)人才选拔培训工作,建立群岛新区会计人才(人员)职业中介平台。

(舟山市财政局供稿 徐颖娜执笔)

台州市

【概况】 "十二五"期间,台州市财政总收入累计2252.96亿元,年均增长11.7%;一般公共预算收入累计1231.50亿元,年均增长12.6%;一般公共预算支出累计1711.17亿元,年均增长15.5%。2015年全市财政总收入、一般公共预算收入分别为2010年的1.7倍和1.8倍。一般公共预算收入占财政总收入的比重为55.2%,比2010年提高2个百分点。社会消费品零售总额五年累计1826.68亿元,年均增长13.7%;全社会固定资产投资五年累计7520.2亿元,年均增长20.2%。2015年城镇和农村常住居民人均可支配收入分别为43266元、21225元,年均增长10.1%和11.6%。

【支持企业发展】 "十二五"期间,全面落实小微企业优惠政策,在全市范围内开展落实小微企业优惠政策专项行动,送政策上门、联合乡镇(街道)工办举办小微企业优惠政策讲座、编发优惠政策宣传册等确保政策落实到位。全力支持小微企业信保基金运行工作,主动发挥财政职能作用,推动台州创建国家小微企业金融服务改革创新试验区,助力小微企业发展。优化发展环境,减轻企业负担,推进收费清单改革和涉企收费清理工作。细化部分收费项目,建立完善涉企收费监管机制,加大涉企乱收费行为查处力度。

【提升民生保障水平】 "十二五"期间,台州市民生投入累计1235亿元,年均增长18.3%。支持实施学前教育第二轮三年行动计划,支持普惠性民办幼儿园发展,落实各类学生资助政策,完善教育投入机制。实现义务教育发展基本均衡县全覆盖,义务教育率99.9%,推进教育现代化县创建。支持义务教育学校标准化建设,完善城乡义务教育资源均衡配置,小学、初中生均公用经费分别提高到650元、850元。支持台州高级中学建设,加快职业教育发展。加大高校投入力度,提高生均经费水平,提升办学水平。加大为民办实事经费投入,提升公共文化服务水平。支持国家公共文化服务体系示范区创建,乡镇综合文化站实现全覆盖,累计建成农村文化礼堂628个。支持市博物馆陈列布展工程建设,支持《台州文献丛书》编纂和《台州府志》影印本、点校本出版。支持台州广电监测中心建设,确保广电播出安全。支持挖掘和保护传统文化,加大"台州乱弹"保护力度。"十二五"期间,全市新增就业人数40万人,新增基本养老、基本医疗保险参保人数140万人和115.2万人,新增住房公积金缴存人数26.8万人。全面消除家庭人均收入"4600元以下"贫困户现象。城乡居民基本医疗保险人均筹资标准600元以上,其中各级财政人均补助不低于400元。城乡居民基本公共卫生服务各级财政补助标准从每人每年35元以上提高到40元以上。加快推进公立医院综合改革,落实公立医院财政补助政策。支持"双下沉、两提升"工程,推进全科医生签约和分级诊疗。支持医疗资源"三千提增计划",每千户籍人口执业(助理)医师从1.98人上升到2.63人。支持食品药品智慧监管建设,提升基层食品药品监管能力。

【推进财政改革】 全面贯彻落实新《预算法》,加大财政资金统筹力度,完善政府预算体系建设。健全预算编制和执行管理制度,提升预算执行的均衡性和有效性。出台市级财政资金竞争性存放管理暂行办法及市级财政资金竞争性存放商业银行定期存款业务操作规程,初步构建起公开、透明、规范的财政资金存放管理执行机制,提高财政资金绩效。加强债务管理,严格限定政府举债程序和资金用途,规范政府融资平台管理,做好地方政府债券置换工作。深化财政资金管理,按照"四张清单一张网"要求,实施专项资金管理制度改革,规范资金分配程序,建立市本级政府部门专项资金管理清单制度。加快预算执行进度,盘活财政存量资金,建立财政结余结转资金定期清理机制,将超过规定时限未能执行的资金,全部收回财政统筹安排。推进政府预决算信息公开和"三公"经费公开,细化内容,打造"阳光财政"。

【创新财政扶持方式】 探索市场化运作方式,推进政府产业基金设立和实质性运作有关工作。截至"十二五"末,已设立政府产业发展基金、科技事业发展基金和城市发展基金,支持产业发展和基础设施建设,推动创新驱动战略实施,促进"两化"深度融合。推广运用政府和社会资本合作(PPP)模式,建立完善项目库,并加大项目推介力度,促进项目落地实施,减轻政府投资负担、降低债务风险。

(台州市财政局供稿　潘青斌执笔)

丽水市

【概况】 "十二五"期间,丽水市财政总收入、一般公共预算收入和一般公共预算支出分别为623.59亿元、371.14亿元和1014.19亿元,分别是"十一五"期间的2.04倍、2.11倍和2.20倍,其中:2015年财政总收入、一般公共预算收入和一般公共预算支出分别为151.60亿元、94.51亿元和279.31亿元,分别是2010年的1.97倍、2.10倍和2.07倍,年均分别增长14.6%、16.0%和15.6%;"十二五"期间,市级财政总收入、一般公共预算收入和一般公共预算支出分别为229.51亿元、141.07亿元和244.38亿元,分别是"十一五"时期的2.17倍、2.28倍和2.08倍,其中:2015年市级财政总收入、一般公共预算收入和一般公共预算支出分别为58.90亿元、35.75亿元和71.36亿元,分别是2010年的2.06倍、2.18倍和2.15倍,年均分别增长15.6%、16.9%和16.6%。一般公共预算收入占财政总收入的比重62.4%,比2010年提高3.9个百分点。财政收入总量不断增加,收入结构不断优化,财政支持经济社会发展的能力不断提高。

【服务经济发展】 完善生态经济财税扶持体系,落实各项财税优惠政策,加强财政资金整合,支持生态精品农业、生态工业、生态服务业、生态旅游业等生态经济发展。优化产业结构,将节能环保、污染排放、"亩产税收"等作为扶持企业、税费减免的参考指标，促进经济转型升级。落实小微企业扶持政策，设立小微企业帮扶资金，搭建“助保贷”“税易贷”平台，帮扶企业解困发展，促进企业融资环境改善。“十二五”期间，全市地税部门减免税（费）40.71亿元，其中市级减免税（费）19.26亿元，年均分别增长38.4%、37.8%。建立综合性财源培育模式，推出财政、土地、金融、税费优惠政策及优质服务“4+1”组合拳，首批入围27户优质财源企业。创新扶持方式，设立丽水生态经济产业基金，引导金融资本和社会资本支持实体经济。创新科技投入机制，建立市本级科技创新券制度，推动技术创新，“十二五”全市科学技术投入累计20.20亿元，年均增长17.4%。综合运用财税政策，服务企业创业创新，支持和引导服务业加快发展，推进养老服务体系建设。支持电子商务发展，复制推广农村电子商务“遂昌赶街模式”，浙江赶街公司在9县（市、区）建成区域运营中心9个。探索多渠道筹措项目建设资金机制，扩大有效投资。“十二五”期间，市直基本建设预算累计支出288亿元，先后建成好溪堰水系整治一阶段工程、金温铁路扩能改造工程、博物馆、体育中心、花园路综合改造、规划馆改造等一批城市亮点项目，保障中国优秀旅游城市、国家园林城市、国家卫生城市、省级历史文化名城等创建，丽水中心城市综合功能不断完善。

【优化支出结构】 坚持有保有压，优化支出结构，确保有限的财力优先投向民生和重点事业。“十二五”期间，全市财政公共预算内民生支出累计751.28亿元，为“十一五”时期的2.53倍，其中2015年全市财政民生支出210.96亿元，年均增长19.6%。整合支农资金，强化综合治理，促进新农村建设。全市“三农”累计支出474.23亿元，年均增长16.6%。加大教育投入力度，全市财政教育累计支出197.97亿元，年均增长16.8%。9县（市、区）全部通过省级教育强县评估，全市小学和初中生均公用经费均超出省定2015年的650元、850元标准。支持文化体育产业发展，全市文化体育与传媒累计支出26.27亿元，年均增长15.0%。加大社会保障投入力度，全市社会保障和就业累计支出82.06亿元，年均增长25.3%。被征地农民基本生活保障制度与职工基本养老保险制度实现并轨，连续五年提高全市企业退休人员基本养老保险金，2015年月人均养老金达2299元，比2010年增长57.9%，城乡居民基础养老金提高至每月120元；实现社会保险基金市区统筹，推进机关事业单位养老保险制度改革。深化医药卫生体制改革，全面实施卫生事业发展“六大工程”，全市城乡居民基本医疗保险最低筹资标准由2010年人均185元提高至2015年人均600元，政策范围内医保报销比例70%。全市财政医疗卫生与计划生育累计支出98.86亿元，年均增长20.4%。加大绿色投入，推进生态文明建设，全市节能环保累计支出21.68亿元，年均增长23.8%。贯彻落实中央“八项规定”和省委“六个严禁”等厉行节约举措，加强“三公”经费管理，“十二五”期间全市和市级一般公共预算拨款安排的“三公”经费支出得到有效控制。

【推进财政管理改革】 深化部门预算改革，丽水市级形成覆盖市本级各部门单位，内容包括一般公共预算、政府性基金预算、国有资本经营预算、社会保险基金预算的全口径预算体系。加强预算执行管理，建立政府综合财务报告制度，市、县两级国库集中支付改革预算单位及公务卡强制结算覆盖率均为100%，并向各乡镇推广扩面。推进预决算信息公开，市本级2013年公开财政拨款“三公”经费预算，2014年开展部门预算公开试点，除涉密信息外，所有使用财政资金的部门和单位在法定期限内完成部门预决算公开，2015年公开内容不断细化，预算公开到支出功能分类项级科目，“三公”经费分项细化公开。开展政府和社会资本合作（PPP）工作，设立全省首家市级PPP指导服务中心，获批省PPP示范市。探索公款竞争性存放，出台市本级财政资金竞争性存放管理暂行办法，提升财政资金效益。创新公共服务供给方式，印发《推进政府购买服务扩面试点工作实施方案》，推进政府购买服务扩面试点。建立闲置资产处置和调剂机制，运用市场化方式盘活国有资产。推行“统一产权、集中管理、授权使用”的行政事业单位国有资产管理体制，建立健全国有资产监管、营运新体系。适应政府债务管理和基本建设筹融资要求，研究制订基本建设预算改革方案，实行基本建设预算政府类和国企类分类管理。

【完善财政体制】 完善事权与支出责任相匹配的市区财政管理体制，市对莲都区继续实行“核定收入、差额补助、超收分成、两保两挂”财政体制，2014年起，完善莲都区财政体制，调整政府性基金的市区分成，凡市委市政府或上级部门确定的重点工作，按照事权归属履行支出责任，市本级各部门不得另行出台相关的分担政策，增强莲都区财政支付能力。市对经济开发区继续实行“核定收支、挂钩补助、独立运行、自求平衡”的财政体制，2014年起，完善开发区财政体制，规范完善财政增量部分转移支付，充分兼顾市与开发区的既得利益，在市财政财力可能的条件下，做大开发区财政收入总量。加大对县（市）转移支付力度，推进区域统筹协调发展。加强乡镇财政管理体制建设，完善覆盖农村的公共财政管理体制，全市172个乡镇（街道）全部建立乡镇财政机构，乡镇财政公共服务平台建设任务全面完成，并在9个县（市、区）上线运行。

【加强财政监督】 完善财政支出绩效评价体系，2013年开始试行预算绩效全过程管理，完善专项资金补助项目联评联审制度，提升财政资金管理绩效。建立“小金库”治理长效机制，维护财经秩序。完成党政机关公务用车专项治理。加强财政资金监管，规范存量资金管理，建立财政专项资金管理清单，清理盘活历年结余资金。深化政府采购制度，“十二五”全市完成政府采购实际金额247.38亿元，节约资金29.17亿元。强化项目支出预算审核，健全项目资金全过程管理机制。加强政府债务管理，争取政府债券置换和新增债券额度，防范和化解债务风险。

（丽水市财政局供稿　练素红执笔）

财政机构人员

zhejiang caizheng nianjian

浙江省财政厅厅领导名单

（2015 年 12 月 31 日）

党组书记、厅长、省地税局局长	钱巨炎
党组副书记、副厅长、巡视员	罗石林
党组成员、副厅长	金慧群
巡视员	魏跃华*
党组成员、副厅长	王广兵
党组成员、总会计师	赵立妙
党组成员、省金融控股有限责任公司党委书记、董事长、总经理	杜祖国
党组成员、副厅长、省两新工委委员	沈　磊
党组成员、纪检组长、监察专员	徐首红*
党组成员、副厅长	邢自霞*
正厅级纪检员	秦　忠
副巡视员	宋培军
副巡视员	罗跃琴
副巡视员	俞建人*

浙江省财政厅机构设置及处级干部名单

（2015 年 12 月 31 日）

一、厅机关

办公室

主任：莫红民*

副主任：杨慧芳

副主任：甘建辛

副主任：陈　栋

副主任：陈亚谊*

调研员：林圣才

副调研员：朱军华

人事处（离退休干部处）、直属机关党委

处长：章忠良

调研员、副处长：姜明路

机关党委专职副书记：金洪根

副处长：费　萍

副处长：叶茂乐*

调研员：童新元

副调研员：何小媛

副调研员：李亚东

副调研员：陈津津

省纪委派驻省财政厅纪检组、省监察厅驻省财政厅监察专员办公室

副组长、主任：卜　敏*

正处长级：叶乃杰（援疆工作）

副主任：杨维智*

正处级纪检监察员：金国荣

政策法规处

处长：陈建中

副处长：富德荣

调研员：朱炳仁

总预算局、地方预算处

局长：章启诚*

地方预算处处长：陈　孝

地方预算处副处长：周爱明

副调研员：杨格来

副调研员：翟晓真

税政处

处长：姚龙飞

副处长：邵　健

预算执行局、国库支付处

局长：侯余兴（副厅级）

国库支付处处长：张胜凯*

国库支付处副处长：包尧兴

国库支付处副处长：戴晔沸*

调研员：金光对*

副调研员：吴月宝

副调研员：陈　珍

副调研员：蒋小聪

综合处

处长：沈江平

副处长：孙建苗

副处长：吴凤珍

副处长：邬达贵

副调研员：姚如华

副调研员：孙继霞

会计处

处长：江中亮

副处长:杨树圣
副处长:周克俭
调研员:蒋振成
调研员:汤　淮*
调研员:李雪萍
副调研员:郑肖亮
副调研员:程少春

行政政法处

处长:童黛铭
副处长:马　勇
副处长:管海燕
副处长:陈　达(援藏工作)
副处长:赵巧丽*
副处长:李　杰*

教科文处、省级文化企业国有资产监督管理办公室

处长:金　涛
省级文化企业国有资产监督管理办公室主任:董立国
副处长:傅彩莲
省级文化企业国有资产监督管理办公室副主任:虞劲松
副处长:童　盈*
调研员:戴祥波
副调研员:袁艺侨

行政事业资产管理处

处长:陈百平
副处长:牟晨晖

农业处

处长:倪学军
副处长:王　静
副处长:李建斌
副处长:赵　虹
副处长:王振权(援疆工作)
调研员:王小丽*

基层财政管理处(省农村综合改革办公室)

处长:尹红平
副处长:张才德
调研员:崔华英
副调研员:许建全

企业处

处长:叶光胜*
副处长:肖艳菱
副处长:吴新芳
副处长:叶伟光*

调研员:吴中秋
副调研员:朱　玲
副调研员:冯　洁
副调研员:张　卉

金融处

处长:周　瀛
副处长:洪小然
副处长:郑可青

社会保障处

处长:王雯琳
副处长:李　鸣
副处长:陈志远
副处长:吴益民*
副调研员:幸春平
副调研员:王柳霞
副调研员:全龙江

经济建设处

处长:王　俭
调研员、副处长:戚国裕
副处长:郭定方
副处长:楼慧芬
副处长:马建胜
副处长:何喜平
调研员:余逸美

财政监督局、绩效管理处

局长:楼梅芳*
绩效管理处处长:赵利明*
副局长:王林尧
绩效管理处副处长:王向群
绩效管理处副处长:颜明波*
副调研员:周学伟

省农业综合开发办公室

主任:徐来兴
调研员、副主任:赵国瑛
副主任:支炳义*
副调研员:何维君
副调研员:方优良

政府采购监管处

处长:钱国兴
副处长:费国炎
副处长:俞小青
副处长:张旭东(援青工作)*

调研员:徐剑锋

调研员:梁妙其*

二、直属单位

省财务开发公司、省金融控股有限责任公司

省财政厅党组成员、省金融控股有限责任公司董事长、党委书记、总经理:杜祖国

省财务开发公司副总经理:姚　战

省财务开发公司副总经理:叶　忠

省金融控股有限责任公司副总经理:倪一冰

浙江金控投资公司副总经理(主持工作):杜金良

省财务开发公司总经理办公室主任:黄志明

省财务开发公司财务内审部经理:柴会荣

省财务开发公司投资管理一部经理:汪一兵

省财务开发公司投资管理二部经理:於亚雄

省财务开发公司投资管理三部经理:徐晓坚

省财务开发公司投资管理四部经理:张宝健

省财务开发公司对外联络部经理:贺贤文

浙江金控投资公司副总经理:邵建协

浙江金控投资公司副总经理:夏慧民*

管理五级职员:华山月*

省级机关会计核算中心

主任:何新星

副主任:叶时宝

副主任:宋万生

副主任:何玮富

副主任:高　翔

副调研员:和繁荣

副调研员:周小燕

副调研员:陈燕燕

省财政项目预算审核中心

主任:郑　耀

副主任:沈　湧

副主任:沈应庚

副主任:俞富桥

副调研员:吴春桃

副调研员:徐孝土

省财政票据管理中心

主任:张亚平

副主任:杨仕聪

调研员:斯志洪*

副调研员:刘　宁

省级部门预算编制中心

主任:张远东*

副主任:陈志光

副主任:石琪琪

副调研员:邵　奕

省财税政策研究室

主任:杨慧芳*

副主任:王非文

副主任、《浙江财税与会计》杂志主编:刘东溟

副主任:冯　健

副调研员:唐礼萍*

副调研员:钱衍强*

省数字财政管理中心

主任:李　军

副主任:寿建钢

副主任:金永勤

副主任:陈健东

省会计人员服务中心

主任:陈丽君*

副主任:沈幼华

省农业综合开发项目审核中心

主任:陆龙泉

副主任:许锡田

副主任:张光敏

省财政干部教育中心(省中华会计函授学校)

干教中心主任、专职副校长:余丽生

干教中心副主任、专职副校长:吴小明

干教中心副主任、专职副校长:童联新

省道路交通事故社会救助基金管理中心

主任:周　瀛

副主任:许智敏

省社保基金管理中心

主任:赵雅玲*

省注册会计师服务中心、省注册会计师协会(资产评估协会)

主任、秘书长:蒋建建*

注册会计师行业党委专职副书记:汤　淮*

副主任、副秘书长:林金松

副主任、副秘书长:蒋文军

副主任、副秘书长:韩江南

浙江财政后勤服务中心

主任:陈相艮*

浙江金溪服务管理有限公司副总经理:章小朝

省莫干山财政干部休养所

所长、浙江金溪服务管理有限公司副总经理:程智灵

省财政厅招待所

所长:陈文斌(原部队副团)

省世界银行业务培训中心(杭州金溪山庄)

董事长:姚　战*

浙江金溪服务管理有限公司董事长、
总经理:朱　蕾

管理五级职员:方卫国*

(注:有*标示者为当年职务有新变动)

浙江省各市、县(市、区)财政局领导名单

(2015年12月31日)

杭州市财政局

书记、局长:金　翔

副书记:王　希　龚　萍

驻局纪检组组长:陈　平

副局长:谢　永　朱觉斐　许　杭

预算执行局局长:万　强

总预算局(税政处)局长、处长(副局长级):汪生祥

党委委员,财政监督检查局书记、局长:刘　强*

党委委员,杭州投资发展有限公司董事会董事、
董事长:寿学军*

党委委员、市局办公室主任:毛慧敏*

副巡视员:吴文兴

副局级纪检员:王娟娟

上城区财政局

局长:季黄辉

区派驻第四纪检组组长、局党委成员:俞浪进

副局长:欧阳杰　蒋晓斌

调研员:朱红卫　卢　伟　王皆兵

下城区财政局

书记、局长:蔡延平

副书记、副局长:朱　捷

副局长:郭　华　林广瑶

江干区财政局

党委书记、局长:项伟荣

党委委员、区纪委第五纪检组组长:张松贵*

党委委员、副局长:余　焱　宋进军　傅启贵*

拱墅区财政局

党委书记、局长:孟三山

党委副书记、副局长:尤永忠

党委委员、纪检组组长:周　健

党委委员、副局长:许　斌　罗敏翔

西湖区财政局

局长:何加新

副局长:仰红英

纪检组组长:翁　强*

副局长:袁　骏　沈丽芬

调研员:郑建平　祝春霞*

副调研员:洪启然

高新(滨江)区财政局

局长:屠国平

副局长:汤　茵　邵　臻*　张　军

萧山区财政局

局长、党委书记:何兴良

副书记、副局长:金国升

副局长:徐成梁　杨月万　钱建华

余杭区财政局

党委书记、局长:梅建胜

党委副书记、副局长:施成华

党委副书记:楼建琴

党委委员、副局长:叶立新　姜根军　楼志燕　袁俊军

富阳区财政局

局长、投融资办主任:刘学军

副书记、投融资办副主任、国资办主任:杨承华

副书记、纪检组组长:潘国明

副局长:金卫泉　俞　杲　金志国

副局长、投融资办副主任、国资办副主任:李向明

总会计师:倪　兵

临安市财政局

党组书记、局长:吴云川

纪委派驻第五纪检组组长:赵树春

副局长:周　佳

副局长:胡　钧

副局长:戚峥嵘

建德市财政局

党委书记、局长:高建军

党委委员、副局长:金　革*

党委副书记:封纪祥*

党委委员、副局长:何国良

党委委员、纪检组组长:刘金文*

党委委员、副局长:孟　洁*

党委委员、副局长:陈　刚

桐庐县财政局

局长:徐志勇

副书记:倪金夫

副书记、副局长:毕文浩

副局长:申屠逸清　俞　斌*

淳安县财政局

局长:毛夏平

副书记:詹　韧

副局长:唐诗谷

副局长:叶建乐　徐夏冰　万海卫

总会计师:胡长文

县纪委第七纪检组组长:王旭明

宁波市财政局

局长、党委书记:叶双猛

副局长、党委副书记:张镇岳

副局长:王　晓　范国伟　苏丹旦　张立权　高国平　张　颖

纪检组组长:华　平

总经济师:竺培楠

鄞州区财政局

党组书记、局长:钱　芳

党组副书记、副局长:岑卢艳

海曙区财政局

局长:舒建国

副局长:蔡　锐　金群辉

总会计师:邱顺年

江东区财政局

局长、党组书记:章月标

副局长、党组副书记:涂更生

副局长:叶良春　童　霞

纪检组组长:徐　奕

江北区财政局

局长:孙新土

副局长:邬文珍　宋伟官

总经济师:林　剑

镇海区财政局

局长、党组书记:顾　舰

副局长、副书记:汤文东

副局长:孙　灵　徐洪涛　邵坚宏

北仑区财政局

局长、党组书记:朱晓雄

副局长:黎旭东　孙军泽　桂　桦　陈建平　胡颖琛

余姚市财政局

局长、党委书记:施建苗

副局长、副书记:鲁永飞

副局长:施钧旻　宋建忠　韩胜余　周益忠

慈溪市财政局

局长:余银国

副局长:范哲慰　马志灿　沈鸣学　潘钊先

纪检组组长:费　洁

总会计师:史　军

奉化市财政局

局长、党委书记:鲍飞海

副局长、党委副书记:俞　峰

纪检组组长:奚际朗

副局长:胡志春　李　清　江洪平　林志锵

总经济师:陈玲萍

宁海县财政局

局长、党委书记:柳正维

副局长、党委副书记:丁建华

副局长:胡忍标　薛　慧　胡盛华

总会计师:吴林恩

象山县财政局

局长:董连胜

副局长:姜乐平　张　亮　陈忠祥　郑世敏　励茂芳

温州市财政局

党组书记、局长:余中平

党组副书记、副局长:朱定钧

党组成员、纪检组组长:卢小平

党组成员、副局长:黄夏日　孙建伟　林江帆

党组成员、机关党委书记、调研员:陈胜利

党组成员、总会计师:张国光

鹿城区财政局

局长:胡向阳

党组副书记、副局长:陈幼彦*

副局长:孙丽娟*　陈　辉

纪检组组长:何　军*

总会计师:徐　丹

预算编制局局长:徐君远*

瓯海区财政局

局长、党组书记:李中方

区国资办主任、党组副书记、副局长:项瞻文

党组副书记、副局长:陈小秋*

党组成员、副局长:叶国蒙

党组成员、纪检组组长:陈金凡

党组成员、区国资办副主任:徐　教

党组成员、副局长:欧胜武

党组成员、区国资办副主任:杨海慧

党组成员、总会计师、税收社会化征管服务中心主任:洪　凯

党组成员:徐前荣*

党组成员:吴丽佳*

龙湾区财政局

党组书记、局长:王旭辉

党组书记、局长:余安江*

党组副书记:董朝贤

党组副书记:吴鸿炜*

党组副书记(兼):潘建华

副局长:方　微

党组成员、副局长:方崇敏

党组成员、总会计师兼副局长:翁　骥

党组成员、纪检组组长:陈启兴

党组成员、国资办副主任:施寒毅

党组成员:周向前

洞头区财政局

党组书记、局长、国资办主任:吕东辉*

党组副书记、副局长:陈后平

党组成员、副局长:颜跃平

党组成员、副局长:董希勇*

党组成员、总会计师、国资办副主任:汪秀琪

党组成员、区纪委派驻第七纪检组组长:张海文*

党组成员、财政监督局局长:彭晓东

瑞安市财政局

党委书记、局长:林政洪*

党委副书记:张筱珍

党委委员、副局长:黄亚平　李建中

纪检组组长:陈捷亮*

党委委员:李盛华　陈大青

总会计师:林孝昭

乐清市财政局

党组书记、局长:王友闻*

党组副书记、副局长:董法朗

党组成员、副局长:钱乐洋

党组成员、副局长:卢正文

党组成员、纪检组组长:李　华

党组成员、总会计师:郑清华

党组成员、雁荡山管委会财政局副局长:杨宏辉

永嘉县财政局

党委书记、局长:陈芝双

党委委员、副局长:徐忠诚

党委委员、副局长:叶玉庭*

党委委员、驻局纪检组组长:谢选年*

党委委员、副局长:叶显勇

党委委员、副局长:吕金满*

党委委员、总会计师:叶强忠*

平阳县财政局

党组书记、局长:林海涵

党组成员、副局长(正科):林　文

党组成员、副局长:王　炼　洪益平*

党组成员、县纪委驻财政局纪检组组长:张业逊*

总会计师:余炳亮

党组成员、预算执行局局长:谢秉煌*

党组成员、人教科科长:张晓慧*

苍南县财政局

党组书记、局长:徐象广

党组成员、副局长:池长辉　沈志安　黄朝晖

党组成员、总会计师:许明稀

党组成员、县纪委派驻纪检组组长:王雪琴*

文成县财政局

局长:朱明阳

副局长:叶信钏　金宪树

纪委书记:刘鸿翔

副局长:王光远

党委委员:胡国鑫

泰顺县财政局

局长:尤联辉

党组副书记:毛方酬

副局长:王官玉　徐　光　毛旭升

党委委员:包晓忠

嘉兴市财政局

书记、局长:许　农

副局长:吴贵敏　姜　东　王海荣*

纪检组组长:周曙光*

党委委员、副调研员:沈建忠*

南湖区财政局

书记:叶涵初

局长:孔　俭

副书记、纪检组组长:王嘉红

副局长:马立申　张　磊　夏　峰　张　恺*

秀洲区财政局

书记、局长:张惠明

副局长:张　军　陈　嵘　姚颖娟　莫放路　龚慧群*

海宁市财政局

书记、局长:许建明

副局长:曹立群　蒋雪标　孙　伟

纪检组组长:朱建忠*

平湖市财政局

书记、局长:唐华荣

副局长:丁根林　全　骏　姚春元*　王祥甫

纪检组组长:曹海平*

桐乡市财政局

书记、局长:姜　玮

副局长:高建学　徐国平

总会计师:王晓丹

纪检组组长:沈玉林*

嘉善县财政局

书记、局长:沈建伟

副局长:张红兵　徐金连　徐忠明　章立耘

纪检组组长:连怀冬*

党组成员:刘　春*

海盐县财政局

书记、局长:俞汉烈

副局长:陆国华　曹继旻　陶照明　沈晓明*

党组成员:徐桂华*

湖州市财政局

党组书记、局长:周建明

党组副书记、副局长(正局级):屠培红*

党组成员、副局长:姚　温

党组成员、副局长:钱汇丰

党组成员、纪检组组长:王红明

党组成员、副局长:张向阳

党组成员、副局长:黄长泉

党组成员、总经济师:袁学平

总会计师:孙倩如

吴兴区财政局

党组书记、局长:沈国强

党组成员、副局长:杨卫华*

党组成员、总会计师:施江红

党组成员、副局长:叶　青

党组成员:俞勤仕

南浔区财政局

党组书记、局长:何琪虎

党组副书记、副局长:陈有富

党组成员、副局长:孙　晖

党组成员、副局长:沈利明*

德清县财政局

党组书记、局长:嵇金星

党组副书记、副局长:陈兴炎*

党组成员、副局长:江洪波

党组成员、副局长:陈肖武*

党组成员、总会计师:钱伟国

长兴县财政局

党组书记、局长:葛铭松*

党组副书记:丁汉良

党组成员、副局长:顾群伟

党组成员、副局长:王佳平

党组成员、副局长:彭　琳

安吉县财政局

党组书记、局长:徐　勇*

纪检书记:周静红*

党组成员、副局长:俞土良

党组成员、副局长:楼建成

党组成员、总会计师:郑　立

绍兴市财政局

党委书记、局长:王水君

党委委员、副局长:蔡文良　赵雄飞　邢玉清

党委委员、总会计师:沈志新

党委委员、副调研员:詹　超

纪检组组长:杨成林*

越城区财政局

党组书记、局长:唐国梁

党组副书记:唐关荣

党组成员、副局长:张国昌

党组成员:汤晓燕　陈　红

柯桥区财政局

党工委书记、局长:余建林*

党工委副书记、副局长:吕铁辉　赵忆怀

党工委委员、副局长:徐利忠　方　荣

党工委委员、总会计师:周雪峰*

党工委委员:来建祥

上虞区财政局

党委书记、局长:茅国清

党委副书记、副局长:邵百尧

党委委员、副局长:陈志坚　卢坚钢　金惠君　朱政荣*

党委委员、纪委书记:单樵兴

党委委员、总会计师:俞　军

党委委员:谢岳雷　金浙平*

诸暨市财政局

党组书记、局长:王孔羽

党组副书记:赵一平

党组成员、副局长:吴　伟　戚俏新　杨胜新*　周国新

党组成员:孟伟苗

嵊州市财政局

党委书记、局长:孙元东

党委委员、纪检组组长:钱夏平*

党委委员、国资办主任:茹万红

党委委员、副局长:孙作祥　竹贵光　叶　平　吕霞光

党委委员:王智勇　王小燕　张茂雄

新昌县财政局

党委书记、局长:求国安

党委副书记、副局长:谢立民

党委副书记、纪委书记:吴德祥

党委委员、副局长:丁利平*　求伟清

党委委员:梁晓富*

金华市财政局

局长:方卫民

纪检组组长:郭云龙

副局长:严国鑫　倪小波　徐京红

总会计师:张　宁

婺城区财政局

局长:傅得樟

副局长:顾再进　施柯芬

纪检组组长:吴明刚

党组成员:俞叶青

金东区财政局

局长:吴一平

副局长、国资办主任:陈春华

副局长:姜韶军　王丽华

党组成员:邵国盈

总会计师:孙岳彪

兰溪市财政局

局长:陈玉祥(兼)

党组书记:施廷涌

党组副书记、国资办主任:童洪基

副局长:周季容　邓培昌　张海湘*

总会计师:严师东*

东阳市财政局

党组书记、局长:沈银福

党组副书记、副局长:杜希庭

党组副书记、国资办主任:徐生银

党组成员、副局长:吴正华

党组成员、财政总会计师:韦向东

党组成员、国资办副主任:曹晓红

义乌市财政局

书记、局长:朱竣文*

副书记、副局长:周健明　赵绍辉

副局长:毛新生　李晓玲　何愫洪　缪永明　杨成林
　　吴小峰(挂职)

调研员:朱志恒　陈忠强　汪小群　朱琴芳

总经济师:傅晓平

总会计师:黄健勇

永康市财政局

党委书记、局长:施建民

党委委员、国资办主任:施贺龙

党委委员、副局长:杜奕铭

副局长、总会计师:吕美红

党委委员、国资办副主任:胡晓泽*

党委委员、总部中心办公室副主任:朱可可

浦江县财政局

党委书记、局长:楼向阳

党委副书记:吴林文

党委委员、副局长:李国平

党委委员、国资办主任:王卫平

副局长:许尔清

党委委员、副局长:黄苏安

党委委员、副局长:黄英俊

党委委员:傅文正

党委委员：徐雄武

总会计师：黄小莲

国资办副主任：张晓宇

党委委员：朱鑫尧*

武义县财政局

局长、国资办主任：邹子伟

副局长、国资办副主任：王柏宜

局党委委员、副局长：张李新　徐飞云

总会计师：徐国强　张建平

局党委委员：王献良

局党委委员、国资办副主任：陈武阳

国资办副主任：周立民

磐安县财政局

书记、局长：陈国慧

副书记：吕贤德

副局长：羊荣华　施逢杰

党组成员：陈忠明（副局长级）　楼新平

纪检组组长：郭德富

总会计师：施国萍

衢州市财政局

党委书记、局长：吴宝骏

党委副书记：吴小聪

总会计师：方孝琳

党委委员、副局长：王德华　叶浙青　叶旭泉　翁文斌

党委委员：张　庆

党委委员、纪检组组长：林祥庚

党委委员：徐晓文

党委委员、副局长：王学勤

党委委员：徐国富*

柯城区财政局

党组书记、局长：吴国清

党组成员、副局长：姚建峰

党组成员、副局长、国资委主任：张吉青

党组成员、纪检组组长：王　舟

衢江区财政局

党组书记、局长：李　青

党组副书记：秦　勇

党组成员、副局长：袁康彬　马文革

党组成员、区纪委派驻第十三纪检组组长：钱　江*

党组成员、政府投资项目评审中心主任：黄晓春

党组成员：张明坤

党组成员、农业综合开发办公室主任：王利民

江山市财政局

局长：周立武*

副书记：王智荣

副局长、国资办主任：张晓华

副局长：毛水芳

总会计师：周金富*

副局长：郑建青

党委委员：毛培泉

副局长：王雁斌

党委委员：赵立文

纪检组组长：郑晓岗*

龙游县财政局

局长：徐志明

副局长：蒋澄宇　椐柏华　金志鸿

总会计师：钱　宇

常山县财政局

党委书记、局长：戴根林

党委副书记、国资办主任、副局长：谢　诚

党委委员、纪检组组长：徐朝威*

党委委员、副局长：徐光明　叶晓春*

党委委员、农综办主任：李炳根

党委委员、总经济师：曾志耀*

总会计师：江一舟

开化县财政局

局长：方忠明

副书记：傅剑钢

副局长：汪　涌　廖建忠　廖继军　顾健耀

党委委员：汪福海　程小汉　曹长洪　余素琴　余红敏　詹炳法

舟山市财政局

党委书记、局长：顾央军

党委副书记、副局长（正县处级）：曹国英

党委委员、纪检组组长：陈建庆*

党委委员、副局长：王志杰　江立安　邬传统　王海平　韦晓红

党委委员、总会计师：邵裕龙　金伟平

定海区财政局

党组书记、局长：黄　耀

正科级组织员：周兆军*

党组成员、副局长：戴水婷　何　红　韩雪军　李汉定

党组成员、总会计师:蒋科卫
党组成员、纪检组组长:钟国勇*

普陀区财政局

党组书记、局长:俞　斐
国资办主任、党组副书记:水开明
党组副书记:张友夫
纪检组组长:张永迪*
副局长、党组成员:陈宇宙　杨琪恒　夏　毅*
党组成员、预算局局长:刘科峰
水产城管理处副主任:林文海*

岱山县财政局

党组书记、局长:方信伦
党组成员、副局长:王　挺　蒋伟若
党组成员、财政总会计师:翁燕敏
党组成员、纪检组组长:陈　宇
党组成员、地税总会计师:於国伟*

嵊泗县财政局

党组书记、局长:王兴军
党组副书记、副局长:张菊花
党组成员、派驻纪检组组长:郑海定*
党组成员、副局长:唐明明
党组成员、副局长:何海国
党组成员、总会计师:刘白羽*
党组成员、总经济师:马　俊
党组成员、预算局局长:李俊杰*

台州市财政局

局长:林仁方
副局长:徐宏光　蒋天平*
纪检组组长:孙　鑫
总会计师:许天鸿*
党组成员:王以南

椒江区财政局

局长:徐玲荣
副书记、纪检组组长:陈忠贤
副书记、副局长:谷建斌
副局长:蔡建中　唐诗虎　章光辉

黄岩区财政局

局长:陶慧敏
书记:许茂聪
纪检组组长:郭建明
党组成员、国资局局长:牟建国
副局长:柯卫凌
总会计师:韩　华

路桥区财政局

局长:张崇华
副书记:苏忠贵
纪检组组长:蔡金虎
副局长:牟晓燕　林　波
总会计师:吴芳霞

临海市财政局

局长:胡寿坚*
副局长:王礼福　方　虹
纪检组组长:卢国富
总会计师:蒋向阳
副局长:沈国材

温岭市财政局

局长:王晓宇
副书记、副局长:柳　敏
副局长:王春连　林作明　江陶舜
纪检组组长:王素荷
总会计师:王萍

玉环县财政局

局长:林仁斌
副书记、副局长:郭显银
副局长:张素燕
副局长:姜仁武
总会计师:张作民

天台县财政局

局长:戴敏华
副书记:范永友
副局长:方国耀　姜灵君
总会计师:朱丰强
党组成员:丁伟生

仙居县财政局

局长:姚文浩
副书记、国资局局长:徐林飞
副局长:潘海滨　郑美金
总会计师:吕汝韦
纪检组组长:潘天虎

三门县财政局

局长:叶坚强
党组成员:马加品
副书记、副局长:王立新

副局长:陈小撑　尤福跳

总会计师:章日胜

党组成员:吴善帅

丽水市财政局

党组书记、局长:刘志伟*

党组成员、副局长:刘小平

党组成员、副局长:魏叶华

副局长:陈肇平

党组成员、总会计师:叶芳儿

党组成员、纪检组组长:李　萌*

党组成员、人事教育处处长:易远明

莲都区财政局

党组书记、局长:赖志平

党组成员、副局长:黄于林

党组成员、总会计师:吕焕祺

开发区财政局

局长:吴光远*

副局长:吴应娟

副局长:叶舰敏

副局长:苏超坡*

龙泉市财政局

党组书记、局长:吴小波*

党组副书记:赵晓星

党组成员、总经济师:商越敏

党组成员、国资办副主任:邵仲昕

党组成员、副局长:项海峰

党组成员、副局长:陈正松

党组成员:姜苏民

党组成员、农发办主任:叶惠君

缙云县财政局

党组书记、局长:蒋根阳*

党组副书记、副局长:叶伟民

党组成员、国资办主任、副局长:陶柳杨

党组成员、副局长:赵德灿

党组成员、副局长:王伟民

党组成员、总会计师:俞根文

青田县财政局

党组书记、局长:周冠华

党组副书记:王伟伟

党组成员、副局长:季耀武

党组成员、副局长:陈升华

党组成员、总会计师:徐松娥

党组成员、县纪委派驻第九纪检组组长:单黎勇*

党组成员、财政监督局局长:黄林凯

党组成员、会计核算中心(国库支付中心)主任:赵江庆*

党组成员、预算局局长:叶选廉

党组成员、县委副科级组织员:吴冠平

党组成员、工会主席:叶林惠

云和县财政局

党组书记、局长:柯志宙

党组成员、总会计师:任乐群

党组副书记、副局长:陈文平

党组成员、副局长:王建平

党组成员、县纪委派驻第七纪检组组长:方有德*

党组成员、农发办主任:毛一明

遂昌县财政局

党组书记、局长:张仪辉*

党组成员、农发办主任:谢法文

党组成员、副局长:方文初

松阳县财政局

党组书记、局长:温小运

党组成员、国资办主任、副局长:徐建农

党组成员、县委正科级组织员:王寿康

党组副书记、副局长:李一鹏

党组成员、副局长:冯汉饶

党组成员、总会计师:占　友

党组成员、县纪委派驻第七纪检组组长:李枝伟*

党组成员、保留副科级:毛汇草

党组成员、办公室主任:黄黎伟

党组成员、人事教育科科长:夏　兰

庆元县财政局

党组书记、局长:刘高深

党组副书记、副局长:江旭奎

党组成员、副局长:陈本新

党组成员、总会计师:叶　斌

副局长、国资公司经理:叶　飞

党组成员、人事教育科科长:叶少华

景宁畲族自治县财政局

党组书记、局长:叶　峰

党组成员、县纪委派驻纪检组组长:赵慧聪*

党组成员、总会计师:李建伟

副局长:申京涛(挂职)

党组成员、办公室主任:梅忠敏

2015 年浙江省财政系统职工基本情况统计

单位：人

项目		总计	性别		民族		学位			学历					
			男	女	汉	其他	博士	硕士	学士	研究生	大学本科	大学专科	中专及以下学历		
													人数	其中35岁以下	其中36至45岁
总计	合计	13608	7291	6317	13536	72	7	850	2822	722	9722	2479	685	30	102
	厅(局)级	18	15	3	18		1	4	1	4	13		1		
	地市局(处)级	674	476	198	673	1	1	126	106	137	474	59	4		
	县局(科)级	4137	2337	1800	4120	17	3	432	580	320	3081	647	89		5
	一般干部	8072	3970	4102	8024	48	2	286	2125	260	5961	1549	302	15	22
	工勤人员	707	493	214	701	6		2	10	1	193	224	289	15	75
省(区、市)厅局	合计	1110	628	482	1101	9	4	314	263	237	752	71	50		17
	厅(局)级及以上	18	15	3	18		1	4	1	4	13		1		
	处(局)级	400	264	136	399	1	1	102	71	93	280	25	2		
	科级	423	201	222	418	5	1	164	107	97	306	14	6		4
	一般干部	217	108	109	215	2	1	44	84	43	146	18	10		3
	工勤人员	52	40	12	51	1					7	14	31		10
市(地、州)局	合计	2751	1412	1339	2738	13	3	284	727	255	2088	298	110		37
	局(处)级及以上	274	212	62	274			24	35	44	194	34	2		
	科级	1481	768	713	1474	7	2	198	303	156	1166	146	13		
	一般干部	832	324	508	826	6	1	62	386	55	682	77	18		5
	工勤人员	164	108	56	164				3		46	41	77		32
县(市、区)局	合计	6931	3911	3020	6897	34		238	1447	209	5241	1151	330	21	43
	局(科)级及以上	2233	1368	865	2228	5		70	170	67	1609	487	70		1
	股级	1759	1183	576	1756	3		86	326	60	1490	196	13		3
	一般干部	2490	1035	1455	2469	21		80	946	81	2022	314	73	6	6
	工勤人员	449	325	124	444	5		2	5	1	120	154	174	15	33
乡(镇)所	合计	2816	1340	1476	2800	16		14	385	21	1641	959	195	9	5
	所(股)级及以上	915	572	343	911	4		2	45	4	452	387	72		
	一般干部	1859	748	1111	1847	12		12	338	17	1169	557	116	9	5
	工勤人员	42	20	22	42				2		20	15	7		

（续表一） 单位：人

项目		总计	政治面貌				年龄							
			中共党员	共青团员	民主党派	其他	25岁及以下	26岁至30岁	31岁至35岁	36岁至40岁	41岁至45岁	46岁至50岁	51岁至54岁	55岁至59岁
总计	合计	13608	8984	917	207	3500	651	1561	1541	1958	2132	2497	2333	934
	厅（局）级	18	18										8	9
	地市局（处）级	674	616		14	44			10	44	110	164	220	126
	县局（科）级	4137	3041	29	101	966	4	80	326	553	760	983	1017	414
	一般干部	8072	5039	860	87	2086	629	1446	1156	1261	1101	1204	988	287
	工勤人员	707	270	28	5	404	18	35	49	100	161	146	100	98
省（区、市）厅局	合计	1110	858	24	23	205	18	71	140	170	213	195	200	102
	厅（局）级及以上	18	18										8	9
	处（局）级	400	358		10	32			7	30	73	98	125	67
	科级	423	335	2	11	75	1	22	108	98	91	62	33	8
	一般干部	217	129	22	2	64	17	49	23	35	38	23	25	7
	工勤人员	52	18			34			2	7	11	12	9	11
市（地、州）局	合计	2751	1842	176	81	652	77	300	364	426	496	474	439	175
	局（处）级及以上	274	258		4	12			3	14	37	66	95	59
	科级	1481	1060	20	58	343	3	51	168	265	334	312	274	74
	一般干部	832	460	156	17	199	74	248	188	119	79	59	49	16
	工勤人员	164	64		2	98		1	5	28	46	37	21	26
县（市、区）局	合计	6931	4341	487	97	2006	338	735	735	979	1129	1331	1189	495
	局（科）级及以上	2233	1646	7	32	548		7	50	190	335	609	710	332
	股级	1759	1349	23	39	348	2	64	180	352	436	420	267	38
	一般干部	2490	1174	439	23	854	320	643	470	376	257	210	147	67
	工勤人员	449	172	18	3	256	16	21	35	61	101	92	65	58
乡（镇）所	合计	2816	1943	230	6	637	218	455	302	383	294	497	505	162
	所（股）级及以上	915	766	6	3	140	7	28	48	118	101	267	274	72
	一般干部	1859	1161	214	3	481	209	414	247	261	190	225	226	87
	工勤人员	42	16	10		16	2	13	7	4	3	5	5	3

（续表二） 单位:人

项目		总计	参加工作时间						劳模（先进工作者）	
			1970年前	1971年至1980年	1981年至1990年	1991年至2000年	2001年至2010年	2011年以后	省(部)级	全国
总计	合计	13608		1304	4527	3711	2672	1394	3	
	厅(局)级	18		8	10					
	地市局(处)级	674		156	343	155	20		2	
	县局(科)级	4137		622	1797	1148	505	65	1	
	一般干部	8072		394	2172	2180	2046	1280		
	工勤人员	707		124	205	228	101	49		
省（区、市）厅局	合计	1110		131	371	333	231	44	2	
	厅(局)级及以上	18		8	10					
	处(局)级	400		85	197	103	15		2	
	科级	423		13	96	159	150	5		
	一般干部	217		10	47	55	66	39		
	工勤人员	52		15	21	16				
市（地、州）局	合计	2751		254	785	808	629	275		
	局(处)级及以上	274		71	146	52	5			
	科级	1481		117	515	499	294	56		
	一般干部	832		31	76	181	325	219		
	工勤人员	164		35	48	76	5			
县（市、区）局	合计	6931		776	2331	1891	1281	652	1	
	局(科)级及以上	2233		492	1186	490	61	4	1	
	股级	1759		91	679	709	269	11		
	一般干部	2490		124	340	561	867	598		
	工勤人员	449		69	126	131	84	39		
乡（镇）所	合计	2816		143	1040	679	531	423		
	所(股)级及以上	915		63	567	202	75	8		
	一般干部	1859		75	463	472	444	405		
	工勤人员	42		5	10	5	12	10		

（续表三） 单位：人

项目		专业技术人员					特贴专家
		总计	高级职务	其中：正高级职务	中级职务	初级职务	
总计	合计	7930	1178	12	4055	2697	
	厅(局)级	16	11	4	4	1	
	地市局(处)级	501	243	7	197	61	
	县局(科)级	2845	554		1614	677	
	一般干部	4437	370	1	2159	1908	
	工勤人员	131			81	50	
省(区、市)厅局	合计	747	311	10	329	107	
	厅(局)级及以上	16	11	4	4	1	
	处(局)级	334	182	6	113	39	
	科级	282	91		154	37	
	一般干部	115	27		58	30	
	工勤人员						
市(地、州)局	合计	1724	325	1	1024	375	
	局(处)级及以上	167	61	1	84	22	
	科级	1074	225		668	181	
	一般干部	423	39		224	160	
	工勤人员	60			48	12	
县(市、区)局	合计	4111	520	1	2235	1356	
	局(科)级及以上	1489	238		792	459	
	股级	1346	209	1	813	324	
	一般干部	1211	73		597	541	
	工勤人员	65			33	32	
乡(镇)所	合计	1348	22		467	859	
	所(股)级及以上	521	8		179	334	
	一般干部	821	14		288	519	
	工勤人员	6				6	

附录

zhejiang caizheng nianjian

专题经验介绍

发挥财政政策作用 推进特色小镇建设

浙江省财政厅

加快规划建设一批特色小镇，是省委、省政府从推动全省经济转型升级大局出发作出的一项重大决策，是以新理念、新机制、新载体推进产业集聚、产业创新和产业升级的一项重大举措。在这种背景下，如何有效发挥财政政策作用，加快推进特色小镇建设，具有重大理论和实践意义。

一、特色小镇建设进展情况及存在问题

2015 年 6 月，经过各地申请、实地考察和专家评审，并报经省政府批准，首批 37 个省级特色小镇创建名单正式公布。以此为契机，各特色小镇创建地政府高度重视，组织保障和扶持力度不断加大，形成了“专题会议研究、定期跟踪推进、专门政策扶持”的工作格局。随着特色小镇内涵特征的逐渐清晰，整体规划编制和建设项目也加快推进，各特色小镇积极探索市场化运营方式，逐步形成了“规划和配套服务政府主导、投资和项目建设企业主体”的工作机制，“特色小镇”的品牌效应已初步显现：

（一）创业创新氛围渐浓。如余杭区建设以大学生互联网创业和天使投资融合发展为特色的“梦想小镇”，通过建设“众创空间”、O2O 服务体系、“苗圃+孵化器+加速器”孵化链条，积极打造更富激情的创业生态系统。当前，“梦想小镇”已洋溢着浓浓的创业创新氛围，已入驻创业项目 260 多个，创业人才 2300 多人，各类投资基金 120 余家，管理资本逾 300 亿元，一大批互联网项目让人耳目一新。

（二）社会主体投资意愿增强。随着各类主流媒体的深入宣传报道，特色小镇的建设理念和业态方式，吸引了更多企业参与投资建设，如天洋集团、康辉高层已多次到嘉善巧克力甜蜜小镇对接洽谈项目合作，意大利设计师团队和桐乡毛衫时尚小镇签订了设计师培养协议。

（三）文化旅游消费逐渐升温。首批特色小镇中有不少文化创意小镇、旅游特色小镇、历史经典产业小镇，如开化根缘小镇、龙泉青瓷小镇、嘉善巧克力甜蜜小镇等已成为新兴亲子游产品和旅行社热门线路；海宁皮革小镇、桐乡毛衫小镇的市场采购客商不断增加，特色小镇知名度进一步提升。

总体来看，首批特色小镇建设推进顺利，但在具体工作中还存在一些问题和困难，在第二批特色小镇推出之际，值得进一步分析和思考。

一是整体规划设计质量不够高。个别特色小镇存在产业规划、旅游规划、空间布局和建筑设计规划分头编制的情况，没有按照三生融合、功能叠加等要求，将特色小镇作为一个有机体编制统一的综合性规划，不同程度上存在“多点散装、镶嵌镇区”问题，导致特色小镇四至边界不清，不利于有针对性的制定财政扶持政策推进特色小镇建设。

二是政策目标导向要调整完善。在当前经济环境下，企业投资意愿不强，政府投融资受限，部分特色小镇项目储备不足，招商引资压力超过预期，如单纯的延续传统工业园区、开发区的财政政策，动辄将特色小镇与扩大投资联系起来，将对特色小镇建设产生政策误导，特色小镇的实质将被架空，演变成一哄而上争小镇的“帽子”。

三是要素保障有待进一步强化。特色小镇建设项目投资大、建设时间紧，其培育发展不仅需有充分的土地水电等要素支持、市场准入与财税优惠等政策支持，还需有科技人才信息等资源支持、现代交通与现代商务等功能支撑，更需有优美舒适的人居环境、文化彰显与身份认同等价值支持，而县（市、区）政府统筹调剂安排的空间有限，亟需上下联动，按照新经济政策要求，强化各类要素保障。

二、财政政策在特色小镇建设中的作用

特色小镇作为新兴产业的新载体，无论是建设理念、形态，还是建设路径、机制，都应与现有中心镇、小城市培育试点等有所不同，也应与开发区、产业集聚区、服务业集聚示范区、旅游度假区等建设有所不同。财政职能决定了财政政策将在特色小镇培育建设中发挥巨大作用，应针对特色小镇与众不同的特点，着重发挥以下几个方面的作用：

（一）建立适应特色小镇发展的财政体制机制。经济新常态下，随着国家结构性减税、“土地财政”模式的转变，全省各级财政尤其是基层县（市、区）财政的财力增长将会受到影响，而特色小镇培育建设需要的财政支出却不断增加，县域财政资金的收支矛盾可能激化。应结合省市县实际，建立健全激励性转移支付机制，通过财政增收返还机制、以奖代补等政策措施，充分发挥财政在促进县域经济发展以及特色小镇建设中的作用，调动特色小镇增收积极性。

（二）筹集资金投入体现特色小镇价值导向。特色小镇建设需要方方面面的努力，由于财政资源有限，一味增加财政支出并不实际，而应当从优化财政支出结构的角度寻求解决之道。首先，公共财政不应当“包办”特色小镇建设，应当做到“有进有退”，对于特色小镇整体规划编制、文化旅游内涵挖掘、公共基础设施建设、社会生态环境保障等领域，政府是提供者，公共财政应加大支出；对于可以由市场主导的领域，公共财政不应介入太多，应合理规划财政支持政策吸引社会投资，将财政资金从以前不合理的领域抽出，转而投向特色小镇培育建设中的薄弱环节，如生态环保、文化挖掘、集群产生、人居环境、产城融合等方面。

（三）加强特色小镇产业的内生式发展动力。借鉴发达国家特色镇区管理模式和运营机制的同时，财政支持要引导特色小

镇建设与本土化民族文化传承发展、创造相结合,要有现代价值取向和国际视野,大力发展高附加值、自主品牌和以知识产权为核心的内容产业,形成一套合适的管理体制和运营模式,让特色小镇真正创出特色,培育出一批带有巴黎的时装、意大利的家具、德国的制造这样声誉效应的特色小镇,从而实现特色产业真正集聚化发展,避免特色小镇变成对传统园区的简单移植和产业搬家,而应使其具备适应挑战、解决问题、推动发展的能力。

(四)营造良好的特色小镇建设外部环境。与传统小城镇建设不同,特色小镇建设要避免进一步加剧地区发展不平衡,造成资源浪费、环境污染等问题。为此,财政重点要为特色小镇建设创造良好的发展环境,通过建立区域间财政补偿机制,带动特色小镇建设,缩小区域发展差距,并通过财税政策的合理运用,引导社会资金的流向,促进产业结构调整,加快治理污染、保护生态环境、提高公共设施水平,避免出现特色小镇"有增长而无发展"的困境。

三、科学制定财政政策推进特色小镇建设

推进特色小镇建设,涉及面广、影响深远,对财政政策而言,要进一步完善公共财政政策体系,进一步促使财政体制、运行机制、管理模式更有利于推进特色小镇发展,当前主要从以下几个方面推进:

(一)研究出台特色小镇财政扶持政策实施细则。针对省政府《关于加快特色小镇规划建设的指导意见》的规定要求,研究制定省对市、县的财政奖励政策。在出台实施细则时,应对小镇的功能定位、分布、产业发展方向到具体的数量、规模等方面进行系统思考,结合金融、科技创新、旅游、历史经典产业类等不同类型特色小镇以及所处县域财力状况,分类分档给予支持。对于首批特色小镇创建过程中出现的规划质量不高、建设范围不明晰等问题,应要求各地加快编制完善综合性的特色小镇建设规划,确保特色小镇四至清晰、功能融合、形态相对独立完整,确保财政收入数据计算口径准确、可靠,便于省对特色小镇财政转移支付政策的数据认定与核实。同时,特色小镇所在地财政部门也应结合当地实际,调整完善原有的财政扶持产业政策,优化支出结构,集中财力支持特色小镇发展。

(二)加强政府产业基金与特色小镇的有机对接。政府产业基金和特色小镇都是当前省政府的重大工作部署,省财政应加快省级政府产业基金的实质性运作,并抓紧建立省基础设施投资(PPP)基金,指导督促市县层面设立政府产业基金,积极开展省、市、县政府产业基金之间以及与社会资本的对接合作,推动设立与特色小镇建设及集聚产业相关的子基金,支持特色小镇基础设施建设,并以各特色小镇、特色产业为重点,加大基金投资项目资源的搜寻力度,搭建基金投资项目对接服务平台,拓宽特色小镇招商思路,为特色小镇导入优质资本、优秀项目、现代管理理念,共同推进特色小镇投资项目落地并取得实效。

(三)加快推进相对成熟的特色小镇试点先行。根据规划,未来3年里,浙江将培育100个左右特色小镇,在实际推进过程中,要确保特色小镇的特色和质量,避免一哄而上。省级层面应尽快出台特色小镇创建指南,进一步明确省级特色小镇创建对象的准入标准、产生程序和管理办法,省财政应结合财政专项资金使用管理改革,在特色小镇领域推行财政资金竞争性分配,选出一批整体规划完善、项目储备充足、要素配套到位的特色小镇,通过现有的旅游、工业、服务业、文化等财政专项给予切块资金重点支持,打造特色小镇样板,推广成功经验,起到示范带头作用。在余杭"梦想小镇",省财政就专门设立了5000万元的"天使梦想基金",与余杭区现有产业扶持政策相互补充,打造重点示范效应。

(四)建立健全特色小镇建设的财政绩效考核机制。现有的统计标准和指标体系还滞后于特色小镇发展实际,小镇自身特性和引领作用未能在统计上体现出来,财政部门要会同统计部门加快建立特色小镇统计监测指标体系,并从特色小镇投入带来的经济效益、财政贡献、集聚效应、产业链体系、溢出效应、文化品牌、区域形象提升等方面进行综合评估考核,对达不到年度投资目标,考核不合格的创建对象进行动态调整,并相应调整财政奖励政策,真正做到特色小镇"宽进严出",保质保量。

守护"绿水青山"
打造"金山银山"

——财税助力环境保护与生态经济双赢的丽水实践

丽水市财政局

浙江丽水,被誉为"中国生态第一市"。生态,是丽水最大的优势,更是发展的最大希望。

多年来,丽水市始终坚持"绿水青山就是金山银山"战略指导思想,大力推进生态环境保护与生态经济发展"双示范区"建设,经济社会呈现良好的发展态势。2014年,全市地区生产总值首次突破千亿元大关,人均GDP首次突破8000美元,农民人均纯收入增幅连续6年全省第一,一般公共预算收入达到80.96亿元,提前一年完成"十二五"规划目标。与此同时,区域生态环境质量连续11年居浙江首位、全国前列,成功入选全国第一批生态文明先行示范区。

一、加大绿色投入,护美绿水青山

"绿色生态是丽水的生命线"。丽水各级财税部门牢固树立这一理念,积极实施省委、省政府重大战略决策,不遗余力地守护着丽水的"绿水青山"。过去十年,全市财政环境保护支出达25亿元。

强化城乡综合整治,通过盘活存量、整合专项资金、压缩"三公"经费等方式,2011年以来,全市美丽乡村建设投入99.76亿元,其中政府投入68.08亿元,占68.24%,城乡面貌大为改观。全面推进治水治气,打好"五水共治"攻坚战,2014年,全市财政共安排“五水共治”资金22亿元，整治垃圾河140条710公里、黑臭河60条378公里。加快城镇截污纳管，新建污水管网142公里。完成农村生活污水治理889个村，全面完成禁养区养殖场关停搬迁工作。缙云获得全省“五水共治”“大禹鼎”。开展大气治理，根据车型及使用年限，财政给予分类补助，淘汰黄标车及老旧车12688辆。深入推进“三改一拆”，强化项目资金保障，累计拆除违法建筑1087万平方米。深化“六边三化三美”，落实专项资金用于对生态公益林配套和补助，新增优质林分公益林76.92万亩、重点防护林2.88万亩，新建美丽乡村风景线10条，森林覆盖率为80.79%，高出全省平均水平20个百分点。安排创卫经费2.4亿元，丽水成功创建国家卫生城市。2015年，全省美丽城乡现场会在丽水召开，参会的嘉宾纷纷称赞：“此次之行真像一次诗画乡村自助游！”

为给生态保护提供长久动力，立足丽水实际，加强绿色发展体制机制建设。将下辖的9县（市、区）分成“城市核心区”“生态经济区”“生态保护区”三类，明确功能定位，助推生态环保。庆元县还因地制宜加强乡镇财政体制引导，给予东部乡镇生态环保和生态高效农业发展专项扶持，加大生态补偿力度，增强生态保护的财力保障。

二、培植绿色财源 助推转型发展

一直以来，丽水把推动绿色生态产业发展作为财税支持经济转型升级的重点，充分利用财税政策工具，以政策培育绿色财源、引领企业加快成长，实现了壮大总量与转型升级同步推进。

政策引导促企业绿色成长。整合落实支持经济转型升级财税政策，加大企业在技术创新和技术改造、节能减排和循环经济、高新技术产业化、科研成果转化等方面的财税扶持。大力培育生态工业，深入实施“四换三名”工程，将节能环保、污染排放、“亩产税收”等作为企业扶持资金安排、税费减免的重要参考指标，促进工业整体转型升级。近五年来，全市财政累计兑付企业扶持资金50.2亿元，全市地税部门累计减免企业税费38亿多元。2014年，全市新创省级高新技术特色产业基地2个，新增省级企业研究院和研发中心24家、国家重点支持高新技术企业51家，战略性新兴产业、高新技术产业和装备制造业增加值增速分别高出规上工业增加值增速2.5和3.3个百分点，新产品产值增长23.2%，各类科技企业税收增长19.7%，软件和信息技术服务业税收增长173.9%。支持开发区（工业园区）生态化改造，丽水开发区晋升为国家级经济技术开发区，成为省级循环化改造示范试点园区、生态化建设试点园区。

“放水养鱼”培育优质税源。2014年，在省地税局的统一部署下，积极探索优质税源培育工作，制定优选方案和培育举措，首批优选出的40户优质税源培育对象企业，当年入库地方税收2.97亿元，同比增长141%。2015年，在丽水市委、市政府的大力支持下，优质税源培育“重装升级”，出台《关于开展市级优质财源培育工作的实施意见》，首次将绿色优质财源培育从财税部门扶持，扩围形成发改、财政、国税、地税、金融、国土、环保、市场监管等多部门联动帮扶的新格局，综合推出财政引导、土地保障、金融支持、税费优惠及优化服务等“4+1”组合拳，为培育对象提供“真金白银”的扶持。

为更好地引导金融资本和社会资本支持实体经济发展，促进国内外优质资本、项目、技术、人才向丽水聚集，探索创新财政支持经济发展方式，组建“丽水市生态经济产业基金”。按照“政府引导、市场运作、分类管理、防控风险”的原则，设立华侨基金、机器人基金、生态服务业基金等子基金，通过“财政杠杆”的有效撬动，实现政府主导与市场化运作的有效结合，推进创业创新和产业转型升级。

三、推动生态富民 实现点“绿”成金

环境就是生产力，良好的生态环境就是GDP。

为促进农民增收、农业增效和农村发展，丽水市抓住国内特别是长三角一带消费需求转型的趋势，利用好山、好水、好空气和独特的山地气候，坚持标准化、电商化、品牌化，大力发展高品质、高科技含量、高附加值的生态精品农业，加快建设长三角绿色农产品基地。围绕这一目标，全市财政部门努力调整支出结构，多方筹措资金，大力支持生态农业发展。过去五年，全市累计投入“三农”支出392.9亿元。2013年市委、市政府出台《关于推进生态精品现代农业发展的实施意见》以来，市财政累计整合安排9900多万元农业发展资金，重点扶持生态精品农业发展。目前，全市生态精品农产品已拥有中国驰名商标10个、浙江名牌农产品59个，浙江著名商标农产品62个、国家地理标志保护农产品22个。

近年来，丽水市立足“生态+互联网”，推进“电商换市”，努力打造“全国农村电商发展先行区”，农村电子商务迅猛发展。2014年，全市有1000多种农产品上网销售，3523家网店销售丽水农产品，涌现了一批诸如北山狼、咕咕鲜、朱阿姨、倪老腌等知名淘品牌，农村电子商务销售总额达38.18亿元。7个县（市、区）入选中国电子商务百佳县，农村电子商务“遂昌赶街模式”引起广泛关注并在全市复制推广，各级财政累计投入资金8930万元，已建设9个县（市、区）级赶街区域运营中心，661个村级赶街网点。网络为丽水生态农业插上了腾飞的翅膀。

10年前，丽水开始探索农村金融发展，2012年被列为全国首个农村金融改革试点。2010年以来先后制定出台“三权”抵押贷款财政贴息、财政奖励和风险补偿金等政策，2011~2014年市本级财政拨付贴息1538万元，拨付新增奖励1095万元。立足农村基本产权，开展林权、农房所有权、农村土地流转经营权“三权”抵押贷款工作，率先构建较为完整的农村产权融资体系。从山林、茶园、再到山塘水库，一场农村金融综合改革，让“叶子变票子、青山变金山、资源变资本”，人人都可以是创业者。

四、展现生态魅力 打造“养生福地”

发展生态旅游业和养生（养老）业是把绿水青山变成金山银山、推动生态经济化的最佳路径。

2012年遂昌县高坪乡茶树坪等三个村合办了一场“空气拍卖会”。上海、杭州旅行社经过激烈竞价，以高出底价3.35倍，

总计174万元的“天价”拍走三个小山村一年的休闲养生游客组织权。

这其实只是丽水生态旅游业发展的一个缩影。

近十年来，丽水发挥生态优势和人文优势，努力打造生态旅游名城，把生态旅游业作为第一战略支柱产业来培育。依托“国际休闲养生城市”和“中国长寿之乡”两块金字招牌，围绕建设“中国生态休闲养生（养老）第一市”，加快构建生态旅游和养生（养老）产业体系，打响“秀山丽水、养生福地、长寿之乡”的区域品牌。近五年，全市累计安排服务业引导扶持资金15.35亿元；近五年，市直安排旅游业发展专项资金从2010年的500万元，提高到2014年的3500万元。从2015年起，市财政每年统筹安排700万元，专项用于对各县（市）推进养老服务体系建设和促进养老服务业发展的绩效考评。

为进一步优化旅游环境，加快水陆空等综合交通基础设施建设，全市交通网逐渐完善，“二纵二横”高速公路建成通车，金丽温铁路扩能改造进入倒计时，丽水即将进入“高铁时代”，探索PPP融资模式，筹备丽水机场及空港园区项目。支持莲都古堰画乡小镇、龙泉青瓷小镇、青田石雕小镇、景宁畲乡小镇等特色小镇建设，助推“美丽乡村”建设、农家乐和民宿经济发展，丰富旅游产业内涵，深化丽水旅游产品建设。

目前，丽水市已建成4A级以上高等级旅游景区18个，总量居浙江省第3位。自2000年以来，全市年旅游总收入由不足10亿元上升到去年的339.58亿元，增速全省前茅。2014年，全市一般公共预算收入中三产税收增长11.7%，其中旅游及旅游开发企业税收增长25.9%，近五年，全市一般公共预算收入中的三产税收年均增长18.2%，高于二产税收4.7个百分点，三产税收占一般公共预算收入中税收收入的比重提高3.8个百分点。丽水的生态优势逐步变成了经济优势，美丽风景正在加快催生美丽经济。

深化专项资金管理改革 提高财政资金使用绩效

衢州市衢江区财政局

为加强财政专项资金管理，提高财政资金使用绩效，衢江区积极实施财政专项资金管理清单改革，有效解决部分专项资金“重分配、轻管理，重投入、轻绩效”等问题，更好发挥专项资金推动衢江经济社会发展的作用，取得初步成效。

一、管理现状

面对专项资金存在的边界不清、结构固化、过多过散、交叉重叠、管理不严、效率不高等问题，近年来，衢江区财政部门以充分发挥资金使用效益、提高衢江发展能力为目标，不断加大专项资金清理整合力度，完善专项资金使用管理办法，2008年制定出台《衢江区财政专项资金管理办法》及各专项资金管理的实施细则并汇编成册，在总体框架上明确专项资金科学分类、规范管理、严格监督、注重绩效和问责追究等制度，专项资金管理初步呈现精细化、系统化。2011年、2014年分别进行第二、第三次修订，逐步建立健全专项资金管理制度。为全面贯彻落实党的十八届三中全会关于深化财税体制改革、建立现代财政制度的决策部署和新《预算法》的规定要求，进一步推进政府职能转变和简政放权，2015年衢江区启动专项资金管理清单改革，构建公开透明的专项资金管理机制，提高财政资金使用绩效，促进衢江经济社会事业持续健康发展。

二、具体措施

1. 稳步推进专项资金统筹使用。为解决专项资金支出结构固化、项目安排分散、重点不突出等问题，根据当前区委、区政府工作重点和经济社会发展需要，清理整合区级专项资金，切实减少专项资金数量。对扶持方向有偏离或不符合区委、区政府工作目标和支持重点的，予以调整或撤销；符合区委、区政府工作目标，但支持方向、扶持对象和用途相同或相近的，予以整合归并；已实现项目目标或到期的，予以撤销；不符合当前预算管理要求的，予以调整或撤销；预算执行率低、资金绩效不高的，予以压减或撤销。2015年，区级专项资金由49个减少到29个，制定衢江区区级财政专项资金管理清单，推进财政资金统筹使用，把“零钱”化为“整钱”。

2. 进一步明确专项资金管理责任。2014年，衢江区修订出台的《衢江区区级财政专项资金管理办法》将区级专项资金细化为项目类、结算类、奖补类、补助类与配套类五大类进行分类管理，明确财政部门和业务主管部门的管理职责，专项资金设立调整程序、预算编制与执行、支出范围标准、监督监管机制、绩效管理等内容，提高专项资金管理规范化、制度化、精细化水平。2015年，为进一步提高专项资金绩效、推进专项资金管理信息公开，按照区级财政专项资金管理清单“一个专项制定一个管理办法”的要求，在区级财政专项资金管理办法总领下，修订完善各专项资金管理办法，形成以“1+X”制度为框架，动态修订、不断完善、与时俱进的专项资金长效监管机制。深入推进财政支农体制机制改革，出台《关于推进财政支农体制机制改革的实施意见》，改革财政支农资金管理模式，实现区级部门之间以及上下层级之间合理分权，明确各自职责权限，提高财政资金管理能力和管理水平。

3. 全面推行专项资金项目库管理。衢江区认真贯彻落实省级专项资金竞争性分配改革精神，积极探索建立项目资金竞争立项机制，2014年制定出台《衢江区农业综合开发土地治理项目竞争立项实施办法（试行）》，按照“自愿申报、公正公平、公开透明、择优选项”的原则，率先对土地治理项目资金探索实行竞争性分配改革。对具有一定外部性的竞争性领域专项资金，逐步改变行政性分配方式，主要采取产业基金管理等市场化运作模式，如设立衢江区产业转型升级股权投资和衢江区中小（科技）发展股债混合两项子基金，发挥基金的杠杆和放大作用助推衢江区企业加快转型升级。同时，按照省财政专项资金管理改革

"两个一般不"(即省级部门一般不再直接向企业分配和拨付资金,省级部门一般不再直接审批和分配市县具体项目)的要求,改进上级专项资金管理审批办法,对上级一般性转移支付资金和专项改一般性转移支付资金,由主管部门提出项目和资金预安排计划,报区长审批后实施;对因素法分配、切块下达的上级专项转移支付资金,由主管部门按相应专项资金管理办法提出项目和资金预安排计划,报分管副区长审批后实施。倒逼主管部门加快项目库建设,使更多的资金用到区委、区政府决策部署和重点支出的保障上。

4. 着力提高专项资金使用绩效。建立由部门预算执行情况考核办法、预算执行情况月度分析例会制度、政府投资项目预算执行情况通报制度等组成的预算执行考核体系,倒逼预算单位加快专项资金支出进度,提高资金使用绩效。加强结余结转资金管理,将区级各预算单位2012年及以前年度财政性结余结转资金收回区财政统筹,要求部门预算的各类项目支出原则上首先使用历年结转结余资金安排,对未纳入部门预算统筹的结转结余资金,部门不得随意使用,不允许财政资金趴在账上"睡大觉",盘活"沉睡"的财政资金。根据省财政专项资金管理改革精神,逐步将专项资金的具体项目安排权下放给乡镇,加快区级专项资金执行进度,增强乡镇财政统筹能力。围绕区委、区政府中心工作,制定年度财政支出绩效评价项目计划,引入第三方绩效评价机制,对服务业发展资金、宣传文化发展资金等专项资金开展第三方绩效评价。进一步加强绩效评价结果应用,对评价中发现的问题落实整改,完善专项资金管理办法,规范专项资金管理和使用。在编制2016年预算时,新增专项资金都要编制精细化、可量化的绩效目标,没有明确绩效目标的,原则上不予安排。同时,抽取部分项目进行重点绩效管理,加强对绩效目标实施情况的监控,评价结果作为预算安排资金的重要依据。

5. 积极推进专项资金管理信息公开。按照政府信息公开有关规定和"谁主管、谁负责、谁公开"的原则,除涉密事项外,区级专项资金管理清单、区级专项资金管理办法、专项资金分配情况等信息由区财政部门负责在衢江政府服务网、衢江区政府信息公开网站等媒体上公开;区级专项资金的项目管理办法、项目申报情况、项目实施进度、资金支出进度等信息由归口管理的业务主管部门负责公开;对按规定需事先储备或需报市级以上备案的项目,逐步在纳入储备库或上报前由业务主管部门在网站上公示;对具体分配到社区(村)级以下的专项资金,由主管部门会同财政部门逐步纳入乡镇财政公共服务平台进行公开。同时,自觉接受社会各界的监督,认真听取意见和建议,完善专项资金管理,提高资金使用绩效。

三、改革成效逐步呈现

1. 发展经济壮大财力。实施积极的财政政策,认真落实一系列稳增长、调结构的政策举措,兑现已出台的税收等优惠政策,安排工业转型升级专项3000万元,推进经济转型升级,成为全省首批7家省级园区循环化改造示范试点之一。坚持创新驱动发展,加大财政科技投入,安排科技和人才专项800万元,引导企业加快淘汰落后产能,加强科技创新,提升企业竞争力。安排服务业专项1000万元,促进现代服务业发展。安排旅游发展专项500万元,支持乡村休闲旅游、旅游基础设施建设、旅游品牌创建,促进农旅、文旅融合发展。自2009年起,衢江区一般公共预算收入增幅已连续六年居衢州市6个县(市、区)前列,2014年全区一般公共预算收入实现7.99亿元,比"十一五"期末的3.57亿元翻了一番多,年均增长22.3%,增幅居全市首位。

2. 社会保障有力推进。完善义务教育均衡发展和城乡一体化教育经费保障机制,全面实施学前教育第二轮三年行动计划,设立学前教育规范提升专项300万元,推进争创等级幼儿园,清理整顿无证幼儿园,大力扶持普惠性民办幼儿园发展,城乡义务教育阶段学校生均日常公用经费基准定额提高到小学650元/年、初中850元/年。建立大病保险制度,稳步提高城乡居民基本医疗保险财政补助标准和基本公共卫生服务财政补助标准提高。建立大病保险制度,城乡居民基本医疗保障财政补助标准提高到年人均330元,基本公共卫生服务补助标准提高到年人均35元。深化政法经费保障体制改革,安排社会管理创新专项200万元,推进平安衢江、法治衢江建设。安排宣传文化事业发展专项700万元,支持农家书屋、农村文化礼堂等建设。

3. 城市品位快速提升。紧扣一城、一村、一区、一心"四个一"建设目标,2015年衢江区政府投资预算安排项目105个,预算资金达26.04亿元。截至9月底,全区实施类项目已开工建设77个,21个项目顺利完工,开工率76.24%;累计完成投资15.09亿元,为年度计划的53.27%;政府投资预算1~9月支付款项12.84亿元,预算执行率为49.29%,有效保障富里万亩水田垦造、城中村改造、宾港大道改造提升工程(宾港大桥改建工程)、衢江区第二小学等一批重点项目建设,城市品位快速提升。同时,安排规划编制和项目前期谋划专项2300万元,支持浙江省长三角循环经济技术研究院衢州分院落户,促进动态总投资68亿元的抽水蓄能电站通过预可研审查。

4. 绿色发展增添活力。2015年以来,区委、区政府以放心农业为主抓手,创新践行"绿水青山就是金山银山"理论,区财政投入6000多万元全力支持全国农业循环现场会和全省农业"两区"建设现场会在衢江召开,加快推动绿色发展、转型发展;投入1200万元推进盛世莲花国家现代农业示范区建设,在全省率先提出涵盖农产品产前、产中、产后等各个环节的放心农业发展八大体系,探索出了沼液浓缩制有机肥和废弃茭白叶综合利用的生态循环农业模式;投入4.6亿元左右稳妥推进"五水共治"、"双清"行动、"生猪整规"、"四边三化"等生态建设,安排2600万元大力支持放心农业发展和农村农业政策性保险工作,成功列入全国百个农产品质量安全创建试点县之一、10个国家农业综合开发区域生态循环农业示范点之一,全省首批、全市唯一通过验收的农产品质量安全放心示范县。

调研报告精选

浙江省事权与支出责任划分研究（摘要）

浙江省财政厅总预算局、政研室联合课题组

科学合理划分政府间的事权与支出责任，使事权与支出责任相适应，对于科学界定中央和地方以及省以下各级政府之间的权利与责任，理顺各级政府间财政分配关系，推动政府间财政关系法治化意义重大。

一、浙江省事权与支出责任划分现状

《浙江省人民政府关于完善财政体制的通知》对浙江省事权作了原则性规定：省级一般承担省级一般公共服务、公共安全、教育、科学技术、文化体育与传媒、社会保障和就业、医疗卫生、环境保护、城乡社区事务、农林水事务、交通运输、工业商业金融等事务；市、县（市）级一般承担市、县（市）级一般公共服务、公共安全、教育、科学技术、文化体育与传媒、社会保障和就业、医疗卫生、环境保护、城乡社区事务、农林水事务、交通运输、工业商业金融等事务。省与市县事权基本雷同。

（一）浙江省、市、县三级政府支出重点[1]

2009～2013年，浙江省本级公共财政支出中，一般公共服务、公共安全、教育、科学技术、医疗卫生、农林水事务、交通运输所占比例的均值分别为7.18%、10.21%、18.05%、6.23%、7.99%、10.47%和23.51%，均值合计为83.64%，文化体育与传媒、社会保障和就业、资源勘探电力信息等事务所占比例的均值分别为3.60%、3.06%、2.44%，均值合计为9.10%。这13项支出均值合计达到92.74%。从省本级财政支出的结构可以看出，省本级的事权与支出责任主要集中在交通运输、教育、农林水事务、公共安全、医疗卫生和一般公共服务支出。其中，浙江省最大的事务支出是交通运输，其次是教育。

2009～2013年，浙江省市本级公共财政支出中，一般公共服务、公共安全、教育、社会保障和就业、医疗卫生、城乡社区事务、农林水事务、交通运输支出比例的均值分别为13.83%、9.41%、13.37%、8.94%、6.4%、9.67%、5.15%、10.44%，均值合计为77.21%；科学技术、文化体育与传媒、其他支出比例的均值分别为4.18%、3.50%、5.26%，均值合计为12.94%。从市本级财政支出的结构可以看出，市本级的事权与支出责任主要集中在一般公共服务、公共安全、教育、社会保障和就业、医疗卫生、城乡社区事务、农林水事务、交通运输等事务。其中，市本级最大的事务支出是一般公共服务，其次是教育和城乡社区事务。

2009～2013年，浙江省县级公共财政支出中，一般公共服务、公共安全、教育、社会保障和就业、医疗卫生、城乡社区事务、农林水事务支出占比均值分别为13.46%、6.96%、21.87%、7.51%、7.20%、8.80%、10.73%，均值合计为76.53%，科学技术、交通运输、资源勘探电力信息等事务支出比例的均值分别为3.41%、4.53%、4.42%，均值合计为12.36%。从县级财政支出的结构可以看出，县级政府的事权与支出责任主要集中在一般公共服务、公共安全、教育、社会保障和就业、医疗卫生、城乡社区事务、农林水事务等事务上。其中，县级最大的事务支出是教育，其次是一般公共服务。

（二）省、市、县三级政府支出责任比较

从总体支出责任承担格局看，2009～2013年，省本级、市级和县级财政支出比例均值分别为10.83%、18.88%和70.29%，三级财政支出之比为1∶1.74∶6.49。从变动趋势来看，省本级和市级支出呈下降趋势，分别从2009年的12.28%和20.17%下降到2012年的10.19%和17.90%；县级支出呈上升趋势，从2009年的67.55%上升到2013年的71.92%。总体上看，浙江省在支出责任划分上，县级支出占比较大，且呈逐年上升趋势。

从功能性支出责任承担格局上看，省、市、县各级政府在各类支出上都不同程度地承担了支出责任。另外，县级政府支出占比最高，除交通运输、援助其他地区支出、国土资源气象等事务、住房保障支出、粮油物资储备事务支出较低之外，其他支出均值均超过50%，最高达到81.17%。

二、浙江省事权与支出责任划分案例分析

（一）教育事权与支出责任现状

1. 教育事权划分。

目前我国教育事权是地方政府负责、分级管理、以市（县）为主的管理模式，客观上导致市县层面教育事权过于庞大。根据国家相关法律法规规定，学前教育、义务教育、职业教育以地方政府管理为主，事权相应由地方承担，主要是市县政府。高中教育因与辖区居民切身利益及素质提升密切相关，故事权也在地方政府；高等教育对于提升城市综合实力和品味的正外部效应明显，事权虽属中央及省级，但地方政府也在积极介入。总体而言，教育事权划分相对清晰，但"下沉"现象明显。

2. 浙江省教育支出责任状况。

从纵向看，教育支出县级政府占比较大。目前我国教育体制是"地方负责、多渠道筹资"，教育支出以地方政府为主。从统计数据看，在公共财政教育支出中，中央支出还不到两成，地方政府则负担了八成[2]多，尤其是市县政府负担最重。从浙江省实践来看，2009～2013年各级政府教育支出占比均值分别为9.85%、12.68%、65.67%和11.79%，县乡级政府占比合计为77.46%。

---

1 注：本文仅以一般公共预算支出数据为实证分析样本，未考虑政府性基金预算、国有资本经营预算和社保基金预算因素，因此分析的口径为非完全口径。

2 根据2011～2013年全国教育经费执行情况统计公告计算可得，2011～2013年中央财政教育支出占公共财政教育支出的比重分别为19.45%、18.62%和18.14%。

从横向看,教育支出在财政支出中占比较大。2011~2013年教育支出、社会保障支出、农林水务支出、医疗卫生支出、科学技术支出、文化教育与传媒支出占比分别为20.24%、8.10%、10.12%、7.34%、3.93%、2.24%,教育支出远远高于其他民生支出占比。

(二)公路事权与支出责任现状

1. 公路事权划分。

根据《中华人民共和国公路法》(简称公路法)和《中华人民共和国公路条例》规定,公路事权划分比较明确:国道、省道建设、养护由省级政府负责,县道建设、养护和支出责任由县级政府负责,乡道建设、养护由乡级政府负责。但实际上,各类公路建设、养护和支出责任都是由各级政府共同负责,只是负责的程度有所不同而已。

2. 浙江省公路支出责任状况。

一是不含债务公路建设支出责任状况。2012~2014年,浙江省部分市县公路建设支出中,中央、省、市、县级政府三年合计数分别为46.52亿元、131.36亿元、45.43亿元、233.19亿元,占支出总额分别为10.19%、28.78%、9.95%、51.08%。由此可见,全省部分市县公路建设支出中,县级政府支出压力最重。

二是含债务公路建设支出责任状况。将市、县公路投资建设过程中发生的债务统计其中,2012~2014年,浙江省部分市县公路建设支出中,中央、省、市、县级政府三年合计数分别为46.52亿元、131.36亿元、208.23亿元和626.63亿元,占支出总额分别为4.59%、12.97%、20.56%、61.87%。由此可见,增加债务因素后,市县级政府支出责任占比上升,中央和省级政府支出责任占比下降。

无论是含债务的公路建设支出还是不含债务的建设支出,从中央和地方角度看,中央政府在公路建设过程中支出责任承担相对较小;从省及以下政府看,县级政府在建设过程中承担的支出责任比较大。

(三)农业事权与支出责任现状

1. 农业事权划分情况。

当前,浙江省对财政支农事权的管理实行"地方政府负责,分级管理和相关部门分工协作"的管理模式,市县事权基本上是省级事权的延续,省与市县的"共同事权"较多,且多以财政支农项目的形式出现。

2. 农业支出责任现状。

通过对全省45个涉农市、县(区)2012~2014年财政支农情况的数据分析,从支农资金的绝对规模看,随着经济的发展和财政收入的增加,财政支农的力度也在不断加大,无论是中央、省还是市县,财政支农的绝对规模都在不断增加。从资金支出占比结构看,中央支农资金占比最低,大体保持在12%左右,市县支农资金占比最高,平均占比高达57.65%,省级支农资金占比介于二者之间,大体保持在30%左右。

三、事权与支出责任划分存在的问题

在当前财政体制下,下级政府事权基本是上级政府事权的延续或细化,事权划分在各级政府之间具有一体性。因此,对事权与支出责任划分中存在的问题,应基于全国的基本情况来进行分析。

(一)事权划分不明晰

1. 事权划分缺乏法律约束。我国有关政府间事权划分的法律法规缺失,尚没有一部统一、完整的,界定政府间责权利关系的法律法规。现有的一些处理政府间关系的指导性原则,多以党和政府的文件形式出现,过于笼统,缺乏严肃的法律权威和约束力,不利于规范政府间的事权关系。上级政府有决定下级政府事权的权力,在一定程度上导致某些公共事务承担上的随意性,增加了中央与地方政府、上级与下级政府间的博弈难度和谈判成本。

2. 事权边界界定不清晰。随着政府职能的转变,公共财政特征日益明显。但是,政府的职能边界仍然十分模糊。一是政府与市场边界不清。突出表现在政府职能"越位"与"缺位"并存。一方面,从支出分类来看,目前,我国政府支出几乎涵盖所有领域,包括大量的经济事务,尤其有些地方政府出于政绩考虑,有较强的投资冲动,替代市场职能,占用有限的政府财力,削弱了民生支出。另一方面,公共卫生、社会保障、公共安全、生态建设等基本公共服务保障力度相对欠缺。二是各级政府之间事权边界模糊。突出表现在省、市、县政府所承担的事权基本相同,独立事权少,共同事权多,区别仅在于承担比重大小不同。

3. 事权终止时效不明确。目前,事权划分中长期忽略的一个重要问题是事权的终止时效。某些事权的设定有其特殊的历史背景或原因,但随着经济社会的发展变化,事权已经不符合实际情况,按理应及时终止。但实际工作中对事权终止并未做出明确规定,如农业中的粮食直补问题,现直补效益虽已很差,但此项事权并没有规定终止时效。

(二)支出责任划分不合理

1. 事权与支出责任不匹配。理论上,事权划分是财力分配和支出责任界定的基础,事权划分不清,财力和支出责任就很难划分清楚。从浙江省实践来看,即便在相对模糊的事权配置模式下,支出责任不匹配的问题也很突出。部分属于省级的事权,市县承担了支出责任;部分属于市县的事权,省级承担了支出责任;属于省级和市县的共同事权,在承担比例上不够明确或者不够合理。

2. 县级政府支出压力较大。事权划分只是规定公共产品应由哪一级政府提供和管理,但并不代表支出责任由该级政府全部承担。在目前事权、财力既定而支出责任划分不合理的现状下,县级政府支出压力较大是必然结果。一是从纵向看,县级政府支出责任占比最重。2009~2013年,县级政府支出占比均值为70.29%,远远高于省级政府支出占比均值(10.83%)。二是从横向看,在功能性支出责任承担格局中,县级政府各项支出占比均高于省级政府,县级政府承担了大部分支出责任。三是从收支平衡角度看,县级政府财力相对薄弱,但事权较多,"事多钱少"直接导致了县级政府支出压力大。

3. 新增支出责任划分缺乏协调机制。在我国现行体制下，上下级政府之间是一种委托代理关系。在事权划分不清晰的情况下，新增事权部分支出责任在不同层级政府间的分配缺乏协调机制。一项政策或措施的出台，往往是由上级有关部门下发文件，基层政府只能被动接受，进行财力配套上的跟进，使得下级政府被动事权较多，且被动事权往往直接转化为支出压力。为化解收支矛盾，下级政府只能向上级政府争取财力支持，或通过事后债务化解的方式进行财力分配上的“倒逼”。同时，由于法律体系内对于事权分配与支出责任的划分缺乏评价、听证、协调和仲裁机制，低层级政府缺乏与上级政府协商谈判的途径，往往“有苦无处诉”，使矛盾始终处于非明朗化状态，不利于问题的及时解决。

(三)支出责任与财力不匹配

支出责任与财力不匹配突出表现在基层政府钱少事多。随着政府间支出责任层层下放以及新增支出责任缺乏协调机制，财力与支出责任不匹配的矛盾日益突出。虽然上级政府通过转移支付手段，对经济较为困难的市县给予了一定的财力补助，但并没有从根本上改变市县政府“小马拉大车”的状况。从全国来看，浙江省是最注重财力横向和纵向均等化的省份，通过多次体制调整，最大限度地使财力向市县下沉。2014 年，省级与市县级政府公共财政收入比为 7.1 : 92.9，而支出比为 9.3 : 90.7。虽然一般公共预算收支平衡，但不容忽视的是，财力与支出责任不匹配的问题仍然存在，最突出的直接表现就是政府债务。截至 2013 年 6 月底，浙江省各级政府负有偿还责任的债务 5088.24 亿元，债务量总体可控，但风险较高。从政府层级看，省本级、市级、县级、乡镇政府负有偿还责任的债务分别为 106.33 亿元、1467.10 亿元、3288.18 亿元和 226.63 亿元，县级政府债务占比为 64.62%。

(四)转移支付制度不完善

1. 一般转移支付制度有待完善。一般转移支付占比低，导致市县政府可自主支配、统筹安排的财力不多。为解决这一问题，浙江省自 2009 年开始探索实施专项性一般转移支付改革，通过吸收一般性转移支付的优点，采用“因素法”分配资金，形成了有利于集中财力办大事的机制。但由于部门资金分配权力意识仍未改变，在下达专项性一般转移支付资金时，部门仍会配套下达相应的“任务清单”，要求专款专用，这也在一定程度上限制了地方政府统筹财力的自主性。

2. 专项转移支付制度设计不完善。一是专项转移项目设置不合理。专项转移支付项目过多，有些甚至交叉重复，几乎覆盖了所有预算支出项目，且补助对象涉及各行业，资金总量虽然不少，但投向分散，重点不突出，导致财政资金使用绩效不高，调控作用发挥不理想。二是项目管理、决策机制不完善。由于专款的设定权在上级政府，且对专款多采用“一竿子插到底”的管理方式，基层政府要争取到资金，就必须“过五关、斩六将”，经历层层的项目申请过程，导致行政效率低下，而且容易出现“跑部钱进”的现象。三是专项转移支付分配因素不完善。目前，浙江省多数专项转移支付资金都已采用因素法进行分配，但分配因素还不尽完善。如转移支付流向一般为经济相对不发达的地区，但人口流向一般向经济较发达地区流入，造成人口流向和转移支付流向不一致。以教育为例，通常把户籍人口作为核算教育一般转移支付额度的主要因素，一方面，这符合教育均衡化的初衷，但另一方面，则会导致人口流出地教育资源闲置、流入地却因得不到应有补偿而资源紧张的矛盾，增加了流入地提高本地与外来人员子女教育均等化的难度。

(五)上级政策与考核机制干涉地方事权

1. 各项考核机制实际干涉了地方事权。理论上，归属于地方的事权，上级政府不应过多干预，但实际工作中，上级政府为了相关政策目标的实现，往往对地方提出许多要求。以教育为例，一方面，考核指标设置过多。如实施义务教育农村寄宿制学校淋浴工程、做好义务教育学校校园饮水质量提升工程等，省级教育主管部门均有相应考核要求，干涉了地方教育事权，一定程度上束缚了地方自主性。另一方面，考核主体较多，除教育部门考核外，还有来自食品药品监督管理局关于“阳光厨房”的考核，体育局关于“塑胶跑道”的考核等，都在一定程度上干涉了地方事权，资金碎片化现象严重，肢解了现有的教育支出“盘子”，使当前财力捉襟见肘的地方政府“雪上加霜”。

2. 出台各项增支政策却又不落实支出责任。如近年来，省里提出要实施“四边三化”工程、国务院提出实施公路生命防护工程等公路建设事项，这些公路事权主要由上级政府提出，但其并未安排相关的专项资金，支出责任主要由县级政府承担，给县级财政尤其是经济困难地区的财政带来较大的压力。又如国家提出要实现教育现代化，公办学校要实行小班化教学，但推进小班化教学要增加师资、基建等投入，国家出台政策却不落实支出责任，加大了地方支出压力。

四、完善浙江省事权与支出责任划分的对策建议

(一)事权与支出责任划分需要处理好的几对关系

1. 正确处理政府与市场的关系。完善现行财政体制，明晰事权与支出责任，理清政府与市场关系是前提，否则改革难有实质性的突破。要按照“有所为，有所不为”的原则，重新划分和规范政府与市场的职能范围，实现从全能型政府向公共服务型政府的转变。一是财政要退出“越位”领域，即退出应属于市场机制有效配置资源的领域，退出应由企业或私人承担的竞争性项目的投资。二是财政要弥补“缺位”，即承担起政府应该管却没有管或管了但没管好的公共事务，如基础教育、基础科学、卫生保健、社会保障、农业和环境保护等事务。三是政府应有效干预在完善的市场机制下能够有效运行，但在不健全的市场机制下无法有效运行的领域，如能源、电信、银行业等领域。

2. 正确处理省以下政府间关系。从全省看，必须制定相应的方针、政策，推进全省经济社会的全面、均衡、可持续发展。但从各地看，市与市之间、县与县之间存在着发展的不平衡，赋予地方必要的权力，让地方多些因地制宜的灵活性，发挥地方发展经济的积极性和创造性，有利于释放全省的发展生机和改革活

力,有利于全省发展大局。因此,处理省以下政府间关系,既要保持省级政府的权威性、集中性,也要赋予市县政府必要的自主性、灵活性,形成不同层级政府之间科学合理的分工合作关系,实现集权与分权的动态平衡。

3. 正确处理稳定与适当调整的关系。如上所述,事权划分不仅涉及方方面面,而且都较为敏感与复杂,改革的难度较大,处理不当会影响社会经济的发展。稳定是指中央政府与地方政府的事权划分和调整,不仅要经过立法程序,明确规范,逐步纳入法律管理的轨道,而且要保持一定的连续性。适当调整是指对中央与地方政府事权的不合理部分适时进行修正、更改。稳定与适当调整之间是辩证统一的,必须有机结合。

(二)事权与支出责任划分的主要构想

1. 合理划分事权。一是正确界定政府事权。应遵循"法无授权不可为"的基本原则,厘清属于政府的事权。具体来看,应在"退、进、改"上狠下功夫:退,即理清政府与市场的边界,退出竞争性领域,最大限度地减少政府对微观事务的管理,避免事权"越位",并设立事权终止边界,使政府从过时事权中解放出来,减轻政府事权压力。进,即加大对经济社会发展重点领域和薄弱环节的投入,增加公共服务供给,真正让财政回归公共本质,更好地发挥政府作用。改,即改变财政扶持方式,由原先大包大揽、直接投入改为间接支持、政策引导等方式。如大力推广运用政府和社会资本合作(PPP)模式,充分发挥政府和社会资本各自优势,以更好地提供公共服务。

二是合理界定各级政府之间事权。按照市场经济下各级政府职能划分,省及省以下政府事权划分应遵循省级政府事权以实现基本公共服务均等化为主,县乡级政府事权以提供地方公共产品为主。从实践看,省与市、县(市)政府之间独有事务的划分基本上是清楚的,但共有事务常常纠缠不清。改革重点在于按照比较优势原理和公平、效率原则,明确划分各级政府的承担份额。对于工作量大、宏观性强、外溢性大以及与当地经济发展程度相关性较弱的事务(如全省专项普查、自然生态保护等),建议以省级为主,市县级为辅;而对于社会救济、社会福利、社会优抚,市政基础设施建设等城市居民受益更多的事务,则以市县级为主,省级为辅。关于共有事务划分,建议采用"一事一议"方法,即根据政务的实际情况、工作量大小、效率高低等,具体问题具体分析。

三是适当增强事权划分地方话语权。我国体制调整一直以来都依循"自上而下"的决策路径,但在事权与支出责任相匹配的改革进程中,具体承担着大量事务的基层政府具有相对的信息优势,在现有财力状况下,能够做什么事、可以做什么事,应多倾听来自基层的声音。应该更加注重顶层设计与基层实践相结合,更加注重基层的首创精神,塑造"自上而下"与"自下而上"相结合的决策机制,赋予基层政府更多的话语权,发挥基层政府主动承担自己事务的积极性,切实、有效地为建立事权与支出责任相适应的财政体制建设服务。

四是正确处理事权法定原则与动态调整机制之间的关系。事权法定是众多国家的普遍做法,我国要加快各级政府事权划分的法治化进程,构建包括宪法、预算法及各项单项法律法规在内的法律体系。尽量细化事权分配,比如通过列举法,规定省及省以下政府各自具体的独立事权和支出责任以及省及省以下政府共同事权和支出责任。事权法定化需要经历较长的改革历程,当前可以借力"四张清单一张网"建设来推进,进一步厘清政府职责边界,明确公共服务事项,制定责任目录清单,要以改革为契机,将事权划分事项与改革紧密结合起来。同时,需要注意的是,由于事权是动态变化、不稳定的,对事权的划分也不能一成不变,还应建立科学的动态调整机制,正确处理好事权法定原则与动态调整机制之间的关系。

2. 合理划分并确保履行政府间支出责任。按照事权与支出责任相适应的原则,在明晰事权的基础上,应进一步明确各级政府承担事权的支出责任和共同事权的支出分担责任。鉴于县乡级政府支出压力较重及县乡级政府承担了大量省级事权的支出责任,建议适当上移县乡级政府支出责任,省级政府不仅应承担起基本公共服务均等化的事权,还应承担起相应的支出责任。

3. 科学匹配财力。理顺各级政府间收入划分,使"钱"和"事"相匹配,确保各级政府财政更好地履行职能。一是完善地方税体系,使财力与支出责任相匹配。首先要确保地方政府享有相对独立的税权,规范的分税制应该按照事权决定财权、财权决定税权的原则。其次要明确地方税主体税种。再次要进一步规范地方税种。将一些具有税收性质的收费纳入到税收分配范畴中,实行"费改税",通过"税费归位"来理顺地方政府的分配秩序,夯实地方可用财力。最后,推动省以下财政体制改革。进一步理顺省以下事权与支出责任划分以及收入划分,进一步深化"省直管县"改革,减少财政级次,夯实省以下政府财力基础。二是完善财政转移支付体系。根据事权与支出责任划分的主要构想,未来改革方向是强化省级事权和支出责任,减少对市县事权和支出项目的干预,明晰各级政府事权和支出责任范围。相应地,现行转移支付结构要顺势调整。调整的方向,首先强化一般性转移支付,促进基本公共服务均等化,将现行对地方支出责任范围内实施的专项转移支付调整并入一般性转移支付。其次专项转移支付应主要解决外部性、共同支出责任问题和实现省级特定政策目标,对省级事权和支出责任范围内的事项,由省级财政支出,不再通过专项转移支付安排,对市县事权和支出责任范围内的事项原则上通过一般性转移支付安排,增强市县自主权,省级财政不再通过安排专项转移支付加以干预。

(三)相关配套改革

1. 调整优化各级政府间财权,逐步建立有利于推动科学发展的收入体系。一要保障省及省以下政府财力。建议按照"保持现有中央和地方财力格局的总体稳定"的原则,建立新的地方主体税种:建议"营改增"到位后改增值税中央与地方 75∶25 分享为按产业分享,即二产增值税归中央,三产增值税归地方,并将纳税环节等调整后的消费税划归地方,作为地方第二主体税种,这样既有利于地方有稳定的收入来源,也有利于地方产业结构调整和经济转型升级。二是进一步落实财力下沉方针。在2012年体制调整的基础上，继续适当下放财力，逐步促进省以下政府事权与支出责任相匹配。

2. 建立统一规范、量化可浮动的各级政府支出标准体系。应借鉴国外"标准政府"的成熟经验，建立健全政府支出标准体系。一是对教育、劳动就业、社会保障、医疗卫生、文化体育等基本公共服务及政府人员经费、公用经费等建立全国基本的开支标准体系，并形成依据社会经济发展情况的自动调整机制，以用于评估各地公共服务均等化程度，实施有效的财政转移支付制度。二是充分考虑各地由于自然、环境、生活成本、行政成本、发展水平、公共设施养护成本等诸多因素导致的支出成本差异，确定每一省、市、自治区的成本差异系数，建立符合各地的支出标准体系。

3. 推进政府间财政关系的法制化，健全监督约束机制。一是增强预算法的约束力度，理顺预算法和相关部门法之间的关系，减少部门法中关于支出法定增幅对预算法的制约，进一步强化预算执行刚性。二是加快研究出台《政府间财政关系法》《财政转移支付法》等，将规范政府间财政关系、责权划分等财政基本问题以法律形式固定下来。

4. 深化行政体制改革，简化行政管理层级，完善政府考核体系。一是充分发挥省级政府在统筹财力、协调区域发展方面的承上启下作用。强化省级政府统筹平衡支出和管理责任，合理把握省级政府占全省收入的比重，加大区域内财力调节力度，逐步缩小省以下地方政府财力差距。二是完善政府考核体系，将原来以GDP为重点的政府考核体系调整为涵盖教育、就业、环境、社保等公共服务项目的综合考核，由单纯追求经济增长转向追求效率和公平，从制度上减少政府干预市场的行为。

5. 完善考核机制，减少对地方事权的干预。一要清理、整合各项考核指标。按照简政放权和转变政府职能的要求，尽快清理、整合涉及地方事权的各项考核指标，对于符合地方发展需求且又在地方政府能力承受范围内的，予以保留，超出地方政府承受范围的，要加以梳理、整合甚至取消。针对多口径、多部门考核问题，建议将主管部门之外的其他部门考核指标纳入地方政府统筹管理，减少由于各部门"各自为政"而干涉地方事权的现象。二是建立以结果为导向的考核机制。目前的考核指标主要集中在事前，不仅对地方事权造成了一定干涉，也降低了财政资金的使用效率。因此，建议建立以结果为导向的考核机制，将考核由事前转移到事后，给地方一定的自主权，减少对地方事权的干预。三是协调顶层设计与地方实际。顶层设计要"接地气"，事前应做好充分的调研，并应在实践中根据地方实际，及时进行调整和修复，使顶层设计真正能够指导地方工作实践，确保达到顶层设计的政策目标。

课题组组长：钱巨炎

课题组副组长：罗石林

成员：章启诚、莫红民、张远东、冯　健、顾健耀（执笔）、陈优芳、虞　斌（执笔）、王海军（执笔）、周丽珠（执笔）

浙江省建立政府产业基金的实践和探索（摘要）

浙江省财政厅企业处课题组

本文所指的政府产业基金是广义的政府引导基金，是指政府通过财政出资单独设立，或吸引社会资本共同投资设立，委托专业管理机构按照市场化原则进行管理，并通过协议约定基金投资地域、产业和投资阶段的政府引导基金。

从目前各地已经设立和运作的政府产业基金看，主要有四种运作方式：一是作为"母基金"，与其他机构共同发起设立子基金或投资其他基金；二是"直接投资"，将货币资金直接投入投资企业（项目）；三是"跟随投资"，对其他投资机构决定投资的企业（项目）配备一定比例的投资；四是"委托运作"，设立基金委托专业投资机构进行运作。管理主体主要有三种形式：一是政府出资新设投资平台公司或委托当地国有投资企业管理；二是由政府部门（经济主管部门、开发区管理部门）或其下设的事业单位（基金管理中心）管理；三是"财政专户"管理方式，按照基金运作情况从专户安排出资资金。无论政府产业基金选择何种运作方式和管理主体，应该允许各地进行探索，同时对管理主体建立相应的考核办法和激励约束机制，防止在制度设计上走行政性分配竞争性领域的财政资金或是政府办企业的老路。

一、浙江省政府产业基金发展情况及存在问题

2009年，浙江省政府办公厅印发了《浙江省创业风险投资引导基金管理办法》，正式设立初期规模为5亿元的浙江省创业风险投资引导基金，重点引导创投基金或创业投资企业投向电子信息、生物医药、先进制造、新能源、新材料、环保节能、高效农业、现代服务业等符合浙江省高新技术产业发展规划的领域，引导创业投资企业重点投资处于初创期、既有风险又具成长性的科技型中小企业。此后，浙江各级政府开始积极探索建立各种形式的政府产业基金，促进浙江经济重点产业及重点领域的发展。

（一）近年来浙江省政府产业基金发展情况

1. 省级层面。2010~2011年，省政府将省创业投资引导基金的规模扩大到7.5亿元，又陆续于2012年设立10亿元规模的省海洋产业基金、2013年设立6亿元规模的省创新强省产业基金、2014年设立20亿元规模的省信息经济创业投资基金，截至2014年，省级政府产业基金总规模达到43.5亿元，目前已参股合作子基金20余只；参股子基金总规模达73.5亿元，已投资项目近200个，重点投资创业创新、海洋产业、信息经济等领域。省级政府产业基金运作5年多来，还成功引入了软银、赛富、基石、华盖等一大批知名投资管理机构，累计投资项目逾百个，极大促进了浙江投资基金行业的发展，为浙江企业创业创新和产业转

型升级持续导入了优质资本、优秀人才、先进技术、现代管理理念等要素,综合效益显著。以省创投引导基金为例,截至2015年年底,已出资4.88亿元与深创投等国内知名投资机构合作参股组建的子基金11只,总规模38亿元,投资项目119个,带动其他社会资本投入71.03亿元。目前已退出子基金3只,退出本金10571.5万元,在让利的前提下获得收益1312.95万元。既实现了引导基金的政策目标,又通过退出和盈利实现基金的良性循环。

2. 市县层面。政府产业基金也得到快速发展,尤其是杭州、宁波、嘉兴等地,经济实力良好,产业基础雄厚,成为各类创投基金、并购基金、产业投资基金设立最为活跃、最为聚集的地区,并有往区县级扩展的趋势,其他各地也积极探索以政府产业基金支持经济发展,并取得了良好的成效。早在2008年,杭州市就设立了市创业引导基金,并先后设立产业发展投资基金、信息经济投资基金、蒲公英天使基金等政府引导基金,政府出资规模达43亿元,上述基金密切关注地方特色产业园区、创业园区,积极推进园区高科技企业、创新企业与活跃在杭州本地的投资机构合作,在带动社会资本、扶持初创期企业、推动产业转型升级等方面的成效日益显现,取得了突出的经济效益和社会效益。宁波市2013年设立10亿元规模创业投资引导基金,紧密围绕当地产业导向,采取阶段参股和跟进投资方式,重点投向新材料、新装备、新能源、海洋高技术等符合宁波高新技术产业发展规划领域的企业,截至2015年年底,已出资6亿元,累计设立16只阶段参股子基金,撬动社会资金22亿元,放大近4倍,财政资金杠杆效应明显;已累计完成跟进投资项目20个,引导社会创投机构出资2亿多元,助推66家科技型中小企业快速成长,对促进宁波产业结构调整和高新技术企业成长起到积极作用。嘉兴市通过财政下属的投资基金管理中心,积极参股清华长三角研究院发起的浙华母基金和深圳中兴创投发起兴和基金,引导合作子基金落户嘉兴,重点关注投资当地高科技、传媒、电信等战略性新兴产业,成为政府支持战略性新兴产业发展的全新平台。

(二)2015年政府产业基金工作推进情况及存在问题

1. 积极扩大省级政府产业基金规模。按照财政预算改革的要求,进一步加强财政结余资金清理工作,将盘活的存量资金主要用于新设省级政府产业基金,截至2015年年底,省级政府产业基金规模达到224亿元,与上年度相比新增180.5亿元,其中省信息经济创投资金规模扩大30亿元,新设省转型升级产业基金100亿元、省农业发展投资基金50亿元、省天使梦想基金5000万元。

2. 建立健全产业基金工作机制。一是加强组织领导,成立省产业基金工作领导小组,由省长任组长,常务副省长和分管副省长任副组长,负责全省产业基金重大事项的决策与协调;二是理顺工作机制,健全基金管理体系,在领导小组下设基金管委会,搭建了基金管委会—投资决策委员会—基金法人机构—基金运营机构四级组织管理构架;三是建立了基金管委会各成员单位向基金管理公司推荐项目和投资需求的对接机制,基金投资实质性运作已有序展开;四是加强基金管理团队建设,积极引进专业基金管理机构,及时组织全省财政系统业务培训,注重吸收和培养一批熟悉财政业务、产业政策和基金投资运作管理的专业人才,提升政府产业基金管理水平。

3. 制定出台相关政策意见和管理办法。2015年,先后出台了《浙江省人民政府关于创新财政支持经济发展方式　加快设立产业基金的意见》《关于规范政府产业基金运作与管理的指导意见》《浙江省转型升级产业基金管理办法》《浙江省农业发展投资基金管理办法》《浙江省转型升级产业基金管委会议事规则及成员单位职责》等制度办法,指导全省加快建立并规范管理各类政府产业基金,确保各项管理工作顺利开展。

4. 加快推进各级政府产业基金运作。省级产业基金遵循"市场化、专业化、可控性"和投资机构好中选优、杠杆效应充分放大、转型升级效果显著的原则,选择优质合作伙伴和投资项目进行参股投资,并注重推进市县政府探索和试行各种适合当地实际的政府产业基金运作模式,为经济可持续发展注入新的动力。在具体运作过程中,提出对合作的子基金投资于政府需要扶持的初创期、中早期以及具有正外部性项目的,可以采取一定期限收益让渡、约定退出期限和回报率、按同期银行贷款基准利率收取一定的收益等方式给予适当让利,以更好地吸引社会资本参与投资。

截至2015年年底,全省新设政府产业基金规模728亿元,已到位435亿元。各级政府产业基金与社会资本合作设立子基金130余只,总规模达923亿元,其中:政府出资226亿元,社会资本出资697亿元,政府资金一级放大逾4倍。上述子基金按照市场化方式进行运作,已投资实体企业(项目)650多个,投入金额159.86亿元,带动社会有效投资274.11亿元,政府资金二级放大逾8倍。此外,省级政府产业基金及已投项目还获得银行跟贷及承诺跟贷2708亿元。绍兴、台州、嘉兴、宁波等地进展较快,如绍兴市柯桥区成立了绍兴金柯桥产业投资公司,目前已设立产业转型升级和产业重组两个子基金,政府目标出资规模20亿元,并与天堂硅谷、浙商资本等投资机构开展合作;台州市成立了市金融投资公司,公司累计出资16亿元,设立区域信息投资基金和产业转型升级基金,已开展实质性运作,还将与有关社会投资机构洽谈设立台州创业引导基金、汽车产业并购成长基金等产业基金。市县政府产业基金的相继设立,将进一步撬动更广泛的金融资本和社会资本投入实体经济,取得积极的放大效应。

尽管浙江各级政府产业基金推进工作总体比较顺利,但在设立、管理、运作过程中也碰到不少问题和困难,需要引起注意:一是部分市县政府存在畏难情绪,担心资金募集困难、管理人才匮乏、优质项目有限、基金运作亏损以及收益让渡尺度难以把握等问题,导致市县政府产业基金推进工作进展不平衡。二是部分地方建立政府产业基金受财政专项资金原有分配体制机制影响,仍由相关主管部门分别使用管理,容易使政府产业基金走财政专项资金的老路，导致基金被肢解分割，难以发挥财政风险池、蓄水池的作用。三是部分地区的政府产业基金运作与相关规定有所偏离，将基金定位为基础设施建设的融资平台，以支付固定利率回报并承诺回购，用于减轻地方政府债务负担，或将基金以低于银行同期贷款利率的方式用于企业中长期贷款，实际上是以产业基金之名，行融资平台、对外贷款之实。四是全省系统政府产业基金的激励约束机制、适时退出机制、考核评价机制等配套机制尚不健全，专业基金管理机构和管理人才严重缺乏，产业投资基金方面的配套政策也面临着许多新情况、新问题，不利于各地按照统一规范要求推进政府产业基金工作，加上当前企业家信息指数普遍低落、社会整体投资意愿不强，各级政府产业基金的实质性运作有待加快。

二、政府产业基金的若干思考及相关意见建议

（一）政府产业基金的问题思考

设立政府产业基金比之于财政资金无偿补助或政府直接投资创办企业无疑是一种进步，但在当前的政府产业基金“热”中，仍然有些问题需要“冷”思考：

1. 明晰政府产业基金的理论依据和逻辑前提。设立政府产业基金的理论依据是弥补和矫正“市场失灵”，逻辑前提是实体经济中存在大量未被满足的创新企业资金需求，否则政府产业基金找不到引导和支持的对象。在创新能力最强的美国，投资基金集中地也只有硅谷、麻省128公路沿线、西雅图等少数地方。因此，在发展政府产业基金过程中，既要有积极的态度，又必须冷静的思考，不应盲目地以基金多少、规模大小论英雄，而应因地制宜，充分研究分析当地的产业发展实际和企业需求，选择市场无法合理配置资金资源的领域，运用政府“看得见的手”加以弥补和矫正。

2. 关注政府产业基金的效益性及其考核。政府产业基金的首要目标不是自身的高回报，但并不意味着就可以完全不顾回报，毕竟是投向竞争性领域，不同于完全非营利的社会事业支出，也不同于传统体制下的财政无偿补助，还是要坚持效益性，才能找到与社会资本的结合点，只有支持具有发展前景的创新企业，才能发挥优化资源配置的功能，体现公共产品正外部性和积极的社会效益。如忽视政府产业基金的效益性，不仅是对纳税人不负责任，而且容易增加财政资金运用中的道德风险。考核政府产业基金的效益可以综合基金整体的保值增值和投资带动效益来衡量。

3. 避免政府产业基金泛化趋势及其负面影响。浙江乃至全国许多地方都不同程度存在着产业结构趋同、产业集中度偏低的现象，各级政府产业基金的泛化趋势可能会固化和加剧产业结构的缺陷，增加产业结构调整和升级的困难，不利于政府增加对与民生密切相关的社会事业领域的投资。同时，要注意与此相关的一些规模较大、具备一定市场影响的创投机构盲目扩张网点，管理链条延长，增加母体公司风险控制、运营协调和流动性管理的难度，诱发系统性风险。

（二）对国家层面制度设计的意见建议

1. 完善激励政策，加快投资基金行业发展。一是研究针对产业投资基金的激励政策，对于投资节能环保、信息安全、食品安全等效益外溢明显的产业投资基金，比照现行创业风险投资的激励政策，给予所得税优惠抵免、国有股转持豁免等优惠政策支持。二是完善现行支持创业投资基金的激励政策，将公司制创投基金投资科技型中小企业的所得税抵免政策，扩大至合伙制创投基金，同时对公司制创投基金比照合伙制给予税收穿透待遇，降低公司制基金税负。三是探索对中小型股权投资基金给予信贷优惠政策，并结合资本市场改革，逐步推动产业投资基金上市融资。

2. 加强政策引导，提升政府产业基金效能。一是研究政府产业基金有关税收政策，加大对投资种子期、初创期科技型中小企业的税收抵免力度，促使政府引导基金更多地与社会资本合作投向种子期、初创期企业。二是加强国家与地方政府产业基金政策性和市场性的统筹衔接，国家层面设立的基金应加强与地方产业基金的合作，进一步发挥对社会资本的带动作用。三是国家级基金应以支持战略性新兴产业为主，地方政府设立的基金在兼顾市场性的基础上，应结合当地自然条件、技术优势和产业基础，按照主体功能区定位进行投资，提高区域基金精准性，避免恶性竞争。

3. 适度有效监管，科学规范支持产业发展。一是明确产业投资行业的主管部门，加强政策顶层设计，加快相关法律法规的制定，财政部对于财政出资的政府产业基金也应出台制度文件进行统一规范。二是提高基金发起人、出资人、管理机构的资质准入，加强合伙制投资基金的工商注册和备案管理，确保各类基金按照规范的方式支持产业发展。三是以国家中小企业基金为抓手，支持中小企业、初创企业发展，推动大众创业、万众创新；以国家战略性新兴产业创投基金为抓手，加快新兴产业创投计划实施，实现重大技术突破，加快经济结构调整。四是充分发挥国家集成电路产业投资基金等重大装备基金作用，支持集成电路、国产重大装备等关系国家安全、战略意义突出的产业发展，鼓励发展并购基金，支持化解过剩产能和企业“走出去”。

（三）对浙江政府产业基金工作的意见建议

针对浙江政府产业基金设立、运作和管理所取得的初步成效和发现的问题，结合国内外政府产业投资基金发展给我们的启示，下一步在继续加快推进全省政府产业基金设立、运作过程中，要进一步完善相关政策措施，大力推进基金人才的引进和培养，充分发挥政府产业基金政策导向作用，加强与金融资本和产业资本的有效对接，撬动更多的社会资本支持浙江产业转型升级和新兴产业发展。

1. 切实加快建立各级政府产业基金。建立政府产业基金是深化财政专项资金改革的必然要求，也是浙江促进经济转型升级的重要举措，不仅有利于促进市场公平竞争、营造创业创新的氛围、更好地促进经济发展，而且也是增强政府引导能力、有效

防范和化解财政风险的重要手段，是今后一段时期的一项重要工作，决不是一时的权宜之计。《浙江省人民政府关于创新财政支持经济发展方式 加快设立政府产业基金的意见》明确要求：各地要深化财政专项资金管理改革，加快设立政府产业基金。力争通过3年努力，全省各级政府设立的产业基金规模达到1000亿元以上，通过与金融资本的结合，撬动社会资本投入10000亿元左右，有效转变财政支持经济发展方式，全面推动浙江产业转型升级。因此，必须要进一步提高对建立政府产业基金的认识，切实加快推进政府产业基金的步伐。各市、县政府要克服畏难情绪，把建立政府产业作为深化财政体制改革，推进创新驱动发展的重要抓手，大力促进全社会创业创新和产业转型升级。省级有关部门单位要通力合作，进一步加大对各市县政府产业基金工作的督促指导，加强省、市、县三级政府产业基金对接合作，并积极争取国家产业基金的支持，通过层层放大，更好地发挥政府产业基金的引导作用，确保年内全省各级政府产业总规模达到500亿元以上。

2. 扎实推进政府产业基金实质性运作。建立政府产业基金不是目的，而是通过市场化运作模式，充分发挥市场在资源配置中的决定性作用和财政资金杠杆作用，更好地推动大众创业、万众创新，促进产业转型升级，促进经济社会持续健康发展。因此，在加快推进建立全省政府产业基金的同时，省级相关行业主管部门要结合自身职责，认真研究落实政府产业基金的政策要求，及时提出相关的投资方向和投资需求，共同推进设立相关产业的专项子基金，促进浙江七大新兴产业快速发展。省金控投资管理公司要抓紧搭建政府产业基金对接服务平台，及时发布政府产业基金投资指南，积极开展政府产业基金与市县政府和社会投资机构的对接活动，在有效防控风险的前提下，加快省级政府产业基金对外投资的进度。其他相关管理部门要落实行业监管和项目对接服务，并健全完善上下级政府产业基金合作的制度设计，加快推进各级政府产业基金的实质性运作，更好发挥财政资金的使用绩效。各地在政府产业基金运作过程中，要结合自身的产业特点和发展优势，突出产业基金支持重点，决不能包罗万象、面面俱到；要选择适合本地的产业基金运作模式，并着眼于政策目标，不以收益最大化为目的，通过适当让利等机制设计，广泛吸引社会出资；要摆正政府及相关主管部门的位置，政府部门重点要做好制度建设和机制完善，不宜直接参与基金项目的具体投资运作。各级政府产业基金一般不宜对具体产业项目进行直接投资，主要应通过与社会资本合作设立子基金的方式进行投资运作，而且不控股、不做第一大股东，子基金必须委托具备规定条件的专业机构进行管理，按市场化要求进行运作。

3. 切实加强政府产业基金配套制度建设。浙江尽管已制定出台一系列制度办法，对基金设立、运作和管理事项进行规范，并指导市县加快建立并规范管理各类政府产业基金，基本确保了基金各项运作管理工作有章可循。但是，经过一段时间的实际运作也反映出来一些急需完善的问题，包括省对市县的考核评价制度、政府产业基金投资退出管理办法、各级政府对基金管理公司的考核激励机制等方面。因此，一方面省里要抓紧建立对市、县政府产业基金推进情况的考核评估制度，督促市、县政府加快建立政府产业基金，指导市、县政府按规定要求进行运作管理，遵循产业基金的基本运行规则，决不能偏离产业基金运作管理要求，更不能将股权投资基金异化为其他基金，走行政方式分配财政专项资金的老路。另一方面，市、县政府应健全对政府产业基金运作管理机构的考核评价制度，并采取相应的奖惩措施，加强风险防范，避免基金偏离规定投资方向和运作管理要求，确保政府产业基金在市场化运作的基础上，发挥好政策导向作用。同时针对政府产业基金的特殊性，要及时研究完善投资项目退出机制，既要符合国有资产管理的相关规定，又要考虑政府产业基金的引导作用，在遵守契约精神和市场规则的前提下，依法依规并根据有关法律协议开展政府产业基金的退出管理，确保合理实现政府产业基金的政策目标和投资收益，又最大限度地吸引民间资本投入新兴产业，促进大众创业、万众创新。

4. 改进完善政府产业基金的发展环境。随着政府产业基金的快速发展，目前面临的难点问题是专业管理机构和专业管理人才的严重缺乏，如果得不到及时的改进，势必将制约政府产业基金的健康发展。为此，首先要按照省政府打造特色小镇的工作部署，加强政府配套政策支持，促进高端人才要素集聚，形成专业性功能型产业投资基金管理机构集聚地，重点打造杭州上城玉皇山南基金小镇、杭州余杭梦想小镇、宁波梅山海洋金融小镇、嘉兴南湖基金小镇等金融主业突出、特色鲜明、具备一定行业影响力的示范型金融特色小镇，集聚一批专业基金管理机构和专业管理人才。其次将做大做强省金融控股公司作为整体提升浙江金融产业发展水平的重要抓手，充分发挥省金融控股公司的金融平台和综合协同效应，吸引省内外民间资本投资浙江金融产业，积极参与浙江产权交易平台建设发展，并支持省属国有企业打造金融业务板块，推动有实力的民营企业发展金融产业，参与发展各级政府产业基金，实现产融结合，共同发展。第三是强化产业投资基金发展人才的培养，针对产业投资基金等金融人才的特点，加大政策支持力度，引进和培养与打造万亿级产业相适应的金融人才，制订实施金融人才专项工作计划，建立高素质金融人才库。同时鼓励各级政府与金融机构开展双向挂职交流，并抓紧打造浙江金融高端人才培养基地，推进地方金融研究和管理人才培养。

5. 健全完善政府产业基金配套政策措施。首先，要抓紧研究出台7大新兴产业的发展规划，以便于各地结合自身的发展优势和产业基础，选择符合当地实际的重点领域，通过与上下级政府产业基金和社会资本合作建立专项子基金进行重点培育扶持。其次，要清理完善财政支持产业发展的相关政策措施，协同推进传统产业转型升级和新兴产业快速发展。第三，要加强政府产业基金与社会资本合作的政策研究，对于社会资本与政府产业基金合作设立种子基金、天使基金和创投基金等子基金，并主要投资于初创期或中早期创业投资项目以及其他具有正外部性项目的，应采取必要的利益让渡和激励措施，同时完善与之相适应的投资决策、风险承担等考核机制。第四，要积极争取国家相关产业基金对浙江的投资，促进浙江相关产业的发展。第五，对政府产业基金工作成效显著的市县给予必要的奖励，对于工作积极、进展迅速、成效显著的市、县，省财政可优先考虑与其合作设立相关子基金，并给予利益让渡，或在安排财力性补助时可给予一定的奖励。

课题组组长：沈　磊

课题组成员：俞建人、叶光胜、罗　翀、夏慧民（执笔）

关于培育规范中介机构承接政府购买服务工作的研究与思考（摘要）

嘉兴市财政局课题组

为更好地研究当前中介机构承接政府购买服务的情况，本课题重点选择具有较多服务实践的营利性中介机构作为研究对象，进而提出培育规范中介机构承接政府购买服务的对策建议。为深入了解嘉兴市中介机构承接政府购买服务现状和存在的问题，课题组做了问卷调查，成功获取样本130个，其中，政府部门40个，中介机构67个，人大代表、政协委员、专家23个，处理调查指标近7000个，收集各类意见建议60余条。

一、嘉兴市政府购买中介机构服务的基本情况和主要问题

（一）嘉兴中介机构基本现状

近年来，嘉兴市各类营利性中介机构蓬勃发展，机构规模不断壮大，行业分布不断拓广，涵盖评估、鉴证、代理、咨询、服务、经纪等各个领域，为促进就业、增加收入、扩大服务、聚集人才、转变政府职能、推动社会经济发展发挥了举足轻重的作用。据不完全统计，2014年，嘉兴市本级共有营利性中介机构1098家，从业人数1.11万人，营业收入27.51亿元，人均营业收入24.76万元。

总体上，嘉兴市中介机构呈健康发展态势。据调查显示，64.2%的中介机构主管部门建立了信用等级管理制度；80.6%和82.1%的中介机构分别建立了行业自律机制和成立了行业协会；95.5%的中介机构每1～3年接受主管部门的执业质量检查；89.6%的执业人员每年参加统一的业务知识培训；97.0%的执业人员每年接受职业道德教育等。

但是中介机构也存在诸如行业发展不平衡、服务意识薄弱、服务质量不高、收费失范、恶性竞争、甚至弄虚作假等问题，需引起高度重视。如调查显示，市本级各类中介机构人均营业收入不均衡，税务师事务所和人才服务机构的人均营业收入达80多万元，是平均数的3倍多，而有些中介机构的收入水平相对偏低。

（二）嘉兴市政府购买中介机构服务状况

从政府层面看，近年来，嘉兴市在政府向社会力量购买服务方面开展了一些有益探索，有的是以政府采购的形式实施的，有的是以财政"以奖代补"的形式实施的，如向民办学校、民办医疗机构和社工组织购买服务等。2012年，市委出台了《关于加快推进政府购买社会组织公共服务的指导意见》，引导鼓励政府购买公共卫生、就业、法律、教育、文化体育、社区公益、社会工作等7大类服务，并对承接方的资质和操作办法等提出了具体要求。2013年，市政府出台《关于加快政府部分职能向行业协会商会转移的实施意见（试行）》，明确政府部分职能向行业协会商会的转移内容、转移方式及承接条件。2015年5月份，按照省政府统一部署，市政府出台《嘉兴市政府向社会力量购买服务管理办法（暂行）》，市政府建立了政府购买服务工作联席会议制度，统筹协调政府购买服务各项工作，市联席会议及其办公室出台了联席会议制度、成员单位工作职责、预算管理工作说明等系列文件，意味着政府购买服务工作全面规范推行。嘉兴市财政局成立编制了政府购买服务指导目录，制定了政府购买服务预算和采购管理办法，遵循了"积极稳妥，规范推进"政府向社会力量（包括中介机构）购买服务的指导原则。

从本次问卷调查来看，半数以上的部门和中介机构接触过购买服务工作。57.5%的政府部门曾向中介机构购买过服务，58.2%的中介机构曾承接过政府购买服务。34.8%的专家代表曾参与过政府购买服务。据对40个政府部门的调查显示，各部门2014年向营利性中介机构购买服务的金额为6019.16万元，主要集中在社会与管理咨询服务、专业技术服务、软件平台运行维护等政府履职辅助性服务领域，分布状况见下图。

受访单位2014年度向中介机构购买服务类别（金额：万元）

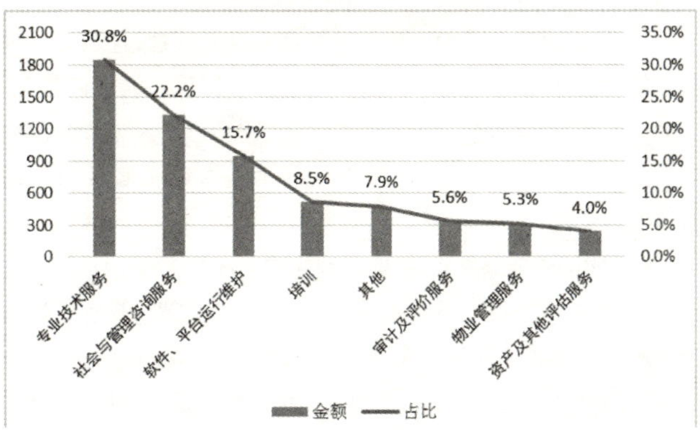

从已有工作成效来看，主要表现在三方面：一是政府从很多可由民间非政府力量承担的事务中逐步解脱出来，集中力量行使自己必要的职能，降低行政成本，提高工作效率；二是中介机

构具有一定的专业知识和技术力量，使专业服务更加科学规范、客观公正；三是第三方机构更易被公众接受，在调和矛盾、减少对立等方面起到了重要、积极的作用。据问卷调查显示，在支持程度方面，各类调查对象高度赞成政府购买服务工作，98.5%的受访者（包括政府部门、中介机构和人大代表、政协委员、专家等调查对象）“赞成”政府在一些领域向社会购买服务。在实施意愿方面，中介机构的意愿明显强于政府部门，对购买服务意愿选择“非常愿意”和“愿意尝试”的比例，政府部门的受访者分别为42.5%和55.0%，即意愿强烈和意愿一般的约各占一半，而中介机构受访者的比例则分别为77.6%和20.9%，即超过四分之三的受访者意愿强烈，且该比例超过政府部门35.1个百分点。

（三）中介机构承接政府购买服务存在的主要问题

1. 政府层面

（1）不少部门观念偏差，权责边界模糊不清

政府购买服务作为政府职能转变的一项重大改革和制度创新，必然会对政府部门及其工作人员的思想观念、服务理念、体制机制乃至既得利益的调整带来较大影响和冲击，因此，往往左顾右盼，犹豫迟疑。同时，实施中政府与社会、与市场的权利责任边界模糊、操作失范等问题普遍存在。问卷调查显示，中介机构认为当前承接政府购买服务存在的问题中，排在首位的问题便是“政府推出项目较少”。究其原因，主要体现四个方面：一是不肯放，放不下。有些政府部门和工作人员缺乏“小政府，大社会”的思想观念，认为政府就应该是“大政府”、“全能型政府”，既当“运动员”，又当“裁判员”，对政府职能转移和社会力量承接服务不放心、不敢放，习惯包打天下。二是不想放、舍不得。深怕部分职能转移和购买服务后，既有权利丧失，本单位无事可做，会导致职能调整和编制人员削减。因此，对政府购买服务工作消极对待，不重视、不支持。三是随意买、选择买。少数部门存在一定的懒政和不作为现象，本应属于履职范围的服务，主观上不想做的事就通过购买服务来转移职责，有的选择性购买服务，无关紧要或者无利可图的实施购买，涉及部门利益的事不愿放出去。四是不敢买、不会买。实施政府购买服务有严密的制度规范和监管措施，必须实施目录管理和合同管理，且购买过程必须信息公开、服务内容和质量要接受公众评议和绩效评估，不少部门习惯墨守陈规，深怕带来麻烦、又缺乏必要的监管手段和接受监督的能力，因此，陷入不会也不敢实施购买服务改革的窘境。

（2）购买服务制度匮缺，购买程序较不规范

据调查，中介机构认为购买程序、方式不规范、不公平是承接政府购买服务工作存在的第二大问题。一在公开性方面，缺乏完善的供需信息平台，政府部门和中介机构双方信息不对称，政府不知向谁买，中介机构不知政府何时买，买什么。另外，对中介机构承接政府购买服务项目的资质要求、服务标准、监督办法、绩效管理也缺乏信息公开。二在统一性方面，以往，政府层面缺乏政府购买服务统一流程规定，各部门操作随意性较大，有的采取公开招标形式，有的直接委托，有的未签订政府购买服务合同。如目前我市监测、检测方面的中介机构大部分还属于主管部门下属的事业单位，借助主管部门特有的管理资质，采用单一来源采购方式承接政府购买服务，未真正统一推向市场。三在竞争性方面，相当部分项目缺乏有效竞争，没有严格按照政府采购的流程，该公开招标的未公开招标，有的甚至采取直接定向委托的方式，没有经过充分竞争产生承接主体。有些中介机构虽已完成改制，但改制后仍然与行政机关有着千丝万缕的联系，存在中介机构垄断市场、明放暗联等“二政府”现象。

（3）政府作用发挥不够，培育规范亟待加强

当前，中介机构等社会组织承接政府购买服务，应该坚持政府引导、市场运作，但是，政府的作用发挥尚不到位。一是服务意识不强。政府部门作为此项改革的主导者，必须强化服务意识，加大引导和培育力度，但是，目前政府对中介机构等社会组织的业务指导、培育扶持等意识不强、力度不够。二是监管措施不力。政府部门作为购买主体存在重购买、轻监督现象，对项目质量把关不严，验收活动流于形式。对于购买主体没有正确履行政府购买服务职能的，缺乏责任追究机制。监管不力给寻租和腐败留下隐患，也导致服务质量难以保证，降低政府购买服务的公信力。三是缺乏标准体系。目前，政府部门没有制定统一的质量标准，致使监管和绩效评价手段缺乏。据调查，“缺乏质量标准”是政府部门认为向中介机构购买服务存在的首要问题。没有标准，中介机构在提供服务过程中无据可依，难以把握，政府部门也难以确立服务项目的绩效目标和评价指标，无法科学地实施全过程质量监督、履约验收和绩效评价。

2. 中介机构层面

（1）思想认识不够到位

据调查，只有11.9%的中介机构表示对政府购买服务很了解。一是对购买服务总体认识不足。政府向中介机构购买服务的主要目的是转移政府职能，充分发挥中介组织协调、咨询、培训、评价、检验、仲裁、监督、法律、鉴证等专业作用，提供高质量的服务。政府购买服务拓宽了中介机构的业务范围，同时，政府购买服务是一项全新的业务，涉及面广，质量要求高，是对中介机构传统业务的挑战。但中介机构没有真正认识到政府购买服务的背景、目的、重要性、必要性及承接服务的艰巨性，甚至认为政府项目是“唐僧肉”，人人都想吃一口，因此，重承接，轻提升能力和服务质量。二是对政府购买要求理解不够。中介机构对政府购买服务的政策、质量、数量、操作规范、资金使用、项目监管等要求理解不到位，准备不充分，因此，质量难以保证。三是诚信守法意识淡薄。目前，相当部分的中介机构诚信守法意识淡薄，未牢固树立法制意识、服务意识、质量意识、诚信意识，乃至出现违法违规、弄虚作假等行为。

（2）专业服务能力欠缺

政府购买服务工作中是一项重大改革，无论是政府还是中介机构均需在实践中不断探索。因此，对中介机构而言，是全新

领域,存在专业知识、专业人才储备不足以及经验不够等问题,往往难以胜任此项服务。如财政、审计等部门向会计师事务所购买审计服务时,由于注册会计师的传统业务是验资和企业财务审计,而政府部门向会计师事务所购买的审计服务集中在行政事业单位财务审计、决算、绩效评价、离任审计等领域,所涉及的知识和技能已远远超过了其传统的业务内容。面对专业知识、专业人才储备不足的情况,中介机构没有主动去培养相应的人才更好地承接政府购买服务。究其原因,一方面中介机构对加强自身能力建设的急迫性、重要性认识不足;另一方面,中介机构目前稳定性较差,人员流动频繁,缺乏引进人才、留住人才的有效措施。

(3)服务质量差强人意

目前,相当部分中介机构提供的服务质量政府部门和服务对象皆不满意。如会计师事务所在承接政府部门的绩效评价工作中,其出具的绩效评价报告,侧重于评价项目资金的使用情况,而缺乏令人信服的绩效分析和评判,报告可利用率不高。主要原因一是由于中介机构对政府购买的服务领域业务不熟悉,对政府职能不了解,对服务对象需求不清楚,又缺乏必要投入开展系统培训、调查研究和人才储备,存在"先天不足"和"后天不补"现象,导致服务质量低。二是中介机构综合实力提升与市场需求增长不相吻合,专业人员紧缺,导致服务供给与市场需求矛盾日益凸显,加之内部控制薄弱,管理不够规范,制度不够健全,服务质量差强人意。

二、培育规范中介机构承接政府购买服务的对策建议

根据政府和中介机构存在的问题,我们认为培育规范中介机构承接政府购买服务工作在遵循"政府引导、市场运作、中介参与、社会支持"的原则下,政府和中介机构应各有所为。

(一)政府方面

1. 牢固树立两大理念。一是树立"小政府"理念。转变传统的"全能型政府"观念,用发展的眼光、改革的思维充分认识到推进政府购买服务是新时期加快政府职能转变、全面深化改革的必然要求,将技术性、服务性、辅助性等事项通过购买服务委托社会力量来完成,政府集中精力做好服务标准的制定和服务质量的监督,协调发挥好中介机构等社会力量的作用,严禁一边购买服务,一边养人办事。二是树立"大市场"理念。加快推进中介机构与行政机关或挂靠部门脱钩,实现机构分设、人员分开、职能分离、财务分账、办公场所分开,严禁中介机构利用与原主管部门的职权和影响承揽业务影响公平竞争的行为;推进事业单位与主管部门理顺关系和去行政化,推进从事中介服务的事业单位转为企业或社会组织,逐步实现事业单位从"养人"向"办事"转变,为社会中介让渡发展空间。

2. 科学界定购买范围。政府部门在树立"小政府"和"大市场"的理念下,由编制管理部门牵头,根据各部门"三定"方案及职责,梳理公布政府责任清单和权力清单,科学界定政府与社会,政府与市场的边界,凡属适合采取市场化方式提供、社会力量能够承担的服务事项都通过购买服务方式解决。如城市治安管理、交通管理等公共服务事项,应积极培育引导社会力量承接,改变目前聘用大量辅助工作人员的方式,逐步实现从"养人"到"办事"的转变。同时,要切忌随意扩大购买范围,避免预算单位将应由自身承担的职责转嫁或将不属于政府职责范围的服务大包大揽,依法实施政府购买服务。

3. 建立质量标准体系。一要制定质量标准。建议由行业主管部门牵头,购买主体、行业协会配合,根据各个行业和服务项目的特点,遵循合法性、可行性、可操作性原则,制定统一明确、方便中介机构把握、便于政府部门监管的各类服务质量标准,形成系统的各行业服务质量标准库。服务质量标准主要包括基本要求、服务内容、质量控制等,实现定性和定量有机结合。二要强化标准应用。将质量标准作为政府购买服务合同履约和验收的主要内容,中介机构要严格依标准提供服务,购买主体要依标准进行监督、验收和评价,不得随意更改标准。三要完善标准体系。购买主体要及时对服务标准的实施效果进行评价和梳理,对公共服务项目,要广泛征求社会公众意见,总结经验,在稳定的基础上,实施标准体系动态管理,逐步完善服务标准体系。

4. 规范项目购买程序。一要严格选定中介机构。根据服务内容和具体需求,公平合理地明确中介机构的承接资质条件,保障中介机构平等竞争,杜绝差别化歧视行为。二要建立合同管理制度。购买主体和中介机构要签订规范的政府购买服务合同,明确购买服务的范围、期限、数量、质量标准以及资金支付方式、违约责任等条款。签订合同后,购买主体要全过程指导、督促中介机构严格履行合同义务。三要建立项目验收制度。购买主体要严格实施项目验收工作,制定验收方案,成立验收小组,对中介机构完成项目按照合同约定组织实施验收和履约评价,出具验收报告。

5. 建立绩效评价体系。严格实施中介机构承接政府购买服务项目绩效管理。一要设定绩效目标。购买服务项目必须根据市委、市政府出台的《嘉兴市预算绩效管理办法(暂行)》及其配套的绩效目标管理、绩效评价管理等相关办法,设定以合同购买内容、质量标准、公众评价为核心内容的绩效目标,明确购买项目的预期产出和效果。二要实施绩效监控。购买主体应根据绩效目标进行项目实施全过程监控,发现偏离目标要及时采取措施予以纠正,确保绩效目标如期实现。三要开展绩效评价。人大、财政、审计等部门应组织或委托第三方机构对购买服务项目实施绩效评价,并将评价结果作为合同履约验收的重要依据。评价结果应向社会公布,接受社会监督。

6. 构建全面监督体系。一是明确监管主体,落实监管责任。购买主体应承担中介机构承接购买服务项目实施的主要监管责任,建立健全全过程监管制度、方案和措施。同时,购买服务行为和购买服务质量,要受到人大、政协监督以及财政、监察、审计等政府部门的监督。二是强化责任追究,建立淘汰机制。政府

应建立问责机制，发现问题必须及时启动问责程序，追究购买服务相关主体和责任人的责任，避免中介机构承接政府购买服务工作中出现违法违纪行为。建立淘汰机制，实行优胜劣汰，违纪者必罚甚至淘汰出局，形成能进能出的良性循环机制。三是推行信息公开，接受社会监督。阳光运行是最好的监督，必须在规定的媒体和平台及时全面公开政府购买服务全过程的各类相关信息，主动接受社会公众监督。总之，必须构建全方位的监管体系和信息化的监督平台，以真正实现监督责任分工明确，监督信息互联共享，监督结果有效运用的良性监管机制。

7. 加大培养扶持力度。一要营造良好环境。通过全方位舆论引导，形成全社会支持中介机构承接政府购买服务的良好环境。加大守法守信宣传，增强守法守信意识，积极引导中介机构合法经营、诚信执业，加大表彰、奖励力度，营造公平有序的市场竞争环境。破除影响人才发展的落后观念，打造有利于人才发挥作用的政策环境、工作环境、社会环境和生活环境。二要加大招商引智力度。出台鼓励扶持政策，鼓励引进国内外知名中介机构落户嘉兴或与本地中介机构开展多种形式的业务合作，引进先进的管理理念、经验、模式，从而提高社会中介承接能力。鼓励引进紧缺型中介机构专业服务人才，制定引得进、留得住、用得好的人才激励措施，为中介机构发展聚集各类人才。三要搭建服务平台。一是搭建信息平台，提供购买目录、程序要求、质量标准等信息，实现政府与中介机构购买服务供需信息无缝对接。二是搭建孵化平台，将培育、孵化中介机构成长发展纳入我市楼宇经济发展的重要内容之一，提供人员培训、项目支持、租金减免等扶持政策，孵化培育出一批有行业影响、有发展潜力、社会急需的中介机构。三是搭建培训平台，充分发挥高校、科研院所等人才培养机构的资源优势，开设专业课程，为中介机构发展培养输送专业人才。

（二）中介机构方面

1. 切实转变中介服务理念。一要增强社会责任意识。中介机构要切实认识政府购买服务改革的重要性和紧迫性，学习领会国家、省、市各级政府改革的总体思路、政策意图和具体措施，深入了解社会公众对政府提供服务的有关需求，增强责任感、使命感，担负起改革主体的责任。二要增强服务质量意识。中介机构在承接项目之前要全面了解项目的难易程度，依自身能力承接业务，摆脱以往重承接、轻服务的工作作风，牢固树立服务意识、质量意识。同时，注重与政府职能部门的有效对接，全面掌握政府购买服务业务的具体操作程序和质量标准，严格按照合同要求和质量标准提供服务，确保接得住、接得好政府购买服务。三要增强诚信守法意识。自觉接受法制教育，遵守法律法规，依法提供服务，弘扬职业精神，牢牢把握“诚信执业、诚实做人”的宗旨，视诚信守法为中介机构做强做大做久的生命线。

2. 切实发挥行业自律作用。一要加快行业协会转型。行业协会要根据中央、省、市关于行业协会商会与行政机关脱钩的要求，加快推进自身转型，机构、人员、资产、财务等实现独立，树立市场化改革的发展理念，练好内功，真正成为提供服务、反映诉求、规范行为的主体。加强能力建设、制度建设、队伍建设、品牌建设及文化建设，努力提高自身水平。二要发挥协会娘家人作用。行业协会要积极引导中介机构加入协会，切实履行服务、监督、管理、协调职能，做好“娘家人”，管好“自家孩”。提供行业标准制订、资质核准、业务培训、问题研讨、权利维护等服务；建立行业自律性监督管理机制，开展任职资格、执业行为、职业道德、内部治理等行业自律检查，违法违规行实施行业惩戒；鼓励引导中介机构以多种形式实施行业内或跨行业的兼并重组，向规模化、综合化方向发展，推动中介机构做大做强、做精做专；协调好中介机构间的利益关系，避免无序、恶意竞争，维护行业健康有序发展。三要加强行业信用建设。建立以诚信数据收集、诚信评定程序、诚信等级标准、诚信公示方式为主要内容的行业诚信评价制度，建立行业诚信档案，依法披露中介机构信用信息，推动行业提高整体信用水平。加大诚信宣传力度，广泛宣传行业先进典型和先进事迹，营造诚信执业的良好氛围。

3. 切实优化中介内部管理。一要加强制度建设。根据相关法律法规和有关要求，遵循“法治化”、“民主化”、“高效化”的原则，建立健全日常事务管理、业务拓展、资产管理、人员管理、决策管理等规章制度，实施运作透明、管理规范和责任追究等有力的管理措施，保证中介机构健康有序高效运转，实现经济效益、社会效益最大化。二要加强党建工作。坚持“围绕发展抓党建，抓好党建促发展”的原则，切实有效开展党建工作，建设好领导班子，打造好党员队伍，建立好工作机制，充分发挥党支部政治作用和战斗堡垒作用，为业务发展注入强大动力。三要加强文化建设。通过宣传、教育、培训和文化娱乐、交心联谊等方式，统一员工意志，规范员工行为，凝聚员工力量，营造良好的文化氛围，促进业务又好又快发展。

4. 切实加强中介人才培养。一要制定人才培养规划。中介机构要切实认识人才培养的重要性和紧迫性，树立以人为本的管理理念，根据业务发展战略，制定不同专业、不同项目的人才培养规划，加强承接政府购买服务人才储备。二要实施人才培训措施。创新人才培训模式，努力造就一批品德优良、专业扎实、技术过硬的专业人才队伍，全面满足承接政府购买服务的人才需求。一是解放思想“走出去”，依托高校、科研院所等培养平台，开展高端培训和对口培训。二是创造条件“请进来”，聘请国内专家开展专业培训，面对面交流，一对一指导。三是挖掘资源传帮带，在单位内部建立内训机构，以师徒“结对子”、“拜师学艺”等形式进行专业技能的传帮带。三要建立人才激励机制。建立股权激励、薪酬制度、奖惩制度、福利制度、社会保障制度等人才激励制度，营造尊重人才、关爱人才、留住人才、用好人才的良好环境，为业务发展提供强有力的智力支持和人才保证。

课题组组长：许　农

课题组成员：姜　东、郁杭嘉、陆毓英、林海燕（执笔）